CAMPAGNE DE PRUSSE (1806)

D'APRÈS LES ARCHIVES DE LA GUERRE

PAR

P. FOUCART

CHEF DE BATAILLON D'INFANTERIE HORS CADRE

.....Point de repos qu'on n'ait vu le dernier homme de cette armée.
(L'Empereur au Mal Bernadotte, 28 octobre 1806.

PRENZLOW — LUBECK

AVEC TROIS CROQUIS

PARIS
LIBRAIRIE MILITAIRE BERGER-LEVRAULT ET Cie
5, rue des Beaux-Arts, 5
MÊME MAISON A NANCY
1890

CAMPAGNE DE PRUSSE

(1806)

PRENZLOW — LUBECK

NANCY, IMPRIMERIE BERGER-LEVRAULT ET Cie

CAMPAGNE
DE PRUSSE
(1806)

D'APRÈS LES ARCHIVES DE LA GUERRE

PAR

P. FOUCART

CHEF DE BATAILLON D'INFANTERIE HORS CADRE

.....Point de repos qu'on n'ait vu le dernier homme de cette armée.

(L'Empereur au M[al] Bernadotte, 28 octobre 1806.)

PRENZLOW — LUBECK

AVEC TROIS CROQUIS

PARIS

LIBRAIRIE MILITAIRE BERGER-LEVRAULT ET Cie

5, rue des Beaux-Arts, 5

MÊME MAISON A NANCY

1890

PRÉFACE

L'EMPEREUR AU PRINCE DE NEUCHATEL ET DE WAGRAM,

MAJOR GÉNÉRAL DE L'ARMÉE D'ESPAGNE, A PARIS.

Saint-Cloud, 30 novembre 1811.

Comme Major général de la Grande Armée, vous devez une relation de tous les événements des campagnes d'Ulm, d'Austerlitz, d'Iéna, de Friedland, et de celles d'Eckmühl et de Wagram ; vous n'avez cependant fait aucune relation. Il est nécessaire que vous vous occupiez sans relâche de ce devoir, et que vous y employiez quatre ou cinq heures par jour ; sans quoi il ne restera rien de ces campagnes. Les bulletins faits à la hâte sont insignifiants, et aucune pièce ne s'y trouve. Il faudrait d'abord faire imprimer une collection de ces bulletins, en les retouchant, en faisant disparaître les choses qui ont été reconnues fausses, en corrigeant quelques fautes de style, et en mettant à la suite les pièces d'état-major, tels qu'états des prisonniers, des drapeaux, des canons, des officiers généraux, colonels, lieutenants-colonels qui ont été pris, les journaux de siège, les capitulations en règle, les noms des régiments qui se trouvaient à chaque affaire. Cela serait promptement fait, et ce serait déjà une première chose ; ce qui ne vous dispenserait pas d'un ouvrage plus sérieux, qu'il est de votre devoir de faire sans délai, et qui serait indépendant des relations particulières dont vous vous occupez à présent. Cette relation serait faite sans cartes ni plans ; ce serait un journal d'état-major où l'on pourrait puiser. Au moins, avec ces deux recueils, il restera quelque chose. On mettra, jour par jour, le lieu où se trouvait chaque corps et ce qu'il a fait. Vous avez les rapports de chaque Maréchal ; il y a beaucoup d'affaires particulières où je ne me trouvais pas. Vous mettrez en ordre ces relations, en faisant demander celles qui pourraient être restées dans mes bureaux, et l'on verra si l'on peut imprimer cela.

Ce volume termine le *Journal d'état-major de la campagne de Prusse*. Les pièces que j'ai publiées proviennent du cabinet de l'Empereur et du cabinet du Major général ; un grand nombre aussi ont été prises dans les registres d'ordre et de correspondance du maréchal Soult, du général Compans chef d'état-major du 4e corps et du général Belliard chef d'état-major de la réserve de cavalerie. — L'Empereur n'aurait pas fait imprimer ce recueil tel que je le présente ; il aurait supprimé beaucoup de détails. Mais comme mon but est de faire un livre d'instruction militaire et non une relation de la campagne de Prusse, loin de vouloir abréger les détails, j'ai jugé nécessaire de les multiplier.

J'ai ajouté des renseignements peu connus sur l'organisation et le service de l'état-major du Major général et des états-majors des corps d'armée.

Juillet 1890.

Commandant FOUCART.

ERRATA

Iéna.

Page	Ligne	Au lieu de :	Lisez :
81	26	4e corps à *Bamberg*	4e corps à *Amberg*.
146	33	la solde n'était as*s*ignée	la solde n'était a*l*ignée
156	9	V. Majesté	V. M.

Prenzlow-Lübeck.

15	19	et *du* Reuss	et *de* Reuss.
224	19	général Déjean	général Dejean.
305	33	note *3*	note *2*.
305	35	note *4*	note *3*.
353	19	Rapport *de* S. Exc.	Rapport *à* S. Exc.
396	25	se portent en colonne*s*	se portent en colonne.
415	28	Prenslow	Prenzlow.
418	4	détaché le *28* octobre	détaché le *27* octobre.
467	8	Wichman*n*sdorf	Wichmansdorf.
528	9	à l'embranchement des *roues*	à l'embranchement des *routes*.
529	10	à 2,000 c*e*valiers	à 2,000 c*a*valiers.
550	2	*12e* d'infanterie légère	*21e* d'infanterie légère.
604	22	il y aura au *moin*	il y aura au *moins*.
608	14	*ui* et ses troupes	*lui* et ses troupes.
611	12	*Son* Exc.	*S.* Exc.
637	39	chef de bataillon *Armant*	chef de bataillon *Armanet*.
656	13 et 30	*Steinthal*	*Stendal*.
675	25	Rabe*t*nsteinfeld	Rabensteinfeld.
686	19	au énéral	au *g*énéral.
688	16	ligne d'étapes*;* l'ordre	ligne d'étapes*,* l'ordre.
690	20	la proclamation qu'*à* faite	la proclamation qu'*a* faite
751	35	général *Cazal*	général *Cazals*.
768	13	mont*a*nt 827 chevaux	mont*e*nt 827 chevaux.
771	2	général *Cazal*	général *Cazals*.
795	25	se réunissent *au* corps	se réunissent *en* corps.
810	5	d'orga*in*ser sur-le-champ	d'orga*ni*ser sur-le-champ.
866	27	R*e*ibell	R*a*ibell.
875	28	*Launay*	*Lannoy*.
910	2	du Major général *qui* marchent	du Major général marchent.
910	4	affecté *au* service	affecté *à ce* service.
922	23	Lonnoy	Launoy.

RENSEIGNEMENTS TROUVÉS SUR LES MINUTES DE L'EMPEREUR[1]

Iéna.

Page 76. — Lettre au Maréchal Berthier, Major général, 19 septembre 1806, 6 heures et demie du soir, partie par le courrier Lechêne. — Instructions sur Braunau.

Page 86. L'EMPEREUR AU MARÉCHAL DAVOUT.

Saint-Cloud, 19 septembre 1806.

Mon cousin, expédiez aujourd'hui avant la nuit un courrier extraordinaire au général qui commande en votre absence le 3e corps de la Grande Armée. Donnez à ce général l'ordre de réunir ce 3e corps en entier à Œttingen sans aucun délai et d'envoyer sur-le-champ un officier d'état-major à mon Major général prince de Neuchâtel pour prendre les ordres ultérieurs qu'il aura à transmettre. Il faut que le 3e corps de ma Grande Armée se trouve prêt à marcher avec des vivres pour 4 jours dès le 26 ou le 27 septembre. Prenez vous-même vos précautions pour être rendu le 28 septembre au plus tard à la tête de ce corps.

Page 81. — 1er courrier du 20 septembre.

Dépêches pour le Major général parties le 20 septembre à 7 heures du matin par le courrier Germain.

---

1. Je n'ai fait ce travail sur les minutes de l'Empereur que depuis l'impression du Journal d'état-major de la campagne de Prusse. — L'ordre dans lequel sont placées les dépêches de l'Empereur dans les volumes de la *Correspondance* n'est pas toujours exact. Les indications portées sur les minutes et sur les feuilles de travail de l'Empereur permettent de fixer l'heure du départ des dépêches et de déterminer l'ordre dans lequel ces dépêches doivent être présentées.

1re dépêche du 19 au soir. — Sur les levées de chevaux par la Prusse, etc. (p. 84).

2e dépêche du 19 au soir. — Mouvement général de l'armée. (p. 81. Minute du général Clarke).

3e dépêche du 20 à 6 heures du matin. — Envoi de l'ordre pour le mouvement général, etc. (p. 94).

Page 95. — 2e courrier du 20 septembre[1].

Dépêches pour le Major général parties le 20 septembre à 11 heures du soir par le courrier Loir.

1re dépêche du 20. — Sur les services du génie. — Destination donnée à différents généraux. (p. 96. Minute du général Bertrand).

2e. — Suite des ordres relatifs à la destination de divers généraux. (Minute du général Clarke).

3e. — Ordre pour les places de Königshoffen, Kronach, Würzburg, Königstein. (p. 95. Minute du général Clarke).

4e. — Suite des ordres sur les petites places des environs de Würzburg. — Avis de la destination donnée aux généraux Kellermann, Rampon, Chasseloup, Marescot. — Succès de la conscription.

5e. — Sur les aigles de la cavalerie (p. 100).

6e. — Sur la levée d'une légion du Nord pour rassembler les déserteurs polonais sous les ordres du général Zajonchek (p. 119 au général Dejean).

7e. — Ordre d'appeler au quartier général le chef de bataillon Jomini.

L'EMPEREUR AU MAJOR GÉNÉRAL.

Saint-Cloud, 20 septembre 1806.

Je ne sais si je vous ai écrit de faire venir le chef de bataillon Jomini[2], qui est à Memmingen, à mon grand quartier général, où mon intention est qu'il soit employé.

1. Les minutes et les mises au net des minutes des dépêches parties par les 2 courriers du 20 et le courrier du 22 sont réunies pour chacun de ces trois départs dans une chemise sur laquelle M. Meneval a porté le sommaire des dépêches. — Le général Clarke a inscrit sur chacune des chemises du 20 septembre, *Répondu par le maréchal Berthier le 25 septembre* 1806.

2. M. Jomini était adjudant-commandant du 6 nivôse an XIV (27 décembre 1805) et employé en cette qualité à l'état-major du 6e corps de la Grande Armée. — Depuis le 3 septembre 1806 il était aide de camp du maréchal Ney.

Page 100. L'EMPEREUR AU GÉNÉRAL DEJEAN.

Saint-Cloud, 20 septembre 1806.

Il n'y a pas assez d'adjoints à l'état-major de la Grande Armée. — Il y en a dans l'intérieur, mon intention est qu'ils soient tous à la Grande Armée. — Les officiers d'état-major sont nécessaires à la guerre. Un général qui commande un département, a ses aides de camp; il n'a pas besoin d'autres officiers, d'ailleurs il a peu de troupes.

Je vois qu'il y a à Marseille 3 adjoints, dans la 2e division militaire le capitaine adjoint Girod, dans la 3e Petitgrand, dans la 4e Terrier, dans la 5e Berchud et plusieurs autres.

L'organisation comporte 120 adjoints à l'état-major; vous me ferez connaître combien ils sont et où ils se trouvent.

Par l'organisation il doit exister 120 adjudants-commandants; combien sont-ils, où sont-ils employés? — Il faut donner la retraite ou la réforme à ceux qui par leurs infirmités ou leur âge seraient hors d'état de servir tant parmi les adjudants-commandants que parmi les adjoints à l'état-major et envoyer tous les autres à l'armée où ils prendront les ordres du Major général. (Minute du général Bertrand).

Répondu par le Ministre le 23 septembre.

L'EMPEREUR AU GÉNÉRAL DEJEAN.

Saint-Cloud, 24 septembre 1806.

Donnez ordre aux adjoints à l'état-major dont les noms suivent de se rendre à Mayence où ils recevront des ordres du Major général pour leur destination ultérieure. Savoir aux capitaines: (*Suivent 38 noms.*) (Suit l'emploi de 8 adjudants-commandants désignés nominativement).

Mon intention est qu'aucun adjoint à l'état-major ne reste dans l'intérieur de même que les adjudants-commandants, si ce n'est un petit nombre. Tous doivent être employés aux armées. Ces officiers sont là d'une très-grande utilité. (V. Prenzlow p. 911.)

Page 84. L'EMPEREUR A M. MOLLIEN.

Saint-Cloud, 21 septembre 1806.

La caisse du payeur qui est à Strasbourg doit être transportée à Mayence où doivent être les fonds de réserve de la Grande Armée.

L'EMPEREUR AU MINISTRE DU TRÉSOR.

Saint-Cloud, 21 septembre 1806.

M. Mollien, ce n'est pas à la disposition du Ministre de la guerre que j'ai mis le million, mais à celle du maréchal Berthier Major général de la Grande Armée. C'est donc au payeur de la Grande Armée qu'il faut faire passer votre ordre. Comme je vous l'ai déjà dit, ce million finira par être réparti entre les chapitres du budget du Ministre de la guerre. C'est une avance que je juge convenable de faire au Major général pour qu'il puisse donner des secours aux services les plus urgents. Rédigez votre ordre au payeur et adressez-le à M. Meneval pour qu'il le fasse passer à ce payeur. J'expédie au Major général 2 courriers par jour.

Donnez ordre à M. de la Bouillerie de se tenir prêt à partir. Il faut qu'il puisse être rendu le 30 septembre à Mayence.

Page 122. — Courrier du 22 septembre.

Dépêches pour le Major général parties le 22 septembre à 11 heures du soir par le courrier Cretet.

1re dépêche. — Envoi de l'organisation du 8e corps et de l'avant-garde de l'armée du Nord. (V. dépêche au roi de Hollande (p. 123).

2e. — Itinéraire de l'Empereur (p. 122).

3e. — Routes qu'il faut organiser pour l'armée (p. 122).

4e. — Sur l'artillerie légère du corps du maréchal Augereau.

5e. — Sur la formation de la Légion du Nord. (V. dépêche au général Dejean p. 119).

6e. — Observations sur les états de cavalerie de la Grande Armée.

7e. — Sur la compagnie Breidt et les effets d'habillement. (V. dépêche au général Dejean p. 126.)

L'EMPEREUR AU MAJOR GÉNÉRAL.

Saint-Cloud, 22 septembre 1806.

Le maréchal Augereau n'a pas d'artillerie légère. Il est nécessaire de lui en composer une compagnie. J'ai vu l'artillerie légère au parc ; ce n'est pas là sa place.

L'EMPEREUR AU MAJOR GÉNÉRAL.

Saint-Cloud, 22 septembre 1806.

Vous portez 28,000 chevaux pour la Grande Armée. Vous n'y comprenez ni le 4ᵉ de dragons ni le 20ᵉ de chasseurs. Vous n'y portez pas non plus un millier d'hommes partis de Paris qui vont rejoindre, ce qui fera 30,000 hommes. Mais vous avez tort si vous pensez que ce soit là tous chevaux de troupe. Les chevaux d'officiers y sont compris ; vous savez qu'un lieutenant a 2 chevaux, qu'un capitaine en a 3, un chef d'escadron et un colonel davantage, ce qui augmente de beaucoup le nombre des non-combattants. Il faut donc pour distinguer cela avec plus de clarté, mettre dans une colonne les chevaux d'officier et dans une autre les chevaux de troupe. Vous avez demandé 4,000 hommes à pied ; cela n'est pas un mal ; cependant c'est un peu fort ; le maximum aurait dû être de 80 hommes par régiment. (Réponse à la lettre du Major général du 17 septembre p. 136. — Ordre du 29 septembre p. 193.)

Page 159. — Dépêche au Major général, 28 septembre, expédiée par le courrier Lange à 7 heures du soir.

Page 170. — Dépêche au Major général, 29 septembre, 10 heures du matin, partie par le courrier Lecoq.

Page 171. — Dépêche au grand-duc de Berg, remise à lui-même.

Page 182. L'EMPEREUR AU MARÉCHAL BESSIÈRES.

Mayence, 29 septembre 1806, expédiée à minuit.

Le maréchal Bessières fera partir sur-le-champ un officier d'état-major sur la route de Strasbourg au-devant d'une division d'artillerie de 6 pièces venant de la division du général Oudinot, que le général Rapp a fait partir de Strasbourg le 29 et qui se dirige sur Mayence.

Il lui fera passer le Rhin à Mannheim et la dirigera sur Würzburg. Il passera une revue exacte du matériel et du personnel de toute cette artillerie et il viendra m'en rendre compte à Würzburg. (Minute du général Savary. La minute de la dépêche au général Rapp du 29 à minuit, p. 184, est aussi de la main du général Savary.)

Page 179. — Dépêche du maréchal Soult, 29 septembre, partie le 30 au matin par M. de Montesquiou. (Minute du général Duroc.)

Page 199. — Dépêche au prince Primat, et ordre à M. de Tournon, 30 septembre. (Minutes du général Duroc.)

L'EMPEREUR AU MARÉCHAL BESSIÈRES.

Mayence, 30 septembre 1806 (dans la nuit).

Je vous prie de me remettre demain à mon déjeuner l'état de situation de la Garde et à dater du 1er octobre où elle sera tous les soirs jusqu'à son arrivée à Würzburg.

Le maréchal Bessières et l'état-major de la Garde partiront à midi pour se rendre à Würzburg. (Minute du général Duroc.)

Page 205. — Dépêche au Major général, 30 septembre, partie à midi par le courrier Banès.

Page 215. — Instruction pour le roi de Hollande, 30 septembre, partie à 5 heures après-midi par M. de Turenne.

Page 220. — Le général Clarke a envoyé ce chiffre le 1er octobre. (Note de la minute.)

Page 233. — Lettre au Major général, 1er octobre, 2 heures du matin, partie à 3 heures du matin par le courrier Leclerc aîné.

Page 238. — Lettre au Major général, 1er octobre, 2 heures après-midi. Cette lettre dictée à Mayence au moment du départ a été apportée dans le portefeuille et remise à l'arrivée à Würzburg.

Page 270. — Würzburg, 3 octobre, 8 heures du matin. — Notes d'une instruction donnée au général Savary.

Ordre de se rendre à Schweinfurt pour y remplir une mission verbale auprès du maréchal Lefebvre. — De là à Mellrichstadt; prendre des renseignements sur les moyens de subsistances qu'offre cette vallée. — De là à Königshofen. — De Königshofen à Lichtenfels auprès du maréchal Bernadotte. Prendre des renseignements sur la situation de son armée; de là revenir à Bamberg. Suivre de Mellrichstadt à Königshofen et Lichtenfels une route qui longe le plus près possible des montagnes où cependant des voitures puissent passer. — V. pages 302 et 333.

Page 275. — Würzburg, 3 octobre, au soir. — Il est ordonné à M...., aide de camp des généraux de service, de partir..... il reviendra en toute hâte au quartier général. — CLARKE.

LE GÉNÉRAL CLARKE, SECRÉTAIRE DU CABINET DE S. M. L'EMPEREUR ET ROI, A M. BIGNON OU EN SON ABSENCE AU SECRÉTAIRE DE LÉGATION A CASSEL.

La seconde lettre que vous m'avez fait l'honneur de m'écrire m'est parvenue et je m'empresse de vous faire mes remerciements à ce sujet. S'il vous tombe sous la main quelque bonne statistique du pays que vous habitez ou de ceux qui l'environnent, vous m'obligeriez de me la faire parvenir d'une manière sûre. Je pense que ce serait une acquisition intéressante pour le cabinet topographique de S. M. l'Empereur et V. Exc. sait que ce cabinet est sous ma direction. Dans les circonstances actuelles, je serais bien aise d'avoir quelques nouvelles certaines du pays que vous habitez et il serait bon de connaître aussi ce qui a lieu dans les pays voisins et particulièrement en Prusse. Mes liaisons avec M. de Laforest que j'ai beaucoup connu à Lunéville, me font particulièrement désirer que vous me donniez le plus tôt possible tout ce que vous avez de renseignements à son sujet. J'ose compter essentiellement, Monsieur, sur l'obligeance de V. Exc. dans cette occasion et je la prie d'agréer, etc.

Page 276. — Lettre au roi de Hollande, 3 octobre, partie à 2 heures après-midi par un aide de camp du Roi envoyé par lui à l'Empereur.

Page 316. — Dépêche au maréchal Soult, 5 octobre, partie de Würzburg à 11 heures du matin par l'officier d'ordonnance Castille.

Page 347 L'EMPEREUR A M. VILLEMANZY

Bamberg, 6 octobre 1806, au soir.

Donner ordre que les 400,000 rations de biscuit qui de Passau doivent remonter le Danube à Ratisbonne, soient dirigées sur Forchheim. — Avec un peu d'activité elles peuvent y arriver en 8 ou 10 jours. — Commettez quelqu'un pour cet objet. Cela ne laisse pas d'avoir une certaine importance.

L'EMPEREUR A M. OTTO.

Voyez le ministre bavarois pour accélérer le transport des 400,000 rations de biscuit qui de Passau, à ce que j'imagine, ont dû remonter le Danube à Ratisbonne et que je désire voir arriver à Forchheim. —Demandez qu'on envoie 2 compagnies d'artillerie de plus à Forchheim ; qu'on y fasse quelques petits dépôts qui recevront les conscrits bavarois, ce qui augmentera la garnison de cette place.

Page 366. — La dépêche au maréchal Soult, 7 octobre, fut portée par M. de Lamarche, officier d'ordonnance parti à 5 heures du soir. — Elle doit être placée après la dépêche au maréchal Lannes, 7 octobre, 2 heures après-midi, partie par un des aides de camp du maréchal Lannes.

Page 382. — Dépêche au général Thouvenot, 7 octobre, 7 heures du soir, partie à 7 heures du soir par un officier de l'état-major du maréchal Bessières. — Au général Lefranc, partie à 8 heures du soir par le courrier Germain.

Page 398. — L'aide de camp..... montera sur-le-champ à cheval. Il prendra un guide bavarois avant d'arriver à la frontière du pays de Baireuth. Il requerra des chevaux sur territoire bavarois et aura soin de les payer largement afin d'arriver à minuit à Münchberg et d'y rencontrer le maréchal Soult auquel il remettra la lettre ci-jointe. L'aide de camp viendra me rejoindre sur Lobenstein aussitôt que le maréchal Soult le réexpédiera. — A Kronach, le 8 octobre 1806, vers 4 heures après-midi.

Cet ordre écrit par le général Clarke devait être signé par l'Empereur. — Ce fut le courrier Devique qui porta l'ordre. — M. Meneval a écrit sur la minute : Note remise dans le sens de l'ordre ci-dessus pour servir d'instruction au courrier, et signée Clarke.

Page 400. — Ordre pour le Grand Écuyer. Transport du petit quartier général à Nordhalben.

Dépêche au grand-duc de Berg, 8 octobre, 5 heures du soir, partie par un officier de hussards dépêché par le Prince auprès de l'Empereur.

Page 456. — Dépêche au grand-duc de Berg, 10 octobre, 5 heures du matin, partie par l'officier d'ordonnance Lamarche.

Page 458. — Dépêche au maréchal Soult, 10 octobre, 8 heures du matin, partie par un aide de camp du maréchal Soult.

Page 517. — Dépêche au grand-duc de Berg, 12 octobre, 4 heures du matin, partie par M. de Tournon. — Au maréchal Soult partie par le colonel Dufay.

Auma, 12 octobre, 4 heures du matin. — Ordre au maréchal Bessières. — La Garde à pied partira à 7 heures du matin pour se porter à Gera. Le quartier général se rendra à Gera.

Page 521. — Dépêche au maréchal Davout, 12 octobre, 8 heures et demie du matin, partie par son aide de camp.

Page 525. — Lettre au roi de Prusse portée par M. de Montesquiou, capitaine officier d'ordonnance, parti de Gera le 13 octobre 1806 à 10 heures du matin. — V. page 593.

Page 579. — Dépêche au grand-duc de Berg, 9 heures du matin, partie à 9 heures du matin par un aide de camp d'un aide de camp général.

Page 582. — Gera, 13 octobre 1806, au matin, parties à 10 heures du matin. — Lettres au ministre secrétaire d'État et à M. Daru pour qu'ils se dirigent sur Auma et de là au quartier général. — A M. Otto, succès de l'affaire de Saalfeld; situation du Roi de Prusse. — Ces lettres ont été signées par le général Clarke qui les a écrites au nom de S. M. et n'en a pas gardé minutes.

Page 622. — Ordre de bataille dicté par l'Empereur au général Savary aide de camp. — La minute est de l'écriture du général Savary.

Prenzlow-Lübeck.

Page 43. — Ordres au Major général, 16 octobre, midi.
Page 76. — Dépêche de l'Empereur au général Clarke, 17, 9 heures du matin, partie par l'officier d'ordonnance Scherb.

Pages 81 - 82. — Dépêches au général Clarke, 17, 11 heures du matin, parties par un aide de camp des aides de camp.

Page 82. — Dépêche au général Clarke, 17 octobre, portée par M. de Tournon, à midi, — ainsi que la dépêche au maréchal Mortier, page 75.

Page 138. — Dépêche au maréchal Lannes, 19, 5 heures et demie du soir, partie par son aide de camp.

Page 139. — Halle, 19 octobre. — Le Major général donnera ordre à la division Grouchy de traverser Halle et de se cantonner dans les villages, sur le chemin de Zorbig, petite ville située à 3 lieues de Halle sur le chemin de Dessau. — N.

Page 140. — Lettre au roi de Prusse, portée par l'aide de camp du roi de Prusse, — envoyée de Merseburg.

Page 154. — Au maréchal Davout à Düben, Halle, 20 octobre, 3 heures du matin, portée par M. de Turenne.

Page 163. — Halle, 20 octobre, 4 heures du soir. — L'Empereur au Major général. Faites partir avant minuit tous les officiers prussiens qui sont ici. Ils seront conduits à Halberstadt d'où le maréchal Soult les fera reconduire jusqu'aux portes de Magdeburg.

Page 165. — Lettre au roi de Hollande partie par duplicata, — le premier porté par le capitaine d'Haubersart, aide de camp du général Corbineau, parti le 20, — le second.....

Ordre. — M. d'Haubersart, aide de camp du général Corbineau, se rendra à Wesel en passant par Eisleben, Nordhausen, Göttingue, Paderborn, Münster et Wesel. Il fera connaître au roi de Hollande les événements qui se sont passés et lui remettra la lettre que je lui écris. — N.

M..... se rendra à Wesel en passant par Halberstadt, Gosslàer, Paderborn et Wesel. Il sera porteur de la lettre ci-jointe qu'il remettra au roi de Hollande.

La seconde expédition de la lettre se trouve dans le dossier et ne semble pas avoir été envoyée.

Page 167. — Lettre au roi de Wtirtemberg, 20, portée par un aide de camp du roi de Würtemberg.

Page 217. — Dépêche au grand-duc de Berg, 22, partie à 10 heures du matin par M. de Montesquiou.

Page 241. — Ordre à M. Castille, 23 octobre, midi.

Page 351. — Dépêche au maréchal Davout, 26 octobre, 4 heures du matin, portée par M. de Montesquiou.

Page 351. — Dépêche au général Savary, 26 octobre, 4 heures du matin, portée par l'aide de camp Custine.

Page 352. — La dépêche de l'Empereur au grand-duc de Berg, Potsdam, 26 octobre, que j'ai placée à la page 378, n'en connaissant pas l'heure, est de 4 heures du matin. J'ai trouvé ce renseignement sur la *feuille de travail n° 25.* — La dépêche doit donc être placée à la page 352, avant la dépêche du Major général au grand-duc de Berg ; elle fut portée par l'officier d'ordonnance Scherb.

Potsdam, 26 octobre, 4 heures du matin. — M. Scherb se rendra auprès du grand-duc de Berg. Il ne partira d'auprès de lui qu'à la nuit lorsque le Prince aura reçu les rapports de ses postes. Il viendra me rejoindre à Charlottenburg.

Page 364. — Mettre la dépêche suivante avant celle au grand-duc de Berg. (*Omission de la commission.*)

L'EMPEREUR AU MARÉCHAL LANNES.

Potsdam, 26 octobre 1806, 10 heures du matin.

Tâchez de pousser votre avant-garde jusqu'à Falkenthal et votre corps d'armée le plus près possible de cette ville. Le maréchal Bernadotte sera demain à Fehrbellin. Je ne pense pas que l'ennemi puisse se tirer de là sans qu'il lui en coûte gros.

Au moment même je reçois... (*comme dans la dépêche au grand-duc de Berg*).

Page 366. — Dépêche au maréchal Lannes, 26, 11 heures du matin, portée par son aide de camp.

Page 397. — Les ordres au général Songis, au général Chasseloup et au Major général pour l'armement de la place et du fort de Spandau ont été donnés le 26 octobre *au soir*.

Page 451. — Les dépêches au grand-duc de Berg, au maréchal Lannes et au maréchal Bernadotte, 28 octobre, midi, ont été portées par M. de Turenne, officier d'ordonnance.

Berlin, 28 octobre 1806, midi. — M. de Turenne, vous porterez les lettres ci-jointes au grand-duc de Berg, au prince de Ponte-Corvo et au maréchal Lannes. Vous gagnerez en droite ligne Zehdenick et Templin où l'on vous fera connaître où sont ces généraux. Vous prendrez les ordres du grand-duc de Berg pour votre retour.

Page 556. — Dépêche au grand-duc de Berg, 31 octobre, 8 heures du matin, portée par M. Castille.

Page 558. — Dépêche au maréchal Mortier, 31, portée par M. de Montesquiou.

Iéna page 132.

LE GÉNÉRAL FRIANT, COMMANDANT EN CHEF LE 3e CORPS D'ARMÉE *par intérim*, AU MAJOR GÉNÉRAL.

Œttingen, 23 septembre 1806.

J'ai l'honneur de rendre compte à V. A. que M. le maréchal Davout vient de m'expédier son courrier et de me transmettre les ordres de l'Empereur[1] de réunir du 26 au 27 du courant les troupes composant le 3e corps d'armée à Œttingen, et, à la même époque, à Mergentheim, la division de cavalerie, à l'exception du 1er régiment de chasseurs détaché à la division Gudin.

Pour plus de célérité le courrier a passé par Œhringen et Hall où il a remis au général Gudin et au général Kister qui commande par intérim ma division les ordres directs de M. le Maréchal.

M. le Maréchal a ordonné les dispositions suivantes : Les troupes arriveront à Œttingen avec 4 jours de vivres; les ordres sont donnés à l'ordonnateur pour qu'il y réunisse de quoi charger sur les caissons 4 ou 5 jours de pain et de faire suivre la viande pour 4 jours aussi.

La 1re division s'établira entre Wassertrüdingen et Œttingen et les 2 autres entre Œttingen et Nordlingen; le parc de réserve sera dans cette dernière ville.

Le matériel et le personnel de la compagnie d'artillerie à cheval détachée au grand parc du corps d'armée se rend à la division Morand.

Une partie de la division Gudin, pour se rendre à Œttingen, passera par Gemünd, Heidenheim et Nordlingen; l'autre partie et la 2e division passeront par Ellwangen et Munitzrod.

Les généraux de division ont l'ordre de réunir tous les caissons de la compagnie Breidt, ces caissons étant destinés à transporter du pain pour les troupes.

---

1. Ordres donnés en conséquence des ordres de l'Empereur du 19. V. page IX.

Le général d'artillerie Hanicque va envoyer au général Viallanes à Mergentheim les cartouches mises en réserve pour la cavalerie et conservera celles destinées au 1er de chasseurs qu'il fera distribuer à ce régiment lors de son arrivée.

J'ai l'honneur de vous envoyer un de mes aides de camp pour recevoir vos ordres.

Iéna page 142. — Le Major général fit ouvrir le 24 septembre un nouveau registre de correspondance avec les Maréchaux. Le premier ordre qui y soit porté, est celui pour la défense de l'Inn et l'occupation de Braunau (*Iéna* page 77) qui fut expédié de Munich au maréchal Soult le 24 dans la matinée avec une instruction pour le Maréchal. — L'expédition des *Mouvements et dispositions générales de la Grande Armée* (*Iéna* page 81) ne partit que le 24 à la fin de la journée. Je n'ai pas reproduit ces ordres qui sont l'expédition littérale des ordres de l'Empereur. Les dépêches figurent sur le registre de correspondance dans l'ordre suivant le 24 septembre après la note pour Braunau : au Mal Augereau, au Mal Davout, au Mal Lefebvre, au Mal Ney, au Mal Soult, au prince de Ponte-Corvo ; — aux généraux Beaumont, Klein, Beker, Verdières (2e division de grosse cavalerie), Sahuc ; — au roi de Würtemberg, au grand-duc de Bade, au grand-duc de Hesse-Darmstadt pour la réunion de leurs troupes ; — au général Songis (mouvements du parc), au général Andréossy (réunion des outils).

La dépêche du 24 à l'Intendant général et celle au général Belliard ne sont pas sur le registre de correspondance. Je les ai trouvées en minutes.

LE MAJOR GÉNÉRAL A M. VILLEMANZY, INTENDANT GÉNÉRAL DE LA GRANDE ARMÉE.

(*Pour vous seul, M. l'Intendant général.*)

Munich, 24 septembre 1806.

Je vous préviens, M. l'Intendant général, que d'après les ordres que je viens d'expédier :

Le 1er corps d'armée partira de suite de ses cantonnements pour être rendu le 2 octobre à Bamberg.

Le 8e corps d'armée qui est à Œttingen, va se diriger également sur Bamberg où il sera rendu le 2 ou le 3 octobre.

Le 4e corps d'armée va se diriger sur Amberg[1] où il sera rendu le 3 octobre.

Le 5e corps d'armée va se diriger sur Königshofen où il sera rendu le 3 octobre.

Le 6e corps d'armée qui se réunit à Ulm a l'ordre d'en partir pour se rendre à Anspach où il arrivera le 2 octobre.

La 2e division de grosse cavalerie part de Cham et Straubing pour se rendre à Windsheim et y être rendu le 3 ou le 4 octobre.

La 1re division de dragons part de Siegen pour arriver le 3 octobre à Aschaffenburg.

La 2e division de dragons qui se réunit à Ulm, a l'ordre d'en partir pour arriver le 3 octobre à Mergentheim.

La 3e division de dragons part d'Amberg pour arriver le 2 octobre à Forchheim et cantonner à Nuremberg, Forchheim et environs.

La 4e division de dragons part d'Œllingen pour arriver le 3 octobre à Schweinfurth.

Le grand parc d'artillerie partira de suite d'Ulm pour arriver le 3 octobre à Würzburg.

Le 7e corps d'armée sera réuni le 2 octobre à Francfort et la division du général Nansouty gardera encore ses cantonnements dans le duché de Würzburg[2]; par ces mouvements les 6 divisions de cavalerie de la réserve seront en position le long du Mayn depuis Kronach jusqu'à Würzburg le 3 octobre.

L'ordre exprès de l'Empereur, M. l'Intendant général, est que chaque corps d'armée, en arrivant au lieu de son rassemblement, *y trouve pour 10 jours de vivres, afin d'en avoir au moins pour 4 jours s'il fallait partir pour entrer en campagne.* — Prenez de suite toutes les mesures nécessaires pour que cet ordre de S. M. reçoive sa pleine et entière exécution et donnez-m'en le plus tôt possible l'assurance.

Le roi de Hollande se trouvera rendu le 2 octobre à Wesel avec son corps d'armée. Le contingent des troupes de Bade se réunira à Mergentheim, celles de Würtemberg à Ellwangen. Une division de 7,000 hommes de troupes bavaroises sera réunie le 2 octobre au corps du prince de Ponte-Corvo et 6,000 hommes de troupes de Hesse-Darmstadt seront réunis le 2 octobre au corps de M. le maréchal Augereau.

Donnez tous vos ordres, M. l'Intendant général, pour que le

---

1. Par suite d'une erreur qui a échappé à la correction, il a été écrit dans le Mouvement général du 19 septembre 1806, *Iéna* page 81, ligne 26, « Le maréchal Soult sera réuni à *Bamberg* » ; il faut lire à *Amberg*.

2. A Kitzingen près Würzburg.

service se trouve assuré dans toutes ses parties et principalement pour que les 10 jours de vivres que chaque corps doit trouver en arrivant au lieu de son rassemblement soient préparés à l'avance afin que les intentions de S. M. soient à cet égard ponctuellement remplies.

J'ai donné directement des ordres à cet égard à MM. les Maréchaux ; vous sentez que l'exécution de toutes ces grandes dispositions exige que vous soyez promptement à Würzburg où je serai moi-même le 28 ou le 29.

Donnez l'ordre au payeur de l'armée qui est à Strasbourg, de se rendre à Mayence et à M. Roguin de se rendre à Würzburg avec ses fonds. Ils devront y être rendus le 29. Je vous ai dit que je mettrais 250,000 fr. à votre disposition pour les vivres. Il sera utile que vous ayez cet argent à Würzburg.

Au surplus je vous verrai ce matin lorsque vous aurez pris connaissance de cette dépêche dont vous ne devez pas parler à Munich.

Faire une lettre au général René pour qu'il donne une escorte pour le payeur.

Dépêche au général Belliard pour le prévenir des mouvements ordonnés d'après les ordres de l'Empereur pour que les 6 divisions de la réserve de cavalerie soient arrivées en position le long du Mayn depuis Kronach jusqu'à Würzburg. — « Le parc d'artillerie « emmène avec lui le parc de la réserve de cavalerie. — Comme « vous voyez que les divisions de la réserve ne se trouveront pas « entièrement placées sur le Mayn ainsi que le désire l'Empereur, « prenez des informations afin de pouvoir les y placer. »

Le 25 le Major général écrivit aux généraux Songis et Andréossy pour la défense de Braunau, au maréchal Soult pour le choix de son chef d'état-major, au roi de Bavière pour la défense de Braunau et la réunion de son armée, à M. Roguin payeur général pour les fonds mis à la disposition du Major général, pour ceux à envoyer à Braunau (250,000 fr.), pour les 427,000 fr. à mettre à la disposition de l'artillerie pour les remontes (*Iéna* p. 150), au général Songis pour acheter des chevaux, au maréchal Augereau pour faire reconnaitre les petites places autour de lui et y mettre des garnisons de troupes de Hesse-Darmstadt, au prince Ferdinand Électeur de Würzburg pour lui annoncer l'établissement du quartier général du Major général à Würzburg et l'inviter à préparer ses troupes. — Tous ces ordres sont la reproduction littérale des ordres de l'Empereur.

Aucun ordre des 26 et 27 le Major général étant en route. — Le 28 de Würzburg expédition des ordres de l'Empereur. — J'ai reproduit à partir du 29 tous les ordres qui se trouvent sur le registre du Major général.

Iéna p. 254.

LE MARÉCHAL LEFEBVRE AU MAJOR GÉNÉRAL.

Schweinfurt, 2 octobre 1806.

S. M., notre cher Empereur, a sauvé aujourd'hui le 5e corps d'une cruelle fatigue ; car je crois que sans le contre-ordre mon artillerie, les équipages et ma chaussure seraient embourbés à ne pouvoir s'en retirer. Les chemins d'ici à Königshofen sont aussi mauvais dans ce moment qu'ils étaient bons il y a quelques jours. Il ne reste plus de bien praticable que la route de Meinungen par Neustadt.

Le camp que j'ai fait tracer en avant de Schweinfurt et dont j'ai l'honneur de transmettre le croquis ci-joint à V. A. S., peut contenir la quantité de troupes que vous m'avez désignée et pourra, lorsqu'elle s'y trouvera réunie, se battre contre tout ce qui se présentera.

L'espion que j'ai envoyé à Meinungen, Hildburghausen et Coburg, n'est pas encore rentré non plus que l'émissaire que j'ai envoyé à Fulde ; je les attends d'un instant à l'autre et m'empresserai de vous faire part de leurs rapports.

Quelques jours de beau temps rendraient encore une fois toutes nos routes praticables ; le pays pourrait encore pendant ce temps subvenir aux besoins des troupes avec une sage et économique administration.

Je supplie V. A. S. de vouloir avoir la bonté de faire remettre cette lettre à S. M. C'est pour une affaire personnelle.

P.-S. — Ci-jointe aussi une demande du général Lasalle.

Iéna pages 582 et 585.

La dépêche du Major général au maréchal Ney qui se trouve à la page 585 du volume *Iéna* n'est pas à sa place. — Comme je l'ai indiqué, cette dépêche ne figure pas sur le registre du Major général. Elle ne nous est parvenue que parce que le maréchal Ney en a renvoyé la copie au Major général en lui répondant. Voici la dépêche du maréchal Ney tout entière.

Copie. ORDRE AU MARÉCHAL NEY.

L'ennemi est avec quarante mille hommes entre Weimar et Iéna ; poussez avec tout votre corps d'armée aussi loin que vous pourrez sur Iéna, afin d'être demain de bonne heure à Iéna. Réunissez toute votre cavalerie légère et rendez aux régiments toutes les ordonnances. Dirigez tout cela en arrière avec votre cavalerie légère aux portes d'Iéna. Tâchez d'être de votre personne ce soir à Iéna pour être à la reconnaissance que l'Empereur fera ce soir sur l'ennemi.

Le Major général,
Signé : M[al] BERTHIER.

En conséquence de cette disposition j'ai donné les ordres nécessaires pour qu'elle ait son exécution ; mais la troupe arrivera fort tard sur Iéna parce qu'il était impossible de passer par Triptitz ; la colonne a été obligée d'arriver jusque près de Gera pour changer de direction à gauche.

Mörsdorf le 13 octobre à 4 heures du soir.

Le Maréchal
NEY.

Le maréchal Berthier a mis de sa main en tête de la pièce : *A classer.*

L'ordre du Major général ne porte donc ni date ni lieu ni heure. — Il a été donné vers 9 heures du matin avant le départ de Gera, probablement au moment de monter à cheval alors que le portefeuille était déjà fermé et que le secrétaire n'avait plus le temps d'enregistrer. On y retrouve la même injonction que dans l'ordre au maréchal Soult page 581, celle de *rendre aux régiments toutes les ordonnances.* — L'ordre doit donc être placé à la page 582 avant le 4e bulletin.

Le 6e corps partit d'Auma pour Roda à 9 heures du matin lorsque le maréchal Ney eut reçu l'ordre de mouvement pour le 13, *Iéna* p. 574, apporté par l'officier envoyé le 12 à Gera, p. 541.

— Le Maréchal, laissé libre de passer par le meilleur chemin, jugea impossible de prendre par Triptis ; il suivit la grande route d'Auma à Gera jusqu'à 3 kil. de Gera et prit à gauche la route de Gera à Iéna. Le Maréchal, ainsi que le dit Fezensac, devançait son avant-garde sur la route de Roda ; à 4 heures (et non à 5 heures comme je l'ai supposé inexactement page 610) il était à Mörsdorf où il reçut l'ordre du Major général, répondit de suite, donna ses ordres et partit sur-le-champ de sa personne pour Iéna. Le Maréchal fit de sa personne plus de 60 kil. pour se rendre d'Auma à Iéna en passant jusque près de Gera ; l'avant-garde du 6e corps fit 55 kil. de Mittel-Pölnitz à Iéna ; la division Marchand 40 kil. de Braunsdorf à Roda, la division Marcognet 43 kil.

Il y a lieu de supprimer les 6 dernières lignes de la page 609 comme contenant une supposition erronée, celle du départ du 6e corps d'Auma avant la réception de l'ordre de mouvement pour le 13 inséré page 585.

L'ordre au maréchal Soult, p. 581, est également de 9 heures du matin, l'Empereur étant parti de Gera à 9 heures.

15 OCTOBRE

L'Empereur revint coucher, le 14, à Iéna avec sa Garde.

L'EMPEREUR A L'IMPÉRATRICE.

Iéna, 15 octobre 1806, 3 heures du matin.

Mon amie, j'ai fait de belles manœuvres contre les Prussiens. J'ai remporté hier une grande victoire. Ils étaient 150,000 hommes; j'ai fait 20,000 prisonniers, pris 100 pièces de canon et des drapeaux. J'étais en présence et près du Roi de Prusse; j'ai manqué de le prendre ainsi que la Reine. Je bivouaque depuis deux jours. Je me porte à merveille.

Adieu, mon amie, porte-toi bien et aime-moi.

Si Hortense est à Mayence, donne-lui un baiser ainsi qu'à Napoléon et au petit.

LE MAJOR GÉNÉRAL AU MARÉCHAL BERNADOTTE.

Iéna, 15 octobre 1806, 5 heures du matin.

L'Empereur, M. le Maréchal, ordonne que vous vous portiez sur Neustädt, Reussdorf et Seena, qui est un débouché de la route de Weimar à Naumburg, et où il y a un embranchement de chemin qui conduit sur Magdeburg par Nebra et Querfurt.

Si vous avez un bon chemin pour vous rendre à Neustädt

et que vous y arriviez de bonne heure, vous ferez sûrement un grand nombre de prisonniers. L'Empereur pense que vous êtes assez fort pour donner tête baissée sur tout ce qui voudra résister. Il n'y a rien de ce côté qui ne doive être battu par votre corps d'armée.

Le maréchal Davout reçoit l'ordre de se rendre à Naumburg; vous vous mettrez en communication avec lui.

LE MAJOR GÉNÉRAL AU MARÉCHAL DAVOUT.

Iéna, 15 octobre 1806, 5 heures du matin.

L'Empereur ordonne, M. le Maréchal, que vous retourniez avec votre corps d'armée à Naumburg.

Le maréchal Bernadotte se porte à Neustädt, petit endroit sur la route de Weimar à Naumburg et où se trouve l'embranchement d'une autre route qui conduit à Magdeburg. Il a l'ordre de se mettre en communication avec vous.

LE MAJOR GÉNÉRAL AU GRAND-DUC DE BERG.

Iéna, 15 octobre 1806, 5 heures et demie du matin.

Je vous préviens, mon Prince, que l'Empereur donne l'ordre à M. le maréchal Davout de retourner à Naumburg et au maréchal Bernadotte de couper la route de Weimar à Naumburg à mi-chemin. Quant à la direction qu'a prise l'ennemi, tout porte à penser que c'est sur Erfurt, car l'ennemi devant vouloir se retirer sur Magdeburg, c'est sa route; mais il n'y a que votre cavalerie qui puisse donner des renseignements précis là-dessus; il faut donc que, le plus tôt possible, vous vous mettiez en marche avec la cavalerie pour vous diriger sur Erfurt; vous en dirigerez une partie sur Buttelstädt. L'Empereur pense que l'ennemi, d'Erfurt, aura pris la route de Weissensee; il est donc de la plus grande importance d'avoir Erfurt dans la journée. L'Empereur ordonne au maréchal Ney de se mettre en marche sur Erfurt pour soutenir votre marche.

S. M. vous autorise à donner l'ordre au général qui a ses troupes le plus près sur la route de Buttelstädt, de soutenir la cavalerie que vous faites marcher dans cette direction.

LE MAJOR GÉNÉRAL AU MARÉCHAL NEY.

Iéna, 15 octobre 1806, 5 heures et demie du matin.

L'Empereur me charge, M. le Maréchal, de vous donner l'ordre de vous mettre en marche avec tout votre corps d'armée sur Erfurt, pour y soutenir le grand-duc de Berg qui s'y porte avec la plus grande partie de sa cavalerie et qui a l'ordre de se rendre maître de cette ville le plus tôt possible.

LE MAJOR GÉNÉRAL AU MARÉCHAL LANNES.

Iéna, 15 octobre 1806, 5 heures et demie du matin.

L'Empereur ordonne, M. le Maréchal, que vous réunissiez tout votre corps d'armée et que vous preniez la position que vous voudrez en avant de Weimar.

Votre corps d'armée étant le plus fatigué, ne marchera pas aujourd'hui.

Aussitôt que vous pourrez vous procurer l'état des morts et des blessés de la bataille d'hier, vous me l'enverrez.

LE MAJOR GÉNÉRAL AU MARÉCHAL AUGEREAU.

Iéna, 15 octobre 1806, 6 heures du matin.

L'Empereur ordonne, M. le Maréchal, que vous réunissiez tout votre corps d'armée et que vous vous mettiez en position dans l'endroit où vous vous trouvez, et où vous attendrez de nouveaux ordres.

Le plan d'opérations de l'Empereur s'est accompli de la façon dont il l'avait projeté.

L'Empereur a pris l'initiative du mouvement. Par le choix du point de réunion de son armée, par la direction de sa marche, il a débordé la gauche ennemie, il a forcé le roi de Prusse à recevoir la bataille dans des conditions désavantageuses. «... Mes premières « marches, a-t-il écrit le 30 septembre au roi de Hollande, menacent « le cœur de la monarchie prussienne, et le déploiement de mes « forces sera si imposant et si rapide qu'il est probable que toute « l'armée prussienne de Westphalie se ploiera sur Magdeburg, et « que tout se mettra en marche à grandes journées pour défendre la « capitale... » Mais immobile dans l'indécision, divisée, l'armée prussienne s'est laissé atteindre et a subi la bataille là où l'Empereur voulait l'obliger à combattre, coupée déjà de Berlin et de Dresde.

Avant la bataille l'Empereur considère le mouvement par Magdeburg comme le seul que puisse faire l'armée prussienne (au maréchal Soult, 10 octobre, 8 heures du matin) ; après la bataille, il ne peut douter que les corps ennemis ne se retirent sur le point d'appui le plus proche, Magdeburg. Après une bataille perdue, tout le monde d'instinct se précipite vers un point de rassemblement, toujours la place de dépôt la plus voisine, celle dont le nom est dans la bouche de tous.

Dans la nuit même, l'Empereur prend la résolution de refouler sur Magdeburg tous les corps ennemis battus, en les faisant poursuivre par sa cavalerie soutenue par les corps les moins fatigués ; lui-même, suivant son plan d'opérations, va se porter avec le reste de son armée sur la capitale par la route la plus courte. Il fait occuper immédiatement, et avant que l'ennemi ne puisse s'en emparer, les points qu'il lui importe de tenir.

Aussitôt que le Commandant en chef est averti que la bataille est terminée, que l'ennemi est en retraite, il cherche à démêler le point de réunion de l'adversaire et les routes qu'il prendra pour l'atteindre, donne ses instructions au chef de la cavalerie et aux commandants des corps d'armée qui ont le moins souffert pour placer leurs troupes à proximité de ces routes, afin qu'elles commencent leur mouvement le plus tôt possible, l'infanterie soutenant la cavalerie. Celle-ci qui a annoncé la retraite, doit avoir des patrouilles en mouvement toute la nuit pour s'efforcer de ne pas perdre les traces de l'ennemi. Le Commandant en chef indique bien la direction la plus probable de la retraite de l'ennemi, mais « il n'y a que la cavalerie qui puisse donner des renseignements précis là-dessus ».

La bataille d'Iéna a été décisive ; la poursuite a commencé le 14 sur le champ de bataille ; la cavalerie et les corps d'armée sont venus coucher à Weimar et en avant presque pêle-mêle avec les troupes prussiennes, et cependant les ordres de l'Empereur n'ont été donnés qu'à 5 heures et 5 heures et demie du matin le 15 à Iéna, à 20 kilomètres de Weimar ; ils n'ont pu parvenir avant 7 heures au plus tôt au commandant de la cavalerie. Après une journée semblable, il existe chez tous une lassitude profonde et générale dont le vaincu peut chercher à profiter pour dérober une demi-marche au vainqueur.

LE MAJOR GÉNÉRAL AU MARÉCHAL BERNADOTTE.

Iéna, 15 octobre 1806, 10 heures du matin.

L'aide de camp du maréchal Davout qui vous porte cette lettre[1], M. le Maréchal, vous fera connaître ce qui lui est arrivé hier; cela nécessite de vous mettre à la poursuite du corps ennemi qu'il a combattu.

L'ordre que je vous ai envoyé il y a 2 heures, paraît à l'Empereur prévenir ce que vous devez faire; cependant vous êtes le maître de manœuvrer comme les circonstances vous l'indiqueront. Faites le plus de mal possible à l'ennemi, ayant soin cependant d'attaquer le corps qui a été opposé au maréchal Davout, s'il était possible qu'il fût resté en position, ce qui serait la plus grande folie; dans ce cas, poursuivez vivement ce corps. Si, n'ayant été instruit que tard des succès de la bataille d'hier, il avait hésité de se retirer et mis de l'incertitude dans son mouvement, détruisez-le.

Tenez-vous le plus possible dans une position à être le corps d'armée le plus près de Naumburg, hormis le maréchal Davout, de sorte que lorsque le mouvement de l'ennemi sera bien connu, vous soyez prêt à vous porter sur l'Elbe et Berlin, pouvant, de votre position, vous porter en une journée sur Naumburg.

1. C'est l'officier qui a porté à l'Empereur le rapport du maréchal Davout du 14, bivouac d'Auerstädt. Voir *Iéna*, page 672.

LE MAJOR GÉNÉRAL AU MARÉCHAL DAVOUT.

Iéna, 15 octobre 1806, 10 heures du matin.

Je vous envoie, M. le Maréchal, copie de la lettre que j'écris au maréchal Bernadotte qui était ce matin à Apolda et qui marche sur Neustädt vers Nebra. Il doit prendre position à Neustädt.

L'intention de l'Empereur, M. le Maréchal, est que vous couvriez Naumburg, que vous poursuiviez et battiez le corps que vous avez devant vous, si toutefois il n'a pas disparu, comme tout porte à le penser; cependant vous ne devez pas trop vous acharner à le poursuivre, de manière à ce que vous soyez plus en position de couvrir Naumburg qui est l'objet important, l'intention de l'Empereur étant toujours d'avoir votre corps d'armée dans une position telle qu'il puisse arriver à Leipzig et sur l'Elbe avant l'ennemi.

LE MAJOR GÉNÉRAL A L'ADJUDANT-COMMANDANT GASTINES.

Iéna, 15 octobre 1806, 10 heures du matin.

Ordre pour être chargé de conduire les prisonniers prussiens jusqu'à Würzburg où il en prendra un reçu du général Thouvenot.

Cette colonne de prisonniers est composée de 2 généraux, 90 officiers et 2,661 sous-officiers et soldats.

En donnant les ordres précédents à 5 heures du matin, l'Empereur ignorait encore que le 3e corps eût eu un engagement avec une partie de l'armée prussienne; il était persuadé que toute l'armée ennemie était réunie devant lui. Il ne reçut que vers 9 heures du matin le rapport du maréchal Davout écrit le 14 du bivouac d'Auerstädt[1]. Le major général reçut probablement aussi vers la même heure le rapport du maréchal Bernadotte daté d'Apolda le 14 à 9 heures du soir[2].

L'ensemble de la bataille s'était livré sur une étendue de plus

1. Voir *Iéna*, page 672.
2. *Iéna*, page 696.

de 5 lieues, d'Hassenhausen à Vierzehn-Heiligen ; la disposition des corps des deux armées, la configuration du terrain (le cours de la Saale, celui de l'Ilm) et la distance considérable qui séparait les points extrêmes du champ de bataille, rendaient les communications très difficiles. Le Commandant en chef occupé du combat qui se donnait sous ses yeux, persuadé qu'il avait en tête l'armée ennemie tout entière, n'entendait pas le canon de l'autre engagement qui avait lieu à 20 kilomètres sur sa droite. Et cependant la bataille terminée devant lui, il donnait tous ses ordres pour la continuation des opérations en suivant son projet général.

Ce ne sont pas les batailles de l'avenir seules qui se développeront sur des champs de bataille immenses que le Commandant en chef ne pourra pas embrasser du regard. La journée du 14 octobre a donné l'exemple d'un front de bataille de 20 kilomètres. L'art du Commandant en chef est d'être avec la masse de ses forces là où doit se décider la bataille, pour donner le coup décisif. Le soir il ne peut connaître toutes les alternatives de l'action sur une ligne de 3 lieues, mais il sait que la bataille est gagnée et il règle en conséquence le mouvement du lendemain. — Le 3e corps forcé, la bataille était gagnée tout de même ; l'armée prussienne se retirait ; elle avait commencé son mouvement avant l'affaire.

L'Empereur a donné ses premiers ordres sans avoir une connaissance complète de l'étendue de sa victoire ; mais la sûreté de son jugement est telle qu'il n'a rien à modifier lorsqu'il reçoit les nouvelles des extrémités du champ de bataille. A 5 heures du matin, en ordonnant au maréchal Davout de retourner à Naumburg, il a voulu empêcher les corps ennemis battus de s'emparer de ce point pour se retirer ensuite par Leipzig sur Berlin ; à 10 heures, lorsqu'il sait l'immensité de la défaite de l'armée prussienne, il annonce son intention de gagner l'ennemi de vitesse et d'arriver sur l'Elbe avant lui, complétant sa pensée à peine exprimée le matin et suivant toujours son projet primitif. « Après cette bataille, a-t-il écrit le 10 au « maréchal Soult, je serai à Dresde ou à Berlin avant lui. »

LE GRAND-DUC DE BERG A L'EMPEREUR.

Weimar, 15 octobre 1806.

Les troupes de V. M. sont en marche sur Erfurt depuis une heure; je pars à l'instant; j'aurai l'honneur de vous écrire de cette ville. Cependant, Sire, tout porte à croire que l'ennemi fait sa retraite sur Merseburg et, ce qui semble confirmer ce mouvement, c'est que la Reine de Prusse était partie avant-hier de Weimar pour se rendre à Naumburg; mais voyant que ce point était occupé, elle est revenue à Weimar d'où elle est partie pour Erfurt hier à 8 heures du matin et non à 4 heures, comme je vous l'avais mandé. MM. d'Haugwitz et Lucchesini se trouvaient encore hier à Erfurt. L'ennemi avait encore hier un corps de troupes à Eisenach. J'adresse à V. M. 4 des drapeaux qui ont été pris hier avec une trentaine d'officiers parmi lesquels est le général Schmettau, un colonel et plusieurs majors. J'ai avec moi 5 divisions de cavalerie et la division de troupes légères. D'Erfurt je suivrai la route qu'aura prise l'ennemi. J'espère que j'aurai reçu des ordres de V. M. d'ici à ce soir.

A la réception de l'ordre du Major général de 5 heures et demie du matin, vers 7 ou 7 heures et demie, le Grand-duc a mis sa cavalerie en marche ; elle a dû partir entre 8 et 9 heures. Lui-même a écrit à l'Empereur vers 9 heures et demie. Sa dépêche parvient au quartier impérial à Iéna à 11 heures passées. Le Major général expédie aussitôt de nouveaux ordres pour empêcher le commandant de la cavalerie de l'enfourner tout entière sur Erfurt.

LE MAJOR GÉNÉRAL AU GRAND-DUC DE BERG.

Iéna, 15 octobre 1806, midi.

(*Porté par M. de Canouville parti à midi.*)

N'engagez pas, mon Prince, toute votre cavalerie sur Erfurt; laissez-en la moitié en réserve à Weimar, afin qu'on puisse la diriger sur Naumburg du moment qu'on aura des nouvelles plus positives de l'ennemi qui paraît s'être dirigé sur Naumburg.

Le maréchal Davout a eu hier matin une affaire terrible contre un corps de 40,000 hommes qu'il a culbuté; il lui a pris 40 pièces de canon. Ce corps battait en retraite quand tout à coup il a fait une nouvelle charge, vers 5 heures après midi, que le maréchal Davout a victorieusement repoussée. Il paraît que le Roi de Prusse, le duc de Brunswick et le général Rüchel se sont trouvés à cette charge. On dit le duc de Brunswick mortellement blessé, le général Rüchel tué. Il est à croire que les débris de l'armée prussienne se sont portés pour se retirer sur Naumburg.

L'avis donné par le Grand-duc que l'ennemi fait sa retraite sur Merseburg, ne repose que sur les renseignements qu'il a pris à Weimar et qui sont antérieurs à la bataille, renseignements qui datent du départ de l'armée du Roi le 13. A l'heure où il écrit, le Prince ne connaît pas l'engagement du 3e corps. — L'Empereur attend des nouvelles plus positives de l'ennemi. On n'a pas reçu de nouveau rapport du maréchal Davout depuis celui du 14 du bivouac d'Auerstädt parvenu vers 9 heures et apporté par l'aide de camp Falcon qui a donné les détails sur la charge de 5 heures du soir et qui a remporté les ordres du Major général de 10 heures du matin. L'Empereur suppose que les débris de l'armée prussienne se sont portés du champ de bataille pour se retirer sur Naumburg et qu'arrivant sur le lieu du combat ils ont renouvelé l'attaque pour se frayer un passage. Supposition inexacte. — A midi le Commandant en chef de l'armée victorieuse est donc encore incertain sur la direction de l'armée battue. Chaque nouveau rapport du commandant de la cavalerie et des commandants de corps d'armée apporte au Commandant en chef des renseignements contradictoires d'où il doit démêler la vérité. Il lui faut donc réserver une partie de ses forces pour prendre les dispositions que nécessiteront les nouvelles plus positives : d'où laisser la moitié de la cavalerie en réserve à Weimar, rallier les corps d'armée et se tenir prêt à partir au premier ordre. L'Empereur se rend à Weimar pour avoir les rapports plus rapidement et expédier de suite ses ordres. Il a employé la matinée à dicter le décret de contribution, des notes pour annoncer la victoire, ainsi que le bulletin dont la première rédaction ne faisait pas mention de la bataille d'Auerstädt. — La Garde à pied ne suivit pas l'Empereur à Weimar.

LE MAJOR GÉNÉRAL AU MARÉCHAL SOULT.

Iéna, 15 octobre 1806, midi.

Ne perdez pas un moment, M. le Maréchal, pour porter tout votre corps d'armée sur Buttelstädt afin d'intercepter la communication d'Erfurt à Naumburg.

L'Empereur se rend à Weimar.

LE MAJOR GÉNÉRAL AU MARÉCHAL LANNES.

Iéna, 15 octobre 1806, midi.

(*Porté par M. de Canouville.*)

Ralliez tout votre corps d'armée et tenez-vous prêt à partir au premier ordre.

LE MARÉCHAL LANNES A L'EMPEREUR.

Weimar, 15 octobre 1806.

Je crois que mon corps d'armée est le plus réuni dans ce moment, et je vois avec peine que V. M. I. me laisse perdre ici une journée. J'ai eu l'honneur de lui écrire qu'une partie de l'armée ennemie s'était retirée sur Naumburg et une partie des bagages seulement sur Erfurt avec quelques fuyards. Le Roi était à la bataille; on ne sait ce qu'il est devenu; sans doute qu'il aura suivi la portion de son armée qui s'est dirigée sur Naumburg. La Reine avait également pris cette route; une patrouille de notre cavalerie légère l'a obligée à rétrograder sur Weimar, d'où elle est repartie promptement par la même route, apprenant que les Français s'approchaient. On pense qu'elle ne peut s'échapper étant environnée de nos troupes. La cavalerie légère du 5e corps a pris hier au soir plusieurs pièces de canon, 4 bataillons et les 4 drapeaux. Comme je viens d'avoir l'honneur de dire à V. M. que mes troupes étaient les plus réunies, je la prie de me faire connaître la direction qu'elles doivent prendre, je partirai sur-le-champ. Si V. M. nous laisse ici toute la journée, elle fera beaucoup de chagrin aux généraux et aux troupes composant le 5e corps. Je prie donc V. M. de me mettre à la tête de la Grande Armée : la conduite que nous avons tenue hier nous donne ce droit.

Je suis avec le plus profond respect et dévouement, etc.

La lettre du maréchal Lannes écrite à la réception de l'ordre du Major général de 5 heures et demie du matin, a dû parvenir à l'Empereur avant l'expédition de l'ordre daté de midi.

LE MARÉCHAL DAVOUT AU MAJOR GÉNÉRAL.

Au bivouac d'Eckartsberg, 15 octobre 1806.

J'ai l'honneur d'adresser à V. A. le rapport que je reçois à l'instant de mes reconnaissances de cavalerie sur les points de retraite de l'ennemi.

J'ai envoyé à la pointe du jour le général Lochet avec un régiment d'infanterie et 100 chevaux à Freyburg où il y a un château à l'abri d'un coup de main, où j'avais laissé une compagnie du 13e léger. Le général Lochet enverra des partis sur Merseburg et sur Querfurt.

Je ne pourrai vous donner aucun rapport sur la bataille d'Eckartsberg d'ici à deux jours. Tout le monde y a fait son devoir; l'infanterie a fait ce que l'on devait attendre de la meilleure infanterie du monde. La cavalerie s'est fait écharper. Je l'ai employée pour me donner le temps de déboucher de Kösen. Le projet du Roi était de déboucher par ce point, de se porter sur Naumburg; ses autres corps d'armée devaient déboucher par Freyburg.

Le prince Henri de Prusse a été blessé.

Leur cavalerie, qui a chargé vigoureusement notre infanterie, a beaucoup souffert; nous avons pris presque toute l'artillerie de l'ennemi et des drapeaux.

Les généraux Möllendorf, le duc de Brunswick, le comte de Kalkreuth, le Roi, ses frères, son oncle, l'élite de l'armée prussienne, voilà ce que le 3e corps a combattu.

La Reine est partie de Weimar pour Berlin il y a deux jours.

J'ai remplacé les cartouches et les munitions consommées, ce qui a entièrement épuisé mon parc de réserve. Je prie V. A. de donner les ordres les plus prompts au général Songis afin qu'il me fasse passer toutes les munitions qui me sont nécessaires, et que j'estime à un approvisionnement complet.

L'armée est prête à partir. Du point que j'occupe, je suis plus à portée de remplir les intentions de l'Empereur[1].

Je demanderai à V. A. des adjudants-généraux, des officiers du génie, des sapeurs, des canonniers, surtout des officiers d'état-major, presque tout ce que j'en avais a été blessé ou tué.

L'adjudant-général Hervo, sous-chef de l'état-major, ainsi que son brave chef le général Daultanne, se sont particulièrement distingués.

L'adjudant-général Hervo est blessé et il nous suit. Il est nécessaire d'envoyer des secours d'officiers de santé, des objets de pansements à Naumburg, le nombre des blessés étant très-considérable.

LE GÉNÉRAL VIALLANNES AU MARÉCHAL DAVOUT[2].

Neustädt[3], 15 octobre 1806, 4 heures du matin.

Ma reconnaissance de Frankenhausen vient de rentrer.

Elle a poussé sur Mannstädt. Ainsi que les Prussiens qui couchent cette nuit à Gross-Hausen[4] (beaucoup d'infanterie, d'artillerie, tous les bagages et 400 à 500 hommes de cavalerie) le tout part cette

1. Le Maréchal n'a pas encore reçu les ordres du Major général de 5 heures du matin. — Ce rapport a dû partir vers 8 heures ou 9 heures du matin.

2. Voir le rapport du général Viallannes du 14 à 9 heures et demie du soir, *Iéna*, page 693.

3. Il est probable qu'il faut lire Buttstädt et non pas Neustädt. Le général Viallannes s'était arrêté à Buttstädt le 14 à 9 heures et demie du soir, ses chevaux étant exténués. Les reconnaissances parties à minuit sont allées à 4 kilomètres sur les 2 directions de Frankenhausen et de Weimar.

4. Gross-Neuhausen.

nuit pour Frankenhausen où il doit, dit-on, y avoir un grand rassemblement.

Le parti que j'ai envoyé sur Weimar n'est pas encore arrivé. Aussitôt qu'il le sera, j'aurai l'honneur de vous faire part de ses découvertes.

LE GÉNÉRAL VIALLANNES AU MARÉCHAL DAVOUT.

15 octobre 1806, 5 heures du matin.

Ma reconnaissance sur Ober-Reissen est rentrée ; 2 cavaliers, 5 fantassins et un officier ont été pris dans ce village.

L'armée prussienne se retire sur deux colonnes : l'une marche sur Weimar et l'autre sur Frankenhausen [1].

Cette armée est dans le plus grand désordre ; le Roi la commandait en personne, Kalkreuth sous lui ainsi que Brünswick. Blücher commandait l'avant-garde.

Brünswick est mort.

J'envoie à l'instant de fortes reconnaissances sur Weimar et sur Frankenhausen.

P.-S. — Tout le monde s'accorde à dire que l'armée prussienne était de 100,000 hommes.

Toute l'armée s'accorde à dire que sa perte est extrême.

Le Major général reçoit à midi passé la dépêche du Maréchal Davout du bivouac d'Eckartsberg, 15 octobre, à laquelle sont joints les rapports du général Viallannes du 14 à 9 heures et demie du soir et du 15 à 4 heures et à 5 heures du matin. — L'Empereur écrit de suite au Grand-duc de Berg pour lui annoncer la réunion de l'armée prussienne sur Frankenhausen.

L'EMPEREUR AU GRAND-DUC DE BERG.

Iéna, 15 octobre 1806, 1 heure après midi.

Il paraît que la réunion de l'armée prussienne se fait sur Frankenhausen. Le maréchal Davout a eu une affaire su-

1. Le général Viallannes ignore la bataille livrée par l'Empereur ; il ne connait que l'engagement du 3e corps, d'où sa supposition que toute l'armée prussienne, battue par le 3e corps, se retire sur 2 colonnes, l'une sur Weimar et l'autre sur Frankenhausen. A 5 heures du matin le 15 octobre, le jour n'est pas encore fait ; les renseignements recueillis pendant l'obscurité de la nuit n'ont pu être contrôlés.

perbe ; il a battu seul 60,000 Prussiens. Son quartier général était ce matin à Eckartsberg ; sa cavalerie légère était à Buttstädt et à Neustädt[1].

L'Empereur prend un décret de contribution le lendemain de la bataille, et il englobe tous les États des princes confédérés ; il prévoit de suite les résultats de la déroute de l'armée prussienne qui met à sa merci tout le pays jusqu'à la Vistule. Cette nécessité de nourrir la guerre est le premier soin du vainqueur. Une contribution de cent millions sur les pays de la monarchie autrichienne a été frappée par décret du 7 frimaire an XIV, 4 jours avant la bataille d'Austerlitz.

DÉCRET.

Quartier impérial, Iéna, 15 octobre 1806.

Napoléon, Empereur des Français, Roi d'Italie,

Considérant que le résultat de la bataille d'hier est la conquête de tous les pays appartenant au roi de Prusse en deçà de la Vistule,

Nous avons décrété et décrétons les dispositions suivantes, pour servir de règle à notre intendant général, à l'administrateur général des finances et à notre receveur général :

Art. 1er. — Les États de l'Électeur de Saxe payeront une contribution extraordinaire de guerre de. 25,375,000 fr.

Le duché de Weimar.	2,200,000
Les États du duc de Brunswick et Wolfenbüttel.	5,625,000
Les États du prince de Nassau, Orange, Fulde	1,300,000
L'Électeur de Hesse-Cassel	6,000,000
La ville d'Erfurt et le comté de Blankenhayn.	400,000
Le comté d'Eichsfeld.	675,000
La ville de Goslar.	200,000
La principauté de Halberstadt. . .	525,000

1. L'indication de la cavalerie légère du 3e corps à *Neustädt* doit être erronée ainsi que je l'ai prouvé plus haut.

Hildesheim	100,000 fr.
Paderborn	225,000
Münster	2,500,000
Le pays de Tecklenburg et de Lingen	100,000
Le comté de la Marck	2,000,000
La principauté de Minden et de Ravensberg.	600,000
Le margraviat de Baireuth	2,500,000
Les États du Roi de Prusse en deçà de la Vistule	100,000,000
La ville de Berlin sera comprise dans cette réquisition pour une somme de 10 millions.	
Le pays de Hanovre	9,100,000
Total.	159,425,000 fr.

Art. 2. — Il sera pris possession de l'Ost-Frise par le roi de Hollande.

Art. 3. — Les États des ducs de Saxe-Gotha, des princes d'Anhalt, de Waldeck, de la Lippe et du Reuss, qui n'ont point pris part à la guerre, ne seront inquiétés d'aucune manière et ne paieront point de contributions.

Art. 4. — L'intendant général est autorisé à engager les domaines du prince pour le paiement de la contribution.

Art. 5. — Toutes les marchandises anglaises qui se trouvent dans les villes du Nord appartiendront à l'armée.

NAPOLÉON.

L'EMPEREUR AU VICE-AMIRAL DECRÈS.

Iéna, 15 octobre 1806.

J'imagine que vous avez donné des ordres pour qu'on coure sur les bâtiments prussiens et pour faire déclarer de bonne prise les bâtiments de cette nation qui sont dans nos ports.

L'EMPEREUR A M. CAMBACÉRÈS.

Iéna, 15 octobre 1806.

Mon cousin, je ne vous écris qu'un mot; vous aurez le bulletin demain. La bataille d'Iéna a rempli toutes nos espérances. Les Prussiens ont été écrasés. Ils étaient 150,000. 25,000 prisonniers, 200 pièces de canon, des drapeaux, un grand nombre de leurs généraux tués, et entre autres le duc de Brunswick.

Aucun homme marquant de tué de notre côté.

L'EMPEREUR AU MAJOR GÉNÉRAL.

Iéna, 15 octobre 1806.

Le maréchal Berthier enverra la note ci-après par courrier à M. Otto, qui la fera passer à M. Larochefoucauld, au général Sebastiani et en Italie. Il la fera imprimer partout, à Leipzig, à Iéna, etc.

La bataille d'Iéna, qui s'est donnée le 14 entre l'armée française commandée par l'empereur Napoléon et l'armée prussienne commandée par le roi de Prusse, a été aussi glorieuse qu'on pouvait le désirer pour les armes françaises. L'armée prussienne a été écrasée; elle a éprouvé des pertes immenses; elle a été poursuivie pendant plus de 6 lieues; elle a laissé sur le champ de bataille 100 pièces de canon, plusieurs milliers de morts; on lui a fait 20,000 prisonniers. Le roi et la reine de Prusse n'ont été manqués que d'une heure. La plupart des généraux prussiens ont été blessés; leurs colonnes ont été coupées. Nous sommes entrés à Weimar en même temps qu'eux. Notre perte n'est pas très considérable.

La dépêche à M. Cambacérès et la note, dans lesquelles il n'est pas fait mention de l'engagement du 3e corps, ont été dictées avant 9 heures du matin. — La dépêche suivante au contraire n'a été faite qu'après la réception des 2 rapports du maréchal Davout, c'est-à-dire après 1 heure de l'après-midi; la position du 3e corps à Eckartsberg et le ralliement de l'armée prussienne du côté de Frankenhausen indiquent l'heure d'une façon certaine.

L'EMPEREUR A M. DE TALLEYRAND.

Iéna, 15 octobre 1806.

M. le prince de Bénévent, voici une note que vous pouvez faire imprimer en attendant que je vous envoie le bulletin.

Je vous envoie un manifeste prussien auquel il faut faire une réponse.

La bataille d'Iéna, qui s'est donnée le 14, sera une des plus célèbres de l'histoire. Les Prussiens étaient au nombre de 150,000 hommes; ils ont perdu 200 pièces d'artillerie, 30 drapeaux, 28,000 prisonniers. Le duc de Brunswick, le général Rüchel ont été tués; le prince Henri de Prusse, grièvement blessé; un grand nombre d'officiers de distinction ont été blessés. Comparativement, la perte de l'armée française a été beaucoup moindre. Cependant aux ambulances d'Iéna nous avons 1,200 blessés et à celles de Naumburg 1,500. Il n'y a pas d'autre général tué que le général de brigade Debilly, excellent militaire. 7 ou 8 colonels sont morts sur le champ de bataille. La cavalerie française s'est couverte d'honneur.

Le maréchal Davout, placé aux débouchés de Kœsen en avant de Naumburg, a empêché l'ennemi de déboucher. Il s'est battu toute la journée et a mis en déroute plus de 60,000 hommes commandés par Möllendorf, Kalkreuth et par le Roi en personne. Ce corps d'armée s'est couvert de gloire. Au reste, tout le monde a rivalisé de zèle et de courage. Les corps des maréchaux Lannes, Soult, Ney et Augereau ont pris part à l'action avec une égale intrépidité.

La reine de Prusse a été poursuivie par un escadron de hussards; elle a été obligée de rentrer à Weimar et en est repartie trois heures avant que nos postes y entrassent. Elle a suivi une route sur laquelle nous avons beaucoup de troupes; il est possible qu'elle ait été prise.

Les divisions de cuirassiers et de dragons n'ont pu arriver qu'à la fin de la journée. Elles ont enfoncé plusieurs bataillons carrés d'infanterie prussienne, qu'elles ont faits prisonniers. Le grand-duc de Berg se trouvait toujours à leur tête.

Nos troupes sont entrées le soir à Weimar, en poursuivant l'arrière-garde ennemie du côté de la gauche. Du côté de la droite, le maréchal Davout a poursuivi l'ennemi jusqu'à Neustädt. Il a, ce matin, son quartier général à Eckartsberg.

On croit que l'ennemi cherche à se rallier du côté de Frankenhausen pour tâcher de gagner Magdeburg. L'ennemi doit avoir éprouvé un mal effroyable, que l'on ne connaîtra que plus tard. 6 de leurs généraux sont prisonniers avec un grand nombre de colonels.

6e BULLETIN DE LA GRANDE ARMÉE.

Weimar, 15 octobre 1806, au soir.

6,000 Saxons et plus de 300 officiers ont été faits prisonniers. L'Empereur a fait réunir les officiers et leur a dit qu'il voyait avec peine que leur armée lui faisait la guerre; qu'il n'avait pris les armes que pour assurer l'indépendance de la nation saxonne et s'opposer à ce qu'elle fût incorporée à la monarchie prussienne; que son intention était de les renvoyer tous chez eux, s'ils donnaient leur parole de ne jamais servir contre la France; que leur souverain, dont il reconnaissait les qualités, avait été d'une extrême faiblesse, en cédant ainsi aux menaces des Prussiens et en les laissant entrer sur son territoire; mais qu'il fallait que tout cela finît, que les Prussiens restassent en Prusse et qu'ils ne se mêlassent en rien des affaires de l'Allemagne; que les Saxons devaient se trouver réunis dans la Confédération du Rhin, sous la protection de la France, protection qui n'était pas nouvelle, puisque, depuis deux cents ans, sans la France, ils eussent été envahis par l'Autriche ou par la Prusse; que l'Empereur n'avait pris les armes que lorsque la Prusse avait envahi la Saxe; qu'il fallait mettre un terme à ces violences; que le continent avait besoin de repos, et que, malgré les intrigues et les basses passions qui agitent plusieurs cours, il fallait que ce repos existât, dût-il en coûter la chute de quelques trônes.

Effectivement, tous les prisonniers saxons ont été renvoyés chez eux avec la proclamation de l'Empereur aux Saxons, et des assurances qu'on n'en voulait pas à leur nation[1].

LE GRAND-DUC DE BERG A L'EMPEREUR.

Devant Erfurt, 15 octobre 1806, 4 heures et demie du soir.

Je m'empresse d'annoncer à V. M. que j'ai trouvé l'arrière-garde d'un corps en position sur les hauteurs en arrière d'Erfurt composé de cavalerie et d'infanterie. Je l'ai fait charger. La cavalerie ennemie a fui et la proximité de la ville a donné un asile à l'infanterie et à la cavalerie qui s'y est retirée dans le plus grand désordre abandonnant un très grand nombre de pièces d'artillerie. Nous avons pris beaucoup d'équipages et 60 chariots chargés de farine et 700

---

1. RAPPORT DE L'ADJUDANT COMMANDANT PASSINGES RELATIF AU RENVOI DES PRISONNIERS SAXONS.

Iéna, 16 octobre 1806.

Conformément aux derniers ordres de S. A. S. le prince ministre de la guerre, j'ai fait rassembler à Iéna tous les prisonniers saxons et ai commencé par leur adresser une courte exhortation dont la traduction est ci-jointe; ensuite ils ont été formés en ordre de bataille par arme et par régiment et les passeports leur ont été délivrés sous la forme prescrite.

Tous sont pénétrés de la plus vive reconnaissance envers S. M. l'Empereur et Roi, ce qui m'a décidé à leur faire part des nouvelles reçues du corps d'armée de M. le maréchal Davout; leur satisfaction m'a paru aussi complète que leur aversion pour la Prusse qu'ils accusent hautement de les avoir sacrifiés.

La pénurie des subsistances les a contraints d'exécuter le même jour l'ordre de départ que je leur transmettais.

Braves Saxons, le roi de Prusse en vous faisant combattre aux premiers rangs de son armée vous dévouait à la mort ou à la captivité. L'Empereur des Français vous rend tous à vos familles; empressez-vous de jouir du bienfait de l'invincible monarque, et que vos compatriotes éclairés sur leurs véritables intérêts par votre retour apprennent que la magnanimité de Napoléon est sans bornes comme l'élévation de son génie.

à 800 prisonniers. Les campagnes sont inondées d'hommes égarés qui ne savent où se retirer.

Il est 4 heures et demie et le corps de M. le maréchal Ney ne paraît pas encore et je ne puis avec de la cavalerie m'emparer de la ville qui se trouve occupée par 4 régiments d'infanterie et 3 régiments de cavalerie qui vraisemblablement chercheront à s'évader la nuit. Voyant que l'infanterie n'arrivait pas, j'ai fait sommer la place et j'ai menacé de la faire brûler si elle ne se rendait pas. M. le colonel Préval a été chargé de cette mission. J'adresse à V. M. une première demande du général (de Prueschenez) qui commande, mais enfin M. le lieutenant général de Larisch, qui commande, s'est réduit à ne demander que la rentrée en Prusse sur parole de 40 officiers qui se trouvent dans la place, ce que j'ai cru pouvoir accorder [1] ; la place a 40 pièces de canon en batterie, 2,000 hommes d'infanterie et une très bonne citadelle.

---

1. ORDRE.

Erfurt, 16 octobre 1806.

Il est ordonné à M. Vathiez, capitaine adjoint à l'état-major général de S. A. I. le grand-duc de Berg, de se rendre dans la place auprès de M. le général prussien gouverneur, pour y recevoir les paroles d'honneur par écrit, signées individuellement par MM. les officiers généraux, officiers supérieurs et officiers de troupes composant la garnison d'Erfurt; il les réunira pour les remettre au chef de l'état-major général.

BELLIARD.

LE GÉNÉRAL RUTY, COMMANDANT L'ARTILLERIE DU CORPS DES RÉSERVES, AU GÉNÉRAL SONGIS.

Varsovie, 23 janvier 1807.

Le peu d'exactitude qu'ont apporté les commandants de l'artillerie des divisions à rendre compte des opérations de leur artillerie, me met dans l'impossibilité de faire sur le service des batteries des réserves dans la campagne dernière, un rapport aussi complet que vous le désirez, et qu'il le serait si l'on eût suivi les ordres donnés et souvent réitérés à ce sujet.

Les commandants de l'artillerie des 1re et 3e divisions de dragons et de la 1re division de grosse cavalerie sont les seuls qui aient fait parvenir leurs rapports. Les autres n'ont rendu aucun compte.

Ce qui caractérise particulièrement le service de l'artillerie des réserves dans le cours de la campagne dernière, c'est la rapidité de ses mouvements et son activité à suivre partout la cavalerie, malgré les obstacles qu'ont souvent présentés des pays difficiles et la continuité de marches forcées dont la fatigue paraissait extrême, même à la cavalerie. La journée du 26 décembre est la seule où quelques subdivisions d'artillerie aient rencontré des obstacles

J'aurai l'honneur d'adresser à V. M. la capitulation lorsqu'elle aura été rédigée et signée.

Toute la cavalerie était déjà rendue à Erfurt lorsque j'ai reçu l'ordre d'en laisser la moitié à Weimar. Je donne l'ordre à la division Sahuc de se porter sur Buttelstädt, où V. M. pourra lui faire adresser des ordres de mouvement pour demain. La 1re division de dragons, la 1re de grosse cavalerie seront ce soir à Stetternheim poussant des partis sur Weissensee[1]; la 2e division de cuirassiers avec la brigade de hussards cerne la ville.

Tous les rapports que je reçois confirment la retraite de l'ennemi sur Merseburg et Halle. D'Erfurt je puis me porter rapidement sur ce point si V. M. l'ordonne. Je désirerais avoir les ordres de V. M. avant le jour afin que demain je puisse faire une grande marche.

Brigade Lasalle, Walschleben.
Brigade Milhaud, devant Erfurt.
3e division de dragons, Kerspleben.
2e division de dragons, Schleiz.

LE GRAND-DUC DE BERG A L'EMPEREUR.

Au bivouac à une demi-lieue d'Erfurt, à 2 heures et demie du matin, le 16 octobre 1806.

Je prie V. M. de me faire connaître ses instructions. Il est bien malheureux que l'infanterie ne soit arrivée que

---

insurmontables et soient restées en arrière ainsi qu'une grande partie de la cavalerie.

Voici les occasions principales où l'action de l'artillerie ayant eu des résultats heureux et immédiats a dû être particulièrement remarquée.

Le 15 octobre, la 1re division de dragons poursuivant l'ennemi en retraite sur Erfurt, le capitaine Baillot reçut ordre de faire feu sur une colonne prussienne qui se dirigeait vers la ville; ce qui fut exécuté avec assez de succès pour précipiter la retraite de cette colonne et la déterminer à abandonner une partie de ses bagages. Quelques heures après, l'obusier de cette division et celui de la 3e division de dragons commandé par le capitaine Charlaud se mirent en batterie à bonne portée de la ville, y lancèrent une quantité assez considérable d'obus, et quoique entièrement à découvert, soutinrent jusqu'à la nuit leur feu contre celui des remparts: la ville se rendit le lendemain....

1. La 1re division de dragons poursuivit sa marche et arriva le 15 à minuit à Weissensee.

vers 7 heures du soir, car j'aurais fait cerner la place et j'aurais empêché l'ennemi d'en sortir. Car je présume qu'il n'a mis tant de lenteur que pour s'évader cette nuit. Je vais faire occuper les deux portes et jeter de l'autre côté de la rivière de l'infanterie qui aura assez de peine à passer, étant obligée de passer sur un très petit pont.

Cette lettre du grand-duc est écrite en travers de la lettre du colonel Préval.

LE COLONEL PRÉVAL AU GRAND-DUC DE BERG.

De la citadelle d'Erfurt, 15 octobre 1806, 8 heures du soir.

J'ai à rendre compte à V. A. I. que le séjour ici de M. le prince d'Orange-Nassau, lieutenant général au service de S. M. prussienne, de M. le maréchal Möllendorf et de 3 officiers généraux, rend la capitulation plus difficile. M. le prince d'Orange et S. Exc. le maréchal de Möllendorf attendent de la générosité de V. A. de ne point exiger qu'ils entachent leur réputation par une capitulation qui les rendrait, ainsi que leur garnison, prisonniers de guerre ; ils demandent à sortir avec armes, bagages et canons de bataillon, ce soir ou demain matin.

Quoique ayant cédé par la considération que MM. d'Orange et de Möllendorf devaient attendre qu'un des officiers de V. A. I. ait été demander de nouveau ses ordres, je ne l'ai fait qu'après avoir reçu la parole d'honneur de S. A. M. le prince d'Orange que les troupes de la garnison et celles qui seraient sous la protection de la place ne feraient aucun mouvement hostile jusqu'à la conclusion ou le rejet de la capitulation. J'ai pris le même engagement jusqu'à la réponse de V. A. I.

J'ai à observer que ces Messieurs s'attendent à de grandes modifications à la demande de leur sortie. M'en étant défendu de la manière la plus forte : cependant la présence des deux principaux officiers feraient résister la citadelle bien armée et palissadée.

Dans le cas où V. A. I. daignerait accorder seulement la sortie avec armes et bagages, mais avec défense de servir pendant un an, je préjuge que la capitulation se réaliserait cette nuit même.

Déjà V. A. I. peut à minuit faire occuper par 50 hommes les portes de Saint-Jean et de Zeuber.

J'attends les instructions qu'il plaira à V. A. I. de me faire adresser. Je désire qu'elles soient assez étendues pour ne plus avoir à l'importuner.

6e corps, bivouac devant Erfurt.
5e corps, bivouac hors de Weimar sur la route de Naumburg.
7e corps, bivouac en avant de Weimar sur la route d'Erfurt[1].

LE MARÉCHAL SOULT AU MAJOR GÉNÉRAL.

Buttelstädt, 15 octobre 1806.

Ce matin à la pointe du jour, la cavalerie du corps d'armée s'est mise à la poursuite de l'ennemi en se dirigeant sur Buttelstädt, et aussi pour intercepter la route qui conduit d'Erfurt à Naumburg. Arrivé à hauteur de Liebstädt[2], le général Guyot, commandant l'avant-garde, a rencontré des postes de cavalerie qui étaient soutenus par 2 escadrons de cuirassiers prussiens; il les a aussitôt fait charger, mais l'ennemi n'a fait aucune résistance et s'est sauvé.

L'arrière-garde de l'armée ennemie était alors à Buttelstädt; aussitôt qu'elle a été instruite de l'approche des troupes de S. M., elle a abandonné canons, caissons, équipages et magasins, et s'est sauvée avec la plus grande hâte sur Erfurt. 1,500 hommes d'infanterie avec 12 pièces ont voulu prendre par leur gauche et se porter sur Buttstädt, mais l'avant-garde du 3e corps y était arrivée et les a ramassés; le restant n'a pu être atteint.

Nous avons trouvé à Buttelstädt des magasins en farine très-considérables, à peu près 3,000 tonneaux, et beaucoup d'avoine, dont 1,200 sacs sont prêts à charger, 2 obusiers, 2 pièces de 13 et 5 autres pièces d'un calibre inférieur[3]; de-

1. Le 14 à 7 heures du soir l'avant-garde prit position au Belvédère et couvrit de ses postes le corps d'armée qui bivouaquait entre le Belvédère et Weimar. Les patrouilles et reconnaissances ramenèrent beaucoup de fuyards de l'ennemi de divers régiments de toutes armes. Le quartier général a été établi au château du Belvédère. — Le parc d'artillerie avait reçu ordre de rester au faubourg d'Iéna.

Le 15, le corps d'armée est resté dans sa position. Le parc a rejoint et s'est établi à Umpferstädt. (*Journal du 7e corps.*)

2. 4 kil. d'Ulrichshalben.

3. Ainsi que 200 blessés français prisonniers que les Prussiens y abandonnèrent.

puis Liebstädt jusqu'ici [1], beaucoup de caissons et une infinité de voitures d'équipages de régiment. La route est en outre couverte de sacs de soldats, de fusils et d'effets; aucune armée n'a jamais été mise dans une plus grande déroute; les généraux prussiens éprouveront de grandes difficultés pour rassembler leurs soldats et surtout pour leur inspirer quelque confiance.

Aussitôt que j'ai été instruit du succès de l'avant-garde, j'ai pensé qu'il était d'une grande importance d'occuper Buttelstädt afin de déborder l'ennemi qui s'était porté sur Erfurt et intercepter la route qui conduit de cette ville à Naumburg, croyant d'ailleurs être autorisé à poursuivre l'ennemi d'après l'agrément que S. M. a bien voulu donner au mouvement qu'hier au soir je fis faire au corps d'armée sur Ulrichshalben; j'ai fait mettre en marche les divisions et les ai dirigées sur Buttelstädt. J'étais à les établir lorsque l'ordre de ce jour que V. A. m'a fait l'honneur de m'adresser, m'est parvenu [2]. Ayant été assez heureux pour prévenir les instructions de S. M., j'ai l'honneur de rendre compte à V. A. qu'elles sont remplies.

J'ai donné ordre au général Margaron de porter la cavalerie légère qu'il commande sur les trois routes que les ennemis ont prises en partant de Schwerstädt, afin d'augmenter leur désordre, ralentir s'il est possible leur marche, et les forcer à abandonner une partie de leurs canons et le restant de leurs équipages. Je ne doute pas que les trois têtes de colonne qu'il présentera, ne parviennent à ce résultat.

Le premier parti va sur Cölleda où les Saxons se sont retirés et les deux autres partis sur Erfurt par deux routes qui y conduisent et que les Prussiens ont prises en se retirant.

D'après les rapports que je recevrai pendant la nuit, demain matin je ferai avancer le corps d'armée jusqu'à Schwerstädt afin de le rapprocher de l'ennemi s'il tient encore à

1. 7 kilomètres.

2. L'ordre est daté de midi; il n'est pas parvenu à Buttelstädt, 28 kilomètres, avant 3 heures et demie ou 4 heures.

Erfurt, ou pour le préparer à marcher sur Cölleda dans le cas qu'il fût dans l'intention de S. M. que je continuasse à manœuvrer sur le flanc de l'ennemi afin de le déborder et le gagner ainsi de vitesse.

Il me paraît bien positif que les Prussiens ne veulent plus se battre et que les officiers et soldats sont saisis de terreur; leur retraite sur Magdeburg paraît prononcée, et déjà on annonce que les équipages de munitions qui étaient à Erfurt sont partis dans la plus grande hâte pour prendre cette direction; s'il en est ainsi, et tout porte à le croire, peut-être entrera-t-il dans les intentions de S. M. de prévenir l'ennemi, et c'est dans cette persuasion que je m'y prépare.

Il m'a été dit aujourd'hui que l'ennemi avait déjà dirigé des troupes et des équipages sur Langensalza, mais je ne le crois pas, car ce mouvement l'éloignerait davantage du but qu'il doit se proposer.

Les déserteurs nous viennent en foule depuis ce matin. Nous en avons reçu plus de 300 parmi lesquels se trouvent plusieurs sous-officiers. Peut-être y en a-t-il qui, s'étant égarés, se font passer pour déserteurs dans l'espoir de pouvoir ensuite s'échapper.

Les villages sont pleins de blessés prussiens; déjà nous en avons trouvé plus de 600; parmi ceux qui se trouvent à Buttelstädt, il y a un colonel, un major et plusieurs autres officiers.

D'après le dire des déserteurs, plusieurs régiments ont été entièrement détruits et d'autres sont réduits à moitié. Le régiment des Gardes du roi de Prusse est dans ce dernier cas, ainsi que celui de Möllendorf; le vieux maréchal de ce nom, en passant hier au soir près de son régiment et le voyant dans ce triste état, pleura amèrement sur leur défaite.

Je ne donne pas à V. A. tous les autres rapports des déserteurs sur la perte que l'ennemi a éprouvée, particulièrement en officiers de marque; car elle a, à ce sujet, des renseignements bien plus exacts; mais je dois lui rendre compte, comme faisant suite à mon rapport de ce matin, qu'hier, dans une des premières charges que le 8e de hussards a faites,

2 étendards de dragons prussiens furent enlevés et que le maréchal-des-logis qui les prit, les conserva très-longtemps et ensuite les perdit, mais ils ne furent pas repris par l'ennemi.

Je rendrai aussi compte à V. A. qu'hier au soir par le mouvement que le corps d'armée fit en se portant sur Ulrichshalben et prenant poste au delà de l'Ilm, deux bataillons prussiens furent coupés et se rejetèrent sur l'avant-garde du 1er corps d'armée où ils ont été ramassés, ainsi que l'avaient été dès le commencement de l'attaque les premiers bataillons qui furent séparés du gros de leurs troupes et qui durent éprouver le même sort.

J'ai l'honneur de prier V. A. de vouloir bien mettre ce rapport sous les yeux de S. M. et d'avoir la bonté de me transmettre ses ordres.

LE MARÉCHAL SOULT AU GÉNÉRAL MARGARON.

15 octobre 1806, au soir.

Vous devez porter des partis sur toutes les routes que les ennemis ont prises en partant de Schwerstädt, mais observez que les partis qui prendraient la route du centre soient les plus forts, et laissez à Schwerstädt, qui est le point de départ des 3 routes, un escadron pour protéger ceux qui ont besoin de secours.

Le colonel Jacquinot avec 2 escadrons du 11e régiment ira jusqu'à Cölleda.

Avec le 16e vous prendrez la route de droite qui conduit à Erfurt, et le général Guyot conduira le 8e de hussards aussi sur Erfurt par la route de gauche.

L'armée prussienne est dans la déroute la plus complète, et il suffit de montrer des têtes de colonne sur toutes les directions qu'elle a prises pour en augmenter le désordre, la fatiguer et l'obliger à abandonner une partie de son artillerie et de ses équipages.

Il est aussi fort important de faire le plus possible de prisonniers, mais on ne doit pas se compromettre ni s'exposer à être ramené. Talonner l'ennemi sans cesse, ne pas le perdre de vue et le mettre souvent dans le cas de s'arrêter pour se défendre ; ainsi il se fatiguera, sa marche sera retardée et l'armée aura le temps d'avancer pour les combattre et achever de les détruire.

Demain je porterai de l'infanterie à Schwerstädt et je ferai de là joindre l'escadron du 11ᵉ qui y sera resté.

Donnez des instructions en conséquence au colonel Jacquinot et au général Guyot. Avant le jour faites partir les 3 escadrons. Recommandez-leur de me donner fréquemment de leurs nouvelles et de recueillir avec soin tous les renseignements qu'ils pourront obtenir sur la marche et la direction des colonnes ennemies.

Le maréchal Soult ne croit pas inutile de rappeler au commandant de sa cavalerie ce qu'il attend de cette arme. Il ne laisse pas le chef de sa cavalerie agir à sa guise ; il fixe lui-même le but à atteindre, la répartition des troupes et les procédés à employer. C'est le devoir impérieux du commandement; lorsqu'il saura diriger sa cavalerie sans l'abandonner à elle-même, alors seulement elle lui rendra des services ; sinon, elle lui échappera.

LE MARÉCHAL BERNADOTTE AU MAJOR GÉNÉRAL.

Neustädt, 15 octobre 1806, 11 heures du matin.

J'ai l'honneur de vous rendre compte, M. le Duc, qu'indépendamment des 200 prisonniers que je vous ai annoncés hier, nous en avons fait 1,000 autres dont un bataillon entier de fusiliers de Ihlos avec ses officiers et un officier de l'état-major du duc de Brunswick. Nous avons pris de plus 4 pièces de canon, une quarantaine de pontons et beaucoup de caissons.

J'ai trouvé à Neustädt des troupes de M. le maréchal Davout. Je marche sur Nebra.

LE MARÉCHAL BERNADOTTE AU MAJOR GÉNÉRAL.

Quartier général à Bibra, 15 octobre 1806.

J'ai l'honneur de vous prévenir que je suis arrivé cet après-midi à Bibra. J'ai aussitôt envoyé des détachements de cavalerie à Nebra et Querfurt, à Laucha, à Wiehe et à Buttstädt.

Tous les rapports confirment que les Prussiens se sont retirés sur Nordhaussen en passant par Eisleben.

Comme il paraît que le prince de Hohenlohe est maintenant trop éloigné pour que je puisse l'atteindre, je resterai dans les environs de Nebra jusqu'à ce que vous m'ayez transmis de nouveaux ordres.

Un piquet de 25 chasseurs du 5e régiment a fait mettre bas les armes à 200 hommes de la Garde du Roi qui escortaient une pièce de canon.

Les reconnaissances sont envoyées sur toutes les directions jusqu'à un gros endroit, ville, gros bourg, point de passage sur un cours d'eau à 8, 12, 16 kilomètres, où l'on puisse se procurer des renseignements.

Journal des opérations du 1er corps d'armée.

15 octobre. — La division de cavalerie marchait à la tête et sur les flancs des 3 divisions d'infanterie; elle poussa des reconnaissances jusqu'à Nebra. Les 3 divisions d'infanterie marchant tantôt en colonne, tantôt en bataille par régiment, s'établirent aux environs de Bibra. A cette journée de marche un bon nombre de fuyards fut pris ainsi que canons, pontons et charrettes. — Le quartier général était à Bibra.

LE GÉNÉRAL VIALLANNES AU MARÉCHAL DAVOUT.

Buttstädt, 15 octobre 1806.

Les deux colonnes ennemies[1] se dirigent à droite et paraissent prendre la direction de Halle par Freyburg.

Je me porte en avant pour observer moi-même. Je laisse à Buttstädt un officier pour recevoir et me rapporter vos ordres ultérieurs[2].

Je joins par ma gauche la cavalerie légère du prince de Ponte-Corvo.

Je crois, Monseigneur, si vous me permettez de l'observer, que le changement de direction des colonnes ennemies et leur marche par notre droite méritent beaucoup d'attention; quelques troupes à Freyburg feraient un grand effet.

Comme c'est le 8e de hussards qui a été trouvé à notre gauche, je

1. Voir page 13 le rapport de 5 heures du matin.
2. Précautions que chaque chef doit prendre.

crois que c'est le 4e corps que nous avons à notre gauche au lieu du 1er[1].

P. S. — Je crois, Monseigneur, qu'il serait nécessaire et même utile d'envoyer à Buttstädt un bataillon au moins. Si je l'avais eu ce matin, il m'aurait été très-utile. J'ai passé la nuit entouré d'une grande quantité d'ennemis. Des communications ravineuses m'auraient mis à même de surveiller plus utilement.

Il serait possible que l'ennemi d'après sa direction marche sur Neuburg. Il serait du plus grand intérêt d'y arriver avant eux.

Ce billet porte sur la suscription : *10 heures et demie du matin. Extrêmement pressé.*

Et au dos : La colonne ennemie en vue a passé par les villages de Gross et Klein-Brembach, a traversé la montagne de Vogelsberg, s'est dirigée sur Newhausen et de là sur Cölleda où se trouve un chemin qui conduit à la route de Leipzig. Cette colonne est forte et même considérable en infanterie, cavalerie et artillerie.

Le général Viallannes observait les mêmes colonnes que le 4e corps avait vues, celles qui avaient passé la nuit à Buttelstädt ; c'étaient des troupes de l'armée du Roi.

LE MARÉCHAL DAVOUT AU MAJOR GÉNÉRAL.

Bivouac d'Eckartsberg, 15 octobre 1806.

J'ai l'honneur de rendre compte à V. A. que d'après ses ordres je me rends à Naumburg.

La 1re division sera placée en avant de Naumburg pour maîtriser la route de Weissenfels.

La 2e division se porte sur Freyburg où elle appuyera sa gauche pour tenir la route de Merseburg.

La 3e division restera aujourd'hui en position à Eckartsberg pour couvrir l'évacuation des parcs et des ambulances ; demain elle entrera à Naumburg.

La cavalerie légère sera établie à Leissling sur la route de Weissenfels éclairant la route de Leipzig.

---

1. Dans les premiers moments de la poursuite la cavalerie des corps d'armée s'enchevêtre jusqu'à ce que chaque colonne d'armée ait pris sa direction.

Le 1er de chasseurs à Leiha pour éclairer la route de Merseburg.

LE MARÉCHAL DAVOUT AU MAJOR GÉNÉRAL.

Naumburg, 15 octobre 1806, minuit.

J'ai reçu la lettre que V. A. m'a écrite par mon aide de camp Falcon [1].

Vos ordres sont exécutés. Le corps d'armée ainsi que j'ai eu l'honneur de vous en rendre compte est à Freyburg et à Naumburg. Le prince de Ponte-Corvo est maintenant entre moi et l'ennemi : je ne puis en conséquence le poursuivre, mais je me tiendrai toujours en mesure d'exécuter les dispositions que renferme votre lettre du 15.

J'ai l'honneur de vous faire connaître le nouveau rapport que je reçois du général commandant la cavalerie du 3e corps.

Gross-Neuhausen, 15 octobre, 4 heures et demie du soir.

« Une colonne de l'ennemi que j'ai en vue se dirige par « Cölleda ; l'autre que j'ai en vue marche sur Orlishausen. »

Ces rapports me paraissent bons. Le prince de Hohenlohe depuis la mort du duc de Brunswick et la blessure du Roi paraît être investi du commandement général : il fait courir le bruit qu'il veut tenter encore le sort des armes du côté de Frankenhausen.

Une grande partie des bagages se sont dirigés sur Erfurt avec quelques troupes. Les ennemis doivent tenter ce sacrifice pour sauver leur infanterie et leur cavalerie et les rallier sous Magdeburg ; tel est le plan qui a été arrêté, m'a assuré un officier prussien.

Parmi les 2,000 et quelques prisonniers dont j'ai déjà con-

---

1. Dépêche du 15 à 10 heures du matin qui n'a pas dû parvenir avant 1 heure de l'après-midi à Eckartsberg. Le 3e corps ne s'est pas mis en marche sur Naumburg et Freyburg avant 2 heures au plus tôt.

naissance, il s'y trouve 2 généraux, plusieurs colonels et 60 et quelques officiers de grades inférieurs.

Tous les régiments du 3ᵉ corps, quelques pertes qu'ils aient faites, ont conservé leurs drapeaux, même les régiments qui ont perdu les deux tiers de leur monde, tels que le 13ᵉ léger, 12ᵉ et 85ᵉ ; la perte des officiers est très considérable.

Le 17ᵉ a un drapeau de la garde royale à la tête de laquelle le Roi a donné.

P. S. Je reçois à l'instant un nouveau rapport du général commandant la cavalerie légère.

« 25 pièces de canon ont été prises ce matin ainsi que « beaucoup de caissons, le tout était abandonné et n'a pu « être emmené, faute de chevaux. »

La journée du 15 est finie. Quel enseignement en tirer?

L'activité de l'Empereur est hors de doute, et cependant le Commandant en chef n'a pas donné d'ordres pour la poursuite avant la fin de la nuit, 4 heures du matin, ordres qui n'ont été expédiés qu'à 5 heures et 5 heures et demie. A quoi l'attribuer?

L'Empereur sait que la fatigue est grande, que les corps d'armée ont besoin de se rallier, qu'il est impossible de se mettre en mouvement avant le jour. Il a la nuit pour prendre ses résolutions ; il donne ses ordres de façon qu'ils parviennent au jour.

La cavalerie se mettra en marche le plus tôt possible, puisqu'elle seule peut donner des renseignements précis sur la direction qu'a prise l'ennemi ; *le plus tôt possible*, c'est dès qu'elle sera réunie.

Ce qui s'est passé le 15 octobre se passera toujours le lendemain d'une bataille.

Les premiers rapports qui arrivent des corps d'armée dans la nuit ou dans la matinée, les rapports des reconnaissances et patrouilles de cavalerie qui n'ont cessé d'être en mouvement toute la nuit, ne donnent au Commandant en chef que des indications vagues prises dans l'obscurité.

Jusqu'au milieu du jour même, le Commandant en chef n'a que des présomptions qui ont besoin d'être confirmées par des renseignements plus précis. Aussi les troupes ne peuvent-elles souvent se mettre en mouvement que tard, d'où pour le vainqueur la première marche qui suit la bataille, la première marche de la poursuite est forcément courte bien que tous sentent combien il est nécessaire de ne pas donner un instant de répit au vaincu, combien aussi pour subsister il est indispensable de sortir de cette situation agglomérée dans laquelle on se trouve depuis 3 jours.

La masse de la cavalerie du Grand-duc partie vers 9 heures, a fait 24 kilomètres; son avant-garde 32 et 34. — L'infanterie qui suit ne s'est pas mise en marche avant 10 heures au plus tôt; elle n'arrive qu'à 7 heures du soir à Erfurt, 20 kil. de Weimar. Le 6e corps avait fait 10 lieues le 13 et 9 lieues le 14.

Le 4e corps a fait 12 kil. d'Ulrichshalben à Buttelstädt; sa cavalerie a poussé à 18 kil. plus loin.

Le 1er corps a fait 22 kil. d'Apolda par Neustädt à Bibra; sa cavalerie a poussé de 10 à 16 kil. en avant et sur les flancs.

Le 3e corps, parti vers 3 heures, a fait 20 kil. environ.

16 OCTOBRE

LE MAJOR GÉNÉRAL AU MARÉCHAL SOULT.

Weimar, 16 octobre 1806, 2 heures du matin.

Je vous préviens, M. le Maréchal, que l'ennemi, dans la journée du 15, est arrivé à Gross-Sömmern[1]; la grande quantité de bagages et d'artillerie embarrasse beaucoup sa marche ; l'intention de l'Empereur est donc que vous vous portiez sur l'ennemi, que vous tombiez sur ses derrières et que vous lui fassiez le plus de mal possible. Votre corps d'armée réuni, il n'y a plus rien qui puisse vous faire front ; vous devez trouver à Buttelstädt une tête de colonne des dragons de la division Sahuc qui sera sous vos ordres.

Le maréchal Bernadotte et le maréchal Davout occupent Naumburg et Freyburg.

Le maréchal Ney cerne Erfurt.

Le grand-duc de Berg marche avec toute sa cavalerie sur Weissensee pour ramasser l'ennemi[2]; il sera nécessaire que

1. Ce renseignement ne figure ni dans les rapports du grand-duc de Berg, ni dans le rapport du maréchal Soult du 15 de Buttelstädt que l'Empereur a reçu à Weimar dans la soirée. Il est possible qu'il ait été recueilli à Weimar même auprès des voyageurs ou des postillons. De Weimar à Gross-Sömmern par Neumark, 26 kilomètres.

2. Weissensee est indiqué comme direction de la cavalerie, parce que dans son rapport du 15, à 4 heures et demie du soir, le Grand-duc a prévenu l'Empereur que la 1re division de dragons et la 1re division de grosse cavalerie pousseraient le 15 au soir des partis sur ce point. — En donnant les ordres au Grand-duc à 2 heures du matin, le Major général ne lui parle ni de Gross-Sömmern, ni de Weissensee, mais il lui ordonne seulement de faire poursuivre l'ennemi l'épée dans les reins, suivant la direction des renseignements qu'il aura. D'après ces instructions, le Grand-duc se portera le 16 sur Langensalza à la suite d'une colonne et des bagages de l'armée prussienne. Le 17 il sera obligé de remonter au nord sur Nordhausen. — La route d'Erfurt à Nordhausen par Weissensee, Greussen et Sondershausen est de 68 kilomètres ; celle d'Erfurt à Nordhausen par Langensalza, Ebeleben, Immenroda, est de 76 kilomètres, soit de 8 kilo-

dans vos mouvements vous vous concertiez avec le grand-duc de Berg.

Il y a dans Erfurt un gros corps de troupes qui est cerné et qui se rendra probablement dans la nuit; l'Empereur restera encore la journée d'aujourd'hui à Weimar; faites-moi connaître et votre marche et votre position et surtout les rapports que vous auriez sur l'ennemi.

LE MAJOR GÉNÉRAL AU GRAND-DUC DE BERG.

Weimar, 16 octobre 1806, 2 heures du matin.

J'ai l'honneur de prévenir V. A. que l'intention de l'Empereur est que la division du général Sahuc soit aux ordres de M. le maréchal Soult, et qu'elle suive tous les mouvements du corps d'armée de ce Maréchal aujourd'hui et demain.

LE MAJOR GÉNÉRAL AU GRAND-DUC DE BERG.

Weimar, 16 octobre 1806, 2 heures du matin.

L'intention de l'Empereur, mon Prince, est que vous fassiez poursuivre l'ennemi l'épée dans les reins, suivant la direction des renseignements que vous aurez.

Le maréchal Soult part de Buttelstädt pour se diriger sur Gross-Sömmern et sur Cölleda, avec l'ordre de poursuivre

---

mètres seulement plus longue que la première, mais le Grand-duc, prenant le 16 la route de Weissensee, serait venu coucher à Greussen avec le maréchal Soult, l'y aurait peut-être même précédé; la colonne du général Kalkreuth n'aurait pu échapper à la destruction.

La réunion de la cavalerie de la réserve et du 4e corps dès le 16 au soir aurait eu l'avantage de former une masse considérable qui, placée au milieu des colonnes ennemies, les empêchait de se rapprocher. D'ailleurs pour traverser le Harz, le 18, la réunion s'imposa. Dans cette retraite divergente de l'ennemi, nos corps devaient suivre la route la plus directe sur Magdeburg, premier point d'appui du vaincu, pour tâcher de l'y prévenir.

Le Commandant d'une armée ne saurait donc donner des ordres trop précis au commandant de la cavalerie dans toutes les circonstances, aussi bien dans la poursuite que dans la marche en avant. Combien de lieutenants sur l'activité, l'intelligence, la sagacité et le dévouement desquels le chef puisse toujours compter en toutes circonstances! Et combien de généraux savent lire leurs instructions?

l'ennemi partout où il le trouvera. La division de dragons du général Sahuc suivra son mouvement.

Le maréchal Bernadotte se porte sur Nebra pour empêcher l'ennemi de se porter sur Halle et a ordre de l'attaquer partout où il le rencontrera.

Le maréchal Davout occupe Naumburg et Freyburg.

S. M. s'attend que vous lui apprendrez ce matin la prise d'Erfurt et que vous prendrez les mesures nécessaires pour que les magasins ne soient pas désorganisés : une fois que vous aurez pris Erfurt, vous laisserez une bonne garnison composée des troupes du corps du maréchal Ney qui ont le plus souffert dans la bataille, et ce Maréchal, avec son corps d'armée, marchera pour vous soutenir dans le mouvement que vous ferez pour aller à la poursuite de l'ennemi ; vous lui donnerez des ordres en conséquence.

LE MAJOR GÉNÉRAL AU MARÉCHAL NEY.

Weimar, 16 octobre 1806, 3 heures du matin.

Je vous préviens, M. le Maréchal, que le prince Murat vous fera connaître les intentions de S. M. sur ce que doit faire votre corps d'armée.

LE MAJOR GÉNÉRAL AU MARÉCHAL BERNADOTTE.

Weimar, 16 octobre 1806, 2 heures du matin.

Je ne peux, M. le Maréchal, que vous donner des instructions générales : l'intention de l'Empereur est que vous dirigiez vos opérations dans deux buts : le premier d'atteindre l'ennemi et de lui faire le plus de mal possible, car il est dans une grande confusion ; le second d'intercepter la route d'Erfurt à Halle et de Weissensee à Halle[1] ; il paraît, pour

1. Toujours dans le but de rejeter l'ennemi sur Magdeburg et de l'empêcher par Halle de gagner Dessau ou Wittenberg avant l'aile droite française et d'arriver à Berlin avant elle.

arriver à ce but, qu'il faudrait se poster à cheval sur les deux rives de l'Unstrutt au-dessus de Nebra ; ceci n'est que comme seule indication, car votre cavalerie légère, qui sera aux trousses de l'ennemi, doit vous envoyer des rapports qui régleront vos mouvements.

Le maréchal Davout se trouve à Naumburg et occupe Freyburg.

Cette instruction-ci, je vous le répète, n'est qu'une instruction générale pour la journée d'aujourd'hui et pour celle de demain ; dans l'état prospère de nos affaires, ce serait un échec si l'ennemi pouvait arriver à Halle sans être entamé et défait par vous.

Le maréchal Soult et le Grand-duc poursuivent l'ennemi de leur côté.

Le maréchal Ney cerne Erfurt dans lequel il y a un gros corps de troupes qui doit être rendu en ce moment.

Dans les instructions le Commandant en chef fait toujours connaître à chaque commandant de corps d'armée la position des corps d'armée voisins et la direction de leur marche.

LE MAJOR GÉNÉRAL AU GRAND-DUC DE BERG.

Weimar, 16 octobre 1806, 5 heures du matin[1].

S. M. me charge de vous dire, mon Prince, qu'elle ne consent pas à laisser sortir les 6,000 hommes qui sont dans Erfurt sans être prisonniers de guerre ; voici la seule capitulation que S. M. peut accorder :

« Les troupes sortiront avec les honneurs de la guerre, « défileront au milieu de l'armée française, poseront les « armes. Les soldats conserveront leur butin, les officiers « leurs bagages ; ils seront tous prisonniers de guerre ; les « soldats iront en France ; il faudra même y envoyer les gé- « néraux ; cependant l'Empereur vous laisse la latitude de

1. A la réception de la lettre du Grand-duc de 2 heures et demie du matin. Voir page 21.

« permettre aux officiers de se rendre chez eux avec l'enga-
« gement de ne pas servir avant leur échange. »

Nous n'en sommes qu'au début de la campagne, et S. M. veut profiter de sa victoire. Si les troupes qui sont dans Erfurt ne veulent pas se rendre, vous ordonnerez au maréchal Ney de faire le blocus de la ville ; vous lui laisserez un gros détachement de cavalerie et vous suivrez l'ennemi avec le reste.

Comme il y a des chevaux de cavalerie dans la ville, vous aurez soin qu'ils ne soient pas gaspillés et qu'ils servent à monter votre cavalerie [1].

LE MAJOR GÉNÉRAL AU MARÉCHAL LANNES.

Weimar, 16 octobre 1806, 5 heures du matin.

Il est ordonné à M. le maréchal Lannes de partir avec son corps d'armée pour se rendre à moitié chemin de Weimar à Naumburg.

M. le maréchal Lannes voudra bien me prévenir du lieu où il arrêtera son corps d'armée.

LE MAJOR GÉNÉRAL AU MARÉCHAL AUGEREAU.

Weimar, 16 octobre 1806, 5 heures du matin.

Je vous préviens, M. le Maréchal, que l'intention de l'Empereur est que votre corps d'armée reste aujourd'hui à Weimar ; S. M. désire que vous ayez soin de faire ramasser tous les prisonniers qui peuvent être cachés dans la ville, de faire faire des visites à cet égard, de former un convoi de ces prisonniers et de les faire conduire, sous escorte, à Kronach, d'où les détachements qui les auront escortés, rentreront pour rejoindre leur corps d'armée.

L'intention de S. M. est que vous preniez les mesures nécessaires pour rétablir le bon ordre dans la ville et faire

1. A remplacer les mauvais chevaux et ceux fatigués.

cesser toute espèce de pillage et vexation ; vous ordonnerez à cet égard de fréquentes patrouilles.

LE MAJOR GÉNÉRAL AU MARÉCHAL LEFEBVRE.

Weimar, 16 octobre 1806, 5 heures du matin.

L'Empereur ordonne à M. le maréchal Lefebvre de partir aujourd'hui d'Iéna avec la garde à pied et les dragons pour se rendre à Naumburg.

L'EMPEREUR AU MARÉCHAL DAVOUT.

Weimar, 16 octobre 1806, 7 heures du matin.

Mon cousin, je vous fais mon compliment de tout mon cœur sur votre belle conduite. Je regrette les braves que vous avez perdus ; mais ils sont morts au champ d'honneur. Témoignez ma satisfaction à tout votre corps d'armée et à vos généraux. Ils ont acquis pour jamais des droits à mon estime et à ma reconnaissance. Donnez-moi de vos nouvelles et faites reposer quelques moments votre corps d'armée à Naumburg.

LE GRAND-DUC DE BERG A L'EMPEREUR.

Sous les murs d'Erfurt, 16 octobre 1806, 10 heures et demie du matin.

Conformément à la capitulation que j'ai eu l'honneur d'adresser à V. M., les dragons ont pris possession des portes de la ville d'Erfurt et tout de suite remis à l'infanterie du corps de M. le maréchal Ney. Ce Maréchal a eu ordre de laisser un régiment de ceux qui ont le plus souffert pour rester dans la ville ; il a eu celui de nommer un commandant d'armes de la ville et de la place. Le général Lamartinière recevra l'artillerie, l'ordonnateur Faviers les magasins, et le commandant du génie doit recevoir les plans de la place et on dressera l'inventaire du tout.

Suivant tous les rapports, le Roi devait être hier au soir sur Langensalza ; tous les bagages ont dû s'y retirer ainsi que les troupes d'Hohenlohe. Tout le monde demande à expédier des avis au Roi sur ce point. Alors voici mes dispositions :

Je marche sur Langensalza[1] avec la division Beaumont et les 2 divisions de grosse cavalerie ayant en tête la brigade Lasalle et soutenu par le corps du maréchal Ney. Je dirige le général Klein, éclairé par le 13e de chasseurs, sur Tennstädt, communiquant avec Langensalza et Weissensee et Cölleda ; demain, suivant les nouvelles que j'aurai de l'ennemi, je le suivrai ou sur Sondershausen ou sur Mühlhausen, à moins d'ordres contraires de V. M

En me portant sur Langensalza, je puis couper le corps du duc de Weimar qui se retire d'Eisenach sur ce point, et je serai en mesure de me porter partout où l'ennemi se retire.

Je sors de la ville : le prince de Nassau est venu me recevoir à la porte ; j'ai vu le vénérable Möllendorf ; je lui ai envoyé mon médecin.

Il y a environ 6,000 prisonniers, de grands magasins, beaucoup de canons, et une portion de la garde du Roi ; le prince d'Orange désirerait qu'il fût permis à cette garde de retourner à Berlin, en me disant que ce serait une chose agréable à S. M. le roi de Prusse ; je lui ai répondu que j'en écrirais à V. M., ainsi que pour les cadets et autres personnes qu'il désire conserver ; j'ai renvoyé le tout à votre générosité.

Je vais proposer au prince de Nassau d'aller auprès de V. M.

Nous allons recevoir la ville, et cependant une partie du corps d'armée est en marche. J'aurai l'honneur d'écrire à V. M. du moment que j'aurai rencontré l'ennemi.

Le général Belliard prend possession de la ville.

---

1. Le corps de cavalerie ne partit qu'à 1 heure de l'après-midi et arriva à 7 heures du soir, ayant fait 31 kilomètres en 6 heures de marche. Rapport du 17 du général Belliard au Major général. Voir plus loin.

L'EMPEREUR AU GRAND-DUC DE BERG.

Weimar, 16 octobre 1806, 1 heure après midi [1].

J'ai vu avec plaisir la capitulation d'Erfurt. J'aurais été bien fâché que les prisonniers n'eussent pas été envoyés en France. Faites-moi faire la reconnaissance de la ville et de la citadelle, et faites-m'en rendre compte par un officier du génie.

Les dernières nouvelles sont que deux colonnes ennemies, hier à minuit, filaient par Nordhausen et Cölleda [2]. Les maréchaux Soult et Bernadotte sont à leur poursuite. Il paraît que le jeu est fort mêlé et que cela produira quelque chose. J'imagine que vous ne perdez pas un moment pour poursuivre l'ennemi, et que, lorsque vous le pourrez, vous vous placerez entre l'ennemi et Naumburg, et que vous vous mettrez en communication avec tous les corps d'armée, et surtout avec les maréchaux Soult et Davout.

L'ordre est précis : se placer entre l'ennemi et Naumburg et se mettre en communication avec le maréchal Soult. — Par cette expression *J'imagine* l'Empereur semble dire que, s'il n'a pas fait cette recommandation plus tôt au commandant de la cavalerie, c'est qu'elle résultait de la situation même.

Le 16 au soir à Weimar, l'Empereur se trouvait à 54 kilomètres de Langensalza, cavalerie de la réserve ; — à 44 de Greussen, 4e corps ; — à 56 de Querfurt, 1er corps ; — à 56 de Weissenfels, 3e corps.

---

1. Dépêche écrite à la réception du rapport du Grand-duc de 10 heures et demie du matin.

2. Renseignements contenus dans le rapport du général Viallannes, de Buttstädt, le 15 à 10 heures et demie du matin, page 20, et dans celui du maréchal Soult de Buttelstädt le 15, page 23, peut-être confirmés aussi à Weimar par des voyageurs ou des postillons.

LE MAJOR GÉNÉRAL AU MARÉCHAL NEY.

Weimar, 16 octobre 1806.

Lorsque la garnison d'Erfurt aura capitulé, M. le Maréchal, l'intention de l'Empereur est que les 6,000 prisonniers que l'on doit y faire, ne soient pas dirigés, ainsi que le porte l'ordre de l'armée sur Kronach, mais directement sur Francfort en passant par Fulde, si la communication est libre, comme je n'en doute pas[1]. Vous donnerez l'escorte néces-

---

1. La communication est libre en ce sens que la victoire est si complète que rien ne peut tenir sur cette route ; mais les partis extrêmes de l'armée prussienne sont à peine prévenus, et ils vont rebrousser chemin. — Ici encore il faut des ordres précis : l'Empereur dira plus tard qu'on aurait dû faire éclairer la route par un parti de 100 chevaux ; oui, il aurait fallu le faire faire, mais le Commandant de l'armée devait en donner l'ordre en même temps qu'il prescrivait de diriger les prisonniers par cette route. — Les communications de l'armée sont une partie tellement importante, que le Commandant de l'armée doit s'en occuper lui-même ; que les ordres concernant ces communications et leur organisation doivent partir du quartier général même de l'armée. L'officier, de quelque grade qu'il soit, général ou officier supérieur, chargé de suivre le détail de cette organisation et la correspondance qui en résulte, fait partie du quartier général et y est présent ; car s'il n'est pas au quartier général même, s'il est sur les derrières, c'est comme s'il n'existait pas ; il devient une source de complications ; où le trouver pour transmettre les ordres ? Pendant le cours d'une campagne les communications peuvent prendre différentes directions qui résultent des opérations, et comme les opérations dépendent de l'ennemi, les modifications peuvent être faites immédiatement. — L'Empereur n'a jamais laissé à personne le soin d'organiser les communications de son armée ; il a toujours donné lui-même les ordres à cet égard à son Major général, et l'organisation a été faite au quartier général même (tracé des routes ; — désignation du personnel, commandants d'armes et officiers à leur disposition, commissaires des guerres, gendarmerie, garnison des postes ; — inspection des routes ; — organisation du pays conquis et des gouvernements). — Je ne me représente pas un officier général chargé de l'organisation des derrières resté à Bamberg, à Schleiz, à Auma, à Gera ou même à Iéna, lorsque le 16 à Weimar l'Empereur ordonne que toute la ligne d'étapes par Bamberg sera reployée et établie sur la ligne d'Erfurt, Fulde et Mayence. Attendra-t-on son arrivée pour faire l'organisation ? Si on ne l'attend pas, à quoi sert-il, lui et son état-major ? — La multiplicité des commandements particuliers est une source de complications et de susceptibilités, une entrave pour le service, une cause de retards dans la transmission et l'exécution des ordres. La simplicité convient seule à l'activité des opérations militaires ; c'est la première condition du succès.

Quoi de changé aujourd'hui ? — Des chemins de fer, des télégraphes ? Mais c'est une facilité pour les communications, pour la transmission des ordres. — Se figure-t-on dans l'armée de l'Empereur l'organisation des parcs de relais dans les gîtes d'étapes, les réquisitions de chevaux et de voitures dans les

saire qui ira jusqu'à Francfort, où le commandant prendra un reçu du maréchal Mortier qui fera conduire les prisonniers en France par une escorte prise dans son corps d'armée.

Vous ferez faire un état nominatif des officiers et un état numérique par corps des sous-officiers et soldats, que vous m'adresserez.

L'officier supérieur ou général que vous chargerez de conduire ces prisonniers, répondra qu'il ne s'en évade aucun pendant la route.

Comme il y a de la cavalerie, prenez le plus grand soin pour que les chevaux et les harnachements soient conservés pour la cavalerie de l'Empereur. Évitez toute espèce de désordre dans la place et prenez toutes les mesures pour que tous les magasins soient conservés intacts.

LE MAJOR GÉNÉRAL AU MARÉCHAL BERNADOTTE.

Weimar, 16 octobre 1806.

Je viens de recevoir, Prince, votre lettre du quartier général de Bibra [1]. Je vous répète que l'intention de l'Empereur est que les courriers ne soient pas porteurs des rapports; c'est exclusivement le métier des officiers d'état-major et des aides de camp.

LE MAJOR GÉNÉRAL AU MARÉCHAL AUGEREAU.

Weimar, 16 octobre 1806.

L'Empereur ordonne, M. le Maréchal, que vous fassiez partir sur-le-champ les 2 bataillons hessois qui sont dans votre corps d'armée pour se rendre à Erfurt; ces bataillons

---

gouvernements, la lenteur des communications, la difficulté pour réunir les subsistances journalières, pour créer des magasins centraux! — Les armées immenses sont nées des chemins de fer. — L'Empereur reviendrait, croit-on qu'il renoncerait à organiser lui-même ses communications et qu'il créerait un commandement particulier chargé uniquement de ce service?

1. Lettre du 15 octobre. V. page 27.

seront attachés à l'état-major et recevront, à dater d'aujourd'hui, mes ordres directs.

LE MAJOR GÉNÉRAL AU MARÉCHAL NEY.

Weimar, 16 octobre 1806.

Je vous envoie, M. le Maréchal, 2 bataillons de Hesse-Darmstadt; l'intention de l'Empereur est qu'ils tiennent garnison à Erfurt; vous prendrez sur ces 2 bataillons le nombre d'hommes nécessaires pour escorter les prisonniers faits dans la place d'Erfurt jusqu'à Francfort; vous chargerez un officier général français de la conduite de ces prisonniers jusqu'à Francfort; il viendra en poste vous rejoindre; vous pourriez charger de cela le général Vonderweidt.

LE MAJOR GÉNÉRAL AU PRINCE JÉRÔME.

Weimar, 16 octobre 1806.

L'Empereur ordonne, mon Prince, que la division bavaroise parte aussitôt la réception du présent ordre de Schleiz pour se rendre à Plauen où elle attendra de nouveaux ordres.

L'EMPEREUR AU MAJOR GÉNÉRAL.

Weimar, 16 octobre 1806.

Donnez l'ordre au général Songis de réunir toute l'artillerie prise à l'ennemi dans la place d'Erfurt; donnez l'ordre à l'intendant général de rassembler tous les magasins des vivres à Erfurt [1], qui désormais sera le pivot des opérations de l'armée.

Le général Songis enverra à Erfurt la compagnie d'artillerie qui est à Würzburg; il rappellera à l'armée la demi-compagnie qui est à Kronach, et celle qui est à Forchheim.

---

1. Le 14 novembre, au conseil d'administration tenu à Berlin, l'Empereur ayant remarqué qu'il y avait peu de chose à Erfurt, donna l'ordre qu'on prît des mesures pour y maintenir toujours un approvisionnement de 15,000 quintaux de grains.

Vous donnerez ordre au maréchal Mortier de venir, avec la 1re division de son corps d'armée, placer son quartier général à Fulde, et d'occuper toute la principauté de Fulde le plus tôt possible.

Chargez un commissaire des guerres d'organiser la route de l'armée sur Francfort et Erfurt. Le général qui commande à Würzburg se rendra à Erfurt pour commander la citadelle, la ville et la province. Le général qui est à Kronach se rapprochera également de la Saxe.

Toute la ligne d'étapes par Bamberg sera reployée et établie sur la ligne d'Erfurt, Fulde et Mayence.

Présentez-moi un rapport sur tous les pays qui ne sont pas de la Confédération du Rhin et qui se trouvent compris entre l'Elbe et le Rhin, et proposez-moi une organisation sur les mêmes bases que celle qui a été établie l'année dernière dans les provinces de Souabe, tant pour le militaire que pour l'administration.

Donnez l'ordre que tous les prisonniers qui seront faits désormais soient dirigés sur Erfurt. Il est convenable d'avoir là un bureau d'état-major général pour correspondre. Faites établir à Erfurt un grand hôpital militaire.

Ordres donnés en conséquence par le Major général au général Songis ; — au maréchal Mortier par duplicata ; — à l'intendant général ; — au général Thouvenot, commandant à Würzburg ; — au général Roize, commandant à Kronach ; — au général Sanson, à l'intendant général et à l'adjudant commandant Hastrel, pour la route d'étapes[1] ; — à l'adjudant commandant Hastrel, pour l'ordre du jour

---

1. ORDRE DU JOUR.

Quartier général impérial, Merseburg, 18 octobre 1806.

L'armée est prévenue que la ligne de communication n'est plus par Kronach, Forchheim et Würzburg, mais qu'à dater de ce jour elle est établie :

Par Mayence à Francfort, distance	8 lieues.
Hanau	4
Gelnhausen.	6
Schlüchtern	8
Fulde	8
Hünfeld	5

relatif aux prisonniers et le bureau d'état-major. — Tous ces ordres sont la reproduction textuelle des phrases de l'Empereur.

7e BULLETIN DE LA GRANDE-ARMÉE.

Weimar, 16 octobre 1806.

Le grand-duc de Berg a cerné Erfurt le 15, dans la matinée. Le 16, la place a capitulé. Par ce moyen, 14,000 hommes, dont 8,000 blessés et 6,000 hommes bien portants, sont devenus prisonniers de guerre, parmi lesquels sont le prince d'Orange, le feld-maréchal Möllendorf, le lieutenant-général Larisch, le lieutenant-général Grawert, les généraux-majors Lossow et Zweiffel. Un parc de 120 pièces d'artillerie, approvisionné, est également tombé en notre pouvoir.

On ramasse tous les jours des prisonniers.

Le roi de Prusse a envoyé un aide de camp à l'Empereur avec une lettre en réponse à celle que l'Empereur lui avait écrite avant la bataille[1] ; mais le roi de Prusse n'a répondu qu'après. Cette démarche de l'empereur Napoléon était pareille à celle qu'il fit auprès de l'empereur de Russie avant la bataille d'Austerlitz ; il dit au roi de Prusse : « Le succès « de mes armes n'est point incertain ; vos troupes seront « battues ; mais il en coûtera le sang de mes enfants ; s'il « pouvait être épargné par quelque arrangement compatible « avec l'honneur de ma couronne, il n'y a rien que je ne

---

Vach.	6	
Eisenach.	8	en faisant 5 lieues par
Gotha	6	[la traverse.
Erfurt	6	
Total	65 lieues.	

En conséquence les différents corps d'armée dirigeront leurs prisonniers de guerre sur Erfurt pour de là suivre la route indiquée ci-dessus.

Les commandants ou commissaires des guerres à Mayence et à Francfort expédieront les officiers ou convois rejoignant l'armée par cette nouvelle route, celle de Kronach et de Würzburg ne devant plus être suivie.

1. Lettre du 12. Voir *Iéna*, page 525.

« fisse pour épargner un sang si précieux. Il n'y a que l'hon-
« neur qui, à mes yeux, soit encore plus précieux que le
« sang de mes soldats. »

Il paraît que les débris de l'armée prussienne se retirent sur Magdeburg. De toute cette immense et belle armée, il ne se réunira que des débris.

8ᵉ BULLETIN DE LA GRANDE-ARMÉE.

Weimar, 16 octobre 1806, au soir.

Les différents corps d'armée qui sont à la poursuite de l'ennemi annoncent à chaque instant des prisonniers, la prise de bagages, de pièces de canon, de magasins, de munitions de toute espèce. Le maréchal Davout vient de prendre 30 pièces de canon ; le maréchal Soult, un convoi de 3,000 tonneaux de farine ; le maréchal Bernadotte, 1,500 prisonniers. L'armée ennemie est tellement dispersée et mêlée avec nos troupes qu'un de ses bataillons vint se placer dans un de nos bivouacs, se croyant dans le sien.

Le roi de Prusse tâche de gagner Magdeburg. Le maréchal Möllendorf est très-malade à Erfurt ; le grand-duc de Berg lui a envoyé son médecin.

La reine de Prusse a été plusieurs fois en vue de nos postes ; elle est dans des transes et dans des alarmes continuelles. La veille, elle avait passé son régiment en revue ; elle excitait sans cesse le Roi et les généraux ; elle voulait du sang. Le sang le plus précieux a coulé ; les généraux les plus marquants sont ceux sur qui sont tombés les premiers coups.

Le général de brigade Durosnel a fait, avec les 7ᵉ et 20ᵉ de chasseurs, une charge hardie qui a eu le plus grand effet ; le major du 20ᵉ régiment s'y est distingué. Le général de brigade Colbert, à la tête du 3ᵉ de hussards et du 10ᵉ de chasseurs, a fait sur l'infanterie ennemie plusieurs charges qui ont eu le plus grand succès.

LE GÉNÉRAL BELLIARD AU GÉNÉRAL LASALLE.

Erfurt, 16 octobre 1806.

Vous partirez avec votre brigade pour vous porter sur Langensalza; vous ferez reconnaître Mühlhausen, Gotha, Eisenach et Sondershausen[1]. Vous êtes prévenu que les divisions de dragons et de cuirassiers suivent votre mouvement. Envoyez au Prince le moment de votre départ et celui de votre établissement. Prenez des renseignements sur la marche des Prussiens et rendez-en compte à S. A.

LE GÉNÉRAL BELLIARD AUX GÉNÉRAUX MILHAUD ET KLEIN.

Erfurt, 16 octobre 1806.

Vous partirez pour vous porter sur Tennstädt où vous prendrez position. Vous éclairerez toutes les routes qui y aboutissent. Prenez des renseignements, etc. Vous formerez l'avant-garde de la division Klein.

LE GRAND-DUC DE BERG A L'EMPEREUR.

Erfurt, 16 octobre 1806, 3 heures du soir.

J'ai l'honneur de rendre compte à V. M. que la capitulation est entièrement exécutée. Quoique je ne connaisse pas précisément le nombre des prisonniers, je puis affirmer à V. M. qu'il y en a au moins 6,000, et 5,000 blessés. 60 pièces de canon en batterie ont été prises, de 20 à 25 canons de bataillon et autant que nous avons forcé l'ennemi d'abandonner dans la campagne. Plusieurs bataillons qui ont été trouvés par la cavalerie de V. M., qui allaient cantonner dans les villages, ont mis bas les armes; il y a eu dans la

1. De Langensalza à Gotha, 20 kilomètres; — à Eisenach, 28; — à Mühlhausen, 17; — à Sondershausen, 35. — La brigade avait 24 kilomètres pour se porter de Walschleben à Langensalza. — Les reconnaissances devaient faire la route avec la brigade, puis l'aller et le retour. — La brigade Lasalle ne se porta du reste pas sur Langensalza, ainsi qu'on le verra dans le rapport du Grand-duc de Langensalza à 9 heures du soir; elle fut remplacée sur cette direction par le 13e de chasseurs du général Milhaud.

journée d'hier au moins 2,000 prisonniers. Toute l'armée ennemie est éparse, et il paraît qu'il ne lui a point été assignée de points de ralliement parce que tous les généraux ont été blessés ou tués[1]. Je dois les plus grands éloges à la cavalerie de V. M.; elle a attaqué seule hier sans infanterie un corps à peu près de 10,000 hommes d'infanterie et de 3 régiments de cavalerie, l'a chassé de sa position, lui a enlevé ses canons et l'a forcé de s'enfermer dans la place. La cavalerie seule avec un corps de 3,000 hommes est parvenue à se sauver. Ainsi, sans infanterie, un corps de 6,000 à 7,000 hommes commandés par de vieux généraux a été obligé de se rendre dans une place à l'abri d'un coup de main et ayant une bonne citadelle. Je ferai connaître à V. M. les officiers et cavaliers qui se sont le plus distingués et qui ont enlevé des drapeaux aux bataillons carrés.

J'ai l'honneur d'adresser à V. M. 9 guidons et 7 drapeaux par le chef d'escadron Déry, mon aide de camp, qui s'est distingué pour la seconde fois dans la campagne; il a été le jour de la bataille à la tête de toutes les charges de cavalerie contre les bataillons carrés. Deux régiments, Sire, ont perdu leurs colonels dans cette brillante journée; je demande l'une des deux places pour ce brave chef d'escadron et j'ose assurer V. M. que personne ne le conduirait plus bravement que lui. J'aurai l'honneur de demander également de l'avancement pour mes autres aides de camp qui tous se sont très bien conduits.

LE GÉNÉRAL BELLIARD AU GÉNÉRAL BEAUMONT.

Langensalza, 16 octobre 1806.

Vous établirez une grand'garde sur la route de Sondershausen, en arrière du village de Merxleben au pont de pierre sur l'Uns-

---

1. Une armée qui a subi une défaite aussi complète, ne peut se retirer que sur un point d'appui connu de tout le monde, officiers et soldats, comme l'est une place forte. La volonté du Chef de l'armée serait impuissante à changer la direction de la retraite. — La perte des chefs ne contribue pas peu à augmenter la confusion.

trutt[1] ; vous établirez une grand'garde à Ufhofen, poussant un petit poste à l'embranchement de la route de Nurgen à Reichenbach. Vous ordonnerez, mon cher Général, qu'il y ait des grand'gardes autour de la place, et qu'il soit établi une chaîne de postes, et que le service se fasse avec le plus grand soin. Les vedettes devront communiquer les unes avec les autres et à la pointe du jour toutes les troupes seront à cheval et resteront jusqu'à la rentrée des reconnaissances.

Les grand'gardes de la cavalerie d'avant-garde qui prend ses cantonnements le soir sont placées sur les routes, aux passages obligés et à peu de distance du cantonnement. Des petits postes sont poussés en avant. Les reconnaissances vont sur toutes les directions jusqu'aux villes ou gros bourgs où l'on peut avoir des nouvelles.

LE GRAND-DUC DE BERG A L'EMPEREUR.

Langensalza, 16 octobre 1806, 9 heures du soir.

Sire, j'ai eu l'honneur d'écrire à V. M. d'Erfurt à 4 heures et je m'empresse de faire parvenir à V. M. les renseignements que j'ai recueillis de l'ennemi depuis une heure et demie que je suis ici[2]. Quelques hommes étaient encore ici ce soir à 4 heures, et il est positif qu'il est passé ici se rendant à Mühlhausen plus de 25,000 hommes de toutes armes, de tous corps, marchant sans ordre et presque tous désarmés ; les officiers leur ont recommandé de jeter leurs armes s'ils apercevaient les Français et de se rendre. C'est le fils du duc de Brunswick qui fait l'arrière-garde avec un corps de 14,000 hommes composé presque en entier de cavalerie ; on m'assure que tous les corps ont reçu l'ordre hier et aujourd'hui de se porter sur Frankenhausen pour s'y réunir à toute l'armée et gagner de là Magdeburg. Si les maréchaux Soult

1. Merxleben à 2 kilomètres de Langensalza ; — Ufhofen à 1,200 mètres de Langensalza, le petit poste à 5 kilomètres en avant.

2. Le Grand-duc, parti d'Erfurt à 4 heures, a fait en 3 heures et demie les 34 kilomètres qui séparent Erfurt de Langensalza.

et Bernadotte ont poussé vivement leur pointe, je doute qu'ils puissent se réunir sur ce point. Jamais on n'a vu déroute semblable, jamais terreur ne fut si générale et si grande ; les officiers déclarent ouvertement qu'ils ne veulent plus servir, tous désertent leurs drapeaux et retournent chez eux. On m'assure que si je les joins, ils mettront bas les armes.

Demain, si je n'ai pas d'ordre de mouvement de V. M., je me porterai sur Sondershausen, et je tâcherai conformément à la lettre de V. M. de me placer entre les maréchaux Soult et Bernadotte et l'ennemi.

J'ai trouvé depuis Erfurt jusqu'ici 12 pièces de canon et une vingtaine de caissons de munitions que les hussards ont fait abandonner hier à l'ennemi.

Hier le général Klein s'est dirigé en chargeant la cavalerie et l'escorte des bagages vers (*mot illisible*) et depuis il ne m'a fait donner aucune nouvelle [1]. Le général Lasalle en a fait de même ; je sais qu'ils sont à la poursuite de l'ennemi sur ma droite ; ce soir j'expédie des estafettes sur tous ces points et j'espère les découvrir ; j'en enverrai à Mühlhausen et à Eisenach pour m'assurer si l'ennemi s'y trouve et quelle route il a prise.

Demain j'aurai l'honneur d'écrire à V. M. Voici ma position :

Le général Milhaud à Langensalza avec le général Beaumont. Le général Nansouty à Gräfen-Tonna, d'Hautpoul à Dollstädt, le maréchal Ney à Fahner sur la route d'Erfurt [2].

Au lieu de 6,000 prisonniers il s'en trouve au moins 10,000, mais ils désertent et s'en vont chez eux ; il serait bien essentiel de prendre des mesures pour l'empêcher.

---

1. La 1re division de dragons s'arrêta le 15 à minuit à hauteur de Gross-Sömmern sur la route d'Erfurt à Weissensee ; la brigade Lasalle à Walschleben. S'ils n'avaient pas envoyé leurs sous-officiers d'ordonnance au quartier général, il n'est pas étonnant qu'ils n'aient pas eu les ordres de mouvement pour le 16. Le 16, la brigade Lasalle coucha à Gebesee et la division Klein à Weissensee. L'une et l'autre donnèrent de leurs nouvelles à Langensalza le 16 dans la soirée et des ordres de mouvement purent leur être expédiés.

2. De Langensalza à Gräfen-Tonna, 7 kilomètres ; — de Gräfen-Tonna à Dollstädt, 6 ; — de Dollstädt à Gross-Fahner, 3.

La Reine est passée ici avant-hier, avec la duchesse de Weimar, et a pris la route de Mühlhausen et Göttingen. L'armée n'a aucune nouvelle du Roi depuis le jour de la bataille.

Le prince de Hesse-Homburg et le prince de Pleiss sont au nombre des prisonniers.

6e corps. Quartier général, général Colbert et 10e de chasseurs [1], Gräfen-Tonna ; — 2e division, bivouac en avant de Gross-Fahner ; — 3e division, bivouac à la gauche de la 2e. — Parc d'artillerie, Weimar.

La profondeur de la colonne, de Langensalza à Dollstädt, est de 14 kilomètres, et de 17 kilomètres jusqu'à Gross-Fahner.

La cavalerie d'avant-garde s'échelonne donc dans les villages sur la route, se cantonnant dans les lieux habités, de telle façon que les divisions ne soient jamais divisées en présence de l'ennemi ; si l'endroit est gros, on peut même mettre de l'infanterie avec de la cavalerie [2], mais à l'avant-garde ne jamais fractionner la division. Si la troupe de tête de la cavalerie d'avant-garde est une brigade de cavalerie légère, on tâche même de faire serrer sur elle une des divisions suivantes afin d'avoir toujours réuni un gros paquet de cavalerie et d'éviter ainsi une échauffourée. — L'infanterie du corps d'armée d'avant-garde pousse le plus loin possible ; peu importe qu'elle se trouve dans les mêmes cantonnements que certaines des divisions de cavalerie ; celles-ci reprendront l'avance le lendemain.

---

1. Le 8e de hussards était resté à Erfurt et avait fourni un escadron pour l'escorte des prisonniers.

2. Il est certain qu'on sera serré, mais cet entassement est une nécessité de la guerre. Les grandes manœuvres du temps de paix sont une mauvaise école parce que, pour ne pas surcharger les populations, on n'entasse pas assez de troupes dans les cantonnements. Alors qu'à la guerre on mettrait dans un village une division d'infanterie tout entière avec son artillerie, et dans le village suivant sur la route, quelle que soit l'étendue de ce village, une autre division, à peine aux manœuvres place-t-on un régiment dans un village. On ne fait pas la guerre avec ces ménagements ; or les manœuvres de corps d'armée sont faites pour instruire les généraux, les officiers et les troupes, pour leur montrer l'entassement indispensable, pour les faire souffrir de cet entassement. — Le village est un centre où l'on trouve de l'eau, des vivres, mais où tous ne seront peut-être pas abrités ; partie de la troupe restera au bivouac à l'entour. Aux généraux à faire la répartition du village entre les troupes ; aux colonels entre leurs bataillons. — La charge sera lourde pour un village ; ne renouvelez pas souvent les manœuvres dans le même pays, n'imposez pas plusieurs fois cette contrainte à un même village.

A la guerre, lorsque l'on s'attend à rencontrer l'ennemi, ce qui est le cas des manœuvres, on se cantonne uniquement dans les localités qui sont sur les routes sans utiliser celles à 2 ou 3 kilomètres sur les flancs de la route suivie. — Il faut être tous ensemble prêts à serrer sur la tête.

LE GÉNÉRAL BELLIARD AU GÉNÉRAL NANSOUTY.

Langensalza, 16 octobre 1806.

Demain vous partirez à 7 heures du matin pour vous porter sur Almenhausen ; prenez la route la plus courte ; à moitié chemin de Langensalza à Sondershausen, le général d'Hautpoul marchera à votre droite, et à votre gauche la division Beaumont. Si vous arrivez à Almenhausen avant le reste de la troupe, vous ferez halte pour nous attendre.

LE GÉNÉRAL BELLIARD AU GÉNÉRAL KLEIN.

Langensalza, 16 octobre 1806.

Vous joindrez le plus tôt possible le corps d'armée à Gundersleben, village situé entre les grandes routes de Mühlhausen et de Langensalza ; je vous enverrai des ordres sur ce point ; il faut que vous y soyez dans la soirée ; vous devez avoir là des nouvelles du maréchal Soult ; il a dû coucher hier à Cölleda ou Gross-Sömmern.

LE GÉNÉRAL BELLIARD AU GÉNÉRAL LASALLE.

Langensalza, 16 octobre 1806.

Au lieu de venir à Langensalza [1] dirigez-vous sur Bellstädt par Tennstädt. Le Prince part avec le corps d'armée pour se porter sur le même point ; vous avez sur votre droite la division Klein qui partira de Weissensee pour se diriger sur Gundersleben.

LE MARÉCHAL SOULT AU GÉNÉRAL MARGARON.

16 octobre 1806.

L'ennemi est décidément en retraite sur Magdeburg. Hier il était à Gross-Sömmern encombré de bagages et d'artillerie, et ses troupes extrêmement fatiguées : avec les 3 régiments de cavalerie que vous commandez, vous prendrez de suite

---

1. Le Grand-duc a donc reçu des nouvelles du général Lasalle à Langensalza le 16 après 9 heures du soir.

cette direction (Gross-Sömmern) et vous marcherez jusqu'à ce que vous ayez joint les derrières de l'ennemi, l'attaquerez immédiatement et l'obligerez à prendre position pour se défendre, et ainsi donner au corps d'armée le temps d'arriver[1].

Il est inutile que vous envoyiez des troupes sur Erfurt; cette ville est déjà cernée par le maréchal Ney.

Je me mets en marche avec le corps d'armée pour suivre votre mouvement et me diriger aussi sur Gross-Sömmern, et j'emmène avec moi une division de dragons pour vous soutenir.

Rendez-moi fréquemment compte des renseignements que vous aurez sur l'ennemi, des prises que vous lui aurez faites et de la nature des chemins que vous aurez parcourus, afin que j'en profite pour le corps d'armée.

Les ordres et instructions du maréchal Soult sont des modèles de concision. Il est à souhaiter que tout le monde se pénètre de la nécessité de donner des ordres laconiques et précis ; ceux-là seuls sont lus à la guerre. Les ordres longs et diffus, où tout veut être prévu minute par minute, portent le cachet de la médiocrité. — A la guerre le temps presse pour donner des ordres et pour les exécuter ; il les faut brefs pour qu'ils soient saisis rapidement. *Le chef dicte ou rédige lui-même ses ordres; son état-major les expédie seulement.* Tous les ordres, toutes les instructions du maréchal Soult sont sur son registre particulier, portent l'empreinte de sa rédaction ; c'est son œuvre à lui. Son chef d'état-major a un registre pour son service de chef d'état-major, registre sur lequel figure l'expédition des ordres lorsque le Maréchal les donne sous forme *d'ordre* et non sous forme de *lettre* ou d'*instructions*.

Aujourd'hui, par suite d'un bouleversement dans le service occasionné par l'introduction de complications inutiles dans la rédaction des ordres[2], les états-majors se sont emparés de la rédaction des ordres de mouvement. — La rédaction des ordres est le service le plus important du commandement.

1. Et ainsi faire perdre à l'ennemi la demi-marche qu'il a gagnée après la bataille.

2. Au lieu de se servir dans la rédaction des ordres du langage courant et de dire les choses comme elles se présentent à l'esprit, on a imaginé, sous prétexte de méthode, un langage de convention encombré d'une série de paragraphes et de numéros. Pour retenir tout ce fatras, il faut une mémoire prodigieuse qui serait mieux employée à retenir des choses plus utiles.

L'état-major s'est élevé, il est sorti de ses fonctions ; il a voulu se substituer au commandement ; le commandement, lui, semble s'être amoindri.

Dans l'armée de l'Empereur, le commandement était plus laborieux, l'état-major plus modeste. C'est la paperasserie envahissante imaginée par des intelligences de second ordre, qui est la cause de cette perturbation dans les attributions.

Par son activité, par une grande force de caractère, le commandement doit reprendre sa place et réduire l'état-major à son rôle effacé d'aide.

ORDRE.

16 octobre 1806.

Le corps d'armée se mettra en marche sur-le-champ pour se diriger sur Gross-Sömmern en passant par Schwerstädt, afin de joindre l'ennemi et de le combattre.

Les divisions marcheront la 3e en tête, ensuite la 2e, puis la 1re. Les compagnies d'artillerie légère marcheront avec la 3e division, ainsi que les sapeurs et les pontonniers, ceux-ci en tête.

Dans la marche, MM. les généraux auront soin d'éviter autant que possible les défilés, en tournant pour cet effet les villages, et ils feront marcher les troupes en colonne, même sur plusieurs colonnes [1], si cela se peut, pour diminuer la profondeur, et ainsi donner aux divisions de gauche le temps d'arriver. La marche d'aujourd'hui sera peut-être longue [2]; car il s'agit de joindre l'ennemi et de tâcher de le détruire. Aussi MM. les généraux feront serrer le mouvement et donneront tous les ordres nécessaires pour qu'aucun corps ni individu ne reste en arrière.

Mal SOULT.

L'ordre de mouvement est extrêmement concis, tout en étant complet [3]. Ce qui n'a pas trait au mouvement général, ce qui n'in-

1. Marcher sur plusieurs colonnes ne signifie pas marcher sur plusieurs routes.

2. Elle fut de 36 à 37 kilomètres pour la masse du corps d'armée et de 40 kilomètres pour l'avant-garde.

3. L'ordre de mouvement est toujours bref. — Le commandant de corps d'armée qui reçoit les ordres de l'armée au milieu de la nuit ou dans la matinée, n'a pas le temps de faire un ordre long. Souvent même il met son corps d'armée en marche sans avoir donné d'ordre de mouvement écrit. Le 15, le 4e corps réuni, le maréchal Soult se porte sur Buttelstädt ; il n'existe pas d'ordre de mouvement sur le registre du Maréchal. Il en est de

téresse que certaines troupes ou certaines fractions du corps d'armée, dont le mouvement sera indépendant de celui de la masse du corps d'armée, fait l'objet d'instructions spéciales, comme celle pour le général commandant la cavalerie, ou d'ordres particuliers comme le suivant pour le chef d'état-major et le commandant de l'artillerie.

ORDRE.

Buttelstädt, 16 octobre 1806.

La division de dragons commandée par le général Sahuc ayant ordre de joindre le corps d'armée à Buttelstädt, le général Compans enverra au-devant d'elle un officier pour la prendre, lui faire suivre la marche du corps d'armée et la porter même en tête de l'infanterie aussitôt que possible, en évitant cependant d'arrêter en aucune manière la marche de l'infanterie. Il laissera également ordre au 22e régiment de chasseurs de suivre le mouvement du corps d'armée et de se porter, aussitôt qu'il le pourra, en tête de la colonne. Le général Lariboisière donnera ordre au parc d'artillerie de suivre le mouvement du corps d'armée et de faire tout ce qu'il pourra pour approcher le plus possible.

Mal Soult.

Le chef d'état-major reçoit donc du commandement des ordres écrits qu'il est chargé de faire exécuter soit directement, soit en les transmettant aux officiers qu'ils concernent.

.... Pendant la nuit le Maréchal fut instruit qu'une colonne ennemie à laquelle se trouvait le roi de Prusse était à Gross-Sömmern et

---

même pendant toute la campagne de Friedland, et cependant les inscriptions se font au jour le jour sur le registre, attendu que les rapports du Maréchal à l'Empereur et au Major général s'y trouvent. — Les ordres donnés par le maréchal Soult pour le mouvement du 3 octobre, *Iéna*, page 259, du 4, pages 288 et 309, du 7, page 352, du 8, page 379, du 9, page 419, du 10, page 449, du 11, page 485, sont trop longs. On sent que le Maréchal est loin de l'ennemi, qu'il a le temps de composer un ordre de mouvement et que ses généraux, eux aussi, ont le temps de le lire. Lorsqu'on est en présence, il faut plus de concision; la fatigue, le temps vous y obligent, et si les ordres étaient trop longs, les subordonnés, au lieu de lire les ordres, ne feraient que les parcourir et ne se donneraient pas la peine de retenir ce qu'ils contiennent. Tout se sent de l'activité qui règne dans l'armée.

Je ne parle pas des ordres de mouvement donnés par les généraux de division. La division est toujours réunie; le général de division n'a donc qu'à indiquer l'heure à laquelle les troupes doivent être prêtes; il est là pour les mettre en marche. Par suite pas d'écritures inutiles. Là aussi beaucoup de simplicité.

qu'il y avait dans cet endroit un grand encombrement de bagages : le 16 à la pointe du jour il y dirigea le corps d'armée. L'avant-garde arriva à Gross-Sömmern lorsque les dernières troupes de l'ennemi en sortaient, et elle put encore lui enlever beaucoup de caissons et une grande quantité de bagages. Comme elle se disposait à poursuivre l'ennemi, le général de division Klein qui était arrivé depuis minuit à hauteur de Gross-Sömmern sur la route d'Erfurt à Weissensee avec la division de dragons qu'il commande, fit dire qu'il croyait qu'il y avait un armistice entre les deux armées et que dans cette persuasion il n'avait pas fait attaquer l'ennemi lorsqu'il était passé à sa portée, se retirant sur Greussen. Ce faux avis retarda pour un moment la marche de l'avant-garde, mais aussitôt que le Maréchal fut instruit du motif, il lui donna ordre de reprendre son mouvement et de le pousser même avec plus d'activité qu'auparavant.

A 3 heures la cavalerie arriva devant Greussen et se trouva en présence de la colonne ennemie qui s'était formée sur plusieurs lignes en avant et en arrière de la ville. La rapidité de ce mouvement étonna le général prussien de Kalkreuth qui commandait la colonne... (*Journal des opérations du 4e corps.*)

LE MARÉCHAL SOULT AU MAJOR GÉNÉRAL.

Greussen, 16 octobre 1806, 11 heures et demie du soir.

J'ai l'honneur de rendre compte à V. A. de l'arrivée du corps d'armée à Greussen, et de la prise de position sur les hauteurs en arrière de ce bourg; une avant-garde est portée en avant de cet endroit sur la route de Sondershausen.

Ce matin en arrivant à Gross-Sömmern, j'ai été instruit qu'une colonne ennemie forte de 12,000 hommes en était partie à 7 heures et même que S. M. le roi de Prusse y avait couché ; j'ai fait de suite suivre la direction qu'avait prise cette colonne en se retirant, et sur le soir j'ai encore pu l'atteindre à Greussen ayant ses lignes formées et paraissant prête à soutenir le combat.

Lorsque l'avant-garde a été à portée de cette colonne, un parlementaire s'est présenté et a déclaré au nom du général Kalkreutth, commandant en chef l'armée prussienne, qu'il croyait qu'une trêve ou armistice avait été conclue entre S. M. l'Empereur et le roi de Prusse, et qu'il avait même reçu ordre de son Souverain de ne point faire feu sur les troupes françaises si elles se présentaient; ce parlementaire m'a en outre fait prier de vouloir bien accorder à ce sujet une conférence à M. le général Kalkreuth.

M'étant rendu aux avant-postes, le général Kalkreuth m'a répété la même chose, et m'a dit qu'il garantissait sur son honneur que des propositions d'armistice avaient été faites et qu'il croyait même qu'elles avaient été acceptées par l'Empereur, et m'a prié en conséquence de n'engager aucune affaire jusqu'à ce que des ordres m'aient été donnés à ce sujet : il m'a même dit qu'hier au soir le général Klein, à la tête de la division qu'il commande, et qui s'était portée sur le flanc de la colonne prussienne, en se dirigeant sur Weissensee, n'avait pas fait d'objection pour laisser passer ses troupes, sur l'assurance qu'il lui avait donnée que la trêve devait être conclue.

N'ayant reçu aucun ordre ni avis à ce sujet, j'ai dû trouver fort étrange que le général Kalkreuth me fît pareille proposition, mais n'étant point encore en mesure pour l'attaquer, parce qu'il n'y avait que la cavalerie d'arrivée, et que l'infanterie ne pouvait être en présence qu'une demi-heure avant la nuit, j'ai prolongé l'entretien jusqu'à ce qu'elle fût rendue, et pour cela je lui ai fait des propositions telles que j'étais bien assuré qu'il ne les accepterait pas : de faire arrêter la marche de toutes les colonnes prussiennes, desquelles il se disait le général en chef, qui pouvaient être en mouvement sur la rive gauche de l'Elbe, soit qu'elles aient été à la bataille ou non, et que dans le cas que l'armistice (conclu à ce qu'il m'annonçait) ne le fût pas, la colonne qu'il commandait serait prisonnière de guerre.

Le général Kalkreuth et un autre général qui était avec lui, ont répondu qu'ils préféraient tous mourir que de consentir à un pareil déshonneur; mais ils consentaient à la première proposition si j'avais voulu leur permettre de prendre sur les derrières une position qui les mît à même de se procurer des vivres, et ils demandaient aussi que l'armée française arrêtât ses mouvements.

Avec de pareilles prétentions de part et d'autre, et de mon côté étant sans pouvoir pour rien promettre, il était difficile de s'entendre ; aussi j'ai rompu l'entretien aussitôt que j'ai appris que l'infanterie arrivait[1], et j'ai dit au général Kalkreuth que, ne pouvant me regarder comme prévenu de l'existence d'un armistice, quoiqu'il en fût lui-même persuadé, je ne cesserais de le poursuivre, et que j'agirais en conséquence des instructions que j'avais reçues. Nous nous sommes alors séparés, et un instant après j'ai fait attaquer les troupes qu'il avait devant Greussen ; elles ont été culbutées, nous sommes entrés dans la ville et nous avons fait quelques prisonniers[2] ; j'ai mis ensuite un parti à la poursuite de la colonne, pour la fatiguer sans cesse pendant la nuit, l'empêcher de faire du chemin et la tenir à portée pour demain matin ; aussi j'espère qu'avant d'être à Nordhausen je l'aurai entamée.

Je n'eusse certainement écouté aucune proposition du général Kalkreuth si à mon arrivée devant Greussen j'avais été en mesure de l'attaquer ; mais, comme je l'ai déjà dit, je n'avais que de la cavalerie, et les approches de la ville étant défendues par de l'infanterie, je ne pouvais hasarder de forcer le passage, à moins que celle du corps d'armée fût arri-

---

1\. ..... L'entretien se prolongea jusqu'à 4 heures ; alors la 4e division de dragons et la division du général Legrand étant arrivées, le Maréchal, qui dès ce moment se trouvait en mesure d'attaquer l'ennemi, rompit la conversation avec le général Kalkreuth, et lui déclara qu'il allait marcher ; effectivement les troupes se précipitèrent sur les Prussiens ; la ville de Greussen fut emportée, le défilé forcé et 300 prisonniers ainsi qu'un grand nombre d'équipages restèrent en notre pouvoir. (Journal du 4e corps.)

2\. ..... Le 16 octobre dans l'après midi, la cavalerie légère d'avant-garde rencontra l'ennemi en avant de Greussen ; je fis avancer, d'après les ordres de M. le Maréchal, les batteries des 3e et 4e compagnies d'artillerie légère ; elles tirèrent quelques coups qui portèrent le désordre dans les rangs de l'ennemi et contribuèrent à décider sa fuite ; mais la nuit qui survint, la marche rapide de notre infanterie légère qui chargea l'ennemi à l'entrée de la ville, nous empêchèrent de continuer le feu..... (Rapport du général Lariboisière au général Songis.)

L'artillerie de la 4e division de dragons fut aussi mise en batterie et tira sur la cavalerie ennemie. (Rapport du général Ruty au général Songis, Varsovie, 25 janvier 1807.)

vée, sans m'exposer à perdre beaucoup d'hommes et de chevaux; ainsi j'ai parlementé pour donner le temps à l'infanterie du corps d'armée d'arriver et aussi pour faire perdre une demi-marche à la colonne ennemie; ce double but a été rempli et j'ai de plus acquis la certitude que les généraux ennemis étaient aussi découragés que leurs soldats; ils sont fort inquiets d'une colonne qui vient de la Thuringe et qui est conduite par le duc de Weimar, laquelle n'a point pris part à la bataille, ainsi que du sort d'une autre colonne qui a dû partir d'Erfurt pour se diriger par Langensalza. Ils n'ont plus de transports, et ils s'en plaignent amèrement parce que, disent-ils, ils ne peuvent procurer des vivres à la troupe. Ils attendent le renfort d'une colonne qui est encore dans la Marche de Brandeburg et celui d'une seconde colonne venant de la Silésie qui doit incessamment passer l'Elbe. La conversation étant tombée sur la capitale, le général Kalkreuth m'a dit qu'il n'était pas chargé de la défendre, mais semblait n'avoir des inquiétudes que sur Magdeburg, où toutes les colonnes doivent se réunir.

Si S. M. voulait me permettre de les y prévenir, j'oserais espérer qu'avant qu'elles y fussent parvenues, il y en aurait quelqu'une de détruite.

Dans cette persuasion je dirigerai demain le corps d'armée sur Nordhausen et après-demain sur Quedlinburg ou Halberstadt, à moins qu'auparavant je n'aie reçu des ordres de S. M. qui changent ma destination.

Nous continuons à recevoir des déserteurs, et les routes sont toujours couvertes de caissons renversés et de voitures brisées; nous trouvons aussi dans les villages beaucoup de leurs blessés.

Nous avons trouvé dans le village de Leutenthal, près Buttelstädt, le lieutenant général Rüchel, blessé mortellement; je lui ai envoyé un chirurgien français pour en avoir soin[1].

---

1. Mais avant que le chirurgien fût arrivé, le général Rüchel, auquel le Maréchal envoyait aussi une garde d'honneur, avait disparu. (Journal du 4e corps.)

Le général Kalkreuth m'a dit qu'il croyait que S. A. le duc de Brunswick était mort de ses blessures, et qu'il était fort inquiet sur le compte de plusieurs autres généraux.

J'ai l'honneur de prier V. A. de vouloir bien mettre ce rapport sous les yeux de S. M. et d'avoir la bonté de me faire parvenir ses ordres.

1er corps. Quartier général à Bibra, 16 octobre 1806.

ORDRE DE MARCHE DU 16 OCTOBRE.

Le 1er corps se mettra en marche à 9 heures précises pour se porter sur Nebra.

Le général Watier avec les 2e et 4e régiments de hussards ouvrira la marche ; il enverra un détachement de 10 hommes et un officier bien montés sur Freyburg[1], en passant par Balgstadt, un autre de 25 hommes sur Querfurt, et un troisième de 10 hommes sur Heldrungen, non loin de l'embouchure de la rivière de Wipper. Ces détachements enverront toutes les heures jusqu'à 2 heures au général Watier des nouvelles de l'ennemi.

Le 5e de chasseurs marchera à un quart de lieue des 2 régiments de hussards.

La division Dupont suivra immédiatement, ensuite la division Rivaud et enfin la division Drouet.

Tout le monde marchera serré, et autant que faire se pourra sur le flanc de la route, afin de donner à l'artillerie plus de facilités pour avancer.

En arrivant, l'appel sera fait dans tous les corps. Il sera rendu compte de ceux qui manquent et des motifs de leur absence.

Le général de division, chef de l'état-major général,

L. BERTHIER.

D'après les nouvelles que l'on a de l'ennemi, MM. les généraux sont prévenus que le corps d'armée se portera probablement à Querfurt.

---

1. Freyburg, 13 kilomètres sur le flanc droit; — Querfurt, 21 kilomètres en avant; — Heldrungen, 30 kilomètres sur le flanc gauche. Inutile d'envoyer des chevaux médiocres pour pousser rapidement une reconnaissance un peu longue. On les sèmerait en route. — L'officier commandant chaque reconnaissance des flancs devant envoyer 5 fois des nouvelles, est resté avec 5 hommes.

ORDRE.

Bibra, 16 octobre 1806.

Les colonnes au lieu de se diriger de Bibra sur Nebra, d'après l'ordre donné, se rendront de ce premier endroit à Carsdorf passant par Weisser-Schwan, et de là directement sur Querfurt.

Le général, chef de l'état-major général,
Léopold Berthier.

LE MARÉCHAL BERNADOTTE AU MAJOR GÉNÉRAL.

Weisser-Schwan, à une lieue de Bibra, 16 octobre 1806,
10 heures du matin.

J'étais en route pour me porter sur Carsdorf et Querfurt, lorsque votre dépêche de ce matin m'a été remise[1]. J'ai eu l'honneur de vous écrire hier que j'étais à Bibra, que le prince de Hohenlohe s'était retiré sur Nordhausen, et que l'armée du Roi se retirait du côté du Harz.

Déjà depuis hier la route de Weissensee à Halle est interceptée puisque j'ai des partis à Querfurt; celle de Halle à Erfurt l'est déjà depuis hier matin 6 heures. J'aurai à midi des détachements à Heldrungen et sur la rive gauche de la Wipper.

J'apprends que le corps du prince de Wurtemberg est dans les environs de Halle; j'enverrai ce soir pour le reconnaître; si cet avis se continue, je marcherai sur lui; dans ce cas je prierai M. le maréchal Davout d'envoyer quelques partis de cavalerie sur Merseburg pour se lier avec moi. Si je suis informé que le prince de Hohenlohe, que l'on dit s'être retiré sur Nordhausen veut se porter sur Halle, je me trouverai en mesure d'attaquer son flanc droit dans sa marche.

Enfin, si je n'ai aucune nouvelle du prince de Hohenlohe ni du prince de Wurtemberg, et que j'entrevoie la possibi-

1. Dépêche de 2 heures du matin de Weimar, 31 kil., parvenue à 9 heures passées.

lité de surprendre Magdeburg, je marcherai sur cette place en faisant 12 à 15 lieues dans la dernière journée [1]. Dans ce dernier cas, j'aurai soin de vous donner souvent de mes nouvelles.

P.-S. — C'est faute d'officier que je vous ai envoyé hier un maréchal-des-logis.

ORDRE.

Quartier général à Querfurt, 16 octobre 1806.

Les divisions se tiendront prêtes à marcher demain à 2 heures du matin ; les généraux commanderont que tout le monde se trouve à son poste et que l'on marche bien en ordre et serré.

L'appel sera fait ce soir et demain matin avant de partir ; on rendra compte des hommes qui manquent.

Les chefs de corps veilleront à ce que les hommes fassent la soupe ; s'ils n'avaient pas de viande, les colonels feraient prendre et abattre des bœufs au camp.

MM. les généraux de division seront prévenus avant minuit de la route qu'ils prendront.

L. Berthier.

Les divisions étant toujours réunies, les généraux de division ont seuls besoin de savoir la route à prendre pour le mouvement du lendemain, mais l'heure du départ doit être portée à la connaissance de tout le monde le plus tôt possible.

Dans cet ordre de mouvement, pas de renseignements sur l'ennemi. Les troupes n'ont pas besoin de savoir où est l'ennemi ; il est en présence, cela suffit. Le corps d'armée est réuni ; le commandant du corps d'armée donnera aux généraux de division, de vive voix, les instructions qu'il jugera convenable. Mais pas de renseignements sur l'ennemi dans des ordres destinés aux troupes. Les renseignements de ce genre qu'on peut mettre dans un ordre de mouvement ne sont pas assez détaillés pour signifier quelque chose ; ils n'ont donc pas d'objet, par suite ils doivent disparaître ; toute phrase, tout mot

1. On ne fait de surprises que par des marches forcées. Le Maréchal prévoit une marche de 48 à 60 kil. ; il pense donc pouvoir l'obtenir de ses troupes. — 15 lieues exigent 15 heures de marche et un repos de 3 heures, soit 18 heures pour franchir la distance. — On est au mois d'octobre dans une saison fraîche favorable à la marche, mais à une époque où les jours sont déjà bien courts.

inutiles doivent être rejetés. Alors on reviendra à la concision indispensable dans la rédaction des ordres.

LE MARÉCHAL DAVOUT A L'EMPEREUR.

Naumburg, 16 octobre 1806.

Sire, les félicitations que V. M. veut bien adresser à son 3e corps d'armée et aux généraux qui le commandent[1] les pénètrent tous de la plus profonde sensibilité; déjà, Sire, leur dévouement à votre personne était sans bornes; ils ne sauraient y ajouter, mais ils brûlent de trouver l'occasion de vous en donner de nouveaux témoignages. L'expression de la satisfaction de V. M. va devenir pour nos blessés un motif de consolation de ce qu'ils ne pourront aussitôt que leurs camarades courir à d'autres dangers[2]. Quant aux braves que nous avons perdus, Sire, ils sont morts en héros; leur dernier vœu a été pour leur bien-aimé souverain.

Permettez, Sire, pour ce qui me concerne, de vous exprimer aussi combien je suis touché des éloges de V. M.; mon sang vous appartient; je le verserai avec plaisir dans toutes les occasions et ma récompense sera de mériter votre estime et votre bienveillance.

J'ai l'honneur d'être, Sire, de Votre Majesté le très humble et très fidèle sujet.

Le Maréchal

DAVOUT

---

1. Réponse à la dépêche de l'Empereur de 7 heures du matin, page 38.

2. ... Le maréchal Duroc arrivait à Naumburg pour y continuer la belle mission que l'Empereur lui avait donnée à Iéna, à l'issue de la bataille, de veiller à ce qu'il ne manquât rien aux blessés, de les visiter de sa part, chacun en son particulier, de leur donner les consolations de toute espèce, et les secours pécuniaires dont ils pouvaient avoir besoin.

Le maréchal du Palais parcourait, suivi de ses aides de camp, les logements où les Français blessés étaient quelquefois confondus avec les Prussiens. (Journal du 3e corps.)

LE MARÉCHAL DAVOUT AU MAJOR GÉNÉRAL.

Naumburg, 16 octobre 1806.

J'ai l'honneur d'adresser à V. A. le rapport du général Friant[1]; il lui fera connaître les pertes que cette division a faites et la nécessité de pourvoir au remplacement des officiers supérieurs qui manquent à plusieurs des régiments qui la composent.

Les divers mouvements que le corps d'armée a faits depuis le 14 ne m'ont pas permis de recueillir encore la totalité des rapports. Dès qu'ils me seront parvenus, je m'empresserai d'avoir l'honneur de vous en faire passer un général.

LE MARÉCHAL DAVOUT AU MAJOR GÉNÉRAL.

Naumburg, 16 octobre 1806.

J'ai l'honneur de rendre compte à V. A. de la position qu'occupe le corps d'armée.

La 1re division est en arrière de Weissenfels, ayant son avant-garde sur la route de Leipzig[2] et des grand'gardes sur la rive gauche de la Saale pour couvrir le pont et être maîtresse du débouché de Merseburg.

La 2e division occupe la position de Freyburg et se lie par des postes et patrouilles avec le 1er corps d'armée.

La 3e division est placée une lieue en avant de Naumburg, à cheval sur la route de Leipzig, ayant sur son front le Wethaubach.

Les 2e et 12e régiments de chasseurs sont à Kayna avec ordre de pousser de fortes reconnaissances sur Merseburg, Halle et Eisleben[3].

---

1. Rapport sur la bataille du 14. Voir *Iéna*, page 687.

2. 13e d'infanterie légère et 1er de chasseurs à Porsten, 8 kil. en avant de Weissenfels, sur la rive gauche du Rippachbach.

3. De Naumburg à Kayna, 17 kil. ; — de Kayna à Merseburg, 8 kil. ; — à Halle, 21 ; — à Eisleben, 40.

Le 1er régiment est en avant de Weissenfels pour éclairer les routes de Leipzig, Pegau et Altenburg.

Le parc de réserve est entre Kösen et Altenburg.

5e corps. Quartier général, Naumburg ; — cavalerie légère, Kösen ; — 1re division, Hassenhausen ; — 2e division, Auerstädt.

Garde impériale à pied, Naumburg.

2e division de dragons, Gera.

7e corps. Même position que le 15. — Les 2 bataillons de Hesse-Darmstadt ont reçu ordre de se rendre à Erfurt pour y tenir garnison. Le quartier général a été établi à Weimar.

LE COLONEL BLEIN AU MAJOR GÉNÉRAL.

Iéna, 16 octobre 1806.

Lors de la visite que V. A. m'a ordonné de faire hier des blessés déposés dans la ville d'Iéna, M. Percy avec qui je la faisais, me désigna les chirurgiens qui étaient employés aux pansements ; leur nombre s'élevait à plus de 40. Il avait dû en laisser[1] 22 d'après le rapport que m'a fait le commissaire des guerres de la place, mais on ne les trouve point et les blessés s'en plaignent ainsi que le commissaire des guerres ;

Je pense qu'il serait important que V. A. ordonnât que M. Percy désignât un officier de santé en chef qui surveillerait le service et en dépendrait. J'ai engagé M. Lombard à en nommer un provisoirement parmi ceux que l'on pourra retrouver ici.

Je n'ai point encore fait le recensement des blessés ; le commissaire des guerres en porte le nombre à 2,000, qui à présent sont plus réunis qu'ils ne l'étaient hier[2].

---

1. M. Percy partit avec le quartier général emmenant ses chirurgiens, ce qui ne semble pas parfaitement le rôle du service de santé après une bataille.

2. LE COLONEL BLEIN AU MAJOR GÉNÉRAL.

Iéna, 17 octobre 1806.

J'ai commencé à faire le recensement et la visite des hôpitaux. J'ai vu avec peine que dans l'un où sont réunis 300 blessés, il n'y avait qu'un chirurgien et 10 aides, quoique l'on m'en eût annoncé davantage. Cependant on commence à respirer et à trouver des subsistances.

J'ai fait partir aujourd'hui 650 prisonniers sous l'escorte de 30 dragons. J'aurai l'honneur d'en remettre à V. A. l'état par régiment.

J'ai avancé une somme de 210 fr. à 4 officiers prussiens sur le reçu de l'un

D'après vos ordres j'ai dirigé les équipages qui étaient à Roda sur

---

d'eux, le capitaine Malzan, du régiment de Wedel. J'ai l'honneur de vous adresser ce reçu avec plusieurs lettres que ces officiers doivent envoyer à leurs parents.

J'aurai l'honneur de rejoindre V. A. demain à Naumburg d'après ses ordres.

L'INTENDANT GÉNÉRAL DARU AU MAJOR GÉNÉRAL.

Berlin, 25 octobre 1806.

J'apprends que V. A. a fait demander par M. Blein l'état nominatif des blessés existant à l'hôpital d'Iéna. J'ai l'honneur de vous l'envoyer tel qu'il vient de m'être adressé par l'ordonnateur en chef des hôpitaux. L'appel des malades a été fait le 17 dans les 4 hôpitaux d'Iéna, et il s'y est trouvé 1,179 hommes; mais il faut remarquer que 500 blessés légèrement avaient déjà été évacués, que 200 hommes, dont le recensement n'a pu être fait, étaient logés chez l'habitant, et qu'enfin depuis le recensement il en est arrivé à peu près 400 des villages voisins du champ de bataille, de sorte que l'ordonnateur en chef évalue le nombre des blessés provenant de l'affaire d'Iéna à 2,300 dont 1,900 Français.

D'après cet état numérique voici les blessés connus par corps de troupe et par corps d'armée :

17ᵉ léger, 100 ; — 34ᵉ, 173 ; — 40ᵉ, 68 ; — 64ᵉ, 13 ; — 88ᵉ, 1 ; — 21ᵉ léger, 78 ; — 100ᵉ, 72 ; — 103ᵉ, 71. La brigade Wedel avait à peine donné. 9ᵉ de hussards, 5 ; — 10ᵉ de hussards, 5 ; — 21ᵉ de chasseurs, 7. Soit un total de 593 blessés pour le 5ᵉ corps d'armée dans les hôpitaux d'Iéna.

10ᵉ léger, 9 ; — 36ᵉ, 49 ; — 43ᵉ, 27 ; — 55ᵉ, 37 ; — 8ᵉ de hussards, 1 ; — 11ᵉ de chasseurs, 6 ; — 16ᵉ de chasseurs, 4. Soit 133 blessés pour le 4ᵉ corps.

25ᵉ léger, 32 ; — grenadiers et voltigeurs de l'avant-garde, 38 ; — 10ᵉ de chasseurs, 10. Soit 80 pour le 6ᵉ corps.

16ᵉ léger, 118 ; — 14ᵉ, 32 ; — 44ᵉ, 9 ; — 105ᵉ, 16 ; — 7ᵉ léger, 5 ; — 7ᵉ de chasseurs, 12 ; — 20ᵉ de chasseurs, 1. Soit 193 pour le 7ᵉ corps.

1ᵉʳ de dragons, 1 ; — 2ᵉ, 4 ; — 14ᵉ, 14 ; — 26ᵉ, 3. Soit 22 pour la 1ʳᵉ division de dragons.

10ᵉ de cuirassiers, 2.

Enfin 131 prisonniers saxons et prussiens.

Soit 1,154 hommes sur les 1,179 qui figurent sur l'état numérique. — Les 1,100 qui sont simplement signalés sans que l'on puisse savoir à quels corps de troupe ils appartiennent, doivent être répartis entre les différents corps d'armée dans la proportion des totaux donnés plus haut pour chaque corps d'armée. — Les blessés du 3ᵉ corps étaient tous à Naumburg.

L'INTENDANT GÉNÉRAL DARU AU MAJOR GÉNÉRAL.

Berlin, 25 octobre 1806.

L'ordonnateur en chef des hôpitaux rend compte que l'encombrement des hôpitaux d'Iéna et la crainte de voir une épidémie s'y déclarer l'a déterminé à prier le commandant de la place de mettre à sa disposition le château où a logé S. M. l'Empereur, mais que ce commandant n'a osé déférer à cette demande dans la crainte que ce logement ne fût nécessaire. Vous seul, Monseigneur, pouvez déterminer s'il y a quelques raisons pour conserver ce logement. Dans le cas contraire, je vous prierai d'autoriser le commandant de la place à mettre ce local à la disposition de l'ordonnateur en chef des hôpi-

Naumburg ; le vaguemestre Wolff se trouvait ici avec une partie qui a pris dès aujourd'hui la même direction[1].

Les ingénieurs géographes travaillent ; ils ont déjà levé le plan de la ville d'Iéna ; ils mettent tous de l'amour-propre et surtout le chef de bataillon Guilleminot, à présenter à V. A. un plan très soigné du champ de bataille.

Le départ de la Garde permet d'espérer que les habitants rentreront à Iéna et que l'ordre et la tranquillité y reparaîtront.

Le chef de bataillon Bouchard fait tout ce qui dépend de lui pour cela. Je lui ai donné une instruction pour le guider, et je me suis étendu sur tous les détails qui peuvent être utiles tant aux blessés qu'à l'armée et aux habitants.

J'espère que, de leur côté, le commissaire des guerres et les bourgmestres feront bien leur devoir et que l'on réunira des vivres en tous genres pour les besoins journaliers et pour les cas extraordinaires[2].

---

taux ; cet hôpital sera fort beau et fort sain. Il procurerait la possibilité d'évacuer la cathédrale, de rassembler les malades dispersés dans les maisons particulières et de diminuer le nombre beaucoup trop considérable de ceux qui encombrent les autres établissements.

Le Major général répond le 29 : « Il n'y a pas de doute que ce château doive servir pour les blessés. »

Le commandant de place d'Iéna aurait dû trancher cette question lui-même dans ce sens dès qu'il avait vu le quartier général quitter la ville. On ne saurait trop développer chez les officiers de tous grades l'amour de la responsabilité.

1. Les équipages du quartier général étaient venus à Roda, probablement dans la journée du 14 ; ils se trouvaient donc le 14 à 16 kil. au moins du champ de bataille. — Partie de ces équipages avait été amenée le 15 à Iéna.

2. LE CHEF D'ESCADRON BOUCHARD, COMMANDANT LA PLACE D'IÉNA, AU MAJOR GÉNÉRAL.

Iéna, 20 octobre 1806.

J'ai reçu cette nuit la lettre par laquelle V. A. S. me rappelait auprès d'elle avec le P. S. qui me prescrit de rester dans cette place jusqu'à ce qu'il ne s'y trouve plus de blessés français. Cet ordre rend mon départ indéterminé d'après le malheureux état où ils sont, leur nombre qui est de 1,800 à 2,000 et qui se renforce tous les jours par des blessés qu'on recueille de tous côtés, et bien plus encore d'après la disette horrible où nous sommes.

Cependant pour moyens et remèdes à tous nos maux, la lettre dont le P. S. me fixe ici jusqu'à ce qu'il n'y ait plus de blessés est accompagnée d'une autre du 16 où je suis menacé de destitution, *de peines plus sévères encore*, si je garde un seul militaire français, un seul gendarme. Je n'en ai point vu ici ni parlé à un seul gendarme depuis que je suis ici, mais j'ai ici 162 dragons à pied que M. le maréchal Lefebvre, *sur sa propre responsabilité*, y a laissés à ma disposition, ainsi que V. A. le sait certainement à présent et comme j'ai eu l'honneur de le lui mander hier. Il y a encore 43 dragons (et non 60) avec un officier et un maréchal des logis, *mis d'abord par V. A. elle-même* à la disposition de M. l'intendant général, remis ensuite par lui à

COMPTE RENDU A S. M. L'EMPEREUR ET ROI.

Weimar, 16 octobre 1806.

Place d'Iéna.

L'intendant général n'a quitté Iéna qu'après y avoir fait établir pour la subsistance des blessés un service pour le pain et un pour la viande ; il s'est même assuré par lui-même que ces deux services étaient en activité avant son départ. Il a également procuré pour l'usage des hôpitaux de l'eau-de-vie, du vin et des légumes secs.

D'un autre côté, il a prescrit à l'ordonnateur Lombard de faire évacuer l'église, qui a d'abord servi d'ambulance, vu l'insalubrité de ce local ; il s'est assuré d'établissements pour le remplacer, et les blessés y seront installés aujourd'hui.

M. le commissaire Lombard qui est ici et partage avec le commissaire Bigot mes travaux et mes tourments.

Ces 2 détachements de dragons à pied réunis sont sur pied nuit et jour. C'est avec eux que je cherche des moyens de subsistances, que je m'oppose au pillage (qui dure toujours), que j'assure le plus que je peux le sort des malades, que j'assure quelques communications que des paysans rassemblés et souvent armés sur divers points cherchent à couper. Suis-je donc dans le cas de la destitution, de la punition plus sévère encore, pour avoir profité de ce peu de moyens que je n'ai pas retenus de ma propre autorité, mais sans lesquels je ne puis rien pour les blessés du sort desquels je suis presque responsable? Des partisans ennemis s'approchent déjà de cette direction et au lieu de 250 dragons que j'ai ici, il faudrait peut-être un bataillon pour assurer la ville.

Je fais partir tout ce qui peut marcher soit pour joindre les corps, soit pour s'évacuer sur les derrières, afin d'avoir moins de bouches ; je n'ai point de moyens de transport ; le pillage a fait disparaître les chevaux et les bœufs. Je n'ai pu tirer aucun parti ni comme garnison ni comme bras pour soigner les blessés, des convalescents ou blessés légèrement. Ils ne retrouvent des forces que pour piller dans leurs logements, et se disent impotents pour autre chose. L'habitant ne me fournit aucun secours de ce genre. Je recrute ce que je peux de chirurgiens de la ville en leur donnant 6 fr. par jour conformément à l'ordre de M. le maréchal Lefebvre, mais je n'en ai pu avoir que 5, et cela n'ajoute presque rien en secours vu les besoins.

Tout cela, loin d'être exagéré, est au-dessous du vrai.

Le rapport porte l'annotation suivante du Major général : Charlottenburg, 27 octobre. Ordre de faire passer à Wittenberg, pour y être montés et continuer ensuite leur marche, les 160 dragons à pied et de garder les 48 autres pour assurer le service et maintenir la tranquillité à Iéna.

Cette indiscipline nous la retrouvons dans toutes les guerres de l'Empire. Je la crois de l'essence même de l'armée française.

On ne peut y remédier qu'au moyen de grosses patrouilles de gendarmerie, de 30 à 40 gendarmes, battant le pays sur les derrières, et de l'organisation de commissions militaires dont les jugements sont exécutoires immédiatement.

L'intendant général assure donc positivement S. M. que toutes les ressources dont on pouvait faire usage ont été prises par lui pour assurer ce service important.

VILLEMANZY.

RAPPORT A S. M. L'EMPEREUR.

Weimar, 16 octobre 1806.

On établit une ambulance dans une grande maison sur la route d'Erfurt. Elle pourra contenir 300 blessés. Il y a dans ce moment 60 Prussiens blessés, j'ai vu 4 soldats français qui venaient s'y faire panser et qui sont logés en ville. On dit qu'il y a dans la ville quelques autres blessés français ou prussiens que l'on va réunir dans cette ambulance. Elle manque de chirurgiens. Le commandant de la place s'occupe à faire réunir les prisonniers pour les évacuer. Il n'y en a pas eu de compte fait jusqu'à présent. On ne connaît pas d'autres généraux que M. de Schmettau qui est logé dans le palais.

On a trouvé 1,000 quintaux de farine formant 85,000 rations de pain. On en a déjà fourni aux boulangers de la ville et au 7e corps pour faire du pain.

Il y a en ville 17 fours qui peuvent cuire 12,000 rations par jour.

Il y a près de Weimar une manutention de 11 fours qui pourront cuire 30,000 rations par jour. Elle a besoin de quelques réparations.

On a trouvé dans un magasin 4,000 rations d'avoine.

VILLEMANZY.

COMPTE RENDU A S. M. L'EMPEREUR ET ROI.

Weimar, 16 octobre 1806.

Place de Weimar.

Il résulte de la reconnaissance que l'intendant général a faite des établissements de cette ville :

1° Qu'il n'y a pas d'établissement d'hôpital dans cette ville, attendu que l'on a fait usage du lazaret pour y placer les prisonniers de guerre. Il vient d'en être formé un qui sera très-sain et qui pourra contenir environ 300 blessés. On va y réunir quelques Français et environ 50 blessés ennemis que l'intendant général a trouvés abandonnés dans une église ; il leur a fait administrer sur-le-champ les premiers secours. Enfin S. M. peut être assurée qu'il en sera pris le plus grand soin ;

2° Que l'ennemi peut avoir laissé environ 250 tonneaux de farine pouvant contenir ensemble 1,000 quintaux. L'intendant général a trouvé ces tonneaux dispersés çà et là et les a fait emmagasiner au manège de la Cour où il y en a en ce moment près de 200. 40 ou 50 se trouvent chez des boulangers de la ville pour être convertis en pain.

L'intendant général a envoyé reconnaître une manutention militaire de 11 fours qui existe à Oberweimar, distant d'une petite lieue de cette ville. Cet établissement a été endommagé, mais on pourra facilement le réparer. La majeure partie des ustensiles s'y trouve encore. Le 7e corps y a fait fabriquer du pain au moyen de 37 tonneaux de farine qu'on y a trouvés et qui seront employés dans la journée.

On pourrait encore, au besoin, faire usage de 2 autres fours qui se trouvent chez un meunier à peu de distance de cette manutention.

La ville a 17 fours qui peuvent cuire dans les 24 heures environ 12,000 rations ; il y a 5 moulins à Weimar, 3 dans les environs à une demi-lieue de distance ; ils peuvent en totalité moudre dans les 24 heures 250 quintaux représentant 22,000 rations. La population est évaluée à environ 8,000 habitants.

Il ne m'a pas encore été possible de connaître les magasins de fourrages que les ennemis avaient dans cette place quand ils l'ont évacuée, et ce qui peut en rester dans ce moment ; j'en rendrai un compte particulier.

L'intendant général a fait partir des commissaires des guerres et des agents pour Erfurt, Büttelstädt et Zeitz ; il a ordonné à ceux qu'il a envoyés dans les deux premières places de venir lui rendre compte ce soir des subsistances qu'ils y auront trouvées ; d'après ce que lui a mandé M. Lenoble, il doit se trouver à Büttelstädt environ 8,000 quintaux de farine.

Il se trouve aussi à un quart de lieue de ladite place une manutention de 8 fours qui ont été endommagés. J'ai fait reconnaître un petit magasin où il existe 5 ou 6 bâts, même nombre de malles contenant des effets de particuliers, 4 ou 5 barils qui paraissent contenir de la viande salée, des harnais pour chevaux de voitures (1 ou 2 paires), un grand porte-manteau de courrier.

Je ferai conserver ces effets jusqu'à ce que S. M. ait ordonné l'usage qui doit en être fait.

VILLEMANZY.

LE LIEUTENANT GÉNÉRAL DEROY AU MAJOR GÉNÉRAL.

Ingolstadt, 16 octobre 1806.

Au moment que je voulais faire rapport à V. A. que le corps d'observation qui, d'après les instructions de S. M. l'Empereur des Français et Roi d'Italie, devait s'établir entre l'Inn et l'Isar, y avait pris sa position, je reçus l'ordre que ce corps devait prendre des cantonnements dans les environs d'Ingolstadt et y attendre les ordres qui pourraient lui parvenir de V. A. ; je crois de mon devoir de faire part à V. A. que ce corps divisé en 2 brigades sous les ordres des généraux brigadiers Siebein et Raglowich, consistant dans une division de chasseurs, le 6e bataillon d'infanterie légère, les 4e, 5e, 6e et 10e de ligne, les 1er et 4e chevau-légers et 3 batteries, se trouvent ici et aux environs. Le 1er de ligne et le 1er de dragons se trouvent à Munich, et du 8e de ligne un bataillon se trouve à Passau et l'Oberhaus et l'autre à la tête de pont de Braunau sous les ordres du général de division Merle.

J'expédie le porteur de la dépêche, le capitaine baron de Deux-Ponts, pour que la dépêche parvienne exactement à V. A. ; il est chargé de prendre les ordres qu'elle voudra bien lui donner ; le plus agréable pour moi, aussi bien que pour tout le corps sous mes ordres, serait de joindre l'armée et de prendre part à ses actions victorieuses.

17 OCTOBRE.

LE MAJOR GÉNÉRAL AU MARÉCHAL AUGEREAU.

Weimar, 17 octobre 1806.

L'Empereur, M. le Maréchal, ordonne que vous partiez avec votre corps d'armée aujourd'hui 17 pour vous rendre à Naumburg. Vous irez coucher aujourd'hui aux deux tiers du chemin, de manière à arriver demain de bonne heure à Naumburg, si cela était nécessaire. Vous me ferez connaître le lieu où vous coucherez.

L'Empereur ordonne que vous laissiez tout le 14e régiment en entier à Weimar, pendant les journées du 17 et du 18, tant pour maintenir la police dans la ville que pour protéger le passage de l'artillerie et des convois des différents corps d'armée. Ce régiment fournira des piquets et des sentinelles pour garder les canons et les fusils qu'on a ramassés sur le champ de bataille et que le général Songis fait prendre.

L'Empereur, M. le Maréchal, ordonne qu'avant votre départ vous fassiez faire de nouvelles patrouilles pour rechercher dans la ville le restant des prisonniers et les faire diriger sur Erfurt. Ensuite le 14e régiment vous rejoindra [1].

---

1. L'ADJUDANT COMMANDANT DENTZEL, COMMANDANT DE PLACE A WEIMAR, A L'ADJUDANT COMMANDANT HASTREL, CHEF DE L'ÉTAT-MAJOR GÉNÉRAL.

Weimar, 19 octobre 1806

Mon général, j'ai l'honneur de vous annoncer que je suis parvenu à rétablir l'ordre et la tranquillité dans cette place, au point que les boutiques sont ouvertes et que les citoyens retournent à leurs travaux.

J'ai découvert un dépôt d'armes de toutes espèces au château d'Ettersburg; je l'ai fait enlever et amener ici ; il y a environ 600 fusils de calibre.

On a découvert sur la route d'Erfurt une ambulance prussienne abandonnée

L'EMPEREUR AU MAJOR GÉNÉRAL.

Weimar, 17 octobre 1806.

Envoyez par un aide de camp du prince Jérôme l'ordre à la seconde brigade bavaroise de presser sa marche de Forchheim ou de Baireuth où elle doit être, pour se rendre à Plauen, afin d'y joindre la première[1].

Envoyez l'ordre à la division du général Grouchy, qui doit être à Auma, de se diriger sur Gera et de Gera sur Leipzig[2].

Envoyez l'ordre aux troupes badoises, qui doivent être rendues à Baireuth, de se diriger sur Plauen. Même ordre aux Wurtembergeois[3].

Réitérez l'ordre au commandant de Bamberg de faire partir tous les détachements et de ne rien retenir, et d'accé-

---

et pillée. J'y ai fait enlever tout ce qui était en état de nous servir ; nous y avons trouvé des ressources en charpie et compresses qui nous manquaient absolument à l'hôpital que j'ai fait établir à Alexander-Hof et qui commence à être pourvu du nécessaire.

J'ai fait amener hier ici une pièce prussienne de 8 que des paysans cherchaient à enfouir ; j'en ferai la remise au parc d'artillerie le plus voisin et j'ai l'espoir d'en découvrir d'autres.

J'ai ordonné aux habitants et aux paysans des environs de rapporter toutes les armes abandonnées tant pour éviter un armement contraire à la sûreté des individus marchant isolément, que pour procurer des ressources à notre armée.

J'ai fait rejoindre beaucoup de traînards ; je n'en souffre aucuns en ville et j'ai invité les magistrats à ne loger personne sans mon ordre.

Le 14e régiment de ligne est parti ce matin, en sorte qu'il ne me reste que 50 chasseurs du bataillon de Nassau-Usingen et aucun moyen de correspondre avec le quartier général. Je vous prie en conséquence de mettre à ma disposition au moins une vingtaine d'hommes de troupes à cheval et un bataillon de Hessois, afin que je puisse faire escorter les convois de prisonniers de guerre qui arrivent journellement à Weimar et qui encombreraient cette place, si vous ne daignez prendre ma demande dans la plus prompte considération.

1. Ordre en conséquence au général commandant la seconde brigade de troupes bavaroises ; — au prince Jérôme et à M. Otto pour les prévenir de ce mouvement.

2. Ordre au général Grouchy. — Tenir le major général informé de sa marche.

Cette division était le 16 à Gera.

3. Ordre au général commandant les troupes badoises ; — au général commandant les troupes de Wurtemberg.

lérer la marche du 28e d'infanterie légère; aux troupes de Hesse-Darmstadt et d'Usingen qui n'auraient pas encore dépassé Würzburg, de se diriger sur Erfurt[1].

Même ordre à la seconde brigade badoise et écrivez à Bade pour qu'on presse le départ de cette seconde brigade[2].

L'EMPEREUR AU ROI DE HOLLANDE.

Weimar, 17 octobre 1806.

M. le prince de Bénévent vous aura envoyé les bulletins; vous y verrez que la fortune a favorisé la justice de ma cause : 60 à 80 drapeaux, 30,000 à 40,000 prisonniers, 300 pièces de canon, tous les généraux prussiens tués ou pris, le duc de Brunswick tué, le général Rüchel tué; tel est le résultat de la bataille d'Iéna, que j'ai livrée le 14 de ce mois.

Il faut aujourd'hui que vous preniez possession du comté de la Marck, de Münster, de Paderborn. Faites enlever partout les aigles prussiennes, et déclarez que ces pays n'appartiennent plus à la Prusse. Laissez à Wesel les 3es bataillons du 21e et du 22e; faites-y réunir, si cela est nécessaire, 2 autres 3es bataillons, de ceux qui sont dans la 25e division militaire, et formez 6 bataillons composés de 2 bataillons du 22e, de 2 bataillons du 72e et 2 du 65e. Mon projet est que vous envoyiez ces 10,000 hommes à Paderborn. Le maréchal Mortier, avec son corps d'armée plus fort que le vôtre, se rend à Fulde. Mon intention est qu'avec ces 2 corps d'armée vous entriez dans Cassel, que vous fassiez prisonnier l'Électeur et que vous désarmiez ses troupes; mais, avant d'exécuter ce projet, il faut que vous soyez arrivé à Paderborn, et le maréchal Mortier à Fulde. Je suppose que le maréchal Mortier sera arrivé à Fulde avec son corps d'armée le 24 ou le 25 octobre. Si vous étiez arrivé le même jour,

1. Ordre au général Thouvenot pour les troupes qui n'ont pas dépassé Würzburg.

2. Dépêche à M. Massias, ministre à Carlsruhe.

vous pourriez, dans les premiers jours de novembre, entrer à Cassel et vous emparer de ce territoire.

Je me suis emparé d'Erfurt, où j'ai nommé le général Clarke gouverneur général. Envoyez-lui demander des nouvelles de l'armée.

Tenez-vous toujours en situation d'amitié avec l'Électeur, sans cependant rien afficher. Je suppose que l'ennemi a retiré son camp de Minden. Faites prendre possession de la Frise et ôtez-en les armes prussiennes. Emden fera désormais partie de votre territoire. Vous pouvez aussi prendre possession d'Osnabrück. Je suppose que la garnison de Hameln n'est point forte. Ainsi donc, d'ici à ce que vous receviez des nouvelles, prenez possession des pays au delà du Weser. Faites ôter partout les aigles prussiennes, changez les régences qui seraient trop attachées à la Prusse, prenez toutes les mesures et mettez-vous en situation de pouvoir exécuter votre seconde mission, qui est de chasser l'Électeur de Cassel[1].

L'EMPEREUR AU MARÉCHAL MORTIER.

Weimar, 17 octobre 1806.

Mon cousin, les 2 régiments italiens doivent être bien près d'arriver à Mayence. Avec les 3 régiments que vous avez, cela doit vous former 10,000 hommes ou 2 divisions de 5,000 hommes chacune. J'ai donné au général Lacombe-Saint-Michel le commandement de votre artillerie; il trouvera bien vite les moyens de donner 6 pièces d'artillerie à chacune de vos divisions.

Vous devez avoir reçu l'ordre de réunir ces troupes à Fulde, où il est convenable que vous portiez votre quartier général. Vous devez faire ôter les armes du prince d'Orange ; s'il y a des soldats du pays, vous en servir; si ce sont des soldats du

1. Voir la dépêche de l'Empereur au Roi de Hollande du 30 septembre (Iéna, pages 215 et suivantes, contenant le plan d'opérations.

prince, les casser; le prince d'Orange ne régnera plus à Fulde.

Vous aurez soin d'avoir des postes aux débouchés des montagnes, du côté d'Eisenach. Ayez vous-même votre avant-garde à Eisenach. Mettez-vous en correspondance avec le général Clarke, gouverneur à Erfurt. S'il en était besoin, vous iriez au secours de ce général.

Vous ne devez pas vous mêler du matériel de votre artillerie; il y a à Erfurt plus de 400 pièces de canon; le général Lacombe-Saint-Michel y enverra un officier prendre les pièces dont vous aurez besoin. Il suffit que vous meniez votre personnel.

L'EMPEREUR AU GÉNÉRAL CLARKE, GOUVERNEUR GÉNÉRAL DU PAYS D'ERFURT.

Weimar, 17 octobre 1806, 9 heures du matin.

J'imagine que, dans la journée d'aujourd'hui, vous vous êtes défait de vos prisonniers. Il est important que vous preniez des mesures et que vous organisiez le service de manière que, si un corps d'infanterie légère se présentait devant Erfurt, vous puissiez conserver non seulement la citadelle, mais la ville, et que, si un corps considérable se présentait et enlevait la ville, vous fussiez à même de conserver la citadelle.

Mettez-vous sur-le-champ en correspondance avec le maréchal Mortier, qui doit être à Francfort et qui a ordre de se rendre à Fulde avec son corps d'armée.

Mettez-vous en correspondance avec le roi de Hollande qui est à Wesel.

Écrivez à M. Bignon, à Cassel, que mon intention est qu'il parte sur-le-champ et qu'il vienne me joindre.

Écrivez souvent à Mayence, à Wesel, au maréchal Mortier, afin de leur faire passer et de me transmettre toutes les nouvelles importantes.

Écrivez au commandant de Würzburg.

LE GÉNÉRAL CLARKE A L'EMPEREUR.

Erfurt, 17 octobre 1806, 8 heures un quart du matin.

Sire, je suis arrivé ce matin à Erfurt et à l'instant même la municipalité s'est rendue près de moi pour m'annoncer que ce matin elle devait payer une contribution requise verbalement par le général Dutaillis au nom du maréchal Ney[1]. Je me suis à l'instant transporté chez le général Dutaillis qui m'a en effet dit qu'il avait, par suite d'un ordre verbal du maréchal Ney, requis une contribution en numéraire. V. M. trouvera ci-joint le détail de cette contribution, tel que me le fournit la municipalité, et demain ces gens n'au-

1. Les faits ne semblent pas établis d'une façon parfaitement exacte par le général Clarke. La lettre particulière suivante du général Dutaillis au Major général les présente sous un jour différent, avec des détails plus précis.

LE GÉNÉRAL DUTAILLIS AU MAJOR GÉNÉRAL.

Schönbeck, 26 octobre 1806.

Monseigneur, j'ai reçu hier 25 votre lettre du 17 par laquelle vous me témoignez le mécontentement de S. M. et le vôtre sur une contribution de 400,000 fr. demandée à Erfurt par M. le maréchal Ney.

J'ai été jugé sans être entendu ; j'en appelle à la justice de l'Empereur et à la vôtre. — Voici ce qui s'est passé.

Le maréchal Ney, sachant combien l'Empereur attachait d'importance à la conservation de la ville d'Erfurt et des magasins qui pouvaient s'y trouver, m'engagea à y rester ; je le priai de m'en dispenser puisqu'on était en présence de l'ennemi, mais il me dit que l'Empereur était à Weimar et que sûrement il viendrait dans le jour à Erfurt ; il insista pour que je reste ; je le lui promis.

Quelques heures après il m'envoya l'adjudant commandant Mallerot pour me prévenir qu'*il demandait à la ville d'Erfurt* 400,000 *francs pour payer un à-compte sur la solde due à son armée, qu'il chargeait l'ordonnateur et le payeur de suivre le recouvrement de cette somme et que j'aie à voir le président de l'administration à cet égard.*

Je ne m'occupai pas d'abord de cet objet, mais de sauver la ville et les magasins du pillage et de l'incendie qui déjà commençaient.

Je parcourais la ville à cheval lorsque je rencontrai le maréchal Ney qui partait et qui me dit : « *J'ai demandé* 400,000 *fr. à la ville d'Erfurt. Je veux donner un à-compte sur la solde due à mon armée ; je veux ôter tout prétexte au désordre et j'en instruis S. M. Je charge l'ordonnateur et le payeur de toucher cette somme ; voyez aussi les magistrats. L'Empereur va arriver ici, rendez-lui compte de tout ;* » — il était à cheval et il partit.

Je continuai de m'occuper de tout ce qui était relatif au bien du service et ce ne fut que le soir, lorsque l'ordre fut entièrement établi dans la ville, que

ront plus ni viande ni argent, ce qui est un grand inconvénient. Les 400,000 livres doivent être versées entre les mains du payeur Sirejean, qui en donnera reçu. Le général

---

l'ordonnateur m'apporta le nom du magistrat auquel je devais parler pour les 400,000 francs.

Ce magistrat vint et je lui répétai les intentions du Maréchal ; il promit de s'occuper de suite des moyens de les remplir.

L'Empereur ne vint pas.

Le général Clarke arriva dans la nuit. Mon premier soin fut de lui écrire la lettre dont copie est ci-jointe.

Je le vis et je lui dis les motifs de la demande du maréchal Ney et qu'il avait chargé l'ordonnateur et le payeur du recouvrement de la somme demandée, *que je ne m'étais occupé et que je ne m'occupais que de sauver la ville du pillage que voulaient faire les prisonniers français trouvés à Erfurt et tous les trainards de tous les corps d'armée, etc.*

A midi la sûreté de la ville et des magasins étant certaine, je partis pour rejoindre l'armée le soir même, et je ne m'occupai nullement de ce qui était relatif à l'argent.

Voilà, Monseigneur, ma conduite.

Le maréchal Ney et tout le 6e corps d'armée étaient indignés de ne trouver qu'incendie et pillage partout où on arrivait et ces désordres étaient commis par la réserve de cavalerie et le 4e corps qui précédaient notre marche.

Je vous dis la vérité et vais vous la dire encore. Le cri du soldat et de beaucoup d'officiers était que, *ne recevant ni vivres ni solde, ils en cherchaient où ils pourraient en trouver ; ils disaient encore qu'ils prenaient la gratification promise par l'Empereur, etc., etc.*

Le maréchal Ney voulait donner un à-compte à son armée et ôter tout prétexte au désordre et aux excès.

Quoiqu'il n'ait pas eu cette possibilité, puisqu'à Erfurt l'Empereur n'était pas arrivé, rien n'a été payé et qu'il n'ait donné que des promesses à son armée, il a maintenu l'ordre, et la ville d'Erfurt et celle d'Halberstadt doivent leur conservation au 6e corps. Je suis assez heureux pour y avoir le plus contribué.

Je vous devais ces détails, Monseigneur ; — l'Empereur et vous m'avez jugé sans m'entendre. L'honneur, la délicatesse et mon dévouement à la gloire de l'Empereur et de mon pays ne me reprochent rien.

En pareilles circonstances, je tiendrais la même conduite et je croirais servir loyalement et fidèlement S. M.

Je puis éprouver une injustice, mais il me reste l'estime de moi-même et celle du 6e corps, dont je partage constamment les fatigues et les dangers.

Je suis avec respect de V. A. le très humble et très obéissant serviteur.

Dutaillis.

La lettre du général Dutaillis au général Clarke, qui est très brève, n'est que la reproduction des ordres verbaux du maréchal Ney à son chef d'état-major.

Le maréchal Ney eut tort de frapper une contribution sans en avoir l'ordre ou l'autorisation du Commandant de l'armée à qui seul appartient ce droit. Il eut tort de ne pas donner son ordre de contribution par écrit, dégageant ainsi la responsabilité de son chef d'état-major. Enfin il eut tort de ne pas prévenir de suite, et lui-même, l'Empereur, qui fut persuadé le 17 que le général Dutaillis avait pris la mesure de lui-même ou au moins l'avait conseillée.

Dutaillis a ajouté que le maréchal Ney devait en rendre compte ou en avait rendu compte à V. M. Sirejean est le payeur du 6e corps d'armée et il est ici. Les magistrats de-

L'Empereur ne parla pas de cette affaire au maréchal Ney, mais il chargea le Major général de témoigner son mécontentement au général Dutaillis (lettre du 17 qui n'est pas enregistrée à la correspondance des Maréchaux et qui par suite n'existe plus). L'arbitraire de la contribution, à une époque où la prévarication n'était pas rare, retomba entièrement sur le chef d'état-major du 6e corps que son général ne se donna pas la peine de couvrir. L'honnêteté et la franchise sont des qualités extrêmement rares, même dans la vie militaire; elles ne se trouvent que chez des hommes d'un caractère bien trempé qui aiment la responsabilité et que le sentiment de leur devoir pousse à défendre leurs subordonnés ; aussi dans notre profession, qui est celle de l'obéissance absolue, souvent les inférieurs sont-ils les victimes du défaut de franchise, de l'égoïsme de leurs chefs.

Le point de départ de cet abus de pouvoir du maréchal Ney était le retard dans le paiement de la solde qui était due aux officiers et à la troupe depuis le mois de mai inclusivement. « La solde est la dépense la plus sacrée, il faut la faire », a dit l'Empereur dans une décision datée d'Austerlitz le 16 frimaire an XIV. La solde est un droit ; le non-paiement de la solde engendre la maraude et le pillage. Il faut vivre ; quand l'homme de guerre ne reçoit pas de vivres requis et qu'il ne peut pas payer, on s'expose à ce qu'il prenne sans payer. — Les habitants sont certainement à plaindre, quoique les jérémiades du général Clarke dont nous trouverons plus tard d'autres éditions, soient ici hors de saison ; mais les gens de guerre eux aussi sont à plaindre, ils courent des risques dont les premiers sont exempts. Il est juste que tous les habitants se saignent pour les soldats.

Enfin le 28 octobre, le général Dutaillis, qui comme adjudant commandant avait été employé près le ministre de la guerre et connaissait personnellement le maréchal Berthier, lui écrivait une dernière lettre pour obtenir justice.

LE GÉNÉRAL DUTAILLIS AU MAJOR GÉNÉRAL.

Schönebeck, 28 octobre 1806.

Je ne veux pas laisser partir M. Simonin sans me rappeler à votre souvenir.

Nous avons appris avec regret que le maréchal Soult avait laissé échapper M. de Weymar. — Je puis vous assurer sans trop de présomption que nous le tiendrions si nous avions été à sa place. — A la lenteur de ses marches et à son indécision, le maréchal Ney avait prédit ce qui est arrivé.

Vous êtes à Berlin, entouré de succès et de gloire. — Nous sommes à ronger notre frein sous les murs de Magdeburg.

Vous devez penser combien j'ai le cœur ulcéré. — Je vous ai mandé ce qui s'était passé — et en quoi puis-je être responsable de ce que fait le maréchal Ney ? — Ce qu'il a fait a été pour le bien. — Lui seul est responsable, puis-je savoir les ordres qu'il reçoit de vous ou de l'Empereur ? — J'ai été traité avec bien peu de ménagements et de bienveillance. — L'Empereur récompense mal mon dévouement et mon attachement à sa personne. — Pourquoi ne s'adresse-t-il pas au maréchal Ney s'il a à se plaindre d'une mesure qu'il a prise ? — Elle l'a été pour le bien et c'est un mal qu'elle n'ait pas été remplie. — Nous voyons de près tout ce qui se passe et tous les détails affligeants du fléau de la guerre. — Nous entendons les plaintes multipliées des officiers et des sol-

mandent qu'on modère la contribution, surtout en bœufs et denrées. Ils sont au désespoir. J'envoie sur-le-champ un courrier à V. M. pour connaître à temps ses ordres au sujet de cette contribution. Les officiers du 6e corps étant sans solde, le maréchal Ney, suivant ce que m'a dit le général Dutaillis, se propose de se servir de la somme qui sera versée dans la caisse de son corps d'armée pour faire des avances aux officiers qui en auraient besoin et pour les autres dépenses indispensables. Voilà le fait tel qu'il se présente.

Dès hier le Grand-duc a fait partir et diriger sur Francfort la presque totalité des prisonniers faits à Erfurt avec une escorte qu'on dit suffisante. Je souhaite fort qu'elle le soit. Il y a dans cette escorte 6 compagnies de voltigeurs, dont 3 ne vont qu'à une certaine distance et reviennent en ce moment.

Il y a en outre un escadron du 3e de hussards ainsi que 40 gendarmes, mais le général Dutaillis emmène ces derniers, plus un bataillon de grenadiers de plusieurs corps ayant tout au plus 500 hommes [1]; plus un bataillon de Hessois qui devrait être de 600 hommes et qui n'en a pas 500. Ce bataillon, commandé par M. de Gal, a laissé beaucoup de monde en arrière.

Il n'y a pas de troupes de Nassau.

La ville n'a pas été pillée, mais quelques soldats ont essayé de piller. Voilà une garnison bien faible pour garder la cita-

---

dats. — Nous savons, ou par notre fermeté ou en donnant des espérances, tout réprimer.

C'est la dernière fois que je vous parlerai de mon chagrin. — Je ne veux pas troubler les plaisirs que vous devez éprouver d'une si courte et si brillante campagne. — Le mal est prompt à faire, il est lent à réparer.

Tant que je serai au service de l'Empereur, rien ne ralentira mon zèle et mon dévouement. — Faites-lui connaître la vérité.

Tout à vous pour la vie,

Dutaillis.

Le général Dutaillis eut le bras emporté par un boulet au combat de Deppen le 6 juin 1807.

1. Dans sa dépêche du 16 à 2 heures du matin, le Major général dit au grand-duc de Berg de laisser à Erfurt une bonne garnison composée des troupes du maréchal Ney qui ont le plus souffert dans la bataille. C'étaient les 2 bataillons d'élite de l'avant-garde.

delle, deux forts, un grand et mauvais corps de place, et surtout pour faire la police. Il me faudrait quelques gendarmes. Il reste encore des prisonniers en ville. Je les ferai rassembler. Il y a ici des soldats de tous les corps d'armée, je les ferai filer sur Naumburg ; ce sont d'ailleurs les pillards.

Si V. M. daigne me répondre sur-le-champ, la contribution ne sera payée que comme elle le voudra.

S. A. le grand-duc de Berg a laissé ici M. Mathieu Faviers, commissaire-ordonnateur en chef, pour prendre soin des magasins[1]. Je vais le voir et je ferai ce que je pourrai pour les intérêts de V. M. et de S. A. J'enverrai ensuite une autre dépêche.

Je n'ai pas la capitulation d'Erfurt.

L'EMPEREUR AU GÉNÉRAL CLARKE.

Weimar, 17 octobre 1806, 11 heures du matin.

Je reçois votre lettre. Puisque la contribution a été frappée, il n'y a pas de mal de la faire payer[2]; mais au lieu de la verser dans les mains du payeur du corps d'armée du maréchal Ney, elle sera versée dans la caisse de M. la Bouillerie, receveur général des contributions de la grande armée. Vous donnerez ordre au payeur du maréchal Ney de ne pas la percevoir, et vous lui ferez connaître que j'ai les yeux sur lui et que j'ai défendu expressément qu'il fît aucune recette sans une ordonnance du maréchal Berthier, major général.

1. M. Mathieu Faviers trouva à Erfurt 677 quintaux de farine, dont il remit 500 quintaux aux boulangers pour la consommation des troupes ; 50 à 60 voitures de farine à une demi-lieue de la ville ; 300 bottes de foin, 1,700 bottes de paille et 75,684 boisseaux d'avoine.

2. L'Empereur s'apitoyait moins que le général Clarke sur le sort de ces pauvres habitants d'Erfurt. Ce sont les lois de la guerre, les municipalités ne peuvent y échapper.

L'EMPEREUR AU GÉNÉRAL CLARKE.

Weimar, 17 octobre 1806, 11 heures du matin.

Votre lettre n'est pas claire. Je ne connais pas par elle l'état de votre garnison. Envoyez-m'en l'état corps par corps. Je vous enverrai alors les troupes convenables. Envoyez-moi l'état des prisonniers qui sont partis et l'inventaire des magasins. J'avais envoyé à Erfurt 2 bataillons de Hessois. J'avais ordonné au grand-duc de Berg d'y laisser 2,000 hommes. Vous devez avoir aussi au moins une compagnie complète d'artillerie.

J'imagine que vous envoyez quelques espions du côté d'Eisenach. Correspondez avec M. Bignon à Cassel et avec le commandant de la place de Würzburg sur ce qu'il y a de nouveau autour de nous.

L'EMPEREUR AU GÉNÉRAL CLARKE.

Weimar, 17 octobre 1806.

L'ennemi répand le bruit que j'ai accordé un armistice de six semaines. Démentez ce bruit et écrivez au prince de Berg et au maréchal Ney que cela est faux.

ORDRE[1].

17 octobre 1806.

Un officier d'ordonnance se rendra près de M. le maréchal Soult pour lui dire que le quartier général sera ce soir à

1. Cet ordre est daté du 17 ; il a été donné à Weimar puisqu'il annonce que le quartier général sera ce soir à Naumburg. Enfin il a été porté par le capitaine de Lamarche, officier d'ordonnance de l'Empereur.

D'un autre côté, dans une réclamation adressée par M. de Lamarche à l'Empereur le 24 mars 1807 au sujet de la perte de 2 chevaux, cet officier dit qu'il a rempli une mission de l'Empereur auprès du maréchal Soult le 18 en avant de Naumburg. M. de Lamarche n'aurait donc reçu sa mission qu'à Naumburg non pas le 17, mais bien le 18, et il aurait emporté en même temps la dépêche du Major général dans laquelle le Prince parle, lui aussi, de l'armistice, dépêche qui se trouve la première à la journée du 18 et qui,

Naumburg, que l'on a répandu le bruit qu'il y avait un armistice, que c'est une ruse de l'ennemi. Pour trouver le maréchal Soult, l'officier d'ordonnance se rendra à Buttelstädt et de là à Gross-Sömmern, où il trouvera de ses traces.

Il préviendra tous les détachements de troupes légères qu'il trouvera qu'il n'y a point d'armistice, que c'est une ruse de l'ennemi et qu'il faut lui faire tout le mal possible, et lorsqu'il aura eu des nouvelles du maréchal Soult et de ce qu'il fait, il viendra trouver S. M. à Naumburg.

NAPOLÉON.

Cet ordre porte en marge une note de M. de Lamarche indiquant qu'il émane directement de l'Empereur.

---

par suite de l'accident de guerre arrivé à M. de Lamarche, n'a pas dû parvenir au maréchal Soult.

Osterode, 24 mars 1807.

Sire, j'ai réclamé le remboursement de 3 chevaux perdus au service de V. M. pendant le courant de la campagne et l'on ne m'a payé que le cheval tué sous moi à la bataille de Preussisch-Eylau, en alléguant qu'on n'accordait aucune indemnité pour ceux tombés au pouvoir de l'ennemi.

J'ai perdu les 2 autres dans une mission que je remplissais par ordre de V. M. auprès du maréchal Soult en avant de Naumburg le 18 octobre dernier. Atteint par un détachement de cavalerie ennemie et après avoir inutilement lutté contre le nombre, je n'ai pu lui échapper qu'en abandonnant tout, excepté mes dépêches, et traversant la Saale à la nage après avoir reçu 11 coups de sabre. C'est tout couvert de ces blessures que je suis venu rendre compte de ma mission à V. M. et à S. A. le prince de Neufchâtel à Halle.

Si l'événement paraît de nature à V. M. à m'excepter du règlement, j'oserai la supplier de me faire indemniser de la perte de ces 2 chevaux comme je l'ai été de celle du troisième.

J'ai l'honneur d'être avec le plus profond respect, de V. M. le très obéissant et fidèle sujet.

LAMARCHE,
chef d'escadron au 2e régiment de hussards.

Accordé.
NAPOLÉON.

A Finkenstein, ce 10 avril 1807.

M. Dufresne. A ordonnancer sur les fonds disponibles. BERTHIER.

Puisque M. de Lamarche, couvert de blessures, a pu gagner la Saale et la traverser à la nage, il ne devait pas en être extrêmement éloigné. Il n'avait pas dû partir de Naumburg de très bonne heure dans la matinée. — L'Empereur vint coucher le 18 à Merseburg et le 19 à Halle, où M. de Lamarche vint rendre compte de la non-exécution de sa mission. Il est donc probable que le maréchal Soult ne reçut pas la dépêche du Major général du 18. Le maréchal Berthier écrivit au maréchal Soult de Halle le 20 à 4 heures du matin, et jugea peut-être inutile de lui adresser le duplicata de la dépêche du 18.

L'EMPEREUR A M. PORTALIS.

Weimar, 17 octobre 1806.

Je vous envoie une lettre aux évêques, que vous voudrez bien expédier à tous. Vous y joindrez le 5e bulletin pour leur faire connaître l'étendue des succès que nous avons remportés.

CIRCULAIRE AUX ÉVÊQUES.

Weimar, 15 octobre 1806.

Monsieur l'Évêque, les succès que nous venons de remporter sur nos ennemis avec l'aide de la divine Providence, imposent à nous et à notre peuple l'obligation d'en rendre au Dieu des armées de solennelles actions de grâces. Vous avez vu, par la dernière note du roi de Prusse, la nécessité où nous nous sommes trouvé de tirer l'épée pour défendre le bien le plus précieux de notre peuple, l'honneur. Quelque répugnance que nous ayons eue, nous avons été poussé à bout par nos ennemis. Ils ont été battus et confondus. Au reçu de la présente, veuillez donc réunir nos peuples dans les temples, chanter un *Te Deum* et ordonner des prières pour remercier Dieu de la prospérité qu'il a accordée à nos armes.

Cette lettre n'étant à autre fin, je prie Dieu, Monsieur l'Évêque, qu'il vous ait en sa sainte garde.

NAPOLÉON.

9e BULLETIN DE LA GRANDE ARMÉE.

Weimar, 17 octobre 1806.

La garnison d'Erfurt a défilé. On y a trouvé beaucoup plus de monde qu'on ne croyait. Il y a une grande quantité de magasins. L'Empereur a nommé le général Clarke gouverneur de la ville et de la citadelle d'Erfurt et du pays environnant. La citadelle d'Erfurt est un bel octogone bastionné, avec casemates, et bien armé. C'est une acquisition précieuse qui nous servira de point d'appui au milieu de nos opérations.

On a dit dans le 5e bulletin qu'on avait pris 25 à 30 drapeaux : il y en a jusqu'ici 45 au quartier général ; il est probable qu'il y en aura plus de 60. Ce sont des drapeaux donnés par le grand Frédéric à ses soldats ; celui du régiment des gardes, celui du régiment de la Reine, brodé des mains de cette princesse, se trouvent au nombre. Il paraît que l'ennemi veut tâcher de se rallier sur Magdeburg. Mais pendant ce temps-là on marche de tous côtés. Les différents corps de l'armée sont à sa poursuite par différents chemins. A chaque instant arrivent des courriers annonçant que des bataillons entiers sont coupés, des pièces de canon prises, des bagages, etc.

L'Empereur est logé au palais de Weimar, où logeait quelques jours avant la reine de Prusse. Il paraît que ce qu'on a dit d'elle est vrai ; elle était ici pour souffler le feu de la guerre ; c'est une femme d'une jolie figure, mais de peu d'esprit, incapable de présager les conséquences de ce qu'elle faisait. Il faut aujourd'hui, au lieu de l'accuser, la plaindre ; car elle doit avoir bien des remords des maux qu'elle a faits à sa patrie et de l'ascendant qu'elle a exercé sur le Roi son mari, qu'on s'accorde à représenter comme parfaitement honnête homme, qui voulait la paix et le bien de ses peuples.

L'Empereur était encore à Weimar à 11 heures du matin. A 6 h. du soir il était à Naumburg. Il est probable qu'il partit de Weimar vers midi et qu'il arriva à Naumburg vers 4 heures ou 4 heures et demie, 44 kilomètres. Le maréchal Davout lui remit le rapport suivant qu'il venait de recevoir du général Viallannes, commandant sa cavalerie légère.

LE GÉNÉRAL VIALLANNES AU MARÉCHAL DAVOUT.

Kayna[1], 17 octobre 1806.

Les reconnaissances que j'ai poussées ce matin viennent de rentrer, excepté celles que j'ai dirigées sur Querfurt.

Merseburg[2]. — Celle jetée sur cette ville m'a rapporté que l'ennemi avait évacué cette nuit à 3 heures du matin. Ces renseignements furent donnés par des bourgeois et le capitaine Artaud, qui commandait 50 chevaux du 12ᵉ, a en conséquence traversé la ville, mais il a trouvé à peu de distance de l'autre côté des détachements de cavalerie et d'infanterie ennemis. Il fut chargé de suite, eut un homme sabré et un de pris, le cheval de ce dernier s'étant abattu dans la ville étant exténué de fatigue.

Le capitaine Artaud ayant repassé la ville, en deçà se mit en bataille pour charger l'ennemi à son tour, lequel n'a point sorti de Merseburg et est resté dans la ville.

On me rend compte à l'instant que 2,500 hommes composés de cavalerie et infanterie prussiennes sont arrivés à Merseburg, que leur logement y a été fait dès hier au soir et que c'est la cavalerie de ce détachement qui, arrivant en même temps que le capitaine Artaud, l'a chargé au delà de cette ville.

Je fais partir à l'instant une nouvelle reconnaissance pour Merseburg avec ordre de s'assurer, en employant toutes les précautions d'usage, si l'ennemi est resté dans Merseburg et d'employer la force ainsi que l'adresse pour y pénétrer afin qu'il ne reste plus de doute à cet égard.

L'escarmouche qui a eu lieu entre la découverte du capitaine Artaud et le détachement ennemi, a eu lieu aujourd'hui entre 9 et 10 heures du matin.

Le général Daultanne a été trompé si on lui a dit que l'ennemi avait évacué Merseburg cette nuit, mes reconnaissances premières l'ayant eu en présence pendant très-longtemps ce matin en deçà de cette ville.

Sur Halle[3]. — 40 à 50 chevaux ennemis et saxons ont passé cette nuit par Frankleben, Krappendorf, Kriegstädt.

A Lauchstädt cette reconnaissance a trouvé les avant-postes ennemis placés en avant de ce village. 2 chasseurs ont chargé 2 de leurs vedettes qui se sont retirées sans faire feu.

1. De Kayna à Naumburg, 17 kil.
2. De Kayna à Merseburg, 8 kil.
3. de Kayna à Halle, par Lauchstädt, 24 kil. — Lauchstädt, 12 kil. de Kayna.

On a appris dans ce dernier village que la ville de Leipzig n'était occupée que par 2 bataillons d'infanterie [1].

Eisleben [2]. — Cette reconnaissance a passé par Kayna, Runstädt, Naundorf, Körbisdorf et a appris dans ce dernier village qu'il est venu hier au soir un officier prussien à la tête de 50 hommes à Merseburg pour faire le logement de 2,500 hommes tant infanterie que cavalerie qui viennent de Halle et que je suis porté à croire être le détachement dont la cavalerie a chargé ce matin le capitaine Artaud.

Plusieurs renseignements pris portent à croire que les troupes prussiennes qui s'assemblent sous Halle peuvent être de 20 à 25,000 hommes.

Une patrouille de 40 hussards ennemis est arrivée hier au soir au village de Naundorf. Elle n'y est restée qu'une demi-heure pour rafraîchir et l'on croit qu'elle s'est ensuite retirée sur Eisleben.

A Körbisdorf sont arrivés ce matin 2 hussards prussiens qui furent chargés par 2 chasseurs de la reconnaissance d'Eisleben. Ces 2 hussards ennemis prirent la fuite et se retirèrent avec la plus grande rapidité sur Halle.

L'Empereur apprit sans doute vers 6 heures que la division Grouchy qu'il croyait encore à Auma (ordre du 17 au matin de Weimar) était déjà à Gera.

L'Empereur savait par le rapport du général Viallannes le prince de Würtemberg à Halle, mais ignorait à ce moment que le maréchal Bernadotte l'eût attaqué et battu. Il avait besoin de cavalerie, le corps de cavalerie étant tout entier à l'aile gauche. Il appela la division Grouchy au plus vite.

LE MAJOR GÉNÉRAL AU GÉNÉRAL GROUCHY.

Naumburg, 17 octobre 1806, 6 heures du soir.

L'Empereur ordonne au général Grouchy de partir de

1. ... Il n'y avait point d'ennemis à Leipzig. Il y avait seulement paru dans la nuit du 15 au 16 2 régiments prussiens de la réserve du prince de Würtemberg qui allaient le rejoindre à Halle. (Journal du 3e corps.)

2. De Kayna à Eisleben, 42 kil. La reconnaissance a été envoyée dans cette direction sans que le commandant ait reçu des indications exactes et complètes sur l'éloignement de ce point. Le général Viallannes lui-même manquait peut-être de cartes. Il ordonna une reconnaissance sur Eisleben parce que cette ville était signalée comme une des communications de l'armée prussienne avec Halle, mais la reconnaissance n'est allée qu'à 4 ou 5 kil.

Gera de manière à être rendu demain 18 à midi à Naumburg[1] où il est très important qu'il soit arrivé.

Cet ordre ne parvint au général Grouchy à Gera qu'à une heure du matin. Voir au 18.

LE MAJOR GÉNÉRAL AU COMMANDANT DES 600 DRAGONS DU CAMP DE MEUDON[2].

Il est ordonné au commandant des 600 dragons à pied venant du camp de Meudon de partir de suite de Gera pour se rendre à Leipzig; si cependant il y avait, dans ces 600 hommes, des dragons à pied appartenant à la division de dragons du général Grouchy, il leur ordonnerait de rejoindre leurs régiments, si le général Grouchy est à Gera, et si le général Grouchy n'y était pas, il formerait un détachement des dragons à pied appartenant à sa division et les enverrait coucher demain à Naumburg; quant à lui, avec le reste de ces 600 dragons, il se dirigerait toujours sur Leipzig.

Il est ordonné au général Grouchy, dans le cas où il serait à Iéna, d'en partir de manière à être rendu demain à midi à Naumburg.

Il est ordonné au commandant des 600 dragons que, dans le cas où il se trouverait à Iéna, il en partît pour être ici demain à midi; il recevra à Naumburg une continuation de route pour se rendre à Leipzig.

LE MAJOR GÉNÉRAL AU MARÉCHAL LANNES.

Naumburg, 17 octobre 1806.

L'intention de l'Empereur, M. le Maréchal, est que vous partiez demain à 6 heures du matin de Naumburg pour vous

1. De Gera à Naumburg, 40 kil.
2. Voir *Iéna*, pages 28, 29 et 242.

rendre avec votre corps d'armée à Merseburg ; vous enverrez de là des reconnaissances sur Halle pour reconnaître la situation de l'ennemi et des patrouilles sur Querfurt où se trouve le maréchal Bernadotte [1].

LE MAJOR GÉNÉRAL AU MARÉCHAL DAVOUT.

Naumburg, 17 octobre 1806.

Il est ordonné au maréchal Davout de partir demain à 6 heures du matin pour se rendre à Leipzig avec son corps d'armée à l'exception du régiment qu'il laissera à Naumburg; il donnera le commandement de la ville de Leipzig au général Mâcon qui, n'appartenant à aucun corps d'armée, sera chargé d'y faire la police ; il lui donnera un régiment pour la garnison de cette ville ; il lui recommandera d'y maintenir le plus grand ordre.

Le maréchal Davout fera saisir les lettres à la poste afin de connaître les mouvements que l'ennemi aurait faits de l'autre côté de l'Elbe, et en même temps ce qui pourrait intéresser S. M.

Il fera saisir tous les magasins de l'ennemi qu'il fera mettre sous bonne garde ; il s'informera s'il y a des fours suffisants pour cuire 60,000 rations par jour, fera saisir tous les magasins de poudre et d'armes se trouvant à Leipzig, même ceux appartenant au commerce, ainsi que les gros magasins de marchandises anglaises sur lesquels il fera mettre les scellés.

M. le maréchal Davout fera sur-le-champ éclairer la route de Dresde à Berlin, et il poussera des partis et reconnaissances jusqu'à Torgau sur l'Elbe [2].

Le maréchal Davout, à son arrivée à Leipzig, enverra des

1. On envoie des *reconnaissances* pour avoir des nouvelles de l'ennemi et des *patrouilles* pour opérer la liaison avec les colonnes voisines. Les unes et les autres vont sur de grosses localités, nœuds de communications, seuls endroits où les troupes s'arrêtent parce qu'elles y trouvent des vivres et que le commandement y recueille des nouvelles et des renseignements. — De Naumburg à Merseburg, 26 kil. ; — de Merseburg à Halle, 14 kil. ; — à Querfurt, 28 kil.

2. De Leipzig à Torgau, 50 kil.

postes à mi-chemin de Merseburg[1] pour se lier avec le maréchal Lannes qui y sera.

Dans ses ordres de mouvement, le Commandant de l'armée fixe lui-même aux commandants des corps d'armée les points à reconnaître et les communications à établir avec les colonnes voisines. Voir *Iéna*, pages 547 et 548.

LE MAJOR GÉNÉRAL AU MARÉCHAL DAVOUT.

Naumburg, 17 octobre 1806.

L'Empereur, M. le Maréchal, ordonne que vous laissiez à Naumburg le 13e régiment d'infanterie légère ou le 12e de ligne à votre choix ; vous donnerez le commandement de la place de Naumburg à un bon officier supérieur que vous désignerez.

Le régiment qui y restera en garnison sera spécialement chargé de la garde de tous les blessés de votre corps d'armée et de leur donner toute l'assistance possible ; il fournira des officiers de service et des plantons à tous les hôpitaux ; ce régiment fournira des gardes pour maintenir l'ordre dans la ville, pour garder les magasins et la manutention ; il empêchera que les traîneurs et les détachements qui passent, ne commettent aucun excès.

ORDRE.

Groussen, 15 octobre 1806.

Demain 17 le corps d'armée se mettra en marche et se dirigera sur Nordhausen en passant par Sondershausen. La cavalerie légère se mettra en marche à la pointe du jour pour cette destination. Le général Margaron fera en sorte de joindre de bonne heure l'ennemi, et il l'attaquera immédiatement afin d'arrêter sa marche et de donner au corps d'armée le temps d'arriver[2].

---

1. De Leipzig à Merseburg, 28 kil.

2. Dans son rapport, du 16 à 11 heures et demie du soir, page 58, le Maréchal Soult a dit au Major général : « ... J'ai mis ensuite un parti à la poursuite de la « colonne pour la fatiguer sans cesse pendant la nuit, l'empêcher de faire du « chemin et la tenir à portée pour demain matin ; aussi j'espère qu'avant d'être à

Le général Margaron emmènera la compagnie d'artillerie légère commandée par le capitaine Pons, et il se fera joindre par le 22e de chasseurs à cheval ; ce régiment formera brigade avec le 8e de hussards et sera sous les ordres du général Guyot.

Le général Legrand mettra en marche la 3e division, lui fera suivre le mouvement de la cavalerie légère et la dirigera sur Nordhausen. La compagnie d'artillerie légère commandée par le capitaine Hubert marchera avec la 3e division.

La division du général Sahuc se mettra en marche à 7 heures du matin et suivra le mouvement de la division du général Legrand.

Le général Leval fera suivre par la 2e division d'infanterie le mouvement de la division de dragons, et se dirigera sur Nordhausen.

Le général Saint-Hilaire réglera le mouvement de la 1re division sur celui de la 2e et lui fera suivre la même direction.

Le parc d'artillerie sera aussi dirigé sur Nordhausen où demain le quartier général du corps d'armée sera établi.

Le Maréchal commandant en chef recommande à MM. les généraux de division de faire marcher les troupes sur une ou plusieurs colonnes autant que les localités pourront le permettre, afin de diminuer la profondeur et ainsi accélérer le mouvement.

Le Maréchal commandant en chef renouvelle les ordres qui ont été donnés pour défendre à tout militaire de disposer d'aucun cheval de poste sans un ordre écrit de l'état-major et invite MM. les généraux à faire établir des sauve-gardes dans les maisons de poste.

Mal Soult.

.... Le 17 avant le jour le corps d'armée fut mis en marche et dirigé par Sondershausen sur Nordhausen ; à 2 lieues de cette dernière ville on rencontra l'arrière-garde de l'ennemi ; elle fut vigoureusement poussée jusqu'au corps de bataille qui était formé sur plusieurs lignes dans la plaine en avant de Nordhausen et avait même une réserve sur les hauteurs en arrière de la ville, qui le protégeait

« Nordhausen je l'aurai entamée... » Ainsi, après le combat de la fin de la journée, à la nuit, la cavalerie légère qui forme l'avant-garde s'arrête pour se reposer et manger, hommes et chevaux ; elle ne va pas se mettre pêle-mêle avec l'ennemi ; elle s'arrête en même temps que le corps d'armée et à portée des divisions d'infanterie qui, elles aussi, ont besoin de manger et de se reposer. Mais pour ne pas perdre l'ennemi, on le fait suivre par un parti qui a des patrouilles en mouvement toute la nuit, ne quitte pas l'arrière-garde ennemie, l'empêche de faire du chemin et la tient à portée pour le lendemain matin. — La cavalerie légère se met en marche à la pointe du jour, fait en sorte de joindre l'ennemi de bonne heure et l'attaque immédiatement afin de l'obliger à prendre des dispositions, d'arrêter ou du moins de ralentir sa marche et de donner à l'infanterie le temps d'arriver.

et qui couvrait les trois routes qu'en se retirant il se proposait de prendre.

La division du général Legrand suivait immédiatement la cavalerie; aussitôt qu'elle fut à portée, les colonnes se formèrent, une brigade fut chargée de tourner la ville par la gauche et de s'emparer de la hauteur, tandis qu'une autre brigade soutenue par la cavalerie poursuivrait l'ennemi dans le défilé d'Ellrich.

Ces dispositions avaient été préludées par une charge de cavalerie où le 8e de hussards et le 22e de chasseurs se conduisirent avec leur valeur ordinaire et firent des prisonniers.

L'infanterie du général Legrand attaqua les hauteurs de Nordhausen avec intrépidité et renversa tout ce qui voulut lui opposer résistance; elle ne put cependant faire que 300 prisonniers et prendre 3 pièces de canon qui étaient en batterie et n'avaient cessé de faire le feu le plus vif. La nuit vint encore sauver la colonne ennemie[1].

L'artillerie se conduisit parfaitement dans ce combat où elle eut quelques canonniers de tués. Dans la cavalerie et dans l'infanterie il n'y eut qu'une cinquantaine d'hommes de blessés et 4 officiers dont un d'état-major. On trouva dans la ville beaucoup de bagages et une centaine de blessés français. (*Journal du 4e corps.*)

LE MARÉCHAL SOULT AU MAJOR GÉNÉRAL.

Nordhausen, 18 octobre 1806, 3 heures du matin.

J'ai l'honneur de rendre compte à V. A. qu'hier au soir le corps d'armée a pris position en arrière de Nordhausen et que l'avant-garde a été portée en avant sur les deux routes qui conduisent à Magdeburg, l'une par Quedlinburg et l'autre par Halberstadt.

Lorsque je me suis présenté devant Nordhausen, l'ennemi était en position sur les hauteurs de la ville et aux divers débouchés qui y aboutissent; il paraissait même vouloir s'y défendre. Je n'ai pris que le temps nécessaire pour former les colonnes et je l'ai fait immédiatement attaquer[2]. Il y a eu

---

1. De Greussen à Nordhausen, 35 kil. Parti au point du jour, le corps d'armée ne prit position qu'à la nuit.

2..... Le 17 nous trouvâmes encore l'ennemi près de Nordhausen : la 3e compagnie du 5e à cheval remplaçait la 4e à l'avant-garde; celle-ci n'avait pu encore échanger les caissons qu'elle avait vidés presque entièrement dans la journée du 14, et il était nécessaire de ménager son feu.

La 3e compagnie se porta sur le bord d'un ruisseau qui arrose la plaine en avant

2 charges de cavalerie qui ont dispersé la portion d'ennemis qui était dans la plaine et ont mis en notre pouvoir 2 pièces de canon avec 300 prisonniers ; ce qui était sur la hauteur, voyant approcher l'infanterie, s'est rejeté dans les montagnes et on l'a vivement poursuivi jusqu'à la nuit.

Nous avons trouvé à Nordhausen [1] des magasins considérables tant en blé et farine qu'en foin et avoine. On m'a même rendu compte qu'il y avait une caisse contenant de l'argent appartenant au roi de Prusse ; j'y ai fait mettre le scellé et ce matin on en fera la vérification pour procès-verbal en être dressé et envoyé à l'intendant général de l'armée.

La colonne ennemie qui était à Nordhausen est de 12,000 à 13,000 hommes, près de 4,000 de cavalerie. En partant d'ici elle s'est divisée en 2 colonnes qui toutes deux ont pris la route de Magdeburg. La première qui est plus faible, se dirige par Quedlinburg et la seconde par Halberstadt où elle

---

de Nordhausen ; sa position, commandée par les accidents du terrain, se trouvait trop resserrée. Nous commençâmes le feu sur la cavalerie de l'ennemi qui s'étendait dans la plaine en avant de la ville : l'ennemi riposta aussitôt avec une batterie très-supérieure en nombre et en calibre. Un canonnier et plusieurs hussards furent tués dès les premiers coups.

J'envoyai prier M. le Maréchal de m'autoriser à passer le pont pour m'avancer sur l'ennemi et de me faire soutenir par un régiment de cavalerie légère ; mais il jugea plus avantageux de faire ralentir le feu de nos pièces jusqu'à l'arrivée de l'infanterie qui bientôt se porta au pas de charge sur Nordhausen. Nos pièces d'avant-garde et celles de la 3e division qui formait tête de colonne, suivirent l'infanterie et prirent position sur le flanc des colonnes. L'ennemi abandonna dans sa fuite 2 pièces de 12, 1 obusier et 1 pièce de 6 démontés, plusieurs caissons à moitié vides et la plupart brisés ou renversés ; on trouva pendant la nuit dans une maison du faubourg plus de 30 Prussiens mutilés par notre feu. (Rapport du général Lariboisière au général Songis.)

1. ORDRE.

Nordhausen, 17 octobre 1806.

D'après les ordres de M. le Maréchal commandant en chef, le magistrat de la ville de Nordhausen est requis, sur sa responsabilité, de faire sur-le-champ, à mon bureau, la déclaration de tous les magasins, effets et objets quelconques appartenant à S. M. le roi de Prusse ou à son armée qui peuvent se trouver actuellement soit dans les bâtiments publics, soit chez des particuliers ; de faire remettre sur-le-champ au commandant de la place pour l'armée française les prisonniers et déserteurs prussiens et saxons qui peuvent être cachés chez des particuliers ; — de déférer aux réquisitions qui lui seront adressées par l'ordonnateur en chef du corps d'armée.

Il est en outre prévenu que toutes ces demandes et réquisitions devront être exécutées dans les 12 heures. Gal COMPANS.

compte être jointe par quelques troupes venant de la Thuringe et du pays de Brunswick. Celle qui va par Quedlinburg attend aussi un renfort de la colonne passée par Sondershausen.

A la pointe du jour les troupes du corps d'armée seront en marche pour se diriger en 2 colonnes et suivant les traces de l'ennemi sur Magdeburg.

La première colonne formée par la division du général Legrand et 2 régiments de cavalerie légère, prend la route de Quedlinburg et la seconde colonne, formée par le restant du corps d'armée, celle d'Halberstadt. Je dirigerai moi-même cette dernière.

Arrivé à Halberstadt, je manœuvrerai pour réunir les 2 colonnes du corps d'armée, si les forces de l'ennemi que j'aurai devant moi nécessitent cette disposition. Dans le cas contraire, j'attendrai pour faire cette réunion d'être plus rapproché de Magdeburg, afin de faciliter la marche des troupes et aussi pour ne pas en laisser de l'ennemi qui n'aient été suivies.

V. A. m'a donné l'ordre d'après les dispositions de S. M. de poursuivre l'ennemi et de lui faire le plus de mal possible. Je m'acquitte de mon mieux de ce devoir, et déjà, depuis que j'ai passé l'Ilm, je lui ai fait perdre plus de 4,000 hommes et forcé d'abandonner une centaine de caissons, autant de voitures d'équipages et plus de 25 pièces de canon, mais ma tâche n'est pas encore remplie et je me propose, si toutefois S. M. l'approuve, de ne cesser la poursuite que lorsque la colonne que j'ai devant moi sera entièrement détruite. Tous les jours j'en emporte un lambeau.

Mais la direction que je dois suivre ne m'est pas positivement déterminée ; je ne sais pas non plus si, lorsque je serai devant Magdeburg, je devrai bloquer la place ou seulement la masquer et chercher à passer l'Elbe, en attendant qu'un autre corps d'armée arrive pour faire l'investissement.

J'ai l'honneur de prier V. A. de vouloir bien prendre à ce sujet les ordres de S. M. et d'avoir la bonté de me les transmettre le plus tôt possible.

Je lui rends compte que la division de dragons commandée par le général Sahuc[1] et le 22e de chasseurs à cheval ont rejoint le corps d'armée.

P.-S. — Je mets ici une lettre que j'ai fait saisir à la poste et qui contient quelques détails qui pourront intéresser S. M.

LE GRAND-DUC DE BERG AU MARÉCHAL NEY.

Merxleben, 17 octobre 1806.

Ordre de se diriger le plus tôt possible sur Sundhausen. L'ennemi marche sur Nordhausen. Vous gagnerez au moins une heure et demie de marche ; là je me déterminerai sur la direction à prendre.

Je désire bien que vous puissiez m'envoyer le plus tôt possible votre régiment de chasseurs pour le jeter avec mes troupes légères sur ma gauche.

LE GRAND-DUC DE BERG AU MARÉCHAL NEY.

17 octobre 1806.

Je me décide à marcher sur Ebeleben, d'où je pourrai, suivant les circonstances, me porter sur Sondershausen, Nordhausen ou couper la route de Mülhausen sur ce point.

Ce billet sans indication de lieu a été écrit pendant la route. Il est enregistré sur le cahier de la réserve de cavalerie (voir *Iéna*, p. 371). L'enregistrement sur un cahier de papier de petit format se fait très facilement et n'exige pas plus d'embarras que la rédaction du billet lui-même. L'officier de service a le cahier dans la poche de son habit.

---

1. ... Le 17, l'ennemi dans sa retraite ayant pris position en avant d'un défilé et arrêté par cette manœuvre le mouvement du 8e régiment de hussards, le lieutenant Duliepvre, commandant l'artillerie de la 4e division de dragons, se porta en avant de ce dernier régiment avec un obusier dont le feu débusqua d'abord l'ennemi et ouvrit la gorge par laquelle nos troupes devaient passer. (Rapport du général Ruty au général Songis, 25 janvier 1807.)

LE GRAND-DUC DE BERG A L'EMPEREUR.

Immenrode, 17 octobre 1806, 10 heures du soir.

Sire, je viens d'arriver à Immenrode [1], village situé sur la route de Langensalza à Nordhausen; le 13e de chasseurs occupe en avant de ma position Furra à 2 lieues de Nordhausen [2]; il reconnaîtra ce soir cette ville que l'ennemi a évacuée aujourd'hui à midi, et que je crois déjà occupée par les troupes légères du maréchal Soult. Je laisse sur ma gauche, sur la route de Göttingen, un corps ennemi [3], auquel il ne reste, je pense, plus de retraite, n'ayant pas assez d'avance pour arriver avant nous ni sur Magdeburg, ni sur Brunswick, si telle est la volonté de V. M. Demain, conformément aux ordres contenus dans la lettre de V. M. [4], je me lierai avec le maréchal Soult, et je tâcherai de me mettre entre l'ennemi et Naumburg, c'est-à-dire je manœuvrerai par ma droite, afin d'être à portée avec les corps des maréchaux Bernadotte et Davout. L'épouvante est au comble dans l'armée prussienne, la seule approche d'un hussard fait fuir tous les Prussiens.

Il est fort difficile maintenant de correspondre avec V. M.; j'espère que je m'en rapprocherai. On nous dit que vous vous portez sur Naumburg. J'irai demain si loin que je pourrai et tâcherai d'atteindre la queue de l'ennemi. Le général Klein a commis une grande faute, et à son exemple le général Lasalle en a fait une seconde : ils ont laissé passer hier, l'un à Weissensee le général Blücher avec 5,000 hommes, et l'autre une autre colonne à Tennstädt, parce que le général Blücher leur a assuré qu'il y avait un armistice de six semaines. Le général Klein était déjà, dès avant hier, à Weissensee, et il devait faire bien du mal à l'ennemi.

---

1. De Langensalza à Immenrode, 30 kil. par la route directe.
2. De Gross Furra à Nordhausen, 12 kil.
3. Le corps du duc de Weimar qui était le 17 au soir à Göttingen.
4. Dépêche de l'Empereur du 16, à 1 heure après-midi. Voir page 40.

LE GÉNÉRAL BELLIARD AU MAJOR GÉNÉRAL.

Immenrode, 17 octobre 1806.

Ainsi que j'ai eu l'honneur de vous en rendre compte hier, le corps d'armée quitta Erfurt à une heure après midi pour se rendre à Langensalza où il arriva à 7 heures du soir. L'avant-garde a trouvé dans la ville 25 hussards prussiens qui ont pris la fuite à l'approche des troupes.

Le 15, la division Klein poursuivit sa marche sur Weissensee ; elle y arriva à minuit ; environ 1,000 Prussiens s'y trouvaient ; 600 ont été faits prisonniers au nombre desquels est un lieutenant-général et un major ; on a pris aussi 2 pièces d'artillerie. D'un autre côté, le général Lasalle se portait avec sa brigade sur Tennstädt et prenait 12 pièces d'artillerie, 25 caissons, 150 chevaux et beancoup de voitures chargées d'équipages. Hier 16, le général Klein, se trouvant dans la place de Weissensee, vit arriver trois colonnes ennemies qui successivement s'approchèrent de la place : les deux premières annoncèrent un armistice et demandèrent le passage pour se rendre sur Magdeburg ; on leur accorda. La troisième, commandée par le général Kalkreuth, voulait attaquer la place. Le général Klein, à son tour, annonça l'armistice, et toute la journée s'est passée sans coup férir. Le général Lasalle rencontra de même une colonne ennemie qui annonça l'armistice et demanda le passage. Lasalle, qui n'avait que ses 2 régiments à opposer, ne fit pas de difficultés [1].

---

1. ORDRE DU JOUR.

19 octobre 1806.

L'Empereur témoigne son mécontentement au général de division Klein et au général de brigade Lasalle, et S. M. ordonne que cette marque de son mécontentement soit mise à l'ordre de l'armée pour avoir laissé passer deux colonnes ennemies qui étaient coupées, ayant l'un et l'autre l'extrême simplicité de croire ce que le général ennemi Blücher leur a dit qu'il y avait un armistice de six semaines.

Depuis quand est-ce par le canal de l'ennemi que S. M. fait porter ses ordres ?

L'Empereur se flatte que de pareilles erreurs ne seront plus commises ; les

Aujourd'hui ces deux corps, qui se trouvaient séparés, ont rejoint le corps d'armée.

Ce matin les divisions Nansouty, Beaumont, d'Hautpoul et le 13e de chasseurs, se sont réunis à Langensalza à 6 heures et sont partis pour Sondershausen; ce soir, à 5 heures, on s'est mis en communication avec le corps d'armée de M. le maréchal Soult, et comme le Prince a pensé qu'il occupait Sondershausen, le Prince a changé de direction et est venu à Immenrode [1].

Hier 16, le corps d'armée du duc de Weimar se trouvait à Mülhausen; il l'a quitté à une heure du matin se dirigeant sur Sonderhausen; le Prince, voulant lui couper la communication, s'est porté avec le corps d'armée de M. le maréchal Ney sur ce point où l'on disait que se trouvait un rassemblement assez considérable; ce matin ils étaient partis pour Nordhausen qu'ils ont quitté à une heure après midi.

Dans le compte que j'ai eu l'honneur de vous rendre d'Erfurt, il y a eu erreur pour les prisonniers. Il y en avait au moins 10,000 et 28 drapeaux, et beaucoup de pièces de campagne. Vous en recevrez l'état par l'officier d'artillerie.

Ce soir, le corps d'armée a pris position ainsi qu'il suit:

Le quartier général à Immenrode; — la 1re division de grosse cavalerie, à Immenrode; — la 2e, à Schernberg; — la 1re division de dragons, à Gundersleben; — la 3e, à Gross-Berndten; — la brigade de hussards, à Bellstädt; — la brigade de chasseurs, à Gross-Furra.

Le 17 la profondeur de la colonne du corps de cavalerie est de 16 kilomètres de Gross-Furra à Bellstädt par Immenrode, Schernberg et Gundersleben.

6e corps. Quartier général, Sondershausen; — général Colbert,

---

lois militaires prononcent les plus grandes peines contre ces officiers dans un cas pareil; mais la peine la plus sensible pour un officier de la Grande-Armée est de n'avoir pas concouru en tout point à l'entier succès des opérations.

1. Le détour par Schernberg allongea la route d'environ 6 kil. La division Beaumont fit 36 kil.; la brigade Milhaud 39 à 40 kil., entre 6 heures du matin et 8 à 9 heures du soir; les 2 divisions de grosse cavalerie 36 kil. environ.

10e de chasseurs au bivouac en avant ; — 2e et 3e divisions, bivouac en arrière ; — parc d'artillerie, Erfurt[1].

LE MARÉCHAL BERNADOTTE A L'EMPEREUR.

Halle, 18 octobre 1806.

Le 1er corps de la Grande Armée est parti hier à 2 heures de la nuit pour marcher sur Halle et attaquer le duc Eugène de Würtemberg que je venais d'apprendre y être arrivé depuis 2 jours avec près de 25,000 hommes de troupes fraîches, formant la réserve de l'armée prussienne. A Obenhausen[2], les reconnaissances de troupes légères me rendirent compte qu'un corps ennemi devait se retirer sur Halle par la route d'Eisleben. Arrivé à l'embranchement des routes d'Eisleben et Querfurt à Halle[3], je jugeai nécessaire de laisser la division du général Drouet à Unter-Teutschenthal, poussant son régiment de cavalerie[4] à Wansleben, pour observer la colonne que l'on disait venir d'Eisleben à Halle. Les patrouilles de cavalerie reconnurent que l'ennemi était effectivement dans les environs.

Parvenu sur les hauteurs de Passendorf, je m'aperçus que l'ennemi tenait la ville de Halle avec beaucoup de monde et une tête de pont, et que tout son corps d'armée couronnait les hauteurs au delà[5].

---

1. Le 10e de chasseurs a fait 38 kil. de Gräfen-Tonna à Sondershausen ; les 2 divisions d'infanterie 46 de Gross-Fähner.

2. 4 kil. de Querfurt. — La route d'Eisleben courait à 7 kil. sur le flanc gauche de la direction suivie par la colonne.

3. Unter-Teutschenthal, 17 kil. de Querfurt et 11 de Halle.

4. 5e de chasseurs.

5. A 8 heures sans qu'on eût rencontré l'ennemi, la division Dupont et le 2e de hussards arrivèrent sur les hauteurs de Zscherben à une lieue environ de Halle (22 kil. de Querfurt).

Halle est situé sur le penchant de la rive droite ; de ce côté son enceinte de murailles et ses 4 portes sont dominées par la crête du coteau qui n'en est éloignée que de 150 toises au plus.

La ville est séparée de la rive gauche de la Saale par plusieurs bras de rivière et des marais sur lesquels on a construit une digue longue d'un quart de lieu et flanquée à gauche par des bosquets dans les marais et à droite par des îlots. La ville est fermée de ce côté par deux vieilles enceintes et en avant de chacune est un pont couvert.

Le 2e de hussards fut poussé dans la plaine sur la gauche de la digue. Le

Je jugeai que c'était le moment d'attaquer et qu'il fallait absolument s'emparer de la ville avant que la colonne d'Eisleben pût rejoindre le grand corps, et aussi avant qu'un autre petit corps venant de Merseburg eût pu faire sa jonction[1]. Le général Dupont reçut l'ordre d'enlever la ville : le 32e et un bataillon du 9e léger, secondés par 3 pièces d'artillerie légère, feraient l'attaque du premier pont défendu par plusieurs bataillons et 4 bouches à feu. Je donnai l'ordre de ne point faire feu et d'aborder l'ennemi à la baïonnette. Cet ordre fut ponctuellement exécuté : le 32e se porta en colonne sur le pont et renversa à la baïonnette tout ce qui lui était opposé, tandis que des tirailleurs, placés de droite et de gauche, inquiétaient l'ennemi[2] ; enfin, en moins de trois quarts d'heure, trois ponts, deux grands défilés et deux portes furent emportés ; pour franchir tous ces obstacles, il fallait défiler sur une digue exposée à tous les feux de l'ennemi ; mais rien n'arrêta l'ardeur des troupes de V. M. ; tout fut culbuté, on

---

général Maison le suivit pour reconnaître l'ennemi qui faisait des dispositions pour défendre le front de la ville et les ponts, en même temps qu'il se formait en bataille sur les hauteurs qui la dominent en arrière ; on le jugea fort de 20,000 à 25,000 hommes. (Journal du 1er corps.)

1. La division Dupont était établie à Passendorf, le 9e léger et le 32e en avant du village, le 96e en réserve derrière le village avec le 4e de hussards. La division Rivaud qui avait suivi le mouvement de la division Dupont et qui n'était point encore arrivée, reçut en même temps l'ordre de presser sa marche.

La division Drouet reçut également l'ordre de quitter sa position de Unter-Teutschenthal et de marcher sur Halle.

Le général Eblé fit établir de l'artillerie à droite et à gauche de la route en avant du village de Passendorf pour répondre à celle de l'ennemi et battre les ponts. Cette artillerie fit fort bien.

Pendant qu'on faisait ces dispositions, l'ennemi profita d'un gué pour jeter de la cavalerie sur notre droite par Angersdorf ; un bataillon du 9e léger et un escadron de hussards y furent envoyés et cette cavalerie fut repoussée.

Cependant l'ennemi revenait de son étonnement et pressait ses moyens de défense aux ponts et aux portes et sur le front de la ville que nous menacions.

La tête de colonne de la division Rivaud commençait à paraître. (Journal du 1er corps.)

Le maréchal Bernadotte ne fit commencer l'attaque qu'au moment où la divison Rivaud débouchait et se trouvait ainsi à portée de soutenir la division Dupont.

2. Le général Dupont fit attaquer en même temps par des tirailleurs l'infanterie ennemie qui avait débouché du pont et s'était déployée à droite et à gauche de cette digue. (Journal du 1er corps.)

fit main basse sur tout ce qui était dans la ville ; les rues et les carrefours furent jonchés de corps ennemis[1]. Tout ce qui ne fut pas tué, fut pris avec l'artillerie.

Une fois maître de la ville, j'envoyai le 96ᵉ pour soutenir les 9ᵉ et 32ᵉ[2] qui en débouchant n'auraient pas pu tenir tête à l'ennemi, et je fis attaquer sa position défendue par 20,000 hommes ; immédiatement après, je fis passer les 2ᵉ et 4ᵉ de hussards et toute la division Rivaud à l'exception d'un bataillon de réserve[3]. Nos troupes débouchèrent de la ville sous un feu très nourri de l'artillerie et de la mousqueterie ennemies ; après une résistance des plus opiniâtres la position fut enlevée ; les 2 divisions et les 2 régiments de hussards se portèrent sur l'ennemi, ils le chassèrent de Diemitz,

1. Des réserves placées dans les rues principales et sur les places veulent rétablir le combat, mais rien ne peut arrêter les braves 9ᵉ et 32ᵉ. Toutes les rues sont jonchées de cadavres et l'ennemi est forcé d'abandonner tout à fait Halle où on lui fait beaucoup de prisonniers.

Le 2ᵉ de hussards reçut l'ordre d'entrer dans la ville et d'appuyer le général Dupont au débouché.

Nos troupes encore trop faibles pour sortir et attaquer la position de l'armée ennemie en arrière de la ville se barricadèrent aux portes en attendant le moment de déboucher. (Journal du 1ᵉʳ corps.)

2. Le prince de Ponte-Corvo voyant le général Dupont maître de Halle et craignant que l'ennemi qui avait toutes ses forces sur les hauteurs en arrière, ne l'en chassât, fit avancer le 96ᵉ, général Legendre. En arrivant sur une des places de la ville, ce régiment trouva une tête de colonne ennemie qui y pénétrait après avoir repoussé nos troupes qui défendaient la porte d'Ulrichs. Il attaqua sur-le-champ cette colonne et rejeta l'ennemi sur sa position. (Journal du 1ᵉʳ corps.)

3. Le général Maison qui avait suivi les mouvements de la division Dupont et observé les dispositions que l'ennemi faisait pour reprendre l'offensive, prévint le prince de Ponte-Corvo qu'il n'y avait pas un moment à perdre pour faire avancer de nouvelles troupes. En ce moment le 8ᵉ régiment, général Pacthod, arrivait à Passendorf ; il reçut l'ordre d'entrer en ville. Le général Dupont réunit alors sa division et le 2ᵉ de hussards à la porte de Stein. Le général Pacthod s'établit à la porte des Potences avec le 8ᵉ régiment. Le bataillon du 9ᵉ léger qui avait été placé à Angersdorf, reçut l'ordre de joindre sa division à la porte de Stein. Toutes les troupes du général Dupont étant réunies à cette porte et prêtes à sortir, ce général donna l'ordre de rompre les barricades qu'il avait fait établir ; les portes s'ouvrirent et le combat recommença avec fureur ; le 8ᵉ sortait en même temps par la porte des Potences. (Journal du 1ᵉʳ corps.)

Le général Maison, qui après la prise de Lübeck et le départ du général L. Berthier, devint chef de l'état-major du 1ᵉʳ corps d'armée, jouissait de la confiance du maréchal Bernadotte qui s'en servait comme de premier aide de camp.

de Peissen et de Rabatz, où il avait pris successivement position. A Peissen les 2 régiments de hussards fournirent une très-belle charge ; dans le même lieu les 8e et 96e, quoique très-éloignés l'un de l'autre, soutinrent sans bouger une charge de cavalerie à bout portant ; enfin l'ennemi fut mené jusqu'à 4 lieues de Halle, au delà de Landsberg, où la nuit nous surprit[1].

Pendant que ces divers combats se succédaient sur la hauteur au delà de Halle, une colonne s'était fait voir sur nos derrières à la rive gauche de la Saale, et un autre petit corps venant sans doute de Merseburg cherchait à inquiéter notre flanc droit. Déjà j'avais rappelé la division Drouet ; ce général, au bruit du canon, avait tellement pressé sa marche qu'il arriva beaucoup plus vite qu'on n'aurait pu s'y attendre. Je lui ordonnai de faire attaquer la colonne qui avait paru sur notre gauche et en arrière de notre ligne par le 27e léger et le 95e. Après un feu très-meurtrier, près de 1,800 hommes mirent bas les armes avec 4 pièces de canon, et le reste ne s'échappa qu'à la faveur de la nuit.

J'avais fait avancer le 94e pour soutenir la grande attaque ; ce régiment était arrivé au pas de course au village de Peissen et ce mouvement rapide avait achevé de déterminer la retraite de l'ennemi, qui se sauva en pleine déroute[2].

---

1. Pour déboucher de la ville il fallait essuyer les feux croisés de l'ennemi établi dans les maisons du faubourg et dans les jardins, ainsi que des batteries qu'il avait placées sur la hauteur en face des portes. Ce n'est qu'après des prodiges de valeur que nos troupes purent se former hors des murs sous le feu le plus meurtrier de mitraille.

La seconde brigade de la division Rivaud arrivant, le Prince la fit avancer avec le 4e de hussards ; elle se réunit au 8e de ligne à la porte des Potences et alors les 2 divisions entièrement formées hors la ville marchèrent à l'ennemi ; en un instant il fut culbuté et mis en déroute. Le Prince fit alors faire une charge aux 2e et 4e, qui la compléta. La poursuite fut vive, on fit beaucoup de prisonniers. Le canon de l'ennemi avait été pris en batterie sur sa position. On le chassa successivement des villages de Diemitz, Peissen et Rabatz. Un régiment de hussards prussiens chargea le 8e et le 96e près de ce dernier village. Il fut reçu à bout portant et vivement repoussé.

Le prince de Würtemberg fit encore des efforts pour se rallier près de Mötzlich, mais une nouvelle charge de cavalerie l'obligea à continuer de fuir, et il fut mené à 4 lieues de Halle au delà de Landsberg. (Journal du 1er corps.)

2. Pendant que le prince de Würtemberg était battu dans la ville et en arrière, une colonne ennemie composée en partie du régiment de Treskow et

Les troupes ont commencé à se battre à 9 heures du matin et n'ont fini qu'avec le jour ; toutes ont fait des prodiges de valeur et les officiers ont rivalisé de zèle pour le service de V. M.

Les résultats de cette journée sont environ 5,000 prisonniers dont 2 généraux, 3 colonels, plusieurs lieutenants-colonels et majors et près de 150 officiers ; 4 drapeaux et au moins 30 pièces de canon prises en rase campagne.

Il est bon d'observer à V. M. que je n'avais avec moi que 12 pièces de canon et 12 caissons pour tout mon corps d'armée, le reste étant resté en arrière au défilé de Dornburg ; mes parcs sont arrivés aujourd'hui dans l'après-midi, et j'avais le projet de partir à la pointe du jour pour Dessau avec 2 divisions d'infanterie et ma cavalerie légère, lorsque j'ai appris que V. M. était à Merseburg. J'attendrai ses ordres.

---

de quelques autres détachements se montra sur nos derrières et prit position sur le Weinberg pour déboucher par la gauche du bois de Heide dans l'intention de rentrer à Halle. Cette colonne donna un moment de vives inquiétudes au Prince qui craignit que ce ne fût un grand corps qui venait au secours du prince de Würtemberg.

La division Drouet n'était point encore arrivée de Unter-Teutschenthal ; l'ennemi eût pu entrer dans la ville et embarrasser beaucoup les troupes qui combattaient en avant. Le général Maison fut chargé de mener contre lui une compagnie de voltigeurs du 8e régiment et quelques hussards du 4e qui étaient en réserve près du pont. L'ennemi s'arrêta et se déploya.

Le général Drouet qui déjà avait reçu l'ordre de rejoindre les autres divisions sous Halle, ayant entendu une vive canonnade avait tellement pressé sa marche qu'il arriva plus vite qu'on ne pouvait l'espérer. Le prince de Ponte-Corvo fit former en bataille dans la plaine sur la rive gauche de la Saale les 27e léger et 95e de ligne de la division Drouet ayant leur gauche vers la Saale et leur droite au bois faisant face au Weinberg sur lequel le régiment de Treskow et les autres troupes ennemies avaient pris position.

Les 94e et 5e de chasseurs furent envoyés en avant de la ville, où le combat semblait se ranimer, renforcer les divisions Dupont et Rivaud.

Le 27e léger, ayant à sa tête le général Werlé, marcha au Weinberg avec 2 pièces d'artillerie ; après un engagement vif et meurtrier l'ennemi voulut manœuvrer pour se retirer sur le village de Nietleben et gagner la route d'Eisleben, mais le général Drouet y avait envoyé quelques compagnies de voltigeurs. Cerné de toutes parts et attaqué avec vigueur, il fut mis en déroute. Tout le régiment de Treskow qui voulait soutenir sa retraite fut pris en entier avec ses drapeaux ; le reste de la colonne se sauva dispersé dans les bois. Cette opération terminée, S. A. retourna en avant de la ville.

La nuit approchait ; toutes les troupes étaient harassées par la marche de la nuit précédente et par le combat qui durait depuis 9 heures du matin ; l'ennemi fuyant à toutes jambes en abandonnant tout, le Prince ordonna de prendre position. (Journal du 1er corps.)

Le 17 après le combat, la division du général Drouet s'établit dans la ville gardant les villages de Nietleben et de Passendorf; la division Dupont s'établit en avant de Halle sur les hauteurs, la division Rivaud à sa gauche; la cavalerie légère occupant les villages de Diemitz, Peissen, Rabatz et Mötzlich sur le front et sur les flancs et ayant des détachements en avant à Landsberg et à Oppin, route de Dessau [1]. (*Journal du 1er corps.*)

LE GÉNÉRAL DUPONT AU MARÉCHAL BERNADOTTE.

Halle, 18 octobre 1806.

La division que je commande ayant levé hier son camp près de Querfurt à 2 heures du matin s'est portée sur Halle où elle est arrivée à 10 heures. Pendant la marche ses éclaireurs ont ramassé un certain nombre de soldats prussiens fugitifs et ignorés depuis la bataille de Weimar. A une lieue de Halle on a rencontré quelques partis de cavalerie ennemie qui se sont repliés à notre approche, mais qui ont été soutenus par plusieurs escadrons. L'avant-garde de ma division s'est avancée vers la ville pour la reconnaître et on a trouvé que le pont qui y conduit était occupé par l'ennemi. De nouvelles forces y ont été aussitôt rassemblées de manière que ce pont était défendu par 2,000 hommes et plusieurs pièces de canon. Dans le même temps on a vu tout à coup les hauteurs qui dominent la ville de Halle sur la rive droite de la Saale couvertes de troupes et on a jugé que c'était l'armée aux ordres du prince de Würtemberg. En effet ce Prince occupait depuis 2 jours cette position importante avec un corps d'environ 30,000 hommes. D'après vos ordres, M. le Maréchal, j'ai fait mes dispositions d'attaque, pendant que l'ennemi faisait jouer sur nous son artillerie à laquelle nous ne pouvions répondre que faiblement, attendu le petit nombre de nos bouches à feu. Le 32e régiment de ligne a été mis en bataille à droite de la route et un bataillon du 9e d'infanterie légère a été placé en colonne sur cette route. L'enlèvement d'un pont est une des opérations les plus difficiles à la guerre. Celui de la Saale était chargé d'infanterie protégée par le canon, mais j'avais dans ces braves bataillons une confiance que l'événement a glorieusement justifiée. L'ordre de la charge est donné ; ils s'avancent avec la plus étonnante intrépidité et bravant une pluie de mitraille et de balles ; cette

1. Après le combat la cavalerie envoie des détachements, c'est-à-dire des postes détachés, sur les routes de retraite de l'ennemi à plusieurs kilomètres du point où elle s'établit en cantonnement ; Landsberg à 7 kil. en avant ; Oppin à 4 kil.

audace extraordinaire épouvante l'ennemi malgré la position presque inexpugnable qu'il occupe. Le 32e régiment conduit par le colonel Darricau et le 2e bataillon du 9e conduit par le colonel Meunier se précipitent au même instant sur le pont, renversent la colonne ennemie, s'emparent de son artillerie et se font jour à la baïonnette jusqu'à la porte de la ville. Le terrain est couvert de morts et les Prussiens sont poursuivis de rue en rue jusqu'à la porte opposée de la place. Il n'y a jamais eu d'attaque plus impétueuse et de succès plus rapide. Ce pont défendu par des Français aurait été le tombeau d'une armée entière, mais attaqué par eux il a été emporté de vive force dans une demi-heure. Un grand nombre de prisonniers de guerre parmi lesquels se trouvent un officier général et plusieurs officiers supérieurs, est resté entre nos mains.

Maîtres de la ville, de nouvelles difficultés se sont présentées à nous. Le prince de Würtemberg avait fait dresser des batteries en face des portes par lesquelles il nous fallait passer et de nombreux bataillons ajoutaient à cet obstacle le feu le plus violent ; le terrain les favorisait; celui que nous occupions se trouvait commandé par les hauteurs qui touchent la ville et qui étaient couronnées de troupes. Pendant que cette nouvelle action se passait et était soutenue des deux côtés avec beaucoup de chaleur, le 96e régiment conduit par son colonel Barrois arrive au pas de course, impatient de prendre part à un combat dont le début avait été aussi brillant. Le feu devient plus terrible; tout ce qui se présente pour tenter le passage des portes est accueilli par le canon tirant à mitraille et la mousqueterie. Cette position devenait à chaque instant plus meurtrière.

Pour vaincre cet obstacle que la grande supériorité de l'ennemi semblait rendre insurmontable, nous nous sommes ouverts des issues à droite et à gauche des portes; des colonnes ont été rapidement dirigées sur ces points où elles ont agi sur les flancs de l'ennemi. Par un élan audacieux les colonnes principales qui combattaient aux portes se sont élancées au dehors et ce choc simultané a dégagé l'enceinte de la ville. Les colonels Barrois et Darricau ont mérité dans cette occasion beaucoup d'éloges ; le dernier a eu 2 chevaux tués sous lui. Les chefs de bataillon Moulin, Loyard et Bouge se sont conduits avec une grande valeur, le premier a été blessé. Le général de brigade Legendre a reçu 4 coups de feu dans ses habits. Le général Rouyer a eu aussi un cheval tué sous lui.

Le prince de Würtemberg voyant ses troupes culbutées sur tous les points a abandonné l'espoir de rentrer dans la ville et notre succès a été assuré. La division s'est déployée dans la plaine et le 1er bataillon du 9e régiment qui était resté en position sur la rive gauche de la Saale, est arrivé pour prendre sa place dans la ligne. L'ennemi de son côté s'est reformé devant nous à une demi-lieue de la ville et il n'a pas été sans doute peu étonné de voir combien le corps par lequel il avait été battu lui était inférieur en nombre. Il a fait quelques mouvements de cavalerie, mais l'admirable contenance de notre infanterie a découvert toutes ses tentatives et il a continué sa retraite. Nos bataillons alternativement formés en colonne et en ligne l'ont suivi vivement et ont chassé son arrière-garde de tous les villages où il prenait position pour protéger le gros de son armée en désordre. Il était alors 3 heures et la bataille était complètement gagnée.

Les régiments qui composent la 2e division sont arrivés en ce moment et ont concouru avec nous à la poursuite de l'ennemi qui s'est retiré du côté de Dessau. Le général Pactod est arrivé avec sa brigade avec beaucoup de vivacité sur le champ de bataille. Le général de division Rivaud a paru peu de temps après, mais c'est à ce général à vous rendre compte de ce qui concerne sa division. Les 2e et 4e de hussards ont fourni plusieurs charges près des villages de Zwebendorf; ils ont été appuyés par le 1er bataillon du 96e que le chef de bataillon Loyard a très-bien conduit.

Nous avons fait 4,000 à 5,000 prisonniers de guerre et pris une trentaine de bouches à feu. Les Prussiens ont perdu en outre beaucoup de monde tué ou blessé. Les prisonniers ont rapporté que des régiments ont été presque entièrement détruits. Notre perte en tués ou blessés est de 400 à 500 hommes. Tous ces braves sont à regretter, mais c'est à l'impétuosité de nos attaques et à la vivacité soutenue de nos opérations que nous devons de n'avoir pas fait une plus grande perte. Tout est extraordinaire dans cette journée où j'ai appris à estimer encore davantage ma brave division. Aucun soldat blessé en mourant n'a témoigné de regrets. Plusieurs criaient encore *Vive l'Empereur!* insensibles à leurs blessures.

Le zèle des officiers de tous grades a constamment égalé leur bravoure. La plus noble émulation et le même désir de vaincre régnaient dans tous les rangs.

J'aurai l'honneur de vous adresser un rapport particulier pour motiver les demandes de grades et de récompenses que je vous prierai de présenter à l'Empereur pour les officiers et les soldats qui se sont fait remarquer par des traits d'éclat.

LE MARÉCHAL DAVOUT AU MAJOR GÉNÉRAL.

Naumburg, 17 octobre 1806.

J'ai l'honneur de rendre compte à V. A. qu'il y a environ 2,000 prisonniers à Naumburg, et que les villages environnants en fourmillent; j'ai l'honneur d'en prévenir V. A. afin qu'elle donne des ordres à leur égard, vu le départ du corps d'armée, ainsi que pour le transport que V. A. a bien voulu m'annoncer devant avoir lieu sur un autre point que celui qui avait d'abord été désigné.

J'ai également l'honneur de prévenir V. A. que d'après l'autorisation qu'elle m'en a donnée, je laisse à Naumburg le 85e régiment, au lieu du 13e régiment d'infanterie légère ou du 12e de ligne. Le chef de bataillon Husson, officier ferme et d'une grande distinction, qui commande ce régiment, commandera la place de Naumburg; il est chargé de de prendre les ordres de V. A. pour le transport des prisonniers[1].

3e corps. Séjour dans la position du 16.

---

1. Le maréchal Davout cherchait à réparer les pertes de son corps d'armée en faisant rejoindre les détachements qui étaient en route.

L'ADJUDANT-COMMANDANT ALLAIN AU MARÉCHAL DAVOUT.

Frederichfeld, 26 octobre 1806.

M. le Maréchal, conformément à vos ordres je me transférai de Naumburg à Gera le 17 octobre pour y recevoir 2 détachements des 48e et 108e régiments formant un total de 418 hommes.

Je rencontrai le même jour aux environs de Gera un détachement rejoignant le corps de M. le maréchal Augereau que je crus au premier abord être celui que j'allais chercher; le commandant de cette troupe me dit: « Vous allez « sans doute au-devant des détachements des 48e et 108e régiments; vous ne « les trouverez point; ils sont restés à Bamberg où ils ont été retenus par le « général Lefranc qui les a opposés à un corps de partisans qui inondent « cette province; nous étions en garnison avec les détachements que vous « cherchez et nous avons depuis reçu un ordre particulier pour rejoindre le « 7e corps. »

Je poussai néanmoins plus loin et d'après tous les renseignements que je pris de divers militaires isolés et plusieurs gens du pays que j'interrogeai, me prévinrent de ne pas m'avancer davantage, que les partisans venaient de prendre un chef d'escadron de la Garde impériale et 3 hommes de son escorte; je revins dans la même journée à Naumburg pour rendre compte à V. Exc. de tous ces détails; mais il était trop tard. Elle en était déjà partie pour Leipzig et la rapidité des mouvements de l'armée me priva de l'en informer plus tôt.

Les 2 détachements, celui du 48e fort de 423 hommes et celui du 108e fort de 411 hommes, avaient passé le Rhin à Mayence le 8 octobre, en même temps qu'un détachement de 23 hommes du 14e de ligne. — Le détachement du 48e passa le 24 octobre à Leipzig; celui du 108e le 25. Voir au 27 le rapport du général Mâcon au Major général.

5e corps. Bivouac en avant de Naumburg sur la route de Leipzig.

7e corps. L'avant-garde et la 1re division ont pris position en avant d'Auerstädt sur la route de Naumburg ; la 2e division en arrière d'Auerstädt. — Quartier général, Pforta ; — parc, Auerstädt. — Le bataillon de Nassau-Usingen a été mis par ordre du Major général à la disposition du général Saint-Laurent, directeur du grand parc de l'armée.

Le 17 au soir l'Empereur est à Naumburg à 25 lieues de Nordhausen où se trouve la tête de son aile gauche. La direction de cette colonne forte de 2 corps d'armée et de toute la cavalerie lui échappe. Il ne peut plus lui donner que des instructions générales.

Il a toujours avec lui, dans un rayon de 16 kilomètres, 3 corps d'armée et sa Garde.

L'INSPECTEUR EN CHEF AUX REVUES VILLEMANZY, INTENDANT GÉNÉRAL DE LA GRANDE ARMÉE, A L'EMPEREUR[1].

Weimar, 17 octobre 1806.

COMPTE RENDU.

Place d'Erfurt. — L'intendant général vient d'être informé par l'employé qu'il avait envoyé à Erfurt que l'ennemi avait laissé dans cette ville :

1° 1,300 quintaux de farine et un peu de sel ;

2° 60 voitures de farine qui se trouvent à une demi-lieue de la ville et qu'il a été pris sur-le-champ des mesures pour les faire rentrer. L'intendant général a lieu de présumer qu'il doit se trouver encore d'autres approvisionnements à Erfurt et environs ; on est occupé d'en faire les recherches ;

3° Une boulangerie composée de 6 fours qui, avec les fours bourgeois, pourraient facilement cuire 25,000 rations par jour, sans nuire à la consommation journalière de la ville;

4° Que les moyens de mouture sont très-abondants.

Place de Buttelstädt. — D'après le compte que rend à l'intendant général le commissaire des guerres qu'il a envoyé à Buttelstädt, il existe au moins 1,400 tonneaux de farine dans cette place; il lui a été impossible de constater positivement la quantité de ces tonneaux, vu qu'ils sont tous épars, çà et là, tant dans la place que dans la campagne.

---

1. Il n'est pas indifférent de lire les rapports que les chefs de service rendaient à l'Empereur.

L'intendant général fait repartir le commissaire des guerres pour Buttelstädt avec un détachement qu'a accordé S. A. le prince ministre de la guerre.

Au moyen de cette force armée l'intendant général se trouvera en état de faire rassembler toutes ces farines et d'assurer leur conservation ainsi que leur transport sur Erfurt.

Les versements de Weimar sur Erfurt commenceront à s'effectuer aujourd'hui, ceux de Buttelstädt pour la même destination commenceront demain.

L'intendant général a rendu compte à S. A. S. le ministre des dispositions qu'il a prises pour assurer ces transports.

18 OCTOBRE.

LE MAJOR GÉNÉRAL AU MARÉCHAL SOULT.

Naumburg, 18 octobre 1806.

J'ai soumis à l'Empereur, M. le Maréchal, la lettre que vous m'avez écrite de Greussen le 16 à 11 heures du soir; S. M. approuve tout ce que vous avez fait; bien loin qu'elle ait consenti à un armistice, elle ordonne que l'ennemi soit forcé partout à mettre bas les armes; crainte de ruses, prévenez les troupes à proximité de vous qu'il n'y a point d'armistice et que chacun, dans sa direction, doit poursuivre l'ennemi.

Le corps du maréchal Ney et du grand-duc de Berg doivent être près de vous. Le maréchal Bernadotte, d'après sa dernière correspondance, paraissait aussi dans l'intention de se diriger sur Magdeburg; depuis deux jours nous n'avons pas de nouvelles [1]. Le maréchal Lannes marche aujourd'hui sur Halle; le maréchal Augereau suit la même direction; le

1. Dans une poursuite aussi vive les corps d'armée s'éloignent à tire-d'aile à la piste de l'ennemi; les commandants de corps d'armée doivent chaque jour un rapport au Commandant de l'armée; mais la distance du grand quartier général augmente aussi chaque jour. Il faut s'attendre à rester 2 jours sans nouvelles, et cela même avec nos télégraphes, quelque soin que l'on prenne pour la direction des lignes, quelque diligence que l'on mette dans leur installation. — Combien de lignes coupées! Où trouver des postes télégraphiques pour expédier les dépêches? Le zèle et la bonne volonté ne parviendront pas toujours à triompher des difficultés que font naître les circonstances.

maréchal Davout sera ce soir à Leipzig; l'Empereur avec sa Garde est ici.

Je vous envoie un ordre du jour relatif aux prisonniers de guerre [1]; vous les ferez tous diriger sur Erfurt. La disposition de l'ordre du jour qui les dirigeait sur Kronach, Forchheim et Würzburg, doit être considérée comme nulle et non avenue.

LE MAJOR GÉNÉRAL AU MARÉCHAL AUGEREAU.

Naumburg, 18 octobre 1806.

L'intention de l'Empereur, M. le Maréchal, est que vous continuiez votre route de Naumburg sur Merseburg; vous irez coucher le plus loin que vous pourrez. Je vous préviens

---

1. ORDRE DU JOUR.

Quartier impérial, Naumburg, 17 octobre 1806.

S. M. voyant avec peine que les prisonniers sont mal escortés et qu'il s'en évade beaucoup a cru devoir régler les dispositions qui seront suivies à l'avenir.

S. M. ordonne donc que les prisonniers qui seront faits par les différents corps d'armée soient conduits à raison d'un Français par 8 hommes.

Ce service d'escorte se fera également à tour de rôle, les compagnies de grenadiers et de voltigeurs exceptées. Ainsi, à dater de ce jour, la 1re compagnie du 1er bataillon du 1er régiment de la division qui fera des prisonniers, quand la division sera isolée, marchera, et ce sera celle de la 1re division du corps d'armée, quand le corps d'armée sera réuni ; ce service sera alors commandé par le chef d'état-major du corps d'armée.

Les 600 premiers prisonniers qu'un corps d'armée fera, seront escortés par la 1re compagnie désignée ci-dessus ; le capitaine, le lieutenant et le sous-lieutenant seront responsables des prisonniers qui se perdraient en route.

La 1re compagnie du 2e bataillon sera commandée après, ainsi de suite ; et lorsque les premières compagnies des bataillons du corps d'armée auront passé à ce service, on reviendra aux secondes compagnies, et après les secondes aux troisièmes, et ainsi de suite.

L'escorte des prisonniers ne pourra les quitter que quand elle en trouvera une autre ; sans cela elle continuera à les conduire jusqu'aux frontières pour ensuite rejoindre le corps auquel elle appartient.

Les prisonniers de guerre, à dater de ce jour, seront dirigés sur Erfurt ; le commandant d'armes les fera passer sous l'escorte des troupes de Nassau jusqu'à Fulde où se trouvent les troupes du maréchal Mortier qui les escorteront jusqu'à Mayence. A compter de ce jour la route prescrite par l'ordre du jour du 12 octobre pour faire passer les prisonniers par Kronach, etc., doit être considérée comme nulle.

Le Major général, Maréchal Alex. BERTHIER.

que le maréchal Lannes est parti ce matin à 7 heures de Naumburg pour aller coucher au delà de Merseburg ; faites-moi connaître où vous coucherez ce soir afin que je puisse vous y envoyer des ordres pour demain.

LE MAJOR GÉNÉRAL AU MARÉCHAL LEFEBVRE.

Naumburg, 18 octobre 1806.

L'intention de l'Empereur, M. le Maréchal, est que sa Garde parte sur-le-champ pour Merseburg[1].

LE MAJOR GÉNÉRAL AU MARÉCHAL LANNES.

Naumburg, 18 octobre 1806.

L'Empereur désire, M. le Maréchal, que vous puissiez aller aujourd'hui le plus près possible de Halle.

S. M. se rend aujourd'hui à Merseburg que vous ne devez point occuper.

Le maréchal Augereau suit votre mouvement.

La Garde impériale se rend à Merseburg et la ville doit être entièrement libre.

L'EMPEREUR AU GÉNÉRAL DEJEAN.

Naumburg, 18 octobre 1806.

M. Lacuée me mande que 30 jeunes gens de l'école polytechnique veulent entrer dans des corps. Envoyez-les droit ici. Nous avons besoin d'officiers, nous les placerons dans les corps. Envoyez-en aussi en Italie. Le Vice-Roi m'écrit qu'il lui arrive beaucoup de conscrits et qu'il n'y a pas d'officiers, si ce n'est un tas d'officiers infirmes qui demandent leur retraite.

---

1. De Naumburg à Merseburg, 25 kil.

L'EMPEREUR AU MAJOR GÉNÉRAL.

Naumburg[1], 18 octobre 1806.

On évacue les blessés de Naumburg sur Weissenfels. Il me semble que pour les évacuations on devrait prendre des ordres et ne pas agir de fantaisie. Donnez des ordres pour qu'on évacue sur Gera.

10e BULLETIN DE LA GRANDE ARMÉE.

Naumburg, 18 octobre 1806.

Parmi les 60 drapeaux qui ont été pris à la bataille d'Iéna, il s'en trouve plusieurs des gardes du roi de Prusse, et un des gardes du corps sur lequel la légende est écrite en français.

Le roi de Prusse a fait demander un armistice de 6 semaines. L'Empereur a répondu qu'il était impossible après une victoire de donner à l'ennemi le temps de se rallier.

Cependant les Prussiens ont fait tellement courir ce bruit

1. RAPPORT DU CAPITAINE CASTILLE A S. M. L'EMPEREUR.

Naumburg, 18 octobre 1806.

Il existe en artillerie prise par le 3e corps près des villages d'Hassenhausen et....., actuellement réunie à Naumburg, 25 pièces de 12, 23 pièces de 6 et 12 obusiers, 23 de ces bouches à feu sont sans avant-trains ; — 17 caissons de divers calibres dont quelques-uns chargés ; — 523 cartouches à boulets de 12 et de 6, 198 cartouches à balles de 12 et d'obusier, 400 sachets pleins de poudre de 12 et d'obusier, 115 obus chargés, 70,000 cartouches d'infanterie environ, le 3e corps a emmené avec lui la plus grande partie de ces munitions ; — 525 fusils prussiens ; — 22 pontons avec leurs agrès et montés sur leurs haquets ; il en existe un sur la route de Weimar, ce qui fait 23 ; — 1 nacelle ; — 2 pompes à incendie.

On a laissé dans les environs de Weimar 20 bouches à feu dont 8 obusiers avec 30 caissons. Le général Saint-Laurent les envoie prendre.

A l'arrivée des Français dans Naumburg dont la population n'est que de 8,000 à 9,000 âmes, on a trouvé 6,000 pains, — 1,373 tonneaux de farine du poids de 450 livres l'un, situés dans l'église du Dom, — 5,913 sacs d'avoine contenus en 5 magasins différents, — 300 quintaux de foin et 218 de paille.

Il y a dans Naumburg 5 fours qui peuvent cuire ensemble par jour 30,000 rations de pain.

que, plusieurs de nos généraux les ayant rencontrés, on leur a fait croire que cet armistice était conclu.

Le maréchal Soult est arrivé le 16 à Greussen, poursuivant la colonne où était le Roi, qu'on estimait forte de 10,000 ou 12,000 hommes. Le général Kalkreuth, qui la commandait, fit dire au maréchal Soult qu'un armistice avait été conclu. Le Maréchal répondit qu'il était impossible que l'Empereur eût fait cette faute; qu'il croirait à cet armistice lorsqu'il lui aurait été notifié officiellement. Le général Kalkreuth témoigna le désir de voir le maréchal Soult, qui se rendit aux avant-postes : « Que voulez-vous de nous? lui dit le général prussien; le duc de Brunswick est mort; tous nos généraux sont tués, blessés ou pris; la plus grande partie de notre armée est en fuite; vos succès sont assez grands. Le Roi a demandé une suspension d'armes; il est impossible que votre Empereur ne l'accorde pas. » — « Monsieur le général, répondit le maréchal Soult, il y a longtemps qu'on en agit ainsi avec nous; on en appelle à notre générosité quand on est vaincu, et l'on oublie un instant après la magnanimité que nous avons coutume de montrer. Après la bataille d'Austerlitz, l'Empereur accorda un armistice à l'armée russe; cet armistice sauva l'armée : voyez la manière indigne dont agissent aujourd'hui les Russes. On dit qu'ils veulent revenir; nous brûlons du désir de les revoir. S'il y avait eu chez eux autant de générosité que chez nous, on nous aurait laissés tranquilles enfin, après la modération que nous avons montrée dans la victoire. Nous n'avons en rien provoqué la guerre injuste que vous nous faites; vous l'avez déclarée de gaieté de cœur. La bataille d'Iéna a décidé du sort de la campagne. Notre métier est de vous faire le plus de mal que nous pourrons. Posez les armes, et j'attendrai dans cette situation les ordres de l'Empereur. » Le vieux général Kalkreuth vit bien qu'il n'y avait rien à répondre. Les deux généraux se séparèrent, et les hostilités recommencèrent un instant après. Le village de Greussen fut enlevé, l'ennemi culbuté et poursuivi l'épée dans les reins.

Le grand-duc de Berg et les maréchaux Soult et Ney doivent, dans les journées des 17 et 18, se réunir par des marches combinées et écraser l'ennemi. Ils auront sans doute cerné un bon nombre de fuyards; les campagnes en sont couvertes, et les routes sont encombrées de caissons et de bagages de toute espèce.

Jamais plus grande victoire ne fut signalée par de plus grands désastres.

La réserve que commande le prince Eugène de Würtemberg est arrivée à Halle. Ainsi nous ne sommes qu'au neuvième jour de la campagne, et déjà l'ennemi est obligé de mettre en avant sa dernière ressource. L'Empereur marche à elle. Elle sera attaquée demain, si elle tient dans sa position de Halle.

Le maréchal Davout est parti aujourd'hui pour prendre possession de Leipzig et jeter un pont sur l'Elbe. La Garde impériale à cheval vient enfin nous joindre.

Indépendamment des magasins considérables trouvés à Naumburg, on en a trouvé un grand nombre à Weissenfels.

Le général en chef Rüchel a été trouvé dans un village, mortellement blessé, le maréchal Soult lui a envoyé son chirurgien. Il semble que ce soit un décret de la Providence, que tous ceux qui ont poussé à cette guerre aient été frappés par ses premiers coups.

LE MAJOR GÉNÉRAL AU GÉNÉRAL THOUVENOT.

Merseburg, 18 octobre 1806.

L'Empereur ordonne, Général, que la garnison française de Würzburg et les troupes étrangères qui s'y trouvent, se rendent à Erfurt où vous vous rendrez également de votre personne. Vous laisserez seulement dans la citadelle un capitaine et 100 hommes de cavalerie à pied pour la garder.

Vous ferez cesser de travailler à l'armement de la citadelle, laissant les choses dans l'état où elles sont.

Tous les dépôts de convalescents français qui se trouvent

à Würzburg ou dans la citadelle, doivent être transférés à Erfurt.

Donnez des ordres en conséquence.

Ordre au commandant de Forchheim d'envoyer à Kronach tous les dépôts d'infanterie qui sont à Forchheim, et à Baireuth tous les dépôts de cavalerie qui sont aussi dans cette place.

Avis au général Legrand de l'arrivée de ces dépôts de cavalerie venant de Forchheim. Ordre de les placer dans les lieux les plus convenables pour se reposer ; — de faire dans le pays de Baireuth une levée de 500 chevaux pour remonter les hommes à pied des dépôts et de faire la répartition de ces chevaux.

Ordre au Vice-Roi d'Italie de faire partir les 3 régiments de cuirassiers de son armée à 4 escadrons, et de les diriger sur Augsburg, pour de là rejoindre le quartier général impérial.

Ordre au général commandant la 28e division militaire de faire partir le régiment de cuirassiers qui est à Parme ou à Plaisance, et de le diriger par Brescia sur Augsburg.

ORDRE.

Nordhausen, 17 octobre 1806 [1].

Le corps d'armée se mettra en marche demain 18 et se dirigera

---

1. LE MARÉCHAL SOULT AU MAJOR GÉNÉRAL.

Nordhausen, 18 octobre 1806.

J'ai l'honneur de rendre compte à V. A. qu'hier en passant à Sondershausen je fus instruit que le Prince de ce nom qui réside dans la ville avait 60 chevaux dans ses écuries et que déjà les premières troupes qui avaient passé lui en avaient pris quelques-uns. Craignant que cet enlèvement que j'étais loin d'approuver, ne fût plus considérable, je me rendis chez le Prince et lui proposai de m'en céder la moitié, sauf ensuite à lui en tenir compte s'il y a lieu. Le Prince accepta la proposition et lui-même fit la remise de 30 chevaux à un de mes aides de camp.

Tous les généraux, adjudants commandants et la plupart de mes aides de

sur Halberstadt et Quedlinburg[1] en suivant les deux routes qui conduisent à Magdeburg. Le général Legrand dirigera sa division par Stolberg, Günsterberg et Quedlinburg, et il réglera son mouvement de manière à arriver dans cette dernière ville ; après-demain 19, il se portera en avant pour prendre position le même jour à Ditfurth, à hauteur d'Halberstadt[2], d'où il correspondra et liera communication avec le corps d'armée, qui sera en avant d'Halberstadt. Le général Legrand aura à ses ordres la brigade de cavalerie légère du général Margaron ; il aura soin de bien s'éclairer dans sa marche ; s'il rencontre l'ennemi, il le poussera avec vigueur. Lorsqu'il sera en avant de Quedlinburg, il jettera des partis sur la grande route de Magdeburg et vers Aschersleben ainsi que vers Halberstadt pour lier communication avec le corps d'armée. Le général Legrand se mettra en marche au point du jour[3].

Le général Margaron réunira sa brigade en avant de Nordhausen et prendra les ordres du général Legrand.

Le général Leval donnera ordre à la 2e division de partir demain au point du jour et se dirigera sur Halberstadt en passant par Blankenburg ; cette division sera ainsi en tête de colonne, mais elle aura en avant la cavalerie du général Guyot. Le général Guyot fera réunir sa brigade sur la route d'Halberstadt.

La division de dragons suivra le mouvement du général Leval.

Le général Saint-Hilaire suivra le mouvement et fera marcher sa division après celle de dragons.

Le parc d'artillerie continuera son mouvement et se dirigera de Nordhausen sur Quedlinburg, où il recevra de nouveaux ordres.

Il sera donné de nouveaux ordres pour la prise de position des divisions et l'établissement du quartier général.

Mal Soult.

---

camp étaient extrêmement mal montés et depuis l'ouverture de la campagne ne cessaient de me prier de leur faciliter le moyen d'avoir quelques chevaux. J'ai cru devoir profiter de la circonstance et faire en leur faveur la répartition des 30 chevaux que je recevais du prince de Sondershausen en les prévenant cependant qu'ils seraient tenus de les payer si cela devait avoir lieu, réclamation que je ne pense pas que le Prince soit dans le cas de faire d'après la grâce qu'il a mise à les donner. J'ai cependant cru qu'il était à propos d'en rendre compte à V. A.

1. De Nordhausen à Halberstadt, par Ellrich, Elbingerode et Blankenburg, 66 kil. ; — à Quedlinburg, 46 kil.

2. De Ditfurth à Halberstadt, 12 kil.

3. Le corps d'armée traverse les montagnes du Harz. Le maréchal Soult qui prévoit qu'il ne pourra pas communiquer avec le général Legrand pendant le passage de la montagne lui donne l'ordre de mouvement pour 2 jours jusqu'au débouché en plaine.

Positions du 18 au soir.

Colonne de droite : Brigade du général Margaron, Friedrichsbrunn[1]. — Division Legrand, Güntersberg. — Parc d'artillerie, Stolberg.

Colonne du centre : 25e de dragons, Hasselfeld, par Birkenmoor et Stiege[2].

Colonne de gauche : Brigade du général Guyot, Königshof où elle prit un demi-bataillon de la garde du roi de Prusse et beaucoup de bagages. — Division Sahuc, Tanne. — Division Leval et quartier général, Beneckenstein. — Division Saint-Hilaire, Zorge.

LE GÉNÉRAL BELLIARD AU GÉNÉRAL DE BRIGADE BEAUMONT[3].

Immenrode, 17 octobre 1806.

Vous partirez demain matin à 6 heures pour vous porter à Nordhausen ; aussitôt votre arrivée, vous pousserez une reconnaissance sur la route d'Ellrich et sur celle de Neustadt à Nieder-Sachswerfen. Ce soir vous pousserez des reconnaissances sur Nordhausen et sur Pastleben[4]. Prenez des renseignements sur la position de l'ennemi, sur ses forces et sur le point sur lequel il paraît se diriger ; arrivé demain à Nordhausen, vous attendrez de nouveaux ordres du Prince.

LE GÉNÉRAL BELLIARD AU GÉNÉRAL KLEIN.

Immenrode, 17 octobre 1806.

Partez demain à 4 heures du matin[5] pour vous rendre à Nordhausen, passant par Immenrode où est le quartier général du Prince.

Même ordre aux généraux Beaumont, Lasalle, Nansouty, d'Hautpoul.

1. De Nordhausen à Friedrichsbrunn, 32 kil. ; — à Güntersberg, 26 ; — à Hasselfeld, par Birkenmoor et Stiege, 28 ; — à Königshof, 36 ; — à Tanne, 30 ; — à Beneckenstein, 26 ; — à Zorge, 19 ; — à Stolberg, 17.

2. L'ordre de mouvement donné, le maréchal Soult fut probablement avisé que le chemin de Blankenburg par Hasselfeld, Birkenmoor et Stiege, avait été pris par un détachement ennemi. Il y dirigea un régiment de la division Sahuc. Ce fut cette même route que suivit le grand-duc de Berg impatient de regagner avec sa cavalerie la tête du mouvement.

3. Le général de brigade Beaumont, premier aide de camp du Grand-duc, remplaçait momentanément, dans le commandement de sa brigade, le général Milhaud qui avait fait une chute de cheval.

4. De Gross-Furra à Nordhausen, 12 kil. ; — à Pastleben, 10 kil.

5. Il y a 16 kil. d'Immenrode à Nordhausen et 28 de Bellstädt, cantonne-

Souvent le commandant de la cavalerie dans la marche en avant comme dans la poursuite, ne peut le soir que donner à ses divisions un point de rendez-vous en avant, un point de direction pour le lendemain, en indiquant l'heure du départ. Lorsqu'il a reçu les rapports des reconnaissances, qu'il possède des renseignements sur l'ennemi, qu'il connaît la marche des colonnes voisines, alors il peut donner des ordres de mouvement ou au moins des continuations de mouvement, car l'incertitude peut se prolonger pendant une partie de la route. C'est ce qui se produisit au corps de cavalerie pendant la journée du 18 octobre. — De là l'impossibilité d'éviter les haltes, les rassemblements, les parties de drogue, cause de fatigues pour les hommes et les chevaux.

LE GÉNÉRAL BELLIARD AU GÉNÉRAL BEAUMONT[1].

Sur les hauteurs en avant de Wolkramshausen[2], 18 octobre 1806.

Vous vous porterez sur Wolkramshausen, sur Gross-Werther, sur Klein-Werther et sur Hesserode, où vous attendrez de nouveaux ordres. Faites passer cet itinéraire[3] aux autres divisions.

Pendant la marche du 18 le Grand-duc appela successivement ses divisions d'abord sur Hesserode, puis sur Nordhausen : là seulement il put leur donner une direction et leur indiquer le lieu à atteindre pour la couchée.

LE GÉNÉRAL BELLIARD AU COLONEL DU 13e DE CHASSEURS.

Nordhausen, 18 octobre 1806, 11 heures du matin.

Vous partirez de suite avec votre régiment pour vous rendre à Halberstadt, passant par Hasselfeld.

Au général Beaumont. — Continuez votre marche sur Ellrich et allez coucher ce soir à Beneckenstein. Demain vous partirez à

---

ment de la brigade Lasalle, jusqu'à Nordhausen, ce qui explique l'ordre de partir de grand matin. Malgré cette précaution, les circonstances ne permirent pas au général Lasalle et au général Klein de faire une grande marche.

1. 3e division de dragons.

2. A 9 kil. environ en avant d'Immenrode et à 8 de Nordhausen.

3. Le corps de cavalerie suivit cet itinéraire pour ne pas entraver le mouvement du 6e corps qui se dirigeait de Sondershausen à Nordhausen. La 3e division de dragons passa seule par Woffleben ; les autres troupes du corps de cavalerie passèrent par Nordhausen.

5 heures du matin pour vous rendre à Halberstadt, où vous recevrez de nouveaux ordres. Le quartier général sera ce soir à Halberstadt. Tâchez de prendre du fourrage et de l'avoine pour passer la montagne. Si les chevaux du Prince sont avec vous, envoyez-les avec la division du général Nansouty.

Aux généraux Klein et Lasalle. — Aussitôt après votre arrivée à Nordhausen, partez de suite pour vous rendre à Hasselfeld où vous coucherez ce soir s'il est possible[1]. Demain à 5 heures du matin vous vous mettrez en mouvement pour vous rendre à Halberstadt. Tâchez de prendre de l'avoine et du fourrage pour passer la montagne, et du pain.

Ordre à M. Régnier, officier d'état-major, de rester à Nordhausen et d'y attendre la brigade du général Lasalle et la division du général Klein, de remettre à chacun de ces généraux les ordres à leur adresse. S'il vient des officiers chargés de dépêches soit pour le Prince, soit pour moi, il les dirigera sur Halberstadt.

Après avoir rempli sa mission, M. Régnier se rendra au quartier général avec le dernier corps qui arrivera.

Il s'établira à l'entrée de la ville afin de ne manquer personne.

Gal BELLIARD.

Le Grand-duc partit le 18 à 5 heures du matin d'Immenrode pour se rendre à Nordhausen, où il était encore à 11 heures ; de là il se dirigea directement sur Halberstadt par Hasselfeld, s'élevant entre les deux colonnes du 4e corps.

« Le Prince marchant sur Hasselfeld avec le 13e de chasseurs, « rallia le 25e de dragons, détaché par le maréchal Soult sur Bir- « kenmoor. Le Prince s'établit à Stiege avec les 2 régiments le 18[2]. « L'ennemi était fort de 2 régiments de cavalerie et de 800 hommes « d'infanterie. Un engagement eut lieu à 6 heures du soir sur les « hauteurs de Stiege. Le Prince a attaqué. L'ennemi s'est jeté en « désordre dans le bois. La nuit a empêché de poursuivre. Les

1. De Bellstädt à Hasselfeld par Nordhausen, il y a 50 kil. dont 16 dans un défilé de montagnes. Il était impossible qu'une troupe qui marchait à la queue d'une colonne considérable, pût exécuter une marche aussi longue. La brigade Lasalle et la division Klein vinrent coucher à Sundhausen à 3 kil. en deçà de Nordhausen, ayant parcouru la première 25 kil., la seconde 22 kil. Elles se trouvèrent probablement empêtrées et retardées par le mouvement du 6e corps et durent s'arrêter derrière lui.

2. Le Grand-duc avait fait de sa personne 48 kil., le 13e de chasseurs 41 environ, dont 26 dans de très mauvais chemins, de 5 heures du matin à 6 heures du soir, ne s'arrêtant qu'à la nuit tombée.

« autres divisions ont suivi leur destination. Les routes du Harz « sont très mauvaises.... » Gal BELLIARD au Major général.

3e division de dragons 29 kilomètres[1] ; 1re division de grosse cavalerie 26 kilomètres, Ilfeld.

2e division de grosse cavalerie, Crimderode, 25 kilomètres.

1re division de dragons, brigade Lasalle, Sundhausen.

LE MARÉCHAL NEY AU MAJOR GÉNÉRAL.

Nordhausen, 18 octobre 1806.

J'ai l'honneur de rendre compte à V. A. qu'après la bataille d'Iéna où je n'ai pu engager que mon avant-garde qui s'est couverte de gloire et qui n'a été soutenue par le reste de mon corps d'armée que vers 2 heures après-midi, j'ai poussé le corps sur Weimar et pris position en arrière de cette ville.

Le 15, je me suis remis en marche sur Erfurt, afin de ne laisser aucune relâche à l'ennemi.

Les 2 divisions d'infanterie, parties fort tard et retardées encore par le défilé des colonnes de cavalerie, ne purent arriver devant la ville qu'à 10 heures du soir.

L'ennemi occupant encore cette place, j'envoyai un de mes aides de camp en parlementaire pour la sommer.

Cet officier trouva un parlementaire de S. A. I. le prince Murat occupé de rédiger une capitulation.

Je savais que l'ennemi filait en partie sur Langensalza dans le plus grand désordre et que, si je pouvais l'atteindre de concert avec la cavalerie du Prince, nous frapperions un grand coup.

---

1. La 3e division de dragons ne semble pas s'être arrêtée à Ellrich ou à Beneckenstein comme le général Belliard en avait donné l'ordre au général Beaumont. L'état d'emplacement de la réserve de cavalerie porte pour le 18, 3e division de dragons Homfeld, lieu que je n'ai pas trouvé sur la carte de Reymann. J'ai lieu de croire que la division Beaumont ne s'est pas engagée sur la route de Beneckenstein à la suite du 4e corps, mais est venue coucher à Ilfeld pour suivre la route du centre.

Il me paraissait de la plus haute importance de brusquer cette opération, de laisser à cet effet quelques bataillons d'infanterie et de soutenir avec le reste, le mouvement que la cavalerie du Prince, devenue disponible, aurait pu faire pour atteindre l'ennemi en déroute.

J'avais déjà ordonné à ma division de cavalerie de passer la Gera sur le pont au-dessus d'Erfurt et laissé mon infanterie pour couvrir la route de Weimar. La convention conclue sur ces entrefaites rendit ces mesures superflues, et il fallait les remplacer par les dispositions nécessaires à la sortie de la garnison.

L'armée entra à Erfurt le 16 à midi, traversa la ville et marcha sans s'arrêter jusqu'à Gräfen-Tonna.

La cavalerie du Prince était à Langensalza où l'ennemi avait défilé pendant toute la nuit dans un désordre affreux.

Au moment de notre sortie d'Erfurt, on rencontra une colonne prussienne d'environ 4,000 hommes qui avait ordre d'y entrer et qui mit bas les armes sans résistance. Ces différents événements ont valu 10,000 à 12,000 prisonniers, dont 4,000 blessés.

Le 17 au matin, le corps d'armée partit de Gräfen-Tonna, marcha toute la journée et toute la nuit par Merxleben et Sondershausen sur Nordhausen, où il va se refaire cette nuit des fatigues d'une marche de 15 lieues[1].

Je le porterai demain sur la direction de Halberstadt suivant l'ordre de mouvement ci-joint auquel j'ai ajouté quelques mesures relativement à la discipline, dont le relâchement est porté au point que la vie des officiers n'est plus en sûreté. V. A. jugera peut-être convenable d'appuyer ces mesures, qui ne sauraient être efficaces sans être générales.

---

1. Il faut compter environ 16 lieues ou 64 kilomètres de Gross-Fahner à Nordhausen par Gräfen-Tonna, Merxleben et Sondershausen. Puisque le maréchal Ney dit que le corps d'armée marcha toute la journée du 17 et toute la nuit du 17 au 18, il est probable que le bivouac de Sondershausen à 11 lieues et demie (46 kil.) du point de départ ne fut qu'un long repos, le corps d'armée ayant dû arriver très-tard dans la soirée à Sondershausen. Le défaut de distributions et le non-paiement de la solde, joints à la longueur de la marche, n'avaient pas été favorables à la discipline.

ORDRE DE MOUVEMENT.

Nordhausen, 18 octobre 1806.

Les 2 divisions d'infanterie partiront de Nordhausen le 19.

La 2e partira à 6 heures précises et marchera à Hasselfeld ; — le 20 à Halberstadt où elle recevra de nouveaux ordres.

La 3e division partira à 8 heures du matin et marchera à Beneckenstein ; — le 20 à Halberstadt où elle recevra de nouveaux ordres.

Le 10e de chasseurs prendra la même route que la 2e division et éclairera la marche.

Le quartier général prendra également la même route.

Les chefs de corps sont prévenus qu'il sera défendu d'entrer dans aucun des lieux susmentionnés.

Le Maréchal saisit cette occasion pour rappeler les soldats français à l'honneur et à leur devoir.

Des dégâts inouïs ont été commis sans aucun avantage pour ceux qui en sont les auteurs ; quelques misérables souillent un nom dont tous les militaires doivent soutenir l'éclat.

MM. les officiers sont prévenus que ceux d'entre eux qui se distingueront dans le maintien du bon ordre et de la discipline seront cités à l'ordre et récompensés ; ceux qui souffriront le pillage et l'insubordination seront notés et rappelés à leur devoir.

Le Maréchal plein de confiance dans l'honneur des grenadiers français recommande à chaque compagnie la surveillance sur les traîneurs et les pillards ; tout grenadier qui en arrêtera sera récompensé.

On prendra des mesures pour que le soldat reçoive les vivres nécessaires sans détruire le superflu.

Le présent ordre sera lu à la tête des compagnies, et les capitaines seront responsables de la punition des hommes de corvée qui commettraient des dégâts.

Mal NEY.

LE GÉNÉRAL L. BERTHIER AU GÉNÉRAL DUPONT [1].

Halle, 18 octobre 1806.

Je vous invite, conformément à l'intention de S. A. le prince de Ponte-Corvo, à donner vos ordres pour que les cartouches consom-

1. Pendant son séjour à Halle, le maréchal Bernadotte fit frapper par l'or-

mées dans l'affaire d'hier soient remplacées de suite. Je vous prie de me faire connaître en même temps l'état actuel de votre artillerie et de vos approvisionnements en gargousses et en cartouches.

1er corps : Cavalerie légère, Hohenthurm et Giebichenstein ; — 1re, 2e et 3e divisions, position du 17, dans les villages en avant de Halle.

5e corps, bivouac sur la rive droite de l'Elster entre Merseburg et Halle[1].

7e corps : Cavalerie légère, 1re division en avant de Merseburg ; — quartier général, Merseburg ; — 2e division, en arrière de Merseburg ; — parc, en arrière de la 2e division.

3e corps. — Le 18 la 2e division par une marche forcée vint occuper les villages à droite et à gauche de Leipzig en arrière de Gena[2], tandis que la 3e division[3], après avoir passé par Weissenfels et Lützen, s'établissait à Lindenau près Leipzig, et que la 1re, après

---

donnateur en chef du corps d'armée une réquisition de draps pour permettre aux régiments de la division Dupont de remplacer leurs capotes qui avaient été envoyées à leurs dépôts. (Voir *Iéna*, p. 312.)

LE COMMISSAIRE DES GUERRES BOILLEAU, FAISANT FONCTIONS D'ORDONNATEUR EN CHEF, AU GÉNÉRAL DUPONT.

Halle, 19 octobre 1806.

J'ai l'honneur de vous prévenir que conformément à l'intention de S. A. I. Monseigneur le prince de Ponte-Corvo, je viens de donner des ordres à M. le commissaire des guerres Genet pour qu'il fasse la remise du drap provenant de la réquisition que j'ai frappée à Halle, à l'agent comptable qui lui sera désigné par M. le commissaire Cairol afin qu'il puisse en faire faire la répartition conformément à vos intentions. La quantité à délivrer sera, d'après le compte qui m'en a été rendu, d'environ 4,000 aunes. Je suis fâché, Monsieur le général, de ne pas avoir été à même de faire délivrer sur-le-champ la quantité nécessaire pour les 2,000 capotes que S. A. S. le prince de Ponte-Corvo désire qu'il soit fourni à votre division. Soyez convaincu que je saisirai la première circonstance pour remplir votre vue et celle du Prince, en faisant encore délivrer environ 2,000 aunes.

Il fallait environ 3 aunes par capote ; l'aune est de $1^m,188$.

1. A une lieue ou une lieue et demie de Halle.

2. De Freyburg à Leipzig par Weissenfels, 48 kilomètres.

3. LE GÉNÉRAL GUDIN AUX GÉNÉRAUX PETIT ET GAUTHIER.

Naumburg, 17 octobre 1806.

Je vous préviens que les troupes de votre brigade devront avoir mangé la soupe demain à 5 heures du matin et qu'elles devront être prêtes pour partir à cette heure. Veuillez donner des ordres en conséquence.

De Wethau à Lindenau, 41 kilomètres ; — de Weissenfels à Leipzig, 34 kilomètres.

avoir passé par cette ville, prenait position en avant, la droite appuyée à Kohlgarten et la gauche à la ville, ses avant-postes à Paffendorf.

M. le Maréchal était entré à Leipzig à la tête de l'avant-garde de la 1re division. (*Journal du 3 corps.*)

LE MARÉCHAL DAVOUT AU MAJOR GÉNÉRAL.

Leipzig, 18 octobre 1806.

J'ai l'honneur de rendre compte à V. A. que tous les renseignements du pays qui sont unanimes, ne placent aucun corps prussien entre Leipzig et Dresde, ainsi que sur les routes de Dessau, de Wittenberg et de Torgau. Depuis quelques jours plusieurs officiers saxons sont venus à Leipzig recommander que l'on dirige sur Mühlberg sur l'Elbe tous les Saxons égarés ou autres qui arriveraient à Leipzig.

La consternation est entre la Mulda et l'Elbe. Les partis sont en route depuis 4 heures sur tous les points afin d'intercepter les dépêches et les courriers et avoir des nouvelles de l'ennemi; ces partis iront une partie de la nuit et reviendront au jour. J'aurai l'honneur d'adresser à V. A. les nouvelles importantes qui me parviendront.

Le corps battu par le maréchal Bernadotte a dû se replier sur Magdeburg.

Demain, si je ne reçois pas d'ordre, vers les 8 heures du matin le corps d'armée se mettra en marche. La 1re division se portera près de Bitterfeld et le reste entre Bitterfeld et Leipzig : sans ce mouvement, je ne pourrais être en mesure pour exécuter les ordres de V. A. [1].

L'équipage de pontons pris est resté à Naumburg faute de chevaux, ayant été obligé de me servir de ces chevaux de prise pour remplacer ceux tués le 14 ; mais j'ai requis ici 150

1. Le 17 dans la soirée, le Major général vit probablement à Naumburg le maréchal Davout et lui fit connaître de vive voix les instructions générales de l'Empereur qui ne figurent pas dans l'ordre du 17, page 89, et auxquelles le Maréchal fait allusion, c'est-à-dire surprendre le passage de l'Elbe ; *la grande affaire actuellement pour les opérations ultérieures, c'est de passer l'Elbe le plus tôt possible.*

chevaux de trait pour aller chercher les pontons; enfin s'ils arrivaient trop tard, on mettra l'industrie nécessaire pour remplir les intentions de l'Empereur.

Tout le monde est très-bien disposé; je n'ai vu un peu de tristesse sur les figures que dans 2 régiments, mais ce sont ceux qui ont perdu plus de la moitié de leur monde, et encore je garantis qu'ils sont susceptibles d'être électrisés. S. M. peut compter sur son 3e corps.

J'ai eu l'honneur de faire passer à V. A. par mon aide de camp Trobriand les lettres interceptées ici.

LE GÉNÉRAL GROUCHY AUX GÉNÉRAUX ET A L'OFFICIER COMMANDANT L'ARTILLERIE.

Gera, 18 octobre 1806, une heure du matin.

Ordre de partir à l'instant pour se rendre à Naumburg où l'Empereur ordonne que la division soit réunie aujourd'hui 18 avant midi. Il n'y a pas un instant à perdre. On laissera les équipages en arrière.

Vous ferez au besoin partie de la route au trot[1] et passerez par les villages de Tinz, Köstritz, Caaschwitz et Pötewitz.

Arrivé à ce dernier village, vous ferez halte pour que les 3 brigades se réunissent afin d'entrer ensemble à Naumburg.

LE GÉNÉRAL GROUCHY AU MAJOR GÉNÉRAL.

Naumburg, 18 octobre 1806, midi et demi.

J'ai l'honneur de rendre compte à V. A. que je suis arrivé à midi et demi à Naumburg, où j'attends vos ordres. J'ai poussé la majeure partie de la division en avant de Naumburg, d'environ 2 lieues, afin qu'elle fût à portée du grand quartier général.

ORDRE au général Roget de pousser jusqu'à Lunstädt (route de Merseburg); — au général Millet et au commandant de l'artillerie de pousser jusqu'à Markröhlitz ; — au général Boussard, jusqu'au premier village sur la route de Weissenfels[2]. Dans le cas où il y

1. Il était donc d'usage à la guerre de faire, à moins d'ordres contraires, toutes les marches au pas, pour ménager les chevaux.

2. Lunstädt, 14 kilomètres au delà de Naumburg; — Markröhlitz, 8 kilomè-

aurait encombrement, vous vous placerez dans les villages en arrière et au bivouac, s'ils n'offrent pas quantité suffisante de maisons. La Garde impériale pousse ce soir en avant et à plusieurs lieues de sorte que je m'attends, d'une minute à l'autre, à recevoir l'ordre de repartir. Ayez donc votre monde sous la main. Prévenez qu'on soit prêt à marcher au premier signal et envoyez-moi ici à Naumburg un sous-officier afin que je vous transmette des ordres dès qu'ils me seront parvenus. — Faites prendre en passant le pain et la viande ici si l'on peut avoir distribution complète. Prenez au moins ce qu'on donnera.

P.-S. — J'apprends qu'il n'y a ni pain ni viande.

Le 18 au soir à Merseburg, l'Empereur est à 30 lieues de son aile gauche. Il a dans un rayon de 24 kilomètres, 4 corps d'armée, sa Garde et une division de cavalerie.

Sur la direction Halle-Merseburg, les 1er, 5e, 7e corps, la Garde, la division Grouchy sont à 6 ou 8 kilomètres l'un de l'autre, en colonne sur la même route, avec une profondeur de 26 kilomètres de Halle à Lunstädt.

A l'aile gauche, la profondeur de la colonne est de 30 kilomètres environ de Beneckenstein à Nordhausen et la ligne de marche est de 20 kilomètres de Güntersberg à Tanne par Hasselfeld dans un pays extrêmement difficile qui a nécessité la rupture des corps d'armée. Il ne fallait pas songer à réunir les colonnes avant le débouché dans la plaine de Magdeburg ; d'ailleurs cette réunion n'était pas nécessaire en raison de la situation de l'ennemi. Le 6e corps est à une marche du 4e ; il a perdu une demi-marche par le mouvement sur Langensalza.

RAPPORT DE L'AIDE DE CAMP CUSTINE SUR LA MISSION DONT S. M. L'A CHARGÉ POUR LA PLACE DE WEIMAR.

18 octobre 1806, 8 heures du soir.

82 hommes et 3 officiers de la 3e compagnie de pontonniers sont passés à Weimar rejoignant le 7e corps.

115 prisonniers de guerre passés à Weimar, dirigés sur Erfurt sous l'escorte de 50 chasseurs de Nassau-Usingen commandés par un officier.

---

tres ; — Eulau, 4 kilomètres sur la route de Weissenfels. — Il faut ajouter à cette distance les 40 kilomètres de Gera à Naumburg.

La garnison était composée de 1,420 hommes du 14e de ligne partant le 19 et de 152 hommes de Nassau-Usingen.

La quantité de blessés Français était de 20, — Prussiens et Saxons, 423.

Il existait au parc 15 bouches à feu ennemies, 13 caissons dont 4 chargés, 5 voitures et 2 affûts de rechange. Il a été évacué hier sur Erfurt 11 caissons chargés et une voiture. 12 pièces démontées se trouvent sur la route de Weimar à Erfurt et ne peuvent être ramassées faute de transport.

Le général Schmettau mort dans la nuit du 17 au 18, enterré avec les honneurs militaires.

LE GÉNÉRAL CLARKE A L'EMPEREUR.

Erfurt, 18 octobre 1806, au matin.

Je transmets à V. M. une fâcheuse nouvelle consignée dans un rapport de M. de Tournon. Elle lui fera connaître que le premier convoi de prisonniers prussiens, qu'on dit être d'environ 5,000 hommes, a été délivré près d'Eisenach par un parti prussien. En arrivant ici, j'ai appris par le général Dutaillis qu'aussitôt après que les soldats prussiens qui formaient la garnison d'Erfurt, eurent mis bas les armes, on les rassembla et on les mit en route pour Francfort. Je ne pus apprendre par où on les faisait passer ainsi que la seconde colonne qui était partie avant mon arrivée. Ce ne fut que le soir, et même quelque temps après avoir reçu la lettre dans laquelle V. M. me recommandait d'envoyer un espion à Eisenach, et après l'avoir envoyé [1], que j'ai appris que tous ces prisonniers avaient été dirigés sur ce point afin qu'ils arrivassent à Francfort par cette route. On était ici dans la persuasion que la route principale de l'armée était fixée par Gotha, Eisenach et Fulde. Malgré tous mes soins, je n'ai pu apprendre d'une manière positive par qui que ce soit, pas même par le général Dutaillis, le nombre des soldats prussiens faits prisonniers à Erfurt, et la raison en était qu'on s'est, à ce qu'il paraît, contenté de les faire rassembler sur la

1. Cette recommandation ne figure pas dans les dépêches de l'Empereur au général Clarke du 17 à 9 heures et à 11 heures du matin.

route et de les faire partir sans les compter. V. M. trouvera ci-joint la lettre que M. le général Von der Weidt m'a écrite; elle n'est arrivée ici qu'à 4 heures, presque en même temps que M. de Tournon. V. M. trouvera également ci-joint copie de ma réponse au général Von der Weidt et de l'ordre que j'ai donné au colonel Lebrun.

RAPPORT DE M. DE TOURNON A S. M. L'EMPEREUR.

Erfurt, 18 octobre 1806, 7 heures du matin.

Étant parti de Weimar d'après les ordres de S. M. l'Empereur et Roi et devant remettre des lettres au général Clarke, je me suis rendu à Erfurt. Mes instructions portant que je me dirigerais sur Cassel en passant par Fulde, je comptais prendre cette route lorsque j'appris à Erfurt du colonel Lebrun que deux colonnes de prisonniers provenant de la garnison de cette ville s'étaient dirigées sur Gotha et Eisenach, gagnant 20 lieues au moins par cette route. Je me déterminai à y passer.

Arrivé à Gotha à 9 heures du soir, je me fais conduire chez le général Von der Weidt qui y commandait le second transport de prisonniers. Il m'apprend que le premier convoi est parti le matin sous l'escorte d'un chef de bataillon et de 3 compagnies de voltigeurs et qu'étant arrivé après son départ il avait envoyé quelques hussards pour avoir des nouvelles de leur entrée à Eisenach. Je me déterminais à attendre le rapport qu'on ferait au général avant de me mettre en route.

Vers 10 heures du soir arriva un soldat blessé de cette escorte qui nous apprit qu'à un quart de lieue en avant d'Eisenach la première colonne des prisonniers avait été attaquée par un parti d'environ 200 chevaux prussiens et que l'escorte avait été sabrée en grande partie. Le général Von der Weidt expédia sur-le-champ un sous-officier au maréchal Ney à Langensalza et un second au général Clarke en lui demandant de lui envoyer l'escadron du 3e qui se trouve à Erfurt. Le général Von der Weidt, après s'être emparé des portes de la ville gardées jusque-là par les troupes du prince de Gotha, poussa un parti de hussards sur la route d'Eisenach pour faciliter la rentrée de l'escorte du premier convoi.

Les hussards revinrent au bout d'une heure, vers les minuit, ramenant 2 officiers et 60 voltigeurs. L'un des 2 officiers apprit au général qu'ayant été chargé de faire à Eisenach le logement de cette première colonne de prisonniers, il apprit en arrivant dans cette ville que 600 hussards prussiens y avaient couché et en étaient partis le matin. Indécis s'il retournerait sur ses pas, on lui observa qu'il était à présumer que les hussards ne reviendraient pas, il se décida alors à faire les logements ; il y avait environ deux heures qu'il était dans la ville d'Eisenach, lorsqu'il apprit que la colonne des prisonniers était coupée ; il sortit sur-le-champ et se dirigea sur les siens dont la tête de colonne n'était qu'à un quart de lieue de la ville. Il se convainquit par lui-même que les hussards prussiens, après avoir coupé la colonne, délivraient les prisonniers et sabraient l'escorte. Ayant cherché à rallier quelques-uns des siens, il quitta avec eux le grand chemin, l'autre officier qui était à l'arrière-garde en ayant fait autant, ils se réunirent et arrivèrent à Gotha avec 60 hommes, dont plusieurs sans armes, reste des 3 compagnies de voltigeurs formant l'escorte du premier convoi, mais il est à présumer qu'il en rentrera d'autres ce matin.

Ne pouvant plus continuer ma route pour Eisenach, je me déterminai à retourner à Erfurt, chargé par le général Von der Weidt de parler de sa situation au général Clarke et de lui demander du renfort, n'ayant pour conserver Gotha et garder plus de 6,000 prisonniers qu'un escadron du 3e de hussards fort de 60 hommes et 3 compagnies de voltigeurs formant un total de 240 fantassins, et de 300 en y comprenant les 60 hommes revenus des 3 compagnies du premier convoi.

Un officier du prince de Gotha a dit au général Von der Weidt vers les minuit que le parti prussien s'était retiré du côté de Mülhausen.

Je vais me mettre en route et gagnerai Fulde par Schmalkalden et Meiningen.

LE GÉNÉRAL VON DER WEIDT AU GOUVERNEUR D'ERFURT.

Gotha, 17 octobre 1806, 10 heures du soir.

J'ai l'honneur de vous prévenir que la 1re colonne des prisonniers prussiens qui se dirigeait sur Eisenach a été attaquée par un parti ennemi qui les a délivrés [1]. Comme je n'ai qu'un demi-escadron du 3e de hussards, je vous prie de donner des ordres à celui qui se trouve à Erfurt de se porter sur Gotha pour me soutenir en cas de besoin.

J'ai envoyé une ordonnance à Langensalza au maréchal Ney.

---

1. D'Erfurt à Gotha, 22 kil. ; — de Gotha à Eisenach, 26 kil. ; — de Gotha à Langensalza, 19 kil.

LE GÉNÉRAL CLARKE AU COLONEL LEBRUN.

Erfurt, 18 octobre 1806, 6 heures et demie du matin.

Il est ordonné à M. le colonel Lebrun, commandant le 3e de hussards, de partir avec son régiment à l'exception de 30 hommes qui resteront à Erfurt pour le service de la place, afin d'augmenter l'escorte des prisonniers prussiens commandé par le général Von der Weidt, et le colonel Lebrun restera aux ordres de ce général jusqu'à nouvel ordre.

LE GÉNÉRAL CLARKE AU GÉNÉRAL VON DER WEIDT, A GOTHA.

Erfurt, 18 octobre 1806, 6 heures et demie du matin.

Votre lettre du 17 octobre à 10 heures du soir m'est parvenue et j'ai vu M. de Tournon ce matin de bonne heure. Je vous envoie la totalité de ce que j'ai du 3e régiment de hussards à l'exception de 30 hommes qui resteront à Erfurt. Quel que soit le parti que vous croirez devoir prendre, je pense que vous devez éviter la route de Gotha à Eisenach pour vous rendre à Francfort.

LE GÉNÉRAL VON DER WEIDT AU MARÉCHAL NEY.

Mayence, 29 octobre 1806.

J'ai l'honneur de vous faire le rapport de la mission dont vous m'avez chargé à Erfurt le 16 octobre dernier. J'ai fait partir le même jour les prisonniers qui se trouvaient sur les glacis de la ville pour Tridenstadt, comme vous me l'aviez ordonné. Le 17 je me rendis à Gotha ; j'appris en arrivant qu'une colonne qui me précédait avait été attaquée et délivrée par un parti ennemi à l'entrée de la ville d'Eisenach. J'ai eu l'honneur de vous en instruire par une ordonnance à Langensalza ; mais j'ignore si ma lettre vous est parvenue, le brigadier de hussards que j'avais dépêché ne m'ayant pas rejoint. J'écrivis de même au général Clarke, gouverneur d'Erfurt, qui m'envoya ce qu'il avait de disponible du 3e de hussards, le 18. Le 19 je partis pour Schmalkalden, le général gouverneur Clarke m'ayant conseillé d'éviter la route d'Eisenach. Le 20 j'arrivai à Salzungen, le 21 à Vach, le 22 à Hünfeld, le 23 à Fulde, le 24 à Schluchtern, le 25 à Gelnhausen ; le 26 je me proposais d'entrer à Hanau, mais je reçus une protestation formelle du général hessois

Müller qui y commande. Je me rendis en conséquence le même jour à Francfort où je n'ai point trouvé de garnison française, et le général Rheinwald qui y commande m'ayant invité de suivre jusqu'à Mayence, je crus devoir m'y rendre. J'y arrivai le 27 dans la nuit; je remis les prisonniers le 28 (comme le reçu ci-joint le porte); je repars aujourd'hui 29 pour me rendre avec mon escorte suivant vos ordres à votre corps d'armée.

---

19 OCTOBRE.

LE MAJOR GÉNÉRAL AU MARÉCHAL LANNES.

Mersebug, 19 octobre 1806, 4 heures et demie du matin.

L'Empereur, M. le Maréchal, ordonne que vous partiez à la pointe du jour pour vous rendre à Dessau[1]; son intention est que vous tâchiez de surprendre le pont du passage de l'Elbe.

Le maréchal Davout sera à Düben avec son corps d'armée, et, s'il parvient à surprendre le pont sur l'Elbe ou à exécuter le passage de cette rivière sur un autre point, il vous en préviendra sur-le-champ.

Vous laisserez à Zörbig un piquet de cavalerie pour rendre votre correspondance plus rapide.

L'essentiel de nos opérations à présent est de surprendre le passage de l'Elbe.

LE MAJOR GÉNÉRAL AU MARÉCHAL DAVOUT.

Mersebug, 19 octobre 1806, 4 heures et demie du matin.

Je viens de communiquer à l'Empereur, M. le Maréchal, la lettre que vous m'avez écrite. S. M. ordonne que vous vous rendiez aujourd'hui avec tout votre corps d'armée à

1. D'Ammendorf par Halle et Zörbig à Dessau, 50 kil. ; — à l'Elbe vis-à-vis Roslau, 55 kil. ; — de Halle à Zörbig, 19 kil. ; — de Zörbig à Dessau, 24 kil.

Düben. M. le maréchal Lannes se rend à Dessau; s'il parvient à s'emparer du pont sur l'Elbe et qu'il surprenne ce passage, l'intention de S. M. est qu'alors vous vous appuyiez à lui; si au contraire l'ennemi défend l'Elbe vis-à-vis Dessau, il faut que vous tâchiez de surprendre un passage entre cette ville et Torgau; vous sentez que la grande affaire actuellement, pour les opérations ultérieures de l'Empereur, c'est de passer l'Elbe le plus tôt possible.

Vous laisserez une garnison au général Macon qui commande à Leipzig, et vous lui prescrirez de me donner deux fois par jour des nouvelles de tout ce qu'il apprendra et de tout ce qui se passera à Leipzig.

Ordre au maréchal Lefebvre de faire partir toute la Garde impériale à 6 heures du matin pour se rendre à Halle [1].

LE MAJOR GÉNÉRAL AU MARÉCHAL AUGEREAU.

Merseburg, 19 octobre 1806, 4 heures et demie du matin.

L'intention de l'Empereur, M. le Maréchal, est que votre corps d'armée parte à 6 heures du matin pour se rendre à Halle; vous prendrez position en avant de la ville, sur les routes de Dessau et de Magdeburg.

LE MAJOR GÉNÉRAL AU MARÉCHAL BERNADOTTE.

Merseburg, 19 octobre 1806, 4 heures et demie du matin.

Vous partirez, M. le Maréchal, aujourd'hui à la pointe du jour pour vous rendre à Aschersleben [2]. Le maréchal Soult, de qui on n'a pas de nouvelles depuis plusieurs jours, était à la suite de la colonne ennemie commandée par le Roi et suivait la route de Greussen, Nordhausen et Halberstadt. Vous

1. De Merseburg à Halle, 14 kil.
2. De Halle à Aschersleben, 50 kil.

ferez battre le chemin pour connaître la marche de l'ennemi, l'intercepter et le culbuter partout où il serait, en tombant sur quelques colonnes; car, indépendamment de la colonne du Roi, il y a beaucoup d'autres colonnes égarées et qui ont pris différents chemins.

LE MAJOR GÉNÉRAL AU GRAND-DUC DE BERG.

Merseburg, 19 octobre 1806.

L'Empereur, mon Prince, me charge de vous faire connaître que les précautions ont été si mal prises que déjà 5,000 prisonniers partis d'Erfurt pour se rendre à Francfort ont été délivrés par un parti errant de 200 hussards prussiens, et l'escorte, infiniment trop peu nombreuse, sabrée.

La première règle de la prudence voulait pourtant que l'on s'assurât que la route que l'on voulait prendre, fût libre, et à cet effet elle aurait dû être éclairée et ouverte par un parti de 500 à 600 chevaux.

L'Empereur est fâché que vous n'ayez pas laissé de garnison à Erfurt; il aurait désiré que vous y eussiez laissé 3,000 hommes du corps du maréchal Ney.

L'Empereur craint que les autres prisonniers qui partent d'Erfurt, soient également délivrés par des partis de hussards ennemis.

S. M. vous ordonne, mon Prince, de faire partir sur-le-champ 3 régiments de dragons, formant une brigade qui sera commandée par un général de brigade, et qui feront des patrouilles sur Weimar, Erfurt, Eisenach, Nordhausen, etc., afin de ramener tous les hommes ennemis égarés, les détachements et enfin de balayer tout le pays et faire le plus de prisonniers possible, car toute l'armée prussienne est errante[1].

---

1. Voir à la date du 20 octobre le rapport de cette opération dont fut chargé le général de brigade Picard, de la division Klein.

Qu'est devenu le corps du duc de Weimar qui venait du côté d'Eisenach et dont vous me parlez [1] ?

Je vous envoie un ordre du jour que S. M. m'a dicté [2].

11e BULLETIN DE LA GRANDE ARMÉE.

Merseburg, 19 octobre 1806.

Le nombre des prisonniers qui ont été faits à Erfurt est plus considérable qu'on ne le croyait. Les passe-ports accordés aux officiers qui doivent retourner chez eux sur parole, en vertu d'un des articles de la capitulation, se sont montés à 600 [3].

Le corps du maréchal Davout a pris possession, le 18, de Leipzig.

Le prince de Ponte-Corvo, qui se trouvait le 17 à Eisleben pour couper des colonnes prussiennes, ayant appris que la réserve de S. M. le roi de Prusse, commandée par le prince Eugène de Würtemberg, était arrivée à Halle, s'y porta.

---

1. Rapports du Grand-duc à l'Empereur du 17 à 10 heures du soir et du général Belliard au Major général du 17 au soir. (V. p. 96 et 97.)

2. Ordre du jour concernant les généraux Klein et Lasalle. (Voir page 97.) Pour ne pas blesser la susceptibilité du Grand-duc, le Major général a soin de lui faire connaître que l'Empereur a dicté lui-même l'ordre.

3. LE GÉNÉRAL CLARKE A L'EMPEREUR.

Erfurt, 18 octobre 1806.

L'adjudant commandant Belair a délivré des passe-ports à 502 officiers prussiens hier au soir. Le nombre de leurs domestiques est très-grand, et ce sont des espèces de soldats. On allègue la capitulation dont personne n'a de copie ni moi non plus, qui l'ai inutilement demandée à Weimar.

A Ulm on a renvoyé les officiers de la garnison aussi avec cette espèce de domestiques. Il reste encore quelques officiers qu'on va expédier aujourd'hui.

ORDRE.

Erfurt, 19 octobre 1806.

Ordre aux officiers prussiens de se pourvoir de passe-ports et de se présenter chez le lieutenant-colonel Grundler. Les officiers qui se déguiseraient s'exposent à être arrêtés comme espions et traités comme espions. Les soldats prussiens doivent se présenter sous 24 heures chez le commandant de la place. Il leur est expressément défendu de quitter leur uniforme. Les bourgeois qui auraient chez eux des soldats prussiens malades ou blessés sont tenus d'en faire la déclaration chez le commandant de la place sous 24 heures.

Cet ordre fut imprimé en allemand, publié et affiché.

Après avoir fait ses dispositions, le prince de Ponte-Corvo fit attaquer Halle par le général Dupont et laissa la division Drouet en réserve sur sa gauche. Le 32e et le 9e d'infanterie légère passèrent les trois ponts au pas de charge et entrèrent dans la ville, soutenus par le 96e; en moins d'une heure, tout fut culbuté. Les 2e et 4e régiments de hussards et toute la division du général Rivaud traversèrent la ville et chassèrent l'ennemi de Diemitz, de Peissen et de Rabatz. La cavalerie prussienne voulut charger le 8e et le 96e d'infanterie; mais elle fut vivement reçue et repoussée. La réserve du prince de Würtemberg fut mise dans la plus complète déroute et poursuivie l'espace de 4 lieues.

Les résultats de ce combat, qui mérite une relation particulière et soignée, sont 5,000 prisonniers, dont 2 généraux et 3 colonels, 4 drapeaux et 34 pièces de canon.

Le général Dupont s'est conduit avec beaucoup de distinction. Le général Rouyer a eu un cheval tué sous lui.

Le général de division Drouet a pris en entier le régiment de Treskow.

De notre côté, la perte ne se monte qu'à 40 hommes tués et 200 blessés. Le colonel du 9e régiment d'infanterie légère a été blessé.

Le général Léopold Berthier, chef de l'état-major du prince de Ponte-Corvo, s'est comporté avec distinction.

Par le résultat du combat de Halle, il n'est plus de troupes ennemies qui n'aient été entamées.

Le général prussien Blücher, avec 5,000 hommes, a traversé la division de dragons du général Klein, qui l'avait coupé. Ayant allégué au général Klein qu'il y avait un armistice de 6 semaines, ce général a eu la simplicité de le croire.

L'officier d'ordonnance près de l'Empereur, Montesquiou, qui avait été envoyé en parlementaire auprès du roi de Prusse l'avant-veille de la bataille[1], est de retour; il a été

1. Voir *Iéna*, p. 593, la manière dont M. de Montesquiou traversa les lignes de l'armée prussienne.

entraîné pendant plusieurs jours avec les fuyards ennemis; il dépeint le désordre de l'armée prussienne comme inexprimable. Cependant, la veille de la bataille, leur jactance était sans égale; il n'était question de rien moins que de couper l'armée française et d'enlever des colonnes de 40,000 hommes. Les généraux prussiens singeaient autant qu'ils pouvaient les manières du grand Frédéric.

Quoique nous fussions dans leur pays, les généraux paraissaient être dans l'ignorance la plus absolue de nos mouvements; ils croyaient qu'il n'y avait sur le petit plateau d'Iéna que 4,000 hommes, et cependant la plus grande partie de l'armée a débouché sur ce plateau.

L'armée ennemie se retire à force sur Magdeburg. Il est probable que plusieurs colonnes seront coupées avant d'y arriver. On n'a point de nouvelles depuis plusieurs jours du maréchal Soult, qui a été détaché avec 40,000 hommes pour poursuivre l'armée ennemie.

L'Empereur a traversé le champ de bataille de Rossbach. Il a ordonné que la colonne qui y avait été élevée fût transportée à Paris.

Le quartier général de l'Empereur a été le 18 à Merseburg, et il sera le 19 à Halle. On a trouvé dans cette dernière ville des magasins de toute espèce très considérables.

L'EMPEREUR AU MARÉCHAL LANNES, A DESSAU.

Halle, 19 octobre 1806, 5 heures et demie du soir.

Votre aide de camp arrive; vous ne me faites pas connaître si le pont sur la Mulde a été coupé, si vous avez passé la Mulde. Il se trouve sur la Mulde des bateaux; faites courir pour les réunir tous. Faites placer des postes le long de l'Elbe, afin de choisir les emplacements les plus favorables pour le passage. Il doit y avoir une grande quantité de bois propres à faire des radeaux; faites-y travailler. Je fais partir sur-le-champ une nouvelle compagnie de pontonniers avec les marins de la Garde pour faire ce travail. Faites remonter l'Elbe par vos patrouilles ; il doit y avoir aussi des bateaux ; on ne brûle jamais tout. La Mulde forme des îles en se jetant dans l'Elbe ; c'est dans ces îles que je voudrais jeter un pont. Si la rive domine, je pourrais en faire une bonne tête de pont.

LE MAJOR GÉNÉRAL AU MARÉCHAL DAVOUT.

Halle, 19 octobre 1806.

M. le maréchal Lannes, M. le Maréchal, écrit de Dessau que le pont sur l'Elbe a été brûlé ; l'équipage de pont est parti hier et doit être arrivé à Leipzig ; ainsi vous l'aurez à votre disposition dans la journée de demain. L'Empereur vous laisse le maître de jeter le pont où vous voudrez ; mais il serait à désirer que ce soit le plus près possible de Dessau ; mais cependant tout est bon, pourvu que nous passions l'Elbe. On dit que le pont de Wittenberg a 7 piles en pierre ; il serait donc facile de le rétablir. Faites ce que vous pourrez pour le passage de l'Elbe ; car chaque jour de retard offrira de nouvelles difficultés.

Du moment que vous aurez passé l'Elbe, n'importe où, emparez-vous de Wittenberg ; on croit que cette ville serait facile à mettre à l'abri d'un coup de main.

L'Empereur pense que votre corps d'armée sera demain en entier sur l'Elbe.

Kemberg paraît être un point qui serait convenable pour être votre quartier général[1].

Donnez de vos nouvelles à l'Empereur.

Le 19, dans l'état de déroute et de désorganisation de l'armée prussienne, l'essentiel des opérations est de surprendre le passage de l'Elbe pour devancer l'ennemi à Berlin. L'Empereur présente 2 têtes de colonne sur l'Elbe : l'une, le 5e corps, à Dessau, l'autre, le 3e corps, vers Wittenberg à 28 kilomètres en amont ; il fera appuyer sur le corps qui aura surpris le passage. Avec la division Grouchy, le 7e corps

1. De Düben à Kemberg, 21 kil. ; — de Kemberg au pont de Wittenberg, 10 kil. ; — de Kemberg à Dessau par Wœrlitz, 30 kil.

et la Garde, il peut être en une marche à Dessau, 44 kilomètres; en 2 marches à Wittenberg, 66 kilomètres, par Bitterfeld, 29 kilomètres. Cette portion d'armée sous ses ordres, l'aile droite, est assez forte pour s'opposer au mouvement sur Berlin des débris de l'armée prussienne dont aucun corps n'est intact, tous, sauf Weimar, ayant combattu et chacun ayant éprouvé un désastre.

En même temps, pour empêcher le rassemblement de l'ennemi sous Magdeburg et intercepter les colonnes coupées, l'Empereur renforce son aile gauche, corps de cavalerie, 4ᵉ, 6ᵉ corps, en portant à son aide le 1ᵉʳ corps vers Aschersleben, à une marche d'Halberstadt, 32 kilomètres [1].

Ainsi en 2 marches tous les corps de l'armée française peuvent être réunis en 2 masses: l'une, l'aile droite, vers Dessau ou Wittenberg pour passer l'Elbe et gagner de là Berlin afin de barrer la route aux débris de l'armée prussienne ; l'autre, l'aile gauche, sous Magdeburg pour intercepter les colonnes ennemies, empêcher leur réunion et combattre le rassemblement si son chef veut tenter la chance d'une bataille.

L'EMPEREUR AU ROI DE PRUSSE.

Camp impérial de Halle, 19 octobre 1806.

Monsieur mon Frère, j'ai reçu la lettre de Votre Majesté. Je regrette beaucoup que la lettre que je lui ai envoyée par un de mes officiers d'ordonnance, qui est arrivé à son camp le 13, n'ait pu empêcher la bataille du 14. Toute suspension d'armes qui donnerait le temps d'arriver aux armées russes, qu'elle paraît avoir appelées dans l'hiver, serait trop contraire à mes intérêts pour que, quel que soit le désir que j'ai d'épargner des maux et des victimes à l'humanité, je puisse y souscrire. Je ne crains point les armées russes; ce n'est plus un nuage; je les ai vues la campagne passée. Mais V. M. aura à s'en plaindre plus que moi. La moitié de ses États sera le théâtre de la guerre, et dès lors en éprouvera toutes les calamités; l'autre partie sera ravagée par ses alliés et souffrira encore davantage. Ce sera un éternel sujet de regret pour moi que deux nations qui, par tant de raisons, devaient

1. De Halle à Halberstadt, 84 kil.

être amies, aient été entraînées dans une lutte aussi peu motivée. Les principaux instigateurs de cette guerre en ont été les premières victimes. Toutefois je dois réitérer à Votre Majesté que je verrai avec satisfaction les moyens de rétablir, si cela est possible, l'ancienne confiance qui régnait entre nous, et de concilier les sentiments que je lui porte avec mon devoir et la sûreté de mes peuples compromise encore de nouveau depuis quinze ans par la quatrième coalition.

12e BULLETIN DE LA GRANDE ARMÉE.

Halle, 19 octobre 1806.

Le maréchal Soult a poursuivi l'ennemi jusqu'aux portes de Magdeburg. Plusieurs fois les Prussiens ont voulu prendre position, et toujours ils ont été culbutés.

On a trouvé à Nordhausen des magasins considérables et même une caisse du roi de Prusse remplie d'argent.

Pendant les cinq jours que le maréchal Soult a employés à la poursuite de l'ennemi, il a fait 1,200 prisonniers et pris 30 pièces de canon et 200 ou 300 caissons.

Le premier objet de la campagne se trouve rempli. La Saxe, la Westphalie et tous les pays situés sur la rive gauche de l'Elbe sont délivrés de la présence de l'armée prussienne. Cette armée, battue et poursuivie l'épée dans les reins pendant plus de cinquante lieues, est aujourd'hui sans artillerie, sans bagages, sans officiers, réduite au-dessous du tiers de ce qu'elle était il y a huit jours, et, ce qui est encore pis que cela, elle a perdu son moral et toute confiance en elle-même.

Deux corps de l'armée française sont sur l'Elbe, occupés à construire des ponts.

Le quartier général est à Halle.

La lettre suivante, qui a été interceptée, contient un tableau fort détaillé de la situation des Prussiens après la bataille d'Iéna.

ORDRE DE MARCHE DU 19 OCTOBRE (3e DIVISION DU 3e CORPS).

La 1re division se porte sur Bitterfeld ; la 2e division doit prendre position en avant de Delitzsch à la hauteur de Neuhaus [1] ; la 3e division doit s'établir aussi à Delitzsch, sa gauche appuyant à ce dernier endroit.

Le 25e régiment devra en conséquence partir de son cantonnement à 8 heures très-précises pour se porter sur Leipzig, d'où il continuera sa marche à la suite du 21e.

Le 21e régiment se mettra en marche à 8 heures et demie pour joindre le 12e qui devra être sous les armes à la même heure.

La brigade du général Petit étant réunie, elle traversera Leipzig pour se porter à sa position.

La batterie d'artillerie légère marchera immédiatement après le 12e régiment.

La batterie affectée à la 1re brigade suivra l'artillerie légère [2].

Le parc de la division et les équipages suivront le mouvement du 25e régiment [3].

Toutes les troupes enverront de suite à l'avance chercher le pain et la viande pour deux jours et une bouteille de vin par homme ; ils s'adresseront à cet effet aux commissaires des guerres Thomas et Bages, à Leipzig, n° 343.

Le quartier général de la division sera à Delitzsch, et celui de M. le Maréchal restera à Leipzig.

Gal GUDIN.

Le mouvement sur Bitterfeld ne fut pas exécuté. La dépêche du Major général, Merseburg 4 heures et demie du matin, parvint assez à temps à Leipzig, 27 kilomètres, pour que le maréchal Davout pût effectuer directement son mouvement sur Düben.

Le 19, la 1re division se mit en marche à 7 heures du matin pour se porter sur Düben [4]. Le 13e léger resta à Leipzig pour y tenir garnison. La 1re brigade prit position en avant de Düben et fournit des postes sur les routes de Torgau et de Wittenberg que les chasseurs à cheval allèrent éclairer au loin. La 2e brigade fut placée en

1. De Leipzig à Delitzsch, 20 kil. ; — à Bitterfeld, 32 kil.
2. Toute l'artillerie de la division marche après le 1er régiment.
3. Le 85e régiment avait été laissé à Naumburg.
4. De Leipzig à Düben, 32 kil. ; — à Tiefensee, 31 kil. ; — à Wöllanne 29 kil.

arrière de Düben sur la rive gauche de la Mulde pour en garder le pont.

La 2e division traversa Leipzig, ne s'y arrêta que pour recevoir les vivres et alla bivouaquer à Tiefensee en arrière de Düben.

La 3e traversa également Leipzig et se plaça à la hauteur de Wöllanne, aussi en arrière de Düben. (*Journal des opérations du 3e corps.*)

LE MARÉCHAL DAVOUT AU MAJOR GÉNÉRAL.

Düben, 19 octobre 1806.

J'ai l'honneur de rendre compte à V. A. que la 1re division est en avant de Düben et les deux autres sur la rive gauche de la Mulde.

Ce matin il est passé ici un bataillon et environ 80 chevaux des troupes battues à Halle; la plupart étaient sans armes; tous les autres régiments ont dû faire leur retraite sur Magdeburg.

On ne nous attendait pas ici, aussi aucune disposition n'avait été faite pour brûler le pont. J'ai tout lieu de croire qu'il en sera de même de celui de Wittenberg. Ce matin il n'y avait à Wittenberg que 40 vieux invalides qui y font le service de la place depuis des siècles, et depuis il ne s'est retiré aucune troupe ennemie sur cette route; celles dont j'ai parlé ont pris celle de Torgau.

Il n'y a à Dresde d'autres troupes que les gardes, et il y a trois jours qu'on y était dans la plus parfaite ignorance et par conséquent dans la plus grande tranquillité.

Les voyageurs venant de la Silésie disent que l'on parle beaucoup des Russes; mais tous déclarent n'en avoir vu aucun.

Je ferai partir cette nuit des détachements d'infanterie et de cavalerie pour surprendre le pont sur l'Elbe à Wittenberg, et j'espère que demain avant la nuit tout le corps d'armée sera sur la rive droite du fleuve.

J'ai laissé, conformément aux ordres de V. A., le 13e léger à Leipzig.

Lord Morpeth a dû passer à Hamburg le 6 octobre comme ambassadeur extraordinaire près du roi de Prusse pour y traiter des subsides.

Un voyageur venant de Berlin m'a assuré qu'on y était dans la plus parfaite ignorance, que l'on croyait même que les Français étaient battus et qu'on avait fait des réjouissances à cette occasion.

5ᵉ corps. Cavalerie légère, quartier général, Dessau ; — 1ʳᵉ et 2ᵉ divisions, bivouac en avant de Zörbig.

LE GÉNÉRAL L. BERTHIER AU GÉNÉRAL DUPONT [1].

Halle, 19 octobre 1806.

Veuillez, conformément aux dispositions ordonnées par S. A. le prince de Ponte-Corvo, réunir le plus promptement possible votre division et la porter à Trotha, village qui se trouve sur la route de Magdeburg à l'endroit où aboutit le chemin qui conduit à Köthen.

Vous vous établirez en colonne serrée derrière la division Rivaud.

Vous êtes prévenu que le corps d'armée marchera la gauche en tête.

Vous recevrez dans cette position de nouveaux ordres pour vous porter en avant.

Lorsque le commandant de corps d'armée a des renseignements insuffisants sur l'ennemi, sur la route à suivre, etc., il assigne un rassemblement où il donne des ordres pour la continuation du mouvement.

---

1. LE GÉNÉRAL BERTHIER AU GÉNÉRAL DUPONT.

Halle, 19 octobre 1806.

Veuillez envoyer 3 compagnies de votre division à Halle pour y recevoir les prisonniers de guerre.

L'officier commandant se dirigera sur Erfurt par Merseburg, Magdeburg et Buttelstädt ; à Erfurt il tirera un reçu des prisonniers. Les officiers sont responsables des prisonniers qui se perdraient en route.

Je vous préviens que les compagnies que vous avez fournies pour l'escorte du grand parc doivent être relevées aujourd'hui.

Le général Eblé reçoit l'ordre de faire mettre de suite 20,000 cartouches à votre disposition.

Cavalerie légère en avant d'Alsleben, un régiment à Aschersleben [1]; — 2e division, quartier général, Alsleben; — 3e division, en avant des villages de Gnölbzig et Nelben; — 1re division, Rothenburg [2]; — parc, près de Halle.

Le 1er corps ne marcha pas la gauche en tête, mais seulement dans l'ordre suivant 2e, 3e, 1re divisions.

Merseburg, 19 octobre 1806.

Ordre au général Hullin, d'après l'ordre du maréchal Lefebvre, de partir de suite avec sa brigade pour se rendre à Halle.

Vous laisserez ici un bataillon commandé par un colonel pour la garde de S. M. Faites-y placer de suite le poste du Palais. Tenez réuni le bataillon devant ou près du Palais. Ce bataillon quittera la ville pour vous rejoindre aussitôt le départ de S. M.

Le Général chef de l'état-major de la Garde impériale,

ROUSSEL.

7e corps. Cavalerie légère et 1re division, à 2 lieues en avant de Halle sur la route de Dessau; — 2e division, à une lieue en avant de Halle sur la route de Magdeburg; — quartier général, Halle; — parc, en arrière de la ville.

ORDRE DE MOUVEMENT (A TOUS).

19 octobre 1806, 2 heures du matin.

Ordre de partir au reçu du présent pour se rendre à Merseburg où la division se réunira et attendra des ordres.

Il faudra que vous soyez arrivé en position avant 10 heures [3].

Gal GROUCHY.

---

1. De Halle à Rothenburg, 24 kil.; — à Gnölbig, 30 kil.; — à Alsleben, 35 kil.; — d'Alsleben à Aschersleben, 17 kil.

2. De Halle à Alsleben, belle chaussée. A la hauteur de Rothenburg on prend à gauche un petit mauvais chemin qui conduit à ce village. On passe la rivière sur un beau pont en bois coupé par un pont-levis pour laisser passer les barques qui remontent à la voile jusqu'à Halle. La terre de ces contrées est excessivement rouge et argileuse. — A Alsleben la Saale est fort large, profonde et tranquille. Là on la passe sur un bac. (Journal des opérations du 1er corps.)

Chaque page du journal du 1er corps est divisée en deux colonnes: la colonne de gauche contient le détail des opérations et des positions des troupes; la colonne de droite la description des localités et les renseignements sur le pays. Cette partie du journal avait été ordonnée par l'Empereur, dépêche au maréchal Soult, 5 octobre, 11 heures. Mais elle n'existe que dans le journal du 1er corps seul et encore s'arrête-t-elle au 27 octobre.

3. De Lunstädt à Merseburg, 12 kil.; — de Markröhlitz, 18 kil.; — d'Eulau, 22 kil.

Passendorf[1], 19 octobre 1806, 6 heures du soir.

Ordre au général Roget de se rendre sur-le-champ avec sa brigade à Schwenz[2], sur la route de Halle à Zörbig, petite ville à 3 lieues sur la route de Dessau, où il cantonnera jusqu'à nouvel ordre.

Ordre au général Millet de se rendre sur-le-champ avec sa brigade à Brachstädt, même route.

Ordre au général Boussard et au commandant de l'artillerie de se rendre à Oppin.

LE GÉNÉRAL BELLIARD AUX GÉNÉRAUX NANSOUTY ET D'HAUTPOUL.

19 octobre 1806.

Il y a des vivres de commandés à Hasselfeld. Faites-les prendre en passant et partagez-les pour les divisions en raison de leur force[3].

Le Prince désire que vous donniez des ordres pour qu'on ne commette aucun dégât dans Hasselfeld.

LE GRAND-DUC DE BERG AU MARÉCHAL SOULT.

Blankenburg, 19 octobre 1806, 11 heures du matin.

Je vous prie de m'envoyer le plus tôt possible la division de dragons du général Sahuc; l'ennemi a évacué ce matin à 6 heures Blankenburg et se retire dans le plus grand désordre

---

1. Passendorf est sur la rive gauche de la Saale vis-à-vis Halle. La route directe de Merseburg à Halle par Ammendorf servant à la Garde et au 7e corps, la 2e division de dragons se rendit à Halle par la rive gauche de la Saale, passant par Knappendorf, Dörstewitz, Delitz, et fit halte à Passendorf, 16 kilomètres de Merseburg, où le général Grouchy reçut des ordres de mouvement à 6 heures du soir, ordres qu'il provoqua en envoyant un de ses aides de camp annoncer son arrivée.

2. De Passendorf à Schwenz, 17 kil.; — à Brachstädt, 15 kil.; — à Oppin, 12 kil. La 1re brigade fit dans la journée 45 kil., la 2e 49, la 3e 50. La marche, commencée de bonne heure, ne fut pas terminée avant 9 heures du soir au plus tôt. La division était couverte par le 5e corps. Les brigades sont échelonnées dans les villages sur la route à 2 ou 3 kil. de distance.

3. Le commandant de la colonne fait faire des réquisitions de subsistances par l'avant-garde; il en prévient les commandants des divisions afin qu'ils puissent faire prendre les vivres en passant et les faire distribuer, d'où économie de temps et de fatigue.

sur Magdeburg. Comme le pays est extrêmement découvert, j'ai le plus grand besoin de cavalerie ; la mienne ne débouchera que vers 2 ou 3 heures du soir et encore fort tard. Déjà mes troupes légères sont en marche pour reconnaître Halberstadt et Quedlinburg ; je ferai reconnaître aussitôt que je le pourrai, Aschersleben pour avoir des nouvelles des maréchaux Bernadotte et Davout et du quartier général de l'Empereur. Je charge l'officier porteur de la présente de ramener la division Sahuc. Je vous laisserai, si les circonstances l'exigent, la division Beaumont qui marche au milieu de votre corps d'armée.

LE GRAND-DUC DE BERG A L'EMPEREUR.

Halberstadt, 19 octobre 1806, 10 heures du soir.

Sire, j'ai fait connaître à V. M. mon quartier général d'Immenroda, ma position et mon mouvement sur Magdeburg ; hier matin, je dirigeai la division Beaumont sur Ellrich par Wolkramshausen, Gross-Werther, Hesserode et Woffleben. Je marchai moi-même avec le 13e de chasseurs et tout le reste de ma cavalerie sur Blankenburg par Nordhausen, Birkenmoor et Hasselfeld ; par ce moyen, je n'ai nullement entravé la marche du maréchal Soult, qui se dirigeait sur le même point par Ellrich.

Je suis arrivé ce matin à 10 heures à Blankenburg avec le 13e régiment de chasseurs et le 25e régiment de dragons [1]. Le maréchal Soult a fait sa jonction avec moi vers midi [2]. J'ai dirigé sur-le-champ ces régiments sur Halberstadt, poussant toujours l'ennemi l'épée dans les reins. Le général

1. « Aujourd'hui 19 à 5 heures du matin, tout le corps d'armée est parti pour « Halberstadt, point de réunion. Le Prince s'est mis en marche à la tête des « 13e et 25e pour Blankenburg. A 10 heures on en a pris possession. L'ennemi « l'avait évacué à 6 heures du matin. » Gal BELLIARD.

De Hasselfeld à Blankenburg, 14 kil.

2. De Boneckenstein à Blankenburg, 25 kil. — Le maréchal Soult parti de Beneckenstein à 6 heures pouvait être à midi à Blankenburg.

Beaumont, qui marche avec cette brigade en place du général Milhaud, qui est malade[1], est arrivé devant cette ville vers 1 heure. Il est tombé sur quelques équipages du régiment des gardes, qu'il a pris avec à peu près 400 grenadiers de cette garde. Cependant 3 à 4 escadrons de hussards venant de Derenburg marchaient sur Halberstadt, ne croyant pas cette ville occupée par les troupes de V. M.[2]. Alors le colonel du 25e régiment de dragons a reçu l'ordre de les charger, ce qu'il a fait avec autant d'intrépidité que de bravoure ; il a fait 150 hussards montés prisonniers et n'a perdu personne.

Le 13e régiment de chasseurs, dans la charge contre les grenadiers, a perdu 3 ou 4 hommes.

Sire, demain 5 divisions de cavalerie inonderont les plaines de Magdeburg et j'espère, à force de détachements, me lier avec les maréchaux Bernadotte et Davout, et peut-être avoir reconnu l'Elbe sur le point de Calbe. Je désire surtout savoir où se trouve V. M., et comme je présume qu'elle est peut-être sur Halle ou Naumburg, je vais y adresser mon rapport.

Voici la position du corps de réserve de la cavalerie[3] et de ceux des maréchaux Soult et Ney : la brigade Beaumont à cheval sur la route de Magdeburg à Emersleben et Neuendorf[4]; la division Sahuc à Quenstädt[5]; Beaumont à Wegeleben[6]; Nansouty à Westerhausen[7]; d'Hautpoul, à Langen-

1. « Hier 18 le général Milhaud a fait une chûte qui le met hors d'état de monter « à cheval. » Gal Belliard. — Le Grand-duc donna provisoirement la direction du 13e de chasseurs à son premier aide de camp, le général de brigade Beaumont.

2. « Le Prince a envoyé à sa rencontre un escadron du 13e soutenu par le « 25e. » Gal Belliard.

3. « Il est 7 heures du soir et j'ai avis que les divisions Beaumont, Sahuc, « Nansouty et d'Hautpoul sont ralliées et en route pour leurs cantonnements. « Je n'ai point encore de nouvelles de Klein et de Lasalle. » Gal Belliard.

4. De Hasselfeld à Emersleben par Blankenburg et Halberstadt, 34 kil., combat.

5. De Tanne à Quenstädt par Elbingerode, Blankenburg, Halberstadt, 44 kil.

6. De Ilfeld à Wegeleben par Hasselfeld, Blankenburg, Westerhausen, 48 kil.

7. De Ilfeld à Westerhausen, 35 kil.

stein[1]; Klein à Blankenburg[2]; Lasalle, idem. Le corps du maréchal Soult : une division en avant de Quedlinburg; les deux autres une en avant et l'autre en arrière d'Halberstadt[3]; le maréchal Ney à Beneckenstein et à Hasselfeld; il prendra position demain sur Halberstadt. Demain le maréchal Soult compte prendre position à Oschersleben, Hadmersleben et Egeln.

Je ferai connaître demain au soir à V. M. ma position; je ferai surtout tout mon possible pour occuper Calbe et surprendre le pont de Barby.

J'adresse à V. M. les lettres enlevées aux postes d'Halberstadt et de Blankenburg avec une lettre saisie sur un courrier envoyé au Roi par le général commandant Nienburg.

Nous venons d'apprendre ici que V. M. a encore battu le prince de Würtemberg. Sire, jamais déroute ne fut semblable; le désordre et le découragement sont à leur comble; les troupes marchent sans ordre et sans aucune espèce d'organisation; cette armée est terrorifiée; la vue d'un de vos hussards fait trembler tous les fuyards et maintenant ni cavalerie ni infanterie n'ose plus se défendre; on dit cependant ici qu'ils veulent tenter le sort d'une seconde bataille sous Magdeburg, ce qui me paraît impossihle, car le Roi n'aura jamais le temps de réorganiser son armée. Sire, dans tous les cas plus de 50,000 hommes seront réunis demain et bien disposés à les combattre.

LE MARÉCHAL SOULT A L'EMPEREUR.

Halberstadt, 19 octobre 1806.

J'ai l'honneur de rendre compte à V. M. de l'arrivée du corps d'armée à Halberstadt et de sa jonction avec la cava-

1. De Crimderode à Langenstein, 42 kil.
2. De Sundhausen à Blankenburg, 40 kil.
3. De Beneckenstein à Halberstadt, 40 kil.; — de Zorge à Halberstadt, 47 kil.; — d'Hasselfeld à Halberstadt, 28 kil.

lerie de réserve aux ordres de S. A. I. le grand-duc de Berg.

La division du général Legrand et 2 régiments de cavalerie légère ont dû déboucher par Quedlinburg et prendre position à hauteur de Ditfurth.

Demain, tout le corps d'armée sera réuni entre Gröningen, Oscherleben et Hadmersleben, et tout le pays jusqu'à Magdeburg sera inondé de cavalerie afin d'intercepter ce qui n'est pas encore renfermé dans la place.

Depuis mon départ des hauteurs de Weimar, le corps d'armée a eu deux affaires avec l'ennemi, du résultat desquelles j'ai eu l'honneur de rendre compte à S. A. le prince ministre de la guerre, et aujourd'hui la cavalerie légère a secondé les mouvements de celle aux ordres de S. A. le Grand-duc.

Pendant les marches nous avons ramassé 1,200 prisonniers, plus de 400 déserteurs, 30 pièces de canon, des caissons et des bagages en quantité.

Hier au soir nous avons pris un demi-bataillon de la garde du roi de Prusse, l'autre demi-bataillon a été pris aujourd'hui par la cavalerie du Prince en arrivant à Halberstadt; tout est désordre, confusion et déroute dans l'armée prussienne. Les soldats jettent leurs armes et les officiers se sauvent: il faut tous les jours faire des marches de dix lieues pour les atteindre et leur enlever quelque chose.

V. M. a sans doute des rapports sur la colonne du duc de Weimar qui est forte de 12,000 hommes. Avant-hier au soir, elle était à Heiligenstadt paraissant vouloir se diriger sur Göttingen; si sa direction était changée, elle serait entièrement enlevée, car tous les passages sur Magdeburg lui sont dès ce moment fermés.

J'ai l'honneur de supplier V. M. de me faire donner ses ordres sur la destination ultérieure du corps d'armée.

Cavalerie légère, Gross-Quenstädt, Emersleben [1]; — quartier

1. De Königshof à Emersleben, 36 kil.; — de Gunsterberg à Ditfurth, 27 kil.

général, 2e et 1re divisions, Halberstadt ; — 3e division, en avant de Ditfurth ; — parc d'artillerie, Quedlinburg.

6e corps. Quartier général, cavalerie légère, 2e division, bivouac en avant d'Hasselfeld ; — 3e division, bivouac en avant de Beneckenstein.

LE GÉNÉRAL MACON AU MAJOR GÉNÉRAL.

Leipzig, 19 octobre 1806.

J'ai l'honneur de prévenir V. A. S. que je suis arrivé à Leipzig le 18 au soir.

Le même jour le 13e régiment d'infanterie légère a pris poste dans la ville et de suite il a fourni les détachements nécessaires pour nous rendre maîtres des communications.

L'ordonnateur en chef Joinville, chargé par l'intendant général de l'établissement des services administratifs, s'est fait rendre compte des ressources qui existaient dans la ville et de celles qui peuvent être réalisées suivant les besoins du service de la place.

Hôpitaux. — Des emplacements ont été reconnus, et on en a pris possession pour 2,000 blessés [1]. La ville fournira des demi-fournitures pour le nombre d'hommes, et elles seront complètement livrées dans l'espace de 8 jours.

Les édifices publics offrent encore des ressources dans le cas où il serait nécessaire d'établir des dépôts d'ambulance pour 4,000 hommes.

Le maréchal Davout a prévenu M. Joinville qu'il allait faire évacuer sur Leipzig 2,000 blessés.

Vivres-pain. — On a trouvé 120 quintaux de farine abandonnés par l'ennemi dans le château, et de plus 5,000 quintaux de seigle, 8,000 quintaux de farine et 1,772 quintaux de riz appartenant à S. A. l'Électeur de Saxe.

Manutention. — Il n'y a point de manutention militaire dans la ville ni dans les environs, mais il existe 32 fours particuliers qui pourront fournir de 12 à 15,000 rations de pain par jour par-delà les besoins des habitants, si on peut nous procurer quelques brigades de boulangers auxiliaires.

Mouture. — Les moyens de mouture sont très-faibles, les moulins de la ville ne peuvent fournir que 200 quintaux par jour au delà de la consommation de la ville, mais les bailliages d'Elimburg, de Ves-

1. On avait formé un pareil hôpital à Weissenfels pour soulager la ville de Naumburg. (Journal du 3e corps.)

titch, Düben, Zörbig, Bitterfeld et Born, sont riches et ils offrent de grandes ressources.

Vivres-viande. — Il n'existe aucun approvisionnement, mais le service courant sera fait.

Fourrages. — On a trouvé dans le château 4,500 boisseaux d'avoine et à une demi-lieue de la ville un magasin de fourrages qui a été évalué à 12,000 rations de foin et 10,000 bottes de paille. Cet approvisionnement appartient à S. A. l'Électeur.

Habillement. — Il n'existe pas de magasin, mais la ville peut fournir 80,000 aunes de drap ou 40,000 capotes et 30,000 paires de souliers.

On compte dans la ville 320 maîtres tailleurs et 205 maîtres cordonniers.

Transports. — Tout le pays à la droite de Leipzig est riche et intact; il serait facile de former un parc pour le transport des denrées.

Suivent des renseignements sur les marchandises anglaises...

Je n'ai pu découvrir jusqu'ici aucun magasin à poudre soit de la ville, soit de propriété ennemie.

Les lettres et les paquets arrêtés à la poste ont dû parvenir à V. A. S. le 18 ; les habitants attendent de sa bonté que celles qui n'intéressent pas la politique, leur seront renvoyées incessamment.

J'ai fait arrêter et mettre en fourrière 200 ou 300 chevaux russes ou polonais, proprement dits chevaux de rouliers. M. le maréchal Davout en a fait prendre pour son artillerie et un des aides de camp de V. A. S. a pris 6 chevaux de voiture avec quelques chevaux de bât; ce sont jusqu'ici les seules réquisitions qui ont été imposées à la ville de Leipzig.

Je ne manquerai pas de rendre compte à V. A. S. de tout ce qui méritera de fixer son attention.

RAPPORT DE L'INTENDANT GÉNÉRAL A S. M. L'EMPEREUR [1].

Halle, 19 octobre 1806.

(Ce rapport contient les mêmes renseignements sur Leipzig que ceux donnés par le général Macon.)

---

1. ORDRE DU JOUR.

Halle, 19 octobre 1806.

L'Empereur désirant donner à la Grande-Armée la même organisation qu'elle avait l'année dernière et séparer les fonctions de l'intendant général de celles de l'inspecteur en chef aux revues qui se trouvent en ce moment réunies, a

L'intendant général avait fait une réquisition en pain pour l'armée sur la ville de Leipzig, à laquelle il n'a pas donné lieu d'après les ordres de l'Empereur. Il attendra les ordres de S. M. pour frapper sur cette ville celle que l'Empereur jugera à propos d'ordonner d'après le compte qu'il vient d'avoir l'honneur de soumettre à S. M. sur les ressources présentes de la ville de Leipzig, ainsi que sur la fourniture de 6,000 demi-fournitures complètes et 12,000 chemises que l'intendant général pense que l'on pourrait exiger pour garnir les ambulances de Naumburg et Iéna qui en manquent.

Halle. — 3 commissaires des guerres sont occupés depuis 9 heures du soir à apposer les scellés sur les caisses ; ils ne quitteront point cette opération qu'elle ne soit finie. L'intendant général fera un rapport particulier sur cet objet, ainsi que sur les ressources que présente la ville de Halle.

VILLEMANZY.

---

nommé par décret impérial daté de Halle le 19 octobre M. le conseiller d'État Daru Intendant général de l'armée.

M. Villemanzy, inspecteur général en chef aux revues de l'armée, est chargé de la surveillance générale du travail des revues.

M. le général de division Chasseloup est arrivé à l'armée pour prendre le commandement de l'arme du génie.

20 OCTOBRE.

L'EMPEREUR AU MARÉCHAL DAVOUT.

Halle, 20 octobre 1806, 3 heures du matin.

Je vous ai expédié hier des ordres. Il est bien important d'avoir un pont sur l'Elbe. Je fais essayer par 3 corps d'armée différents; mais, comme le vôtre est le seul qui ait des bateaux[1], je ne doute point que ce pont ne soit jeté dans la journée, ou la nuit du 20 au 21. Le pont une fois jeté, faites tracer une bonne tête de pont et faites-y travailler. Emparez-vous de Wittenberg; si cette place est aussi bonne qu'on me l'assure, faites-la mettre sur-le-champ en bon état de défense. Nous sommes sous Magdeburg. Le maréchal Soult a suivi dans sa retraite, pendant 5 jours, une colonne où était le Roi, et lui a pris la moitié de son monde.

LE MAJOR GÉNÉRAL AU MARÉCHAL BERNADOTTE.

Halle, 20 octobre 1806, 4 heures du matin.

L'intention de l'Empereur, M. le Maréchal, est que vous laissiez une division à Ascherslebon avec un peu de cavalerie; cette division enverra des partis sur toutes les routes

---

1. Équipage de pontons pris à Naumburg par le 3e corps. (Voir *Iéna*, p. 531.) — Tous les corps d'armée avaient des pontonniers, mais pas d'équipage. (Voir *Équipages de ponts*, *Iéna*, table analytique.)

jusqu'à 5 et 6 lieues[1] pour arrêter tous les Prussiens isolés et même les petites colonnes de 3 à 4,000 hommes qui se dirigent sur Magdeburg et qui sont encore loin en arrière. Le maréchal Soult a passé le 19 à Quedlinburg et Halberstadt.

S. M. vous ordonne de vous diriger avec le restant de votre corps d'armée sur Calbe ou à Bernburg et que vous fassiez jeter un pont sur l'Elbe à l'embouchure de la Saale, dans le lieu qui sera le plus favorable d'après les reconnaissances que vous aurez faites; votre division d'Aschersleben et vous-même devez vous mettre en communication avec le maréchal Soult qui, dans la journée du 20, doit être en position devant Magdeburg.

LE MAJOR GÉNÉRAL AU MARÉCHAL SOULT.

Halle, 20 octobre 1806, 4 heures du matin.

D'après votre lettre du 18[2], M. le Maréchal, vous étiez à Nordhausen; il est probable que vous serez aujourd'hui 20 entre Halberstadt et Magdeburg. Le grand-duc de Berg et le maréchal Ney doivent vous avoir joint. La colonne que vous avez poursuivie n'était pas la seule; 3 ou 4 autres, celle d'Eisenach, du général Blücher, celle de Weimar et plusieurs colonnes de fuyards sont encore en arrière; vous devez prendre tout cela à leur arrivée à Magdeburg; approchez de cette place assez près pour savoir ce qui s'y passe, sans cependant la bloquer positivement, ce qui éparpillerait trop votre monde. Envoyez des partis sur toutes les routes à la rencontre soit des hommes isolés, soit des partis, soit des petites colonnes qui seront derrière vous, et qui doivent naturellement chercher à rentrer à Magdeburg et vous les ferez tous prisonniers.

Si vous étiez informé de la marche d'une grosse colonne, vous enverriez une division de sa force à sa rencontre.

---

1. C'est-à-dire jusqu'à Quedlinburg, 20 kil., Harzgerode, 26 kil., Eisleben, 28 kil.

2. Rapport de Nordhausen, 18, 8 heures du matin. (Voir p. 92.)

Le maréchal Bernadotte avec son corps d'armée occupe Aschersleben, Bernburg et Calbe. Le quartier général de l'Empereur sera encore aujourd'hui à Halle[1].

LE MAJOR GÉNÉRAL AU GRAND-DUC DE BERG.

Halle, 20 octobre 1806, 4 heures du matin.

Je vous ai envoyé l'ordre par duplicata[2], mon Prince, de disposer de 3 régiments de dragons commandés par un général de brigade pour nettoyer et assurer nos communications en arrière de l'armée sur Erfurt et tout le pays environnant; cela est très-essentiel.

Vous écrivez à l'Empereur que vous serez le 17 à Nordhausen; cependant un officier de correspondance parti le 18 de cette ville, n'a point de vos nouvelles, quoiqu'il en ait rapporté du maréchal Soult[3].

Vous dites dans votre lettre[4] qu'une colonne de 6,000 hommes reste sur votre gauche ; l'Empereur pense que vous aurez manœuvré sur l'ennemi ; l'intention de S. M. est que vous tombiez sur l'ennemi quelque part qu'il se trouve[5], car dans la position où nous nous trouvons, S. M. ne peut plus

---

1. 20 octobre. Quartier général de l'Empereur, Garde, état-major général, Halle.

Gros équipages de l'état-major, Merseburg.

Grand parc d'artillerie et du génie, a ordre de marcher sur Halle.

(État d'emplacement des troupes pour M. Daru et pour lui seul.)

Colonel Blein, aide-major général.

2. Ordre du 19 au Grand-duc, de Merseburg.

3. Ce fait n'a rien d'étonnant. Le rapport du maréchal Soult est de Nordhausen, 18, 3 heures du matin. L'officier quitta Nordhausen de très-bonne heure, tandis que le Grand-duc parti d'Immenrode à 5 heures du matin, n'arriva pas à Nordhausen (16 kil.) avant 8 heures au plus tôt.

4. Rapport d'Immenrode, 17, 10 heures du soir. (Voir page 96.)

5. *Tomber sur l'ennemi quelque part qu'il se trouve* s'applique à des colonnes coupées d'une armée en déroute. Là il faut de l'audace pour profiter de la victoire. C'est le même ordre que le Major général a donné le 19 à 4 heures et demie du matin au maréchal Bernadotte *de culbuter l'ennemi partout où il serait, en tombant sur quelques colonnes.* — Dans la marche en avant au contraire, avant la bataille, ce sont des opérations combinées; les corps d'armée d'avant-garde doivent se conduire avec prudence. (L'Empereur au maréchal Soult, 5 octobre, 11 heures du matin. *Iéna*, p. 316.)

faire d'opérations qu'il n'ait nettoyé toute la rive gauche de l'Elbe.

Si vous n'êtes pas dans une position à faire un mal immédiat à l'ennemi, l'Empereur désire que vous laissiez une division de dragons au maréchal Ney pour qu'il se concerte avec le maréchal Soult tant pour tenir en respect Magdeburg que pour former des détachements qui se porteront en arrière au-devant des différentes colonnes ennemies qui naturellement cherchent à faire leur retraite sur Magdeburg ; elles seront toutes prises devant cette place par les corps des maréchaux Ney et Soult.

Magdeburg est une souricière où arrivent aujourd'hui tous les hommes perdus depuis la bataille; il faut donc aujourd'hui faire la manœuvre inverse et battre tout le pays à 15 ou 20 lieues ; alors on ramassera beaucoup de monde et on aura le grand avantage d'avoir des renseignements sur la retraite de quelques colonnes, pour pouvoir marcher dessus et les enlever.

L'intention de l'Empereur est qu'avec vos 2 divisions de grosse cavalerie, une division de dragons et vos 2 brigades de cavalerie légère, vous vous rendiez à Calbe près Bernburg, vers l'Elbe au-dessus de Magdeburg, si toutefois cependant, comme je vous l'ai dit au commencement de cette lettre, vous n'avez pas les renseignements et le pouvoir de suivre et d'enlever à l'ennemi une colonne de 5 à 6,000 hommes. Vous laisserez au maréchal Ney la division de dragons dont vous avez dû envoyer une brigade de 3 régiments à Erfurt[1].

Je vous préviens que le corps du prince de Würtemberg a été complètement battu à Halle par le maréchal Bernadotte ; on lui a pris 35 pièces de canon et 5,000 prisonniers.

---

1. La division Klein n'ayant encore que 5 régiments, il ne resta que 2 régiments avec le maréchal Ney.

L'Empereur a reçu dans la nuit du 19 au 20 le rapport du maréchal Soult de Nordhausen le 18 à 3 heures du matin. Il sait que le 4e corps sera le 20 entre Halberstadt et Magdeburg avec le corps de cavalerie de la réserve et le 6e corps. — Le rassemblement de l'armée prussienne n'était ni à Frankenhausen, ni à Nordhausen, puisque les colonnes ennemies de la bataille du 14 ont filé sur Magdeburg où elles sont entrées ; il en reste encore, entre autres celle du duc de Weimar qui faisait l'avant-garde de la grande armée prussienne vers Eisenach sur la route de Mayence.

2 corps d'armée, le 4e et le 6e, 2 divisions de dragons et 1 division du 1er corps pour faire la communication, paraissent suffisants à l'Empereur pour tenir tête et pousser les troupes qui se sont réunies à Magdeburg, empêcher les autres d'entrer dans cette place, marcher dessus en force et les enlever. Il attire donc à lui 4 divisions de cavalerie ainsi que le 1er corps (les 2 autres divisions) qu'il avait envoyé à l'appui de l'aile gauche ; il fait tenter le passage de l'Elbe sur un troisième point, tâtant le fleuve sur une étendue de 60 kil. de Wittenberg à Barby.

Pendant qu'avec son aile gauche il préserve ses communications, avec son aile droite il poursuit sa manœuvre générale, cherchant à gagner Berlin ; il ne peut douter que les colonnes entrées à Magdeburg ne s'y enfermeront pas, qu'elles fileront sur la rive droite ; il craint qu'elles ne cherchent à lui disputer le passage de l'Elbe, c'est pour cela qu'il faut surprendre le passage.

Mais la défaite avait été trop complète pour que l'armée prussienne pût se réunir ; presque tous les généraux de marque avaient été tués ou blessés ; personne n'avait plus l'autorité nécessaire pour prendre le commandement. Les craintes de l'Empereur ne devaient pas se réaliser et le passage allait s'effectuer sans résistance.

LE MAJOR GÉNÉRAL AU GÉNÉRAL SONGIS.

Halle, 20 octobre 1806, 4 heures du matin.

L'intention de l'Empereur, Général, est que vous fassiez rassembler sur-le-champ tous les bateaux qui sont à Halle, et qu'ils soient partis avant 8 heures du matin pour descendre à l'embouchure de l'Elbe[1]. Les pontonniers du maréchal

1. C'est-à-dire au confluent de la Saale et de l'Elbe, 92 kil. par le cours de la Saale.

Bernadotte sont chargés de la construction d'un troisième pont à l'embouchure de la Saale.

Il est ordonné au colonel ou à l'officier commandant le 14e de ligne, et qui a dû rester 2 jours à Weimar, de partir du point où il recevra le présent ordre pour se rendre à grandes marches à Erfurt où il restera jusqu'à nouvel ordre, aux ordres du général Clarke.

Avis de cet ordre au général Clarke et au maréchal Mortier.

LE MAJOR GÉNÉRAL AU MARÉCHAL MORTIER.

Halle, 20 octobre 1806, 4 heures du matin.

L'Empereur, M. le Maréchal, vous charge de faire les démarches nécessaires pour que le restant du contingent de Hesse-Darmstadt, de Nassau-Usingen, et enfin pour que le bataillon de Würzburg soient entièrement complétés; vous donnerez des ordres pour que le restant de ces troupes soit envoyé le plus promptement possible à Erfurt, où elles seront aux ordres du général Clarke.

LE MAJOR GÉNÉRAL AU PRINCE JÉRÔME.

Halle, 20 octobre 1806.

L'Empereur ordonne, Monseigneur, que la 1re division des troupes bavaroises qui est à Plauen, en parte pour se rendre à Dresde; S. M. ordonne également que la 2e division bavaroise suive ce mouvement le plus près possible de la 1re division pour se rendre aussi à Dresde.

Je vous prie, Monseigneur, de donner l'ordre à votre chef

d'état-major de me faire connaître l'itinéraire que suivront ces deux divisions et l'époque de leur arrivée à Dresde.

Il y a ici un officier bavarois qui avait des dépêches; je l'adresse à V. A. I.; il pourrait être chargé de ses ordres[1].

Ordre aux troupes de Würtemberg de prendre position à Hof.

Ordre aux troupes de Bade de rejoindre le quartier général à Halle.

Ordre au bataillon de Würzburg, qui est à Schleiz, de se rendre à Erfurt, où il sera sous les ordres du général Clarke.

---

1. Le prince Jérôme était parti le 14 au matin de Lobenstein pour rejoindre l'Empereur en vertu d'un ordre du Major général daté de Gera, 13 à une heure du matin. (Voir *Iéna*, pages 572 et 698.)

LE GÉNÉRAL HÉDOUVILLE AU PRINCE JÉRÔME.

Plauen, 21 octobre 1806, 9 heures du soir.

J'ai reçu ce matin à 11 heures les ordres de V. A. I. expédiés hier 20 de Halle (quartier général de l'Empereur.)

La division bavaroise s'est mise de suite en marche pour se réunir aujourd'hui près de Reichenbach.

Elle ira loger demain 22 à Zwickau ; — le 23 à Chemnitz ; — le 24 à Freyburg; — le 25 à Dresde où elle attendra de nouveaux ordres de V. A. I.

Je viens d'expédier cet itinéraire au général Deroy en lui transmettant l'ordre de venir se réunir le plus promptement possible avec sa division à celle commandée par le général Mezannelli.

Je lui demande en même temps son itinéraire que j'aurai l'honneur de transmettre à S. A. S. aussitôt le retour de l'officier qui vient de lui être expédié en courrier. Si en arrivant à Dresde je ne trouvais pas des ordres de V. A. I. qui me tracent la conduite que j'aurai à tenir, je ferai mettre des gardes dans tous les établissements électoraux, en faisant constater légalement ce qui y existe, afin qu'il n'y soit touché d'aucune manière jusqu'à ce que j'aie reçu à cet égard les ordres de V. A. I.; je veillerai en tout à l'observation des convenances.

Je joins ici le rapport des patrouilles envoyées en avant de Zwickau ; le général Mezannelli a fait reconnaître la route qui conduit directement de cette ville à Leipzig.

On devait me donner ce soir des renseignements sur l'emplacement de 80,000 Autrichiens qu'on dit rassemblés dans les environs de Prague sous les ordres de l'archiduc Charles ; ces renseignements ne m'étant pas encore parvenus, je ne diffère cependant pas à faire partir cette lettre. Puisse ce rassemblement avoir lieu d'accord avec S. M. l'Empereur.

La division du général Deroy, marchant sur 2 colonnes, était le 24 à Baireuth et à Wunsiedel.

L'EMPEREUR AU MAJOR GÉNÉRAL.

Halle, 20 octobre 1806.

Donnez l'ordre au capitaine Lamarche de partir avec 60 chevaux du 1er de hussards, de se rendre en partisan partout où il croira pouvoir ramasser des hommes ennemis. Il dirigera tous les prisonniers qu'il fera sur Erfurt, Naumburg, selon le lieu où il se trouvera. Il fera passer aussi toutes les nouvelles qui viendraient à sa connaissance.

Faites partir deux autres détachements de 60 chevaux du 9e de hussards pour battre, en patrouilles, tout le local compris entre la Saale, Magdeburg et la Saxe ducale. Ces patrouilles doivent ramasser un grand nombre de prisonniers. Donnez-leur pour commandants deux hommes intelligents et qui aient envie de se distinguer.

Quand les commandants de ces détachements auront voltigé ainsi pendant huit jours, et qu'ils s'apercevront que les routes deviennent libres et qu'il n'y a plus d'hommes isolés, ils se rapprocheront du quartier général.

Ils auront soin de vous tenir informé des lieux où ils seront, en ayant des correspondances avec les commandants des places qui reçoivent l'ordre du jour, ou par des officiers des autres troupes qui vont au quartier général.

C'est à l'arrivée du capitaine Lamarche au quartier général dans l'état pitoyable dont il a fait le récit, que l'Empereur donna ordre de diriger des partis pour nettoyer le pays des détachements et des hommes errants. Le capitaine Lamarche avait une revanche à prendre sur les détachements prussiens.

Le 1er de hussards avait fait le service auprès de l'Empereur jusqu'à l'arrivée de la cavalerie de la Garde. Le 9e de hussards faisait partie du 5e corps.

L'EMPEREUR AU MARÉCHAL LANNES.

Halle, 20 octobre 1806, 11 heures et demie du matin.

Le grand-duc de Berg et les maréchaux Soult et Ney bloquent Magdeburg du côté de la rive gauche. On a pris un régiment des gardes, encore des canons, des bagages et un régiment de hussards. On compte prendre beaucoup de choses qui gagnent Magdeburg pour entrer dans la place. J'attends avec impatience de vos nouvelles pour savoir où nous en sommes. Davout, de son côté, transporte aujourd'hui son quartier général à Wittenberg, pour tâcher de jeter un pont entre Dessau et Bernburg [1].

L'EMPEREUR AU MARÉCHAL SOULT.

Halle, 20 octobre 1806, midi et demi.

Je suis content de votre conduite. La position que vous avez prise est bonne [2]. Ayez des patrouilles qui ne laissent pas reposer l'ennemi. Magdeburg est une souricière. Du reste, ne vous laissez point aveugler par la bonne fortune, et tenez-vous toujours en mesure.

Songez que 8,000 hommes ne sont rien; tenez votre corps d'armée réuni [3]. Prenez du repos.

J'essaie de faire jeter des ponts sur l'Elbe; du moment que j'aurai réussi, je vous dirai ce que vous devez faire.

L'EMPEREUR AU MAJOR GÉNÉRAL.

Halle, 20 octobre 1806.

Donnez des ordres pour que l'université de Halle soit fermée, et que sous 24 heures les écoliers soient partis pour leur demeure. S'il s'en trouve demain en ville, ils seront mis en prison, pour prévenir le résultat du mauvais esprit qu'on a inculqué à cette jeunesse.

---

1. L'Empereur a voulu dicter entre Dessau et Torgau, ainsi que l'a déjà écrit le Major général dans sa dépêche du 19, 4 heures et demie du matin, page 133.

2. Réception du rapport du maréchal Soult du 19, d'Halberstadt.

3. Pas de détachement de division; toujours le corps d'armée réuni.

L'EMPEREUR AU MAJOR GÉNÉRAL.

Halle, 20 octobre 1806, 4 heures du soir.

Donnez ordre au maréchal Lefebvre de faire battre le premier à 3 heures et de partir à 4 heures au plus tard pour se rendre à Dessau. Il est nécessaire que le pain soit donné à la Garde pour plusieurs jours.

Donnez ordre au maréchal Bessières de faire partir le 1er de hussards pour m'escorter d'ici à Dessau. Cela soulagera encore pour la journée de demain la Garde de ce service.

La garde à cheval partira demain à 5 heures pour être en route à 6 heures afin d'arriver dans la journée à Dessau.

Donnez ordre au général Grouchy de battre le premier à 5 heures et de partir à 6 heures pour arriver à Dessau demain au soir avec sa division de dragons.

Ordre au maréchal Augereau de battre demain le premier à 5 heures et de partir à 6 heures pour se rendre à Dessau[1].

LE MARÉCHAL LANNES A L'EMPEREUR.

Dessau, 20 octobre 1806.

J'ai eu l'honneur de vous écrire hier par mon aide de camp que le pont sur l'Elbe devant Dessau avait été brûlé. V. M.

---

1. ORDRES EXPÉDIÉS PAR LE MAJOR GÉNÉRAL.

Halle, 5 heures du soir.

Ordre au maréchal Lefebvre de faire partir la Garde à pied le 21 à 4 heures du matin pour se rendre à Dessau. Prendre du pain pour plusieurs jours.

Ordre au maréchal Bessières de faire partir la Garde à cheval à 6 heures du matin pour arriver dans la journée à Dessau.

Ordre au général Grouchy de partir à 6 heures du matin avec sa division pour arriver le soir à Dessau.

Ordre au maréchal Augereau de partir à 6 heures du matin pour se rendre à Dessau.

Ordre de faire partir le 20 avant minuit les officiers prussiens * qui sont à Halle ; ils seront conduits à Halberstadt d'où M. le maréchal Soult les fera reconduire jusqu'aux portes de Magdeburg.

* Officiers pris à Halle par le 1er corps dans le combat du 17 et qui ont signé le revers.

apprendra sans doute avec plaisir qu'il est susceptible d'être réparé et qu'on y travaille à force. Ce sera un peu long. Il faudra au moins une quarantaine d'heures avant que l'artillerie puisse passer. On a été obligé d'aller à plus de 4 lieues cette nuit pour se procurer quelques barques. Sans quoi il était impossible de réparer le pont.

Les ponts de la Mulde n'ont pas été touchés par l'ennemi.

J'attends avec impatience notre infanterie. Elle arrivera sans doute dans une heure au plus tard[1]. Je ferai passer un régiment de l'autre côté avec le plus de cavalerie que je pourrai pour voir si l'ennemi fait quelques mouvements et pour protéger le rétablissement du pont. Je ferai aussi travailler le plus promptement possible à une tête de pont.

Je prie V. M. de me faire connaître ses intentions aussitôt que le pont sera rétabli.

LE MAJOR GÉNÉRAL AU MARÉCHAL LANNES.

Halle, 20 octobre 1806, 5 heures du soir.

L'Empereur vient de recevoir votre lettre; il me charge de vous donner l'ordre de faire passer l'Elbe à tout votre corps d'armée.

Instruisez le maréchal Davout, qui doit être aujourd'hui à Kemberg à 6 lieues de vous, que vous avez passé l'Elbe, afin que, s'il ne peut pas passer ce fleuve à Wittenberg, il appuie sur vous pour le passer à Dessau.

L'Empereur sera demain dans la matinée à Dessau.

Que votre cavalerie, qui est passée à la rive droite de

1. Les 2 divisions d'infanterie du 5e corps avaient bivouaqué en avant de Zörbig; de là à Dessau 6 lieues, soit 6 heures de marche. — La tête de colonne partant à 5 heures du matin au plus tôt, ne pouvait pas arriver avant 11 heures à Dessau. La dépêche du maréchal Lannes a donc été écrite entre 10 et 11 heures du matin. L'officier qui la porta avait 11 lieues à faire. Il arriva à Halle avant 4 heures, puisque l'Empereur donna à 4 heures les ordres pour le mouvement du lendemain à la réception du rapport du maréchal Lannes, et que le Major général répondit au Maréchal à 5 heures. L'officier avait fait environ 9 kilomètres à l'heure. Il put probablement se servir des chevaux du piquet laissé à Zörbig pour la correspondance; dépêche du Major général du 19 à 4 heures et demie du matin. (Voir page 133.)

l'Elbe, n'aille pas trop loin dans le pays jusqu'à ce que vous soyez passé en force[1].

Placez de la manière la plus avantageuse tous les canons que vous n'avez pas encore pu transporter à la rive droite afin de protéger ce qui est déjà passé, car il est prudent de s'attendre que l'ennemi fera un effort pour jeter dans l'Elbe tout ce que vous auriez à la rive droite, avant que le pont ne soit réparé et que nous soyons assez en force pour s'opposer et culbuter tout ce qui viendrait de Magdeburg.

LE CHEF D'ESCADRON ED. COLBERT AU COLONEL BLEIN.

Halle, 20 octobre 1806.

Le prince Berthier me charge de vous dire de faire partir sur-le-champ 2 adjoints pour aller établir le quartier général à Dessau et l'y attendre.

Je vous salue,

ED. COLBERT.

L'EMPEREUR AU ROI DE HOLLANDE.

Halle, 20 octobre 1806.

Je vous expédie deux aides de camp par deux routes différentes. Je vous ai déjà donné les mêmes ordres par la voie de Mayence[2]. Vous aurez sans doute appris la bataille d'Iéna.

---

1. La hardiesse n'exclut pas la prudence. Il faut être hardi en masse. Le talent est d'aller vite tous ensemble sans s'égrener.

2. LE MARÉCHAL KELLERMANN A L'EMPEREUR.

Mayence, 20 octobre 1806.

J'ai l'honneur d'envoyer à V. M. la copie d'une lettre du roi de Hollande. La manière dont il désire que je corresponde avec lui exige des fonds particuliers et V. M. a senti combien ma demande à cet égard était juste. Ne recevant aucune nouvelle à ce sujet du ministre directeur de l'administration de la guerre, je lui écris de nouveau de la manière la plus pressante.

Il m'est impossible de me servir de la voie des douanes, comme avait fait l'année dernière M. le maréchal Lefebvre. Il faisait donner aux préposés de

Nous sommes sur Magdebürg et sur l'Elbe. Prenez possession du comté de la Marck, des pays de Münster, d'Osnabrück, de l'évêché de Paderborn, de l'Ost-Frise, sans toucher au pays danois.

Par l'état de situation que vous m'avez envoyé, votre avant-garde est de 9,000 hommes. Joignez-y 2,000 hommes du 22e de ligne ; laissez le 3e bataillon à Wesel. Joignez-y aussi les 1,500 hommes du grand-duc de Berg. Quand je verrai toutes ces forces à Göttingen et sur le Weser, et que j'aurai votre rapport sur le Hanovre, je verrai s'il me convient de vous faire prendre possession du Hanovre. Je donne ordre que le corps qui est à Paris se rende sur-le-champ à Nimègue, tant pour défendre la Hollande, si les circonstances l'exigeaient, que pour renforcer votre corps. Formez, de votre corps, 2 divisions. Si vous n'avez pas de général de division, je vous en enverrai un. Attachez à chaque division 12 pièces d'artillerie. Vous placerez un poste d'observation devant Hameln. Vos troupes peuvent hardiment attaquer les Prussiens; nous sommes plus braves qu'eux. Vous laisserez à Wesel les 3es bataillons, et vous y ferez venir quelques autres 3es bataillons de la 25e division militaire. La grande quantité de conscrits qui arrivent garnira suffisamment cette place.

Votre corps à peine arrivé sur Göttingen et Alfeld, votre cavalerie enverra des partis sur Magdeburg pour se lier avec le corps que je laisserai devant cette place. Vous enverrez également des partis sur Erfurt et sur le Hanovre. Le but de ces partis sera de ramasser les hommes égarés et de mettre la police dans les villes. Vous ôterez partout les armes du roi de Prusse, auquel ces pays ne doivent plus appartenir. Mettez la plus grande rapidité dans tous ces mouvements.

---

cette administration employés à ce service une ration de fourrage ; mais n'y ayant plus de fourrage en nature, il n'est plus possible de se servir de ce moyen.

Je réitère mes instances à V. M. pour qu'elle ait la bonté de faire mettre de suite à ma disposition des fonds pour les dépenses extraordinaires et indispensables pour le service.

La lettre du roi de Hollande n'a pas été retrouvée.

L'EMPEREUR AU ROI DE WURTEMBERG.

Camp impérial de Halle, 20 octobre 1806.

Monsieur mon Frère, je suis sur l'Elbe devant Magdeburg. L'armée prussienne a existé ; de 160,000 hommes, plus de 100,000 hommes sont détruits ; artillerie, bagages, munitions, magasins, tout a été pris. J'ai plus de 40,000 hommes prisonniers, 400 pièces de canon, 1,200 caissons, 60 à 80 drapeaux ; les trois quarts des généraux sont pris ou tués. Le duc de Brunswick est blessé dangereusement d'un coup de mitraille dans la figure. Rüchel est mort dans nos mains ; Schmettau est mort dans nos mains ; plusieurs princes et frères du Roi sont dangereusement blessés. Le prince Louis-Ferdinand a été tué le premier. La Reine a erré de poste en poste, poursuivie par nos hussards ; j'ignore le lieu où elle s'est retirée. La cavalerie prussienne, dont vous m'aviez tant parlé, est détestable ; elle est bien au-dessous de la cavalerie autrichienne. Les troupes prussiennes se sont médiocrement battues. Leurs généraux n'entendent rien à la guerre. Möllendorf, le prince d'Orange et 18 autres généraux sont prisonniers sur parole. Möllendorf, blessé, est resté malade à Erfurt, dont je suis maître. Je n'ai fait aucune perte de marque ; un simple général de brigade a été tué. Dites toutes ces nouvelles à la princesse Catherine ; comme je la considère de la famille, j'espère qu'elle y prendra part à double titre. Le corps de réserve que commande votre frère le prince Eugène a été battu à Halle ; il a perdu 5,000 hommes, 4 drapeaux et 30 pièces de canon. Le Prince, de sa personne, n'a pas eu de mal.

13e BULLETIN DE LA GRANDE ARMÉE.

Halle, 20 octobre 1806.

Le général Macon, commandant à Leipzig, a fait aux banquiers, négociants et marchands de cette ville la notification ci-jointe[1]. Puisque les oppresseurs des mers ne respectent aucun pavillon, l'intention de l'Empereur est de saisir partout leurs marchandises et de les bloquer véritablement dans leur île.

On a trouvé dans les magasins militaires de Leipzig 15,000 quintaux de farine et beaucoup d'autres denrées d'approvisionnement.

Le grand-duc de Berg est arrivé à Halberstadt le 19. Le 20, il a inondé toute la plaine de Magdeburg par sa cavalerie, jusqu'à la portée du canon. Les troupes ennemies, les détachements isolés, les hommes perdus seront pris au moment où ils se présenteront pour entrer dans la place.

Un régiment de hussards ennemis croyait que Halberstadt

---

1. NOTIFICATION.

Le général Macon, sous-gouverneur des Tuileries, commandant de la Légion d'honneur, grand'croix de l'ordre du Lion et commandant de la ville de Leipzig, aux banquiers, négociants et marchands de la ville.

Messieurs,

Le sort des armes a mis Leipzig dans les mains du grand Napoléon.

Votre ville est reconnue en Europe pour l'entrepôt principal des marchandises anglaises, et sous ce rapport une ennemie dangereuse pour la France.

L'Empereur et Roi m'ordonne ce qui suit :

Art. 1er. — Dans les 24 heures qui suivront la présente notification, tout banquier, négociant ou marchand, ayant des fonds ou marchandises provenant des manufactures anglaises, soit qu'elles appartiennent aux Anglais ou au marchand, en fera sa déclaration par écrit sur un registre établi chez le commandant de la place.

Art. 2. — Ces déclarations authentiquement faites, il sera fait des visites domiciliaires chez les déclarants ou non déclarants, pour compulser leur registre et vérifier les marchandises, afin de s'assurer de leur bonne foi et punir militairement la fraude si elle est reconnue.

Art. 3. — MM. les magistrats feront également, sous leur responsabilité, la déclaration juste et détaillée des magasins militaires appartenant tant à la Saxe qu'à la Prusse, ainsi que des magasins de poudre, même ceux du commerce.

Art. 4. — Il sera nommé une commission chargée d'apposer les scellés après-demain sur tous les magasins ou fonds qui auront été découverts.

Art. 5. — Toute contribution ou réquisition particulière soit en drap, argent ou chevaux, si elle n'émane d'une autorité compétente, est rigoureusement défendue. L'habitant ou le magistrat qui aura eu la faiblesse d'y souscrire sans en prévenir le commandant de la place, sera puni de 15 jours de prison.

Art. 6. — La présente notification sera lue et affichée à tous les coins, places et carrefours de la ville.

Donné à Leipzig, 18 octobre 1806.

MACON.

était encore occupée par les Prussiens ; il a été chargé par le 25e de dragons et a éprouvé une perte de 300 hommes.

Le général Beaumont s'est emparé de 600 hommes de la Garde du Roi et de tous les équipages de ce corps. Deux heures auparavant, 2 compagnies de la Garde royale à pied avaient été prises par le maréchal Soult.

Le lieutenant-général comte de Schmettau, qui avait été fait prisonnier, vient de mourir à Weimar.

Ainsi, de cette belle et superbe armée qui, il y a peu de jours, menaçait d'envahir la Confédération du Rhin, et qui inspirait à son souverain une telle confiance qu'il osait ordonner à l'empereur Napoléon de sortir de l'Allemagne avant le 8 octobre, s'il ne voulait pas y être contraint par la force, de cette belle et superbe armée, disons-nous, il ne reste que des débris, chaos informe qui mérite plutôt le nom de rassemblement que celui d'armée. De 160,000 hommes qu'avait le roi de Prusse, il serait difficile d'en réunir plus de 50,000; encore sont-ils sans artillerie et sans bagages, armés en partie, en partie désarmés.

Tous ces événements justifient ce que l'Empereur a dit dans sa première proclamation, lorsqu'il s'est exprimé ainsi : « Qu'ils apprennent que, s'il est facile d'acquérir un accrois-« sement de domaines et de puissance avec l'amitié du grand « peuple, son inimitié est plus terrible que les tempêtes de « l'Océan. »

Rien ne ressemble, en effet, davantage à l'état actuel de l'armée prussienne que les débris d'un naufrage. C'était une belle et nombreuse flotte qui ne prétendait pas moins qu'asservir les mers : les vents impétueux du nord ont soulevé l'Océan contre elle ; il ne rentre au port qu'une partie des équipages, qui n'ont trouvé de salut qu'en se sauvant sur des débris.

Les lettres ci-jointes peignent au vrai la situation des choses.

Une autre lettre, également ci-jointe, montre à quel point le cabinet prussien a été dupe de fausses apparences. Il a pris la modération de l'Empereur pour de la faiblesse. De ce que ce monarque ne voulait pas la guerre et faisait tout ce qui pouvait être convenable pour l'éviter, on a conclu qu'il n'était pas en mesure, et qu'il avait besoin de 200,000 conscrits pour recruter son armée.

Cependant l'armée française n'était plus claquemurée dans les camps de Boulogne ; elle était en Allemagne. M. Charles-Louis de Hesse et M. de Haugwitz auraient pu la compter. Reconnaissons donc ici la volonté de cette Providence, qui ne laisse pas à nos ennemis des yeux pour voir, des oreilles pour entendre, du jugement et de la raison pour raisonner.

Il paraît que M. Charles-Louis de Hesse convoitait seulement Mayence ; pourquoi pas Metz ? Pourquoi pas les autres places de l'Est de la France ? Ne dites donc plus que l'ambition des Français vous a fait prendre les armes ; convenez que c'est votre ambition mal raisonnée qui vous a excités à la guerre. Parce qu'il y avait une armée française à Naples, une autre en Dalmatie, vous avez projeté de tomber sur le grand peuple ! Mais en 7 jours vos projets ont été confondus. Vous vouliez attaquer la France sans courir aucun danger, et déjà vous avez cessé d'exister !

On rapporte que l'empereur Napoléon ayant, avant de quitter Paris, rassemblé ses ministres, leur dit : « Je suis « innocent de cette guerre ; je ne l'ai provoquée en rien ; « elle n'est point entrée dans mes calculs. Que je sois battu « si elle est de mon fait ! Un des principaux motifs de la « confiance dans laquelle je suis que mes ennemis seront dé- « truits, c'est que je vois dans leur conduite le doigt de la « Providence qui, voulant que les traîtres soient punis, a « tellement éloigné toute sagesse de leurs conseils, que, « lorsqu'ils pensent m'attaquer dans un moment de faiblesse, « ils choisissent l'instant où je suis le plus fort. »

LE MARÉCHAL DAVOUT A L'EMPEREUR.

Wittenberg, 20 octobre 1806, 11 heures du soir.

Les intentions de V. M. sont remplies. L'avant-garde du 3e corps a passé l'Elbe le 20, à 9 heures du matin[1]. Tout le corps d'armée était sur la rive droite avant 3 heures après midi. J'ai adressé à cette époque l'adjudant-comman-

1. Le 20, M. le Maréchal fit partir à minuit une avant-garde commandée par le colonel Lanusse du 17e et 100 chevaux du 1er de chasseurs aux ordres du capitaine Tavernier pour se porter rapidement sur Wittenberg et pour tâcher de s'emparer du pont sur l'Elbe. (Journal du 3e corps.)

De Düben au pont de Wittenberg, 31 kilomètres.

NOTE SUR CE QUI S'EST PASSÉ A WITTENBERG A LA SUITE DE L'AFFAIRE DU 17 A HALLE LORS DE L'ENTRÉE DU CORPS D'ARMÉE DE M. LE MARÉCHAL DAVOUT, LE 20 OCTOBRE.

Le 13 octobre, le bataillon de fusiliers de Knor arriva en toute diligence de la Pologne à Wittenberg. Il passa deux jours dans cette ville, ne sachant où se porter.

Il était arrivé en même temps un trésor considérable escorté par quelques cavaliers. Le 15 le trésor reçut ordre de marcher sur Magdeburg et le bataillon de Knor de se rendre à Halle.

Un lieutenant avec 30 hommes seuls échappés du même bataillon de l'affaire du 17 à Halle reçut ordre du prince de Würtemberg au moment de la retraite de retourner à Wittenberg pour y brûler le pont et faire sauter le magasin à poudre situé hors de la place, dès l'instant que les Français paraîtraient. Le lieutenant arriva le 18 au soir, s'établit avec ses 30 hommes sur le pont même qu'il n'a pas quitté ni jour ni nuit.

Il fit faire 12 saucissons, les fit goudronner, et en attacha 6 de chaque côté du pont. Il avait eu soin de se procurer en même temps des mèches pour mettre le feu au magasin à poudre.

Le 20 à 9 heures du matin, une patrouille française de 4 hommes se présenta sur le pont. Le lieutenant prussien mit le feu à ses saucissons et courut aussitôt le long du glacis pour gagner le magasin à poudre, fit une traînée de poudre, y attacha ses mèches, les alluma et s'en alla.

Cependant la patrouille française avait été suivie quelques minutes après d'environ 120 hommes. En même temps les habitants de la ville qui craignaient la perte de leur pont et avaient tenu prêtes les pompes à incendie, avaient accouru au feu à l'instant du départ des Prussiens ; le feu fut éteint au bout d'un quart d'heure. D'un autre côté, d'autres habitants de la ville et ceux du faubourg harcelaient les Prussiens sur les glacis et jusqu'au magasin à poudre dont l'explosion aurait ruiné leurs maisons. Ils tuèrent même un Prussien d'un coup de fourche et, joints à quelques soldats saxons préposés à la garde du magasin, ils arrachèrent les mèches. C'est ainsi que le superbe pont et 300 milliers de poudre ont été conservés.

Le corps de M. le maréchal Davout arriva successivement et lui-même en personne sur les 11 heures. Il occupa la ville sans résistance, le lieutenant

dant Beaupré au prince de Neufchâtel, pour lui donner connaissance de cet événement. Les Prussiens, à notre approche, ont mis le feu au pont et se sont sauvés sans s'opposer aux secours prompts qui ont été apportés et ont eu le meilleur résultat en sauvant le pont qui est de la plus grande solidité.

Les reconnaissances ont rencontré sur la route de Berlin, à 1 lieue et demie d'ici, 2 régiments d'infanterie et quelques escadrons de cavalerie qui se portaient sur Wittenberg pour défendre le passage de l'Elbe. Se voyant prévenus, ils se sont retirés.

J'ai envoyé un parti pour communiquer avec le maréchal Lannes ; je n'en ai pas encore de nouvelles. Les Prussiens ont brûlé toutes les barques entre Wittenberg et le pont de Dessau.

50 chasseurs du 1er régiment que j'ai envoyés en reconnaissance sur Torgau, se sont emparés du pont que les

---

prussien et ses 29 hommes n'ayant pas perdu de temps pour gagner par les bois la route de Berlin.

Wittenberg, 28 octobre 1806.

Le Chef de bataillon du génie,
LEGRAND.

LE PRINCE EUGÈNE DE WURTEMBERG A M. DE POLENZ, LIEUTENANT DANS LE BATAILLON DES FUSILIERS DE KNOR A WITTENBERG.

Magdeburg, 20 octobre 1806, au matin.

Monsieur, je vous remercie pour les nouvelles que vous avez bien voulu me communiquer ; je vous invite à laisser le pont de Wittenberg à découvert jusqu'à ce que les Français prennent des mesures pour le rétablir, dans lequel cas ce pont doit être brûlé.

Si les Français venaient à passer l'Elbe à un autre point, alors vous vous retirerez vers Berlin ; vous me donnerez tous les jours de vos nouvelles par estafette, en me marquant aussi ce que vous savez de l'ennemi. Les estafettes doivent prendre le chemin par Potsdam, Brandenburg, Genthinburg à Magdeburg.

Un autre ordre, également en allemand, était adressé par le prince Eugène de Würtemberg au capitaine de Blankenburg, directeur du train à Wittenberg, Dessau et environs, l'invitant à se retirer sur Berlin.

Ordre était donné le 20 octobre à 10 heures avant midi par le bureau de poste de l'armée à Magdeburg à tous les maîtres de poste de là à Wittenberg de faire aller les lettres pour M. de Polenz et M. de Blankenburg le plus vite possible. — Le postillon a passé à Zerbst à 4 heures de l'après-midi, reparti à 4 heures un quart.

Ces dépêches et l'ordre de la poste furent interceptés.

Saxons n'ont pas défendu, disant qu'ils étaient en paix avec nous. Le pont est dans le meilleur état.

Il existe à Wittenberg un magasin contenant plus de 140,000 livres de poudre en bon état. On en a les clefs.

Les fortifications qui étaient autour de Wittenberg sont en grande partie détruites ; il faudrait beaucoup de travaux pour mettre cette place à l'abri d'un coup de main.

En conséquence de vos ordres, on a tracé et on travaillera de suite à une tête de pont[1]. Il serait à désirer qu'on envoyât quelques compagnies de sapeurs et des fonds pour cet objet. Je réclamerai aussi quelques officiers du génie, presque tous ceux du 3e corps ayant été blessés à l'affaire du 14.

Il y a dans tous les villages beaucoup de déserteurs prussiens et de traînards.

RAPPORT DU CAPITAINE HULOT, DU 1er DE CHASSEURS, CHARGÉ DE LA RECONNAISSANCE SUR TORGAU LE 20 OCTOBRE 1806[2].

La ville de Torgau est hors d'état de soutenir une attaque ; il n'existe de ses anciennes fortifications qu'un mauvais fossé et une muraille délabrée ; le tracé ne peut se découvrir, le château n'est nullement fortifié, mais il est très-propre pour établir un hôpital. Il faudrait beaucoup de temps et de dépenses pour mettre la ville et le château en état de se défendre quelques jours. Le pont est couvert et en très-bon état et le pont-levis est également en très-bon état; il existe à la tête du pont, sur la rive droite de l'Elbe, un fort entièrement détruit, mais dont le tracé est encore très-apparent et pourrait être rétabli assez promptement pour couvrir le pont.

Il y a à Torgau 2 magasins à poudre et plusieurs magasins à vivres, dont je joins ici les états.

---

1. Les ouvrages furent tracés par le colonel Tousard et par le chef de bataillon Breuille et ébauchés par les sapeurs dans la soirée. On y plaça les jours suivants un grand nombre de paysans des villages voisins. (Journal du 3e corps.)

2. Reconnaissance envoyée de Leipzig le 18 octobre à la fin de la journée. — Exécution de l'ordre du Major général au maréchal Davout du 17. (Voir page 89.)

LE MARÉCHAL LANNES A L'EMPEREUR.

Dessau, 20 octobre 1806.

J'ai eu l'honneur de prévenir V. M. que le pont serait rétabli dans une quarantaine d'heures. J'espère qu'il le sera demain àmidi. On travaille à force à la tête de pont. J'ai réuni assez de barques pour faire passer tout mon corps d'armée dans 3 heures de temps, supposé que le pont ne fût pas achevé, mais tout annonce qu'il le sera à midi. Je viens de quitter les ouvriers.

Le 17e léger, le bataillon d'élite, 2 pièces de canon et presque toute la cavalerie sont déjà de l'autre côté.

Si V. M. a d'autres corps à faire passer ici, elle peut les mettre en marche quand elle voudra.

J'ai ordonné au général Suchet de faire passer sa division demain une heure avant le jour. La division Gazan passera immédiatement après. Ainsi à 10 ou 11 heures du matin le corps d'armée sera en entier de l'autre côté.

L'officier porteur de ma dépêche [1] est arrivé à 4 heures et demie et repart à 5 heures.

7e corps. Cavalerie légère, en avant de Dessau; — quartier général, Dessau; — 1re, 2e divisions, en arrière de Dessau à cheval sur la grande route; — parc, en arrière du corps d'armée.

La 2e division de dragons part le 20 pour Dessau; les brigades se réunissent à Zörbig. La division prend position en arrière de Dessau. (*Registre de correspondance du général Grouchy* [2].)

---

1. Dépêche de l'Empereur de 11 heures et demie du matin. — L'officier partit probablement vers midi. Il mit 4 heures et demie pour faire ses 11 lieues, soit environ 10 kilomètres à l'heure. Il put se servir des chevaux du piquet laissé à Zörbig.

2. Pendant les opérations, on n'a pas le temps d'écrire chaque jour sur le journal des marches et opérations. Si on a le soin d'avoir pour sa correspondance un cahier d'enregistrement que l'officier de service a dans sa poche, comme celui dont on se servait à la réserve de cavalerie, on y inscrira chaque jour tous les détails concernant les ordres reçus, l'heure de leur réception, par qui apportés, les marches, les emplacements et cantonnements, les opérations. Ces notes seront extrêmement utiles pour rédiger le journal dans

LE MARÉCHAL BERNADOTTE AU MAJOR GÉNÉRAL.

Alsleben, 20 octobre 1806.

J'ai l'honneur de vous rendre compte que j'ai envoyé hier un régiment de cavalerie jusqu'à Aschersleben. La division Rivaud y sera aujourd'hui à 8 heures du matin et mes autres divisions pour midi[1]. Je pousserai une division jusqu'à Güsten et demain je me porterai sur Stassfurt et de là sur Egeln ou sur la grande route de Magdebourg, suivant les avis que je recevrai.

Les partis que j'ai envoyés au delà d'Aschersleben m'ont rendu compte que le prince Murat était arrivé à Halberstadt[2] et qu'on avait entendu quelques coups de canon du côté de Nordhausen.

La dépêche du Major général de 4 heures du matin fut portée par le capitaine Scherb, officier d'ordonnance de l'Empereur, qui arriva à Alsleben vers 8 heures du matin ayant mis 3 heures et demie ou 4 heures pour faire les 35 kilomètres qui séparent Halle d'Alsleben. La division Rivaud était déjà partie pour Aschersleben. Les 2 autres divisions, pour être à Archersleben à midi, avaient dû se mettre en marche, la division Drouet à 6 heures, la division Dupont à 5 heures. A 8 heures la tête de la division Dupont n'avait pas encore dépassé Alsleben ; la division Drouet était déjà engagée sur la route d'Aschersleben, mais sa tête n'avait pas dépassé Schakstädt, 5 kilomètres d'Alsleben, d'où un chemin rejoint la route d'Alsleben à Bernburg. Le mouvement sur Bernburg put donc s'effectuer sans retard.

Cavalerie légère, Neu-Gattersleben et environs ; — 3e division, München-Nienburg[3] ; — 1re division, sur les hauteurs en avant de

---

les jours de repos. Ainsi seront conservés une quantité de renseignements précieux pour l'histoire des troupes et de l'armée. J'en juge par ceux que j'ai retrouvés.

1. D'Alsleben à Aschersleben, 17 kil. ; la division Rivaud dut partir à 4 heures du matin d'Alsleben.

2. D'Aschersleben à Ditfurth, 20 kil. ; — à Halberstadt, 32 kil.

3. De Gnölbzig à München-Nienburg, 24 kil. ; — de Rothenburg à Bernburg, 25 kil.

Bernburg, rive gauche de la Saale [1] ; — quartier général, Bernburg ; — 2e division, Aschersleben ; — parc, Cönnern.

RENSEIGNEMENTS DONNÉS PAR S. A. LE PRINCE BERNADOTTE A ALSLEBEN, LE 20 OCTOBRE.

Un régiment de cavalerie du maréchal Bernadotte a marché hier soir sur Aschersleben ; il a poussé ses reconnaissances bien au delà ; un escadron de hussards prussiens s'était retiré dans la matinée d'hier d'Alsleben ; hier matin les dernières troupes placées à Nordhausen étaient composées de 3 bataillons d'Arnim, de Bringenfels et Tschammer et de 2 escadrons de Blücher et Eising sous les ordres du major Tschammer venant du pays de Mannsfeld.

On croit le Roi à Magdebourg, mais on présume qu'il n'y restera pas.

On a entendu quelques coups de canon hier matin à 10 heures du côté de Nordhausen ; ces coups de canon étaient dirigés sans doute contre les troupes commandées par le général-major Tschammer. Le prince Murat est arrivé avec 2,000 hommes de cavalerie et 200 d'infanterie à Halberstadt hier vers une heure après midi ; ce matin à 8 heures, la division du général Rivaud devait être rendue à Aschersleben.

Les deux autres divisions marchent sur Bernburg.

Le Capitaine officier d'ordonnance près S. M. l'Empereur et Roi,

SCHERB.

ORDRE.

20 octobre 1806.

Il est ordonné au général de brigade Beaumont de partir avec le 13e régiment pour se rendre à Egeln [2] où il prendra position et d'où il enverra reconnaître Magdeburg et Calbe. Il ne quittera point Egeln avant la rentrée de ses reconnaissances. Il est prévenu que la division Nansouty et celle Klein marchent sur le même point, la division Beaumont sur Cochstädt, la division d'Hautpoul sur Gröningen ainsi que la brigade Lasalle. Il donnera les nouvelles au

---

1. On passe la Saale à Bernburg sur un superbe pont en bois. (*Journal du 1er corps.*)

2. D'Emersleben à Egeln, 20 kil. ; — d'Egeln à Magdeburg, 26 kil., — d'Egeln à Calbe, 27 kil.

Prince de 2 heures en 2 heures pour qu'il sache les mouvements de l'ennemi.

Général BELLIARD.

Ordre aux divisions Klein, Beaumont et d'Hautpoul de partir à 7 heures du matin ; — à la division Nansouty, de partir à 8 heures.

LE GÉNÉRAL BELLIARD AU GÉNÉRAL BEAUMONT.

Egeln, 20 octobre 1806.

Établissez 2 brigades de votre division à Egeln, un régiment à Schwaneberg et un autre à Borne[1] sur la route de Stassfurt à Magdeburg. Le régiment de Borne poussera des postes en avant et se liera par sa droite avec le 13e de chasseurs établi à Calbe et à Barby et par sa gauche avec Egeln ; l'escadron qui sera en avant de Borne se liera avec Schwaneberg. Schwaneberg poussera aussi de forts postes et se liera avec Wanzleben occupé par Sahuc et avec l'escadron en avant de Borne.

LE GÉNÉRAL BELLIARD AU GÉNÉRAL DE BRIGADE BEAUMONT.

Egeln, 20 octobre 1806.

Portez-vous avec votre régiment à Calbe sur la Saale et envoyez un escadron à Barby[2] sur l'Elbe. Faites éclairer et reconnaître les routes sur Magdeburg. Donnez des ordres pour qu'on réunisse à Barby toutes les barques qu'on y pourra trouver et sur l'Elbe et sur la Saale. Liez-vous par votre gauche avec un régiment de dragons qui est à Borne.

Ordre au général Nansouty de s'établir à Cochstädt et Schneithagen[3] ;

---

1. De Wegeleben à Egeln, 20 kil. ; — d'Egeln à Schwaneberg, 6 kil. et demi ; — d'Egeln à Borne, 11 kil.
De Borne à Calbe, 18 kil. ; — de Borne à Schwaneberg, 8 kil. à vol d'oiseau ; — de Schwaneberg à Gross-Wanzleben, 8 kil.

2. De Calbe à Barby, 11 kil. ; — d'Emersleben par Egeln et Calbe à Barby, 58 kil. ; — de Calbe à Magdeburg, 28 kil.

3. De Westerhausen à Cochstädt, 20 kil. ; — à Schneithagen, 32 kil.

Au général d'Hautpoul de s'établir à Gröningen [1];
Au général Klein de s'établir à Wester-Egeln [2];
Au général Lasalle de s'établir à Unseburger et Wollmirsleben [3].

LE GRAND-DUC DE BERG A L'EMPEREUR.

Egeln, 20 octobre 1806, 5 heures du soir.

Dans la crainte que mon rapport d'hier ne soit pas parvenu à V. M., je m'empresse d'en envoyer une copie.

5 divisions de cavalerie sont aux environs de Magdeburg; demain, si je n'ai pas reçu d'ordres de V. M., et si le gouverneur de Magdeburg que je fais sommer ne se décide pas à capituler, je me porterai avec 4 divisions sur Dessau. Une seule suffira pour observer la place avec tous les corps des maréchaux Soult et Ney. On m'assure à l'instant que le maréchal Bernadotte est arrivé à Aschersleben. Je perdrais ici inutilement un temps précieux sans pouvoir passer, tandis que par mon mouvement je me rapprocherai des corps des maréchaux Lannes, Augereau et Davout, ainsi que de Berlin et de Dresde; et comme tout me porte à croire que le pont de Dessau n'est pas détruit, j'en profiterai pour me porter sur le flanc de l'ennemi; ensuite je serai plus près de V. M. et plus en mesure d'exécuter ses ordres. Tout porte à croire que Magdeburg capitulera; ce qu'il y a de sûr, c'est que l'armée ne s'y réunit pas. J'espère avoir demain des nouvelles du quartier général et des ordres de V. M. Cependant j'ai envoyé le général Beaumont à Barby avec le 13e de chasseurs et l'adjudant-commandant Girard [4] pour tâcher de surprendre le bac; il servirait à passer de l'infanterie.

P.-S. — Un courrier que je reçois à l'instant m'annonce

---

1. De Langenstein à Gröningen, 20 kil.
2. De Blankenburg à Wester-Egeln, 40 kil.
3. De Blankenburg à Wollmirsleben, 44 kil.; — à Unseburg, 47 kil.
4. L'adjudant-commandant Girard, sous-chef de l'état-major de la réserve de cavalerie, était l'homme des missions importantes à l'avant-garde. (Voir *Iéna*, pages 431, 432, 500.)

qu'un aide de camp du duc de Brunswick est venu enlever mes caisses à Viverderer et Ossen.

Le Grand-duc n'a pas encore reçu la dépêche du Major général du 20 à 4 heures du matin, de Halle, lui prescrivant de se rendre à Calbe. Dès qu'il sait d'une façon certaine que l'armée prussienne ne se réunit pas à Magdeburg, il s'efforce de se rapprocher des corps de la Grande Armée avec lesquels se tient l'Empereur, pour rentrer dans la manœuvre générale sur Berlin.

LE GRAND-DUC DE BERG A L'EMPEREUR.

Egeln, 20 octobre 1806, 10 heures du soir.

Il y a deux heures que j'ai fait partir deux de mes aides de camp avec mes rapports pour V. M. Je serais désolé qu'elle n'approuvât pas ma conduite. — Le duc de Weimar, voyant mon mouvement sur Nordhausen et Ellrich, a continué sa marche sur Göttingen, et si V. M. ordonne à un des corps des maréchaux Soult, Ney ou le mien de se porter par Brunswick sur le Hanovre, il est impossible à ce général d'opérer sa jonction avec le reste de l'armée.

Je reçois de M. le Major général une lettre [1] qui m'annonce votre mécontentement sur ce que les prisonniers d'Erfurt ont été délivrés et que la route qu'ils devaient suivre n'a pas été éclairée et qu'il n'a pas été laissé de garnison dans cette place. Sire, j'étais loin de m'attendre à ces reproches que je mériterais effectivement si M. le Major général n'avait pas chargé expressément M. le maréchal Ney de cette opération. Cependant je conserve copie des ordres que j'ai donnés à ce sujet à M. le maréchal Ney. Je le chargeais de nommer un commandant de place, de faire dresser un état des prisonniers et de les faire conduire en France sous bonne et sûre escorte. Ce fut M. le Major général qui indiqua à M. le maréchal Ney la route qu'il devait leur faire suivre ; il ne m'en a jamais écrit un seul mot. Je devais cependant être

1. Dépêche du 19 au matin de Merseburg. (Voir p. 135.)

tranquille puisque M. le maréchal Ney avait laissé, pour faire exécuter mes ordres, son chef d'état-major, le général Dutaillis ; il lui fut également ordonné de laisser une garnison suffisante.

Quant aux généraux Klein et Lasalle, je n'essaierai certainement pas de les justifier ; leur conduite est sans exemple ; je leur en ai déjà témoigné tout mon mécontentement.

Demain matin je me porterai de ma personne à Barby et je m'assurerai s'il y a possibilité d'y rassembler les moyens d'effectuer le passage de l'Elbe sur ce point[1].

J'espère que je recevrai demain dans la journée des ordres de V. M.

Sire, je le confesse, je n'ai pas osé marcher sur Göttingen, laissant toute l'armée sans cavalerie, ayant reçu l'ordre de V. M. de me rapprocher de Naumburg. J'aurai dans la nuit des nouvelles de Magdeburg. J'y ai envoyé le général Belliard pour sommer cette place et avoir des nouvelles d'un de mes aides de camp qui est censé être fait prisonnier. Le but de cette démarche est d'avoir des nouvelles sûres de l'ennemi.

On assure généralement qu'il est impossible que l'armée prussienne puisse se réunir ; tous les régiments marchent pêle-mêle et ne reçoivent d'ordres de personne. Les soldats rentrent dans leurs foyers à mesure que nous avançons dans leur pays. Le bailli d'ici m'assure très-positivement que le roi de Prusse va se mettre à votre discrétion. Déjà tous ses ordres sont méconnus ; les autorités se refusent à toute espèce de réquisition.

4e corps. Cavalerie légère, Schleibnitz ; — 4e division de dragons, Gross-Wanzleben[2] ; — quartier général, Hadmersleben ; — 1re division, Alikendorf ; — 2e division, Gross-Germersleben ; — 3e division, Croppenstädt ; — parc d'artillerie, Quedlinburg.

---

1. A 10 heures du soir le Grand-duc n'a pas encore reçu la dépêche du Major général du 20 à 4 heures du matin.

2. De Quenstädt à Schleibnitz, 32 kil. ; — à Gross-Wanzleben, 28 kil. ; — d'Halberstadt à Alikendorf, 20 kil. ; — à Hadmersleben, 21 kil. ; — à Gross-Germersleben, 24 kil. ; — de Quedlinburg à Croppenstädt, 21 kil.

6e corps. Cavalerie légère, Gross-Quenstädt ; — quartier général, Halberstadt ; — 2e division, bivouac à la gauche de la route de Magdeburg ; — 3e division, bivouac en seconde ligne ; — parc d'artillerie, Hasselfeld.

GRANDE ARMÉE.

ORDRE DU JOUR.

Service des postes aux chevaux et transports militaires.

De par S. M. l'Empereur et Roi.

S. M. a ordonné que les chevaux de poste seraient renvoyés sur-le-champ aux postes auxquelles ils appartiennent ;

Que les voitures à la suite de l'armée seraient renvoyées dans les communes et rendues à leurs propriétaires.

En conséquence les maîtres des postes doivent se hâter d'assurer le service des malles et celui des courriers de S. M., à peine d'y être pourvu à leurs frais[1]. Les régences, les baillis et les bourgmestres exigeront que ce service, si essentiel et si urgent, soit organisé sans le moindre retard ; il est mis sous leur responsabilité.

Le prix des chevaux sera payé suivant la taxe du pays.

Les commissaires ordonnateurs et les commissaires des guerres placés dans les arrondissements, régleront le service des transports dans chaque lieu d'étape, et notamment la formation des parcs nécessaires pour le transport des subsistances. Ils donneront leurs instructions à l'autorité administrative pour que des moyens de transport soient établis et qu'il n'en soit fourni qu'à ceux à qui il en est accordé par les lois et règlements.

MM. les commandants français et ceux des États confédérés sont invités à employer leur autorité pour empêcher tout abus, établir et maintenir le bon ordre.

Fait à Halle, le 20 octobre 1806.

Le Prince de Neufchâtel et Valengin, major général de la Grande Armée,

Mal Alex. BERTHIER.

1. Au commencement de novembre, l'estafette mettait 6 jours pour venir de Paris à Berlin.

L'EMPEREUR A M. CAMBACÉRÈS

Berlin, 4 novembre 1806.

Je reçois votre lettre du 29 octobre. Vous voyez que notre correspondance se fait en 6 jours. Tout va toujours ici au mieux. Les bulletins vous mettront au fait des nouvelles. Le temps est superbe ; je me porte bien.

L'INTENDANT GÉNÉRAL DARU A L'EMPEREUR.

Halle, 20 octobre 1806.

Le payeur général de l'armée a en caisse	7,916,507 f 03 c
Les crédits ouverts sur cette caisse s'élèvent à.	5,455,607 73
Par conséquent il resterait disponible une somme de	2,460,899 30

Il doit, pour le solde des décomptes de l'an XIV, 1 million 600,000 fr. ; mais on lui a annoncé un envoi de 1 million 500,000 fr. en traites du caissier général sur lui-même. Ainsi il pourrait effectuer tous les paiements qui lui sont ordonnés.

Cependant sur les 7,916,507 fr. 03 c. existant en caisse, il y a 3,600,000 fr. de traites sur Hamburg, Francfort et Augsburg payables par tiers en octobre, novembre et décembre, d'où il résulte la nécessité par une négociation de la réalisation de ces traites, ou de retarder une partie des paiements jusqu'à ce qu'elles soient réalisées. Je ne crois pas devoir proposer à V. M. de faire un sacrifice pour accélérer l'époque à laquelle ces traites doivent être acquittées, parce que je présume que les circonstances de la guerre offriront des moyens de compléter les paiements que le payeur général a dans ce moment à effectuer[1].

---

1. ORDRE POUR M. DARU, ÉCRIT SOUS LA DICTÉE DE L'EMPEREUR.

Berlin, 2 novembre 1806.

Je n'ai pas besoin de 3,600,000 francs. Il faut donner l'ordre que les 1,200,000 de Francfort soient portés à Mayence ; les 900,000 d'Augsburg seront réalisés et resteront à Augsburg. Les 1,200,000 de Hamburg seront envoyés à M. Bourrienne qui les fera réaliser et les gardera en dépôt à Hamburg jusqu'à nouvel ordre.

Trésor impérial.
Guerre.

GRANDE ARMÉE.

Situation de la caisse de l'armée à l'époque du 20 octobre 1806.

Ressources.

Numéraire	3,764,579f 18c	7,916,507f 03c
Traites du caissier général sur lui-même	551,927 85	
Traites payables par tiers à Hamburg, Francfort et Augsburg, en octobre, novembre et décembre 1806	3,600,000 00	

Pour mémoire.

Envois annoncés par le Trésor et non parvenus au payeur. (Traites du caissier général sur lui-même.). . . . . 1,500,000f »c

Détail de l'encaisse.

1er Corps	50,000 »
3e —	80,000 »
4e —	50,000 »
5e —	150,000 »
6e —	80,000 »
7e —	80,000 »
Braunau	260,164 73
Strasbourg	100,000 »
Augsburg	1,230,000 »
Mayence	1,015,000 »
Francfort	1,200,000 »
Grand quartier-général	621,332 30
Hamburg (traites à recouvrer) . .	400,000 »
Convoi de fonds venant d'Augsburg.	400,000 »
Convoi de fonds venant de Francfort	400,000 »
Convoi de fonds venant de Mayence.	2,000,000 »
Somme pareille . . .	7,916,507f 03c

Besoins.

Ordonnances de S. A. S. le prince ministre de la guerre.	766,653f 75c
Ordonnances de S. Exc. le directeur de l'administration de la guerre	1,560,089 39
Fonds mis à la disposition de S. A. S. le prince ministre de la guerre (décret du 20 septembre 1806), 1,000,000 fr.; reste dû.	450,000 »
Fonds mis à la disposition de S. A. S. le prince ministre de la guerre (décret du 30 septembre 1806)	551,927 85
Fonds mis à la disposition de S. A. S. le prince ministre de la guerre (décret du 5 octobre 1806).	180,000 »
Fonds mis à la disposition de S. A. S. le prince ministre de la guerre (décret du 18 octobre 1806), 1,000,000 fr. ; reste dû.	950,000 »
Somme nécessaire pour acquitter le traitement dû jusqu'au 1er mai 1806 aux employés des services administratifs, conformément à l'ordre de S. M. notifié par S. A. le prince ministre de la guerre le 19 septembre dernier. (État arrêté par M. l'intendant général à la somme de 764,461 fr. 48 c.). Reste dû.	624,461 48
Reste dû pour compléter la solde des 4 premiers mois de l'an 1806	372,475 26
	5,455,607f 73c

Pour mémoire.

Solde des décomptes des 100 jours de l'an XIV = 1,600,000 fr.

Balance.

Les ressources (y compris les effets à réaliser) . .	7,916,507f 03c
Les besoins (non compris les paiements non autorisés)	5,455,607 73
Disponible.	2,460,899f 30c

Fait à Halle, le 20 octobre 1806.

Le Payeur central.

21 OCTOBRE.

LE MAJOR GÉNÉRAL AU MARÉCHAL BERNADOTTE.

Halle, 21 octobre 1806, 8 heures du matin.

L'Empereur, M. le Maréchal, vous ordonne de passer dans la journée du 21 et dans la nuit l'Elbe; si cependant l'ennemi défend le passage, ce que je ne crois pas, vous êtes le maître de vous porter sur Dessau pour passer l'Elbe le plus tôt possible sur le pont qui est entièrement raccommodé.

Envoyez 50 hommes de cavalerie à Acken[1] qui sera un poste de correspondance entre Barby et Dessau, où sera aujourd'hui le quartier général.

Quant aux chevaux qui proviendraient de la cavalerie saxonne, envoyez-les tous à Acken, où seront rendus demain tous les dragons à pied.

LE MAJOR GÉNÉRAL AU GÉNÉRAL SONGIS.

Halle, 21 octobre 1806, 8 heures du matin.

Donnez l'ordre au parc d'artillerie de se rendre du point où il se trouvera par la route la plus directe à Wittenberg, où il restera jusqu'à nouvel ordre; comme le général Chasseloup n'est pas ici, je prie le général Songis de faire donner le même ordre au général Cazal, qui marche avec le parc du

1. Barby à Acken, 23 kil.; — Calbe à Acken, 21 kil.; — Acken à Dessau, 14 kil.

génie. Ainsi tout ce qui sera à Merseburg ou à Naumburg n'aura pas besoin de se rendre à Halle et doit se diriger directement sur Leipzig et de là sur Wittenberg[1].

LE MAJOR GÉNÉRAL AU MARÉCHAL BERNADOTTE.

Halle, 21 octobre 1806, 9 heures du matin.

L'Empereur, M. le Maréchal, me charge de vous écrire qu'il est très-mécontent de ce que vous n'avez pas exécuté l'ordre que vous avez reçu de vous porter hier à Calbe, pour jeter un pont à l'embouchure de la Saale à Barby. Cependant vous deviez sentir que toutes les dispositions de l'Empereur étaient combinées[2].

Sa Majesté, qui est très-fâchée que vous n'ayez pas exécuté ses ordres, vous rappelle à ce sujet que vous ne vous êtes point trouvé à la bataille d'Iéna[3]; que cela aurait pu compromettre le sort de l'armée et déjouer les grandes combinaisons de S. M., et a rendu très-douteuse et très-sanglante cette bataille, qui l'aurait été beaucoup moins. Quelque profondément affecté qu'ait été l'Empereur, il n'avait pas voulu vous en parler, parce qu'en se rappelant vos anciens services il craignait de vous affliger, et que la considération qu'il a pour vous l'avait porté à se taire. Mais, dans cette circonstance, où vous ne vous êtes pas porté à Calbe, et où vous n'avez pas tenté le passage de l'Elbe, soit à Barby, soit à l'embouchure de la Saale, l'Empereur s'est décidé à vous dire sa façon de

---

1. Le grand parc bivouaqua le 12 près Saalburg, le 13 près d'Auma, le 14 près Roda, le 15 près d'Iéna, les 17, 18 et 19 à Alt-Flemming, le 20 à Naumburg, le 21 à Wallendorf en avant de Merseburg, le 22 à Bayden en passant par Leipzig, le 23 à Kemberg, le 24 à Kropstädt par Wittenberg, le 25 à Buchholz.

Une situation de la place de Spandau du 4 novembre donne pour le parc général d'artillerie 961 hommes, officiers et soldats, et 1,189 chevaux. — L'équipage de pont cantonné aux environs n'avait pas fourni de situation à cette date, non plus que le parc du génie.

2. Je n'ai pas trouvé de rapport du maréchal Bernadotte du 20, après la réception de l'ordre de l'Empereur. — Les renseignements qu'avait l'Empereur sur le mouvement du 1er corps étaient probablement ceux donnés par le capitaine Scherb à son retour d'Alsleben. (Voir page 176.)

3. Voir *Iéna*, pages 604, 605, 668, 669, 670, 694, 695 et 696.

penser, parce qu'il n'est point accoutumé à voir sacrifier ses opérations à de vaines étiquettes de commandement.

L'Empereur, M. le Maréchal, me charge de vous parler d'une chose moins grave : c'est que, malgré l'ordre que vous avez reçu hier[1], vous n'avez pas encore envoyé ici 3 compagnies pour conduire vos prisonniers. Il en reste à Halle 3,500 sans aucune escorte. L'Empereur, M. le Maréchal, vous ordonne d'envoyer sur-le-champ un officier d'état-major à la tête de 3 compagnies complètes, formant 300 hommes, pour prendre tous les prisonniers qui sont à Halle et les conduire à Erfurt. Il ne reste ici que la garde impériale, et l'Empereur ne veut pas qu'elle escorte les prisonniers faits par votre corps d'armée[2].

Il est 9 heures, et il n'est pas question des 3 compagnies que je vous ai demandées hier.

LE MAJOR GÉNÉRAL AU GRAND-DUC DE BERG.

Halle, 21 octobre 1806, 9 heures du matin.

L'Empereur, mon Prince, ordonne que vous vous rendiez en toute diligence à Dessau avec votre cavalerie; vous passerez l'Elbe sur le pont de Dessau dont nous sommes maîtres.

LE MAJOR GÉNÉRAL AU MARÉCHAL SOULT.

Halle, 21 octobre 1806, 9 heures du matin.

Je vous préviens, M. le Maréchal, que le quartier impérial est aujourd'hui à Dessau.

Le corps de M. le maréchal Davout, celui de M. le maré-

---

1. Cet ordre ne figure pas sur le registre de la correspondance avec les maréchaux, tenu dans le cabinet du Major général. C'est le capitaine Scherb qui l'a probablement porté. Voir plus loin l'ordre donné le 20, d'Alsleben, au général Dupont pour l'envoi des 3 compagnies à Halle.

2. Les prisonniers sont escortés, au moins jusqu'à la première place de dépôt, par les troupes qui les ont faits.

chal Lannes et celui du grand-duc de Berg passent l'Elbe sur le pont de Dessau dont nous sommes maîtres. L'intention de l'Empereur est que vous vous approchiez de Magdeburg et que vous tâchiez d'avoir un pont à 1 ou 2 lieues de cette ville, afin que, quand l'Empereur aura des renseignements sur ce qui se passe à Magdeburg, votre corps et celui du maréchal Ney puissent passer à la rive droite. Comme le maréchal Ney se trouve avec vous, vous lui donnerez des ordres.

Le maréchal Bernadotte passera l'Elbe à Barby ou à Acken, ou bien viendra passer à Dessau.

Donnez de vos nouvelles à l'Empereur.

L'Empereur a toujours la même idée, *réunir ses forces*. Dans la poursuite il reforme ses colonnes d'armée. Il ne fait de détachement que pour masquer ses opérations et, même après la victoire, il tient la plus grande partie de ses forces réunies dans le but de pouvoir livrer bataille.

L'art du Commandant en chef consiste à placer les corps détachés de telle sorte qu'ils remplissent leur objet, qu'ils se trouvent en communication avec le reste de l'armée et qu'ils puissent la joindre pour assister à la bataille, tandis que le corps ennemi qu'ils contiennent est tenu éloigné du champ de bataille.

A 9 heures du matin, l'Empereur ne sait pas que le maréchal Davout est maître du pont de Wittenberg. Le rapport du maréchal Davout du 20 11 heures du soir n'est pas encore parvenu à Halle, 66 kilomètres.

L'EMPEREUR A L'ÉLECTEUR DE SAXE.

Camp impérial de Halle, 21 octobre 1806.

Mon Frère, je reçois la lettre de Votre Altesse Sérénissime Électorale. L'estime que je lui porte est égale au désir que j'ai de voir le plus tôt possible les relations de paix rétablies et consolidées entre nous. Dans 2 ou 3 jours, je nommerai un ministre à cet effet, pour s'entendre avec la personne que V. A. aura désignée. J'ai ordonné, toutefois, que les hostilités cessassent, et je la prie, en conséquence, de vouloir bien ordonner, de son côté, que toutes ses troupes soient rappelées de l'armée prussienne. V. A. ne peut douter du plaisir que j'aurai de la voir et de faire sa connaissance, ainsi que celle de l'Électrice.

L'EMPEREUR AU GRAND-DUC DE BERG.

Dessau, 21 octobre 1806.

Si vous ne pouvez pas passer à Barby, venez passer l'Elbe au pont de Dessau; le pont a été brûlé, mais il a été raccommodé. Je me rends cette nuit à Wittenberg. Le corps du maréchal Davout a passé là; le pont était en bon état. Le corps du maréchal Lannes a passé à Dessau.

Il est 7 heures du soir. L'Empereur a reçu le rapport du maréchal Davout; l'officier qui en était porteur n'est peut-être arrivé à Halle qu'après le départ de l'Empereur et a dû courir à sa suite sur la route de Dessau, faisant ainsi 66 + 43 = 109 kilomètres en 18 heures.

A la brièveté des ordres du Major général, on peut supposer que l'Empereur est arrivé depuis peu de temps à Dessau et qu'il vient de voir le maréchal Lannes.

LE MAJOR GÉNÉRAL AU GRAND-DUC DE BERG.

Dessau, 21 octobre 1806, 7 heures du soir.

Si la cavalerie à vos ordres, mon Prince, n'a pas passé l'Elbe à Barby, rendez-vous à Dessau où vous passerez ce fleuve sur le pont de cette ville qui est raccommodé, ce que vous devez effectuer dans la journée de demain 22.

LE MAJOR GÉNÉRAL AU MARÉCHAL BERNADOTTE.

Dessau, 21 octobre 1806, 7 heures du soir.

Si vous n'avez pas trouvé les moyens de passer l'Elbe à Barby, M. le Maréchal, l'intention de l'Empereur est que vous vous rendiez avec votre corps d'armée à Dessau, pour passer ce fleuve sur le pont qui a été réparé.

LE MAJOR GÉNÉRAL AU MARÉCHAL SOULT.

Dessau, 21 octobre 1806, 7 heures du soir.

L'intention de l'Empereur, M. le Maréchal, est que vous réunissiez tous les bateaux que vous pourrez vous procurer afin de pouvoir jeter un pont sur l'Elbe, à 1 lieue ou 2 au-dessus de Magdeburg, afin de vous trouver en communication avec le reste de l'armée et pouvoir opérer sur les deux rives.

LE MAJOR GÉNÉRAL AU COMMANDANT DE HALLE.

Dessau, 21 octobre 1806, 7 heures du soir.

Je vous préviens, Monsieur, que tous les convois de pain et autres, les détachements qui arrivent pour l'armée, doivent être dirigés par la route la plus courte sur Wittenberg sans passer par Dessau. Donnez donc des ordres pour que rien ne prenne la route de Dessau et que tout ce qui arrivera à Halle se rende directement à Wittenberg[1].

LE MAJOR GÉNÉRAL A L'ADJUDANT-COMMANDANT HASTREL.

Dessau, 21 octobre 1806, 7 heures du soir.

Donnez des ordres pour que le quartier général parte demain à 8 heures pour se rendre à Wittenberg passant par...

Ordre au colonel Lauer de fournir 10 fusiliers et 10 gendarmes pour l'escorte du Trésor; ils ne feront aucun autre service.

Il est ordonné au commandant du régiment faisant partie du corps du maréchal Davout qui a été laissé à Naumburg[2]

1. Par Brehma, Bitterfeld, 29 kil., Gräfenhaynchen, Wittenberg, 66 kil.
2. 85e, division Gudin.

d'en partir aussitôt la réception du présent ordre pour rejoindre le corps d'armée du maréchal Davout ; il se rendra par la route la plus directe sur Wittenberg et de là suivra le mouvement du corps d'armée pour le rejoindre.

LE MAJOR GÉNÉRAL AU GÉNÉRAL BEKER[1].

Dessau, 21 octobre 1806, 8 heures du soir.

L'Empereur ordonne, Général, que vous fassiez partir votre artillerie et vos bagages à 4 heures du matin pour se rendre à Wittenberg où ils passeront de suite l'Elbe. La division de dragons partira à 6 heures et demie pour suivre la même destination.

L'Empereur fait partir votre artillerie et vos bagages de si bonne heure afin que la route soit libre pour les bagages des autres corps d'armée.

LE MAJOR GÉNÉRAL AU MARÉCHAL LEFEBVRE.

Dessau, 21 octobre 1806, 8 heures du soir.

Vous voudrez bien, M. le Maréchal, faire battre le rappel à 4 heures du matin et faire partir à 5 heures les troupes à vos ordres.

Vous laisserez à Dessau la moitié des dragons à pied, ainsi que le général Oudinot.

Vous vous rendrez à Wittenberg passant par.....

L'Empereur ordonne que votre artillerie et tous vos bagages partent à 4 heures du matin, c'est-à-dire une heure avant les troupes.

---

1. LE MAJOR GÉNÉRAL AU GÉNÉRAL DE DIVISION BEKER.

Dessau, 21 octobre 1806, 8 heures du soir.

L'Empereur, informé du mauvais état de la santé du général Grouchy, lui accorde un congé de convalescence d'un mois à la suite de l'armée.

Vous commanderez pendant ce temps la 2e division de dragons, et c'est à vous que seront adressés les ordres relatifs aux mouvements de cette division.

Vous ferez connaître au général Oudinot que l'Empereur a ordonné au maréchal Bernadotte de prendre plus de 2,000 chevaux de la cavalerie saxonne, qui doit être démontée avant de rentrer dans ses foyers. Le général Oudinot enverra quelqu'un au maréchal Bernadotte qui est à Acken ou à Barby, pour lui faire dire qu'il est à Dessau avec vos dragons à pied pour recevoir les chevaux.

Vous ferez connaître au général Oudinot que lorsqu'il aura terminé cette opération importante, l'intention de S. M. est, aussitôt son arrivée à Berlin, de réunir 15,000 hommes de grenadiers et de chasseurs, qui formeront un corps d'élite dont il aura le commandement.

L'Empereur désire que vous me fassiez connaître les régiments de dragons qui ont des sabres, ou qui n'en ont pas. S. M. voudrait avoir également les noms des colonels, chefs d'escadron, qui se trouvent au corps des dragons à pied.

Si les dragons à pied que vous laissez n'ont point de sabres, le général Oudinot pourrait écrire au maréchal Bernadotte de prendre ceux de la cavalerie saxonne.

LE MAJOR GÉNÉRAL AU MARÉCHAL LANNES.

Dessau, 21 octobre 1806, 8 heures du soir.

L'intention de l'Empereur, M. le Maréchal, est que tout ce qui reste de votre corps d'armée à la rive gauche de l'Elbe parte demain à 5 heures et demie du matin pour se rendre à Wittenberg.

LE MAJOR GÉNÉRAL AU MARÉCHAL AUGEREAU.

Dessau, 21 octobre 1806, 8 heures du soir.

L'intention de l'Empereur, M. le Maréchal, est que votre corps d'armée se rende demain à Wittenberg passant par...

LE MAJOR GÉNÉRAL AU MARÉCHAL NEY.

Dessau, 21 octobre 1806, 8 heures du soir.

L'intention de l'Empereur, M. le Maréchal, est que vous fassiez éclairer les mouvements du corps du duc de Saxe-Weimar ; on croit savoir que son corps doit passer à une journée ou deux de Magdeburg : envoyez des espions afin de pouvoir tomber dessus et le détruire si cela est possible.

Dessau, 21 octobre 1806.

Ordonner que tous les dépôts de cavalerie qui sont à Baireuth, que tous ceux qui peuvent être restés soit à Würzburg, Kronach, Forchheim, Schleiz et enfin dans tous autres endroits, soient sur-le-champ dirigés par la route de l'armée sur Wittenberg, où ils resteront jusqu'à nouvel ordre.

Ordre à tous les hommes à pied de cavalerie qui peuvent être restés à Würzburg dans la citadelle et dans toute autre forteresse, de se diriger sur Wittenberg ; les troupes de Würzburg garderont la citadelle conjointement avec un détachement de 100 hommes qu'enverra le maréchal Mortier.

Ordre au général Songis pour que tous les soldats du train qui sont à pied et qui seraient restés sur les derrières en Allemagne, se rendent à Wittenberg, l'intention de l'Empereur étant de lever 6,000 chevaux tant pour l'artillerie que pour la cavalerie.

Ordre au général Vandamme [1] de partir le 21 dans la journée pour se rendre à Halberstadt pour prendre le commandement de la division Malher du 6e corps.

---

1. Le général Vandamme était à la suite du quartier général attendant une destination, le maréchal Soult ayant demandé que cet officier général remplacé momentanément après la campagne de l'an XIV à la tête de la 2e division du 4e corps par le général Loval, ne rentrât pas au corps d'armée. (Incompatibilité d'humeur.)

LE MAJOR GÉNÉRAL AU GÉNÉRAL SONGIS.

Dessau, 21 octobre 1806.

L'Empereur, Général, me charge de vous faire connaître que son intention est que vous réunissiez à Wittenberg tous les parcs et les différents dépôts d'artillerie, de manière à avoir dans cette place une grande quantité de cartouches de fusil, de cartouches de canon, de bois de construction, etc.

Vous ferez venir à Wittenberg tous les ouvriers que vous avez laissés à Kronach, Forchheim et autres endroits, et vous y formerez un arsenal.

Aussitôt après votre arrivée à Berlin, vous prendrez les moyens les plus prompts pour faire évacuer de cette ville sur la place de Wittenberg tous les objets d'artillerie, comme fusils, canons, munitions, etc.

Vous établirez aussi à Wittenberg un atelier pour réparer les fusils ; car cette ville, que l'Empereur fait fortifier, sera le pivot et le centre de tous les mouvements de l'armée.

Tous les ouvriers qui ont été laissés à Würzburg seront appelés à Erfurt qui deviendrait à son tour le centre des opérations de l'armée en cas de retraite. Enfin, Général, vous voyez que Wittenberg est le point principal de nos opérations actuelles, et secondairement Erfurt.

Erfurt est à 5 marches de Wittenberg.

LE MAJOR GÉNÉRAL AU GÉNÉRAL CHASSELOUP.

Dessau, 21 octobre 1806.

L'Empereur, Général, vous ordonne de faire travailler dès demain aux fortifications de Wittenberg; cette place doit avoir la propriété d'être à l'abri d'un coup de main, de pouvoir soutenir quelques jours de tranchée ouverte, de conserver à l'armée le pont de l'Elbe, ses magasins d'artillerie et de vivres. Cette place devient le centre et le pivot de toutes les opérations de l'armée et vous sentez par là toute son importance.

Soumettez le plus tôt possible à l'Empereur un plan et un rapport pour les travaux dont cette place est susceptible et sur la durée de la défense.

LE MAJOR GÉNÉRAL A L'INTENDANT GÉNÉRAL.

Dessau, 21 octobre 1806.

Je vous préviens, M. l'Intendant général, que la place de Wittenberg devient le centre et le pivot des opérations de l'armée. L'intention de l'Empereur est que vous y fassiez construire des fours de manière à fabriquer 50,000 rations de pain par jour. S. M. ordonne que vous y fassiez réunir des farines, de l'avoine et du foin pour nourrir l'armée pendant 15 jours.

Il faut aussi y établir des hôpitaux.

A mon arrivée ici, j'ai expédié un officier à Leipzig pour ordonner au général Macon de faire cuire 30,000 rations par jour et de les faire descendre à Wittenberg; je lui ai également ordonné de faire partir, 12 heures après la réception de mon ordre, 1,000 quintaux de farine pour Wittenberg.

J'ai envoyé un autre officier auprès de M. le maréchal Davout à Wittenberg, pour lui ordonner de mettre en activité les 20 fours qui y existent, car les maréchaux Lannes et Augereau ont le plus grand besoin de pain[1].

ORDRE DU JOUR.

Quartier général impérial, Dessau, 21 octobre 1806.

L'Empereur a nommé gouverneur général de la place de Wittenberg son aide de camp le général de division Lemarois.

---

1. On était loin d'être dans l'abondance quoique l'on fût chez l'ennemi et que l'on vécût de réquisitions.

La continuation de la grande route d'étape de l'armée passant par Francfort, Fulde et Erfurt est établie de la manière suivante depuis Erfurt jusqu'à Wittenberg :

D'Erfurt à	Buttelstadt, distance . . .	6 lieues.
	Naumburg	8
	Lützen.	7
	Leipzig	5
	Düben	8
	Wittenberg.	8

En conséquence tout ce qui se rend de France à la Grande-Armée suivra cette nouvelle route.

Quant aux corps ou détachements qui sont maintenant en marche sur l'ancienne route d'étape supprimée qui passait par Würzburg, Bamberg et Kronach, ils seront dirigés :

de Kronach sur	Steinwiesen, distance	4 lieues.
	Lobenstein.	6
	Schleiz	6
	Auma.	4
	Gera	6
	Pegau.	8
	Leipzig	6
	Düben	8
	Wittenberg	8

Cette direction n'est encore momentanément conservée que pour les troupes qui la suivent actuellement et qui sont trop avancées dans leur marche pour pouvoir en être détournées.

La route fut prolongée sur Berlin de la manière suivante :

De Wittenberg à	Treuenbrietzen . . .	8 lieues.
—	Potsdam.	8
—	Spandau.	5
—	Berlin.	4

LE MAJOR GÉNÉRAL A L'INTENDANT GÉNÉRAL.

Dessau, 21 octobre 1806.

L'Empereur ordonne, M. l'Intendant général, que vous frappiez sur la ville de Leipzig une réquisition militaire pour qu'il soit fourni la quantité de draps nécessaire pour faire 8,000 habits, 8,000 redingotes et 8,000 pantalons d'officier, lesquels seront donnés en gratification aux officiers de l'armée [1]; vous frapperez une autre réquisition pour faire procurer l'étoffe nécessaire à la confection de 150,000 capotes de soldats et pour la confection de 150,000 paires de souliers qui seront données en gratification à l'armée.

Il vous est ordonné, M. l'Intendant général, de prendre toutes les mesures nécessaires pour l'exécution de la présente réquisition.

Ces gratifications accordées par l'Empereur à la troupe étaient

---

1. ORDRE DU JOUR.

Berlin, 15 novembre 1806.

.... Les corps peuvent envoyer prendre à Leipzig les draps fins que S. M. l'Empereur a accordés par l'ordre du jour du 21 octobre à chaque officier d'infanterie, de cavalerie, d'artillerie et d'état-major pour faire un habit, une culotte, un pantalon, une veste et une redingote...

ORDRE DU JOUR.

Berlin, 20 novembre 1806.

L'ordre du jour en date du 15 novembre courant ayant prévenu l'armée que chaque officier d'infanterie, etc., recevrait du drap fin pour faire un habit, etc., la distribution en sera faite de la manière suivante :

Les officiers depuis le grade de colonel inclusivement auront droit à cette distribution.

Elle sera faite sur le pied de 5 aunes de France pour chaque officier.

Cette distribution aura lieu dans les magasins de Berlin pour les officiers de l'état-major général et pour ceux de la Garde impériale, et dans les magasins de Leipzig pour les officiers des différents corps d'armée.

Cette distribution sera faite pour les officiers d'état-major sur un état nominatif certifié par eux et visé par le général chef de l'état-major, et pour les officiers attachés aux différents corps sur un état nominatif certifié par les conseils d'administration et visé par l'inspecteur aux revues et le commissaire des guerres.

Au mois de mai, pendant les cantonnements sur la Passarge, il y avait des officiers qui n'avaient pas encore pu toucher leur gratification de drap fin.

indépendantes des remplacements que les dépôts devaient faire au moyen des fonds des masses d'habillement; elles avaient surtout pour but de remédier à l'usure prématurée provenant des marches et des bivouacs.

LE MARÉCHAL DAVOUT AU MAJOR GÉNÉRAL.

Wittenberg, 21 octobre 1806.

J'ai l'honneur d'adresser à V. A. 4 lettres du prince de Würtemberg à l'officier prussien qui commandait les troupes à Wittenberg[1]. Ces lettres, qui ont été interceptées, prouvent que l'armée prussienne ne songe pas à couvrir Berlin et que sa retraite est ordonnée sur l'Oder.

J'ai fait prendre au 3e corps les positions suivantes :

La 1re division est placée en avant de Wittenberg, maîtrisant les routes de Potsdam et de Belzig; elle a en avant d'elle un parti de 100 chevaux pour éclairer ces routes[2]. La 2e division a sa brigade de droite sur la route de Torgau, maîtrisant celles de Jessen et de Zahna; cette brigade est couverte par le 2e de chasseurs à cheval; la 2e brigade est sur la route de Coswig[3].

La 3e division est en réserve au village de Pratau[4], sur la rive gauche de l'Elbe.

Je me fais éclairer par ma cavalerie sur le triangle qui se trouve vers Dessau, entre la Mulde et l'Elbe.

J'ai ordonné au général Viallannes de pousser une forte reconnaissance sur Potsdam[5].

---

1. Voir page 172, note.

2. Les avant-postes des régiments de chasseurs à cheval occupaient Berkau et Strauch; ceux de la 1re division furent placés à Schmilkendorf et à Nüdersdorf afin de tenir la route de traverse qui vient de Strauch à Wittenberg. Le reste de cette division bivouaqua à Dobien. (*Journal du 3e corps.*)

Dobien, 4,500 mètres de Wittenberg; — Nüdersdorf, 3 kil., Schmilkendorf, 2,500 mètres en avant de Dobien; — Strauch, 3 kil. en avant de Nüdersdorf; — Berkau, 5 kil. en avant de Schmilkendorf.

3. Le 108e régiment prit dans le village d'Appollensdorf un détachement ennemi avec 4 voitures et 44 chevaux.

4. Pratau, grand et beau village qui est comme un faubourg de Wittenberg.

5. De Wittenberg à Potsdam, 72 kil.

En attendant les ordres de V. A., le corps d'armée prend ici quelques instants de repos dont il avait besoin pour rallier les hommes que des marches longues, dans des pays sablonneux, avaient forcés de rester en arrière[1].

Il m'a été rendu compte qu'il existe sur l'Elbe des magasins considérables, notamment à Wittenberg et à Coswig[2].

J'ai ordonné qu'on en prît possession et qu'on en fît constater l'état.

Le général Hannique a reconnu à un quart de lieue de cette ville un magasin à poudre. D'après son rapport, il y existe 300 milliers de poudre de bonne qualité et bien conservée.

L'équipage de pont a été arrêté par les sables ; il ne pourra guère arriver à Wittenberg que sous quelques heures. Je fais réunir tous les mariniers et pilotes du pays pour lui faire descendre l'Elbe jusqu'au point qu'il plaira à V. A. de désigner. On fera suivre par terre les chevaux et les haquets.

J'ai l'honneur d'adresser à V. A. le compte que m'a rendu le colonel du génie Touzard sur l'état de la ville de Wittenberg. J'ai ordonné à cet officier supérieur de faire tracer sur-le-champ aux 2 rives de l'Elbe les ouvrages nécessaires pour mettre le pont de l'Elbe à l'abri d'un coup de main. Je l'ai autorisé à faire aux autorités du pays toutes demandes de pionniers, ouvriers et matériaux qui seront nécessaires.

Je prie V. A. de considérer qu'à la bataille du 14 4 officiers du génie du corps d'armée ont été mis hors de combat, et que la compagnie de sapeurs a tellement souffert à cette même bataille qu'il n'y reste que 36 hommes disponibles, parmi lesquels il ne se trouve aucun ouvrier d'art.

Je prie V. A. d'envoyer à ce corps d'armée des officiers

---

1. L'armée de l'Empereur, même dans sa plus belle époque, avait des traînards. Dès qu'on fait des marches longues et surtout lorsqu'on marche dans de mauvais chemins, beaucoup d'hommes restent en arrière par fatigue ou par indiscipline, et cela dans tous les corps d'armée. Au 4e corps après la marche du 18 octobre, voir *Iéna*, p. 608 ; — au 6e corps après la marche du 17 octobre, voir pages 122 et 123 ; — au 1er et au 4e corps après le passage de l'Elbe.

2. Coswig, 14 kil. de Wittenberg.

du génie ainsi que des compagnies de mineurs et de sapeurs pour pouvoir suivre ces travaux.

Une reconnaissance du 12e de chasseurs envoyée sur Roslau [1] y est arrivée pendant la nuit, et a trouvé les troupes de la division Suchet passant l'Elbe sur des nacelles.

Une autre reconnaissance du 1er de chasseurs s'est emparée du pont de Torgau et en a confié la garde aux troupes saxonnes avec la condition expresse d'en défendre le passage aux troupes prussiennes.

5e corps. La division Suchet et la cavalerie ont passé l'Elbe dans des barques pour se porter au bivouac de Roslau.

Quartier général, 2e division, Dessau.

7e corps. Même position que le 20.

2e division de dragons, en arrière de Dessau.

LE MARÉCHAL BERNADOTTE AU MAJOR GÉNÉRAL.

Bernburg, 21 octobre 1806, 8 heures du soir.

Il est 8 heures du soir, M. le Duc ; on vient de me remettre vos dépêches à mon arrivée de Barby où je suis allé avec le Grand-duc pour aviser aux moyens de passer l'Elbe.

Dans une de vos lettres, vous me dites que l'intention de l'Empereur est que je passe l'Elbe dans la journée d'aujourd'hui et dans la nuit ; la journée est déjà passée, mais pour remplir autant qu'il est en mon pouvoir les ordres de S. M., j'ordonne au général Drouet de se porter de suite sur Barby ; je m'y rends moi-même et le passage commencera aussitôt. Je dois vous faire remarquer que le peu de moyens que nous avons pu réunir, nous mettra dans l'impossibilité d'effectuer le passage bien promptement ; jusqu'à présent nous n'avons que 3 bacs, 2 barques et 2 nacelles ; ces dernières descendaient l'Elbe pour Magdeburg ; nous les avons fait arrêter, le Grand-duc et moi ; les bateaux que j'avais envoyé chercher à

1. De Wittenberg à Roslau, 29 kil.

Rothenburg ne sont pas encore arrivés ; on les attend d'un moment à l'autre[1], mais tout cela réuni ne peut pas nous

---

1. ÉTAT-MAJOR GÉNÉRAL DE L'ARTILLERIE.

RAPPORT SUR LE CONVOI DE BATEAUX DESTINÉS POUR L'EMBOUCHURE DE LA SAALE DANS L'ELBE.

Berlin, 28 octobre 1806.

Le convoi de bateaux du pays partis de Halle le 20 octobre à 2 heures et demie de l'après-midi sous la direction du capitaine Renaud est arrivé à Barby savoir : les premiers bateaux le 23 à 6 heures et demie du soir et les derniers le 24 à 7 heures du soir.

Le convoi a marché jour et nuit malgré les difficultés que présentaient le passage de 8 écluses, les bancs de sable semés sur cette route et les vents contraires qui l'ont retardé les derniers jours.

Il est parti de Halle 17 bateaux. Le capitaine Morazin m'en a remis à Rothenburg 6 ; total 23 bateaux.

Le nombre de ceux arrivés à Barby sous ma direction est aussi de 23 bateaux. Le colonel du génie Morio y en avait déjà rassemblé 14. Un capitaine du génie en a fait amener aussi 11 que j'ai trouvés en route. Ainsi il existe en tout à Barby 48 bateaux.

Ces bateaux sont de différentes grandeurs. Ceux de la première espèce ont environ 60 pieds de longueur sur 14 de largeur mesurée ; ceux de la deuxième sont un peu moins longs et ont environ 12 pieds de largeur.

L'Elbe à Barby a environ 150 toises de largeur. Si l'on trouvait convenable d'y faire construire un pont, il suffirait, en calculant tant plein que vide, de 37 de ces bateaux estimés à 12 pieds de largeur, l'un portant l'autre.

Mais l'Elbe est sujet à des débordements fréquents qui font étendre ses eaux dans ce point depuis 600 jusqu'à 800 toises dans les terres environnantes qui ne sont protégées par aucune digue. Les culées du pont ne peuvent être portées à cette distance ; ce point ne convient nullement à l'établissement d'un pont. Il n'est pas non plus avantageusement situé pour les passages et les débouchés, car il n'y passe aucune route.

Cependant si ces bateaux étaient destinés à établir un pont sur un point plus convenable, il est essentiel d'observer qu'ils sont dépourvus d'ancres, de cinquenelles, de poutrelles et de madriers. Il faudrait d'ailleurs leur procurer tous ces objets qui manquent dans le voisinage.

La compagnie de pontonniers du capitaine Larüe, attachée au 1er corps, reçut du général Eblé, quelques heures après mon arrivée et celle des premiers bateaux, l'ordre de rejoindre le 1er corps à Zerbst. Je tâchai vainement de la retenir, puisque d'après l'ordre de M. le général Songis je devais lui faire la remise de mon convoi. Je n'obtins rien ; le capitaine reçut un second ordre et la compagnie partit le 24 au matin.

La 6e compagnie du 4e bataillon de sapeurs qui avait escorté les bateaux, avait ordre d'aider à la construction du pont ; j'ai profité de la circonstance pour remettre tout mon convoi à M. le capitaine Chantegai qui la commande, et qui devait à mon départ garder tous les bateaux à Barby jusqu'à nouvel ordre.

Aujourd'hui j'ai rencontré en route un sapeur à pied, qui porte à cette compagnie l'ordre du général Chasseloup de se rendre à Spandau. Ainsi ces bateaux rassemblés si précipitamment vont se trouver confiés à la garde des habitants du pays, si l'on n'y envoie une nouvelle compagnie pour les conserver.

RENAUD, capitaine d'artillerie.

mettre à même de passer, dans cette nuit ni dans la journée de demain, mon corps d'armée tout entier ; aussi pour remédier à ce peu de moyens, j'ai pensé qu'il était convenable d'envoyer par Dessau une grande partie de mon artillerie et 2 régiments de cavalerie. Si je prévois que le passage doive être trop long, je dirigerai aussi par Dessau une division d'infanterie. Vous savez que celle du général Rivaud est à Aschersleben.

Je suis extrêmement sensible, M. le Duc, aux reproches que vous m'adressez au nom de l'Empereur ; je suis d'autant plus affligé que j'ai la conscience de ne point les avoir mérités ; il vous suffira de jeter les yeux sur l'ordre que vous m'avez adressé hier pour vous assurer que je ne pouvais point encore avoir passé l'Elbe ; vous me prescrivez de me rendre à Calbe ou à Bernburg et vous me dites de faire reconnaître la place pour jeter un pont dans les environs de la Saale. Non seulement j'ai chargé de suite le colonel du génie Morio de rassembler tous les moyens et de faire descendre la Saale à tous les bateaux qui s'y trouvaient, mais encore j'ai été faire la reconnaissance des lieux et voir par moi-même sur quoi nous pouvions compter ; mais, M. le Duc, pour jeter un pont sur l'Elbe, vous savez vous-même que ce ne peut être l'affaire d'un jour ; il est impossible de se procurer en si peu de temps tous les matériaux nécessaires.

Ce n'est pas ma faute, M. le Duc, si je n'ai pas eu une grande part à l'affaire d'Iéna ; je vous ai écrit dans le temps par quelle cause ma marche avait été arrêtée la veille de la bataille ; ce n'est qu'à 4 heures du matin que j'eus communication de votre lettre au maréchal Davout, dans laquelle il était dit que l'Empereur tenait beaucoup à ce que je fusse à Dornburg ; je ne perdis pas une minute pour me mettre en route, je fis grande diligence et j'arrivai à 11 heures ; j'aurais encore été à temps de remplir les vues de S. M., sans le défilé de Dornburg que tout le monde connaît et qui m'a pris un temps infini. Malgré toutes ces difficultés, j'ai marché avec une division d'infanterie et ma cavalerie ; je suis encore arrivé avant 4 heures à Apolda et assez à temps pour déterminer la retraite des ennemis qui se trouvaient devant le maréchal Davout, et le même soir j'ai pris 5 pièces de canon et plus de 1,000 prisonniers dont un bataillon entier. Je vous le répète, M. le Duc, il n'a pas dépendu de moi de faire plus ; j'ai fait tout ce qu'il était humainement possible d'exiger. Il est bien pénible pour moi d'être obligé d'entrer dans ces détails ; j'ai la conviction d'avoir bien rempli mes devoirs. Le plus grand malheur qui puisse m'arriver est de déplaire à l'Empereur ; aussi ne m'en consolerais-je pas, si je n'avais la plus grande confiance dans la justice de S. M.

Quant aux 3 compagnies destinées à escorter les prisonniers, l'ordre a été donné hier au général Dupont de les faire partir d'Alsleben où il se trouvait[1] ; elles auraient dû être rendues hier soir à Halle ; mon chef d'état-major vous a rendu compte de toutes les précautions que j'ai prises pour

1. L'ordre a été donné au général Dupont au moment où il se trouvait à Alsleben, ce qui confirme la supposition que j'ai émise page 175, que le capitaine Scherb est arrivé à Alsleben avant que la division eût dépassé ce point.

ORDRE.

Alsleben, 20 octobre 1806.

Il est ordonné à l'officier commandant les 3 compagnies de la 1re division qui doivent se rendre aujourd'hui à Halle pour y prendre l'escorte des prisonniers de guerre faits par le 1er corps de la Grande Armée dans la journée du 17 de se présenter à son arrivée dans cette ville chez le général Ménard, commandant de la place, pour prendre ses ordres et les instructions nécessaires pour conduire ces prisonniers à Erfurt. Le commandant de la place d'Erfurt lui indiquera où il doit rejoindre le corps d'armée.

Le général de division,

L. Berthier.

ORDRE.

Alsleben, 20 octobre 1806.

L'officier commandant 40 hommes du 45e pour l'escorte des prisonniers partira aussitôt qu'il sera relevé par l'officier commandant les 3 compagnies pour se diriger sur Alsleben en passant la Saale à Rothenburg. Il tâchera de rejoindre demain le corps d'armée à Ascherslehen. Cet officier pourra venir coucher aujourd'hui à Rothenburg.

L. Berthier.

Une colonne de 2,425 soldats prussiens, 95 officiers et 11 cadets arriva à Erfurt le 25 octobre sous l'escorte de 310 hommes des 9e léger, 32e et 96e (division Dupont).

l'exécution de cet ordre ; il est bien cruel, M. le Duc, qu'un retard qui m'est tout à fait étranger, puisse être encore un grief contre moi.

P.-S. — Les détachements que j'avais envoyés de Halle à Querfurt pour battre le pays ont ramassé environ 1,000 prisonniers et pris 9 pièces de canon attelées. Je charge le général Rivaud qui vient d'Aschersleben de recevoir demain matin les troupes saxonnes, de faire mettre pied à terre à la cavalerie et d'envoyer les chevaux à Acken. Il remettra les prisonniers à leur général en chef.

LE GÉNÉRAL L. BERTHIER AU GÉNÉRAL DUPONT.

Bernburg, 21 octobre 1806.

Conformément aux ordres du prince de Ponte-Corvo veuillez partir à 3 heures précises du matin avec votre division pour vous diriger par Nienburg sur Barby[1] où tout le corps d'armée doit passer l'Elbe avec les moyens que le colonel du génie a à sa disposition. Le Prince me charge de vous inviter à ne pas perdre un moment pour suivre le mouvement du général Drouet qui part de Nienburg, l'intention de l'Empereur étant que le passage de l'Elbe se fasse dans le moindre délai possible.

Vous ne vous ferez suivre que par 3 pièces de canon et 3 caissons, le reste de votre parc d'artillerie reviendra à Bernburg pour de là suivre avec les autres parcs de division la route qui conduit à Dessau et passer le pont sur l'Elbe en face de Roslau d'où il suivra la route qui lui sera indiquée par un officier d'artillerie pour rejoindre le corps d'armée à Walter-Nienburg.

Egeln, 21 octobre 1806.

Le général Klein sera momentanément attaché au corps du maréchal Ney. Envoyer de suite prendre ses ordres.

Ordre aux généraux d'Hautpoul, Beaumont, Nansouty et Lasalle de partir de leurs cantonnements pour se rendre à Calbe sur la Saale, où ils recevront une autre destination.

---

1. On passe la Saale sur un bac après Rosenburg ; puis on poursuit sur une digue. — A son embouchure la Saale n'a guère plus de 120 pieds de largeur ; ses eaux sont bourbeuses et profondes, ses rives marécageuses et couvertes de bois. (*Journal du 1er corps.*)

LE GÉNÉRAL BELLIARD AU GÉNÉRAL D'HAUTPOUL.

Calbe, 21 octobre 1806.

Vous vous établirez avec votre division, d'après les instructions du Prince, au village de Brumby où vous établirez votre quartier général. Vous pourrez faire aussi occuper le village de Glöthe ; vous aurez en avant de vous à Atzendorf la brigade Lasalle, à Muhlingen la division Beaumont ; Nansouty sera à Calbe avec le quartier général.

Vous n'envoyez jamais les ordonnances que je vous demande ; je vous prie de ne pas l'oublier ; autrement le service peut en souffrir.

Ordre au général Lasalle de s'établir ce soir à Atzendorf avec votre brigade que vous garderez militairement poussant sur la route de Magdeburg. Le 13e régiment est à Grossensalze.

LE GRAND-DUC DE BERG A L'EMPEREUR.

Calbe, 21 octobre 1806.

Ainsi que j'ai eu l'honneur de l'annoncer à V. M., je me suis porté sur Calbe ; mon mouvement se trouve heureusement d'accord avec vos intentions. Le 13e de chasseurs est arrivé ici hier ainsi qu'à Barby, où j'ai le bac avec lequel on peut passer 40 chevaux ; j'en ai un autre ici que je ferai descendre, et j'espère que celui de Schönebeck sera aussi intercepté.

Les 3 divisions de cavalerie sont placées ainsi qu'il suit :

Beaumont à Mühlingen, 2 régiments à Barby avec du canon pour intercepter le cours de l'Elbe ; Nansouty à Calbe et d'Hautpoul à Glöthe et Lasalle à Atzendorf, ayant des postes sur Magdeburg ; le 13e de chasseurs à Schönebeck occupant Frohse [1].

---

1. De Cochstädt à Calbe, 27 kil. ; — de Gröningen à Glöthe, 33 kil. ; — de Wollmirsleben à Atzendorf, 9 kil. ; — d'Atzendorf à Magdeburg, 24 kil. ; — d'Egeln à Mühlingen, 25 kil. ; — de Calbe à Schönebeck, 14 kil. ; — de Schönebeck à Frohse, 8 kil., à Magdeburg, 14 kil.

J'ordonne au général Belliard de se rendre auprès de V. M. ; il vous rendra compte de sa visite au prince de Hohenlohe[1]. J'ai envoyé quelqu'un ce soir par la rive droite de l'Elbe sur Magdeburg pour savoir si l'ennemi se retire, car il est impossible de penser qu'il veuille se défendre à Magdeburg et vous donner une seconde victoire d'Ulm.

Je pars à l'instant avec le prince de Ponte-Corvo pour Barby ; nous y ferons une reconnaissance pour nous assurer s'il est possible d'y jeter un pont et quels sont les moyens que peut offrir cette ville.

LE GRAND-DUC DE BERG A L'EMPEREUR.

Calbe, 21 octobre 1806, 6 heures et demie du soir.

J'arrive de Barby ; il y a déjà plusieurs bateaux réunis. Des Saxons y sont rassemblés ; ils doivent se rendre demain à Bernburg. J'y ai vu un assez beau régiment de hussards. Des Saxons qui sont partis ce matin à 10 heures de Magdeburg, assurent que tous les débris de leur armée s'y trouvent réunis sous les canons de la place et sur les deux rives, et qu'ils s'y réorganisent. On a arrêté ce matin en ma présence 2 bateaux chargés se rendant à Magdeburg ; j'ai ordonné de ne rien laisser passer.

Je reçois l'ordre de me porter en toute diligence sur Dessau[2] ; j'y serai rendu demain soir. J'aurais cependant besoin d'une explication : cet ordre porte avec toute la cavalerie, et ce matin j'ai reçu celui de laisser 2 divisions aux maréchaux Soult et Ney. Je prie V. M. de me faire connaître si cet ordre concerne mes 3 divisions seulement ou les 5. Je pourrai recevoir à temps les ordres de V. M. Dans tous les cas, 3 divisions et 3 régiments de troupes légères seront rendus demain de bonne heure à Dessau.

---

1. A Magdeburg.
2. Ordre de Halle, 21, 9 heures du matin.

LE MARÉCHAL SOULT AU GÉNÉRAL LEGRAND.

Hadmersleben[1], 21 octobre 1806.

Au reçu du présent ordre, faites battre la générale dans votre camp et mettez immédiatement en marche la division que vous commandez ; vous la dirigerez sur Gross-Wanzleben, où ce soir tout le corps d'armée doit se réunir. Prenez pour cet effet la route la plus courte et la meilleure ; mais vous pouvez passer en colonne à travers champs.

Si vous avez à votre quartier général des parlementaires prussiens, faites-les partir de suite avant votre mouvement et dirigez-les par Egeln sur Magdeburg pour être rendus. L'officier qui les conduira trouvera à Gross-Ottersleben les avant-postes de la cavalerie légère qui lui fourniront un trompette pour aller avec le parlementaire jusqu'aux avant-postes ennemis.

---

1. LE GÉNÉRAL COMPANS A L'ORDONNATEUR.

Hadmersleben, 21 octobre 1806.

Le corps d'armée, M. l'Ordonnateur, aura probablement séjour aujourd'hui ; M. le Maréchal commandant en chef désire que vous mettiez ce temps à profit pour vous procurer des subsistances, notamment du pain, et rétablir l'ordre dans les services administratifs que la rapidité de nos marches a quelque peu désorganisés. — Beaucoup de caissons de régiment et les ambulances sont restés en arrière. Il faut indispensablement qu'ils soient ralliés dans le jour ou au plus tard dans la nuit au corps d'armée. Donnez-vous à cet effet tous les soins imaginables.

Les distributions régulières étant un des meilleurs moyens de maintenir l'ordre ou de le rétablir lorsque les troupes s'en écartent par la nécessité de se procurer des subsistances, M. le Maréchal commandant en chef désire que vous fassiez faire des doubles distributions de viande dans toutes les occasions où celle du pain ne pourra pas être faite. Prenez des précautions pour que votre parc des vivres-viande soit approvisionné en conséquence. — M. le Maréchal autorise MM. les généraux de division à ordonner des distributions d'eau-de-vie lorsque les circonstances leur paraîtront les nécessiter ; prenez aussi vos précautions pour vous mettre en mesure de faire remplacer dans les divisions celle qui pourrait être consommée. — J'ai donné des ordres pour qu'il vous soit fourni de suite un détachement de 20 hommes pour presser la rentrée du pain que vous avez requis dans les environs. — Veuillez bien m'informer, dans l'après-midi, de l'état des choses par rapport aux divers objets de ma lettre afin que je puisse en donner connaissance à M. le Maréchal.

LE MARÉCHAL SOULT AU GÉNÉRAL LEVAL ET AU GÉNÉRAL SAINT-HILAIRE.

Hadmersleben, 21 octobre 1806.

Faites mettre de suite en marche la division que vous commandez et dirigez-la sur Gross-Wanzleben où elle prendra position et sera réunie au restant du corps d'armée. Vous pourrez la faire marcher en ordre inverse afin d'accélérer le mouvement.

Gross-Wanzleben est sur la route de Magdeburg.

LE MARÉCHAL SOULT AU MAJOR GÉNÉRAL.

Hadmersleben, 21 octobre 1806.

Je reçois le duplicata de l'ordre que V. A. m'a fait l'honneur de m'envoyer hier 20 à 4 heures du matin, et je m'empresse de lui rendre compte que les dispositions qu'il contient sont en partie remplies.

Hier les 3 divisions d'infanterie ont été réunies à Hadmersleben. La division de dragons commandée par le général Sahuc a occupé Gross-Wanzleben. La cavalerie légère du corps d'armée a été jusqu'à une demi-lieue de Magdeburg hier, où elle a pris poste à Klein et Gross-Ottersleben [1]. Dans ce mouvement le général Guyot a enlevé un escadron de dragons prussiens avec ses chevaux.

Le général Guyot m'a rendu compte [2] qu'en approchant de Magdeburg il avait vu au moins 4,000 hommes de cavalerie et une forte ligne d'infanterie qui faisaient des démonstra-

1. Klein-Ottersleben à 7 kilomètres en avant de Schleibnitz sur la route de Magdeburg.

2. LE GÉNÉRAL COMPANS AU GÉNÉRAL MARGARON.

Hadmersleben, 21 octobre 1806.

M. le Maréchal commandant en chef me charge de vous informer, mon cher général, que quoique ses instructions soient que le général Guyot corresponde avec lui directement à cause de l'importance qu'il ajoute à avoir les rapports de l'avant-garde, ce général n'en est pas moins sous vos ordres pour tout ce qui a rapport au service de la division dont vous avez le commandement ; il doit donc correspondre aussi avec vous ; je lui ferai part de cette disposition.

tions pour l'attaquer, mais tout s'est passé par l'échange de quelques coups de pistolet.

En ce moment les troupes du corps d'armée sont en marche pour aller prendre position à Gross-Wanzleben. Par ce mouvement je pourrai approcher davantage la cavalerie de Magdeburg, et je compte qu'avant la nuit toutes les routes qui conduisent à cette ville par la rive gauche de l'Elbe seront interceptées.

Je ferai l'impossible pour avoir des nouvelles de la colonne du duc de Weimar, et, si elle paraît, j'en rendrai bon compte à S. M., mais je crains que de Heiligenstadt, où elle était il y a 4 jours, elle ne se soit dirigée sur Göttingen; je ne dois cependant pas tarder à avoir des renseignements positifs à son égard.

J'ai prévenu M. le maréchal Ney du mouvement que le corps d'armée fait sur Gross-Wanzleben, et je pense que cet avis le portera à faire occuper la position que je quitte à Hadmersleben afin d'être plus à portée de me soutenir s'il devenait nécessaire, ou pour diriger une de ses divisions sur la colonne du duc de Weimar si elle se présente, en même temps que j'y en porterai une autre du corps d'armée.

Je dois rendre compte à V. A. que le général Legrand a fait 300 prisonniers à l'ennemi dans la marche que la division qu'il commande a faite le 19 sur Quedlinburg.

Mon quartier général sera ce soir à Gross-Wanzleben.

4e division de dragons, Rodensleben ; — 1re division, Botmersdorf; — 2e division, Gross-Wanzleben ; — 3e division, Schleibnitz ; — parc, Egeln. — De Schleibnitz à Botmersdorf, les 3 divisions d'infanterie sont échelonnées sur une profondeur de 8 kilomètres couvertes en avant et en avant à gauche par la cavalerie légère et la 4e division de dragons.

LE MARÉCHAL SOULT AU MARÉCHAL NEY.

Gross-Wanzleben, 21 octobre 1806.

Vous me faites l'honneur de me prévenir par votre lettre de ce jour, que vous vous proposez de porter demain votre corps d'armée en avant de Gross-Wanzleben. Les derniers ordres que j'ai reçus de S. A. le Prince ministre de la guerre portent que je dois approcher de Magdeburg, assez près pour observer ce qui s'y passe, sans cependant le bloquer absolument pour ne pas désunir la troupe. Cette disposition est parfaitement remplie. Le corps d'armée est en position à 2 lieues de Magdeburg et la cavalerie cerne entièrement la place sur la rive gauche de l'Elbe; les grand'gardes ne sont qu'à 800 toises du corps de la place et j'ai une brigade de cavalerie légère à Olvenstädt [1], sur la grande route de Brünswick, d'où elle porte des partis très au loin le long de l'Elbe ainsi que vers Haldensleben et Helmstädt. Une division de dragons est à Hohen et Nieder-Dodeleben pour soutenir la brigade de gauche de cavalerie légère; enfin une autre brigade de cavalerie légère est à Klein et Gross-Ottersleben. Ainsi l'investissement de la place existe positivement sur ce côté de l'Elbe, et rien ne peut y entrer sans que nous en soyons prévenus et que nous ayons le temps d'aller à sa rencontre pour le détruire. Je ne pense pas non plus qu'on puisse s'en approcher davantage sans entrer dans un nouveau système d'opérations, d'autant plus que depuis la nuit dernière l'ennemi n'a absolument que les gardes ordinaires en avant de la place, toutes les troupes ayant repassé l'Elbe pour se réunir, à ce qu'on dit, du côté de Burg, sur la route de Berlin [2]. Dans cet état de choses, je ne sais s'il entre dans les dispositions de S. M. que nous nous élevions davantage, car son but doit être de passer l'Elbe, et je doute si cette opération aura lieu au-dessus ou au-dessous de Magdebourg. Quoi qu'il en soit, je ne crois pas encore m'écarter des vues de S. M. en faisant demain une marche en avant, et, dans cette persuasion, je porterai le corps d'armée à Irxleben [3], afin d'être plus rapproché des autres débouchés que la co-

1. Olvenstädt, à 5 kilomètres de Magdeburg; — d'Olvenstädt à Neuhaldensleben, 20 kil.; — à Helmstädt, 43 kil.

2. L'armée prussienne aurait donc quitté Magdeburg le 21.

3. Sur la route directe de Magdeburg à Brünswick par Olvenstädt et Helmstädt.

lonne du duc de Weimar pourrait prendre pour passer l'Elbe. Ainsi je laisserai à votre disposition tous les villages qui sont sur la droite de Gross-Rodensleben, de Nieder-Dodeleben et Diesdorf, pour être occupés par vos troupes, et je me chargerai de toute la gauche. Cependant s'il vous était possible de venir demain matin de bonne heure à Gross-Wanzleben et avant même que vos troupes fussent mises en mouvement, nous conviendrons des positions que les 2 corps d'armée devraient prendre. Au reste, je ne donnerai aucun ordre avant de vous avoir vu, et cela souffre d'autant moins d'inconvénients que la marche de demain sera courte. Vous me dites, mon cher Maréchal, que S. A. le Grand-duc de Berg a mis à votre disposition la division de dragons commandée par le général Klein. Le Prince m'en a écrit autant, et aujourd'hui j'ai envoyé sur divers points pour chercher cette division. Si demain matin j'ai l'avantage de vous voir, nous conviendrons de son service de manière qu'au besoin elle fasse pour tous les deux. Je vous réitère, mon cher Maréchal, l'assurance de mon parfait attachement.

Le ministre de la guerre m'a prévenu que depuis hier le maréchal Bernadotte avait pris position en avant de Aschersleben, d'où il fait occuper Bernburg et Calbe. Je crois que les maréchaux Lannes et Davout ont pris une autre direction ainsi que le maréchal Augereau, mais je n'ai rien de positif à ce sujet.

6e corps. 10e de chasseurs, Seehausen; quartier général, Hadmersleben ; — 2e division, Gross-Germersleben, bivouac sur 2 lignes, la 1re entre Hadmersleben et Alikendorf, la 2e entre Alikendorf et Alsleben ; — 3e division, Croppenstadt, bivouac sur 2 lignes, la 1re auprès de Gröningen, la 2e à Klein-Gröningen ; — 1re division de dragons, Egeln.

4e corps d'armée. ORDRE.

Hadmersleben, 21 octobre 1806.

Le Maréchal commandant en chef éprouve la plus vive peine d'être obligé à prendre des mesures de rigueur pour arrêter les funestes effets de l'indiscipline dans le corps d'armée ; mais le mal est si grand que le remède ne saurait être ni trop prompt ni trop violent. Les traces du corps d'armée sont marquées par l'incendie, la dévastation et par des crimes atroces qu'on a peine à concevoir. La voix des chefs est méconnue, la vie des officiers est souvent compromise et, pour comble de malheur, les ressources en subsistances que le pays offrait sont détruites du moment que les troupes françaises paraissent.

Pour remédier à cet état de choses et rendre la réputation des troupes du corps d'armée exempte de tout reproche, le Maréchal commandant en chef ordonne les dispositions suivantes :

Art. 1er. — Tout militaire qui sera arrêté dans une maison où il aura été commis du pillage, sera considéré comme auteur de ce délit et livré de suite à une commission militaire pour être jugé suivant toute la rigueur des lois.

Art. 2. — Tout militaire qui sera arrêté emportant des effets volés ou des meubles pour quelque usage que ce soit, sera considéré comme pillard et maraudeur et livré ensuite à une commission militaire.

Art. 3. — Tout militaire qui sera arrêté dans un village et à portée des maisons avec des torches ou une chandelle allumée à la main, sera considéré comme incendiaire et livré également à une commission militaire.

Art. 4. — Tous les 4 jours il sera fait une visite des sacs dans l'infanterie et des porte-manteaux dans l'artillerie et la cavalerie pour vérifier s'il n'est pas de militaires qui aient des effets pillés ou volés, et s'il n'en est pas qui aient de l'argent pris aux habitants ; ceux qui seront reconnus coupables d'un de ces délits seront sur-le-champ arrêtés et livrés à la commission. — Les effets et argent volés seront saisis pour être rendus.

Art. 5. — Les vivandières et blanchisseuses, les domestiques d'officiers et toutes autres personnes à la suite de l'armée, qui seront convaincues de pillage ou d'avoir recélé des effets volés, seront considérées comme auteurs du délit, et livrées également à la commission militaire. Pour cet effet il sera fait aussi tous les 4 jours une visite de leurs voitures.

Lorsqu'une femme, vivandière ou blanchisseuse, aura pillé ou favorisé le pillage en recélant des effets volés, sa voiture sera conduite devant le régiment auquel elle appartient et livrée aux flammes avec tous les effets qui y seront contenus, ensuite la vivandière sera habillée de noir, promenée dans les camps et chassée de l'armée.

Art. 6. — Il est expressément défendu à tout militaire d'arrêter les voitures de transport que l'administration emploie, ni d'enlever aucun cheval chez des particuliers. Ceux qui se permettront à l'avenir de semblables excès seront aussi considérés comme maraudeurs et livrés également à une commission militaire.

Art. 7. — A la réception du présent ordre, les commandants des régiments feront rassembler tous les chevaux pris dans le pays que des militaires emmènent, et ils les feront conduire à l'artillerie de leurs divisions respectives.

Ne seront exceptés de cette disposition dans l'infanterie que les officiers auxquels la loi donne le droit d'avoir des chevaux, ainsi que ceux qui ont obtenu du Maréchal commandant en chef l'autorisation par écrit d'en conserver pour leur usage.

Art. 8. — Dans les marches tout militaire qui s'écartera de la colonne sans motif de service, et lorsque la troupe aura pris position tout militaire qui ira à la corvée sans être conduit par un homme armé, seront aussi considérés comme pillards et livrés comme tels à la commission militaire.

Art. 9. — Il est défendu à tout militaire faisant partie d'un corps, de loger dans les villages ni même d'y établir des chevaux d'officiers : tout le monde sans exception, même les musiciens, vivandières, etc., doit être au camp lorsque la troupe campe.

Art. 10. — Des ordres ont été donnés pour que toutes les corvées fussent conduites par des officiers et des gens armés. A l'avenir cette disposition sera exécutée dans sa plus grande rigueur, et lorsque les régiments enverront au bois, à l'eau, à la paille et à d'autres distributions, l'officier commandant la corvée fera réunir sur un point tous les objets qu'il doit prendre, vérifiera s'il n'y a pas des meubles ou effets pillés, et fera transporter au camp ce que la troupe sera en droit d'avoir.

L'officier commandant une corvée sera toujours responsable du dégât que la troupe commettra.

Art. 11. — Lorsqu'il y aura un incendie, toute la troupe prendra les armes jusqu'à ce que l'incendie soit éteint, et le régiment le plus à portée enverra un détachement d'hommes armés pour maintenir la police, et un détachement d'hommes sans armes pour travailler.

En cas d'incendie la troupe la plus près est toujours responsable de l'événement et c'est au chef qui la commande à prendre des mesures de police pour le prévenir.

Art. 12. — Les militaires prévenus d'autres crimes tels qu'assassinat, viol et désobéissance envers les officiers, seront aussi livrés à une commission militaire.

Art. 13. — Les généraux de division sont autorisés à former des commissions militaires toutes les fois que des coupables seront arrêtés, et qu'en exécution du présent ordre il y aura lieu de les mettre en jugement.

Art. 14. — Les commissions qu'on formera en exécution de cet ordre seront composées de 5 membres dont 1 colonel, 1 chef de bataillon ou d'escadron et 3 capitaines ; leur jugement sera sans appel et exécuté à l'instant même devant la troupe assemblée.

Art. 15. — Le présent ordre sera lu tous les 4 jours à la tête des compagnies et MM. les généraux voudront bien prendre toutes les mesures nécessaires pour en assurer l'exécution.

Le Maréchal commandant en chef fait un appel à tous les officiers du corps d'armée, et il les conjure au nom de l'honneur et du sentiment, du zèle et du dévouement qui les anime pour le service de l'Empereur, de le seconder par tous leurs efforts pour rétablir l'ordre et la discipline dans le corps d'armée, afin que les troupes qui le composent soient toujours dignes de la confiance de l'Empereur et continuent à mériter ses grâces.

M[al] SOULT.

22 OCTOBRE.

LE MAJOR GÉNÉRAL AU GRAND-DUC DE BERG.

Dessau, 22 octobre 1806.

L'Empereur, Monseigneur, me charge de vous prévenir que la division de dragons qui est avec le maréchal Soult doit y rester ainsi que celle qui a été divisée en 2, dont une partie est en arrière pour ramasser et balayer les partis ennemis ; quant au reste de votre cavalerie, elle doit se rendre à Dessau pour y passer le pont [1].

LE MAJOR GÉNÉRAL AU GÉNÉRAL LEMAROIS.

Dessau, 22 octobre 1806.

Par l'Empereur. — S. M. ordonne à son aide de camp le général de division Lemarois de se rendre à Wittenberg pour y prendre le commandement de cette place et du pays avec le titre de gouverneur général [2].

La place de Wittenberg devient le centre et le pivot de toutes les opérations de la Grande Armée, et le choix que l'Empereur fait de son aide de camp, le général Lemarois, pour être gouverneur de cette place, fait assez connaître

---

1. Réponse à la lettre du Grand-duc du 21, de Calbe, à 6 heures et demie du soir. V. page 206.

2. Ordre le 23 au commandant du 1er régiment de hussards de laisser pour 8 jours à Wittenberg, aux ordres du gouverneur, 1 maréchal-des-logis, 1 brigadier et 10 hussards.

l'importance que S. M. y attache pour ses opérations ultérieures.

M. le général Lemarois communiquera cet ordre à M. le maréchal Davout qui lui fera connaître tous ceux qui ont déjà été donnés relativement à la place de Wittenberg.

LE MAJOR GÉNÉRAL AU MARÉCHAL DAVOUT.

Dessau, 22 octobre 1806.

L'intention de l'Empereur, M. le Maréchal, est que vous dirigiez sur-le-champ[1] votre corps d'armée sur Zahna, Juterbogk et Luckenwald. Cette dernière ville est à peu près à moitié chemin de Wittenberg à Berlin. Arrivé à Luckenwald, vous vous mettrez en communication avec Treuenbrietzen où sera le quartier général.

Vous ferez vos réquisitions de vivres à droite de la route et rien sur la gauche.

Vous ferez aujourd'hui 22 une très-petite journée; il suffit d'indiquer votre marche et d'aller à Zahna.

La division de dragons Beker qui arrive à Wittenberg sera à vos ordres et suivra votre direction; laissez-lui des ordres à son arrivée à Wittenberg.

L'intention de l'Empereur est que vous teniez bien ensemble cette division de dragons, que vous ne vous en serviez pas comme éclaireurs, mais bien pour qu'elle tombe ensemble sur les bataillons ennemis que vous pouvez rencontrer.

Vous direz au général Beker qu'il ne doit pas moins en-

---

1. C'est-à-dire aussitôt la réception de cet ordre. Comme on le verra plus loin, le mouvement commença à 5 heures du soir. L'ordre reçu, le maréchal Davout adressa de suite ses ordres aux généraux de division; comme les divisions étaient à 3, 4 ou 5 kilomètres de Wittenberg, on doit compter environ 2 heures pour le commencement du mouvement depuis la réception de l'ordre du Major général, qui est donc arrivé à Wittenberg vers 2 heures et demie ou 3 heures. — Il y a 35 kilomètres de Dessau à Wittenberg par Wörlitz, Selbitz, Bergwitz; soit 4 heures à raison de 9 kilomètres à l'heure. L'officier est donc parti de Dessau vers 10 heures et demie ou 11 heures au plus tard, peut-être plus tôt; ce qui permet de se rendre compte de l'heure à laquelle l'Empereur a donné ses ordres.

voyer au prince Murat sa situation et les rapports qu'il aurait de l'ennemi.

LE MAJOR GÉNÉRAL AU GÉNÉRAL BEKER.

Dessau, 22 octobre 1806.

Le général Beker, en arrivant à Wittenberg, fera prendre les ordres du maréchal Davout, dont il doit suivre les mouvements et aller bivouaquer à une lieue en avant de Wittenberg.

L'EMPEREUR AU GRAND-DUC DE BERG.

Dessau, 22 octobre 1806.

Dans quelque endroit que vous passiez l'Elbe, dirigez-vous en toute hâte sur Treuenbrietzen pour marcher sur Berlin. Je suppose qu'aujourd'hui vous serez à Dessau ou à la hauteur de Dessau ; que le 23 au soir vous ne serez pas éloigné du point que je vous désigne. Cependant ne crevez point vos chevaux. J'ai ordonné que toute la cavalerie saxonne mettrait pied à terre. J'ai laissé 1,000 hommes à pied ici à Oudinot pour les prendre ; s'il y a plus de 1,000 chevaux, chaque homme en prendra 2 ou 3. Mon intention est que cela marche sur Wittenberg où cela s'organisera.

La masse de cavalerie marche toujours avec la colonne d'armée la plus avancée, la plus importante, celle qui est le plus près de l'ennemi. Au début de la poursuite elle précède la colonne de gauche, celle qui suit l'armée prussienne dans sa retraite vers son lieu de rassemblement. La colonne du centre, qui a suivi la route la plus directe sur Berlin, devance à son tour la colonne de gauche arrêtée devant Magdeburg ; le Commandant de l'armée appelle en toute hâte la masse de cavalerie pour prendre la tête de son centre qui s'élève sur le flanc de l'ennemi. La cavalerie a harcelé dans sa retraite l'armée battue et l'a empêchée de s'arrêter, de se rassembler ; maintenant elle prend la traverse pour lui couper la route.

LE MAJOR GÉNÉRAL AU MARÉCHAL AUGEREAU.

Dessau, 22 octobre 1806.

Vous traverserez, M. le Maréchal, avec votre corps d'armée Wittenberg et vous bivouaquerez à une demi-lieue en avant sur la route de Berlin.

LE MAJOR GÉNÉRAL AU MARÉCHAL LANNES.

Dessau, 22 octobre 1806.

Vous traverserez, M. le Maréchal, Wittenberg avec les troupes qui sont à la rive gauche de l'Elbe. Vous irez bivouaquer à une lieue en avant de Wittenberg et vous continuerez demain votre route pour vous réunir à Treuenbrietzen ; quant aux troupes de votre corps d'armée qui sont à la rive droite de l'Elbe, elles marcheront aujourd'hui autant qu'elles le pourront, pour se réunir demain à vous à Treuenbrietzen.

J'expédie des ordres directs au général Victor. Néanmoins envoyez un officier d'état-major.

Ordre au général Victor pour que les troupes qui sont à la rive droite de l'Elbe se rendent le plus tôt possible à Treuenbrietzen pour se réunir au reste du 5e corps.

LE MAJOR GÉNÉRAL AU GRAND-DUC DE BERG.

Dessau, 22 octobre 1806.

L'Empereur ordonne, mon Prince, qu'aussitôt votre arrivée vous passiez le pont de Dessau avec votre cavalerie pour vous rendre le plus tôt possible à Treuenbrietzen où sera le quartier général.

LE MAJOR GÉNÉRAL AU MARÉCHAL BERNADOTTE.

Dessau, 22 octobre 1806.

L'Empereur ordonne, M. le Maréchal, qu'aussitôt votre arrivée à Dessau, vous passiez le pont sans vous arrêter pour bivouaquer sur la rive droite de l'Elbe ; vous dirigerez les bivouacs sur la route de Coswig ; vous enverrez également des reconnaissances sur la route de Magdeburg. Aussitôt votre arrivée vous enverrez un officier à Wittenberg pour recevoir des ordres.

LE MAJOR GÉNÉRAL AU MARÉCHAL SOULT.

Dessau, 22 octobre 1806.

J'ai l'honneur de vous prévenir, M. le Maréchal, que les corps des maréchaux Lannes, Davout et Augereau sont aujourd'hui à Wittenberg ; le général Lemarois, aide de camp de l'Empereur, vient d'être nommé gouverneur de cette place. S. M. a ordonné qu'on travaille avec la plus grande activité à fortifier Wittenberg qui va devenir le centre et le pivot de la Grande Armée, comme Erfurt le sera de nos derrières en cas de retraite.

L'Empereur vous recommande de ne pas avoir trop de confiance, de tenir votre corps d'armée bien réuni, de vous concerter toujours avec le maréchal Ney, de manière que si l'ennemi vous attaquait par un mouvement brusque et inopiné, le maréchal Ney se trouve en état de vous soutenir [1].

Il n'est pas certain que l'ennemi n'ait laissé à Magdeburg qu'une garnison ; il pourrait y avoir encore un corps d'armée.

S. M. ordonne que vous fassiez ramasser tous les moyens qui sont sur l'Elbe pour y faire jeter un pont à une lieue et demie ou 2 lieues au-dessus de cette place afin de pouvoir communiquer avec l'armée et que vous puissiez porter votre cavalerie sur l'une ou l'autre rive à volonté, et que vous puissiez de même porter votre corps d'armée, aussitôt que l'Empereur le jugera convenable, sur Berlin en passant par

1. Aussi longtemps qu'un corps d'armée peut être exposé à une attaque, le Commandant en chef ne doit pas le laisser isolé ; la prudence veut qu'il le fasse appuyer par un autre corps d'armée.

le pont que vous aurez construit. S'il y a une grande île, il serait à propos de choisir ce point pour la construction de votre pont ; cette île deviendrait une place forte qui serait le refuge du corps qui observerait Magdeburg, et, s'il entrait dans le projet de S. M. d'affaiblir tellement ce corps qu'il ne fût que la moitié ou le tiers de la garnison ennemie, il ne serait plus question que de fortifier les 2 têtes de pont qu'il serait facile d'arranger de manière à soutenir plusieurs jours de tranchée ouverte ; par ce moyen l'Empereur serait toujours certain d'avoir un pont sur l'Elbe outre celui de Wittenberg, et ce pont ne lui emploierait pas plus de troupes, puisqu'il est obligé de placer un corps d'observation devant Magdeburg qui sera le corps qui en même temps gardera le pont. Cet endroit une fois choisi, on construira dans l'île des fours et des magasins capables de nourrir plusieurs jours l'armée.

Comme la guerre peut être longue, M. le Maréchal, et qu'elle peut se compliquer, vous devez sentir l'importance de toutes ces dispositions [1].

Ayez soin que votre division de dragons et celle de cavalerie légère ne diminuent pas ; pour cet effet procurez-vous 200 ou 300 chevaux dans les pays environnants pour remplacer les chevaux blessés.

Le maréchal Bernadotte passe l'Elbe à Dessau où nous avons passé le pont.

Il tarde à l'Empereur de savoir que vous avez jeté votre pont et que vous avez intercepté avec votre cavalerie la route de Magdeburg à Berlin, et si, comme tout porte à le penser, quand l'ennemi verra que notre mouvement est décidé pour marcher sur l'Oder, il se décide à évacuer Magdeburg en y laissant une garnison convenable, vous devez vous tenir prêt à marcher avec votre corps d'armée [2].

1. Le Commandant de l'armée songe toujours, même après la victoire, aux complications que peut amener un échec.

2. L'Empereur a hâte que le 4e corps soit en état de passer à la rive droite, pour pouvoir le joindre dans le cas où l'armée ennemie évacuerait Magdeburg. Il ignore que le mouvement de Hohenlohe est déjà commencé depuis le 21. — La cavalerie du 4e corps arriverait trop tard pour intercepter la route de Magdeburg à Berlin.

LE MAJOR GÉNÉRAL AU MARÉCHAL NEY.

Dessau, 22 octobre 1806.

L'Empereur, M. le Maréchal, me charge de vous recommander que vous ayez à vous concerter avec M. le maréchal Soult pour l'appuyer et le soutenir afin de culbuter l'ennemi s'il osait l'attaquer.

Le maréchal Soult vous fera part des dispositions que l'Empereur lui a ordonnées ; incessamment vous recevrez de nouveaux ordres.

L'EMPEREUR AU MAJOR GÉNÉRAL.

Dessau, 22 octobre 1806.

Il sera envoyé un sous-inspecteur dans le pays de Brunswick, avec une patrouille de dragons, pour en prendre possession. Les armes du Duc seront ôtées partout et ses soldats désarmés. Le scellé sera mis sur les caisses, et ce pays sera en tout traité comme pays de conquête. Si le Duc s'y trouve, il sera fait prisonnier, ainsi que tous les officiers, et on les acheminera sur France, hormis le Duc, s'il est malade, lequel sera traité avec tous les égards dus à un général blessé.

L'EMPEREUR AU GÉNÉRAL CLARKE.

Dessau, 22 octobre 1806.

Je désire que vous m'envoyiez l'état des prisonniers qui ont été faits et de ceux qui ont été délivrés par les partis ennemis. Instruisez-moi exactement du moment où le corps du maréchal Mortier commencera à arriver à Fulde. Je lui ai ordonné de porter une avant-garde sur Eisenach. Donnez tous les ordres et prenez toutes les mesures pour que les canons, armes et munitions de la place de Weimar et tous ceux qui sont épars sur les champs de bataille, soient concentrés à Erfurt. Je vous ai envoyé le 14e de ligne pour renforcer votre garnison ; mais vous devez sentir le besoin que j'ai de ce régiment. Du moment donc que le maréchal Mortier sera arrivé, que mes derrières seront tranquilles, et que ce régiment ne vous sera plus nécessaire, renvoyez-le en toute diligence sur Wittenberg. J'ai ordonné que plusieurs patrouilles de chasseurs et de hussards parcourussent vos environs. Il est convenable que, lorsqu'ils ne vous seront plus nécessaires, vous les dirigiez également sur Wittenberg. Écrivez-moi tous les jours pour m'instruire de ce qui se passe sur mes derrières [1].

L'EMPEREUR A M. CAMBACÉRÈS.

Dessau, 22 octobre 1806.

Mon cousin, j'ai passé l'Elbe. — Toutes mes affaires vont au mieux. Le roi de Prusse, toute son armée et la nation prussienne demandent à grands cris la paix. Je serai probablement à Berlin dans quelques jours. J'ai remarqué que, le même jour où vous faisiez votre publication au Sénat, je remportais la grande bataille d'Iéna.

L'EMPEREUR AU ROI DE HOLLANDE.

Dessau, 22 octobre 1806.

Je reçois votre lettre du 14 ; c'était le jour de la bataille d'Iéna. Le prince de Würtemberg n'est point devant vous ; il a été attaqué et défait à Halle ; la moitié de son corps a été prise. Je vous ai envoyé, par un officier et par la voie de Mayence, des instructions pour votre direction sur Göttingen et pour l'occupation de tous les pays prussiens du nord. Envoyez-moi la formation de votre corps d'armée, auquel je joins un corps de près de 12,000 hommes. Je vous ai fait

1. Tous les gouverneurs de province, commandants de place, commandants d'armes, doivent écrire tous les jours au Commandant de l'armée. Les aides de camp de l'Empereur n'y manquaient pas.

connaître qu'il fallait le partager en 2 divisions ; faites-moi connaître son organisation et le jour où il arrivera sur le Weser. Les Prussiens n'ont pas 1,500 hommes de garnison à Nienburg sur le Weser. J'ai lieu de penser qu'ils n'ont à Hameln que juste ce qui est nécessaire pour la garnison.

Le corps qui est à Paris ne mettra pas 12 jours pour se rendre en Hollande ; si cela est nécessaire, il ne mettra que 4 jours et s'y rendra en poste. J'ai fait venir de Paris à Mayence, et cela est beaucoup plus loin, un corps de 8,000 hommes en 4 jours.

Ma position ici est on ne peut pas meilleure : la Prusse demande la paix à force ; son armée est détruite ; j'ai passé l'Elbe ; je serai dans 3 jours à Berlin.

L'EMPEREUR AU MARÉCHAL MORTIER.

Dessau, 22 octobre 1806.

Vos 3 régiments d'infanterie légère et les 2 régiments italiens doivent, à l'heure qu'il est, être arrivés ; vous devez avoir également vos 12 ou 18 pièces d'artillerie, et être en position à Fulde. Aussitôt que vous serez arrivé là, envoyez-moi votre état de situation par un de vos aides de camp, afin que je vous fasse passer des instructions sur vos opérations ultérieures.

L'EMPEREUR A M. DE TALLEYRAND.

Dessau, 22 octobre 1806.

Je pense que, du moment que vous serez assuré que le maréchal Mortier est arrivé à Fulde avec son corps d'armée, il n'y a pas d'inconvénient que vous vous dirigiez sur Erfurt, et de là sur Wittenberg et Berlin.

Immédiatement après la bataille, le roi de Prusse m'a envoyé un aide de camp avec une lettre. Aujourd'hui il m'envoie le marquis de Lucchesini. Je l'ai fait rester aux avant-postes, et j'ai envoyé Duroc voir ce qu'il veut. J'attends son retour. Le Roi me paraît tout-à-fait décidé à s'arranger ; je le ferai ; mais cela ne m'empêchera pas d'aller à Berlin, où je pense que je serai dans 4 ou 5 jours.

L'EMPEREUR AU GÉNÉRAL JUNOT.

Dessau, 22 octobre 1806.

Je reçois votre lettre du 14. Je vois avec plaisir que vous vous occupez de l'instruction et de l'administration des régiments que je vous ai laissés. Le 15e offre 2,400 hommes ; c'est un beau résultat, s'ils sont instruits. Je vous ai recommandé, je crois, de les faire tirer à la cible, de veiller à ce qu'ils aient 2 paires de souliers dans le sac et une paire aux pieds, et à ce qu'ils aient leurs capotes. Complétez donc vos régiments de Paris en prenant des conscrits de la réserve de Paris et des départements environnants. Je dois avoir donné un grand nombre de recrues au 58e et au 15e. J'ai donné la retraite aux vieux officiers du 1er régiment de Paris dont vous m'avez envoyé l'état. Vous ne m'avez pas envoyé l'état de situation des 2e, 4e et 12e régiments d'infanterie légère.

L'EMPEREUR AU GÉNÉRAL DÉJEAN.

Dessau, 22 octobre 1806.

Donnez ordre aux généraux italiens Teulié, Bonfanti et à l'adjudant commandant Mazzuchelli de se rendre à l'armée. Si je n'ai pas donné ordre au régiment italien qui est à Bordeaux de se rendre à l'armée, donnez le lui ; la route est longue, faites-la lui faire à petites journées...

14e BULLETIN DE LA GRANDE ARMÉE.

Dessau, 22 octobre 1806.

Le maréchal Davout est arrivé le 20 à Wittenberg et a surpris le pont sur l'Elbe au moment où l'ennemi y mettait le feu.

Le maréchal Lannes est arrivé à Dessau ; le pont était brûlé ; il a fait travailler sur-le-champ à le réparer.

Le marquis de Lucchesini s'est présenté aux avant-postes avec une lettre du roi de Prusse. L'Empereur a envoyé le grand-maréchal de son palais, Duroc, pour conférer avec lui [1].

Magdeburg est bloqué. Le général de division Legrand, dans sa marche sur Magdeburg, a fait quelques prisonniers. Le maréchal Soult a ses postes autour de la ville. Le grand-duc de Berg y a envoyé son chef d'état-major, le général Belliard. Ce général y a vu le prince de Hohenlohe. Le langage des officiers prussiens était bien changé ; ils demandent la paix à grands cris : « Que veut votre Empereur, nous di- « sent-ils, nous poursuivra-t-il toujours l'épée dans les reins ? « Nous n'avons pas un moment de repos depuis la bataille. » Ces messieurs étaient sans doute accoutumés aux manœuvres de la guerre de Sept Ans. Ils voulaient demander 3 jours pour enterrer les morts. « Songez aux vivants, a répondu « l'Empereur, et laissez-nous le soin d'enterrer les morts ; « il n'y a pas besoin de trêve pour cela. »

La confusion est extrême dans Berlin ; tous les bons citoyens, qui gémissaient de la fausse direction donnée à la politique de leur pays, reprochent avec raison aux boutefeux excités par l'Angleterre les tristes effets de leurs menées. Il n'y a qu'un cri contre la Reine dans tout le pays.

Il paraît que l'ennemi cherche à se rallier derrière l'Oder.

Le souverain de Saxe a remercié l'Empereur de la géné-

1. NOTE ÉCRITE PAR LE CHEF DE BATAILLON DU GÉNIE LEGRAND POUR LE JOURNAL DES OPÉRATIONS DU 3e CORPS.

Après la bataille du 14 octobre, M. le marquis de Lucchesini avait été dépêché de Magdeburg par le roi de Prusse près S. M. l'Empereur Napoléon pour entrer en négociations. Il arriva au corps de M. le maréchal Davout qui, sans doute, d'après les instructions qu'il avait, ne le laissa pas continuer sa route, le traita parfaitement et lui donna 2 aides de camp pour sauvegarde, mais avec ordre de ne pas le quitter et de suivre son quartier général. C'est ainsi que M. le marquis est arrivé à la suite du Maréchal à Wittenberg où il a attendu l'arrivée de l'Empereur. Il a eu 3 conférences pendant la nuit avec M. le maréchal Duroc. L'Empereur une fois parti de Wittenberg, les 2 aides de camp lui ont été enlevés et le marquis a pris la route de Berlin.

rosité avec laquelle il l'a traité, et qui va l'arracher à l'influence prussienne. Cependant bon nombre de ses soldats ont péri dans toute cette bagarre.

Le quartier général était le 21 à Dessau.

Wittenberg, 22 octobre 1806.

Ordre au général Seckendorf, commandant les troupes de Würtemberg, de partir de Hof pour se rendre à Dresde. Il fera connaître l'époque de son arrivée et l'itinéraire de sa marche.

LE MARÉCHAL DAVOUT AU MAJOR GÉNÉRAL.

Zahna, 22 octobre 1806.

J'ai l'honneur de rendre compte à V. A. que le corps d'armée a pris position :

La 1re division en avant de Seehausen [1];

La 2e à Naundorf;

La 3e en arrière de Zahna ;

La division de dragons aux ordres du général Beker à Seyda et environs.

Demain 23 le corps d'armée prendra position : la 1re divi-

---

1. Le 22 à 5 heures du soir, la 1re division se mit en mouvement et se dirigea vers Berlin par la route de traverse de Jüterbogk et de Zahna. Elle prit position sur 2 lignes près le village de Gölsdorf; une partie de la cavalerie légère occupa Treuenbrietzen afin de tenir la grande route de Berlin et de couvrir le flanc de la colonne.

La 2e division vint se placer en avant de Zahna à cheval sur la route de Jüterbogk et la 3e en arrière de Zahna. (Journal du 3e corps.)

De Dobien en avant de Seehausen près Gölsdorf, 26 kil.; — de Wittenberg à Zahna, 12 kil. ; — de Wittenberg à Seyda, 18 kil. ; — de Wittenberg à Treuenbrietzen, 32 kil. ; — de Treuenbrietzen à Jüterbogk, 20 kil. — Le mouvement commencé à 5 heures du soir ne put donc être achevé que très-tard dans la soirée. Les troupes avaient dû manger avant le départ. — Les officiers au bivouac mangeaient à l'ordinaire avec la troupe. Qu'ils mangent à l'ordinaire ou qu'ils fassent popote à part, il est indispensable qu'ils mangent à la même heure que la troupe afin d'être prêts à partir le ventre plein comme elle. Je ne sache pas que depuis l'ancienne monarchie il y ait des armées où les heures de départ, de grand'halte et d'arrivée soient réglées par les heures de repas du chef. Le chef susceptible d'un pareil égoïsme serait marqué du doigt comme le maréchal Marmont qui ne rougissait pas d'étaler le luxe de sa table devant ses soldats mourant de faim. (Lieutenant-colonel Lemonnier-Delafosse. Voir général Pierron, *Méthodes de guerre*, tome Ier, page 441.)

sion en avant de Luckenwald et les 2 autres à Luckenwald; la division de dragons à Ruhlsdorf et Frankenfeld.

5e corps. La division Suchet et la cavalerie légère ont marché par la rive droite de l'Elbe. Cavalerie légère, Treuenbrietzen; — division Suchet, Strauch[1].

La division Gazan est venue passer l'Elbe à Wittenberg et s'est portée à Liesenitz.

Quartier général, Wittenberg.

7e corps. Cavalerie légère, 1re division, en avant de Wittenberg où elles ont passé l'Elbe; — quartier général, Wittenberg; — 2e division, en arrière de Wittenberg; — parc, derrière la 2e division.

Quartier général de la réserve de cavalerie, brigade Lasalle, Dessau[2].

3e division de dragons, Mosigkau.

1re division de grosse cavalerie, Rosefeld.

2e division de grosse cavalerie, bivouac à Maxdorf.

LE MARÉCHAL BERNADOTTE AU MAJOR GÉNÉRAL.

Quartier général sur la rive gauche de l'Elbe,
22 octobre 1806, 8 heures du matin.

Votre lettre d'hier soir 8 heures[3] vient de m'être remise sur le bord de l'Elbe devant Barby[4], où je suis occupé d'activer le passage de 2 de mes divisions d'infanterie. Je n'ai pas pu réunir plus de moyens que je ne vous l'ai annoncé hier, et le passage s'effectue avec 2 bacs, au lieu de 3 sur lesquels je comptais, et quelques barques qu'il a fallu faire venir de 10 lieues d'ici. L'on supplée à l'exiguïté de ces moyens à force de zèle et d'activité. Les troupes ayant

1. De Roslau à Strauch par Coswig, 30 kil.; — de Strauch à Treuenbrietzen par Berkau, Kerzendorf, Bossdorf, 30 kil.; — de Wittenberg à Liesenitz, 18 kil., soit 48 kil. depuis Dessau.

2. D'Atzendorf à Dessau par Calbe et Aken, 48 kil.; — de Mühlingen à Mosigkau, par Calbe et Maxdorf, 44 kil.; — de Calbe à Rosefeld, 32 kil.; — de Glöthe à Maxdorf, 24 kil.

3. L'enregistrement porte 7 heures.

4. De Dessau à Bernburg par Köthen, 40 kil.; — de Bernburg à Barby, 24 kil. La dépêche a mis 12 heures de nuit à parvenir, le Maréchal étant déjà parti de Bernburg lorsque l'officier y arriva.

déjà fait la route pour venir à Barby, je n'ai pas cru devoir les remettre en marche sur Dessau. Quant à la division Rivaud que j'ai laissée à Bernburg[1] pour recevoir les chevaux et les armes d'un régiment de hussards saxons qui doit traverser cette ville, elle passera sur le pont de Dessau. Ma cavalerie légère a dû y passer ce matin. Il en sera de même des parcs et des 2 tiers de l'artillerie des divisions. J'espère que tout mon corps d'armée sera réuni ce soir à Zerbst[2].

Il est impossible d'aller plus vite avec d'aussi faibles moyens; j'ai la conviction d'avoir fait tout ce que je devais et tout ce que pouvais. Je suis resté hier 12 heures à cheval et toute cette nuit j'ai été sur pied.

J'ai appris par le général saxon que 2 de ses régiments de cavalerie étant sortis de Magdeburg étaient arrivés à Gomern et devaient se diriger sur Wittenberg. J'ai chargé le général Watier, qui sera rendu à Zerbst pour midi, de faire conduire ces 2 régiments à Dessau où se trouve le général Oudinot[3].

LE MARÉCHAL BERNADOTTE AU MAJOR GÉNÉRAL.

Zerbst, 22 octobre 1806, 4 heures après midi.

Prince, j'ai l'honneur de vous prévenir que je suis arrivé ici à 2 heures avec la division du général Drouet; celle du général Dupont y sera à 7 heures au plus tard, ainsi que le 5e régiment de chasseurs; j'y attends aussi, très incessamment, mes 2 régiments de hussards qui ont passé par Dessau; je me suis établi sur la route de Berlin et sur celle de Magdeburg; je ne ferai point de mouvement sans vos ordres;

---

1. D'Aschersleben à Bernburg, 23 kil.

2. A un quart de lieue de Barby on passe l'Elbe sur un bac. Là la largeur du fleuve est grande, ses eaux peu profondes et ses rives graveleuses. Le chemin poursuit dans des taillis, puis sur une chaussée assez élevée du sol qui est marécageux. Une grande quantité de ponts en bois, sur lesquels on passe, donnent communication à des ramifications d'eau que forme la Nutha à ses embouchures dans l'Elbe. (Journal du 1er corps.)

De Barby à Zerbst par Walter-Nienburg, 15 kil.

3. De Magdeburg à Gomern, 16 kil.; — de Gomern à Zerbst, 21 kil.; — de Zerbst à Roslau, 15 kil.

je me bornerai à envoyer des reconnaissances le plus loin possible du côté de Magdeburg et de Berlin.

La division du général Rivaud est restée à Bernburg pour y recevoir les chevaux de la cavalerie saxonne qui y passe aujourd'hui; cette opération prendra quelque temps; dès qu'elle sera terminée, le général Rivaud a l'ordre de forcer de marche et de venir me joindre en passant par Dessau.

LE MARÉCHAL SOULT AU GÉNÉRAL GUYOT.

Gross-Wanzleben, 22 octobre 1806.

Je vous préviens que la division du général Sahuc se porte en arrière de Olvenstädt; aussitôt que sa colonne paraîtra, vous vous porterez en avant d'Ebendorf, d'où vous jetterez de nombreux partis sur Haldensleben et Wollmirstädt, même plus loin que ce dernier endroit le long de l'Elbe, afin de gagner le plus de terrain possible dans cette partie.

Ordre aux généraux Leval et Saint-Hilaire de mettre en marche leurs divisions pour se porter sur Irxleben où les divisions recevront de nouveaux ordres.

LE MARÉCHAL SOULT AU GÉNÉRAL MARGARON [1].

Gross-Wanzleben, 22 octobre 1806.

Je vous préviens que le corps d'armée fait un mouvement à gauche et que la cavalerie que vous commandez doit être remplacée par

---

1. LE GÉNÉRAL COMPANS AU GÉNÉRAL MARGARON.

Gross-Wanzleben, 22 octobre 1806.

M. le Maréchal commandant en chef ayant pris en considération les représentations que vous lui avez faites concernant la nécessité de former un dépôt des chevaux blessés qui existent actuellement dans les régiments qui composent la division à vos ordres, a ordonné la formation de ce dépôt et désigné pour son emplacement la ville de Blankenburg.

Vous ferez réunir tous les chevaux des 4 régiments jugés hors d'état de faire aucun service et vous les enverrez à Blankenburg.

Vous ne prendrez pour faire conduire et soigner les chevaux que le nombre d'hommes absolument indispensable.

Ce dépôt sera commandé par un seul officier que vous choisirez sur les 4 régiments. Vous voudrez bien lui recommander de renvoyer les chevaux aux escadrons de guerre au fur et à mesure qu'ils seront guéris.

Adressez-moi, je vous prie, mon Général, l'état par régiment des hommes et des chevaux dont ce dépôt sera composé.

celle de M. le Maréchal Ney en avant de Magdeburg; aussitôt qu'elle paraîtra, vous mettrez en marche les 16e et 11e de chasseurs et les dirigerez sur Ebendorf en passant par Olvenstädt, où vous joindrez la brigade du général Guyot et recevrez de nouveaux ordres pour continuer le mouvement.

LE MARÉCHAL SOULT AU GÉNÉRAL LEGRAND.

Gross-Wanzleben, 22 octobre 1806.

Au reçu du présent ordre, mettez en marche la division que vous commandez et dirigez-la sur Ebendorf en passant en arrière d'Olvenstädt où je vous donnerai de nouveaux ordres.

Tout le corps d'armée fait un mouvement à gauche.

LE MARÉCHAL SOULT AU MAJOR GÉNÉRAL.

Gross-Wanzleben, 22 octobre 1806[1].

Je reçois l'ordre en date du 21 à 9 heures du matin[2] que V. A. me fait l'honneur de m'adresser.

J'ai celui de lui rendre compte que depuis hier à midi la cavalerie du corps d'armée complétait l'investissement de Magdeburg sur la rive gauche de l'Elbe. Au matin l'ennemi avait fait rentrer dans la ville toutes les troupes qu'il avait en avant et nos grand'gardes se sont établies à 600 toises du corps de place.

---

1. LE MARÉCHAL SOULT AU MAJOR GÉNÉRAL.

Gross-Wanzleben, 22 octobre 1806.

J'ai eu l'honneur de rendre compte à V. A. que le colonel du 36e régiment d'infanterie avait été tué et un chef de bataillon du même corps blessé dangereusement; ainsi il n'y a plus qu'un officier supérieur pour commander le régiment. Je prie donc V. A. de vouloir bien donner l'ordre au major de se rendre sur-le-champ aux bataillons de guerre en attendant que S. M. ait pourvu au remplacement du colonel.

Le colonel Laborde commandant le 8e régiment de hussards ayant aussi été grièvement blessé le jour de la bataille a dû se retirer. Je prie aussi V. A. de vouloir bien donner ordre au major de ce corps de se rendre aux escadrons de guerre.

Dans le 16e de chasseurs, il n'y a toujours qu'un seul chef d'escadron pour commander le régiment.

2. De Halle à Gross-Wanzleben, 88 kil., par Alsleben et Bornburg.

Hier l'infanterie du corps d'armée a pris position en avant de Gross-Wanzleben et en ce moment je la mets en marche pour la porter par Irxleben vers Meitzendorf et la cavalerie sera jetée en avant très au loin le long de l'Elbe, afin de me rendre maître du cours du fleuve dans cette partie et y faire jeter un pont aussitôt que possible.

M. le maréchal Ney fait prendre position à son corps d'armée en avant de Wanzleben ; ainsi nous sommes en parfaite communication.

Les rapports que j'ai reçus sur Magdeburg portent que l'ennemi n'y a laissé que 7 bataillons et 2 régiments de cavalerie sous les ordres du lieutenant-général de Kleist, et le restant de l'armée a filé sur Burg[1], où elle doit se réunir et, dit-on, se défendre si elle y est attaquée.

Un officier que j'ai envoyé à Magdeburg pour rendre des parlementaires que je retenais depuis 6 jours, a vu qu'il y avait beaucoup de confusion dans la ville. On chargeait à la hâte des effets de campement et les rues étaient pleines d'équipement. Le général de Kleist a dit à l'officier que j'avais envoyé, qu'il espérait mériter l'estime des Français par sa conduite dans la défense de la place. Il s'est beaucoup récrié sur les fautes que les généraux de l'armée prussienne avaient commises dans la campagne.

Hier les soldats fuyards de l'armée prussienne ont été réunis à Magdeburg et dirigés sur Burg[2].

Je n'ai aucune nouvelle de la marche du duc de Weimar; j'ai cependant envoyé des partis très au loin pour prendre connaissance de sa direction.

LE MARÉCHAL SOULT AU MAJOR GÉNÉRAL.

Hohen-Warsleben, 22 octobre 1806, 8 heures et demie du soir.

Je reçois à l'instant même l'ordre daté de Dessau le 21 à 8 heures[3] du soir que V. A. m'a fait l'honneur de m'adresser,

1. De Magdeburg à Burg, 24 kil.
2. Les colonnes prussiennes auraient donc quitté Magdeburg le 21.
3. De Dessau à Hohenwarsleben par Bernburg, Gross-Wanzleben et Irxleben,

et d'après lequel je dois faire réunir tous les bateaux que je pourrai me procurer pour jeter un pont sur l'Elbe à 1 lieue ou 2 au-dessus de Magdeburg.

Depuis ce matin je fais courir la rive gauche du fleuve et c'est encore sans succès ; je compte même qu'il serait fort difficile de réunir au-dessus de Magdeburg un assez grand nombre de bateaux pour pouvoir jeter un pont, mais je crois qu'au-dessous de la ville j'en obtiendrai davantage. Pour cet effet j'ai envoyé de la cavalerie le long de l'Elbe sur la route de Tangermünde, et le général Guyot m'a mandé de Wollmirstädt, où il a fait quelques prisonniers, qu'il espère parvenir à faire repasser de la rive droite sur la rive gauche 1 ou 2 ponts volants dont les Prussiens se sont servis dans leur retraite. Si cette question réussit, je mettrai de suite en marche le corps d'armée et je lui ferai passer l'Elbe, bien persuadé que je remplirai ainsi les intentions de S. M., quoique le passage ne s'effectue pas au-dessus de Magdeburg, et le résultat en sera peut-être même plus avantageux.

Les troupes prussiennes qui s'étaient réunies à Magdeburg ont pris 2 directions en se retirant : une partie s'est portée sur Tangermünde où elle a passé l'Elbe, et l'autre partie, après avoir passé le fleuve à Magdeburg, s'est dirigée sur Burg. V. A. trouvera ci-jointe la traduction d'une lettre saisie à la poste et datée de Tangermünde le 20 de ce mois [1], qui confirme le rapport que me fait à ce sujet le général Guyot de Wollmirstädt.

---

99 kil. ; — par Acken et Calbe, 87 kil. La dépêche a mis 24 heures à parvenir.

1. *Traduction d'une lettre écrite de Tangermünde, le 20 octobre* 1806.

Mon cher père, comment cela va-t-il chez vous ? Avez-vous déjà les Français ? La plus grande frayeur règne ici ; les bourgeois et les paysans ne savent s'ils doivent rester ou s'enfuir.

Le Roi est arrivé ici samedi soir* à 7 heures et a passé outre ; la Reine avait passé 2 jours auparavant ** ; aujourd'hui est arrivé le général Rüchel fortement blessé ; presque tout ce qui vient de l'armée passe ici ; on voit arriver à chaque instant des soldats à cheval ou à pied sans aucun ordre.

Que deviendrons-nous nous autres Prussiens ? Toute notre réputation est perdue.

* Le 18. — ** Le 16.

Si je ne craignais pas de m'écarter des dispositions de S. M., je dirigerais le corps d'armée sur Tangermünde et certainement en cet endroit, ou avant d'y arriver, je trouverais moyen de passer l'Elbe; je serais toujours à hauteur de l'armée prussienne et je me rapprocherais de Berlin.

Le mouvement sur Tangermünde me paraîtrait d'autant plus adapté aux circonstances, que je suis persuadé que la colonne du duc de Weimar et toutes les autres troupes prussiennes dont la retraite sur Magdeburg a été coupée, chercheront à s'élever pour aller passer l'Elbe à Tangermünde, communication qui leur reste encore ouverte, mais qu'à la première marche je pourrais intercepter.

Après avoir soumis ces observations à V. A. et après l'avoir priée de les mettre sous les yeux de S. M., je dois lui rendre compte de ce que j'ai fait dans la journée.

J'ai porté le corps d'armée en position en avant d'Irxleben, à cheval sur les 2 grandes routes qui conduisent en Hanovre, l'une par Helmstädt et l'autre par Haldensleben.

J'ai porté la cavalerie légère en avant de Wollmirstädt pour éclairer le pays et ramasser tous les bateaux qu'on pourra réunir sur la rive gauche de l'Elbe. Des partis ont été envoyés sur toutes les routes qui conduisent dans le pays de Brünswick et en Hanovre, afin d'avoir des nouvelles de la colonne du duc de Weimar.

J'ai fait occuper par 2 bataillons d'infanterie légère soutenus par de la cavalerie un des faubourgs de Magdeburg dit de Neustadt (l'ennemi ne l'a pas défendu). Ainsi dans cette partie mes grand'gardes sont sur les glacis de la place et cette nuit on prépare une batterie en tête du faubourg, comme si je voulais de ce point battre en brèche.

Tous les rapports sur Magdeburg que j'ai reçus aujourd'hui, soit par des déserteurs, soit par des gens du pays, soit par des ouvriers qui en sortent à toute heure, m'ayant confirmé que la garnison était très-faible et que tout ce qui tenait à l'armée active en était parti, même que les habitants, craignant un bombardement, étaient décidés à forcer le gouverneur à capituler, j'ai cru devoir faire quelques mouvements de troupes, montrer du canon et établir une division d'infanterie à hauteur d'Olvenstädt.

J'ai aussi envoyé une sommation à M. le général de Kleist, gouverneur; V. A. en trouvera ci-joint copie et copie de la réponse que le général m'a faite (le 22 octobre)[1]. Le colonel d'artillerie Moncabrié, que j'ai pour cet effet envoyé en parlementaire, m'a rapporté que dans la ville tout le monde était dans la consternation et que, d'après les réponses que le général de Kleist lui a faites, il était persuadé que ce général ne demandait qu'un prétexte plausible pour rendre la place sans compromettre son honneur.

---

1. *Copie de la sommation faite au gouverneur de Magdeburg, le 22 octobre.*

M. le Gouverneur,

L'armée française est sous les murs de la place que vous commandez; vous voyez déjà ses mouvements; bientôt vous jugerez de sa force. S. M. l'Empereur, mon souverain, a mis à ma disposition tous les moyens nécessaires pour vous réduire. Vous êtes instruit sans doute que l'Elbe est passée à Dessau; aucun obstacle ne peut arrêter la Grande Armée, et votre garnison ne peut non plus recevoir du secours; ainsi la défense que vous feriez dans Magdeburg serait sans objet, et la seconde ville du royaume serait inutilement sacrifiée. Vous pouvez encore éviter tous les malheurs qui menacent la ville, la préserver de la destruction qu'un bombardement rendrait inévitable, et épargner le sang et les propriétés de 30,000 habitants; mais le seul moyen est d'accepter la capitulation honorable que je puis encore vous offrir. Réfléchissez, Monsieur le Général, sur votre situation et ayez la bonté de me faire connaître par le retour de mon parlementaire la résolution que vous aurez prise.

Je vous prie d'agréer l'assurance de ma haute considération.

Le Maréchal d'Empire,

SOULT.

Copie de la réponse de M. le lieutenant-général de Kleist, gouverneur de Magdeburg.

22 octobre 1806.

J'ai eu l'honneur de recevoir la lettre que S. Ex. M. le maréchal Soult m'a fait rendre par M. le colonel d'artillerie Moncabrié. Pour ce qui regarde sa demande de rendre la ville de Magdeburg, je n'ai qu'à lui dire que le Roi mon maître m'a confié la défense de la forteresse de Magdeburg contre l'armée française qui m'attaquerait bientôt. Par ces ordres je suis obligé de faire mon devoir vis-à-vis du Roi, vis-à-vis des troupes que j'ai l'honneur de commander et vis-à-vis de mon propre honneur que j'ai conservé jusqu'ici. Ce sont mes sentiments et j'ai l'honneur d'être avec la plus haute considération,

De Monseigneur le Maréchal,

Le très humble et obéissant serviteur,

DE KLEIST.

Le général Kleist était couché, quoiqu'il fût 3 heures après midi, et le colonel Moncabrié a dû attendre plus d'une heure pour pouvoir lui parler; lorsqu'il est venu, il lui a dit que, la nuit dernière, le bruit qu'on avait fait près de sa maison l'avait empêché de dormir. Cette indiscrétion, jointe aux rapports des habitants, fait présumer que le bruit était occasionné par une émeute des habitants.

On a été beaucoup intimidé, lorsqu'on a appris que depuis hier S. M. avait fait passer l'Elbe sur le pont de Dessau, et on l'a été encore lorsque le colonel Moncabrié les a assurés que j'étais décidé à bombarder la ville. Le lieutenant-général Wartensleben, qui commande en second, a dit même qu'il espérait pouvoir obtenir de venir demain me parler à ce sujet.

Dans cet état de choses je suis persuadé que si je pouvais mettre 20 obusiers en batterie, dans 24 heures la place capitulerait; il faut un prétexte au général Kleist pour la rendre et il en faut un aussi aux habitants pour se soulever; il est à observer que parmi ceux-ci il y a beaucoup de réfugiés français depuis la révocation de l'édit de Nantes, et que c'est eux-mêmes, la plupart riches négociants, qui après la guerre de Sept Ans la firent rebâtir.

J'ai chargé le général Lariboisière de faire préparer d'ici à demain de la roche à feu pour charger au moins une centaine d'obus, et j'écris à M. le maréchal Ney d'en faire autant de son côté, afin que demain au soir nous puissions de concert mettre le feu dans quelques quartiers de la ville, et ainsi parvenir à la faire capituler; il peut se faire que ce moyen soit insuffisant, mais il peut aussi arriver qu'il réussisse, et bien des motifs me portent à l'espérer; du reste cela ne retardera en rien les dispositions que je fais pour l'établissement d'un pont, soit au-dessus, soit au-dessous de Magdeburg.

J'ai l'honneur de prier V. A. de vouloir bien mettre mon rapport sous les yeux de S. M. et d'avoir la bonté de me faire passer le plus tôt possible ses nouveaux ordres.

P.-S. — Comme je fermais cette dépêche, je reçois celle

datée de Dessau le 22 que V. A. m'a fait l'honneur de m'adresser. Son contenu ne me paraissant pas changer les premières dispositions de S. M. à mon égard, V. A. trouvera que par ce que j'ai dit dans mon rapport, je suis en mesure d'accomplir les premières.

1re division, Irxleben ; — 2e division, Hermsdorf ; — 3e division, Olvenstädt ; — 4e division de dragons, bivouac à Hohen-Dodeleben.

LE MARÉCHAL SOULT AU MARÉCHAL NEY.

Hohen-Warsleben, 22 octobre 1806.

Tous les rapports que j'ai reçus aujourd'hui de Magdeburg confirment que la garnison de cette place est très-faible, et que les habitants sont décidés à forcer le gouverneur à capituler, si leur ville est seulement menacée d'un bombardement ; il paraît même que, la nuit dernière, il y a eu quelque émeute. Les rapports que j'ai reçus à ce sujet sont si multipliés que je suis porté à croire qu'il y a quelque chose de vraisemblable. Dans cette persuasion, ce soir j'ai fait occuper le faubourg de Neustadt, et dans cette partie les sentinelles sont sur les glacis de la place, et, dans l'après-midi, j'ai fait sommer M. le général Kleist, gouverneur, de me remettre la forteresse. Sa réponse a été celle que j'attendais, c'est-à-dire que l'honneur lui imposait l'obligation de faire son devoir ; mais le lieutenant-général Wartensleben, qui commande en second, a annoncé un pourparler pour demain, et on a été extrêmement intimidé quand le colonel que j'avais envoyé, a dit que si l'on ne rendait pas la ville, j'étais décidé à la bombarder ; pour leur tenir parole, je fais préparer de la roche à feu et la nuit prochaine je lancerai une centaine d'obus ; il peut aussi arriver que cela réussisse. Dans tous les cas le sacrifice ne sera pas grand. Quoi qu'il en soit, je pense que, si vous faisiez les mêmes démonstrations sur le faubourg en avant de votre front, cela serait d'un bon effet. J'ai reçu ordre du ministre de la guerre de faire réunir tous les bateaux que nous pourrons saisir sur l'Elbe et de jeter un pont à 1 ou 2 lieues au-dessus de Magdeburg. J'enverrai dans cette partie des officiers du génie; mais, comme nous sommes convenus ce matin que vous vous en chargeriez sur ce point, je dois vous prier de vouloir bien y envoyer quelques détachements de troupes, et, si nous sommes assez heureux pour obtenir les bateaux nécessaires, de concert nous ferons établir le pont afin de concourir de suite aux nouvelles opérations de S. M. J'ai fait faire pareille reconnaissance au-dessous de Magdeburg, et le général Guyot me mande qu'il espère parvenir à obtenir un des ponts volants dont les Prussiens se sont servis dans leur retraite. Si cette opération réussit, nous serons parfaitement en mesure, et j'en profiterai de suite pour jeter des troupes sur la rive droite. Faites-moi l'amitié de m'instruire de ce que vous ferez, et comptez sur l'empressement que je mettrai à vous tenir au courant de mes opérations.

LE MARÉCHAL NEY AU MAJOR GÉNÉRAL.

Wanzleben, 22 octobre 1806.

J'ai l'honneur de rendre compte à V. A. que le 6e corps part ce matin des positions de Hadmersleben pour venir s'établir dans celles en avant de Wanzleben la droite à Schleibnitz et la gauche se prolongeant au delà de Domersleben où elle se lie à la droite du 4e corps commandé par M. le maréchal Soult. Le 10e de chasseurs formera une chaîne de vedettes depuis la rive gauche de l'Elbe en avant de Fermersleben et s'étendra jusqu'en deçà de Hohen-Dodeleben, droite de la cavalerie légère du maréchal Soult. Le 10e de chasseurs sera soutenu par les 3 régiments de dragons aux ordres du général Klein établi à Gross-Ottersleben.

J'ai vu M. le maréchal Soult et nous sommes parfaitement d'accord sur tout ce qui est relatif au service à remplir concernant l'investissement de Magdeburg sur la rive gauche de l'Elbe.

2e division, bivouac en avant de Schleibnitz; — 3e division, bivouac à la gauche de la 2e division; — 1re division de dragons, 1er et 14e régiments et artillerie, Klein-Ottersleben.

LE MARÉCHAL MORTIER A L'EMPEREUR.

Francfort, 22 octobre 1806.

D'après l'ordre que vient de m'adresser de votre part le Major général de l'armée, je partirai demain pour occuper le pays de Fulde avec la 1re division; elle n'est composée que des 2e et 4e régiments d'infanterie légère; celle du général Dupas n'a jusqu'à présent que le 12e régiment de la même arme.

Les 2 régiments d'infanterie italienne n'arriveront à Mayence que les 30 octobre et 9 novembre. Le 26e de chasseurs à cheval doit également y arriver le 15 novembre. Le 58e d'infanterie de ligne n'est nullement annoncé.

Je n'ai pas un seul homme de cavalerie à ma disposition [1].

1. Le maréchal Mortier écrivait à la même date au général Clarke à Erfurt : « Le manque absolu de cavalerie ne me rend pas facile le service d'escorte « que vous m'annoncez devoir être fait par les troupes sous mes ordres. Nous « ferons pour le mieux. » Le Maréchal pensait arriver le 28 à Fulde.

23 OCTOBRE.

LE MAJOR GÉNÉRAL AU MARÉCHAL DAVOUT.

Wittenberg, 23 octobre 1806.

Si les partis de troupes légères, M. le Maréchal, que vous n'aurez pas manqué d'envoyer sur la route de Dresde et sur la Sprée, vous assurent que vous n'avez pas d'ennemis sur vos flancs, vous dirigerez votre marche de manière à pouvoir faire votre entrée à Berlin le 25 de ce mois à midi.

Vous ferez reconnaître le général de brigade Hullin pour commandant de la place. Vous laisserez dans la ville un régiment à votre choix pour faire le service. Vous enverrez des partis de cavalerie légère sur la route de Küstrin, de Landsberg et de Francfort-sur-l'Oder.

Vous placerez votre corps d'armée à une lieue, une lieue et demie de Berlin, la droite à la Sprée, et la gauche à la route de Landsberg. Vous choisirez un quartier général dans une maison de campagne sur la route de Küstrin, en arrière de votre armée. Comme l'intention de l'Empereur est de laisser ses troupes quelques jours en repos, vous ferez faire des baraques avec de la paille et du bois. Généraux, officiers d'état-major, colonels et autres logeront en arrière de leurs divisions dans les villages; personne à Berlin. L'artillerie sera placée dans des positions qui protègent le camp; les chevaux d'artillerie aux piquets, et tout dans l'ordre le plus militaire.

Vous ferez couper, c'est-à-dire intercepter, le plus tôt qu'il vous sera possible, la navigation de la Sprée par un fort parti, afin d'arrêter tous les bateaux qui, de Berlin, évacueraient sur l'Oder.

Le quartier général sera demain à Potsdam; envoyez un de vos aides de camp qui me fasse connaître où vous serez dans la nuit du 23 au 24 et dans celle du 24 au 25.

Si le prince Ferdinand se trouve à Berlin, faites-le complimenter et accordez-lui une garde avec une entière exemption de logement.

Faites publier l'ordre de désarmement, laissant seulement 600 hommes de milice pour la police de la ville. On fera transporter les armes des bourgeois dans un lieu désigné, pour être à la disposition de l'armée.

Faites connaître à votre corps d'armée que l'Empereur, en le faisant entrer le premier à Berlin, lui donne une preuve de sa satisfaction pour la bonne conduite qu'il a tenue à la bataille d'Iéna.

Ayez soin que tous les bagages, et surtout cette queue si vilaine à voir à la suite des divisions, s'arrêtent à 2 lieues de Berlin et rejoignent le camp sans traverser la capitale, mais en s'y rendant par un autre chemin sur la droite. Enfin, M. le Maréchal, faites votre entrée dans le plus grand ordre et par divisions, chaque division ayant son artillerie et marchant à une heure de distance l'une de l'autre.

Les soldats ayant une fois formé leur camp, ayez soin qu'ils n'aillent en ville que par tiers, de manière qu'il y ait toujours deux tiers au camp. Comme S. M. compte faire son entrée à Berlin, vous pouvez provisoirement recevoir les clefs, en faisant connaître aux magistrats qu'ils ne les remettront pas moins à l'Empereur quand il fera son entrée. Mais vous devez toujours exiger que les magistrats et notables viennent vous recevoir à la porte de la ville avec toutes les formes convenables. Que tous vos officiers soient dans la meilleure tenue, autant que les circonstances peuvent le permettre. L'intention de l'Empereur est que votre entrée se fasse par la chaussée de Dresde.

L'Empereur ira vraisemblablement loger au palais de Charlottenburg; donnez des ordres pour que tout y soit préparé.

Il y a un petit ruisseau qui se jette dans la Sprée, à 1 lieue et demie ou 2 de Berlin, et qui coupe le chemin aux villages de Marzahn et de Biesdorf; voyez si cela forme une position que l'on puisse occuper.

Si vous aviez, au contraire, des nouvelles de l'ennemi, vous en instruiriez sur-le-champ l'Empereur et vous ralentiriez vos mouvements.

ORDRE.

Wittenberg, 23 octobre 1806.

L'officier d'ordonnance Castille se rendra sans délai auprès du maréchal Davout. Il entrera à Berlin, se fera conduire à l'arsenal, à la salle d'armes, aux magasins, prendra connaissance de tout ce qu'il peut y avoir en artillerie et en munitions de guerre, ainsi que des époques où on les a évacués. Il viendra m'en rendre compte sur le chemin de Potsdam.

NAPOLÉON.

LE MAJOR GÉNÉRAL AU GÉNÉRAL RENÉ [1].

Wittenberg, 23 octobre 1806, 2 heures du matin.

Il est ordonné au général René de partir sur-le-champ avec ses aides de camp pour se rendre aux avant-postes de M. le maréchal Lannes sur la route de Potsdam, afin de prendre le commandement de cette ville aussitôt que le premier homme d'avant-garde y arrivera, et d'y établir sur-le-champ la meilleure discipline.

Il est ordonné à M. le général Hullin de se rendre sur-le-champ au corps de M. le maréchal Davout qui est sur la route de Berlin, d'entrer dans cette capitale avec les premiers hommes d'avant-garde; le général Hullin prendra aussitôt le

1. Officier général à la suite du quartier général. — Lorsque le général Bourcier eût été envoyé à Potsdam pour y former le grand dépôt de cavalerie de l'armée, le général René reçut l'ordre le 29 de se rendre à Leipzig pour y prendre le commandement de cette place, le général Macon étant mort.

commandement de la ville de Berlin, y établira la même police qu'il a établie à Vienne, empêchera toutes sortes de désordre.

M. l'intendant général a l'ordre d'y envoyer un commissaire des guerres.

Ordre en conséquence à l'intendant général.

LE MAJOR GÉNÉRAL AU GRAND-DUC DE BERG.

Wittenberg, 23 octobre 1806, 2 heures du matin.

L'Empereur ordonne, Monseigneur, que du moment que votre cavalerie aura passé le pont de Dessau, vous continuiez votre route pour Potsdam. L'intention de S. M. est que vous laissiez à Dessau, sous les ordres du général Oudinot, les hommes de cavalerie qui peuvent se trouver à pied afin que le général Oudinot leur fasse donner des chevaux de la cavalerie saxonne qui doit être démontée à son passage.

Je vous prie, Monseigneur, de me faire connaître votre marche sur Potsdam.

Le quartier général sera aujourd'hui à Kropstädt[1], à 2 lieues de Wittenberg sur la route de Potsdam.

L'Empereur ordonne à M. le Maréchal Augereau de partir aujourd'hui avec son corps d'armée à 8 heures du matin pour se rendre à Rietz[2] sur la route de Potsdam.

LE MAJOR GÉNÉRAL AU MARÉCHAL LEFEBVRE.

Wittenberg, 23 octobre 1806, 2 heures du matin.

L'Empereur ordonne, M. le Maréchal, que les grenadiers à pied de sa Garde partent à 7 heures pour se rendre à Kropstädt et Marzahn[3]; vous laisserez un bataillon de grenadiers

---

1. Kropstädt, 13 kil. de Wittenberg.
2. De Wittenberg à Rietz, 26 kil.
3. De Wittenberg à Marzahn, 18 kil.

à pied à Wittenberg, indépendamment de ceux que vous avez laissés avec le général Oudinot à Dessau. Le reste vous suivra. Le quartier général sera aujourd'hui à Kropstädt.

LE MAJOR GÉNÉRAL AU MARÉCHAL BESSIÈRES.

L'Empereur ordonne que sa Garde à cheval parte à 7 heures du matin pour se rendre moitié à Kropstädt et moitié à Marzahn. Le quartier général sera aujourd'hui au château de Kropstädt.

L'EMPEREUR AU MARÉCHAL BERNADOTTE.

Wittenberg, 23 octobre 1806.

Je reçois votre lettre[1]. Je n'ai point l'habitude de récriminer sur le passé puisqu'il est sans remède. Votre corps d'armée ne s'est pas trouvé sur le champ de bataille, et cela eût pu m'être très-funeste. Cependant, après un ordre très-précis, vous deviez vous trouver à Dornburg, qui est un des principaux débouchés de la Saale, le même jour que le maréchal Lannes se trouvait à Iéna, le maréchal Augereau à Kahla et le maréchal Davout à Naumburg. Au défaut d'avoir exécuté ces dispositions, je vous avais fait connaître dans la nuit, que, si vous étiez encore à Naumburg, vous deviez marcher sur le maréchal Davout et le soutenir. Vous étiez à Naumburg lorsque cet ordre est arrivé ; il vous a été communiqué, et cependant vous avez préféré faire une fausse marche pour retourner à Dornburg, et, par là, vous ne vous êtes pas trouvé à la bataille, et le maréchal Davout a supporté les principaux efforts de l'armée ennemie. Tout cela est certainement très-malheureux. Les circonstances se sont offertes depuis de donner des preuves de votre zèle; il s'en offrira d'autres encore où vous pourrez donner des preuves de vos talents et de votre attachement à ma personne.

1. Lettre au Major général, de Bernburg, 21, 8 heures du soir.

LE MAJOR GÉNÉRAL AU MARÉCHAL BERNADOTTE.

Wittenberg, 23 octobre 1806, 2 heures du matin.

L'Empereur ordonne, Prince, que vous vous rendiez avec votre corps d'armée à Brandenburg[1]. Je vous prie de me faire connaître le jour où vous pourrez y être arrivé et l'itinéraire de votre marche.

Le quartier général sera aujourd'hui au château de Kropstädt sur la route de Potsdam.

LE MAJOR GÉNÉRAL AU GÉNÉRAL OUDINOT.

Wittenberg, 23 octobre 1806, 3 heures du matin.

L'Empereur, Général, s'est assuré que le nombre de chevaux provenant de la cavalerie saxonne sera plus considérable que vous n'avez de dragons à pied à Dessau; dans ce cas vous ferez passer le surplus des chevaux à Wittenberg où je laisse encore un bataillon de dragons à pied; le général Rivaud qui est resté à Bernburg pour y démonter un régiment saxon qui y passe, vous enverra aussi des chevaux.

J'ai ordonné au Grand-duc de Berg de vous laisser les hommes de sa cavalerie qui seraient démontés, afin que vous leur donniez des chevaux. Je vous ai aussi fait remettre un ordre hier pour remettre un nombre déterminé de chevaux pour la Garde.

Vous aurez soin, Général, de faire constater par un procès-verbal signé du commandant de chaque détachement à pied, le nombre de chevaux que vous lui remettrez, ainsi que le nombre de selles; une fois cette opération faite, vous ordonnerez aux officiers d'infanterie qui seraient avec les dragons à pied que vous aurez montés, de rejoindre les hommes de la

1. De Zerbst à Brandenburg, 65 kil. — Brandenburg est à 36 kil. à l'ouest de Potsdam, premier pont en descendant la Havel, point de jonction des 2 routes de Magdeburg à Berlin.

Garde, puisque les dragons à pied montés devront rejoindre et que l'organisation des dragons à pied n'existera plus[1].

DÉCRET.

Quartier impérial, Wittenberg, 23 octobre 1806.

TITRE Ier.

Article 1er. — Il sera pris possession, en notre nom, de tous les États prussiens situés entre le Rhin et l'Elbe.

Art. 2. — Les aigles prussiennes seront ôtées partout; le séquestre sera apposé sur les palais, magasins et caisses publiques, les revenus perçus pour notre compte.

Art. 3. — Il sera pris possession des États du duc de Brunswick, du prince d'Orange. Les armes de ces princes seront ôtées, les scellés apposés sur les palais, caisses, magasins, et les revenus perçus pour notre compte.

Les canons, fusils et tous les arsenaux seront remis à la disposition du général commandant l'artillerie française. Les généraux, les officiers et les troupes de ces princes seront faits prisonniers de guerre et envoyés en France.

---

1. LE GÉNÉRAL OUDINOT AU MAJOR GÉNÉRAL.

Dessau, 27 octobre 1806.

Je me disposais à aller prendre les ordres de V. A., lorsque je reçois sa lettre, parce que depuis le 24 je n'avais entendu ni vu de Saxons, mais je resterai puisqu'elle juge ma présence nécessaire ici ; rien ne m'annonce d'ailleurs que je doive recevoir d'autres chevaux que ceux dirigés sur Potsdam ; seulement je suis prévenu que quelques cavaliers saxons ont coupé la ligne et, sans passer ici, se sont portés sur Leipzig : ce qui me tranquillise à cet égard, c'est que V. A. n'ignore pas que je n'ai point de cavalerie pour les chercher non plus que dragons à pied ni même une baïonnette disponible ; cependant puisqu'elle juge que je dois rester, j'attendrai ses ordres que je désire vivement recevoir bientôt.

LE GÉNÉRAL OUDINOT AU MAJOR GÉNÉRAL.

Dessau, 28 octobre 1806.

Conformément aux ordres de V. A. j'ai l'honneur de lui rendre compte qu'il n'y a rien de nouveau dans ce pays. — Demain je me rendrai à Wittenberg où je prie V. A. de m'adresser ses ordres.

Envoyer des ordres au général Oudinot de se rendre ici (à Berlin). B.

Déclaration sera faite que ces pays ne devront plus rentrer dans la possession desdits princes.

Art. 4. — Il sera pris possession des pays de Hanovre et d'Osnabrück de la même manière que ci-dessus.

Art. 5. — Le roi de Hollande fera prendre possession, pour son compte, du pays d'Ost-Frise et de l'enclave du pays appartenant à la Russie, située à l'embouchure de la rivière.

TITRE II.

De l'administration militaire et civile.

Article 1er. — Premier gouvernement. Le général de division Loison est nommé gouverneur des pays de la Marck, Münster, Tecklenburg et Osnabrück. Il résidera à Münster[1]; il veillera à la stricte exécution des dispositions du présent décret. Il y aura pour ces pays un inspecteur ou sous-inspecteur aux revues, intendant, que nommera M. Daru, intendant général de l'armée, et qui sera chargé de tout ce qui est relatif à l'administration des finances. Cet inspecteur ou sous-inspecteur aux revues correspondra avec l'inspecteur en chef Villemanzy, et aura un receveur préposé de M. de la Bouillerie, receveur général des contributions de la Grande Armée.

Art. 2. — Deuxième gouvernement. Le général de division Gobert est nommé gouverneur du pays de Minden, Ravensberg, la Lippe, de l'évêché de Paderborn; il résidera à Minden. Il y aura un intendant et un receveur, comme il est dit ci-dessus, article 1er.

Art. 3. — Troisième gouvernement. Le général de division Bisson[2] est nommé gouverneur des pays de Brunswick, Hildesheim, de la principauté d'Halberstadt, de la ville de Goslar, des pays d'Eichsfeld, de Mülhausen; il se tiendra à

1. Il fut remplacé en février par le général Canuel.
2. Il fut remplacé en février par le général Rivaud.

Brunswick. Ce gouvernement sera organisé comme il est dit article 1er.

Art. 4. — Quatrième gouvernement. Le général Thiébault[1] est nommé gouverneur des pays de Fulde. Ce gouvernement sera organisé comme ci-dessus.

Art. 5. — Cinquième gouvernement. Le général de division Clarke[2] est nommé gouverneur du pays d'Erfurt et de toutes les autres enclaves appartenant à la Prusse, situées dans le pays de Saxe. Ce gouvernement aura la même organisation que les précédents. Le général Clarke résidera à Erfurt.

TITRE III.

Force militaire.

Article 1er. — Premier gouvernement. Une compagnie du 3e bataillon du 22e régiment d'infanterie de ligne, qui sera complétée à 100 hommes, se rendra à Münster pour la garde du gouverneur; une compagnie du 5e régiment de chasseurs, de 90 hommes à pied, se rendra également à Münster. Le général et l'intendant prendront les mesures nécessaires pour monter et équiper rapidement ces 90 hommes; ils se procureront également les attelages pour 2 pièces de canon de 8 et leurs caissons qu'ils enverront prendre au parc à Erfurt.

Art. 2. — Deuxième gouvernement. Une compagnie du 3e bataillon du 21e régiment d'infanterie de ligne, complétée à 100 hommes, et une compagnie du 12e régiment de chasseurs, de 90 hommes à pied, se rendront à Minden pour la garde du gouverneur.

Art. 3. — Troisième gouvernement. Une compagnie du 3e bataillon du 88e régiment d'infanterie, complétée à 100 hom-

---

1. Le général Thiébault avait été blessé très-grièvement à la bataille d'Austerlitz

2. Lorsque le général Clarke fut nommé gouverneur général de la Prusse, les fonctions de gouverneur du pays d'Erfurt furent remplies provisoirement par le chef de bataillon Bigi.

mes et une compagnie du 1er régiment de hussards, de 90 hommes à pied, se rendront à Brünswick pour la garde du gouverneur.

Art. 4. — Quatrième gouvernement. Une compagnie du 3e bataillon du 18e d'infanterie de ligne, complétée à 100 hommes, et une compagnie du 3e régiment de hussards, se rendront à Fulde pour la garde du gouverneur.

Art. 5. — Cinquième gouvernement. Une compagnie du 3e bataillon du 64e régiment d'infanterie, complétée à 100 hommes, et une compagnie du 2e régiment de hussards de 90 hommes, non montés, se rendront à Erfurt pour la garde du gouverneur.

Art. 6. — Les dispositions portées dans l'article 1er sont applicables aux articles 2, 3, 4 et 5 ci-dessus. Il sera fourni des troupes du duc de Clèves, 200 hommes à Münster, 200 à Minden et 500 à Brünswick, également pour la garde des gouverneurs.

Art. 7. — Le maréchal Moncey, inspecteur général de gendarmerie, nommera cinq chefs d'escadrons de notre gendarmerie, pour être chargés de la police dans chacun de ces cinq gouvernements. Il les fera accompagner : celui du premier gouvernement, de 4 brigades de gendarmerie à cheval; celui du deuxième, de 6; celui du troisième, de 8; celui du quatrième, de 2, et celui du cinquième, de 2 brigades de gendarmerie à cheval, composées de 6 hommes pris dans les compagnies de réserve des départements de l'intérieur.

Art. 8. — Les gouverneurs rendront compte, tous les jours, au Major général de ce qui intéresse la partie militaire et de la police générale.

L'intendant de chaque gouvernement rendra compte, tous les jours, à M. Villemanzy, inspecteur en chef aux revues, de tout ce qui intéresse l'administration des finances.

Art. 9. — Notre ministre de la guerre, Major général de l'armée, est chargé de l'exécution du présent décret.

NAPOLÉON.

DÉCRET.

Camp impérial de Wittenberg, 23 octobre 1806.

Article 1er. — Les provinces conquises dans l'électorat de Saxe seront divisées en 4 arrondissements, dont chacun sera confié à l'administration d'un intendant français, sous les ordres de l'intendant général.

Art. 2. — Le premier arrondissement comprendra le landgraviat de Thuringe, les comtés de Schwarzburg, Stolberg et Mansfeld, la principauté de Querfurt, les évêchés de Merseburg et de Zeitz-Naumburg, le cercle de Voigtland et celui de Neustadt, et les duchés de Weimar, Saxe-Gotha, Saxe-Coburg, Hildburghausen et Meiningen. Le chef-lieu de cet arrondissement sera Naumburg.

Le deuxième arrondissement comprendra le cercle de Leipzig : la ville de Leipzig en sera le chef-lieu.

Le troisième arrondissement comprendra le cercle électoral : la ville de Wittenberg en sera le chef-lieu.

Le quatrième comprendra le cercle de Misnie et celui d'Erzgebirge ou des montagnes : la ville de Dresde en sera le chef-lieu.

Art. 3. — Sont nommés intendants de ces arrondissements.

Du 1er, M. Villain, sous-inspecteur aux revues;

Du 2e, M. Treilhard, auditeur au Conseil d'État;

Du 3e, M. Coutelle, sous-inspecteur aux revues;

Du 4e, M. Dumolard, auditeur au Conseil d'État.

Art. 4. — L'intendant général est chargé de l'exécution du présent décret.

NAPOLÉON.

L'EMPEREUR AU MAJOR GÉNÉRAL.

Wittenberg, 23 octobre 1806.

Le général Chasseloup désignera dans la journée de demain un emplacement dans l'enceinte de la ville, où l'on puisse construire 10 fours. Cet emplacement devra être près des magasins de la manutention, qui doivent pouvoir contenir un million de rations de farine. L'intendant général fera sur-le-champ construire les fours, et nommera un garde-magasin pour l'organisation de la manutention et de ses voitures.

Le général Chasseloup désignera un magasin pour l'avoine, qui devra pouvoir contenir 600,000 boisseaux. Il désignera un emplacement pour l'arsenal, à portée d'un lieu où l'on puisse mettre les caissons et autres embarras du parc. Le général d'artillerie y fera sur-le-champ établir ses forges, déposer ses munitions et parquer toutes ses voitures.

Le général Chasseloup désignera un emplacement pour le magasin à poudre ou pour une salle d'artifice; cet emplacement devra être dans l'intérieur de la ville. Le général d'artillerie y fera sur-le-champ conduire toutes les poudres.

Le général d'artillerie fera venir de Dresde 30 à 40 pièces de canon de siège avec affûts, plates-formes, etc., pour armer la place. Les Bavarois seront après-demain à Dresde.

L'artillerie fera sur-le-champ confectionner des saucissons, gabions, pour construire des batteries dans l'enceinte de la place.

L'espace compris entre la ville et la rivière sera le plus tôt possible fermé par des palissades, indépendamment des fossés, parapets et autres ouvrages que le génie jugera à propos d'y faire. Le général du génie prendra des mesures pour se procurer une grande quantité de palissades de sapin, ce qui doit être facile en retenant tous les trains de l'Elbe, et en faisant venir les trains qui se trouvent plus haut. Il sera construit dans le plus court délai des barrières en avant des portes. Au lieu de ponts-levis qui seraient trop longs à faire, on construira des ponts sur chevalets, qu'on pourra au besoin culbuter promptement.

Une somme de 100,000 francs sera mise sur-le-champ à la disposition du général du génie; il se procurera au moins 5,000 à 6,000 ouvriers pour travailler à ces ouvrages, pour faire passer de l'eau dans tous les fossés, rétablir tous les parapets, déchausser toutes les escarpes, etc.

Les ingénieurs géographes lèveront les environs de la place à 1,200 toises, et le terrain sur la rive gauche de l'Elbe à 1,200 toises du pont.

Le général Chasseloup désignera un emplacement pour le parc des voitures de la compagnie Breidt et un autre pour les bagages de l'armée, de manière que la place d'armes soit libre pour les mouvements des troupes. Ces deux emplacements pourront être pris dans l'espace compris entre la ville et la rivière.

Il désignera un emplacement capable de contenir 1,200 à 1,500 prisonniers, de manière qu'on sache où les placer au moment où ils arriveront.

Les mesures seront prises pour mettre 4 réverbères sur le pont et des réverbères dans la ville, pour qu'elle soit parfaitement éclairée pendant la nuit, surtout sur la place d'armes; l'éclairage sera fait aux frais de la ville.

Le général Chasseloup désignera 2 emplacements : un pour un hôpital capable de contenir 500 à 600 blessés, un autre pour autant de malades.

Il désignera 6 maisons pour servir aux dépôts de chacun des 6 corps d'armée. Chacun de ces emplacements devra contenir 200 hommes.

Le Major général fera connaître à Paris, Mayence, Würzburg, Kronach, Erfurt, que tout ce qui sera envoyé à l'armée, n'importe sur quel corps, devra être dirigé sur Wittenberg, où les hommes isolés, venant des hôpitaux ou des détachements, se réuniront au dépôt de leur corps d'armée établi dans cette ville. Là ils seront inspectés par le gouverneur, armés s'ils ne le sont pas, pourvus de cartouches et dirigés sur leurs corps d'après les ordres du Major général et en conséquence des états de situation qui seront envoyés [1].

Les ordres seront donnés sur-le-champ aux 6 maréchaux commandant les 6 corps d'armée, et au duc de Berg commandant la réserve, de diriger sur Wittenberg les hommes fatigués et qui ont besoin de repos. Chaque corps d'armée

1. Ordres en conséquence au général Dejean, aux commandants d'Erfurt, Kronach, Würzburg; — au maréchal Kellermann.

nommera un officier d'état-major, qui logera avec le dépôt de chaque corps et s'occupera de l'entretien et de la discipline de son dépôt. Tous les soldats de l'armée légèrement blessés seront dirigés sur Wittenberg, où ils resteront le nombre de jours nécessaire pour leur parfait rétablissement. S. M. s'attend donc qu'à dater de demain il n'y aura plus de traînards, et que tous les hommes boiteux ou fatigués seront envoyés aux dépôts de Wittenberg pour s'y reposer [1].

Il y aura à Wittenberg une imprimerie, et des protes français y resteront pour imprimer tout ce qui sera nécessaire pour le service de l'armée.

Le Major général enverra copie de cet ordre aux généraux d'artillerie et du génie, à l'intendant général, au gouverneur de la place et mettra à l'ordre ce qui en est susceptible.

L'EMPEREUR AU MAJOR GÉNÉRAL.

Wittenberg, 23 octobre 1806.

Donnez l'ordre à M. de Thiard de prendre le commandement de la place de Dresde. Il partira par la rive gauche de l'Elbe, joindra la tête de la division bavaroise et entrera avec elle dans la ville [2]. Il aura soin de maintenir dans la ville de Dresde une bonne discipline. Il ordonnera qu'on ait les plus grands égards pour l'Électeur et pour sa famille. Il prendra possession de l'arsenal et de tous les magasins à poudre et de guerre, en faisant connaître que cela nous est nécessaire comme moyens de guerre. Nous ne sommes point en paix avec l'Électeur, nous avons été en guerre, nous sommes en état d'armistice. Tous les magasins de sel, de souliers, de draps, de harnachements, de munitions de guerre, de remontes, appartiendront à l'armée comme moyens de guerre dont l'Électeur n'a pas besoin. Le général Songis enverra un officier d'artillerie pour prendre possession de l'artillerie et

1. Ordres en conséquence à MM. les Maréchaux et au Grand-duc de Berg.

2. M. de Thiard, chambellan de l'Empereur, arriva le 24 au matin à Dresde, où il trouva le général Hédouville.

lui donner une direction convenable aux intérêts de l'armée. Le général Chasseloup enverra un officier du génie faire la reconnaissance de la place.

Notre intention est de réunir dans Dresde toutes les troupes alliées. La 1re division, qui y entrera demain, n'est composée que de 6,000 hommes; la 2e, composée de 8,000 hommes, ne doit pas tarder à arriver; la 3e, composée de 10,000 hommes de troupes wurtembergeoises, arrivera dans 8 jours. On préparera des quartiers pour toutes ces troupes. On laissera la garde du palais aux Gardes du Corps et aux Gardes de l'Électeur. Il ne faut pas que l'Électeur ait à Dresde plus de 400 hommes à cheval, et 1,200 ou 1,500 hommes d'infanterie; s'il y en avait davantage, le reste doit retourner dans ses garnisons ordinaires.

Si l'on s'aperçoit qu'il y a esprit de résistance à Dresde, on attendra l'arrivée de la seconde colonne pour agir plus absolument en maître. Ces instructions seront données au prince Jérôme et au commandant de la place; l'un et l'autre correspondront avec le Major général.

Beaucoup de formes, beaucoup de procédés, beaucoup d'honnêtetés; mais en réalité s'emparer de tout, surtout des moyens de guerre, sous prétexte que l'Électeur n'en a plus besoin.

Le prince Jérôme enverra au-devant de la seconde colonne, pour savoir le jour où elle arrivera ainsi que la colonne wurtembergeoise.

L'EMPEREUR AU MARÉCHAL MORTIER.

Wittenberg, 23 octobre 1806.

Vous trouverez ci-joint une note que doit présenter mon ministre ou mon chargé d'affaires à Cassel. Vous la lui enverrez par un de vos aides de camp, avec ordre de la présenter quand vous vous trouverez à une petite marche de Cassel.

Arrivé à Cassel, vous ferez transporter toutes les armes et les canons à Mayence; vous désarmerez toutes les troupes, et vous prendrez les colonels, lieutenants-colonels, majors et capitaines comme otages, que vous enverrez, sous bonne et sûre escorte, dans la citadelle de Luxembourg.

Si le prince de Hesse-Cassel et le prince héréditaire restent, vous les ferez l'un et l'autre prisonniers de guerre, et vous les enverrez, sous bonne et sûre escorte, à Metz, où ils seront logés au palais de cette ville. Vous laisserez la femme et les enfants maîtres de faire ce qu'ils voudront. Le prince de Hesse-Cassel et le prince héréditaire seront arrêtés comme généraux prussiens. Immédiatement après, vous ferez ôter les armes de Hesse-Cassel. Vous occuperez la place de Hanau. Vous ferez mettre les scellés sur les caisses et magasins. Vous nommerez le général de division Lagrange gouverneur du pays. Vous ferez percevoir les revenus et administrer la justice en mon nom. Secret et rapidité, ce sont vos grands moyens de réussite. Je vous laisse le maître de pénétrer par Fulde ou par Eisenach. C'est aujourd'hui le 23 : en calculant de manière à arriver le 28, le 29 ou le 30, vous devez avoir sous vos ordres 2 divisions de 4,000 hommes.

L'avant-garde de l'armée du Nord doit être en marche de Wesel pour se rendre à Göttingen, où elle doit être le 26 ou le 27. Cette avant-garde est composée de 10,000 hommes. Si vous croyez en avoir besoin, vous trouverez ci-joint l'ordre pour le général commandant. Elle entrerait par Paderborn ou Göttingen, selon l'endroit où elle serait arrivée. Les troupes désarmées, si la place de Hanau voulait faire résistance, vous ferez venir quelques pièces, quelques mortiers de Mayence, et vous en ferez sur-le-champ le siège.

Mon intention est que la Maison de Hesse-Cassel ait cessé de régner, et soit effacée du nombre des puissances.

Le 1er régiment de ligne italien, fort de 1,000 hommes, arrive le 26 à Mayence ; il pourra donc être à Fulde le 29. Le 10 novembre arrive le 1er d'infanterie légère italien ; il pourra servir pour le siège de Hanau[1].

---

1. Le 1er régiment de ligne italien, fort de 57 officiers et 1,631 hommes, quitta Mayence le 28 octobre ; le 1er régiment d'infanterie légère italien, fort de 50 officiers et 1,119 hommes, partit de la même ville le 11 novembre à destination de Cassel.

S'il y a encore des troupes du contingent de Darmstadt et du prince de Nassau à fournir, vous pouvez les demander pour en grossir vos colonnes. Je ne pense pas que Hesse-Cassel ait plus de 500 à 600 hommes réunis ; cependant, si vous croyez avoir besoin du secours de l'avant-garde de l'armée du Nord, il suffira, je pense, de faire entrer par Paderborn ou par Göttingen une division. Il y a à Mayence beaucoup de détachements de cavalerie à pied ; organisez un millier d'hommes de chasseurs, hussards et dragons à pied avec leurs fusils ; cela fera un renfort pour vos colonnes, et vous leur donnerez les chevaux de la cavalerie hessoise, ce qui me montera autant d'hommes[1].

Je compte sur de l'activité et de la célérité dans cette opération. Vous ferez une proclamation pour prescrire à tout le monde de rester tranquille ; vous désarmerez tout le pays, et je désire beaucoup qu'avant le 5 novembre votre corps, hormis ce qui sera nécessaire pour assurer la police du pays, soit disponible pour se rendre en Hanovre ; mais je vous ferai passer mes ordres d'ici à ce temps-là. Aussitôt que vous n'aurez plus besoin de la division de l'armée du Nord vous la renverrez à Göttingen. Je suppose que le roi de Hollande est resté à Wesel ; s'il avait marché avec l'avant-garde, vous vous concerteriez avec ce Prince pour tous ces mouvements. Le principe de votre opération est de ne laisser organiser aucun corps de Hessois et de les désorganiser tous, parce que, si 1 ou 2 régiments se formaient et se jetaient sur nos derrières, ce serait toujours un petit sujet d'inquiétude. Dans ce cas, vous les poursuivriez jusqu'à ce que vous les eussiez détruits. Vous ferez imprimer dans le pays la note de mon ministre en français et en allemand.

Vous publierez aussi la proclamation ci-jointe.

Vous recommanderez au général Lagrange de correspondre tous les jours avec le Major général. Un inspecteur aux

---

1. Ce bataillon de cavalerie à pied, fort de 12 officiers, 821 hommes et 36 chevaux, quitta Mayence le 30 octobre pour rejoindre le 8e corps. Il était composé de détachements des 1er, 2e, 3e, 4e de hussards ; 1er, 2e, 10e et 22e de chasseurs ; 2e, 6e, 13e, 14e, 22e et 26e de dragons.

revues sera envoyé avec le titre et les fonctions d'intendant. Ordonnez que tout homme qui gardera des armes après l'ordre du désarmement soit fusillé.

NOTE [1].

Le soussigné, chargé d'affaires de S. M. l'Empereur et roi d'Italie, est chargé de déclarer à S. A. S. le prince de Hesse-Cassel, maréchal au service de Prusse, que S. M. l'Empereur a une parfaite connaissance de l'adhésion à la coalition de la Prusse de la part de la cour de Cassel; que c'est en conséquence de cette adhésion que les semestriers ont été appelés, des chevaux distribués à la cavalerie, la place de Hanau approvisionnée et abondamment pourvue de garnison;

Que c'est en vain que S. M. a fait connaître à M. de Malsburg, ministre du prince de Hesse-Cassel à Paris, que tout armement de la part du prince de Hesse-Cassel serait regardé comme une hostilité; que, pour toute réponse, la cour de Hesse-Cassel a ordonné à M. de Malsburg de demander des passeports à Paris et de retourner à Cassel;

Que, depuis, les troupes prussiennes sont entrées à Cassel; qu'elles y ont été accueillies avec enthousiasme par le Prince héréditaire, général au service de Prusse, qui a même traversé la ville à leur tête;

Que ces troupes ont traversé tous les États de Hesse-Cassel pour attaquer l'armée française à Francfort;

Qu'immédiatement après, le plan de campagne de l'armée française étant venu à se développer, les généraux prussiens ont senti la nécessité de rappeler tous leurs détachements pour se concentrer à Weimar, afin de livrer bataille;

Que c'est donc par l'effet des circonstances militaires, et non de la neutralité de la Hesse, que les troupes prussiennes ont rétrogadé sur leurs lieux de rassemblement;

Que, pendant tout le temps que le sort des armes a été

1. Remise à la cour de Cassel le 31 octobre.

incertain, la cour de Cassel a continué ses armements, toujours en opposition aux déclarations de l'Empereur qu'il considérerait tout armement comme un acte d'hostilité;

Que les armées prussiennes ayant été battues et rejetées au delà de l'Oder, il serait aussi imprudent qu'insensé de la part du général de l'armée française de laisser se former cette armée hessoise, qui serait prête à tomber sur les derrières de l'armée française si elle éprouvait un échec;

Que le soussigné a donc reçu l'ordre exprès de déclarer que la sûreté de l'armée française exige que la place de Hanau et tout le pays de Hesse-Cassel soient occupés; que les armes, canons, arsenaux, soient remis à l'armée française, et que tous les moyens soient pris pour assurer les derrières de l'armée contre l'inimitié constante qu'a montrée à l'égard de la France la maison de Hesse-Cassel.

Il reste au prince de Hesse-Cassel à voir dans la situation des choses s'il veut repousser la force par la force et rendre son pays le théâtre des désastres de la guerre. Toutefois, cela étant incompatible avec une mission politique, le soussigné a reçu ordre de demander ses passe-ports et de se retirer de suite.

PROCLAMATION [1].

Habitants de Hesse, je viens prendre possession de votre pays. C'est le seul moyen de vous éviter les horreurs de la guerre.

Vous avez été témoins de la violation de votre territoire par les troupes prussiennes. Vous avez été scandalisés de l'accueil que leur a fait le prince héréditaire. D'ailleurs, votre souverain et son fils ayant des grades au service de Prusse sont tenus à l'obéissance aux ordres du commandant en chef de l'armée prussienne. Sa qualité de souverain est incompatible avec celle d'officier au service d'une puissance et la dépendance des tribunaux étrangers.

1. Publiée à Cassel le 1er novembre.

Votre religion, vos lois, vos mœurs, vos privilèges seront respectés ; la discipline sera maintenue. De votre côté, soyez tranquilles. Ayez confiance au grand souverain dont dépend votre sort. Vous ne pouvez éprouver que de l'amélioration.

15e BULLETIN DE LA GRANDE ARMÉE.

Wittenberg, 23 octobre 1806.

Voici les renseignements qu'on a pu recueillir sur les causes de cette étrange guerre.

Le général Schmettau (mort prisonnier à Weimar) fit un mémoire écrit avec beaucoup de force, et dans lequel il établissait que l'armée prussienne devait se regarder comme déshonorée, qu'elle était cependant en état de battre les Français, et qu'il fallait faire la guerre. Les généraux Rüchel (tué) et Blücher (qui ne s'est sauvé que par un subterfuge, en abusant de la bonne foi française) souscrivirent ce mémoire, qui était rédigé en forme de pétition au Roi. Le prince Louis-Ferdinand de Prusse (tué) l'appuya de toutes sortes de sarcasmes. L'incendie gagna toutes les têtes. Le duc de Brünswick (blessé très-grièvement), homme connu pour être sans volonté et sans caractère, fut enrôlé dans la faction de la guerre. Enfin, le mémoire étant ainsi appuyé, on le présenta au Roi. La Reine se chargea de disposer l'esprit de ce prince et de lui faire connaître ce qu'on pensait de lui. Elle lui rapporta qu'on disait qu'il n'était pas brave, et que, s'il ne faisait pas la guerre, c'est qu'il n'osait pas se mettre à la tête de l'armée. Le Roi, réellement aussi brave qu'aucun prince de Prusse, se laissa entraîner, sans cesser de conserver l'opinion intime qu'il faisait une grande faute.

Il faut signaler les hommes qui n'ont pas partagé les illusions des partisans de la guerre : ce sont le respectable feld-maréchal Möllendorf et le général Kalkreuth.

On assure qu'après la belle charge du 9e et du 10e régiment de hussards, à Saalfeld, le Roi dit : « Vous prétendiez « que la cavalerie française ne valait rien ; voyez cependant

« ce que fait la cavalerie légère, et jugez ce que feront les « cuirassiers. Ces troupes ont acquis leur supériorité par « 15 ans de combats ; il en faudrait autant afin de parvenir à « les égaler ; mais qui de nous serait assez ennemi de la « Prusse pour désirer cette terrible épreuve ? »

L'Empereur, déjà maître de toutes les communications et des magasins de l'ennemi, écrivit, le 12 de ce mois, la lettre ci-jointe, qu'il envoya au Roi de Prusse par l'officier d'ordonnance Montesquiou.

Cet officier arriva le 13, à 4 heures après midi, au quartier du général Hohenlohe, qui le retint auprès de lui et qui prit la lettre dont il était porteur[1]. Le camp du roi de Prusse était à 2 lieues en arrière ; ce prince devait donc recevoir la lettre de l'Empereur au plus tard à 6 heures du soir ; on assure cependant qu'il ne la reçut que le 14, à 9 heures du matin, c'est-à-dire lorsque déjà l'on se battait.

On rapporte aussi que le roi de Prusse dit alors : « Si « cette lettre était arrivée plus tôt, peut-être aurait-on pu ne « pas se battre ; mais ces jeunes gens ont la tête tellement « montée, que, s'il eût été question hier de paix, je n'aurais « pas ramené le tiers de mon armée à Berlin. » Le roi de Prusse a eu 2 chevaux tués sous lui et a reçu un coup de fusil dans la manche.

Le duc de Brünswick a eu tous les torts dans cette guerre ; il a mal conçu et mal dirigé les mouvements de l'armée ; il croyait l'Empereur à Paris, lorsqu'il se trouvait sur ses flancs ; il pensait avoir l'initiative des mouvements, et il était déjà tourné.

Au reste, la veille de la bataille, la consternation était déjà dans les chefs. Ils reconnaissaient qu'on était mal posté, et qu'on allait jouer le va-tout de la monarchie. Ils disaient tous : « Eh bien, nous payerons de notre personne ; » ce qui est d'ordinaire le sentiment des hommes qui conservent peu d'espérance.

La Reine se trouvait toujours au quartier général à Wei-

---

1. Voir *Iéna*, page 593.

mar ; il a bien fallu lui dire enfin que les circonstances étaient sérieuses, et que le lendemain il pouvait se passer de grands événements pour la monarchie prussienne. Elle voulait que le Roi lui dît de s'en aller, et, en effet, elle fut mise dans le cas de partir.

Lord Morpeth, envoyé par la cour de Londres pour marchander le sang prussien, mission véritablement indigne d'un homme tel que lui, arriva le 11 à Weimar, chargé de faire des offres séduisantes et de proposer des subsides considérables. L'horizon s'était déjà fort obscurci. Le cabinet ne voulut pas voir cet envoyé ; il lui fit dire qu'il y avait peut-être peu de sûreté pour sa personne, et il l'engagea à retourner à Hamburg pour y attendre l'événement. Qu'aurait dit la duchesse de Devonshire si elle avait vu son gendre chargé de souffler le feu de la guerre, de venir offrir un or empoisonné, et obligé de revenir sur ses pas tristement et en grande hâte ? On ne peut que s'indigner de voir l'Angleterre compromettre ainsi des agents estimables et jouer un rôle aussi odieux.

On n'a point encore de nouvelles de la conclusion d'un traité entre la Prusse et la Russie, et il est certain qu'aucun Russe n'a paru jusqu'à ce jour sur le territoire prussien. Du reste l'armée désire fort les voir ; ils trouveront Austerlitz en Prusse.

Le prince Louis-Ferdinand de Prusse et les autres généraux qui ont succombé sous les premiers coups des Français sont aujourd'hui désignés comme les principaux moteurs de cette incroyable frénésie. Le Roi, qui en a couru toutes les chances et qui supporte tous les malheurs qui en ont été le résultat, est, de tous les hommes entraînés par elle, celui qui y était demeuré le plus étranger.

Il y a à Leipzig une telle quantité de marchandises anglaises qu'on a déjà offert 60 millions pour les racheter.

On se demande ce que l'Angleterre gagnera à tout ceci. Elle pouvait recouvrer le Hanovre, garder le cap de Bonne-Espérance, conserver Malte, faire une paix honorable et rendre la tranquillité au monde. Elle a voulu exciter la Prusse contre la France, pousser l'Empereur et la France à bout. Eh bien, elle a conduit la Prusse à sa ruine, procuré à l'Empereur une plus grande gloire, à la France une plus grande puissance, et le temps approche où l'on pourra déclarer l'Angleterre en état de blocus continental. Est-ce donc avec du sang que les Anglais ont espéré alimenter leur commerce et ranimer leur industrie? De grands malheurs peuvent fondre sur l'Angleterre. L'Europe les attribuera à la perte de ce ministre, honnête homme, qui voulait gouverner par des idées grandes et libérales, et que le peuple anglais pleurera un jour avec des larmes de sang.

Les colonnes françaises sont déjà en marche sur Potsdam et Berlin. Les députés de Potsdam sont arrivés pour demander une sauvegarde.

Le quartier général est aujourd'hui à Wittenberg.

16e BULLETIN DE LA GRANDE ARMÉE.

Wittenberg, 23 octobre 1806.

Le duc de Brünswick a envoyé son maréchal du palais à l'Empereur. Cet officier était chargé d'une lettre par laquelle le duc recommandait ses États à Sa Majesté.

L'Empereur lui a dit : « Si je faisais démolir la ville de « Brünswick, et si je n'y laissais pas pierre sur pierre, que « dirait votre prince? La loi du talion ne me permet-elle pas « de faire à Brünswick ce qu'il voulait faire dans ma capitale? « Annoncer le projet de démolir des villes, cela peut être « insensé ; mais vouloir ôter l'honneur à toute une armée de « braves gens, lui proposer de quitter l'Allemagne par journées « d'étapes, à la seule sommation de l'armée prussienne, « voilà ce que la postérité aura peine à croire. Le duc de « Brünswick n'eût jamais dû se permettre un tel outrage. « Lorsqu'on a blanchi sous les armes, on doit respecter l'hon- « neur militaire ; et ce n'est pas d'ailleurs dans les plaines de « la Champagne que ce général a pu acquérir le droit de trai- « ter les drapeaux français avec un tel mépris. Une pareille « sommation ne déshonorera que le militaire qui l'a pu faire.

« Ce n'est pas au roi de Prusse que restera ce déshonneur; « c'est au chef de son conseil militaire, c'est au général à qui, « dans ces circonstances difficiles, il avait remis le soin de ses « affaires ; c'est enfin le duc de Brünswick que la France et « la Prusse peuvent accuser seul de la guerre. La frénésie « dont ce vieux général a donné l'exemple a autorisé une « jeunesse turbulente et entraîné le Roi contre sa propre « pensée et son intime conviction. Toutefois, Monsieur, dites « aux habitants du pays de Brünswick qu'ils trouveront dans « les Français des ennemis généreux ; que je désire adoucir « à leur égard les rigueurs de la guerre, et que le mal que « pourrait occasionner le passage des troupes serait contre mon « gré. Dites au général Brünswick qu'il sera traité avec tous « les égards dus à un officier prussien, mais que je ne puis « reconnaître dans un général prussien un souverain. S'il « arrive que la maison de Brünswick perde la souveraineté de « ses ancêtres, elle ne pourra s'en prendre qu'à l'auteur des « deux guerres qui, dans l'une, voulut saper jusque dans ses « fondements la grande capitale, qui, dans l'autre, prétendait « déshonorer 200,000 braves qu'on parviendrait peut-être « à vaincre, mais qu'on ne surprendra jamais hors du chemin « de l'honneur et de la gloire. Beaucoup de sang a été versé « en peu de jours; de grands désastres pèsent sur la monar- « chie prussienne. Qu'il est digne de blâme cet homme qui, « d'un mot, pouvait les prévenir, si, comme Nestor élevant « la parole au milieu des conseils, il avait dit : Jeunesse « inconsidérée, taisez-vous ; femmes, retournez à vos fu- « seaux et rentrez dans l'intérieur de vos ménages ! Et vous, « Sire, croyez-en le compagnon du plus illustre de vos pré- « décesseurs ; puisque l'empereur Napoléon ne veut pas la « guerre, ne le placez pas entre la guerre et le déshonneur; « ne vous engagez pas dans une lutte dangereuse avec une « armée qui s'honore de quinze ans de travaux glorieux, et « que la victoire a accoutumée à tout soumettre. Au lieu de « tenir ce langage, qui convenait si bien à la prudence de « son âge et à l'expérience de sa longue carrière, il a été le « premier à crier *aux armes !* il a méconnu jusqu'aux liens

« du sang, en armant un fils contre son père ; il a menacé de « planter ses drapeaux sur le palais de Stuttgart ; et, accom- « pagnant ces démarches d'imprécations contre la France, il « s'est déclaré l'auteur de ce manifeste insensé qu'il avait « désavoué pendant quatorze ans, quoiqu'il n'osât pas nier « de l'avoir revêtu de sa signature. »

On a remarqué que, pendant cette conversation, l'Empereur, avec cette chaleur dont il est quelquefois animé, a répété souvent : « Renverser et détruire les habitations des « citoyens paisibles, c'est un crime qui se répare avec du « temps et de l'argent ; mais déshonorer une armée, vouloir « qu'elle fuie hors de l'Allemagne devant l'aigle prussienne, « c'est une bassesse que celui-là seul qui la conseille était « capable de commettre. »

M. de Lucchesini est toujours au quartier général. L'Empereur a refusé de le voir ; mais on observe qu'il a de fréquentes conférences avec le grand maréchal du palais Duroc.

L'Empereur a ordonné de faire présent, sur la grande quantité de draps anglais qui a été trouvée à Leipzig, d'un habillement complet à chaque officier, et d'une capote et d'un habit à chaque soldat.

Le quartier général est à Kropstädt.

LE MAJOR GÉNÉRAL AU GRAND-DUC DE BERG.

Kropstädt, 23 octobre 1806.

L'Empereur vous ordonne, mon Prince, de porter demain votre quartier général à Potsdam. Vous dirigerez le général Lasalle sur Charlottenburg qu'il pourra occuper sans s'approcher de Berlin. Le 13e de chasseurs à cheval sera dirigé sur la route de Berlin, avec défense de s'en approcher à plus d'une lieue ; les dragons de Beaumont seront cantonnés une lieue en avant sur la route de Berlin.

La 2e division de cuirassiers sera placée entre Beelitz et Potsdam.

L'Empereur voulant donner une preuve de sa satisfaction

au 3e corps commandé par le maréchal Davout, entend et veut que ce corps entre le premier à Berlin.

Vous trouverez ci-joint, mon Prince, les ordres donnés aux maréchaux Davout, Bernadotte, Lannes et Augereau.

Le quartier général de l'Empereur sera demain à Potsdam.

LE MAJOR GÉNÉRAL AU MARÉCHAL LANNES.

Kropstädt, 23 octobre 1806.

L'Empereur ordonne, M. le Maréchal, que vous vous rendiez demain 24 à Potsdam avec votre corps d'armée; toute votre cavalerie légère se dirigera partie sur Spandau pour surprendre cette forteresse si elle n'est pas en état de défense; vous y mettrez un officier du génie; votre cavalerie légère arrêtera aussi tous les convois qui se dirigeraient de l'Elbe sur Berlin; elle poussera des partis sur les routes de la basse Elbe dans toutes les directions. Vous dirigerez une autre partie de votre cavalerie légère sur Brandenburg; elle aura trois buts : le premier de faire sa jonction avec le maréchal Bernadotte qui doit être demain au soir 24 à Brandenburg; le deuxième, d'arrêter tout ce qui de Brandenburg se dirigera sur Potsdam; le troisième, d'envoyer des partis à Ketzin pour intercepter la communication qui de Berlin va sur l'Elbe.

Je donne l'ordre au prince Joachim d'éclairer avec sa cavalerie légère la route de Berlin et celle de Charlottenburg sans cependant entrer dans la ville de Berlin.

Le petit quartier général de l'Empereur se rendra demain à Potsdam; vous aurez soin de faire garantir le palais et les autres édifices.

Le général René et le commissaire des guerres que M. Daru a nommé, devront arriver à Potsdam avec les premiers éclaireurs afin de mettre sur-le-champ l'ordre dans la ville.

LE MAJOR GÉNÉRAL AU MARÉCHAL AUGEREAU.

Kropstädt, 23 octobre 1806.

L'Empereur ordonne à M. le maréchal Augereau de se rendre demain 24 avec son corps d'armée entre Beelitz et Saarmund; il attendra de nouveaux ordres.

Le quartier général de l'Empereur sera demain à Potsdam.

Il est ordonné à M. le maréchal Lefebvre de partir demain 24 de manière que son corps soit réuni à 6 heures du matin à Marzahn d'où il continuera sa marche pour aller coucher à Potsdam; mais comme la route est longue et qu'il y a des hommes fatigués dans la Garde à pied, il en formera un détachement qui ira coucher à Beelitz[1].

Le quartier général de l'Empereur sera demain à Potsdam.

LE MAJOR GÉNÉRAL AU MARÉCHAL BESSIÈRES.

Kropstädt, 23 octobre 1806.

L'intention de l'Empereur, M. le Maréchal, est que la cavalerie de sa Garde parte demain 24, savoir : les chasseurs à cheval à la pointe du jour et les grenadiers à cheval après le départ de l'Empereur pour se rendre savoir : les chasseurs à Potsdam et les grenadiers à Beelitz.

LE MAJOR GÉNÉRAL AU GÉNÉRAL HULLIN.

Kropstädt, 23 octobre 1806.

Du moment que vous serez entré à Berlin, Général, vous ferez traduire en allemand et imprimer à mi-marge, en fran-

1. De Kropstädt à Marzahn, 5 kil.; — de Marzahn à Beelitz, 29 kil.; de Beelitz à Potsdam, 20 kil.

Le 17e bulletin, du 25, fait connaître que la Garde arriva à Potsdam à 9 heures du soir; les grenadiers étaient en route depuis 5 heures du matin, soit 16 heures. Si l'on compte 14 lieues, ils ont eu 14 heures de marche et 2 heures de repos.

çais d'un côté et en allemand de l'autre, la partie politique contenue dans le journal ci-joint; vous y joindrez la proclamation de l'Empereur à son armée, et vous ferez afficher cela dans toutes les rues.

Vous ne mettrez point que c'est extrait d'un journal.

Vous ferez également imprimer un grand nombre de la relation ci-jointe et vous la ferez répandre dans le public.

ORDRE DE MARCHE POUR LE 23 OCTOBRE.

Zahna, 22 octobre 1806.

La 1re division prendra position demain 23 à Waltersdorf, en avant de Luckenwald, et en partant de la position qu'elle occupe, elle se dirigera d'abord sur Jüterbogk et de là par Luckenwald sur Waltersdorf.

Les 2e et 3e divisions viendront prendre position en arrière de Luckenwald. MM. les généraux Friant et Gudin enverront à Luckenwald des officiers pour y recevoir d'une manière plus particulière les ordres de M. le Maréchal sur la position qu'ils devront occuper.

La cavalerie légère recevra à Luckenwald des ordres particuliers de M. le Maréchal.

La division de dragons aux ordres du général Beker partira de Seyda entre 7 et 8 heures du matin et se rendra directement à Jüterbogk et de là ira prendre des cantonnements à Rühlsdorf, Frankenfeld, Frankenthal et autres villages environnants.

Le parc de réserve se rapprochera le plus possible de Luckenwald.

Le quartier général sera établi à Luckenwald.

Le Général chef de l'état-major du 3e corps d'armée,

DAULTANNE.

LE MARÉCHAL DAVOUT AU MAJOR GÉNÉRAL.

Luckenwald, 23 octobre 1806.

Je m'empresse de rendre compte à V. A. que le général Viallannes, commandant ma cavalerie légère, avait poussé une reconnaissance jusque sur Potsdam[1]; il y serait entré,

---

1. Cette reconnaissance avait été poussée à 72 kil. de Wittenberg en exécution des ordres donnés le 21 par le maréchal Davout. Voir page 198.

s'il n'avait reçu auparavant les ordres que je lui ai fait expédier pour me rejoindre à Luckenwald. Il arrive à l'instant et confirme le rapport qu'il n'existe aucunes troupes ennemies à Potsdam, ni à Berlin, que tout s'est retiré à Magdeburg et derrière l'Oder.

LE MARÉCHAL DAVOUT AU MAJOR GÉNÉRAL.

Luckenwald, 23 octobre 1806.

J'ai l'honneur de rendre compte à V. A. que le corps d'armée ayant fait hier une marche plus forte que je ne le présumais, il prendra position aujourd'hui entre Trebbin où sera la 1re division et Waltersdorf [1], de sorte que demain 24 vers les 2 heures après midi le corps d'armée sera rendu devant Berlin.

Si je ne reçois point d'ordre contraire, l'armée sera en marche à 5 heures du matin.

J'attends le général Hullin pour le mettre en possession du commandement de cette place.

Cette nuit j'enverrai quelques partis pour cerner Berlin; l'adjudant commandant Romeuf y sera envoyé pour y assurer la subsistance des troupes.

ORDRE DE MARCHE POUR LE 24 OCTOBRE.

Luckenwald, 23 octobre 1806.

La 1re division partira demain 24 à 6 heures du matin pour se rendre à Tempelhof [2] où elle prendra position en avant de ce village, à cheval sur la grande route de Berlin.

La 2e division sera placée en seconde ligne et bivouaquera dans les petits bouquets de bois qui se trouvent à la droite de la route et à un quart de lieue en arrière de Tempelhof.

La 3e division bivouaquera dans les bois de Steglitz qui se trouvent à la gauche de la route et en arrière de Tempelhof.

---

1. De Gölsdorf à Trebbin, 44 kil.; — de Zahna à Waltersdorf, 43 kil.
2. De Trebbin à Tempelhof, 33 kil.; — de Luckenwald à Waltersdorf, 4 kil.; — de Waltersdorf à Trebbin, 15 kil.

La cavalerie légère occupera Ricksdorf et Britz.

La division de dragons occupera Wilmersdorf, Schmargendorf, Dahlem, Zehlendorf et Lichterfeld [1].

Le parc de réserve à Mariendorf.

Le quartier général du corps d'armée à Schöneberg.

Aucun militaire ou autre personne attachée au corps d'armée ne pourra entrer en ville sans une permission de M. le Maréchal, visée par son chef d'état-major.

Général Daultanne.

LE MARÉCHAL LANNES A L'EMPEREUR.

Beelitz, 23 octobre 1806.

Mon aide de camp Thomières arrive de Potsdam [2]; il y a trouvé 2 députés de Berlin ; le général Corbineau les prend avec lui pour que V. M. puisse les interroger sur la position de l'ennemi qui s'est retiré derrière l'Oder où se trouve le Roi ainsi que la Reine. Le service de la capitale est fait par la garde nationale commandée par le prince Ferdinand, père de celui qui a été tué à Saalfeld.

Le 5e corps d'armée est parfaitement rallié et je partirai demain avec lui pour me rendre à Potsdam, quoique je n'en aie pas l'ordre ; j'espère que V. M. I. ne le trouvera pas mauvais, la troupe ayant besoin de manger ; je pense d'ailleurs que votre intention est de nous diriger sur Berlin.

J'ai fait commander des vivres à Potsdam pour 100,000 hommes. Je donnerai les ordres les plus sévères pour que cette ville qui offre des ressources, soit respectée.

Je désirerais savoir si l'intention de V. M. est que mon corps d'armée aille coucher demain entre Potsdam et Berlin pour pouvoir prendre après-demain avant la nuit une bonne position en avant de cette ville.

Je prie V. M. de me faire parvenir ses ordres de bonne heure.

P.-S. — M. le général Corbineau est chargé de remettre à

1. L'infanterie était couverte à une lieue sur ses flancs, à droite par la cavalerie légère, à gauche par les dragons.

2. De Beelitz à Potsdam, 19 kil.

V. M. toutes les lettres que mon aide de camp a enlevées à la poste ainsi que les journaux.

5e corps. Bivouac en avant de Beelitz [1].

7e corps. Cavalerie légère en avant de Treuenbrietzen ; — quartier général, Treuenbrietzen ; — 1re et 2e divisions, en arrière de Treuenbrietzen ; — parc, Reitz.

LE GÉNÉRAL BELLIARD AU GÉNÉRAL D'HAUTPOUL.

Bossdorf, 23 octobre 1806.

L'intention du Prince est que vous établissiez votre division aux villages de Berkau et de Kerzendorf. Votre quartier général devra être à ce dernier village ; demain vous voudrez bien partir à 5 heures du matin pour vous rendre à Treuenbrietzen où vous recevrez de nouveaux ordres du Prince pour aller coucher à Potsdam.

LE GRAND-DUC DE BERG A L'EMPEREUR.

Bossdorf, 23 octobre 1806, 3 heures après midi.

Sire, j'ai l'honneur de rendre compte à V. M. que je coucherai ce soir à Treuenbrietzen avec les généraux Lasalle, Beaumont et le 13e régiment de chasseurs à cheval [2]. Le général Nansouty sera établi à Bossdorf [3], et le général d'Hautpoul à Berkau [4] ; et demain, conformément aux ordres que j'ai reçus de M. le Major général, j'espère être rendu à Potsdam où je prie V. M. de me faire adresser ses ordres.

Le pont a été rétabli ce matin, mais je dois observer à V. M. qu'il n'est pas assez solidement établi pour pouvoir rester tel qu'il est ; je tremble même qu'il n'arrive quelque accident pour le passage de l'artillerie. — Demain, si les Maréchaux

1. De Strauch à Beelitz, 43 kil. ; — de Liesenitz à Beelitz, 35 kil.
2. De Dessau à Treuenbrietzen, 60 kil. ; — de Mosigkau à Dessau, 8 kil.
3. De Rosefeld à Bossdorf, par Dessau, 53 kil.
4. De Maxdorf à Kerzendorf, 64 kil.

qui me précèdent n'ont pas déjà jeté du monde sur la route de Magdeburg, je ferai intercepter cette route.

LE MARÉCHAL BERNADOTTE AU MAJOR GÉNÉRAL.

Zerbst, 23 octobre 1806, midi.

Un adjoint que j'avais laissé près du général Rivaud, vient de me rendre compte que l'opération de la remise des chevaux se consommait. Hier à 4 heures déjà près d'un régiment avait mis pied à terre ; on comptait les chevaux et le commissaire des guerres en dressait procès-verbal ; le reste arrivait. Ayant été prévenu qu'une partie de cette cavalerie était encore sur la rive droite de l'Elbe, et étant instruit que le général Watier n'avait pas encore pu passer le pont près de Dessau, j'ai envoyé un officier d'état-major du général Oudinot pour la diriger sur Roslau auprès de ce général. Le général Watier vient de m'assurer qu'il avait rencontré le régiment des chevau-légers du prince Jean conduit par cet officier.

LE MARÉCHAL BERNADOTTE AU MAJOR GÉNÉRAL.

Zerbst, 23 octobre 1806.

Je reçois à 3 heures et demie après midi votre ordre d'aujourd'hui[1] ; je mets de suite en route la division Drouet pour se porter avec 2 régiments de cavalerie à 4 lieues d'ici sur la route de Brandenburg ; nos reconnaissances ayant rencontré quelques postes sur la route de Magdeburg, je ne ferai partir la division Dupont que cette nuit ; sa présence ici est nécessaire jusqu'alors pour protéger nos parcs qui ne sont pas encore arrivés.

J'envoie aussi l'ordre au général Rivaud de se rendre ici et de forcer de marche pour venir nous joindre ; je vous observe que cette division pourra à peine passer l'Elbe ce

1. Ordre de 2 heures du matin de Wittenberg, 44 kil. par Coswig et Roslau.

soir par Dessau ; on ne peut pas espérer qu'elle soit avec nous avant après-demain.

D'après les dispositions que j'ai prises, j'arriverai à Brandenburg après-demain matin [1]; je prends ma route par Deez, Schweinitz, Gloina, Ziesar et de là à Brandenburg par la grande route de Magdeburg.

J'ai chargé mon chef d'état-major de faire exécuter l'ordre de S. M. relatif au renvoi des éclopés à Wittenberg. Je présume qu'il s'en trouvera peu.

Division Drouet et 5e de chasseurs, Deez.

Ordre au général Dupont de partir le 24 à 3 heures du matin de Zerbst pour Ziesar où il prendra position, en se dirigeant par Deez, Schweinitz et Gloina. Le général Watier qui suit la même route avec les 2e et 4e de hussards marchera en avant de sa division. Le quartier général sera demain à Ziesar.

On est obligé de se mettre en marche aussitôt la réception des ordres qui n'arrivent quelquefois que tard dans la journée (départ du 3e corps le 22 à 5 heures du soir ; départ de la division Drouet le 23 à 3 heures et demie de l'après-midi ; départ de la division Dupont le 24 à 3 heures du matin). Enfin il faut toujours être prêt à partir, et comme on ne sait jamais quand on s'arrêtera, il faut, toutes les fois que les circonstances le permettent, avoir mangé avant le départ. — Les distributions ont toujours lieu très-tard, quelquefois à 7 heures, 8 heures du soir, après la marche. Soit que la viande ait été abattue dans le lieu même, soit qu'elle soit apportée d'un autre point, il est souvent nuit lorsqu'on la distribue. D'où nécessité de faire la soupe la nuit ; le matin boire le bouillon avant le départ et emporter la viande ; manger une partie de la viande froide à la grand'halte et, en arrivant à la fin de la marche, faire cuire des légumes et y faire réchauffer le reste de la viande cuite la veille. Si on a du café, on peut en faire le soir, et en faire assez pour remplir les bidons pour la marche du lendemain. On ne pourra jamais faire le café à la grand'halte ; le temps manquera, les dispositions militaires obligeront à s'arrêter dans un endroit où il n'y aura à proximité ni eau, ni bois. — La mauvaise habitude de faire le café dans la journée nuit à la bonne exécution des marches, en prolongeant outre mesure la durée de la grand'halte. Il faut rompre avec cet usage. —

---

1. De Zerbst à Brandenburg, 67 kil., par Deez, 12 kil., et Ziesar, 40 kil.

La réquisition est la seule manière de se procurer des subsistances pour les hommes et les chevaux. Quand on ne peut pas distribuer de pain, il faut donner de la farine ; sinon, doubler la distribution de viande. Nos ancêtres ne connaissaient pas la conserve ; ils ne traînaient avec eux que de l'eau-de-vie, du sel et de la viande sur pied ; tant mieux lorsqu'ils trouvaient des légumes, pommes de terre, haricots. — Les généraux prévenaient de l'heure du départ dès qu'ils la connaissaient. — Les histoires de troupiers de l'Empire, les souvenirs d'officiers nous montrent la troupe faisant la soupe pendant la nuit.

LE MARÉCHAL SOULT AU MAJOR GÉNÉRAL.

Hohen-Warsleben, 23 octobre 1806 [1].

Par mon dernier rapport, j'ai eu l'honneur de rendre compte à V. A. qu'on n'avait pu trouver au-dessus de Magdeburg un nombre suffisant de bateaux pour jeter un pont ; mais les recherches qu'on a faites aujourd'hui ont été plus heureuses : entre Schönebeck et Barby on a trouvé 60 bateaux d'une dimension assez grande et beaucoup de bois équarris. Aussitôt que j'en ai été instruit, j'ai envoyé des sapeurs et une compagnie de pontonniers pour prendre ces bateaux et les descendre jusqu'à hauteur de Westerhausen où le pont devra être jeté. Demain matin je serai de bonne heure sur les lieux et je compte que pour midi l'opération sera très-avancée.

M. le maréchal Ney a aussi envoyé les officiers du génie de son corps d'armée et des sapeurs pour le même objet ; ainsi l'opération se fera de concert.

1. LE GÉNÉRAL COMPANS AU GÉNÉRAL SAINT-HILAIRE.

Hohen-Warsleben, 23 octobre 1806.

Ayant beaucoup à me plaindre de la négligence de votre chef d'état-major qui depuis le 5 de ce mois n'a fait aucun envoi à l'état-major général du rapport historique des mouvements, cantonnements, positions de votre division, ainsi que des événements survenus, comme je lui avais prescrit par ma circulaire du 4 du même mois, je vous prie, mon Général, de témoigner à votre chef d'état-major tout mon mécontentement et de le prévenir que je serai obligé de rendre compte de sa négligence à S. A. le Major général, s'il ne s'empresse à m'envoyer les rapports arriérés dont il est question dans ma lettre, et si par la suite il n'apporte pas plus d'exactitude

L'établissement du pont à Westerhausen paraît avantageux en ce qu'il débouche de suite sur la route et qu'il sera appuyé par une île qui, quoique d'une très-grande étendue, est cependant susceptible d'être retranchée, et même d'y former des établissements, puisqu'elle contient 2 villages.

Demain je ferai un mouvement à droite pour rapprocher le corps d'armée du point où le pont doit être jeté et me mettre ainsi à même de déboucher aussitôt que j'en aurai reçu l'ordre; mais, aussitôt que le passage sera praticable, je porterai la cavalerie légère sur la rive droite de l'Elbe afin d'éclairer le pays et intercepter la grande route qui conduit de Magdeburg à Berlin.

Pendant que ces recherches se faisaient au-dessus de Magdeburg, on était aussi en reconnaissance au-dessous de cette ville, et j'ai trouvé qu'on pourrait faire 2 ponts volants à Glindenberg; j'ai ordonné qu'on y travaillât de suite, tant pour détourner l'attention de l'ennemi que pour ajouter, s'il le fallait, aux moyens de passage.

Hier j'ai rendu compte à V. A. que j'avais fait occuper le faubourg de Neustadt; mais pendant la nuit l'ennemi a fait avancer 3 bataillons qui ont repoussé les faibles postes qu'on y avait placés, et ensuite il a lui-même mis le feu à une partie du faubourg; aujourd'hui il a beaucoup canonné sur les sentinelles qui étaient dans cette partie, mais le bataillon qui y était n'a pas souffert.

En faisant demain le mouvement dont j'ai l'honneur de rendre compte à V. A., j'engagerai M. le maréchal Ney à faire relever par quelques troupes celles que je retirerai du front et de la droite de Magdeburg.

Les Prussiens ont fait aujourd'hui meilleure contenance, et s'il faut en croire les rapports des déserteurs, il paraîtrait qu'ils veulent défendre la ville, quelque humeur que montrent les habitants.

Le dernier déserteur qui est arrivé dit que la garnison se compose des 3es bataillons des régiments de Kleist, prince Louis, Rhinward, Brünswick et Bontkammer; ces bataillons sont de paix;

Le régiment de Kleist formant un bataillon; le régiment prince Louis, un autre bataillon; le régiment de Möllendorf, un autre; le régiment de Götz, un autre; un bataillon de fusiliers nommé Vernois;

Le régiment d'Anspach complet, et 3,000 hommes de cavalerie formés par le régiment de Schmettau dragons et par divers détachements de plusieurs corps.

Il y a plusieurs généraux dans la place; les magasins sont grandement approvisionnés, et ce déserteur prétend qu'on a forcé la garde bourgeoise à faire le service.

Du reste on ne peut guère compter sur la force de la garnison, car tous les jours il en part quelque chose, mais je crois bien que les premiers rapports qui m'avaient été faits étaient au-dessous de la vérité.

Le parti que j'ai envoyé sur Helmstädt[1] rend compte qu'une colonne de 3,000 hommes, dont 900 de cavalerie, venant de Brünswick, avait d'abord pris la direction d'Helmstädt, mais qu'apprenant l'arrivée des Français, elle s'était de suite élevée pour aller passer l'Elbe à Tangermünde et même plus bas, si la communication par ce dernier endroit était déjà interceptée.

Un autre parti qui a été à Haldensleben[2] rend aussi compte de l'apparition d'une seconde colonne à 5 lieues de cet endroit, et qu'elle s'était également retirée aussitôt qu'elle avait appris qu'il y avait des Français à sa portée.

J'ai envoyé un parti jusqu'à Tangermünde[3].

Je dois regretter que les 2 colonnes dont il s'agit ne se soient pas davantage engagées, afin de pouvoir les enlever, mais le mouvement qu'il m'eût fallu faire pour les joindre n'aurait pu se concilier avec les dispositions de S. M. que V. A. a eu la bonté de me faire connaître, et d'après lesquelles je dois me tenir prêt à passer l'Elbe au premier ordre qui me sera envoyé.

---

1. De Irxleben à Helmstädt, 30 kil.
2. De Hohenwarsleben à Neuhaldensleben, 14 kil.
3. De Vollmirstädt par Rogätz à Tangermünde, 43 kil.

LE MARÉCHAL NEY AU MAJOR GÉNÉRAL.

Gross Ottersleben, 23 octobre 1806.

Je reçois à l'instant la lettre que V. A. m'a fait l'honneur de m'écrire hier. Voici l'emplacement occupé depuis hier par mon corps d'armée.

Le 10e de chasseurs forme une chaîne de postes depuis l'Elbe vis-à-vis de Fermersleben jusqu'en avant de Lemsdorf, Klein Ottersleben et Diesdorf, où elle se lie à la droite des avant-postes de M. le maréchal Soult : 2 régiments de dragons soutiennent cette chaîne.

La division du général Marchand est campée depuis hier soir la droite à Gross Ottersleben et la gauche sur la direction de Schmarsleben.

La 3e division est en seconde ligne campée à la gauche de Schleibnitz.

Ce matin je ferai de mon côté une sommation au général Kleist, gouverneur de Magdeburg ; les ordres sont donnés pour bombarder cette place si elle refusait de se rendre : c'est-à-dire qu'aussitôt que le maréchal Soult fera tirer, je ferai de même commencer le feu.

Cet ensemble aura lieu pour toutes les opérations.

Je mets sous les yeux de V. A. copie de ma sommation.

Je n'ai absolument aucun renseignement sur la marche du petit corps d'armée du duc de Weimar; mes postes ont été en avant sur la route de Brünswick et il paraît qu'il s'est replié sur le Hanovre.

J'ai fait réunir tous les bateaux que l'on a pu trouver sur l'Elbe afin de me ménager les moyens de passer ce fleuve sur le point de Salbke et de Westerhausen.

P.-S. — J'établirai aujourd'hui même mon quartier général à Beiendorf, route de Bernburg à Magdeburg.

LE MARÉCHAL NEY AU MAJOR GÉNÉRAL.

Klein Ottersleben, 23 octobre 1806.

J'ai l'honneur de rendre compte à V. A. que je fais établir un pont de bateaux à Schönebeck ; aussitôt que cette opération sera terminée, je passerai l'Elbe pour m'emparer sur la rive droite de ce fleuve de toutes les communications qui aboutissent à Magdeburg. Je préviendrai M. le maréchal Soult du jour où j'effectuerai ce mouvement.

Le passage aura lieu de la manière suivante :

La 3e division ouvrira la marche ; ensuite le parc de l'armée et les équipages du quartier général ; les 2 régiments de dragons du général Klein ; les 76e, 69e régiments, l'artillerie et les bagages de la 2e division ; le 39e et le 10e de chasseurs. La marche sera fermée par le 6e léger.

L'artillerie de la 3e division sera placée sur la rive droite de l'Elbe pour protéger le passage dans le cas où l'ennemi ferait quelques mouvements pour y mettre obstacle.

J'ai fait sommer M. le lieutenant-général de Kleist, gouverneur de Magdeburg ; sa réponse a été négative. Le général Wartensleben, envoyé par le roi de Prusse auprès de ce gouverneur, a dit en confidence à l'adjudant-commandant Lefol qu'il espérait parvenir à lui faire entendre raison si l'on tirait sur la place quelques obus. M. de Kleist a au surplus donné sa parole de ne point chercher à traverser les opérations des armées françaises pourvu que les mouvements aient lieu hors de la portée de son canon.

L'adjudant-commandant porteur de ma sommation assure qu'il y a au moins 8,000 hommes dans la place, peu d'artillerie de siège, mais 40 à 50 pièces de campagne, un régiment de cuirassiers et un fort détachement de hussards.

LE MARÉCHAL SOULT AU MARÉCHAL NEY.

Hohen-Warsleben, 23 octobre 1806, 10 heures du soir.

Enfin, mon cher Maréchal, voilà la colonne du duc de Weimar qui s'annonce. Un parti que j'avais envoyé sur Helmstädt a été attaqué aujourd'hui à midi à une lieue en arrière de cet endroit par l'avant-garde de cette colonne et a été ramené jusqu'en arrière d'Erxleben; il a même perdu quelques hommes, mais il a appris par 3 prisonniers qu'il a faits[1] que cette colonne était composée de 16 bataillons, tous bien complets, et de 4 régiments de cavalerie. Ils ont dit en outre que la colonne se dirigeait sur Magdeburg et qu'elle voulait y entrer quelque obstacle qu'on lui opposât. La chose ne me paraissant pas aussi aisée qu'ils se l'imaginent, demain, à la pointe du jour, je marcherai à sa rencontre avec 2 divisions d'infanterie et une partie de ma cavalerie[2]. Je laisse devant Magdeburg une autre division d'infanterie et 2 régiments de cavalerie; car il est vraisemblable que sitôt que l'ennemi qui est dans la place sera instruit de l'engagement, il fera sortir une partie de ses forces pour faire diversion. Si, après avoir pris cette disposition, vous jugiez convenable de faire porter à gauche, dans la direction de Eichenbarleben, le restant de votre cavalerie et présenter même une tête de colonne d'infanterie, je crois que l'ennemi ainsi enveloppé ne pourrait échapper et que nous aurions tout ce qui compose cette colonne. Je vous dis de confiance ce que dans cette circonstance il me paraîtrait convenable de faire. Croyez, je vous prie, que je n'y mets aucune préten-

1. Voir le rapport du Maréchal à l'Empereur du 24 au soir. Le maréchal Soult connaissait donc le 23 au soir le résultat de la seconde reconnaissance sur Helmstädt le 23 à midi. Comme la cavalerie légère se trouvait tout entière à Wollmirstädt, les renseignements sont parvenus directement au maréchal Soult à Hohen-Warsleben.

2. Ordres donnés le 23 au soir en même temps que le maréchal Soult faisait cette lettre au maréchal Ney. Ces ordres ne se trouvent pas sur le registre du maréchal Soult; en raison de la grande hâte ils ont dû être expédiés de suite par des officiers sans que l'on prît même le temps de les enregistrer.

tion, et que, si vous aviez été le premier prévenu, j'eusse reçu avec plaisir et reconnaissance vos avis. Obligez-moi de me dire ce que vous ferez, pour qu'au besoin je règle là-dessus mes dispositions.

LE GÉNÉRAL LEGRAND, COMMANDANT A BAIREUTH,
A S. A. LE MAJOR GÉNÉRAL.

Rapport du 23 octobre[1].

Le 3e bataillon du 25e léger qui avait ordre de se réunir à Baireuth pour rejoindre le 6e corps s'est mis en route le 22, à l'exception d'une compagnie qui avait pris les devants, et s'est dirigé sur Leipzig[2].

La division des troupes de Bade sous les ordres du major général de Clossmann a passé le 22 en cette ville ; elle en est partie le 23 pour aller prendre position à Hof. Cette division est forte de 82 officiers et 2,839 hommes de troupe ; elle a 6 pièces de canon, 2 obusiers, 71 caissons et 130 hommes du train.

La 2e division des troupes bavaroises est en route ; elle marche sur 2 colonnes dont l'une doit passer le 24 à Baireuth et l'autre le même jour à Wonziedel ; elle a reçu les ordres de V. A. qui la dirigent sur Dresde.

Le commandant des troupes bavaroises à Culmbach ne m'a pas encore envoyé son état de situation ; il a environ 1,100 hommes.

31 déserteurs de Prusse ont été conduits sous escorte à Bamberg pour continuer leur route sur Landau.

9 officiers prussiens prisonniers sur parole sont arrivés le 21 dans le pays de Baireuth leur patrie.

Un bataillon du contingent de Würzburg fort de 1,000 hommes est arrivé à Baireuth le 21 de ce mois. J'en ai passé la revue ; la tenue est bonne, 100 hommes seulement ne sont pas habillés ni armés. Ce bataillon a 2 pièces de canon et 2 caissons. Ci-joint l'état de situation.

Police intérieure. — Le président de la régence du pays de Bai-

1. C'est un rapport du même genre que chaque gouverneur de province, chaque commandant d'armes devait chaque jour au Major général de l'armée. Un adjudant-commandant était chargé de suivre cette correspondance à l'état-major général.

2. Ce bataillon avait escorté le grand parc d'artillerie d'Ulm à Würzburg. Voir *Iéna*, page 311. Le 25e léger n'avait donc que 2 bataillons présents à la bataille.

reuth m'ayant prévenu que le lieutenant-colonel qui commande le bataillon des troupes bavaroises faisant le blocus du fort de Plassemburg près Culmbach avait fait une réquisition de 3,000 florins pour la solde de ses troupes, j'ai écrit à ce colonel pour qu'il me rendît compte en vertu de quel ordre il se permettait de lever cette contribution ; sa réponse, que je joins ici, ne m'ayant pas paru satisfaisante, je lui ai défendu de faire aucune espèce de réquisition et j'ai autorisé la régence à s'y refuser jusqu'à ce que j'aie pris les ordres de V. A. J'ai su depuis que cet officier avait menacé les magistrats de Culmbach de les mettre à exécution s'ils ne payaient pas et qu'il en avait déjà reçu 1,000 florins à compte.

Je supplie V. A. de vouloir bien me faire connaître ses intentions afin que je puisse à l'avenir me conduire en conséquence.

Esprit public. — Les victoires de S. M. I. et R. ont un peu rabaissé l'orgueil des habitants du pays, mais n'ont apporté aucun changement dans leur attachement à la Prusse.

24 OCTOBRE.

L'EMPEREUR A M. CHAMPAGNY.

Camp impérial, Kropstädt, 24 octobre 1806.

Vous verrez que, par décret de ce jour, j'ai ordonné la mise en activité de 3,000 hommes de gardes nationales dans les départements des 11e et 12e divisions militaires. J'en ai donné le commandement et l'organisation au général Lamartillière[1]. Cela sera un moyen de donner du pain à beaucoup d'hommes dans les départements de la Gironde, et un moyen de pourvoir à la sûreté de ces contrées. Concertez cela avec le ministre Dejean et le général Lamartillière et que celui-ci parte sur-le-champ.

LE MARÉCHAL DAVOUT AU MAJOR GÉNÉRAL.

Aux faubourgs de Berlin, 24 octobre 1806.

J'ai l'honneur de rendre compte à V. A. que le 3e corps est arrivé sous Berlin ; j'y avais envoyé à l'avance l'adjudant-

---

1. L'EMPEREUR AU GÉNÉRAL LAMARTILLIÈRE.

Potsdam, 25 octobre 1806.

Monsieur le sénateur Lamartillière, je vous donne une mission qui vous convaincra de l'estime que je vous porte et de ma confiance dans votre talent et dans votre zèle pour mon service.

Transportez-vous à Bordeaux. Réunissez 3,000 hommes de gardes nationales ; instruisez-les pour la défense de mes côtes de la Gironde. En cas d'événements, ayez même l'œil sur Rochefort, pour pouvoir vous y porter.

Il me suffit que ces corps soient en état de servir au 1er décembre. Vous les ferez exercer pendant tous les mois d'hiver, afin qu'ils soient en état de servir au printemps, saison où les Anglais peuvent inquiéter mes côtes.

commandant Romeuf avec des officiers supérieurs d'artillerie et du génie et un commissaire des guerres désigné par l'intendant général pour prendre possession des arsenaux et magasins et faire préparer des subsistances[1].

L'adjudant-commandant Romeuf m'a rendu compte qu'aussitôt après son arrivée un escadron du 9e de hussards faisant partie du 5e corps et quelques officiers de M. le maréchal Lannes étaient entrés dans la place annonçant le 5e corps. J'ai écrit aussitôt au maréchal Lannes la lettre dont j'ai l'honneur d'adresser copie à V. A[2].

Le général Hullin est arrivé ; je lui ai fait donner un détachement de cavalerie légère pour qu'il puisse placer les postes essentiels ; il est en possession de son commandement.

Demain, conformément aux ordres de V. A., le 3e corps fera son entrée à Berlin et sera reçu par les magistrats et

---

1. L'adjudant-commandant Romeuf, les officiers supérieurs d'artillerie et du génie, le commissaire des guerres Désirat, et le détachement du 2e régiment de chasseurs, partis le 23 du quartier général du maréchal Davout, entrèrent à Berlin le 24 à midi, et mirent pied à terre à la municipalité afin d'exécuter de suite les ordres dont ils étaient porteurs.

Le Maréchal avait, dans la matinée du 24, donné une mission non moins importante à son sous-chef d'état-major, l'adjudant commandant Hervo : c'était d'aller reconnaître la position indiquée par l'Empereur au delà de Berlin où l'armée devait camper. Il devait se faire accompagner des officiers du génie attachés aux 3 divisions, tracer l'emplacement des camps et y faire porter à l'avance le bois et la paille pour les baraques ainsi que les fourrages pour les chevaux. (Journal du 3e corps.)

2. Des faubourgs de Berlin, le 24 octobre 1806.

L'adjudant-commandant Romeuf que j'avais envoyé, M. le Maréchal, cette nuit à Berlin, me rend compte qu'un escadron du 9e de hussards faisant partie de votre corps d'armée est entré ce matin dans cette place. Cependant S. A. le prince de Neufchâtel m'a fait connaître que l'intention de l'Empereur était que le 3e corps devait y entrer le premier et qu'il ne devait le faire que demain 25. J'ai lieu de croire par l'arrivée de cet escadron du 9e de hussards et quelques-uns de vos officiers que des dispositions ultérieures et contraires ont eu lieu ; dans ce cas je vous aurais obligation de me les faire connaître pour que je m'y conforme ; mais si rien n'était changé aux ordres qui m'ont été prescrits, j'ai l'honneur de vous prier, M. le Maréchal, de donner vos ordres pour que qui que ce soit de votre corps d'armée n'entre dans Berlin avant qu'il n'y soit autorisé par S. A. le prince de Neufchâtel ; j'ai donné les miens en conséquence.

J'ai l'honneur d'être, M. le Maréchal, avec la plus haute considération,
votre très-humble et très-obéissant serviteur,

Mal DAVOUT.

notables et de là il ira prendre position à une lieue en avant de la ville.

Je laisserai à Berlin, à la disposition du général Hullin, le 108ᵉ, qui a beaucoup souffert et a perdu ses chefs à la bataille du 14.

Toutes les dispositions renfermées dans la lettre du 23 de V. A. seront exactement exécutées.

J'établirai ce soir mon quartier général à Schöneberg.

2ᵉ division de dragons, Zehlendorf.

Quartier général de la réserve de cavalerie, Potsdam.
Général Milhaud, 13ᵉ de chasseurs, Potsdam [1].

LE GÉNÉRAL BELLIARD AU GÉNÉRAL NANSOUTY.

Potsdam, 24 octobre 1806.

L'intention du Prince est que vous vous établissiez ce soir aux villages de Alt et Neu-Langerwisch [2]; si vous n'avez pas de place, il doit y avoir dans la vallée un village assez considérable en avant de Langerwisch; vous pouvez aussi le faire occuper. Établissez votre quartier général à Alt-Langerwisch et mettez sur la route à la maison qui s'y trouve un poste qui puisse conduire les officiers qui iront vous porter des ordres [3]. Le général d'Hautpoul sera à Michendorf et Wildenbruck.

La 2ᵉ division de grosse cavalerie bivouaqua à Treuenbrietzen [4].

---

1. De Treuenbrietzen à Potsdam, 37 kil.

2. De Bossdorf à Langerwisch, 46 kil.

3. Précaution indispensable à prendre lorsque le village où l'on cantonne n'est pas sur la grande route même. — Langerwisch est à 2,500 mètres de la grande route.

4. De Korzendorf à Treuenbrietzen, 20 kil. La division d'Hautpoul s'établit à 27 kil. en arrière du point où elle devait passer la nuit, ce qui fait supposer que la marche de 64 kil. de la veille avait extrêmement fatigué les chevaux, ou que la division n'avait pu le 23 exécuter la marche tout entière et avait couché en deçà du point indiqué, ou enfin qu'elle avait trouvé le 24 la route occupée par des troupes qui défilaient et qu'elle avait dû suspendre son mouvement si les terrains le long de la route ne lui permettaient pas de continuer sa marche.

LE GÉNÉRAL BELLIARD AU GÉNÉRAL BEAUMONT.

Allez coucher à une demi-lieue de Potsdam sur la route de Spandau. Gardez-vous militairement. Si vous n'avez pas de ressources où vous serez, vous ferez conduire de la ville tout ce qui pourra vous être nécessaire. Vous pourrez le faire prendre en passant.

A Potsdam, le général Lasalle reçut verbalement du Grand-duc l'ordre d'aller coucher sur la route de Charlottenburg. Il dut partir vers 2 heures et demie ou 3 heures de l'après-midi. Quelque temps après le départ de cette brigade, le général Belliard lui envoya, par le capitaine Lagrange, l'ordre de changer de direction et de se porter sur Spandau.

LE GÉNÉRAL BELLIARD AU GÉNÉRAL LASALLE.

4 heures de l'après-midi.

Changez de direction et portez-vous sur Spandau; établissez-vous sur la route aussi loin que vous pourrez et faites reconnaître Spandau. Le général Beaumont marche sur la même route et couchera ce soir à une demi-lieue en avant de Potsdam. Aussitôt votre établissement, faites-le moi connaître. Laissez à Charlottenburg l'officier de sauve-garde que vous aviez envoyé.

Le capitaine Lagrange, parti à 4 heures et demie de Potsdam, rejoignit le général Lasalle à 6 heures comme il entrait à Charlottenburg; il avait fait 22 kilomètres en une heure et demie.

LE GÉNÉRAL LASALLE AU GÉNÉRAL BELLIARD.

Charlottenburg, 24 octobre 1806.

De Potsdam à Charlottenburg il n'y a pas un village. J'ai donc continué ma route jusqu'ici. En y entrant, le capitaine Lagrange m'a joint. Il était 6 heures. Il m'a communiqué vos ordres qui sont à peu près inexécutables. Cependant M. de Lagrange va partir avec 50 hommes pour reconnaître Spandau. Il n'y reste, dit-on, que des invalides; le corps qui en faisait garnison s'est retiré par Berlin. D'ici à Spandau il n'y a pas de village; je crois donc ne pas pouvoir mieux faire que de rester ici cette nuit.

Je n'ai pas les mots d'ordre depuis le 17.

La brigade Lasalle avait donc fait 59 kilomètres dans sa journée, de Treuenbrietzen à Charlottenburg par Potsdam.

LE CAPITAINE DE LAGRANGE AU GRAND-DUC DE BERG.

Charlottenburg, 24 octobre 1806.

Monseigneur, je suis arrivé près du général Lasalle à 6 heures étant parti à 4 heures et demie ; vous voyez que j'ai fait diligence. Néanmoins la brigade était près de Charlottenburg. Il n'y a aucun village intermédiaire. Je suis très-embarrassé pour exécuter l'ordre que vous m'avez donné. Il faudrait retourner à Potsdam pour se rendre sur la route qu'il faut intercepter, parce qu'il n'y a de pont sur la Havel que dans Spandau [1]. Je vais y aller; je tâcherai de passer, je sommerai même la place qu'on dit mal gardée, et, au surplus, comme la chaussée entre Berlin et Spandau est déjà interceptée par la brigade Lasalle, si je puis m'établir sur la route de Spandau à Oranienburg, j'aurai, je crois, parfaitement rempli vos intentions.

5ᵉ corps. Cavalerie légère, 9ᵉ de hussards, route de Potsdam à Spandau par la rive gauche de la Havel ; — général Treillard et 10ᵉ de hussards, route de Potsdam à Spandau par la rive droite ; — 21ᵉ de chasseurs, Geltow ; — quartier général, Potsdam ; — 1ʳᵉ et 2ᵉ divisions, bivouac en avant de Potsdam.

RAPPORT DU GÉNÉRAL CORBINEAU SUR LE POSTE DE GELTOW

où S. M. l'a envoyé prendre des renseignements [2].

Potsdam, 24 octobre 1806.

Le 21ᵉ régiment de chasseurs est établi à Geltow.

Ce régiment garde le pont sur la Havel, appelé Baumgartenbrück, par un poste de 20 hommes à pied. Au milieu du

1. De Charlottenburg à Spandau, 7 kil.
2. Le général de brigade Corbineau, écuyer de l'Empereur.

grand pont de bois, il y a un pont-levis qu'un seul homme peut lever.

Le colonel du 21e a envoyé une reconnaissance d'un officier et 30 hommes sur Brandenburg par la rive droite de la Havel. L'officier a ordre d'envoyer sur-le-champ un chasseur sur un cheval frais pour prévenir son colonel s'il rencontre l'ennemi sur la route de Brandenburg; il a ordre de marcher jusqu'à Brandenburg et d'y rester s'il n'y rencontre pas d'obstacle. S'il rencontre le maréchal Bernadotte, l'officier a ordre de joindre son colonel demain.

Une fille est venue de Brandenburg ce matin; elle a déclaré que depuis hier à 10 heures du matin jusques au soir il est arrivé à Brandenburg des troupes prussiennes, infanterie et cavalerie, ayant avec elles 6 pièces de canon; elle n'a pu préciser le nombre de ces troupes, ni dire si elles y étaient encore ce matin parce qu'elle est partie à la pointe du jour pour venir à Spandau où nos postes l'ont empêchée d'arriver.

Un homme se disant domestique d'un officier prussien tué à Halle avait entendu la déclaration de cette fille; quand je l'ai questionné, il en a fait qui étaient toutes contraires; il a répondu aux questions que je lui ai faites sur Magdeburg et Brandenburg de manière à faire croire qu'il ne veut pas dire ce qu'il sait; il se dit habitant de la Prusse méridionale et devant y retourner en passant par Küstrin; enfin, après m'avoir dit qu'il est parti ce matin à 9 heures de Brandenburg, sur l'observation que je lui ai faite qu'il n'avait pu venir en 3 heures de Brandenburg à Geltow, il m'a dit que ce n'était pas de Brandenburg qu'il est parti; toutes ces tergiversations me l'ont rendu suspect; je l'ai fait arrêter avec son fils et amener au quartier général.

Le 21e régiment de chasseurs a envoyé une reconnaissance de 30 hommes et un officier sur Ketzin qui se trouve sur la route de Berlin à Brandenburg; il a aussi placé un poste de 15 hommes sur le chemin qui conduit de Geltow à Ketzin.

---

1. De Potsdam à Geltow, 8 kil.; — de Baumgartenbrück à Brandenburg par Gross-Kreutz, 28 kil.; — de Potsdam à Marquardt, 9 kil.; — à Ketzin par Klein-Paaren, 20 kil.

LE COLONEL BERRUYER, COMMANDANT LE 21e DE CHASSEURS A CHEVAL, AU GÉNÉRAL VICTOR, CHEF DE L'ÉTAT-MAJOR DU 5e CORPS D'ARMÉE [1].

Geltow, 25 octobre 1806, 2 heures du matin.

Mon général, j'ai l'honneur de vous rendre compte que le détachement de 25 hommes commandé par un officier est entré hier à 7 heures du soir dans la ville de Brandenburg. L'officier n'y a trouvé ni Prussiens ni Français. Une patrouille prussienne composée de 20 hommes d'infanterie avait seulement traversé la ville hier à midi ; l'officier ne me marque point d'où elle venait et où elle se dirigeait. La ville entière a paru témoigner beaucoup de curiosité et de joie. Les habitants ont à l'instant éclairé leurs maisons extérieurement [2] ; l'officier n'a pu avoir aucun renseignement sur l'arrivée des troupes de M. le maréchal Bernadotte ; ce détachement doit être rentré au régiment à 7 heures du matin. L'officier envoyé avec 25 hommes sur Ketzin n'a pas rempli la mission dont il était chargé, ayant trouvé dans le village de Marquardt le pont entièrement coupé par les paysans ou le seigneur de l'endroit. D'après les renseignements qu'il a pu prendre, l'ennemi n'a point paru dans Ketzin.

Je vous rends compte en même temps, mon général, qu'il est arrivé ici 2 compagnies de voltigeurs qui ont placé une garde à la tête du pont ; je vous prie, mon général, de me faire passer vos ordres.

LE GÉNÉRAL TREILLARD AU MARÉCHAL LANNES.

24 octobre 1806 [3].

A l'instant il part une reconnaissance sur Spandau. Le régiment [4] suivra de manière à arriver sous la place à la petite pointe du jour. Je vous observerai que le 10e de hussards a fait hier tout ce qu'il était possible de faire en chargeant la cavalerie jusque dans les faubourgs et jusqu'au pont qui se trouve coupé. Je présume cependant que la rivière est guéable, mais ce n'est qu'au jour qu'on peut s'en

1. Voir le rapport du maréchal Lannes à l'Empereur du 25 à 5 heures du matin.

2. Il est probable que les généraux prussiens avaient l'habitude d'exiger des habitants qu'ils éclairassent extérieurement leurs maisons la nuit. L'habitude s'en était conservée. Elle existe encore aujourd'hui dans l'armée prussienne.

3. Nuit du 24 au 25.

4. Le 10e de hussards.

assurer et que je pourrai faire ma jonction avec le 9e qui vient par la route de Berlin à Spandau de l'autre côté de la rivière. Je vous observerai encore que si la rivière n'est pas guéable, il me sera impossible de me joindre avec le 9e de hussards. Au surplus, M. le Maréchal, je vais faire mon possible pour seconder vos intentions et je vous ferai mon rapport le plus souvent possible.

P.-S. — Il y avait hier soir 800 hommes d'infanterie dans la place.

LE MARÉCHAL LANNES A L'EMPEREUR.

. . . .[1].

Le général Treillard m'envoie son aide de camp pour me prévenir que l'ennemi était à Spandau et que le 10e régiment de hussards s'est fusillé longtemps avec lui, ce qui confirme que la colonne dont on a parlé aujourd'hui file sur Spandau pour gagner Stettin. Le 10e de hussards n'a pu poursuivre l'ennemi jusqu'à Spandau[2] vu qu'il y avait un pont coupé qui sans doute se trouve sur quelque lac. Au surplus le général Bertrand est de retour et fera part à V. M. de ce qu'il aura vu. Quant à moi je n'ai aucun doute que la fusillade n'ait pour but de la part de l'ennemi de masquer le mouvement de cette colonne.

L'EMPEREUR AU GÉNÉRAL BERTRAND.

Potsdam, 24 octobre 1806.

Rendez-vous au lieu où vous avez laissé le 10e régiment de hussards. Soyez arrivé avant le jour avec ce régiment à Spandau; occupez la ville et le pont; cernez le fort, mais hors de portée, assez pour parfaitement le reconnaître; interrogez les habitants de Spandau sur ce qu'il y a eu de nouveau depuis 3 ou 4 jours. Le régiment enverra un petit

1. Pas de date ni d'heure.

2. De Potsdam à Spandau par la rive droite de la Havel, 20 kil.

parti sur Wustermark[1] pour se réunir avec le général Savary, qui sera au jour dans ce village avec 100 chevaux. Envoyez également un petit parti à Hennigsdorf[2] pour éclairer cette route et se réunir avec le général de brigade Milhaud, qui doit s'y rendre dans la matinée avec sa cavalerie.

A 8 heures j'attendrai le premier rapport que vous me ferez sur Spandau et sur tout ce qui pourrait se passer à votre connaissance, de manière que je l'aie avant 10 heures du matin.

Le prince Murat, la cavalerie de dragons arriveront avant 9 heures, l'infanterie avant 10, avec des pièces de 12. Vous aurez avec vous les officiers du génie du prince Murat et du maréchal Lannes. Si l'on peut concevoir l'espérance de s'emparer, par une canonnade, du fort, vous placerez les batteries et vous commencerez la canonnade. Vous m'enverrez un rapport à midi, un deuxième à 3 heures, un troisième à 6 heures. Vous reviendrez lorsque Spandau sera pris. Vous m'enverrez une note sur sa position et sa population.

7ᵉ corps. Cavalerie légère, Philippsthal ; — 1ʳᵉ division, au revers du bois en avant des villages de Fresdorf et Wildenbrück ; — 2ᵉ division, derrière le lac de Kensdorf ; — quartier général, Saarmund ; parc à Kensdorf.

1ᵉʳ Corps. Position au 24. (*Journal des marches et opérations*[3].) — La division de cavalerie était à la tête de la colonne d'infanterie et prit position à une lieue en avant de Ziesar sur la route de Brandenburg[4] (Bückenitz).

La division du général Drouet ouvrait la marche de l'infanterie ; elle bivouaqua en avant de Ziesar.

1. De Potsdam à Wustermark, 19 kil. ; — de Spandau à Wustermark, 18 kil.

2. De Spandau à Hennigsdorf, 12 kil.

3. De Zerbst à Ziesar chemin de sable traversant un pays pauvre un peu ondulé et découvert, à l'exception d'un bois d'une lieue de longueur et dont le défilé débouche à une demi-lieue de Ziesar.

4. De Deez à Ziesar, 27 kil. ; — à Bückenitz, 31 kil.

La division du général Dupont était autour de ce village[1].

La division du général Rivaud devait nous rejoindre à Brandenburg par la route de Dessau.

Le grand parc marchait sur les traces du général Rivaud.

Le quartier général était à Ziesar.

LE GÉNÉRAL L. BERTHIER AU GÉNÉRAL DUPONT.

Ziesar, 24 octobre 1806.

L'intention du prince de Ponte-Corvo est que vous partiez demain matin à 6 heures, avec votre division, pour vous diriger sur Brandenburg où vous prendrez position[2].

La cavalerie légère du 4e corps était partie soit dans la nuit, soit de grand matin de Wollmirstädt où elle se trouvait, dans la direction d'Helmstädt. Arrivé à Erxleben, 31 kil., le général Guyot, qui avait probablement avec sa brigade précédé la brigade du général Margaron, apprit le changement de direction de la colonne ennemie sur Flehrlingen. Il en fit le rapport au maréchal Soult qui le reçut à midi à Hohen-Warsleben, 19 kil. d'Erxleben.

Pour avoir pu parvenir à midi le rapport a été expédié vers 10 heures ou 10 heures et demie au plus tard; le général Guyot était donc arrivé vers 9 heures et demie ; par suite il était parti de Wollmirstädt au plus tard entre 3 et 4 heures du matin.

LE MARÉCHAL SOULT AU GÉNÉRAL GUYOT.

Hohen-Warsleben, 24 octobre 1806.

Il paraît, d'après le rapport que vous m'avez fait, que l'ennemi se dirige sur Tangermünde. J'attends avec impatience le rapport des reconnaissances que vous avez envoyées, pour me fixer là-dessus et prendre une détermination. Il faut que vos partis poussent jusqu'à ce qu'ils rencontrent l'ennemi pour avoir des données sur ses forces, position et direction. Si l'ennemi est de la force que vous dites et qu'il se soit retiré à Flehrlingen, il aura certainement évacué Helmstädt. Dans ce cas et dans la supposition que l'ennemi de Flehrlingen cherchât à s'élever, vous feriez partir la division d'Erxleben et vous la porteriez sur Haldensleben en faisant côtoyer par des partis la colonne ennemie.

1. De Zerbst à Ziesar, 39 kil.

2. De Ziesar à Brandenburg, 26 kil.

LE MARÉCHAL SOULT AU GÉNÉRAL SAHUC.

Hohen-Warsleben, 24 octobre 1806.

Ce soir 2 régiments de votre division bivouaqueront à Ebendorf et 1 régiment à Barleben. Ces 3 régiments auront des grand'gardes en avant d'eux sur Magdeburg et en arrière sur les routes de Wollmirstädt et de Haldensleben.

2 régiments seront placés à Diesdorf et Olvenstädt sous les ordres du général Legrand, et le 6e régiment de la division [1] reçoit l'ordre de se rendre à sa destination [2]. Vous pouvez remettre de suite les troupes en marche.

La division Sahuc remplace la cavalerie qui s'est portée le matin tout entière de Wollmirstädt sur la route d'Helmstädt. Précaution de se garder en avant et en arrière.

LE GÉNÉRAL MARGARON AU MARÉCHAL SOULT.

Erxleben, 24 octobre 1806.

Le rapport que j'ai eu l'honneur de vous transmettre, est appuyé de nouveau par ceux que me font 2 officiers du 8e de hussards envoyés par M. le général Guyot sur Gardelegen et Neu-Haldensleben [3], lesquels rentrent à l'instant et disent :

Celui envoyé sur Neu-Haldensleben a été prévenu obligeamment qu'aujourd'hui *pour sûr* l'ennemi devait arriver en force sur ce point.

Celui de Gardelegen a eu l'assurance, *qu'il a eu l'occasion de vérifier par la quantité de feux qu'il a vus derrière lui,* qu'hier dans la nuit une colonne devait arriver dans cette ville, mais qu'ayant probablement été arrêtée par la nuit, elle aurait fait halte à hauteur de Calvorde où il a aperçu les feux des bivouacs [4] ; il y a d'autant moins

1. Le 15e de dragons, fort de 350 chevaux.

2. A Brünswick avec le sous-inspecteur aux revues Malraison.

3. En recevant à Wollmirstädt le 23 vers 9 ou 10 heures du soir l'ordre de se rendre en toute hâte avec sa brigade sur la route d'Helmstädt, le général Guyot envoya ces 2 officiers avec quelques hommes bien montés en leur donnant l'ordre de le rejoindre sur la route d'Helmstädt vers Erxleben.

4. De Wollmirstädt à Gardelegen, 36 kil. — L'officier est arrivé à Gardelegen pendant la nuit. Il a vu les feux soit pendant sa marche, soit en sortant de Gardelegen. Quel chemin a-t-il suivi pour rejoindre le général Guyot? Sachant l'ennemi à Calvorde, il ne pouvait prendre la route directe de Garde-

de doute à ce fait qu'il a failli prendre le commissaire chargé de faire préparer les vivres de cette colonne à Gardelegen : on dit publiquement dans cette ville que cette colonne est celle conduite par le duc de Weimar, à laquelle se sont joints 1,800 autres Prussiens égarés.

Le même officier a rencontré également à Gardelegen l'ambassadeur de Darmstadt venant de Berlin, lequel lui a dit que l'armée prussienne dont les colonnes étaient séparées, passait l'Elbe à Tangermünde sur des bateaux disposés à cet effet, sur lesquels il avait passé lui-même : cet ambassadeur ajoute que ce qui marche sur Berlin est également dans le plus grand désordre, qu'ils se dispersent et jettent leurs armes, même de l'autre côté de l'Elbe. Mais si on peut s'en rapporter à ce qu'ont reconnu et rapporté ces officiers, il ne peut rester aucun doute que la colonne que l'on cherche à atteindre se retire par Gardelegen et Neu-Haldensleben sur Tangermünde où elle passe l'Elbe.

Tous les renseignements que je vous transmets s'accordent parfaitement avec les ordres que vous me donnez de marcher sur Neu-Haldensleben qui est à 4 lieues de moi ; j'aurais exécuté cet ordre si, avant tout, je ne m'étais cru dans l'obligation d'attendre le rapport de mes reconnaissances qui ne sont point encore rentrées et qui ne peuvent être de retour avant la nuit. Dans les deux cas, je suis donc contraint à remettre mon départ ; mais si rien ne contredit les renseignements qui me sont parvenus, je partirai demain à 3 heures du matin, et à la pointe du jour je serai en présence de l'ennemi [1].

Je dois vous observer que le commissaire qui a failli être enlevé à Gardelegen avait préparé des vivres 1° pour 1,800 hommes échappés de l'armée du général Blücher ; 2° pour 15,000 hommes du duc de

---

legen à Erxleben par Calvorde et Flehrlingen, 39 kil. Il a dû prendre la route par Neuhaldensleben, 44 kil. « Il rentre à l'instant », écrit le général Margaron. Il n'est pas encore nuit, mais le général a déjà reçu les ordres portés cet après-midi par l'adjudant-commandant Leproux. On peut supposer qu'il est environ 3 heures. — L'officier avait son cheval ou les chevaux de son détachement fatigués ; sa retraite a été longue. Il avait fait au moins 80 kil. en 18 heures. — Telle est la reconnaissance de quelques hommes intelligents et bien montés qui passent partout, peuvent se cacher derrière un rocher, quelques arbustes, et s'ils sont poursuivis, ne sont obligés de s'attendre, car ils ont de meilleures jambes que ceux qui les poursuivent. (De Brack.)

1. C'est-à-dire qu'il sera à Neuhaldensleben. Le général Margaron fit une grosse faute en n'exécutant pas avant la fin du jour l'ordre qu'il avait reçu à deux reprises de se porter à Neuhaldensleben. Puisque les reconnaissances n'étaient pas rentrées, puisqu'elles n'avaient pas envoyé de nouvelles, c'est qu'elles n'avaient pas trouvé l'ennemi. Un officier laissé à Erxleben les aurait fait rejoindre. Ce retard dans le mouvement de la cavalerie du 4° corps permit au duc de Weimar de passer l'Elbe sans être inquiété. — Le peu de sagacité du général Margaron lui coûta son commandement.

Weimar ; cette dernière précaution était prise et a été déclarée par les autorités du pays.

L'ambassadeur de Darmstadt n'a pu dire quel était le lieu que l'ennemi avait fixé pour son rassemblement de l'autre côté de l'Elbe.

LE MARÉCHAL SOULT AU GÉNÉRAL MARGARON.

Hohen-Warsleben, 24 octobre 1806.

D'après l'ordre que je vous ai adressé cet après-midi par l'adjudant-commandant Lepreux, je pense que la division que vous commandez se sera dirigée encore ce soir sur Haldensleben[1], où elle aura pris poste en éclairant toujours les mouvements de l'ennemi ; si ce mouvement n'avait pas eu lieu, vous devriez le faire de suite afin que la troupe que vous commandez soit ainsi à hauteur du corps d'armée.

Je vous préviens que demain de grand matin le corps d'armée se mettra en marche pour se diriger sur Tangermünde en passant par Wollmirstädt. Ce mouvement a pour but d'y prévenir l'ennemi ou de le forcer à combattre avant d'y arriver, s'il prenait lui-même cette direction, ou s'il arrêtait sa marche et prenait position en quelque lieu que ce fût. D'après ces dispositions que je vous fais connaître dans l'intention que vous régliez en conséquence vos mouvements, vous devrez avec la division de cavalerie légère, marcher toujours entre le corps d'armée et l'ennemi, et pour cet effet vous diriger de Haldensleben sur Letzlingen et de là sur Stendal[2].

Je présume que, pendant que vous ferez cette marche, la colonne ennemie que vous avez aujourd'hui reconnue, cherchera à gagner de vitesse pour vous prévenir à Stendal ; peut-être même se voyant elle-même prévenue, elle voudra s'élever davantage et changera de direction pour aller passer l'Elbe au-dessous de Tangermünde. Il peut aussi arriver que lorsqu'elle apprendra que le débouché de Tangermünde est intercepté, elle voudra forcer le passage et pour cela combattre, ou qu'elle prendra position pour attendre qu'elle soit attaquée et rallier d'autres troupes encore éparses.

Quoi qu'elle fasse, vos partis doivent toujours être sur ses flancs, afin d'inquiéter sa marche, arrêter ses mouvements, lui enlever même du monde et pour que nous soyons toujours instruits de sa force, détachements, dispositions, et des moindres changements de direction qu'elle pourrait faire.

---

1. D'Erxleben à Neuhaldensleben, 16 kil.

2. De Neuhaldensleben à Letzlingen, 18 kil. ; — de Letzlingen à Stendal, 33 kil.

Si cette colonne fait la faute de s'arrêter et de prendre position, aussitôt que j'en aurai été prévenu, je marche à sa rencontre pour la combattre, mais pour cela, M. le Général, il faut que vous ne la perdiez pas de vue, et qu'à toutes les heures vous me donniez avis de ses mouvements, de la direction qu'elle prend et de la hauteur où elle se trouve ainsi que de votre marche ; ne craignez pas de multiplier vos rapports ; en pareille circonstance les avis ne sauraient être trop fréquents.

Demain à 7 heures je serai à Wollmirstädt[1] d'où je dirigerai de suite le corps d'armée sur Tangermünde, comme je vous ai dit ; ainsi c'est dans cette direction que vous devez m'envoyer vos rapports.

Marchez en ordre afin de ne pas être entamé et faites en sorte de ne pas vous laisser dépasser par la colonne ennemie ; si l'artillerie vous gêne lorsque vous serez à Haldensleben, vous pouvez l'envoyer à Wollmirstädt[2], où elle joindrait le corps d'armée ou suivrait sa marche si les divisions étaient passées[3].

Encore une fois donnez-moi souvent de vos nouvelles et de celles de l'ennemi.

ORDRE.

Hohen-Warsleben, 24 octobre 1806.

Demain 25 octobre avant le jour le corps d'armée se mettra en marche et se dirigera sur Tangermünde en passant par Wollmirstädt.

A cet effet le général Sahuc réunira pour 6 heures du matin précises à Barleben la division de dragons qu'il commande (le 15e régiment excepté) et il la mettra immédiatement en marche pour la destination qui est donnée au corps d'armée. La division de dragons formant tête de colonne, le général Sahuc aura soin de s'éclairer parfaitement pendant sa marche.

Le général Legrand est prévenu qu'il doit être relevé pendant la nuit dans la position qu'il occupe devant Magdeburg par la division du général Vandamme, du corps d'armée de M. le maréchal Ney.

Aussitôt que la tête de cette division paraîtra, le général Legrand mettra en marche celle qu'il commande, et la dirigera sur Tanger-

---

1. D'Hohenwarsleben à Wollmirstädt, 12 kil.

2. De Neuhaldensleben à Wollmirstädt, 16 kil.

3. Il se présentera encore des circonstances où l'artillerie à cheval ne pourra pas suivre les brigades de cavalerie légère soit à cause de la rapidité des marches, soit à cause des mauvais chemins.

münde en passant par Wollmirstädt et suivant le mouvement de la division de dragons[1].

Le général Legrand en passant à Wollmirstädt se fera joindre par les bataillons corse et du Pô qui y ont été détachés ; mais il est prévenu que les 2 compagnies du bataillon corse qui ont été envoyées à Glindenberg, seront dirigées par le lieutenant d'artillerie Lavillette, d'après les instructions que donnera à ce sujet le général Lariboisière.

Le général Leval mettra en marche la 2e division qu'il commande, à 5 heures du matin très-précises et il la dirigera sur Wollmirstädt où il joindra la gauche de la division du général Legrand et suivra son mouvement.

Le général Saint-Hilaire réglera le mouvement de la division qu'il commande sur celui de la 2e division de laquelle il suivra la marche et fera en sorte de serrer le mouvement pour qu'il ne reste pas d'intervalle.

Le général Lariboisière donnera ordre au parc d'artillerie de suivre le mouvement du corps d'armée et pour cet effet de se diriger sur Tangermünde en passant par Wollmirstädt ; il prescrira au chef de bataillon Caban de prendre, de l'endroit où l'ordre lui parviendra, la direction la plus courte et la meilleure en passant cependant en arrière des troupes du 6e corps d'armée qui sont devant Magdeburg. Il chargera même un officier qui connaisse les localités de le diriger. Le parc devra aller sans s'arrêter jusqu'au delà de Wollmirstädt, et ensuite il reprendra son mouvement jusqu'à ce qu'il ait joint le corps d'armée.

Le général Lariboisière donnera ordre à M. Lavillette de partir de Glindenberg lorsque le corps d'armée passera à Wollmirstädt, pour se rendre en suivant l'Elbe à Rogätz où il attendra que le corps d'armée soit arrivé pour continuer sa navigation jusqu'à Tangermünde[2]. Dans ce mouvement le lieutenant Lavillette aura soin de ramasser tous les bateaux, bacs ou nacelles qui sont sur l'Elbe et

1. D'Olvenstädt par Barleben à Wollmirstädt, 12 kil. ; — d'Irxleben par Meitzendorf à Wollmirstädt, 14 kil.

2. LE GÉNÉRAL COMPANS AU COLONEL GARBÉ.

Bivouac en avant de Wollmirstädt, 25 octobre 1806.

En exécution des dispositions arrêtées par S. Exc. le Maréchal commandant en chef, vous voudrez bien, M. le Colonel, au reçu du présent, continuer votre mouvement sur Tangermünde avec les sapeurs et pontonniers sous vos ordres. — L'intention de M. le Maréchal est que vous fassiez la plus grande diligence ; ainsi je vous invite à accélérer la marche de votre troupe de manière à être rendu ce soir à Tangermünde où vous recevrez de nouveaux ordres. — Dans le cas où les pontonniers seraient demandés par un des officiers d'artillerie de M. le général Lariboisière, vous les lui laisseriez.

de les faire suivre ainsi que les bois, agrès ou matériaux qu'il pourra trouver et il aura soin de se tenir toujours à hauteur du corps d'armée.

Le lieutenant Lavillette aura avec lui 2 compagnies du bataillon corse qui seront embarquées à l'effet de protéger la navigation, ainsi que la compagnie de pontonniers. Si pendant la nuit on pouvait disposer un des bateaux qui sont à Glindenberg ou à Rogätz pour recevoir 1 ou 2 pièces de 6 avec 1 caisson, le général Lariboisière donnerait des ordres en conséquence. Dans ce cas les bouches à feu qu'on emploiera seront prises à la 3e division.

La compagnie d'artillerie légère, capitaine Pons, et la compagnie de sapeurs joindront demain dans la marche la division du général Legrand.

M. le général Legrand fera protéger par un détachement d'infanterie, indépendamment des 2 compagnies du bataillon corse déjà employées, la navigation des bateaux qui doivent descendre l'Elbe, et, toutes les fois qu'il pourra faire longer la rive gauche par 2 pièces de canon, il donnera des ordres en conséquence pour rendre la protection plus efficace.

La cavalerie légère reçoit directement ses ordres de mouvement.

Demain il sera donné des ordres pour indiquer la position des divisions et le lieu où sera le quartier général. A cet effet MM. les généraux enverront d'avance des officiers pour reconnaître leurs positions respectives[1].

Dans la marche que le corps d'armée doit faire demain et jours suivants, les généraux auront soin de tenir les troupes dans le plus grand ordre et toujours en colonne lorsque le terrain le permettra. Ils sont prévenus que ce mouvement a pour but de prévenir l'ennemi

---

1. Ces officiers marchent à la tête de la colonne avec le commandant du corps d'armée et son chef d'état-major. (Voir *Iéna*, pages 381 et 560.)

Le général Thiébault indique les mesures suivantes (3e section, art. 1er, *Des Marches*) qui incombent aux chefs d'état-major des corps d'armée :

« Quant au chef de l'état-major général, après que toutes les troupes auront été mises en mouvement et qu'il aura reçu les derniers ordres du général en chef, il prendra le devant avec ses officiers, le commandant du génie, les chefs d'état-major divisionnaires, les officiers du génie qui y sont attachés, l'ordonnateur et les commissaires des guerres, et les commandants de place des quartiers généraux, pour aller choisir la position que les troupes doivent occuper ou régler leur logement, faire faire celui de l'état-major, faire préparer les subsistances et régler le service sous le triple rapport des besoins, de la sûreté et de la police.

« La fatigue des marches dispose tellement les troupes au mécontentement, que la moindre irrégularité dans les distributions suffit pour amener de grands désordres. On ne négligera donc aucun moyen de convaincre les troupes du zèle que l'on met à leur procurer sans retard tout ce que la loi leur accorde, ou tout ce que les circonstances peuvent permettre de leur donner. »

à Tangermünde ou pour le forcer à combattre avant d'y arriver. En conséquence ils ne souffriront pas qu'aucun soldat reste en arrière ni s'écarte de la colonne, à moins qu'il ne soit de service pour éclairer la marche.

Le Maréchal commandant en chef ose se flatter que l'ordre qu'il a donné pour empêcher le pillage recevra demain l'exécution la plus rigoureuse et qu'il n'aura que des éloges à donner sur l'ordre que les troupes auront observé pendant le mouvement ; ainsi il comptera sur l'effet des mesures que l'administration du corps d'armée a prises pour assurer les subsistances et en faire faire la distribution.

LE MARÉCHAL SOULT A L'EMPEREUR.

24 octobre 1806, 6 heures du soir.

L'apparition d'une colonne ennemie que divers rapports élèvent de 15,000 à 20,000 hommes, m'a déterminé à faire un mouvement que peut-être V. M. désapprouvera, mais que dans les circonstances j'ai cru utile à ses armes et même à l'exécution de ses projets.

Aussitôt mon arrivée devant Magdeburg j'envoyai divers partis sur Helmstädt, Gardelegen et Tangermünde, afin d'éclairer le pays et pour prendre connaissance des mouvements de l'ennemi.

Le parti qui a été sur Tangermünde a rencontré à 2 lieues de cette ville la queue d'une colonne venant de Magdeburg, qu'on prétend conduite par le général Blücher. Il l'a immédiatement chargée et lui a enlevé 120 hommes, 60 chevaux et 1 pièce de canon avec son caisson. Le commandant de ce parti a acquis la certitude que depuis plusieurs jours il ne cessait de passer des troupes à Tangermünde, et qu'elles prenaient toutes la direction de Berlin, et il est rentré en ramenant ses prisonniers.

Le parti qui a été sur Gardelegen[1] a eu connaissance que, la veille de son arrivée, une colonne de 2,000 à 3,000 hommes, dont une partie à cheval, y était passée et qu'elle se dirigeait

1. De Neuhaldensleben à Gardelegen, 28 kil.

aussi sur Tangermünde ; il y a même trouvé un escadron de hussards qu'il a ramené une partie du chemin.

Enfin le parti qui a été à Helmstädt, y arriva sans obstacle avant-hier au soir[1] et apprit qu'une colonne d'infanterie et de cavalerie dont on n'indiquait pas la force était partie de Brünswick et se dirigeait sur Gardelegen. Le commandant de ce parti revint dans la nuit même prendre poste à Erxleben[2].

Le rapport de ce mouvement m'ayant été fait, je donnai ordre au commandant du détachement de retourner à Helmstädt, et hier matin il se mit en marche pour s'y conformer.

Il avait dépassé Moorsleben[3] vers midi et entrait dans le bois, lorsque ses éclaireurs l'avertirent qu'une forte colonne de cavalerie cherchait à l'entourer ; effectivement un instant après il vit 5 escadrons de hussards qui se portaient sur la route pour lui couper la retraite ; plus loin il aperçut 5 autres escadrons qui étaient suivis par une ligne d'infanterie. Il manœuvra pour se dégager, mais dans l'engagement qu'il eut, il perdit 17 hommes et parvint cependant à faire 3 prisonniers[4].

---

1. Le 22.
2. D'Olvenstädt à Helmstädt, 40 kil. ; — d'Helmstädt à Erxleben, 16 kil.
3. 10 kil. d'Erxleben.
4. Le Maréchal n'indique pas la force de ces partis, mais je suppose qu'ils étaient de 30 à 60 chevaux. Le 9 octobre (*Iéna*, pages 443 et 444), le Maréchal ayant toute sa cavalerie réunie et voulant lier la communication avec la colonne du centre de l'armée, ordonne d'envoyer 1 escadron. Le 10 au contraire (p. 481), pour une autre reconnaissance sur un point déterminé, il n'envoie qu'un parti de 30 chevaux. Je pense donc que lorsqu'il n'est pas spécifié qu'il s'agit d'un escadron entier, lorsqu'on parle simplement d'un parti, on doit se figurer qu'il est question d'un détachement de 30 à 60 chevaux.

Le commandant du parti sur Tangermünde a joint, à 2 lieues seulement de ce point, la queue d'une colonne qui se retirait. Il a craint que la colonne ne lui échappât. Sans lui donner le temps de se reconnaître, il l'a immédiatement chargée pour lui faire des prisonniers, seul moyen pour lui de se procurer des nouvelles. Par son audace le parti pouvait faire croire qu'il était suivi par une colonne plus forte dont il n'était que l'avant-garde. Là, l'attaque est le moyen. Le commandant du parti a jugé qu'il ne pouvait pas remplir sa mission par un autre moyen.

Le parti sur Gardelegen n'a pas hésité à pousser un escadron de hussards ennemis qui a fui devant lui.

Quant au parti sur Helmstädt, ses renseignements pris, il revint en arrière et prit poste. Tous les partis ou reconnaissances revenaient en arrière pour

Ceux-ci rapportent que la colonne était composée de 12,000 à 13,000 hommes, en tête desquels était le régiment de Köller, hussards, et d'autres détachements de la même arme. Ensuite venaient 16 bataillons d'infanterie, tous bien complets, et après des dragons dont ils ne peuvent dire le nombre. Le général Köller et un autre général commandaient l'avant-garde de cette colonne ; mais ils ignoraient quel était le commandant en chef. Ils ajoutèrent que la colonne avait ordre de se rendre à Magdeburg et que les chefs étaient résolus d'attaquer tous les Français qu'ils trouveraient sur leur route afin de pénétrer. Le parti fut poursuivi jusqu'en arrière d'Erxleben.

Aussitôt que je fus instruit de la marche de cette colonne, je pris des dispositions pour aller à sa rencontre, et pour cet effet je mis en marche sur Erxleben la cavalerie légère, une brigade de dragons et 2 divisions d'infanterie[1], mais arrivé à hauteur d'Eichenbarleben j'ai appris que l'ennemi s'était retiré d'Erxleben et d'Helmstädt pour aller prendre position à Flehrlingen. Ne doutant plus, d'après ce mouvement, que le commandant de la colonne n'eût le projet de s'élever jusqu'à Gardelegen pour de là venir passer l'Elbe à Tanger-

---

rendre leurs renseignements. Ayant eu l'ordre de retourner le lendemain pour prendre de nouveaux renseignements, il tomba dans une grosse colonne qui marchait réunie sans reconnaissance en avant de son avant-garde. Il ne vit pas cette grosse avant-garde en temps opportun ; c'était pourtant son métier de reconnaissance. Il voulut se dégager, mais il ne put éviter une partie de cette ligne d'escadrons ; il dut combattre, perdit du monde, 17 hommes ; il parvint cependant, par un hasard, à faire 3 prisonniers qu'il ramena Il n'a pas cherché le combat ; il l'a subi et il aurait peut-être pu l'éviter tout en accomplissant sa reconnaissance. Il aurait dû voir, observer, et au lieu de cela il a été surpris. Le résultat final n'a pas été complètement néfaste, mais le parti a perdu trop de monde. Quelle honte, s'il s'était laissé enlever intégralement ! Cavaliers chefs de partis et vous aussi généraux qui envoyez des reconnaissances, je ne puis rien vous dire que de Brack ne vous ait dit dans son chapitre *Des reconnaissances*. Je l'ai sous les yeux ; je vous engage à le relire.

1. ....Ce mouvement fut fait avec tant de promptitude que le 24 de grand matin le duc de Weimar put en être instruit ; aussi il changea de suite de direction et se porta par Flehrlingen sur Gardelegen. Le 24 à midi le Maréchal reçut le rapport de la nouvelle direction que l'ennemi avait prise... (Journal du 4e corps). Il est plus exact de dire que les prisonniers faits au parti ont suffisamment renseigné le commandant de la colonne prussienne pour qu'il prît de suite la résolution de ne pas continuer sa marche sur Magdeburg. — Eichenbarleben, à 8 kil. de Hohenwarsleben.

münde, j'ai de suite fait rétrograder l'infanterie et dirigé la tête de la colonne sur Wollmirstädt; en même temps j'ai donné l'ordre au général Margaron, commandant la cavalerie légère, de jeter de nombreux partis sur les flancs de cette colonne pour l'inquiéter et retarder sa marche et de diriger les 4 régiments qu'il commande sur Haldensleben.

Demain avant le jour je me mets en marche avec tout le corps d'armée pour me diriger directement sur Tangermünde. La cavalerie légère marchera entre le corps d'armée et la colonne ennemie ayant toujours des partis sur elle, et se dirigeant sur Stendal. En même temps une douzaine de bateaux d'une grande dimension que je suis parvenu à réunir et que je fais armer, se tiendront à hauteur du corps d'armée en suivant le cours de l'Elbe. Ainsi je serai toujours en mesure de jeter un pont et si V. M. m'appelle sur la rive droite du fleuve, je suis prêt à m'y porter, ou je manœuvre sur les 2 rives jusqu'à ce que j'aie détruit ce qu'il y a d'ennemis à la rive gauche à mesure qu'ils se présenteront.

Je me suis concerté avec M. le maréchal Ney pour l'exécution de ces dispositions et avant le jour il aura fait relever tout ce que j'avais de troupes devant Magdeburg; lui-même est persuadé que son corps d'armée est plus que suffisant pour contenir ce qu'il reste d'ennemis dans la place, et même pour détacher, s'il le fallait, une division ainsi que de la cavalerie.

Telle est la disposition que j'ai cru devoir prendre; je désire bien vivement que V. M. daigne l'approuver; en m'y déterminant je n'ai consulté que la gloire de ses armes, et il m'a paru qu'il devait en résulter un avantage pour le succès de ses autres opérations; si je me suis trompé, l'excès de mon zèle m'aura entraîné.

J'ai fait partir pour Brünswick le 15e de dragons qui est chargé de protéger les mesures que le sous-inspecteur aux revues Malraison doit prendre pour assurer l'exécution des instructions de V. M. à l'égard de ce duché; dans la situation où je me trouve, je n'ai pas cru pouvoir détacher plus de cavalerie.

L'ennemi a brûlé les 2 faubourgs de Magdeburg les plus rapprochés de la place, ce qui me paraît prouver qu'il n'y a dans la ville que les troupes strictement nécessaires pour en assurer la défense.

V. M. lira peut-être avec intérêt la traduction d'une lettre qui a été saisie à la poste; j'ai l'honneur de la remettre ci-jointe; elle est d'un professeur d'Helmstädt.

Comme je terminais ma dépêche, je reçois du général Margaron un rapport dont j'ai l'honneur de remettre copie à V. M.; elle verra par son contenu que le mouvement que j'ai préparé pour demain est absolument commandé par les circonstances, considérations qui me font espérer que V. M. daignera l'approuver. Je compte être demain de ma personne à Tangermünde, où certainement il y aura des prises de faites et bien des projets dérangés.

LE MARÉCHAL NEY AU MAJOR GÉNÉRAL.

Eichenbarleben, 24 octobre 1806.

J'ai l'honneur de rendre compte à V. A. que de concert avec M. le maréchal Soult j'ai dirigé ce matin dans la position en avant d'Eichenbarleben la 3e division aux ordres du général Vandamme qui était campée à Schleibnitz[1]. 2 divisions du corps du maréchal Soult étaient en marche sur Helmstädt.

Il a été résolu dans l'entrevue que je viens d'avoir avec le maréchal Soult que je ferais relever cette nuit dans la position en avant d'Olvenstädt la division du général Legrand par celle du général Vandamme, de manière que le 4e corps d'armée pourra marcher en totalité à l'ennemi sur Tangermünde, le gagner même de vitesse et s'opposer à son passage.

Demain j'aurai un corps de cavalerie légère sur la rive

1. Le maréchal Ney s'est donc rendu à Eichenbarleben avec la division Vandamme comme le maréchal Soult le lui avait demandé par sa lettre du 23, à 10 heures du soir.

droite de l'Elbe, qui se liera avec celui que le maréchal Soult y enverra de son côté afin de couper toute communication de Magdeburg avec Berlin.

On continue à travailler avec succès à l'établissement d'un pont de bateaux à Schönebeck. J'espère qu'il sera terminé demain; il sera facile de le rapprocher de Magdeburg vers Westerhausen s'il en était besoin.

La garnison de Magdeburg est selon tous les rapports de 7,000 à 8,000 hommes. On a fait partir en toute diligence les troupes en état de tenir la campagne; elles ont été rassemblées, il y a 2 jours, à Burg, d'où elles sont dirigées sur Brandenburg au nombre d'environ 6,000 hommes.

J'attendrai avec une grande impatience les ordres de V. A. Elle croira sans peine que la position où je suis doit me paraître fâcheuse, à moi qui pendant toute ma vie militaire ai été employé aux avant-postes, où je pourrais être plus utile qu'en restant en observation devant une place.

Quoi qu'il en soit, je mettrai tous mes soins à remplir les vues de l'Empereur partout où S. M. daignera m'employer.

LE MARÉCHAL MORTIER AU MAJOR GÉNÉRAL.

Francfort, 24 octobre 1806.

En conséquence de l'ordre que vous m'avez donné par votre lettre du 18 de ce mois, j'avais désigné provisoirement l'adjudant-commandant Dalancour pour prendre le commandement de la place de Hanau, mais le gouverneur de cette forteresse refuse de le recevoir avant qu'il en ait reçu l'ordre de son souverain.

Sur la demande que fit l'officier français au gouverneur d'un acte de refus, il lui remit, pour le chef de mon état-major, une lettre que je joins ici : cet officier supérieur hessois[1] le reçut d'ailleurs avec tous les témoignages possibles d'honnêteté.

Par ma dernière lettre je vous ai dit que les troupes arrive-

1. M. Müller.

raient à Fulde un jour plus tôt que je ne vous l'avais annoncé, mais je ferai mon possible pour brûler encore une étape.

J'enverrai à Eisenach le 2e léger avec l'ordre de laisser des postes intermédiaires à Hunfeld et Vach.

Je pars dans le moment pour rejoindre la tête de la colonne de la 1re division, avec laquelle je ferai route jusqu'à Fulde où j'établirai mon quartier général d'après l'ordre de S. M.

LE GÉNÉRAL CLARKE A L'EMPEREUR.

Erfurt, 21 octobre 1806.

Je n'ai aucunes nouvelles de M. le maréchal Mortier et cependant je lui ai écrit tous les jours. Je crois la route d'Erfurt à Francfort sûre, mais elle le sera bien davantage quand M. le maréchal Mortier sera à Eisenach. Obligé aujourd'hui de faire évacuer des blessés sur Gotha où j'ai prié le Duc de faire établir un hôpital pour 600 blessés, je me suis vu dans la nécessité d'y envoyer 2 compagnies des grenadiers que j'ai ici. Dès que le maréchal Mortier occupera Eisenach, je ferai partir le 14e de ligne et l'enverrai sur Wittenberg. Je n'ai encore vu aucune des patrouilles de hussards et de chasseurs que V. M. a envoyées dans mes environs. Weimar est bien dégarni n'ayant que 40 hommes du 14e, et il s'y trouve des blessés et des prisonniers en grand nombre. On les évacuera sur Erfurt.

J'ai un absolu besoin d'un intendant, d'un officier du génie, d'une compagnie d'artillerie, d'un préposé de M. de la Bouillerie et surtout d'officiers de santé, pharmaciens, etc., car on m'annonce 5,000 blessés et je suis déjà forcé de les loger chez le bourgeois.

J'ai un bataillon du 14e logé à la citadelle. Le chef m'a fait une demande pour la solde. J'attendrai des ordres à ce sujet.

J'ai demandé à la ville de Würzburg de préparer un hôpital pour 1,000 malades. Le bataillon de Würzburg n'est pas encore arrivé.

LE GÉNÉRAL CLARKE A L'EMPEREUR.

Erfurt, 24 octobre 1806, 3 heures et demie après midi.

C'est demain que j'enverrai à V. M. un nouvel état de l'artillerie que j'ai à Erfurt; n'ayant ici que le lieutenant Pluyette, quoiqu'il soit plein de zèle et fort intelligent, il ne peut suffire à l'immense travail que lui donnent les rentrées d'artillerie dans cette place. Il m'annonce, il est vrai, qu'aussitôt que l'évacuation de l'artillerie d'Iéna, de Weimar et des environs aura été opérée, il arrivera ici un chef de bataillon qui est occupé en ce moment de cette évacuation. En attendant l'état de l'artillerie qui se trouve à Erfurt, en voici, Sire, un aperçu :

J'ai à la citadelle où je place toute l'artillerie, personnel et matériel, 30 canonniers de la 8e compagnie du 6e régiment d'artillerie à pied et de plus un détachement de soldats de Nassau-Usingen composé de 59 hommes et de 2 officiers et attaché au parc. Il est à remarquer que le général Saint-Laurent redemande ce détachement pour le grand parc.

Outre les pièces qui armaient la citadelle et dont j'ai déjà envoyé l'état à V. M., il existe au moins 80 pièces prussiennes de canon qu'on a réunies depuis la prise d'Erfurt. Le lieutenant Pluyette espère qu'on en rassemblera encore autant. V. M. voit que les suites de la bataille du 14 sont immenses.

Il a été laissé dans la place 7,000 à 8,000 fusils prussiens. C'est eux que la garnison a laissés sur les glacis. L'ordre ci-joint[1] que j'ai donné en fait déjà retrouver d'autres. On espère en réunir 10,000 à 12,000 de Weimar et d'Iéna. On a rassemblé au moins autant de caissons que de pièces de canon, mais ils sont fort dégradés.

Ce serait étourdir V. M. que de lui parler de tous les obstacles à vaincre pour pourvoir à tout; je la prie d'être certaine qu'on fait tout ce que l'on peut.

J'ai à me louer de la discipline qu'on observe à Erfurt.

1. Ordre pour le versement des armes par les habitants.

25 OCTOBRE.

Se reporter à la lettre du maréchal Lannes à l'Empereur du 24 sans date ni heure, page 287, où le Maréchal dit : « ce qui confirme que la colonne dont on a parlé aujourd'hui file sur Spandau pour gagner Stettin. » On a donc eu le 24 à Potsdam des renseignements sur une colonne sortie de Magdeburg. Comme l'Empereur est arrivé à Potsdam à la fin de l'après-midi, il ne lui a pas été fait de rapport écrit.

L'Empereur a écrit au maréchal Davout à la fin de la soirée, vers minuit peut-être, en même temps qu'il donnait au Major général l'ordre pour le mouvement de l'armée. L'expédition des ordres pour le grand-duc de Berg et le maréchal Lannes ne fut terminée qu'à 1 heure du matin.

L'EMPEREUR AU MARÉCHAL DAVOUT.

Potsdam, 24 octobre 1806.

Mon cousin, une colonne assez considérable est partie de Magdeburg pour Stettin ; on manœuvre en ce moment pour la couper. Toute la cavalerie légère du maréchal Lannes et la réserve de cavalerie se dirigent sur Oranienburg, où il me paraît qu'il est à propos que vous dirigiez toute votre division de dragons. Envoyez de petits partis pour vous mettre en correspondance avec le général Milhaud, qui sera dans la matinée à Hennigsdorf, le général Lasalle qui sera à Oranienburg ; de l'autre côté, envoyez des partis à 8 ou 10 lieues de Berlin chercher des renseignements, et faites-moi connaître tous les renseignements que vous pourrez avoir dans cette grande ville. Je resterai toute la journée d'aujourd'hui à Potsdam. Comme le fort de Spandau veut tenir, on le canon-

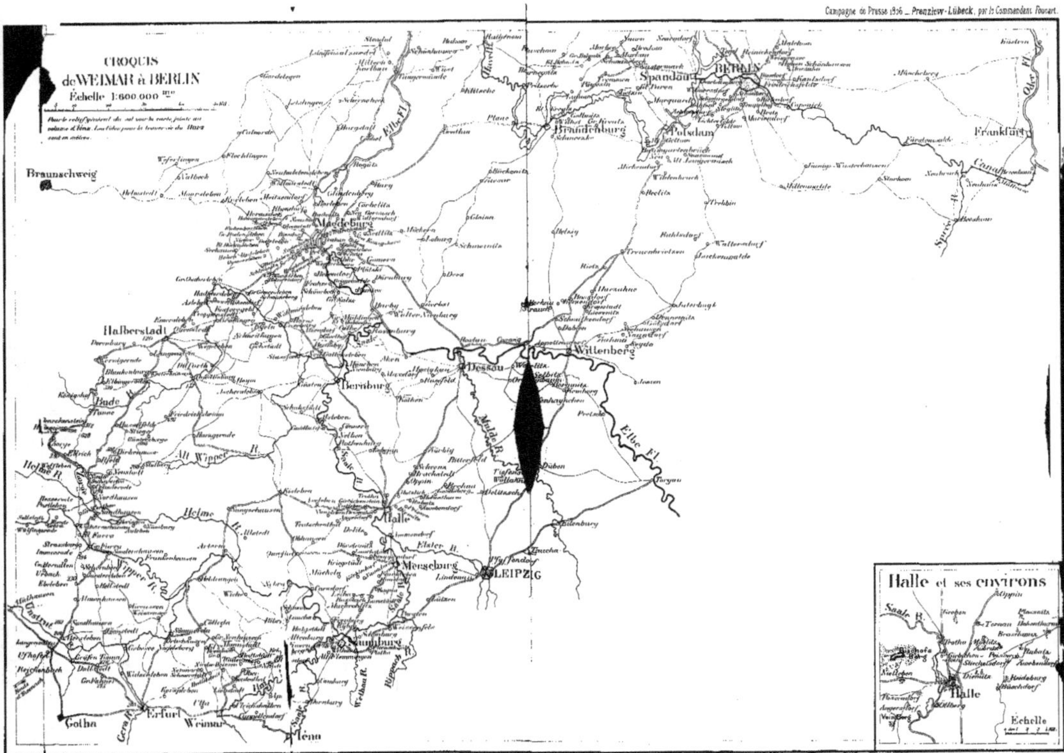

Lith. Berger Levrault et Cie Nancy

1

nera aujourd'hui. Envoyez-y savoir des renseignements, mais n'en prenez pas d'inquiétude.

LE MAJOR GÉNÉRAL AU GRAND-DUC DE BERG.

Potsdam, 25 octobre 1806, 1 heure du matin.

L'intention de l'Empereur, Monseigneur, est que vous ordonniez au général Lasalle de partir de suite de Charlottenburg pour se rendre à Oranienburg, où un piquet de 50 hommes devra être arrivé à 7 heures du matin[1]; le commandant enverra sur-le-champ des renseignements sur tout ce qui serait à sa connaissance sur le mouvement d'une colonne prussienne qui a dû passer dans les environs ; quand ce premier piquet aura rafraîchi, le général Lasalle le fera partir d'Oranienburg et le dirigera sur Falkenthal, interception des routes de Liebenwald à Zehdenick.

Le général Lasalle arrivé avec son corps à Oranienburg, où il sera rendu à midi, couvrira tout le pays de partis; il enverra à Kremmen, Lindow, Gransee, Neu-Ruppin[2]; tous ces partis seront commandés par des officiers intelligents[3] qui non seulement prendront des renseignements sur une colonne ennemie qu'ils doivent trouver coupée, mais encore prendront dans chaque endroit un homme principal du lieu qu'ils mèneront au général Lasalle qui les fera interroger sur tout ce qui peut être à leur connaissance; il gardera ces hommes jusqu'à ce qu'on ait la certitude qu'ils aient dit vrai.

Si le grand-duc de Berg juge que le général Lasalle soit hors d'état de suivre cette espèce d'interrogation de cabinet, il y enverra le général Belliard auquel il donnera l'ordre de lui faire parvenir toutes les heures les renseignements qu'on aura eus sur l'ennemi, et enfin la copie des interrogatoires.

1. De Potsdam à Charlottenburg, 21 kil.; — de Charlottenburg à Oranienburg, 28 kil.; — d'Oranienburg à Falkenthal, 20 kil.

3. D'Oranienburg à Kremmen, 15 kil.; — à Neu-Ruppin, 44 kil.; — à Lindow, 32 kil.; — à Gransee, 30 kil.

4. Ce ne seront pas toujours les premiers à marcher qui seront commandés, mais bien les plus intelligents, des officiers de choix.

S'il n'y a rien de nouveau, la brigade du général Lasalle restera à Oranienburg où elle attendra de nouveaux ordres.

Le général Milhaud avec son régiment de cavalerie enverra 50 hommes de cavalerie dans Spandau ; il se dirigera avec le reste de son corps sur le village de Hennigsdorf[1] et enverra des partis sur Nauen et Fehrbellin.

Le détachement qu'il aura envoyé devant Spandau, aura ordre de le rejoindre du moment que les régiments de la rive droite seront dans la ville.

Le grand-duc de Berg fera partir toute la division de dragons pour Spandau ; 400 chevaux se mettront en marche avant le jour avec 3 pièces de canon de la division ; le reste de la division de dragons partira à 7 heures du matin ; on fera mettre pied à terre aux dragons pour cerner le fort : l'officier du génie et celui de l'artillerie en feront la reconnaissance afin de le canonner et de l'obliger à se rendre si on le juge possible.

Tous les points à reconnaître sont de petites villes ou de gros bourgs situés à 25 ou 30 kilomètres sur le flanc gauche de la marche. Les reconnaissances se font sur une hauteur de 50 kilomètres. Il est impossible qu'on ne finisse pas par avoir des nouvelles des colonnes prussiennes sorties de Magdeburg.

« Envoyer des partis à 8 ou 10 lieues chercher des renseignements. »

LE MAJOR GÉNÉRAL AU MARÉCHAL LANNES.

Potsdam, 25 octobre 1806, 1 heure du matin.

L'intention de l'Empereur, M. le Maréchal, est que vous donniez l'ordre au général Treillard d'occuper Spandau avant le jour et de cerner le fort de manière qu'il ne puisse plus avoir de communications avec le dehors. Il fera éclairer par de petits partis la route de Nauen, de Wüstermark et de Neuendorf ; ces partis se reploieront sur lui du moment

1. De Potsdam à Spandau, 20 kil. ; — de Spandau à Hennigsdorf, 11 kil. ; — de Spandau ou de Hennigsdorf à Nauen, 25 kil. ; — de Hennigsdorf à Fehrbellin, 37 kil.

qu'ils auront rencontré d'autres troupes françaises ; et, dès que les dragons du prince Murat seront arrivés à Spandau, il se réunira au pont de Neuendorf.

L'Empereur ordonne également que vous fassiez partir le 17e régiment d'infanterie légère avant le jour avec 6 bouches à feu, obusiers et pièces de 12 si vous en avez.

Le 17e régiment se rendra à Spandau pour cerner la citadelle et la forcer à se rendre. Le reste de la division Suchet partira au jour pour se rendre à Spandau ; la division Gazan ne partira qu'à 8 heures du matin, heure à laquelle on aura reçu le rapport des reconnaissances.

LE MAJOR GÉNÉRAL AU MARÉCHAL AUGEREAU.

Potsdam, 25 octobre 1806, 2 heures du matin.

L'intention de l'Empereur, M. le Maréchal, est que vous laissiez reposer votre corps d'armée. L'Empereur attend la rentrée des différentes reconnaissances qui doivent donner des nouvelles d'une colonne ennemie qui est en marche de Magdeburg sur Stettin et que l'on espère pouvoir entamer. Il est possible que vous receviez des ordres sur les 10 ou 11 heures. Si vous recevez ceux de vous rendre à Berlin, vous pourrez dans la journée vous en approcher assez pour faire votre entrée dans cette capitale demain à midi.

L'Empereur restera toute la journée à Potsdam.

Remarquer l'heure où les ordres sont donnés et expédiés ; — l'annonce des ordres qui pourront être donnés le lendemain. Pour que les troupes soient toujours prêtes à marcher, il faut les prévenir à l'avance toutes les fois que cela est possible, afin qu'elles mettent à profit les moments de repos pour manger et dormir.

L'Empereur attend le rapport des reconnaissances pour donner ses ordres de mouvement. Avant d'engager ses corps, il a besoin de savoir si la colonne sortie de Magdeburg dont il a eu connaissance à Potsdam dans la journée du 24, se dirige sur Stettin ou si elle vient sur Berlin. Les renseignements des reconnaissances peuvent seuls le fixer à cet égard. Il faut que les reconnaissances des flancs rentrent ou au moins qu'elles donnent de leurs nouvelles ;

si elles sont à 2 ou 3 jours de marche, si elles sont plus loin que 50 kilomètres, elles ne donneront pas de nouvelles en temps opportun; le mouvement de l'armée sera arrêté.

Lorsqu'une armée marche en masse de guerre, prête à se concentrer en une journée, c'est-à-dire prête à combattre, il est inutile d'envoyer les reconnaissances à plus de 8 à 10 lieues. Des reconnaissances qui ne rentrent pas, qui ne donnent pas de nouvelles, n'ont pas d'objet; elles ne servent qu'à ruiner la cavalerie sans nécessité. Il faut de l'ordre dans les reconnaissances, de l'ordre comme direction, comme partage du terrain, de l'ordre aussi pour la fixation des distances.

Le 25, l'Empereur pouvait réunir à la fin de la journée ou dans la nuit, sur la rive droite de la Havel en avant de Spandau face à l'ouest, 3 corps d'armée, 5e, 7e, 3e, la Garde et 4 divisions de cavalerie, pour s'opposer au mouvement sur Berlin de la colonne prussienne sortie de Magdeburg pendant que le 1er corps débouchant de Brandeburg tomberait dans son flanc droit. Ces forces étaient suffisantes dans l'état de désorganisation de l'armée prussienne.

ORDRE DE L'ARMÉE.

25 octobre 1806.

L'Empereur a également lieu d'être satisfait de tous les corps de la Grande Armée ; ils rivalisent tous de zèle et de gloire ; mais le 3e corps commandé par M. le maréchal Davout a eu l'avantage d'être appelé par les circonstances à donner à la bataille d'Iéna des preuves de courage toutes particulières. S. M. voulant lui en témoigner toute sa satisfaction par la plus belle récompense pour des Français a ordonné que ce corps entrerait le premier à Berlin, aujourd'hui 25.

Le prince de Neuchâtel, Major général.
M^{al} Alex. BERTHIER.

LE MARÉCHAL DAVOUT AU MAJOR GÉNÉRAL.

Schöneberg, 25 octobre 1806.

L'officier de correspondance que S. M. m'a envoyé avec l'ordre de porter la division de dragons sur Oranienburg n'est arrivé qu'à 7 heures du matin[1]; cet ordre va recevoir son exécution ainsi que tout ce que me prescrit S. M.

J'ai fait arrêter à la poste toutes les lettres; j'ai observé que la plupart étaient adressées à Magdeburg où l'on croit encore ici que sont les forces prussiennes; je les adresse à V. A. : il m'en est tombé une française sous la main, que je joins ici, parce que la personne qui l'écrit et qui paraît instruite, assure que l'armée du prince de Hohenlohe se rassemble près de Brandenburg. J'y joins également une lettre d'une personne française qui reste ici et qu'il serait important de découvrir pour avoir des renseignements.

Enfin j'y joins aussi un extrait des dernières gazettes de Berlin qu'il sera peut-être utile de mettre sous les yeux de S. M. parce qu'elles prouvent que malgré l'assertion de M. Lucchesini, lord Morpeth n'est parti qu'après la bataille du 14; ces gazettes peuvent aussi faire connaître l'esprit qui a dicté les derniers manifestes de la Prusse.

J'envoie à V. A. un rapport que j'ai reçu du colonel Charbonnel sur ce qu'il a déjà découvert concernant sa partie à Berlin.

L'armée traversera la ville vers midi pour aller prendre position en arrière du petit ruisseau qui se jette dans la Sprée au-dessous de Cöpenick.

Mon quartier général sera à Friederichsfeld.

LE GÉNÉRAL BELLIARD AU GÉNÉRAL LASALLE.

Potsdam, 25 octobre 1806, 2 heures du matin.

L'intention du Prince est que vous partiez de suite de Charlottenburg pour vous rendre à Oranienburg où un piquet de 50 hommes devra être arrivé à 7 heures du matin. Le commandant enverra sur-le-champ des renseignements sur tout ce qui serait à sa connaissance sur le mouvement d'une colonne prussienne qui a dû passer dans les

1. De Potsdam à Schöneberg, 22 kil. — La dépêche de l'Empereur ne partit probablement qu'à minuit passé ou 1 heure du matin, dans le même temps environ que les dépêches du Major général pour le grand-duc de Berg et le maréchal Lannes.

environs. Quand le premier piquet aura rafraîchi, vous le ferez partir d'Oranienburg et le dirigerez sur Falkenthal, interception des routes de Liebenwald à Zehdenick. Arrivé avec votre corps à Oranienburg, où vous devrez être rendu à midi, vous couvrirez tout le pays de partis ; vous enverrez à Kremmen, Nauen, Lindow, Gransee et Neu-Ruppin. Tous ces partis seront commandés par des officiers intelligents qui non seulement prendront des renseignements sur une colonne ennemie qui doit se trouver coupée, mais encore prendront dans chaque endroit un homme principal du pays qu'ils vous mèneront et que vous ferez interroger sur tout ce qui peut être à leur connaissance ; vous garderez ces hommes jusqu'à ce qu'on ait la certitude qu'ils aient dit vrai. S'il n'y a rien de nouveau, vous resterez à Oranienburg, où vous attendrez de nouveaux ordres.

LE GÉNÉRAL BELLIARD AU GÉNÉRAL MILHAUD.

Potsdam, 25 octobre 1806, 2 heures du matin.

Vous enverrez 50 hommes dans Spandau ; avec le reste de votre corps vous vous dirigerez sur le village de Hennigsdorf et vous enverrez des partis sur Nauen et Fehrbellin ; le détachement que vous enverrez devant Spandau vous rejoindra du moment que d'autres troupes françaises seront arrivées dans cette ville ; vous prendrez tous les renseignements possibles sur la marche d'une colonne de l'ennemi qui est sortie de Magdeburg et qui bat la campagne ; envoyez toutes les 2 heures les renseignements que vous aurez obtenus et attendez à Hennigsdorf de nouveaux ordres.

LE GÉNÉRAL BELLIARD AU GÉNÉRAL BEAUMONT.

Potsdam, 25 octobre 1806, 2 heures du matin.

L'intention du Prince est que vous fassiez partir de suite un régiment pour se porter sur Spandau ; le reste de votre division se mettra en mouvement à 7 heures du matin pour se porter sur le même point ; vous ferez mettre pied à terre aux dragons pour cerner le fort ; l'officier du génie qui sera avec vous fera la reconnaissance du fort ; vous le sommerez de se rendre et vous tâcherez de vous en rendre maître. L'intention du Prince est que vous partiez avec le premier régiment. Si votre artillerie vous a joint, vous l'emmènerez avec vous pour canonner le fort. Envoyez de suite au Prince le rapport de ce que vous aurez pu faire et prévenez de votre arrivée aussitôt que vous serez devant Spandau.

LE GÉNÉRAL LASALLE AU GÉNÉRAL BELLIARD.

Charlottenburg, 25 octobre 1806.

Je reçois à l'instant, mon Général, l'ordre que vous m'avez adressé ; je fais partir au grand trot la reconnaissance que vous avez ordonné d'être à 7 heures à Oranienburg ; elle y arrivera une couple d'heures plus tard. Je me mets en route pour le même endroit et je ferai partir de ce point les reconnaissances que vous ordonnez.

Parti de Potsdam à 2 heures du matin, l'ordre n'a pas dû arriver à Charlottenburg, 21 kil., avant 5 heures au plus tôt. — La reconnaissance a 28 kil. à parcourir pour atteindre Oranienburg ; elle arrivera à 9 heures faisant environ 9 kil. à l'heure, vitesse indiquée par de Brack au chapitre *Des Détachements ;* elle est donc partie vers 6 heures. — Quant à la brigade, elle se met en route en même temps au pas, faisant ses 5 kil. à l'heure. Il lui faut un peu moins de 6 heures. Elle arrivera vers midi.

LE GÉNÉRAL LASALLE AU GRAND-DUC DE BERG.

Oranienburg, 25 octobre 1806, 2 heures après midi.

Monseigneur, mon avant-garde a rencontré une vingtaine de cavaliers en entrant à Oranienburg et les a pris en partie ; mais quelques-uns se sont enfuis dans les bois en abandonnant leurs chevaux. Il n'est passé ici aucune colonne mais bien des fuyards de tous les corps.

On dit que M. de Hohenlohe est sorti de Magdeburg avec 18,000 hommes et qu'il se dirige sur Stettin par Kyritz.

Les différents fuyards se portent tous par Buschow sur Fehrbellin et Ruppin. Je joins un ordre laissé par l'état-major de S. M. prussienne de couper tous les ponts vers Fehrbellin, Oranienburg, etc. Celui d'ici à Berlin sur la Havel est coupé déjà ; tout cela annonce que la colonne que l'on dit égarée n'est point passée par ici, ni n'y doit passer. On n'en a aucune espèce de nouvelles. S. M. le roi de Prusse est passé samedi dernier [1] par cette ville, accompagné du prince de Coburg, général russe, et sans escorte. Il allait à Küstrin ; on dit qu'il est à présent à Stettin. On ne croit pas encore à l'arrivée des Russes.

J'ai dirigé les reconnaissances que V. A. a ordonnées vers les

1. Samedi 18 octobre.

points désignés; mais ils sont tous à 6 lieues au moins d'ici, et ne rentreront que dans la nuit. L'adjudant-commandant Girard partira aussitôt qu'elles seront rentrées. Si cependant quelques renseignements partiels arrivaient et qu'ils fussent intéressants, je les adresserais sur-le-champ à V. A.

Ci-joint les lettres de la poste de cette ville.

Le grand-duc de Berg a jugé inutile d'envoyer le général Belliard pour suivre l'interrogation de cabinet ordonnée par le Major général; le général Lasalle était parfaitement en état de la suivre. Mais cependant pour remplir les intentions de l'Empereur, le Grand-duc fit porter au général Lasalle l'ordre de 2 heures du matin par l'adjudant-commandant Girard, sous-chef de l'état-major de la réserve de cavalerie, avec mission d'accompagner la brigade à Oranienburg. Le Grand-duc sentait la nécessité, que venait d'indiquer d'ailleurs le Major général par ordre de l'Empereur, d'avoir à l'avant-garde un officier d'état-major de grade élevé, officier général ou tout au moins officier supérieur, capable d'aider le général de cavalerie légère à démêler la vérité. L'adjudant-commandant Girard [1] avait été déjà en mission à l'avant-garde auprès du général Lasalle. — Là il ne faut pas de froissements; l'estime réciproque, d'où naissent rapidement l'intimité et l'affection, est nécessaire entre les officiers de troupe et les officiers d'état-major.

RÉSUMÉ DES RAPPORTS FAITS A M. LE GÉNÉRAL DE BRIGADE LASALLE [2].

Oranienburg, 26 octobre 1806, une heure et demie du matin.

Le résumé contient les mêmes renseignements que le rapport précédent, puis les renseignements suivants :

A Germendorf, la reconnaissance qui y a été envoyée a pris une vingtaine d'hommes d'infanterie et de cavalerie.

L'officier envoyé à Kremmen a arrêté quelques hommes d'infanterie épars et chargé 40 dragons qui, après être entrés dans Kremmen, en ont coupé le pont.

---

1. Girard (Jean-Baptiste), né à Aups (Var) le 21 février 1775 ; — adjudant-commandant le 25 brumaire an VIII, employé à l'état-major de la réserve de cavalerie en l'an XIV, puis sous-chef de l'état-major de la réserve ; — général de brigade le 13 novembre 1806 ; — employé au 3e corps le 31 décembre 1806 ; — général de division le 20 septembre 1809 ; — blessé à Ligny le 16 juin 1815, mort le 27.

2. Cette pièce est l'interrogation de cabinet dont le Major général parle dans sa dépêche au Grand-duc du 25 octobre, 1 heure du matin.

La brigade a fait dans sa marche de Charlottenburg à Oranienburg une cinquantaine de prisonniers de toutes armes.

Au pont de Neubrück [1], 5 bateaux chargés d'effets militaires, tels que bottes de dragons, gibernes, écharpes, draps, culottes de peau, etc., ont été arrêtés et une garde y a été laissée.

L'officier envoyé à Falkenthal rend compte qu'une lieue en arrière de ce village il entendit du bruit à Grüneberg et que, par maladresse ses éclaireurs ayant tiré quelques coups de pistolet, il est sorti de la première maison une quinzaine de hussards qui repoussèrent les tirailleurs. L'officier dit que toutes les maisons paraissaient également remplies ; il est assuré que la troupe qui occupait ce village était composée de cuirassiers et dragons.

L'officier envoyé à Gransee rend compte qu'en arrivant à Nassenheide il avait rencontré le détachement que j'avais envoyé à Lindow, qui lui-même a été chargé par l'ennemi à Teschendorf; il a cependant fait 2 prisonniers, mais a eu un hussard démonté et blessé de 15 coups de sabre ; il a pris en outre 3 chevaux à l'ennemi et tué 3 hommes. Cette troupe était de 90 hommes et venait de Spandau, et des régiments de Craff, de Predwitz et hussards d'Anspach.

Les détachements dirigés sur Ruppin et Lindow n'étaient pas encore rentrés. Il est une heure et demie.

LASALLE.

Brigade Lasalle, 2e division de dragons, Oranienburg [2].

LE GÉNÉRAL MILHAUD AU GÉNÉRAL BELLIARD.

Hennigsdorf, 25 octobre 1806, 2 heures après midi.

J'ai envoyé une reconnaissance sur Nauen et une autre sur la route de Fehrbellin ; elles n'ont encore rien annoncé de nouveau.

---

1. La brigade Lasalle s'est donc rendue à Oranienburg en passant la Havel au pont de Neubrück.

2. De Smargendorf à Oranienburg, 35 kil.

LE GÉNÉRAL GROUCHY AU MAJOR GÉNÉRAL.

Oranienburg, 25 octobre 1806.

J'ai l'honneur de rendre compte à V. A. S. que ma santé étant rétablie, j'ai rejoint la division et en ai repris le commandement. Si j'osais en outre supplier V. A. d'informer S. M. que je ne l'avais momentanément quittée à Dessau que pour me faire appliquer des ventouses, prendre l'opium et le quina et recourir aux moyens les plus célérés pour me remettre sur pied, vous atténueriez la peine que j'ai éprouvée de me voir donner un congé que je n'avais pas demandé.

Agréez, M. le Maréchal, l'hommage de mon profond respect.

Quelques piquets de hussards prussiens ont paru cette nuit et ce matin à Hennigsdorf et sur la route de Fehrbellin à Oranienburg. Un négociant venant de Hamburg, appelé Wolf, a déclaré avoir rencontré hier [1] à Wusterhausen 600 hussards prussiens qui se dirigeaient vers Stettin. Tout le monde disait que le prince Hohenlohe avait passé un jour avant [2] avec un corps de troupes de toutes armes dont on ignore le nombre, et l'on assure que ce corps se dirigeait aussi vers Stettin ou sur les bords de l'Oder : les déclarations de quelques soldats égarés et pris ont tous parlé d'un corps sorti de Magdeburg qui avait dû se réunir à Rathenow. Tous les rapports confirment la déclaration du négociant de Hamburg et disent que le roi de Prusse est à. . . . . avec 30,000 hommes.

J'attends avec impatience quelques rapports plus positifs de mes reconnaissances pour vous les transmettre ; conséquemment à votre lettre de ce jour, j'attendrai à Hennigsdorf de nouveaux ordres. S'il est impossible de m'envoyer le 1er de hussards, priez le Prince de me renforcer d'un régiment de dragons. Ma grand'garde près Spandau a arrêté la nuit dernière un courrier prussien qui a été remis à un aide de camp du Prince. A Hamburg on connaît les victoires de la Grande Armée et le désespoir des Prussiens.

Rapport du capitaine Flahaut au Grand-duc, Hennigsdorf, 25 octobre, donnant les mêmes renseignements.

Général Milhaud, 13e de chasseurs, Hennigsdorf.

3e division de dragons, Spandau.

Quartier général de la réserve de cavalerie, 1re et 2e divisions de grosse cavalerie, Potsdam et environs.

LE MARÉCHAL LANNES A L'EMPEREUR.

Potsdam, 25 octobre 1806, 5 heures du matin.

D'après le rapport du colonel du 21e de chasseurs [3] que j'ai l'honneur d'adresser à V. M., il me semble que ce régiment n'a plus rien à faire sur la route de Brandenburg et qu'il convient de l'envoyer au général Treillard devant Spandau. Je n'ai pas encore reçu le rapport de ce général ; mon aide de camp que je lui ai dépêché doit me l'apporter incessamment. Je prie

1. Le 24.
2. Le 23.
3. Rapport du 25, page 286.

V. M. de faire connaître si son intention est que ma seconde division parte avant la réception du rapport que j'attends.

LE GÉNÉRAL DE BRIGADE LATOUR-MAUBOURG A M. LE GÉNÉRAL BEAUMONT, COMMANDANT LA 3ᵉ DIVISION DE DRAGONS, EN MARCHE SUR SPANDAU[1].

Spandau, 25 octobre 1806.

J'ai trouvé ici, mon général, le général Bertrand qui a fait une reconnaissance et la garnison refuse de se rendre ; le fort est entouré d'eau et ne peut être cerné. J'occupe le pont et différents points ; cela est concerté avec le général Bertrand. On croit que la colonne sortie de Magdeburg se dirige sur Küstrin en passant par Rathenow.

RAPPORT A S. M. L'EMPEREUR.

Spandau, 25 octobre 1806.

Mouvement des troupes prussiennes. — D'après le bailli et une autre personne il a passé hier 80 hommes à cheval et depuis 4 à 5 jours 5 ou 6 au plus hommes épars. Ils venaient de Brandenburg et se sont dirigés sur Oranienburg.

Un détachement de 10 hussards a été dirigé sur Wüstermark.

Le général Milhaud avec le 10ᵉ de hussards s'est dirigé sur Oranienburg ; sur cette route se trouve Hennigsdorf où je devais envoyer un détachement.

La brigade du général Latour-Maubourg remplace ici les houzards.

Je joins ici un croquis du fort autant que j'ai pu en juger à un premier aperçu rapide.

La place a une enceinte avec parapet et je présume des fossés. Je n'en suis pas certain. Les maçonneries en sont découvertes : du point A elle peut être battue à 200 toises ou 150 toises ; — du point B à 50 ou 60, — du point C à 120 toises. Le fort me paraît obstrué de bâtiments et facile à incendier.

---

1. Billet au crayon. — Le général Latour-Maubourg s'était porté à Spandau avec le premier régiment de la division Beaumont.

Au centre, mais plus rapprochée du bastion, une tour avec cavalier au-dessous, mais non armée encore. Sur le pourtour du fort une douzaine de pièces en batterie.

Le fort paraît environné d'eau qui a une largeur de 50, 60, 100 toises.

Indépendamment de ces larges flaques, il y a un fossé *no* de 10 toises de largeur sur lequel est un pont-levis *f* qui est relevé et par lequel nous avons parlementé.

Sur l'autre face un fossé *hg* qui n'a que 4 à 5 toises, revêtu en maçonnerie et servant à la navigation. Il y a une écluse en *h*; un deuxième pont-levis en *q* qui est levé.

Le fort ne paraît avoir que 3 sorties, celles *q* et *f* : celle *q* conduit immédiatement en ville; du pont *f* on passe sur celui *e* qui est baissé et libre; nous l'occupons ainsi que les maisons à droite et à gauche, et sur celui *k* qui mène à Charlottenburg, je crois.

Les dragons sont aussi en B et C à pied, en A à cheval.

La moitié de la ville avait une enceinte DD environnée d'eau qui est abandonnée par l'ennemi.

Les points A, B, C et surtout celui B me paraissent les plus favorables pour l'attaque.

Des dragons réunissent des bateaux sur les 2 rives.

Je crois qu'après un feu vif de canon et surtout si on peut faire brèche, ce qui exigerait un peu de temps et de démonstrations de troupes dans des barques avec des échelles, et comblant le fossé *hg*, on effrayera le commandant de la garnison.

Le commandant ayant demandé à me parler, je lui ai dit que l'infanterie et l'artillerie s'avançaient, que Spandau n'étant pas une place mais une prison, il était contre le droit de la guerre de s'y défendre, qu'ils seraient passés dans ce cas au fil de l'épée ; — que Spandau étant une prison, ils pouvaient laisser une garde de police pour les prisonniers, mais que nous devions être maîtres du fort.

Un jeune officier s'est borné à dire qu'ils avaient ordre du Roi de se défendre, qu'ils mourraient. Le commandant est âgé. Je me suis retiré.

Suivant le bailli il y a 400 invalides et 400 hommes des troupes du Roi et 80 chevaux.

Mais il paraît qu'il y a 300 invalides et 300 hommes de divers corps en plus. Il ne m'a pas paru d'après ce qu'ils ont montré sur les remparts qu'ils eussent plus de 400 hommes, point de cavalerie. Ils s'accordent à dire qu'il y a dans la place 50, 60, 90 pièces de canon.

Le général BERTRAND.

RAPPORT A S. M. L'EMPEREUR.

Spandau, 25 octobre 1806.

Il est midi.

L'artillerie se place telle qu'elle est indiquée au plan ci-joint. Sous demi-heure la place sera sommée et l'artillerie en jeu.

L'infanterie légère est disposée dans les maisons pour faire feu sur le rempart.

Les 2 régiments de ligne sont sur la hauteur en vue de la place, hors de portée.

Les dragons sont en vue de la place.

L'infanterie occupe les bords de l'eau sur le front d'attaque et les 3 côtés adjacents.

Les 25 dragons ont passé la Sprée dans des bateaux au-dessus du bras qui se jette dans les fossés ou flaques qui environnent la place et bloquent la place du quatrième côté, la route qui longe le fort et conduit à Charlottenburg.

Des bateaux sont disposés au-dessous de l'enceinte de la ville que nous occupons, pour communiquer aux batteries si le feu de l'ennemi interrompait la communication des ponts.

Si la place ne se rend pas au bruit de l'artillerie, la place est de nature à exiger un siège. Outre les flaques la place a des fossés pleins d'eau qu'on voit distinctement du haut des maisons.

Le général BERTRAND.

LE MARÉCHAL LANNES A L'EMPEREUR.

25 octobre 1806.

J'ai l'honneur de faire parvenir à V. M. I. la capitulation de la citadelle de Spandau[1]. J'espère que les vœux de V. M. seront remplis. Je m'occupe de faire un état de ce qui se trouve dans la place. J'enverrai à V. M. un état très-exact. Je ne veux pas perdre un moment pour que V. M. puisse donner ses ordres aux troupes pour poursuivre cette colonne qui paraît se retirer sur Stettin. J'ai beaucoup questionné les officiers, mais ils ne veulent rien dire. Je me suis pourtant aperçu par leurs réponses que cette colonne a filé cette nuit.

V. M. sera étonnée quand elle verra la citadelle ; elle est au milieu d'un lac et susceptible d'une grande défense. Elle a 1,200 hommes de garnison.

Le Gouverneur ne voulait pas entendre parler de capitulation[2]. J'ai été obligé de me rendre moi-même dans la citadelle, et il a fini par faire tout ce que j'ai voulu.

---

1. Nous, général divisionnaire au service de S. M. I. et R., grand-cordon de la Légion d'honneur, chef de l'état-major général du 5e corps de la Grande Armée, fondé de pouvoirs de M. le maréchal d'empire Lannes, commandant en chef ledit corps d'armée ;

Et M. le major de Benekendorff, major au service de S. M. le roi de Prusse, commandant de la forteresse de Spandau, sommes convenus de ce qui suit :

Art. 1er. — MM. les officiers de la garnison de Spandau se retireront où ils voudront avec leurs armes, hardes et autres effets à eux appartenant.

Art. 2. — M. le maréchal Lannes s'engage à demander à S. M. I. et R. que les invalides et leurs femmes conservent aussi leurs effets et qu'ils puissent rester dans la citadelle.

Art. 3. — Les sous-officiers et soldats formant la garnison de la forteresse de Spandau sont prisonniers de guerre.

Art. 4. — La forteresse sera sur-le-champ remise à l'armée française avec l'artillerie, armes, munitions, en général tous ses approvisionnements.

Art. 5. — MM. les officiers seront libres de se retirer où il leur plaira. Il leur sera délivré un passeport par le chef de l'état-major du 5e corps de la Grande Armée.

Art. 6. — Tout ce qui n'est pas militaire sortira de la place sans aucune condition et emportera ses hardes et autres effets.

Spandau, le 25 octobre 1806.

VICTOR. DE BENEKENDORFF.

2. RÉPONSE DU COMMANDANT DE SPANDAU A LA SOMMATION QUI LUI AVAIT ÉTÉ FAITE. (Copie jointe à la lettre du maréchal Lannes.)

La forteresse de Spandau ne se rendra pas, mais elle ne s'opposera pas au

P.-S. — L'officier porteur de la présente portera les ordres de V. M. Il est urgent que nous sortions d'ici à cause des vivres. Le 5e corps est parti ce matin sans un morceau de pain. Les dragons sont encore ici et je ne puis leur donner des ordres.

5e corps, bivouac en avant et en arrière de Spandau.

L'EMPEREUR AU MARÉCHAL DAVOUT.

Potsdam, 25 octobre 1806, 5 heures du soir.

Je vous annonce la nouvelle que Spandau vient de se rendre. On y a trouvé 80 pièces de canon, beaucoup de poudre, beaucoup de vivres et 300 prisonniers d'État. On y a fait 1,200 prisonniers.

L'EMPEREUR AU MAJOR GÉNÉRAL.

Potsdam, 25 octobre 1806.

Donnez l'ordre que tous les bateaux qui sont à Neubrück[1] soient envoyés à Spandau, et que les effets qu'ils ont à bord soient remis dans les magasins de cette place. Envoyez à cet effet un adjoint[2] qui parcourra la rivière jusqu'au lieu où

---

passage des troupes françaises impériales pourvu que celles-ci, en entrant par la porte de Potsdam pour sortir par celle de Charlottenburg et gagner la route de ce nom, n'approchent pas la forteresse, ses ponts et ses portes, ce qui serait regardé comme hostilité et repoussé par la force.

24 octobre à 3 heures et demie après midi.

Le Commandant de Spandau.

1. Neubrück, à 11 kil. en amont de Spandau sur la rive gauche de la Havel, vis-à-vis Hennigsdorf.

2. A L'ADJUDANT-COMMANDANT HASTREL.

Potsdam, 25 octobre 1806.

Le Prince major général me charge de vous rappeler, mon cher camarade, qu'il a ordonné que les aides de camp du général Sarrazin fussent envoyés à Wittenberg pour y exercer les fonctions d'adjudant de place sous les ordres du général Lemarois. Veuillez bien réitérer cet ordre à M. Lalobe qui est présent et en prévenir l'autre à son arrivée.

S. A. demande aussi que vous régliez le tour d'ordre des officiers d'état-

seront nos troupes, et au fur et à mesure fera descendre les bateaux qui seraient pris, sur Spandau.

L'EMPEREUR A M. BIGNON.

Potsdam, 25 octobre 1806.

Monsieur Bignon, mon intention est que vous preniez les ordres du Major général pour vous rendre à Spandau et y remplir la mission suivante : il y a 300 prisonniers d'État à Spandau ; vous verrez leur écrou, les interrogerez l'un après l'autre et m'en rendrez compte, afin que ceux qui ne sont criminels qu'envers leur gouvernement puissent être relâchés, et que ceux qui ont commis des crimes réels puissent être transférés dans d'autres prisons, mon intention étant de n'avoir aucun prisonnier à Spandau.

RAPPORT POUR SA MAJESTÉ.

25 octobre 1806.

Le nᵉ Wagner, domestique du prince Louis-Ferdinand, est parti de Berlin le 22 octobre portant une lettre au prince Auguste de Prusse de la part de la princesse sa mère. Il a trouvé ce prince à Burg où il est arrivé le 23 à 5 heures du soir. Il est reparti de cet endroit le 24 le matin à 5 heures porteur d'une lettre du Prince à Madame sa mère et une seconde à une autre dame de Berlin. Le nᵉ Wagner a été arrêté par nos avant-postes hier soir à 8 heures et demie près la métairie dite Ruhleben entre Spandau et Charlottenburg; le prince Auguste commandait à Burg 3 bataillons d'infanterie dont 1 du régiment d'Arnim. Le nᵉ Wagner a vu dans ce même endroit le bataillon des Grenadiers du Roi de la

---

major et que vous envoyiez autant que possible un chef de bataillon et un capitaine ou lieutenant pour le service de chaque jour.

Je vous salue amicalement.

Le Colonel aide-major général,

Blein.

Garde; il n'a pu me dire quelle était la destination de ces troupes, mais il croit qu'elles doivent se retirer à Küstrin où se trouve le Roi. Le même a rencontré dans sa route de Berlin à Burg et de Burg à Spandau où il a été arrêté, une infinité de soldats et même des officiers qui cherchaient leurs régiments, entre autres beaucoup de blessés; il prétend qu'il règne parmi ces troupes un grand découragement ainsi qu'une grande consternation parmi les habitants.

Le prince Auguste a reçu une forte contusion à Auerstädt et un coup de mitraille qui lui a enlevé un morceau de son habit.

SCHERB.

LE MARÉCHAL BERNADOTTE AU MAJOR GÉNÉRAL.

Brandenburg, 25 octobre 1806, 10 heures du matin.

J'ai l'honneur de vous informer que je suis arrivé ici avec les divisions Dupont et Drouet et toute ma cavalerie[1]; la division Rivaud est toujours en arrière; j'espère qu'elle pourra me rejoindre aujourd'hui ou au plus tard demain dans la matinée.

Tous les renseignements que j'ai recueillis ne me laissent aucun doute que le prince de Hohenlohe ne se soit retiré par Rathenow, Nauen, Oranienburg pour de là se porter sur Stettin par Zehdenick et Prenzlow. Si d'ici à demain matin je ne reçois pas d'ordre contraire, je me mettrai en route pour suivre la trace de l'armée du prince de Hohenlohe et partout où je pourrai l'atteindre, je le combattrai. Dans le cas où ce projet n'aurait pas l'approbation de l'Empereur, je vous prie de me le faire savoir cette nuit; car, si nous devons

1. De Ziesar à Brandenburg grande route de sable bordée d'arbres. Le pays qu'elle traverse est toujours landes, sables, pâturages, tourbières et bois de sapins. Avant d'arriver à Brandenburg on passe plusieurs ponts établis sur des canaux qui communiquent avec la Havel. On compte 18,000 habitants à Brandenburg. L'industrie de cette ville se borne à la fabrication de draps médiocres et d'une étoffe du nom de la ville. Son terroir est très-pauvre. Quantité de petits bateaux allant à la voile vont jusqu'à Hamburg par le moyen des lacs qui communiquent avec la Havel et d'un canal qui débouche dans l'Elbe. (Journal du 1er corps.)

poursuivre le prince de Hohenlohe, nous n'aurons pas de temps à perdre pour pouvoir tirer quelque avantage de cette manœuvre.

Tous les rapports s'accordent à dire que le prince de Hohenlohe a encore pu réunir un corps de 45,000 à 50,000 hommes, mais à la vérité en très-mauvais état.

LE GÉNÉRAL L. BERTHIER AU GÉNÉRAL DUPONT.

Brandenburg, 25 octobre 1806.

Conformément aux ordres de S. A. le prince de Ponte-Corvo, veuillez bien faire cantonner dans la ville 2 régiments de votre division. La totalité des maisons ne formant qu'un nombre de 1,200, 600 sont réservées pour vos 2 régiments et 600 autres pour ceux du général Drouet. Le régiment qui a cantonné hier [1] devra envoyer une compagnie à Wuhst, sur la route de Potsdam, pour soutenir la cavalerie qui est dans ce village, une autre compagnie à Schmerzke pour le même service [2] ; une grand'garde en avant de la ville sur la route de Potsdam à la barrière ; le reste de ce régiment restera en arrière de la ville faisant face à Magdeburg [3].

La division de cavalerie légère entrait à Brandenburg et fut prendre position sur les routes de Potsdam et Oranienburg (Wuhst, Gollwitz). — Les divisions d'infanterie se réunirent à Brandenburg. — Le grand parc était en marche pour se rendre dans cette ville. (Journal du 1er corps.)

LE MAJOR GÉNÉRAL AU MARÉCHAL LANNES.

Potsdam, 25 octobre 1806, 8 heures du soir.

Je vous préviens, M. le Maréchal, que le maréchal Bernadotte est arrivé à Brandenburg [4]; il y a appris que le général

1. Les troupes qui ont cantonné la veille seront les moins bien partagées le lendemain, soit qu'elles fournissent le service, soit qu'elles soient établies au bivouac si les cantonnements sont trop exigus pour abriter tous les corps.

2. Ne mettre aux avant-postes que le nombre de troupes nécessaire afin de faire reposer le plus de monde possible. L'ennemi, surtout la nuit, ne vient que par les routes. — Conserver les grand'gardes groupées pendant le jour ; ne placer les petits postes qu'à la tombée de la nuit.

3. On était sur les flancs des colonnes sorties de Magdeburg qui pouvaient arriver sur nos derrières. Obligation de se garder de tous les côtés.

4. De Brandenburg à Potsdam par Alt-Goltow, 36 kil.

Holenlohe, avec un corps d'environ 30,000 à 35,000 hommes des débris de l'armée prussienne, était passé en désordre par Rathenow, Nauen, Oranienburg, etc., pour se rendre à Stettin; il paraît qu'une autre colonne aura flanqué ce corps à droite et se sera dirigée de Magdeburg par Burg, Genthin, Pritzerbe et Nauen.

Si le grand-duc de Berg, d'après ses reconnaissances, ne vous donne point de renseignements positifs sur la marche de l'ennemi, l'Empereur pense que vous pouvez continuer à vous diriger sur Oranienburg et Zehdenick. Le Grand-duc, avec 3 divisions de dragons et toute sa cavalerie légère, ne tardera pas d'arriver sur les traces de l'ennemi et vous fera prévenir de tout ce qu'il saura.

Le prince de Ponte-Corvo part de Brandenburg pour tâcher de joindre l'arrière-garde de l'ennemi.

De son côté le maréchal Soult passe l'Elbe et poursuit l'ennemi pour tâcher de l'atteindre[1].

Le maréchal Davout pousse également de la cavalerie sur Oranienburg; telle est la situation des choses.

Faites le plus de mal possible à l'ennemi, M. le Maréchal; telle est l'instruction générale que l'Empereur vous donne.

L'intention de S. M., M. le Maréchal, est que vous laissiez à Spandau 400 hommes des plus fatigués de votre corps d'armée, ce qui aura le double avantage de former la garnison de Spandau et de faire reposer des hommes qui rejoindront ensuite votre corps d'armée à l'arrivée des troupes alliées[2].

L'Empereur sera demain jusqu'à 3 heures à Potsdam, et vraisemblablement à Charlottenburg à 6 heures.

Son intention, M. le Maréchal, est qu'aucun de MM. les Maréchaux ne dirige aucun prisonnier, aucun blessé, ni aucun malade sur la ville de Berlin; tout sera envoyé à

---

1. Le Major général avait probablement reçu la lettre du maréchal Soult de Hohenwarsleben le 23, page 272.

2. Ordre, le 4 novembre, à Spandau, pour faire partir le 5 pour Stettin les détachements des 34e, 64e, 40e, 88e, 100e, 103e de ligne et 21e d'infanterie légère pour rejoindre leurs corps. — (Répertoire d'ordres du Major général.)

Spandau et de là sur Wittenberg pour suivre la route de l'armée.

Je dois vous faire connaître et vous devez le transmettre à vos chefs d'administration que l'Empereur ne veut conserver aucune place de dépôt, tant pour les hôpitaux que pour toute autre espèce de magasins, que Spandau, Wittenberg et Erfurt; qu'il peut arriver des circonstances où la cavalerie ennemie peut être partout, excepté dans ces 3 points fermés et bien défendus ; vous ne devez donc, je vous le répète, M. le Maréchal, rien envoyer à Berlin.

Avoir toujours la plus grande prévoyance, même dans la situation la plus prospère de ses affaires ; ne jamais s'abandonner.

LE MAJOR GÉNÉRAL AU GRAND-DUC DE BERG.

Potsdam, 25 octobre 1806, 8 heures du soir.

J'envoie à V. A. la copie de la lettre que j'écris au maréchal Lannes.

L'Empereur sera demain jusqu'à 3 heures de l'après-dîner à Potsdam et vraisemblablement à 6 heures à Charlottenburg. S. M. enverra demain tous les cuirassiers à Berlin, tant parce qu'ils ont besoin de repos que parce qu'elle suppose que les 2 divisions de dragons et toute votre cavalerie légère vous suffiront pour ce que vous avez à faire.

L'Empereur vous recommande de laisser à Spandau les hommes de votre cavalerie qui sont fatigués, ainsi que les dragons démontés, afin qu'on puisse leur donner des chevaux.....

Suivent les mêmes recommandations que celles faites au maréchal Lannes... V. A., je le répète, ne doit rien envoyer à Berlin.

Au reçu de cet ordre, le grand-duc de Berg se porte immédiatement à Hennigsdorf, 31 kil., d'où il donne des ordres le 26 à 4 h. du matin. A 10 heures du soir le 25 il n'est plus à Potsdam.

LE MAJOR GÉNÉRAL AU MARÉCHAL BERNADOTTE.

Potsdam, 25 octobre 1806, 8 heures du soir[1].

L'Empereur, M. le Maréchal, auquel j'ai communiqué votre dernière lettre de Brandenburg[2], approuve que vous poursuiviez l'ennemi ; le grand-duc de Berg avec une partie de sa cavalerie et le maréchal Lannes sont aussi à ses trousses.

Donnez-moi souvent de vos nouvelles.

La bonne forteresse de Spandau s'est rendue aujourd'hui à 2 heures ; il y avait 1,200 hommes de garnison, 80 pièces de canon et beaucoup d'approvisionnements.

S. M. restera demain jusqu'à 3 heures à Potsdam et sera vraisemblablement à 6 heures à Charlottenburg.

LE MAJOR GÉNÉRAL AU MARÉCHAL SOULT.

Potsdam, 25 octobre 1806, 8 heures du soir.

Je vous préviens, M. le Maréchal, que la forteresse de Spandau, etc.

Le grand-duc de Berg part de Spandau pour poursuivre l'ennemi sur Oranienburg ; le maréchal Lannes part du même endroit sur une autre direction ; le maréchal Davout, qui est à Berlin, porte sa cavalerie pour le couper plus loin ; enfin le maréchal Bernadotte est parti de Brandenburg pour se mettre aux trousses du prince de Hohenlohe vers Nauen ; telle est la situation des choses ; d'après cela, l'Empereur vous donne carte blanche pour agir comme vous le voudrez et faire le plus de mal possible à l'ennemi.

Je charge M. le maréchal Ney du blocus de Magdeburg ainsi que de surveiller la colonne du duc de Weimar.

---

1. Cette dépêche, qui a dû partir vers 8 heures et demie du soir, a pu arriver le 26 au matin à Brandenburg, 36 kil., avant le départ du maréchal Bernadotte.

2. Lettre du maréchal Bernadotte, du 25, 10 heures du matin.

LE MAJOR GÉNÉRAL AU MARÉCHAL NEY.

Potsdam, 25 octobre 1806, 8 heures et demie du soir.

J'ai donné l'ordre à M. le maréchal Soult, M. le Maréchal, de passer l'Elbe et de poursuivre l'ennemi.

L'intention de l'Empereur, M. le Maréchal, est que vous restiez seul chargé du blocus de Magdeburg et qu'en même temps vous surveilliez le corps du duc de Weimar qui d'un moment à l'autre peut passer à proximité de vous.

Je vous envoie l'extrait d'une instruction que j'avais adressée au maréchal Soult, et vous exécuterez ce qu'il n'aura pu encore faire à cet égard, particulièrement pour jeter un pont sur l'Elbe près de Magdeburg.

LE MAJOR GÉNÉRAL AU MARÉCHAL AUGEREAU.

Potsdam, 25 octobre 1806, 8 heures et demie du soir.

L'Empereur, M. le Maréchal, ordonne que vous traversiez Berlin demain à midi en bonne tenue ; vous ne ferez pas suivre vos bagages ; ils traverseront la Sprée entre cette capitale et Charlottenburg et se dirigeront sur le chemin de Bernau.

La forteresse de Spandau, etc...

L'intention de l'Empereur est que votre quartier général ne soit point en ville, mais dans un château derrière votre camp ; il en sera de même pour les officiers généraux et autres de votre corps d'armée.

LE MAJOR GÉNÉRAL AU MARÉCHAL LEFEBVRE.

Potsdam, 25 octobre 1806, 8 heures et demie du soir.

Vous désignerez, M. le Maréchal, 15 hommes des plus malingres de la Garde pour garder le château de Potsdam, et tout le reste de la troupe se tiendra prêt à marcher à l'heure qui lui sera indiquée demain matin pour se rendre à Charlottenburg.

Faites partir demain à 4 heures du matin votre logement pour Charlottenburg.

L'Empereur ordonne que vous fassiez partir les deux tiers des dragons à pied qui vous restent pour se rendre à Spandau où on leur donnera des chevaux. Vous me ferez la demande de tous les sabres nécessaires aux dragons à pied, afin que je les fasse fournir de Berlin où il y en a une assez grande quantité.

LE MAJOR GÉNÉRAL AU MARÉCHAL BESSIÈRES.

Potsdam, 25 octobre 1806, 9 heures du soir.

Vous pouvez, M. le Maréchal, faire partir le logement des grenadiers et chasseurs à cheval demain à 4 heures du matin pour Charlottenburg où sera le quartier général; le reste de la troupe recevra des ordres pour partir dans la matinée.

LE MAJOR GÉNÉRAL AU GÉNÉRAL CLARKE.

Potsdam, 25 octobre 1806.

L'Empereur, Général, ordonne que vous vous rendiez en poste à Berlin aussitôt que le général Thouvenot sera arrivé à Erfurt; son intention étant qu'il vous y remplace, vous lui remettrez, en conséquence, vos instructions[1].

Il est ordonné au général d'Hautpoul de partir avec sa division de cuirassiers demain à 8 heures du matin de manière

---

1. Potsdam, 25 octobre 1806.

AU GÉNÉRAL DE BRIGADE THOUVENOT.

L'intention de l'Empereur, Général, est que vous remplaciez le général Clarke dans les fonctions de commandant et de gouverneur de la place d'Erfurt.

J'en préviens le général Clarke et je le charge de vous remettre toutes les instructions et tous les renseignements relatifs à ce commandement dans l'exercice duquel vous entrerez dès à présent.

Le Major général,
Mal Alex. BERTHIER.

à traverser Berlin à 4 heures du soir. Le général d'Hautpoul prendra ses cantonnements entre le village de Weissensee et celui de Malchow sur la route de Bernau.

Il est ordonné au général Nansouty de partir avec sa division de cuirassiers demain à 9 heures du matin pour se rendre à Berlin ; le général Nansouty ira jusqu'aux portes de la ville, mais il n'y entrera pas ; il se cantonnera à une demi-lieue en arrière sur les routes de Potsdam et de Dresde. Il aura soin de faire connaître ses cantonnements.

L'EMPEREUR AU GÉNÉRAL DEJEAN.

Potsdam, 25 octobre 1806.

Vingt-quatre heures après la réception du présent ordre, faites partir 60 jeunes gens de l'École de Metz pour se rendre au parc de la Grande Armée comme sous-lieutenants. Le Major général leur désignera les compagnies dans lesquelles ils doivent entrer. L'artillerie a besoin de sujets[1]. Expédiez-

1. LE GÉNÉRAL SONGIS AU MAJOR GÉNÉRAL.

Berlin, 28 octobre 1806.

J'ai l'honneur de vous rendre compte que S. M. ayant approuvé le 26 de ce mois la proposition que j'avais faite de tirer de suite de l'École de Metz pour l'armée les 50 élèves les plus instruits, et cette mesure étant urgente vu que la plupart des compagnies n'ont que 2, plusieurs même qu'un officier présent, je prescris, d'après les instructions de S. M., au commandant de l'école des élèves, de procéder sur-le-champ à l'examen des élèves qui se destinent pour l'artillerie. Ce commandant doit aussitôt après adresser à V. A. le résultat de l'examen en classant les élèves suivant leur degré d'instruction, quel que soit d'ailleurs le temps depuis lequel ils sont à l'École et désignant leurs nom et prénoms, âge, le temps depuis lequel ils sont à l'École et le régiment dans lequel ils désireraient entrer de préférence.

Voici la répartition qui m'a paru la plus convenable relativement aux besoins actuels de l'artillerie et par suite de la nomination de nouveaux capitaines. (*Promotion faite par l'Empereur à Berlin.*)

Afin d'accélérer autant que possible l'arrivée de ces officiers à l'armée, je prie V. A. de ne point attendre mon avis sur l'examen ; de placer dans les divers régiments d'après le tableau ci-dessus les 50 élèves qu'elle jugera le plus méritant et de leur donner ordre de se diriger tous sur le quartier général impérial où je les classerai dans les compagnies respectives.

LE GÉNÉRAL SONGIS AU MAJOR GÉNÉRAL.

Berlin, 30 octobre 1806.

J'ai l'honneur de vous rendre compte qu'en conséquence des ordres de S. M.

en également 10 pour servir comme adjoints du génie, et remplacez tous ces jeunes gens à l'École de Metz.

J'imagine que vous avez déjà expédié les jeunes gens de l'école de Fontainebleau et de l'école polytechnique que j'ai nommés. Rendez-vous vous-même à Fontainebleau, et choisissez-y 200 jeunes gens que vous adresserez au Major général, qui les attachera aux différents corps. Faites également une inspection à Saint-Cyr, et choisissez-y les jeunes gens au-dessus de 17 ans pour être employés dans les corps. Chargez le général Lacuée d'envoyer de l'école polytechnique à l'armée ce qu'il y a de trop. 500 à 600 jeunes gens instruits ne feront que du bien aux corps et y acquerront plus en 3 mois qu'ils ne pourront acquérir en 2 ans dans les livres. Mais il faut que tout cela parte 4 ou 5 jours après cette lettre et arrive avant le 10 novembre à Berlin. Je vous ai fait connaître que je ne voulais point d'adjudants-commandants ni d'adjoints dans les divisions de l'intérieur, excepté 1 pour Brest; et il faut donner la réforme à tous ceux qui ne pourraient pas servir activement. Il s'en trouve beaucoup de mauvais parmi ceux qui arrivent ici; je les réformerai à mesure. Il est ridicule d'avoir des officiers qui ne servent point et des restes des événements de la Révolution qui ne soient d'aucune utilité. Je n'ai pas besoin davantage, dans l'intérieur, d'inspecteurs aux revues et de commissaires des guerres; cependant la Grande Armée en a besoin. Un général de brigade et un général de division sont suffisants par division militaire. Ainsi la France se trouve organisée avec une trentaine de généraux, autant de commissaires ordonnateurs et des guerres, et la moitié d'inspecteurs aux revues. Mon intention n'est pas d'avoir une organisation nombreuse sans troupes.

---

je viens de donner les ordres nécessaires à chacun des commandants de régiment d'artillerie à pied pour la nomination de 6 lieutenants en second au choix; — à chacun des commandants de régiment à cheval pour qu'ils en nomment 2; — de même aux commandants de chaque bataillon de pontonniers.

Enfin j'ai demandé aux commandants des compagnies d'ouvriers les états de service et notes nécessaires sur leurs sergents-majors pour proposer à V. A. la nomination de 4 lieutenants en second.

J'avais ordonné qu'on passât une inspection générale au 1er octobre pour réformer les hommes blessés ou infirmes; j'imagine qu'elle a eu lieu. Il est bien important de débarrasser nos cadres de ce tas d'hommes inutiles qui y sont encore.

Donnez ordre au général de division Legrand, qui est à Boulogne, de se rendre à Wesel pour y servir sous les ordres du roi de Hollande; le maréchal Brune a beaucoup de généraux, il le fera remplacer par un bon général de brigade.

Comme j'ai retiré de Bordeaux le 1er régiment italien et le 112e, il est convenable de mettre en réquisition dans les Landes, dans la Gironde et dans les Pyrénées, 3,000 hommes de gardes nationales pour garder les côtes. Dans ce cas, le sénateur Lamartillière pourra en effectuer l'organisation et les commander. Vous trouverez ci-joint le décret que j'ai pris à ce sujet.

Faites connaître au sénateur Gouvion que je le verrai avec plaisir ici, où je l'emploierai pour mon service; qu'il peut partir pour venir me joindre à Berlin.

Je n'entends pas dire qu'on ait organisé les légions du Nord. Nous ne me parlez pas des régiments suisses. Je reçois seulement un rapport sur les Grisons, où il me paraît qu'on a commencé à s'organiser. Présentez au conseil des ministres un projet de sénatus-consulte pour m'autoriser à appeler la conscription de 1807 avant le temps.

J'ai pris un décret pour dédoubler les bataillons du train de dernière formation; j'en ai besoin. Activez le plus possible leur organisation. Pour les chevaux et les harnais, je me les procurerai ici; il suffit qu'il me vienne des soldats du train. Ordonnez au 9e bataillon du train, qui est à Douai, de se diriger sur Erfurt. Avec les fonds que vous lui avez donnés, il se procurera des chevaux en Allemagne avec beaucoup plus de facilité [1].

---

1. Le 7 octobre, le Major général a donné l'ordre, au nom de l'Empereur, au général Songis de procéder au dédoublement des 9e et 11e bataillons du train. Le 3 novembre, il prescrit que le dédoublement du 9e bataillon, affecté au parc général, se fera à Spandau où est le grand parc de l'armée, et celui

J'ai ordonné que les dépôts des 5 régiments de dragons qui sont à Versailles, celui qui est à Moulins et le 10e, qui

---

du 11e à Mayence où ce bataillon a l'ordre d'arriver, venant de Douai. (Voir *Iéna*, page 203.)

LE GÉNÉRAL SONGIS AU MAJOR GÉNÉRAL.

Wittenberg, 23 octobre 1806.

S. M. ayant manifesté que son intention est de faire arriver le 10e bataillon du train d'artillerie et de le dédoubler aussitôt, j'ai l'honneur de prévenir V. A. qu'il manque à ce bataillon 600 hommes pour le compléter et le composer de manière à pouvoir être dédoublé. Je la prie de vouloir bien donner des ordres pour que ce bataillon et les conscrits qui lui manquent soient envoyés sur Wittenberg ou sur tout autre point que V. A. jugera convenable.

LE GÉNÉRAL SONGIS AU MAJOR GÉNÉRAL.

Varsovie, 17 janvier 1807.

Par une lettre du 30 octobre, V. A. m'a prévenu qu'il devait arriver 620 conscrits destinés au 10e bataillon du train et que des ordres étaient donnés pour que ces hommes soient réunis, habillés et équipés à Mayence. J'ai l'honneur de vous rendre compte que ces hommes ainsi que ceux destinés à d'autres bataillons ne trouvent aucune ressource dans cette place et qu'ils sont obligés de venir nus à l'armée dans une saison aussi rigoureuse et dans un moment où les moyens des bataillons sont nuls ou éloignés. Je prie V. A. de vouloir bien réitérer ses ordres pour obvier à cet inconvénient et pour qu'il soit accordé à ces nouveaux bataillons les moyens d'habiller les conscrits qu'ils reçoivent.

Ordre le 30 mars 1807 d'opérer le dédoublement du 10e bataillon du train à Breslau où il est établi pour y recevoir des chevaux.

LE GÉNÉRAL SONGIS A L'EMPEREUR.

Posen, 8 décembre 1806.

Je reçois l'avis que 1,184 conscrits réfractaires sont destinés à compléter les 9e, 10e et 11e bataillons du train d'artillerie dont le dédoublement a été ordonné par le décret de V. M. en date du 25 octobre.

Je crois devoir représenter combien ce mode de recrutement serait dans le cas de compromettre le service de l'artillerie en obligeant de confier des convois et des chevaux à des hommes pour la plupart lâches ou du moins fainéants et dont une partie a été condamnée et flétrie. Ce mode serait en outre très-humiliant pour un corps auquel V. M., en le rendant militaire, a voulu donner de la considération. Je la prie de daigner faire changer ces dispositions.

J'avais demandé 2,100 conscrits pour compléter au pied de guerre les 9e, 10e et 11e bataillons qui doivent être dédoublés; d'un autre côté, les pertes pendant la campagne et l'augmentation du matériel de l'artillerie et du nombre des chevaux pour l'atteler demandent un plus grand nombre d'hommes pour les anciens bataillons. Ils sont l'un portant l'autre à 450 soldats y compris ceux aux hôpitaux et ceux infirmes susceptibles de réforme. Il serait nécessaire qu'ils en eussent 550 pour assurer le service ; ce serait pour les 10 bataillons une augmentation de 1,000 hommes et par conséquent le nombre total des conscrits à recevoir tant pour les anciens que pour les nouveaux bataillons serait de 3,100.

Je prie V. M., si elle approuve ces dispositions, de vouloir bien ordonner leur exécution.

est à Amiens, eussent chacun 200 chevaux ; mais ces dépôts ont plus de 200 hommes. Ordonnez que le surplus parte pour Berlin avec leurs bottes et leurs sabres ; arrivés à Berlin, je les monterai.

Donnez ordre au général de brigade Labruyère, qui est au camp de Boulogne, de se rendre à la Grande Armée.

Donnez ordre à la 4e compagnie du 5e régiment d'artillerie, qui est à Boulogne, de se rendre à la Grande Armée. Cette compagnie sera complétée à 100 hommes. Donnez ordre à la 11e compagnie du 8e d'artillerie, qui est à Boulogne, de se compléter à 100 hommes, pour se rendre également à la Grande Armée.

L'EMPEREUR AU VICE-ROI D'ITALIE.

Potsdam, 25 octobre 1806.

Mon Fils, le roi de Naples renvoie 2 régiments de dragons. Aussitôt que la tête sera arrivée à Ancône, vous ferez partir 2 régiments de chasseurs que vous dirigerez sur Augsburg. Les dépôts des 5 régiments de chasseurs [1] et des 6 de dragons [2] de l'armée de Naples qui sont en Italie doivent avoir 200 chevaux, mais ils ont beaucoup plus d'hommes ; envoyez-m'en l'état sans délai, et donnez-leur l'autorisation de passer un marché pour acheter un plus grand nombre de chevaux. Veillez à l'organisation de ces 14 escadrons ; faites revenir le bataillon à pied d'Ancône, et portez une grande activité à les monter, afin qu'en mars prochain la cavalerie de Naples vous forme un corps de 4,000 chevaux, instruit et discipliné. Vous devez avoir déjà reçu en Italie plus de 15,000 conscrits. Je vois avec plaisir que leur habillement est prêt, et qu'on ne perdra pas de temps à les discipliner. Écrivez-moi si le ministre Dejean a donné la retraite aux vieux officiers, et s'il a envoyé des jeunes gens pour les remplacer. Lisez et relisez l'instruction générale que je vous ai donnée avant

1. 4e, 6e, 9e, 14e, 25e de chasseurs.
2. 7e, 23e, 24e, 28e, 29e, 30e de dragons.

mon départ[1], et exécutez-la constamment et insensiblement. En me renvoyant 2 régiments de chasseurs, envoyez-moi les plus nombreux en hommes : leurs selles seront portées sur des chariots, et vous les dirigerez sur Augsburg. Donnez ordre aux majors de partir devant pour acheter des chevaux à Augsburg avec les fonds qu'ils ont ; je fournirai le surplus. Comme les chevaux sont rares en Italie, les régiments qui partent pourraient laisser des chevaux aux régiments qui restent en Italie ; ils se procureront des chevaux en Allemagne avec l'argent de ceux qu'ils auront vendus aux autres corps ; par ce moyen on ne perdra rien en Italie en nombre de chevaux. Surtout ne touchez jamais aux 2 régiments de cavalerie du corps du Frioul[2]. Ce corps ainsi organisé formerait votre corps de retraite, comme vos dépôts formeraient vos garnisons. Les grands coups se porteront ici. Toutes ces dispositions ne sont que spéculatives. Il n'y a pas d'apparence que l'Autriche bouge, surtout aujourd'hui que la Prusse est anéantie.

L'EMPEREUR AU ROI DE NAPLES.

Potsdam, 25 octobre 1806.

Je vois avec plaisir que vous avez renvoyé 2 régiments de cavalerie ; renvoyez-en 2 autres. Les régiments de cavalerie vous sont, à ce que je vois, peu nécessaires à Naples...

Prenez tous les moyens pour préserver vos troupes des maladies.

Je vois avec peine que vous avez renvoyé Verdier ; c'est un excellent officier. Vous avez peu d'hommes qui, dans des événements, pourraient vous rendre les services que vous deviez attendre de cet officier. Toutefois renvoyez tous les généraux dont vous n'avez pas besoin, et gardez les bons, ceux qui ont l'habitude du feu et des chances.

---

1. Instruction générale au vice-roi d'Italie, du 18 septembre (V. *Iéna*, p. 61), et organisation de l'armée d'Italie du 23 septembre.

2. 6e de hussards et 8e de chasseurs.

J'ai écrasé la monarchie prussienne : j'écraserai les Russes, s'ils arrivent; je ne crains pas davantage les Autrichiens. Je ne vous demanderai pas de troupes; je n'en ai pas besoin. Si cependant vous pouvez m'envoyer de la cavalerie, faites-le; car autant vous en enverrez, autant j'en retirerai d'Italie pour la Grande Armée. C'est ici le pays de la cavalerie, et elle ne peut rien à Naples contre des brigands, ni dans les rochers et les montagnes.

J'ai ordonné à mon ministre du Trésor de vous envoyer encore 500,000 francs en or. Si les pertes que vous avez faites en Polonais rendaient leurs cadres incomplets, envoyez-les à Landau, où ils feront partie des Légions du Nord. Ce sera un objet d'économie pour vous.

L'EMPEREUR AU ROI DE HOLLANDE.

Potsdam, 25 octobre 1806.

Vous avez eu tort de demander qu'on levât des gardes nationales dans les nouveaux départements. Le grand nombre de conscrits qui va arriver dans les 25e et 26e divisions militaires est tel, qu'on pourra mettre facilement 10,000 hommes dans Wesel, si cela était nécessaire. Vous avez eu également tort de demander que les corps qui sont à Paris se dirigeassent sur Wesel, puisque vous n'en avez aucun besoin, et que ces corps sont destinés à se porter en Bretagne, à Cherbourg ou à Boulogne, suivant les circonstances. Vous vous décidez trop vite, vous vous alarmez pour peu de chose ; il faut délibérer avec plus de sang-froid et mûrir vos instructions. Si ces corps étaient à Wesel, où ils sont inutiles, et que les Anglais fissent un débarquement à Brest, vous voyez combien mes mesures seraient dérangées. Je donne ordre qu'on envoie à votre armée le général Legrand, qui est à Boulogne. Que diable voulez-vous faire du général Desfourneaux, qui n'a jamais fait la guerre sur le continent? Il ne l'a faite qu'à la Guadeloupe, et il serait bien embarrassé de commander un régiment en ligne.

Aucun événement imprévu ne vous mettait à même de faire ces demandes aux ministres. Qu'ils vous aient, après un conseil, refusé, ils ont eu raison. Votre tête va trop vite. Je n'ai donc pu qu'approuver la conduite des ministres, ce qui est fâcheux. Si vous aviez attendu, au contraire, que les Anglais fussent débarqués en Hanovre ou en Hollande, ils eussent été au-devant de vos désirs, ou mieux je les eusse prévenus. Une réserve dans un point central doit garder la circonférence ; je vous l'ai déjà expliqué dans mes instructions. Jusqu'à cette heure, rien n'est changé depuis mon départ de Mayence, ce qui n'a pas échappé aux ministres. Si j'avais pu penser qu'il fût utile de mettre des gardes nationales à Wesel, je n'y aurais pas manqué, mais là des gardes nationales ne valent rien. Quant au calcul que vous faites, qu'il fallait 15 jours pour porter en Hollande des troupes de Paris, je vous ai déjà fait connaître qu'au moyen des dispositions que j'ai faites elles y seront rendues en 4 jours ; et ces dispositions sont convenues avec le ministre Dejean, qui n'y manquera pas. J'espère qu'aujourd'hui votre avant-garde se trouve à Göttingen.

L'EMPEREUR A M. MOLLIEN.

Potsdam, 25 octobre 1806.

Je reçois votre lettre du 15. Je ne comprends pas qu'il n'y ait que 1,500,000 francs dans la caisse de réserve à Mayence. 15 millions à la bonne heure, mais 1,500,000 francs me paraissent une somme bien insuffisante, puisqu'il devrait y avoir la solde de 4 mois de l'armée. Prenez donc vos mesures pour compléter à Mayence la solde de ces 4 mois, qui doit toujours y exister.

Le prince de Neufchâtel, par mes ordres, a fait venir 2 millions ici, afin de n'être point pris au dépourvu et de les employer selon les circonstances.

17e BULLETIN DE LA GRANDE ARMÉE.

Potsdam, 25 octobre 1806.

Le corps du maréchal Lannes est arrivé le 24 à Potsdam.

Le corps du maréchal Davout a fait son entrée le 25, à 10 heures du matin, à Berlin.

Le corps du maréchal prince de Ponte-Corvo est à Brandenburg.

Le corps du maréchal Augereau fera son entrée à Berlin demain 26.

L'Empereur est arrivé hier à Potsdam et est descendu au palais; dans la soirée il est allé visiter le nouveau palais Sans-Souci et toutes les positions qui environnent Potsdam. Il a trouvé la situation et la distribution du château de Sans-Souci agréables. Il est resté quelque temps dans la chambre du grand Frédéric, qui se trouve tendue et meublée telle qu'elle était à sa mort.

Le prince Ferdinand, frère du grand Frédéric, est demeuré à Berlin.

On a trouvé dans l'arsenal de Berlin 500 pièces de canon, plusieurs centaines de milliers de poudre et plusieurs milliers de fusils.

Le général Hulin est nommé commandant de Berlin.

Le général Bertrand, aide de camp de l'Empereur, s'est rendu à Spandau; la forteresse se défend; il en a fait l'investissement avec les dragons de la division Beaumont.

Le grand-duc de Berg s'est rendu à Spandau pour se mettre à la poursuite d'une colonne qui file de Spandau sur Stettin, et qu'on espère couper.

Le maréchal Lefebvre, commandant la Garde impériale à pied, et le maréchal Bessières, commandant la Garde impériale à cheval, sont arrivés à Potsdam le 24, à 9 heures du soir. La Garde à pied a fait 14 lieues dans un jour.

L'Empereur reste toute la journée du 26 à Potsdam.

Le corps du maréchal Ney bloque Magdeburg.

Le corps du maréchal Soult a passé l'Elbe à une journée de Magdeburg et poursuit l'ennemi sur Stettin.

Le temps continue à être superbe ; c'est le plus bel automne que l'on ait vu.

En route l'Empereur, étant à cheval pour se rendre de Wittenberg à Potsdam, a été surpris par un orage et a mis pied à terre dans la maison du grand veneur de Saxe. Sa Majesté a été fort surprise de s'entendre appeler par son nom par une jolie femme ; c'était une Égyptienne, veuve d'un officier français de l'armée d'Égypte, et qui se trouvait en Saxe depuis trois mois ; elle demeurait chez le grand veneur de Saxe, qui l'avait recueillie et honorablement traitée. L'Empereur lui a fait une pension de 1,200 francs et s'est chargé de placer son enfant. « C'est la première fois, a dit « l'Empereur, que je mets pied à terre pour un orage ; j'avais « le pressentiment qu'une bonne action m'attendait là. »

On a remarqué comme une singularité que l'empereur Napoléon est arrivé à Potsdam et est descendu dans le même appartement, le même jour et presque à la même heure que l'empereur de Russie, lors du voyage que fit ce prince, l'année passée, qui a été si funeste à la Prusse. C'est de ce moment que la Reine a quitté le soin de ses affaires intérieures et les graves occupations de la toilette pour se mêler des affaires d'État, influencer le Roi, et susciter partout ce feu dont elle était possédée.

La saine partie de la nation prussienne regarde ce voyage comme un des plus grands malheurs qui soit arrivé à la Prusse. On ne se fait point d'idée de l'activité de la faction prussienne pour porter le Roi à la guerre malgré lui. Le résultat du célèbre serment fait sur le tombeau du grand Frédéric, le 4 novembre 1805, a été la bataille d'Austerlitz et l'évacuation de l'Allemagne par l'armée russe à journées d'étapes. On fit, 48 heures après, sur ce sujet, une gravure qu'on voit dans toutes les boutiques, et qui excite le rire, même des paysans. On y voit le bel empereur de Russie, près de lui la Reine, et de l'autre côté le Roi qui lève la main sur le tombeau du grand Frédéric ; la Reine elle-même, drapée d'un châle, à peu près comme la gravure de Londres représentant lady Hamilton, appuie la main sur son cœur et a l'air de regarder l'empereur de Russie. On ne conçoit point que la police de Berlin ait laissé répandre une aussi pitoyable satire.

Toutefois l'ombre du grand Frédéric n'a pu que s'indigner de cette scène scandaleuse. Son génie, son esprit et ses vœux étaient avec la nation qu'il a tant estimée, et dont il disait que, s'il en était roi, il ne se tirerait point un coup de canon en Europe sans sa permission.

LE GÉNÉRAL GUDIN AU GÉNÉRAL DAULTANNE.

25 octobre 1806.

Personne ne connaît la porte que vous dites de Dresde, de sorte que je suis dans le plus grand embarras pour connaître le point sur lequel je dois diriger ma division. Veuillez, je vous prie, me faire connaître de suite quelle est la route que vous avez voulu désigner.

Je vous préviens que nous n'avons reçu aucune subsistance à Tempelhof; celles qui y avaient été envoyées de Berlin ont sans doute été partagées entre les 2 premières divisions comme cela arrive habituellement; car, depuis le commencement de la campagne, ma division a été constamment négligée par l'ordonnateur en chef, quoiqu'elle en ait plus besoin qu'aucune autre par sa position.

Je vous prie de me faire connaître les villages désignés pour ma division et mon quartier général afin que je puisse y envoyer à l'avance pour le sauver du pillage des 2 premières divisions.

3e corps. (*Journal des opérations.*)

25 octobre.

L'armée fut camper à la position indiquée par l'Empereur, où elle trouva sur place des fourrages et tout ce dont elle avait besoin pour dresser ses baraques.

Le 30e régiment, le 51e et le 61e, 1re division, furent établis en avant de Biesdorf sur une ligne à peu près perpendiculaire à la grande route et parallèle au ruisseau qui couvrait son front de bandière.

Le 1er bataillon du 17e avec 2 pièces de 4 fut placé en avant de la ligne et couvrait le village de Kaulsdorf. Le 2e bataillon occupait Cöpenick ; les postes se liaient avec ceux de la 2e division qui occupait la position en avant de Marzahn et avec ceux de la 3e campée à Hohen-Schönhausen.

L'artillerie et les équipages étaient placés dans la plaine de Biesdorf, en arrière du camp qui fut achevé en 24 heures sur 2 rangs de baraques.

Le général Viallannes s'avançait en même temps à la tête de 400 chasseurs vers Francfort pour surprendre la ville et empêcher l'ennemi de brûler le pont. Le Maréchal avait donné des instructions très-détaillées à ce général pour exécuter ce coup de main. Il devait être suivi d'infanterie transportée sur des chariots et en poste [1], en cas qu'il éprouvât de la résistance.

L'INTENDANT GÉNÉRAL DARU A L'EMPEREUR.

Berlin, 25 octobre 1806, 10 heures du matin.

Conformément aux ordres de V. M., je me suis rendu au quartier général de M. le maréchal Davout. Dès hier matin un détachement de 100 hommes de troupes légères est entré dans Berlin. M. le général Hullin a pris le commandement de cette place, et M. Désirat, commissaire des guerres que j'avais envoyé, a commencé la reconnaissance des caisses publiques et des magasins.

Jusqu'à présent les caisses inventoriées, au nombre de 19, ne présentent qu'un total de 200,709 écus ou environ 800,000 francs ; mais il faut remarquer qu'il en existe sûrement plusieurs autres qui n'ont pas été déclarées et que parmi celles qui ont été inventoriées il en est qui appartiennent à la ville et dont les magistrats réclament la restitution pour pouvoir subvenir aux dépenses municipales. La caisse de la ville est un objet de 162,874 écus.

Les magasins de subsistances militaires ont été saisis et on va en faire la vérification ; ils contiennent suivant les déclarations des magistrats en farine pour le pain des soldats prus-

---

1. Le transport de la Garde, de Paris à Mayence, avait donné l'exemple. — L'infanterie transportée sur des chariots à la suite de la cavalerie n'est pas une nouveauté, ainsi qu'on voudrait le prétendre.

siens environ 16,875 quintaux de France ancienne mesure, laquelle devra subir un nouveau mélange pour être employée à la consommation des troupes de V. M.; — en seigle, 16,038 quintaux ; — en foin, 24,292 quintaux ; — en paille 41,477 quintaux ; — en avoine, 600,000 rations. — Ces quantités ne peuvent être encore indiquées qu'approximativement, attendu l'incertitude où nous sommes jusqu'à présent sur les véritables rapports des mesures du pays avec les nôtres.

Il existe aussi 3 magasins d'habillement que l'on va vérifier. Si les déclarations que l'on en a faites sont exactes, ils contiennent en drap de diverses couleurs dont moitié en bleu, 19,747 aulnes du pays (je crois que l'aulne du pays n'est guère que les 2/3 de l'aulne de France[1]) ; — étoffe pour doublure, 12,270 aulnes ; — coutil, 25,230 aulnes ; — toile pour doublure, 22,620 ; — culottes de cuirassiers et de dragons, 2,103 ; — bonnets d'infanterie ou de grenadiers, 1,756 ; — chapeaux, 6,309 ; — douzaines de paires de bas, 475 5/6 faisant 5,702 paires ; — gants de cavalerie, 4,000 paires ; — tentes diverses, 15,789 ; — sacs à pain, 78,150 ; — gibernes, 73,814 ; — haches avec les courroies et fourreaux, 10,303 ; — bêches, 5,655 ; — pioches, 3,696 ; — chaudrons, qui sont apparemment nos marmites, 49,000 ; — casseroles, qui sont apparemment nos gamelles, 47,000. — Les autres objets sont moins importants et trop multipliés pour être détaillés.

Jusqu'à présent je n'ai pas eu connaissance d'un magasin de souliers ni de capotes.

J'ai trouvé ici M. le prince de Hazfeld qui m'a dit être gouverneur civil de la ville, mais il ne paraît pas que le roi de Prusse lui ait donné des pouvoirs positifs pour être son commissaire spécial chargé d'entretenir des relations avec les autorités commises par V. M. Il m'a paru d'ailleurs peu au courant des affaires d'administration dont je m'entretiendrai ce matin avec les membres des autorités secondaires qui sont restées ici, aussitôt qu'ils auront présenté les clefs de la ville

---

1. L'aune de France était de $1^{m},188^{mm}$.

à M. le maréchal Davout. Cette cérémonie a lieu dans ce moment.

Jusqu'à présent je n'ai eu connaissance d'aucun désordre.

La ville a envoyé des vivres au corps d'armée de M. le maréchal Davout qui est bivouaqué à 1 lieue d'ici.

LE MARÉCHAL DAVOUT AU MAJOR GÉNÉRAL.

Friederichsfeld, 25 octobre 1806.

J'ai l'honneur de rendre compte à V. A. que par tous les renseignements que j'ai pu me procurer, je suis instruit qu'il n'existe que très-peu de troupes à Francfort et que le pont n'est pas encore coupé ; j'ai en conséquence donné au général Viallannes, commandant la cavalerie légère, l'ordre de surprendre cette ville.

J'ai également l'honneur d'adresser à V. A. un rapport de voyageurs allant à Hamburg et qui ont été obligés de rétrograder.

Tous les partis que j'ai envoyés sur la Sprée ne m'ont encore donné aucune nouvelle, et comme ils ont ordre de pousser jusqu'à ce qu'ils rencontrent l'ennemi, je présume qu'ils ont une longue course à faire.

Suivant les ordres de l'Empereur qui m'avait prévenu qu'il était possible que Spandau fît quelque résistance, j'ai envoyé sur ce point un adjoint à l'état-major qui m'a fait le rapport que cette place avait capitulé.

ÉTAT DE BERLIN LE 25 OCTOBRE[1].

M. le maréchal Davout a reçu à 5 heures à Schöneberg la lettre de S. M. Il est entré à Berlin vers les midi à la tête des différents corps en superbe tenue, et a établi son quartier

1. Cette pièce est d'un officier d'ordonnance de l'Empereur, probablement de celui qui porta la dépêche du 24 à la fin de la soirée ; il avait ordre d'accompagner le maréchal Davout pendant toute la journée jusqu'à ce que son corps d'armée eût pris position.

général à Friederichsfeld, village et maison de plaisance appartenant à madame la duchesse de Holsteinbeck. Il a pris position dans les appartenances de ce village, ayant poussé à une demi-lieue son avant-garde composée de 2 régiments de cavalerie légère et d'un bataillon d'infanterie. Son corps d'armée est gardé par des marais, un ruisseau, et s'appuie sur un bois où l'on a logé 2 bataillons et quelques pièces de canon. M. le Maréchal a reconnu cette position bonne et en état d'être bien défendue.

Les habitants de Berlin sont parfaitement rassurés; les rues sont pleines de curieux de tout sexe, les boutiques ouvertes. Une garde bourgeoise fait le service avec le 108ᵉ régiment de ligne; on s'occupe de la renouveler et de la composer d'une classe plus relevée. On a trouvé à l'arsenal plus de 300 canons, de la poudre et une grande quantité de plomb et de fusils.

La ville a fourni au corps de M. le maréchal Davout du beau pain, de la viande et de la bière.

La Sprée est couverte de bateaux qui apportent tous les genres de productions. J'ai reconnu aujourd'hui 25 octobre dans la partie qui baigne Berlin 10 bateaux de blé, 27 de foin, 8 de paille, 10 de sel, 44 de denrées coloniales, 30 de charbon et une multitude d'autres chargés de fruits, de tourbe, planches, etc. Beaucoup de farines sont sorties de Berlin.

NOTE SUR LA NAVIGATION DE LA SPRÉE.

La navigation de la Sprée à l'Oder a lieu par 2 canaux différents : le canal de Finow (le plus fréquenté) et celui de Wilhelm. La Sprée se joint au Havel à Spandau, et du Havel part à Liebenwald le canal Finow qui va se joindre à l'Oder dans Oderberg. Il y a environ 16 milles de Berlin à Oderberg; par terre à peu près 8 milles[1]; avec un temps propice on

1. L'ancienne *Meile* prussienne de 24,000 pieds valant 7,532 mètres.

met 6 jours pour sa navigation ; il n'y a pas de village désigné pour s'arrêter. Quand il fait beau temps, on va jour et nuit et l'on se nourrit des vivres que l'on porte. On fait communément 2 milles et demi par jour. Il y a une écluse à Spandau, une à Oranienburg sur le Havel, une autre à Liebenwald et à chaque 800 pas d'autres écluses jusqu'à Oderberg.

Le second canal se joint à la Sprée à environ 10 milles par eau, ou 7 à 8 milles par terre. Il commence à Neuhaus et se joint à l'Oder au village de Brieskow ; il y a 9 écluses depuis Berlin jusqu'à Brieskow. Ces deux canaux portent toutes sortes de denrées, vins, eau-de-vie, sels, bières, bois, farines, etc.

Les arrivages ont lieu et ont été recommandés par le roi de Prusse.

La paix est vivement désirée par les Berlinois.

Le prince Ferdinand, la princesse Henri n'ont pas quitté Berlin.

7e corps. Cavalerie légère, 1re division, en avant de Teltow, à cheval sur la route de Berlin ; — quartier général, Teltow ; — 2e division en avant de Stansdorf ; — parc, Stansdorf.

L'Empereur avait envoyé son aide de camp le général Savary, avec 100 dragons, en reconnaissance vers Wüstermark et Nauen.

RAPPORT DE LA RECONNAISSANCE FAITE PAR LE GÉNÉRAL SAVARY SUR NAUEN.

A Wüstermark [1] on commence à trouver des soldats de différents corps prussiens ainsi que des chariots d'équipages. Le général Savary voulant pousser jusqu'à Nauen, fit fouiller les villages de Markau et Bredow et s'avança lui-même jusqu'à Nauen. Tous les habitants et les prisonniers s'accordent à dire qu'aucun corps prussien n'est passé à Nauen, seulement des hommes égarés qui commencèrent à défiler hier à midi. Le plus fort de ces détachements était de 30 hussards et 2 officiers du régiment de Blücher. Environ 80 de ces hommes

1. De Potsdam à Wüstermark, 19 kil. ; — de Wüstermark à Nauen, 8 kil. ; — à Schwanebeck, 11 kil.

égarés (dont une partie sans armes) ayant couché dans les villages environnants Nauen, ont été faits prisonniers. Ils ont quitté leurs corps depuis Weimar.

Le général Savary pour faire rafraîchir les chevaux de sa troupe s'est retiré à Wüstermark où il attend les ordres de S. M. Nauen est occupé par un détachement de dragons.

Le Capitaine aide de camp,

CUSTINE.

LE GÉNÉRAL SAVARY A L'EMPEREUR.

Wüstermark, 25 octobre 1806, 6 heures du soir.

Depuis le départ de mon aide de camp Custine pour se rendre auprès de V. M., j'ai continué à prendre à Nauen même et dans les environs quelques renseignements, non pas sur les fuyards ennemis, mais sur une colonne que j'avais ouï dire être en marche et séparée de la grande armée prussienne. Je viens de rentrer à Wüstermark après avoir été à Markee, à Schwanebeck, Markau; je n'ai quitté Wüstermark que vers l'après-midi et je n'y ai rien appris d'autre sur l'armée prussienne. Il paraît que la campagne est remplie de fuyards prussiens de toutes les armes qui rentrent dans leurs familles et y reprennent leurs habits de paysans. J'ai effectivement vu dans quelques endroits de la plaine des fusils jetés comme si on y avait désarmé des bandes entières.

En rentrant à Wüstermark, j'ai pris les équipages du prince d'Orange; mais comme ils avaient un passeport du général Clarke, je leur ai permis de se diriger sur Berlin. Le maître d'hôtel qui parle assez bien français m'a dit qu'il avait quitté Rathenow hier matin et qu'en même temps qu'il en sortait, il avait vu passer 4 ou 5 bataillons de 200 ou 300 hommes chacun qui marchaient aussi sans destination et qu'un officier était venu en toute diligence les faire diriger sur Neustadt parce que, disait-on, les Français devaient être à Brandenburg. Il avait ouï dire seulement que de là ils iraient à Wüsterhausen.

J'essayerai de communiquer cette nuit avec la cavalerie du maréchal Bernadotte vers Brandenburg. Aussitôt que j'en aurai des nouvelles, je m'empresserai d'en rendre compte à V. M. ; je reprendrai ma route par Nauen où je m'établirai et j'enverrai des reconnaissances vers Brandenburg. Si les chevaux de mon détachement avaient pu faire quelques pas de plus, j'aurais remonté cette route sans revenir ici.

Extrait du journal des opérations du 4e corps.

..... La marche sur Tangermünde se fit avec une grande rapidité, et, quoiqu'elle fût de 13 lieues dans un chemin sablonneux, souvent coupé par des défilés, les troupes se rendirent à leur destination sans s'arrêter [1].

Le 25 au soir, en arrivant à Tangermünde, un parti de 50 hussards de Rudolf et 200 hommes d'infanterie furent enlevés, et l'arrière-garde de l'ennemi, composée de 3 bataillons et d'un régiment de cavalerie, fut trouvée en position à une demi-lieue du village de Stendal couvrant la route de Tangermünde et celle de Burgstall, le restant de la colonne ayant déjà filé sur Werben et Sandau pour y passer l'Elbe.

Dans cette marche la cavalerie légère du corps d'armée qui s'était portée sur Gardelegen pour suivre le mouvement de l'ennemi, enleva en arrivant à Letzlingen 60 hussards et 100 hommes d'infanterie.

Le passage de l'ennemi à Tangermünde n'ayant pu s'opérer ainsi qu'il l'avait projeté, il restait à empêcher qu'il ne le fît à Sandau et à Werben, ou à lui enlever une partie de ses troupes ; mais il avait une telle avance sur le corps d'armée qu'il n'était pas possible d'obtenir ni l'un ni l'autre de ces résultats, et le Maréchal étant parfaitement persuadé qu'en s'engageant davantage il manquerait le but

1. Une marche forcée exige une augmentation de ration.

LE GÉNÉRAL COMPANS A L'ORDONNATEUR.

Tangermünde, 25 octobre 1806.

M. le Maréchal commandant en chef désire que les troupes du corps d'armée reçoivent sur-le-champ une ration de bière ou d'eau-de-vie ; il vous charge de prendre vos mesures en conséquence.

La division de dragons et celle du général Legrand peuvent recevoir leur distribution ici ; vous devez la faire transporter à celle du général Loval qui est à une grande demi-lieue de cette ville sur la route que nous avons parcourue aujourd'hui ; celle du général Saint-Hilaire étant trop éloignée et devant arriver ici demain matin de bonne heure, faites-la-lui préparer pour qu'elle la reçoive à son passage. Veuillez, je vous prie, m'informer de ce que vous avez fait à cet égard pour que j'en rende compte à M. le Maréchal.

principal qu'il devait se proposer, puisque l'ennemi avait déjà commencé son passage à Sandau et qu'il pouvait impunément le continuer en descendant le fleuve sur tous les points qui lui étaient favorables, ne chercha plus qu'à le pousser par son avant-garde afin de rejeter encore plus bas les troupes qui n'avaient pas passé, et il prit lui-même les mesures nécessaires pour passer, avec le corps d'armée, l'Elbe à Tangermünde.

Dans cette circonstance le Maréchal obtint peut-être le résultat le plus avantageux qu'il pouvait espérer pour les armes de S. M., car en rejetant l'ennemi au-dessous de Sandau et de Werben pour passer l'Elbe il désunit ainsi sa colonne et l'obligea, après avoir effectué son passage, à perdre au moins deux marches pour se rallier, retard qui donna ensuite au corps d'armée le temps de la joindre sur la rive droite de l'Elbe après qu'il eût lui-même passé le fleuve.

Un autre résultat non moins important fut obtenu : l'ennemi pouvait, si le corps d'armée fût arrivé assez à temps pour l'empêcher de passer l'Elbe, se retirer par Celle et Hanovre sur Hameln où il eût joint la garnison prussienne qui occupe cette forteresse, passé le Weser et inévitablement entraîné à sa poursuite des forces beaucoup plus considérables que les siennes, lesquelles n'auraient pu participer de longtemps aux autres opérations de la campagne et auraient ainsi pour ce qui les concernait, involontairement dérangé les projets de S. M.

En présentant ces observations, le Maréchal n'a d'autre but que de justifier la conduite qu'il tint à Tangermünde et de faire voir qu'en passant l'Elbe sur ce point, sans s'obstiner à poursuivre le duc de Weimar au-dessous de Werben, il contribua puissamment à l'entière défaite de l'armée prussienne et rendit même sa perte inévitable ; mais par le récit des opérations que nous allons reprendre, la vérité de cette assertion sera encore mieux démontrée [1].

Nous avons dit que l'avant-garde du corps d'armée fut mise à la poursuite de l'ennemi ; malgré la rapidité de sa marche, et quoiqu'elle partît dans la nuit, elle ne put le joindre qu'à hauteur de Sandau au moment où ses dernières troupes passaient l'Elbe ; elle lui prit 200 hommes et beaucoup de bagages, et à Werben elle enleva

---

1. Ce journal, qui est signé du maréchal Soult, est daté de Berlin, 24 novembre. Le Maréchal trouvait nécessaire de rappeler les raisons qu'il avait données à l'Empereur dans ses lettres des 24 et 27 octobre, pour justifier ses opérations. — Il est intéressant de saisir la part que prend le commandant de corps d'armée dans la rédaction du journal des opérations de son corps d'armée. — Le Maréchal sentait d'autant plus la nécessité d'exalter ses déterminations qu'on lui reprochait d'avoir agi avec lenteur et indécision. Le maréchal Ney put s'en convaincre lui-même lorsqu'il vit le maréchal Soult le 24 à Eichenbarleben. Voir, page 79, la lettre du général Dutaillis, du 28, au Major général.

50 hussards et dispersa un corps de cavalerie assez considérable qui fut obligé de descendre beaucoup plus pour passer l'Elbe.

On trouva à Tangermünde et sur l'Elbe à portée de cette ville des approvisionnements très-considérables en blé, farine, avoine, huile, vin et objets de salaison qui étaient destinés pour Magdeburg ; le corps d'armée en tira sa subsistance pendant son séjour à Tangermünde, et, lorsqu'il partit, il fut remis le surplus sur procès-verbal aux magistrats du lieu, à charge par eux de le représenter lorsqu'ils en seront requis.....

L'état d'emplacement du 4e corps porte pour la journée du 25 : Cavalerie légère, en arrière de Letzlingen ; — 4e division de dragons, Arneburg ; — quartier général, 3e division, Tangermünde ; — 2e division, Schernn (?) ; — 1re division, Bekdorf (?) ; — parc, Wollmirstädt.

LE MARÉCHAL NEY AU MAJOR GÉNÉRAL.

Schönebeck, 25 octobre 1806.

M. le maréchal Soult s'est mis en marche ce matin avec son corps d'armée sur la direction de Tangermünde ; le but de ce mouvement est de fermer le passage de l'Elbe au duc de Weimar. M. le maréchal Soult a fait passer sur la rive droite du fleuve un corps d'infanterie et de cavalerie légère chargé de réunir et garder tous les bateaux quil sera possible de ramasser; il a également fait armer quelques bateaux dont il formera une flottille.

J'ai en conséquence fait relever tous les postes que le 4e corps occupait devant Magdeburg sur la rive gauche de l'Elbe.

Un corps de troupes légères aux ordres du général Colbert passera demain l'Elbe à Schönebeck pour former l'investissement de Magdeburg sur la rive droite de ce fleuve.

Le pont de Schönebeck est parfaitement établi de même que celui sur le vieil Elbe à Plötzky ; cette construction me donne les moyens de passer le fleuve avec mon corps d'armée sans pouvoir en aucune manière être inquiété par l'ennemi.

Les vivres pour mon corps d'armée sont assurés.

Le général Vandamme est arrivé au corps d'armée et a pris le commandement de la 3e division.

Le général Klein est également avec moi ; mais il n'a que 2 régiments de dragons, le 1er et le 14e, formant ensemble 700 hommes montés. Ce général a détaché 3 régiments à Nordhausen pour battre la campagne et ramasser les prisonniers évadés. Cette disposition a été ordonnée par le Grand-duc.

Le 10e de chasseurs a au plus 200 chevaux et le 3e de hussards est resté à Erfurt pour l'escorte des prisonniers.

Des convois de prisonniers et de déserteurs, qui m'arrivent chaque jour, exigent des escortes qui diminuent beaucoup ma cavalerie ; je suis obligé de les diriger sur Bernburg et Halle au lieu de les envoyer à Erfurt parce que les paysans des montagnes du Hartz sont révoltés, ce qui rend les communications difficiles et dangereuses.

Je prie V. A. de me faire envoyer un régiment de cavalerie légère de plus, s'il est possible. Cette demande est motivée par le plus pressant besoin.

LE GÉNÉRAL CLARKE A L'EMPEREUR.

Erfurt, 25 octobre 1806, au matin.

Je profite du passage de S. A. le prince d'Isemburg qui se rend au quartier général de V. M. pour lui annoncer que le général de brigade Picard m'écrivit hier de Nordhausen qu'en vertu des ordres du maréchal Ney il était établi à Nordhausen avec une brigade de dragons composée de 3 régiments, et qu'il devait faire marcher des détachements pour battre les campagnes d'Erfurt, Langensalza et Mulhausen pour ramasser les prisonniers ou débris de l'armée prussienne et les faire conduire à Erfurt[1]. Les détachements forts de 50 chevaux par régiment formant en tout 150 hommes et 1 chef d'escadron devaient coucher hier à Sondershausen et ils

1. Voir au 30 octobre le rapport du général Picard du 29.

coucheront aujourd'hui à Langensalza. Ils se dirigeront ensuite sur les divers points qui leur seront indiqués.

Place d'Erfurt. RAPPORT DU 24 AU 25 OCTOBRE.

Il est arrivé un transport de 671 prisonniers prussiens escortés par un détachement du 85e de ligne.

96 voitures de blessés français et 28 de blessés prussiens sans escorte, un convoi de 40 voitures d'artillerie prussienne escortées par 15 hommes du 6e régiment d'artillerie et 4 du 7e, un autre convoi de 10 bouches à feu escorté par 4 hommes du 6e régiment sont entrés à Erfurt venant de Weimar.

Un convoi de 682 prisonniers est parti ce matin pour Francfort escorté par une compagnie du 14e régiment commandée par le capitaine Lespicier.

M. DE THIARD AU MAJOR GÉNÉRAL.

Dresde, 25 octobre 1806.

Je suis arrivé dans cette résidence hier matin. J'y ai trouvé le général Hédouville qui m'y avait précédé. Nous nous sommes rendus ensemble chez l'Électeur qui nous a reçus le plus mal possible. C'était un mouvement d'humeur et les détails sont inutiles.

La division bavaroise, forte de 7 bataillons, 3 étant restés en arrière, est entrée ce soir en ville. Elle commet passablement d'excès, a beaucoup de prétentions, parle de réquisitions de souliers, etc. En général je suis très-mécontent de son esprit, mais je peux assurer V. A. que je remédierai aux grands inconvénients, si je ne peux réprimer les petits. La proposition de saisir l'arsenal fera ici une grande sensation. Je la ferai demain et je réussirai. M. le colonel Doguerau me presse beaucoup ; mais cependant il me laissera le temps nécessaire pour mener les choses à bien.

Il n'y a dans cette résidence, ni même dans l'armée, aucun magasin de draps, équipements, etc., par la raison que les compagnies sont au compte des capitaines...

Je désirerais que la division bavaroise sût d'une manière positive qu'elle n'a gagné ni la bataille d'Austerlitz, ni celle d'Iéna, qu'un mot de S. M. peut rendre l'armée saxonne tout autant qu'elle. Il y a encore dans la ville 2,600 hommes, mais dans les 48 heures il n'en restera que le nombre que S. M. a fixé.

Je prierai V. A. d'observer que je n'ai pas un adjudant de place pour m'aider et que la proclamation que j'ai la liberté de lui adresser, lui prouvera que je me suis donné beaucoup de besogne ; pas un gendarme pour maintenir la police, et que, dans ce moment, j'ai dans mon antichambre 2 ordonnances bavaroises ivres, méritant elles-mêmes une punition, et pas un sou, ce qui partout est cependant bien nécessaire.

Je suis beaucoup plus content des vaincus que des alliés.

26 OCTOBRE.

L'EMPEREUR AU MARÉCHAL DAVOUT.

Potsdam, 26 octobre 1806, 4 heures du matin.

Envoyez des partis le long du chemin de Francfort et du canal qui se jette dans l'Oder, près de Francfort, afin de prendre tous les bateaux partis de Berlin, il y a 5 ou 6 jours, portant des objets appartenant à la cour ou des objets d'artillerie. J'imagine que vous avez envoyé des partis sur Küstrin. Les deux divisions de cuirassiers de Nansouty et d'Hautpoul se rendent à Berlin. Je me rends aujourd'hui à Charlottenburg. J'attends des détails sur la situation de Berlin.

Un parti de cavalerie qui se porterait sur le second canal arrêterait tout ce qui serait évacué de Berlin par là.

ORDRE.

Potsdam, 26 octobre 1806.

M. Montesquiou remettra cette lettre au maréchal Davout. Il verra la situation du corps du maréchal Augereau. Il parcourra les cafés, etc., de Berlin et viendra me rendre compte de tout ce qu'il aura vu à Berlin.

L'EMPEREUR AU GÉNÉRAL SAVARY, A NAUEN.

Potsdam, 26 octobre 1806, 4 heures du matin.

Restez toute la journée dans votre position. Portez-vous partout où vos chevaux peuvent aller. Si vous pouvez aller jusqu'à Fehrbellin[1], il sera possible que vous y trouviez quelque chose. Si vous trouvez des chevaux, envoyez-en à Spandau pour monter les dragons. Envoyez-moi des renseignements si vous en avez d'importants. Vous pourrez les envoyer directement au prince Murat qui est à Oranienburg.

LE MAJOR GÉNÉRAL AU GRAND-DUC DE BERG.

Potsdam, 26 octobre 1806.

L'Empereur, Monseigneur, a ouvert la dépêche que le général Lasalle vous expédiait, datée de Oranienburg, par laquelle il vous faisait connaître qu'il avait rencontré une trentaine de hussards ennemis, qu'il en a pris quelques-uns et que les autres s'étaient enfuis[2]. Ce général envoyait également les lettres qu'il avait interceptées à la poste, mais du reste il n'avait rien appris d'important de la marche de l'ennemi.

S. M. a reçu en même temps un rapport du général Savary qui lui fait connaître qu'il y a plusieurs corps de 4 à 5 bataillons qui sont égarés et qui étaient hier en marche de Rathenow sur Neustadt et Wusterhausen.

L'Empereur ne doute pas que vous n'ayez poussé des reconnaissances et que vous marchiez promptement sur Zehdenick, d'où il doit résulter de très-bons effets et couper plusieurs corps à l'ennemi.

Comme je vous l'ai mandé hier, le quartier général sera ce soir à Charlottenburg.

Même dépêche au maréchal Lannes.

---

1. De Wüstermark par Nauen à Fehrbellin, 37 kil.

2. Dépêche du 25, à 2 heures après midi. L'ordonnance avait 44 kil. à parcourir pour porter le rapport à Potsdam ; son cheval avait déjà fait les 28 kil. de Charlottenburg à Oranienburg ; il est donc probable qu'elle fit la route au pas, soit à 5 kil. à l'heure, 9 heures de marche ; partie à 2 heures, elle arriva entre 10 et 11 heures du soir. Le grand-duc de Berg avait quitté Potsdam. — L'Empereur recevait d'ailleurs en même temps le rapport du général Savary, de Wüstermark, le 25 à 6 heures du soir. L'ordonnance avait 20 kil. à parcourir, soit 4 heures de marche ; elle arriva après 10 heures du soir.

LE MAJOR GÉNÉRAL AU MARÉCHAL LEFEBVRE.

Potsdam, 26 octobre 1806.

L'intention de l'Empereur, M. le Maréchal, est que vous partiez avec les troupes à vos ordres, conformément aux dispositions que je vous ai prescrites hier soir, pour vous rendre à Charlottenburg. Vous laisserez ici les 15 hommes dont je vous ai parlé hier, et vous exécuterez les dispositions relatives aux dragons à pied.

Envoyez-moi 1 officier et 2 sous-officiers pour prendre deux drapeaux que vous joindrez aux autres. Quant aux dragons à pied que vous devez envoyer à Berlin, donnez l'ordre qu'ils restent toute la journée à Potsdam; dirigez les deux autres tiers sur Spandau comme vous en avez l'ordre [1].

---

1. GARDE IMPÉRIALE. RAPPORT DE S. EXC. M. LE MARÉCHAL LEFEBVRE.

Au quartier général à Potsdam, 26 octobre 1806.

Il y avait un régiment de dragons arrivé à la Garde impériale lorsque V. Exc. en a pris le commandement. Ce régiment avait le n° 2 de la brigade des dragons*.

Le 14 au soir le 1er régiment a rejoint la Garde, moins un détachement de 149 hommes qui étaient restés à Auma pour l'escorte de 12 bouches à feu.

Le 15 la brigade des dragons a détaché 300 hommes pour l'escorte des prisonniers de guerre.

Le 16 elle a laissé 100 hommes pour contenir les prisonniers qui se trouvaient à Iéna, assurer la tranquillité de la ville et faire respecter nos blessés.

Le 22 le général Oudinot a reçu ordre de rester à Dessau avec le second régiment pour y attendre et recevoir des chevaux saxons qui étaient destinés à ce régiment.

Le 23 le colonel Fredérichs a reçu l'ordre de laisser un bataillon à Wittenberg à la disposition du gouverneur de la ville.

Le 24 le colonel Fredérichs a eu l'ordre d'envoyer 100 dragons à Treuenbrietzen pour y recevoir des chevaux saxons.

Le 26 il a reçu l'ordre d'envoyer à Spandau les deux tiers des dragons qui lui restaient et l'autre tiers à Berlin pour y être montés et armés de sabres dont tous les dragons manquaient.

Un maréchal-des-logis, un brigadier et 8 dragons ont été envoyés en sauvegardes à Tauen-Insel au palais du Roi.

La compagnie du 11e régiment n'avait pas encore rejoint.

Le général de brigade chef de l'état-major,
ROUSSEL.

* Voir *Iéna*, pages 41 et 42.

PROCLAMATION A L'ARMÉE.

Camp impérial de Potsdam, 26 octobre 1806.

Soldats, vous avez justifié mon attente et répondu dignement à la confiance du peuple français.

Vous avez supporté les privations et les fatigues avec autant de courage que vous avez montré d'intrépidité et de sang-froid au milieu des combats. Vous êtes les dignes défenseurs de l'honneur de ma couronne et de la gloire du grand peuple. Tant que vous serez animés de cet esprit, rien ne pourra vous résister. La cavalerie a rivalisé avec l'infanterie et l'artillerie; je ne sais désormais à quelle arme je dois donner la préférence; vous êtes tous de bons soldats.

Voici les résultats de nos travaux : une des premières puissances de l'Europe, qui osa naguère nous proposer une honteuse capitulation, est anéantie. Les forêts, les défilés de la Franconie, la Saale, l'Elbe, que nos pères n'eussent pas traversés en sept ans, vous les avez traversés en sept jours, et livré, dans l'intervalle, quatre combats et une grande bataille. Nous avons précédé à Potsdam, à Berlin, la renommée de nos victoires. Nous avons fait 60,000 prisonniers, pris 65 drapeaux, parmi lesquels ceux des Gardes du roi de Prusse, 600 pièces de canon, 3 forteresses, plus de 20 généraux. Cependant près de la moitié de vous regrettent de n'avoir pas encore tiré un coup de fusil. Toutes les provinces de la monarchie prussienne jusqu'à l'Oder sont en notre pouvoir.

Soldats, les Russes se vantent de venir à nous; nous marcherons à leur rencontre, nous leur épargnerons la moitié du chemin. Ils retrouveront Austerlitz au milieu de la Prusse. Une nation qui a aussitôt oublié la générosité dont nous avons usé envers elle après cette bataille où son empereur, sa cour, les débris de son armée n'ont dû leur salut qu'à la capitulation que nous leur avons accordée, est une nation qui ne saurait lutter avec succès contre nous.

Cependant, tandis que nous marchons au-devant des

Russes, de nouvelles armées formées dans l'intérieur de l'Empire viennent prendre notre place pour garder nos conquêtes. Mon peuple entier s'est levé, indigné de la honteuse capitulation que les ministres prussiens, dans leur délire, nous ont proposée.

Nos routes et nos villes frontières sont remplies de conscrits, qui brûlent de marcher sur vos traces. Nous ne serons plus les jouets d'une paix traîtresse, et nous ne poserons plus les armes que nous n'ayons obligé les Anglais, ces éternels ennemis de notre nation, à renoncer au projet de troubler le continent et à la tyrannie des mers.

Soldats, je ne puis mieux vous exprimer les sentiments que j'ai pour vous qu'en disant que je vous porte dans mon cœur pour l'amour que vous me montrez tous les jours.

NAPOLÉON.

18e BULLETIN DE LA GRANDE ARMÉE.

Potsdam, 26 octobre 1806.

L'Empereur a passé à Potsdam la revue de la Garde à pied, composée de 10 bataillons et de 60 pièces d'artillerie servies par l'artillerie à cheval. Ces troupes, qui ont éprouvé tant de fatigues, avaient la même tenue qu'à la parade de Paris.

A la bataille d'Iéna, le général de division Victor a reçu un biscaïen qui lui a fait une contusion ; il a été obligé de garder le lit pendant quelques jours. Le général de brigade Gardane, aide de camp de l'Empereur, a eu un cheval tué et a été légèrement blessé. Quelques officiers supérieurs ont eu des blessures, d'autres des chevaux tués, et tous ont rivalisé de courage et de zèle.

L'Empereur a été voir le tombeau du grand Frédéric. Les restes de ce grand homme sont enfermés dans un cercueil de bois recouvert en cuivre, placé dans un caveau sans ornements, sans trophées, sans aucunes distinctions qui rappellent les grandes actions qu'il a faites.

L'Empereur a fait présent à l'hôtel des Invalides de Paris

de l'épée de Frédéric, de son cordon de l'Aigle Noir, de sa ceinture de général, ainsi que des drapeaux que portait sa Garde pendant la Guerre de Sept ans. Les vieux invalides de l'armée de Hanovre accueilleront avec un respect religieux tout ce qui a appartenu à un des premiers capitaines dont l'histoire conservera le souvenir.

Lord Morpeth, envoyé d'Angleterre auprès du cabinet prussien, ne se trouvait, pendant la journée d'Iéna, qu'à 6 lieues du champ de bataille. Il a entendu le canon. Un courrier vint bientôt lui annoncer que la bataille était perdue, et en un moment il fut entouré de fuyards qui le poussaient de tous côtés. Il courait en criant : « Il ne faut pas que je sois pris. » Il offrit jusqu'à 60 guinées pour obtenir un cheval ; il en obtint un et se sauva.

La citadelle de Spandau, située à 3 lieues de Berlin et à 4 lieues de Potsdam, forte par sa situation au milieu des eaux et renfermant 1,200 hommes de garnison et une grande quantité de munitions de guerre et de bouche, a été cernée le 24 dans la nuit. Le général Bertrand, aide de camp de l'Empereur, avait déjà reconnu la place. Les pièces étaient disposées pour jeter des obus et intimider la garnison. Le maréchal Lannes a fait signer par le commandant la capitulation ci-jointe.

On a trouvé à Berlin des magasins considérables d'effets de campement et d'habillement. On en dresse des inventaires.

Une colonne commandée par le duc de Weimar est poursuivie par le maréchal Soult ; elle s'est présentée le 23 devant Magdeburg ; nos troupes étaient là depuis le 20. Il est probable que cette colonne, forte de 15,000 hommes, sera coupée et prise. Magdeburg est le premier point de rendez-vous des troupes prussiennes. Beaucoup de corps s'y rendent. Les Français le bloquent.

Une lettre de Helmstädt, récemment interceptée, contient des détails curieux. Elle est ci-jointe.

MM. le prince de Hatzfeld, Busching, président de la police, le président de Kircheisen, Formey, conseiller intime,

Polzig, conseiller de la municipalité, MM. Ruck, Sieger et de Hermensdorf, conseillers députés de la ville de Berlin, ont remis ce matin à l'Empereur, à Potsdam, les clefs de la ville de Berlin. Ils étaient accompagnés de MM. Grote, conseiller intime des finances, le baron de Weilknitz et le baron d'Eckartstein. Ils ont dit que les bruits qu'on avait répandus sur l'esprit de cette ville étaient faux; que les bourgeois et la masse du peuple avaient vu la guerre avec peine; qu'une poignée de femmes et de jeunes officiers avaient fait seuls ce tapage; qu'il n'y avait pas un seul homme sensé qui n'eût vu ce qu'on avait à craindre et qui pût deviner ce qu'on avait à espérer. Comme tous les Prussiens, ils accusent le voyage de l'empereur Alexandre des malheurs de la Prusse. Le changement qui s'est dès lors opéré dans l'esprit de la Reine, qui, de femme timide et modeste s'occupant de son intérieur, est devenue turbulente et guerrière, a été une révolution subite. Elle a voulu tout à coup avoir un régiment, aller au conseil, et elle a si bien mené la monarchie qu'en peu de jours elle l'a conduite au bord du précipice.

Le quartier général est à Charlottenburg.

L'EMPEREUR A M. DE LA ROCHEFOUCAULD, A VIENNE.

Potsdam, 26 octobre 1806.

J'ai reçu votre lettre du 20. J'ai fait donner l'ordre au général Andréossy de se porter à Prague, au quartier général du prince Charles, s'il est vrai que ce prince y soit à la tête d'une armée de 60,000 à 80,000 hommes. Si vos renseignements sont exacts, causez-en avec le ministère. Dites qu'il est ridicule de tenir une armée aussi considérable dans des provinces frontières, sous prétexte de maintenir sa neutralité que personne ne veut violer, ce qui peut tout au plus mériter 10,000 à 12,000 hommes; qu'il serait convenable de cesser ces préparatifs qui ne sont propres qu'à inspirer la défiance; qu'on arme partout en Autriche, secrètement; qu'on fait rejoindre les semestriers; qu'on organise les remontes, etc.

Si tout cela est vrai, ne vous contentez pas d'en parler au ministre, parlez-en à l'Empereur. Vous ne manquerez pas d'observer que c'est ainsi qu'on commence les guerres et qu'on entraîne les puissances où elles ne veulent pas aller. Je désire que vos représentations les portent à diminuer ces armements et à songer surtout à ce qu'ils font.

Je suis à Berlin depuis deux jours. L'armée prussienne est tout à fait détruite ; j'en ai pris, dispersé, tué les deux tiers ; ce qui reste est sans fusils, sans bagages, etc. Cependant la plus grande partie de mon armée n'a pas donné ; de manière que j'ai plus de 100,000 hommes qui n'ont pas tiré un coup de fusil.

L'EMPEREUR AU GÉNÉRAL SONGIS.

Potsdam, 26 octobre 1806.

Je vous ai fait connaître l'importance que j'attache à la place de Wittenberg. Il est donc nécessaire d'y expédier, sans délai, une trentaine de pièces de canon, de celles trouvées à Berlin, et des mortiers et obusiers. Je désire beaucoup que dans 6 ou 7 jours cette place soit armée.

L'EMPEREUR A L'INTENDANT GÉNÉRAL.

Charlottenburg, 26 octobre 1806.

Je vous ai fait connaître qu'Erfurt et Wittenberg étaient des dépôts de l'armée. Spandau est une place que l'ennemi ne prendra jamais ; elle est située sur la Sprée à 2 lieues de Berlin. C'est dans cette place qu'on doit mettre tous les dépôts de l'armée, car mon intention n'est point de garder Berlin. Il y a dans ce moment-ci dans le fort de Spandau 2 fours capables de confectionner 10,000 rations par jour. J'ai ordonné au génie de désigner l'emplacement pour construire les fours nécessaires à la confection de 60,000 rations par jour. Faites construire ces fours ; faites aussi travailler à faire autant de biscuit qu'il sera possible, sans nuire au service journalier. Il y a à Spandau des magasins très-considérables; à la visite que j'en ai faite, je pense qu'il y a au moins 60,000 quintaux de farine et autant de seigle ou de blé; cela suffit pour nourrir mon armée pendant 2 mois. Mon intention est que ces magasins soient augmentés au lieu d'être diminués, que le seigle et le blé soient convertis en farines, les farines en biscuit. Il faut donc que demain, avant la pointe du jour, il y ait un commissaire des guerres dans le fort de Spandau; qu'il y reste sans que sous aucun prétexte il puisse en être retiré; qu'il y ait un garde-magasin et un inspecteur des vivres. Les inventaires seront faits sans délai, et vous nommerez un auditeur pour assister auxdits inventaires. Vous prendrez des mesures pour réunir dans la citadelle de Spandau 1,500,000 boisseaux d'avoine, des légumes, du riz et de l'eau-de-vie ou de la bière pour l'armée pendant 2 mois. Je n'ai besoin à Berlin que du journalier de l'armée.

Tous les effets d'habillement qui seraient à Berlin ou ailleurs devront être réunis à Spandau; s'ils ne peuvent tenir dans la citadelle, on les mettra dans la ville. On réunira à Spandau mes moyens pour les hôpitaux. On retirera de Berlin ce qui sera nécessaire. On formera à la citadelle, dans le local que désignera le génie, un hôpital pour 1,200 blessés, et dans la ville 3 hôpitaux, chacun de 200 ou 300 malades. J'autorise qu'on établisse à Berlin un hôpital pour 400 malades; je ne veux point de blessés à Berlin.

LE MARÉCHAL DAVOUT A L'EMPEREUR.

Friedrichsfeld, 26 octobre 1806.

J'ai l'honneur de rendre compte à V. M. que de mon quartier général de Luckenwald le 24 à 5 heures du matin j'ai fait diriger par des chemins détournés sur Fürstenwald et de là sur Francfort, 2 trompettes prussiens qui avaient accompagné le 14 l'aide-de-camp du maréchal Kalkreuth. L'officier d'état-major que j'ai chargé de cette mission est très-intelligent; il n'a pas encore reparu.

Dès le 24 au soir, 3 partis de cavalerie légère ont été poussés sur Mittenwald et Königswusterhausen[1]; là ils se sont séparés; l'un s'est porté directement par Storkow sur Neubrück, point de jonction du canal de l'Oder avec la Sprée; les 2 autres remontant la rive droite de la Sprée se sont dirigés l'un sur Francfort et l'autre sur Müllrose, centre du canal de navigation.

Dans la nuit du 25 au 26, j'ai donné ordre au général Viallannes, commandant ma cavalerie légère, de marcher sur Francfort en se faisant flanquer par des partis sur les routes de Küstrin et de Fürstenwald[2].

Je pense par ces mesures avoir rempli les intentions de V. M.; j'attends incessamment les premiers rapports; le général Viallannes a l'ordre de s'emparer de Francfort et de maîtriser le pont s'il n'a point encore été coupé.

Je viens d'être instruit que le canon se faisait entendre au loin du côté d'Oranienburg; je fais partir un officier pour aller aux renseignements.

J'ai eu l'honneur d'adresser cette nuit à S. A. le Major général un rapport de divers voyageurs auquel V. M. peut ajouter foi.

On me prévient qu'il vient d'arriver à Berlin un espion prussien; je donne l'ordre qu'il soit arrêté à l'instant. Il arrive de Francfort.

LE MARÉCHAL DAVOUT AU MAJOR GÉNÉRAL.

Friedrichsfeld, 26 octobre 1806.

J'ai l'honneur de rendre compte à V. A. du résultat des partis qui, dès le 24, avaient poussé pour intercepter la navigation du canal de jonction de l'Oder et de la Sprée. Le

---

1. De Ricksdorf à Königswusterhausen, 23 kil.; — de Königswusterhausen à Storkow, 22 kil.; — de Storkow à Neubrück, 26 kil.; — de Königswusterhausen à Fürstenwald, 31 kil.; — de Fürstenwald à Francfort, 32 kil.; — de Storkow par Beeskow à Müllrose, 39 kil.

2. De Kaulsdorf à Münchberg, 38 kil.; — de Münchberg à Francfort, 33 kil.; — de Münchberg à Küstrin, 35 kil.

rapport du général Viallannes, dont je joins ici copie, fera connaître à V. A. les prises faites par ces partis, et je m'empresserai de lui adresser les nouvelles des 3 autres partis envoyés sur la Sprée.

D'après les ordres de S. M. j'ai envoyé dès hier la division de dragons du général Beker sur Oranienburg avec ordre de prendre ceux de S. A. le grand-duc de Berg.

Si le général Viallannes parvient à surprendre le pont sur l'Oder, d'après les mesures que j'ai prises, j'en serai instruit demain avant midi; j'y enverrai aussitôt, à moins d'ordres contraires de V. A., le 17e de ligne qui y arrivera avec quelques pièces de canon pour y être dans la nuit du 27 au 28.

S. M. m'ayant fait connaître la prise de la forteresse de Spandau, j'en ai fait part à l'armée par la voie de l'ordre.

LE GÉNÉRAL VIALLANNES AU MARÉCHAL DAVOUT.

26 octobre 1806.

J'ai l'honneur de vous rendre compte que je reçois à l'instant le rapport de la reconnaissance que j'ai jetée sur Küstrin, ainsi que de celle qui a été jetée sur Francfort et que ces 2 reconnaissances n'ont trouvé aucune trace de l'ennemi.

D'après les informations faites près des habitants, on n'a vu passer sur les deux routes de Francfort et de Küstrin (qui se dirigeaient sur ces deux villes) que quelques hommes malades.

Le rapport de M. Montaglas [1] qui a été dirigé sur Fürstenwald, me parvient à l'instant; cet officier s'est emparé de tous les bâtiments qu'il a trouvés sur la Sprée et le canal qui communique de cette rivière à l'Oder, savoir:

N° 1, chargé de 600 sacs d'avoine; — n° 2, de 450; — n° 3, de 450; — n° 4, de 731 tonneaux ou caisses, divers; — n° 5, de 676 tonneaux ou barils, divers; — n° 6, de 250; — n° 7, de 279 caisses, divers; — n° 8, de 160 tonneaux de sel; — n° 9, de 244; — n° 10, de 162; — n° 11, de 89.

25 bateaux vides qui remontaient le canal, ont aussi été arrêtés.

---

1. Sous-lieutenant au 12e de chasseurs.

LE MARÉCHAL AUGEREAU AU MAJOR GÉNÉRAL.

Bellevue, 26 octobre 1806.

J'ai l'honneur d'informer V. A. que mon quartier général est établi au château de Bellevue près Berlin.

Conformément à vos ordres, les troupes du 7e corps sont cantonnées, savoir :

La 1re division la droite sur le chemin de Bernau ;

La 2e division la gauche à la Sprée entre Charlottenburg et Berlin ;

Le parc d'artillerie en arrière de la troupe à Reinickendorf.

J'attendrai les ordres ultérieurs de V. A. dans la position qu'occupe le corps d'armée.

Le 7e corps a traversé Berlin dans le plus grand ordre et la meilleure tenue à midi précis, ainsi que vous me l'aviez prescrit [1].

LE GÉNÉRAL BELLIARD AU GÉNÉRAL LASALLE.

Hennigsdorf, 26 octobre 1806, 4 heures du matin.

Vous partirez au reçu du présent ordre pour vous porter par Falkenthal sur Zehdenick [2], d'où vous enverrez reconnaître Templin sur la route de Prenzlow, et arrivé à Falkenthal vous ferez reconnaître aussi Liebenwald, et de Zehdenick, Tornow et Gransee, si vous n'aviez pas de nouvelles de ce dernier endroit. Le Prince va lui-même avec 2 divisions de dragons sur Falkenthal pour appuyer votre

1. La brigade de cavalerie légère du 7e corps avait traversé Berlin le 25 à 2 heures après midi après l'entrée du 3e corps. «..... Toutes les boutiques « étaient fermées, dit le fourrier Parquin du 20e de chasseurs dans ses *Souvenirs* ; personne aux fenêtres et peu de monde dans les rues ; aucun équi- « page ne circulait.... Nous ne fîmes que traverser la ville.... Dans le village « que nous occupions, les paysans avaient déserté leurs maisons. Nous y « trouvâmes des fourrages en abondance ; les récoltes venaient d'être faites. « Mais les vivres, viande, pain, bière, eau-de-vie, etc., ainsi que l'avoine, « devaient nous être fournis par la ville de Berlin. »

2. D'Oranienburg à Zehdenick par Falkenthal, 28 kil. ; — de Zehdenick à Templin, 20 kil. ; — de Zehdenick à Tornow, 10 kil. ; — à Gransee, 12 kil.

mouvement. C'est là que vous devez lui adresser tous vos renseignements ; vous enverrez également au Prince les principaux habitants de Zehdenick, Tornow et Gransee.

Dispensez-vous d'aller reconnaître Liebenwald qui sera reconnu par le 13ᵉ régiment.

Ordre verbal au général Milhaud d'aller reconnaître Liebenwald.

LE GÉNÉRAL BELLIARD AU GÉNÉRAL BEAUMONT.

Hennigsdorf, 26 octobre 1806

Partez de suite avec votre division pour vous rendre à Oranienburg où le Prince vous donnera de nouveaux ordres.

Au général Treillard. — Le Prince désire que vous fassiez occuper de suite par un de vos régiments le village de Hennigsdorf et que vous fassiez garder le pont.

P.-S. — Veuillez prévenir M. le maréchal Lannes de l'occupation d'Hennigsdorf afin qu'il puisse ordonner à ce régiment de suivre le mouvement de votre brigade s'il juge à propos de ne pas faire garder Hennigsdorf.

Au général Victor. — Le Prince me charge de vous prévenir que l'ennemi file sur notre gauche et que si M. le maréchal Lannes veut envoyer un régiment sur Fehrbellin, Ruppin et Gransee, il ramassera beaucoup de traînards ainsi que des équipages.

LE GRAND-DUC DE BERG A L'EMPEREUR.

Hennigsdorf, 26 octobre 1806, 6 heures et demie du matin.

Sire, je m'empresse d'adresser à V. M. le rapport de la reconnaissance que vous avez ordonnée sur Fehrbellin[1]. Il paraît d'après tous les rapports que le prince de Hohenlohe file par cette route sur Stettin. J'ordonne en conséquence au général Lasalle de se porter à Zehdenick, d'où il doit faire reconnaître Templin et Tornow ; je fais reconnaître par le général Milhaud Liebenwald ; je me porterai moi-même sur Falkenthal avec les 2 divisions de dragons afin de soutenir

1. Je n'ai pas retrouvé ce rapport.

et protéger s'il le faut les troupes légères[1]. Comme l'ennemi occupait hier Falkenthal et Fehrbellin, l'on peut conclure que la colonne n'a pas entièrement dépassé Zehdenick, et qu'en me portant sur ce dernier point nous pouvons faire beaucoup de mal à l'ennemi. Comme le pont de Hennigsdorf est extrêment important à garder, j'écris au général Treillard qui est à Neuendorf de le faire occuper.

J'ai envoyé à V. M. l'adjudant-commandant Girard pour vous donner les renseignements qu'il a pu recueillir sur la marche du prince de Hohenlohe ; j'espère qu'il me rapportera à Falkenthal les ordres de V. M.

Cette lettre écrite, le Grand-duc se rendit à Oranienburg, 14 kilomètres, où il arriva vers 8 heures. Il y trouva la division Grouchy, venue directement de Berlin, et lui donna l'ordre de se porter sur Falkenthal, appuyant la brigade Lasalle.

L'EMPEREUR AU GRAND-DUC DE BERG.

Potsdam, 26 octobre 1806, 10 heures du matin.

Je reçois votre lettre de 6 heures du matin de Hennigsdorf[2]. La direction que vous prenez est bonne. Couchez ce soir avec vos divisions à Zehdenick, ayant de fortes reconnaissances sur Gransee et Templin. L'avant-garde du maréchal Lannes couchera ce soir à Falkenthal, et son infanterie aussi près de Falkenthal qu'il pourra.

Le maréchal Bernadotte sera demain à Fehrbellin.

Il me tarde de connaître ce qu'ont rapporté vos reconnaissances de Ruppin. C'est derrière cette route que file l'ennemi ; je pense qu'il file par Kyritz et Rheinsberg.

Au moment même je reçois une lettre du maréchal Soult, de Hohenwarsleben, le 24, à 6 heures du soir. La colonne ennemie, commandée par le duc de Weimar, forte de 15,000 hommes, s'était présentée à Magdeburg. Voyant le passage

1. Falkenthal à 9 kil. en arrière de Zehdenick.
2. 32 kil., soit 8 kil. à l'heure.

obstrué, elle avait tâché de filer sur Tangermünde, où l'ennemi a un pont de bateaux. Le maréchal Soult lui avait coupé le chemin, était en pleine marche pour tomber dessus et apercevait ses feux. Pas un homme de cette colonne n'échappera. Il paraît que le 23 l'arrière-garde de Blücher a passé à Tangermünde; nous lui avons fait 120 prisonniers.

L'Empereur pousse le commandant de sa cavalerie et lui ordonne d'aller encore plus loin que celui-ci ne l'a projeté. Des renseignements, des renseignements !

LE MAJOR GÉNÉRAL AU MARÉCHAL SOULT.

Potsdam, 26 octobre 1806, 10 heures du matin.

L'Empereur, M. le Maréchal, a reçu votre lettre du 24 à 6 heures du soir. S. M. approuve tout ce que vous avez fait et elle espère que cette colonne du duc de Weimar d'environ 15,000 hommes, qui sont les seules troupes de l'armée prussienne qui n'aient point combattu, sera entièrement défaite par votre corps d'armée ; vous aurez donc la gloire de détruire le seul corps qui reste intact aux Prussiens.

On espère avoir coupé le reste du corps d'Hohenlohe. Le grand-duc de Berg est aujourd'hui à Zehdenick; le maréchal Lannes à Falkenthal ; le maréchal Bernadotte marche de Brandenburg sur Fehrbellin; les maréchaux Davout et Augereau sont à Berlin; le premier pousse des partis sur Francfort.

Je vous ai déjà écrit dans la nuit pour vous donner carte blanche ; quand vous n'aurez plus d'ennemis à la rive gauche de l'Elbe, passez à la rive droite et dirigez-vous comme vous le croirez le plus convenable pour faire autant de mal qu'il sera possible à l'ennemi; mais ayez le plus grand soin de me donner de vos nouvelles 2 fois par jour[1], afin que je sache

1. C'est-à-dire indiquer la direction du mouvement, le point que l'on compte atteindre, rendre compte de l'arrivée, faire connaître les renseignements recueillis sur l'ennemi.

où vous donner des ordres si les circonstances exigeaient des mouvements combinés.

Le quartier impérial sera aujourd'hui à Charlottenburg.

Je vous ai fait connaître par ma dernière dépêche que vous ne deviez diriger sur Berlin ni matériel ni prisonniers ni blessés ; nos seules places d'armes, dépôts et magasins, sont Spandau, Wittenberg et Erfurt. Vous connaissez assez la manière de faire la guerre de l'Empereur pour qu'il y ait telles circonstances où nous abandonnerions le pays à des partis ennemis et que nous n'ayons d'autres places que Spandau, Wittenberg et Erfurt[1].

LE MARÉCHAL LANNES A L'EMPEREUR.

Spandau, 26 octobre 1806.

D'après tous les renseignements que j'ai pu recueillir, il est certain que l'ennemi a 2 journées sur nous, que son arrière-garde, composée de 2 régiments de cavalerie et d'un d'infanterie, est passée hier matin par Oranienburg. Je pense que nous aurions bien fait de nous diriger sur Bernau. En supposant que l'intention de V. M. fût de poursuivre l'ennemi sur Stettin, nous eussions pris la route la plus courte. Je serai ce soir à Oranienburg, où j'attendrai les ordres de V. M., à moins que le grand-duc de Berg n'ait de meilleurs renseignements et ne me fasse dire de soutenir sa cavalerie.

Conformément à vos ordres, j'ai mis 400 hommes à la citadelle et j'ai défendu qu'on touchât aux approvisionnements.

L'EMPEREUR AU MARÉCHAL LANNES.

Potsdam, 26 octobre 1806, 11 heures du matin.

Mon cousin, il n'y a pas qu'une colonne ; toutes les troupes de l'ennemi sont depuis Tangermünde jusqu'à Stettin. Elles

1. C'est toujours l'idée du plan d'opérations : *libre de manœuvrer, indépendant de toute ligne d'opérations*. (Voir *Iéna*, p. 220.)

passent derrière Ruppin, en s'appuyant du côté du Mecklemburg. Vous ne sauriez arriver trop tôt à Zehdenick. Je vous ai écrit il y a une heure sur cet objet.

LE GRAND-DUC DE BERG A L'EMPEREUR.

Sur la route près Liebenberg, en arrière de Falkenthal,
le 26 octobre 1806, à 2 heures du soir.

Je suis enfin sur l'ennemi. Le général Lasalle l'a rencontré à Zehdenick qui à son approche s'est retiré de l'autre côté de la rivière et a coupé le pont; il paraît se retirer sur Templin; 2 régiments de hussards et quelques compagnies de chasseurs à pied ont couché à Liebenberg. Ils venaient de Ruppin. Le général Schimmelpenning a couché à Germendorf, et le prince de Philippstadt était avec lui. Il paraît que l'ennemi est absolument à notre gauche depuis Fehrbellin jusqu'à Zehdenick; les régiments de hussards sont les premières troupes qui aient paru; on vient de prendre des fourriers qui venaient faire le logement pour 1 régiment d'infanterie et 6 compagnies de grenadiers à Klein-Mutz en arrière de Zehdenick. Je vais diriger des reconnaissances sur les points de Lindow et Ruppin; je donne tous ces avis à M. le maréchal Lannes et je le prie d'arriver ce soir s'il est possible à Falkenthal; du moment que j'aurai de nouveaux renseignements, je les adresserai à V. M.

Le Grand-duc a marché avec la division Grouchy. — Il vient d'apprendre vers 1 heure 45 la nouvelle que le général Lasalle a l'ennemi en présence. Il fait partir de suite pour appuyer l'avant-garde le général Grouchy avec 2 de ses brigades et conserve avec lui la 3e, celle du général Boussard.

Voir plus loin les rapports des généraux Lasalle et Grouchy et celui du grand-duc de Berg de 10 heures du soir.

LE GRAND-DUC DE BERG AU MARÉCHAL LANNES.

26 octobre [1].

M. le Maréchal, mes hussards sont enfin sur l'ennemi qui se trouve en bataille en avant de Zehdenick. Il paraît que c'est la tête de la colonne. Le prince de Hohenlohe doit avoir couché à Ruppin et se dirige selon toutes les apparences sur Falkenthal et Zehdenick. Vous concevez d'après cela combien il est important que vous accélériez la marche de vos troupes et que vous vous rapprochiez le plus possible de moi, c'est-à-dire de Falkenthal, faisant reconnaître par toutes vos troupes légères Gransee, Lindow et Ruppin, et Liebenwald, route que 2 régiments de hussards et quelques hommes d'infanterie viennent de prendre.

Les troupes qui viennent d'être chassées de Falkenthal et qui avaient couché à Liebenberg venaient de Ruppin par Herzberg. Mes troupes légères occuperont Zehdenick avec une division de dragons ; une seconde division de dragons occupera Liebenberg et Falkenthal.

Je vais diriger le 13e de chasseurs à cheval sur Germendorf et Herzberg. Je vous prie de me faire connaître la position que vous occuperez ce soir et les dispositions que vous aurez prises pour observer l'ennemi qui se trouve sur votre flanc gauche pour que demain, d'après les renseignements que j'aurai vraisemblablement ce soir, nous puissions combiner nos moyens pour l'attaquer.

Le 5e corps partit de Spandau le 26 au matin pour Oranienburg, où il arriva dans l'après-midi, probablement vers 1 heure ou 2 heures après une marche de 24 kilomètres. Le maréchal Lannes reçut presque en même temps la dépêche de l'Empereur de 11 heures du matin et la demande du grand-duc de Berg de le soutenir. Il pouvait être 4 heures et demie ou 5 heures du soir.

1. Sans indication de lieu, ni d'heure.

LE MARÉCHAL LANNES A L'EMPEREUR.

Oranienburg, 26 octobre 1806.

Sire, le grand-duc de Berg vient de m'écrire qu'il avait rencontré l'ennemi en avant de Zehdenick. Il me demande de le faire soutenir par de l'infanterie; comme le 5e corps d'armée est très-fatigué par le manque de subsistances, j'ai rassemblé tous les voltigeurs que j'ai joints au 17e d'infanterie légère avec 6 pièces de canon, ce qui fera une colonne de 2,000 et quelques cents hommes.

Cette colonne partira ce soir à 9 heures après un peu de repos[1] et sera au point du jour à Falkenthal. Demain au point du jour la 1re brigade du général Suchet partira également pour se rendre sur ce point et tout mon corps d'armée successivement par échelons. Je suis forcé de faire marcher ainsi la troupe à cause des subsistances. Nous sommes dans un pays bien misérable et nous marchons après 6,000 à 7,000 hommes de cavalerie.

On a trouvé quelques bateaux de farine, avoine, quelques fusils et autres effets militaires sur le canal. J'ai envoyé 2 détachements de 50 hommes chacun, l'un se dirige sur Templin, et l'autre part d'ici pour descendre sur Spandau pour faire filer sur cette place tous les bateaux qu'ils trouveront.

J'ai détaché toute ma cavalerie légère sur Kremmen, Lindow et Ruppin et Liebenwald où l'on m'a assuré qu'il se trouvait beaucoup de gens épars et de bagages.

5e corps, bivouac à Oranienburg.

La tête de colonne de l'infanterie était encore à 28 kilomètres de la tête de la cavalerie.

La cavalerie légère du 5e corps coucha le 26 à Löwenberg (marche de 42 kilomètres) sur la route d'Oranienburg à Gransee, à hauteur et à 10 kilomètres à l'ouest de Falkenthal, couvrant le flanc gauche de la route de Zehdenick suivie par la colonne principale.

---

1. Le temps de se reposer et de manger; repos de 6 ou 7 heures.

LE GÉNÉRAL BELLIARD AU GÉNÉRAL.....

Le 26, à 4 heures[1].

Poussez de fortes reconnaissances sur la route de Gransee et Ruppin. Bonsoir.

Cet ordre enregistré sans indication de personne ni de lieu, est bien probablement adressé au général Milhaud. Dans la dépêche au maréchal Lannes, le Grand-duc annonce qu'il envoie le 13e de chasseurs sur Germendorf et Herzberg.

LE GÉNÉRAL BELLIARD AU GÉNÉRAL BEAUMONT.

Falkenthal, 26 octobre 1806, 8 heures du soir.

Restez dans la position que vous occupez[2]. Envoyez des reconnaissances sur les routes de Lindow et Gransee ainsi que sur Rüthenick[3]. Il y a en avant de vous des chasseurs qui sont allés en reconnaissance sur la même route. Quand ils rentreront, envoyez-les à Falkenthal.

P.-S. — La brigade du général Boussard est à votre droite au village de Bergsdorf. Liez-vous avec elle par des patrouilles.

LE GÉNÉRAL BELLIARD AU GÉNÉRAL BOUSSARD.

Falkenthal, 26 octobre 1806, 8 heures du soir.

Établissez-vous avez votre troupe au village de Bergsdorf où je vous ai dit d'envoyer 1 escadron et qui est devant vous. Portez une forte reconnaissance sur Gransee et faites reconnaître et éclairer la route de Lindow[4]. La division du général Beaumont est à votre gauche où se trouvait le 13e régiment de chasseurs. Liez-vous avec elle par des patrouilles. Vous aurez soin d'établir un fort poste à votre gauche qui sera chargé de communiquer avec le général Beaumont. Le quartier général est à Falkenthal.

---

1. 4 heures de l'après-midi.
2. Liebenberg.
3. De Liebenberg à Gransee, 16 kil.; — à Lindow, 22 kil.; — à Rüthenick, 18 kil.
4. De Bergsdorf à Gransee, 11 kil. ; — à Lindow, 20 kil.

Voici ce qui s'était passé à l'avant-garde depuis midi environ, heure où l'avant-garde de la brigade Lasalle avait rencontré l'ennemi à hauteur de Falkenthal.

LE GÉNÉRAL LASALLE AU GRAND-DUC DE BERG.

Zehdenick, 27 octobre 1806.

D'après les ordres de V. A. ma brigade partit d'Oranienburg hier 26 à 7 heures et demie du matin pour marcher sur Zehdenick [1].

A la hauteur de Falkenthal [2] l'avant-garde rencontra l'ennemi qui passa le pont du Havel ; le chef d'escadron Méda, du 7e de hussards, commandant l'avant-garde, envoya 75 hommes à sa poursuite, hâta sa marche sur Zehdenick [3] et rencontra 10 escadrons de hussards et dragons ennemis qui le reforcèrent à repasser le pont [4]. Plusieurs charges partielles eurent lieu, dans lesquelles le sous-lieutenant Kister, du 5e de hussards [5], fut remarqué par sa bravoure ; il eut 2 chevaux tués sous lui ; cet officier est le fils du général Kister.

Le reste de ma colonne arrivant alors, j'ordonnai que l'on chassât l'ennemi de la ville et que l'on tînt la tête du pont. Ce qui fut exécuté avec beaucoup d'intelligence et de bravoure par M. Reimbartz, capitaine estimable du 7e régiment, qui, soutenu de 2 escadrons du 5e que commandait le colonel Schwarz, déboucha dans la plaine

---

1. Ordre expédié de Hennigsdorf, 14 kil., le 26 à 4 heures du matin (voir page 362), et parvenu probablement à Oranienburg vers 6 heures et demie ou 7 heures.

2. Il était environ midi, 19 à 20 kil. d'Oranienburg.

3. De Falkenthal à Zehdenick, 9 kil.

4. Dans la poursuite l'avant-garde d'une colonne de cavalerie pousse jusqu'à ce qu'elle soit ramenée. Le commandant Méda partage immédiatement sa troupe : il se fait précéder par sa première ligne, les 75 hommes, 3 pelotons, et lui-même les suit pour les soutenir. Il a pu ne former que 2 lignes, combat et soutien, puisqu'il sait la brigade derrière lui formant sa réserve. — Il n'en sera pas de même pour le général Lasalle par rapport à la division de dragons, attendu qu'il ne sait pas au début s'il sera soutenu, bien qu'il ait envoyé une ordonnance au grand-duc de Berg ; qu'il ne se doute pas surtout de l'heure où les dragons arriveront, si même ils arriveront avant la fin de l'engagement. Il sera donc obligé de se constituer soutien et réserve. — Dans la poursuite la reconnaissance de l'avant-garde doit être une *reconnaissance à coups de sabre* afin de forcer l'ennemi à faire face, à montrer ses forces, à prendre des dispositions qui retardent sa marche ; le but de la poursuite est d'atteindre l'ennemi et de combattre.

5. L'avant-garde est composée de détachements pris dans les 2 régiments de la brigade.

vers la route de Templin, point sur lequel les différentes colonnes ennemies se retiraient [1].

Le général fit bientôt suivre le 7ᵉ de hussards [2] et voyant arriver enfin, après 3 heures, la division Grouchy, il se porta sur l'ennemi qui avait 14 escadrons qui couvraient le défilé [3]. A 10 pas de l'ennemi sur lequel j'arrivais au pas avec 300 hussards au plus, je m'aperçus que l'ennemi faisait un mouvement pour charger ma troupe sur son flanc gauche ; je profitai de cet instant et ordonnai la charge de pied ferme.

L'ennemi culbuté sur ses 2 ailes se pressa pour rentrer dans le défilé et fut chargé pendant 1 lieue [4]. Le colonel du régiment de la Reine-dragons, le major des hussards de Schimmelpenning, presque tous les officiers et 500 hommes furent hachés et pris. Un étendard du régiment de la Reine tomba aussi au pouvoir de mes hussards ; il fut enlevé par le hussard Studer, du 7ᵉ régiment ; l'adjudant du 7ᵉ, M. Wilmuth, a aussi coopéré à la prise de cet étendard ainsi que le sous-lieutenant Dam, du 5ᵉ.

Les dragons de la division Grouchy arrivèrent enfin et se précipitèrent hors du bois au débouché duquel l'ennemi rétabli en ordre ne pouvait plus avoir rien à craindre de mes hussards trop dispersés [5].

La brigade a eu une soixantaine de blessés, mais peu de tués.

Le brave lieutenant Epinger, officier de la légion d'honneur, a été blessé mortellement ; il était depuis longtemps proposé pour le grade de capitaine. C'est avec le plus grand plaisir que je rendrai compte à V. A. de la manière brillante avec laquelle les colonels Schwarz et

---

1. Le capitaine Reimbartz, du 7ᵉ, fait partie de l'avant-garde. Cette avant-garde, qui est devenue la première ligne de la brigade, est soutenue par le 5ᵉ de hussards, 2ᵉ ligne. Le 7ᵉ forme la réserve. Le général Lasalle indique comme direction de l'attaque le point de retraite de l'ennemi.

2. Le général Lasalle conserve ses 3 échelons, ligne de combat, soutien et réserve, jusqu'au moment où se voyant soutenu il s'engagera à fond pour refouler l'ennemi. En attendant il manœuvre, se tenant avec sa deuxième ligne.

3. Le général Lasalle voit paraître les dragons. Toute sa brigade devient ligne de combat. A la division de dragons à former le soutien et la réserve. D'un coup d'œil il saisit l'instant favorable et ordonne la charge. — Il pouvait être environ 3 heures ou 3 heures et demie lorsque la division Grouchy déboucha. L'avant-garde du commandant Méda avait rencontré l'ennemi à Falkenthal vers midi.

4. Le bois a en effet une profondeur d'environ 5 kil. jusqu'à la clairière de Storkow.

5. Le combat de cavalerie amène toujours de la désunion dans la 1ʳᵉ ligne, qu'elle réussisse et qu'elle poursuive ou qu'elle soit ramenée. De la proximité des troupes de soutien dépend la tenue de la charge. (Voir de Brack, *Des charges*.)

Marx ont enlevé et conduit leurs régiments ; les aides de camp de V. A., MM. Brunet et Piéton[1], ne m'ont pas quitté.

LE GÉNÉRAL GROUCHY AU GRAND-DUC DE BERG.

Rapport du combat en avant de Zehdenick, à 10 lieues au delà de Berlin, le 26 octobre.

J'ai l'honneur de rendre compte à V. A. I. qu'ayant opéré ce matin ma jonction avec le général Lasalle à Zehdenick, la cavalerie légère de cet officier général, soutenu de ma 1re brigade, a à l'instant chargé la cavalerie prussienne[2] qui nous attendait en bataille dans la petite plaine qui se trouve en arrière de la ville.

L'ennemi a été culbuté dans le défilé qui la termine et chaudement poursuivi par la 1re et la 2e brigade de ma division[3]. L'ennemi étant parvenu à se rallier et à ramener les hussards du général Lasalle, ma 1re brigade, aux ordres du général Roget, et à la tête de laquelle s'est mis le général de division Beker, remplaçant le général Lasalle que l'ennemi ramenait, s'est précipitée sur les Prussiens et a fourni les charges les plus brillantes et les plus heureuses, tant dans les éclaircies du bois qu'à sa sortie, où les Prussiens s'étaient encore reformés. Culbutés de nouveau, nous les avons menés battant pendant plus de 4 lieues.

Ma seconde brigade, commandée par le général Milet, suivant rapidement la 1re, a soutenu ses mouvements avec tant de précision et d'énergie, que l'ennemi a été dans l'impossibilité de tenir nulle part. A hauteur du village de Storkow, 3 de ses escadrons n'ayant pu arriver avant nous au pont qu'ils avaient à passer sur ce point, ont été pris et jetés dans le marais. Tout ce qui n'a pas été tué ou pris, y a péri. Plus de 200 chevaux sont demeurés embourbés et s'y sont

---

1. Ces officiers, ou au moins l'un d'eux, étaient venus annoncer l'arrivée de la division Grouchy.

2. Le mot *soutenu* indique bien exactement la formation du soutien par la brigade de tête de la division de dragons. On saisit le moment où le général Lasalle, considérant sa brigade comme devenue tout entière ligne de combat, *se porte sur l'ennemi; à l'instant il charge la cavalerie prussienne.*

3. Emboîtant la charge, elles ont suivi la brigade Lasalle qui était pêle-mêle avec l'ennemi. Chaque brigade de dragons était formée sur plusieurs lignes qui s'échelonnaient en arrière, car comment admettre que 6 escadrons aient pu marcher alignés en bataille à travers les bois. La brigade Lasalle désunie ayant été ramenée, la 1re brigade, soutien, s'est précipitée sur les Prussiens et a permis aux hussards de se rallier.

La 1re brigade de dragons devient ligne de combat; la 2e soutien et réserve. Le général Grouchy a certainement fractionné en 2 échelons sa 2e brigade, la dernière qui lui reste.

noyés. Ce spectacle était horrible. 2 autres escadrons coupés également, ont sur un autre point été faits prisonniers en totalité ainsi qu'un corps d'infanterie qui les soutenait. L'officier général commandant la colonne prussienne a été tué. Un colonel, une foule d'officiers, de dragons, de hussards et de chevaux sont en notre pouvoir. Le régiment des dragons de la Reine et le régiment des hussards de Schimmelpenning, surnommés les bouchers de l'armée prussienne, sont entièrement détruits. Enfin, Monseigneur, un plus beau succès ne pouvait être obtenu.

Je ne saurais donner trop d'éloges à la conduite des 2 brigades de ma division qui ont combattu et j'ai infiniment à me louer du général Beker, du colonel Grézard et du chef d'escadron Dejean, l'un et l'autre du 3e de dragons, ainsi que du colonel Lebaron, du 6e.

Mes aides de camp ont fait leur devoir : nous avons peu d'hommes tués, mais un grand nombre de blessés.

J'ai pris position à Storkow et poussé des partis jusqu'à Templin [1], que je ne doute pas que l'ennemi n'ait évacué.

Note du général Grouchy. — La division Grouchy ayant poursuivi l'ennemi 4 lieues de chemin, s'est trouvée séparée du corps d'armée qui devait la soutenir. Le général Lasalle est resté à Zehdenick après la charge ; le général Grouchy, ne consultant que son courage, est resté toute la nuit en face de l'ennemi qui se trouvait alors à Templin ; ce corps était celui du prince de Hohenlohe, fort de 15,000 à 16,000 hommes [2]. Vainement des ordonnances sont-elles venues annoncer que nous étions coupés, rien n'a pu déterminer le général à se retirer, et nous avons passé la nuit au milieu des morts et des blessés. Il est à observer que nous n'avions ni infanterie ni canons et qu'une brigade de la division avait été arrêtée à Zehdenick par le prince Murat, ce qui réduisait nos forces à environ 1,500 hommes. Cette affaire, comme combat de cavalerie, est extraordinaire par son résultat et la hardiesse avec laquelle elle a été entamée. 4 régiments de dragons, les généraux à leur tête, chargeant dans un bois, sans aucun sécours d'infanterie, sans s'inquiéter s'ils seraient soutenus, détruisant tout ce qui se trouvait devant eux, se reformant avec précision à la sortie du bois et poursuivant leur avantage malgré des forces bien supérieures, culbutant l'ennemi dans un marais où il a péri plus de 100 chevaux ; 2 régiments détruits, 800 prisonniers tant en cavalerie qu'en infanterie, voilà le

1. De Zehdenick à Storkow, 11 kil. ; — de Storkow à Templin, 9 kil.

2. On verra plus loin que le corps de Hohenlohe ne passa pas par Templin. Le général Savary, dans son rapport à l'Empereur, de Nauen, le 26, à 10 heures du matin, donne des détails circonstanciés sur la marche de la colonne de Hohenlohe.

tableau sommaire du combat de Zehdenick, qui a préparé la prise du prince de Hohenlohe et ajouté à la gloire des dragons et des généraux qui les commandent [1].

La division Grouchy déboucha de Zehdenick vers 3 heures et demie environ [2], heure où l'action commença. Pendant 3 heures, la brigade Lasalle n'avait fait que tâter l'ennemi et le manœuvrer. Le combat et la poursuite furent menés pendant l'espace de 4 lieues. Il devait être environ 6 heures lorsque le général Grouchy s'établit à Storkow, d'où il fit son rapport au Grand-duc. De Storkow à Falkenthal par Zehdenick, 20 kil. — A 8 heures le Grand-duc ne savait rien du combat, ainsi qu'en témoignent les ordres du général Belliard aux généraux Beaumont et Boussard. — A 9 heures, le Grand-duc a reçu le rapport; il fait partir de suite la brigade Boussard pour rejoindre sa division et se rend lui-même à Zehdenick.

LE GÉNÉRAL BELLIARD AU GÉNÉRAL BOUSSARD.

Falkenthal, 26 octobre 1806, 9 heures du soir.

D'après les ordres du Prince vous partirez de suite avec votre brigade pour aller joindre votre division à Zehdenick. Je donne l'ordre aux 2 escadrons que vous avez détachés, de rejoindre.

LE GÉNÉRAL BELLIARD AU GÉNÉRAL. . . . . [3].

Dudit jour.

D'après les ordres du Prince, votre division doit occuper Falkenthal et Liebenberg où vous êtes déjà établi. Faites de suite les dispositions nécessaires pour remplir les intentions du Prince. La partie de votre division qui occupera Falkenthal devra envoyer 1 escadron à Liebenwald [4] pour relever 1 escadron de la division Grouchy qui doit rejoindre; mais comme il serait un peu tard pour qu'il fît son mouvement, vous lui ordonnerez de partir demain à 4 heures pour se rendre à Zehdenick où il joindra sa division. Le quartier général

1. Ton et jactance de l'époque.

2. 4 heures dans le 20e bulletin. Voir au 27 octobre.

3. Cet ordre doit être adressé au général Beaumont. Il est enregistré immédiatement après l'ordre de 9 heures du soir au général Boussard.

4. Liebenwald, 8 kil. à l'est de Falkenthal, sur la route directe de Berlin à Zehdenick.

est établi à Zehdenick. Établissez-vous de votre personne à Falkenthal chez le curé.

On savait dans la soirée qu'un corps de flanqueurs de 14,000 hommes avait dû venir à Zehdenick.

Brigade Lasalle, Zehdenick.
Division Grouchy, Storkow et Zehdenick.

2e division de grosse cavalerie, Sachsenhausen à 3 kil. en avant d'Oranienburg et à 14 kil. en arrière de Liebenberg. Aucun ordre pour le général d'Hautpoul n'est enregistré sur le cahier de correspondance du général Belliard pendant les journées des 26, 27 et 28. La 2e division de grosse cavalerie ne prit part à aucune des affaires des 26, 27 et 28 octobre.

La 1re division de grosse cavalerie resta, à partir du 25, dans les environs de Berlin et ne prit pas part aux opérations qui terminèrent la campagne de Prusse.

LE GÉNÉRAL BELLIARD AU GÉNÉRAL GROUCHY.

Zehdenick, 26 octobre.

Le Prince me charge, mon cher général, de vous faire compliment sur votre belle charge.

Le Prince désire que vous fassiez reconnaître de suite Templin, que la terreur des fuyards aura pu faire évacuer. S'il n'y a personne, l'officier commandant la reconnaissance s'y établira. Il saisira la maison de poste ainsi que les notables du pays et les enverra au Prince.

Je vous prie, mon cher général, aussitôt que vous aurez des nouvelles, de les envoyer.

La brigade Boussard bivouaquera en arrière de la ville.

LE GRAND-DUC DE BERG A L'EMPEREUR.

Zehdenick, 26 octobre 1806, 10 heures du soir.

Sire, j'ai eu l'honneur d'annoncer à V. M. que la brigade du général Lasalle était en présence de l'ennemi. Elle avait en présence 4 régiments de cavalerie en arrière de Zehdenick. Le général Lasalle s'est contenté de faire bonne contenance en attendant les dragons. La division Grouchy a paru ; alors les hussards ont chargé avec la rapidité de l'éclair, ont tout renversé, ont chassé de la ville une innombrable cavalerie, l'ont jetée dans un défilé en les taillant en pièces. Cependant le régiment de la Reine-dragons s'est établi au sortir du défilé, a fait bonne contenance ; les hussards se sont formés à leur tour sur la droite de la route pour laisser charger à leur tour les dragons, qui en ont fait une horrible boucherie et les ont poussés jusque sous Templin et en ont fait un horrible carnage. 600 prisonniers, parmi lesquels plusieurs officiers de marque, le colonel du régiment de la Reine-dragons, un major, une trentaine d'officiers, un guidon du régiment de la Reine, tel est le résultat de la plus belle et vigoureuse charge qui ait eu lieu ; j'ai perdu quelques hommes, mais l'ennemi a au moins plus de 200 hommes tués ; il n'existe plus d'officiers de dragons de la Reine ; le corps, qui était de 800 hommes, n'est plus rien. Cette colonne, presque toute de cavalerie, était commandée par le général Schimmelpenning. J'ai envoyé le prince Philippstadt. Demain je dirigerai tous les prisonniers sur Spandau. 14,000 hommes d'infanterie étaient annoncés pour ce soir ici, les fourriers ont été pris ; ce corps était corps de flanqueurs. Il paraît que le prince Hohenlohe file par Gransee et Dannenwald sur Templin. J'ai envoyé reconnaître tous les points de Ruppin, Gransee. Demain, d'après les renseignements, je me porterai contre l'ennemi. Je me trouve ici bien en mesure. Je me porterai à la pointe du jour sur Templin. Le maréchal Lannes manœuvrera sur l'ennemi, que je crois encore en grande partie sur mes derrières ; j'intercepte dans ce moment une estafette de Stettin du 25, adressée à M. Jacobi, qui le prévient qu'il se forme un corps à Genthin, qui doit se diriger sur Küstrin et lui ordonne de diriger le trésor sur cette ville ; la lettre est adressée à Havelsberg. J'ai aussi une lettre interceptée, pour le Roi, venant d'un de ses aides de camp de Brunswick. On la traduit ; je l'envoie à V. M. J'espère que M. le maréchal Lannes est aujourd'hui à Falkenthal. J'espère que demain nous ferons de la bonne besogne. Sire, votre cavalerie s'est véritablement couverte de gloire ; le général Lasalle a bien effacé la journée de Weissensee. Je ferai connaître à V. M. le nom des braves qui se sont le plus distingués.

P.-S. Je saurai de Templin et de Gransee, si s'est véritablement, comme on me l'assure, la tête de la colonne.

L'EMPEREUR AU GRAND-DUC DE BERG.

Potsdam, 26 octobre 1806.

Du moment que vous aurez dépassé Zehdenick, jetez des partis sur Prenzlow et Strelitz. Vous aurez déjà eu les rapports de votre reconnaissance de Ruppin [1]. J'imagine qu'aujourd'hui le maréchal Lannes, s'il n'a pas d'autres renseignements, ne sera pas loin de Zehdenick ; il faut que vous vous trouviez à une demi-journée de lui, tant pour ne pas l'embarrasser que pour avoir des vivres. Jetez des partis de cavalerie légère pour avoir des renseignements. Je tiens pour impossible que vous ne finissiez pas par faire quelques bons coups, d'autant plus que le maréchal Bernadotte vous suit à une journée derrière. Selon tous les renseignements que je reçois, il y a des corps entiers, même des colonnes, qui se dirigeaient sur Berlin, et qui errent en suivant tantôt la direction de Küstrin, tantôt celle de Stettin. On m'assure que Stettin n'est pas approvisionné. Vos partis doivent se trouver le 28 sous les murs de Stettin ; quelques prisonniers que vous ferez, quelques bourgmestres que vous ferez prendre près de Stettin, vous donneront des renseignements.

Le Grand-duc marchant avec 3 divisions de cavalerie devait se tenir à demi-journée en avant de la tête de l'infanterie. Le 5e et le 1er corps étaient également à demi-journée de marche l'un de l'autre, de sorte que dans les combinaisons de l'Empereur, les 2 corps pouvaient en une journée de marche serrer sur la masse de cavalerie.

---

1. Cette dépêche a donc été écrite à la réception de la lettre du Grand-duc de 2 heures de l'après-midi, lettre qui, en raison de la distance, 60 kil. de Liebenberg à Potsdam, n'est pas parvenue avant la fin de la soirée, 11 heures environ.

LE GÉNÉRAL SAVARY A L'EMPEREUR.

Nauen, 26 octobre 1806, 10 heures du matin.

Je viens de recevoir la lettre que V. M. m'a fait l'honneur de m'écrire par le retour de mon aide de camp Custine[1]. Voici ce que j'ai fait depuis le départ d'un autre de mes aides de camp que j'ai expédié la nuit dernière pour Potsdam avec un rapport pour V. M.

A minuit j'ai fait partir de Wüstermarck 2 détachements de 20 chevaux chacun qui ont passé par Markau et Schwanebeck[2] où ils se sont séparés; l'un est allé par la route de Brandenburg jusqu'à Päwesin et vers Lünow où ils ont appris que dans l'après-midi les Français étaient arrivés à Brandenburg. Le bailli qui était interrogé par le commandant du détachement avait vu lui-même des hussards habillés en vert avec des bandoulières jaunes (j'ai pensé que c'étaient les chasseurs du 5e régiment).

Le second détachement est allé de Schwanebeck par Gross-Behnitz, Klein-Behnitz jusqu'à Barnewitz où il a pris les boulangers de la boulangerie de campagne du roi de Prusse qui m'ont dit venir de Rathenow, où ils avaient vu passer avant-hier une colonne de 4 ou 5 bataillons faisant à peu près 1,500 ou 1,800 hommes, qui partaient de Rathenow pour Neustadt. Ce rapport, qui confirme celui du maître d'hôtel du prince d'Orange pris hier, est encore confirmé par ce qui m'est arrivé le matin.

Avant le jour j'étais parti de Wüstermarck pour Nauen et j'avais en avant de moi un détachement sur la route de Fehrbellin jusque vers Dreibrücken, dans lequel cependant il n'entra pas, parce qu'il rencontra en chemin un parlementaire prussien qu'il m'amena à Nauen. Ce parlementaire est un feldjäger ou courrier attaché au prince de Hohenlohe. Il en était séparé depuis la bataille d'Iéna et il ne l'a rejoint

1. Dépêche de 4 heures du matin. Voir page 351.

2. De Wüstermark à Schwanebeck, 11 kil.; — de Schwanebeck à Lünow, 13 kil.; — à Barnewitz, 12 kil.

qu'avant-hier[1] à Neustadt au moment où son corps arrivait d'Havelberg à 3 milles de Neustadt[2]. — Le même jour, avant-hier, l'avant-garde du prince de Hohenlohe en est partie dans l'après-midi et s'est rendue à Neu-Ruppin à 3 milles de Neustadt.

Le lendemain (c'était hier) à 6 heures du matin, le Prince lui-même (ce courrier était avec lui) est parti de Neustadt pour se rendre aussi à Neu-Ruppin, où il est arrivé avec son armée à midi, heure à laquelle l'avant-garde est partie de nouveau sur la route de Alt-Ruppin. Il a été expédié à 5 heures du soir par le prince de Hohenlohe qui lui a remis ces 2 lettres que j'ai ouvertes (elles n'étaient pas cachetées), et j'ai présumé que le prince de Hohenlohe cherchait par le moyen de ce parlementaire à savoir où nous étions. — En conséquence au lieu de le renvoyer, je le renvoie au prince Murat que je savais être à Oranienburg parce qu'un piquet de dragons est venu à minuit chercher le bailli de Nauen pour le lui conduire.

Le prince Hohenlohe avait ordonné à son courrier de se diriger sur Kremmen pour nous rencontrer; il a essayé de le faire, mais il a trouvé tous les ponts coupés et a été obligé de revenir sur Nauen où il ne croyait trouver personne.

Il dit que le corps du Prince est rassemblé et marche en assez bon ordre.

Un bourgeois de Berlin (d'une famille française réfugiée de l'Édit de Nantes) arrive dans le moment à Nauen; il a quitté Magdeburg mercredi[3] à 4 heures et demie après midi; il a laissé la ville en grande confusion.

Il est venu par Rathenow où il était avant-hier. Le corps du prince de Hohenlohe en était parti de grand matin pour Neustadt[4], — et pendant qu'il est resté à Rathenow jusque

1. Le 24.
2. D'Havelberg à Neustadt, 26 kil.; — de Neustadt à Neu-Ruppin, 26 kil.
3. Mercredi 22 octobre.
4. Que Hohenlohe soit passé par Havelberg comme l'affirme le feldjäger, ou par Rathenow comme le dit le bourgeois de Berlin, peu importe. Le fait certain est que Hohenlohe était le 24 au soir à Neustadt. — Il est probable que c'était Blücher qui était passé par Havelberg.

avant-hier à 5 heures du soir, il a vu dans la matinée le général Larisch qu'il connaît personnellement. Il y avait à Rathenow une quantité considérable de fuyards et de bagages.

A midi il a vu arriver le prince Auguste-Ferdinand, frère de celui qui a été tué ; il n'avait avec lui que son bataillon de grenadiers ; il ne s'est pas arrêté à Rathenow ; il a été le même jour coucher à Neustadt, où il a rejoint le prince de Hohenlohe. — Il a vu aussi à Rathenow 2 régiments de cavalerie saxons, tous deux habillés en rouge, qui défilaient avec les Prussiens et prenaient aussi la route de Neustadt.

Le même jour, avant-hier, il a vu arriver à Rathenow les 2 régiments des gardes et le bataillon de grenadiers-gardes formant ensemble 5 bataillons, qu'il dit ne plus faire que 1,200 hommes au plus sans officiers et dans le plus grand désordre. Ces 5 bataillons devaient coucher avant-hier à Rathenow et marcher le lendemain sur Neustadt.

J'envoie ce français à V. M. ; il m'a paru assuré dans ses réponses et parle d'ailleurs très-bien français.

Je fais le même rapport au grand-duc de Berg [1] sur la marche du prince de Hohenlohe, et je le prie, s'il le juge à propos, de faire marcher 400 bons chevaux d'Oranienburg à Fehrbellin où je serai à la nuit. Alors je me trouverai avoir 500 bons chevaux avec lesquels je me jetterai entre la queue du prince Hohenlohe et cette quantité de fuyards et de bagages qu'il traîne sans doute à sa suite.

J'ai dirigé hier sur Spandau 90 chevaux et environ 120 prisonniers, y compris ceux que j'avais envoyés le matin sur Potsdam.

Si je n'ai point les 400 chevaux du prince duc de Berg, je ne pourrai que me tenir bien loin du prince Hohenlohe, parce que les 120 chevaux qui me restent n'en valent pas 50 bons. Mais j'ose assurer qu'une bonne brigade de troupes légères, à dater de demain matin de Fehrbellin, ne doit pas quitter

1. Il y a 49 kil. de Nauen à Falkenthal par Oranienburg. Le Grand-duc n'avait pas encore reçu le rapport à 10 heures du soir, car il n'en fait pas mention dans son rapport à l'Empereur sur le combat de Zehdenick.

le corps du prince Hohenlohe de plus d'une portée de canon. Le pays ici est excellent pour la chicane des troupes légères. — Il est découvert et a beaucoup de défilés et de marais.

Le français réfugié m'a dit que l'on disait dans l'armée, où il a beaucoup de connaissances, que l'on devait passer l'Oder à Schwedt.

LE GÉNÉRAL SAVARY A L'EMPEREUR.

Fehrbellin, 27 octobre 1806, 2 heures du matin.

Je suis arrivé à Fehrbellin hier avant la nuit[1] et m'y suis établi de manière à être promptement en alerte.

Les patrouilles prussiennes avaient quitté cette ville hier 26 à 4 et 5 heures du soir, et un officier d'artillerie était resté le dernier pour détruire 2 ponts jusqu'au ras de l'eau, l'un ici même et l'autre à ma gauche à une demi-lieue, à Leutzkermühl. Ce dernier brûlait encore à mon arrivée et j'en ai vu la flamme.

500 hussards du régiment de Schimmelpenning avaient quitté Fehrbellin le 25 à 8 heures du soir pour se retirer sur Neu-Ruppin[2]. On leur avait fait un petit pont avec des nacelles pour traverser la petite rivière dont ils avaient rompu celui anciennement établi ; ce petit pont de nacelles avait été détruit ensuite, mais je l'ai fait rétablir dans la nuit.

L'on avait ici des nouvelles de Neu-Ruppin de la veille, c'est-à-dire du 25. Les troupes prussiennes y étaient encore et

1. De Nauen à Fehrbellin, 29 kil. — Le général Savary, parti vers 10 heures et demie ou 11 heures avec son détachement éreinté, n'a pas marché à plus de 5 kil. à l'heure, ce qui explique son arrivée à la fin de la journée, avant la nuit, quelques instants seulement après le départ des patrouilles prussiennes.

2. Cette arrière-garde de hussards était le lendemain 26 au combat de Zehdenick. Le général Schimmelpenning, commandant cette colonne de flanqueurs, avait couché le 25 au village de Germendorf. Il est donc probable qu'en sortant de Fehrbellin les hussards, au lieu de se diriger sur Neu-Ruppin, avaient tourné à droite après avoir traversé le Rhin-Grab et s'étaient portés par Alt-Friesack sur Herzberg, puis de là sur Grieben, Löwenberg, s'arrêtant pour coucher dans l'un ou l'autre de ces endroits.

l'on avait vu leurs feux de la maison où je suis logé en ce moment. Le bailli et le maître de poste d'ici m'ont assuré que l'armée du prince Hohenlohe marchait par Lindow, Gransee et Zehdenick et que de là ils ne connaissaient plus sa destination.

J'ai fait venir ici une estafette qui avait été à Ruppin le 25 à 8 heures du soir ; il m'a dit qu'à cette heure la ville était encore pleine de troupes prussiennes, que *les rues étaient remplies de chevaux qui mangeaient par terre* (ce sont ses expressions), qu'il avait *vu les maisons pleines de soldats et beaucoup de voitures réunies près de la ville, où il y avait de grands feux.*

Avec quelques promesses j'avais engagé l'estafette à retourner à Neu-Ruppin avec une lettre du maître de poste de Fehrbellin pour celui de Ruppin et il devait revenir cette nuit m'avertir de ce qu'il avait vu.

Il n'est point encore de retour, et, au lieu de cela, il a paru à mon avant-poste 4 hommes à cheval sur lesquels la sentinelle, qui était un conscrit à pied [1], a maladroitement fait feu et les a mis en fuite. Je suis donc obligé d'attendre le jour pour voir moi-même dans la campagne.

Si les 500 chevaux, que j'ai prié le prince Murat de diriger sur Fehrbellin, étaient arrivés à l'heure qu'il est, je n'hésiterais pas à harceler sur-le-champ cette arrière-garde, et avec succès j'en suis persuadé.

Mais je suis obligé d'attendre le jour pour me préserver d'accidents avec un détachement aussi médiocre.

Je partirai à la petite pointe du jour pour Neu-Ruppin où j'entrerai si je puis, et dans le cas contraire je marcherai par ma droite par Protzen [2], Friesack, Rüthenick, Linde à Liebenwald, à moins que je n'aie d'autres ordres. Mais de toutes manières j'aurai des prisonniers dans la journée et qui me diront quelque chose.

---

1. Nouvelle preuve qu'il y avait bien des conscrits dans les rangs de l'armée de l'Empereur, même en 1806.

2. Le village de Protzen est au contraire à l'ouest dans la direction de Wüsterhausen. La carte que possédait le général Savary n'était pas probablement d'une exactitude bien rigoureuse.

Le maréchal Bernadotte m'a envoyé cette nuit une correspondance de chasseurs du 5ᵉ. Il a passé la nuit à Börnicke et sa cavalerie à Kremmen.

Je prends ici 12 chevaux pour changer ceux de 12 dragons qui ne peuvent plus suivre — que je laisse aux paysans.

Les troupes légères de V. M. lèvent des contributions presque partout; avant mon arrivée ici, 3 hussards étaient venus à Linum, avaient fait demander le bourgmestre d'ici et ils se sont fait donner 150 frédérics d'or par les 2 bourgmestres.

Fehrbellin a 800 âmes de population.

Le bailli d'ici assure que c'est le général Schimmelpenning qui commande l'arrière-garde du prince Hohenlohe; au moins ce général était-il à Neu-Ruppin le 25 au soir.

J'envoie un rapport au grand-duc de Berg par la même estafette.

LE GÉNÉRAL L. BERTHIER AU GÉNÉRAL DUPONT.

Brandenburg, 26 octobre 1806.

Conformément aux ordres du Prince, veuillez bien, mon cher Général, ouvrir la marche avec votre division et partir de cette ville de manière à être rendu à 7 heures et demie au plus tard à Klein-Kreutz [1], sur la route de Nauen, où vous recevrez de nouveaux ordres.

Veuillez faire rentrer tous les différents détachements qui pourraient être en avant de la ville.

J'envoie des ordres directement à votre parc pour qu'il hâte sa marche, afin qu'il puisse vous rejoindre aujourd'hui, s'il est possible.

LE MARÉCHAL BERNADOTTE AU MAJOR GÉNÉRAL.

Nauen, 26 octobre 1806, 2 heures après midi.

Prince, j'arrive à Nauen [2]; j'apprends que le prince de Hohenlohe au lieu de prendre sa route par Oranienburg, comme

1. C'est un rendez-vous de corps d'armée à 5 kil. de la ville. Le général Dupont a dû partir de Brandenburg à 6 heures.

2. De Klein-Kreutz à Nauen, 26 kil., soit 6 heures et demie de marche.

je vous l'avais mandé hier, s'est dirigé en partant de Rathenow sur Neustadt et Ruppin où il était encore hier; les uns disent que ce Prince se retire sur Stettin; les autres, au contraire, assurent qu'il va à Schwedt; ces renseignements joints à la certitude que j'ai qu'il y a des troupes françaises à Oranienburg, m'ont déterminé à me porter dans les environs de Kremmen[1]. Je pousserai ma cavalerie jusque-là et une grande partie de mon infanterie sera entre Kremmen et Nauen. Je profiterai de toute cette nuit pour faire courir des détachements de tous côtés, afin de savoir quelque chose de positif sur l'ennemi. Je prendrai mon parti d'après ce qui me parviendra de certain.

J'ai l'honneur de vous rendre compte qu'un détachement de chasseurs, commandé par le capitaine adjoint Steck, que j'avais envoyé sur la rivière de Havel, a trouvé sur le lac de Plaue 30 bateaux chargés de farine, d'avoine et de toutes sortes d'approvisionnements destinés pour Magdeburg; plus 20 pièces d'artillerie dont quelques-unes de siège; on a fait aussi quelques prisonniers. J'ai ordonné que le tout fût conduit à Brandenburg; un commissaire des guerres a l'ordre de s'y rendre pour en dresser procès-verbal.

Je m'établis ce soir à Börnicke[2].

2e et 4e de hussards, Kremmen; — 5e de chasseurs, quartier général, division Dupont, Börnicke[3]; — 2e et 3e divisions, Nauen; — le parc

---

Partie à 7 heures et demie de Klein-Kreutz, la tête de la colonne arrive à 2 heures de l'après-midi à Nauen, après une marche ininterrompue de 8 heures.

1. De Nauen à Börnicke, 9 kil.; — de Börnicke à Kremmen, 11 kil.

2. De Brandenburg à Börnicke, 11 lieues de poste. — De Brandenburg à Nauen chemin de sable. Au sortir de la ville il passe à travers de grands pâturages, puis continue au milieu d'un pays maigre de productions, ondulé, parsemé de quelques bouquets d'arbres et assez souvent offrant des plaines propres au déploiement d'une armée. — De Nauen à Börnicke belle chaussée bordée d'arbres, mais elle ne dure qu'une lieue pour ensuite continuer dans le sable. (Journal du 1er corps.)

3. LE GÉNÉRAL SONGIS AU GÉNÉRAL ÉBLÉ, COMMANDANT L'ARTILLERIE DU 1er CORPS.

Berlin, 26 octobre 1806.

En réponse à vos lettres des 21 et 23, j'ai l'honneur de vous prévenir que le parc mobile arrive demain soir à Spandau et qu'en général il suit la route du quartier général impérial à 1 ou 2 journées de distance. Je donne

marchait par la grande route (?) pour se rendre à Oranienburg. (État d'emplacement du 1er corps.)

4e corps. — Les journées du 26 et du 27 furent employées aux préparatifs du passage de l'Elbe ; pour cet effet un pont volant et 2 bateaux pontés furent construits ; il fallait encore décharger plusieurs bateaux qui étaient nécessaires au passage de l'infanterie. Le Maréchal eut beaucoup à se louer dans cette opération du zèle, de l'activité et des efforts inouïs que les officiers d'artillerie et du génie (sous les ordres du général Lariboisière et du colonel Garbé), canonniers, pontonniers et sapeurs firent pour l'exécution des ordres qui furent donnés ; il en est plusieurs qui méritèrent alors les bonnes grâces de S. M. et en faveur desquels des demandes seront présentées. (*Journal des opérations.*)

Cavalerie légère, Leutritz (?) ; — 4e division de dragons, Arneburg ; — quartier général, 1re division, parc, Tangermünde ; — 2e division, Bindfelde ; — 3e division, Stendal.

LE GÉNÉRAL COMPANS A L'ORDONNATEUR.

Tangermünde, 27 octobre 1806.

En conséquence de l'ordre de M. le Maréchal commandant en chef, vous voudrez bien envoyer sous le plus bref délai du pain pour 1 jour, ration complète, à 2 compagnies du bataillon corse, à 1 compagnie de pontonniers et à 1 compagnie de sapeurs qui sont employées aux bateaux de passage le long de l'Elbe, au-dessous de Tangermünde. Vous ne sauriez apporter trop de célérité à cet envoi, S. Exc. ayant marqué beaucoup de mécontentement de ce que ces troupes étaient restées sans pain jusqu'à présent.

AU MÊME.

Je vous invite à donner vos ordres pour que sur les bons signés de M. Vincent, officier du génie, il soit distribué aux militaires employés aux travaux sur l'Elbe les vivres dont ils auront besoin.

---

ordre au général Saint-Laurent de mettre à votre disposition 400,000 cartouches d'infanterie ; mais il est nécessaire que vous les envoyiez chercher ; le parc n'a pas assez de moyens pour les faire parvenir aux corps, ce qui lui ferait perdre plusieurs jours pour aller en arrière chercher les remplacements, tandis que des voitures vides à votre suite ne peuvent y être utiles et que, pour peu que l'armée s'arrête, elles vous rejoindront facilement.

Je crois devoir vous engager à provoquer des mesures sévères de la part de M. le prince de Ponte-Corvo sur les dilapidations dont vous vous plaignez et qui, si on n'y met un terme, laisseraient l'artillerie dans l'impossibilité de suffire aux consommations.

AU MÊME.

D'après les intentions de M. le Maréchal commandant en chef, vous voudrez bien faire verser dans la caisse du payeur principal du corps d'armée les fonds appartenant au roi de Prusse qui se trouvent dans ses caisses à Tangermünde et à exécuter à l'avenir cette mesure dans tous les endroits des États prussiens où le corps d'armée passera.

M. le Maréchal vous charge de constater l'existence et le versement de ces fonds par procès-verbaux et de lui en rendre les comptes les plus prompts et les plus exacts.

Tangermünde, 28 octobre 1806.

Ordre au payeur de mettre la somme de 2,000 fr. à la disposition du général Lariboisière pour être répartie à titre de gratification entre les pontonniers, sapeurs et canonniers qui ont travaillé au pont de l'Elbe[1].

Ordre au payeur de mettre la somme de 2,000 florins à la disposition du général Compans pour l'acquit de dépenses extraordinaires.

Ces deux sommes seront prises sur le fonds provenant de la vente des magasins d'Autriche.

M^al^ SOULT.

---

1. Cet ordre, qui se trouve sur le registre du maréchal Soult, fut expédié par le général Compans dans la forme suivante (registre du général Compans).

LE GÉNÉRAL COMPANS AU GÉNÉRAL LARIBOISIÈRE.

Tangermünde, 28 octobre 1806.

Je vous préviens que M. le Maréchal commandant en chef a chargé le payeur principal du corps d'armée de tenir à votre disposition une somme de 2,000 fr. pour servir au paiement des gratifications qu'il a promises aux pontonniers, sapeurs et canonniers qui ont été employés aux travaux du pont de Tangermünde. — M. le Maréchal vous laisse le soin de leur faire la répartition de cette somme suivant les services que chacun d'eux aura rendus dans ces travaux.

LE GÉNÉRAL COMPANS AU PAYEUR.

D'après les ordres de M. le Maréchal commandant en chef, le payeur principal tiendra à la disposition, etc.

Cette somme sera prélevée sur les fonds provenant de la vente des magasins d'Autriche, qui existent en caisse à la disposition de M. le Maréchal.

Le général adresse l'ordre à son chef d'état-major, qui l'expédie et signe la transmission. Le chef d'état-major est couvert par l'ordre du général; la signature du chef d'état-major, lorsqu'il agit par ordre, vaut celle de son général.

LE MARÉCHAL NEY AU MAJOR GÉNÉRAL.

Schönebeck, 26 octobre 1806.

J'ai reçu ce matin un extrait de la lettre que vous avez écrite le 22 de ce mois à M. le maréchal Soult pour lui prescrire d'établir un pont sur l'Elbe au-dessus de Magdeburg et de faire choix d'une île propre à défendre les 2 têtes de pont et à recevoir les approvisionnements nécessaires pour la subsistance du corps d'observation qui reste sous Magdeburg.

J'ai déjà rendu compte à V. A. qu'avant le départ du 4e corps d'armée pour Tangermünde j'avais fait construire ici un pont aussi solide qu'il est possible de l'espérer; les reconnaissances que j'ai fait faire pour le rapprocher de Magdeburg à une distance de 2 lieues n'offrent rien de satisfaisant. Toute la rive gauche de l'Elbe est dominée depuis Frohse et Westerhusen jusqu'au-dessous de Salbke.

L'île située vis-à-vis ce dernier point paraissait offrir l'objet de nos recherches, mais elle est beaucoup trop petite et à la moindre crue des eaux elle est inondée; ainsi il faut y renoncer.

Une partie de l'île de Gommern où aboutit le pont de Schönebeck, s'inonde également aux premières grandes pluies; on prépare une bonne route de communication sur la digue de l'Elbe depuis Ranies jusqu'à Dörnburg; on tâchera d'isoler cette partie comprenant Plötzky et Grünewald, de manière à former une place d'armes en cas d'événement.

LE MARÉCHAL NEY AU MAJOR GÉNÉRAL.

Schönebeck, 26 octobre 1806, midi.

J'ai reçu la lettre que vous m'avez fait l'honneur de m'écrire de Potsdam le 24 de ce mois; ma dépêche d'hier contient les renseignements que vous me demandez.

M. le maréchal Soult doit être en ce moment même au-dessous de Tangermünde vers Stendal.

Tous les renseignements annoncent que le corps du duc de Weimar se dirige vers Gardelegen et Salzwedel, d'où il doit ensuite marcher sur Hamburg, à moins que le mouvement de M. le maréchal Soult ne soit assez prompt pour qu'il puisse atteindre l'ennemi et le forcer à se rendre.

LE MARÉCHAL MORTIER A L'EMPEREUR.

Brukenau, 26 octobre 1806.

J'ai reçu ce matin la lettre que V.M. m'a fait l'honneur de m'écrire le 23 de ce mois avec ses instructions pour l'invasion de la Hesse. Je n'épargnerai ni soins ni zèle pour me conformer strictement à ce qu'elles me prescrivent. Les 2 divisions sous mes ordres ne forment pas 4,000 hommes chacune comme V. M. semble le croire ; elles ne sont composées jusqu'à présent que des 2e, 4e et 12e d'infanterie légère dont je joins ici la situation. Le 1er régiment d'infanterie italienne arrivera difficilement à Fulde le 29.

Demain mes troupes seront à Fulde; j'en partirai après-demain pour Cassel passant par Hunefeld, Hersfeld, Bebra, Morschen, Melsungen et Cassel où je compte arriver le 31. L'avant-garde de l'armée de Hollande me sera nécessaire. Je viens de faire partir un de mes aides de camp pour m'assurer si elle est arrivée à Göttingen ou Paderborn, et ordonner à l'officier général qui la commande en lui faisant passer mes instructions, pour qu'il se trouve le 31 vers midi à hauteur de Cassel.

Le roi de Hollande m'annonce par sa lettre du 19 qu'un courrier porteur, pour lui, de dépêches de V. M. a été pris par les Prussiens du côté de Dusseldorf; il m'a fait l'honneur de m'écrire de nouveau le 21 et ne m'a point parlé d'aucun mouvement de ses troupes.

Le général Laval part pour Mayence pour organiser un millier d'hommes de dragons, hussards et chasseurs à pied qu'il m'enverra; il prendra le commandement du 1er régiment d'infanterie légère italienne lors de son arrivée et ramassera le peu de troupes que doivent encore fournir les princes de Nassau et Darmstadt. Je chargerai ce général du siège de Hanau s'il doit avoir lieu.

LE GÉNÉRAL CLARKE A L'EMPEREUR.

Erfurt, 26 octobre 1806, 8 heures du soir.

J'ai envoyé à V. M. le 23 copie de la lettre que M. le baron de Hund, commandant un bataillon de grenadiers saxons, m'avait écrite. Cet officier s'étant rendu à Klein-Sommerda avec son bataillon en vertu du passeport que je lui avais adressé, j'ai pensé, vu la situation en laquelle V. M. a mis ses ennemis, qu'il suffisait que j'envoyasse à Klein-Sommerda le capitaine Raymond Shee, mon aide de camp, avec 4 hussards. Je donnai à cet officier les instructions nécessaires.

S. M. trouvera ci-joint la capitulation que M. Shee a conclue avec M. de Hund[1], mais cet officier et le capitaine de Radeloff du bataillon saxon s'étant rendus près de moi dans le dessein de supplier que leurs armes leur fussent rendues, parce qu'ils attachaient à ce désarmement une idée de déshonneur, j'ai cru devoir en vertu de la bienveillance de V. M. pour S. A. l'électeur de Saxe permettre que les fusils,

---

1. LE GÉNÉRAL CLARKE AU MAJOR GÉNÉRAL.

Erfurt, 27 octobre 1806.

J'ai l'honneur d'adresser à V. A. les revers de MM. les officiers du 2e bataillon de grenadiers saxons lesquels se sont engagés sur leur parole d'honneur de ne point servir, pendant toute la guerre et jusqu'à leur échange, contre S. M. l'Empereur et Roi ou ses alliés.

Nous soussignés lieutenant-colonel, capitaines, lieutenants et sous-lieutenants du 2e bataillon des grenadiers saxons, donnons notre parole d'honneur pour nous et pour les sous-officiers et grenadiers dudit bataillon, de ne point servir contre S. M. l'Empereur des Français et Roi d'Italie ou ses alliés et jusqu'à notre échange, conformément à l'article 3 de la capitulation qui nous a été accordée par le général de division Clarke, gouverneur d'Erfurt.

En foi de quoi nous avons signé le présent revers, au petit Sommerda, le 26 octobre 1806.

Baron de Hund,
Lieutenant-colonel et commandant d'un bataillon de grenadiers.

Suivent les autres signatures.

gibernes et sabres de ce bataillon de grenadiers les suivissent sur des chariots à 24 heures de distance du bataillon et pour lui être remis à Röchlitz. Quant à la pièce de canon et au caisson, je les garderai à Erfurt.

M. Shee a agi avec prudence et fermeté. Je m'estimerais heureux que sa conduite et la mienne pussent mériter l'approbation de V. M.

NOTA. — Quelques hussards accompagneront le chariot d'armes jusqu'à Röchlitz.

P.-S. — Le général Thouvenot vient d'arriver ici. La garnison de Würzburg sera ici dans 4 jours. J'en enverrai demain l'état par aperçu.

M. DE THIARD A L'EMPEREUR.

Dresde, 26 octobre 1806.

V. M. m'a fait ordonner de maintenir une exacte discipline. Cette disposition est tout à fait opposée à l'esprit de la division bavaroise. Les généraux ne parlent que de réquisitions; les soldats n'entrent pas dans une maison sans piller. Il m'est difficile de réprimer le désordre, je ne peux opposer que des Bavarois à des Bavarois, et mes ordres sont mal exécutés; avec 15 gendarmes la police serait exactement faite. M. Schönfeld est le boute-feu; c'est lui qui excite les généraux, et il est certain que si j'étais arrivé après la division, la ville eût été pillée. Les généraux croyaient y faire leur fortune, et ma présence leur déplaît beaucoup...

27 OCTOBRE

GRANDE ARMÉE.

ORDRE DU JOUR.

Au quartier général impérial à Charlottenburg,
le 27 octobre 1806.

L'Empereur fait armer et mettre dans le meilleur état de défense les places d'Erfurt, Wittenberg et Spandau. L'armée est prévenue que ce n'est que dans ces places que doivent être les grands et petits dépôts des corps de l'armée, ainsi que leurs bagages inutiles, ces 3 places étant les seuls points de sûreté pendant les opérations de l'armée. On y a désigné des locaux pour servir de dépôt à chacun des 7 corps de la Grande Armée. Les ordres ont été donnés pour qu'un adjoint d'état-major commandât le dépôt de chacun des corps d'armée; les hommes légèrement blessés, fatigués ou éclopés, se dirigeront sur Spandau.

S. M. réitère l'ordre qu'elle a déjà donné que les régiments au lieu de traîner avec eux leurs caisses, leurs bagages et leurs gros papiers, les laissent aux dépôts; il en sera de même pour les officiers généraux.

Tous les hommes venant joindre l'armée soit isolément, soit par petits détachements, se dirigeront sur les dépôts de Spandau, et jamais sur Berlin; ils se feront inscrire chez l'adjoint commandant le dépôt de leur corps d'armée; celui-ci en rendra compte au commandant de la place qui en adressera tous les jours l'état au Major général.

Tous les effets d'habillement et autres qui arriveront à l'armée, se dirigeront sur ces dépôts d'où ils ne rejoindront leur corps que par l'ordre du Major général. Il y aura dans la place un adjudant commandant sous les ordres du commandant d'armes chargé d'inspecter tous les dépôts et de correspondre plus particulièrement avec le Major général. Tous les magasins, tant de l'artillerie que de l'administration, soit vivres, soit habillement, soit hôpitaux, seront établis à Spandau. L'intention de l'Empereur n'est point d'assujettir ses manœuvres à la défense et à la conservation de Berlin; mais Spandau sera toujours en sûreté.

M^al^ Alex. BERTHIER.

19e BULLETIN DE LA GRANDE ARMÉE.

Charlottenburg, 27 octobre 1806.

L'Empereur, parti de Potsdam aujourd'hui[1] à midi, a été visiter la forteresse de Spandau. Il a donné ses ordres au général de division Chasseloup, commandant le génie de l'armée, sur les améliorations à faire aux fortifications de cette place. C'est un ouvrage superbe; les magasins sont magnifiques. On a trouvé à Spandau des farines, des grains, de l'avoine pour nourrir l'armée pendant 2 mois, des munitions de guerre pour doubler l'approvisionnement de l'artillerie. Cette forteresse, située sur la Sprée, à 2 lieues de Berlin, est une acquisition inestimable. Dans nos mains elle soutiendra 2 mois de tranchée ouverte. Si les Prussiens ne l'ont pas défendue, c'est que le commandant n'avait pas reçu d'ordre, et que les Français y sont arrivés en même temps que la nouvelle de la bataille perdue. Les batteries n'étaient pas faites et la place était désarmée.

Pour donner une idée de l'extrême confusion qui règne dans cette monarchie, il suffit de dire que la Reine, à son retour de ses ridicules et tristes voyages d'Erfurt et de

1. Le 26.

Weimar, a passé la nuit à Berlin sans voir personne; qu'on a été longtemps sans avoir de nouvelles du Roi; que personne n'a pourvu à la sûreté de la capitale, et que les bourgeois ont été obligés de se réunir pour former un gouvernement provisoire.

L'indignation est à son comble contre les auteurs de la guerre. Le manifeste, que l'on appelle à Berlin un indécent libelle où aucun grief n'a été articulé, a soulevé la nation contre son auteur, misérable scribe, nommé Gentz, un de ces hommes sans honneur qui se vendent pour de l'argent.

Tout le monde avoue que la Reine est l'auteur des maux que souffre la nation prussienne. On entend dire partout: « Elle était si bonne, si douce, il y a un an; mais depuis cette « fatale entrevue avec l'empereur Alexandre, combien elle a « changé! »

Il n'y a eu aucun ordre donné dans les palais, de manière qu'on a trouvé à Potsdam l'épée du grand Frédéric, la ceinture de général qu'il portait à la guerre de Sept ans et son cordon de l'Aigle Noir. L'Empereur s'est saisi de ces trophées avec empressement et a dit : « J'aime mieux cela que vingt « millions. » Puis, pensant un moment à qui il confierait ce précieux dépôt: « Je les enverrai, dit-il, à mes vieux soldats « de la guerre de Hanovre, j'en ferai présent au gouverneur « des Invalides; cela restera à l'Hôtel. »

On a trouvé dans l'appartement qu'occupait la Reine, à Potsdam, le portrait de l'empereur de Russie dont ce prince lui avait fait présent. On a trouvé à Charlottenburg sa correspondance avec le Roi pendant 3 ans, et des mémoires rédigés par des écrivains anglais pour prouver qu'on ne devait tenir aucun compte des traités conclus avec l'empereur Napoléon, mais se tourner tout à fait du côté de la Russie. Ces pièces surtout sont des pièces historiques; elles démontreraient, si cela avait besoin d'une démonstration, combien sont malheureux les princes qui laissent prendre aux femmes de l'influence sur les affaires politiques. Les notes, les rapports, les papiers d'État, étaient musqués et se trouvaient mêlés avec des chiffons et d'autres objets de la toilette de la Reine.

Cette princesse avait exalté les têtes de toutes les femmes de Berlin; mais aujourd'hui elles ont bien changé. Les premiers fuyards ont été mal reçus; on leur a rappelé avec ironie le jour où ils aiguisaient leurs sabres sur les places de Berlin, voulant tout tuer et tout pourfendre.

Le général Savary, envoyé avec un détachement de cavalerie à la recherche de l'ennemi, mande que le prince de Hohenlohe, obligé de quitter Magdeburg, se trouvait le 25 entre Rathenow et Ruppin, se retirant sur Stettin.

Le maréchal Lannes était déjà à Zehdenick; il est probable que les débris de ce corps ne parviendront pas à se sauver sans être de nouveau entamés.

Le corps bavarois doit être entré ce matin à Dresde; on n'en a pas encore de nouvelles.

Le prince Louis-Ferdinand, qui a été tué dans la première affaire de la campagne, est appelé publiquement à Berlin le petit duc d'Orléans. Ce jeune homme abusait de la bonté du Roi au point de l'insulter. C'est lui qui, à la tête d'une troupe de jeunes officiers, se porta pendant une nuit à la maison de M. de Haugwitz, lorsque ce ministre revint de Paris, et cassa ses fenêtres. On ne sait si l'on doit le plus s'étonner de tant d'audace ou de tant de faiblesse.

Une grande partie de ce qui a été dirigé de Berlin sur Magdeburg et sur l'Oder a été intercepté par la cavalerie légère. On a déjà arrêté plus de 60 bateaux chargés d'effets d'habillement, de farine et d'artillerie. Il y a des régiments de hussards qui ont plus de 500,000 francs. On a rendu compte qu'ils achetaient de l'or pour de l'argent à cinquante pour cent de perte.

Le château de Charlottenburg, où loge l'Empereur, est situé à une lieue de Berlin sur la Sprée.

20e BULLETIN DE LA GRANDE ARMÉE.

Charlottenburg, 27 octobre 1806.

Si les événements militaires n'ont plus l'intérêt de l'incertitude du dénouement, ils ont toujours l'intérêt des combinaisons, des marches et des manœuvres[1]. L'infatigable grand-duc de Berg se trouvait à Zehdenick le 26, à 3 heures après midi, avec la brigade de cavalerie légère du général Lasalle, et les divisions de dragons des généraux Beaumont et Grouchy étaient en marche pour arriver sur ce point.

La brigade du général Lasalle contint l'ennemi, qui lui montra près de 6,000 hommes de cavalerie. C'était toute la cavalerie de l'armée prussienne, qui, ayant abandonné Magdeburg, formait l'avant-garde du corps du prince de Hohenlohe qui se dirigeait sur Stettin. A 4 heures après midi les 2 divisions de dragons étant arrivées, la brigade du général Lasalle chargea l'ennemi avec cette singulière intrépidité qui a caractérisé les hussards et les chasseurs français dans cette campagne. La ligne de l'ennemi, quoique triple, fut rompue, l'ennemi poursuivi dans le village de Zehdenick et culbuté dans les défilés. Le régiment des dragons de la Reine voulut se reformer; mais les dragons de la division Grouchy se présentèrent, chargèrent l'ennemi et en firent un horrible carnage. De ces 6,000 hommes de cavalerie, partie a été culbuté dans les marais, 300 hommes sont restés sur le champ de bataille, 700 ont été pris avec leurs chevaux : le colonel du régiment de la Reine et un grand nombre d'officiers sont de ce nombre. L'étendard de ce régiment a été pris. Le corps du maréchal Lannes est en pleine marche pour soutenir la cavalerie. Les cuirassiers se portent en colonnes sur sa droite, et un autre corps d'armée se porte sur Gransee. Nous arriverons à Stettin avant cette armée, qui, attaquée dans sa marche en flanc, est déjà débordée par sa tête. Démoralisée comme elle l'est, on a lieu d'espérer que rien n'en échappera, et que toute la partie de l'armée prussienne qui a inutilement perdu 2 jours à Magdeburg pour se rallier n'arrivera pas sur l'Oder.

Ce combat de cavalerie de Zehdenick a son intérêt comme fait militaire; de part et d'autre, il n'y avait pas d'infanterie ; mais la cavalerie prussienne est si loin de la nôtre,

1. C'est aussi l'intérêt de l'étude de l'histoire des guerres.

que les événements de la campagne ont prouvé qu'elle ne pouvait tenir vis-à-vis de forces moindres de la moitié.

Un adjoint de l'état-major, arrêté par un parti ennemi, du côté de la Thuringe, lorsqu'il portait des ordres au maréchal Mortier, a été conduit à Küstrin, et y a vu le Roi. Il rapporte qu'au delà de l'Oder il n'est arrivé que très peu de fuyards. Soit à Stettin, soit à Küstrin, il n'a presque point vu de troupes d'infanterie.

L'EMPEREUR AU GÉNÉRAL SONGIS.

Charlottenburg, 26 octobre 1806.

Mon intention est d'armer le fort et la ville de Spandau ; envoyez-y un général de brigade d'artillerie pour y organiser le service, et qu'avant demain, à 9 heures du matin, il y ait une compagnie entière d'artillerie de 100 hommes, une escouade d'ouvriers, un chef de brigade ou de bataillon d'artillerie, un officier en résidence, un garde-magasin général, un artificier. Le général de brigade y restera jusqu'à ce que le service soit parfaitement monté.

Toutes les poudres qui se trouvent à Berlin et dans tous les pays entre la Sprée et l'Oder, seront sans délai transportées à Spandau, ainsi que les plombs et tous les matériaux pour faire des cartouches à balle et à boulet ; également tous les matériaux propres aux travaux de l'arsenal. Je vous le répète, je ne veux rien à Berlin. Les transports de Berlin à Spandau seront très-faciles puisqu'il y a la Sprée[1].

---

1. LE GÉNÉRAL SONGIS AU GÉNÉRAL SÉNARMONT, COMMANDANT L'ARTILLERIE A BERLIN.

Berlin, 27 octobre 1806.

L'intention de l'Empereur, M. le Général, est que toute l'artillerie qui se trouve à Berlin ou dans les magasins des environs soit transportée à Spandau dans l'espace de 6 jours. Veuillez bien prendre vos mesures pour remplir autant que possible ses intentions. Il faut à cet effet que vous fassiez mettre sur-le-champ en réquisition une cinquantaine de bateaux, que vous les fassiez disposer de manière que l'on puisse embarquer à la fois dans 4 ou 5 endroits les plus à portée possible des magasins. Il faut demander au commandant de la place qu'il vous fasse fournir journellement, jusqu'à ce que cette opération soit terminée, 50 voitures attelées de 4 chevaux et 100 travailleurs militaires ou bourgeois pour transporter les poudres, autant pour le transport des fers

On choisira à Spandau des souterrains pour qu'ils puissent contenir un million de poudre et des emplacements pour contenir 4 à 5 millions de cartouches ; on établira une salle d'artifice, je n'en veux que là, un arsenal de construction, et on organisera tout ce que j'ai ordonné pour Erfurt et Wittenberg. Erfurt, Wittenberg et Spandau, voilà mes trois places de dépôts. Quelle que soit celle de ces places où je me dirige, j'y dois trouver poudre, pierres à feu, fusils, cartouches à balle et à boulet, moyens de rechange et de réparations nécessaires après une bataille gagnée ou perdue. On doit constamment considérer le reste du pays comme pouvant être occupé d'un moment à l'autre par la cavalerie ou les colonnes ennemies[1]. Ainsi l'artillerie à Spandau doit être considérée sous deux points de vue : artillerie nécessaire à la défense de la place, artillerie et munitions de guerre de toute espèce, de dépôt, pour réparer les consommations et les pertes. Il faut donc que, dans 3 jours, si cette place était cernée, l'artillerie y fût en mesure pour se défendre ; que, pour cela, les plates-formes fussent établies ; que le bois soit déjà coupé pour faire des saucissons et des gabions ; enfin que la citadelle et la place soient armées. Il faut qu'avant 6 jours tout ce que j'ai à Berlin, qui peut m'être nécessaire, comme munitions, pièces de rechange, artillerie de campagne, se trouve emmagasiné dans le fort de Spandau. Je vous ai déjà ordonné de faire revenir tout ce que vous aviez en arrière, à Augsburg, Ulm, Würzburg, Kronach, non pas

---

coulés, 30 voitures et 60 travailleurs pour le transport des fusils, autant pour le transport du plomb et enfin un certain nombre de triqueballes ou chariots pour le transport des bouches à feu s'il ne s'en trouve pas suffisamment à l'arsenal comme je le crains. Vous ferez travailler en même temps à ces différents transports, mais vous accélérerez principalement celui des poudres, des fusils, du plomb et des bouches à feu qui sont de service et ont des affûts.

S'il y a quelque canal à portée de la fabrique de poudre, il faudra y faire mener les bateaux, ce qui facilitera beaucoup les transports.

Le général Songis demandait en même temps le 27 au Major général que les chevaux de l'artillerie attachés à l'infanterie fussent employés pour les transports de l'artillerie de Berlin sur Spandau.

1. Il faut avoir toujours présent à l'esprit qu'au moment où l'Empereur donna ses ordres pour l'organisation de Spandau, il n'était pas encore maître de l'Oder.

en matériel, car je crois que vous en avez ici plus qu'il ne vous faut, mais en personnel; enfin en tout ce qui vous est nécessaire. Répartissez ces moyens sur Erfurt, Wittenberg et Spandau.

L'EMPEREUR AU GÉNÉRAL CHASSELOUP.

Charlottenburg, 27 octobre 1806.

Erfurt, Wittenberg et Spandau, voilà les trois places qu'il faut mettre en état. J'ai déjà fait connaître mes intentions sur Wittenberg. Voici ce que j'entends qu'il soit fait pour Spandau. Il faut que, dans 3 jours d'ici, il y ait des ponts-levis, ou du moins des ponts sur chevalets, à toutes les portes de la ville; que toutes les maisons qui sont sur la muraille qui ferme la place du côté de la rivière soient abattues; que deux ou trois points soient choisis sur cette rivière pour 3 petites flèches palissadées qui flanquent les murs et contiennent du canon pour s'opposer à une surprise par des bateaux; que toutes les demi-lunes soient palissadées, et que l'on travaille à creuser les fossés de manière à donner plus d'escarpe aux talus et rendre l'escalade plus difficile. Le projet général que vous me remettrez me fera connaître s'il convient d'approfondir tous ces fossés ou de chercher leur défense dans les manœuvres d'eau. Mon intention est qu'on travaille à fraiser toute la place, à palissader tous les chemins couverts, et à établir une grosse palissade au milieu de tous les fossés; car les eaux, dans la saison où nous allons entrer, peuvent disparaître par la gelée, et comme la Sprée n'est point rapide, la place ne pourra se trouver à l'abri d'un coup de main qu'en mettant en bon état le mur qui ferme la place du côté de la rivière et les trois flèches ci-dessus ordonnées. Je donne l'ordre à l'artillerie de construire sur-le-champ les batteries. Les terres que vous retirerez de la cunette ordonnée dans les fossés serviront à relever d'autant les parapets.

Toutes les maisons qui masquent la citadelle seront abattues dans l'espace de trois jours ; les moulins seuls resteront, mais se trouveront par là très-isolés.

Il sera aussi établi pour le canon de campagne, ou au moins pour les hommes à pied, une communication entre la citadelle et la place, le long de l'estacade qui existe ; il est même nécessaire que le passage qu'on y établira, soit en sacs à terre ou en gros morceaux de bois, soit à l'abri de la mitraille. Cette première défense est indispensable, mais ne sera pas suffisante. On travaillera donc à palissader sur les démolitions ordonnées, sur lesquelles on fera un tracé qu'on palissadera. Ces deux moyens me paraissent suffisants sous le feu de la citadelle, dans le cas où le lac disparaîtrait par une forte gelée ; car, sans cette circonstance, la première défense serait suffisante.

Vous désignerez sans délai, dans l'intérieur du fort, l'emplacement pour les fours nécessaires à la confection de 60,000 rations de pain par jour. Vous désignerez les souterrains capables de contenir un million de poudre et 4 millions de cartouches, un emplacement où l'on puisse établir un hôpital pour 1,200 blessés. Vous désignerez dans la ville 7 locaux pour les dépôts des 7 corps de la Grande Armée, devant chacun contenir 200 hommes convalescents de chacun des corps d'armée. Vous aiderez l'artillerie à relever les parapets des bastions par de bons épaulements en gabions ou saucissons.

Mon intention est qu'avant 8 ou 10 jours tout ce que je viens de prescrire soit terminé.

J'attends le rapport que vous me ferez pour adopter un plus grand plan relativement au système des eaux, et à un système de redoutes qui embrasserait le local et qui ferait que 8 à 10,000 hommes puissent résister à toute une armée, en supposant les eaux non gelées.

Par toutes ces flèches et redoutes, je n'entends point de simples redoutes de campagne auxquelles je n'accorde aucune confiance, mais de bonnes redoutes revêtues en bois, ayant aussi des contrescarpes en bois. Il est prouvé qu'une pièce de bois de 8 pouces de diamètre n'est point brisée par un obus ni un coup de canon. La manière de les placer, en conciliant l'économie du temps avec la grande solidité, est absolument du ressort des officiers du génie. Si leurs idées ne sont point assises, il sera peut-être convenable que, dans les différentes redoutes, ils essaient de différentes méthodes. Vous ne manquerez point de renfermer dans la citadelle une grande quantité de bois, de manière que la garnison, en cas d'attaque, ait le moyen de se blinder rapidement le long des talus intérieurs. On pourrait même, sous ces blindages, mettre à couvert la farine et autres objets qui ne seraient plus en sûreté dans le magasin.

Il est convenable qu'il y ait au moins 4 officiers du génie chargés de cette place, dont un chargé du détail, et un commandant le génie, seront destinés à défendre Spandau. Vous soumettrez à ma signature l'ordre qui les placera dans Spandau, afin que, sous aucun prétexte, même celui de maladie, ils ne puissent sortir de la place. Le commandant doit avoir au moins le grade de colonel.

LE MAJOR GÉNÉRAL AU GÉNÉRAL NANSOUTY.

Charlottenburg, 27 octobre 1806, 4 heures du matin.

L'intention de l'Empereur, Général, est que votre division de cavalerie reste en repos pendant la journée d'aujourd'hui.

LE MAJOR GÉNÉRAL AU GÉNÉRAL D'HAUTPOUL.

Charlottenburg, 27 octobre 1806, 4 heures du matin.

Il est ordonné au général d'Hautpoul de prendre du pain pour 4 jours et de partir sur-le-champ pour tâcher d'être rendu ce soir 27 à Liebenwald [1]; aussitôt son arrivée, il enverra prendre les ordres du grand-duc de Berg qui est à Zehdenick [2].

Le général d'Hautpoul peut laisser un capitaine et 100

1. De Weissensee à Liebenwald, 39 kil.
2. Il eût été plus exact de dire « qui a couché le 26 à Zehdenick ».

cuirassiers environ, composés des chevaux les plus fatigués; par ce moyen, ces chevaux pourront se remettre à Berlin tandis qu'ils crèveraient dans la course rapide que va faire le général d'Hautpoul.

Quant aux cuirassiers à pied, aux petits dépôts et aux bagages inutiles, il doit tout envoyer à Spandau qui est une place forte à l'abri de tout événement.

LE MAJOR GÉNÉRAL AU MARÉCHAL AUGEREAU.

Charlottenburg, 27 octobre 1806, 4 heures et demie du matin.

L'intention de l'Empereur, M. le Maréchal, est que vous fassiez partir le 20e de chasseurs avec le général Durosnel pour marcher à grandes journées pour couper la communication du canal de navigation à Neustadt-Eberswald, et si cela est possible à Oderberg[1]; après cela, et les postes placés sur ces points, il faut arrêter et faire revenir tous les bateaux sur Spandau; on présume que l'on fera des prises très-considérables et peut-être même le trésor de la cour parti de Berlin[2].

Vous ferez partir aussi le 7e de chasseurs pour garder le pont de Neubrück; il laissera 25 hommes à ce pont pour être en communication avec vous, et le colonel, avec le régiment, se dirigera sur Kremmen et Ruppin[3] pour ramasser tous les ennemis fuyant isolément, charger sur leurs bagages, le grand-duc de Berg avec 6,000 hommes de cavalerie, soutenu des corps des maréchaux Lannes et Bernadotte, ayant débordé l'ennemi à la hauteur de Zehdenick, et le prince de Hohenlohe avec les débris de son armée se trouvant étendu et éparpillé sur toute la route depuis Rathenow, Fehrbellin, Alt-Ruppin et Rheinsberg.

Le colonel du 7e de chasseurs enverra à Fehrbellin pour

1. De Berlin à Bernau, 20 kil.; — de Bernau à Eberswald, 24 kil.; — d'Eberswald à Oderberg, 16 kil.

2. Voir à la journée du 28 le rapport du général Durosnel.

3. De Berlin à Neubrück, 17 kil.; — de Neubrück à Kremmen, 20 kil.; — de Kremmen à Alt-Ruppin, 27 kil.

tâcher de rencontrer le général Savary qui erre sur ce point depuis 3 jours avec 150 chevaux pour avoir des renseignements sur l'ennemi.

Ce colonel enverra aussi 25 hommes à Oranienburg.

L'Empereur ordonne, M. le Maréchal, que vous fassiez partir un général de brigade avec le 7ᵉ d'infanterie légère et 2 pièces de canon; il se rendra à Neubrück sur la Havel, tant pour garder ce pont que pour avoir des nouvelles et se tenir en communication avec les partis que le 7ᵉ de chasseurs aura envoyés sur les différentes directions et surtout du côté d'Oranienburg; ce général me rendra compte exactement de tout ce qu'il apprendra à 25 lieues à la ronde.

Le reste de votre corps d'armée se reposera aujourd'hui.

Faites faire la visite de vos caissons, afin de faire ôter ce que les corps ont pu y mettre et qu'ils soient entièrement libres pour y placer des subsistances. L'intention de l'Empereur est que vous vous procuriez à Berlin par les soins de l'Intendant général 30,000 rations de pain biscuité que vous mettrez dans vos fourgons.

LE MAJOR GÉNÉRAL AU MARÉCHAL BERNADOTTE,

porté par M. Clary.

Charlottenburg, 27 octobre 1806, 5 heures du matin.

Je vous préviens, M. le Maréchal, que le grand-duc de Berg a rencontré hier l'ennemi en force à Zehdenick. Il n'y a pas de doute que le prince de Hohenlohe n'ait suivi sa marche de Rathenow sur Ruppin. Envoyez des officiers d'état-major pour suivre la marche du grand-duc de Berg afin que vous soyez prévenu à temps[1]; soutenez le grand-duc de Berg avec la plus grande activité, car il est probable que l'ennemi ne se laissera pas prendre sans se battre.

L'Empereur a l'espérance qu'entre vous, le grand-duc de Berg et le maréchal Lannes, vous ferez plus de 20,000 pri-

---

1. La communication entre les corps d'armée est de règle et est indispensable dans les opérations combinées.

sonniers et prendrez le reste de l'artillerie et des bagages des Prussiens.

S. M. pense que vous devez marcher à grandes journées sur Gransee en vous faisant éclairer sur Lindow et Ruppin et à 5 ou 6 lieues au delà jusqu'à ce qu'on ait rencontré le grand chemin de Kyritz à Rheinsberg.

Le prince de Hohenlohe a 12 à 15,000 hommes réunis et en bon ordre, et 12 à 15,000 autres suivent derrière en petites parties.

Continuez, M. le Maréchal, à me donner de vos nouvelles.

Il y a à Neubrück sur la Havel un poste de 25 hommes du 7e de chasseurs.

Donnez l'ordre que les bateaux que vous avez fait arrêter et que vous avez dirigés sur Brandenburg, se rendent à Spandau.

LE MAJOR GÉNÉRAL AU GRAND-DUC DE BERG.

Charlottenburg, 27 octobre 1806, 5 heures et demie du matin.

Je vous préviens, mon Prince, que le maréchal Bernadotte avec son corps doit être à Kremmen. Il n'y a aucune espèce de doute que vous n'ayez aujourd'hui débordé le prince de Hohenlohe, et avec les corps d'armée des maréchaux Lannes et Bernadotte vous avez plus qu'il ne vous en faut pour en faire bonne raison; il est fâcheux que M. le maréchal Lannes n'ait pas couché à Falkenthal comme il le pouvait.

L'Empereur, Monseigneur, se fie sur votre activité ordinaire pour poursuivre vivement l'ennemi, comme il compte sur votre prudence pour ne l'attaquer qu'en règle s'il se trouvait en force.

L'ennemi se voyant débordé, il est à croire qu'il cédera pour vous échapper; ayez donc soin de lui tenir toujours l'épée dans les reins.

Le maréchal Bernadotte marche sur Gransee, le maréchal Lannes sur Zehdenick; ainsi vous aurez 2 corps d'armée à même hauteur.

L'Empereur espère que vous lui amènerez le prince de Hohenlohe et que dans quelques jours vous aurez tout son corps et le reste de l'artillerie et des bagages des Prussiens.

Je vous envoie copie de la lettre que j'écris au maréchal Bernadotte.

LE MAJOR GÉNÉRAL AU MARÉCHAL LANNES.

Charlottenburg, 27 octobre 1806, 5 heures et demie du matin.

L'Empereur, M. le Maréchal, pense que vous avez eu tort d'envoyer votre cavalerie sur votre gauche puisqu'il y a 24 heures que ces pays ont été fouillés par d'autres corps de cavalerie.

M. le maréchal Bernadotte est à Kremmen ; ainsi vous vous trouvez soutenu et il est à votre hauteur quoiqu'il ne soit parti qu'hier de Brnadenburg et vous de Spandau. L'Empereur est bien fâché que vous ayez si peu marché. S. M. vous avait mandé que le prince de Hohenlohe avec les débris de son corps avait passé à Rathenow, Neustadt, et vraisemblablement se portait sur Rheinsberg pour gagner Stettin ; si vous aviez pu coucher hier à Falkenthal, ou enfin si vous marchiez aujourd'hui avec toute l'activité possible avec votre cavalerie légère afin de l'avoir disponible pour la jeter aux trousses de l'ennemi, il n'y a aucune espèce de doute que rien n'échappera du corps ennemi.

Quant aux vivres, votre corps d'armée a pris hier à Spandau 12,000 rations de pain ; avec de la viande et des pommes de terre, on peut vivre pendant quelques jours lorsqu'il s'agit d'arriver à d'aussi grands résultats ; tombez donc sur l'ennemi ; que vos troupes mangent le pain qu'il a fait faire ; ce pain sera plus savoureux pour vos braves que ne le serait de la brioche ; dites d'ailleurs à vos soldats que quand ils auront pris le prince de Hohenlohe, l'Empereur les fera relever aux avant-postes et les fera venir quelques jours à Berlin pour se refaire et se reposer.

S. M. en passant hier à Spandau a vu quelques blessés, des bagages et des caissons de régiment qui allaient vous rejoindre; elle voudrait que ces objets embarrassants restassent à Spandau.

LE MAJOR GÉNÉRAL AU MARÉCHAL DAVOUT.

Charlottenburg, 27 octobre 1806, 5 heures et demie du matin.

Je n'ai rien à vous mander de particulier, M. le Maréchal. L'intention de l'Empereur est que votre ordonnateur voie M. l'Intendant général de l'armée, afin que vous ayez après-demain matin 60,000 rations de pain biscuité que vous porterez sur vos caissons; à cet effet ordonnez une revue afin de faire ôter ce que les corps ont mis dans ces voitures qui sont destinées aux vivres.

LE MAJOR GÉNÉRAL AU MARÉCHAL SOULT.

Charlottenburg, 27 octobre 1806, 6 heures du matin.

Je n'ai rien de particulier à vous mander, M. le Maréchal; l'Empereur attend de vos nouvelles et espère apprendre que vous avez détruit le corps du duc de Weimar.

Nous apprenons que le grand-duc de Berg, soutenu des maréchaux Lannes et Bernadotte, a débordé le corps du prince de Hohenlohe à Zehdenick. S. M. espère qu'il détruira entièrement ce corps d'armée; les maréchaux Augereau et Davout sont en avant de Berlin et ont des partis sur l'Oder; on arrête tous les jours beaucoup de fuyards, de détachements épars, de l'artillerie et des bagages.

Le quartier général est à Charlottenburg.

L'Empereur a trouvé des magasins de vivres immenses dans la forteresse de Spandau; on travaille à mettre dans le meilleur état de défense la forteresse et la ville de Spandau.

LE MAJOR GÉNÉRAL AU GÉNÉRAL CROSMANN
COMMANDANT LES TROUPES DE BADE.

L'intention de l'Empereur, Général, est que le corps que vous commandez, nonobstant tout ordre ultérieur que vous auriez reçu, se rende directement dans la place de Spandau où il attendra de nouveaux ordres.

LE MARÉCHAL DAVOUT AU MAJOR GÉNÉRAL[1].

Friedrichsfeld, 27 octobre 1806.

J'ai l'honneur d'annoncer à V. A. l'espérance que j'ai de surprendre le pont de Francfort où le général Viallannes a dû arriver ce matin avec 400 chevaux. Des voyageurs venant de Posen y sont passés le 26 à 8 heures du matin et n'ont vu aucune disposition pour l'incendier; seulement quelques madriers étaient enlevés, ce qui les a obligés de passer dans des bacs.

Des négociants polonais, partis de Varsovie le 10 octobre, assurent qu'il n'y avait point de Russes, et que tous les bruits sur leur prochaine arrivée étaient contradictoires.

La reconnaissance poussée sur Küstrin a rencontré à une lieue de cette ville un poste de 15 dragons prussiens dans le village de.... ; 50 chevaux sont placés au village de..... D'après d'autres rapports le Roi est dans la ville avec 2 bataillons de la garde royale, 1 bataillon de fusiliers, 2 bataillons de chasseurs, 6 escadrons de cavalerie dont 2 escadrons ont descendu l'Oder, ces derniers de hussards; les 4 autres escadrons sont composés de 2 de la Garde et 2 de

---

1. LE MARÉCHAL DAVOUT A L'INTENDANT DARU.

Friedrichsfeld, 27 octobre 1806.

J'ai l'honneur de vous adresser, M. l'Intendant général, l'état des besoins les plus urgents du 3e corps d'armée, en vous priant de donner des ordres pour que cette fourniture soit faite dans le plus bref délai ; dans le cas de départ je vous aurai obligation de désigner un local où ces divers objets puissent être déposés sous une garde que fournira le général Hulin jusqu'à ce que les corps puissent les envoyer chercher d'après la répartition que j'en ordonnerai, sur l'avis que vous me donnerez de la livraison des effets demandés.

Je joins également l'état des objets d'ambulance nécessaires au corps d'armée ; cet objet essentiel appellera sans doute votre attention particulière, ayant été obligé de laisser à Naumburg toutes nos ressources pour donner les premiers secours aux blessés de la bataille du 14.

Capotes, 9,000 ; — paires de souliers, 12,000 ; — chemises, 6,000 ; — marmites, 600 ; — gamelles, 800 ; — haches, 800 ; — guêtres noires, 5,000.

dragons ; ces derniers font le service du pont avec les chasseurs à pied.

Le roi de Prusse a dû partir hier de Küstrin pour se retirer sur la Vistule.

J'ai l'honneur de prévenir V. A. que si je reçois de bonne heure la nouvelle de la prise du pont de Francfort, j'irai l'annoncer pour demander des ordres afin de ne point faire de détachements de troupes qui pourraient être en opposition avec les projets de l'Empereur.

LE MARÉCHAL DAVOUT AU MAJOR GÉNÉRAL.

Friedrichsfeld, 27 octobre 1806.

J'ai l'honneur d'adresser à V. A. le rapport que je reçois à l'instant du général Viallannes qui est entré à Francfort aujourd'hui à 6 heures du matin.

L'ennemi a coupé quelques arches du pont ; mais il est à présumer que cela peut être promptement réparé, le général Viallannes ayant donné des ordres aux magistrats de la ville pour y faire travailler.

LE GÉNÉRAL VIALLANNES AU MARÉCHAL DAVOUT.

Francfort, 27 octobre 1806.

J'ai l'honneur de vous rendre compte que je suis entré à Francfort aujourd'hui à 6 heures un quart du matin. La porte était fermée et la clef emportée par 7 colonels prussiens qui se sont précédemment sauvés dans une barque préparée à cet effet.

Hier au soir 40 dragons et 60 hommes d'infanterie se sont repliés sur Küstrin.

Le pont a 6 arches de coupées ; on a commencé cette opération mercredi dernier par ordre du Roi. Elle a été achevée hier matin. J'ai prescrit au maire de rassembler sur-le-champ tous les matériaux nécessaires pour le rétablir. Il s'en occupe ; des sapeurs seraient nécessaires ; les pilotis du pont ne m'ont pas paru être endommagés. Il ne faut que des poutres et des madriers.

L'ennemi n'occupe point la rive droite de l'Oder en face de Francfort.

J'ai couvert les routes de Fürstenwald, de Berlin et de Küstrin. Je viens de terminer ce travail qui est cause que je n'ai pas pu vous rendre compte aussitôt mon arrivée.

Je n'ai pu obtenir d'autres renseignements sur l'ennemi que ceux que j'ai eu l'honneur de vous donner hier.

Toutes les communications sont couvertes et éclairées ; l'infanterie serait bien placée pour la défense du fleuve.

LE GÉNÉRAL AMEY AU MARÉCHAL AUGEREAU.

Neubrück, 27 octobre 1806, 7 heures du soir.

Conformément aux ordres de V. Exc., je suis arrivé à Neubrück avec le 7ᵉ d'infanterie légère et 2 pièces d'artillerie de 4 livres de balle. Les 2 pièces ont été de suite mises en batterie derrière le pont-levis qui est établi sur la Havel ; 3 compagnies de carabiniers sont chargées de les soutenir, et les 3 bataillons du régiment sont placés sur la rive gauche adossés à un bois le long de la rivière pour en défendre le passage. Une grand'garde est placée en avant du village de Hennigsdorf qui se trouve sur la rive droite, route d'Oranienburg, avec un poste en avant ; une seconde est à cheval sur la route qui conduit à Hamburg et la troisième est établie sur la route qui conduit à Spandau. Toutes les 3 routes qui aboutissent au village et de là au pont sont parfaitement bien gardées.

Je n'ai point trouvé à Neubrück ni à Hennigsdorf le détachement de 25 chasseurs à cheval du 7ᵉ ; je n'ai pas non plus reçu des nouvelles des postes de ce régiment qui doit être placé sur différentes directions et surtout du côté d'Oranienburg. Aussitôt que je recevrai quelques rapports de ce corps, je m'empresserai de les transmettre à V. Exc.

Un homme d'ici qui me paraît assez entendu m'a assuré que l'armée de Hohenlohe était le 25 à Alt- et Neu-Ruppin ainsi qu'à Wittstock, d'où elle cherche à gagner Stettin.

1ʳᵉ et 2ᵉ divisions du 7ᵉ corps, même position que le 26.

Conformément aux ordres contenus dans la dépêche du général Belliard du 26, voir page 376, le général Grouchy fit partir de bon matin pour Templin le chef d'escadron Delaas, du 10ᵉ de dragons.

LE CHEF D'ESCADRON DELAAS AU GRAND-DUC DE BERG.

Templin, 27 octobre 1806.

Je suis arrivé à Templin à 9 heures[1]; la poste a été rétablie et des sauve-gardes y ont été mises.

Les Prussiens se sont retirés dans le plus grand désordre à 1 heure de la nuit; beaucoup d'officiers à pied; ils ont pris des voitures de poste, je les fais recompléter.

On a laissé quelques blessés dans la ville.

Il n'y avait pas de général dans la colonne de cavalerie; les régiments qui la composaient, Köller hussards, Schimmelpenning hussards, la Reine dragons, et des égarés, avaient perdu les officiers supérieurs.

Toute la colonne était dans le plus grand désordre.

Il est sûr que le prince Hohenlohe était à Fürstenberg ce matin à 6 heures. Je joins ici une réquisition de 20,000 rations de pain faite par son aide de camp qui est entre Templin et Fürstenberg.

Le projet du prince de Hohenlohe est de se jeter dans le Mecklemburg en passant par Alt-Strelitz (c'est le dire des notables du pays); s'il voulait aller à Stettin, on juge dans cette ville que nous l'arrêterions à Prenzlow, ou, s'il prenait le grand détour, à Löchnitz.

Il se trouvait un pont coupé à Fahr, distant d'une demi-lieue de Templin, sur la grande route de Prenzlow. J'y ai envoyé et j'espère qu'il sera rétabli sous peu.

Il y a beaucoup de ponts d'ici à Prenzlow, on les suppose coupés.

J'envoie les gens les plus marquants sous escorte; ils suivront de près cette ordonnance.

Mon détachement a rafraîchi; il est prêt à poursuivre sa route au premier ordre.

LE GRAND-DUC DE BERG A L'EMPEREUR.

Zehdenick, 27 octobre 1806, 7 heures du matin.

Gransee fut évacué hier au soir à 10 heures. Le quartier général qui devait y coucher, à la première nouvelle de ma

1. La reconnaissance a pu partir de Storkow vers 7 heures ou 7 heures un quart du matin.

marche en partit et se dirigea sur Fürstenberg[1], et les 14,000 hommes d'infanterie qui devaient venir ici et villages environnants, prirent la même direction. Le prince Hohenlohe doit se diriger de là sur Prenzlow où j'espère être arrivé avant lui, ou au moins avant la majeure partie de son corps. Je marche sur Templin et Prenzlow avec toute ma cavalerie. Je prie M. le maréchal Lannes d'envoyer sur les traces de l'ennemi une partie de sa cavalerie et de m'envoyer le reste. J'écrirai à V. M. de Templin. L'ennemi se retire dans le plus grand désordre et la boucherie que l'on a faite hier de la cavalerie l'augmentera sans doute. Le corps de cavalerie qui a passé hier ici, était absolument le corps de flanqueurs. Tout le reste de l'armée se retire par sa gauche et par le Mecklemburg. J'espère que tous les bagages, trésors et canons, s'il leur en reste, seront pris ainsi qu'une grande partie des troupes. J'espère que la journée sera belle.

LE GRAND-DUC DE BERG AU MARÉCHAL LANNES.

27 octobre 1806[2].

Mon cher Maréchal, Gransee a été évacué hier à 10 heures et le prince de Hohenlohe qui devait y coucher, en partit hier subitement pour se porter par le Mecklemburg sur Prenzlow où j'espère le devancer. Les 14,000 hommes d'infanterie qui devaient venir occuper Zehdenick prirent la même route que le Prince ; tout doit avoir couché à Fürstenberg. Les bagages prenant la même route, en envoyant votre cavalerie légère sur cette direction, vous en prendrez beaucoup. Ils se retirent dans le plus grand désordre. Je pars à l'instant pour Templin d'où je vous ferai connaître le mouvement de l'ennemi. Si vous pouviez m'envoyer ... régiments de votre cavalerie, vous me feriez plaisir. J'en ai beaucoup devant moi ; elle me servirait beaucoup.

---

1. De Neu-Ruppin à Gransee par Alt-Ruppin et Lindow, 28 kil. ; — de Gransee à Fürstenberg, 21 kil. ; — de Zehdenick à Gransee, 11 kil.

2. Cette dépêche est de Zehdenick et de la même heure que la précédente.

Le Grand-duc quitta Zehdenick avant 8 heures du matin.

La colonne marchait dans l'ordre suivant :

Brigade Lasalle,

13e de chasseurs,

Division Grouchy, à partir de Storkow,

Division Beaumont.

Le Prince marchait au milieu de la brigade Lasalle ou du moins avant le 13e de chasseurs.

La colonne fut arrêtée en arrière de Templin, la brigade de hussards ayant seule dépassé la ville. Après avoir pris ses renseignements, le Prince donna ses ordres. Il pouvait être environ midi.

LE GÉNÉRAL BELLIARD AU GÉNÉRAL MILHAUD.

27 octobre 1806.

Portez-vous avec votre régiment et 1 escadron de dragons sur Boitzenburg [1] ; si vous y arrivez avant l'ennemi qui paraît se porter sur ce point, vous vous y établirez; vous ferez couper le pont et vous en rendrez compte au Prince et, si l'ennemi l'occupait en force, vous m'en rendriez compte de suite à Hasleben, village situé à moitié chemin de Templin à Prenzlow.

Arrivé à Boitzenburg, vous prendrez le maître de poste ainsi que les lettres avec 2 notables du pays que vous enverrez au Prince. Prenez aussi tous les renseignements possibles sur la marche de l'ennemi et sur sa force.

Le général Milhaud partit avec le détachement du chef d'escadron Delaas, qui se trouvait à Templin.

LE GÉNÉRAL BELLIARD AU GÉNÉRAL LASALLE.

Portez-vous en toute hâte sur Prenzlow [2] où vous tâcherez d'arriver ce soir et d'y devancer l'ennemi qui marche sur cette ligne Vous êtes prévenu que vous serez soutenu par les divisions de dragons qui marchent après vous, mais cependant à quelques distances. Le général Milhaud marche par votre gauche sur Boitzenburg afin d'avoir des nouvelles de l'ennemi et faire couper le pont de cette ville ; interro-

1. De Templin à Boitzenburg, 17 kil. ; — de Hasleben à Boitzenburg, 8 kil.

2. De Templin à Hasleben, 17 kil. ; — de Hasleben à l'embranchement des routes de Boitzenburg et Templin, 10 kil. ; — de l'embranchement à Prenzlow, 5 kil.

gez soigneusement tous les passants que vous trouverez venant de Prenzlow et de Boitzenburg et envoyez promptement tous les renseignements que vous pourrez recueillir. Si vous arrivez à l'embranchement des routes de Boitzenburg et de Templin à Prenzlow, vous vous y établirez et c'est de là que vous pourrez envoyer reconnaître Prenzlow et Boitzenburg. Le Prince sera à Hasleben.

Le général Lasalle partit avec le 5e de hussards. Le 7e resta avec le Prince.

Ces reconnaissances ne doivent pas revenir sur leurs pas ; elles sont destinées à occuper les points sur lesquels on les dirige et à s'y maintenir. Aussi le Grand-duc y envoie-t-il un général avec un régiment [1].

---

1. Ces reconnaissances sont analogues à celles qui ont été faites le 8 octobre par ordre de l'Empereur. Voir *Iéna*, page 363. — Depuis que le volume d'*Iéna* est paru, j'ai retrouvé les ordres donnés le 8 octobre par le grand-duc de Berg aux généraux Watier, Milhaud et Lasalle.

LE GRAND-DUC DE BERG AU GÉNÉRAL WATIER.

Kronach, 8 octobre 1806, 1 heure du matin.

Les hostilités sont commencées d'hier. M. le maréchal Soult doit avoir occupé Baireuth et son avant-garde sera vraisemblablement aujourd'hui à Münchberg. Marchez à la tête du 2e régiment de hussards sur Lobenstein et de là sur Saalburg. Marchez avec précaution ayant soin de vous faire bien éclairer après avoir dépassé Lobenstein d'où je dirigerai le général Lasalle avec 1 régiment sur Hofet, le général Milhaud avec un autre sur Gräfenthal et Saalfeld. Je me mettrai en position et comme en réserve à Lobenstein avec 3 régiments réunis, c'est là que vous devrez m'adresser tous vos rapports. Vous attaquerez l'ennemi partout où vous le trouverez sans cependant vous compromettre, et vous tâcherez de faire des prisonniers. Je donne l'ordre à un officier du génie de vous accompagner et de me faire un rapport sur la nature des chemins. Un escadron devra former votre avant-garde ; vous marcherez de votre personne à la tête des autres. Comme il est probable que l'ennemi aura coupé le pont de la Saale à Saalburg, je fais mettre à votre disposition les pontonniers du corps du maréchal prince Bernadotte pour le rétablir le plus promptement possible.

Arrivé à Saalburg vous ferez reconnaître Saalfeld, Hof, Schleiz et Tanna. L'officier chargé de faire ces reconnaissances devra faire un rapport de tout ce qu'il apprendra sur les mouvements, la force et la position de l'ennemi ; sur la nature des différentes routes et principalement sur celle de Leipzig et sur les ressources que peut offrir le pays que vous ferez reconnaître. On vous rendra compte surtout si les routes sont propres à la cavalerie, à l'infanterie et à l'artillerie ou à l'une de ces 3 armes seulement. Je désire surtout avoir des nouvelles de la position de l'ennemi sur la route de Leipzig. Vous mettrez des sauvegardes chez tous les maîtres de poste et vous leur ordonnerez de ne fournir de chevaux qu'aux officiers d'état-major chargés de dépêches pour l'Empereur. Vous arrêterez tous les courriers et vous m'adresserez la malle des lettres. Vous questionnerez soigneusement tous les voyageurs et vous m'enverrez ceux qui auraient quelques nouvelles importantes à me communiquer. Vous m'adresserez aussi les prisonniers et les déserteurs. Vous ferez observer à vos

LE GÉNÉRAL BELLIARD AU GÉNÉRAL BEAUMONT.

Envoyez un des régiments de la 3e brigade en reconnaissance sur Lychen [1]; s'il ne trouve pas l'ennemi, il se dirigera par Boitzenburg sur Prenzlow où se porte le corps d'armée. Si au contraire il rencontrait l'ennemi avant que d'arriver à cette ville, il se bornerait à en rendre compte au Prince et suivrait, en revenant sur ses pas, le mouvement de la colonne. Il rendrait aussi compte à M. le maréchal Lannes qui sera à Templin. Le Prince ira à Hasleben sur la route de Prenzlow.

LE GRAND-DUC DE BERG A L'EMPEREUR

Templin, 27 octobre 1806, 2 heures et demie de l'après-midi.

Tous les renseignements confirment la marche du prince Hohenlohe par Fürstenberg; je saurai avant la nuit si, de Fürstenberg, il s'est dirigé par Strelitz, Strasburg et Passewalk sur Stettin ou bien par Lychen, Boitzenburg; car je viens d'envoyer reconnaître ces deux derniers endroits. Il devait coucher hier à Gransee, aujourd'hui à Templin, et on a été fort étonné de nous voir arriver en place du prince Hohenlohe; les troupes ont trouvé des vivres préparés, et nous mangeons le dîner de leur général.

Par un courrier intercepté je trouve l'itinéraire de la deuxième colonne sur Stettin pour les 28 et 29; certainement j'arriverai avant elle, et j'espère qu'elle ne se jettera

---

troupes la plus sévère discipline; vous ferez respecter les personnes et les propriétés; vous direz aux autorités que nous ne venons point faire la guerre au peuple saxon, mais pour les affranchir de la présence des soldats d'une puissance qui la première a violé leur territoire.

Même ordre au général envoyé avec le 5e de hussards pour reconnaître Hof.

Même ordre au général Milhaud. — .....Arrivé à Lobenstein, vous marcherez avec le 13e de chasseurs pour faire reconnaître Gräfenthal et Saalfeld par de fortes reconnaissances. Vous vous arrêterez vous-même de votre personne avec le gros de votre troupe au premier village qui se trouvera faire l'embranchement de Lobenstein, Gräfenthal et Saalfeld. Vous marcherez avec précaution et vous attaquerez l'ennemi....., etc.

1. De Templin à Lychen, 16 kil.

pas dans Stettin ; il paraîtrait que la première a déjà passé, et que le prince Hohenlohe commande la troisième, ou bien, peut-être, la première. Alors la troisième se trouverait je ne sais où. — Je serai ce soir à l'embranchement des routes de Boitzenburg et Templin à Prenzlow, et le général Lasalle a l'ordre de tâcher d'arriver à Prenzlow. Le général Suchet me suit de très-près ; j'ai recommandé à M. le maréchal Lannes de faire filer sa cavalerie par Ruppin, Gransee, Fürstenberg, c'est-à-dire de suivre l'ennemi. — Demain je serai, j'espère, sur Prenzlow et j'aurai soin de faire intercepter les routes de Stettin à Passewalk et Ukermunde. Et certes, si MM. les maréchaux Bernadotte et Soult sont aux trousses de l'ennemi, c'en est fait de lui. — Le général Milhaud s'est porté d'ici sur Boitzenburg avec le 13e de chasseurs à cheval et 1 escadron de dragons ; il doit couper le pont si l'ennemi n'occupe point cette ville, et me joindre sur Prenzlow toujours en me flanquant. Il paraît que la colonne conduite par le prince Hohenlohe est la colonne de droite et que les autres filent par le Mecklemburg. Demain nous serons plus instruits.

LE GRAND-DUC DE BERG AU MARÉCHAL LANNES.

27 octobre 1806.

Le prince Hohenlohe devait coucher ici aujourd'hui et ses troupes filent de Fürstenberg, où il a passé la nuit, ou par Strelitz, Strasburg et Passewalk sur Stettin, ou par Lychen et Boitzenburg ; c'est ce que je saurai ce soir ; car je fais reconnaître ces deux derniers endroits. Ce soir j'aurai mon quartier général à Hasleben sur la route de Prenslow, et mes troupes légères sur Prenzlow. Il paraît que je tiens la tête de la colonne ennemie et qu'elle ne pourra pas entrer dans Stettin. Je compte sur vous, mon cher Maréchal ; serrez sur moi autant que vous le pourrez et continuez à masquer votre mouvement en vous faisant flanquer par votre cavalerie par Lychen et Boitzenburg. Ayez la bonté de me faire connaître où sera ce soir votre quartier général.

Le rapport du grand-duc de Berg à l'Empereur du 27 à 11 heures du soir et celui du général Grouchy permettent d'assister à toutes les opérations de la fin de la journée.

Les différentes reconnaissances envoyées dès midi ou midi et demie, la colonne rafraîchit à Templin et en repartit vers 2 heures ou 2 heures et demie ; à 4 heures ou 4 heures et demie elle arrivait à Hasleben, 17 kil. de Templin ; ce fut à ce moment que le Grand-duc entendant la canonnade sur sa gauche dans la direction de Boitzenburg, se porta de suite sur ce point, éloigné seulement de 8 kil., avec le 7e de hussards et la division Grouchy, ordonnant à la division Beaumont qui se trouvait en arrière, de rester à Hasleben pour observer Prenzlow ; il arriva à Boitzenburg vers 6 heures du soir.

LE GRAND-DUC DE BERG A L'EMPEREUR.

Wichmansdorf, 27 octobre 1806, 11 heures du soir.

Sire, ainsi que j'ai eu l'honneur de l'annoncer à V. M. la journée a été assez belle. De Templin j'ai dirigé le général Milhaud avec le 13e chasseurs et 1 escadron de dragons sur Boitzenburg pour avoir des nouvelles de l'ennemi et faire couper le pont si la colonne prussienne n'avait pas encore passé. Je me suis dirigé moi-même avec le reste de la cavalerie sur Prenzlow. Arrivé à Hasleben, où je devais coucher, j'ai entendu du canon sur Boitzenburg. Pensant que l'ennemi voulait forcer le passage, ou qu'il se retirait sur cette route, je me suis porté rapidement avec 1 régiment de hussards et la division Grouchy sur Boitzenburg, laissant à Wichmansdorf 2 régiments de dragons pour conserver ma retraite et me soutenir. La division Beaumont était restée en position sur les hauteurs de Hasleben pour observer Prenzlow, jusqu'à ce que j'aie connu par moi-même la force des ennemis, et quels pouvaient être leurs projets. Le général Lasalle avait ordre de se porter sur Prenzlow avec 1 régiment. A peine ai-je été en bataille devant Boitzenburg que l'ennemi qui était parvenu à forcer le 13e et l'escadron de dragons à évacuer le village et à quitter le pont qu'ils avaient défendu pendant 3 heures contre tout le corps du prince Hohenlohe[1], que l'ennemi, dis-je, a battu le pas de charge et a fait mine de marcher sur moi... quelques coups de canon l'ont arrêté. — Pendant ce temps le régiment des gendarmes avait manœuvré à la faveur de la nuit sur ma gauche et venait attaquer le village de Wichmansdorf qui se trouvait sur mes derrières ; je me suis porté sur ce régiment avec 3 régiments de dragons et je suis arrivé au moment où il voulait forcer le passage ; le charger, le culbuter dans un marais a été l'affaire d'un moment et ce corps se voyant sur le point d'être jeté dans les lacs a demandé à capituler ce qui lui a été accordé ; les officiers conservent leur épée et leurs chevaux ; le régiment est renvoyé en France. J'ai l'honneur d'adresser à V. M. 4 étendards pris avant la capitulation dans les très-belles charges qui ont eu lieu. Sire, si l'infanterie eût pu arriver, l'ennemi n'aurait pas forcé le passage, et le prince de Hohenlohe aurait peut-être été forcé de capituler. J'attends l'infanterie, et si elle arrive avant minuit, j'espère pouvoir reprendre le village. Je vais de nouveau demander à M. le maréchal Lannes d'être rendu demain de très-bonne heure auprès de moi et nous attaquerons l'ennemi s'il n'a pas effectué sa retraite, ou je marcherai vigoureusement sur ses derrières ; cependant je ne le crois pas assez déterminé pour oser passer, et j'espère demain avoir bon marché du prince de Hohenlohe ; toute cette belle affaire s'est passée au clair de lune... C'est l'avant-garde de l'armée ; il n'est encore passé personne.

Le général Beker s'est parfaitement conduit.

P.-S. — M. le maréchal Lannes n'a que 3,000 hommes d'infanterie à Templin ; le reste de son corps d'armée se trouve à Zehdenick ; il m'annonce qu'il se met en marche à minuit ; je crains bien que ce ne soit trop tard et que le prince de Hohenlohe ne gagne de vitesse. — On est en marche pour

---

1. Le général Milhaud est arrivé à Boitzenburg vers 2 heures ; il a tenu tête à l'ennemi jusqu'à 6 heures passées. Voir le rapport suivant du commandant Delaas.

occuper Prenzlow. — Il est à supposer que l'ennemi marche en même temps sur le même point.

RAPPORT DU CHEF D'ESCADRON DELAAS DÉTACHÉ DE LA 2e DIVISION DE DRAGONS LE 28 OCTOBRE.

29 octobre 1806.

Après avoir exécuté les ordres qui m'avaient été donnés pour l'occupation de Templin, j'ai été détaché avec 100 dragons des 10e et 11e [1] pour passer sous le commandement de M. le général de brigade Milhaud.

A 2 heures du soir Boitzenburg fut occupé ; on y prit les officiers de logement du corps du prince de Hohenlohe.

Le général Milhaud me donna 2 pelotons de chasseurs à cheval du 13e régiment et m'ordonna de m'emparer du pont avec mes dragons.

Nos troupes et celles des ennemis s'étant présentées ensemble pour occuper le pont [2], on combattit et le pont resta en notre possession. Nous avons continué de l'occuper jusqu'à 6 heures du soir.

L'ennemi, fort de 8,000 à 10,000 hommes d'infanterie, de plusieurs escadrons de cavalerie, soutenu par le feu de 10 pièces de canon, tenta plusieurs fois, mais vainement, de nous déloger de notre position.

A l'entrée de la nuit, le général Milhaud replia le 13e de chasseurs et me fit dire de suivre son mouvement. La retraite fut exécutée au pas.

Les dragons conservèrent une partie du village. Notre artillerie s'étant fait entendre [3], ils essayèrent de le reprendre à coups d'épée ; mais l'infanterie prussienne s'était déjà logée dans les jardins et le cimetière, de sorte que la charge, quoique vive et impétueuse, ne put avoir le succès qu'on s'était proposé. Plusieurs chasseurs et dragons furent tués ou mis hors de combat.

Pendant que les dragons combattaient dans le village, le 13e de chasseurs qui suivait les grands mouvements que faisait faire S. A. I. le prince de Berg, fit un *face en arrière* et replia ses postes

1. Les détachements sont fournis par brigade et composés d'hommes des 2 régiments.

2. La colonne de Hohenlohe venait de Fürstenberg par Lychen, 32 kil. Son avant-garde se présentait à Boitzenburg un peu après 2 heures de l'après-midi.

3. Il paraîtrait que l'artillerie de la division Grouchy ne commença le feu que lorsqu'il faisait déjà nuit.

sur le nouveau champ de bataille[1]. Quelques pelotons de hussards prussiens profitèrent de cet instant pour se glisser entre nos colonnes et nous charger en queue. Nous nous sommes percés réciproquement.

Toutes les troupes sous mes ordres se sont parfaitement montrées.

Le sous-lieutenant Rouvier, du 10e de dragons, a eu son cheval tué sous lui.

LE GÉNÉRAL GROUCHY AU GRAND-DUC DE BERG.

28 octobre 1806.

J'ai l'honneur de rendre compte à V. A. I. que la division sous mes ordres a joint l'ennemi à la sortie du village de Wichmansdorf[2]. Sur-le-champ je l'ai fait charger par le 6e régiment de dragons et une partie du 10e. Cette première charge a été heureuse et nous a valu 2 guidons, nombre de prisonniers et quantité de bagages.

Poursuivis de nouveau, les Prussiens ont été atteints de nouveau par le général Beker et le 10e régiment de dragons, et, se trouvant acculé à un bois, le régiment entier des gendarmes du Roi a été contraint de capituler. 3 officiers supérieurs, 22 officiers particuliers et 540 hommes ont mis bas les armes. Dans la charge qui a précédé leur reddition, les 2 autres guidons avaient été pris. Sur d'autres points l'ennemi avait été chargé par le 3e régiment de dragons et non moins vivement culbuté et poursuivi.

L'obscurité de la nuit n'a pas permis d'observer tous les traits de valeur qui honorent, en cette journée, la seconde division ; mais V. A. I. qui dirigeait elle-même les mouvements a pu cependant remarquer que, partout où les troupes ont combattu, elles se sont montrées dignes de leur intrépide chef.

Le chef d'escadron Delaas que V. A. I. avait chargé d'une mission particulière, s'en est acquitté avec succès et a été blessé en défendant le pont de Boitzenburg contre l'ennemi. Il aura l'honneur de vous remettre le rapport détaillé de ses opérations et j'aurai celui de vous adresser également le nom des braves qui ont le plus mérité dans cette journée ; de ceux qui se sont emparés des guidons ; enfin des officiers qui se sont rendus les plus dignes des récompenses de S. M.

---

1. Le 13e fit face en arrière pour recevoir les escadrons prussiens poursuivis par la division Grouchy. Quelques pelotons passèrent et chargèrent le chef d'escadron Delaas.

2. Cette colonne de cavalerie était colonne de flanqueurs du prince Hohenlohe qui n'ignorait pas la présence des Français à Zehdenick le 26.

Note du général Grouchy. — La division Grouchy marchait de Templin sur Prenzlow. La division Beaumont était en arrière de 2 lieues environ. Sur les 4 heures [1], à la hauteur de Wichmansdorf, le général Murat, marchant avec nous, nous entendîmes une forte canonnade sur notre gauche et une fusillade assez vive. Le prince Murat, jugeant que le général Milhaud qu'il avait envoyé sur Wichmansdorf, avait rencontré l'ennemi, donna sur-le-champ l'ordre au général Grouchy de se porter au soutien de ce général et de couronner les hauteurs de Wichmansdorf. Arrivé dans cette position, l'artillerie de la division se porta dans le village soutenue par la 1re brigade et en chassa l'ennemi qui se retira en désordre, de l'autre côté, ne cessant cependant de lancer des obus et des boulets. Le général Grouchy se porta alors en avant avec ses 2 dernières brigades et l'ennemi fut chargé vigoureusement. Le résultat de cette affaire fut la prise du régiment entier des gendarmes. La division Beaumont arriva après le combat, et c'est le 10e régiment de dragons qui a fait capituler les gendarmes.

La tête de colonne arrivait vers 4 heures et demie à Hasleben (17 kil. de Templin). On marchait dans l'ordre suivant : 7e de hussards, division Grouchy, division Beaumont. Il paraît que la division Beaumont était à 8 kil. en arrière de la division Grouchy.

On entendit alors la canonnade à gauche sur Boitzenburg (8 kil. de Hasleben), où s'était porté le général Milhaud. Le Grand-duc fit de suite changer de direction à la division Grouchy, ordonnant au général Beaumont de rester en position à Hasleben, lorsqu'il y arriverait.

On trouve Wichmansdorf occupé (5 kil. de Hasleben). L'artillerie ouvre de suite le feu sur le village et prépare l'action de la première brigade, 3e et 6e de dragons, qui charge immédiatement et est soutenue par une partie du 10e régiment, 2e brigade, qui suit en échelon en arrière à gauche. Le général soutient la charge avec ses 3 autres régiments : 11e, 13e et 22e.

Le 3e charge probablement pendant ce temps à droite du village de Wichmansdorf.

La charge des 6e et 10e s'est faite dans la direction de Boitzenburg, 3 kil.

La formation sur 3 lignes semble assez précise : 1re ligne, 3e à droite, 6e à gauche, chargeant dans la direction de Wichmansdorf ;

1. Vu les circonstances, le Grand-duc avait dû faire faire une partie de la route au trot, au moins par la division Grouchy, puisque la division Beaumont était de 2 lieues en arrière. — Il est cependant probable qu'il était plus de 4 heures lorsque la colonne arriva à Hasleben ; on peut supposer, sans exagération, qu'il était au moins 4 heures et demie.

— 2e ligne, soutien, 10e et 11e; une partie du 10e régiment est engagée de suite, pour soutenir probablement la gauche du 6e et tourner le village par la gauche; — 3e ligne, réserve, 13e et 22e. — Le Grand-duc se tient à la tête des attaques. La nuit est arrivée pendant le combat. Profitant de l'obscurité le régiment des gendarmes du Roi se porte sur nos derrières pour s'échapper. Aussitôt que ce mouvement est signalé, le Grand-duc fait faire un changement de front en arrière à gauche aux 3 régiments qui sont le plus près de lui, le 10e, et probablement les 11e et 6e et, sans attendre, se précipite sur l'ennemi avec le 10e régiment qu'il a sous la main. Toute cette action se passe au clair de lune.

Le combat terminé, le Grand-duc envoie le 7e de hussards pour couper la route de Boitzenburg à Prenzlow.

LE COLONEL MARX, DU 7e DE HUSSARDS, AU GRAND-DUC DE BERG.

Kröchelndorf, 27 octobre 1806.

Il est arrivé à 10 heures du soir à Kröchelndorf[1] entre Boitzenburg et Prenzlow à 1 lieue de la première et à 3 petites lieues de la dernière ville; il se trouve absolument à cheval sur la route de Prenzlow; d'après les renseignements que ce colonel a pu se procurer, il résulte que la colonne de la cavalerie ennemie qui a été battue à Zehdenick a fait sa retraite par Kröchelndorf à Prenzlow pendant toute la nuit dernière et que les derniers sont passés par ledit village à 7 heures du matin.

LE GÉNÉRAL LASALLE AU GRAND-DUC DE BERG.

Hasleben, 28 octobre 1806.

Je suis resté dans ma position sur la route de Prenzlow jusqu'à 9 heures du soir : le feu ayant cessé, j'ai cru devoir m'établir à Hasleben. Je ne puis douter que V. A. n'ait jeté l'ennemi sur le Mecklemburg, mais n'ayant aucun renseignement certain, malgré que j'aie envoyé plusieurs patrouilles pour prendre des informations, j'ai l'honneur de prier V. A. de vouloir bien me faire part de ses succès.

Le général Lasalle, au lieu de rester à l'embranchement des routes de Boitzenburg et de Templin à Prenzlow, n'ayant pas de

1. De Wichmansdorf à Kröchelndorf, 4 kil.

nouvelles et ses patrouilles ne trouvant plus personne, est revenu s'établir à Hasleben, 9 kil. en arrière.

Ainsi dans la nuit du 27 au 28 le général Lasalle avec le 5e de hussards est à Hasleben ;

Le 7e de hussards à Kröchelndorf, sur la route de Boitzenburg à Prenzlow ;

Le général Milhaud avec le 13e de chasseurs et le détachement du commandant Delaas, devant Boitzenburg ;

Le quartier général de la cavalerie à Wichmansdorf ;

La 2e division de dragons à Wichmansdorf ;

La 3e division de dragons à Herzfeld ;

La 2e division de grosse cavalerie à Freyenwald (*Journal de marche de la réserve de cavalerie.*) Sur le cahier de correspondance de la réserve elle est portée à Sieden-Brünzow, Eugenienberg, Cletzin, Quitzerow, points que je n'ai pu trouver sur la carte de Reymann.

Profondeur de la cavalerie, de Kröchelndorf à Herzfeld, 11 kil.

LE MARÉCHAL LANNES A L'EMPEREUR.

Zehdenick, 27 octobre 1806.

Il est 9 heures du matin, j'arrive avec l'avant-garde à Zehdenick [1] ; le restant des troupes sera ici dans 2 ou 3 heures. J'arriverai à Templin avec environ 3,000 hommes d'infanterie dans 3 heures d'ici [2] : J'espère que tout mon corps d'armée pourra y coucher ce soir.

Le prince de Hohenlohe a évacué hier Gransee avec sa colonne ; il paraît qu'il se dirige sur Lychen, Boitzenburg et Prenzlow pour gagner Stettin. Le grand-duc de Berg est parti d'ici il y a environ une heure. Son avant-garde doit être à Templin dans ce moment-ci. Comme j'ai eu l'honneur de le dire à V. M., l'avant-garde de mon corps d'armée sera à Templin dans 2 ou 3 heures. Ainsi nous voilà sur notre cavalerie. J'espère qu'il n'échappera pas grand monde de la colonne du prince de Hohenlohe.

---

1. Voir le rapport du maréchal Lannes à l'Empereur, d'Oranienburg, 26, page 369.

2. Le Maréchal fut obligé de faire une halte de 5 heures à Zehdenick, pour faire manger et reposer son avant-garde.

Le général Treillard doit être arrivé à Gransee ce matin. Je lui envoie l'ordre s'il rencontre l'ennemi de le poursuivre vigoureusement. Nous avons ramassé ce matin environ 200 prisonniers; je les joins à ceux du grand-duc de Berg que je fais conduire sur Spandau. Je remets également à l'officier porteur de ma lettre un drapeau.

Nous sommes un peu fatigués, nous avons marché toute la nuit; mais je sens qu'il faut cela pour couper les colonnes ennemies, et mettre notre cavalerie à même de les poursuivre avec sécurité.

La lettre suivante du 31 octobre donnera des renseignements sur les opérations du 5e corps depuis le 26 au soir jusqu'au 28 au matin [1].

LE MARÉCHAL LANNES AU GRAND-DUC DE BERG.

Pasewalk, 31 octobre 1806.

Monseigneur, je reçois l'ordre du jour concernant la prise du corps du prince Hohenlohe; le 5e corps verra avec la plus vive peine qu'il n'est pas fait mention de lui dans cet ordre du jour.

J'avais fait part de la prise de cette colonne à S. M. I. et je ne lui avais pas parlé de mon corps d'armée croyant que V. A. lui rendrait justice dans son rapport. J'avais seulement dit à S. M. que V. A. I. avait fait la plus belle charge qu'on ait jamais vue. Sans doute que les grandes occupations de V. A. lui ont fait oublier que j'étais à ses côtés, que j'avais mon avant-garde avec moi et que je lui avais moi-même amené le chef d'état-major du prince Hohenlohe qui m'avait demandé à se rendre.

Que V. A. me permette encore de lui dire ce que j'ai fait pour la mettre à même de poursuivre l'ennemi. V. A. I. me fit dire le 26 qu'elle était à Zehdenick et me fit prier de faire suivre l'infanterie afin de se porter elle-même en avant. J'é-

1. Voir au 31 octobre la lettre du maréchal Lannes à l'Empereur et la réponse de l'Empereur du 1er novembre.

tais alors avec mon corps d'armée à Oranienburg; j'en partis le même jour 26 à 10 heures du soir et j'arrivai le lendemain au soir 27 à Templin où je trouvai la division de dragons du général Beaumont[1].

A mon arrivée à Templin, j'eus l'honneur d'écrire à V. A. que je pensais qu'elle se dirigeait avec toute sa cavalerie sur Prenzlow, Pasewalk et Ukermunde, et que j'allais faire marcher la division Suchet sur les mêmes points pour la soutenir et me mettre moi-même à la poursuite de l'ennemi avec la division Gazan et toute la cavalerie légère du 5e corps d'armée. A peine aviez-vous reçu ma lettre que l'adjudant-commandant Girard[2] vint m'annoncer de votre part que le général Milhaud s'était emparé du pont de Boitzenburg et qu'il ne pourrait nous échapper personne de l'ennemi. Il me demanda de votre part de marcher sur ce point avec mon infanterie : j'eus l'honneur de faire dire à V. A. par le même adjudant-commandant que, quoique arrivé à 7 heures du soir venant d'Oranienburg sans m'arrêter, je partirais à 10 heures et que je serais le 28, 2 heures avant le jour, à Boitzenburg[3].

J'arrivai effectivement à 4 heures du matin au quartier général de V. A. et j'eus l'honneur de lui dire que mes troupes étaient devant Boitzenburg et que les avant-postes ennemis, qui n'étaient qu'à 200 pas, nous avait tiré quelques coups de fusil.

---

1. L'état d'emplacement de la réserve de cavalerie porte cette division comme ayant couché à Herzfeld le 27. D'un autre côté, 1 régiment de la 3e brigade avait été envoyé de Templin en reconnaissance sur Lychen, voir p. 414, avec ordre de revenir sur ses pas s'il rencontrait l'ennemi et de rendre compte au Grand-duc et au maréchal Lannes à Templin. Ce régiment ayant fait 29 kil. pour venir de Falkenthal à Templin et 32 kil. pour aller à Lychen et en revenir, dut passer la nuit à Templin où l'autre régiment de la brigade et probablement aussi le général Beaumont et la 2e brigade étaient restés. Le général Beaumont partit peut-être pour Herzfeld avec ses 2 premières brigades lorsqu'il vit Templin occupé par l'avant-garde du maréchal Lannes.

2. Le Grand-duc croit nécessaire d'envoyer pour cette mission verbale importante le sous-chef d'état-major de la réserve de cavalerie.

3. L'avant-garde partit le 27 à 11 heures du soir pour se rendre à Boitzenburg. Les divisions Suchet et Gazan sont parties de Zehdenick le 27 à 11 h. du soir pour se rendre à Templin et de là à Prenzlow en passant par Closterwald, Kuhz et Hasleben. (État d'emplacement du 5e corps.) — Parc, le 27 à Zehdenick.

V. A. I. se rappellera aussi que je lui dis ne pas croire que l'ennemi tînt à Boitzenburg : V. A. me répondit qu'elle pensait, d'après ce qu'elle avait vu la veille, que l'ennemi voudrait se battre là. J'eus l'honneur de lui observer que je ne le croyais pas et que j'étais sûr qu'il n'y aurait pas un seul homme au point du jour, que nous n'avions pas un seul instant à perdre pour nous porter sur Prenzlow et j'en sentais tellement la nécessité que j'ordonnais aux divisions Suchet et Gazan de presser la marche et de se rendre sur ce point par le chemin le plus direct. V. A. me répondit qu'elle croyait prudent d'attendre le jour pour opérer ce mouvement : elle envoya son chef d'état-major pour sommer l'ennemi, mais il ne trouva personne, tout ayant filé pendant la nuit sur Prenzlow [1].

Que V. A. ne pense pas qu'en mon particulier je sois fâché de ce qu'on n'ait rien dit du 5e corps d'armée, si je n'eusse reçu l'ordre du jour qui fait mention de toutes les troupes sans parler des miennes : je ne puis bonnement communiquer cet ordre au 5e corps d'armée ; les généraux et les régiments qui le composent en ressentiraient trop de chagrin.

Mais je veux cependant que S. M. I. connaisse la conduite de mes troupes dans cette circonstance et sache que je me trouverai heureux quand elle sera convaincue que je ne me bats que pour sa gloire et qu'il n'y a pas de sacrifice que je ne fasse pour la vôtre.

5e corps : le 26 marche de 24 kil. de Spandau à Oranienburg ;

L'avant-garde, 3,000 hommes d'infanterie légère, repart à 10 h. du soir après un repos de 7 à 8 heures et arrive le 27 à 9 heures du matin à Zehdenick, ayant mis 11 heures dont 8 de nuit pour faire 28 kil. ; il est probable que le maréchal Lannes fit faire un repos vers 4 ou 5 heures du matin à Falkenthal ;

Les divisions Suchet et Gazan partent à la pointe du jour, c'est-à-dire vers 5 heures du matin, et arrivent vers midi à Zehdenick ;

L'avant-garde repart de Zehdenick probablement vers 2 heures de

---

1. Le prince de Hohenlohe fila par Schönermark, puis se rabattit sur Prenzlow. Voir son rapport à la suite du 24e bulletin, 31 octobre.

l'après-midi, après un repos de 5 heures pour manger, et arrive vers 7 heures du soir à Templin, marche de 20 kil. ; elle quitte Templin à 11 heures du soir après un repos de 3 heures pour manger et est à 4 heures du matin à Boitzenburg, marche de nuit de 17 kil. ;

Enfin elle se remet en marche presque immédiatement, probablement vers 5 heures, et arrive devant Prenzlow à 9 heures, marche de 16 kil.

Les divisions quittent Zehdenick de nuit et se dirigent par Templin et Hasleben sur Prenzlow qu'elles atteignent dans la journée (marche de 52 kil.).

Ainsi l'avant-garde, composée, il est vrai, de troupes d'élite, le 17e d'infanterie légère, tous les voltigeurs du corps d'armée et 6 pièces de canon, avait fait, sans s'arrêter, au moins 105 kil. en 50 heures ; elle avait fait 3 longs repos, le premier de 8 heures, le second de 5 heures, le troisième de 4 heures et avait terminé par une marche de 33 kil. dont 17 kil. parcourus la nuit.

Le corps d'armée avait fait 104 kil. environ en 60 heures, du 26 à 7 heures du matin au 28 à 6 heures du soir, mais il avait couché le 26 à Oranienburg.

Les marches de nuit avaient été favorisées par le clair de lune.

Il faut ajouter que les marches avaient été d'autant plus pénibles que le 5e corps traversait un pays extrêmement misérable et venait après 6,000 cavaliers, et qu'il ne pouvait pas être question d'augmenter la ration puisqu'on trouvait à peine de quoi faire les distributions.

Des faits analogues se passèrent au 1er corps.

LE GÉNÉRAL L. BERTHIER AU GÉNÉRAL DUPONT.

Börnicko, 27 octobre 1806.

Veuillez, mon cher général, conformément aux ordres de S. A., partir à 6 heures et demie ce matin pour vous diriger sur Oranienburg, passant par Vehlefanz.

Vous recevrez de nouveaux ordres à Oranienburg.

Le 5e régiment de chasseurs à cheval précédera votre mouvement.

LE MARÉCHAL BERNADOTTE A L'EMPEREUR.

Börnicko, 27 octobre 1806, 7 heures du matin.

Hier j'ai eu l'honneur d'informer le Major général que je poussais ma cavalerie jusqu'à Kremmen et que j'avais mes divisions d'infanterie entre Nauen et Kremmen ; j'ai envoyé, pendant cette nuit, des partis pour avoir des nouvelles de l'ennemi ; je me suis mis aussi en communication avec le général Savary qui était à Fehrbellin. Tout ce que nous avons pu apprendre nous confirme que le prince de Hohenlohe avait encore hier soir une partie de son arrière-garde à Neu-Ruppin, qu'il devait marcher par Lindow, Gransee et Zehdenick où il me paraît difficile qu'il arrive en entier avant aujourd'hui soir ; ces renseignements m'ont engagé à me porter de suite sur Oranienburg ; d'après ce que j'apprendrai là, je me dirigerai ou sur Zehdenick ou sur Liebenwald, pour aller de là tout droit sur Stettin. Demain dans la journée, si l'ennemi a pris véritablement cette route, j'espère le rencontrer.

Il est extrêmement difficile d'obtenir des nouvelles certaines sur la marche des Prussiens ; les gens du pays ne veulent rien dire ; d'un autre côté, ceux qui conduisent les restes de l'armée ennemie, semblent n'avoir aucun projet fixe, et changent de détermination d'un jour à l'autre.

J'ai rendu compte hier au Major général d'une prise faite par un détachement de chasseurs sur le lac de Plaue. Elle consiste en 31 bateaux portant 8,000 tonneaux de farine, 6,800 sacs d'avoine, 26 bouches à feu avec leurs affûts, des grains, des sels, le tout destiné à l'approvisionnement et à l'armement de Magdebourg. On estime cette prise de 1,500 à 1,800,000 francs. Ce détachement a aussi fait une centaine de prisonniers dont 2 officiers.

J'ai l'honneur de faire passer à V. M. une dépêche du général Savary, son aide de camp.

P.-S. — Malgré l'extrême difficulté que l'on éprouve ici pour les vivres, les troupes ont fait hier 12 et 14 lieues.

LE MARÉCHAL BERNADOTTE AU MAJOR GÉNÉRAL.

Oranienburg, 27 octobre 1806, 2 heures après midi.

Je viens de recevoir votre dépêche du 27. Comme je vous le mandais ce matin, je me dirigeais sur Oranienburg pour aller de là à Zehdenick ou Liebenwald et ensuite à Stettin. Mais d'après les ordres que vous me transmettez, je vais porter mon corps d'armée entre Gransee et Badingen.

Malgré que les troupes aient déjà fait 6 lieues aujourd'hui, je fais continuer leur marche jusqu'à Gransee [1].

Pour éviter qu'il y ait des traînards, j'autorise les généraux à former des détachements des hommes incapables de supporter les fatigues ; ils n'emmèneront avec eux que ceux qui pourront suivre. Avec cette précaution, j'espère arriver cette nuit à Badingen où je prendrai position.

J'envoie des officiers auprès du grand-duc de Berg pour me mettre en correspondance avec lui. Je fais aussi éclairer la route de Lindow et de Ruppin jusqu'à Rheinsberg ; demain, de grand matin, je suivrai la trace de l'ennemi.

1er CORPS D'ARMÉE.

ORDRE DU JOUR.

Quartier général à Oranienburg, 27 octobre 1806.

L'ennemi se retire et nous sommes prêts de l'atteindre ; les opérations militaires et le succès de nos armes exigent impérieusement que le corps d'armée fasse des marches forcées et continues. Le Prince maréchal attend de la persévérance du soldat cette nouvelle preuve de son amour pour ses devoirs.

En conséquence les divisions continueront à marcher, elles prendront une demi-heure de repos après 2 heures de marche, et ce soir à 10 heures elles se reposeront jusqu'à demain 2 heures du matin.

Pour éviter de laisser des traînards [2], M. le Maréchal autorise les

1. Division Dupont, de Börnicke à Oranienburg par Vehlefanz, 22 kil. — Divisions Rivaud et Drouet, de Nauen à Oranienburg par Paaren et Eichstädt, 31 kil. — La division Dupont, partie de Börnicke à 6 heures et demie du matin, arriva à Oranienburg à midi ; les divisions Rivaud et Drouet n'arrivèrent probablement pas à Oranienburg avant 2 heures de l'après-midi.

2. Le 1er corps avait passé la nuit du 25 à Brandenburg.

LE GÉNÉRAL RENÉ, COMMANDANT D'ARMES A POTSDAM, AU MAJOR GÉNÉRAL.

Potsdam, 28 octobre 1806.

J'ai l'honneur de rendre compte à V. A. que j'ai reçu une députation de Brandenburg pour me demander instamment d'envoyer un officier pour prendre le commandement de cette place. Les traînards y ont commis toutes sortes d'excès, le désordre est extrême et les habitants sont dans la désolation. J'ai

généraux à n'amener avec eux que les hommes capables de supporter les fatigues.

---

cru remplir les intentions de V. A. en y envoyant de suite M. le chef d'escadron Lavenant qui arrivait à l'instant.

Dès son arrivée, cet officier me rendra compte de ce qui se passe et aura l'honneur d'en informer V. A.

Ordre à M. Lavenant de rentrer au quartier général. M. le général René a eu tort. Il n'avait pas ce droit.

BERTHIER. Ordre du 30 octobre.

LE CHEF D'ESCADRON LAVENANT A M. HASTREL, CHEF D'ÉTAT-MAJOR GÉNÉRAL.

Brandenburg, 29 octobre 1806.

J'ai quitté d'après vos ordres Lobenstein pour me rendre au quartier général. — En passant à Potsdam je me trouvais chez le général René lorsqu'une députation de Brandenburg venait le supplier d'envoyer un commandant afin d'arrêter le brigandage qui désolait la ville et les villages circonvoisins ; le général René me donna l'ordre d'y aller de suite et en prévint S. A. le prince Ministre. J'ai l'honneur de vous en rendre compte et vous prie de me communiquer vos ordres à ce sujet. J'ai trouvé ici un chaos presque inextricable. Les habitants fuyaient de tous côtés pour se dérober aux exactions les plus atroces commises par beaucoup de militaires qui passent, et d'autres qui abandonnent lâchement leurs drapeaux sous le prétexte de fatigues et d'infirmités, pour se livrer impunément au brigandage, parce qu'ils ne sont pas contenus par la présence de l'autorité militaire. Ils parcouraient par bandes de 5 ou 6 la ville et les villages qu'ils dévastaient et où ils faisaient contribuer les habitants après les avoir mutilés de la façon la plus inhumaine et même jusqu'aux enfants : il y en a un, dit-on, qui a été tué.....

Depuis 2 jours les choses ont déjà changé de face. J'ai donné les ordres les plus sévères et ai pris plusieurs mesures qui obvient à l'inconvénient de la pénurie de troupes, afin de protéger les habitants et rétablir l'ordre et la discipline sans cependant léser le militaire. Il y a ici un flux et un reflux continuel de passage, comme point de la ligne qui aboutit aux 2 corps d'armée qui bloquent Magdeburg. Il y a d'ailleurs un grand nombre de militaires égarés dans le cercle de Brandenburg, que je dirige sur leurs corps respectifs.

D'après les informations que j'ai prises, j'ai découvert 3 bateaux chargés de projectiles de toute espèce et de munitions ; ces cargaisons qui appartiennent au Roi, se dirigeaient sur Magdeburg pour son approvisionnement ; je les ai fait arrêter et garder jusqu'à nouvel ordre. Veuillez me dire si je dois les faire déposer ici ou diriger par le canal sur Spandau : cette dernière mesure me paraît plus vraisemblable ; j'attendrai à ce sujet vos ordres. J'ai demandé au général René un détachement de 20 hommes ; car il est des circonstances où je ne puis employer avec succès la garde bourgeoise que j'ai un peu organisée et que j'utilise pour le service de la ville.

Il y a un hôpital où plusieurs soldats s'hébergeaient sans aucune raison de santé ; je les ai fait partir de suite pour leurs corps et n'y ai laissé que ceux qui étaient vraiment malades ou blessés. Il n'en reste plus qu'une quarantaine.

On me fait le rapport que plusieurs bateaux armés de soldats prussiens ont gagné le large de ce canal et qu'ils doivent les faire couler, s'ils ne peuvent s'échapper. Je vais armer une petite chaloupe et faire mon possible pour les prendre. Il paraît que ces bateaux sont remplis de matériel d'artillerie et de munitions.

Il sera formé à Oranienburg, par division, un détachement de tous ceux qui ne pourraient pas suivre. Ce détachement sera commandé par un officier de chaque régiment, et un officier supérieur nommé par le général Dupont commandera tous les détachements réunis du corps d'armée et le rejoindra à petites journées.

Le présent ordre sera lu de suite à la tête de toutes les compagnies.

Le Maréchal, Prince de Ponte-Corvo,

BERNADOTTE.

LE GÉNÉRAL L. BERTHIER AU GÉNÉRAL DUPONT.

Badingen, 27 octobre 1806, 11 heures du soir.

Le général Dupont est prié de presser la marche d'un régiment sur Badingen [1]; il est essentiel qu'il arrive sur-le-champ ; les autres régiments suivront à une heure de distance.

Le général Dupont annoncera à ses troupes que l'armée ennemie est cernée et que le point de Badingen est extrêmement faible, qu'il serait à craindre que l'ennemi le perçât.

P.-S. — Le commissaire est parti pour Gransee, afin d'aller chercher de l'eau-de-vie et du pain.

La division de cavalerie poussait des reconnaissances sur la route de Zehdenick et Gransee et vint s'établir en avant du village de Badingen [2]. — Les divisions Rivaud et Drouet vinrent prendre position aux environs de Badingen où se trouvait le quartier général. — La division du général Dupont marchait sur la route de Zehdenick. — Le parc était à Nauen. (*Journal des opérations du 1er corps.*)

L'état d'emplacement porte 2e division à Bergsdorf, ce qui permet de supposer que cette division et la 3e s'arrêtèrent à Bergsdorf, et que la division Dupont se remit en marche et atteignit Badingen où elle passa la fin de la nuit depuis 3 ou 4 heures du matin.

---

1. Le Maréchal, précédant son infanterie, s'était porté avec sa cavalerie légère à Badingen sur la route de Gransee à Zehdenick, pour l'intercepter. L'ordre du jour ayant ordonné pour le 27 un repos de 10 heures du soir à 2 heures du matin, l'infanterie s'était probablement arrêtée à Bergsdorf, 8 kil. de Badingen. — Le présent ordre avait donc pour objet de faire prendre les armes à un régiment de suite, c'est-à-dire aussitôt la réception de l'ordre, vers minuit et demi ou 1 heure du matin, et de faire partir les 2 autres régiments de la division 1 heure après, à 2 heures du matin, comme l'ordre du jour l'avait prescrit. Le chef d'état-major avait soin de prévenir qu'on était allé chercher des subsistances, indication toujours alléchante pour le soldat.

2. D'Oranienburg à Badingen, 30 kil.; — à Bergsdorf, 22 kil.

LE GÉNÉRAL SAVARY A L'EMPEREUR.

Fehrbellin, 27 octobre 1806, midi.

J'ai eu l'honneur de vous adresser ce matin à 2 heures un rapport. Il est midi et il me reste à vous rendre compte de tout ce que j'ai appris depuis. La patrouille qui est venue dans la nuit à mon petit avant-poste, était bien une patrouille prussienne du régiment d'Usedom ; un hussard de cette patrouille qui est déserté à la pointe du jour, m'a fait le rapport suivant :

L'arrière-garde a passé toute la nuit à Neu-Ruppin ; elle était composée de quelques régiments d'infanterie avec 6 pièces d'artillerie et 2 obusiers, d'un régiment de dragons, de 2 régiments de hussards de Rudorff et d'Usedom ; cette cavalerie légère, forte environ de 1,200 chevaux, n'a été séparée de moi toute la nuit que par le marais dont ils occupaient les villages riverains depuis Neu-Ruppin jusqu'à Fehrbellin. Le général Usedom était lui-même dans un de ces villages dont le déserteur n'a pu me dire le nom. Le général Larisch commandait l'infanterie qui était à Neu-Ruppin. Le déserteur m'a appris qu'aussitôt qu'ils avaient su que les Français étaient arrivés à Fehrbellin au nombre de 800 et qu'ils avaient fait raccommoder le pont, son officier l'avait envoyé près de son colonel pour lui en donner avis et lui demander s'il fallait se retirer et que l'ordre du général avait été que puisque nous n'étions que 800 il ne fallait pas se retirer si vite. (J'avais commandé ici du fourrage et du pain pour 800 hommes qui devaient arriver dans la nuit.) Ce même hussard avait été chargé de porter cet ordre au régiment de Rudorff, mais en arrivant dans son cantonnement il l'avait trouvé parti et que c'est alors qu'il a déserté. Il ajoute que ce régiment de Rudorff est presque détruit, mais que le sien est encore de 800 hommes dont les trois quarts sont Polonais et ne demandent qu'à s'en aller. Voilà le rapport du hussard déserteur. Quelques déserteurs d'infanterie ajoutent qu'ils sont en marche continuelle depuis 14 jours dans le plus mauvais état, que beaucoup de régiments n'ont plus que la force d'un demi-bataillon et que leurs officiers, qui faisaient les rodomonts il y a quelque temps, cherchent maintenant à soutenir le courage de leurs soldats en disant aux traînards de faire tous leurs efforts pour rejoindre à Stettin. Des députés des magistrats de la ville de Neu-Ruppin viennent de m'arriver. Ils m'apprennent que les premières troupes prussiennes ont commencé à passer samedi dernier[1], que le prince de Hohenlohe a quitté Neu-Ruppin hier matin, que depuis samedi dernier jusqu'aujourd'hui ils ont vu passer beaucoup de troupes sans pouvoir en dire le nombre ; qu'elles se sont toutes dirigées sur Stettin et que ce matin, à 4 heures, toute cette arrière-garde était partie de Neu-Ruppin et devait coucher ce soir à Zehdenick ; qu'au moment où ils sont partis de Neu-Ruppin pour venir me trouver ils avaient encore laissé dans la ville beaucoup de bagages qui défilaient escortés par de petites troupes de hussards ; mais ils n'ont pas vu passer la cavalerie du général Usedom qui cependant aurait dû défiler presque en plein jour. Ils m'observent bien qu'il y a un chemin en dehors de la ville par lequel elle aurait pu passer, mais il serait possible qu'elle fût restée dans quelque village voisin pour se retirer à la nuit.

Le pays d'ici à Neu-Ruppin se trouvant être, immédiatement après le marais, une vaste et large plaine stérile, j'attendrai la chute du jour pour essayer de m'y rendre et de prendre encore quelques traînards. Si j'avais eu 600 bons chevaux au lieu de 100, j'aurais mis un bien grand désordre dans cette arrière-garde vers les 2 heures du matin et il n'est nul doute que je n'en aurais eu quelques lambeaux.

Le rapport que j'ai eu l'honneur d'adresser ce matin à V. M. à 2 heures, s'est trouvé confirmé par une découverte que j'ai fait faire avant le jour et qui a rencontré l'ennemi à une petite demi-lieue d'ici.

Je n'ai point reçu de nouveaux ordres de V. M. depuis le retour de mon aide de camp Custine. Si d'ici à la nuit je

1. Le 25.

n'ai point d'autres ordres, après être entré à Neu-Ruppin s'il est possible, je reviendrai par ma droite à Liebenwald, où je trouverai probablement les postes du grand-duc de Berg ou du maréchal Bernadotte.

Je prends la liberté de réitérer à V. M. tous mes regrets de n'avoir pas eu de 500 à 600 chevaux pour faire cette nuit une échauffourée de tous ces bagages et troupes en désordre. Je ne me serais arrêté qu'au jour.

Je fais un rapport au grand-duc de Berg et au maréchal Bernadotte qui m'a écrit cette nuit la lettre ci-jointe.

La députation de Neu-Ruppin me dit que la population s'élève à 2,000 âmes.

RAPPORT DE LA RECONNAISSANCE DU GÉNÉRAL SAVARY DEPUIS LE 27 A MIDI JUSQU'A MINUIT.

Après avoir reçu la députation des magistrats de Ruppin et avoir acquis la certitude que l'arrière-garde commandée par le général Usedom commençait sa retraite, je me suis mis en marche de Fehrbellin avec 120 dragons et je suis arrivé à la nuit à demi-lieue de Ruppin où j'ai rencontré un poste prussien [1]; il s'est engagé une escarmouche dans laquelle cette garde a été poussée à travers la ville jusqu'à environ une portée de canon au delà ; un feu de tirailleurs a succédé à cette charge et a duré jusqu'à 10 heures du soir.

J'interrogeai les habitants pendant ce temps-là, et j'appris que les équipages et la cavalerie du corps de Hohenlohe avaient eu une affaire à Zehdenick la veille, et que le corps du général Larisch qui était parti de Ruppin le 27 à 10 heures avait encore pris le chemin de Lindow, mais qu'ils croyaient que la cavalerie du général Usedom, forte de 1,000 à 1,200 chevaux environ et dont j'attaquais l'arrière-garde, n'aurait pas pris ce chemin-là, mais bien celui de Wittstock, qui était le second grand chemin à gauche en sortant de la ville. Pas

1. De Fehrbellin à Ruppin, 12 kil.

un ne voulut s'y laisser conduire, et je fus obligé d'aller le tâter moi-même.

Je fis alors rentrer tous mes tirailleurs et après avoir formé 4 échelons de mes 120 chevaux, je marchai franchement sur les Prussiens sans chercher à leur faire prendre une autre direction que celle qu'ils voudraient prendre ; je les menai ainsi pendant 500 ou 600 toises et je les laissai près de leurs escadrons sur le grand chemin de Wittstock.

Le pays étant une vaste et immense plaine et la ville de Ruppin trop grande elle-même, je n'ai pu m'y établir d'une manière à être averti promptement. — D'ailleurs mon détachement était si harassé que j'ai pris le parti, après avoir passé 2 heures au bivouac dans la plaine, de rentrer à Fehrbellin.

Les dragons n'avaient plus de cartouches. (Ils n'en avaient reçu que chacun 10 à Bamberg et plus depuis.)

Ce matin à midi j'ai rencontré 80 chevaux du 7e de chasseurs qui allaient à Ruppin. Je leur ai donné avis de ce que je savais.

J'ai renvoyé le détachement de dragons à sa division par Oranienburg, avec ses chevaux en mauvais état, et je suis rentré à Berlin.

Général Savary.

LE MARÉCHAL SOULT A L'EMPEREUR.

Tangermünde, 27 octobre 1806, 8 heures du matin.

Le 24 de ce mois, j'ai eu l'honneur de rendre compte à V. M. des motifs qui me déterminaient à porter le corps d'armée sur Tangermünde ; j'attends avec la plus vive impatience que V. M. ait daigné approuver ce mouvement et qu'elle l'ait trouvé aussi utile à ses armes qu'il me l'a paru.

Les rapports qui m'avaient été faits sur la marche du duc de Weimar se sont pleinement justifiés à mon arrivée à Tangermünde : avant-hier à 10 heures du soir mon avant-garde, en approchant de cette ville, a rencontré la tête d'une colonne ennemie qui faisait son mouvement de retraite sur Arneburg[1] et, depuis 2 heures seulement, avait fait descendre les moyens de passage qu'il avait à Tangermünde jusqu'à hauteur de Sandau et de Werben. L'arrière-garde de cette colonne dont le centre était à Stendal, était vivement harcelée par la cavalerie légère du corps d'armée sur la route de Gardelegen à Stendal[2]. Le duc de Weimar commandait cette réunion de troupes et il avait sous lui le duc de Brunswick-Heltz et 4 autres généraux.

La colonne se composait de 10,000 hommes d'infanterie et 1,500 chevaux que le duc de Weimar avait retirés d'Erfurt sur Langensalza et Heiligenstadt, etc.; en passant à Brunswick cette colonne avait été jointe par 3 régiments de hussards (Köller, Goestz et Rudolff) et 3 bataillons francs sous la conduite du général Köller venant du Hanovre; ainsi la totalité des troupes que le duc avait avec lui, pouvait se monter à 17,000 ou 18,000 hommes dont 3,000 à cheval et 30 canons.

J'ai fait une marche forcée de 12 lieues pour le joindre et le forcer à combattre; j'étais même parvenu à atteindre son arrière-garde et la tête de colonne qu'il avait montrée à Tangermünde, mais, excepté quelques centaines de prisonniers qu'on a faits, et quelques équipages qu'on a pris, je n'ai pu obtenir d'autres résultats; l'ennemi a fui sans cesse du moment que les premières troupes de V. M. se sont présentées, et jamais on ne l'a pu engager dans un combat; enfin l'ayant poursuivi avec la cavalerie jusqu'au-dessous de Sandau (en gardant la rive gauche), et voyant que sur tous les points où il pouvait jeter sur la rive opposée une partie de son monde, il le faisait, et qu'ainsi en diminuant ses forces il m'eût entraîné bien au delà du but que je devais me proposer, en me faisant bientôt courir après une ombre, j'ai arrêté l'infanterie à Stendal et à Tangermünde et la cavalerie à

---

1. De Tangermünde à Arneburg, 15 kil.; — d'Arneburg à hauteur de Sandau, 12 kil.; — de ce point à Werben, 15 kil.

2. De Tangermünde à Stendal, 10 kil.; — de Stendal à Werben, 30 kil.

hauteur de Sandau, d'où aujourd'hui elle pousse des partis jusqu'à Werben, Seehausen et Osterburg, pour éclairer cette partie, et m'assurer si toute la cavalerie ennemie a effectué son passage de l'Elbe, ou s'il en reste de ce côté; dans ce cas, pour la faire descendre encore davantage.

Je regrette infiniment que le mouvement que j'ai fait faire au corps d'armée n'ait pas produit des résultats plus avantageux, mais pour en obtenir il eût fallu que l'ennemi qui d'abord se dirigeait sur Magdeburg et paraissait vouloir forcer le passage, et ensuite sur Tangermünde où il voulait aussi passer, eût eu envie de combattre, ou qu'il perdît quelques heures dans sa marche pour l'y obliger. Sa fuite précipitée m'a déçu de l'espoir que j'avais de lui enlever la plus forte partie de son monde.

Aujourd'hui je fais toutes les dispositions nécessaires pour passer l'Elbe à Tangermünde, et demain je compte avoir la tête de la colonne vers Rathenow. J'attendrai ensuite d'avoir reçu les ordres de V. M. pour aller plus avant et prendre la direction qu'il lui plaira de me donner.

Sire, j'éprouve le besoin que V. M. daigne me faire témoigner que dans le mouvement que j'ai fait faire au corps d'armée sur Tangermünde, je ne me suis pas écarté de ses vues, et que je suis resté dans l'esprit de ses dispositions, même que j'y serai encore en passant l'Elbe sur ce point et en prenant ma direction sur Rathenow. Dans ces mouvements je n'ai vu que l'utilité de ses armes, et le zèle que je porte à son service m'a fait aller au-devant des succès que j'espérais obtenir.

LE GÉNÉRAL COMPANS AU MAJOR GÉNÉRAL.

Tangermünde, 27 octobre 1806.

J'ai l'honneur d'adresser à V. A. les états de situation du corps d'armée aux époques des 15, 20 et 25 du courant. Le retard qu'a éprouvé l'envoi de ceux du 15 et du 20 a été causé par la rapidité des marches, l'éloignement et la dissémination de la cavalerie légère depuis la bataille du 14 jusqu'à ce jour. Ces circonstances doivent servir d'excuse à l'adjudant-commandant Beurmann, le seul du corps d'armée qui ait mis du retard dans l'envoi de ses états. Je prie V. A. d'être bien convaincue qu'en mon particulier je n'ai rien négligé pour m'acquitter plus exactement envers elle et que dans toutes les occasions je mettrai tout mon zèle à lui prouver mon exactitude.

LE MARÉCHAL SOULT AU MAJOR GÉNÉRAL.

Tangermünde, 27 octobre 1806.

V. A. aura remarqué sur les états de situation qui lui ont été adressés que dans la 4e division de dragons il n'y avait qu'un général de brigade et que pour la cavalerie légère du corps d'armée il s'en trouvait deux.

Un seul général de brigade étant suffisant pour commander la cavalerie légère et le général Guyot étant très-propre à ce service, j'ai l'honneur de prier V. A. de vouloir bien prendre les ordres de l'Empereur pour que je sois autorisé à faire passer le général Margaron dans la 4e division de dragons, qui pour ce service est également très-propre[1].

LE MARÉCHAL SOULT AU GÉNÉRAL SAHUC.

Tangermünde, 27 octobre 1806.

Je vous préviens que je donne ordre à la division de cavalerie légère de se rapprocher de Tangermünde ; ainsi il ne restera en avant

1. La demande du maréchal Soult est motivée par la lenteur du général Margaron à effectuer son mouvement sur Neuhaldensleben. Au lieu de se porter sur ce point le 24 à la fin de la journée comme il en avait reçu l'ordre à deux reprises, le général Margaron, sous le prétexte d'attendre ses reconnaissances de Helmstädt, passa la nuit du 24 au 25 à Erxleben et ne se mit en marche pour Neuhaldensleben que le 25 à la pointe du jour. Ce retard du commandant de la cavalerie à suivre l'ennemi et à le harceler, permit à la colonne du duc de Weimar de le gagner de vitesse et de lui échapper. — Le général Guyot avait plus d'activité et plus de compréhension de la guerre que n'en avait le général Margaron. C'était à lui que le maréchal Soult confiait toutes les opérations qui demandaient de l'intelligence et de l'activité. Mais lorsque les 4 régiments du corps d'armée se trouvaient réunis, c'était le général Margaron qui, comme le plus ancien, en prenait le commandement et qui par suite dirigeait la division.

de celle que vous commandez que quelques partis que j'avais chargé le général Margaron d'envoyer pour éclairer le pays; vous vous garderez en conséquence.

Demain je ferai aussi rapprocher votre division de Tangermünde afin que le jour même ou le lendemain elle effectue son passage.

LE MARÉCHAL SOULT AU GÉNÉRAL MARGARON.

Tangermünde, 27 octobre 1806.

D'après l'ordre que je vous ai donné hier soir, vous avez dû envoyer 2 partis à Osterburg, Seehausen et Werben[1]. Laissez à l'endroit où vous êtes établi quelqu'un pour les recevoir et vous les amener[2]. Avec le restant de votre division vous partirez au reçu du présent ordre et vous dirigerez sur Tangermünde. Ce soir vous vous établirez à Miltern, Langensalzwedel et Karlbau; vous me rendrez compte de ce mouvement.

Donnez ordre au 26e régiment d'infanterie légère qui est arrivé la nuit dernière à l'endroit où vous êtes établi[3] de joindre sa division à Stendal et d'envoyer quelqu'un au général Legrand pour le prévenir de son arrivée.

LE MARÉCHAL SOULT AU GÉNÉRAL LEGRAND.

Tangermünde, 27 octobre 1806.

Je vous préviens que je fais donner ordre au 26e régiment d'infanterie légère de rejoindre votre division à Stendal; mais, dans le cas que cet ordre mette du temps à lui parvenir, vous ferez bien d'envoyer au-devant de lui pour vous assurer de son mouvement. Je pense que demain votre division aura ordre de se rapprocher de Tangermünde pour effectuer immédiatement son passage; profitez de la journée pour la rallier et la mettre en état.

---

1. De Polkritz à Osterburg, 16 kil.; — à Seehausen, 24 kil.; — à Werben, 14 kil.

2. C'est ce que le général Margaron aurait dû faire *de lui-même* à Erxleben le 24. Le Maréchal se voit obligé d'indiquer au commandant de sa cavalerie le détail de son métier.

3. Polkritz.

LE MARÉCHAL SOULT AU MAJOR GÉNÉRAL.

Tangermünde, 27 octobre 1806.

Je reçois l'ordre en date du 24 de ce mois que V. A. m'a fait l'honneur de m'adresser. Dès demain je me conformerai à son contenu et V. A. sera instruite des dispositions que je fais à ce sujet par le rapport que je viens de lui faire[1]. Je me conformerai aussitôt après avoir passé l'Elbe aux dispositions que S. M. a prescrites pour envoyer à Wittenberg les militaires blessés qui sont à la suite du corps d'armée et j'aurai soin d'en adresser l'état à V. A.

---

1. ORDRE.

Tangermünde, 27 octobre 1806.

L'ordre général en date du 23 de ce mois relatif à la formation des dépôts pour chaque corps d'armée à Wittenberg sera mis à exécution au 4e corps aussitôt que les divisions seront arrivées à Rathenow, et les militaires malades ou blessés que les régiments devront envoyer, seront directement dirigés de Rathenow sur Spandau, d'où le commandant de cette forteresse les fera diriger sur Wittenberg; mais auparavant que cette disposition soit mise à exécution, les généraux commandant les divisions enverront à l'état-major général l'état des militaires qui devront, en exécution de cet ordre, être dirigés sur le dépôt pour que des feuilles de route leur soient délivrées.

Le capitaine adjoint Simand, attaché à la 2e division, est désigné pour commander à Wittenberg la réunion des dépôts du corps d'armée, conformément à l'ordre général du 23 de ce mois.

Il sera envoyé des ordres pour que le petit dépôt de chevaux blessés qui avait été formé à Blankenburg, ait à se rendre sur-le-champ à Wittenberg.

L'ordonnateur enverra des personnes de l'administration des hôpitaux sur la ligne que le corps d'armée a parcourue en avançant, à l'effet de réunir et faire transporter sur l'un des points principaux désignés dans l'ordre général du 23 tous les malades, blessés ou autres qui ont été laissés en arrière, et il rendra compte de l'exécution de cette disposition.

Le Maréchal,

SOULT.

LE GÉNÉRAL COMPANS AU CAPITAINE ADJOINT SIMAND.

Rathenow, 29 octobre 1806.

M. le Maréchal commandant en chef vous ayant désigné par son ordre du 27 du courant pour commander le dépôt des malades, blessés et fatigués du corps d'armée qui, d'après l'ordre général de la Grande Armée, doit être formé à Wittenberg, vous voudrez bien, Monsieur, vous occuper de leur réunion à Rathenow et les mettre sans retard en marche pour les conduire à leur destination.

Vous vous rendrez le premier jour à Brandenburg, le deuxième à Belzig et le troisième à votre destination. Vous vous occuperez de faire fournir en

ORDRE.

Tangermünde, 27 octobre 1806.

Les 2e et 3e divisions, commandées par les généraux Leval et Legrand, se mettront en marche demain à la pointe du jour et se dirigeront sur Tangermünde où elles recevront de nouveaux ordres pour passer immédiatement l'Elbe.

M. le général Sahuc donnera ordre à une brigade de sa division de se rendre demain à Stendal pour y prendre poste jusqu'à nouvelle disposition. Cette brigade se gardera très-militairement sur toutes les communications qui aboutissent à Stendal ; elle portera des reconnaissances en avant pour s'assurer que l'ennemi ne fait point de mouvements dans cette partie. L'autre brigade de la division du général Sahuc restera à Arneburg jusqu'à nouvel ordre et se gardera aussi très-militairement[1].

Le général Margaron donnera ordre à la division de cavalerie légère qu'il commande de se réunir demain pour 7 heures du matin à Tangermünde d'où il recevra de nouveaux ordres aussi pour passer immédiatement l'Elbe. Tous les partis que cette division a fournis, devront être rentrés.

Aussitôt que la cavalerie légère et les 2e et 3e divisions d'infanterie seront arrivées devant Tangermünde, l'ordonnateur fera distribuer des magasins de la ville pour 2 jours d'avoine à la cavalerie et 4 jours à l'artillerie.

---

route aux militaires dont le commandement vous est confié, les subsistances et les moyens de transport nécessaires.

Vous en dresserez un état avant votre départ sur lequel M. l'ordonnateur en chef vous fera délivrer une feuille de route.

Vous m'adresserez tous les 10 jours un état de situation du dépôt.

Vous veillerez attentivement à ce que les militaires dont il sera composé reçoivent tous les soins qu'exigera leur état.

LE GÉNÉRAL COMPANS AUX GÉNÉRAUX D'INFANTERIE.

Rathenow, 29 octobre 1806.

J'ai l'honneur de vous prévenir que M. le Maréchal commandant en chef ordonne qu'il soit désigné dans chaque division 1 officier et 2 sous-officiers pour 100 hommes destinés à se rendre au dépôt de Wittenberg ; ils auront la surveillance immédiate des militaires dont le commandement leur sera confié, mais ils seront d'ailleurs sous les ordres du capitaine adjoint Simand.

1. De Stendal à Arneburg, 12 kil.

Le général Saint-Hilaire donnera aussi ordre au commandant de son artillerie de faire prendre 4 jours d'avoine.

Pareil ordre sera donné par le général Lariboisière au commandant du parc d'artillerie. Dans la nuit il sera donné des instructions sur l'ordre à observer dans le passage de l'Elbe.

ORDRE.

Tangermünde, 27 octobre 1806.

Le corps d'armée passera demain l'Elbe et se dirigera sur Rathenow. L'ordre suivant sera observé :

La 2e division se réunira par bataillons en masse dans la prairie qui est entre la ville et le point déterminé pour le passage, ainsi que la division de cavalerie légère, pour passer en même temps l'Elbe.

La 3e division suivra le mouvement de la 2e, et après la 1re division fera le sien ; ensuite la division de dragons et enfin le parc d'artillerie.

Le général Saint-Hilaire laissera un bataillon d'infanterie pour couvrir le mouvement du parc et le garder jusqu'à ce qu'il ait effectué son passage.

Aucune voiture d'équipages ne pourra passer qu'après les divisions auxquelles ces équipages appartiennent, et immédiatement après l'artillerie des divisions. Les équipages du quartier général passeront après la 3e division.

Des travées qui ont été faites, une sera exclusivement destinée au transport de l'artillerie, du matériel et des équipages des divisions ; la seconde au transport des chevaux du train et d'équipages et la troisième au transport de la cavalerie. Tous les autres bateaux non pontés qui ont été réunis, serviront au passage de l'infanterie. L'embarquement se fera par régiments, par bataillons et compagnies, suivant leur ordre de numéro et le rang que les régiments tiennent dans la division.

Aussitôt que l'infanterie légère de la 2e division sera débarquée, le général qui la commande, la formera sur la rive opposée et lui fera de suite détacher ses voltigeurs pour éclairer le pays. Les régiments qui suivront, se formeront aussi et marcheront en colonne jusqu'à ce qu'ils aient assez de terrain pour donner à la division le temps de se former entièrement et de recevoir son artillerie. Cette disposition sera aussi observée pour les autres divisions ainsi que pour la cavalerie.

L'artillerie légère de la division de cavalerie sera passée la première et même avant celle de la 2e division.

Le chef d'état-major de chaque division restera en arrière jusqu'à ce que tout ce qui appartient à la division ait passé [1].

Chaque division d'infanterie fournira 100 hommes des plus expérimentés dans la manœuvre des bâtiments pour aider les pontonniers et ils resteront avec eux jusqu'à ce que le passage du corps d'armée soit entièrement terminé ; un officier dans chaque division commandera ces détachements et les ramènera ensuite aux corps d'où ils auront été tirés.

La division de dragons se tiendra prête à se rapprocher de Tangermünde pour effectuer son passage à la réception du premier ordre qui lui sera donné.

M[al] SOULT.

LE GÉNÉRAL CLARKE A L'EMPEREUR.

Erfurt, 27 octobre 1806, 3 heures après midi.

Le général von der Weidt m'écrit de Vach sur la route d'Erfurt à Francfort qu'ayant rejoint la route de Francfort par Schmalkalden, Salzungen et Vach, il a donné ordre au 3e de hussards de me rejoindre à Erfurt et que 50 chevaux que le général von der Weidt conserve, suffisent pour l'escorte des prisonniers jusqu'à Francfort. V. M. se rappelle que le général von der Weidt conduit la deuxième colonne de prisonniers sortis d'Erfurt. Le général m'annonce que les habitants des campagnes sont en général mal disposés pour nous et que le colonel Lebrun pourra m'en instruire plus en détail.

D'un autre côté le colonel Lebrun m'a écrit une lettre sans date qu'un officier de son corps m'a remise ce matin et par laquelle il m'annonce qu'il va se diriger par le plus court chemin sur l'armée. Il ajoute que c'est une 50e de hussards

---

1. CIRCULAIRE AUX CHEFS D'ÉTAT-MAJOR.

Schwerin, 13 novembre 1806.

M. le Maréchal me charge, M. le Commandant, de vous témoigner son mécontentement de ce qu'au passage de l'Elbe à Tangermünde vous n'avez pas fait passer l'ambulance de votre division immédiatement après l'artillerie, ainsi que ses ordres concernant les dispositions de la marche des colonnes vous en imposaient l'obligation. M. le chef de l'état-major de la division de cavalerie légère est le seul qui n'ait point mérité ce blâme.

Gal COMPANS.

prussiens qui ont délivré la première colonne de prisonniers sortis d'Erfut et qu'ils se sont dirigés sur Mulhausen et de là à ce qu'on croit sur la Westphalie.

V. M. trouvera ci-joint le rapport de la place d'Erfurt. Elle verra qu'on fait tout ce qu'on peut pour y rentrer les canons [1].

Si les Russes sont en marche, ils ne peuvent être d'après ce que j'ai pu recueillir ici, que dans le voisinage de Varsovie.

Je prie V. M. de permettre que je la félicite sur l'entrée des troupes françaises à Berlin.

P.-S. — J'attends toujours le bataillon du grand-duc de Würzburg et la garnison de cette place dont le général Thouvenot qui est ici me donne l'état par aperçu et qui est ci-joint[2]. Ma garnison, et même le 14e de ligne, s'épuise en détachements pour escorter les blessés et les prisonniers.

---

1. RAPPORT DE LA PLACE D'ERFURT DU 25 AU 26 OCTOBRE.

2,465 prisonniers, 95 officiers et 11 cadets escortés par 310 hommes des 9e, 32e et 96e régiments sont entrés à Erfurt.

Il est arrivé un convoi de blessés; un détachement d'armuriers de 24 hommes et 1 officier, un convoi de 5 voitures chargées d'armes, de poudre ; — 1 pièce de canon ; — un second convoi de blessés prussiens composé de 9 voitures.

Il est sorti 8 hommes du 6e régiment d'artillerie escortant 18 avant-trains allant à Weimar.

Un détachement de la 25e brigade d'équipages militaires composé de 14 hommes et 46 chevaux.

Un détachement de 16 hommes allant rejoindre le 25e régiment (d'infanterie légère).

2. *Aperçu des troupes qui se rendent de Würzburg à Erfurt et qui y arriveront le 30 octobre 1806.*

1 compagnie d'artillerie.	100	hommes.
Hussards et chasseurs non montés se conduisant assez mal	500	—
Cuirassiers du 11e avec des chevaux nus. . . .	30	—
Chasseurs du 20e avec des chevaux nus, environ.	25	—
Quelques dépôts de campagne, environ	250	—
	905	hommes.
1 régiment du grand-duc de Nassau-Usingen, environ	1000	hommes.
	1905	hommes.

Ces troupes sont parties du 24 au 25 octobre. Il y a avec elles des convois

P.-S. à 3 heures et demie. — En ce moment 1 pièce de 8 saxonne ainsi que 4 caissons et 18 chevaux d'attelage passent sous mes fenêtres pour se rendre à la citadelle où le tout sera remis à l'artillerie. C'est la pièce et les caissons du bataillon saxon qui a capitulé avec M. Shée, mon aide de camp, à Sommerda.

LE GÉNÉRAL MACON AU MAJOR GÉNÉRAL.

Leipzig, 27 octobre 1806.

J'ai à rendre compte à V. A. des mouvements de cette place depuis le 22.

Le 22 un détachement du 43e fort de 250 hommes [1] ;

Le 23 le 28e léger [2], — un détachement du 96e fort de 123 hommes [3] ;

Le 24 un détachement de 650 hommes destinés pour les 6e, 7e, 9e, 10e, 17e et 24e légers [4], — un bataillon de sapeurs [5], — un détachement du 46e composé de 450 hommes [6], — un détachement du 48e de 448 hommes [7], — un du 28e de ligne de 295 hommes [8] ;

Le 25 2 escadrons de la Garde impériale, 360 hommes ; — un dé-

---

de munitions et des convois de biscuit. — Dans les 2 colonnes que forme cette garnison, se trouvent divers soldats et petits détachements se rendant à l'armée.

Il partira journellement de Würzburg pour Erfurt des détachements venant de l'intérieur pour l'armée jusqu'à ce que l'ancienne ligne de communication soit évacuée.

1. Détachement faisant partie de la 1re colonne venant de Boulogne. Voir *Iéna* pages 90 et 241.

2. Ce régiment, 2 bataillons forts de 1,616 hommes, passa à Mayence le 8 octobre. Voir *Iéna* page 91.

3. Ce détachement, destiné au 1er corps, venait de Landau et était passé par Mannheim ; il était compris dans les 1,248 hommes d'infanterie de ligne prêts à partir dans la 5e division militaire. Voir *Iéna* pages 181, 184 et 292.

4. Détachement d'infanterie légère venant de la 5e division militaire. Voir *Iéna* pages 181 et 184.

5. 5e bataillon de sapeurs venant de Boulogne. Voir *Iéna* page 90.

6. Détachement faisant partie de la 1re colonne venant de Boulogne. Voir *Iéna* page 90.

7. Détachement venant d'Anvers passé à Mayence le 3 octobre à l'effectif de 423 hommes.

8. Détachement faisant partie de la 1re colonne venant de Boulogne. Voir *Iéna* page 90.

tachement du 36e, 300 hommes[1]; — un détachement de cuirassiers, 80[2]; — un parc composé de 185 hommes; — un détachement du 108e, 363[3]; — un du 46e, 20; — un du 13e d'infanterie légère, 350 hommes restés dans la place[4].

J'ai fait partir aujourd'hui 55 chevaux avec selles, brides et sabres pour Wittenberg provenant d'un détachement de hussards et de chevau-légers saxons.

3 chasseurs à cheval du 2e régiment ont été conduits à Leipzig par des paysans pour les avoir fait contribuer en argent et les avoir ensuite maltraités et même sabrés.

Un soldat du train a été également amené ici par des paysans pour en avoir forcé un de lui donner 6 louis pour un cheval qu'il voulait lui vendre et après avoir reçu l'argent remmené le cheval.

Les 3 chasseurs et le soldat du train sont détenus dans les prisons de Leipzig et ils y resteront jusqu'à ce que V. A. S. me fasse connaître ses ordres.

J'ai eu l'honneur de rendre compte à V. A. S. de la proclamation que j'avais faite d'après ses ordres pour la reconnaissance des marchandises anglaises, ainsi que des funestes effets qu'elle a produits sur la place; maintenant que la neutralité avec la Saxe paraît reconnue, je désirerais savoir si ces marchandises d'origine anglaise et qui sont devenues la propriété des Saxons, peuvent encore être séquestrées; tous les négociants de Leipzig attendent avec impatience la décision de S. M., et ils osent espérer de votre bonté, Monseigneur, que vous les tirerez bientôt de l'incertitude fâcheuse dans laquelle ils se trouvent.

---

1. Détachement faisant partie de la 1re colonne venant de Boulogne. Voir *Iéna* page 90. Les détachements de la 1re colonne venant de Boulogne n'étaient pas restés réunis; ils s'étaient séparés, celui du 43e ayant gagné 2 jours de marche, celui du 36e ayant perdu 1 jour.

2. Détachement du 2e de cuirassiers parti de Mayence le 3 octobre; ce détachement était de 98 hommes et 17 chevaux à son départ de Mayence. Les hommes montés avaient rejoint leur division.

3. Détachement venant d'Anvers passé à Mayence le 3 octobre à l'effectif de 411 hommes.

4. Détachement venant d'Ostende passé à Mayence le 9 octobre à l'effectif de 418 hommes.

L'Empereur fit le 27 une entrée solennelle à Berlin.

L'EMPEREUR A L'INTENDANT GÉNÉRAL.

Berlin, 27 octobre 1806.

M. Daru, on évacue les blessés sur Erfurt; mon intention est qu'on ne les évacue que sur Weimar, Leipzig et Gera et que les petits blessés le soient sur Wittenberg et Spandau. Il n'y a pas d'officier de santé à Erfurt et il y a beaucoup de malades. Donnez des ordres pour qu'il en soit envoyé. — M. la Bouillerie n'a pas envoyé de payeur à Erfurt. Donnez-lui l'ordre d'en faire partir un sans délai.

L'Empereur étant couché m'autorise à envoyer à M. Daru la lettre ci-jointe sans signature.

9 heures du soir.

O. MENEVAL.

28 OCTOBRE.

21e BULLETIN DE LA GRANDE ARMÉE.

Berlin, 28 octobre 1806.

L'Empereur a fait hier 27 une entrée solennelle à Berlin. Il était environné du prince de Neufchâtel, des maréchaux Davout et Augereau, de son grand maréchal du palais, de son grand écuyer et de ses aides de camp. Le maréchal Lefebvre ouvrait la marche à la tête de la Garde impériale à pied. Les cuirassiers de la division Nansouty étaient en bataille sur le chemin. L'Empereur marchait entre les grenadiers et les chasseurs à cheval de sa Garde. Il est descendu au palais à 3 heures après midi ; il y a été reçu par le grand maréchal du palais, Duroc. Une foule immense était accourue sur son passage. L'avenue de Charlottenburg à Berlin est très-belle ; l'entrée par cette porte est magnifique. La journée était superbe. Tout le corps de la ville, présenté par le général Hulin, commandant de la place, est venu à la porte offrir les clefs de la ville à l'Empereur. Ce corps s'est ensuite rendu chez Sa Majesté. Le général prince de Hatzfeld était à sa tête.

L'Empereur a ordonné que les deux mille bourgeois les plus riches se réunissent à l'hôtel de ville pour nommer 60 d'entre eux, qui formeront le corps municipal. Les 20 cantons fourniront une garde de 60 hommes chacun, ce qui fera 1,200 des plus riches bourgeois, pour garder la ville et en faire la police. L'Empereur a dit au prince de Hatzfeld : « Ne

« vous présentez pas devant moi ; je n'ai pas besoin de vos « services ; retirez-vous dans vos terres[1]. » Il a reçu le chancelier et les ministres du roi de Prusse.

Le 28, à 9 heures du matin, les ministres de Bavière, d'Espagne, de Portugal et de la Porte, qui étaient à Berlin, ont été admis à l'audience de l'Empereur. Il a dit au ministre de la Porte d'envoyer un courrier à Constantinople pour porter des nouvelles de ce qui se passait et annoncer que les Russes n'entreraient pas aujourd'hui en Moldavie, et qu'ils n'attenteraient rien contre l'empire ottoman. Ensuite il a reçu tout le clergé protestant et calviniste. Il y a à Berlin plus de 10,000 à 12,000 Français réfugiés par suite de la révocation de l'édit de Nantes. L'Empereur a causé avec les principaux d'entre eux ; il leur a dit qu'ils avaient de justes droits à sa protection, et que leurs privilèges et leur culte seraient maintenus. Il leur a recommandé de s'occuper de leurs affaires, de rester tranquilles, et de porter obéissance et respect à César.

Les cours de justice lui ont été présentées par le chancelier. Il s'est entretenu avec les membres de la division des cours d'appel et de première instance ; il s'est informé de la manière dont se rendait la justice.

M. le comte de Neale s'étant présenté dans les salons de l'Empereur, Sa Majesté lui a dit : « Eh bien, Monsieur, vos « femmes ont voulu la guerre ; en voici le résultat. Vous de- « vriez mieux contenir votre famille. » Des lettres de sa

---

1. DÉCRET.

Camp impérial de Berlin, 28 octobre 1806.

Article 1er. — Le prince de Hatzfeld, qui s'est présenté à la tête de la députation de Berlin, comme chargé du gouvernement civil de cette capitale, et qui, nonobstant ce titre et les devoirs qui y étaient attachés, a profité des connaissances que sa place lui donnait sur la situation de l'armée française pour en faire part à l'ennemi, sera traduit devant une commission militaire, pour y être jugé comme traître et espion.

Le maréchal Davout est chargé de l'exécution de cet ordre.

Art. 2. — La commission militaire sera composée de 7 colonels du corps du maréchal Davout, où il sera jugé.

Art. 3. — Le Major général est chargé de l'exécution du présent décret.

NAPOLÉON.

fille avaient été interceptées : « Napoléon, disaient ces lettres, « ne veut pas faire la guerre ; il faut la lui faire. » — « Non, « dit Sa Majesté à M. de Neale, je ne veux pas la guerre ; « non pas que je me méfie de ma puissance, comme vous le « pensez, mais parce que le sang de mon peuple m'est pré- « cieux, et que mon premier devoir est de ne le répan- « dre que pour sa sûreté et son honneur. Mais ce bon peuple « de Berlin est victime de la guerre, tandis que ceux qui « l'ont attirée se sont sauvés. Je rendrai cette noblesse de « cour si petite, qu'elle sera obligée de mendier son pain. »

En faisant connaître ses intentions au corps municipal : « J'entends, dit l'Empereur, qu'on ne casse les fenêtres de « personne. Mon frère le roi de Prusse a cessé d'être roi le « jour où il n'a pas fait pendre le prince Louis-Ferdinand, « lorsqu'il a été assez osé pour aller casser les fenêtres de ses « ministres. »

Aujourd'hui 28 l'Empereur est monté à cheval pour passer en revue le corps du maréchal Davout ; demain Sa Majesté passera en revue le corps du maréchal Augereau.

Le grand-duc de Berg et les maréchaux Lannes et prince de Ponte-Corvo sont à la poursuite du prince de Hohenlohe. Après le brillant combat de cavalerie de Zehdenick, le grand-duc de Berg s'est porté à Templin ; il y a trouvé les vivres et le dîner préparés pour les généraux et les troupes prussiennes. A Gransee, le prince de Hohenlohe a changé de route et s'est dirigé sur Fürstenberg. Il est probable qu'il sera coupé de l'Oder et qu'il sera enveloppé et pris.

Le duc de Weimar est dans une position semblable vis-à-vis du maréchal Soult. Ce duc a montré l'intention de passer l'Elbe à Tangermünde pour gagner l'Oder. Le 25 le maréchal Soult l'a prévenu. S'il est joint, pas un homme n'échappera ; s'il parvient à passer, il tombe dans les mains du grand-duc de Berg et des maréchaux Lannes et prince de Ponte-Corvo. Une partie de nos troupes borde l'Oder. Le roi de Prusse a passé la Vistule.

M. le comte de Zastrow a été présenté à l'Empereur le 27, à Charlottenburg, et lui a remis une lettre du roi de Prusse.

Au moment même l'Empereur reçoit un aide de camp du prince Eugène qui lui annonce une victoire remportée sur les Russes en Albanie.

LE MAJOR GÉNÉRAL AU GRAND-DUC DE BERG.

Berlin, 23 octobre 1806.

S. M., mon Prince, a vu avec le plus grand plaisir la manière brillante avec laquelle vous avez écrasé les 15 escadrons de cavalerie ennemie ; mais elle aurait désiré que vous ayez eu le reste en les poursuivant directement.

Il n'y a à la suite du corps du prince Hohenlohe que V. A., les maréchaux Lannes et Bernadotte ; il faut, d'après les renseignements que vous aurez, mon Prince, donner un débouché particulier au maréchal Bernadotte ; ce serait une force perdue s'il suivait le maréchal Lannes ; le corps de ce maréchal et le vôtre sont assez imposants sur une même direction [1].

Quant au maréchal Soult, il n'est pas à la poursuite du corps du prince de Hohenlohe ; il pourchasse le corps du duc de Weimar ; Dieu sait où il pourra l'atteindre ; dans tous les cas, si le corps du duc de Weimar passait l'Elbe, il tomberait dans vos mains ; du reste, mon Prince, l'intention de l'Empereur est que vous poursuiviez l'ennemi partout jusqu'à ce que vous l'atteigniez, même jusqu'à Stralsund, si cela est nécessaire ; mais dans ce cas l'Empereur demande que vous lui renvoyiez la division de cuirassiers du général d'Hautpoul.

Si dans vos prises vous avez des chevaux de reste, dirigez-les sur Potsdam où il y a des dragons à pied qu'on s'occupe d'organiser.

---

1. Quoique cette dépêche semble être non pas l'expédition littérale d'un ordre écrit de l'Empereur mais bien la reproduction d'ordres verbaux donnés par lui au Major général, toutes les expressions sont celles dont l'Empereur s'est servi.

L'EMPEREUR AU GRAND-DUC DE BERG.

Berlin, 28 octobre 1806, midi.

Le Major général a dû vous écrire pour vous faire connaître mes intentions. Le Maréchal Soult est entre l'Elbe et la colonne du duc de Weimar. Son intention est d'abord de l'empêcher de passer l'Elbe ; si elle parvient à le passer, il la poursuivra et la mettra entre vous et lui. Suivez Hohenlohe partout. Si vous pouvez l'empêcher de passer l'Oder, cela sera heureux. S'il le passe, passez-le après lui. Faire du mal à l'ennemi, c'est le grand objet. Si vous étiez obligé de le poursuivre du côté de Stralsund, renvoyez-moi les cuirassiers. Il suffira que vous les envoyiez à mi-chemin entre vous et Berlin ; je leur enverrai des ordres selon les circonstances. J'ai fait hier mon entrée à Berlin ; elle a été belle. Vous avez les corps des maréchaux Lannes et Bernadotte ; c'est tout ce qu'il vous faut. Dirigez-les sur 2 directions parallèles, de manière qu'elles se trouvent à 3 ou 4 lieues au plus de distance l'une de l'autre. J'attends de vos nouvelles avec la plus grande curiosité.

Ainsi dans l'état où se trouve l'ennemi, mettre les corps d'armée en ligne pour hâter la poursuite ; les diriger sur 2 directions parallèles qui se trouvent à 3 ou 4 lieues au plus de distance, de façon qu'ils puissent se soutenir au besoin en 3 ou 4 heures de temps. — C'est l'intervalle entre les débouchés des colonnes d'armée.

L'EMPEREUR AU MARÉCHAL LANNES.

Berlin, 28 octobre 1806, midi.

J'ai reçu votre lettre[1]. Je vois avec plaisir l'activité que vous mettez dans tous vos mouvements. Poussez le prince de Hohenlohe.

1. Lettre de Zehdenick, 27, 9 heures du matin. Voir page 422.

Le maréchal Soult a la colonne du duc de Weimar entre l'Elbe et lui. J'espère qu'il ne pourra pas s'échapper avec ses 10 ou 12,000 hommes, et qu'ils tomberont dans les défilés de Soult. Dans des marches forcées, le parti qu'il faut prendre est de former tous les jours, des traîneurs, une arrière-garde de 400 hommes avec lesquels vous laisserez un bon officier d'état-major[1], qui sera chargé de la faire rejoindre. Par ce moyen, on empêchera qu'il ne se commette des désordres, et que les soldats ne fatiguent trop.

L'EMPEREUR AU MARÉCHAL BERNADOTTE.

Berlin, 28 octobre 1806, midi.

Je reçois votre lettre. Concertez-vous avec le grand-duc de Berg pour la direction à donner à vos mouvements. Ce que vous faites contre le prince de Hohenlohe, le maréchal Soult le fait contre le duc de Weimar au delà de l'Elbe. Point de repos qu'on n'ait vu le dernier homme de cette armée.

Le 7e corps d'armée fut passé en revue par l'Empereur le 28.

LE GÉNÉRAL AMEY AU MARÉCHAL AUGEREAU.

Neubrück, 28 octobre 1806.

J'ai l'honneur d'informer V. Exc. que le détachement du 7e de chasseurs à cheval vient d'arriver à l'instant (midi) à Neubrück. Un guide l'avait conduit à Havelhausen[2] et l'avait égaré.

Un officier du 16e de dragons passe dans ce moment à Neubrück conduisant 700 à 800 prisonniers prussiens faits à Zehdenick le 26 au soir par le prince Murat. Ces prisonniers sont dirigés sur Spandau par la rive droite de la Havel.

Il se confirme toujours que le général Hohenlohe gagne Stettin et que ses bagages le précèdent.

---

1. Pour cela il faut en avoir de reste. — Le maréchal Bernadotte et le maréchal Soult laissèrent en arrière leurs hommes fatigués sous le commandement de chefs de bataillon d'infanterie. On trouvera plus loin le détail de cette organisation.

2. Pont de la route de Berlin à Oranienburg, à 11 kil. en amont de Neubrück.

Un garçon charpentier, venant de Küstrin, a passé hier soir à Hennigsdorf en avant de Neubrück. Il doit avoir dit à son hôte qu'il avait vu l'armée russe à Küstrin. J'ai appris cette nouvelle au hasard en interrogeant mon hôte sur les nouvelles du temps.

V. Exc. saura le degré de confiance à apporter à une nouvelle aussi vague, mais j'ai cru bien faire d'avoir l'honneur de l'en informer, ainsi que de tout ce que je pourrai apprendre sur la situation et la position de l'ennemi.

LE GÉNÉRAL DUROSNEL AU MARÉCHAL AUGEREAU.

Neustadt-Eberswald, 28 octobre 1806.

Conformément aux instructions qui m'ont été transmises par votre ordre par M. le général chef de l'état-major[1], je me suis rendu ici en toute hâte avec le 20e de chasseurs[2]. Le 7e de chasseurs s'est dirigé sur Neubrück, Kremmen, etc., et le commandant se conformera aux instructions que j'ai reçu l'ordre de lui remettre. J'ai envoyé la compagnie d'artillerie légère à la 1re division.

Arrivé ici hier au soir à 9 heures, j'ai trouvé le pont-écluse sur le canal coupé. Je l'ai fait rétablir aussitôt et j'ai de suite envoyé un parti de 25 chevaux à Oderberg, qui y a pris position pendant la nuit sans empêchement[3]. Un parti de hussards ennemis en était parti à 4 heures de l'après-midi ; pareil parti avait quitté Neustadt à midi et tous les deux se sont retirés sur la route de Stettin, sur laquelle j'ai envoyé une reconnaissance aussitôt mon arrivée ici, qui m'a rapporté qu'une colonne de ces hussards y a défilé hier au soir.

Après avoir ordonné ces premières dispositions militaires, j'ai fait capturer sur le canal 5 bateaux chargés d'armes, d'habillements, de draps, de grains, etc., suivant l'état sommaire que j'ai l'honneur d'adresser à V. Exc.[4]. Je me suis informé si le trésor de la cour était passé et

1. La signature du chef d'état-major a la même valeur que celle du général dont il transmet les ordres. V. *Iéna*, page 319.

2. Voir l'ordre du Major général du 27, page 402.

3. Le travail des reconnaissances se poursuit la nuit. On en a des preuves constantes pendant tout le cours de la campagne.

4. Le 27, Parquin était à la distribution à Berlin. Tout le monde y vaquait à ses affaires.... « Je remplaçais, dit-il, l'adjudant Mozère, qui m'avait confié « les bons, et j'allais être servi au magasin, lorsqu'une ordonnance arriva « porteur d'une lettre pour l'adjudant. Je rompis le cachet : c'était l'ordre de « ne recevoir aucune distribution, de déchirer les bons et de rejoindre au « plus vite le corps avec les fourriers, le régiment étant en route pour Neu- « stadt.. . » Parquin fait monter son détachement à cheval, fait prévenir l'adjudant à l'hôtel de l'Aigle noir où il est allé dîner, et rentre au pas. Mais au

j'ai appris avec beaucoup de regrets qu'il l'était depuis plusieurs jours. Je fais partir à l'instant ces 5 bateaux sous l'escorte d'un détachement de 25 hommes commandé par un officier auquel j'ai remis une instruction détaillée pour leur conduite sur Spandau jusqu'à ce qu'il puisse faire relever son détachement par d'autres troupes françaises (car il faut 8 jours pour leur route d'ici à Spandau) desquelles il prendra une décharge en règle, après avoir remis au commandant de cette troupe l'état sommaire qui est ci-joint, et auquel j'ai ajouté la lettre de chargement. Cet officier, dans son trajet, doit faire probablement d'autres captures, et son instruction lui indique de suivre la même méthode et de les faire rétrograder aussi sur Spandau avec le convoi qu'il escorte.

Dès hier au soir j'ai envoyé à la découverte sur le canal dans la direction de Liebenwald pour faire capturer tous les bateaux pour le compte de l'ennemi. Cette patrouille n'est pas encore rentrée.

A Oderberg on n'a point trouvé de bateaux. Je viens d'y envoyer un escadron commandé par un officier supérieur. Je lui ai donné l'ordre de faire longer le canal jusqu'à l'Oder pour bien s'assurer des captures qui seraient à faire. Il a aussi celui de faire faire des reconnaissances sur la rive gauche de l'Oder, et de s'informer de la position et de la force de l'ennemi dans cette partie.

Je viens encore de faire partir un parti de 25 chevaux avec ordre de se porter à au moins 5 lieues d'ici sur la route de Stettin[1] pour prendre connaissance des mouvements de l'ennemi. L'officier qui le commande a l'ordre de faire reconnaître aussi la rive gauche de l'Oder.

---

lieu d'anéantir les bons, il les échange contre 100 frédérics d'or que lui donne le juif fournisseur, imitant l'exemple de l'adjudant du 7e de chasseurs. Lorsque l'adjudant rejoint le détachement, Parquin lui rend compte qu'il a échangé les bons contre 50 *frédérics* qu'il lui donne. « ..... Nous arrivâmes, « continue-t-il, le lendemain à Neustadt ; le régiment avait déjà pris position « et il avait bivouaqué en dehors de la ville. Un canal latéral à l'Oder qui « flanquait la gauche de notre bivouac était encombré de bateaux contenant « des denrées de toutes sortes, provenant visiblement de Berlin dont Neustadt « n'est éloigné que de 14 lieues. Les chasseurs avaient saisi sur ces bâtiments « des feuillettes de vin de Bordeaux, des tonneaux de sucre et des caisses de « citrons. Tous ces comestibles en un instant firent l'ornement du bivouac. « Je me rappelle qu'on n'y faisait pas 100 pas sans rencontrer une feuillette « de vin de Bordeaux défoncée par un bout, dans laquelle on avait jeté 4 ou « 5 pains de sucre avec des citrons. Un chasseur, un gros bâton à la main, « mélangeait le tout dans la barrique, de façon à procurer une fort bonne bois- « son, ma foi. Notre régiment était seul sur ce point.... » 8 jours au bivouac devant Neustadt. Beaucoup de bateaux disparaissent un à un ; puis la veille du départ, ce qui restait de bateaux sur le canal disparut tout à coup ; le bruit courut que 60,000 francs avaient été le prix du laisser-passer..... Le régiment regorgeait de frédérics.

1. Angermünde, 6 lieues au nord d'Eberswald sur la route de Stettin.

J'aurai soin de vous informer de tout ce qui pourra parvenir à ma connaissance.

P.-S. — Les habitants ne savent absolument rien sur la position de leurs troupes. C'est peine perdue que de les questionner ; ils ignorent le désastre de l'armée du prince de Hohenlohe.

LE GÉNÉRAL MILHAUD AU GRAND-DUC DE BERG.

Boitzenburg, 28 octobre 1806.

On attendait positivement au château du comte de Hernen le prince Hohenlohe et sa suite ; mais on m'a assuré qu'aucun général n'avait paru hier dans ce château parce qu'on s'était occupé de faire filer les colonnes sur Prenzlow : on vient m'assurer de nouveau que 18,000 hommes d'infanterie et 36 pièces de canon avaient passé moitié sur la route de Boitzenburg à Prenzlow, moitié dans les champs entre la rivière et le grand chemin.

J'ai l'honneur d'adresser à V. A. I. plusieurs lettres adressées à Potsdam et ailleurs trouvées à Boitzenburg ; j'ignore si elles sont intéressantes.

LE GRAND-DUC DE BERG A L'EMPEREUR.

Prenzlow, 28 octobre 1806.

Sire, les ordres de V. M. sont exécutés. Le prince de Hohenlohe est en mon pouvoir ainsi que son corps d'armée. Comme je l'avais prévu [1], il avait manœuvré par ma gauche, et s'était porté sur Prenzlow après avoir marché toute la nuit. Me doutant du mouvement j'avais ordonné au général Lasalle de se rendre dans la nuit à Prenzlow, les 2 têtes de colonne sont arrivées ensemble à cette ville ; les hussards ont dû faire les honneurs et laisser passer la colonne prussienne.

A 6 heures du matin j'étais en marche avec toute la cavalerie pour appuyer le général Lasalle. Le général Milhaud suivait l'ennemi avec le 13e de chasseurs et le 9e de dragons; j'étais à deux heures de Prenzlow [2] lorsque le général Lasalle

1. Voir page 423, la lettre du 31 du maréchal Lannes au Grand-duc.
2. De Boitzenburg à Prenzlow, 18 kil.

m'a fait prévenir du mouvement de l'ennemi et de sa position; j'ai hâté ma marche et dès 9 heures je découvrais la marche de l'armée prussienne. J'ai ordonné au général Lasalle d'arriver sur le faubourg et d'attaquer. Je le faisais soutenir par 6 bouches à feu et par la division Grouchy et par 3 régiments de la division Beaumont. Le général Beaumont, mon aide de camp, a eu ordre de passer le pont au village de Gollmitz avec une brigade de dragons de la division Beaumont pour aller menacer et attaquer les derrières et le flanc de l'ennemi. Pendant ce temps un parti reconnaissait si l'on pouvait se porter par ma droite de Zolchow sur Seelibbe afin de tourner la ville.

L'attaque a commencé; la canonnade s'est engagée de part et d'autre d'une manière très-vive; l'artillerie de V. M. a fait taire le feu de l'artillerie ennemie et l'a forcée de se retirer de position en position [1]; nous étions arrivés auprès du

1. ..... Le 28 octobre à la journée de Prenzlow, l'artillerie de la 3e division de dragons commandée par le capitaine Churlaud, ayant par son feu jeté le désordre dans une colonne ennemie qui cherchait à se retirer dans la ville, donna à la cavalerie française le moyen de charger cette colonne, de la culbuter et d'entrer dans la ville, où l'on prit 8 pièces d'artillerie dont plusieurs se trouvèrent démontées. Au delà de la ville un bataillon carré de Prussiens commandé par le prince Auguste arrêtant le mouvement de la cavalerie, le capitaine Churlaud s'y porta avec sa batterie et fit canonner à mitraille le bataillon carré, qu'il força d'abord à un mouvement rétrograde et enfin à mettre bas les armes. Dans cette affaire les maréchaux-des-logis Lacère et Georges, le brigadier Henner et le canonnier Docq ont mérité d'être cités par le capitaine Churlaud. Le canonnier Docq, déjà blessé dans la campagne précédente à Austerlitz d'une manière assez grave, paraît devoir être particulièrement distingué.

L'artillerie de la 2e division de dragons, commandée par le lieutenant Dejobert, a été pour la même affaire nommée avec éloge à l'ordre de l'armée. Je regrette de n'avoir pas reçu de cet officier un rapport particulier qui me mette à même de vous faire connaître nominativement les sous-officiers et soldats de cette demi-batterie qui se sont distingués en cette occasion.

L'artillerie de la 1re division de dragons ne s'est pas trouvée dans le cas de faire feu pendant le cours de la campagne.

Le parc a suivi le corps des réserves d'aussi près que le prescrivaient les ordres qu'il a reçus. Le directeur mérite des éloges, tant pour la manière dont il a organisé son propre service que pour l'attention qu'il met à se tenir toujours en mesure de satisfaire aux besoins des divisions actives et d'assurer ainsi le service général de l'artillerie du corps d'armée.

S'il me parvient de nouveaux rapports sur les opérations de l'artillerie dans la campagne dernière, je m'empresserai, mon Général, de vous les faire parvenir. J'aurai également l'honneur de vous faire connaître les pertes en

faubourg; voyant que la colonne était sur le point de m'échapper, j'ai fait passer à un gué la brigade du général Boussard et j'ai ordonné au général Grouchy de charger à sa tête sur les ennemis, ce qu'il a exécuté avec une intrépidité inconcevable; il a culbuté l'infanterie, la cavalerie, a pris 18 pièces de canon, et allait entrer pêle-mêle dans la ville avec les Prussiens, lorsque l'on a fermé les portes; tout ce qui se trouvait de ce côté a été pris. J'ai fait venir du canon, et envoyé le général Belliard pour sommer le prince Hohenlohe. Pendant ce temps les dragons ont enfoncé la porte de Stettin et allaient déboucher sur l'ennemi lorsque ce Prince a consenti à déposer les armes.

Les officiers sont prisonniers de guerre, conservent leur épée et leurs bagages et peuvent retourner chez eux jusqu'à l'échange; les troupes ont déposé les armes, sont prisonnières de guerre et renvoyées en France. 16,000 hommes d'infanterie et 6 régiments de cavalerie ont défilé devant la cavalerie de V. M. Sire, je serais embarrassé si je devais faire l'éloge particulier de quelques-uns. Tout le monde a fait son devoir; j'aurai cependant l'honneur de faire connaître à V. M. les noms de ceux qui ont pris les drapeaux et se sont le plus particulièrement distingués.

Par les charges de la brigade Boussard, le prince Auguste de Prusse s'est trouvé coupé et a gagné par sa gauche des hauteurs qui lui offraient une position avantageuse. Le général de division Beaumont a eu ordre de le suivre et de tourner la ville; mais mon aide de camp Beaumont qui avait vu son mouvement, s'était porté sur lui; il a été joint par le général

---

hommes et en chevaux, ainsi que les consommations qui ont eu lieu dans le cours de la même campagne dès que les commandants de l'artillerie des divisions m'auront fourni les matériaux que je leur ai fait demander pour ce travail. (Rapport du général Ruty au général Songis, du 23 janvier 1807.)

25 janvier. — ..... J'ai également remarqué dans la correspondance du général Lamartinière que le commandant de la 3e division de dragons se loue singulièrement de la conduite du capitaine Churlaud et met beaucoup d'intérêt à ce que cet officier soit compris dans le nombre de ceux qui seront proposés pour la Légion d'honneur. J'ai entendu faire généralement l'éloge de la conduite à la guerre de cet officier que je ne connais pas personnellement. (Général Ruty au général Songis.)

Beaumont; on a chargé plusieurs fois, l'ennemi a été chassé de ses positions, culbuté dans un marais et forcé de se rendre.

Sire, 16,000 hommes d'infanterie, 6 régiments de cavalerie, 60 pièces de canon, 60 drapeaux, les princes Auguste-Ferdinand, Hohenlohe, Tauenzien, et plusieurs autres officiers généraux sont le résultat de cette brillante journée. Je désire, Sire, avoir rempli les intentions de V. M. et l'avoir convaincue de mon amour et de mon zèle pour son service.

Le général Lasalle marche sur Löcknitz où il couchera ce soir pour couper la retraite au général Blücher; le général Milhaud se porte sur Pasewalk; demain je serai sur Stettin.

L'adjudant-commandant Girard, Sire, est chargé de vous remettre mon rapport et de conduire à V. M. le prince Ferdinand; j'ai déjà demandé pour lui à V. M. le grade de général de brigade; j'ai l'honneur de renouveler aujourd'hui ma demande; c'est un bon officier dont j'ai été très-content la campagne dernière, et dans celle-ci j'ai encore beaucoup à me louer de son zèle et de son activité.

LE GÉNÉRAL GROUCHY AU GRAND-DUC DE BERG.

Baumgarten, 28 octobre 1806.

La division que je commande s'étant portée de Wichmansdorf sur Prenzlow, j'ai découvert des hauteurs qui dominent cette ville le corps d'armée du prince Hohenlohe qui, suivant sur mon flanc gauche une route presque parallèle à celle sur laquelle j'étais, se hâtait d'arriver à la ville et de la traverser avant que nous ne nous en fussions emparés. Faisant en conséquence arriver au grand trot mes 3 brigades, je les ai déployées en échelons à portée de canon de Prenzlow, conformément aux intentions de V. A. I., pour pouvoir couper, en chargeant la colonne du prince de Hohenlohe, tout ce qui ne serait point entré dans la ville, et par un effort simultané et audacieux, essayer d'y pénétrer en même temps que celles des troupes ennemies qui seraient en mesure de s'y retirer. Pour faire prendre le change à l'ennemi, j'ai ouvert un feu d'artillerie très-vif sur la tête du faubourg qui se trouvait en face de ma droite et que M. de Hohenlohe avait garnie d'infanterie et de canon. Il était naturel qu'il imaginât que nous essayerions d'arriver par cette principale avenue, et qu'il crût la marche de sa colonne couverte par un marais qui la séparait du point où nous étions. Mais il ex'stait un passage praticable à travers ce marais, et à la tête de ma 3ᵉ brigade je me suis hâté de déboucher sur l'ennemi par ce défilé. Le charger, couper sa colonne et en disperser une partie a été l'affaire d'un instant. Cependant les escadrons prussiens les plus à proximité du faubourg, flanqués d'un corps d'infanterie qui garnissait les vergers à gauche de la route, nous attendaient de pied ferme et se formaient en bataille sur mon flanc et sur mes derrières. Dans une position aussi délicate je me suis à l'instant porté par un mouvement de flanc en face des escadrons ennemis dont nous n'étions qu'à 40 pas et qui, au lieu de fournir la charge, l'ont reçue. Le 22ᵉ régiment, soutenu du 13ᵉ, les a enfoncés malgré un feu croisé des plus meurtriers de l'infanterie qui les protégeait. Rien n'a pu résister à l'impétuosité de mes braves dragons. La cavalerie ennemie culbutée sur son infanterie a été rejetée dans la principale rue du faubourg de la ville, et le 22ᵉ, se précipitant sur elle malgré les bouches à feu qui enfilaient et balayaient cette avenue, l'a taillée en pièces. L'artillerie a été prise, les canonniers sabrés et l'ennemi poursuivi jusque dans la ville dont j'ai fait enfoncer les portes à coups de hache par nos sapeurs, sous le feu même des Prussiens. Tout ce qui se trouvait de troupes dans le faubourg a mis bas les armes ; un officier général, plusieurs drapeaux et étendards, 8 pièces de canon et leurs caissons sont tombés en notre pouvoir.

Profitant de la terreur qu'un tel succès inspirait à l'ennemi, j'ai à l'instant fait sommer M. le prince de Hohenlohe de se rendre ; il est entré en pourparlers, et bientôt V. A. I. lui a imposé les lois de la guerre.

La conduite de la division et notamment de la 3ᵉ brigade mérite les plus grands éloges ; tous et chacun ont fait glorieusement leurs devoirs ; mais je dois surtout vous désigner, Monseigneur, le général Boussard dont l'intrépidité si connue s'est montrée dans tout son éclat. Les colonels Laroche et Carrié se sont parfaitement conduits, ainsi que le chef d'escadron Boyer qui a pénétré le premier dans la ville. Mon aide de camp Monaco avec une poignée de dragons a fait mettre bas les armes à un bataillon entier ; mes autres aides de camp ont, comme dans les journées précédentes, parfaitement secondé mes vues, et particulièrement le sous-lieutenant Carbonel, du 13ᵉ régiment, qui a fait preuve d'intelligence autant que de valeur et qui, plus tard, chargé par V. A. I. d'une mission près du général Beaumont, somma 3 fois, au milieu d'une grêle de coups de fusil, le prince Auguste de se rendre et le conduisit à V. A. ; enfin une foule de traits de la plus haute valeur honorent cette journée.

Je dois encore ajouter qu'à peine maître du faubourg, j'ai envoyé

2 escadrons du 13e de dragons à la poursuite des troupes prussiennes que la rapidité de notre mouvement sur Prenzlow avait empêchées d'entrer en ville. Ce sont ces troupes que V. A. I. a fait poursuivre par la division Beaumont et qui, commandées par le prince Auguste, ont mis bas les armes dans la soirée.

Note du général Grouchy. — La division Grouchy, précédée des hussards de Lasalle et suivie de la division Beaumont, marchait sur Prenzlow lorsque, des hauteurs qui dominent la ville, on découvrit la colonne ennemie qui se hâtait d'y entrer. L'artillerie de la division, portée rapidement sur sa droite, entama une canonnade qui mit du désordre dans la cavalerie prussienne et lui fit faire un mouvement rétrograde. Les hussards tiraillaient sur la colonne, dont l'artillerie ne cessait de lancer des boulets et des obus sur la division Grouchy, formée sur 3 lignes. Il fallait nécessairement couper la colonne ennemie ou se résoudre à la suivre pour l'attaquer au delà de la ville. Le général préféra le premier parti, et, se mettant à la tête de sa 3e brigade, la porta rapidement sur la droite des Prussiens, et, malgré leur feu et l'extrême difficulté du terrain, parvint à les couper.

Étonnée d'un mouvement aussi rapide, l'arrière-garde, commandée par le prince Auguste, se retira en désordre et abandonna le reste du corps d'Hohenlohe. Mais au moment où le général se disposait à charger ce corps, une partie de la cavalerie prussienne qui était masquée par un mouvement de terrain, se trouva en bataille sur notre flanc droit et nos derrières et se disposait à nous charger. Elle était soutenue par 2 bataillons qui, faisant équerre avec elle, la protégeait par un feu croisé des plus meurtriers, au milieu duquel se trouvait le général et son état-major.

L'artillerie soutenait également ce mouvement qui avait pour but de dégager la queue de la colonne d'Hohenlohe, en nous faisant faire un mouvement rétrograde, ce qui était d'autant plus présumable que le général n'avait avec lui que 2 régiments et que le terrain ne permettait aucun développement. Sans s'étonner de cette sortie inattendue, le général, par un mouvement de demi-tour à droite par 4, reporta ses régiments en face de l'ennemi et, malgré son feu, culbuta cavalerie, infanterie et artillerie dans les faubourgs de la ville.

Le 22e de dragons chargea sur 8 pièces de canon qui tiraient à mitraille et les enleva. Les canonniers furent hachés sur leurs pièces. Ce fut alors que le prince de Hohenlohe, effrayé de l'intrépidité et de l'audace des troupes, demanda à capituler.

La division Grouchy est la seule qui ait chargé dans ce combat, le général Beaumont ayant été envoyé à la poursuite du prince Auguste et les hussards étant restés derrière la division Grouchy.

LE GÉNÉRAL LASALLE AU GÉNÉRAL BELLIARD.

Berkholz [1], 28 octobre 1806.

Mon avant-garde vient d'arrêter 5 hommes de 9 qui sont partis d'ici à 1 heure ; ces hommes étaient des traînards d'une colonne d'à peu près 2,000 hommes, tant infanterie que cavalerie, passée hier de 4 à 7 heures du soir.

LE GÉNÉRAL LASALLE AU GÉNÉRAL BELLIARD.

Berkholz, 28 octobre 1806.

D'après les ordres de S. A. le Grand-duc, je m'établissais à Löcknitz, dont je reconnaissais les environs, lorsque les officiers envoyés en reconnaissance sur les routes de Stettin et de Pasewalk [2] me dirent avoir rencontré les hussards rouges et bleus, qui n'ont voulu écouter aucun parlementaire, n'étant pas, disaient-ils, de la colonne du prince de Hohenlohe ; ils ont répondu à nouvelles sommations par des coups de pistolet. Comme le poste était mauvais, vu les marais et le contour en communication des routes qui reviennent sur elles-mêmes, j'ai fait évacuer de Löcknitz les 100 ou 200 Prussiens du corps de Hohenlohe qui étaient déjà arrivés dans cette ville. J'ai enlevé les lettres que je vous envoie et ordonné de couper le pont et me suis établi à Berkholz qui est le point d'embranchement des routes de Stettin et de Pasewalk.

Une reconnaissance poussée sur Pasewalk a rencontré des voitures chargées d'une centaine de soldats du général Blücher ; je les fais filer avec les autres sur Prenzlow ; je n'ai pu avoir d'eux aucun renseignement.

LE GÉNÉRAL MILHAUD AU GÉNÉRAL BELLIARD.

Bandelow, 28 octobre 1806.

J'avais dépassé Bandelow [3] pour me porter sur Pasewalk où j'espérais atteindre un régiment de dragons prussiens qui, au lieu de passer à Prenzlow, avait, 1 lieue en arrière, gagné à gauche. Quoi-

1. De Prenzlow à Berkholz, 25 kil. ; — à Löcknitz, 28 kil.
2. De Löcknitz à Stettin, 23 kil. ; — à Pasewalk, 15 kil.
3. De Prenzlow à Bandelow, 12 kil. ; — de Bandelow à Pasewalk, 14 kil.

que j'aie fait abandonner beaucoup d'équipages pour aller plus vite, ce régiment avait gagné d'une heure sur nous à notre arrivée à Bandelow ; un autre régiment de cavalerie avait couché hier à Strasburg et a pris la route de Stettin par Pasewalk ; mais j'ai été détourné de ma poursuite par des coups de canon que j'ai entendus à ma droite. Je suis revenu sur mes pas pour me rapprocher du feu d'infanterie que j'entendais, et mon avant-garde a reconnu qu'un bataillon carré venait de mettre bas les armes, près d'un marais, par la division Beaumont ; ne pouvant plus arriver que très-tard à Pasewalk, j'ai pris le parti de bivouaquer à Bandelow où j'attends les ordres du Prince.

LE GÉNÉRAL GROUCHY AU GÉNÉRAL BELLIARD.

Baumgarten, 28 octobre 1806.

J'occupe avec la division les villages de Grünow, Baumgarten[1], sur la route de Stettin, où est mon quartier général, et Schenkenberg. Faites-moi prévenir de bonne heure de l'heure du mouvement, afin que j'aie le temps de réunir ces brigades qui sont un peu éloignées.

LE GRAND-DUC DE BERG AU MARÉCHAL LANNES.

Prenzlow, 28 octobre 1806.

Je vous prie, M. le Maréchal, de donner des ordres pour qu'un régiment d'infanterie soit fourni pour l'escorte des prisonniers. Je donne une brigade de dragons. L'officier général qui la commande sera chargé de la direction des prisonniers jusqu'à Spandau. Je vous prie aussi, M. le Maréchal, d'ordonner au général d'artillerie de votre corps d'armée de prendre l'artillerie qui a été saisie sur l'armée ennemie, d'en faire dresser l'état et de me l'envoyer. Veuillez aussi, mon cher Maréchal, nommer un commandant de place qui y maintienne l'ordre, et veillez à ce qu'il n'y ait pas de pillage.

---

1. De Prenzlow à Baumgarten, 7 kil. ; — de Baumgarten à Grünow ou à Schenkenburg, 8 kil. et demi.

3e division de dragons, Prenzlow.
2e division de grosse cavalerie, Mittenwald.

L'avant-garde du 5e corps partit de Templin le 27 à 11 heures du soir pour se rendre à Boitzenburg, et de là à Prenzlow. Les divisions Suchet et Gazan sont parties de Zehdenick le 27 à 11 heures du soir pour se rendre à Templin et de là à Prenzlow en passant par Closter, Kuhz et Hasleben. (État d'emplacement du 5e corps.)

LE MARÉCHAL LANNES A L'EMPEREUR.

Prenzlow, 28 octobre 1806.

Le prince Hohenlohe vient de mettre bas les armes à Prenzlow avec tout son corps d'armée. Le grand-duc de Berg a fait faire les plus belles charges qu'on ait jamais vues ; il vous dira que mon corps d'armée a toujours été avec sa cavalerie, et qu'il l'a mis à même de se jeter sans ménagement sur l'ennemi. Il y a 3 jours et 3 nuits que le soldat marche, aussi est-il sur les dents.

V. M. m'a fait faire des reproches sur ce que je ne marchais pas assez. Le grand-duc de Berg peut vous dire que j'ai toujours été en vue de sa cavalerie, ainsi je ne méritais pas ces reproches. Je sentais vivement l'importance de prendre le corps d'armée du prince Hohenlohe, et assurément j'eusse été désespéré moi-même s'il nous eût échappé.

Nous avons encore sur notre gauche le corps du général Blücher, et sans doute il suivra le même sort que celui du prince Hohenlohe. Je laisserai reposer ma cavalerie et mon corps d'armée la journée de demain à moins que le grand-duc de Berg en ait besoin, et après-demain je filerai sur Stettin si V. M. I. ne me donne des ordres contraires. Dans tous les cas, je la prie de me faire connaître le plus tôt possible ses instructions.

La cavalerie légère du général Treillard que V. M. trouvait inutile sur la gauche a fait 400 prisonniers ; il a poussé l'ennemi toute la nuit.

Le général Beker que j'ai vu charger à la tête de sa division est au désespoir qu'un autre général soit venu lui prendre son commandement. V. M. I. connaît ce brave général ; il est vraiment malheureux avec les talents qu'il a de se voir sous un homme qui à peine peut se tenir à cheval ; en mon particulier je prie V. M. I. de lui donner le commandement en chef de cette division ; je lui assure qu'elle n'a pas de meilleur officier que lui.

Les prisonniers sont escortés par un de mes régiments d'infanterie et un de cavalerie du grand-duc de Berg.

5e corps. 1re et 2e divisions, bivouac en avant de Prenzlow ; — cavalerie légère, Lychen[1] ; — parc d'artillerie, Templin.

LE GÉNÉRAL BELLIARD AU GÉNÉRAL BEAUMONT.

Prenzlow, 28 octobre 1806.

L'intention du Prince, mon cher Général, est que vous donniez 2 brigades de votre division pour l'escorte des prisonniers de guerre et pour conduire les chevaux de prise que vous ferez chercher à la division du général Grouchy en avant de la ville ; ils sont à la brigade Boussard ; les brigades de dragons auront aussi un régiment d'infanterie. Le plus ancien de vos officiers généraux commandera l'escorte ; il aura soin d'envoyer à l'avance au logement pour préparer des vivres ; faites partir de suite la tête de la colonne, et ordonnez que l'on ait le plus grand soin de ne pas laisser sauver les prisonniers ; l'officier général les conduira à Spandau où il recevra de nouveaux ordres. Il ira demain à Templin, le 30 à Zehdenick, le 1er novembre à Oranienburg et le 2 à Spandau. Si les prisonniers se trouvaient trop fatigués, le général pourra mettre un jour de plus.

Vous resterez au corps d'armée avec les autres brigades. L'officier commandant dressera un état des prisonniers par régiment, par arme, et me l'enverra.

---

1. Le général Treillard était dans le milieu de la journée à Fürstenberg où le maréchal Bernadotte le trouva. Voir plus loin la lettre de ce Maréchal au Major général du 28, 5 heures du soir.

LE GÉNÉRAL L. BERTHIER AU GÉNÉRAL DUPONT.

28 octobre 1806.

Je vous préviens, mon cher Général, que l'ennemi se retire sur Fürstenberg[1], et que pour l'atteindre plus tôt le Prince a décidé que les colonnes passeraient par Ribbeck, Zabelsdorf, longeant le lac et passant l'eau à Dannenwald; de là à une maison appelée Kalitz et Fürstenberg où vous recevrez de nouveaux ordres.

Les détachements restés en arrière à Oranienburg, au lieu de se diriger sur Stettin, se rendront de Zehdenick sur Fürstenberg passant par Marienthal.

Malgré cet ordre écrit, le corps d'armée semble être passé par Gransee pour atteindre Fürstenberg, ce qui allongeait la route de 3 kil.

LE MARÉCHAL BERNADOTTE AU MAJOR GÉNÉRAL.

Fürstenberg, 28 octobre 1806, 5 heures du soir.

Prince, après avoir marché toute la nuit, je suis arrivé, ce matin, vers 6 heures à Gransee[2]. Comme mes troupes étaient très-fatiguées et un peu décousues, je leur ai donné 2 heures de repos, et j'ai continué ma route sur Fürstenberg où je viens d'arriver. J'avais appris cette nuit d'une manière positive que l'ennemi était encore à Woltersdorf et Menz ; le général Treillard avait eu avec lui un engagement de cavalerie. Tous les renseignements me donnèrent la certitude que la colonne prussienne qui se dirigeait sur Fürstenberg, était de 9,000 à 10,000 hommes commandés par le général Blücher. Comme le grand-duc de Berg se trouvait à Templin, j'ai pensé que ce que j'avais de mieux à faire était de me porter sur le général Blücher pour le pousser sur M. le maréchal Lannes, s'il voulait prendre sa retraite par

1. De Badingen à Fürstenberg, 24 kil.

2. De Badingen à Gransee, 6 kil.; — de Gransee à Fürstenberg, 21 kil. Le corps d'armée s'arrêta donc de 6 heures à 8 heures à Gransee, et se remit en marche pour Fürstenberg. Voir à ce sujet le rapport du maréchal Bernadotte à l'Empereur, de Nossentin, 1er novembre, 3 heures après midi.

Lychen, ou le poursuivre dans le Mecklemburg s'il se détachait des restes de l'armée prussienne.

En arrivant ici, j'apprends que la colonne ennemie en est partie ce matin à 11 heures pour se retirer sur Lychen[1]. Mais il est probable que les troupes du Grand-duc ou du maréchal Lannes occupaient déjà cette ville ce matin, et que, dans ce cas, la colonne du général Blücher aura été rencontrée ou qu'elle se sera retirée par Fürstenwerder, en se couvrant des lacs; j'ai trouvé le général Treillard ici avec ses 3 régiments de cavalerie légère. Il a eu, dans la journée, à 1 lieue en avant de cette petite ville, une affaire avec l'arrière-garde ennemie ; il paraît qu'il a eu contre lui de 1,200 à 1,500 chevaux ; il s'est contenté de tenir sa position ici ; il n'a pas voulu s'engager plus avant contre des forces beaucoup supérieures aux siennes; d'ailleurs sa cavalerie est extrêmement fatiguée. Le régiment des dragons de Henking s'est perdu ; il a paru sur la route d'ici à Gransee poursuivant un détachement du 10e de hussards ; le général Watier se trouvait là fort à propos ; il lui a fait, de suite, rebrousser chemin et l'a jeté dans les bois.

Sans m'occuper de cette petite colonne que l'on dit être sur nos derrières et n'ayant point encore de nouvelles du Grand-duc, quoique je lui aie expédié plusieurs officiers, je pense que je dois me diriger sur Lychen, afin de me lier avec le corps de M. le maréchal Lannes, et de pouvoir accabler l'ennemi qui est débordé par sa gauche. Si je pouvais espérer d'atteindre la colonne du général Blücher, je le suivrais; mais il a beaucoup trop d'avance sur moi et il paraît certain que de Fürstenwerder il veut marcher à Stettin par Pasewalk; dans ce cas, je le rencontrerai plutôt en me dirigeant sur Lychen, Boitzenburg, etc.

J'attends avec impatience des nouvelles du Grand-duc par le retour d'un de mes officiers ; sa position exigera peut-être d'autres dispositions pour mon corps d'armée ; alors j'aurai l'honneur de vous en informer.

---

1. De Fürstenberg à Lychen, 12 kil.

Quoique mes troupes soient harassées, je marcherai demain avant le jour; nous avons mille peines pour nous procurer quelques subsistances ; depuis Brandenburg il n'y a pu avoir une seule distribution de pain; ce pays, qui est tout sable ou marais, n'offre aucune ressource.

6 heures du soir.

Je reçois à l'instant une lettre que le Grand-duc m'a écrite à 7 heures du matin de Wichmannsdorf. Il m'annonce avoir arrêté hier la tête de la colonne ennemie au village de Boitzenburg, et il a pris le régiment des gendarmes du roi. Comme il se trouve toujours en présence, il m'engage à forcer l'ennemi sur Lychen et Boitzenburg, tandis que M. le maréchal Lannes se joint à lui pour l'attaquer. Comme vous voyez, Monsieur le Duc, cet avis s'accorde avec le projet que j'avais formé moi-même.

La cavalerie légère arrivait à Fürstenberg et prit position en avant de cette ville sur les routes de Alt-Strelitz et de Lychen.

Les 3 divisions d'infanterie bivouaquèrent à l'entour de Fürstenberg. (*Journal du* 1er *corps*.)

Depuis le 26 à 6 heures du matin jusqu'au 28 à 5 heures du soir, l'infanterie du 1er corps avait fait 120 kil. en 59 heures.

Partie de Brandenburg le 26 à 6 heures du matin la division Dupont avait fait 40 kil. pour se rendre à Börnicke ; les divisions Rivaud et Drouet, 31 kil. pour se rendre à Nauen.

Le 27 la division Dupont faisait 22 kil., de Börnicke à Oranienburg, de 6 heures et demie à midi, et 22 d'Oranienburg à Bergsdorf de 3 heures à 10 heures du soir ; — les divisions Rivaud et Drouet 31 kil. de Nauen à Oranienburg et 22 d'Oranienburg à Bergsdorf, soit 53 kil. dans leur journée.

La division Dupont repartait à 1 heure du matin dans la nuit du 27 au 28 pour se porter à Badingen, 8 kil. en avant, ce qui mettait sa marche à 52 kil., puis de là à Gransee 6 kil. et enfin de Gransee à Fürstenberg 21 kil. — Les divisions Rivaud et Drouet commençaient également leur mouvement dans la nuit et par Badingen et Gransee atteignaient Fürstenberg après une marche de 35 kil.

La marche avait été pour la division Dupont $40+52+27=119$ k., pour les divisions Rivaud et Drouet $31+53+35=119$ kil.

Enfin le 29 les divisions Drouet, Rivaud et Dupont partant à 5 h., 5 heures et demie et 6 heures du matin, faisaient 36, 32 et 28 kil.

LE MARÉCHAL SOULT AU MAJOR GÉNÉRAL.

Tangermünde, 28 octobre 1806.

L'officier d'état-major que V. A. m'a fait l'honneur de m'adresser, m'a remis la nuit dernière sa dépêche du 25 de ce mois[1], laquelle me fait connaître la direction qui a été donnée aux autres corps d'armée et que S. M. a daigné m'autoriser à régler moi-même le mouvement du 4e corps.

Ainsi que j'ai eu l'honneur de le dire à V. A. par mon dernier rapport, aujourd'hui le corps d'armée passe l'Elbe à Tangermünde et se dirige sur Rathenow[2], d'où ensuite je le dirigerai soit sur Fehrbellin, soit sur Wüsterhausen suivant les mouvements que l'ennemi aura faits; ou que je serai pressé par le corps d'armée de M. le maréchal Bernadotte, ou enfin suivant les nouveaux ordres que je recevrai de V. A.

Je ne crois pas que l'ennemi ait encore de troupes sur la rive gauche de l'Elbe à moins de quelques dépôts qui sont restés en Hanovre, mais cela ne peut être considérable.

La colonne du duc de Weimar, après avoir passé l'Elbe, a pris la direction de Stettin, mais le mouvement de S. A. le grand-duc de Berg et des autres corps d'armée doit nécessairement lui couper le passage et la forcer ou à revenir sur ses pas, ce qui la compromettrait encore davantage, ou l'obliger à entrer dans le Mecklemburg; dans cette dernière supposition je pense que l'intention de S. M. sera qu'elle soit poursuivie et je donnerai même au corps d'armée cette direction, à moins que d'ici à cette époque je ne reçoive des ordres contraires.

---

1. Dépêche du 25 à 8 heures du soir. Voir page 325. — De Potsdam à Tangermünde par Dessau, Kalbe et Magdeburg, il y a environ 50 lieues, soit 200 kil. L'officier parti le 25 vers 9 heures du soir arriva dans la nuit du 27 au 28. Il mit plus de 48 heures, environ 54 heures, à remplir sa mission. — Cette observation a pour but d'appeler l'attention sur la difficulté de faire parvenir les ordres.

2. De Tangermünde à Wust, 10 kil.; — de Wust à Rathenow, 18 kil.

Le 28 les divisions des généraux Leval et Legrand, la cavalerie et l'artillerie légères passèrent l'Elbe et se dirigèrent sur Rathenow où on trouva des magasins très-considérables en farine et en avoine, un dépôt de troupes prussiennes qu'on fit désarmer. 5 escadrons de cavalerie saxonne mirent bas les armes à Rathenow et furent dirigés sur les derrières.

2e division, Rathenow ; — 3e division, Wust ; — 1re division, quartier général, parc d'artillerie, Tangermünde ; — cavalerie légère, Karlbau ; — 4e division de dragons, Arneburg.

LE MARÉCHAL NEY AU MAJOR GÉNÉRAL.

Schöneback, 28 octobre 1806.

M. le maréchal Soult m'écrit de Tangermünde en date d'hier qu'il lui a été impossible d'engager le duc de Weimar à combattre et que la colonne ennemie sous les ordres de ce général a passé l'Elbe à Tangermünde et à Sandow. M. le maréchal Soult ajoute qu'il espère lui-même passer l'Elbe aujourd'hui et faire demain sa jonction sous Brandenburg avec M. le maréchal Bernadotte.

La garnison de Magdeburg se borne à la défensive ; elle est composée de 7 bataillons de garnison et des débris de plusieurs régiments défaits à la bataille d'Iéna ; la cavalerie consiste en 300 ou 400 hommes de diverses armes.

L'EMPEREUR AU GÉNÉRAL CLARKE.

Berlin, 28 octobre 1806.

Je reçois votre lettre du 24 octobre. Portez une grande attention à ce que les petits blessés ne soient pas évacués d'Erfurt du côté de France, parce qu'ils y rentreraient ; dirigez-les sur Wittenberg et Spandau par détachements de 100 hommes. Le maréchal Mortier m'écrit qu'il sera le 28 à Fulde ; ainsi vous devez en avoir aujourd'hui des nouvelles. Le personnel de l'artillerie et les hommes à pied qui se trouvaient à Würzburg, doivent être arrivés à Erfurt à l'heure qu'il est. Cela vous donnera les moyens convenables. Une brigade de Hesse-Darmstadt, un bataillon de Würzburg, un bataillon du prince Primat, un second bataillon de Nassau, des troupes de Bade, doivent également arriver à Erfurt. Ecrivez à mes ministres près de ces princes pour savoir pourquoi ces troupes n'arrivent pas. Un bataillon du grand-duc de Berg doit également venir à Erfurt pour prendre des fusils. J'ai donné des ordres pour qu'il vous soit envoyé un officier du génie, des officiers de santé et un payeur. En attendant que M. la Bouillerie vous ait envoyé un payeur, nommez provisoirement quelqu'un. Vous aurez vu le décret qui constitue le pays d'Erfurt en gouvernement et qui y envoie un intendant.

Du moment que le 14ᵉ de ligne ne vous sera plus utile à Erfurt, non plus que le régiment de dragons que j'ai envoyé pour nettoyer les derrières de l'armée, ayez soin de diriger toutes ces troupes sur Berlin. J'imagine que, du moment que l'avant-garde de l'armée du Nord sera arrivée à Göttingen, et le maréchal Mortier à Fulde, le 14ᵉ de ligne et le régiment de dragons seront inutiles à Erfurt, et vous les ferez repasser ici en toute diligence.

L'EMPEREUR A M. DARU.

Berlin, 28 octobre 1806.

Il est nécessaire que vous fassiez verser dans la caisse du payeur l'argent des différentes caisses de Berlin, afin que, sans toucher à l'argent de France, le Major général puisse en disposer pour les dépenses de l'artillerie, du génie et autres dépenses extraordinaires, jusqu'à concurrence de ce que j'ai mis à sa disposition. Vous défendrez aux payeurs de payer avec de l'argent de France ; ils payeront avec de l'argent de Berlin ; on payera demain un mois de solde aux corps des maréchaux Davout et Augereau, à la division du général Nansouty et à ma Garde, et l'on tiendra l'argent prêt pour tous les corps de l'armée à mesure qu'ils passeront à Berlin.

Mon intention est que mon armée ait du vin, que vous fassiez faire l'inventaire des caves, et que vous en fassiez réunir une quantité nécessaire pour en distribuer à l'armée pendant 2 mois. Vous ferez réunir d'abord à Spandau la quantité d'eau-de-vie nécessaire pour faire 2 mois de distribution à l'armée. Vous ferez distribuer dès demain aux corps des maréchaux Davout et Augereau, à la division de cavalerie, une demi-bouteille de vin par jour pour chaque soldat.

Vous ferez prendre, dans les maisons des personnes de la Cour qui ont quitté Berlin, les matelas et effets de logement nécessaires pour les officiers, et vous les ferez transporter à Spandau. Vous prendrez les mesures nécessaires pour lever le drap nécessaire pour faire 100,000 capotes et 100,000 pantalons, pour vous procurer 100,000 paires de souliers[1], 100,000 chapeaux et tous les objets nécessaires pour couvrir l'armée. Il faut aussi désigner pour le logement des officiers des corps d'armée les maisons des personnes de la Cour absentes de Berlin, afin de soulager le bourgeois autant que possible. Mon intention est que Berlin me fournisse abondamment tout ce qui est nécessaire pour mon armée, et de ne rien ménager pour que mes soldats soient dans l'abondance de tout.

---

1. RAPPORT A L'EMPEREUR.

Berlin, 7 novembre 1806.

Il a été frappé sur la ville de Berlin une contribution de 100,000 paires de souliers à raison de 1,500 paires par jour.

On a promis les 1,500 paires par jour, mais on a demandé une réduction sur la fourniture attendu le manque de cuirs pour confectionner. On a pris des mesures pour faire arriver ce cuir, ainsi la fourniture sera complète.

Il n'a encore été versé dans le magasin que la quantité de 300 paires. On va faire rentrer tout ce qui se trouve chez les cordonniers de la ville et on présume qu'il y en a beaucoup, puisque la contribution a été frappée le 1er novembre. La municipalité avait demandé que les versements ne fussent effectués que le samedi de chaque semaine.

Le 28e régiment d'infanterie légère est le seul corps qui se soit présenté pour recevoir des souliers. Il a un bon de 1,200 paires qui n'ont pas pu lui être livrées.

Le Grand-Maréchal du Palais

DUROC.

L'EMPEREUR A M. DE THIARD, GOUVERNEUR DE LA VILLE DE DRESDE.

Berlin, 28 octobre 1806.

J'ai reçu votre lettre [1]. Je désire que les Bavarois soient traités comme mes troupes ; que des souliers, des armes leur soient fournis s'ils en ont besoin, et qu'on cherche les moyens de contenter les généraux et les officiers en réprimant tout ce qui est excès et pillage. Je désire beaucoup connaître en détail la situation de la ville et de la cour.

LE MAJOR GÉNÉRAL A M. DE THIARD.

Berlin, 28 octobre 1806.

J'ai mis sous les yeux de l'Empereur la lettre que vous m'avez écrite [2]. S. M. n'a pas été satisfaite de la comparaison que vous faites des alliés avec nos ennemis ; elle a vu avec peine qu'on faisait sentir aux alliés qu'ils n'avaient combattu ni à Austerlitz ni dans cette campagne ; son intention est tout-à-fait opposée : S. M. cherche, au contraire, à les allier à tous ses succès et à leur faire partager sa gloire ; c'est par là qu'il acquiert leur amitié et surtout leur confiance ; autrefois on n'avait pas d'alliés parce qu'on suivait un système opposé. S. M. est très-fâchée que vous n'ayez pas donné de souliers aux Bavarois ; faites-leur en distribuer en gratification ; en général l'Empereur veut que les Bavarois soient traités comme les Français, ainsi que les autres alliés, et qu'on procure aux officiers et aux soldats toutes les douceurs possibles, et la Saxe et la Prusse en fournissent les moyens.

Vous ne pouvez point avoir de gendarmes français ; faites faire la police par des Saxons. Je vous envoie 2 officiers d'état-major ; je vous adresse également 6,000 francs pour vos dépenses.

---

1. Lettre du 26. Voir page 391.
2. Lettre du 25. Voir page 349.

Je vous réitère, M. de Thiard, que l'intention de l'Empereur est que les Bavarois et les Wurtembergeois, quand ils arriveront à Dresde, soient parfaitement bien traités et qu'il n'y ait entre eux et les Français aucune différence.

LE MAJOR GÉNÉRAL AU GÉNÉRAL BOURCIER [1].

Berlin, 28 octobre 1806.

L'Empereur, Général, ordonne que vous vous rendiez sur-le-champ à Potsdam pour y prendre le commandement de cette place et de ses environs ; mais l'objet principal est que vous preniez le commandement de tous les dragons à pied qui se réunissent dans cette ville. Le maréchal Bernadotte, le général Lemarois à Wittenberg, le général Macon à Leipzig, ont fait démonter la cavalerie saxonne et fait diriger ses chevaux sur Potsdam où ils sont en ce moment harnachés et équipés, mais sans ordre ; l'Empereur ordonne que vous vous mettiez à la tête de cette division de dragons à pied qui se trouve dissoute [2].

S. M. ordonne que vous donniez des chevaux à chaque homme, que vous les fassiez marquer à la marque de chaque régiment, que vous fassiez dresser procès-verbal des chevaux remis aux détachements de chaque corps.

---

1. Le général de division Bourcier était à la suite du grand quartier général. — Le général René qui commandait à Potsdam reçut l'ordre le 29 d'aller prendre le commandement de Leipzig, le général Macon étant mort.

2. Voir page 353 le rapport du 26 du général Roussel au maréchal Lefebvre sur la destination donnée successivement aux dragons à pied.

LE GÉNÉRAL DE BRIGADE RUFFIN AU MAJOR GÉNÉRAL.

Potsdam, 30 octobre 1806.

Suivant vos ordres j'ai remis à M. le général de division Bourcier le commandement des dragons ainsi que les états des hommes et chevaux que j'ai amenés ici ; veuillez, Monseigneur, me faire connaître vos intentions pour ma destination ultérieure. J'attendrai ici vos ordres.

Ordre de rejoindre à Berlin. — B.

Le général Ruffin était à la disposition du général Oudinot ; il avait amené les dragons de Dessau ; il fut employé ensuite à la divison de grenadiers et voltigeurs réunis.

Vous trouverez dans le harnachement des équipages différents ; mais cette différence est égale à l'Empereur ; occupez-vous des moyens qu'il faut ajouter à chaque espèce de selle pour porter les fusils de dragons ; je mets d'abord 20,000 fr. à votre disposition.

Il y a à Spandau des bateaux qu'on a arrêtés dans lesquels il y a des bottes ; faites-les prendre pour les distribuer aux dragons ; si ces bateaux n'étaient pas à Spandau, vous enverriez jusqu'au pont de Neubrück où ils doivent être. Faites faire ces distributions en règle.

Vous ferez confectionner des éperons à Potsdam, que vous payerez ; vous trouverez dans cette ville des éperonniers et des bourreliers.

Écrivez au général Lemarois que, s'il a plus de dragons à pied que de chevaux, il vous les envoie.

Il y a de beaux manèges à Potsdam ; comme il y a beaucoup de recrues[1], faites-les monter.

Je vous donnerai un commissaire des guerres ou sous-inspecteur aux revues et un adjudant-commandant[2].

---

1. Le général Morlot, commandant la 16e division militaire à Lille, dans un rapport du 15 septembre, rendait compte que le dépôt du 11e de dragons, à Hesdin, avait 177 dragons instruits seulement à pied. Ce dépôt fournit au 2e bataillon de dragons une compagnie de 142 hommes qui passa le Rhin à Mayence le 19 octobre et était le 4 novembre à Wittenberg.

2. *Grande Armée.* ÉTAT-MAJOR GÉNÉRAL.

Au quartier général impérial à Berlin, le 28 octobre 1806.

Monseigneur,

J'ai l'honneur de rendre compte à V. A. que M. le général Bourcier vient de m'informer que votre intention était d'employer près de lui l'adjudant-commandant Requin qui était destiné au 1er corps d'armée.

Cet officier est encore à Berlin, et si l'intention de V. A. est de le remplacer au 1er corps, j'aurai l'honneur de lui proposer MM. les adjudants-commandants Petit-Pressigny ou Senilhac qui sont présents au quartier général.

Vouillez bien agréer l'assurance de mon respectueux dévouement.

L'Adjudant-commandant,

HASTREL.

Envoyer au Mal Bernadotte M. Senilhac.

Le Major général,

B.

Exp. le 28 octobre l'ordre à l'adjudant-commandant Requin de se rendre

LE MAJOR GÉNÉRAL AU GÉNÉRAL HULLIN.

Berlin, 28 octobre 1806.

Je vous préviens que je donne l'ordre pour que 4 bataillons formés à Strasbourg, qui doivent arriver aujourd'hui et demain à Berlin, y soient casernés et soient sous les ordres de M. le maréchal Lefebvre. Il leur sera fourni les vivres comme à la Garde impériale jusqu'à ce que l'Empereur les ait passés en revue.

Vous voudrez bien en conséquence donner les ordres nécessaires pour l'établissement de ces bataillons.

LE MARÉCHAL LEFEBVRE AU GÉNÉRAL HULLIN.

Berlin, 28 octobre 1806.

Mon cher Général, je vous préviens que S. A. le Major général de l'armée vient de m'envoyer son aide de camp Colbert pour m'annoncer que le 28e régiment d'infanterie légère [1]

---

auprès du général Bourcier et à l'adjudant-commandant Senilhac de se rendre auprès de M. le maréchal Bernadotte.

Plus tard, au lieu de prendre la forme de lettre, le chef d'état-major général du Major général lui soumit les questions sous la forme d'un rapport :

Rapport à S. A. S. le prince Major général, de même que le Major général pour prendre les ordres de l'Empereur lui présentait un *Rapport*. — Il existe pendant la campagne de 1813 un assez grand nombre de rapports de ce genre du général de division Monthion, chef d'état-major du Major général.

1. *Rapport sur la mission de M. Danloup-Verdun, capitaine adjoint à l'état-major général, envoyé au-devant du 28e régiment d'infanterie légère.*

Je suis parti (de Halle) le 20 à midi pour me diriger sur la route de Bamberg. Arrivé à Iéna la nuit, je ne trouvai point le régiment; présumant qu'il ne ferait aucun mouvement la nuit, je fus à Roda où j'appris qu'il était parti la veille, ce qui me mit beaucoup dans l'embarras; je pris la route de Weimar espérant le rencontrer. Même chance qu'à Iéna. Je retournai à Iéna où le matin, cherchant à m'orienter avec le commandant de la place, il vint un sergent de ce corps qui accompagnait les équipages et qui cherchait son régiment qu'il avait quitté la veille; à force de questions sur la position où il avait quitté le régiment, je me dirigeai sur ce point et j'aperçus dans les traverses plusieurs militaires qui regagnaient la grande route. Je fus à eux et leur de-

serait attaché au corps de la Garde sous mon commandement et qu'il devait être logé et traité à Berlin comme elle. Veuillez, je vous prie, donner les ordres nécessaires à ce sujet. — Je vous salue bien amicalement.

LE MARÉCHAL MORTIER A L'EMPEREUR.

Fulde, 28 octobre 1806.

Un aide de camp du roi de Hollande m'a apporté hier des dépêches de sa part. L'avant-garde de S. M. s'est mise en marche et doit être rendue le 29 à Paderborn. Ce mouvement coïncidera avec le mien et le 31 les deux corps seront à hauteur de Cassel.

Le prince d'Orange Fulde n'avait point emmené de ses troupes à l'armée du roi de Prusse. J'ai trouvé ici un fort beau bataillon de 600 hommes. Je viens de le faire désarmer et casser ; j'envoie les fusils qui paraissent bons à Mayence : je fais mettre le séquestre à Fulde sur toutes les caisses publiques (celles des pauvres et des orphelins exceptées). Je fais biffer les armes du Prince et j'ordonne à la régence d'administrer son pays en votre nom. J'aurai l'honneur d'envoyer à V. M. l'état du montant de ces caisses aussitôt qu'il sera fait; elles produiront par aperçu environ 60,000 francs ; je

---

mandai le régiment qu'ils me dirent venir d'arriver. Je trouvai le colonel et lui remis son ordre et il se dirigea pour venir coucher le 21 à Naumburg et le 22 à Halle pour toujours joindre le quartier général partout où il serait le plus tôt possible.

Le régiment est fort de 1,600 hommes et bien armés, mais manquant de capotes. (Voir *Iéna*, page 393.)

A 3 lieues de Merseburg j'ai rencontré 2 bataillons, le 1er formé du 34e, 63e, 57e et 40e; le second du 4e, 24e, 88e et 103e. La force de chacun de ces bataillons formés à Strasbourg était de 500 hommes, mais les trainards et malingres les ont réduits à 900. 2 autres de formation semblable venaient derrière à 2 journées de marche.

Les 2 autres bataillons étaient composés l'un de détachements du 96e, 123 hommes ; — du 100e, 12 hommes ; — du 8e de ligne, 83 hommes ; — du 105e, 83 hommes; rapport de la place de Berlin du 28 au 29, et revue de l'Empereur du 30 ; — l'autre bataillon des 650 hommes d'infanterie légère. Voir le rapport du 27 du général Macon au Major général, page 441.

Ainsi sont reconstitués les 4 bataillons formés à Strasbourg par le général Rapp (*Iéna*, pages 181 et 184), et dont je n'ai pas trouvé les états de situation.

ferai payer de suite un à-compte de solde aux 3 régiments sous mes ordres, ces corps ayant beaucoup dépensé pour venir de Paris à Mayence.

J'ai aussi trouvé ici 16 hussards faisant le service de gendarmerie et maintenant la police dans le pays ; je les ai laissé exister.

Le général Lacombe Saint-Michel n'est point encore arrivé.

LE GÉNÉRAL CLARKE A L'EMPEREUR.

Erfurt, 28 octobre 1806.

Malgré la faiblesse de la garnison d'Erfurt et le nombre de convois de blessés et de prisonniers que je suis obligé de faire partir sous escorte chaque jour, je ferai partir pour Wittenberg le 30 octobre le 14e régiment d'infanterie. Les détachements que ce corps a fournis pour les escortes, le rejoindront ensuite. Ils s'élèvent à 540 hommes environ.

Ne peut-on pas faire filer vers Mayence les canons prussiens dont les affûts sont trop lourds pour notre service ? Ils encombrent la citadelle. Je parle de ceux qui ont été pris dans les environs de Weimar et d'Iéna. J'en ai déjà 160 pièces outre celles qui servent à l'armement de la citadelle d'Erfurt. Les pièces saxonnes ont des affûts plus légers. On pourrait embarquer les pièces prussiennes sur le Mayn.

M. DE THIARD AU MAJOR GÉNÉRAL.

Dresde, 28 octobre 1806.

...... J'ai toujours 50,000 rations en réserve prêtes à être expédiées à l'instant où le besoin de l'armée l'exigera.

Les généraux bavarois émettent des prétentions exorbitantes pour la nourriture des officiers et des soldats ; j'ai été obligé de faire un règlement à cet égard. Un d'eux voulait 50 bouteilles de vin de Bourgogne à chaque repas pour la table ; il m'a paru que cela s'écartait de *l'exacte discipline* que S. M. m'a ordonné de maintenir ; cependant je désirerais savoir si je n'ai pas pris mon ordre trop à la lettre, et si je ne dois pas lâcher la main sur ce qui regarde la subsistance, en me bornant à réprimer autant que possible le vol et les mauvais traitements.

Cependant, comme les généraux bavarois ont vu que je ne faiblissais pas, l'ordre est mieux exercé dans cette ville, mais les brigandages continuent dans les campagnes, parce que ne voulant pas me mettre dans mon tort, je me refuse à y porter remède ; il ne cessera même qu'avec une colonne mobile et un conseil de guerre. Tous les chevaux sont enlevés et nos moyens de transport vont devenir très difficiles....

RÈGLEMENT POUR LA NOURRITURE DES TROUPES PAR LES HABITANTS.

(*Affiché à Dresde dans les deux langues.*)

Depuis l'entrée des troupes de S. M. le roi de Bavière dans cette résidence, il a été porté des plaintes sur la conduite de quelques militaires; de leur côté, les commandants bavarois ont également fait parvenir à l'état-major de la place des réclamations sur la manière dont, dans quelques quartiers de la ville et notamment dans les faubourgs, les soldats ont été traités par leurs hôtes.

Les habitants de la ville de Dresde ne doivent pas oublier que le meilleur moyen de maintenir l'harmonie est de fournir à la troupe ce qu'elle a droit d'attendre, c'est-à-dire une nourriture convenable et suffisante.

D'accord avec M. le général commandant la division bavaroise et avec les autorités de la ville, chaque bourgeois sera tenu de donner au soldat en quartier chez lui :

Le matin la soupe ou un petit pain blanc et un verre d'eau-de-vie ;

A dîner trois quarts de livre de viande (poids saxon), la soupe, les légumes et une bouteille de bière ;

Le soir les légumes.

Si, ce qu'on ne doit pas attendre de troupes aussi distinguées par la discipline qu'elles ont observée dans le pays où le théâtre de la guerre les a portées, que par le courage et l'ardeur qu'elles ont manifestés dans les opérations de la campagne dernière, il s'élevait encore quelques plaintes, les habitants, confiants dans le désir de MM. les officiers bavarois de les réprimer, s'adresseront d'abord aux commandants des compagnies ou bataillons; ce qui cependant n'empêchera pas MM. les généraux bavarois et l'état-major de la place d'écouter ensuite les réclamations que les habitants auraient à faire et d'y faire droit sur-le-champ si elles étaient fondées.

Dresde, 27 octobre 1806.

Le Chef d'escadron,

THIARD,

Chambellan de S. M. l'Empereur et Roi,
Commandant de la place de Dresde.

Armée de réserve. ORDRE DU JOUR.

Quartier général, Mayence, 28 octobre 1806.

A commencer du 1er novembre, les commandants de tous les corps stationnés tant dans la 5e division que dans la 26e, feront exercer et tirer avec des cartouches d'exercice. Ils feront d'abord tirer par 1 et tous les temps de la charge seront commandés; ils feront tirer ensuite par 2, ainsi de suite et en plus grand nombre. Enfin ils feront exercer à tirer sur 3 rangs et par peloton. Lorsque les conscrits seront bien exercés au tir sans balle et aux feux de peloton, les conseils d'administration feront faire des cibles pour y faire tirer les conscrits; il sera fourni à cet effet au conseil d'administration 20 cartouches par homme s'il était nécessaire, afin que chaque conscrit soit très-bien instruit au tir, ainsi que ceux qui auparavant n'auraient pas été exercés à tirer avec des cartouches d'exercice. Les commandants des corps seront toujours présents à cet exercice. Les généraux près des troupes y seront également présents pour s'assurer que cet exercice est parfaitement enseigné. Le conscrit de chaque corps qui aura le mieux tiré recevra pour prix un franc qui sera fourni par le conseil d'administration et son nom sera envoyé à S. Exc. le Maréchal qui s'empressera de faire connaître à l'Armée par la voie de l'ordre le conscrit de chaque corps qui aura remporté le prix.

M. le Maréchal réitère les ordres qu'il a déjà donnés pour que l'habillement et l'équipement des troupes soient poussés avec la plus grande activité; son intention est que les conscrits soient habillés et équipés au moment de leur arrivée au corps et mis en état de partir au premier ordre pour les bataillons de guerre. Son intention est encore, dès que les 100 hommes qu'il a ordonné à chaque corps de tenir prêts à marcher seront en marche, ils soient remplacés sur-le-champ par 100 autres conscrits qui seront aussi prêts à marcher au premier ordre.

Il en sera de même pour les détachements de 25 hommes montés que chaque régiment de troupes à cheval doit tenir prêts à partir; dès que ces détachements seront partis, ils seront aussitôt remplacés dans chaque corps par d'autres détachements de 25 hommes également prêts à partir au premier ordre. Les commandants près des troupes seront responsables de la négligence que les corps mettraient à l'exécution du présent ordre. Le général de brigade Puthod est chargé spécialement de toutes les troupes qui sont dans les places du Haut-Rhin ainsi que dans celle de Schelestadt; le général Mally de toutes celles du Bas-Rhin. Les généraux feront de fréquentes tournées dans leur commandement; ils activeront l'instruction des troupes, s'assureront si elles sont bien exercées, si les ordres qui ont été donnés pour l'habillement des conscrits sont exécutés et enfin si dans chaque corps il y a toujours 100 hommes bien habillés, armés et équipés et prêts à marcher au premier ordre. Ils rendront compte chaque fois de leur tournée au général Bisson qui en fera son rapport à M. le Maréchal.

Le général de division Lorge désignera un officier général qui sera chargé des mêmes détails dans la 26e division. Il sera incessamment nommé un officier supérieur qui résidera à Haguenau et qui sera chargé d'activer l'instruction, l'habillement, l'équipement et le harnachement des troupes à cheval placées dans cette ville et dans les cantonnements environnants. Les troupes à cheval seront également exercées à tirer avec leur carabine et leur pistolet, d'abord sans balle et ensuite à la cible avec balle; les hommes seront toujours à cheval pour cet exercice.

Le chef de l'état-major général,

DUPRAT.

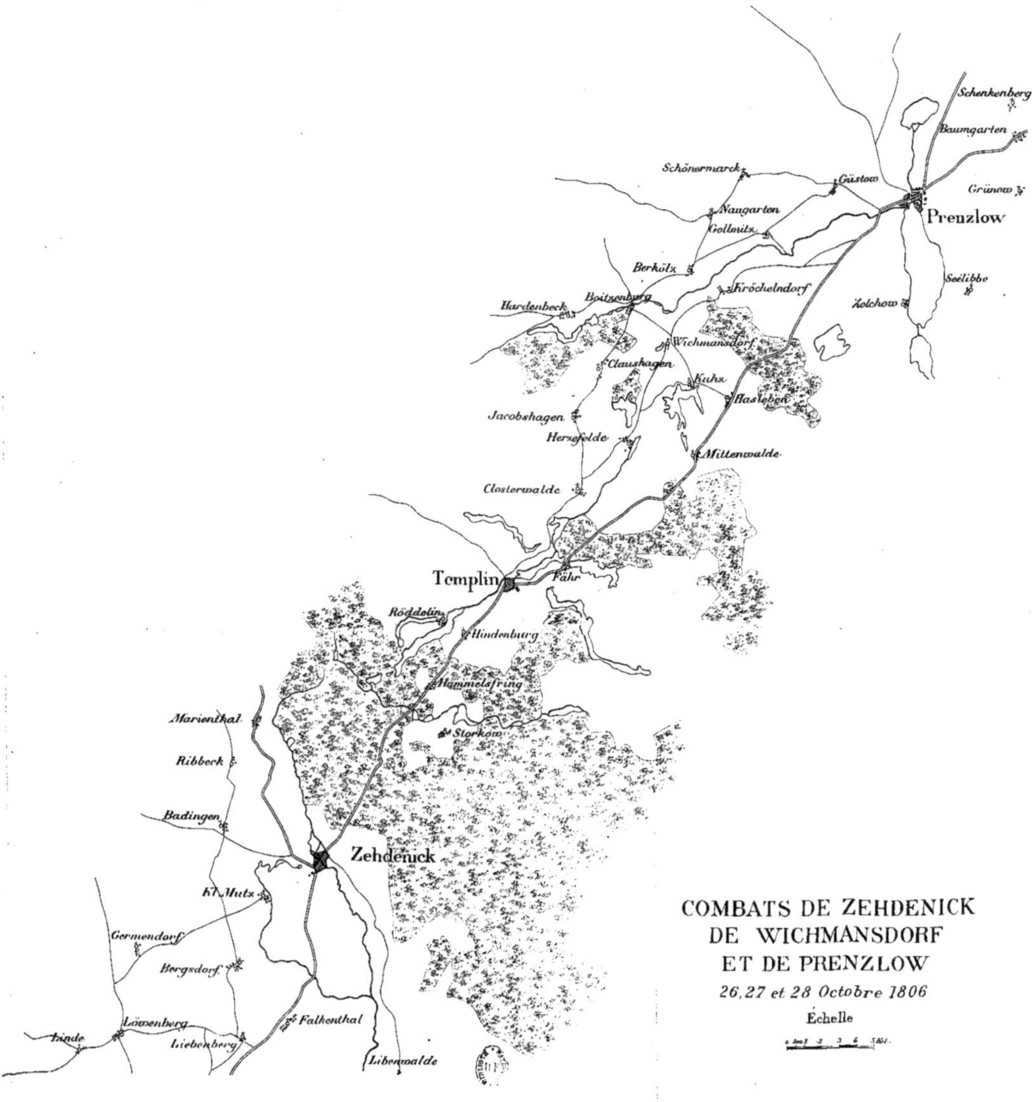

Lith. Berger-Levrault et Cie Nancy.

29 OCTOBRE.

LE MAJOR GÉNÉRAL AU GÉNÉRAL SAVARY.

Berlin, 29 octobre 1806.

L'Empereur ordonne, Général, que vous vous rendiez de suite à Charlottenburg pour y prendre le commandement du 1er régiment de hussards. Le maréchal Bessières a ordre de le mettre à votre disposition; vous vous rendrez de là sans délai avec ce régiment à Oranienburg, de là à Neu-Ruppin. Le 7e régiment de chasseurs a 25 chevaux au pont de Neubrück et le régiment doit être à Fehrbellin; il est parti, il y a 2 jours, avec l'ordre de prendre votre direction; vous rangerez ce régiment sous vos ordres, et avec lui et le 1er régiment de hussards vous éclairerez tout le pays depuis Tangermünde, Wusterhausen, Wittstock et Wesenberg. L'objet de votre mission est de pouvoir donner des nouvelles au grand-duc de Berg et aux maréchaux Lannes et Bernadotte sur tout ce qui se passera[1].

Le maréchal Soult doit être encore sur la rive gauche de l'Elbe où il côtoye le corps du duc de Weimar pour l'empêcher de passer et même pour le prendre; mais si le duc de Weimar avec son corps d'armée était parvenu à surprendre le passage de l'Elbe, vous, que vous en soyez prévenu à temps pour en prévenir le grand-duc de Berg, les maré-

1. Voir au 30 octobre, dans le 23e Bulletin, l'expression dont se sert l'Empereur pour qualifier la mission du général Savary.

chaux Lannes et Bernadotte, afin qu'ils puissent manœuvrer pour le prendre.

Vous aurez grand soin, Général, de m'instruire de tout ce qui viendra à votre connaissance.

Je dois vous prévenir qu'indépendamment du corps de Hohenlohe, de celui du duc de Weimar, de celui de Blücher, il y a une infinité de petites colonnes ennemies que vous devez ramasser, comme vous devez aussi faire le plus de prisonniers possible.

LE MAJOR GÉNÉRAL AU GÉNÉRAL FERY.

Berlin, 29 octobre 1806.

Il est ordonné au général Fery, commandant à Spandau, de donner l'ordre aux 2 bataillons venant de Strasbourg de partir pour se rendre ce soir à Berlin où ils seront aux ordres du maréchal Lefebvre.

LE MAJOR GÉNÉRAL AU GÉNÉRAL NANSOUTY.

Berlin, 29 octobre 1806.

Je vous préviens, Général, que l'Empereur passera demain en revue votre division de cavalerie sur la place du palais à Berlin où vous devez vous trouver en bataille à midi. Aussitôt après la revue de S. M., vous vous mettrez en marche pour prendre de nouveaux cantonnements sur les routes de Francfort, Küstrin et Oderberg, sans cependant que la tête de vos cantonnements puisse s'étendre à plus de 2 ou 3 lieues de Berlin.

LE MAJOR GÉNÉRAL AU MARÉCHAL LEFEBVRE.

Berlin, 29 octobre 1806.

L'Empereur, M. le Maréchal, passera demain à midi sur la place devant son palais la revue de toute la Garde à pied, du 28e régiment d'infanterie légère, des 2 bataillons venant de Strasbourg, qui sont à Berlin où ils seront à vos ordres, et où ces troupes doivent vivre comme la Garde par les soins de son administration.

LE MAJOR GÉNÉRAL AU MARÉCHAL BESSIÈRES.

Berlin, 29 octobre 1806.

L'Empereur, M. le Maréchal, passera demain la revue de toute sa Garde à cheval devant le château ; il passera également la revue de la Garde à pied ; j'ai donné des ordres en conséquence au maréchal Lefebvre.

L'EMPEREUR AU GRAND-DUC DE BERG A PRENZLOW.

Berlin, 29 octobre 1806.

Je reçois la nouvelle du combat de Prenzlow. Témoignez-en ma satisfaction aux dragons et à la cavalerie légère de Milhaud et Lasalle.

26 lieues de Prenzlow à Berlin par Zehdenick et Oranienburg.

LE MAJOR GÉNÉRAL AU GRAND-DUC DE BERG.

Berlin, 29 octobre 1806.

Indépendamment des petites colonnes égarées, mon Prince, il y en a 3 principales : celle du prince de Hohenlohe que vous avez prise à Prenzlow ; celle de Blücher qui le 28 à la pointe du jour a quitté Wesemberg et que vous avez sûrement rencontrée aujourd'hui à Pasewalk ; enfin une troisième, celle du duc de Weimar qui a surpris le passage de l'Elbe au maréchal Soult et qui l'a passé à ce qu'il paraît du côté de Sandow et de Havelberg le 26, doit s'être dirigée par Wusterhausen, Neu-Ruppin, Gransee ou par Fürstenberg ; or de Havelberg à Fürstenberg il y a 25 lieues [1]; le duc de Weimar ne peut pas être à Fürstenberg le 28 ; mais de Fürstenberg à Pasewalk il y a 20 lieues [2], et si la colonne ennemie prend cette route, vous la rencontrerez sûrement à Pasewalk dans la journée du 30 ou du 31 ; ainsi il est à présumer que rien n'échappera entre vous, mon Prince, et les maréchaux Lannes et Bernadotte ; tels sont les renseignements que je puis vous donner d'après les rapports parvenus à l'Empereur.

L'Empereur ne juge pas que l'ennemi puisse faire plus de 8 lieues par jour, peut-être même 7 lieues.

Les mêmes dispositions sont communiquées aux maréchaux Lannes et Bernadotte et au général Savary.

LE MAJOR GÉNÉRAL AU GÉNÉRAL SAVARY.

Berlin, 29 octobre 1806.

Vous trouverez ci-joint, Général, le corps de la lettre que j'écris au grand-duc de Berg. Vous verrez que dans tout ceci nous chassons plusieurs lièvres, mais ce sera pour les prendre tous.

L'Empereur pense que vous devez vous porter à Neu-Ruppin en vous faisant appuyer par le 7e régiment ; il faut vous tenir sur vos gardes et, si vous rencontrez l'ennemi, tâcher de faire quelques prisonniers pour connaître quelle est celle des 3 colonnes que l'on rencontrerait ; observez qu'indépendamment des corps de Blücher et du duc de Weimar (car je ne parle plus de la colonne du prince de Hohenlohe qui est prise) il y a plusieurs petites colonnes, des bataillons et

---

1. De Sandow à Havelberg, 4 kil. ; — de Havelberg à Kyritz, 25 kil. ; — de Kyritz à Rägelin, 19 kil. ; — de Rägelin à Rheinsberg, 18 kil. ; — de Rheinsberg à Menz, 11 kil. ; — de Menz à Fürstenberg, 12 kil. ; — soit 89 kil. de Sandow à Fürstenberg ou 22 lieues un quart.

2. De Fürstenberg à Woldegk par Rathenberg, Feldberg et Göhren, 44 kil. ; — de Woldegk à Strasburg, 12 kil. ; — de Strasburg à Pasewalk, 17 kil. ; — soit 73 kil. de Fürstenberg à Pasewalk ou 18 lieues un quart.

même des escadrons qui errent çà et là sans savoir quelle direction suivre ; il faut donc que de Neu-Ruppin vous poussiez des partis. S. M. pense qu'avec de la prudence vous n'avez que de bonnes rencontres à faire. Tout ce que vous prendrez en chevaux, bagages, etc., doit être dirigé sur Spandau.

LE MAJOR GÉNÉRAL AU MARÉCHAL NEY.

Berlin, 29 octobre 1806.

L'intention de l'Empereur, M. le Maréchal, est que vous donniez l'ordre à la division de dragons qui est restée attachée à votre corps d'armée de partir de suite de l'endroit où elle se trouve pour se rendre à Neu-Ruppin passant par Rathenow, Friesack, Fehrbellin, ayant attention de s'éclairer de tous côtés et de tomber partout où il y a des ennemis.

Vous préviendrez le commandant de la division qu'il y a des bataillons, des escadrons, des convois ennemis perdus et égarés qui se dirigeaient sur Stettin et qui, sachant que nous nous en occupons, courent dans tous les sens.

Le général commandant la division me fera connaître le jour de son arrivée à Neu-Ruppin ; il me donnera tous les jours de ses nouvelles au quartier général impérial. Vous le préviendrez qu'il y a beaucoup de partis de notre cavalerie légère qui éclairent le pays, comme il verra par l'ordre du jour de ce soir[1] ; il est donc bien nécessaire qu'avant d'attaquer il fasse reconnaître si ce sont des Français ou des ennemis.

Tous les prisonniers, tous les chevaux et les convois qu'il prendra, il les adressera directement à Spandau qui est le dépôt général.

---

1. L'ordre du jour ne dit rien qui ne soit répété dans le 22e Bulletin.

LE MAJOR GÉNÉRAL AU MARÉCHAL SOULT.

Berlin, 29 octobre 1806, 10 heures du soir [1].

L'Empereur, M. le Maréchal, continue à vous laisser carte blanche sur vos mouvements; mais, si vous n'avez aucune espérance de faire grand mal à l'ennemi, portez-vous à Fehrbellin; le général Savary doit y être; il pourra vous donner des renseignements; ce général, qui a avec lui le 1er de hussards et le 7e de chasseurs, a eu l'ordre de pousser des partis et des reconnaissances sur toutes les directions.

Suivant les nouvelles que vous recevrez, vous êtes le maître de vous porter sur l'ennemi, ainsi que vous le jugerez convenable. Comme vous le verrez dans l'ordre du jour, le prince Murat a déjà pris le prince Hohenlohe et son corps d'armée. On doit croire que le grand-duc de Berg prendra aujourd'hui Blücher; nous sommes devant Stettin et le corps du maréchal Davout à Francfort dont le pont n'a pas été détruit.

Il est ordonné au général Picard qui doit être à Nordhausen avec 3 régiments de dragons pour nettoyer tout le pays sur les derrières de l'armée [2], de réunir son monde et de se rendre sur-le-champ à grandes journées à Berlin; il m'enverra l'itinéraire de sa marche.

L'EMPEREUR AU MAJOR GÉNÉRAL.

Berlin, 29 octobre 1806.

Donnez ordre au maréchal Bessières d'envoyer demain à Spandau 50 grenadiers, 50 chasseurs et 10 canonniers avec

1. Le registre du Major général ne porte pas l'heure, mais la lettre du maréchal Soult au Major général du 30 à 8 heures du soir accuse l'arrivée à l'instant de la dépêche du Major général du 29 *à 10 heures du soir*. — Le Major général joignit en outre à cette dépêche copie de celle qu'il venait d'écrire au grand-duc de Berg et commençant par ces mots : *Indépendamment des petites colonnes.....* Voir le rapport du 30 susindiqué du maréchal Soult au Major général.

2. Voir au 30 le rapport du général Picard sur la mission qui lui avait été confiée.

un officier supérieur pour choisir sur les 4,000 chevaux qui arrivent à Spandau, 150 chevaux de grenadiers, 150 de chasseurs et 30 pour les canonniers. — Donnez l'ordre au général Nansouty d'envoyer pour chacun de ses 6 régiments un officier et 30 hommes à Spandau. Ils y seront rendus demain matin, iront à pied et là prendront 540 chevaux sellés et bridés les plus propres à leur arme[1], parmi les 4,000 qui arrivent demain à Spandau. — Prévenez le général Bourcier par un courrier extraordinaire qu'il arrive demain à Spandau 4,000 chevaux sellés qui ont été pris au prince Hohenlohe ; que j'ai ordonné que les 330 meilleurs soient donnés à la Garde et que j'ai envoyé à cet effet des détachements pour les prendre ; que tous les dragons à pied qu'il a, il les envoie à Spandau, et s'il a plus de chevaux que d'hommes, qu'il charge un homme de 2 ou 3 chevaux et envoie le plus d'hommes à pied qu'il pourra à Spandau ; que le général Nansouty doit en prendre 540 et envoie le tiers d'hommes ; qu'il faut que le général Bourcier fasse cette distribution et qu'il fasse au mieux pour que les chevaux ne dépérissent pas ; que nous avons 3 à 4,000 hommes à pied, qui me joindront avant peu, et on les montera. Le meilleur moyen est de les mettre dans les écuries de Potsdam. Envoyez un courrier au général Lemarois pour qu'il envoie à Spandau les cavaliers à pied et surtout les dragons à pied ; écrivez au maréchal Lefebvre que, s'il a encore des dragons à pied, il les fasse partir pour Spandau. Enfin donnez l'ordre que les dépôts de cavalerie en route sur Wittenberg[2] hâtent leur marche ainsi que les hommes à pied venant de Würzburg sur Erfurt et que tout cela se réunisse à Potsdam pour avoir soin de ces chevaux. — Écrivez à tous les régiments de cavalerie, chasseurs et hussards, de diriger leurs hommes à pied sur Spandau en disant au général Bourcier qu'on leur remette les chevaux sellés pour monter ces hommes. — Écrivez au général Songis qu'on a pris 60 pièces de canon attelées qui vont être di-

1. 20 à la compagnie d'élite du 4e de dragons. Ordre du Major général du 29.

2. Le 21 l'ordre avait été donné au colonel Lacour, commandant le dépôt de cavalerie de Forchheim, de se diriger sur Wittenberg. — Le 29 il lui fut

rigées sur Spandau. Il faut qu'il ait là des hommes qui prennent soin de ces chevaux.

LE MAJOR GÉNÉRAL AU GÉNÉRAL COMMANDANT LES TROUPES BAVAROISES A DRESDE.

Berlin, 29 octobre 1806.

Je viens de donner l'ordre, M. le Général, qu'on fournisse des souliers à vos soldats ; l'intention de l'Empereur est qu'ils soient en tous points traités avec les mêmes égards que l'on porte aux troupes françaises, qu'ils éprouvent les mêmes douceurs autant que les circonstances le permettent. Les alliés de l'Empereur et Roi étant associés à la gloire de la dernière campagne comme à celle-ci, ont le même droit que les Français à sa sollicitude.

Toutes les campagnes de l'Empereur sont des campagnes de manœuvres, et la gloire appartient également à tout ce qui compose la Grande Armée, soit troupes françaises, soit troupes alliées ; tels sont, M. le Général, les sentiments de l'Empereur, et s'il pouvait avoir de la prédilection, ce serait assurément en faveur des troupes de S. M. le roi de Bavière.

---

envoyé une continuation de route sur Potsdam. — Les petits dépôts partirent de Baireuth le 5 novembre.

	Officiers.	Troupe.	Chevaux d'officiers.	Chevaux de troupe.
Carabiniers, 1er, 2e régiments . .	2	101	4	53
Cuirassiers, 1er, 2e, 3e, 5e, 9e, 10e, 11e, 12e	5	344	20	123
Dragons, 1er, 2e, 3e, 5e, 6e, 8e, 9e, 10e, 11e, 12e, 13e, 14e, 15e, 16e, 17e, 18e, 19e, 20e, 21e, 22e, 25e, 26e, 27e	17	653	55	493
Chasseurs, 1er, 2e, 5e, 7e, 10e, 11e, 12e, 13e, 16e, 21e, 22e.	8	231	17	220
Hussards, 1er, 2e, 3e, 4e, 5e, 7e, 8e, 9e, 10e.	9	250	29	166
Train d'artillerie, 2e, 3e, 5e, 8e bataillons	»	25	»	42
	41	1,601	125	1,097

LE MAJOR GÉNÉRAL AU GÉNÉRAL DE WRÈDE.

Berlin, 29 octobre 1806.

Il est ordonné au général de Wrède, commandant la division des troupes bavaroises, de partir demain 30 de Dresde, de se diriger sur Cotbus et de là de se rendre à Peitz où il tâchera d'arriver le 1er ou le 2 novembre au plus tard et où il cantonnera jusqu'à nouvel ordre. La cavalerie attachée à cette division continuera sa marche sur Francfort pour se lier à celle du corps du maréchal Davout qui y sera.

Aussitôt que la division du général Deroy sera arrivée à Dresde, elle suivra, sans y séjourner, la division de Wrède pour se rendre également à Peitz où le corps bavarois réuni attendra de nouveaux ordres.

Le commandant des troupes bavaroises se mettra en correspondance avec le corps du maréchal Davout qui sera à Francfort.

LE GÉNÉRAL DUROSNEL AU MARÉCHAL AUGEREAU.

Neustadt-Eberswald, 29 octobre 1806.

Aucun des partis que j'ai fait voyager hier, n'a rencontré l'ennemi. Il paraît constant qu'on a ramassé quelques traîneurs de toutes armes que je vais adresser aujourd'hui à M. le général chef de votre état-major.

Nous continuons à faire des prises : l'escadron que j'ai envoyé hier à Oderberg pour y relever les 25 chasseurs que j'y avais portés dans le premier moment pour y prendre poste et intercepter la communication du canal à sa jonction dans l'Oder, d'après les instructions que j'avais données au chef, a fait longer le canal par une patrouille à pied, qui a capturé, chemin faisant, 8 bâtiments chargés d'armes, d'effets militaires, de farines, de blés, d'eau-de-vie, etc. Le chef d'escadron y a mis une garde avec ordre de les ramener ici où ils ne peuvent arriver que dans la journée. Aussitôt qu'ils y seront, j'en ferai faire le relevé succinct que j'aurai l'honneur de vous adresser. J'ai fait requérir des bateliers pour les faire rétrograder le plus promptement possible sur Spandau.

L'escorte de ceux que j'ai fait partir hier, en a encore capturé un à peu de distance d'ici, chargé de vin, eau-de-vie, etc., qui rétrograde avec le premier convoi. J'ai l'assurance que ce détachement dans sa route en prendra beaucoup d'autres. Jusqu'à présent voilà toujours à ma connaissance 14 bâtiments.

J'ai fait arrêter hier 2 soldats prussiens venant de Berlin avec un passeport français délivré par la ville et daté du 27 de ce mois, autorisant lesdits soldats à se rendre en Poméranie. J'ai été surpris que les magistrats de Berlin se permissent de délivrer en ce moment de semblables passeports et j'ai l'honneur de vous adresser celui-là pour que vous puissiez juger vous-même de l'abus.

Je m'occupe à faire constater l'état des différentes caisses publiques qui se trouvent dans le pays. Jusqu'à présent mes recherches ne sont pas très-fructueuses. Il est redu à quelques-unes ; d'autres n'ont que quelques écus en caisse. J'aurai l'honneur d'informer V. Exc. du résultat de mon opération.

J'ai beaucoup de peine à maintenir la discipline. L'esprit de rapine est à son comble. Quelques exemples sévères sont d'une indispensable nécessité. Déjà j'ai envoyé à votre état-major un très-mauvais sujet du 20ᵉ de chasseurs avec une plainte détaillée [1]. Aujourd'hui je vais en faire partir 2 autres que j'adresserai de même à M. le général Pannetier. Je vous prie d'ordonner qu'il en soit fait une prompte justice.

LE GÉNÉRAL AMEY AU MARÉCHAL AUGEREAU.

Neubrück, 29 octobre 1806, 8 heures du soir.

J'ai l'honneur de rendre compte à V. Exc. que le général Savary, aide de camp de S. M., vient de passer à Neubrück avec des ordres de l'Empereur qui mettent à sa disposition le 7ᵉ de chasseurs à cheval y compris les 25 hommes qui étaient détachés ici et à Hohen-Schöpping. Cette troupe doit se rendre sans délai à Fehrbellin où tout le régiment doit être rallié demain 30 à midi.

Le détachement qui est placé à Oranienburg devant également se porter sur Fehrbellin, et ce point se trouvant dégarni, j'ai jugé à propos de détacher une des 3 compagnies de voltigeurs établies à Hohen-Schöpping pour remplacer les chasseurs à cheval.

N'ayant point reçu aujourd'hui de renseignements sur la position de l'ennemi et mes patrouilles et découvertes ne m'ayant pas transmis de rapports, je n'ai point cru devoir en informer V. Exc.

---

1. Ce rapport du général Durosnel est confirmé par les renseignements anecdotiques du fourrier Parquin. Voir page 453.

J'ai envoyé ce matin à Spandau 30 déserteurs prussiens. Depuis il en est arrivé une dizaine.

Le 7e corps est resté dans sa position en avant de Berlin le 29 et le 30. Le 31 il est entré à Berlin à l'exception du 16e d'infanterie légère qui a pris ses cantonnements sur les 2 routes de Küstrin et Stettin ; parc à Weissensee. — 1er, 2 et 3 novembre, même position. — Le 4 le 7e léger a reçu ordre de partir de Neubrück pour se rendre à Berlin où il est entré à 7 heures du matin. L'artillerie attachée aux troupes de Hesse-Darmstadt s'est réunie au parc d'artillerie à Weissensee. — Le 6 la 1re division est partie pour se porter à une marche de Berlin sur la route de Küstrin.

L'Empereur a passé la revue du 7e léger.

Le 7 le 20e de chasseurs part de Neustadt-Eberwald pour se rendre à Driesen ; la 1re division est en arrière de Küstrin ; la 2e part de Berlin et s'établit en arrière de Münchberg.

LE GÉNÉRAL BELLIARD AU GÉNÉRAL LASALLE.

Prenzlow, 29 octobre 1806, 5 heures du matin.

Le Prince désire, mon cher Général, que vous repreniez Löcknitz et que vous poussiez une forte reconnaissance sur Stettin. Le Prince partira à 6 heures du matin pour marcher aussi sur Löcknitz avec les dragons, l'infanterie et du canon.

Dans le compte que vous me rendez, vous ne dites pas si c'est sur la route de Stettin ou sur celle de Pasewalk que vos reconnaissances ont rencontré les hussards rouges. Si l'ennemi qui a marché sur Pasewalk n'avait pas passé Löcknitz et qu'il n'y eût pas d'autre route que celle qui conduit à Berkholz, il faudrait alors continuer d'occuper ce point jusqu'à ce que les dragons aient pu vous rejoindre et envoyer seulement un escadron sur Löcknitz.

Faites pousser une reconnaissance sur Pasewalk. Le général Milhaud a dû partir à 4 heures du matin de Bandelow pour s'y rendre et dans le cas où l'ennemi serait en force, il doit rabattre par sa droite sur Löcknitz.

Le Prince pense qu'il aura bientôt de vos nouvelles. Le hussard que vous m'avez envoyé prendra avec lui à la division de dragons les cartouches, mais si cela devait trop le retarder, j'écris au chef d'état-major du général Grouchy de vous en faire conduire à Berkholz. Vous auriez dû hier en faire prendre à Prenzlow quand on s'y est arrêté.

Je vous envoie le mot d'ordre.

M. le chef d'état-major, envoyez de suite au général Lasalle à Berkholz sur la route de Löcknitz 150 paquets de cartouches d'infanterie ; vous les ferez escorter par un détachement de dragons.

LE GÉNÉRAL BELLIARD AU GÉNÉRAL BEAUMONT.

Prenzlow, 29 octobre 1806.

Le Prince ordonne que vous vous chargiez avec 5 régiments de votre division de l'escorte des prisonniers de guerre [1] ; vous les dirigerez en 2 colonnes et vous aurez avec vous un régiment d'infanterie. Votre commissaire des guerres devra toujours être en avant d'un jour pour faire préparer les vivres. Vous organiserez les jours de marche selon que vous le jugerez le plus convenable.

Vous ordonnerez qu'on fasse prendre de suite aux régiments de la division Grouchy qui sont en ville tous les chevaux de prise qu'on a ramassés hier. Je vous prie de faire dresser un état exact par régiment et par arme de tous les prisonniers, et un état des chevaux. Ainsi que je vous l'ai mandé hier, les colonnes de prisonniers doivent être conduites à Spandau où vous les remettrez au commandant de la place.

Prévenez le Ministre de la guerre de votre marche sur Spandau et du jour où vous y arriverez. Je lui écris de mon côté pour lui en rendre compte. Aussitôt votre arrivée à Spandau, vous voudrez bien réunir tous les drapeaux et les porter à Charlottenburg.

LE GRAND-DUC DE BERG A L'EMPEREUR.

Prenzlow, 29 octobre 1806, 8 heures du matin.

Sire, j'ai l'honneur de rendre compte à V. M. du résultat de la journée d'hier et du mouvement du général Lasalle sur Löcknitz et de celui du général Milhaud sur Pasewalk. Le général Lasalle est arrivé à Löcknitz vers 4 heures, en a fait rompre le pont ; mais instruit qu'il avait des troupes derrière lui venant de Pasewalk, il a cru devoir se retirer sur Berkholz, embranchement des 2 routes. En étant instruit, je lui ai ordonné de reprendre Löcknitz ; je m'y porte avec toute la division Grouchy et toute l'infanterie que M. le maréchal Lannes a pu me donner. J'espère fermer encore la

1. Ordre modifiant celui du 28, page 464.

route de Stettin au général Blücher qui a dû coucher hier au soir aux environs de Pasewalk, à moins qu'il ne soit parvenu à m'échapper pendant la nuit. Il commande un corps de 10,000 à 12,000 hommes, débris de l'armée de Würtemberg. J'aurai l'honneur de rendre compte à V. M. des renseignements que j'aurai pu recueillir à Löcknitz.

J'ai chargé le général de division Beaumont d'escorter avec son corps les prisonniers[1] et de conduire les chevaux des régiments prisonniers ; il doit diviser la colonne prussienne en 2 corps, afin de lui faciliter les moyens de subsistances. Si je suis aussi heureux aujourd'hui qu'hier, j'espère envoyer à V. M. une colonne à peu près semblable à celle d'hier.

P. S. — Le maréchal Lannes va marcher avec tout son corps.

P. S. — Je reçois à l'instant une lettre que le général Lasalle m'écrit de Berkholz et dont je me hâte d'envoyer la copie à V. M.

LE GÉNÉRAL LASALLE AU GRAND-DUC DE BERG.

Berkholz, 29 octobre 1806.

J'envoie un escadron de ma brigade recevoir les 5 régiments de cavalerie qui vont mettre bas les armes. Ces régiments portent les noms suivants :

---

1. LE PRINCE DE HOHENLOHE AU GRAND-DUC DE BERG.

Prenzlow, 30 octobre 1806.

Au moment de m'éloigner de Prenzlow, j'ose offrir à V. A. I. mes sincères remerciements des soins qu'elle a daigné prendre de ma sûreté, et de celle des officiers qui, comme moi, se trouvent en sa puissance. Ce profond sentiment ne me laisse aucune inquiétude sur ceux que l'éloignement n'a pu encore faire pourvoir de passeports, mais qui sont en marche pour venir s'en pourvoir. C'est cette persuasion qui me fait laisser ici le colonel Massenbach, chef de mon état-major, pour veiller et désigner ceux qui ont à réclamer protection pour eux et leurs effets. Mais ce colonel serait hors d'état de remplir cette religieuse fonction, si V. A. I. ne daignait commettre un officier de son état-major à l'exécution d'un soin sacré pour moi et si nécessaire pour ces malheureux officiers.... Veuillez, Monseigneur, acquiescer à ma prière, nommer le plus promptement possible cet officier, et lui ordonner de se rendre à Prenzlow, où le chef de mon état-major est chargé d'attendre cette dernière marque de considération particulière qui excitera ma plus vive reconnaissance.

Le comte de Henkel,
Le comte de Haltzendorff,
Le comte de Bœnting,
Le régiment des cuirassiers du Roi,
Le régiment de Hegseck.
Ils ont passé la nuit à une demi-lieue en avant de Pasewalk.

LE GÉNÉRAL LASALLE AU GRAND-DUC DE BERG.

Berkholz, 29 octobre 1806.

Il y a environ 5 régiments de cavalerie ennemie qui se trouvent dans le voisinage de Pasewalk, auxquels j'ai fait ordonner de se rendre. Ces régiments sont du corps de Hohenlohe ; ils hésitent d'entrer dans nos conditions. Un parlementaire est chez moi ; on m'en annonce un second qu'on dit être le colonel commandant ces régiments. On prétend que leur intention était de se rendre à Stettin ; mais d'ici on peut leur couper la route ; j'ai bien fait détruire le pont de Löcknitz, mais la rivière, à ce qu'on me rapporte, est guéable des deux côtés.

LE GÉNÉRAL LASALLE AU GRAND-DUC DE BERG.

Löcknitz, 29 octobre 1806, 10 heures et demie du matin.

Ma brigade est à Löcknitz et placée faisant face à la route de Pasewalk. Plusieurs parlementaires sont allés recevoir la colonne ennemie commandée par M. le colonel Poser. J'ai envoyé une reconnaissance sur Stettin.

LE GÉNÉRAL LASALLE AU GRAND-DUC DE BERG.

Löcknitz, 29 octobre 1806, 11 heures et demie.

La reconnaissance envoyée sur Stettin a rencontré l'ennemi à Bismark [1], lui a pris 15 hussards et un officier qui se dit capitaine de l'académie militaire ; il dit que l'ennemi veut tenir à Stettin. Le général de Würtemberg et le général Ramberg y commandent. Je place le 7e régiment sur cette route et le 5e sur celle de Pasewalk ; mais les 5 régiments doivent avoir mis bas les armes et je les attends. Il est instant d'occuper Löcknitz ; la reconnaissance ennemie devait s'y établir comme avant-poste.

---

1. De Löcknitz à Bismark, 7 kil.

LE GÉNÉRAL MILHAUD AU GRAND-DUC DE BERG.

Pasewalk, 29 octobre 1806.

J'ai l'honneur de prévenir V. A. I. que j'ai fait diriger sur Prenzlow au moins 3,000 prisonniers de guerre et que dans une heure j'enverrai à votre quartier général les officiers d'infanterie et de cavalerie prisonniers de guerre parmi lesquels 2 princes de Mecklemburg et de Lifs, une centaine d'officiers de cavalerie et d'infanterie de tout grade et un colonel-brigadier, commandant la colonne. Le régiment des carabiniers du Roi avait 400 chevaux et autant d'hommes, dont la plupart a défilé en pleurant [1]. — Nous avons pris les 500 chevaux; mais il est indispensable que V. A. donne des ordres pour que 2 régiments de cavalerie viennent prendre ces chevaux. Ma brigade a tout au plus 700 chevaux et nous sommes fort embarrassés pour avoir soin de tant de chevaux.

Le désespoir est le signe certain de la perte de la puissance prussienne; je l'ai vu peint sur la figure de tous les officiers prussiens qui accusent leurs généraux et les directeurs du Cabinet prussien.

Nous avons pris hier et dans la nuit plus de 60 fourgons.

LE GRAND-DUC DE BERG A L'EMPEREUR.

Löcknitz, 29 octobre 1806, 2 heures après midi.

Sire, le général Belliard envoie à M. le Major général la capitulation d'un corps d'environ 6,000 hommes qui a déposé les armes ce matin à Pasewalk devant les troupes du général Milhaud; je charge ce général de conduire ces troupes à Spandau et de remettre les 1,200 chevaux pris. Je fais relever ce général à Pasewalk par une brigade de la division Grouchy qui sera chargée d'observer Blücher, sur la route de Strasburg et de Ferdinandshof [2]. J'espère que ce général sera forcé de se rendre, toute communication avec Stettin et l'Oder lui étant coupée. Le général Lasalle est en ce moment bien près de Stettin [3]; la ville n'est point approvision-

1. Les mêmes signes se représentent dans tous les temps, preuve certaine qu'il y a partout de braves gens.

2. De Pasewalk à Strasburg, 16 kil.; — à Ferdinandshof, 19 kil.

3. De Löcknitz à Stettin, 24 kil.

née et il n'y a à ce qu'on m'assure que quelques fuyards pour garnison ; des partis se sont portés par ma gauche sur Pölitz par Blankensee et Falkenwald, et par ma droite sur Krakow et Boblin. Aucune troupe n'est encore passée. — Ainsi tout sera pris. Si Stettin ne veut pas se rendre, je le ferai observer, et je marcherai sur Blücher.

J'aurai l'honneur d'écrire ce soir à V. M. — Le général Milhaud remettra à M. le Major général 28 à 30 drapeaux ou guidons.

Le général Beaumont, aide-de-camp, fait capituler dans ce moment un autre corps sur ma droite.

La division Suchet sera établie ici, le général Grouchy à Bismark, et Lasalle à Neuenkirchen ; d'Hautpoul sera à Prenzlow.

LE GÉNÉRAL BELLIARD AU GÉNÉRAL GROUCHY.

Löcknitz, 29 octobre 1806.

Au lieu d'aller à Neuenkirchen, arrêtez-vous à Bismark et faites occuper les villages de Blankensee, Daber et Schmagerow ; ordonnez, je vous prie, qu'on se garde militairement, surtout sur la gauche.

LE GÉNÉRAL BELLIARD AU GÉNÉRAL LASALLE.

Löcknitz, 29 octobre 1806.

Le Prince ordonne qu'aussitôt votre établissement sous Stettin, vous tâchiez d'intercepter à droite et à gauche, et de jeter des partis sur le bord du fleuve à 4 lieues.

Brigade Lasalle, Möhringen.

2e division de dragons, 1re et 2e brigades, Bismark ; — 3e brigade sous les ordres du général Beker, Pasewalk.

2e division de grosse cavalerie, Prenzlow.

LE MARÉCHAL LANNES A L'EMPEREUR.

Prenzlow, 29 octobre 1806.

J'ai eu l'honneur d'écrire hier à V. M. que la colonne du prince de Hohenlohe s'était rendue ; elle est forte d'environ

20,000 hommes. Il y a eu 53 pièces de canon avec leurs caissons. J'ose dire que la prise de cette colonne est due en grande partie aux marches forcées de l'infanterie et à sa présence à Prenzlow. Le prince Hohenlohe avait envoyé son chef d'état-major pour s'assurer si nous étions là ; il a marqué le plus grand étonnement en me voyant, et il m'a dit que, puisque mon corps d'armée était sur les flancs, ils n'avaient autre chose à demander qu'une capitulation honteuse, mais qu'ils comptaient sur la générosité française.

Le général Treillard qui tient la queue de la colonne du général Blücher, lui a fait déjà 2,000 prisonniers et pris énormément de bagages, et je ne doute pas que le général Treillard ne ramasse le tiers de ce corps d'armée et ne prenne la majeure partie de leurs bagages.

Sur les renseignements que j'ai eus de la colonne du général Blücher, j'ai fait partir mon corps d'armée pour Löcknitz. Là je serai à portée de tomber sur ces misérables partout où ils se montreront. Je garantis à V. M. I. que rien de cette troupe n'entrera à Stettin.

Toute la division du général Beaumont escorte les prisonniers, avec le 21e d'infanterie légère du général Gazan. Je laisse ici des troupes suffisantes pour conduire l'artillerie ennemie sur Spandau. Si V. M. I. veut donner des ordres pour que le 21e n'aille pas plus loin que Spandau, il se rendra à Berlin. Il doit laisser les 4 bataillons de la garde du Roi à Spandau jusqu'à ce que V. M. en ait décidé autrement. Tout est prisonnier de guerre. On a seulement dit au prince de Hohenlohe qu'on demanderait à V. M. si elle voulait permettre que ces 4 bataillons restassent à Potsdam. Je pense que V. M. les regardera comme prisonniers de guerre, et principalement la garde du Roi. Parmi les prisonniers il y a 10 bataillons de grenadiers.

Je recommande à V. M. mes aides de camp. Je n'en ai que 3 ; il faut toute leur activité pour résister à toutes les courses que je leur fais faire.

Je prie V. M. de croire à mon profond respect et parfait dévouement.

LE MARÉCHAL LANNES A L'EMPEREUR.

Löcknitz, 29 octobre 1806.

J'ai eu l'honneur d'écrire aujourd'hui de Prenzlow à V. M. que je partais avec le 5e corps d'armée pour me rendre à Löcknitz. J'ai poussé la brigade du général Claparède à 2 lieues de Stettin. Le grand-duc de Berg y a envoyé son chef d'état-major pour sommer la place. D'après les renseignements que l'on a eus, il ne s'y trouve presque personne, et il y a tout à parier qu'elle se rendra. Dans ce cas j'y mettrais un fort régiment, et dans le cas contraire le grand-duc de Berg m'a dit qu'il laisserait de la cavalerie pour empêcher que rien n'y entrât.

Le général Milhaud a fait mettre bas les armes avec 600 hommes à une colonne de 5,000 à 6,000 hommes, dont 1,800 chevaux. Demain au point du jour le grand-duc de Berg doit se porter avec toute sa cavalerie sur Pasewalk où l'on présume que se trouve la colonne du général Blücher, ou du moins dans les environs. V. M. peut être tranquille. Nous sommes placés de manière à ce que pas un homme des troupes sorties de Magdeburg ne nous échappe.

La division Suchet qui se trouve à Berkholz et celle du général Gazan à Brüssow appuieront la cavalerie du grand-duc de Berg sur Pasewalk ou tout autre endroit suivant les mouvements de l'ennemi.

L'armée prussienne est dans une telle terreur qu'il suffit qu'un Français se présente pour faire mettre bas les armes.

Je n'ai pas encore de rapport aujourd'hui du général Treillard ; j'espère qu'il m'annoncera beaucoup de prisonniers et de bagages.

Il serait possible que le général Blücher apprenant la prise du prince Hohenlohe, se jetât dans le Mecklenburg, croyant ainsi nous échapper; mais il se tromperait beaucoup. C'est tout au plus s'il gagnerait 2 fois 24 heures : quand les Prussiens font 6 à 8 lieues par jour, ils croient avoir tout fait, et leurs généraux ne veulent pas croire que nous fassions 12 à 15 lieues par jour ; mais une chose qu'ils avouent franchement, c'est qu'ils ne croyaient pas les troupes françaises aussi braves ; ils disent aussi qu'ils seraient également braves s'ils avaient à leur tête l'empereur des Français ; ils disent encore que V. M. doit avoir une grande pitié des principaux chefs de leur armée et qu'il n'y en a pas un seul qui possède assez de talents pour s'apercevoir des manœuvres que V. M. faisait sur leurs derrières, et qu'enfin V. M. leur avait enlevé une armée de 140,000 hommes en détail.

Cavalerie légère du 5e corps, Prenzlow.

1er Corps. ORDRE DE MARCHE POUR LE 29 OCTOBRE.

Quartier général à Fürstenberg, 28 octobre 1806.

Le général Watier ouvrira la marche avec les 2e régiment de hussards et 5e de chasseurs ; il partira à 5 heures du matin.

Les divisions d'infanterie suivront son mouvement dans l'ordre suivant :

Le général Drouet partant à 5 heures du matin ;

Le général Rivaud à 5 heures et demie ;

Le général Dupont à 6 heures.

Le 4e de hussards formera l'arrière-garde et sera sous les ordres du général Dupont.

Le corps d'armée se dirigera sur Lychen à 4 lieues de Fürstenberg sur la route de Boitzenburg.

Les équipages des divisions marcheront à la suite de chaque division.

Les troupes sont prévenues qu'un régiment de dragons prussiens est égaré et se trouve sur nos derrières ; en conséquence les généraux ordonneront de marcher serré et de faire suivre les équipages immédiatement après l'artillerie.

Pendant la marche, MM. les capitaines se tiendront à la queue de leurs compagnies, afin de veiller à ce que le soldat marche bien, ne s'écarte pas de la colonne et soit toujours prêt à combattre [1].

Le Prince se plaint de ce que MM. les chefs de bataillon et adju-

1. Cette mesure, à laquelle certains chefs se refusent encore, est donc vieille d'un siècle ! Turenne, César, Annibal, Alexandre, eux aussi, l'avaient peut-être ordonnée !

dants-majors ne se portent pas assez sur les flancs de leurs régiments pour surveiller les marches.

Le grand parc se rendra demain d'Oranienburg à Zehdenick.

P. o. de S. A. le prince de Ponte-Corvo,
Le général de division chef de l'état-major général,
L. Berthier.

LE MARÉCHAL BERNADOTTE AU MAJOR GÉNÉRAL.

Boitzenburg, 29 octobre 1806, 4 heures après-midi.

Prince, j'ai l'honneur de vous rendre compte que j'arrive à l'instant à Boitzenburg[1] avec ma cavalerie légère et la division Drouet. Je pousse cette division jusqu'à Naugarten, et ma cavalerie encore plus avant. Les 2 autres divisions d'infanterie étant encore assez en arrière s'arrêteront ici.

Le corps du général Blücher, dont je suis toujours la trace, est parti d'ici ce matin à 5 heures. Il se dirigeait sur Prenzlow ; mais, ayant appris que les troupes françaises occupaient cette ville, le général Blücher s'est de suite jeté à gauche et a marché sur Fürstenwerder. Il est à présumer qu'il cherche à gagner Strasburg et Pasewalk, à moins que, renonçant à pouvoir passer l'Oder, il n'entre dans la Poméranie suédoise.

Demain je partirai avant le jour et je marcherai directement sur Wilsickow, de manière à couper la route de Strasburg à Pasewalk. Si le général Blücher a suivi cette route, j'y serai bien certainement arrivé 2 heures après lui ; mais dans le cas où il aurait pris une autre direction, je continuerai à le poursuivre, et j'espère, dans l'une ou l'autre hypothèse, ne point tarder à l'atteindre.

2e de hussards et 5e de chasseurs, Naugarten ; — division Drouet, Berkholz ; — quartier général, division Rivaud, Boitzenburg ; — division Dupont, 4e de hussards, Hardenbeck ; — parc, en marche

---

1. De Fürstenberg à Boitzenburg, 32 kil. ; — de Boitzenburg à Borkholz, 4 kil. ; — de Borkholz à Naugarten, 4 kil. ; — de Fürstenberg à Hardenbeck, 28 kil.

sur Templin. — Les divisions sont en colonne sur la route à 3 ou 4 kil. de distance l'une de l'autre.

LE MARÉCHAL BERNADOTTE AU GÉNÉRAL DUPONT.

Boitzenburg, 29 octobre 1806, 6 heures du soir.

J'apprends à l'instant, M. le Général, que la colonne ennemie commandée par le général Blücher, au lieu de suivre la route de Fürstenwerder, s'est jetée à gauche sur Schlicht.

Je vous prie d'envoyer de suite une reconnaissance sur Fürstenhagen et Fürstenau[1]. L'officier devra questionner les paysans et prendre tous les renseignements possibles sur la position actuelle de l'ennemi.

Vous continuerez à garder sous vos ordres le 4e régiment de hussards.

1er Corps d'armée.

ORDRE DE MARCHE POUR LE 30 OCTOBRE.

Boitzenburg, 29 octobre 1806.

Le général Watier partira demain 30 à 3 heures précises du matin avec ses 2 régiments de cavalerie légère du bivouac de Naugarten pour se rendre à Weggun[2], sur la route de Fürstenwerder à Boitzenburg, en passant par Betzenick.

Le général Drouet partira avec sa division à 3 heures et un quart de Berkholz pour se rendre à Weggun, en passant de même à Betzenick.

Les généraux Watier et Drouet s'attendront mutuellement à Betzenick et marcheront ensuite de concert pour arriver ensemble à Weggun à 5 heures trois quarts au plus tard.

Les 2 généraux y prendront position et attendront le reste du corps d'armée qui doit y être rendu à 6 heures.

Le général Dupont partira à 3 heures de Hardenbeck et se dirigera sur Weggun en passant par Boitzenburg.

Le général Rivaud partira de Boitzenburg avant 4 heures du matin pour la même destination.

1. De Hardenbeck à Fürstenhagen, 12 kil. — Nécessité dans une poursuite où l'on est pêle-mêle avec l'ennemi, d'avoir une grosse fraction de cavalerie à l'arrière-garde.

2. De Naugarten à Weggun, 7 kil. — de Berkholz à Weggun, 8 kil. ; — de Boitzenburg à Weggun, 8 kil. ; — de Hardenbeck à Boitzenburg, 4 kil.

Le corps d'armée recevra de nouveaux ordres à Weggun [1].

Le grand parc sera établi demain à Templin.

MM. les généraux sont prévenus que l'ennemi marche sur notre gauche ; ils se feront éclairer de ce côté ; ils feront marcher les troupes dans le meilleur ordre, et les équipages immédiatement à la suite des divisions.

MM. les adjudants commandants des divisions se porteront souvent sur le flanc de la colonne [2], et les adjudants-majors sur le flanc de leurs régiments afin de maintenir l'ordre et pour que rien n'entrave la marche.

Les équipages du quartier général marcheront à la queue de la division du général Rivaud.

Le Prince renouvelle l'ordre déjà donné au commandant de la gendarmerie de faire arrêter toutes les voitures des personnes qui ne sont pas autorisées d'en avoir, et de les faire placer à la queue des équipages de la dernière colonne.

P. o. de S. A.,

Le général de division chef de l'état-major général,

L. BERTHIER.

LE GÉNÉRAL L. BERTHIER AU GÉNÉRAL DUPONT.

Boitzenburg, 29 octobre 1806.

Veuillez, mon cher Général, conformément aux ordres de S. A., envoyer demain matin avant votre départ une reconnaissance de 12 hussards commandée par un officier pour se diriger sur Schlicht et s'approcher le plus près possible de cette ville afin d'avoir des renseignements sur les mouvements de l'ennemi et de venir vous en rendre compte à Weggun [3].

1. Le corps d'armée change de direction ; le commandant de corps d'armée fixe un rendez-vous et indique à chaque division l'itinéraire et l'heure du départ pour se rendre au rassemblement. — On ne peut pas préciser l'heure du départ à moins d'un quart d'heure près ; il est impossible d'entrer dans des détails de 5 en 5 minutes.

2. Le chef d'état-major est l'officier chargé des détails de toute espèce ; il représente le général et l'aide. Le nom d'adjudant-général et celui d'adjudant-commandant avaient leur raison d'être.

3. De Hardenbeck à Schlicht, 18 kil. par Thomsdorf et Feldberg ; — retour par Fürstenhagen à Weggun, 12 kil.

ORDRE.

Rathenow, 29 octobre 1806.

La 2e division se mettra en marche et se dirigera sur Rhinow [1], où elle prendra poste ce soir.

La division Legrand s'établira à Hohennauen. La division Saint-Hilaire remplacera la 2e division dans son camp en avant de Rathenow [2].

La division de cavalerie légère se rendra à Dreetz, d'où elle enverra des partis sur Neustadt, Wusterhausen et Fehrbellin, pour avoir des nouvelles de l'ennemi.

Le général Guyot fera en sorte d'avoir des renseignements sur la colonne du duc de Weimar, et s'informera s'il est déjà passé des troupes françaises à Fehrbellin.

Le quartier général sera aujourd'hui à Rathenow [3].

Demain toutes les troupes se rendront à Wusterhausen où elles recevront de nouveaux ordres.

Mal Soult.

---

1. De Rathenow à Hohennauen, 7 kil.; — de Hohennauen à Rhinow, 10 kil; — de Rhinow à Dreetz, 10 kil.; — de Dreetz à Neustadt, 7 kil., à Wusterhausen, 10 kil., à Fehrbellin, 20 kil.

2. La division Saint-Hilaire et l'artillerie des divisions ne passèrent l'Elbe que le 29.

3. ORDRE.

Rathenow, 29 octobre 1806.

L'officier commandant la compagnie de fusiliers que M. le général Saint-Hilaire désignera pour faire le service de la place de Rathenow depuis le départ de la division jusqu'à l'entier passage du corps d'armée, exécutera ponctuellement les dispositions suivantes :

Il établira des gardes et fera faire des patrouilles pour prévenir toute espèce de désordre ; il recommandera à ces gardes et patrouilles de prévenir tous les corps qui sont restés en arrière et qui passeront à Rathenow de se diriger sur Wusterhausen pour le rejoindre. Il restera à Rathenow jusqu'au passage du bataillon que M. le général Saint-Hilaire a laissé en arrière pour couvrir la marche du grand parc et il se réunira à ce bataillon pour rejoindre sa division.

Gal Compans.

ORDRE AU COMMANDANT DE LA PLACE DE RATHENOW.

29 octobre 1806.

Vous voudrez bien donner pour consigne à la garde de la porte par laquelle les troupes du corps d'armée entrent aujourd'hui dans Rathenow de prévenir M. le général Margaron et les capitaines d'artillerie Hubert et Pons qui doivent y arriver dans la nuit, le premier à la tête d'un régiment de cavalerie et les

LE MARÉCHAL SOULT AU MAJOR GÉNÉRAL.

Rathenow, 29 octobre 1806.

Depuis hier le corps d'armée occupe Rathenow où nous avons trouvé en arrivant plusieurs officiers prussiens blessés que je fais conduire à Spandau comme prisonniers de guerre : parmi ces prisonniers se trouve un prince d'Anhalt-Pleiss [1]; nous avons aussi trouvé ici beaucoup d'invalides que j'ai fait désarmer, des magasins considérables en blé, farines, etc.

Aujourd'hui j'ai porté la cavalerie légère jusqu'à Dreetz, une division d'infanterie à Rhinow et le restant de l'infanterie en avant de Hohen-Nauen.

Demain je réunirai tout le corps d'armée à Wusterhausen, et je porterai la cavalerie très en avant pour avoir des nouvelles de l'ennemi. J'espère que par son premier rapport elle m'annoncera qu'elle a rejoint la colonne du duc de Weimar et peut-être même quelque chose de celle du prince de Hohenlohe.

D'après ce que V. A. m'a fait l'honneur de me mander dans sa lettre du 27 que je reçois à l'instant, je serais porté à croire que le prince de Hohenlohe en se voyant débordé à

---

deux autres à la tête de leurs compagnies, de se présenter à mon bureau aussitôt leur arrivée pour y recevoir des ordres que j'ai à leur donner de la part de M. le Maréchal commandant en chef. — Comme il est possible que ces officiers devancent leur troupe et marchent isolément, vous recommanderez au commandant du poste de questionner les militaires qui entreront dans la nuit, afin d'éviter que ceux-là ne passent sans être reconnus : vous ne sauriez recommander à cet égard trop de surveillance.

Gal COMPANS.

1. LE GÉNÉRAL COMPANS AU COMMANDANT DE LA GENDARMERIE.

Rathenow, 29 octobre 1806.

Vous voudrez bien, M. le Commandant, charger un gendarme de votre détachement de réunir et conduire à Spandau les 4 officiers prussiens prisonniers de guerre dénommés dans les pièces que vous trouverez ci-jointes qui doivent leur être remises. Ces officiers sont ici dans des maisons particulières : le magistrat donnera tous les renseignements nécessaires pour les faire découvrir; ils seront prévenus qu'à leur arrivée à Spandau ils pourront, par l'intermédiaire de M. le commandant de place, adresser à S. A. le prince ministre de la guerre la demande qu'ils font de rentrer chez eux sur parole.

Zehdenick aura cherché à se rallier à la colonne du duc de Weimar et que pour cet effet il aura été au-devant d'elle vers Ruppin ; dans cette supposition, M. le maréchal Bernadotte doit l'avoir rencontré, et dans cette supposition encore mon mouvement sur Wusterhausen serait fort propre, car il pourrait encore arriver que l'ennemi, pour éviter une défaite totale, voulût se reporter sur notre gauche dans l'espoir (chimérique à la vérité) de nous nuire ; les renseignements que je recevrai demain m'éclaireront à ce sujet et, si j'apprenais qu'il y a réellement un mouvement vers la gauche, la division de dragons que j'ai laissée à Tangermünde jusqu'à ce que tout le corps d'armée ait filé, aurait encore le temps de les prévenir pour les recevoir à leur passage sur la rive gauche de l'Elbe.

Hier, en arrivant à Rathenow, 5 escadrons de cavalerie saxonne se sont présentés à l'avant-garde en demandant à rentrer en Saxe et déclarant qu'ayant appris indirectement qu'il existait un armistice en faveur des troupes saxonnes, ils désiraient en jouir.

N'ayant aucun avis ni ordre au sujet de cet armistice, je leur ai déclaré que je les recevais d'abord comme prisonniers de guerre, mais qu'en considération de leur démarche, je les autorisais à se rendre à Dessau jusqu'à ce que V. A. ait pu leur faire connaître les intentions de S. M. à leur égard.

D'après cette déclaration les officiers, au nombre de 51, ont tous signé pour eux et pour leur troupe, qui se compose de 515 sous-officiers et soldats, qu'ils se considéreraient comme prisonniers de guerre et ne prendraient point les armes contre S. M. l'Empereur et Roi, ni contre ses alliés, jusqu'à parfait échange, dans le cas que l'armistice auquel ils croient, n'existerait pas, et, dans cette supposition encore, ils se sont engagés à remettre à l'armée française les 486 chevaux de troupe qu'ils amènent.

V. A. trouvera ci-joint l'état de situation et nominal des détachements qui composent les 5 escadrons ainsi que l'engagement des officiers qui les commandent.

Cette cavalerie était employée sous les ordres du prince

Hohenlohe qu'ils ont quitté sur la route près de Gransee, voulant se diriger sur Stettin. Avant de partir, ils annoncèrent au Prince l'intention qu'ils avaient de quitter son armée et, sans attendre sa réponse, ils se mirent en mouvement; les officiers ont dit en outre que dans la même armée il y avait encore 3 bataillons de grenadiers saxons qui n'attendaient qu'une occasion favorable pour les suivre.

Le sous-inspecteur aux revues Malraison, qui a été chargé d'aller mettre à exécution dans le duché de Brunswick les intentions de S. M., m'instruit qu'il est arrivé dans cette ville et que déjà il a fait désarmer 3,000 hommes de troupes du duc; il partait pour Wolfenbuttel pour continuer la même opération.

Le duc était parti de Brunswick 2 jours auparavant que le commissaire Malraison y arrivât.

Ce sous-inspecteur m'a demandé de quelle manière il devait traiter les officiers du duc qu'il a constitués prisonniers de guerre; je lui ai répété que, d'après les instructions que V. A. m'a fait l'honneur de m'adresser, ils devaient être envoyés en France.

Il me mande que depuis le passage de la colonne du duc de Weimar, il n'y a pas paru d'autres troupes prussiennes, et que, d'après les renseignements qu'il a pu recueillir, il n'en était pas même resté en Hanovre; on dit dans le pays que le duc de Brunswick doit se retirer en Angleterre.

22e BULLETIN DE LA GRANDE ARMÉE.

Berlin, 29 octobre 1806.

Les événements se succèdent avec rapidité. Le grand-duc de Berg est arrivé le 27 à Hasleben avec une division de dragons. Il avait envoyé à Boitzenburg le général Milhaud avec le 13e régiment de chasseurs, et la brigade de cavalerie légère du général Lasalle sur Prenzlow. Instruit que l'ennemi était en force à Boitzenburg, il s'est porté à Wichmansdorf. A peine arrivé là, il s'aperçut qu'une brigade de cavalerie ennemie s'était portée sur la gauche dans l'intention de couper le général Milhaud. Les voir, les charger, jeter le corps des gendarmes du Roi dans le lac fut l'affaire d'un moment. Ce régiment, se voyant perdu, demanda à capituler. Le prince, toujours généreux, le lui accorda ; 500 hommes mirent pied à terre et remirent leurs chevaux. Les officiers se retirent chez eux sur parole. Quatre étendards de la garde, tous d'or, furent le trophée du petit combat de Wichmansdorf, qui n'était que le prélude de la belle affaire de Prenzlow.

Ces célèbres gendarmes, qui ont trouvé tant de commisération après la défaite, sont les mêmes qui, pendant 3 mois, ont révolté la ville de Berlin par toutes sortes de provocations. Ils allaient sous les fenêtres de M. Laforest, ministre de France, aiguiser leurs sabres ; les gens de bon sens haussaient les épaules, mais la jeunesse sans expérience et les femmes passionnées, à l'exemple de la Reine, voyaient dans cette ridicule fanfaronnade un pronostic sûr des grandes destinées qui attendaient l'armée prussienne.

Le prince de Hohenlohe, avec les débris de la bataille d'Iéna, cherchait à gagner Stettin. Il avait été obligé de changer de route parce que le grand-duc de Berg était à Templin avant lui. Il voulut déboucher de Boitzenburg sur Hasleben. Il fut trompé dans son mouvement. Le grand-duc de Berg jugea que l'ennemi cherchait à gagner Prenzlow : cette conjecture était fondée. Le prince marcha toute la nuit avec les divisions de dragons des généraux Beaumont et Grouchy, éclairées par la cavalerie légère du général Lasalle. Les premiers postes de nos hussards arrivèrent à Prenzlow avec l'ennemi ; mais ils furent obligés de se retirer, le 28 au matin, devant les forces supérieures que déploya le prince de Hohenlohe. A 9 heures du matin le grand-duc de Berg arriva à Prenzlow, et à 10 heures il vit l'armée ennemie en pleine marche. Sans perdre de temps en vains mouvements, le prince ordonna au général Lasalle de charger dans les faubourgs de Prenzlow et le fit soutenir par les généraux Grouchy et Beaumont et leurs 6 pièces d'artillerie légère. Il fit traverser, à Gollnitz, la petite rivière qui passe à Prenzlow, par 3 régiments de dragons, attaquer le flanc de l'ennemi, et chargea son autre brigade de dragons de tourner la ville. Nos braves canonniers à cheval placèrent si bien leurs pièces et tirèrent avec tant d'assurance qu'ils mirent de l'incertitude dans les mouvements de l'ennemi. Dans le moment, le général Grouchy reçut ordre de charger ; ses braves dragons s'en acquittèrent avec intrépidité. Cavalerie, infanterie, artillerie, tout fut culbuté dans les faubourgs de Prenzlow. On pouvait entrer pêle-mêle avec l'ennemi dans la ville ; mais le prince préféra les faire sommer par le général Belliard. Les portes de la ville étaient déjà brisées : sans espérance, le prince de Hohenlohe, un des principaux boutefeux de cette guerre impie, capitula et défila devant l'armée française avec 16,000 hommes d'infanterie, presque tous gardes ou grenadiers, 6 régiments de cavalerie, 45 drapeaux et 64 pièces d'artillerie attelées. Tout ce qui avait échappé des gardes du roi de Prusse à la bataille d'Iéna est tombé en notre pouvoir. Nous avons tous les drapeaux des gardes à pied et à cheval du Roi. Le prince de Hohenlohe, commandant en chef après la blessure du duc de Brunswick, un prince de Mecklenburg-Schwerin et plusieurs généraux sont nos prisonniers.

« Mais il n'y a rien de fait tant qu'il reste à faire, écrivit « l'Empereur au grand-duc de Berg. Vous avez débordé une « colonne de 8,000 hommes commandée par le général Blü- « cher ; que j'apprenne bientôt qu'elle a éprouvé le même « sort. »

Une autre de 10,000 hommes a passé l'Elbe ; elle est commandée par le duc de Weimar ; tout porte à croire que lui et toute sa colonne vont être enveloppés.

Le prince Auguste-Ferdinand, frère du prince Louis tué à Saalfeld, et fils du prince Ferdinand, frère du grand Frédéric, a été pris par nos dragons les armes à la main.

Ainsi cette grande et belle armée prussienne a disparu comme un brouillard d'automne au lever du soleil. Généraux en chef, généraux commandant les corps d'armée, princes, infanterie, cavalerie, artillerie, il n'en reste plus rien. Nos postes étant entrés à Francfort-sur-l'Oder, le roi de Prusse s'est porté plus loin. Il ne lui reste pas 15,000 hommes ; et, pour un tel résultat, il n'y a presque aucune perte de notre côté.

Le général Clarke, gouverneur du pays d'Erfurt, a fait capituler un bataillon saxon qui errait sans direction.

L'Empereur a passé le 28 la revue du corps du maréchal Davout sous les murs de Berlin. Il a nommé à toutes les places vacantes ; il a récompensé les braves. Il a ensuite réuni les officiers et sous-officiers en cercle et leur a dit : « Officiers et sous-officiers du 3e corps d'armée, vous vous êtes « couverts de gloire à la bataille d'Iéna ; j'en conserverai un « éternel souvenir. Les braves qui sont morts, sont morts « avec gloire. Nous devons désirer de mourir dans des cir- « constances si glorieuses. » En passant la revue des 12e, 61e et 85e régiments de ligne, qui ont le plus perdu à cette bataille, parce qu'ils ont dû soutenir les plus grands efforts, l'Empereur a été attendri de savoir morts ou grièvement blessés beaucoup de ses vieux soldats, dont il connaissait le dévouement et la bravoure depuis 14 ans. Le 12e régiment surtout a montré une intrépidité digne des plus grands éloges.

Aujourd'hui à midi l'Empereur a passé la revue du 7e corps, que commande le maréchal Augereau. Ce corps a très-peu souffert. La moitié des soldats n'a pas eu occasion de tirer un coup de fusil ; mais tous avaient la même volonté et la même intrépidité. La vue de ce corps était magnifique. « Votre corps seul, a dit l'Empereur, est plus fort que tout « ce qui reste au roi de Prusse, et vous ne composez pas le « dixième de mon armée. »

Tous les dragons à pied que l'Empereur avait fait venir à la Grande Armée sont montés, et il y a au grand dépôt de Spandau 4,000 chevaux sellés et bridés dont on ne sait que faire, parce qu'il n'y a pas de cavaliers qui en aient besoin. On attend avec impatience l'arrivée des dépôts.

Le prince Auguste a été présenté à l'Empereur au palais

de Berlin, après la revue du 7e corps d'armée. Ce prince a été renvoyé chez son père, le prince Ferdinand, pour se reposer et se faire panser de ses blessures.

Hier, avant d'aller à la revue du corps du maréchal Davout, l'Empereur avait rendu visite à la veuve du prince Henri, et au prince et à la princesse Ferdinand, qui se sont toujours fait remarquer par la manière distinguée avec laquelle ils n'ont cessé d'accueillir les Français.

Dans le palais qu'habite l'Empereur à Berlin se trouve la sœur du roi de Prusse, princesse électorale de Hesse-Cassel; cette princesse est en couches ; l'Empereur a ordonné à son grand-maréchal du palais de veiller à ce qu'elle ne fût pas incommodée du bruit et des mouvements du quartier général.

Le dernier bulletin rapporte la manière dont l'Empereur a reçu le prince de Hatzfeld à son audience. Quelques instants après ce prince fut arrêté. Il aurait été traduit devant une commission militaire et inévitablement condamné à mort; des lettres de ce prince au prince de Hohenlohe, interceptées aux avant-postes, avaient appris que, quoiqu'il se dît chargé du gouvernement civil de la ville, il instruisait l'ennemi du mouvement des Français. Sa femme, fille du ministre Schulenburg, est venue se jeter aux pieds de l'Empereur; elle croyait que son mari était arrêté à cause de la haine que le ministre Schulenburg portait à la France. L'Empereur la dissuada bientôt et lui fit connaître qu'on avait intercepté des papiers desquels il résultait que son mari faisait un double rôle, et que les lois de la guerre étaient impitoyables sur un pareil délit. La princesse attribuait à l'imposture de ses ennemis cette accusation qu'elle appelait une calomnie. « Vous connaissez l'écriture de votre mari, dit « l'Empereur, je vais vous faire juge. » Il fit apporter la lettre interceptée et la lui remit. Cette femme, grosse de plus de 8 mois, s'évanouissait à chaque mot qui lui découvrait jusqu'à quel point était compromis son mari, dont elle reconnaissait l'écriture. L'Empereur fut touché de sa douleur, de sa confusion, des angoisses qui la déchiraient : « Eh bien,

« lui dit-il, vous tenez cette lettre ; jetez-la au feu ; cette « pièce anéantie, je ne pourrai plus faire condamner votre « mari. » Cette scène touchante se passait près de la cheminée. Mme de Hatzfeld ne se le fit pas dire deux fois [1]. Immédiatement après, le prince de Neufchâtel reçut ordre de lui rendre son mari. La commission militaire était déjà réunie. La lettre seule de M. de Hatzfeld le condamnait ; trois heures plus tard il était fusillé.

LE MAJOR GÉNÉRAL AU GÉNÉRAL HULIN.

Berlin, 29 octobre 1806.

Je vous préviens que d'après les intentions de l'Empereur je charge le capitaine adjoint Beaulieu et M. Denniée fils, commissaire des guerres, de se rendre de suite dans les casernes qui existent dans la ville de Berlin, à l'effet d'en faire la visite, de faire sortir de ces casernes toutes les femmes qui s'y trouvent et de veiller à ce qu'il y ait des fournitures en suffisance pour y établir demain 20,000 hommes, les bivouacs étant maintenant nuisibles à la santé des soldats : 10,000 hommes seront de plus logés dans les maisons abandonnées ou bâtiments publics. Il y aura en tout 30,000 hommes d'infanterie, 4,000 de cavalerie, indépendamment de la Garde qui continuera à loger chez les habitants.

---

1. L'EMPEREUR A LA PRINCESSE FERDINAND DE PRUSSE.

Berlin, 28 octobre 1806.

J'ai reçu la lettre de Votre Altesse Royale. J'ai été touché de la position de Mme de Hatzfeld. Je l'ai convaincue que son mari avait bien des torts, et que les lois de la guerre le condamnaient à des peines capitales. Toutefois je lui ai même évité les désagréments d'un jugement et lui ai remis sa peine et la pièce de conviction. Il est vrai que la douceur et la peine profonde de Mme de Hatzfeld m'ont forcé à ce que j'ai fait ; mais je serais fâché que Votre Altesse Royale n'y vît pas aussi l'intention où j'ai été de lui être agréable.

L'EMPEREUR A Mme DE HATZFELD.

Berlin, 31 octobre 1806.

J'ai lu avec plaisir votre lettre. Je me souviens aussi avec plaisir du moment où j'ai pu finir toutes vos peines. Dans toutes les circonstances qui pourront se présenter où je pourrai vous être utile, vous pouvez accourir à moi, et vous me trouverez aise de vous être agréable.

Vous voudrez bien désigner un adjudant de place prussien pour faire la visite des casernes conjointement avec MM. Beaulieu et Denniée.

GRANDE-ARMÉE. PLACE DE BERLIN.

Rapport du 28 au 29 octobre.

Il est entré hier soir dans la place le 28ᵉ régiment d'infanterie légère, 1 compagnie de pontonniers pour faire le service de l'arsenal, 1 bataillon du 34ᵉ, 1 détachement du 105ᵉ et 1 du 57ᵉ.

Les membres composant la Société de commerce désireraient avoir l'honneur d'être présentés à S. M.

Il existe beaucoup de marchandises provenant de différentes villes de commerce et destinées pour Berlin dont une grande partie se trouve sur l'Oder.

De Hamburg. — Vin, riz, eau-de-vie, beurre, fromage, harengs, café, sucre, tabac, huile, sirops, raisins et drogueries.

De Stettin. — Vin, harengs, brandevin, grains, huile, café, chanvre et suif.

De Magdeburg, sorti avant le blocus. — Grains, huile, poudre et amidon.

Les négociants désirent pour que ces approvisionnements arrivent à Berlin, que leur transport tant par terre que par eau soit assuré et que tous les bateliers soient munis de passeports français afin de ne pas être inquiétés ; ils désirent aussi que le service des postes pour les villes qui se trouvent conquises par l'armée française puisse se faire exactement.

La plus parfaite tranquillité règne dans cette ville, mais il parvient toujours quelques plaintes de la part des habitants des maisons de campagne et des villages environnants.

Dans les cafés et particulièrement au spectacle, on s'est entretenu de l'arrestation du prince de Hatzfeld, mais on n'y prend pas un vif intérêt. On y fait aussi courir le bruit que le roi de Prusse doit venir à Berlin.

On soupçonne que la superbe collection des pièces gravées et des médailles qui consistent en 20,000 pièces a été enlevée et cachée par un nommé Henry. J'ai une pièce qui prouve ce fait, je vais la remettre à M. Daru pour faire faire les recherches de ce trésor.

Le général colonel des grenadiers à pied, commandant la place,

HULIN.

LE GÉNÉRAL LEMAROIS AU MAJOR GÉNÉRAL.

Wittenberg, 29 octobre 1806.

J'ai l'honneur d'adresser à V. A. S. l'état de situation de ma garnison ; demain les dragons partiront pour Spandau d'après les ordres de V. A. J'ai fait partir aujourd'hui les compagnies de hussards du 1er régiment ; j'ai seulement gardé 10 hommes d'après l'autorisation que m'en avait donnée V. A.

V. A. ignore que je n'ai qu'un seul officier avec 7 dépôts, et qu'il est d'une nécessité absolue que j'en reçoive.

Le génie a autant d'ouvriers qu'il lui en faut ; la construction des fours va toujours lentement.

J'ai fait prendre pour 4 jours de pain aux troupes de passage et j'ai écrit au colonel commandant par intérim à Leipzig pour qu'il me fasse expédier ce que la ville devait me fournir de vivres.

RAPPORT DE M. DARU SUR LES RÉQUISITIONS DE CAPOTES.

Berlin, 29 octobre 1806.

S. M. a donné ordre [1] de frapper sur la ville de Leipzig une réquisition du drap nécessaire pour fournir 150,000 capotes ce qui exigeait 330,000 aunes de drap [2]. On a fait le recensement de tout ce qui existait dans la ville et même dans les magasins d'expédition. Il s'y est trouvé :

en drap fin	23,000	aunes.
en drap demi-fin.	10,000	—
en drap commun dont 2/3 blanc . . .	55,000	—
	88,000	aunes.

Comme les 33,000 aunes de drap fin ou de drap demi-fin indiqué

1. Voir la dépêche du Major général à l'intendant général du 21 octobre, page 197. Ordre du jour du 21 octobre, de Wittenberg.

2. L'aune de France vaut 1m,188. — On comptait 2 aunes de France par capote.

ci-dessus doivent être employées en tout ou en partie à la confection des 10,000 habits et pantalons d'officiers qui ont été demandés en même temps [1], il en résulte qu'il n'y aura que 55,000 aunes susceptibles d'être confectionnées en capotes. Le rapport qu'a reçu l'Intendant général ne dit pas positivement que ces draps aient été mesurés à l'aune de France, cependant il paraît l'indiquer.

Il résulte de ces vérifications que la ville de Leipzig peut livrer 22,500 capotes.

Il en a été demandé 100,000 à la ville de Berlin ainsi que 100,000 pantalons [2]. Le recensement fait chez les 28 marchands de draps qui existent dans cette ville n'a fait apercevoir que la possibilité d'en tirer 30,000 aunes du pays, qui feraient 17,142 aunes de France ou. . . . . 8,571 capotes.

Le prise des magasins de l'ennemi a donné du drap pour en faire environ. 5,400

Ainsi les ressources actuelles s'élèvent à . . . 36,471

Et en y ajoutant ce qui existe en magasin à Würzburg. 907

On pourrait disposer de. . . . . . 37,378 capotes.

Les villes de Leipzig et de Berlin ont offert chacune de livrer dans un certain délai 50,000 aunes du pays, et ces 100,000 aunes produiraient 57,142 aunes de France avec lesquelles on confectionnerait 28,571 capotes.

Toutes ces quantités réunies donneraient donc la possibilité de disposer de 65,949 capotes, mais on ne peut guère compter sur l'exécution prompte et totale des promesses du commerce de Leipzig et de Berlin.

Le ministre annonce 18,000 capotes et il ajoute qu'il a autorisé les corps à s'en pourvoir. En prenant cette double mesure, il n'a pas cru qu'il fût nécessaire de provoquer près de S. M. une augmentation d'approvisionnement.

Si on jugeait en effet que les 50,000 ou 60,000 capotes que peuvent produire les 2 réquisitions et les 18,000 qui sont annoncées par le ministre pussent suffire aux besoins actuels de l'armée, il serait possible de tirer un autre parti des 2 réquisitions qui ont été faites, en profitant des dispositions où paraissent être les magasins de Leipzig et de Berlin de se racheter de cette fourniture en donnant le prix des draps qu'ils n'auraient pas fournis.

---

1. Gratification accordée aux officiers par l'ordre du jour du 21 octobre, de Wittenberg.

2. Dépêche de l'Empereur du 28 octobre, page 470.

Les demandes ont été pour Leipzig de.	300,000 aunes.	575,000 aunes.
Les demandes ont été pour Berlin de	275,000	
Leipzig peut en livrer dès à présent.	55,000	
Et dans un délai qui n'est pas déterminé.	28,571	129,284
Berlin peut en livrer dès à présent.	17,142	
Et dans un délai de 15 jours. . .	28,571	
Ainsi les quantités non fournies s'élèveraient à. .		445,716 aunes.

Si on traitait avec eux pour le rachat de cette fourniture à 8 fr. par aune, il résulterait un versement à la caisse de l'armée de 3,565,728 fr.

On propose d'entreprendre cette négociation attendu l'impossibilité d'obtenir les 250,000 capotes demandées en nature.

L'armée était partie sans capotes ou avec des capotes usées [1] (ce qui est une nouvelle preuve que l'Empereur ne s'attendait pas à la guerre). Cette situation était certainement très-défectueuse, mais quel remède y apporter, sinon de réquisitionner des draps et de faire confectionner sur place aux frais du vaincu? Faire venir des capotes de France en 1806 avec les transports par voiture, c'est vouloir que l'armée reste nue tout l'hiver. D'ailleurs il n'y a pas de capotes dans les dépôts en France; il faudrait donc fournir du drap aux dépôts et faire confectionner ! — Même avec de l'argent les corps ne peuvent rien se procurer pendant la guerre. C'est au Commandant en chef à pourvoir à tous les besoins des troupes, à lui de frapper les réquisitions, à lui d'en faire la répartition sur toutes les villes, en raison de leurs ressources et de leur population.

1. En 1792 il fut délivré pour la première fois des capotes à l'armée de Belgique. Jusqu'en l'an XII beaucoup de corps n'avaient pas de capotes. L'usage, à cette époque, n'en était pas général, puisque, le 26 thermidor an XII, l'Empereur disait que l'armée en réclamait l'adoption. On en donna pendant la campagne de l'an XIV; mais les troupes ne semblaient pas les conserver constamment avec elles, car le 32e, de la division Dupont, qui devait aller tenir garnison à Paris à la fin de l'année 1806, avait envoyé les siennes directement sur ce point au mois de juillet; il partit donc pour la campagne de Prusse sans capotes..... Ce régiment n'avait du reste ni marmites, ni gamelles, ni bidons, ni fonds pour s'en procurer. Le 9e léger de la même division était dans le même état. (Rapport du '4 octobre 1806. Voir *Iéna*, page 312.) Aussi le maréchal Bernadotte, sans même attendre les ordres de l'Empereur, avait-il frappé le '18 octobre une réquisition de 2,000 capotes pour vêtir la division Dupont. (V. page 124.)

RAPPORT DE M. DARU SUR LES CAPOTES.

(*Joint à la pièce précédente.*)

Les ressources actuelles consistent en capotes confectionnées à Erfurt	907
28,697 aunes de drap en magasin à Berlin pouvant produire.	14,348
On a donné l'ordre de faire verser à Leipzig 55,000 aunes existant dans le commerce, elles produiront	22,500
Les villes de Leipzig et de Berlin ont reçu ordre de livrer chacune 50,000 aunes du pays ou 28,571 aunes de France ; ainsi ces deux livraisons produiront.	28,571
Total.	66,326

Dont actuellement en magasin.	15,255
Existant à Leipzig et qu'on a donné ordre d'emmagasiner	22,500
A livrer par le commerce de Leipzig et de Berlin.	28,571
	60,326

Les demandes qui sont parvenues jusqu'aujourd'hui à l'Intendant général sont celles de M. le maréchal Davout pour le 3e corps [1].	6,000
De S. A. le prince de Bade pour sa brigade	3,000
De l'ordonnateur de la Garde pour le 28e d'infanterie légère.	1,200
	10,200

---

1. LE MARÉCHAL DAVOUT A L'INTENDANT GÉNÉRAL.

Friedrichsfeld, 27 octobre 1806.

J'ai l'honneur de vous adresser, M. l'Intendant général, l'état des besoins les plus urgents du 3e corps d'armée, en vous priant de donner les ordres pour que cette fourniture soit faite dans le plus bref délai ; dans le cas de départ je vous aurai obligation de désigner un local où ces divers objets puissent être déposés sous une garde que fournira le général Hulin jusqu'à ce que les corps puissent les envoyer chercher d'après la répartition que j'en ordonnerai, sur l'avis que vous me donnerez de la livraison des effets demandés......

Capotes	6,000
Paires de souliers.	12,000
Chemises.	6,000
Marmites.	600
Gamelles.	800
Grands bidons	800
Haches.	800
Guêtres noires	5,000

On peut satisfaire dès à présent à ces trois demandes qui d'ailleurs peuvent être susceptibles de réduction[1].

Il restera encore 5,000 capotes disponibles.

On propose d'attendre que les draps à livrer à Leipzig et ceux qu'a promis le commerce de Berlin soient entrés en magasin pour en annoncer la distribution et d'ordonner qu'il soit fait une revue pour constater les besoins réels des corps.

La confection des capotes exige une fourniture de toile à raison d'une aune 5/8, mesure de France, par capote.

L'Intendant général demande l'autorisation d'en faire la réquisition.

---

1. Les administrateurs suspectent toujours la bonne foi des demandes, qu'elles viennent des généraux ou des corps eux-mêmes. Le mot *réduction* est toujours dans leur bouche.

30 OCTOBRE.

LE GÉNÉRAL SAVARY AU MAJOR GÉNÉRAL.

Kremmen, 30 octobre 1806, 9 heures du matin.

Je suis arrivé à Kremmen hier dans la nuit avec le détachement du 7e régiment de chasseurs que j'avais pris à Neubrück et j'avais donné ordre à celui d'égale force qui était à Oranienburg, de venir m'y joindre, ce qu'il a fait dans la nuit.

A 2 heures du matin il m'est arrivé le reste de ce régiment qui revenait de Neu et Alt-Ruppin[1] où il avait rencontré les ennemis sur le chemin de Rheinsberg à un endroit que l'on appelle Braunsberg[2]. Le détachement qui formait l'avant-garde fut suivi, poussé et perdit 2 chasseurs et 2 prisonniers. Une reconnaissance de ce même régiment qui avait été envoyée vers Woltersdorf y trouva aussi les ennemis. Des vivandières qui furent prises, apprirent qu'il y avait de la cavalerie prussienne à Neustadt.

Le 7e régiment de chasseurs fit sa retraite par Alt-Ruppin sur Kremmen où il me rencontra. Il amenait avec lui 21 prisonniers d'infanterie et 1 déserteur des dragons prussiens du régiment de Royal-Bavière ; voici le rapport de ce déser-

---

1. Le 7e de chasseurs avait été dirigé sur Ruppin par ordre du Major général au maréchal Augereau du 27 à 4 heures et demie du matin. Voir page 402.

2. Le régiment arriva à Neu-Ruppin, 68 kil. de Berlin, le 28 au soir probablement. Ce fut le 29 qu'il poussa sur Rheinsberg.

teur que j'ai interrogé : son régiment fort de 400 chevaux environ est accompagné du régiment de hussards de Pleiss et de celui des hussards que l'on appelle vulgairement de Berlin, mais qui est celui de Rudolf et un ramassis de cavalerie de plusieurs régiments formant 300 ou 400 hommes. Toute cette cavalerie, de 2,300 hommes à peu près, fait partie du corps du duc de Weimar ; elle est commandée par le général Belay, colonel des dragons de Royal-Bavière ; l'infanterie peut être forte de 8,000 à 10,000 hommes et a avec elle 16 pièces de canon et 2 obusiers.

Tout ce corps d'armée de M. de Weimar a passé l'Elbe dans la nuit de dimanche[1] à lundi dernier à peu près à 2 lieues au-dessous de la petite ville de Yent[2]. Comme il n'y avait point de pont, ils ont été obligés de passer en bateaux. On en avait réuni 24 et ils mettaient jusqu'à 30 chevaux et 30 cavaliers dans un bateau ; malgré cela le passage a duré jusqu'à lundi à 4 heures du soir que les chasseurs français sont arrivés et ont fait prisonnier un bataillon de fusiliers qu'on n'avait pas eu le temps d'embarquer[3]. Il ajoute qu'il n'y avait pas de pont à Yent, ce dont il est sûr, son régiment y ayant été cantonné[4].

Lundi tout ce corps d'armée de M. de Weimar est venu coucher à une lieue de l'endroit où il avait passé le fleuve. Le mardi[5] ils sont venus à Havelberg et le mercredi[6] à Rheinsberg.

Il ajoute qu'ils avaient ordre de marcher sur Berlin pour

1. Dimanche 26. — Nuit du 26 au 27.

2. Probablement Genthin. Il s'agit du passage à hauteur de Tangermünde qui se trouve à 3 lieues environ en aval de la ville de Genthin.

3. Ces renseignements semblent s'accorder assez bien avec ceux du journal des opérations du 4e corps. — Si la colonne du duc de Weimar ne termina son passage que le 27 à 4 heures du soir, on devra reconnaître que le général Dutaillis avait raison en incriminant la lenteur des marches et l'indécision du maréchal Soult, dont ce Maréchal a cru du reste devoir se justifier avant même d'avoir reçu des reproches. Voir la lettre du général Dutaillis du 28 octobre, page 79.

4. Le régiment avait été probablement cantonné à Genthin en se rendant à l'armée au commencement d'octobre.

5. Mardi 28. De Schönhausen, vis-à-vis Stendal, à Havelberg, 28 kil.

6. Mercredi 29. De Havelberg par Kyritz et Rägelin à Rheinsberg, 62 kil.

se joindre au prince de Hohenlohe, mais c'est à Rheinsberg hier mercredi à 10 heures du matin qu'ils ont appris que les Français occupaient Berlin et qu'aussitôt l'infanterie s'était remise en marche en partant par le même chemin par lequel elle était venue [1]; il ne sait pas où elle a été, mais il a ouï dire à ses officiers qu'on allait se retirer à Mecklemburg-Strelitz, que l'on espérait que le prince Hohenlohe aurait gagné Stettin et qu'on leur disait que des Russes arrivaient à leur secours.

J'ai maintenant le 7e régiment de chasseurs en entier fort de 244 hommes, 14 officiers compris. J'aurai cet après-midi le 1er régiment de hussards auquel j'ai donné l'ordre d'être rendu à midi à Fehrbellin. Je serai demain de très-bonne heure dans les environs de Rheinsberg et suivrai le duc de Weimar à la piste; je trouverai un moyen de lui faire savoir la défection du prince Hohenlohe et je ferai en sorte de communiquer avec les troupes qui viennent de l'Elbe à sa poursuite.

Si j'apprends que je suis assez près des troupes du duc de Berg pour communiquer avec elles, je lui enverrai des rapports, mais jusqu'à présent je le crois si loin et j'ai si peu de monde que je ne m'exposerai pas à les répandre.

Je laisse ici 21 prisonniers sous la responsabilité du bourgmestre. J'en donne avis au général Amey à Neubrück afin qu'il les envoie chercher par un détachement.

Je vous prie, Monseigneur, de me répondre par l'officier que je vous envoie et de ne pas mettre de retard à son retour, car dans la position où je serai demain, il m'importera beaucoup de savoir où est le duc de Berg afin que, si je suis poussé, j'aie un chemin de plus pour moi.

Agréez, Monseigneur, l'hommage et l'assurance de mon respect.

Les prisonniers paraissent n'avoir rien dit, mais le déserteur a parlé.

---

1. Pour se porter de Rheinsberg par Zechlin sur Mirow, on doit sortir de Rheinsberg par la route de Rägolin; la bifurcation n'a lieu qu'à 1,500 mètres de la ville.

LE MAJOR GÉNÉRAL AU MARÉCHAL SOULT.

Berlin, 30 octobre 1806.

Je m'empresse, M. le Maréchal, de vous donner des nouvelles précises que le général Savary donne du duc de Weimar, en date de Kremmen, où il se trouve avec le 1er de hussards et le 7e de chasseurs[1].

Le duc de Weimar était à Havelberg le mardi 28 ; il était à Rheinsberg le mercredi 29, et il se trouvait alors sur les derrières du maréchal Bernadotte qui était le 28 à Fürstenberg, et du prince Murat qui se trouvait le 28 à Prenzlow.

Le prince Murat avait déjà débordé la tête du général Blücher et avait pris et fait mettre pied à terre à 5 régiments de cavalerie ; il est vraisemblable que dans la journée il se sera emparé de tout le corps.

Le maréchal Bernadotte suivait en queue le général Blücher et avait lui-même sur ses derrières le duc de Weimar.

Soit que vous soyez à Rathenow, soit que vous soyez à Fehrbellin, l'intention de l'Empereur est que vous suiviez le duc de Weimar qui n'a plus que trois partis à prendre : se jeter sur Stettin et, quand il sera instruit que le chemin est coupé, il voudra rétrogader ; se rendre dans le Mecklemburg, ou enfin retourner sur l'Elbe pour se jeter en Hanovre ; dans chacun de ces trois cas vous devez le poursuivre. Si, après avoir voulu aller à Stettin, il rétrograde, il tombe dans vos mains ; s'il veut passer l'Elbe, il en est de même ; enfin s'il va dans le Mecklemburg, poursuivez-le jusqu'à Stralsund.

Je vous envoie cette dépêche en duplicata sur Rathenow et sur Fehrbellin[2].

---

1 Le rapport du général Savary parti de Kremmen à 9 heures du matin, ne parvint pas à Berlin, 36 kil., avant 3 heures de l'après-midi. L'ordre au maréchal Soult n'a donc pas été donné avant 4 heures du soir.

2. Lorsque le Major général envoie des dépêches en duplicata, il en fait toujours mention. Dès que cette mention n'est pas indiquée, l'ordre n'a été transmis qu'en une seule expédition. — Ceci comme réfutation à l'assertion de M. Dunnié, page 194 de l'itinéraire de l'Empereur Napoléon pendant la campagne de 1812 où il parle de la prévoyance si inquiète et si minutieuse

L'Empereur n'a connu à Berlin d'une façon certaine la marche du duc de Weimar que par les renseignements du général Savary, renseignements qui furent recueillis à Braunsberg, à 76 kil. de Berlin, le 29 dans la matinée par le 7e de chasseurs et qui parvinrent au Commandant en chef seulement le 30 à la fin de l'après-midi.

LE MAJOR GÉNÉRAL AU GRAND-DUC DE BERG.

Berlin, 30 octobre 1806.

Je vous envoie, mon Prince, copie de l'ordre que j'adresse au maréchal Soult ; cela vous instruira des nouvelles que le général Savary a données à S. M. — A l'instant l'aide de camp du général Belliard arrive qui annonce la prise d'un corps d'environ 6,000 hommes [1].

Copie de l'ordre au maréchal Soult fut envoyée au maréchal Bernadotte.

L'ordre au maréchal Soult peut servir d'instruction générale ; il contient toutes les indications nécessaires pour l'exécution de la manœuvre. — Un ordre rédigé dans cette forme peut donc être envoyé en copie aux commandants de corps d'armée chargés de concourir à l'exécution d'un mouvement combiné.

---

du Major général. J'ai la preuve que l'ordre si important du 31 janvier 1807, 6 heures du soir, ne fut pas expédié au maréchal Bernadotte par 8 officiers, mais par 2 jeunes officiers de correspondance à peine arrivés de l'École militaire, qui furent pris avec leurs dépêches par les Cosaques à Lautenburg. L'avenir nous réserve peut-être des aventures analogues avec les officiers de réserve officiers d'ordonnance. Et d'un autre côté le général de Fesenzac ne se fait pas faute d'avouer qu'on s'inquiétait peu à l'état-major général de la Grande Armée si un officier était en état ou non, faute de chevaux ou de renseignements, de remplir la mission qui lui était confiée. Le *débrouille-toi* a toujours été en honneur dans l'armée française. Certes il faut demander beaucoup à l'intelligence, à l'initiative individuelle, mais le chef quel qu'il soit et dans quelque circonstance que ce soit, doit pousser la prévoyance aussi loin que les facultés humaines peuvent le permettre.

1. Lettre du Grand-duc à l'Empereur du 29, 2 heures après midi. Voir page 495.

LE MAJOR GÉNÉRAL AU GÉNÉRAL SAVARY.

Berlin, 30 octobre 1806.

Je vous envoie, Général, copie de l'ordre que j'adresse au maréchal Soult, rédigé d'après les nouvelles que vous avez données de Kremmen. L'intention de l'Empereur est que vous suiviez les mouvements des Maréchaux; le grand-duc de Berg était hier matin 29 à 8 heures à Pasewalk où il attaquait une partie du corps du général Blücher, et il en avait déjà pris 5 régiments; le maréchal Bernadotte était le 28 à Fürstenberg et se dirigeait sur Lychen, poussant en queue l'arrière-garde du général Blücher, et ne se doutant pas d'avoir derrière lui le duc de Weimar; telle est la position des choses.

L'Empereur trouve qu'il sera bon que vous vous portiez en avant, avec les précautions nécessaires, à Neu-Ruppin.

A Fehrbellin vous devez trouver des nouvelles de M. le maréchal Soult [1].

LE GRAND-DUC DE BERG AU MARÉCHAL BERNADOTTE.

Löcknitz, 30 octobre 1806.

Mon Cousin, je reçois à l'instant vos dépêches l'une de Fürstenberg du 28 octobre et l'autre de Lychen du 29, et je vous adresse copie de celle que je vous ai écrite hier à 10 heures du soir [2] par un officier de correspondance de S. M.;

1. La cavalerie légère du 4e corps avait dû, de Dreetz, envoyer le 29 un parti sur Fehrbellin et s'informer s'il y était déjà passé des troupes françaises. Ordre du maréchal Soult du 29. Voir page 503.

2. La dépêche du Grand-duc avait été envoyée à l'Empereur. Voir la lettre du Grand-duc à l'Empereur du 30 à 5 heures du matin.

LE GRAND-DUC DE BERG AU MARÉCHAL BERNADOTTE.

Löcknitz, 29 octobre 1806, 10 heures du soir.

Mon Cousin, je vous ai fait connaître ma marche sur Prenzlow hier et aujourd'hui je vous annonce mes succès complets; 16,000 prisonniers, 60 pièces de canon, 50 drapeaux ou étendards, le prince de Hohenlohe, le prince

en vous portant sur Strasburg vous devez marcher vraisemblablement sur les traces du général Blücher. Là vous vous trouverez parfaitement en mesure de le suivre dans toutes les directions qu'il se décidera à prendre. Il est.... avec Pasewalk qui sera occupé ce soir par le général d'Hautpoul et une brigade de dragons et où selon toutes les apparences sera mon quartier général. Vous trouverez ci-joint une lettre du général Belliard qui m'annonce que tout est à peu près arrangé pour la capitulation de Stettin. Apprenez-moi bien vite que vous avez joint le général Blücher et que vous lui avez fait mettre bas les armes.

LE GÉNÉRAL BELLIARD AU GÉNÉRAL D'HAUTPOUL.

Löcknitz, 30 octobre 1806, 2 heures du matin.

Dirigez votre marche sur Pasewalk où vous établirez votre quartier général. Vous êtes prévenu que le prince de Ponte-Corvo marche de Boitzenburg sur Strasburg et Woldegk, et que vous trouverez une brigade de dragons à Pasewalk ; comme il ne reste plus que le général Blücher avec 10,000 hommes, sommez ou chargez hardiment tout ce qui se présenterait devant vous de troupes prussiennes ; faites parvenir la lettre ci-jointe au prince de Ponte-Corvo qui doit se mettre en marche ce matin de Boitzenburg sur Strasburg.

LE GRAND-DUC DE BERG A L'EMPEREUR.

Löcknitz, 30 octobre 1806, 2 heures du matin.

Tandis que le général Milhaud faisait mettre bas les armes à un corps de 6,000 hommes à Pasewalk, le général

---

Auguste de Prusse prisonniers, sont le résultat de la journée. Aujourd'hui le général Milhaud que j'avais envoyé à Pasewalk a fait mettre bas les armes à un corps de 6,000 hommes dont 5 régiments de cavalerie, des canons et 30 drapeaux. Le général Beaumont mon aide-de-camp a enlevé aux portes de Stettin 400 hommes et 4 pièces de canon ; il nous reste encore le général Blücher avec 12,000 à 14,000 hommes. Mais comme la retraite lui est coupée sur l'Oder, il suffit de le rencontrer pour lui faire mettre bas les armes.

Dans ce moment le général Belliard est dans Stettin ; tout me porte à croire que cette place pourra capituler ; demain à la pointe du jour je compte marcher sur Blücher par Pasewalk. Certainement c'en est fait de lui ; je vous prie de nous faire connaître votre mouvement et la position que vous avez prise.

Lasalle était aux portes de Stettin et sommait le gouverneur de se rendre ; j'ai l'honneur d'adresser à V. M. la capitulation[1]. Les hussards de V. M. prendront possession ce matin à 6 heures des portes de la place. J'ordonne au général Lasalle de se porter rapidement sur Damm et de chercher à s'empa-

---

1. Après que le fort dit Preussen et la place de Stettin ont été sommés par le général Lasalle au nom de S. A. I. et R. le grand-duc de Berg et que cette sommation, après un premier refus, a été répétée avec instance, il a été conclu par le lieutenant-général baron de Romberg, gouverneur, et le général-major Knobelsdorf, assistés par les généraux du génie du Raudem et le major du génie de Barum, de rendre la ville de Stettin et le fort de Preussen, seulement sous les conditions suivantes, à M. le général Lasalle, commandant l'avant-garde de S. A. I. et R. le grand-duc de Berg.

Art. 1er. — Toute la garnison actuelle y compris le petit état-major et tous les militaires ne faisant pas partie de la garnison obtiendront librement la sortie avec armes et bagages pour se rendre soit en Prusse occidentale et septentrionale ou en Silésie.

Rép. — La garnison sortira avec les honneurs de la guerre, déposera les armes sur les glacis, sera prisonnière de guerre et envoyée en France. Les officiers seront prisonniers sur parole et il leur sera délivré des passeports pour se rendre où bon leur semblera.

Art. 2. — La garnison susmentionnée conserve sa propriété et se rend sur parole au lieu qu'elle choisira.

Rép. — Les officiers conserveront leur épée, leurs bagages, leurs chevaux et tout ce qui peut leur appartenir.

Art. 3. — Il n'y a que les propriétés royales qui seront remises aux troupes françaises.

Rép. — Tout ce qui se trouve dans la place appartenant à S. M. le roi de Prusse sera remis aux troupes françaises.

Art. 4. — La garnison sortante recevra tous les secours nécessaires.

Rép. — Accordé.

Art. 5. — Il sera accordé aux troupes prussiennes au moins 24 heures pour l'arrangement de leurs affaires.

Rép. — Il sera accordé jusqu'à midi aux troupes prussiennes pour l'arrangement de leurs affaires.

Art. 6. — Pendant cet intervalle de 24 heures, on remettra aux troupes de S. M. l'Empereur des Français la porte de Berlin.

Rép. — La porte de Berlin sera remise aux troupes françaises qui auront un poste sur le pont de l'Oder. Ces deux postes seront occupés à 6 heures du matin par les troupes françaises.

Art. 7. — Les troupes impériales françaises respecteront et protégeront les propriétés des habitants de la place de Stettin, du fort de Preussen et des faubourgs.

Rép. — Accordé.

Art. 8. — Les familles de tous les militaires peuvent compter sur la protection des troupes impériales françaises.

Rép. — Accordé.

Art. 9. — A dater de la ratification de cette capitulation, cesseront toutes les hostilités contre la ville de Stettin.

Rép. — Accordé.

Art. 10. — Les malades et blessés de l'armée prussienne qui se trouvent

rer de la place qui est, dit-on, très-mauvaise. — M. le maréchal Lannes va faire occuper Stettin par un régiment de son corps d'armée. — Le maréchal Bernadotte que j'avais dirigé par ma gauche, était hier matin à Lychen sur les traces du général Blücher; il a dû coucher cette nuit à Boitzenburg; je lui ordonne de se porter sur Strasburg et Woldegk; le général d'Hautpoul part ce matin de Prenzlow pour se porter sur Pasewalk; le général Beker s'y trouve déjà avec une brigade de dragons; je vais m'y porter moi-même avec la division Grouchy et le corps du maréchal Lannes. — Je ne renverrai pas la division d'Hautpoul, ayant déjà renvoyé la division Beaumont et la brigade du général Milhaud pour escorter les prisonniers. Je pousserai, conformément aux ordres de V. M., Blücher jusqu'à Stralsund quoiqu'il fût peut-être bien essentiel de marcher par la rive droite de l'Oder sur Küstrin, mouvement que je ne ferai certainement pas sans vos ordres. — Je vais faire établir avec mes troupes légères la communication avec Berlin; cette route est beaucoup plus courte et les postes mieux servis. Je ferai surtout occuper Schwedt, et rétablir le pont qui, dit-on, est coupé. — Comme je présume que Blücher sera à nous dans la jour-

---

dans la place sont abandonnés aux traitements généreux des troupes françaises.

Rép. — Accordé.

Art. 11. — Le trésor qui se trouve dans la place sera remis aux troupes françaises.

Art. 12. — Il sera nommé de part et d'autre des officiers d'artillerie et du génie pour remettre et recevoir tous les magasins, munitions, cartes, plans, etc., qui sont dans la place.

Stettin, le 29 octobre 1806, à 6 heures du soir.

Vue et approuvée la présente capitulation pour être exécutée.

LE BARON DE ROMBERG, GOUVERNEUR.

Au quartier général de Möhringen, le 29 octobre 1806.

Le général de brigade,

LASALLE.

Par ordre de S. A. le grand-duc de Berg et de Clèves, lieutenant de l'Empereur, vue et approuvée la présente capitulation pour être exécutée.

Le général de division, chef de l'état-major général,

BELLIARD.

A Möhringen, le 29 octobre 1806, à 11 heures et demie du soir.

née, je prie V. M. de me faire donner ses ordres pour les cantonnements des corps d'armée qui sont avec moi et qui ont le plus grand besoin de repos.

Je vais faire diriger la garnison de Stettin par la route d'Angermünde sur Berlin.

P.-S. — V. M. recevra une lettre qui était adressée au prince de Ponte-Corvo, mais elle doit être sans inquiétude ; car, ayant reçu une heure après des dépêches du prince de Ponte-Corvo, je lui ai adressé, en lui répondant, copie de ma première lettre ; il sera ce soir à Strasburg et Woldegk ; mon quartier général sera à Pasewalk où je vais me porter. Au lieu de laisser une brigade, je laisserai une division entière à Stettin ; elle occupera Schwedt, Damm et Pölitz, et fournira l'escorte nécessaire pour la garnison. Je pourrais même laisser le corps entier, et marcher avec le maréchal Bernadotte, mais comme je ne l'ai pas sous la main, j'emmènerai une division.

5e corps. Quartier général, Pasewalk ; — 1re division, bivouac en avant de Pasewalk ; — 2e division et parc, Stettin ; — cavalerie légère, Prenzlow.

LE GÉNÉRAL BELLIARD AU MAJOR GÉNÉRAL.

30 octobre 1806.

J'ai l'honneur de vous rendre compte que le commandant de Stettin a capitulé à 1 heure du matin. J'avais été envoyé par le Prince à Stettin pour sommer le commandant, mais Lasalle avait commencé la besogne et je lui ai laissé finir et faisant mettre les réponses aux demandes du gouverneur. Le Prince envoie la capitulation à S. M. J'aurai l'honneur de vous envoyer l'état des prisonniers et des magasins. Je pense, mon Prince, que vous serez content de nous. — La vieille patraque de gouverneur nous a salués de quelques coups de canon et a fini par se rendre à discrétion après avoir fait beaucoup de difficultés. Stettin est une grande ville où nous trouverons beaucoup de ressources. Je ne crois pas que ce soit une bonne place ; l'officier du génie a ordre de la reconnaître et je vous en enverrai le rapport.

LE GÉNÉRAL BELLIARD AU GÉNÉRAL LASALLE.

Löcknitz, 30 octobre 1806.

L'intention du Prince est que vous vous portiez de Stettin sur la route de Uckermünde [1], où il faudra tâcher d'arriver ce soir ; vous porterez une reconnaissance par Leopoldshagen sur Neu-Alt-Cosenow à l'embranchement des roues de Prenzlow et Stettin à Anklam. Une brigade de dragons qui était à Pasewalk est partie pour Ferdinandshof et doit aussi envoyer une reconnaissance sur Alt-Cosenow [2]. Le Prince va établir son quartier général à Pasewalk. Envoyez-lui là toutes les nouvelles que vous pourrez avoir. Si vous rencontrez la colonne du général Blücher, il faut la sommer de se rendre et lui faire connaître la reddition de Stettin.

LE GÉNÉRAL BELLIARD AU GÉNÉRAL GROUCHY.

Pasewalk, 30 octobre 1806, 6 heures du soir.

Il paraît que la colonne du général Blücher se trouve dans les environs de Strasburg. Les régiments sont isolés et sûrement ne demandent pas mieux que de capituler ; envoyez partout à droite et surtout à gauche des reconnaissances et faites sommer de se rendre tous les corps ennemis qu'on pourra rencontrer. J'ai reçu vos 3 prisonniers. Je pense que la campagne est à peu près finie et que bientôt nous nous reposerons. Il faut mettre des trompettes avec toutes les reconnaissances ; si vous aviez de bons chevaux et que vous puissiez envoyer à Strasburg, je suis persuadé que vous auriez une colonne.

Le général Beker s'est porté de Ferdinandshof sur Altwigshagen, et a dû pousser, si cela était possible, des partis sur Dargibell et même jusqu'à Anklam.

2e division de dragons, Belling.
2e division de grosse cavalerie, Pasewalk.

---

1. De Stettin à Falkenwald, 14 kil. ; — de Falkenwald à Uckermünde, 34 kil. ; — d'Uckermünde par Leopoldshagen à Cosenow, 20 kil.

2. De Pasewalk à Ferdinandshof, 19 kil. ; — de Ferdinandshof à Cosenow, 16 kil. ; — de Cosenow à Anklam, 8 kil.

LE GÉNÉRAL MILHAUD AU GÉNÉRAL BELLIARD.

Prenzlow, 30 octobre 1806.

Malgré la position difficile où je me trouvais avec une brigade de 600 chevaux contre 2,000 cavaliers prussiens et 3,000 hommes d'infanterie, je ne leur ai accordé qu'une capitulation sévère. Vous avez dû observer que tous les soldats sont prisonniers en France et que MM. les officiers ne doivent leur liberté, sur leur parole d'honneur, qu'à la générosité de S. A. I. le grand-duc de Berg ; je vous assure qu'il fallait prendre beaucoup de précautions pour faire mettre pied à terre à 2,000 cevaliers devant une poignée de monde ; j'ai ordonné qu'on fît filer tous les prisonniers sur Prenzlow. Je savais positivement que de gros partis de hussards prussiens de la colonne de Blücher battaient la campagne sur nos derrières.

Nous avons été obligés de laisser près de 1,000 chevaux dans la prairie close ou dans la ville ; nous sommes partis en faisant conduire au moins 2 chevaux par homme ; j'avais resserré les 2 compagnies d'élite pour porter les 36 drapeaux ou étendards qui ont été déposés avec les armes au milieu de nos rangs.

Nous partons aujourd'hui de Prenzlow pour nous diriger avec les 36 drapeaux et les 5,000 prisonniers sur le quartier général de l'Empereur ; mon aide de camp et M. Paskowski, adjoint à votre état-major, m'ont donné l'ordre verbal de S. A. I. pour escorter moi-même, avec mes 2 régiments [1], nos prisonniers.

LE GÉNÉRAL LASALLE AU GRAND-DUC DE BERG.

Falkenwald, 30 octobre 1806, 7 heures du soir.

Un postillon revenant d'Anklam et qui en est parti hier à 5 heures du soir, dit que, hors la porte, il y a beaucoup de fantassins, de cavaliers et surtout de bagages, que leur camp s'étend à demi-lieue de ce côté-ci, vers Uckermünde. Il n'y a point de canon. Des gardes du corps, des hussards verts, des cuirassiers, des dragons, débris de l'armée prussienne, composent ce corps. On ignore le nom de son commandant. Le pont d'Anklam est coupé du côté de la Suède. On porte le nombre de ce corps à 6,000 hommes ; il vient de Mecklemburg et il en arrive chaque jour des détachements. Aujourd'hui il n'y avait personne à Uckermünde ; les troupes qui s'y trouvaient se

1. 13e de chasseurs et 9e de dragons, de la division Beaumont.

sont retirées sur Anklam. Le bruit courait qu'elles devaient faire leur retraite dans l'île de Rugen, l'eau qui sépare l'île de la terre n'a que 2 ou 4 pieds de profondeur ; elle se passe sur de très grands chevaux.

Je reçois ce rapport, Monseigneur, en arrivant ici, il est 7 heures du soir. J'arrête ici pour rafraîchir mes chevaux et les reposer ; ils sont bridés depuis 3 heures du matin. Les prisonniers de Stettin voulaient se révolter; ils ont menacé et frappé leurs officiers; il était temps que l'infanterie du général Victor arrivât ; aussitôt que j'ai été débarrassé de cette corvée, je me suis porté, avec ma brigade, à Damm [1], où en arrivant j'ai reçu les ordres du général Belliard que j'ai mis de suite à exécution. Demain à 6 heures, je me mettrai en marche pour Uckermünde qui est à 5 milles d'ici.

Je puis donner pour certain à V. A. I. que le trésor du roi de Prusse est à Swienemünde. On peut y arriver par la rive droite de l'Oder, encore faut-il s'embarquer pour y arriver ; depuis 2 jours il était sorti de Stettin. On dit que S. M. prussienne est à Stargard et la Reine à Swienemünde, d'où elle doit passer en Russie.

P.-S. — Pendant la nuit dernière et aujourd'hui il est passé ici plus de 1,200 hommes en désordre, rendant leurs armes. Je rouvre ma lettre, Monseigneur, pour vous apprendre qu'après ma sortie de Stettin, la garnison qu'on avait laissée sur les glacis a voulu reprendre les armes; 500 déjà les avaient repris ; on a battu la générale, le bataillon d'élite les a fait rendre de nouveau sans coup férir.

5,500 hommes ont été pris à Stettin et 120 bouches à feu. Le général Victor s'étant emparé du commandement, je n'ai plus suivi ces détails.

LE GÉNÉRAL BEKER AU GRAND-DUC DE BERG.

Cosenow, 30 octobre 1806.

Je me suis approché à 8 heures du soir de la ville d'Anklam pour reconnaître les feux de bivouac établis sur la route de Stettin ; le point sur lequel je me suis dirigé était gardé par un piquet de hussards appuyé d'infanterie ; et quelques paysans, ainsi qu'un postillon, sortis de la ville, m'ont assuré qu'elle était encombrée de fuyards de tous les régiments, sans pouvoir répondre aux questions relatives à la marche du général Blücher.

1. Damm est à 8 kil. à l'est de Stettin sur la rive droite de l'Oder. — Le général Lasalle dut rebrousser chemin.

Comme le brouillard augmente l'obscurité et que la ville est fermée, j'ai fait halte à Cosenow, et demain à la pointe du jour je sommerai l'officier commandant les troupes de les constituer prisonnières. Il ignore la proximité des troupes françaises et ne sait d'ailleurs par où se retirer, puisque j'ai la certitude que les Suédois se refusent de les recevoir en Poméranie, à l'exception des bagages, qui ont déjà été dirigés, tant du Mecklemburg que d'Anklam, dans l'intérieur de la Poméranie.

On croit qu'il n'y a plus d'armée sur la rive gauche de l'Oder, car tout ce qui compose le rassemblement d'Anklam consiste en petits détachements isolés dont je rendrai compte demain matin à V. A. I.

Le rapport du maréchal Bernadotte du 31 doit être classé à cette place en raison des renseignements qu'il contient sur la journée du 30.

LE MARÉCHAL BERNADOTTE AU MAJOR GÉNÉRAL.

Neu-Brandenburg, 31 octobre 1806, 10 heures du matin.

J'ai eu l'honneur de vous écrire avant-hier soir de Boitzenburg que je marchais pour couper la route de Strasburg à Pasewalk, d'après tous les rapports qui m'annonçaient que le général Blücher se dirigeait sur cette route.

Étant parti hier matin de Boitzenburg, je reçus par mes reconnaissances [1] de nouveaux rapports qui m'apprirent que le général Blücher, cherchant toujours à nous éviter, après avoir voulu marcher d'abord sur Prenzlow, ensuite sur Fürstenwerder, s'était enfin décidé à se jeter encore plus à gauche et s'était porté sur Neu-Strelitz, laissant néanmoins quelques détachements sur la route de Fürstenwerder pour nous observer et faire croire ainsi que tout son corps d'armée avait suivi cette route. Je fus donc obligé de changer aussi la

1. Reconnaissances sur Fürstenhagen, Fürstenau, Schlicht, faites par le 4e de hussards attaché à la division Dupont. Le général Watier avait dû également recevoir l'ordre d'envoyer des reconnaissances vers Fürstenwerder, Woldegk, Strasburg. — Les papiers provenant du général Dupont permettent de supposer les ordres donnés au général commandant la cavalerie pour les reconnaissances.

mienne, et, forçant de marche, tout mon corps d'armée vint prendre position hier soir entre Teschendorf et Neu-Brandenburg, tandis qu'un régiment de cavalerie [1] dirigé par le colonel Gérard, mon premier aide de camp [2], fut chargé d'harceler l'ennemi sur la route directe de Neu-Strelitz. Ce régiment dépassa cette ville, prit à l'ennemi environ 400 hommes avec beaucoup de bagages et reconnut que le général Blücher marchait sur Waren dans l'espoir d'y opérer sa jonction avec une autre colonne aux ordres du prince de Weimar, laquelle est partie de Havelberg sur l'Elbe et a dû se retirer par Wittstock, Röbel et Plau. Il paraît que ce corps ainsi réuni a le projet de se diriger sur Teterow ou Schwerin, de manière à se ménager pour dernière ressource l'embarquement à Rostock ou Wismar.

Ces renseignements m'ont été confirmés ici à Neu-Brandenburg où toutes mes troupes sont venues prendre position à 7 heures du matin. Je les fais reposer en ce moment, et de suite je vais marcher sur Waren. J'enverrai des détache-

---

1. Reconnaissance semblable à celle du général Milhaud sur Boitzenburg, du général Lasalle sur Prenzlow le 27 dans l'après-midi.

2. Service des aides de camp officiers supérieurs. Nécessité pour le commandant de corps d'armée d'avoir auprès de sa personne au moins un officier supérieur, son aide de camp, qui soit son homme de confiance. — Les officiers supérieurs attachés à l'état-major du corps d'armée ne sont pas en rapport journalier avec le commandant de corps d'armée et sont trop loin de lui pour qu'il les connaisse et qu'il puisse s'en servir utilement lorsqu'il a besoin pour le suppléer dans la direction des troupes d'officiers qui sachent sa manière de voir et soient au courant des opérations, comme peuvent l'être le premier et le second aide de camp. — Ces aides de camp, avec le chef et le sous-chef d'état-major du corps d'armée, sont les véritables officiers d'état-major, car je ne puis pas appeler officiers d'état-major ceux qui s'occupent des prisonniers, des petits dépôts, etc., besogne des adjoints ou adjudants, besogne que tout officier peut faire, qui demande il est vrai du soin, mais non les qualités militaires indispensables aux officiers d'état-major.— Ces aides de camp officiers supérieurs étaient des hommes mûrs de 30 à 40 ans, ayant acquis de l'aplomb et de l'expérience dans le service des troupes. — Le général n'est pas lié à tel ou tel officier supérieur, son aide de camp ; il peut à chaque instant se séparer d'un officier pour en prendre un autre s'il juge que l'intérêt du service, son intérêt personnel ou celui de l'officier le commandent. Mais il choisira un autre officier qui lui sera signalé pour son jugement et l'élévation de son caractère. Dans beaucoup de circonstances le général a besoin de causer librement et intimement avec un officier droit et expérimenté. Une estime mutuelle, fruit de rapports journaliers, est seule capable d'abaisser la barrière qui sépare les échelons de la hiérarchie.

ments qui s'élèveront sur ma droite le plus possible afin de m'assurer si l'ennemi s'y porte.

Pour accélérer ma marche le plus possible, je laisse ici, en dépôt, tous les hommes éclopés ou par trop fatigués ; je n'emmène que les gens bien dispos ; je compte avoir ainsi environ 12,000 hommes, déduction faite du bataillon resté en arrière avec mon parc d'artillerie. Ce nombre sera sans doute suffisant pour combattre la colonne ennemie.

Ma cavalerie se trouve très-diminuée par les marches forcées et les fréquents détachements qu'elle a dû fournir. Je ne puis guère compter aujourd'hui que sur 700 à 800 chevaux ; et j'ai été forcé de renoncer à faire poursuivre le haras royal qui a passé ici avant-hier, se dirigeant sur Usedom. J'en ai donné avis au grand-duc de Berg.

Je laisse également ici toute l'artillerie dont je puis me passer à la rigueur et je n'emmène que 6 pièces par division avec 2,000 coups de canon. L'adjudant commandant Luthier reste pour commander cette place ; il réunira les détachements qui se trouvent en arrière. Cette ville a de bonnes portes.

Depuis 8 jours, la chasse que nous avons donnée à la colonne ennemie, nous a déjà procuré près de 3,000 hommes, tant prisonniers que traînards, et une quantité immense de bagages.

Je ne puis vous expédier cette dépêche par un officier d'état-major ; il ne m'en reste que 2 ; tous les autres sont en course ; 4 sont absents, soit près du Grand-duc. Je crains bien qu'ils ne soient tombés dans des patrouilles ennemies.

De Weggun le 1er corps se dirigea par Fürstenwerder sur Woldegk. Voir au 31 le rapport de la reconnaissance du lieutenant Bavaillot sur Woldegk.

1er corps. La division de cavalerie poussait des reconnaissances jusque sous les murs de Neu-Brandenburg. La division Dupont bivouaqua en avant de Stargard sur la route de Neu-Brandenburg ; les divisions Rivaud et Drouet ainsi que le quartier général à Stargard et en arrière [1]. Le parc de réserve du corps d'armée qui avait toujours suivi à une journée de marche fut établi à Templin où il resta jusqu'au 23 novembre. (Journal du 1er corps.)

1er CORPS D'ARMÉE.

ORDRE DE MARCHE POUR LE 31 OCTOBRE.

Stargard, 30 octobre 1806.

Le corps d'armée se réunira demain 31 octobre en avant de Neu-Brandenburg à 6 heures précises du matin.

La division Dupont, précédée par le 4e régiment de hussards, s'établira à la droite du général Rivaud et faisant face à Friedland.

La division du général Drouet partira de Stargard à 4 heures du matin et se placera faisant face à Wulkenzin.

La division du général Rivaud partira de Stargard à 4 heures et demie, s'établira faisant face à Treptow et se trouvera au centre du corps d'armée.

Le général Dupont dirigera la marche de ses troupes de manière à pouvoir passer à Stargard avant 5 heures du matin [2]. Il aura une arrière-garde de voltigeurs et de grenadiers pour protéger les équipages et faire suivre les traînards de toutes les divisions.

MM. les généraux recevront de nouveaux ordres dans cette position [3].

---

1. De Boitzenburg à Weggun, 8 kil. ; — de Weggun par Fürstenwerder à Woldegk, 15 kil. ; — de Woldegk à Bredenfeld, 11 kil. ; — de Bredenfeld à Teschendorf, 6 kil. ; — de Teschendorf à Stargard, 6 kil. ; — de Stargard à Neu-Brandenburg, 9 kil. ; — de Bredenfeld à Neu-Strelitz, 26 kil.

2. Les divisions sont de 4,500 à 5,000 hommes, artillerie comprise. Le Maréchal compte une demi-heure pour l'écoulement de chaque division.

3. A proximité de l'ennemi la nécessité de recueillir des renseignements, de voir confirmés ceux déjà connus, oblige très-souvent à la guerre, avant de commencer la marche, à rassembler les troupes, à les tenir réunies en position sur un point où l'on fixera la direction à suivre. Le rassemblement n'est pas une vaine parade, c'est toujours *une nécessité de guerre* lorsqu'on s'y voit contraint. Témoin le rassemblement du 1er corps à Neu-Brandenburg et bien d'autres que je citerai plus tard dans la campagne d'Eylau. Le commandement profite de cette halte obligée qui peut durer 3 et 4 heures pour faire reposer les troupes. Le point de réunion, ici comme à Weggun le 30, est quelquefois à 7 ou 8 kilomètres en avant ou sur les flancs du lieu de la couchée.

Les généraux de l'Empire ne rassemblaient pas leurs troupes pour avoir la satisfaction de les voir réunies dans un champ carré, de les voir ensuite se mettre en marche, défiler devant eux et s'allonger sur une route. — On a imputé à crime les rassemblements parce que à une époque malheureuse les troupes ont subi des retards considérables dans les marches, retards provenant de rassemblements mal conçus, de dispositions insuffisantes dans la ma-

Si le corps d'armée va plus loin que Neu-Brandenburg, on formera un nouveau détachement des hommes trop fatigués pour pouvoir suivre et qui resteront dans cette ville.

Le général Watier a reçu des ordres particuliers[1].

P. o. de S. A., le général de division chef de l'état-major,

L. BERTHIER.

LE MARÉCHAL SOULT AU MAJOR GÉNÉRAL.

Wüsterhausen, 30 octobre 1806, 8 heures du soir.

J'ai l'honneur de rendre compte à V. A. que le corps d'armée a pris position aujourd'hui en avant de Wüsterhausen; la cavalerie légère a été portée sur Wittstock et Rheinsberg.

Demain je dirigerai le corps d'armée sur Rheinsberg où il serait possible que je rejoignisse l'ennemi.

Hier le duc de Weimar est parti de Kyritz et a dirigé ses troupes sur Stettin en les faisant passer partie par Neu-Ruppin et partie par Rheinsberg; il est vraisemblable que lorsque le duc aura appris la défaite du prince de Hohenlohe,

---

nière de régler les mouvements. Les rassemblements de la campagne de 1870 n'étaient pas des rassemblements: c'était de l'encombrement dans les marches, c'était du défaut de dispositions, tandis que *le rassemblement est une manœuvre de guerre.* — Le résultat des faux rassemblements a été la suppression dans le décret du 26 octobre 1883, de l'article 127 de l'ordonnance du 3 mai 1832 dont on n'avait pas compris la valeur; je dis suppression, car l'article 136 du règlement actuel ne peut remplacer l'article 127 de la vieille ordonnance. Eh bien! la valeur de guerre des rassemblements, elle est tout entière contenue dans l'ordre de marche du 1er corps pour le 31 octobre et dans le rapport du maréchal Bernadotte du 31 octobre à 10 heures du matin pendant le rassemblement même en avant de Neu-Brandenburg. Voilà à quoi sert l'étude de l'histoire des guerres, à comprendre les règlements. Un règlement de guerre comme l'ordonnance du 3 mai 1832 est toujours à hauteur. Il fallait savoir le lire. On pouvait y apporter certaines modifications, mais le bouleverser, jamais. C'est un crime d'avoir porté la main sur l'ordonnance du 3 mai 1832. Saint règlement, fruit de l'expérience de 20 années de guerre, tu as été une des victimes expiatoires de nos malheurs. Repose en paix. Tu renaîtras de tes cendres et ton souvenir conduira encore nos enseignes sur le chemin de la victoire. — Lisez l'article 216 du règlement du 23 mai 1887 sur le service en campagne dans l'armée allemande et vous verrez quelle valeur vos adversaires attachent aux rassemblements que d'un trait de plume vous avez rayés de vos règlements.

1. Au 1er corps, comme au 4e corps, le commandant de la cavalerie reçoit des ordres particuliers. — Que de regrets de ne pas les avoir!

pour se sauver, il sera entré dans le Mecklemburg et peut-être même cherchera-t-il à revenir sur ses pas. Quelque parti qu'il prenne, entouré comme il est, il ne peut échapper.

Je reçois dans l'instant la lettre que V. A. m'a fait l'honneur de m'écrire hier à 10 heures du soir [1] et j'y trouve à ma bien grande satisfaction que S. M. daigne me laisser carte blanche pour faire le plus de mal possible à ses ennemis ; je ne négligerai rien pour répondre à sa confiance, et le seul regret que j'éprouve, est que je n'aie pu lui annoncer encore de plus grands succès ; mais V. A. permettra-t-elle que je lui fasse une observation au sujet de ce qu'elle dit à S. A. I. et R. le grand-duc de Berg dans sa lettre du 29 qu'elle a eu la bonté de me communiquer : « que le duc de Weimar m'a surpris le passage de l'Elbe. »

J'étais devant Magdeburg et j'avais ordre de jeter un pont au-dessus de cette ville pour y passer l'Elbe et me tenir prêt à me porter sur Berlin si j'en recevais l'ordre, lorsque les partis que j'avais envoyés à Helmstädt sur la route de Brunswick, m'annoncèrent qu'une colonne ennemie se présentait et semblait se diriger sur Magdeburg. Sans perdre une heure, je fus à sa rencontre et immédiatement je me dirigeai sur Tangermünde pour le prévenir, lorsque je pus juger que sa direction était changée. Je pris sur moi ce mouvement que je crus utile aux armes de S. M. quoique j'eusse eu l'ordre de passer l'Elbe au-dessus de Magdeburg, et ma crainte alors fut que l'Empereur ne me désapprouvât puisque, pour un objet particulier, je pouvais m'écarter de ses dispositions générales.

J'ai fait des marches inouïes pour atteindre l'ennemi et, si je ne l'ai point enlevé, c'est qu'il m'était physiquement impossible de le déborder avant qu'il arrivât sur l'Elbe et même qu'il eût jeté une partie de son monde sur la rive opposée. Je me ferais moi-même les reproches les plus amers si dans cette circonstance j'avais négligé une disposition et

---

1. De Berlin par Spandau et Nauen à Rathenow, 76 kil. ; — de Rathenow à Wüsterhausen, 35 kil.

si j'avais perdu une minute. Je prie V. A. de vouloir bien en donner l'assurance à S. M. et de la persuader que le vœu le plus ardent que je forme est de pouvoir contribuer à la destruction de son dernier ennemi et pour cela que ma vie et toutes mes facultés lui sont consacrées.

10 heures du soir. *P.-S.* — Je rouvre ma lettre pour annoncer à V. A. que j'espère demain joindre l'ennemi. Le général Guyot me rend compte de Rägelin où il est établi avec la cavalerie légère que ce matin le général Pleiss en était parti avec 2 régiments de hussards, 1 de dragons, 2 bataillons d'infanterie et plusieurs compagnies de chasseurs du pays (le général Pleiss commande l'arrière-garde du duc de Weimar), et s'est dirigé avec cette troupe sur Zechlin, entre Rheinsberg et Wittstock [1], mouvement qui me paraît justifier ma présomption que l'ennemi ayant été instruit de l'événement arrivé au prince de Hohenlohe, cherche pour se sauver à pénétrer par le Mecklemburg, ou à revenir sur ses pas; ainsi j'aurai le bonheur, je crois, de le trouver sur ma route. J'attends encore le rapport des reconnaissances que j'ai envoyées à Wittstock, à Zechlin et à Rheinsberg pour avoir plus de certitude sur la direction que la colonne ennemie aura prise en partant de Zechlin; aujourd'hui à 2 heures après-midi il était encore dans ce dernier endroit. Demain au jour je serai en marche pour le chercher.

3e division, Brunn [2]; — quartier général, 2e division, Wüsterhausen; — 1re division, Neustadt; — parc, Tangermünde.

LE MARÉCHAL SOULT AU GÉNÉRAL GUYOT.

Wüsterhausen, 30 octobre 1806.

Je reçois avec bien du plaisir la nouvelle que vous me donnez qu'aujourd'hui à 2 heures l'ennemi était encore à Zechlin; j'espère

1. de Wüsterhausen à Rägelin, 21 kil. ; — de Rägelin à Rheinsberg, 19 kil. ; — à Zechlin, 18 kil. ; — à Wittstock, 20 kil. ; — de Wüsterhausen à Wittstock, 31 kil. ; — de Rheinsberg à Zechlin, 12 kil.

2. De Neustadt à Wüsterhausen, 5 kil. ; — de Wüsterhausen à Brunn, 5 kil.

que pour cette fois il ne nous échappera pas. Il est cependant bien important qu'avant le jour je sache quelle direction il a prise en sortant de Zechlin et si à Wittstock ou Herzsprung il y a eu aujourd'hui de ses troupes ou s'il devait y en arriver. Envoyez-moi le rapport de vos reconnaissances aussitôt qu'elles seront revenues. J'éprouve d'autant plus d'impatience de les avoir qu'ils doivent me déterminer sur la direction à donner au corps d'armée.

Le 16e de chasseurs [1] et l'artillerie viennent d'arriver ; demain ils coopéreront aux opérations.

Sitôt que vos reconnaissances auront joint l'ennemi, elles doivent rester en présence pour ne plus le perdre de vue jusqu'à ce qu'il soit détruit. Elles doivent vous en instruire pour que vous m'en rendiez compte sans perdre une minute.

Je ne vous enverrai des ordres qu'après que j'aurai reçu le rapport des reconnaissances que vous avez envoyées à Wittstock et à Rheinsberg.

Je vous annonce qu'après une des plus belles affaires de cavalerie que l'on puisse voir, S. A. le grand-duc de Berg a pris toute la colonne du prince de Hohenlohe de 16,000 hommes et de 60 pièces de canon et qu'avec cette colonne il y avait plusieurs princes de la famille royale. Cet événement doit enflammer l'émulation des militaires du corps d'armée afin que nous puissions offrir de nouveaux triomphes à l'Empereur.

Journal des opérations du 4e corps. — Le détachement qui fut à Wittstock rencontra la queue d'une colonne ennemie, la chargea immédiatement et lui prit un équipage de pont bien attelé et en bon état, ainsi que 200 hommes ; on apprit par les prisonniers qui furent faits que le duc de Weimar en était parti la veille pour rentrer en

---

1. Ce régiment avait été retardé au passage de l'Elbe.

LE GÉNÉRAL COMPANS AU GÉNÉRAL MARGARON.

Wüsterhausen, 30 octobre 1806.

D'après les intentions de M. le Maréchal commandant en chef vous voudrez bien envoyer demain matin au point du jour devant son logement, un détachement du 16e régiment composé d'un officier, un maréchal-des-logis, un brigadier et 15 chasseurs. Ce détachement est destiné à faire, jusqu'à nouvel ordre, au quartier général, le service de la correspondance et de l'escorte de M. le Maréchal.

Le maréchal Soult se contentait d'un détachement de force modeste ; les généraux de division n'avaient comme ordonnances que 1 brigadier et 4 cavaliers ; les généraux de brigade, 2 cavaliers. — En diminuant les escortes, on réduit les embarras des quartiers généraux et on renforce les régiments. La valeur d'un peloton de cavalerie suffit pour toutes les escortes d'un corps d'armée.

Saxe, et qu'il avait remis le commandement de la colonne au général Wenning ; on apprit aussi que cette colonne s'était dirigée sur Rheinsberg,

Le détachement qui fut envoyé à Rheinsberg confirma ce dernier rapport et rendit compte qu'en arrivant à Rägelin il avait fait quelques prisonniers et appris que l'ennemi au nombre de 4,000 hommes, commandés par le général Pleiss, en était parti la nuit précédente et s'était dirigé sur Zechlin ; ainsi, après avair passé l'Elbe, à la troisième marche le corps d'armée rejoignit l'ennemi et se trouva aussi avancé à son égard qu'il l'était à Tangermünde ; dès ce moment il ne le perdit plus de vue.... [1].

LE MARÉCHAL NEY AU MAJOR GÉNÉRAL.

Schöneback, 30 octobre 1806.

M. le maréchal Soult en passant l'Elbe à Tangermünde dans la nuit du 27 au 28 m'a annoncé qu'il se dirigeait sur Brandenburg pour y faire sa jonction avec M. le maréchal Bernadotte ; il ne m'a d'ailleurs donné aucun renseignement positif sur la marche du duc de Weimar ; il s'est borné à m'apprendre que ce général avait passé l'Elbe à Sandau et à Werben.

Il est possible que ce général ennemi ait laissé sur la rive gauche de l'Elbe un corps de cavalerie légère pour inquiéter ma gauche ; j'ai en conséquence poussé fort loin des partis sur les 2 rives du fleuve pour être prévenu à temps, mais je suis si faible en cavalerie que j'ai à peine assez de monde pour relever les postes qui forment l'investissement de Magdeburg. On m'annonce la rentrée du 3e de hussards.

Le rapport du général Picard, établi à Nordhausen avec 3 régiments de dragons, porte que sa présence devient inutile puisqu'il n'y existe plus que quelques hussards prussiens qui se cachent dans les forêts de Langensalza et d'Eisenach. J'ai en conséquence donné ordre à ce général de rentrer avec

1. Contrairement à ce qui est rapporté dans le journal des opérations, le maréchal Soult reçut les renseignements du général Guyot de Rägelin lui annonçant la retraite de l'ennemi sur Zechlin avant ceux de la reconnaissance sur Wittstock qui ne lui parvinrent que dans la nuit du 30 au 31. Voir pour les opérations du 31 octobre et du 1er novembre le rapport du maréchal Soult à l'Empereur du 2 novembre.

2 régiments et de laisser à Nordhausen celui qui lui paraîtra le plus en état de faire le service dont il était chargé[1]. J'aurai alors 4 régiments de dragons et 2 de cavalerie légère, ce qui me mettra à même de couper toutes les communications de Magdeburg, de soulager un peu mon infanterie et de pousser des reconnaissances pour m'assurer si l'ennemi n'a point laissé quelque parti sur la rive gauche de l'Elbe.

De nombreux rapports s'accordent à dire que la garnison de Magdeburg est forte de 10,000 à 12,000 hommes dont environ 400 de cavalerie.

J'ai fait plusieurs tentatives pour amener le lieutenant-général comte de Kleist à une capitulation.

Il y a plus de 800 bouches à feu de tous calibres, tant dans les arsenaux qu'en batterie sur le développement des fortifications de Magdeburg, en y comprenant Friedrichstadt, qui forme la tête de pont sur la rive droite de l'Elbe, la citadelle et l'ouvrage étoilé qui protège le faubourg de Sudenburg.

---

1 Les ordres du Major général du 29 rappelant la 1re division de dragons (voir page 485), modifièrent les dispositions projetées par le maréchal Ney.

RAPPORT DES OPÉRATIONS DE LA BRIGADE DE DRAGONS COMMANDÉE PAR LE GÉNÉRAL PICARD, DÉTACHÉ A NORDHAUSEN, OU IL EST ARRIVÉ LE 23 OCTOBRE.

Nordhausen, 29 octobre 1806.

24. — Rien de nouveau.

25. — Capitaine Vuillemoy, du 26e régiment, reconnaissance sur Sondershausen, a rencontré 3 soldats prussiens venant de Magdeburg, a appris que la veille 30 à 40 hussards prussiens avaient quitté Grossen-Furra et avaient passé la nuit à Straussburg et que de là ils s'étaient retirés dans les bois, a suivi leur piste, n'a pu les joindre.

26. — Chef d'escadron Prévost détaché à Langensalza, a ramassé 4 Prussiens, a fait pousser des reconnaissances sur Mulhausen. Rien de nouveau ; 9 déserteurs prussiens errent dans la campagne.

Fages, capitaine au 2e régiment, reconnaissance d'Urbach à Sondershausen, mêmes renseignements que M. Vuillemoy.

Bontemps, capitaine au 20e régiment, reconnaissance de Nordhausen sur Sondershausen, mêmes renseignements sur les 30 à 40 hussards.

27. — Rédon, capitaine au 2e régiment, reconnaissance de Heringen sur Sondershausen, rien ; à Numburg a obtenu les mêmes renseignements sur les 30 à 40 Prussiens ; a appris qu'ils se dirigeaient sur Magdeburg et qu'ils étaient passés le 25.

Lescart, capitaine au 20e, mêmes renseignements sur les 40 hussards, a appris qu'ils se dirigeaient sur Heiligenstadt.

Bessières, capitaine au 26e, rend compte que 150 hussards prussiens ont passé la nuit à Straussburg, qu'ils en ont emporté du fourrage en se dirigeant

Le gouverneur de Magdeburg a fait brûler toutes les maisons de campagne et les fermes qui se trouvaient à une distance de 200 toises des fossés de la place ; cette disposition a beaucoup aigri la bourgeoisie de la ville, dont la population est de 25,000 âmes.

J'ai fait tirer une centaine d'obus à côté de Neustadt ; quelques-uns ont porté dans la ville.

Tout ce que j'ai appris des dispositions de la garnison et des habitants me donne la presque certitude qu'au moyen de quelques mortiers pour incendier la ville, le gouverneur serait forcé de capituler. Une des causes qui contribuent le plus à soulever le peuple, est le manque de vivres qui se fait déjà sentir vivement.

Dans cet état de choses, j'ai cru devoir écrire au général Clarke, gouverneur d'Erfurt, pour le prier de m'envoyer 4 mortiers avec un approvisionnement de 150 bombes. Je ne sais si ce général accédera à ma demande, mais il me semble

---

sur Heiligenstadt, et qu'ils étaient commandés par un officier nommé Pilla. (Ces 2 officiers des 20e et 26e commandaient des reconnaissances dirigées de Nordhausen sur Sondershausen par des routes différentes.)

28. — Privé, colonel du 2e régiment, établi à Heringen. Les reconnaissances détachées sur Sondershausen et Auleben n'ont rien appris de nouveau.

Chef d'escadron Prévost, détaché à Langensalza, a fait conduire à Erfurt 1 officier et 23 Prussiens prisonniers ramassés par ses patrouilles isolément et sur différents points, a reçu du général Clarke l'ordre de quitter Langensalza pour aller battre les campagnes de Weissensee, Cölleda, Buttelstadt, Sommerda et Weimar, de là se rabattre sur Erfurt et de rejoindre la brigade en passant par Langensalza et Mulhausen ; le but de sa mission est de ramasser les traînards, les canons et les bagages abandonnés par l'armée prussienne. Il annonce ne devoir rejoindre la brigade que le 9 novembre.

29. — Colonel Privé. Aucun renseignement nouveau. Le parti des 40 hussards a pris une autre direction.

Coulon, chef d'escadron au 20e. Reconnaissance sur Heiligenstadt, a passé par Pustleben, Elende, Nieder-Ober-Gebra, Sollstädt, Wülfingerode, Breitenworbis, Gernrode, Breiteinholtz et s'est arrêté entre ce village et Leinefeld. — A Breitenworbis il est passé le 21 1 officier prussien et 30 hommes montés qui ont pris du foin et avoine et ont continué de suite se dirigeant sur Hanovre. Ce détachement conduit un officier français tenant à S. M. l'Empereur. Il est porteur d'une lettre de S. M. pour le roi de Hollande (de laquelle il est encore porteur). Ses ordres sont de passer par Göttingen, Paderborn, Münster et Wesel.

A Gernrode il est passé dans la nuit de dimanche à lundi (du 26 au 27) 2 hommes commandés par un officier et conduisant 8 Français prisonniers ; ils ont pris une charrette pour conduire les prisonniers et sont partis en se dirigeant sur Worbis, Duderstadt, Gieboldehausen et Altstorf.

qu'il serait facile de m'envoyer cette artillerie de Spandau en l'embarquant sur l'Elbe à Wittenberg.

Je prie V. A. de prendre cette demande en considération.

Mon infanterie est extrêmement fatiguée par le service du blocus ; la ligne d'investissement sur la rive gauche a plus de 4 lieues, celle de la rive droite est moins large mais exige néanmoins une surveillance active.

Veuillez avoir la bonté, Monseigneur, de me donner quelques nouvelles de la Grande Armée.

Je mets sous les yeux de V. A. le rapport de l'officier commandant le génie sur l'établissement du pont de Schönebeck.

LE GÉNÉRAL VANDAMME AU MARÉCHAL NEY.

Olwenstädt, 30 octobre 1806.

J'ai fait serrer la place de manière que rien ne puisse sortir. C'est hier au soir que j'ai commencé cette opération. On s'y est opposé par une légère canonnade, qui n'a tué ni blessé personne. J'apprends par tous les déserteurs que la garnison n'est composée que de 5,000 à 6,000 hommes et que les vivres leur manquent. Il serait nécessaire que le général Marchand serrât aussi la place le plus possible ; de mon côté je suis sur les glacis ; mes avant-postes ne leur permettent plus de placer une vedette hors la place.

L'EMPEREUR AU ROI DE BAVIÈRE.

Berlin, 30 octobre 1806.

Je remercie Votre Majesté de la lettre qu'elle m'a fait remettre par son aide de camp. Je suis maître de la plus grande partie des États du roi de Prusse, de toute son armée. Hier 29 le prince de Hohenlohe avec 16,000 hommes d'infanterie, 6 régiments de cavalerie, 45 drapeaux, 64 pièces de canon, a mis bas les armes à Prenzlow. J'attends à chaque instant la nouvelle que les colonnes du duc de Weimar et du général Blücher ont éprouvé le même sort. Mes troupes sont maîtresses de Francfort et ont passé l'Oder. Le roi de Prusse a passé la Vistule. La 1re division des troupes de V. M., qui est entrée à Dresde, se dirige sur Francfort; la 2e division se rend aussi à Francfort; les troupes du roi de Wurtemberg suivront la même destination ; ce qui forme un corps d'armée à la tête duquel marche le prince Jérôme. En confiant à mon frère le commandement de ces troupes, j'ai voulu leur donner une preuve de l'intérêt que je leur porte et du désir de ne pas les compromettre au delà des chances de la guerre. Votre Majesté peut compter, dans toutes les circonstances, sur les effets de mon amitié et sur le soin que j'aurai constamment des intérêts de sa Maison.

L'EMPEREUR AU ROI DE WURTEMBERG.

Berlin, 30 octobre 1806.

Monsieur mon Frère, j'ai reçu la lettre de Votre Majesté. Elle aura été informée de mon entrée à Berlin et de la prise du prince de Hohenlohe avec 16,000 hommes d'infanterie, composée des gardes du Roi et autres troupes d'élite, 6 régiments de cavalerie, 45 drapeaux et 64 pièces de canon. On m'annonce également que le général Blücher, avec 5 régiments de cavalerie, a mis pied à terre et s'est rendu le 29 au matin près de Löcknitz. Mes troupes ont passé l'Oder ; celles de Votre Majesté ont reçu l'ordre de se rendre sur l'Oder, ainsi que les 2 divisions bavaroises. Ce corps qui sera d'environ 25,000 hommes, sera sous les ordres du prince Jérôme. En confiant vos troupes à mon frère, j'ai voulu montrer l'intérêt que je leur porterai dans toutes les combinaisons militaires.

Jusqu'à cette heure je n'entends point parler des Russes. J'avoue à Votre Majesté que je serais fort aise de les rencontrer pour leur donner une bonne et sévère leçon, qui les fît repentir du peu de souvenir et de reconnaissance qu'ils ont conservé des bons procédés que j'ai eus à leur égard à Austerlitz. Je penserais que les succès que nous avons obtenus pourraient porter Votre Majesté à ordonner des prières publiques pour en remercier Dieu.

L'EMPEREUR AU PRINCE PRIMAT.

Berlin, 30 octobre 1806.

Les succès qu'ont obtenus mes armes et celles de mes alliés de la Confédération du Rhin m'ont porté à ordonner dans mon Empire des prières publiques pour remercier le Dieu des armées de ces victoires signalées. Peut-être Votre Altesse jugera-t-elle devoir en ordonner dans toute l'étendue de ses États et inviter les souverains de la Confédération du Rhin à suivre cet exemple.

Mes troupes ont passé l'Oder ; l'armée prussienne n'existe plus. Toute la garde à pied et à cheval du Roi, tous ses bataillons de grenadiers ont été faits prisonniers. Ce prince a passé la Vistule.

L'EMPEREUR A M. CAMBACÉRÈS.

Berlin, 30 octobre 1806.

Mon Cousin, je reçois votre lettre du 23 où je vois que vous n'avez pas encore reçu le bulletin de la bataille du 14. Je pense que vous n'aurez pas tardé à le recevoir. Je suis à Berlin depuis 2 jours, fort occupé. Je vous envoie un rapport du ministre Dejean. Je ne puis concevoir que les préfets prennent sur eux, dans une chose si importante que le recrutement, sans attendre mon ordre. Le roi de Hollande ne commande pas dans l'intérieur de l'Empire. Quand donc les préfets auront-ils un peu de sens et d'aplomb ? Faites-leur écrire dans ce sens. Aucun recruteur étranger ne doit recruter en France. Il faut un décret bien solennel pour se départir de cet ordre.

23e BULLETIN DE LA GRANDE-ARMÉE.

Berlin, 30 octobre 1806.

Le duc de Weimar est parvenu à passer l'Elbe à Havelberg. Le maréchal Soult s'est porté le 29 à Rathenow et le 30 à Wüsterhausen.

Le 29 la colonne du duc de Weimar était à Rheinsberg, et le maréchal prince de Ponte-Corvo à Fürstenberg. Il n'y a pas de doute que ces 14,000 hommes ne soient tombés ou ne tombent dans ce moment au pouvoir de l'armée française. D'un autre côté le général Blücher, avec 7,000 hommes, quittait Rheinsberg le 29 au matin pour se porter sur Stettin. Le maréchal Lannes et le grand-duc de Berg avaient 3 marches d'avance sur lui. Cette colonne est tombée en notre pouvoir ou y tombera sous 48 heures.

Nous avons rendu compte, dans le dernier bulletin, qu'à l'affaire de Prenzlow le grand-duc de Berg avait fait mettre bas les armes au prince de Hohenlohe et à ses 17,000 hommes. Le 29 une colonne ennemie de 6,000 hommes a capitulé dans les mains du général Milhaud à Pasewalk. Cela nous donne encore 2,000 chevaux sellés et bridés avec des sabres. Voilà plus de 6,000 chevaux que l'Empereur a ainsi à Spandau, après avoir monté toute sa cavalerie.

Le maréchal Soult, arrivé à Rathenow, a rencontré 5 escadrons de cavalerie saxonne qui ont demandé à capituler. Il leur a fait signer la capitulation ci-jointe. C'est encore 500 chevaux pour l'armée.

Le maréchal Davout a passé l'Oder à Francfort. Les alliés bavarois et wurtembergeois, sous les ordres du prince Jérôme, sont en marche de Dresde sur Francfort.

Le roi de Prusse a quitté l'Oder et a passé la Vistule ; il est encore à Graudenz. Les places de Silésie sont sans garnisons et sans approvisionnements. Il est probable que la place de Stettin ne tardera pas à tomber en notre pouvoir. Le roi de Prusse est sans armée, sans artillerie, sans fusils.

C'est beaucoup que d'évaluer à 12,000 ou 15,000 hommes, ce qu'il aura pu réunir sur la Vistule. Rien n'est curieux comme les mouvements actuels. C'est une espèce de chasse où la cavalerie légère, qui va aux aguets des corps d'armée, est sans cesse détournée par des colonnes ennemies qui sont coupées.

Jusqu'à cette heure nous avons 150 drapeaux, parmi lesquels sont ceux brodés des mains de la belle Reine, beauté aussi funeste aux peuples de la Prusse que le fut Hélène aux Troyens.

Les gendarmes de la Garde ont traversé Berlin pour se rendre prisonniers à Spandau. Le peuple, qui les avait vus si arrogants il y a peu de semaines, les a vus dans toute leur humiliation.

L'Empereur a fait aujourd'hui une grande parade qui a duré depuis 11 heures du matin jusqu'à 6 heures du soir. Il a vu en détail toute sa Garde à pied et à cheval, et les beaux régiments de carabiniers et de cuirassiers de la division Nansouty ; il a fait différentes promotions, en se faisant rendre compte de tout dans le plus grand détail.

Le général Savary, avec 2 régiments de cavalerie, a déjà atteint le corps du duc de Weimar et sert de communication [1] pour transmettre les renseignements au grand-duc de Berg, au prince de Ponte-Corvo et au maréchal Soult.

On a pris possession des États du duc de Brunswick. On croit que ce duc s'est réfugié en Angleterre. Toutes ses troupes ont été désarmées. Si ce prince a mérité, à juste titre, l'animadversion du peuple français, il a aussi encouru

1. Lorsque les bulletins de l'armée sont dictés par un homme de guerre comme l'Empereur, ils renferment des enseignements de haute valeur. Le général Savary avec ses 2 régiments de cavalerie *sert de communication*, de relai entre des corps d'armée éloignés pour transmettre les renseignements et ceux qu'il recueille lui-même et ceux qu'ils obtiennent de leur côté. Il raccourcit les distances ou les intervalles. L'expression est à conserver et la pratique aussi, en observant toutefois que, hors le cas d'une poursuite, les corps d'une armée ne peuvent être aussi éloignés qu'ils le sont du 29 octobre au 1er novembre. Avant la bataille le Commandant de l'armée tient ses corps réunis, prêts à être concentrés, ainsi que je l'ai montré avant Iéna. — La communication entre 2 armées se fait de même au moyen de brigades ou de divisions de cavalerie.

celle du peuple et de l'armée prussienne : du peuple, qui lui reproche d'être l'un des auteurs de la guerre ; de l'armée, qui se plaint de ses manœuvres et de sa conduite militaire. Les faux calculs des jeunes gendarmes sont pardonnables ; mais la conduite de ce vieux prince, âgé de 72 ans, est un excès de délire et dont la catastrophe ne saurait exciter des regrets. Qu'aura donc de respectable la vieillesse si, aux défauts de son âge, elle joint la fanfaronnade et l'inconsidération de la jeunesse ?

LE GÉNÉRAL HÉDOUVILLE AU MAJOR GÉNÉRAL.

Dresde, 30 octobre 1806.

J'ai reçu ce soir à 10 heures les ordres de V. A. S. (datés de Berlin du 29) pour la marche de la division bavaroise commandée par le général Mezanelli ; je viens de lui remettre l'ordre qui lui est adressé et j'en remets une copie au général Deroy qui doit arriver ici le 2 novembre avec sa division et qui en conséquence de cet ordre continuera sa route le 3 pour être rendu à Peiz le 5.

Le général Mezanelli a reçu la lettre que V. A. S. lui a écrite ; elle sera en toutes circonstances un titre bien flatteur pour les Bavarois. Le commandant Thiard fait ce qui dépend de lui pour les satisfaire et demain il leur fera délivrer des carabines, des pistolets et des souliers.

La division commandée par le général Mezanelli partira demain de Dresde et ira loger le 31 à Schwebnitz, le 1er novembre à Hoyerswerda et le 2 à Peiz, où elle attendra la division du général Deroy et de nouveaux ordres.

La cavalerie de cette division sera détachée le 3 pour continuer sa marche sur Francfort et se lier à celle du maréchal Davout. Si le maréchal Davout veut de l'artillerie légère avec cette cavalerie, il en aura.

Lorsque la division du général Deroy sera arrivée à Peiz, je dirigerai sa cavalerie sur celle du général Mezanelli d'après les mouvements que cette dernière aura déjà faits.

Si je n'avais pas en cela saisi les ordres de V. A. S., elle sera à temps de m'en donner de nouveaux.

Je joins ici un état de situation de la division du général Mezanelli et 2 aperçus informes de celle de la division du général Deroy et du corps de Würtemberg n'ayant pas pu encore en obtenir d'autres, quoique j'aie envoyé des officiers au-devant de ces 2 divisions. Je suivrai la division du général Mezanelli[1].

Division Mezanelli[2]. 1re colonne :

2 bataillons de chasseurs à 800 hommes. . . .	1,600
2 bataillons d'infanterie légère.	1,600
Régiment du Roi, cavalerie	400
Régiment de chevau-légers.	400
Quartier général.	50

2e colonne :

5 régiments d'infanterie de ligne à 800 hommes	4,000
Régiment de chasseurs à cheval.	350
Artillerie et parc. 300 hommes et 250 chevaux .	300

18 pièces dont 10 d'artillerie légère et 8 de position.

LE GÉNÉRAL BEAUMONT AU GÉNÉRAL . . . . .[3].

Zehdenick, 30 octobre 1806.

Je vous envoie, mon cher Général, l'état des prisonniers de guerre dont la conduite m'a été confiée et d'après la revue qui en a été passée avec autant d'exactitude que possible en route[4]. J'avais bien

---

1. Pour la suite des opérations des troupes alliées, voir la *Campagne de Pologne*, journées des 29 et 30 octobre.

2. Voir la situation de cette division à la date du 11 octobre. *Iéna*, page 698.

3. Lettre adressée probablement au général Bolliard.

4. État sommaire et par régiment des prisonniers de guerre prussiens.

Régiment de Winning. Infanterie . . .	119	hommes.
— Schach	326	—
— Osten.	578	—
— Dohna	549	—
— Lostin	457	—

jugé que le nombre était plus fort que l'état qui m'avait été remis. J'envoie le double au Mujor général en lui rendant compte de mon arrivée à Spandau le 1er et le 2 novembre, ayant partagé ma colonne en 2 à Templin.

Je demande des ordres au Ministre tant pour ces prisonniers que pour les 420 chevaux que je conduis et aussi pour ma division.

Je vous embrasse de tout mon cœur, mon cher Général.

LE MAJOR GÉNÉRAL AU GÉNÉRAL FÉRY, COMMANDANT A SPANDAU.

Berlin, 30 octobre 1806.

Je vous préviens qu'il arrivera demain 16,000 prisonniers à Spandau, provenant du corps du prince de Hohenlohe qui a mis bas les armes devant le grand-duc de Berg. Il faut qu'à leur arrivée vous ayez 60,000 à 80,000 rations de pain de cuit, afin de leur distribuer à chacun en partant 3 jours de vivres.

Le général de division Beaumont est chargé de conduire toute cette colonne de prisonniers.

L'intention de l'Empereur est que ce général continue sa route avec ces prisonniers et avec la même escorte jusqu'à Erfurt; si cependant il était arrivé à Spandau 1 ou 2 batail-

---

Régiment de Borck	498	hommes.
— Hahm	341	—
— Möllendorf	817	—
— Brünswick	259	—
— Arnim	458	—
— Hohenlohe	360	—
— du Roi	450	—
— de la Garde	2,151	—
Bataillon du prince Auguste	609	—
Cavalerie de Krast	334	—
Dragons de Pettewitz	225	—
Dragons de Wobser	289	—
Artillerie à pied	431	—
Artillerie à cheval	166	—
De tous les corps rentrés après la revue	117	—
	9,531	hommes.

Nota. — Ne sont point compris dans cet état environ 400 officiers qui sont partis de Templin ou qui sont restés à Prenzlow pour recevoir des passe-ports. Les officiers de la Garde sont seuls compris dans l'état ci-dessus.

lons de troupes auxiliaires, on les mettrait à la place d'un même nombre du 12e d'infanterie légère.

Ces prisonniers continueront leur marche le lendemain de leur arrivée.

Ne perdez pas de temps pour que les 3 jours de pain soient préparés tant pour les prisonniers que pour les troupes qui les escortent.

LE MAJOR GÉNÉRAL AU GÉNÉRAL BEAUMONT.

Berlin, 30 octobre 1806.

L'ordre de l'Empereur, M. le général Beaumont, est que vous continuiez à escorter les prisonniers de guerre de la colonne du prince de Hohenlohe avec la même escorte d'infanterie et de dragons jusqu'à Erfurt, en prenant toutes les précautions nécessaires pour qu'il n'en échappe point [1].

S. M. ordonne expressément, Général, que tous les officiers généraux et particuliers, les soldats, infanterie et cavalerie et même les Gardes du Roi soient conduits en France comme prisonniers ; S. M. n'approuve pas que les Gardes du Roi de Prusse restent à Potsdam, tout doit aller en France et vous êtes particulièrement chargé de l'exécution de ces ordres ; je renvoie en conséquence à Spandau 20 gendarmes ou officiers de la Garde du Roi qui ont été amenés ici contre les ordres de l'Empereur.

L'Empereur pense qu'un gros détachement de cavalerie est nécessaire jusqu'à Erfurt, et que vous devez avoir soin de faire éclairer la colonne en avant et sur les flancs, afin que les partis ennemis qui pourraient errer ne délivrent pas les prisonniers.

Une fois arrivé à Erfurt, l'Empereur trouve qu'il suffira d'avoir un Français sur 8 prisonniers. Il y a 16,000 prisonniers, ainsi il faudrait 2,000 Français dont 120 hommes de cavalerie pour éclairer. C'est ainsi que vous arrangerez l'es-

1. Le général Boyé accompagna seul les prisonniers jusqu'à Mayence avec des détachements. Le général Beaumont reforma sa division, passa la revue de l'Empereur à Berlin le 4 novembre et partit de suite pour rejoindre le maréchal Davout sur l'Oder. Voir plus loin au 3 novembre.

corte à Erfurt. Si le général Clarke a un nombre suffisant de troupes auxiliaires, on les emploiera de préférence à l'infanterie française qui rejoindra son corps d'armée ; mais il faut toujours 120 hommes à cheval et 1 officier général pour conduire la colonne jusqu'à Fulde d'où le maréchal Mortier fera conduire ces 16,000 prisonniers à Mayence.

L'intention de l'Empereur est que les prisonniers et l'escorte prennent en passant à Spandau du pain pour 3 jours et vous aurez soin d'envoyer plusieurs jours à l'avance dans les lieux de logement où le pain devra être fourni, afin qu'il soit préparé.

ORDRE DU JOUR.

Berlin, 30 octobre 1806.

MM. les Maréchaux commandant en chef chaque corps d'armée feront dresser un état nominatif des généraux et officiers et un état sommaire par régiment des sous-officiers et soldats qu'ils ont faits prisonniers dans cette campagne; ces états, demandés par l'Empereur, seront adressés sans délai au Major général.

Les prisonniers de guerre non rendus sur parole, et ceux non échangés, ne doivent point rester sur le territoire prussien. MM. les Maréchaux et généraux commandant les troupes de S. M. I. et R. les feront conduire sous escorte conformément aux dispositions prescrites dans l'ordre du jour du 17 octobre.

Tous les hommes se disant déserteurs du service ennemi, quelle que soit leur patrie, seront également dirigés sur Mayence.

L'Empereur défend que l'on fasse diriger aucunes troupes sur Berlin, à moins d'un ordre particulier. Tout doit se rendre à Spandau pour y recevoir de nouveaux ordres.

Les états des corps d'armée n'existent plus. Je n'ai retrouvé que quelques états numériques des prisonniers faits par les brigades ou divisions de cavalerie de la réserve, avec l'indication des prises. Ces états, fort incomplets comme ensemble, sont insignifiants et n'apprennent rien.

LE GÉNÉRAL CLARKE, GOUVERNEUR D'ERFURT, AU MARÉCHAL NEY.

Erfurt, 30 octobre 1806.

Je remercie particulièrement V. Exc. des détails dans lesquels elle est entrée relativement au blocus de Magdeburg. Si le général qui est dans la place est le même que celui qui naguère gouvernait Erfurt, ce doit être un homme faible et sur lequel sa femme a un très-grand empire. J'en juge par des lettres qui me sont tombées entre les mains. J'envoie avec empressement les 4 mortiers que V. Exc. demande et je lui enverrais même, s'il le fallait, 200 pièces de canon que j'ai dans la citadelle, s'il y avait des moyens de transport. Il y a parmi tout cela une douzaine de pièces de gros calibre.

LE GÉNÉRAL BOURCIER AU MAJOR GÉNÉRAL.

Potsdam, 30 octobre 1806.

Dans une revue provisoire que j'ai passée hier des dragons réunis à Potsdam, j'ai reconnu que tous sont dépourvus de sabres et de ceinturons à l'exception d'un petit nombre d'hommes auxquels on a donné des sabres saxons mais sans ceinturons.

J'ai examiné ces sabres saxons ; ils m'ont paru fort bons, et il serait à désirer qu'on pût en procurer de pareils à tous les hommes qui n'en ont pas. Soit qu'il y en ait de ceux-là, soit qu'il y en ait d'autres également convenables dans les arsenaux à la disposition de l'armée, je prie V. A. de vouloir bien me faire savoir où je puis faire prendre sabres et ceinturons pour armer les dragons.

Au fur et à mesure de mes opérations, je m'empresserai d'avoir l'honneur d'en rendre compte à V. A. Je la prie de croire que je m'y livre avec le plus grand zèle.

M. Latran. — A l'arsenal de Berlin. B.
Écrit en conséquence le 1er novembre.

31 OCTOBRE.

24e BULLETIN DE LA GRANDE-ARMÉE.

Berlin, 31 octobre 1806.

Stettin est en notre pouvoir. Pendant que la gauche du grand-duc de Berg, commandée par le général Milhaud, faisait mettre bas les armes à une colonne de 6,000 hommes à Pasewalk, la droite, commandée par le général Lasalle, sommait la ville de Stettin et lui imposait la capitulation ci-jointe. Stettin est une place en bon état, bien armée et bien palissadée, 160 pièces de canon, des magasins considérables, une garnison de 6,000 hommes de belles troupes, prisonnière, beaucoup de généraux ; tel est le résultat de la capitulation de Stettin, qui ne peut s'expliquer que par l'extrême découragement qu'a produit sur l'Oder et dans tous les pays de la rive droite la disparition de la grande armée prussienne.

De toute cette belle armée de 180,000 hommes rien n'a passé l'Oder. Tout a été pris, tué, ou erre encore entre l'Elbe et l'Oder, et sera pris avant 4 jours. Le nombre des prisonniers montera à près de 100,000 hommes. Il est inutile de faire sentir l'importance de la prise de la ville de Stettin, une des places les plus commerçantes de la Prusse, et qui assure à l'armée un bon pont sur l'Oder et une bonne ligne d'opérations.

Du moment que les colonnes du duc de Weimar et du général Blücher, qui sont débordées par la droite et la gauche et poursuivies par la queue, seront rendues, l'armée prendra quelques jours de repos.

On n'entend point encore parler des Russes. Nous désirons fort qu'il en vienne une centaine de milliers. Mais le bruit de leur marche est une vraie fanfaronnade. Ils n'oseront pas venir à notre rencontre. La journée d'Austerlitz se représente à leurs yeux. Ce qui indigne les gens sensés, c'est d'entendre l'empereur Alexandre et son Sénat dirigeant dire que ce sont les alliés qui ont été battus. Toute l'Europe sait bien qu'il n'y a pas de famille en Russie qui ne porte le deuil; ce n'est pas la perte des alliés qu'elles pleurent. 195 pièces de bataille russes qui ont été prises, et qui sont à Strasbourg, ne sont pas les canons des alliés. Les 50 drapeaux russes qui sont suspendus à Notre-Dame de Paris ne sont pas les drapeaux des alliés. Les bandes de Russes qui sont morts dans nos hôpitaux ou sont prisonniers dans nos villes ne sont pas les soldats des alliés. L'empereur Alexandre, qui commandait à Austerlitz et à Wischau avec un si grand corps d'armée, et qui faisait tant de tapage, ne commandait pas les alliés. Le prince qui a capitulé et s'est soumis à évacuer l'Allemagne par journées d'étapes n'était pas sans doute un prince allié. On ne peut que hausser les épaules à de pareilles forfanteries. Voilà le résultat de la faiblesse des princes et de la vénalité des ministres. Il était bien plus simple pour l'empereur Alexandre de ratifier le traité de paix qu'avait conclu son plénipotentiaire, et de donner le repos au continent. Plus la guerre durera, plus la chimère de la Russie s'effacera, et elle finira par être anéantie. Autant la sage politique de Catherine était parvenue à faire de sa puissance un immense épouvantail, autant l'extravagance et la folie des ministres actuels la rendront ridicule en Europe.

Le roi de Hollande, avec l'avant-garde de l'armée du Nord, est arrivé le 21 à Göttingen. Le maréchal Mortier, avec les 2 divisions du 8e corps de la Grande-Armée commandées par les généraux Lagrange et Dupas, est arrivé le 26 à Fulde.

Le roi de Hollande a trouvé à Münster, dans le comté de la Marck et autres États prussiens, des magasins et de l'artillerie.

On a ôté à Fulde et à Brunswick les armes du prince d'Orange et celles du duc. Ces deux princes ne régneront plus. Ce sont les principaux auteurs de cette nouvelle coalition.

Les Anglais n'ont pas voulu faire la paix; ils la feront; mais la France aura plus d'États et de côtes dans son système fédératif.

Voici le rapport que le prince de Hohenlohe a adressé au roi de Prusse après la capitulation de son corps d'armée, et qui a été intercepté [1].

---

1. Je n'ai pas eu le bonheur de pouvoir passer l'Oder avec l'armée qui m'était confiée, et de la soustraire ainsi aux poursuites de l'ennemi. Ayant atteint après les marches les plus pénibles les environs de Boitzenburg et me trouvant au moment de passer ce défilé pour atteindre Prenzlow, le même soir je le trouvai déjà occupé par l'ennemi. Quoique parvenu à le forcer, je ne jugeai pas à propos de poursuivre directement ma marche, ma cavalerie se trouvant sans fourrages et extrêmement fatiguée, et devant m'attendre à la pointe du jour à une attaque dont l'issue malheureuse était bien à craindre, je me tournai en conséquence le plus promptement possible vers la gauche, et atteignis dans la nuit les environs de Schönermarck. J'avais dès 2 heures du matin ordonné que de fortes patrouilles fussent poussées au-devant de l'ennemi: ces patrouilles revinrent sans l'avoir rencontré. Pour éviter de tomber dans un cul-de-sac, j'envoyai encore une patrouille jusqu'à Prenzlow. Elle rendit compte qu'aucun ennemi ne s'était montré dans les environs, et qu'à Prenzlow on n'avait pas aperçu de ses patrouilles. Je me mis alors en marche pour atteindre cette ville, où j'espérais trouver du pain et des fourrages; tout autour de moi on en demandait, la détresse était parvenue à son comble. A peine avais-je atteint les hauteurs de Prenzlow, que l'ennemi parut sur mon flanc droit; on en vint aussitôt aux mains. La supériorité de l'ennemi et son artillerie me forcèrent à la retraite par Prenzlow; l'espoir d'y trouver du pain et des fourrages fut donc totalement déçu par l'arrivée de l'ennemi. Des corps ennemis se montrèrent sur mon flanc droit. Les Français, bien supérieurs à moi en artillerie et en cavalerie, se disposaient à renouveler l'attaque sur mon centre; plusieurs bataillons se trouvaient sans cartouches; une batterie entière d'artillerie légère était perdue, et d'après le rapport du colonel Hozen il ne restait plus à la plupart des autres pièces que 5 charges.

Je me trouvais encore à 7 milles de Stettin, et même toute apparence de secours fondée sur cette marche était évanouie. Coupé des secours restés à Lychen et du corps du général Blücher, sans cavalerie en état de combattre, puisque l'abattement des hommes et la fatigue des chevaux lui avaient ôté toute confiance en elle-même; sans munitions et surtout sans vivres; enfin persuadé que je sacrifierais la vie de cette poignée d'hommes sans aucune utilité pour le service de V. M., je me suis soumis à ma triste destinée et j'ai capitulé avec l'ennemi. Je suis à même de justifier ma conduite pendant tout le cours de cette campagne aux yeux de mes contemporains et de la

L'EMPEREUR AU GRAND-DUC DE BERG.

Berlin, 31 octobre 1806, 8 heures du matin.

Mon Frère, je vous fais mon compliment sur la prise de Stettin ; si votre cavalerie légère prend ainsi des villes fortes, il faudra que je licencie le génie et que je fasse fondre mes grosses pièces. Mais il n'y a encore rien de fait ; vous avez encore 25,000 hommes à prendre. L'adjudant-commandant Girard, qui est parti hier d'ici, a dû vous instruire de l'état des choses. Vous avez le général Blücher à prendre et le duc de Weimar, ce qui fait plus de 25,000 hommes. Blücher doit être pris. Le duc de Weimar est poursuivi de près par le maréchal Bernadotte ; le maréchal Soult le suit de très-loin. Descendez l'Oder ; faites-le poursuivre l'épée dans les reins et jusqu'à Stralsund, s'il va là. Point de repos que ces 2 colonnes n'aient mis bas les armes.

L'EMPEREUR AU MARÉCHAL SOULT.

Berlin, 31 octobre 1806, 10 heures du matin.

Stettin a été pris avant-hier; 6,000 hommes de garnison, 160 pièces de canon sur les remparts, des magasins im-

---

postérité, à ceux de V. M. et devant mes propres regards, que je puis tourner avec calme et avec sérénité sur moi-même.

Je pense pouvoir prouver que j'ai été la malheureuse victime de la non-exécution de mes premiers plans. Le malheur seul m'atteint, et non la honte. La supériorité de la cavalerie ennemie avait déjà détruit en grande partie le détachement du général Schimmelpenning, et cependant la possibilité de ma retraite ne reposait que sur l'existence de ce corps qui devait brûler tous les ponts sur le Rhinow, la Havel et le canal de Finow.

J'ai conduit une armée qui, manquant de pain, de munitions, de fourrages, devait atteindre un passage difficile, dans un cercle dans toute l'étendue duquel l'ennemi était en mouvement. L'impossibilité de l'exécution ne tenait ni à mon zèle, ni à ma bonne volonté, ni à la chose en elle-même, ni à l'insuffisance de mes dispositions. On doit plaindre l'étendue de mon malheur, et l'on ne saurait me condamner. Je me réserve de déposer aux pieds de V. M. un rapport détaillé sur tous les événements qui m'ont accablé depuis le 14.

Prenzlow, le 29 octobre 1806.

F. L. PRINCE DE HOHENLOHE.

menses, plusieurs généraux, tout cela s'est rendu à la cavalerie légère du général Lasalle. Celle du général Milhaud a fait mettre bas les armes à 6,000 hommes près de Pasewalk ; c'était tout ce qui restait du corps du prince de Hohenlohe.

J'ai vu avec plaisir que vous vous étiez mis à la poursuite du duc de Weimar ; poursuivez-le jusque dans la Baltique.

Le maréchal Davout a passé l'Oder à Francfort. Le roi de Prusse s'est retiré derrière la Vistule. Pas un homme de tout ce qui restait de la bataille du 14 n'a passé l'Oder.

L'EMPEREUR AU MAJOR GÉNÉRAL.

Berlin, 31 octobre 1806.

Envoyez sur-le-champ un piquet de cavalerie pour arrêter le prince de Hohenlohe. Je ne veux pas qu'il aille en Silésie. L'aide de camp du grand-duc de Berg vous dira où on peut le trouver.

Donnez l'ordre au maréchal Davout qu'aucun officier prussien ne puisse passer pour se rendre en Silésie. Mon intention est qu'aucun officier prussien fait prisonnier ne passe l'Oder[1].

---

1. LE MAJOR GÉNÉRAL AU GÉNÉRAL HULIN.

Berlin, 31 octobre 1806.

Vous pouvez délivrer, Général, des passe-ports aux officiers rendus sur parole, pourvu que le lieu de leur résidence soit sur la rive gauche de l'Oder.

LE GÉNÉRAL BELLIARD AU MAJOR GÉNÉRAL.

Friedland, 1er novembre 1806.

Mon Prince, avant d'avoir reçu vos ordres il a été délivré des passe-ports à beaucoup d'officiers prussiens prisonniers pour Berlin. J'ai l'honneur de vous envoyer l'état de ceux qui en ont reçu. A l'avenir il n'en sera plus délivré pour la capitale. Beaucoup d'officiers ont aussi obtenu des passe-ports pour Potsdam.

Voir la lettre du prince Hohenlohe au grand-duc de Berg, page 493.

LE MAJOR GÉNÉRAL AU GÉNÉRAL HULIN.

Berlin, 1er novembre 1806.

Je vous rappelle que l'intention de S. M. est que tous les officiers prisonniers de guerre envoyés ici sur parole continuent leur route sans séjourner, pour se rendre dans leurs foyers, sur un passe-port que leur délivrera votre

Le 64e, le 44e et le 105e[1] seront casernés, dans la journée, dans les casernes de Berlin.

Le 16e régiment d'infanterie légère sera réparti dans les villages qui sont sur la route de Küstrin et de Stettin.

Aucune troupe ne bivouaquera autour de Berlin.

L'EMPEREUR AU MARÉCHAL MORTIER.

Berlin, 31 octobre 1806.

J'espère qu'avant le 5 novembre vous serez maître de Cassel, que votre mission sera finie pour cette époque, et que la 1re division du roi de Hollande sera à peine arrivée à Cassel que vous la renverrez au roi de Hollande, qui en a besoin, devant se porter en Hanovre. Mon intention est qu'au plus tard le 10 vous vous mettiez en marche, en laissant, comme je l'ai ordonné, le général Lagrange pour gouverneur de Cassel, et que vous dirigiez votre corps d'armée sur le Hanovre, hormis ce que vous jugerez nécessaire de laisser pour maintenir la tranquillité dans le pays. Quelques détachements de cavalerie et 1 régiment d'infanterie doivent être suffisants. Votre arrivée en Hanovre pour renforcer le roi de Hollande est très-urgente ; vous êtes destiné à remplir là une mission de la plus grande importance.

Stettin vient de se rendre ; 6,000 hommes ont été pris

état-major, pourvu que le lieu de leur résidence ne soit pas au delà de l'Oder. Ceux qui demanderaient à aller au delà de ce fleuve seront tenus de choisir une autre résidence sur la rive gauche.

Je vous le répète, vous leur ferez donner un passe-port par votre état-major. Si vous avez encore besoin de quelques officiers, dites-le-moi.

LE MAJOR GÉNÉRAL A L'INTENDANT GÉNÉRAL.

Berlin, 5 novembre 1806.

Je viens de recevoir la réclamation que vous me transmettez de la part des officiers prussiens prisonniers sur parole et qui restent en Prusse. S. M. ne peut approuver que l'on paie aucune solde aux prisonniers sur parole en Prusse, mais vous pouvez leur faire savoir que s'ils veulent se rendre en France, ils jouiront du traitement qui leur est accordé par le règlement ci-joint dont vous leur donnerez connaissance.

1. 7e corps, 1re division.

dans la ville, 160 pièces de canon sur les remparts. Une colonne de 7,000 hommes a mis bas les armes le 29.

Faites passer cette lettre[1] au prince Primat.

L'EMPEREUR AU ROI DE HOLLANDE.

Berlin, 31 octobre 1806.

Par votre lettre je vois que vous serez le 29 à Paderborn. Ainsi au 1er novembre vous aurez été à Göttingen. Le maréchal Mortier vous aura demandé une division de votre armée pour l'aider à prendre possession de Cassel ; mais j'espère que cette division aura à peine eu le temps d'arriver jusqu'à Cassel, puisque, une fois le prince éloigné et les premières milices éloignées, tout sera fini. Je suppose donc que le 5 novembre votre division sera de retour. Comme la mission contre Cassel est peu délicate, j'imagine que vous ne vous en serez pas chargé en personne. Partez le plus tôt possible pour le Hanovre et pour prendre possession de l'électorat. Je vous ai dit de prendre le 22e de ligne afin d'avoir 3 bons régiments français. Le maréchal Mortier viendra vous joindre en Hanovre aussitôt que je connaîtrai l'état des choses. Le maréchal Mortier a 10,000 hommes et vous 12,000 ; vous aurez ainsi 22,000 hommes ; ce sera beaucoup plus qu'il ne vous faut pour l'armée de Hanovre. D'ailleurs je ne vous laisserai jamais seul. Hameln et Nienburg ne tarderont pas à se rendre quand ils sauront les désastres de leur patrie. Mettez devant un petit corps d'observation, sans les bloquer, pour les empêcher de faire des courses dans le pays. Rendez-vous maître de tout l'électorat. Correspondez souvent avec moi et envoyez-moi des états de situation. Si vous avez des hommes à pied en Hollande, faites-les venir en Hanovre où vous les monterez par des réquisitions.

Du moment que vous serez en Hanovre, mettez-vous en correspondance avec le maréchal Ney, qui bloque Magde-

1. Lettre du 30 octobre. Voir page 544.

burg, et avec le général que j'ai nommé gouverneur de Brunswick ; ils ne se trouvent qu'à 2 petites journées de Hanovre.

LE MARÉCHAL AUGEREAU AU GÉNÉRAL DUROSNEL, A NEUSTADT-EBERWALD.

Bellevue, 31 octobre 1806.

Je vous félicite encore de votre activité, mon cher Général ; un détachement du 105e, composé de 105 hommes et 1 capitaine, va partir pour aller au-devant du convoi de bateaux que vous avez expédié sur Spandau. Une partie sera mise à bord, l'autre partie escortera en longeant le canal. Votre observation à cet égard est sage.

J'envoie à S. A. le Major général l'état de vos prises ; il en disposera comme il le jugera convenable ; je lui demande aussi ses ordres sur la situation à donner au peu de fonds que vous avez trouvé dans les caisses publiques.

Il n'est pas à présumer que l'ennemi dans la situation présente où il est réduit, ose rien tenter contre nous. Cependant vous devez rester où vous êtes jusqu'à ce que je vous aie transmis les ordres de S. A. le Major général.

LE MARÉCHAL AUGEREAU AU MAJOR GÉNÉRAL.

Bellevue, 31 octobre 1806.

Le général Durosnel me mande que le canal se trouvant balayé jusqu'à l'Oder, il a fait rentrer l'escadron qu'il avait détaché à Oderberg, parce qu'il était exposé à un coup de main si l'ennemi informé du petit nombre d'hommes qui se trouvaient dans ce pays envoyait un parti sur lui. Il ajoute qu'il n'est pas dans un pays à pouvoir agir, beaucoup de bois et de marais et pas un terrain à pouvoir manœuvrer. J'ai l'honneur de prier V. A. de me faire connaître ce que je dois ultérieurement prescrire au général Durosnel actuellement que le principal objet de sa mission se trouve rempli.

LE CHEF D'ESCADRON DEJEAN AU GÉNÉRAL BELLIARD.

Stolzenburg, 31 octobre 1806.

Conformément aux ordres du général Roget, je suis parti du bivouac du régiment à 11 heures du soir pour faire une reconnaissance avec un escadron sur la route de Strasburg [1]. Je suis passé successivement dans les villages de Klein et Gross-Luckow où je n'ai pu avoir aucun renseignement sur l'ennemi. On n'avait vu aucune troupe depuis 3 jours. Arrivé à celui de Wismar, mes éclaireurs de droite sont venus me rendre compte qu'ils avaient aperçu plusieurs hommes à cheval qui avaient l'air d'être en vedette et qui se retiraient. Je me suis mis en bataille et je les ai fait reconnaître de plus près, mais ils ont pris la fuite sur la droite ; n'ayant pas jugé convenable de les poursuivre puisque cela m'éloignait de ma destination, j'ai continué ma route sur Strasburg. A Wismar je n'ai pu en apprendre davantage que dans les premiers villages. — Arrivé devant Strasburg j'ai envoyé mon avant-garde dans la ville et je me suis fait amener le bailli. Je n'en ai pu tirer aucun renseignement ; il n'avait pas passé de troupes prussiennes depuis 3 jours, et depuis ce temps il y a eu tous les jours des Français dans la ville ; encore cette nuit il y a les équipages d'un régiment d'infanterie [2].

LE GÉNÉRAL BELLIARD AU GÉNÉRAL GROUCHY.

Pasewalk, 31 octobre 1806, 2 heures du matin.

Le Prince ordonne que vous partiez à 6 heures du matin pour vous porter sur Friedland avec votre division [3] ; vous prendrez position et vous attendrez de nouveaux ordres du Prince ; aussitôt votre arrivée envoyez des petits partis battre la campagne ; ils devront être commandés par des officiers ayant un trompette ; ils sommeront de se rendre toutes les troupes ennemies qu'ils rencontreront ; si vous entriez en arrangement avec quelques régiments ou colonnes, il ne faut pas faire de capitulation par écrit ; il sera dit seulement qu'ils déposeront les armes, seront prisonniers de guerre et renvoyés en

1. De Stolzenburg à Strasburg, 12 kil.

2. Probablement du 5e corps. Les équipages étaient loin de marcher en ordre et surtout réunis tous ensemble par division. D'ailleurs on leur donnait sans doute des indications insuffisantes sur la direction à prendre. Témoin les équipages du 28e léger le 21 octobre à Iéna. Voir page 475.

3. De Pasewalk à Friedland, 35 kil.

France; que les officiers conserveront leurs bagages, et que vous emploierez vos meilleurs offices auprès du Prince pour qu'ils soient prisonniers sur parole et renvoyés chez eux; que cela ne vous sera pas refusé. Le général d'Hautpoul se rend à Friedland par Neuensund et Wittenborn. Il faudra vous entendre avec lui pour l'envoi des partis. S'il en est encore temps, ordonnez que la reconnaissance sur Strasburg[1] continue sa marche sur Friedland par Schills, Rattei et Cosa-Broma. Elle sera réunie à une autre reconnaissance du général d'Hautpoul; elles marcheront ensemble; si vous rencontrez l'ennemi, mon cher Général, sommez-le, et, s'il ne se rend pas, chargez-le vigoureusement à moins qu'il n'ait des forces bien supérieures. Alors il faudrait prévenir bien vite le Prince ainsi que le général d'Hautpoul et même Beker qui a son quartier général à Cosenow. Le Prince se rendra à Friedland et y aura son quartier général. Il faudra de vos cantonnements gagner la route de Friedland.

LE GÉNÉRAL BELLIARD AU GÉNÉRAL BEKER.

Pasewalk, 31 octobre 1806, 2 heures du matin.

Je vous préviens que le Prince se porte avec les divisions Grouchy et d'Hautpoul sur Friedland où sera aujourd'hui son quartier général. Vous avez sur la route d'Uckermünde à Cosenow 2 ou 3 régiments de cavalerie qui sont poussés par le général Lasalle qui devait hier marcher de Stettin sur Uckermünde et se mettre en communication avec vous; sommez de se rendre toutes les troupes que vous rencontrerez; ne faites plus de capitulation par écrit; dites seulement que les troupes sont prisonnières de guerre et renvoyées en France; que les officiers conservent leurs chevaux, bagages, et que vous emploierez vos bons offices près du Prince pour qu'ils soient prisonniers de guerre sur parole, ce qui sûrement ne leur sera pas refusé. Mettez-vous en communication avec les troupes de Friedland par la route d'Anklam[2]. Aussitôt que vous aurez des nouvelles, envoyez-les.

LE GÉNÉRAL BEKER AU GRAND-DUC DE BERG.

Anklam, 31 octobre 1806.

Après avoir observé avec le général Boussard pendant la journée un corps de 2,000 hommes réfugiés en Poméranie, après avoir fait

1. Celle du chef d'escadron Dejean. On a vu qu'elle était rentrée avant d'avoir reçu l'ordre de continuer sur Friedland.

2. De Cosenow à Friedland par Dargiboll, 20 kil.; — de Friedland à Anklam, 22 kil.

charger tout ce qui est resté sur la rive gauche de la rivière et pris dans différentes attaques plus de 300 cavaliers et autant de fantassins, je suis parvenu, en multipliant mes démonstrations, en sommant le général de se constituer prisonnier, à le forcer d'accepter la capitulation qui a été en usage dans de pareilles circonstances.

A l'instant sortent d'ici 2 officiers envoyés par le général Bila avec lesquels j'ai traité aux conditions prescrites par M. le général Belliard. Ainsi demain matin cette colonne forte de 3,000 hommes, dont 1,000 à 1,200 de cavalerie, et commandée par 2 généraux, déposera les armes et sera dirigée sur Friedland où V. A. lui donnera une destination, en permettant aux officiers de se retirer dans leurs foyers avec leurs bagages auxquels ils tiennent infiniment.

Comme la brigade du général Boussard est extrêmement réduite, elle suffira à peine à l'escorte de cette colonne, et je serai dans le cas de quitter Anklam, à moins que V. A. ne juge convenable de m'envoyer 1 régiment de la division pour conserver le seul point sur lequel se retirent les fuyards de l'armée.

J'ai la certitude que le général Blücher a repassé l'Oder, il y a 5 jours, avec 2 régiments de cavalerie et de l'artillerie. Il ne reste plus en arrière dans le Mecklemburg que le duc de Weimar avec une colonne qui cherche aussi à se retirer sur Anklam.

Quant aux 2 régiments qui ont été repoussés par le général Lasalle, ils ont passé hier soir par Anklam en Poméranie ; ils sont compris dans la capitulation, de sorte que les routes de Stettin et de Pasewalk sont libres.

Cette colonne n'ayant trouvé aucune assistance en Poméranie, est affamée. Il est essentiel de lui assurer des vivres à Friedland, à moins que V. A. ne juge convenable de lui donner une autre direction. Dans ce cas je vous prie, Monseigneur, de m'adresser vos ordres sur ce qu'il me reste à faire après avoir opéré le désarmement de cette colonne, car il me serait impossible de la faire conduire à une autre destination quelconque et de garder la position d'Anklam, si je ne suis point renforcé d'un régiment, puisque les miens sont presque fondus.

LE GRAND-DUC DE BERG A L'EMPEREUR.

Friedland, 31 octobre 1806, 6 heures du soir.

J'ai eu l'honneur de vous annoncer ce matin[1] que je marchais sur Friedland, et que je ferais sommer par le général

1. Lettre du 31 octobre, 8 heures du matin. L'Empereur se plaint le 1er novembre de n'avoir reçu que la dernière feuille, qui n'a probablement pas été

Beker le corps ennemi qui se trouvait à Anklam, tandis que le général Lasalle pousserait devant lui tout ce qui se trouvait sur la route de Stettin à Anklam, en se portant sur Stretense. Le général Beker me rend compte qu'il a effectivement exécuté mon ordre, mais qu'il n'a fait prisonnière que la queue de ce corps, le reste ayant passé la Peene dans la nuit, et ayant levé sur lui le pont-levis. 400 hommes sont tombés en son pouvoir dont 260 cuirassiers montés. Je lui envoie une pièce de canon pour abattre le pont-levis, et chasser tout ce qui semble encore vouloir défendre le passage de la rivière. Ce corps est un ramassis des détachements de tous les corps de l'armée. Des lettres particulières de cette ville, d'hier soir, annoncent que beaucoup de caisses de régiment, qui s'y trouvaient, ont été embarquées dans la nuit, ainsi que tout ce corps de troupes, et que leur destination est pour Colberg, ce qui semblerait confirmer que le roi de Suède ne veut pas les recevoir. Je n'ai pas encore de nouvelles du général Lasalle et n'en ayant point du prince de Ponte-Corvo, je me suis décidé à ouvrir une lettre qui était adressée à M. le Major général[1], persuadé que j'y trouverais des renseignements sur la marche de l'ennemi et sur celle du corps d'armée de ce Prince. Ses dépêches confirment la retraite de Blücher sur ma gauche, mais je ne le crois pas si éloigné de moi qu'il semble le croire. J'ai la certitude que toutes les troupes du corps de Blücher ont filé hier toute la journée par Schwanbeck et par Treptow se dirigeant sur Demmin ou Jarmen, ce que je saurai positivement dans quelques heures d'ici ayant envoyé 8 partis sur tous les points par lesquels je crois que l'ennemi s'est retiré. Ces reconnaissances sont commandées par les officiers les plus intelligents des régiments. Demain dès 6 heures du matin je me porterai sur Breest d'où je marcherai sur Jarmen ou Demmin suivant les rapports des

remise au Major général pour être conservée dans ses archives. — Ce rapport n'existe pas non plus sur le registre du général Belliard, où est enregistrée toute la correspondance du grand-duc de Berg.

1. Lettre de Neu-Brandenburg, le 31 à 10 heures du matin. Voir page 531. — Cette dépêche pour se rendre à Berlin remonta au nord jusqu'à Friedland au lieu de gagner directement Prenzlow par Woldegk.

reconnaissances. Ce mouvement me liera parfaitement avec le corps de M. le prince de Ponte-Corvo qui couchera ce soir à Waren et qui compte se porter sur les traces de l'ennemi[1]; de là j'agirai suivant les circonstances. Ce qu'il y a de sûr c'est que je nettoierai toute la Poméranie prussienne et le Holstein si l'ennemi se décide à fuir par ce duché, et je serai à même de pénétrer dans la Poméranie suédoise, s'il s'y est réfugié. Le prince de Ponte-Corvo le chassera de son côté de tout le Mecklemburg. Je ferai toujours occuper Anklam par un détachement qui aura sa retraite sur Stettin. Si je me décide à marcher sur Demmin, je dirigerai le général Lasalle sur le pont de Jarmen par Crien. J'ai rencontré ce matin à 1 lieue de Friedland le grand parc d'artillerie qui s'était rendu à un officier de M. le maréchal Lannes, et un parti de quelques hommes qui éclairait ma gauche nous a ramené 60 artilleurs montés qui allaient joindre ce même parc qui est dirigé sur Stettin.

Je compte que dans 2 jours nous aurons acculé l'ennemi à la mer Baltique.

LE GÉNÉRAL LASALLE AU GÉNÉRAL BELLIARD.

Uckermünde, 31 octobre 1806.

A mon arrivée dans cette ville, j'avais eu l'honneur de vous adresser les 2 paquets ci-joints à Anklam ; le général Beker qui y commande me les renvoie sans les avoir ouverts et m'adresse la ci-jointe, par laquelle il dit que S. A. avait décidé que je devais me rendre à Stretense. Je ne puis croire à cet ordre qui me mettrait en seconde ligne des dragons, où il me paraît que je ne serais employé qu'à arrêter les prisonniers qui lui seraient échappés, d'autant qu'il est entré en négociations avec l'ennemi et qu'elles ne peuvent être infructueuses.

LE GÉNÉRAL BEKER AU GÉNÉRAL LASALLE.

Anklam, 31 octobre 1806.

Je suis chargé de la part du Prince de vous indiquer une direction sur Stretense, situé sur la route d'Anklam à Friedland où vous

1. De Demmin à Waren, 51 kil.

prendrez position et rendrez compte à S. A. à Friedland des renseignements que vous obtenez sur la marche des fuyards.

Je suis en observation devant un corps de 2,000 hommes réfugié en Poméranie et, après avoir fait différentes tentatives et des prises partielles, je suis parvenu à entrer en négociations. J'ignore encore l'issue d'un traité obscur, puisque la nuit contrarie mes opérations.

ORDRES POUR LES CAPITAINES CHARGÉS DES RECONNAISSANCES SUR ANKLAM, TREPTOW, JARMEN, STARGARD, NEU-BRANDENBURG, WOLDEGK.

Friedland, 31 octobre 1806.

Il est ordonné à M. le capitaine de partir de Friedland avec un détachement de 25 hommes pour se porter sur Anklam (Treptow) [1]; il marchera avec précaution et, s'il rencontre des partis ennemis, il les sommera au nom du grand-duc de Berg de se rendre, ayant soin de leur faire connaître qu'ils sont cernés de toutes parts, que nous sommes maîtres de Stettin et de tous les autres ponts sur l'Oder où ils pourraient se retirer. M. le capitaine prendra tous les renseignements possibles sur la marche des ennemis, sur la force et sur la direction qu'ils ont pu tenir; il aura soin de demander s'ils appartiennent au corps du général Blücher ou à celui du duc de Weimar; si le commandant rencontre l'ennemi ou s'il a des renseignements importants, il enverra à toutes jambes prévenir le Prince au quartier général à Friedland.

L'officier commandant enverra auprès du Prince le maître de poste conduit par un sous-officier et il enverra en même temps toutes les lettres et paquets qui pourraient se trouver à la poste. Ses reconnaissances étant finies, l'officier commandant viendra rejoindre son régiment.

Pour le capitaine sur Anklam. — L'officier commandant est prévenu qu'il est possible qu'il rencontre sur la route d'Anklam une reconnaissance de dragons de la brigade Boussard. Aussitôt qu'il se sera mis en communication avec elle, il demandera à l'officier tous les renseignements sur Anklam et il reviendra à Friedland rejoindre son régiment. Les renseignements qu'il aura pu recevoir seront envoyés par un sous-officier d'ordonnance avec soin de laisser à Sarnow

1. De Friedland à Anklam, 22 kil.; — à Jarmen, 36 kil.; — à Treptow, 24 kil.; — à Neu-Brandenburg, 24 kil.; — à Stargard, 26 kil.; — à Woldegk, 24 kil.

2 dragons qui serviront de poste de correspondance pour qu'il arrive plus vite [1].

Pour le capitaine sur Jarmen. — Si M. le capitaine arrive jusqu'à Jarmen, il s'assurera si le pont a été coupé, si les ennemis ont passé ou s'il est vrai que les Suédois aient refusé le passage ; il enverra en poste un sous-officier rendre compte au Prince de tout ce qu'il aura appris. Il enverra en même temps le maître de poste ainsi que les lettres et paquets.

Capitaine Drouillot, du 11e de dragons, sur Anklam.
Capitaine Agny, du 3e de dragons, sur Jarmen.
Capitaine Despierres, du 6e de dragons, sur Treptow.
Capitaine Boyer, du 10e de cuirassiers, sur Stargard.
Sous-lieutenant Pierredon, du 11e de cuirassiers, sur Neu-Brandenburg.
Lieutenant Bavaillot, du 11e de cuirassiers, sur Woldegk.

BAVAILLOT, LIEUTENANT AU 11e DE CUIRASSIERS, AU GÉNÉRAL BELLIARD.

Woldegk, 31 octobre 1806.

Je me suis dirigé avec mon détachement sur Woldegk conformément à votre ordre ; j'ai pris tous les renseignements possibles sur la marche de l'ennemi dans les différents villages où j'ai passé ; les habitants n'en ont aucune connaissance.

Le 1er corps d'armée commandé par le maréchal Bernadotte est passé ici aujourd'hui pour se rendre à Brandenburg [2].

2e division de dragons, 2e division de grosse cavalerie, Friedland.

LE GÉNÉRAL BELLIARD AUX GÉNÉRAUX GROUCHY ET D'HAUTPOUL.

Friedland, 31 octobre 1806.

Veuillez donner les ordres pour que toute votre division soit réunie demain à 9 heures du matin à Schwanbeck [3] sur la route de

1. De Friedland à Sarnow, 10 kil. — C'est la première fois depuis le commencement de la campagne qu'il est question d'un poste de correspondance dans une reconnaissance.

2. M. Bavaillot veut dire le 30, hier. — Le 1er corps est donc remonté de Weggun sur Fürstenwerder, puis sur Woldegk, pour descendre ensuite sur Bredenfeld et se diriger par Teschendorf sur Stargard.

3. De Friedland à Schwanbeck, 10 kil.

Treptow. Vous vous mettrez en bataille en avant du village et vous attendrez de nouveaux ordres.

LE GÉNÉRAL BELLIARD AU GÉNÉRAL LASALLE.

Friedland, 31 octobre 1806.

Partez demain au jour de Streteuse avec votre brigade pour vous porter par Crien à Cartelow[1] sur la route d'Anklam à Demmin. Le Prince marche avec les divisions Grouchy et d'Hautpoul sur Demmin, où il compte, s'il est possible, établir demain soir son quartier général.

LE MARÉCHAL LANNES A L'EMPEREUR.

Pasewalk, 31 octobre 1806.

Sire, j'ai reçu l'ordre du jour concernant la prise de la colonne du prince de Hohenlohe. V. M. I. sentira aisément tout mon étonnement de ne pas y voir figurer mon corps d'armée.

Je ne peux, Sire, communiquer cet ordre du jour aux soldats que je commande. Ils eussent été trop affectés d'un oubli semblable, et cela n'aurait pu produire qu'un très-mauvais effet. Quant à moi, Sire, l'amour que j'ai pour votre personne me mettra toujours au-dessus des injustices.

J'ai l'honneur de faire passer à V. M. I. copie de la lettre[2] que j'ai écrite au grand-duc de Berg. V. M. sera à même de juger par là de ma conduite dans cette circonstance et dans toutes les autres, ainsi que de celle du 5e corps d'armée.

J'ai l'honneur de prévenir V. M. que 1,500 hommes, presque tous de l'artillerie, 200 dragons, 30 pièces de canon, 60 caissons et beaucoup de chariots remplis de munitions, le tout bien attelé, se sont rendus hier à mes avant-postes. Je fais filer tout cela sur Spandau.

Il paraît que les débris du corps du général Blücher se retirent dans la Poméranie suédoise et que les Suédois leur

1. De Streteuse à Crien, 14 kil. ; — de Crien à Cartelow, 14 kil.
2. Voir cette lettre au 27 octobre, page 423.

ont refusé le passage. Il n'y a aucun doute que ces débris ne soient pris demain au soir, soit par le maréchal Bernadotte qui est à leur poursuite, soit par le grand-duc de Berg.

Je vois, d'après tous les renseignements, que le corps du maréchal Bernadotte se trouve devant le duc de Weimar sur la route de la Poméranie. Je crains qu'il ne passe entre Templin et Pasewalk pour se jeter sur Küstrin. C'est le seul point où ils puissent se sauver dans ce moment.

Je donne l'ordre à toute la cavalerie légère de se diriger sur Boitzenburg et de pousser des reconnaissances sur tous les points pour avoir des renseignements sur ce corps.

Je donne également l'ordre à une brigade du général Suchet qui est ici de se rapprocher de Prenzlow. Je resterai ici en observation avec l'autre brigade pour me porter sur Anklam en cas que l'ennemi voulût résister à notre cavalerie, ou sur Prenzlow en cas que la cavalerie légère ait connaissance que l'ennemi soit sur ce point-là.

La division du général Gazan avec la brigade du général Claparède sont à Stettin. Après que l'ennemi a eu capitulé, on a fait courir le bruit que les Russes arrivaient et une partie de la garnison avait repris les armes. Tout est rentré dans l'ordre.

Je suis avec le plus profond respect et parfait dévouement.

LE GÉNÉRAL L. BERTHIER AU GÉNÉRAL DUPONT.

Stargard, 31 octobre 1806, 3 heures moins un quart du matin.

Je vous préviens, mon cher Général, que conformément aux intentions du Prince, je donne l'ordre au 4e régiment de hussards de se porter de suite sur Neu-Brandenburg où il désire rassembler de suite toute sa cavalerie.

Je vous prie de diriger sur cette ville tous les détachements de ce régiment que vous auriez pu employer soit pour l'arrière-garde, soit pour tout autre service.

Voir au 30, page 531, le rapport du maréchal Bernadotte au Major général écrit du rassemblement de Neu-Brandenburg le 31 à 10 h. du matin.

Les divisions défilèrent en colonne dans la petite ville de Penzlin. (*Journal du 1er corps.*)

1er CORPS D'ARMÉE. POSITION DU 31 OCTOBRE.

Penzlin, 31 octobre 1806.

Les divisions des généraux Dupont et Rivaud prendront position en avant du village d'Ankershagen [1] faisant face à Waren, et se placeront suivant leur ordre de bataille.

Le général Watier avec 2 régiments de cavalerie légère s'établira dans les vergers d'Ankershagen. Le 4e régiment de hussards bivouaquera dans les vergers de Möllenstorf.

La division du général Drouet prendra position en avant de Zahren.

Le quartier général sera à Zahren.

P. O. Le Général de division, chef de l'état-major général,

L. BERTHIER.

Voilà l'ordre de position donné sur le terrain par le commandant de corps d'armée, expédié séance tenante par le chef d'état-major à chaque général de division.

LE GÉNÉRAL SAVARY AU MAJOR GÉNÉRAL.

Neu-Strelitz, 31 octobre 1806, 9 heures du soir.

Il y a 48 heures que je suis parti de Berlin [2] et je viens d'arriver à Neu-Strelitz par Fehrbellin, Neu-Ruppin et Rheinsberg. Hier j'ai fait rencontre à Fehrbellin de M. de Canisy, écuyer de l'Empereur, qui avait été pris à Neu-Ruppin à midi, dépouillé, son escorte sabrée, et que les ennemis n'avaient point emmené parce qu'ils ne savaient sans

1. De Stargard à Neu-Brandenburg, 9 kil. ; — de Neu-Brandenburg à Penzlin, 14 kil. ; — de Penzlin à Möllenstorf, 5 kil. ; — de Möllenstorf à Zahren, 3 kil. ; — de Zahren à Ankershagen, 2 kil.

2. Le général Savary a dû partir de Berlin le 29 à la fin de l'après-midi, peut-être vers 6 heures du soir. — Arrivé à Kremmen vers minuit, il y était encore le 30 à 9 heures du matin. De Berlin à Kremmen, 36 kil. ; — de Kremmen à Fehrbellin, 21 kil. ; — de Fehrbellin à Neu-Ruppin, 12 kil. ; — de Neu-Ruppin à Rheinsberg, 21 kil. ; — de Rheinsberg à Neu-Strelitz, 35 kil. — Soit 125 kil.

doute où le déposer. J'arrivai à Ruppin quelques heures après cet accident[1] et j'appris que c'était un parti de 40 chevaux qui était parti aussitôt après pour les environs de Rheinsberg.

Je viens d'arriver à Neu-Strelitz ; j'y entre en communication avec le 8e de hussards et le 22e de chasseurs, et j'y apprends du duc de Mecklemburg lui-même, de son maître de poste et de son bourgmestre, qu'avant-hier le corps de M. de Weimar étant au moment d'entrer dans la ville avait changé de direction vers Wittstock. Ce corps n'avait pas une pièce de canon, environ 12 bataillons, mais 35 escadrons en bon état. Il cherchait à se réunir avec M. de Blücher qui est arrivé hier ici à midi et demi revenant de Gransee[2] où il avait voulu tenter le passage. Il ne s'est point arrêté et a pris sa route par Kratzeburg à un mille d'ici[3], dans le pays de Schwerin. Ce corps avait le régiment des hussards de Blücher presque intact, environ 400 chevaux du régiment de Rudolf et 300 chevaux du régiment des dragons de la Reine, environ 7 bataillons d'infanterie et 30 pièces de canon. J'ai trouvé la route couverte de déserteurs et quelques chevaux de trait morts m'ont confirmé tout ce que les habitants m'avaient dit de leur détresse.

M. de Schulemburg, directeur de la caisse des Veuves de Berlin, sort de chez moi pour me demander un passeport pour aller à Berlin et je le lui ai donné. Il m'apprend qu'il a vu passer ici hier *les débris de la monarchie prussienne* (ce sont ses expressions) qui probablement, dit-il, mettront bas les armes demain ou après-demain au plus tard. Je marche demain par Kratzeburg sur les traces de M. de Blücher. Je ferai tout ce que mes chevaux pourront faire et je ne les marchanderai pas, en sachant cependant ce que je ferai, parce que j'ai 213 chevaux du 1er de hussards[4] et 244 du 7e de

1. Le général Savary arriva environ vers 3 heures à Neu-Ruppin.

2. De Gransee à Neu-Strelitz, 42 kil.

3. De Neu-Strelitz à Kratzeburg, 12 kil.

4. Le régiment n'était pas au complet. — Des compagnies du 1er de hussards étaient encore à Wittenberg le 29, ainsi qu'on l'a vu par la lettre du général Lemarois au Major général. (V. page 513.)

chasseurs ; mais le pays est si propre à la chicane que je pourrai y faire quelque chose.

J'ai trouvé ici le duc Charles de Mecklemburg, deuxième fils du duc régnant, frère de la Reine de Prusse. Je l'ai constitué prisonnier et je vous envoie son revers. Il était major dans les gardes du roi de Prusse à l'affaire de Naumburg[1] ; je ne l'ai point emmené parce qu'il m'eût embarrassé et que d'ailleurs il est indisposé.

J'ai trouvé le duc régnant fort inquiet sur son sort dont il m'a un peu parlé en cherchant à se justifier, recommandant sa fille à la générosité de l'Empereur. Il m'a demandé un passeport pour un des officiers de sa cour qui se rend porteur d'une lettre pour V. A. et je n'ai pas cru devoir le lui refuser. Voilà, Monseigneur, où j'en suis et j'espère demain avoir de meilleurs renseignements à vous donner. J'emmène M. de Canisy avec moi et j'ai laissé au bourgmestre de Ruppin une pièce d'artillerie que j'ai trouvée abandonnée dans la plaine.

LE MARÉCHAL SOULT AU GÉNÉRAL GUYOT.

Wusterhausen, 31 octobre 1806.

Je reçois votre rapport qui contient celui de la reconnaissance que vous aviez envoyée sur Wittstock et Rheinsberg ; j'espère, d'après ce que vous me dites, qu'après une forte marche vous aurez joint l'ennemi.

Partez au reçu de ma lettre avec les 3 régiments que vous commandez et dirigez-les sur Zechlin où il paraît que l'ennemi s'est retiré, et faites en sorte de le joindre de bonne heure et de ne plus le quitter avant qu'il soit pris.

Le mouvement de l'ennemi sur Zechlin me fait présumer qu'il n'y a plus personne à Rheinsberg ; mais il convient de s'en assurer et d'y envoyer une reconnaissance qui vous joindra à Zechlin ou vers Mirow.

De Zechlin vous vous dirigerez sur Mirow[2] où vous joindrez le

1. Bataille d'Auerstädt.

2. De Zechlin à Mirow, 12 kil. ; — de Wittstock à Mirow, 26 kil.

général Margaron avec le 16e de chasseurs qui ont également ordre de s'y rendre en passant par Wittstock.

Si les reconnaissances que vous enverrez sur Rheinsberg rapportaient que l'ennemi y tient encore et qu'il est en force, mon intention est de l'y attaquer; ainsi vous dirigeriez sur ce point 1 régiment de cavalerie qui ferait tête de colonne à l'infanterie que j'y enverrais et l'éclairerait. Avec les 2 autres régiments vous continueriez votre mouvement sur Mirow.

Je dirige le corps d'armée sur Mirow en passant par Rägelin et Zechlin. Rendez-moi fréquemment compte des moindres renseignements qui vous parviendront sur les forces et direction de l'ennemi afin que je puisse régler en conséquence mes mouvements.

Il s'agit d'enlever la colonne qui est devant nous, et il n'est pas un militaire du corps d'armée qui ne désire y coopérer; mais, pour parvenir à ce résultat, il faut la serrer vigoureusement et me tenir instruit de ses mouvements et de ses forces.

Je serai de bonne heure à Rägelin où j'espère avoir de vous un autre rapport; ensuite je me tiendrai en tête de l'infanterie en suivant votre division.

LE MARÉCHAL SOULT AU GÉNÉRAL MARGARON.

Wusterhausen, 31 octobre 1806.

Donnez ordre au 16e régiment de chasseurs de partir de Wusterhausen à 5 heures et dirigez-le vous-même sur Wittstock, où vous trouverez une reconnaissance du 11e régiment qui vous indiquera la direction que l'ennemi a prise en se retirant hier dans l'après-midi de Wittstock.

Si l'ennemi n'a pas fait de mouvement vers Freyenstein [1], vous vous contenterez d'envoyer vers ce point une simple reconnaissance; mais, s'il s'est retiré sur Mirow, vous vous mettrez immédiatement à ses trousses avec le 16e régiment et ferez en sorte de le joindre dans cette direction, et même de déborder sa gauche, avant d'arrêter votre mouvement [2]. Je vous préviens que je dirige le général Guyot avec le reste de la cavalerie légère aussi sur Mirow en passant par Zechlin, et que je lui prescris de joindre également l'ennemi et de l'attaquer; ainsi la réunion de votre division pourra s'opérer ce soir vers Mirow.

Je vous préviens aussi que l'infanterie du corps d'armée se dirige aussi sur Mirow en passant par Rägelin et Zechlin; mais je chan-

1. De Wittstock à Freyenstein, 17 kil.
2. 31 et 26, soit 57 kil.

gerai sa direction afin de joindre plus tôt l'ennemi si en route j'apprends par vos rapports qu'il en a lui-même changé ; ainsi, en arrivant à Wittstock, vous me rendrez compte de ce que vous aurez appris à ce sujet, et m'enverrez une ordonnance bien montée vers Rägelin où je serai. Vous m'enverrez d'autres ordonnances dans la direction que je vous ai indiquée si après avoir dépassé Wittstock vous recevez d'autres renseignements qui puissent m'être utiles.

Vous laisserez à Wusterhausen les 2 compagnies d'artillerie légère que vous avez amenées, et j'en disposerai plus tard. Je vous enverrai celle qui est attachée à la cavalerie légère si elle vous est nécessaire.

J'attache la plus grande importance à l'exécution des dispositions qui vous sont ordonnées ; ainsi ne négligez rien pour les remplir avec exactitude, et pour me rendre compte des moindres renseignements qui vous parviendront sur les forces, mouvements et direction de l'ennemi.

Dans le rapport que vous me ferez de Wittstock, instruisez-moi si les prises que la reconnaissance du 11e a faites dans cet endroit sont considérables, et surtout si on peut se servir des pontons qu'on y a pris. Dans ce cas vous donneriez ordre pour qu'ils fussent sur-le-champ attelés, ainsi que les bois de charpente qui les suivent, et vous feriez diriger le tout sur Mirow où cela pourrait me servir.

...Le 31 avant le jour le corps d'armée se remit en marche et se dirigea sur Zechlin. La cavalerie légère fut portée par Mirow sur les routes de Strelitz et Waren que l'ennemi avait prises ; dans ce mouvement elle fit 300 prisonniers. (*Journal du 4e corps.*)

Cavalerie légère, Mirow ; — 2e division, Schwarz ; — quartier général, 3e et 1re divisions, Zechlin. — Le parc passa l'Elbe à Tangermünde dans la journée du 31.

LE MARÉCHAL SOULT AU GÉNÉRAL GUYOT.

Zechlin, 31 octobre 1806.

J'ai de la peine à me persuader que l'ennemi se soit retiré sur Waren ; car cette route ne le mènerait que dans l'intérieur du Mecklemburg et, en retardant de quelques jours sa perte, ne la rendrait pas moins inévitable, mais je crois que de Mirow il s'est dirigé sur Spock [1] et de là sur Neu-Brandenburg pour tenter de passer du côté de Pasewalk ou aller vers Anklam, ainsi que je vous ai déjà dit, un déserteur confirme même cette présomption, car il dit que la colonne

---

1. De Mirow à Spock, 20 kil.

a pris sur Speck et s'est dirigée sur Woldegk. En conséquence je pense qu'il est à propos que vous dirigiez la cavalerie légère sur Speck d'où vous lui ferez prendre la direction de Brandenburg ou de Woldegk, suivant la route que l'ennemi aura prise. Mais si la colonne ennemie avait pris par Waren et si sa direction annonçait qu'elle voulût se porter vers Schwerin, vous vous mettriez aussi à sa poursuite, afin que dans tous les cas vous l'ayez jointe ce soir.

Quelque direction que vous preniez d'après cette instruction, il n'en faudra pas moins faire reconnaître Waren et la route de Speck sur Brandenburg et Woldegk, afin d'être bien assuré que vous êtes sur les traces de l'ennemi et que vous ne laissez aucune portion de la colonne ni à droite ni à gauche.

Je dirige le corps d'armée sur Mirow où j'attendrai de vos nouvelles. Le général Margaron va se porter avec le 16e de chasseurs sur Speck, où il joindra la cavalerie légère.

LE MARÉCHAL SOULT AU GÉNÉRAL MARGARON.

Zechlin, 31 octobre 1806.

Je vous communique l'instruction que j'adresse au général Guyot; vous voudrez bien vous conformer à son contenu en ce qu'elle vous concerne et m'envoyer le plus tôt possible de vos nouvelles à Mirow où je serai vers 8 heures du matin. Laissez à Mirow les pontons que vous y avez fait amener; le général d'artillerie en disposera.

Le général Guyot avait envoyé un parti de 50 chevaux commandé par le capitaine Thurot[1] sur Strelitz afin d'éclairer cette route et s'assurer que l'ennemi l'avait abandonné et si les Français avaient paru à Strelitz; faites rentrer cette reconnaissance si son objet est rempli, et rendez-moi compte des renseignements qu'elle aura acquis.

LE GÉNÉRAL COLBERT AU MARÉCHAL NEY.

Gommern, 31 octobre 1806, 6 heures du soir.

Je descends de cheval, M. le Maréchal; je revenais de me donner beaucoup de soin pour bloquer Magdeburg par la droite; vos ordres

1. Parti composé de détachements des 8e de hussards et 22e de chasseurs dont parle le général Savary dans son rapport du 31 à 9 heures du soir. (V. page 571). — M. Thurot, capitaine au 8e de hussards. — Les détachements sont composés d'hommes pris dans les 2 régiments de la brigade. C'est ce que j'ai constaté à la brigade Lasalle le 26. C'est le principe que donne de Brack pour la composition des détachements.

lèvent le blocus, car je ne saurais plus y parvenir sans cavalerie, et même je peux dire sans infanterie.

Veuillez me dire si le détachement que vous faites organiser pour le major Crabbé n'est point annulé par le départ des dragons et celui des 120 hussards qui passent sur la rive gauche.

Je ne sais guère où est Crabbé, mais je crois qu'il ne tardera pas à rentrer. Je ne puis donc exécuter textuellement votre ordre.

J'ai l'honneur de vous adresser une lettre du chef de bataillon Braun ; vous jugerez si j'ai eu tort ou raison de suspendre l'occupation d'un poste que nous ne sommes ni assez forts pour occuper, ni assez forts pour défendre en ce moment.

Je suis glorieux comme Français des succès de nos armes, mais je vous avouerai que je suis peiné de ne pas y contribuer ; qu'avons-nous fait pour être ainsi abandonnés ?

En marge :

Mander au général Colbert que, vu l'affaiblissement de sa cavalerie, il regardera comme non avenu l'ordre que je lui ai donné d'envoyer un parti de 80 chevaux sur Tangermünde par la rive droite de l'Elbe ;

Que je l'invite de nouveau d'envoyer les 120 hommes du 3e de hussards sur la rive gauche de l'Elbe pour l'investissement de Magdeburg de cette partie demain à 5 heures du matin pour y relever les vedettes et postes de dragons ;

D'envoyer sur-le-champ un officier en courrier ou un sous-officier de confiance pour intimer l'ordre à M. Crabbé de rentrer à Gommern.

NEY.

LE CHEF DE BATAILLON BRAUN A M. LE GÉNÉRAL DE BRIGADE COLBERT,

Commandant l'avant-garde du 6e corps de la Grande-Armée à Gommern.

Pechau, 31 octobre 1806.

Mon Général, conformément à votre ordre d'hier que je n'ai reçu que ce matin à 8 heures, je me suis transporté au village de Pechau pour y prendre les 40 voltigeurs pour les placer moi-même dans le village de Prester. Après avoir pris les informations auprès du maître d'école de Pechau qui est revenu hier de Magdeburg, je sus qu'il y avait un bataillon d'infanterie à Crakau, à un quart de lieue en arrière de Prester, et qu'à Prester il y avait environ 60 à 80 cuirassiers. Je me suis mis en route avec les 40 hommes et 13 chasseurs à cheval commandés par M. Michau ; dès que nous eûmes dépassé le dernier pont sur la route, nous aperçûmes les vedettes ennemies qui se repliaient derrière le village. Nos éclaireurs se sont avancés pour reconnaître et patrouiller le bois sur la gauche jusqu'au bord de l'Elbe et nous nous sommes avancés jusque dans le village pour y prendre position. Les voltigeurs se sont avancés jusqu'à petite portée de fusil dans l'intérieur du village où l'ennemi était en bataille pendant que la cavalerie observait la droite du côté de la plaine. Je me suis avancé pour reconnaître le nombre d'hommes qu'ils pouvaient être et j'ai reconnu un gros peloton de cavalerie dans le centre au delà du village de Prester et une ligne d'infanterie très-grande et beaucoup plus forte que le détachement qui devait occuper Prester, outre plusieurs petits pelotons de cavalerie et des vedettes dans la plaine à gauche du village; je n'ai pas osé établir le détachement de 40 hommes dans la crainte qu'il ne soit enlevé, et j'ai retiré la troupe jusqu'au moulin en avant sur la route de Pechau où je l'ai fait prendre position en attendant vos ordres. Je crois que le poste qu'on mettrait à Prester peut être facilement enlevé; l'ennemi peut par la plaine lui couper la retraite avec Pechau et il n'y a pas de position en avant qui pourrait le garantir des attaques de l'ennemi. Il y a 3 quarts de lieue de Pechau à Prester.

Le poste de Pechau a un petit poste à sa gauche qui appuie à l'Elbe et forme la ligne la moins étendue du bord de l'Elbe à Pechau, de Pechau à Gübs, de Gübs à Menz et de Menz à Königsborn[1]. L'ennemi ne peut dépasser cette ligne qu'en nous attaquant en règle et en force, le front de cette ligne étant garanti par des fossés et des marais. Le village de Prester serait totalement hors de la ligne et l'éloignerait de 3 quarts de lieue; je crois même que l'occupation de Crakau par l'ennemi nous mettrait dans l'impossibilité de nous maintenir dans Prester à moins qu'on forçât l'ennemi de rentrer dans la place et nous établir en avant de Crakau, et alors il faudrait beaucoup plus de monde que les 2 compagnies qui sont à Pechau.

Je laisserai les 40 hommes en arrière du pont jusqu'à ce que vous m'ayez donné vos ordres pour les retirer; je les crois inutiles et ils ne nous garderaient pas beaucoup. Je vous prie, mon Général, de me faire connaître quelles sont vos intentions et je m'y conformerai entièrement. M. Michau, lieutenant du 10e régiment de chasseurs à cheval, est arrivé ici avec 20 chasseurs. Il fournit les postes de cavalerie et les vedettes le long de la ligne.

Nous n'avons pas tiré sur l'ennemi et il n'a pas tiré; notre démarche peut être regardée comme une parfaite reconnaissance des postes ennemis.

---

1. Ce sont des avant-postes dans la guerre de siège. — Les avant-postes du 1er corps à Brandenburg le 25 sont des avant-postes de marche. Voir page 322.

LE MARÉCHAL NEY AU GÉNÉRAL KLEIN.

Schönebeck, 31 octobre 1806.

Le Prince ministre de la guerre ordonne, mon cher Général, que vous partiez sur-le-champ avec la division de dragons sous vos ordres pour vous rendre directement à Neu-Ruppin ; un aide de camp de S. A. S. porte au général Picard l'ordre de rentrer de suite ; dirigez cette brigade sur Schönebeck par Egeln.

Les postes que fournissent vos dragons sur la ligne du blocus de Magdeburg, rive gauche de l'Elbe, seront relevés demain matin par le 3e de hussards ; ils rentreront immédiatement aux cantonnements ci-après déterminés pour le rassemblement des 1er et 14e régiments.

Demain 1er novembre vous établirez ces 2 régiments avec votre artillerie à Grossensalze et à Frohse.

Le 2 vous passerez l'Elbe à Schönebeck et irez cantonner à Medlitz et Cörbelitz, le 3 à Burg, le 4 à Genthin, le 5 à Rathenow par Alt-Klitsche.

Vous attendrez à Rathenow la réunion de votre division ; vous devez accélérer la marche de la brigade du général Picard le plus possible, et si elle vous rejoignait avant l'époque de votre arrivée à Rathenow, vous forceriez de marche pour atteindre Neu-Ruppin.

De Rathenow vous irez à Fehrbellin par Friesack et enfin à Neu-Ruppin.

Vous éclairerez votre marche avec soin et ferez charger vivement tous les traînards prussiens qui se trouveraient devant vous.

Le Prince ministre me mande que l'ennemi a des détachements et des bagages égarés qui, sachant que toutes communications leur sont coupées, courent dans tous les sens pour chercher une issue.

Vous adresserez à S. A. S. un rapport journalier comprenant tous les renseignements que vous auriez pu recueillir sur la marche de l'ennemi.

Vous dirigerez sur Spandau les prisonniers que vous ferez.

L'EMPEREUR AU VICE-ROI D'ITALIE.

Berlin, 31 octobre 1806.

Mon Fils, l'armée du roi de Prusse n'existe plus. Tout ce qui était à Iéna, 160,000 hommes, ont été tués, blessés ou pris ; pas un homme n'a passé l'Oder. Je suis maître de leurs places fortes, de Spandau, de Stettin. Mes troupes sont sur les confins de la Pologne. Le roi de Prusse a passé la Vistule ; il ne lui reste pas 10,000 hommes. Je suis assez content des habitants de Berlin.

J'envoie les différents décrets dont vous avez besoin.

Les 4 régiments de cuirassiers doivent être partis ; faites-moi connaître quand ils seront sur le Danube.

L'EMPEREUR AU VICE-ROI D'ITALIE.

Berlin, 31 octobre 1806.

Faites confisquer tous les bâtiments prussiens qui se trouvent dans mes ports d'Italie, et autorisez les corsaires à les poursuivre.

Faites faire par une circulaire des prières publiques dans mon royaume d'Italie pour remercier Dieu de l'heureux succès de mes armes.

Mettez dans Milan une grande pompe à la cérémonie du *Te Deum* qui sera chanté à cette occasion.

Les 2 premiers régiments italiens font partie du corps du maréchal Mortier et sont du côté de Cassel. Le 3e régiment est en marche pour arriver.

L'EMPEREUR A M. CAMBACÉRÈS.

Berlin, 31 octobre 1806.

Je viens d'ordonner que le général Canclaux serait chargé d'organiser et commanderait 3,000 gardes nationales des départements de la Somme et de la Seine-Inférieure[1]. Le

---

1. L'EMPEREUR AU GÉNÉRAL CANCLAUX.

Berlin, 31 octobre 1806.

Je vous ai nommé pour organiser et commander 3,000 hommes de gardes nationales de la Somme et de la Seine-Inférieure. Je désire que vous voyiez en cela une marque de ma confiance dans vos talents et votre attachement à ma personne. Rendez-vous à Amiens et dirigez les gardes nationales sur le Havre, Dieppe et Saint-Valéry. Donnez tous vos soins à l'instruction de cette réserve, afin que si, au printemps, les Anglais inquiètent mes côtes, vous puissiez vous porter sur Cherbourg, Boulogne et partout où il serait besoin.

général Rampon en commande 6,000 à Saint-Omer. Cela fera 9,000, qui pourront se porter soit sur Boulogne, soit sur Cherbourg, selon les événements. J'ai ordonné que le général Lamartillière en organiserait 3,000 à Bordeaux. Pressez pour que tout cela se fasse promptement, afin que mes côtes ne soient pas sans défense tant pour le moment que pour le printemps prochain; car il est possible que mon armée ne soit pas rentrée pour cette époque, quoique de ma personne j'espère être de retour. Prenez des renseignements et faites-moi connaître jusqu'à quel point je puis compter sur les 3,000 hommes du général Canclaux, et si, en organisant 3 autres mille gardes nationales dans les départements du Calvados et de la Manche, je pourrais retirer le 5e d'infanterie légère, qui est là. Dans toute probabilité, si les Anglais envoient du monde, ce sera en Hanovre pour soutenir la Suède comme ils en envoient en Sicile pour soutenir le roi de Naples.

Vous verrez par le 24e bulletin la situation de mes affaires ici. Tout va aussi bien qu'il est possible de se l'imaginer. La Prusse est abattue et ne compte plus pour rien. Mes pertes sont légères. On ne saurait se trouver dans une meilleure position.

ORDRES.

Berlin, 31 octobre 1806.

Il faut tenir un conseil d'administration composé de M. Villemanzy, de M. Estève, de M. la Bouillerie; y appeler, s'il est nécessaire, les hommes du roi de Prusse qui connaissent le pays, pour me proposer les impositions à frapper sur la rive gauche de l'Elbe.

Les États du duc de Brunswick, ceux du duc de Weimar, doivent y être compris; la Saxe doit y être comprise aussi.

On fera également un autre projet pour l'organisation de la monarchie prussienne en deçà de l'Oder, de manière à me faire rentrer de l'argent le plus tôt possible.

On présentera également un projet d'ordre du jour pour distribuer les capotes fournies à Leipzig et à Berlin, en prenant pour principe que les municipalités n'achètent rien ; j'aime mieux leur argent.

Demain à midi M. Daru me portera le résultat de ce travail.

On présentera aussi un projet de décret pour l'organisation de la ville de Berlin, garde nationale et municipalité, ainsi que pour le reste du pays, en mettant un commandant militaire et un administrateur.

M. Daru présentera aussi demain un coup d'œil sur la situation des magasins de Wittenberg, Spandau et Berlin, et de la compagnie Breidt ; une situation des hôpitaux telle qu'on l'a ; une situation de la caisse de l'armée, ce qu'il y a, et ce qu'il y a en route.

Mais pour ne pas confondre ce qui est relatif à l'administration de l'armée, M. Daru m'en rendra compte à 6 heures.

S'il est des choses qu'il ne sache pas clair, il fera venir les chefs de service.

NAPOLÉON.

DÉCISION.

Le ministre directeur de l'administration de la guerre rend compte à l'Empereur du départ pour Mayence des brigades des équipages de la compagnie Breidt organisées à Bruxelles et à Paris[1].

Berlin, 31 octobre 1806.

M. Daru donnera les ordres les plus précis pour que ces 4 brigades se chargent, à Mayence, de souliers, habits et autres effets que les corps voudront envoyer à l'armée, et pour qu'elles se dirigent sur Erfurt, de là sur Wittenberg, et

1. 2 brigades des équipages de la compagnie Breidt, à l'effectif de 66 hommes et 106 chevaux, quittèrent Mayence le 9 novembre pour se rendre à l'armée.

de là sur Spandau, et qu'elles marchent réunies sous escorte que fournira le maréchal Kellermann. Vous défendrez expressément que le roi de Hollande et le maréchal Mortier en prennent en chemin.

NAPOLÉON.

L'EMPEREUR AU GÉNÉRAL DEJEAN.

Berlin, 31 octobre 1806.

Tous les colonels des régiments de grosse cavalerie me rendent compte qu'ils n'ont pas reçu d'ordres pour la formation de leurs 5es escadrons ; cela devient cependant bien pressant. Le bataillon du train qui est à Douai[1], n'a plus besoin d'acheter ses chevaux. Envoyez-moi les hommes sans chevaux. J'en ai autant que je veux ; il ne me manque que des hommes pour les conduire. Envoyez-moi le plus d'hommes de cavalerie à pied que vous pourrez, en laissant cependant quelques hommes aux dépôts pour recevoir les chevaux dont les marchés sont passés. J'ai fait venir les 4 régiments de cuirassiers que j'ai en Italie, par Insprück, en laissant leur 4e escadron en Italie ; il faut que leur 5e escadron soit aussi formé pour un complet de 797 chevaux. Les régiments de dragons doivent être portés au complet de 628 chevaux ; cela ne vous coûtera rien, car les dragons à pied que j'avais ici sont déjà montés et armés avec les chevaux, selles et sabres des Prussiens. Les chasseurs et les hussards doivent être aussi complétés à 828 chevaux. Malgré la grande quantité de chevaux que j'ai, comme beaucoup meurent et qu'il s'en fait une grande consommation, je désire que les marchés qui ont été passés jusqu'à cette heure aient leur effet.

1. 11e bataillon.

REVUE DE L'EMPEREUR.

Berlin, 30 octobre 1806.

34e de ligne. — Détachement de 110 hommes qui rejoindront leur régiment lorsqu'il passera à Berlin ; il n'y avait présents à la revue que 73 hommes ; vérifier ce que sont devenus les autres.

57e. — 1re Cie 84 h. ; 2e Cie 84 h. Ce détachement rejoindra son régiment lorsqu'il passera à Berlin.

40e. — Détachement de 48 hommes. id..

100e. — Détachement de 12 hommes. id.

103e. — Détachement de 36 hommes. id.

4e. — Détachement de 200 hommes. Il n'y avait présents à la revue que 174 h. ; vérifier ce que sont devenus les autres.

24e. — 12 voltigeurs et 17 grenadiers partiront aujourd'hui de Berlin pour rejoindre leur régiment ; ces grenadiers et voltigeurs seront incorporés dans les compagnies des 3 1ers bataillons. Les sous-officiers resteront à Spandau et les officiers en sus à l'état-major.

3e. — Détachement de 83 hommes, ira à Spandau pour former la garnison de cette place.

63e. — La compagnie de grenadiers du 3e bataillon et celle de voltigeurs resteront à Berlin pour former un bataillon d'élite[1]. Le total de ces 2 compagnies présent à la revue est de 50 hommes.

---

1. Décret du 2 novembre 1806 pour la formation du corps des grenadiers et voltigeurs de la réserve commandé par le général Oudinot.

Ordres du 2 novembre pour la réunion de ce corps à Berlin.

1er régiment. — 1er bataillon. Carabiniers, grenadiers et voltigeurs des 3es bataillons des 27e léger, 94e, 95e, 6 compagnies à 100 hommes ; — 2e bataillon. 6 compagnies des 3es bataillons des 8e, 45e, 54e. Ordre au 1er corps de diriger ces compagnies sur Berlin.

2e régiment. — 3e bataillon. 6 compagnies des 3es bataillons des 9e léger, 32e, 96e, à la division Dupont ; les diriger sur Berlin ; les compagnies du 32e

96e. — 61 grenadiers et 62 voltigeurs du 3e bataillon resteront à Berlin pour former le bataillon d'élite.

40e. — 95 voltigeurs du 3e bataillon resteront à Berlin.

---

sont à Paris; ordre au général Junot de les diriger sur Berlin. — 4e bataillon. 6 compagnies des 3es bataillons des 30e, 33e, 51e; ordre au 3e corps de les diriger sur Berlin.

3e régiment. — 5e bataillon. 6 compagnies des 3es bataillons des 10e, 24e, 26e légers; ordre au maréchal Kellermann de diriger sur Berlin les compagnies du 10e léger qui sont encore à Strasbourg et la compagnie de carabiniers du 26e léger qui est dans la 5e division militaire. — 6e bataillon. 6 compagnies des 4e, 18e et 57e de ligne; ordre au 4e corps de diriger sur Berlin les compagnies des 5e et 6e bataillons présents au 4e corps.

4e régiment. — 7e bataillon. 6 compagnies des 3es bataillons des 17e, 21e léger, du 4e bataillon du 34e de ligne. — 8e bataillon. 6 compagnies des 3es bataillons des 40e, 64e, 88e; ordre au 5e corps de diriger ces compagnies sur Berlin. Ordre de diriger sur Berlin les compagnies du 21e léger qui sont à Wesel, la compagnie de voltigeurs du 64e qui est à Besançon.

5e régiment. — 9e bataillon. 6 compagnies des 3es bataillons des 6e léger, 39e, 69e. — 10e bataillon. 6 compagnies des 3es bataillons des 27e, 59e, 76e. Ces compagnies se rendent à Berlin avec le 6e corps.

Le général Oudinot aura sous ses ordres 3 généraux de brigade, savoir : le général Ruffin et 2 autres qui seront désignés.

Il sera choisi 5 majors et 10 chefs de bataillon pour commander ces 5 régiments et ces 10 bataillons.

Le général Oudinot et le maréchal Lefebvre sont chargés de faire les propositions d'usage.

B.

Nota. — Ces compagnies de grenadiers et voltigeurs seront complétées à 100 hommes chacune et maintenues à ce complet pendant toute la campagne par des envois directs que feront les 3es bataillons.

Comme les 3es bataillons s'étaient vidés dans les 2 premiers, les compagnies de grenadiers et voltigeurs de la réserve reçurent des recrues pour les compléter, ce que j'ai eu l'occasion de vérifier dans plusieurs rapports du maréchal Kellermann et du général Clarke.

LE GÉNÉRAL OUDINOT AU GÉNÉRAL HULIN, COMMANDANT LA PLACE DE BERLIN.

Berlin, 3 novembre 1806.

Vous verrez par la lettre que j'ai l'honneur de vous envoyer que si vous ne consentez à ce que les troupes du corps des grenadiers et voltigeurs soient logées en ville, les maladies occasionnées par l'insalubrité des casernes et autres causes (casernes privées de courants d'air, environnées de décombres, etc., gale), dont je vous ai parlé, ne me laisseront bientôt plus de soldats à présenter à l'Empereur, lorsque S. M. compte sur un corps de troupes capable. De grâce veuillez bien entendre les plaintes qui me sont portées journellement et y pourvoir par le seul moyen, le logement en ville.

Je vous demande également avec instance de me faire rentrer tous les hommes en détachement et de diminuer le nombre de ceux de service beaucoup trop fort et pénible ; vous sentirez que ce corps s'organisant a besoin d'être réuni tant pour l'instruction que surveillance.

Extrait du rapport du chirurgien-major des grenadiers. — Le 1er régiment

La compagnie de grenadiers du 3e bataillon sera rappelée à Berlin pour former le bataillon d'élite.

105e. — 83 voltigeurs du 3e bataillon resteront à Berlin. Rappelez la compagnie de grenadiers du 3e bataillon qui est à l'armée.

88e. — La 3e compagnie de voltigeurs restera sous les ordres de M. le maréchal Lefebvre pour former le bataillon d'élite. Rappeler la compagnie de grenadiers du 3e bataillon qui est à l'armée. — Les 80 hommes des différentes compagnies rejoindront leur régiment lorsqu'il passera à Berlin.

34e. — MM. Mazel, chef de bataillon, et Perrin, adjudant-major, resteront à Berlin pour le bataillon d'élite.

24e. — MM. Freytag, chef de bataillon [1], et Daubancourt,

---

logé en ville n'envoie qu'un ou 2 hommes aux hôpitaux tandis que les autres envoient 6 à 8 hommes tous les jours. Il y a 2 galeux au 1er régiment et 400 aux régiments logés aux casernes.

LE GÉNÉRAL OUDINOT AU MAJOR GÉNÉRAL.

Berlin, 9 novembre 1806.

Notre instruction va supérieurement. Nous manœuvrons de manière à prouver que nous nous sommes occupés de cet objet essentiel. — Je n'ai en recrues que les 530 hommes que j'ai reçus dernièrement. Ils ne connaissent en rien le fusil, mais je les tiens du matin au soir et dans peu de jours ils pourront figurer de manière à entrer en ligne au besoin.

Je supplie V. A. de me permettre de la solliciter d'ordonner à M. l'Intendant général d'affecter à chacun des bataillons et demi-brigades les caissons ainsi que les ont tous les corps, ayant les mêmes besoins, et si la pénurie était telle que je ne puisse en recevoir la totalité, au moins que ce soit une bonne partie. Il y en a ici en réserve. On pourrait nous en affecter provisoirement pour l'instant de notre départ.

J'ai aussi l'honneur de lui rendre compte que je n'ai plus pris de souliers en magasin depuis que le général Clarke m'a fait connaître les intentions de S. M.; que cependant tous ont une paire neuve dans le sac et que quelques compagnies même en ont 2. V. A. me permettra de lui dire que j'aurais bien aimé de les voir toutes pourvues à ce point.

Je recevrai demain 1,100 capotes sur les 3,000 qui m'ont été accordées et qui ne me suffisent pas.

1. GRANDE-ARMÉE. ÉTAT-MAJOR GÉNÉRAL.

Au quartier général impérial à Berlin.

Monseigneur,

J'ai l'honneur de rendre compte à V. A. que M. le chef de bataillon Freytag chargé de la conduite d'un des bataillons dernièrement organisés à Strasbourg est arrivé ici, se rendant à Spandau.

Cet officier, dont les blessures attestent les services, a besoin de repos

adjudant-major, pour être à la tête d'un bataillon d'élite s'ils sont nécessaires.

105e. — MM. Trapier, chef de bataillon, et Ruba, adjudant-major, pour être à la tête d'un bataillon d'élite s'ils sont nécessaires.

BERTHIER.

L'Empereur passait la revue de tous les détachements qui arrivaient à l'armée et qui recevaient toujours une route les faisant passer par le quartier général impérial, à moins que la position de leur corps ne les obligeât ensuite à une contre-marche. L'aide-major général commandant supérieur du quartier général prenait les ordres du Major général, du grand maréchal du Palais ou de l'aide de camp de service pour l'heure où l'Empereur devait voir les troupes. Voir l'ordre du 23 mars 1807 du Major-général au général Pannetier, 1er aide-major général. *Iéna,* page 390.

Le Major général prenait sur son calepin les ordres et observations de l'Empereur qui étaient mis au net sur une feuille simple de papier de petit format par l'un de ses secrétaires. Le Major général présentait à l'Empereur sous forme de rapport le résultat de la revue et faisait ensuite expédier les différents ordres dans son cabinet.

Tout le monde connaît les anecdotes auxquelles ont donné lieu les incidents de ces revues. Je ne m'occupe que de la question de commandement ; aussi ai-je jugé indispensable de montrer une pièce constatant le résultat d'une de ces revues. J'ai trouvé d'autres pièces analogues, en grand nombre, elles n'offrent pas plus d'intérêt ; elles portent toutes sur des détails d'organisation ou d'administration, des avancements et des promotions dans la Légion d'honneur, des ordres de mouvement pour les détachements passés en revue. — Je n'ai pas trouvé de résultat de revue de l'Empereur pour un corps d'armée entier. — J'insiste sur un point essentiel : le travail de la revue était soumis à l'Empereur le lendemain même, c'est-à-dire sans retard ; on y passait la nuit et les corps devaient établir de suite leurs mémoires de proposition. D'ailleurs lorsqu'un corps d'armée devait passer la revue de l'Empereur, le Maréchal ordonnait toujours aux colonels

---

pour rétablir sa santé qui a souffert par les fatigues de la route qu'il vient de faire. Ses blessures se sont rouvertes et un peu de repos lui devient indispensable.

Si V. A. voulait avoir égard à sa situation, elle pourrait placer M. Freytag provisoirement, soit à Dresde, soit comme commandant à Naumburg ; et alors l'adjudant commandant Dentzel restera disponible au quartier général.

Approuvé. — B. *L'adjudant commandant,*

HASTREL.

d'établir à l'avance et d'emporter avec eux les mémoires de proposition pour l'avancement dans les différents grades et dans la Légion d'honneur.

L'Empereur rendait justice et récompensait séance tenante. C'est là la force du Chef de l'armée Chef de l'État.

Pendant le courant d'une campagne, l'Empereur voyait les troupes en détail toutes les fois que cela lui était possible, c'est-à-dire pendant les périodes d'inactivité des opérations. Il voyait aussi bien tout un corps d'armée qu'un régiment ou des détachements rejoignant l'armée. — L'Empereur vit successivement à Berlin le 3e, le 7e, le 4e corps, la réserve de cavalerie, la Garde, les grands parcs d'artillerie et du génie ; à Varsovie, le 5e corps, la division Gudin. L'Empereur avait quitté Berlin lorsque le 1er corps y passa à la fin de novembre. — L'Empereur passa des revues analogues pendant les campagnes de l'an XIV et de 1809, pendant son séjour en Espagne ; mais à partir de 1812 le temps lui manqua pour voir les troupes en aussi grand détail, et en outre ce travail était trop fatigant pour qu'il pût s'y livrer d'une façon suivie avec ses autres occupations de Commandant d'armée et de Chef d'État.

Les revues rentrent dans le service des commandants de corps d'armée. Voir l'ordre du jour du 3 octobre, *Iéna,* page 270, les comptes rendus du grand-duc de Berg et du maréchal Davout, pages 303, 335, 336. — J'ai trouvé d'autres revues plus intéressantes encore à d'autres époques de la campagne. J'en parlerai en temps voulu.

LE MAJOR GÉNÉRAL AU GÉNÉRAL HULIN.

Berlin, 31 octobre 1806.

Je vous préviens que je donne ordre au général Fery d'envoyer demain à Berlin 465 dragons montés qui viennent d'arriver à Spandau. Ils doivent être rendus ici de bonne heure ; vous donnerez les ordres nécessaires pour les faire cantonner et vous les ferez réunir vers midi sur la place de la parade afin que l'Empereur puisse les passer en revue.

Ces dragons resteront à votre disposition pour la police de la ville et des environs jusqu'à nouvel ordre.

Ordres donnés le 31 au général Hulin de faire partir le lendemain 1er novembre, sous la conduite d'un officier de l'état-major général, les 4 détachements du corps du maréchal Lannes, 110 hommes du 34e, 12 du 100e, 36 du 103e, 48 du 40e pour se rendre directement à Stettin où ils rejoindront le 5e corps.

LE MAJOR GÉNÉRAL AU GÉNÉRAL HULIN.

Berlin, 31 octobre 1806.

Il vient d'arriver à Berlin, Général, les détachements ci-après :

48 hommes du 10e de chasseurs[1],
274 hommes du 25e léger[2],
99 du 69e de ligne[3],
103 du 59e[3],
314 du 50e[4],
270 du 55e[4],
232 du 75e[4],
300 du 25e[4].

Faites partir demain les 300 hommes du 25e de ligne pour rejoindre à Francfort sur l'Oder le corps de M. le maréchal Davout.

Les 48 hommes du 10e de chasseurs resteront ici à votre disposition pour le service de la place.

Faites former avec les 274 hommes du 25e léger, les 99 du 69e, les 103 du 59e et les 314 du 50e, un bataillon qui formera la garnison de Berlin jusqu'à nouvel ordre. Vous mettrez un chef de bataillon à la tête de ce bataillon. Il doit se trouver dans ces détachements des officiers de ce grade ; dans ce cas vous en choisirez un ; s'il n'y en avait pas, rendez m'en compte. Vous ferez donner à ce bataillon tout ce qui lui sera nécessaire et, comme les détachements qui le com-

1. Détachement venant de Mæseyck (25e division) passé à Mayence le 9 octobre à l'effectif de 49 hommes et 49 chevaux.

2. Détachement venant de Verdun passé à Mayence le 9 octobre à l'effectif de 278 hommes.

3. Détachements venant de Luxembourg passés à Mayence le 9 octobre à l'effectif de 107 hommes chacun.

4. Détachements faisant partie de la 2e colonne venant de Boulogne. Voir *Iéna*, page 90.

posent appartiennent à des régiments qui font tous partie du corps du maréchal Ney, vous le ferez caserner dans une caserne particulière qui sera nommée caserne des détachements du corps du maréchal Ney. Ce bataillon attendra à Berlin le corps du maréchal Ney.

Avec les 270 hommes du 55e, les 232 du 75e, vous formerez, en les réunissant aux 200 hommes du 4e de ligne, aux 180 du 57e [1] et aux 27 du 24e léger que je vous ai chargé par ma lettre de ce matin de garder à Berlin, un autre bataillon qui restera également à Berlin jusqu'à nouvel ordre pour y attendre le passage du corps du maréchal Soult. Tous ces détachements appartiennent à ce corps d'armée. Vous casernerez pareillement ce bataillon dans une caserne particulière appelée caserne des détachements du corps du maréchal Soult. Il doit aussi se trouver des chefs de bataillon parmi ces détachements. Vous en prendrez un pour commander ce bataillon ; s'il n'y en avait pas, prévenez m'en. Veillez aussi à ce qu'il soit donné à ce bataillon tout ce qui lui sera nécessaire. — Instruisez-moi de l'exécution de ces dispositions.

Avis donné à M. Denniée le 31 octobre au soir pour les casernes.

Avis à l'Intendant général de tous les ordres donnés au général Hulin et au maréchal Lefebvre.

LE GÉNÉRAL CORBINEAU A L'EMPEREUR.

Spandau, 31 octobre 1806, 8 heures du soir.

M'étant rendu sur-le-champ à Spandau dès que j'en ai eu l'ordre de V. M., j'y ai cherché le général Bourcier avec lequel je devais me concerter pour la réception et la répartition des chevaux pris sur l'armée prussienne. Je n'ai point trouvé ce général qu'on m'a dit être à Potsdam.

1. Ces détachements du 4e de ligne et du 57e venaient de Strasbourg passant par Mannheim. Voir page 476.

Les 4,000 chevaux pris sur l'ennemi qu'on avait annoncé à V. M. devoir arriver aujourd'hui à Spandau n'y sont pas parvenus.

Un commissaire des guerres qui précède le général Beaumont, annonce 12,000 prisonniers amenés par ce général dont partie arriveront demain ici et l'autre partie après-demain. Avec cette seconde partie doivent arriver 500 chevaux seulement.

Il est arrivé à Spandau dans la journée d'aujourd'hui 31 octobre 1 officier et 25 chasseurs d'un bataillon de Nassau-Usingen ; — 95 hommes du 95e régiment d'infanterie française ayant escorté un bateau de vivres ; — 1,800 hommes d'infanterie appartenant à divers régiments organisés à Strasbourg (ils sont repartis sur-le-champ pour Berlin) ; — 440 dragons montés venant des bords du Rhin ayant escorté un trésor depuis Würzburg ; ils faisaient partie d'un détachement plus nombreux composé d'hommes des 1er, 3e, 5e, 9e et 15e de dragons ; ceux du 5e sont restés à Potsdam pour continuer à escorter le trésor ; les autres sont cantonnés près de Spandau et attendent des ordres[1].

Il y a à Spandau 612 hommes de différents corps de cavalerie attendant des chevaux. Ils y sont arrivés hier, savoir :

62 carabiniers ;
230 dragons des 14e et 20e ;
120 cuirassiers des 2e, 3e, 9e et 12e ;
121 hommes de la Garde de V. M. ;
35 chasseurs du 2e venus pour changer leurs chevaux ;
44 chasseurs du 12e venus à pied pour se monter.

Les 2 derniers détachements n'ont des ordres que du chef de l'état-major du maréchal Davout.

Le général Bourcier ayant les instructions relativement à la réception et au classement des chevaux pris, j'attends les ordres de V. M. pour savoir ce que je devrai faire dans le cas où ces chevaux arriveraient en l'absence de ce général.

Je continuerai à envoyer à V. M. chaque soir le rapport

1. Voir *Iéna*, page 242.

des mouvements qui surviendront dans Spandau pendant mon séjour dans cette place.

LE COLONEL GUYARDET, COMMANDANT LE 13e RÉGIMENT D'INFANTERIE LÉGÈRE, AU MAJOR GÉNÉRAL.

Leipzig, 31 octobre 1806.

J'ai l'honneur de rendre compte à V. A. S. des mouvements de cette place depuis le 28 de ce mois, époque où j'ai pris le commandement d'après le décès du général Macon, comme j'ai déjà eu l'honneur de prévenir V. A.

Le 28 il a passé par la ville le 4e régiment de dragons fort de 613 hommes et de 409 chevaux; — 1 bataillon du 25e régiment d'infanterie légère fort de 628 hommes [1]; — 1 détachement du 6e régiment d'artillerie à pied fort de 57 hommes; — 1 détachement du 85e régiment de ligne fort de 314 hommes.

Le 29 1 détachement du 7e régiment d'artillerie à pied et 1 compagnie d'ouvriers; — les chasseurs de Nassau forts de 150 hommes et de 120 chevaux; — 1 détachement du 1er régiment d'artillerie à pied fort de 50 hommes; — 1 détachement du 103e régiment de ligne fort de 132 hommes.

Le 30 1 bataillon saxon a rentré en ville pour tenir garnison et est logé au faubourg comme il était avant la guerre; il est fort de 250 hommes; — 500 prisonniers prussiens pris à Spandau ont passé par la ville; ils ont logé une nuit et partiront le 31 pour se diriger sur Erfurt; 11 prisonniers prussiens qui étaient arrivés ici partiellement partiront avec ce transport.

En outre de tous ces détachements il passe une grande quantité de militaires isolés rejoignant l'armée.

Les autres affaires sont dans le même état que vous a rendu compte M. le feu général Macon. Les négociants attendent avec impatience la décision de S. M. l'Empereur et Roi sur les marchandises anglaises séquestrées d'après les ordres du général Macon.

J'ai fait partir le 30 un convoi de 10,500 rations de pain pour Wittenberg conformément à une lettre que j'ai reçue de M. le général Lemarois, gouverneur de cette place. J'ai fait partir également pour Wittenberg 45 maçons et charpentiers pour travailler aux fours et à la manutention.

La réquisition frappée sur la ville de Leipzig s'effectue avec vigueur; il y a déjà 80,000 aunes de drap en magasin. 350 cordonniers sont occupés à la confection des souliers.

1. Bataillon détaché pour l'escorte du grand parc d'artillerie d'Ulm à Würzburg. Voir *Iéna*, page 311.

1er NOVEMBRE

L'EMPEREUR AU MARÉCHAL LANNES.

Berlin, 1er novembre 1806, 8 heures du matin.

Mon cousin, croyez-vous donc que je ne voie pas que votre corps d'armée a fait des marches forcées et que vous l'avez dirigé avec toute l'intelligence possible? Vous êtes de grands enfants. En temps et lieu, je donnerai des preuves, à vous et à votre corps d'armée, de toute la satisfaction que j'ai de votre conduite. J'attends avec impatience que vous preniez ce duc de Weimar. Le grand-duc de Berg m'a sans doute envoyé beaucoup de renseignements; mais je n'ai reçu qu'une page de sa lettre, l'autre page est restée sur son bureau. J'ai envoyé à Stettin le général Bertrand pour voir la situation de la place, le général Chasseloup, un général d'artillerie et un commissaire des guerres.

L'EMPEREUR AU GRAND-DUC DE BERG.

Berlin, 1er novembre 1806.

Vous m'écrivez une lettre du 31 octobre à 8 heures du matin. Il paraît que la lettre était longue, puisqu'elle est composée de deux feuilles; mais vous ne m'avez envoyé que la dernière feuille et vous avez oublié la première.

LE GRAND-DUC DE BERG A L'EMPEREUR.

Friedland, 1er novembre 1806, 4 heures et demie du matin.

Je m'empresse d'annoncer à V. M. que le corps entier que l'on m'avait dit s'être embarqué à Anklam, est au pouvoir de vos troupes. Le général Bila qui le commande, s'est rendu au général Beker, que je charge de conduire ce corps à Spandau avec la brigade de dragons du général Boussart.

Je dois les plus grands éloges au général Beker qui a chargé lui-même à la tête de ses dragons au combat de Zehdenick, à celui de Wichmansdorf qui nous a donné les gendarmes du Roi, et qui vient enfin de faire capituler le général Bila à Anklam après une charge très-vigoureuse qu'il a fait exécuter hier matin dans la ville. Il se loue beaucoup du général Boussart. Nous n'avons perdu dans cette charge qu'un adjudant sous-officier et quelques dragons. Le régiment de hussards du corps, de la garde du Roi, qui pour sa brillante conduite dans la guerre de Sept ans avait reçu de Catherine elle-même des pelisses de tigre, fait partie du corps qui a mis bas les armes. V. M. ne pourrait-elle pas donner ces pelisses à ses hussards? La brigade Lasalle s'est couverte de gloire dans cette campagne.

Le général Beker m'annonce que le trésor se trouve à quelques lieues d'Anklam dans l'intérieur de la Poméranie. Je charge ce général de le réclamer auprès des autorités du pays, en leur annonçant que sur leur refus je passerai la Peene avec tout mon corps d'armée et que j'irai mettre leur pays à contribution. J'espère que V. M. me permettra de le distribuer à la réserve de cavalerie; j'ai osé leur annoncer cette faveur en votre nom.

Ainsi que je l'ai annoncé à V. M. par ma lettre d'hier soir à 9 heures, je serai ce soir à Demmin et j'espère que nous aurons demain le reste des corps de Weimar et Blücher qui se trouveront acculés à la mer Baltique. Nous sommes bien fatigués[1] ; la cavalerie aura absolument besoin de repos; il serait bien à désirer qu'il pût entrer dans vos projets de laisser dans le Mecklemburg, pays de cavalerie, les divisions Grouchy et d'Hautpoul ; elles y seraient bien reposées et ce pays leur offrirait tous les chevaux dont elles auraient besoin pour se remonter. Je demande pour moi des ordres à V. M. du moment que tout ceci sera fini.

Le corps qui a capitulé est fort de 3,000 à 4,000 hommes ; il y a du canon et 2 généraux, 2 régiments de cavalerie et un fort détachement d'un 3e. Pour conserver 1,400 ou 1,500 chevaux que nous recevrons, j'ordonne au général Beker de se borner à désarmer la cavalerie et à conduire ces régiments montés jusqu'à Potsdam où ils remettront leurs chevaux au général Bourcier.

V. M. ne pourrait-elle pas ordonner de faire enlever tous les étalons qui se trouvent dans les différents haras du Mecklemburg ? J'attendrai ses ordres.

LE GÉNÉRAL BELLIARD AU GÉNÉRAL LASALLE.

Friedland, 1er novembre 1806.

Vous avez eu tort, mon cher Lasalle, de ne pas vous rendre à Stretense ; vous deviez croire, dès que le général Beker vous disait de faire ce mouvement, que c'étaient les intentions du Prince, et ne pas les avoir exécutées peut faire beaucoup de mal, parce que l'on ne peut plus vous diriger ou du moins assez promptement sur le point où vous deviez marcher.

Hier soir je vous ai envoyé à Stretense l'ordre de partir ce matin pour vous rendre par Crien à Demmin. L'officier a dû pousser jusqu'à Uckermünde, s'il ne vous trouvait pas à Stretense, et je pense que vous avez reçu ma lettre et que vous êtes en mouvement. Dans le cas où l'officier ne vous aurait pas joint, partez de suite et portez-vous sur Demmin passant par Stretense, Crien et gagnant ensuite Jarmen où vous vous établirez si vous ne receviez pas de nouveaux ordres. Vous devrez avoir 1 escadron ou au moins 1 compagnie à Cartelow sur la route de Demmin à Anklam.

1. Pour que le grand-duc de Berg l'écrivît, il fallait que cette fatigue fût grande.

ORDRE POUR LE CHEF D'ESCADRON BOYER.

Friedland, 1er novembre 1806.

Le chef d'escadron Boyer passera la Peene, fera reconnaître par 50 hommes la route qu'a prise l'ennemi pour passer dans l'île d'Usedom. Le Prince est autorisé à penser que le général Blücher a sacrifié sa cavalerie et quelques hommes d'infanterie pour sauver le reste en se ménageant le temps de pouvoir s'embarquer. Il est étonnant qu'on n'ait pas encore pu dire d'une manière positive à qui appartient le corps qui a capitulé, s'il faisait partie de la colonne de Blücher ou de Hohenlohe, et combien il a passé de monde par Anklam, le jour que les premières troupes ont paru, etc. Les renseignements sont indispensables.

Gal Belliard.

LE GÉNÉRAL BELLIARD AU GÉNÉRAL BEKER.

Friedland, 1er novembre 1806.

Le Prince me charge, mon cher Général, de vous faire compliment sur votre belle expédition et de vous témoigner toute sa satisfaction; il désire pour votre intérêt que vous vous chargiez de conduire avec votre brigade les prisonniers à l'Empereur; en conséquence partez avec eux, aussitôt qu'ils auront déposé les armes, pour vous rendre à Friedland où vous recevrez une autre destination. Vous laisserez à Anklam 1 escadron commandé par un officier intelligent qui devra prendre toutes les précautions nécessaires pour se maintenir dans son poste et ramasser tous les hommes perdus qui se dirigent sur Anklam; vous ordonnerez à cet officier de ramasser tous les fusils, pistolets, sabres et gibernes, de les faire charger sur des voitures et de les envoyer sous l'escorte de la garde bourgeoise d'Anklam à Stettin; le chef d'escadron mettra avec le convoi un maréchal-des-logis. Amenez les prisonniers avec leurs chevaux, c'est le moyen de les conserver; dites aux officiers que le Prince consent à ce qu'ils gardent leurs chevaux, équipages, bagages et tout ce qui peut leur appartenir; qu'ils seront libres de se retirer sur leur parole où bon leur semblera et qu'ils recevront des passe-ports à Spandau ou à Potsdam. Vous devez donc les emmener avec vous jusque-là. Le Prince a la certitude que le trésor a passé à Anklam, et qu'il se trouve en Poméranie; il faut que vous le réclamiez avec instance au nom du grand-duc de Berg, en prévenant les autorités que, si on ne le rend pas, le Prince entrera dans le pays avec son armée. Vous chargeriez le chef d'escadron de suivre cette demande et, si le trésor est remis, vous ordonneriez qu'il soit gardé très-soigneusement, l'intention de S. A. étant de le distribuer à son corps d'armée. Le chef d'escadron que vous laisserez à Anklam, correspondra avec moi à Demmin, où sera aujourd'hui le quartier général. Je vais donner des ordres pour que votre colonne trouve du pain en arrivant à Friedland. Les détachements que vous aviez laissés en arrière, étaient partis hier soir pour aller vous joindre emmenant avec eux une pièce de 8 que je vous envoyais. Ces détachements rentreront à leur régiment et la pièce restera à Anklam avec l'escadron pour défendre le passage.

Faites dresser un état des prisonniers par arme et par régiment, et un état des chevaux que remettra la cavalerie.

LE GÉNÉRAL BELLIARD AU GÉNÉRAL BEKER.

Friedland, 1er novembre 1806.

Je vous laisse l'itinéraire de la route que vous avez à suivre pour vous rendre à Potsdam avec votre colonne de prisonniers. Ayez soin d'envoyer toujours un jour à l'avance au gîte les officiers faisant fonctions de commissaires pour faire préparer les vivres.

Je vous prie de laisser au commandant de la place l'état des prisonniers, que je vous ai demandé.

Rossin, — Friedland, — Pasewalk, — Prenzlow, — Wichmansdorf, — Templin, — Zehdenick, — Oranienburg, — Spandau, — Potsdam.

Quartier général du grand-duc de Berg, 2e division de dragons, Demmin[1] ; — 2e division de grosse cavalerie, Sieden-Brünzow ; — brigade Lasalle, Jarmen.

LE CHEF D'ESCADRON BOYER AU GÉNÉRAL BELLIARD.

Anklam, 1er novembre 1806, 9 heures du soir.

En conformité des instructions que m'a laissées le général Beker, j'ai eu une entrevue avec M. le comte de Löwenhaupt, lieutenant de hussards, commandant les troupes suédoises sur la Peene ; je l'ai

1. De Friedland à Demmin, 44 kil. ; — de Sieden-Brünzow à Demmin, 6 kil. ; — d'Uckermunde à Jarmen, 56 kil. ; — de Jarmen à Demmin, 20 kil.

sommé de faire restituer sur-le-champ les effets que l'armée prussienne a réfugiés en Poméranie et notamment le trésor retiré dans l'intérieur de cette province ; je l'ai prévenu, d'après mes instructions, que l'armée française pénétrerait en Poméranie pour reprendre de vive force des objets devenus sa propriété d'après la capitulation ; cet officier, qui est fort jeune, m'a dit ne pouvoir me donner aucun renseignement sur ce qui faisait l'objet de notre entrevue, et je crois bien, mon général, qu'il n'est pas dans la confidence ; peut-être s'adresserait-on avec plus de succès à M. le baron d'Essen, gouverneur général de la Poméranie, mais je n'ai pas osé prendre sur moi cette démarche que j'avais d'abord résolue, mais que je diffère jusqu'à ce que vous m'ayez donné des ordres. Le général d'Essen réside à Stralsund à 16 lieues d'ici.

Les équipages des généraux Bila et de leurs colonnes doivent passer la Peene cette nuit pour suivre leur destination ; il m'a paru qu'il y avait du louche relativement aux fonds qui s'y trouvent ; j'ai ordonné à l'officier du 13e régiment de dragons qui est chargé de les escorter jusqu'à ce qu'ils aient rejoint la brigade, de tenir des bordereaux de ces fonds qui passent sur le compte des individus et qui pourraient appartenir aux régiments.

LE MARÉCHAL LANNES A L'EMPEREUR.

Pasewalk, 1er novembre 1806.

J'ai eu l'honneur d'annoncer hier à V. M. 30 pièces de canon, 60 caissons, autant de chariots chargés de munitions, le tout attelé de 8 et 10 chevaux par voiture et 1,500 canonniers d'artillerie légère. En vérité, Sire, je n'ai jamais rien vu de plus beau que ces hommes. C'est un superbe parc. Je le fais partir d'ici ce matin et le dirige sur Spandau. Presque tous ces canonniers sont à cheval et marchent dans le plus grand ordre. V. M. I. pourrait, si elle voulait, les faire conduire en Italie. Je suis sûr qu'en mettant avec eux quelques officiers qui parlassent allemand, ces gens-là serviraient parfaitement. Je désirerais que V. M. vît ce convoi ; cela la déciderait à l'envoyer dans le royaume d'Italie.

Le grand-duc de Berg m'écrit qu'il compte joindre l'ennemi, c'est-à-dire le grand corps du duc de Weimar et de Blücher, avec le prince de Ponte-Corvo, dans la journée de demain. Il a déjà fait quelques prisonniers de la queue de la colonne. D'après cet avis je rappelle toute la cavalerie légère que j'avais envoyée sur Boitzenburg et vais rassembler tout mon corps d'armée à Stettin.

On a trouvé dans cette place plus de 200 pièces de canon sur leurs affûts et beaucoup d'autres de rechange, infiniment de poudre, de munitions et de magasins.

Je jetterai toute ma cavalerie légère sur la rive droite de l'Oder. Je ferai ramasser tous les blés et farines que je pourrai pour augmenter vos magasins; je ferai faire des fours et autant de biscuit qu'il me sera possible.

La garnison de Stettin était de 6,000 hommes. Je la fais escorter sur Spandau par un régiment de la division Gazan. Il ne reste plus qu'un régiment à ce général. La division Suchet a fourni également beaucoup de monde pour l'escorte des prisonniers, de manière que mon corps d'armée est réduit à très-peu de chose.

Si Stettin offre assez de moyens pour habiller le soldat, je le ferai, car il est tout nu. On s'occupe de dresser l'inventaire de ce qui existe dans la place. J'aurai l'honneur de l'adresser à V. M.

En attendant je prie V. M. I. de me faire connaître ses intentions le plus tôt possible. Mon quartier général sera ce soir à Stettin.

J'ai fait lire hier la proclamation de V. M. à la tête des troupes : les derniers mots qu'elle contient ont vivement touché le cœur du soldat. Ils se sont tous mis à crier : Vive l'Empereur d'Occident ! Il m'est impossible de dire à V. M. combien ces braves gens l'aiment, et vraiment on n'a jamais été aussi amoureux de sa maîtresse qu'ils le sont de votre personne. Je prie V. M. de me faire savoir si elle veut qu'à l'avenir j'adresse mes dépêches à l'Empereur d'Occident et je le demande au nom de mon corps d'armée [1].

5e corps : 2e division, quartier général, Stettin ; — 1re division, Löcknitz ; — cavalerie légère, Möhringen.

1. Quelle flagornerie ! Le style de l'époque finit toujours par percer.

LE MARÉCHAL BERNADOTTE A L'EMPEREUR.

Nossentin, 1er novembre 1806, 3 heures après midi.

L'officier que V. M. m'a expédié le 28 octobre dernier[1] m'a trouvé aujourd'hui à 3 heures du matin marchant sur Waren.

Conformément à l'ordre de V. M. je m'étais rendu d'abord à Gransee, mais ayant appris que l'ennemi s'était dirigé sur Lychen, j'avais résolu de l'y suivre. Cependant un des officiers envoyé pour communiquer avec le grand-duc de Berg et le maréchal Lannes, trouva à Zehdenick le général Suchet[2], et il en reçut l'assurance positive que déjà le Grand-duc occupait Lychen. Je crus alors devoir me porter plus à gauche et j'arrivai à Fürstenberg. L'ennemi avait passé par cette ville et de nouveaux renseignements annonçaient sa retraite sur Lychen. Je l'y suivis et je marchai sur ses traces jusqu'à Boitzenburg. Le général Blücher avait quitté ce dernier endroit pendant la nuit; forcé de renoncer à gagner Prenzlow, il avait d'abord marché 2 lieues sur Fürstenwerder, mais s'était enfin jeté tout à fait à gauche, se dirigeant sur Neu-Strelitz, Friedland, etc. Je changeai ma route en conséquence et je me portai sur Stargard et Neu-Brandenburg pour lui couper la retraite, tandis qu'un de mes régiments de cavalerie fut chargé de harceler son arrière-garde sur la route de Neu-Strelitz.

Après une courte halte à Neu-Brandenburg, j'ai continué ma marche sur Waren où j'ai enfin atteint la queue de tout le corps ennemi composé des colonnes réunies de Weimar et de Blücher et fort d'environ 25,000 hommes. Il se dirige depuis hier sur Plau et Lübz; je ne m'arrêterai plus que pour annoncer à V. M. l'anéantissement de ce reste de l'armée prussienne.

---

1. Dépêche du 28 octobre midi.

2. La division Suchet, arrivée le 27 à midi à Zehdenick, en repartit dans la soirée. Voir pages 424, 425, 426.

Le 2e régiment de hussards a chargé ce matin sur une portion de l'arrière-garde ennemie et l'a rejetée sur la cavalerie de M. le maréchal Soult qui venant par Mirow entrait à Waren [1] en même temps que la mienne. 3 escadrons de dragons sont tombés en notre pouvoir.

La cavalerie de M. le maréchal Soult qui est déjà arrivée, se compose d'environ 500 chevaux. Son infanterie est encore à 4 lieues d'ici ; la mienne quoique très-fatiguée marchera toute la nuit. Le général Savary nous a aussi joints avec 400 chevaux. J'espérais bien, Sire, venir à bout de la colonne ennemie avec mes propres moyens, mais cependant j'avoue à V. M. que ce renfort de chevaux me fait grand bien, puisque je n'en avais auparavant que 600 à 700, devant un ennemi qui en a environ 5,000 et qui s'en sert avec avantage pour protéger sa retraite en couvrant toujours son corps principal par les lacs dont tout ce pays est coupé.

Je viens de donner au général Savary 1 régiment d'infanterie légère ; il se dirige à droite pour couper une portion de la colonne ennemie ; moi-même je marche sur Alt-Schwerin. Nous agirons tous de concert pour remplir les ordres de V. M., et j'espère que sous 2 jours au plus tard elle sera satisfaite.

Le 1er novembre le 1er corps d'armée se dirigea sur Waren en passant par Klokow-Krug et Kargow. En arrivant sur Waren nous trouvâmes une brigade de cavalerie du maréchal Soult qui venant de la Vieille-Marche fit sa jonction avec nous.

Une arrière-garde prussienne que nous suivions de près, fut obligée de passer le défilé de Waren en grande hâte ; elle y laissa quelques pelotons qui furent enveloppés et mirent bas les armes.

Sur les hauteurs en arrière de la ville il y eut encore un engagement de cavalerie où celle du maréchal Soult prit part. L'ennemi se retira ensuite sans s'arrêter jusqu'au bois entre Jabel et Nossentin [2] ; là il nous montra de l'infanterie et du canon et arrêta la cavalerie qui était à sa poursuite. Devant ce bois dont la profondeur est d'une lieue, coule un ruisseau marécageux.

1. D'Ankershagen à Waren, 18 kil.

2. De Waren à Jabel, 11 kil. ; — de Jabel à Nossentin, 6 kil. ; — de Nossentin à Alt-Schwerin, 8 kil.

La division Dupont était tête de colonne ; les 2 autres la suivaient à quelque distance : elle passa rapidement le ruisseau et se dirigea de la manière suivante : le 96e par le grand chemin à travers le bois, et les 9e léger et 32e en suivant la lisière du bois sur notre droite.

L'ennemi disputa le bois pied à pied et après l'en avoir chassé nous le trouvâmes posté au débouché, au village de Nossentin qui n'en est éloigné que de 200 toises environ.

L'ennemi avait en position environ 10,000 hommes, sa droite appuyée au lac de Fleesen et Nossentin sur le front. Les jardins de ce village qui sont entourés de fossés profonds étaient garnis d'infanterie; l'ennemi avait aussi établi sur le front du village de l'artillerie qui battait la sortie du défilé.

Le général Dupont, après avoir enlevé le bois, reçut l'ordre de déboucher et d'attaquer Nossentin ; la cavalerie légère qui était aussi dans le bois, en sortit rapidement en même temps et se forma en avant vis-à-vis le flanc gauche de l'ennemi qui se trouvait en l'air, mais sur un terrain tellement coupé de larges fossés qu'il fut impossible à cette cavalerie de faire de suite une charge, comme on en avait le projet en la faisant déboucher. Cependant les 9e léger et 96e avaient enlevé le village et pris 2 pièces de canon.

L'ennemi faisait sa retraite très-précipitamment quoiqu'en bon ordre sur Alt-Schwerin, se faisant couvrir par une nombreuse cavalerie.

Le prince de Ponte-Corvo, en le poursuivant vivement, fut renversé dans une charge qu'il faisait faire au 5e de chasseurs.

La nuit vint et sauva cette arrière-garde qui eût certainement été enlevée. Cette journée nous valut plus de 1,000 prisonniers et une grande quantité de bagages.

Le corps d'armée prit position la cavalerie légère à Alt et à Neu-Sparow, la division Dupont en avant de Malchow, la division Rivaud à sa gauche, la division Drouet à Alt-Schwerin, le quartier général à Silz.

Le général Drouet en arrivant la nuit avec sa division pour prendre position à Alt-Schwerin, y trouva l'ennemi et l'en fit chasser par le 94e qui prit 2 pièces de canon. (Journal du 1er corps.)

Voir aussi à la journée du 2 novembre le rapport du maréchal Bernadotte à l'Empereur, le rapport du maréchal Soult à l'Empereur et le rapport du général Savary au Major général, sur les différentes opérations de la journée du 1er novembre.

Quartier général à Silz, 1er novembre 1806.

EMPLACEMENT DU 1er CORPS POUR CETTE NUIT.

MM. les généraux Dupont et Rivaud prendront position avec les divisions sous leurs ordres à Malchow faisant face à Alt-Schwerin et se gardant fortement sur leurs derrières.

La division du général Drouet prendra position à Alt-Schwerin dans le cas où l'ennemi l'ait évacué ; dans le cas contraire elle s'établira à Alt-Sparow, bivouaquant tout autour du village.

Le général Watier placera ses 3 régiments dans les vergers de Neu et Alt-Sparow.

Le général Rivaud laissera une grand'garde de 100 hommes au bivouac qu'il occupe actuellement ; cette grand'garde aura des petits postes sur sa droite.

Les troupes se tiendront prêtes à marcher demain 2 novembre à 6 heures du matin.

P. o. Le général de division chef de l'état-major général,

L. BERTHIER.

L'ordre de position est donné à la nuit à la fin du combat, l'ennemi étant encore en présence.

La division Dupont, qui a mené le combat, est remplacée en 1re ligne par la division Drouet. La position de nuit est imposée par le terrain qui oblige d'occuper Malchow pour garder la route de Waren par Klink.

La nécessité de se procurer de l'eau, de la viande, des légumes, impose le bivouac autour des villages, la division toujours réunie, quelquefois 2 divisions autour du même village. La profondeur de nuit d'une colonne de corps d'armée en marche de guerre ne doit jamais excéder 8 kil., de manière qu'en cas d'attaque au bout d'une heure la division de tête puisse être soutenue par la suivante, et qu'une heure après, c'est-à-dire 2 heures après le commencement de l'engagement, la 3e division arrive et se place.

Le Commandant du corps d'armée laisse à chaque général de division le soin de prendre les dispositions de nuit qui le concernent ; il ne fait pas leur besogne ; il se contente d'indiquer la direction dangereuse, *faisant face à Alt-Schwerin et se gardant fortement sur leurs derrières*. Il n'entre que dans un détail, celui de la grand'garde de 100 hommes à laisser sur un point que la troupe évacue. — L'ordre de position du 1er corps est aussi bref que possible ; il indique l'heure où l'on sera prêt à se mettre en marche. Le Maréchal donnera ses ordres d'après les renseignements qu'il aura de l'ennemi.

ORDRE.

Zechlin, 1er novembre 1806.

Le corps d'armée se mettra en marche ce matin au jour et se dirigera sur Mirow où il sera donné de nouveaux ordres pour continuer pendant le jour le mouvement.

Les divisions marcheront dans le même ordre qu'hier. Tout ce qui tient au corps d'armée et qui est en arrière aura ordre de suivre le mouvement.

La cavalerie légère a reçu des instructions particulières.

Mal Soult.

Waren, 1er novembre 1806.

Ordre au général Sahuc de diriger sa division de Wüsterhausen sur Waren en passant par Wittstock; il règlera son mouvement de manière à arriver à Waren le plus tôt possible pour concourir aux dispositions contre la colonne ennemie. Si en route le général Sahuc apprenait que l'ennemi se dirige sur Schwerin et Güstrow, il irait directement à sa rencontre et en rendrait compte [1].

Mal Soult.

---

1. ORDRE A M. MARTIN, LIEUTENANT AIDE DE CAMP.

Waren, 1er novembre 1806.

D'après les intentions de M. le Maréchal commandant en chef, il est ordonné à M. Martin, aide de camp, lieutenant, de partir sur-le-champ en poste pour se rendre à la rencontre de la 4e division de dragons et porter à M. le général Sahuc qui la commande la dépêche ci-jointe à son adresse. M. Martin se dirigera par Wittstock sur Wüsterhausen.

A son arrivée dans ce premier endroit, M. Martin prendra des renseignements pour savoir si la division de dragons y est arrivée, et dans le cas de la négative il continuera sa route sur Wüsterhausen, et au besoin sur Rathenow, ayant toujours soin de s'informer de la marche de cette division à tous les endroits qu'il trouvera sur son passage.

M. Martin trouvera probablement auprès de M. le général Sahuc, M. le chef de bataillon Tripoul, aide de camp; il l'avertira dans ce cas qu'il doit rejoindre M. le Maréchal par Wittstock et Waren, en se dirigeant ensuite sur la route de Schwerin, et M. Martin tiendra lui-même cette route pour me rejoindre.

Il s'empressera de venir rendre compte de sa mission.

Dans le cas où il ne trouverait pas de chevaux de poste, il requerra les autorités locales de lui faire fournir sur-le-champ des chevaux qu'il paiera comme chevaux de poste *.

Gal Compans.

La division Sahuc passa la nuit du 1er au 2 novembre au bivouac à Rathenow.

* Voilà qui est bien, mais une réquisition, pour devenir exécutoire en cas de refus, doit être appuyée par la force. Que peut faire un officier seul? Le village recevra par la suite sa punition, mais l'ordre ne sera pas parvenu à temps.

CIRCULAIRE AUX GÉNÉRAUX D'INFANTERIE.

Waren, 1er novembre 1806.

La jonction du corps d'armée de S. A. le prince de Ponte-Corvo avec celui de M. le maréchal Soult s'est opérée ici ce matin. Le 1er corps est déjà à 3 lieues en avant sur la route de Schwerin poursuivant rapidement l'ennemi qu'il serre de très-près. Notre cavalerie légère marche en tête avec lui. Dans cette occasion M. le Maréchal commandant en chef a senti la nécessité de presser autant que possible la marche de son infanterie.

Il m'a chargé en conséquence, mon Général, de vous transmettre de sa part l'ordre de remettre votre division en marche 4 heures après son arrivée à la position qu'elle doit occuper en arrière de Waren[1]. Il désire que le temps qu'elle passera dans sa position soit employé à la faire repaître et reposer.

Et comme il doit exister un grand nombre de soldats trop faibles et trop fatigués pour entreprendre une marche aussi forcée que celle qu'il ordonne, son intention est qu'il soit formé de tous ces soldats un bataillon qui restera à Waren jusqu'à nouvel ordre[2].

Ces soldats seront organisés en compagnies de 60 hommes commandées par 1 officier, 2 sergents et 4 caporaux. Un des sergents fera les fonctions de sergent-major et un des caporaux celles de fourrier; il y aura au moin 1 tambour par 2 compagnies.

L'état-major se composera d'un chef de bataillon, d'un lieutenant faisant fonctions d'adjudant-major et d'un sergent faisant fonctions d'adjudant sous-officier. Un des tambours fera fonctions de caporal-tambour.

---

1. De Zechlin à Waren, 48 kil.

2. Une instruction fut remise au chef de bataillon Menu chargé du commandement du détachement:

«.... Vous ne négligerez pas d'avoir des gardes extérieures sur toutes les « routes qui aboutissent à la place afin d'être informé de tout ce qui pourrait « se passer au dehors.... » — On lui laissait la 1re compagnie de voltigeurs du 18e de ligne. — « Pour la nourriture de votre troupe, des prisonniers et « des chevaux (100 chevaux de prise) dont vous avez la garde, vous vous « adresserez à l'autorité locale et constaterez chaque jour la quantité de sub« sistance qui vous sera distribuée, et en ferez mention dans le rapport jour« nalier que vous adresserez à l'état-major général du corps d'armée. Vous « adresserez votre rapport de demain sur la route de Schwerin. — Chaque « jour j'aurai soin de vous écrire : ayez la même attention en faisant porter « votre lettre par des gens du pays. »

Gal Compans.

Je vous prie de vouloir bien faire réunir de suite tous les soldats de votre division qui sont dans le cas de cette mesure, de les former en compagnies et de les remettre avec des contrôles nominatifs à M. le capitaine adjoint Asselin qui réunira les diverses compagnies pour la formation du bataillon et les remettra au chef de bataillon chargé d'en prendre le commandement; veuillez, je vous prie, comprendre en tête de l'un des contrôles le nom des officiers désignés pour composer l'état-major de ce bataillon.

Les divisions, après s'être reposées 4 heures [1], se remettront en marche et se dirigeront par la route de Schwerin sur le 1er corps d'armée ; elles recevront dans leur marche les ordres ultérieurs de M. le Maréchal commandant en chef; elles marcheront dans le même ordre qu'aujourd'hui.

J'ai l'honneur de vous prévenir, mon Général, que, d'après les intentions de M. le Maréchal commandant en chef, j'ai chargé M. le commissaire ordonnateur du corps d'armée d'employer tous les moyens possibles pour faire fournir aux troupes une distribution de liquides; j'ignore encore quelles ressources il trouvera ici pour cette distribution; je vous engage à envoyer votre commissaire des guerres auprès de lui pour vous en faire informer et obtenir le contingent de votre division [2].

L'ordonnateur doit aussi faire son possible pour se procurer du pain et de la viande.

Le chef de bataillon est fourni par la 2e division; le lieutenant adjudant-major par la 1re; le sergent adjudant sous-officier par la 3e.

Gal COMPANS.

---

1. Grand'halte de 4 heures pour manger et se reposer. Obligation de la faire dans un lieu habité où l'on trouve des vivres en quantité suffisante, de l'eau ; — nécessité que l'état-major et l'administration aient pris toutes les dispositions pour que la troupe puisse consacrer ces 4 heures, sans perdre une minute, à manger et à se reposer.

2. L'ordonnateur du corps d'armée est chargé de frapper les réquisitions d'après les instructions du commandant de corps d'armée. Il lui faut de la décision et de l'activité pour fixer de suite les demandes (vivres, liquides, fourrages, paille de couchage, moyens de transport), indiquer à la municipalité les moyens de répartition entre les habitants, surveiller et activer la rentrée des provisions demandées, répartir les denrées entre les divisions et les faire porter au centre des emplacements des troupes. L'ordonnateur doit payer de sa personne et dire à la municipalité : *Il faut agir de telle et telle façon ;* une fois les ressources connues, il doit se substituer à la municipalité et donner les ordres en son nom, en sa présence, car les municipalités n'ont pas l'habitude de commander, et dans ces circonstances la décision et la promptitude sont tout.

LE GÉNÉRAL COMPANS AU GÉNÉRAL COMMANDANT LA CAVALERIE LÉGÈRE.

Waren, 1er novembre 1806.

Veuillez, je vous prie, au passage de votre division ici, faire remettre au chef d'escadron de gendarmerie Dubignon tous les prisonniers de guerre qui sont à la suite : il est chargé de les recevoir.

Le commissaire ordonnateur est en mesure pour faire une distribution d'eau-de-vie au corps d'armée ; chargez, je vous prie, votre commissaire des guerres de se rendre auprès de lui pour lui aider à se procurer des moyens de transport pour porter cette eau-de-vie au camp.

A L'ORDONNATEUR.

Je vous préviens que, d'après les ordres de M. le Maréchal commandant en chef, je forme sur les 3 divisions du corps d'armée un bataillon qui sera composé des hommes trop fatigués pour entreprendre les marches forcées. J'ignore encore quelle sera la force de ce bataillon : il est destiné à rester ici jusqu'à nouvel ordre. Je lui confie la garde d'environ 600 prisonniers de guerre et déserteurs qui resteront aussi en dépôt jusqu'à nouvel ordre ; veuillez prendre des mesures pour assurer la subsistance et du bataillon et des prisonniers et déserteurs.

AU GÉNÉRAL LARIBOISIÈRE.

L'intention du Maréchal commandant en chef est que le parc d'artillerie du corps d'armée soit dirigé de Wüsterhausen par Wittstock sur Waren d'où il continuera sa marche à la suite du corps d'armée qui marche sur la route de Schwerin. — Veuillez, je vous prie, donner des ordres en conséquence.

AU GÉNÉRAL LARIBOISIÈRE.

Je vous préviens que d'après les ordres de M. le Maréchal commandant en chef la compagnie d'artillerie légère commandée par le capitaine Hubert doit devancer sur la route de Schwerin la colonne d'infanterie du corps d'armée ; veuillez bien donner les vôtres en conséquence ; cette compagnie s'arrêtera lorsqu'elle en recevra l'ordre de M. le Maréchal. Je vous préviens que M. le général Leval est instruit de cette disposition.

Ordre en conséquence au général Leval. Mêmes ordres pour l'eau-de-vie et les prisonniers qu'au général commandant la cavalerie légère.

LE MARÉCHAL MORTIER A L'EMPEREUR.

Cassel, 1er novembre 1806.

Sire, les troupes sous mes ordres occupent Cassel où elles sont entrées ce matin. Par la lettre que j'ai eu l'honneur de vous écrire le 29 octobre, j'annonçais à V. M. que je serais le 31 à la hauteur de cette ville, et que l'avant-garde de l'armée du Nord y serait également le même jour. Je fondais cette dernière assertion sur ce que venait de me dire l'aide de camp du roi de Hollande que ce corps d'armée devait être rendu le 29 à Paderborn. Mais le lendemain 30, dans ma marche de Stersfeld à Melsungen, un officier supérieur attaché à l'état-major de S. M. vint me trouver et me dit que cette avant-garde ne pourrait être rendue devant Cassel que le 1er novembre, au lieu du 31 octobre. Je sentais la nécessité d'être en mesure avec ce corps qui appuyait mon opération et je dirigeai ma marche de manière à n'arriver que le même jour. Effectivement, le 31 j'ai pris position à la tête du bois dit Schwartzbach, en arrière de Berghaus et Crumbach. Pendant la nuit du 30 au 31 un aide de camp de l'Électeur m'a apporté une lettre de ce prince dont j'ai l'honneur de vous envoyer copie. Je n'y fis pas de réponse et me bornai à dire à cet officier que probablement le chargé d'affaires de V. M. donnerait les explications qu'on sollicitait de moi. Le 31 l'Électeur m'envoya des officiers de sa cour pour m'inviter à aller dîner chez lui à Cassel avec mon état-major; je le remerciai sous des prétextes vagues. — Ma marche s'est exécutée sans obstacles, sinon au premier poste sur la frontière, où un officier commandant un piquet d'infanterie voulut m'arrêter, en s'appuyant de la neutralité qui avait été accordée à la Hesse. Je passai outre sans faire aucune démonstration hostile, pour ne pas donner l'éveil. La plus exacte discipline fut observée par les troupes sous mes ordres ; et partout elles furent accueillies avec égards et procédés. — Pendant tout le temps que dura ma marche, la plus parfaite sécurité régnait à Cassel. On ne conçut pas le moindre soupçon sur mon mouvement, dont on croyait que l'occupation du Hanovre était l'objet. Le 31 au soir j'envoyai un de mes aides de camp porter votre note au chargé d'affaires de V. M., en le chargeant de la présenter à 11 heures de la nuit. — Aujourd'hui à 3 heures du matin les ministres du prince de Hesse sont venus à mon bivouac et m'ont dit que leur souverain leur avait donné ordre de me déclarer qu'il se mettait entièrement à la disposition de V. M., ui et ses troupes, et qu'il était prêt à marcher à leur tête pour combattre vos ennemis ; ils m'ont demandé aussi un passe-port pour que ce prince pût aller à votre quartier général. Je leur ai dit que je n'avais aucune espèce d'instruction pour recevoir leurs ouvertures, et refusai d'accorder le passe-port. — Je suis entré dans la ville ce matin à 8 heures ; et la jonction de l'avant-garde de l'armée du Nord s'est opérée dans la matinée avec le 8ᵉ corps. S. M. le roi de Hollande a de son côté l'honneur de vous écrire ce soir. — L'Électeur et le prince héréditaire se sont évadés après le refus que je leur fis des passe-ports qu'ils me demandaient. Ils ont assuré en partant qu'ils se rendaient auprès de V. M. Jusqu'à présent j'ai trouvé dans Cassel 91 bouches à feu de différents calibres, 6,273 fusils provenant tant des arsenaux que du désarmement de la garnison. J'ai de plus en ma possession 8 drapeaux du régiment de la Garde, 4 du régiment des grenadiers et l'étendard des Gardes du corps. Les principaux officiers se sont enfuis après la note remise, avant mon arrivée. Je vais m'occuper de faire arrêter tous ceux que l'on pourra trouver. La grande dissémination des troupes hessoises dans leurs différents quartiers mettra quelques obstacles à l'exécution complète de cette mesure.

J'attends l'état des chevaux du régiment des Gardes du corps que j'ai fait démonter. Quelques cavaliers hessois en ont emmené avec eux ; les ordres sont donnés pour qu'ils les remettent.

Le général Lagrange est entré dans ses fonctions de gouverneur général. — La proclamation en mon nom et la note de V. M. sont imprimées dans les deux langues et vont de suite être publiées et affichées.

La place de Hanau sera occupée par nos troupes avant 3 jours [1]. J'avais annoncé aux ministres du prince de Hesse que si elle ne m'était pas de suite remise, je la ferais bombarder et qu'ils n'auraient à accuser qu'eux seuls des maux que cette ville éprouverait. Le Prince avant son départ précipité a donné l'ordre de sa reddition; j'expédie cet ordre signé par un de ses ministres au général Laval qui est à Mayence, en lui prescrivant d'en prendre possession sur-le-champ, et comme il n'a pas de troupes avec lui pour effectuer cette occupation, d'en demander au maréchal Kellermann, en attendant l'arrivée du 1er régiment d'infanterie légère italienne.

---

1. LE CAPITAINE JOANNON AU MAJOR GÉNÉRAL.

Dornigheim, 29 octobre 1806.

J'ai l'honneur de vous prévenir qu'il est passé aujourd'hui au village de Dornigheim près Hanau où je suis, le 1er régiment d'infanterie de ligne italien composé de 1 colonel, 2 chefs de bataillon, 57 officiers et 1,900 hommes; — 4 détachements des 2e, 4e, 12e légers et 32e de ligne, forts de 4 officiers et 478 hommes; — les chevaux de S. A. au nombre de 12; — 1 détachement de divers régiments de 1 officier et 140 sous-officiers et soldats; — la 18e brigade des équipages militaires Breidt, 39 hommes et 108 chevaux (Voir *Iéna*, p. 127); les voitures étaient chargées d'effets d'ambulance; — 1 détachement du 22e de chasseurs à cheval composé de 1 officier, 125 chasseurs et 132 chevaux.

Partie de ces troupes se rendent au 8e corps d'armée et demandaient à loger dans la ville de Hanau; mais persuadé de l'intention de M. le général-major Müller, j'avais préparé leur logement dans 4 villages voisins de cette ville dont 2 appartenaient à la principauté de Hanau; en ayant donné connaissance à M. le général-major, il fut donné des ordres de ne loger aucun Français dans lesdits villages; la troupe a été obligée d'aller un peu plus loin, mais elle fut logée. Je reçus au même moment l'ordre de ne loger aucune troupe sur le territoire de Hesse, étant par sa neutralité exempt de toutes fournitures et logement militaire de M. le Major général.

J'attends vos ordres, mon Prince, pour continuer mon service et ne pouvant plus rester sur le territoire de Hesse, je me rendrai aujourd'hui à Ruckingen à 1 lieue en avant sur le pays du prince d'Isemburg, tout près Hanau.

P.-S. — J'ai l'assurance que le désarmement de tout ce qui reste de troupes hessoises s'effectuera sans difficulté. — L'Électeur m'avait envoyé copie de la démission de son grade au service de Prusse ; je la joins ici.

Le général Lacombe Saint-Michel vient d'arriver ; il me promet tout son zèle pour organiser mon artillerie : j'envoie ici quelques chevaux de l'artillerie électorale. Je prie V. M. de donner des ordres pour qu'il me soit envoyé 2 compagnies du train et une compagnie d'artillerie légère.

LE GÉNÉRAL CORBINEAU A L'EMPEREUR.

Spandau, 1er novembre 1806, 5 heures du soir.

J'ai l'honneur de rendre compte à V. M. qu'il vient d'arriver à Spandau une colonne de troupes de Hesse-Darmstadt ayant à sa tête deux officiers généraux et forte d'environ 2,500 hommes officiers compris.

Il est en outre arrivé dans la place une colonne de 4,800 prisonniers de guerre escortés par 2 régiments de dragons, les 5e et 12e, et 1 bataillon du 21e léger ; cette troupe est commandée par le général Beaumont qui compte se rendre demain à Berlin à 9 heures du matin avec les 2 compagnies d'élite des régiments de dragons afin de présenter à V. M. 50 étendards ou drapeaux pris avec les prisonniers qui arrivent ici et de là rejoindre sa colonne à Potsdam. Cette colonne doit être suivie par une de 3 régiments de dragons et 1 bataillon escortant 5,000 prisonniers. Cette seconde colonne arrivera demain.

Les bataillons du 21e léger doivent être relevés demain et après à l'escorte des prisonniers par un nombre d'hommes des troupes de Darmstadt pareil à son effectif.

Les chevaux dont V. M. m'a chargé de voir la réception et la répartition n'arriveront ici que demain et le nombre en est réduit à 450 ou 500 au plus, et d'après les renseignements que je me suis procurés, il paraît que très-peu seulement pourront être utilisés par les corps qui ont envoyé ici des détachements pour en recevoir parce que la plupart de ces chevaux ont été changés dans la route qu'ils ont faite pour venir du lieu où ils ont été pris jusqu'ici.

Après m'être concerté avec le général Bourcier, nous sommes convenus que tous les chevaux qui ne seront pas propres au service des corps d'élite qui ont envoyé ici des détachements, seront conduits à Potsdam pour y être utilisés pour les dragons à pied à moins qu'ils ne soient tout à fait dans le cas d'être mis à la réforme ; le peu de ressources qu'il y a à Spandau pour nourrir les chevaux nous a fait prendre ce parti ; j'espère qu'il obtiendra l'approbation de V. M.

En exécution de l'ordre de V. M. que son Exc. M. le maréchal Bessières m'a communiqué, j'ai fait donner au chef d'escadron des grenadiers à cheval de la Garde de V. M. les timballes et trompettes en argent qui ont été trouvées dans la forteresse. Ce chef d'escadron a reçu 2 timballes et 20 trompettes. Le général Fery a gardé une timballe qui est un peu dégradée et ne peut servir sans réparation ; il m'a dit avoir instruit le ministre de la guerre qu'il la gardait. J'attendrai les ordres de V. M. pour savoir si elle doit rester entre les mains du général ou être réunie à celles qu'a déjà reçues le chef d'escadron des grenadiers.

Il y a dans les canaux qui bordent des îles du lac voisin de Spandau des trains de bois de construction et de bois à brûler ; je pense qu'il en a été rendu compte à V. M. par le commandant de Spandau ; mais dans le cas où cela ne serait pas, je crois devoir en instruire V. M.

Les 4 détachements de dragons montés que j'ai annoncés à V. M. être arrivés ici hier en sont partis ce matin pour Berlin [1].

Les détachements des 2e et 12e de chasseurs dont j'ai également fait mention dans mon rapport d'hier sont partis au-

1. Les détachements des 5e et 9e régiments rejoignirent la 3e division le 3 novembre à Berlin ; celui du 1er, la 1re division le 6 à Berlin. La 5e division ayant été formée le 9 novembre à Berlin, le général Beker emmena bien probablement le détachement du 15e avec sa première brigade 13e et 22e. Le détachement du 3e partit le 11 pour Francfort, où il attendit le passage de la 2e division.

jourd'hui pour joindre leurs corps ; ces hommes étaient ici avec des chevaux qu'ils voulaient changer ; comme le général Bourcier et moi avons cru que ces échanges étaient contraires aux intentions de V. M., nous les avons renvoyés.

Il est arrivé ici un détachement du 1er de chasseurs pour recevoir des chevaux ; selon toute apparence la course sera inutile vu la petite quantité qui en arrive et ce qu'on dit de l'état dans lequel ils sont. Ce détachement est fort de 25 hommes non montés.

Le dépôt du 6e régiment de dragons est aussi arrivé ici.

ORDRE DU JOUR.

Quartier général impérial à Berlin, 1er novembre 1806.

S. M. accorde une gratification de capotes aux différents corps de l'armée dans la proportion suivante :

12,000 au 3e corps, dont 6,000 seront requises à Francfort-sur-l'Oder, 2,000 seront prises sur celles qui existent au magasin à Berlin, 2,000 sur celles que la municipalité de Berlin doit verser dans les magasins et 2,000 sur celles qui existent en magasin à Leipzig.

6,000 au 7e corps, dont 2,000 sur celles qui existent en magasin à Berlin, 2,000 sur celles que la municipalité de Berlin doit fournir et 2,000 sur celles qui existent à Leipzig.

12,000 au 4e corps [1] dont 2,000 sur celles qui existent dans les magasins de Berlin, 2,000 sur celles que la municipalité

---

1. L'EMPEREUR AU MARÉCHAL SOULT.

Meseritz, 27 novembre 1806.

Mon Cousin, je ne conçois pas que vous n'ayez pas eu de draps pour vos capotes à Berlin. M. Daru m'assure que vous ne lui en avez pas demandé et qu'il a 6,000 aunes de draps à vous donner. J'ai passé ici un marché avec un fabricant de Meseritz, qui vous fournira, à votre passage, 500 pièces de draps pour capotes. Ces 500 pièces font 8,000 à 10,000 aunes. Vous les distribuerez sur-le-champ entre vos corps. Vous profiterez du peu de moments que vous aurez pour les faire couper ; et les soldats les feront coudre comme ils pourront. Le même fabricant me promet 2,000 autres pièces de draps dans

de Berlin doit fournir et 8,000 sur celles qui existent à Leipzig.

---

15 jours. Nous allons nous trouver fort embarrassés pour les souliers si les corps n'en ont pas fait venir....

LE MARÉCHAL SOULT A L'EMPEREUR.

Francfort-sur-l'Oder, 27 novembre 1806.

Je viens de recevoir la dépêche dont V. M. m'a honoré. Il est vrai que M. l'Intendant général n'a pas eu occasion de m'instruire par lui-même de la situation des magasins d'habillement à Berlin, car je m'en étais fait assurer par l'ordonnateur du corps d'armée qui a été plusieurs fois chez lui et dans les magasins, où on lui a toujours répondu que les draps qui y existaient auparavant étaient employés et qu'on en attendait d'autres pour remplir les quantités que V. M. avait daigné accorder au corps d'armée ; du reste on nous promit que nous serions les premiers servis.

Je ferai prendre dans 2 jours à Meseritz les 500 pièces de draps que V. M. nous accorde et la distribution en sera immédiatement faite * ; ce secours qui donnera au moins 3,000 capotes couvrira les militaires qui viennent d'arriver des 3es bataillons et ceux des bataillons de guerre qui en manquent.

Les régiments du corps d'armée sont encore bien en souliers ; 5 d'entre eux ont reçu aujourd'hui chacun un convoi de 1,500 paires, et dans les autres chaque soldat a encore une bonne paire dans le sac.

ORDRE.

Meseritz, 29 novembre 1806.

L'Empereur ayant accordé 500 pièces de drap pour capotes en faveur du corps d'armée, la répartition en est faite suivant l'état ci-joint, dont communication sera donnée aux généraux commandant les divisions et aux chefs de corps pour ce qui les concerne. Les colonels des régiments enverront de suite à Meseritz un officier avec une voiture de transport pour prendre le drap qui leur est alloué, en donner reçu et le faire transporter aux régiments.

L'ordonnateur en chef chargera un commissaire des guerres et un employé de faire la distribution suivant l'état de répartition arrêté par nous, et il leur prescrira de donner autant que possible aux régiments des draps d'une même nuance.

Le surplus des draps qui ne seront pas distribués seront transportés à la suite du quartier général pour en être disposé en faveur des corps qui en auraient le plus besoin.

Aussitôt que les draps accordés seront arrivés aux régiments, les colonels s'occuperont de les faire confectionner en capotes (2 aunes et demie doivent donner une capote) et, après les avoir fait couper, ils obligeront les soldats à les coudre eux-mêmes en profitant pour cela de tous les instants de repos qui leur seront donnés pendant la marche, soit de jour, soit de nuit, afin que tous les soldats qui manquent de capotes en soient pourvus.

Le Maréchal commandant en chef invite MM. les généraux à tenir la main à l'exécution du présent ordre qui a pour but de préserver ceux des militaires sous leurs ordres qui sont mal vêtus des rigueurs de la saison.

Mal SOULT.

* 1re division, 750 capotes, 1,875 aunes ; — 2e division, 1,240 capotes, 3,100 aunes ; — 3e division, 930 capotes, 2,325 aunes ; — gendarmerie, 100 aunes de drap bleu ; — cavalerie, 600 aunes de drap vert pour manteaux.

10,000 au 5e corps[1] dont 4,000 seront requises à Stettin, 2,000 seront prises sur celles qui existent en magasin à Ber-

---

1. L'EMPEREUR AU MARÉCHAL LANNES, A STETTIN.

Berlin, 3 novembre 1806, 6 heures du soir.

....Vous verrez, par l'ordre du jour, que je vous ai accordé 6,000 capotes à prendre à Stettin. Si 15,000 vous étaient nécessaires, faites-vous-les donner, ce serait autant de moins que vous auriez à prendre sur les derrières....

LE MARÉCHAL LANNES A L'EMPEREUR.

Stettin, 4 novembre 1806.

.... Je n'ai pu obtenir de drap que pour environ 6,000 capotes et point de souliers ; il est vrai que le soldat en a encore au moins 2 paires....

5e CORPS D'ARMÉE. 1re DIVISION.

ORDRE DU JOUR DE LA DIVISION.

Quartier général à Stettin, 4 novembre 1806.

S. M. l'Empereur et Roi ayant accordé par son ordre du jour du 1er novembre une gratification de 10,000 capotes au 5e corps de la Grande Armée, il en résulte que la division Suchet s'y trouve comprise pour 6,000 à prendre dans les magasins de Stettin, de Berlin et de Leipzig. En conséquence les conseils d'administration des corps de la division enverront de suite à Stettin pour recevoir le drap nécessaire pour confectionner 2,400 capotes qui reviennent à la division sur la partie des 4,000 à prendre à Stettin.

Les capotes seront confectionnées au modèle russe, elles seront amples et bien cousues ; il sera accordé un dédommagement pour la façon.

	Capotes requises à Stettin.		Capotes à prendre dans les magasins de Berlin ou de Leipzig.
Artillerie	20		30
17e rég. d'infanterie . . .	410		615
34e — . . .	630		945
40e — . . .	500	attendu la perte qu'il a éprouvée.	750
64e — . . .	410		615
88e — . . .	430		645
	2,400		3,600

M. le maréchal Lannes ayant résolu d'accorder 2,000 capotes de plus à son corps d'armée, elles seront réparties de la manière suivante :

Artillerie	10
17e régiment d'infanterie.	205
34e —	315
40e —	250
64e —	205
88e —	215
	1,200

Cette dernière fourniture extraordinairement accordée au corps d'armée

lin, 2,000 sur celles que la municipalité de Berlin doit fournir et 2,000 sur celles qui existent à Leipzig.

9,000 au 1er corps, dont 2,000 sur celles qui existent en magasin à Berlin, 2,000 sur celles que la municipalité de Berlin doit fournir, et 5,000 sur celles qui existent à Leipzig.

8,000 au 6e corps sur celles qui existent à Leipzig.

---

pourra être retirée à Stettin en nature ou en argent; et, dans ce dernier cas, les corps seront tenus de justifier par écrit qu'une pareille quantité a été confectionnée par les soins des conseils d'administration soit à Würzburg, soit ailleurs. Il sera rendu compte dans le rapport du jour de la quantité de capotes confectionnées. Les colonels feront dresser des bons pour la quantité de capotes qui leur sont accordées à prendre à Berlin et à Leipzig ; ils présenteront au général de division un officier chargé de faire acquitter ces bons pour tous et de les faire amener en toute diligence au quartier-général à Stettin.

Au résultat chaque régiment recevra la quantité de capotes suivante :

Artillerie	60	
17e rég. d'inf.	1,230	
84e —	1,890	
40e —	1,500	(attendu qu'il a été pillé par l'ennemi).
64e —	1,230	
88e —	1,290	
	7,200	

Il résulte de la situation sommaire fournie le 4 novembre par le maréchal Lannes que la division Suchet avait 8,604 sous-officiers et soldats présents sous les armes. La division Gazan avait 4,991 présents et 1,614 hommes détachés à l'escorte des prisonniers, soit en tout 6,605 hommes, ce qui explique la répartition proportionnelle du Maréchal.

La faculté malheureuse laissée aux corps par le maréchal Lannes de toucher les draps en nature ou en argent parvint à la connaissance de l'Empereur qui en fit d'amers reproches au général Suchet.

LE GÉNÉRAL SUCHET A L'EMPEREUR.

Varsovie, 22 décembre 1806.

J'ai eu l'honneur d'affirmer à V. M. que votre 1re division du 5e corps de la Grande Armée n'avait jamais rien fait qui pût lui faire perdre votre confiance et diminuer votre estime. Si V. M. daigne jeter les yeux sur l'ordre du jour ci-joint, elle verra avec quelle publicité et quel ordre s'est fait l'emploi des draps destinés aux capotes. Parti de Stettin le lendemain de mon arrivée, je n'ai pu en surveiller l'exécution ; mais je puis, d'après le rapport des colonels, assurer que les officiers chargés de ce soin s'en sont acquittés avec exactitude, et que sur 3,600 capotes accordées à la division, 3,395 l'ont été en nature et 205 remboursées en argent, en exécution du second paragraphe de cet ordre conforme à celui que j'avais reçu par écrit de M. le maréchal Lannes, en date du même jour.

1,200 au 28e régiment d'infanterie légère sur celles qui existent à Berlin.

Les Maréchaux commandant les différents corps d'armée feront la distribution de ces capotes entre les différents régiments et les régiments se pourvoiront auprès de l'Intendant général[1].

Mal Alex. BERTHIER.

---

1. RAPPORT A L'EMPEREUR.

Berlin, 6 novembre 1806.

Le général Songis demande qu'il soit mis à sa disposition les quantités d'habillement et de capotes suffisantes pour être distribuées aux troupes du parc d'artillerie qui a été oublié dans les distributions.

Le Major général,

Mal Alex. BERTHIER.

Accordé. — Donner des capotes dans la même proportion qu'aux autres corps de l'armée. N.

2 NOVEMBRE

L'EMPEREUR AU GRAND-DUC DE BERG, A DEMMIN.

Berlin, 2 novembre 1806.

Le roi de Suède est ennemi. Si vous rencontrez des troupes suédoises, il faut les désarmer et leur faire tout le mal qu'on pourra.

Je vous autorise à faire prendre tous les étalons du Mecklenburg et à les faire conduire à Spandau, en les faisant escorter par des piquets de cavalerie. Faites également saisir toutes les caisses du Mecklenburg ; tous ces princes sont nos ennemis.

J'espère qu'enfin à l'heure qu'il est vous vous serez rendu maître du duc de Weimar, et qu'ainsi seront terminées entièrement les destinées de cette armée.

Küstrin s'est rendu hier. Nous y avons trouvé 80 pièces de canon et des magasins de subsistances considérables ; nous y avons fait 4,000 prisonniers.

Ainsi le maréchal Davout et le prince Jérôme, avec l'armée auxiliaire qui est de 30,000 hommes environ, sont sur les confins de la Pologne.

J'ai passé en grand détail la revue de la division du général Nansouty. Il est encore à Berlin, où son monde se repose et se met en bon état.

J'attendrai pour vous prescrire de nouveaux mouvements que je sache où se trouveront les différents corps d'armée des maréchaux Soult, Bernadotte et Lannes, au moment où le duc de Weimar et le reste de sa colonne seront pris. Aussitôt que ces opérations seront finies, il sera convenable que le maréchal Lannes revienne sur Stettin pour y réunir tout son corps d'armée.

LE GÉNÉRAL BELLIARD AU GÉNÉRAL GROUCHY.

Demmin, 2 novembre 1806, 6 heures du matin.

Voulez-vous ordonner qu'une reconnaissance de 25 hommes parte de suite pour se rendre sur Malchin[1] qui est la route que doit suivre l'ennemi; l'officier arrivé à Schönfeld fera reconnaître Verchen. L'officier commandant la reconnaissance devra être intelligent; s'il rencontre l'ennemi, il le sommera au nom du grand-duc de Berg de se rendre; cet officier, aussitôt qu'il aura quelques nouvelles, enverra bien vite à Demmin; envoyez de même une autre reconnaissance sur Dargun et Neu-Kalden.

On dit que le prince Bernadotte a fait 4,000 prisonniers.

LE GÉNÉRAL BELLIARD AU GÉNÉRAL LASALLE.

Demmin, 2 novembre 1806, 6 heures et demie du matin.

Le Prince ordonne que vous fassiez passer la Peene à Jarmen à un escadron de votre brigade pour se porter sur Gützkow[2] qui paraît être la route qu'ont suivie les équipages de l'armée prussienne; passez à Demmin; vous arrêterez tout ce que vous pourrez trouver et le Prince ordonne qu'on conserve intactes toutes les caisses (même ordre que pour le chef d'escadron Boyer).

L'escadron qui passera la Peene pourra rabattre sur Anklam ou sur Demmin suivant les circonstances; 2 escadrons de dragons passent la Peene à Demmin et à Anklam pour battre la campagne.

Laissez 25 hommes au village de Cartelow sur la route pour établir la communication entre Anklam et Demmin, et partez avec le reste de vos troupes à la réception de ma lettre pour vous rendre à Demmin.

---

1. De Demmin à Malchin, 28 kil.; — à Schönfeld, 8 kil.; — de Schönfeld à Verchen, 3 kil.; — de Demmin à Dargun, 12 kil.; — de Dargun à Neu-Kalden, 9 kil.

2. De Jarmen à Gützkow, 4 kil.

LE GÉNÉRAL BELLIARD AU CHEF D'ESCADRON BOYER, A ANKLAM.

Demmin, 2 novembre 1806, 6 heures du matin.

Le Prince approuve ce que vous avez fait, M. Boyer; il faut faire déposer les armes aux différents détachements d'escorte et les diriger sur Friedland avec le reste de la prise ; quant aux voitures qui portent les caisses, quelles qu'elles puissent être, elles ne suivront pas le convoi ; vous réunirez tout ce qui est caisse au trésor; vous le ferez garder très-soigneusement et vous l'enverrez de suite au quartier général à Demmin. L'intention du Prince est de faire distribuer à la cavalerie toutes les prises faites en argent. Vous agirez de même pour toutes les caisses qui peuvent appartenir à la colonne qui a capitulé avec le général Beker et, dans le cas où elles seraient déjà en route pour Friedland, vous enverriez un sous-officier au chef d'escadron Daiguillon, commandant à Friedland, pour lui faire part des intentions du Prince et lui remettre la lettre ci-jointe.

J'ai ordonné au général Lasalle d'envoyer un escadron de sa brigade pour escorter tout ce qui vous arrivera à Anklam de prisonniers ou bagages.

Il faudra avoir soin de dresser un état de tout ce que vous ferez partir et de rendre responsable de sa sûreté l'officier qui sera chargé d'escorter.

Prenez de suite le paquet venant d'Hamburg et envoyez-le-moi par un sous-officier en poste ; vous arrêterez tous les courriers et toutes les estafettes qui viendront à Anklam et vous me les adresserez.

Dégarnissez-vous le moins possible ; vous êtes établi à Anklam pour empêcher le passage et il faut toujours être en mesure d'agir.

P.-S. — Vous n'aurez point de hussards pour escorte. Vous enverrez 12 ou 15 hommes conduire les prisonniers à Friedland ; quant aux voitures d'équipages, vous les ferez brûler ou briser, afin de ne pas vous embarrasser de choses inutiles ; s'il y a des farines ou grains, il faut les emmagasiner.

Le Prince ordonne que vous passiez la Peene avec 25 hommes pour reconnaître la route qu'a suivie l'ennemi pour se rendre dans l'île. Vous sommerez de se rendre tous les partis que vous rencontrerez et vous leur accorderez les mêmes conditions qu'à ceux qui se sont déjà rendus.

Un escadron de hussards passe la Peene à Jarmen et un de dragons à Demmin. Si vous trouvez les Suédois, vous ne commencerez pas les hostilités avec eux, mais, s'ils s'opposaient à votre marche, vous riposteriez.

LE GÉNÉRAL BELLIARD AU MAJOR GÉNÉRAL.

Demmin, 1er novembre 1806, 9 heures du matin [1].

J'ai l'honneur de rendre compte à V. A. S. que le corps d'armée du Prince ou du moins une partie a quitté ce matin Friedland, s'est porté sur Demmin où il est arrivé ce soir à 6 heures. La ville était évacuée ; il s'y trouvait quelques hommes isolés qui ont pris la fuite. Le pont sur la Peene avait été coupé ; avant sa rupture beaucoup d'équipages, des hommes égarés avaient passé dans la Poméranie longeant la Peene et se dirigeant sur Greifswald [2] ou Stralsund ; il paraît que les Suédois ne veulent pas les laisser passer, car un convoi d'équipages escorté par différents détachements a envoyé 2 officiers par Anklam pour capituler, ce qui a été fait dans la nuit..... Ce matin 3 escadrons ont passé la Peene à Demmin, Jarmen et Anklam pour se mettre à la poursuite de tous les détachements et bagages qui se sont jetés dans la Poméranie hier, et dans la nuit on a pris 200 ou 300 voitures chargées de farines, de grains, de bagages. Tous les chevaux nous embarrassent ; on ne sait plus qu'en faire.

Le général d'Hautpoul a couché à Sieden Brünzow, Grouchy à Demmin, Lasalle à Jarmen.

LE GRAND-DUC DE BERG A L'EMPEREUR.

Demmin, 2 novembre 1806, 10 heures du matin.

Je suis arrivé hier soir à Demmin, ainsi que je l'avais annoncé à V. M., après avoir fait 12 lieues, et conséquem-

1. Ce rapport porte comme date sur le registre, 1er novembre, 9 heures du matin. Il est enregistré au milieu de la correspondance du 2 novembre. Il est probable qu'il a été commencé le 1er au soir et terminé seulement le 2 à 9 heures du matin, depuis la phrase *Ce matin 3 escadrons*.... Il devrait être daté en tête *Demmin, 1er novembre* et au bas, *2 novembre, 9 heures du matin*.

2. De Demmin à Greifswald, 31 kil. ; — de Jarmen à Greifswald, 19 kil.

ment très-fatigué [1]. J'eus connaissance que le prince de Ponte-Corvo marchait hier matin sur Waren où il comptait trouver l'ennemi. Le canon que j'ai entendu [2] hier vers les 5 heures du soir sur ce point m'a confirmé la présence de l'ennemi, et je me décide à me porter sur ses derrières par Teterow d'où je serai à même de lui couper sa retraite sur Rostock et de l'attaquer sur Güstrow avec le prince de Ponte-Corvo, s'il voulait s'aviser de défendre le Nebel. Je dirige le général Lasalle avec le 7e de hussards sur Rostock où il arrivera vraisemblablement dans la nuit et où il a ordre de détruire tous les moyens d'embarquement que l'ennemi aurait pu y faire préparer. Le reste du 5e régiment de hussards tiendra poste à Demmin pour observer le débouché de Malchin, recevoir tous les bagages qui nous arrivent encore dans ce moment-ci par cette route, pour soutenir l'escadron de dragons qui poursuit les bagages sur la rive gauche de la Peene en Poméranie suédoise, et enfin pour escorter les prisonniers. J'espère que je serai lié ce soir avec le maréchal Bernadotte.

Des espions me rapportent que l'ennemi s'est retranché derrière la Peene entre les deux lacs [3]; si cela était, mon mouvement d'aujourd'hui me mettrait absolument sur ses derrières.

Il a passé hier par cette ville, pendant toute la journée, tous les équipages de l'armée escortés par environ 1,000 hommes; j'ai envoyé à leurs trousses mon aide de camp Déry avec 1 escadron de dragons par le pont de Demmin, et 1 escadron de hussards par Jarmen sur Gützkow pour les prendre en flanc, tandis que mon escadron de dragons arrêtera la tête sur Anklam. Le premier convoi ayant capitulé cette nuit à Anklam, j'ai lieu de penser que tout ce qui a passé la Peene capitulera de même.

---

1. Le Grand-duc, homme de cheval, considérait donc que 60 kil. constituaient une bonne trotte capable de fatiguer bêtes et gens.

2. De Nossentin à Demmin, à vol d'oiseau, il y a 14 lieues et demie.

3. Malchiner-See et Cummerower-See qui communiquent par le cours de la Peene et entre lesquels se trouve la ville de Malchin.

Je reçois à l'instant la lettre de V. M. du 31 octobre; elle verra par mes mouvements que j'ai été assez heureux pour remplir ses intentions. Je n'ai point été à Stettin; je me contentai d'y envoyer le général Lasalle et, tandis que je dirigeais le général Beker sur Anklam, je marchais par Pasewalk et Friedland sur Demmin, afin de chercher à déborder constamment l'ennemi et de lui couper sa retraite sur Stralsund et sur Rostock.

LE GÉNÉRAL BELLIARD AU GÉNÉRAL LASALLE.

Demmin, 2 novembre 1806.

Le Prince ordonne que vous partiez avec 1 de vos régiments pour vous porter sur Rostock où vous devez arriver dans la nuit ou demain matin[1]. Ce mouvement a pour but de couper la retraite de la colonne du duc de Weimar, si elle voulait se retirer par là et s'embarquer; à votre arrivée vous enverrez une reconnaissance sur Güstrow[2], une autre sur Bützow, et une troisième sur la route de Wismar; le reste de votre brigade s'établira à Demmin sur la Peene. L'officier commandant se gardera avec beaucoup de soin, fera réunir tous les prisonniers et bagages que les différents détachements pourront lui amener, et il enverra au Prince qui marche sur Güstrow tous les officiers en ordonnance qui arriveront soit pour le Prince, soit pour moi. Donnez-lui les ordres que vous avez reçus pour les caisses qu'on amènera de l'ennemi.

Cet ordre fut annulé, la brigade Lasalle suivit le Grand-duc sur Malchin.

LE GÉNÉRAL BELLIARD AU GÉNÉRAL GROUCHY.

2 novembre 1806.

D'après les ordres du Prince vous établirez une de vos brigades à Malchin[3] où sera le quartier général du Prince et le vôtre; vous

1. De Demmin à Rostock, 64 kil.
2. De Rostock à Güstrow, 36 kil.; — à Bützow, 31 kil.; — à Wismar, 56 kil.
3. De Demmin à Malchin par Neu-Kalden, 31 kil.; — de Malchin à Remplin, 4 kil.; — de Remplin à Teterow, 8 kil.; — de Teterow à Raden, 11 kil.

enverrez l'autre brigade à Remplin, qui fera occuper ce soir Teterow, si l'ennemi ne s'y trouve pas. Vous enverrez un officier intelligent avec le détachement qui marchera pour reconnaître et occuper Teterow ; il prendra tous les renseignements sur l'ennemi ; il tâchera de connaître s'il se retire et sur quel point. On dit que c'est sur Rostock. Cet officier s'informera aussi si la bataille d'hier a été à l'avantage des Français et si l'ennemi se retire en désordre. Dites au général qui commandera cette brigade d'envoyer toutes les 2 heures des ordonnances quand même il n'y aurait rien de nouveau [1]. La brigade qui sera à Malchin fournira une grand'garde à l'endroit que vous a indiqué le Prince.

LE GÉNÉRAL BELLIARD AU GÉNÉRAL LASALLE.

2 novembre 1806.

Vous vous établirez avec votre brigade à Gorschendorf. Aussitôt après votre établissement envoyez 1 sous-officier auprès de S. A. pour prendre ses ordres.

LE GÉNÉRAL BELLIARD AU CHEF D'ÉTAT-MAJOR DU MARÉCHAL BERNADOTTE.

Malchin, 2 novembre 1806.

Le Prince est arrivé ce soir à Malchin avec son corps d'armée ; il a appris ce matin qu'il y avait eu hier un combat assez vigoureux entre le corps d'armée du maréchal Bernadotte et celui du général Blücher. Alors le Prince qui avait l'intention de se porter sur Rostock, a rabattu par sa gauche pour se rapprocher de M. le Maréchal et se lier avec lui. Quoique nous soyons très-près du champ de bataille [2], S. A. n'a pas encore pu obtenir des renseignements certains sur la journée d'hier ni même connaître l'endroit où sont établies les troupes françaises. Le Prince est fort inquiet ; il désire savoir où se trouve votre corps d'armée. J'envoie des officiers sur différents points et j'espère par ce moyen savoir où vous êtes. Donnez-nous bien vite de vos nouvelles.

Le général Lasalle avait couché le 1er novembre à Jarmen avec sa brigade, ayant fait 56 kil. pour se rendre d'Uckermünde à Jarmen.

1. C'était une règle établie par l'Empereur dès qu'on était à proximité de l'ennemi.

2. De Malchin à Waren, 26 kil.

Le 2 il se porta de Jarmen à Demmin, 20 kil., puis de Demmin par Gorschendorf à Teterow, 42 kil., soit 62 kil. Il arriva tard dans ce dernier endroit, mais il n'aurait pu supporter de rester à Gorschendorf, en seconde ligne derrière les dragons. Il trouva cependant comme on va le voir le chef d'escadron Delaas du 10e de dragons déjà établi à Teterow, ainsi que l'ordre en avait été donné au général Grouchy. Mais il envoya des officiers de ce détachement de dragons sur Güstrow.

LE GÉNÉRAL LASALLE AU GÉNÉRAL BELLIARD.

Teterow, 2 novembre 1806 [1].

L'ordonnance qui a porté mon second rapport fait à 4 heures l'a perdu. J'en ai fait un depuis à 5 heures; vous devez l'avoir reçu. J'ai aussi envoyé auprès du Prince l'aide de camp du général d'Hautpoul.

Dans mon second rapport je croyais les officiers que j'avais envoyés à Güstrow [2] prisonniers, mais ils sont revenus.

Je vais à Raden où j'attends des ordres. Mon troisième rapport contient des détails sur ce qu'ont appris les officiers.

L'ennemi se retire sur Kirch-Kogel, route de Schwerin.

Il est sûr que nous avons gagné la bataille de Waren.

LE CHEF D'ESCADRON DELAAS, DU 10e DE DRAGONS, AU GÉNÉRAL BELLIARD.

Teterow, 3 novembre 1806 [3].

Les officiers et les 5 dragons envoyés à Güstrow sont rentrés.

Il résulte de tous les renseignements qu'il n'y a à Güstrow que quelques égarés, destinés à se rendre au premier Français qui paraîtra

1. Il est probable que ce rapport est de la nuit du 2 au 3. Il fait mention d'un rapport de 3 heures, d'un de 4 heures où il est question des officiers envoyés à Güstrow ; or ces officiers n'auraient pu avoir accompli leur mission à 4 heures de l'après-midi. C'est donc 4 heures du matin qu'il faut lire. Le rapport doit être de 6 heures du matin environ, le 3 novembre.

2. De Teterow à Güstrow, 27 kil. — Le général Lasalle ne prononce pas le nom des dragons et le chef d'escadron Delaas ne dira mot du général Lasalle. — La rivalité d'armes voulait que chacun cherchât à supplanter son voisin. Ce sentiment si nuisible au bien du service est-il enfin mort dans l'armée française ?

3. Nuit du 2 au 3 novembre.

devant la ville. On dit les Français à 2 lieues de l'autre côté de Güstrow et les Prussiens en marche pour se rendre à Kirch-Kogel, qui est un village sur la route de Malchow distant de 5 milles de la route de Güstrow. Les Prussiens, si ce qu'on rapporte est vrai, se retirent de Waren à Malchow, grande route, et de Malchow à Strelitz, grande route.

Les Français occupent Schwerin ; il a passé hier à midi 500 chevaux ennemis, mais il paraît qu'ils n'ont fait que traverser la grande route puisque les officiers envoyés en avant ne les ont pas trouvés.

Les armées, ou du moins plusieurs corps isolés sont épars, et il m'arrive à chaque instant des soldats français ou des soldats prussiens.

Je vais marcher sur la route de Güstrow et me porter à Raden qui est à 2 lieues en avant de Teterow. J'y attendrai les ordres de S. A. I. le prince de Berg ; j'y ferai rafraîchir les troupes afin de pouvoir me porter en avant si on me l'ordonne.

LE CHEF D'ESCADRON DELAAS AU GÉNÉRAL BELLIARD.

2 novembre 1806.

J'ai arrêté un courrier venant de Güstrow et allant à Teterow ; ci-joint les dépêches dont il était porteur.

Il est très-sûr qu'il est parti hier de Güstrow pour aller à Schwerin une colonne de 2,000 Prussiens, cavalerie et infanterie; ils avaient 2 canons. Ils revenaient de Rostock près la mer; ils avaient passé par Schwaan. Comme leur route naturelle pour aller de Rostock à Schwerin ne les obligeait pas à passer à Güstrow, tout fait présumer qu'ils y ont appris la défaite de leur armée et qu'aussitôt ils ont changé la direction de leur marche. Elle était, d'après les renseignements que j'ai pris, destinée à joindre l'armée de Blücher à Schwerin.

LE GÉNÉRAL BEKER AU GÉNÉRAL BELLIARD.

Friedland, 2 novembre 1806.

Ce n'est pas sans peine que je suis parvenu à débusquer la colonne de la Poméranie pour la conduire à Potsdam ; la capture étant plus considérable qu'elle ne paraissait dans le principe, il est extrêmement difficile de contenir tout le monde et de le diriger à travers un pays dont les ressources sont épuisées.

Pour avoir un aperçu exact de tout ce qui compose la colonne, j'ai donné commission à un aide de camp de compter les hommes et les chevaux capturés en attendant que je puisse rassembler tous les matériaux qui doivent servir à la rédaction d'un état de situation.

D'après le compte fait par cet officier, il existe indépendamment des 2 généraux, 1,200 et tant d'hommes de cavalerie montés et plus de 1,500 hommes d'infanterie dont 1 bataillon de 700 grenadiers, 1 drapeau et 4 pièces de canon attelées.

Le nombre d'officiers excède de beaucoup celui des soldats, et sur la quantité plusieurs sont restés en arrière pour attendre les équipages qu'ils avaient envoyés à l'île d'Usedom, et sur la reprise desquels ils fixent toute leur attention.

LE CHEF D'ESCADRON BOYER AU GÉNÉRAL BELLIARD.

Anklam, 2 novembre 1806.

Votre lettre pour le chef d'escadron Daiguillon arrivera trop tard. Les caisses dont j'ai eu l'honneur de vous parler sont parties depuis minuit et doivent avoir dépassé Friedland ; elles étaient sous l'escorte d'un détachement du 13e régiment de dragons, commandé par un officier qui avait ordre de les attendre et avec qui sont partis les équipages déjà arrivés.

Je vais passer en Suède avec 25 hommes pour reconnaître la marche de l'ennemi qui, d'après les renseignements que j'ai, passe dans l'île d'Usedom, principalement par Wolgast; mais il n'a plus que des colonnes d'équipages à qui j'ai fait dire par le major Langvert que je leur accordais la même capitulation qu'à lui. Elles arriveront demain; mais, mon Général, veuillez me donner des ordres sur ces chevaux et bagages.

LE CHEF D'ESCADRON DÉRY AU GRAND-DUC DE BERG.

Wolgast, 2 novembre 1806.

J'ai l'honneur de vous faire passer ci-joint la capitulation passée entre le lieutenant-colonel de Prittwitz et moi [1]. Il se trouve en ce

1. Capitulation de la garnison de Wolgast entre le lieutenant-colonel et intendant M. de Prittwitz et M. Déry, lieutenant-colonel, aide de camp de S. A. I. le grand-duc de Berg.

Art. 1er. — La garnison de Wolgast, composée des dépôts des régiments de l'armée prussienne, est prisonnière de guerre; elle sortira demain à 9 heures de la place, déposera les armes sur le glacis et remettra tous les chevaux, fourgons et autres effets appartenant à S. M. le roi de Prusse.

2. — MM. les officiers des différents régiments conserveront leurs armes,

moment à Wolgast environ 2,000 hommes de toutes armes, 84 officiers et 4,000 à 5,000 chevaux de dragons, hussards et de caissons. Le trésor du Roi de 10 millions avait déjà filé depuis 6 jours par Anklam. Je n'ai trouvé à Wolgast qu'une caisse de régiment contenant 1,000 fr. en petite monnaie. Demain je ferai partir pour Anklam toutes les voitures, les chevaux et les hommes. Je vous prie, Monseigneur, de vouloir bien faire donner des ordres au commandant de la place d'Anklam pour que tout soit dirigé sur un point que vous désignerez. Je laisserai pour l'escorte de ces équipages 50 hommes pris dans les 2 détachements de dragons et de hussards [1], et demain je tâcherai de rejoindre V. A. I. à Demmin avec le reste de ma troupe.

M. Déry ne parle pas dans son rapport des détachements qui l'accompagnaient, et le capitaine Guérin commandant le détachement de dragons n'a pas l'air de son côté de s'être trouvé sous les ordres de M. Déry. Ce sont des exemples fâcheux sur lesquels il est bon d'appeler l'attention pour qu'ils ne se renouvellent jamais.

RAPPORT DU DÉTACHEMENT DU CAPITAINE GUÉRIN, DU 10e DE DRAGONS, PARTI DE DEMMIN LE 2 NOVEMBRE AVEC 50 HOMMES DU RÉGIMENT ET 50 HOMMES DU 11e [2].

Ce détachement est parti de Demmin à 2 heures du matin, s'est dirigé sur Wolgast (Poméranie suédoise), marchant à la poursuite des bagages de l'armée prussienne.

Le détachement est arrivé à nuit close près de Wolgast, est tombé sur les avant-postes ennemis, les a fait prisonniers ; aussitôt les avant-postes enlevés, le capitaine Guérin détacha M. Coulon, sous-lieutenant du régiment, avec un trompette, pour aller sommer

---

chevaux et bagages ; ils s'engageront sur leur parole d'honneur à ne pas servir contre S. M. l'Empereur et Roi jusqu'à parfait échange ; ils recevront des passeports pour retourner dans leurs foyers. Les valets de pied retourneront chez eux.

3. — Toutes les caisses des régiments, celles appartenant au Roi et celles qui peuvent se trouver dans l'île d'Usedom seront remises fidèlement.

Fait à Wolgast, le 2 novembre.

PRITTWITZ. DÉRY.

1. Détachement de dragons parti de Demmin et détachement de hussards parti de Jarmen. Voir pour ce dernier détachement l'ordre du général Lasalle, page 618.

2. Détachement pris en nombre égal dans les 2 régiments de la brigade.

le corps ennemi de se rendre. Cette sommation fut acceptée; 800 hommes de divers dépôts de cavalerie de toutes armes, 1,500 hommes d'infanterie de divers corps, formant des petits dépôts, et 300 caissons ou voitures attelées furent le résultat de cette affaire.

Les avant-postes ennemis ayant été surpris ne purent résister; quelques coups de carabine furent tirés de part et d'autre. Le capitaine Guérin eut son cheval blessé d'une balle et en périt le lendemain.

Le colonel Dommanget, du 10e de dragons.

ORDRE.

Le général Dupont partira de Malchow aujourd'hui 2 novembre pour se rendre directement à Samoter-Krug passant par Alt-Schwerin [1].

Le général Dupont partira à 9 heures et demie de la position qu'il occupe actuellement.

Général L. Berthier.

C'est un lieu de rassemblement où le général Dupont recevra des ordres pour continuer son mouvement. — On ne peut pas trouver d'ordre de mouvement plus concis.

LE MARÉCHAL BERNADOTTE A L'EMPEREUR.

Samoter-Krug, 2 novembre 1806.

Comme j'ai eu l'honneur de l'annoncer hier à V. M., j'ai rencontré l'ennemi en avant de Waren; il n'a montré que la cavalerie, et à peu près 1,500 chevaux; je les ai fait attaquer par la mienne, et après l'échange de quelques coups de canon et quelques petites charges, ils se sont retirés sur Jabel où ils ont pris position sur les hauteurs avec assez d'infanterie. Aussitôt que la nôtre a été arrivée, j'ai dirigé quelques compagnies de voltigeurs [2] pour enlever ces hau-

1. De Malchow à Alt-Schwerin, 7 kil.; — d'Alt-Schwerin à Samoter-Krug, 5 kil.

2. Toujours les tirailleurs.

teurs ; cela a été fait de suite ; mais derrière ce village se trouvait un bois fort long et un défilé très-difficile ; 2 ponts, les seuls passages qui existassent, étaient rompus et l'ennemi a paru vouloir défendre la tête du bois ; j'ai de suite fait avancer 2 régiments précédés par quelques compagnies de voltigeurs ; bientôt nous avons été maîtres de la tête du bois ; mais comme ce bois était très-profond, les Prussiens ne l'ont cédé que pas à pas et en faisant toujours bonne contenance ; arrivé à Silz, l'ennemi s'est établi dans ce village, appuyant sa droite au lac de Fleesen, et prolongeant sa gauche vers Nossentin auprès de grands marais. Là, couvert par un défilé, son infanterie, occupant sur toute la ligne un rideau très-avantageux, et soutenu par une artillerie assez nombreuse, a disputé ce passage avec une grande opiniâtreté ; après une très-vive fusillade, nos troupes se sont précipitées sur tout ce qui était dans le village, et l'ennemi a été culbuté ; il s'est rallié derrière sa cavalerie qui, au sortir du débouché, se trouvait en bataille dans une assez belle plaine ; la nôtre, au contraire, n'a pu sortir du défilé qu'avec beaucoup de peine, et dès lors les Prussiens ont eu le temps de prendre une nouvelle position en arrière de Silz [1] ; je les y ai fait attaquer. Ils ont encore été chassés ; nous les avons poursuivis jusqu'à Neu- et Alt-Sparow, où la nuit nous a surpris ; l'obscurité nous a empêchés de les pousser plus loin. Nous leur avons fait perdre beaucoup de monde ; à l'exception de

---

1. Remarquer que l'ennemi déguerpit toujours avant d'être chargé. C'est là le rôle de l'arrière-garde : tenir des positions successives pour forcer l'ennemi à faire des dispositions d'attaque qui le retarderont ; faire mine d'accepter le combat pendant qu'une partie de l'arrière-garde prend une position plus en arrière ; se dérober tout à coup sans se laisser entamer en se repliant sous la protection des troupes qui occupent cette nouvelle position ; gagner ainsi la fin de la journée et filer ; ne prendre position que tard dans l'après-midi pour éviter d'être obligé d'accepter le combat ; ne jamais donner à l'ennemi le temps d'exécuter les mouvements débordants qui l'amèneront sur vos flancs ; voilà la manœuvre. — On peut faire ce métier-là pendant plusieurs jours ; avec des troupes marchant très-bien et ayant bon moral on peut faire une belle retraite. Mais il faut qu'à la fin de cette retraite on soit assuré de trouver un appui sans lequel on succombe infailliblement. Le général doit avoir une grande fermeté de caractère et savoir inspirer à ses troupes son calme et son sang-froid. — Cette manœuvre a besoin d'être apprise ; on doit la pratiquer pendant les manœuvres du temps de paix.

notre dernière attaque qu'ils n'ont pas beaucoup soutenue, ils se sont battus avec courage. Le corps de Weimar, qui n'avait pas donné dans la campagne, a été constamment en première ligne. Si j'avais eu 2 heures de jour de plus, je suis certain que nous aurions eu la moitié de cette colonne. Le maréchal Soult était arrivé avec toute sa cavalerie légère ; il avait, de son côté, poursuivi la colonne du duc de Weimar qui venait de se réunir à Waren à celle du général Blücher. Ce sont les troupes de ces 2 généraux que nous avons combattues. Je pense, cependant, qu'elles n'étaient pas toutes là ; l'ennemi n'a pas montré plus de 12,000 à 14,000 hommes. Il n'y a pas plus de 6,000 des nôtres qui aient donné. Nous avons eu tout au plus 200 hommes hors de combat. Quelques officiers ont été tués ou blessés.

Un événement qui a failli m'être funeste, a encore empêché que nous n'ayons une colonne de 4,000 hommes. Le jour allant totalement disparaître et cette colonne se retirant, je la fis vivement serrer par le général Dupont. En même temps j'appelai le 5e régiment de chasseurs pour lui couper la retraite du bois. Ce corps emporté par son impétueuse audace, forma ses escadrons au galop et obliqua trop à gauche. Voulant rectifier ce mouvement rapide, je fus renversé avec mon cheval et le régiment me passa sur le corps. Il trouva, un moment après, un large fossé qui le força à se jeter à droite, mais l'ennemi avait déjà gagné le bois.

Nous lui avons fait dans la journée près de 1,000 prisonniers et pris une grande quantité de bagages.

L'ennemi se retire sur Schwerin ; nous ne lui donnons pas un moment de répit ; il est harcelé à chaque instant ; mais la faiblesse de ma cavalerie m'empêche de profiter aussi vite que je le voudrais des avantages qui peuvent se présenter ; l'ennemi a considérablement de cavalerie ; il nous a fait voir hier plus de 3,000 chevaux, et la mienne ne va pas à plus de 750.

Je me suis entendu avec le maréchal Soult ; nous marchons tous deux de concert ; il manœuvre sur la rive droite de l'Elde et moi sur la rive gauche, en nous dirigeant sur

Schwerin, tant que nous saurons que l'ennemi prend cette direction; je serai ce soir à Welzin en avant de Lübz et Passow et je pousse une division à Granzin.

Quoique j'aie eu pendant 3 jours le corps du duc de Weimar sur mes derrières, nous n'avons pas perdu une seule voiture de bagages.

Le 2 au matin on marcha à la poursuite de l'ennemi qui s'était retiré dans la nuit vers Schwerin et s'était posté à Kladrum et Prestin.

A la nuit le corps d'armée prit position la cavalerie légère et la division Drouet à Granzin [1]; — la division Rivaud à Benthen; — la division Dupont à Passow et en avant; — le quartier général à Welzin.

La division Drouet fut encore obligée pour s'établir à Granzin d'en déloger de nuit l'ennemi; elle y prit 1 major, 300 hommes et 1 obusier.

Des partis de cavalerie couraient la nuit toutes les routes pour connaître quelle direction l'ennemi prenait. Le général Blücher, ne voulant que retarder sa perte et n'ayant aucune ligne d'opérations forcée, pouvait se jeter où il le jugerait convenable; ainsi on avait toujours à craindre de faire de faux mouvements qui lui donneraient du temps; comme à cette époque ce qui pouvait arriver de plus heureux à l'ennemi eût été de repasser l'Elbe pour se jeter dans le Hanovre et peut-être plus loin, le prince de Ponte-Corvo dans ses manœuvres eut toujours pour but de lui en ôter la facilité. (Journal des opérations du 1er corps.)

Voir le rapport du 4 novembre du maréchal Bernadotte à l'Empereur.

ORDRE.

Conformément aux ordres du Prince, le général Dupont prendra position aujourd'hui 2 novembre à Passow. Il est prévenu que le quartier général du Prince sera établi à Welzin à une demi-lieue en avant de ce village ainsi que les 2 autres divisions.

Général L. BERTHIER.

---

1. De Samoter-Krug à Passow, 19 kil.; — de Passow à Benthen, 8 kil.; — de Benthen à Granzin, 4 kil. et demi.

1er CORPS D'ARMÉE. ORDRE.

Quartier général à Welzin, 2 novembre 1806.

Le Prince maréchal désirant mettre un terme aux excès que commettent journellement quelques mauvais sujets répandus dans les régiments du corps d'armée, invite MM. les officiers généraux et chefs de corps à faire connaître aux troupes que les hommes qu'ils feront arrêter pillant des effets ou enfonçant des portes et armoires, seront jugés de suite par une commission militaire que le Prince nommera, et exécutés sur-le-champ [1].

S. A. ordonne expressément à MM. les généraux commandant les colonnes de faire mettre pied à terre aux soldats d'infanterie montés sur des chevaux et de rendre les colonels responsables des ordres qu'ils voudront bien renouveler à cet égard.

Le Prince recommande aux généraux cette exactitude et cet ensemble dans les opérations au moyen desquels on peut terminer promptement une campagne qui ne pourrait être désormais prolongée que par la négligence dans l'exécution des ordres donnés, et particulièrement pour ce qui concerne les heures fixées pour le départ, ordre qui doit toujours être regardé comme de rigueur, puisque les retards pourraient faciliter à l'ennemi qui se retire les moyens d'échapper à notre poursuite.

Le Maréchal Prince de Ponte-Corvo,
BERNADOTTE.

1er CORPS D'ARMÉE.

ORDRE DE MARCHE DU 3 NOVEMBRE.

Quartier général à Welzin, 2 novembre 1806.

Le 1er corps d'armée se réunira demain à Kladrum [2]; le général Watier ouvrira la marche avec les 2 régiments de hussards et partira à 6 heures et demie précises.

Le général Drouet suivra son mouvement et partira à 7 heures.

Le général Rivaud aura sous ses ordres le 5e de chasseurs auquel

1. Dès l'entrée en campagne, toutes les mesures devraient être prises pour le fonctionnement immédiat des commissions militaires. Cette mesure préventive contribuerait puissamment au maintien de la discipline.

2. De Granzin à Kladrum, 12 kil.

il transmettra ses ordres pendant la nuit afin qu'il parte avec lui à 6 heures et demie précises, et suivra la division Drouet.

Le général Dupont marchera sur la même route et partira à 6 h. du matin.

Les divisions Dupont et Rivaud se dirigeront premièrement sur Granzin, et suivront la route qu'a tenue le général Drouet par Grebbin, Kossebade et Kladrum, où ils recevront de nouveaux ordres.

Les équipages des divisions parmi lesquels il ne devra y avoir absolument que les voitures des généraux suivront immédiatement la queue de chacune de leurs divisions. Toutes autres voitures ne devront partir qu'une heure après les équipages de la dernière division.

Le général Eblé donnera des ordres aux parcs des divisions, restés à Neu-Brandenburg, de se diriger sur Waren, Plau, Lübz et Schwerin.

P. O. du Prince de Ponte-Corvo,
Le Général de division
L. BERTHIER.

LE MARÉCHAL SOULT A L'EMPEREUR.

Plau, 2 novembre 1806, 10 heures du soir.

Dans les 3 derniers jours le corps d'armée a fait des marches forcées pour joindre l'ennemi et pendant ce temps il ne m'a pas été possible de m'arrêter un instant pour rendre compte à V. M. des mouvements qui s'exécutaient, ni des motifs qui m'ont déterminé à les faire opérer. Je reprendrai donc dans ce rapport tout ce qui a eu lieu depuis mon départ de Wusterhausen.

Dans la nuit du 30 au 31 octobre, il me fut rendu compte que le parti que j'avais envoyé à Wittstock s'était emparé dans cette ville d'un équipage de pont de l'ennemi, ainsi que de beaucoup de bagages, et que tout ce qu'il y avait de troupes là était parti la veille pour se diriger en grande hâte sur Mirow.

Les reconnaissances envoyées sur Rheinsberg me firent le rapport que l'ennemi se dirigeait sur Strelitz et qu'il y avait un camp à Zechlin.

Je donnai immédiatement ordre au corps d'armée de se mettre en marche et je le dirigeai sur Zechlin où le 31 au soir il prit position. L'arrière-garde de l'ennemi en était partie le matin se rendant à Mirow et de là sur Strelitz ; mon avant-garde la joignit et lui prit 200 hommes.

Le mouvement de l'ennemi sur Strelitz étant bien prononcé, hier 1er novembre je mis en marche le corps d'armée et le dirigeai sur Mirow où il me fut rendu compte que l'ennemi s'était rallié à Speck et y était encore pendant la nuit; l'avant-garde se mit à sa poursuite, et le corps d'armée suivit. Le soir les divisions arrivèrent à Waren[1].

A Speck l'avant-garde joignit l'ennemi et le mena rondement jusqu'à Waren; dans ce mouvement elle lui prit 300 hommes. En arrivant à Waren, 3 escadrons (350 chevaux) se trouvèrent compromis; le général Guyot les prit dans leur entier; il s'y trouva 1 colonel, 2 majors et 20 autres officiers, la plupart dragons de la Reine.

Une heure après l'arrivée de l'avant-garde à Waren, le général Savary, aide de camp de V. M., ayant avec lui 2 régiments de hussards, et le corps d'armée de M. le maréchal Bernadotte débouchèrent de la route de Neu-Brandenburg; dès lors les troupes se confondirent et marchèrent immédiatement à l'ennemi qui montrait 5,000 à 6,000 hommes en arrière de la ville ; la cavalerie du corps d'armée exécuta une charge et prit encore 200 hommes[2], mais, arrêtée par l'infanterie ennemie qui tenait un bois et un défilé, elle dut attendre que celle de M. le maréchal Bernadotte fût arrivée pour marcher de nouveau à l'ennemi.

Aussitôt que cette dernière infanterie fut formée, le Prince de Ponte-Corvo fit ses dispositions ; l'ennemi fut attaqué et renversé sur tous les points. Dans la poursuite qui eut lieu jusqu'à Alt-Schwerin, divers corps ennemis, entre autres

1. De Zechlin à Waren par Mirow, 12 fortes lieues dans les sables sans s'arrêter. (Journal du 4e corps.)

2. Le 22e régiment de chasseurs se distingua particulièrement dans cette charge, et le lendemain il reprit une vingtaine de prisonniers que l'ennemi lui avait faits. (Journal du 4e corps.)

les hussards d'Usedom et une colonne d'infanterie, furent coupés ; mais la nuit étant survenue, M. le maréchal Bernadotte ne put pas, dans l'obscurité qui régnait, recueillir le fruit de ses succès.

Pendant la nuit l'ennemi a opéré sa retraite sur Passow et Lübz, annonçant ainsi le projet de se reporter sur l'Elbe, ou d'aller prendre position en arrière du lac de Schwerin.

Dès la pointe du jour les 2 corps d'armée se sont remis en marche ; celui commandé par le Prince de Ponte-Corvo s'est dirigé sur Weisin et le 4e corps a pris par Plau pour se rendre à Lübz où l'avant-garde s'est arrêtée portant des partis sur Parchim et dans la direction de Schwerin [1].

L'ennemi n'a pas été rencontré de la journée dans la direction que j'ai prise, quoique nous suivions ses traces, et d'après le rapport des déserteurs qui nous sont arrivés, il paraîtrait qu'il s'est élevé afin de reprendre la grande route de Schwerin, ou peut-être pour marcher sur Güstrow, et de là aller dans la Poméranie suédoise ; mais dans ce cas sa perte serait beaucoup plus prompte, car il donnerait dans la cavalerie de S. A. le grand-duc de Berg qui doit être du côté de Schwaan.

Il est bien positif que l'ennemi a eu intention de se reporter sur l'Elbe pour repasser ce fleuve et de là marcher en Hanovre ; je ne sais même pas s'il a renoncé à ce projet, car le moindre mouvement qui menace un de ses flancs le fait changer de direction. Celui que j'ai fait dans le jour vers Parchim semble l'avoir redressé ; demain peut-être il sera à Neustadt, et c'est dans cette persuasion que je vais me diriger sur Parchim afin de le prendre en flanc s'il occupe la position de Schwerin et en même temps l'empêcher de passer l'Elbe, ou pour lui ôter tout moyen de retour si, après s'être élevé vers Sternberg ou Güstrow, il voulait encore revenir.

1. Le 2 au matin le 4e corps se dirigea par Alt-Schwerin sur Plau et Lübz.... ....Les divisions d'infanterie campèrent en avant de Plau. (Journal du 4e corps.) — D'Alt-Schwerin à Plau, 11 kil.

4e division de dragons, en route pour rejoindre, bivouac à Wend-Prieborn, 13 kil. au sud de Plau.

Le concert d'opérations qui est établi entre M. le maréchal Bernadotte et moi, doit assurer V. M. que bientôt nous aurons à lui rendre compte de la destruction de ce qui reste d'ennemis entre l'Elbe, la Baltique et l'Oder, mais elle considérera sans doute comme très-avantageuse pour ses armes que la jonction du 4ᵉ corps avec le 1ᵉʳ se soit opérée ; car l'ennemi ayant au moins 30,000 hommes de réunis depuis qu'à Waren les colonnes du duc de Weimar et du général Blücher se sont confondues, M. le maréchal Bernadotte n'eût pas été en force pour l'attaquer, et il paraît que le général Blücher qui commande en chef cette réunion de troupes est décidé à se défendre jusqu'à toute extrémité ; au moins hier il l'a prouvé en défendant le terrain avec opiniâtreté avec une arrière-garde de 10,000 à 12,000 hommes dont près de 4,000 de cavalerie.

Les rapports que je recevrai pendant la nuit me décideront sur la direction à donner au corps d'armée en partant de Lübz, mais elle sera toujours par la ligne la plus droite pour joindre l'ennemi et l'obliger, si on ne peut l'avoir autrement, à en venir à une affaire générale.

L'ennemi fait monter la réunion de ses troupes à 40,000 hommes, mais d'après les calculs les plus exacts je ne crois pas qu'il en ait plus de 30,000 qui se composent de la colonne du duc de Weimar, de celle du général Blücher et de la partie de celle du prince de Hohenlohe qui a pu s'échapper.

Le duc de Weimar a quitté le commandement il y a 5 jours en partant de Wittstock, et il l'a remis au général Werning, disant que sa Maison ayant fait la paix avec V. M. il pourrait jouir de ses avantages.

J'ai dû faire un grand détour pour joindre l'ennemi, mais je suivais les traces de la colonne du duc de Weimar que j'étais même parvenu à atteindre et ignorant la position du 1ᵉʳ corps d'armée à Strelitz et à Neu-Brandenburg, je ne pouvais éviter de m'engager sur la droite du lac Müritz, car ce n'est qu'à Speck, mon avant-garde étant déjà à Waren, que j'ai appris que la veille, l'ennemi en se présentant à

Strelitz y avait rencontré une reconnaissance des troupes de V. M. qui l'avait fait revenir subitement sur ses pas et prendre la direction de Waren. Du reste étant de jour en jour plus resserré, il lui devient tous les jours plus difficile d'échapper.

ORDRE.

Plau [1], 2 novembre 1806.

Les 3 divisions d'infanterie partiront demain à 5 heures du matin de leur bivouac et se dirigeront sur Lübz [2], où elles recevront de nouveaux ordres pour continuer le mouvement.

Les divisions marcheront dans le même ordre qu'aujourd'hui. MM. les généraux devront avoir rallié pour l'heure du départ leur artillerie pour qu'elles marchent dans l'ordre accoutumé.

La compagnie d'artillerie du capitaine Hubert joindra demain la division de cavalerie légère à Lübz ou en avant de cette ville.

Le général Lariboisière fera diriger le parc d'artillerie sur Wittstock et Freyenstein, où il lui sera donné de nouveaux ordres.

Si les équipages n'avaient pas dépassé Mirow [3], ils suivraient la

---

1. LE GÉNÉRAL COMPANS AU PAYEUR PRINCIPAL DU 4e CORPS D'ARMÉE.

Plau, 2 novembre 1806.

S. Exc. M. le maréchal Soult commandant en chef vient d'être prévenu par S. A. le prince Ministre de la guerre qu'une somme de 150,000 fr. en monnaie de Prusse, pour paiement de 2 mois de frais de bureau extraordinaire aux chefs des états-majors, était tenue en réserve dans la caisse du payeur général de la Grande Armée. — Je vous invite, M. le payeur, à demander de suite au payeur général que les fonds nécessaires pour acquitter ces 2 mois de frais de bureau vous soient envoyés, et à me prévenir lorsqu'ils seront à votre disposition, à l'effet que je puisse, ainsi que les chefs d'état-major des divisions, toucher les fonds qui me sont accordés.

Circulaire aux chefs d'état-major des divisions.

2. De Plau à Lübz, 16 kil.

3. ORDRE.

Plau, 2 novembre 1806.

Il est ordonné au sieur...., maréchal-des-logis au 16e de chasseurs, de partir de suite pour porter à Waren une dépêche à M. le chef de bataillon Menu, commandant en cette ville.

Il est en outre ordonné à ce maréchal-des-logis, aussitôt sa dépêche remise, de partir de Waren pour aller au-devant des équipages de M. le Maréchal commandant en chef et remettre une lettre à M. le chef de bataillon Armant, vaguemestre général.

Pour cet effet le maréchal-des-logis se rendra à Mirow et plus loin sur la route qu'a tenue le corps d'armée, dans le cas qu'il ne trouverait pas les

route de Freyenstein. Les prisonniers de guerre qui sont à Waren seront dirigés sur Spandau en passant par Röbel, Rheinsberg, Alt-Ruppin, Fehrbellin et Spandau, et il sera donné une garde suffisante conformément à l'ordre du. . . . . ., et elle sera prise parmi les gens écloppés réunis à Waren. Le surplus des gens écloppés ou traîneurs, sous les ordres du chef de bataillon Menu, partira demain de Waren pour joindre le corps d'armée en passant par Plau et Lübz, où il lui sera donné de nouveaux ordres.

Le chef de bataillon Menu aura pour instruction de ramasser tous les traîneurs, de les réunir en corps et de suivre le corps d'armée en exécution des ordres qui lui ont été adressés à Waren.

Il sera donné ordre au bataillon qui était à la garde du parc d'artillerie de rejoindre sa division par Wittstock, Freyenstein et Lübz.

M^al^ Soult.

LE GÉNÉRAL SAVARY AU MAJOR GÉNÉRAL.

Wangelin, 2 novembre 1806, midi.

J'ai eu l'honneur d'écrire à V. A. de Neu-Strelitz [1] par le retour de M. de Canisy, écuyer de l'Empereur. Je me suis

---

équipages à Mirow. Le maréchal-des-logis rejoindra avec les équipages et apportera un reçu de M. le chef de bataillon Menu, portant la date et l'heure à laquelle il aura remis sa dépêche.

Sur sa route d'ici à Waren et de cet endroit à Waren, le maréchal-des-logis prendra des renseignements sur les équipages de M. le Maréchal afin de les joindre au plus tôt.

Gal Compans.

LE GÉNÉRAL COMPANS AU CHEF DE BATAILLON MENU.

Plau, 2 novembre 1806.

En exécution des ordres de M. le Maréchal commandant en chef, il vous est ordonné de faire partir demain 3 tous les prisonniers et déserteurs dont vous êtes chargé, pour Spandau, en passant par Röbel, Rheinsberg, Alt-Ruppin, Fehrbellin et Spandau ; vous les ferez escorter par une garde commandée par un capitaine et composée de 1 homme à raison de 8 prisonniers ; cette garde sera prise parmi les hommes écloppés que vous avez dû réunir à Waren.

Vous partirez également demain de Waren avec la compagnie de voltigeurs du 18e de ligne et tous les traînards du corps d'armée que vous aurez ramassés; vous amènerez avec vous les chevaux de prise qui vous ont été confiés et vous en ferez prendre le plus grand soin par les militaires qui sont sous vos ordres.

Vous viendrez coucher demain avec toute votre troupe à Plau où vous recevrez de nouveaux ordres pour continuer le lendemain votre marche.

Les officiers prussiens dont je vous ai laissé les noms suivront leur troupe sur Spandau.

De Waren à Plau par Nossentin et Alt-Schwerin, 40 kil.

1. Lettre de Neu-Strelitz, 31, 9 heures du soir. Voir page 570.

mis en marche de Neu-Strelitz hier et suis venu par Kratzeburg où j'étais à 6 heures et demie du matin ; j'y ai appris la réunion des corps de Blücher et de Weimar qui s'était opérée la veille à cet endroit même et qui ensuite avaient marché sur Waren où je suis arrivé vers 10 heures. Il venait de se passer échauffourée de l'autre côté de la ville entre la cavalerie légère du maréchal Soult, du maréchal Bernadotte et celle de l'ennemi qui depuis 10 heures jusqu'à 1 heure ramena 3 fois différentes toute notre multitude sans ordre jusque sur un défilé que nous avions mis derrière nous sans en avoir garni la tête avec de l'infanterie, et tout cela faute d'attendre un quart d'heure l'arrivée de la division Dupont qui était à portée. Je ne fus point témoin de ces mauvaises dispositions, mais les colonels des régiments de chasseurs qui s'y trouvaient m'en rendirent compte, particulièrement celui du 22e qui y fut blessé d'un coup de sabre. J'entrai en ligne vers les 2 heures ; la cavalerie prussienne était dans une très-belle plaine à la gauche de Jabel en nous faisant face ; on ne pouvait y arriver que par un défilé formé par un bois et un lac ; les hauteurs de Jabel étaient couronnées de beaucoup d'infanterie et de beaucoup d'artillerie.

Je crus devoir me ranger sous les ordres du Prince de Ponte-Corvo qui ajouta à ma colonne de cavalerie le 9e régiment d'infanterie légère et 3 pièces de canon ; il me donna sa droite par conséquent. Je fus chargé de passer ce défilé et d'attaquer la cavalerie prussienne qui était en vue. Il marcha avec la division Dupont, celle de Drouet, sa cavalerie, celle du maréchal Soult, sur Jabel, où il s'engagea une vive fusillade.

Je me hâtai de passer mon défilé avec les éclaireurs du 9e régiment que je jetai à la lisière du bois et je les fis suivre par mes 3 pièces d'artillerie autrichienne. Le 9e régiment qui devait suivre, après avoir passé le même défilé, reçut ordre de changer de direction et de marcher par Jabel sur sa gauche. Je marchai moi à la tête de ma colonne d'éclaireurs et attaquai tout de suite cette cavalerie prussienne et je me disposais à la faire talonner par mes 2 régiments, lorsqu'un officier d'état-major me les détourna maladroitement pour les faire marcher aussi sur Jabel ; j'allai moi-même les chercher et les ramener au point où je faisais attaquer mes éclaireurs et les 3 pièces d'artillerie vers Grabow[1] et Sommerstof sur le grand chemin par Grübenhagen à Güstrow. J'avais acculé sur le défilé de Sophienhof 3,000 hommes d'infanterie et 2 pièces de canon abandonnées et c'est au moment de les faire sabrer que ce malheureux officier d'état-major m'avait enlevé mes 2 régiments ; j'eus donc la douleur de voir passer à la portée de ma mitraille cette colonne de fuyards, fusillant cependant, sans avoir un cheval pour les faire poursuivre. Je les fis canonner et ils ripostèrent après avoir passé le défilé de Sophienhof.

Je fis supplier le maréchal Bernadotte de me rendre 1 bataillon d'infanterie et à la chute du jour il m'envoya le général Werlé avec le 27e d'infanterie légère. Je marchai alors avec ce régiment, 3 pièces de canon et ma cavalerie sur le grand chemin de Grubenhagen par une nuit obscure à travers une grande plaine, suivant à la piste les fuyards prussiens que je chassais devant moi ; je me dirigeai sur Wangelin où je coupai une colonne qui se retirait de l'affaire de Jabel à travers les lacs ; elle s'éparpilla et je suis occupé depuis ce matin à la pointe du jour à la faire rechercher. Hier à la nuit tombante mes éclaireurs de droite firent prisonnier 1 officier des hussards de Usedom, qui se trouve être le fils du général Schimmelpenning et aide de camp du général Usedom ; il avait été envoyé par son général près du général Blücher pour lui demander des ordres au moment où il avait entendu la canonnade ; il m'apprit que le corps du général Usedom fort d'environ 1,000 chevaux et 2,000 hommes d'infanterie avec quelques pièces de canon avait passé la nuit précédente à Rambow, que c'était de là d'où il était parti pour se rendre chez M. de Blücher et afin de savoir s'il fallait continuer de marcher sur Gross Luckow et Grübenhagen, ou bien se rendre à l'action qu'il entendait. Les papiers trouvés dans

1. Grabowhofe.

son portefeuille confirment ce qu'il dit de la force de ce corps.

J'ai passé la nuit à Wangelin, occupant Liepen[1] et poussant des partis sur la route de Serrahn. Ce matin je m'étais mis en marche pour Serrahn et de là à Güstrow s'il était possible, ou au moins arrêter la communication de Krakow avec Güstrow, présumant bien que les troupes de M. de Blücher qui avaient combattu à Jabel reviendraient par là à Güstrow ; à peine avais-je fait une demi-lieue qu'un aide de camp du maréchal Bernadotte vient me dire de sa part que les ennemis voulaient défendre le défilé d'Alt-Schwerin, où le général Drouet les avait trouvés en force hier soir ; il me priait de faire marcher le 27e régiment et le général Werlé à Drewitz, et moi de rester avec mes 2 régiments de cavalerie à Wangelin, jusqu'à ce que ce passage soit forcé ; cet ordre est ponctuellement exécuté ; mais je me permets de tenir à mon opinion qui est que le général Drouet, s'étant présenté devant Alt-Schwerin hier soir et, après y avoir trouvé les ennemis en force, étant venu prendre une position en arrière pour passer la nuit, il n'aura point vu filer le corps de M. de Blücher par sa gauche se couvrant de lacs jusqu'à Krakow, où il arrivera infailliblement ce matin, et ce soir à Güstrow, où il opérera sa réunion avec M. de Usedom qui devient indubitable, tandis que, si j'étais arrivé avec mon 27e régiment, mes éclaireurs du 9e, mes 2 régiments de cavalerie à Serrahn, et que j'eusse marché sur Güstrow comme j'en avais le projet, j'aurais forcé l'un ou l'autre de ces corps à changer de direction d'autant plus que j'avais rencontré la nuit une compagnie d'artillerie légère du maréchal Soult[2] qui était venue se jeter dans mes avant-postes sans escorte et que je me trouvais forcé d'emmener avec moi.

La division Rivaud avait été envoyée sur la droite ; elle en est revenue tard et je ne sais si elle a pu prendre part à

1. Le général Savary était à 11 kil. sur le flanc droit du 1er corps.

2. Probablement la compagnie d'artillerie légère du capitaine Hubert. Voir page 606. On avait oublié de lui envoyer l'ordre de s'arrêter, ou bien elle s'était égarée et n'avait pu le recevoir.

l'affaire. L'aide de camp du maréchal Bernadotte m'apprend qu'on n'y a presque point fait de prisonniers, et je vois qu'en tout ce n'a été que très-peu de chose malgré une vive fusillade et canonnade. J'étais le plus heureusement placé pour les capturer et on ne m'en a donné les moyens que quand il ne faisait plus clair. Maintenant les maréchaux Soult et Bernadotte ne peuvent plus que poursuivre M. de Blücher et je soutiens qu'il leur est impossible de lui couper le chemin de la Poméranie suédoise où le petit aide de camp que j'ai pris et les autres prisonniers disent qu'il veut se retirer, ce qui est confirmé encore par une réponse que M. de Blücher a faite au prince de Ponte-Corvo qui le sommait de mettre bas les armes : il lui a dit qu'il avait *50 chemins pour se retirer inconnus aux Français ; qu'il les ferait bien marcher avant d'en venir là et que probablement quand son corps y serait réduit, il n'existerait plus*. Voilà, Monseigneur, tout ce que j'ai appris depuis avant-hier ; je marcherai avec le corps Bernadotte le flanquant par sa droite et aujourd'hui je couvre mes environs de petits partis qui me ramènent des prisonniers d'infanterie et de cavalerie.

Si je communique aujourd'hui avec le prince Murat, que l'on dit être à Stavenhagen, je lui donnerai avis de tout ce que j'ai vu. Les chasseurs du duc de Weimar font partie du corps de M. de Usedom et sont présents ici.

LE MARÉCHAL NEY AU MAJOR GÉNÉRAL.

Schönebeck, 2 novembre 1806.

J'ai eu l'honneur de vous écrire le 30 octobre et de vous demander quelques mortiers pour bombarder Magdeburg ; il serait d'autant plus essentiel que j'en eusse à ma disposition que les personnes avec lesquelles j'ai des intelligences dans la place n'attendent que le moment où j'aurai fait lancer des bombes pour forcer le gouverneur, comte de Kleist, à capituler.

Ma responsabilité exige que je prie V. A. de répondre par des instructions précises aux questions suivantes :

L'intention de l'Empereur est-elle que le bombardement soit tenté, ou dois-je me borner au simple blocus ?

Suis-je autorisé à employer tous les moyens qui sont en mon pouvoir pour réduire la garnison soit par la force, soit par la voie des négociations ?

Le gouverneur m'a exprimé le désir d'envoyer un de ses officiers à Berlin pour connaître la situation de l'armée prussienne, afin de prendre un parti, soit pour la défense de la place, soit pour la capitulation. J'avais consenti à cette demande sous la condition qu'au retour de cet officier la ville capitulerait. Le gouverneur n'en a plus reparlé.

J'ai eu soin de faire entrer et répandre dans la ville les ordres du jour qui annoncent la prise du corps d'armée du prince de Hohenlohe, la reddition de Stettin, etc.

On porte aujourd'hui à 15,000 hommes la force de la garnison de Magdeburg ; il a été impossible d'avoir jusqu'à ce moment des renseignements bien précis à cet égard, malgré les interrogatoires qu'on a fait subir aux déserteurs qui arrivent tous les jours en assez grand nombre.

P.-S. — Les 4 mortiers que j'ai demandés au général Clarke viennent de m'arriver dans l'instant avec leur approvisionnement.

LE GÉNÉRAL MARCHAND AU MARÉCHAL NEY.

Benekenbeck, 2 novembre 1806.

Je crois qu'avant de faire aucune entreprise sérieuse sur le Closterberg, il faudra y penser à 2 fois. Si l'occupation de ce poste ne peut avancer d'un quart d'heure la prise de Magdeburg, je pense qu'alors on ne doit pas s'exposer à perdre une centaine de grenadiers pour l'enlever. Dans la circonstance où se trouve M. le lieutenant général Kleist, il est probable qu'il ne demande qu'à avoir une raison plausible pour pouvoir se rendre honorablement ; la seule raison que vous puissiez lui fournir, c'est de jeter quelques bombes dans la ville ; jusque-là un vieux militaire comme lui ne peut pas entendre parler de rendre une place telle que Magdeburg, et toutes les entreprises que l'on fera sur les faubourgs ou sur les postes retranchés des ennemis ne pourraient avoir aucun résultat. Je crois que dans ce cas tous les hommes que l'on perdrait seraient perdus inutilement. Vos principes sont de n'exposer vos soldats que pour obtenir un résultat favorable. Ici, le seul résultat qu'on puisse se proposer est la prise de Magdeburg. Pour cela il faut des bombes. Tout le reste n'avance en rien le but unique. Vous voyez, M. le Maréchal, que je m'avise de raisonner, mais vous m'avez autorisé par vos bontés à vous dire dans tous les temps ma façon de penser. Si vous n'êtes pas de mon avis, vous me regarderez comme un écolier qui vous considérera toujours comme son maître. Nous n'avons aucun moyen ici pour faire ferrer les échelles. A Schönebeck on pourra faire cela facilement et nous les envoyer de là.

RAPPORT JOURNALIER SUR LE BLOCUS DE MAGDEBURG.

Schönebeck, 2 novembre 1806.

Les 26, 27 et 28 ont été employés à contraindre les postes avancés de l'ennemi sur les 2 rives de l'Elbe à se retirer immédiatement sous le canon de la place; dès lors le blocus a été complet.

L'ennemi a beaucoup canonné sur nos postes; mais, comme ils sont retranchés, il n'y a eu ni tués ni blessés.

Le 29 même canonnade de la part de l'ennemi sur les postes du général Vandamme, retranchés à portée de fusil de Neustadt: ni tués ni blessés.

Dans la nuit du 29 le général Vandamme a fait tirer une trentaine d'obus qui sont tombés dans la ville sans y mettre le feu. L'ennemi a répondu avec sa grosse artillerie, mais sans aucun effet.

Le 30 et le 31 ont été employés à enlever quelques petits postes ennemis; on a pris une trentaine d'hommes, tué ou blessé le même nombre. Nous avons eu 2 hommes tués et 3 blessés.

Le 31 l'ennemi a fait une sortie par Friedrichstadt, rive droite de l'Elbe; elle était composée d'environ 600 hommes d'infanterie, 50 cuirassiers et 2 pièces de canon. L'ennemi, après s'être mis en bataille entre Crakau et Prester, a enlevé 6 voitures de fourrages, et est immédiatement après rentré dans la place.

Dans la nuit du 31 au 1er novembre, le général Colbert avec 600 hommes du 6e léger, 2 compagnies de voltigeurs du 39e, soutenu par 1 escadron de hussards et de chasseurs et 2 pièces de 4, s'est approché de Friedrichstadt, hors de la portée du canon, a enveloppé les villages de Crakau et de Prester, de même que toutes les fermes plus rapprochées de la place. Cette opération a eu lieu à 3 heures du matin; l'ennemi avait retiré la veille pendant la nuit tous ses petits postes antérieurs. Le feu a été mis à toutes les fermes qui renfermaient des denrées, en sorte que l'ennemi ne peut plus en tirer aucun secours.

Les postes du général Colbert sont à une portée et demie du canon de la place, et le service se fait de manière que rien ne peut en sortir. Ses postes principaux occupent Biederitz, Alt et Neu-Königsborn, Menz, Gübs, Zippeleben et Pechau.

La réserve d'infanterie et de cavalerie légère est à Gerwisch, Woltersdorf, Nedlitz et Gommern.

6 compagnies de grenadiers sont à Schönebeck pour la garde du pont sur l'Elbe et prêtes à soutenir les troupes du général Colbert en cas de sortie.

Dans cette même nuit du 31 au 1er novembre, le général Marchand a fait enlever un poste ennemi de 15 grenadiers, fourni par celui de Closterberg; l'ennemi a eu en outre 4 tués et 6 blessés. Nous n'avons eu ni tués ni blessés.

Une reconnaissance générale combinée avec les troupes du général Vandamme a eu lieu cette même nuit sur tout le développement de la ligne de blocus sur la rive gauche de l'Elbe et jusqu'aux fossés de la place. L'objet principal était d'enlever des postes, mais l'ennemi avait eu la précaution de les faire rentrer au coup de canon de retraite. La fusillade a été assez vive; nous n'avons eu ni tués ni blessés.

On sait que la garnison est fatiguée de service; elle le sera encore davantage par les alertes que nous lui donnons de temps à autre.

J'ai fait reconnaître le Closterberg; j'espère pouvoir l'enlever d'un coup de main; en même temps on escaladera Sudenburg et Neustadt. Si les ouvrages de la place qui protègent Sudenburg et Closterberg s'opposent à la conservation de ces 2 points, on y mettra le feu afin que l'ennemi ne puisse y puiser aucune ressource, et qu'il soit obligé d'en recevoir la population qui est déjà trop considérable dans Magdeburg pour ne pas espérer une révolte générale si je reçois quelques mortiers pour bombarder la ville.

Mal Ney.

LE MARÉCHAL LANNES A L'EMPEREUR.

Stettin, 2 novembre 1806.

J'ai l'honneur de prévenir V. M. I. que je suis arrivé hier au soir à Stettin. La division Suchet arrive en ce moment et passe l'Oder pour aller s'établir en arrière de Stargard. Cette ville offre assez de ressources pour la faire vivre. Je choisirai également un bon endroit sur la rive droite de l'Oder pour la cavalerie légère qui a grand besoin de repos.

J'ai eu l'honneur de mander à V. M. I. qu'on avait trouvé 200 pièces de canon à Stettin. Depuis on en a encore trouvé 300, ce qui fait 500 bien connues dans ce moment-ci. Il y a également de bien connu 150 milliers de poudre, énormément de boulets.

On a trouvé 46,357 quintaux de seigle, 19,785 d'avoine et 6,182 de farine. Il est possible qu'il se trouve encore beaucoup d'autres choses en subsistances : on s'occupe de dresser un inventaire exact, et aussitôt qu'il sera fait, j'aurai l'honneur de l'adresser à V. M. I.

Je désirerais que V. M. ait la bonté de me faire connaître ses intentions ; si nous devons rester ici quelque temps, alors je pourrai m'arranger de manière à ce que le soldat soit bien.

Les négociants de Stettin sont aussi Anglais qu'à Londres, et par conséquent portés de très-mauvaise volonté, ainsi que les administrations de la ville.

La place ne paraît pas être grand'chose ; la citadelle serait susceptible de défense. Damm avec quelques réparations fera une très-belle tête de pont. On ne peut arriver là d'ici que par une chaussée flanquée par des marais impraticables. Damm est à une lieue et demie d'ici. Au surplus le général Chasseloup fait sa tournée et donnera des détails à V. M.

Je suis, avec le plus profond respect et parfait dévouement,

LANNES.

Le Roi est passé à Stargard le 30 octobre ; il s'était d'abord dirigé sur Colberg ; mais ne s'y croyant pas en sûreté, il s'est dirigé sur Graudenz, où il est actuellement. La Reine a passé ici à Stettin il y a environ 15 jours. Elle se trouve en ce moment avec le Roi.

LE MARÉCHAL LANNES A L'EMPEREUR.

Stettin, 2 novembre 1806.

J'ai reçu la lettre que V. M. m'a fait l'honneur de m'écrire ; il m'est impossible de lui rendre le plaisir qu'elle m'a fait éprouver. Je désire rien tant au monde que d'être sûr que V. M. sache que je fais tout ce qui est en mon pouvoir pour sa gloire.

J'ai fait part à mon corps d'armée de ce que V. M. a bien voulu me dire pour lui. Il serait impossible de peindre à V. M. le contentement qu'il a ressenti. Une seule parole d'Elle suffit pour rendre tous les soldats heureux.

3 hussards s'étaient égarés hier du côté de Gartz ; ils se sont trouvés au milieu d'un escadron ennemi ; ils ont couru à lui en le couchant en joue et lui disant qu'un régiment le cernait, qu'il fallait sur-le-champ mettre pied à terre. Le commandant de cet escadron a fait mettre pied à terre et a rendu les armes à ces 3 hussards, qui ont conduit ici l'escadron prisonnier de guerre.

J'aurais désiré connaître les intentions de V. M. pour savoir si j'aurais pu porter la division Suchet à Stargard[1] et la cavalerie en avant. Par ce moyen nous eussions économisé les vivres de la place de Stettin, auxquels cependant je n'ai pas encore touché ; les soldats sont cantonnés dans les environs et vivent chez les habitants.

J'ai fait aujourd'hui le tour de la place avec le général Chasseloup ; il la trouve mauvaise ; je crois aussi qu'il faudrait y dépenser beaucoup d'argent pour la mettre en état de défense. Nous avons été à Damm ; c'est une superbe position naturelle ; on n'y arrive que par une chaussée d'une lieue et demie sur laquelle se trouvent au moins 40 ponts. Je pense que si V. M. veut aller en avant, elle rendra cette position inexpugnable.

On vient de m'annoncer que le Roi avait très-maltraité les messieurs qui l'entouraient et qui lui avaient conseillé la guerre ; qu'on ne l'avait jamais vu aussi en colère, qu'il leur avait dit qu'ils étaient des coquins et qu'ils lui avaient fait perdre la couronne, et qu'il ne lui restait d'autre espoir que d'aller trouver le Grand Napoléon, et qu'il comptait sur sa générosité.

---

1. De Stettin à Damm, 8 kil. ; — de Damm à Stargard, 29 kil.

25e BULLETIN DE LA GRANDE ARMÉE.

Berlin, 2 novembre 1806.

Le général de division Beaumont a présenté aujourd'hui à l'Empereur 50 nouveaux drapeaux et étendards pris sur l'ennemi. Il a traversé toute la ville avec les dragons qu'il commande et qui portaient ces trophées. Le nombre des drapeaux, dont la prise a été la suite de la bataille d'Iéna, s'élève en ce moment à 200.

Le maréchal Davout a fait cerner et sommer Küstrin, et cette place s'est rendue. On y a fait 4,000 hommes prisonniers de guerre. Les officiers retournent chez eux sur parole, et les soldats sont conduits en France. 90 pièces de canon ont été trouvées sur les remparts. La place, en très bon état, est située au milieu des marais ; elle renferme des magasins considérables. C'est une des conquêtes les plus importantes de l'armée ; elle a achevé de nous rendre maîtres de toutes les places sur l'Oder.

Le maréchal Ney va attaquer en règle Magdeburg, et il est probable que cette forteresse fera peu de résistance.

Le grand-duc de Berg avait son quartier général le 31 à Friedland. Ses dispositions faites, il a ordonné l'attaque de la colonne du général prussien Bila, que le général Beker a chargée, sur la plaine en avant de la petite ville d'Anklam, avec la brigade de dragons du général Boussart. Tout a été enfoncé, cavalerie et infanterie, et le général Beker est entré dans la ville avec les ennemis, qu'il a forcés de capituler. Le résultat de cette capitulation a été 4,000 prisonniers de guerre. Les officiers sont renvoyés sur parole et les soldats sont conduits en France. Parmi ces prisonniers se trouve le régiment des hussards de la garde du Roi, qui, après la guerre de Sept ans, avaient reçu de l'impératrice Catherine, en témoignage de leur bonne conduite, des pelisses de peau de tigre.

La caisse du corps du général Bila et une partie des bagages avaient passé la Peene et se trouvaient dans la Poméranie suédoise ; le grand-duc de Berg les a fait réclamer.

Le 1er novembre au soir le Grand-duc avait son quartier général à Demmin.

Le général Blücher et le duc de Weimar, voyant le chemin de Stettin fermé, se portaient sur leur gauche, comme pour retourner sur l'Elbe ; mais le maréchal Soult avait prévu ce mouvement, et il y a peu de doute que ces 2 corps ne tombent bientôt entre nos mains.

Lè maréchal Lannes a réuni son corps d'armée à Stettin, où l'on trouve encore chaque jour des magasins et des pièces de canon.

Nos coureurs sont déjà entrés en Pologne.

Le prince Jérôme avec les Bavarois et les Würtembergeois formant un corps d'armée, se porte en Silésie.

S. M. a nommé le général Clarke gouverneur général de Berlin et de la Prusse, et a déjà arrêté toutes les bases de l'organisation intérieure du pays.

Le roi de Hollande marche sur Hanovre, et le maréchal Mortier sur Cassel.

L'EMPEREUR AU ROI DE WURTEMBERG.

Berlin, 2 novembre 1806.

Monsieur mon Frère, je reçois la lettre de Votre Majesté, du 27 octobre. Elle aura appris par ses officiers, qui sont près de moi [1], les événements subséquents qui se passent ici. Il me suffit de lui dire, en un mot, que pas un homme n'a passé l'Oder ; que j'ai dans ce moment plus de 100,000 prisonniers ; que Stettin et Küstrin se sont rendus quoique parfaitement approvisionnés et armés, et munis d'une bonne

---

1. Les officiers des princes de la Confédération qui étaient attachés à l'état-major du Major général, adressaient des rapports à leur souverain. Lorsque le quartier général fut plus tard à Varsovie, puis à Osterode et à Finkenstein, il leur fallait confier leurs lettres à la poste. A Berlin tout était ouvert, traduit, et copie était remise au général Clarke qui l'adressait au Major général. Ces copies se retrouvent dans les papiers qui proviennent du cabinet du Major général.

garnison ; qu'il ne reste plus au roi de Prusse 10,000 hommes avec lui, avec lesquels il a repassé la Vistule ; que le prince Jérôme, avec un corps de 30,000 hommes, parmi lesquels se trouvent 10,000 hommes de troupes de Votre Majesté, va entrer en Silésie. Le prince de Hohenlohe est retenu à Spandau. J'ai été visiter effectivement le tombeau du grand Frédéric.

Présentez, je vous prie, mes hommages à la Reine et à la princesse Catherine.

L'EMPEREUR AU MAJOR GÉNÉRAL.

Berlin, 2 novembre 1806.

Envoyez l'ordre au général Sanson de faire une reconnaissance de l'Oder, depuis Francfort jusqu'à la mer Baltique, à 3 lieues sur l'une et l'autre rives. Il fera connaître le nombre de villages, leur population, la nature du terrain, et, s'il y a des marais, les débouchés et les digues par où on peut les passer ; enfin les monticules et les accidents de terrain qui seraient favorables à une armée. Le général Sanson chargera 4 ingénieurs géographes de cette reconnaissance et leur donnera le même programme. Cette reconnaissance sera faite dans le but qu'on voulût défendre le passage de l'Oder en s'appuyant à Küstrin et à Stettin.

Il est nécessaire que cette reconnaissance me soit remise avant 8 jours.

L'EMPEREUR AU MAJOR GÉNÉRAL.

Berlin, 2 novembre 1806.

Comme il serait possible que le maréchal Soult ne reçût pas l'ordre de venir à Dessau, envoyez un aide de camp pour faire exécuter le même ordre que j'avais donné à ce maréchal relativement aux 450 chevaux saxons [1]. Laissez-le

---

1. LE GÉNÉRAL COMPANS AU GÉNÉRAL MARGARON.

Plau, 2 novembre 1806.

S. M. ayant décidé que 450 chevaux de selle seraient mis à la disposition

maître de les laisser venir à Potsdam, s'il y a des hommes pour les monter, et si, comme on me l'assure, des 4,000 ou 5,000 chevaux qui doivent arriver à Spandau, il n'y en a que 500.

L'EMPEREUR A M. DE THIARD, GOUVERNEUR DE DRESDE.

Berlin, 2 novembre 1806.

Je reçois votre lettre. Les renseignements que vous me donnez d'un marchand de Mannheim ne sont pas assez clairs ; il fallait l'interroger en règle, savoir le jour où il est parti et avoir plus de détails. Il est convenable d'envoyer, en toute diligence, des espions et des agents affidés pour savoir ce qui se passe à Prague et sur toute l'extrême frontière.

Faites-moi connaître la situation des fortifications de Dresde, s'il y a beaucoup à faire pour la mettre à l'abri d'un coup de main. Par le retour de mon courrier, envoyez-m'en un plan avec des observations sur chaque front.

L'EMPEREUR AU GÉNÉRAL DEJEAN.

Berlin, 2 novembre 1806.

J'apprends qu'il y a de l'embarras à Paris pour ma Garde, qu'on ne la paye pas, et que mon régiment de fusiliers n'est pas habillé. Levez ces obstacles promptement, car je vais appeler cette Garde sous peu de jours.

---

du corps d'armée et que jusqu'à ce que les régiments puissent les faire prendre, la garde en soit confiée au duc d'Anhalt à Dessau, M. le Maréchal ordonne que vous désigniez dans votre division 1 officier, 2 maréchaux-des-logis et 4 brigadiers à l'effet d'aller surveiller les hommes que le Prince a commis pour soigner ces chevaux et en répondre jusqu'à ce que la remise aux régiments en soit faite.

Je vous engage à faire exécuter de suite cette disposition et à m'en informer afin que je puisse en rendre compte à M. le Maréchal commandant en chef.

Je vous préviens qu'un adjoint aux commissaires des guerres du corps d'armée est chargé de se rendre à Dessau à l'effet de constater par procès-verbal le nombre et l'espèce de chevaux qui ont été confiés à la garde du duc d'Anhalt.

NOTE POUR L'INTENDANT GÉNÉRAL.

Berlin, 2 novembre 1806.

Il y aura un officier supérieur, qui se tiendra à Burg, qui sera chargé du commandement du duché de Magdeburg. Il y aura un sous-inspecteur aux revues faisant fonctions de préfet et d'intendant des finances, et un receveur chargé des recettes.

La Vieille-Marche sera organisée de la même manière; chef-lieu, Stendal;

La Moyenne-Marche, Berlin;

La Marche de l'Ucker, Prenzlow;

La Priegnitz, Perleberg;

La Marche citérieure, Landsberg;

La Marche ultérieure, Friedeberg;

La Marche incorporée, Krossen;

La Poméranie citérieure, Stettin;

La Poméranie ultérieure, Halle.

Ainsi donc pour l'endroit de la Prusse qui est occupé, dix départements; il faut dix inspecteurs aux revues ou auditeurs, dix préposés du receveur, et dix adjudants-commandants, chefs de bataillon ou capitaines.

De la Police.

Chaque commandant correspondra avec le gouverneur général à Berlin. Il sera autorisé à armer 4 brigades de gendarmerie, composées d'hommes du pays, de 6 hommes chacune, pour se porter dans la campagne.

Chaque commandant aura une escouade de dragons ou de cavalerie, de 6 ou 8 Français au moins.

De l'Administration.

L'intendant sera chargé de toute la partie des finances; il fera mettre la main sur tous les magasins appartenant au

Roi, caisses et domaines, veillera à la perception des revenus.

L'intendant correspondra avec M. Estève directement, avec l'Intendant général pour ce qui concerne l'armée, et avec le directeur général des contributions.

La justice continuera à être rendue par les tribunaux du pays. Il sera établi des commissions militaires à Berlin, Stettin, Halle, pour les traîneurs commettant des désordres.

Les intendants feront aussi les fonctions de commissaires des guerres attachés au territoire, et pourvoiront aux étapes, passages de troupes, etc.

Organisation municipale.

Dans les grandes villes, telles que Berlin, Stettin, Francfort-sur-l'Oder, Brandenburg et Halle, ayant plus de 3,000 habitants, il sera formé une garde nationale, qui sera de 1,200 hommes pour Berlin, 40 hommes pour Stettin, 60 pour Halle, etc. Ils seront nommés par le commandant français, qui leur fera remettre des armes, et ils seront à sa disposition pour la police de la ville.

Toutes les villes correspondront avec l'administration générale par le canal de l'intendant, hormis celles de Berlin, Stettin et Francfort, qui auront une organisation particulière et correspondront directement.

Auprès de chaque intendant il sera nommé un conseil de cinq notables, choisis parmi les plus capables ; M. d'Angern pourra leur écrire à cet effet.

M. Daru présentera ce décret[1] demain, bien rédigé, tel

---

1. EXTRAIT DES MINUTES DE LA SECRÉTAIRERIE D'ÉTAT

DÉCRET SUR L'ADMINISTRATION DES ÉTATS DU ROI DE PRUSSE *.

Au quartier impérial de Berlin, le 3 novembre 1806.

TITRE I. — DISPOSITIONS GÉNÉRALES.

Art. 1er. — Les États du Roi de Prusse, conquis par l'armée, seront divisés en 4 départements :

* Ce décret fut imprimé par l'imprimerie de l'armée et distribué à tous les officiers et fonctionnaires appelés à participer à l'administration des pays conquis.

que l'organisation de Berlin s'y trouve, compris même le décret qui regarde les fonctions de MM. Estève, Villemanzy et autres.

1° le département de Berlin;
2° le département de Küstrin;
3° le département de Stettin;
4° le département de Magdeburg.

Art. 2. — Le département de Berlin sera divisé en 4 provinces, savoir:
La Marche Ukraine,
La Priegnitz,
La Vieille-Marche,
La Moyenne-Marche.

Le département de Küstrin comprendra la Nouvelle-Marche.

Le département de Stettin comprendra la Poméranie.

Le département de Magdeburg comprendra le duché de Magdeburg, le comté de Mansfeld, le comté de la Saale et la ville de Halle.

Art. 3. — Les provinces continueront d'être divisées en cercles comme elles le sont actuellement.

Art. 4. — Il sera dressé incessamment une carte sur laquelle les cercles, provinces et départements seront marqués dans leur arrangement actuel.

Titre II. — Des autorités locales.

Art. 5. — Les magistrats des villes, les baillis, les conseillers des tailles, les conseillers provinciaux des cercles et les membres des chambres de guerre et des domaines seront maintenus dans leurs fonctions.

Art. 6. — La justice continuera d'être rendue par les tribunaux du pays.

Art. 7. — Ces autorités prêteront le serment suivant :

« Je jure d'exercer loyalement l'autorité qui m'est confiée par S. M. l'Empe-« reur des Français, Roi d'Italie, de ne m'en servir que pour le maintien de « l'ordre et de la tranquillité publique; de concourir de tout mon pouvoir à « l'exécution des mesures qui seront ordonnées pour le service de l'ar-« mée française, et de n'entretenir aucune correspondance avec ses en-« nemis. »

Art. 8. — Ce serment sera prêté entre les mains des Commandants militaires et des intendants dont il sera parlé ci-après et que nous nommons nos commissaires à cet effet. Il en sera dressé un procès-verbal dans lequel seront relatés les noms de tous les membres composant les autorités désignées ci-dessus.

Titre III. — Du gouvernement militaire.

Art. 9. — Il y aura pour les 4 départements un Gouverneur général qui résidera à Berlin et qui sera chargé du gouvernement militaire, de la police, et de nous représenter en notre absence dans tous les cas imprévus.

Art. 10. — Il y aura pour chacune des 8 provinces un Commandant militaire, choisi parmi les officiers généraux ou supérieurs, qui portera le titre de Commandant de la province, qui recevra l'ordre de l'armée par le canal du Gouverneur général, et qui lui rendra compte de tout.

Titre IV. — De l'administration générale.

Art. 11. — L'administration générale des 4 départements est confiée, sous l'autorité de notre Intendant général de l'armée,

Il y mettra le nom de tous les inspecteurs aux revues, et il demandera au ministre de la guerre qu'il y mette les noms de tous les commandants qu'il enverra dans les divers lieux.

A un administrateur général des finances et des domaines,

Et à un receveur général des contributions.

Art. 12. — Chaque département sera dirigé par un commissaire impérial qui assistera toujours aux assemblées de la chambre de guerre et des domaines, fera tenir registre des délibérations et veillera au bien de notre service.

Art. 13. — Chaque province aura un intendant qui remplira les fonctions de préfet et d'intendant des finances.

Les intendants feront prendre possession de tous les magasins, caisses et domaines appartenant au Roi ; ils dirigeront la perception des impositions, l'administration des domaines, mines et salines, et la rentrée des contributions extraordinaires. Ils rendront compte de leur administration au commissaire impérial qui résidera dans le chef-lieu du département.

Art. 14. — L'intendant de la province où sera le chef-lieu du département, pourra être en même temps commissaire impérial.

Art. 15. — Il sera établi dans chaque province un receveur, dans la caisse duquel toutes les recettes quelconques seront versées et qui en rendra compte au receveur général.

Art. 16. — Tous les versements dans les caisses des receveurs seront constatés par des procès-verbaux.

Art. 17. — Les magistrats des villes, les baillis, conseillers des tailles et conseillers provinciaux, continueront de correspondre entre eux et avec la Chambre de guerre et des domaines suivant l'ordre précédemment établi.

Art. 18. — La magistrature de la ville de Berlin sera composée

D'un conseil de 60 membres,

Et d'un comité de 7 membres.

Les élections faites par l'assemblée des deux mille principaux bourgeois de cette ville, tenue le 30 de ce mois, et constatées par le procès-verbal de cette assemblée, sont approuvées.

Nous approuvons également le choix que les 60 membres, élus pour former le Conseil, ont fait de 7 membres pour composer le comité administratif.

Titre V. — De la police.

Art. 19. — Les commandants des provinces organiseront dans leur arrondissement des brigades de gendarmerie, composées chacune de 6 hommes choisis parmi les propriétaires du pays.

Art. 20. — Le nombre et l'emplacement de ces brigades seront déterminés par le Gouverneur général, qui donnera des ordres pour qu'il leur soit fourni des armes. Ces brigades seront destinées à maintenir la tranquillité du pays et à faire respecter les personnes et les propriétés.

Art. 21. — Il y aura auprès de chaque commandant d'arrondissement un détachement de troupes françaises.

Art. 22. — Il sera organisé dans la ville de Berlin une garde bourgeoise.

Art. 23. — Le Gouverneur général est autorisé à créer dans chaque département une ou plusieurs commissions militaires pour juger et faire punir les maraudeurs.

S'informer pourquoi la poste ne marche pas, et m'en faire un rapport ce soir.

TITRE VI.

Art. 24. — Le général de division Clarke est nommé Gouverneur général.

Le conseiller d'État Daru, Intendant général.

M. Estève, trésorier général de la Couronne, Administrateur général des finances et des domaines.

M. Labouillerie, Receveur général des contributions.

Art. 25. — Sont nommés commandants dans les provinces :

		Il résidera à
De l'Ukraine	Hariette, chef de bataillon.	Prenzlow.
De la Priegnitz	Nérin, colonel [1]	Perleberg.
De la Vieille-Marche	Boussin, adjud.-command.	Steinthal.
De la Moyenne-Marche	Clarke, général de division.	Berlin.
De la Nouvelle-Marche	Ménard, gén. de brigade [2]	Küstrin.
De la Poméranie	Thouvenot, gén. de brig.	Stettin.
Du duché de Magdeburg	Champeaux, adjud.-comm.	Burg.
De la ville de Halle	Lautour, adjud.-command.	Halle.

Art. 26. — Sont nommés commissaires impériaux dans les chefs-lieux des départements :

Du département de Berlin	Bignon	Berlin.
Du département de Küstrin	Sabatier	Küstrin.
Du département de Stettin	L'Aigle	Stettin.
Du département de Magdeburg	Châalons	Magdeburg.

Ces commissaires impériaux rempliront en même temps les fonctions d'intendant dans les provinces où les chefs-lieux des départements sont situés.

Art. 27. — Sont nommés intendants des provinces

De la Marche Ukraine	Piet-Chambelle	Prenzlow.
De la Priegnitz	Gaspard	Perleberg.
De la Vieille-Marche	Chivaille	Steinthal.
De la ville de Halle	Clarac	Halle.

Art. 28. — Notre ministre de la guerre, Major général de l'armée, est chargé de l'exécution du présent décret.

NAPOLÉON.

Le décret imprimé porte au dos la lettre suivante de M. Estève adressée aux intendants.

Le Trésorier général de la Couronne, administrateur général des finances et des domaines, à M. . . .

Berlin, 4 novembre 1806.

Le décret ci-dessus que S. M. l'Empereur et Roi vient de rendre sur l'organisation des États du roi de Prusse conquis par l'armée, détermine, Monsieur, les fonctions qui vous sont confiées.

Persuadé que vous allez vous y livrer avec tout le zèle dont vous êtes ca-

[1] Il fut remplacé en janvier par l'adjudant-commandant Lefebvre.

[2] Il fut remplacé à la fin de janvier par le général de brigade Hastrel.

S'informer de ce qu'il faut faire pour le commerce soit des approvisionnements, soit général.

Faire nommer également par M. d'Angern les habitants qui doivent former le conseil.

Ordonner la continuation des impositions.

NAPOLÉON.

---

pable et avec cet esprit d'ordre et de bien public qu'on doit remarquer dans toutes les opérations des administrateurs honorés du choix de S. M., je me dispense de vous faire sentir combien il vous importe d'employer tous les moyens qui sont en notre pouvoir pour répondre à ses vues.

Vous réunirez, immédiatement après votre arrivée dans le chef-lieu de votre province, tous les membres des différentes administrations provinciales et locales qui y sont établies, pour leur faire connaître la marque de confiance que S. M. a bien voulu leur donner en les maintenant dans les fonctions qu'ils remplissaient sous l'ancien gouvernement.

Vous exigerez ensuite de leur part, et de concert avec M. le commandant militaire, le serment qu'ils doivent prêter conformément aux articles 7 et 8, et dont vous m'enverrez le procès-verbal.

Vous m'enverrez successivement l'inventaire de tous les objets que vous trouverez dans les magasins et domaines appartenant au Roi de Prusse, dans toute l'étendue de votre province et dont vous devez prendre possession. Vous ne disposerez de ces objets que d'après les autorisations que je vous ferai parvenir.

Vous ferez verser dans la caisse du Receveur français de votre province tous les fonds qui existeront dans les caisses, en ayant soin de les appliquer aux différentes branches de revenus auxquelles elles appartiennent, et après en avoir dressé le procès-verbal prescrit par l'article 16.

Vous avez vu par mon ordre du 2 de ce mois que les impositions, droits et revenus quelconques, établis dans le pays, doivent continuer à être administrés et perçus de la même manière qu'ils l'ont été jusqu'ici. Je vous enverrai incessamment une instruction dont je m'occupe, qui vous fera connaître le mode particulier adopté pour chacun d'eux.

A l'égard des contributions extraordinaires, indépendantes des impositions fixes, et qui sont exigibles en vertu de décrets spéciaux de S. M., leur recouvrement aura lieu par vos soins et suivant les répartitions que vous en arrêterez d'après celles des Chambres des provinces.

Vous imposerez l'obligation aux receveurs ou caissiers particuliers qui sont chargés des perceptions, de vous envoyer le samedi de chaque semaine un état de la situation de leur caisse, dont vous m'enverrez ensuite le relevé général, en distinguant l'origine et la nature de chaque fonds. Ce relevé sera toujours suivi d'un bordereau dans lequel vous énoncerez tous les versements qui auront eu lieu dans la caisse du Receveur français pendant la semaine expirée.

L'EMPEREUR AU MARÉCHAL KELLERMANN.

Berlin, 2 novembre 1806.

Mon cousin, j'ai lu avec intérêt votre état de situation. Je vois que vous avez dans votre réserve 1,500 chevaux de cavalerie, dragons et hussards. Faites-les partir de Strasbourg et de Mayence par gros détachements de 600 hommes, avant le 10 novembre. J'ai demandé que vous fassiez partir, au 4 novembre, 150 hommes de chacun des régiments que vous avez, ce qui, à raison de 33 régiments, fera de 4,000 à 5,000 hommes. Mon intention est que vous fassiez partir un second détachement de même force le 15 novembre. Il suffit que les conscrits soient habillés et armés et aient des capotes. S'ils ne sont pas parfaitement instruits, ils le deviendront, parce que je les laisserai à Wittenberg, Spandau, etc., pour former la garnison de ces places fortes. Il y a besoin ici de troupes, et j'attache de l'importance à ce que ces 10,000 ou 12,000 hommes, infanterie et cavalerie, me joignent sur la Vistule, c'est-à-dire à plus de 10 marches au delà de Berlin, avant le 15 ou le 20 décembre [1].

---

1. LE MARÉCHAL KELLERMANN A L'EMPEREUR.

Mayence, 6 novembre 1806.

Je reçois à l'instant la lettre que V. M. m'a fait l'honneur de m'écrire le 2 de ce mois.

J'ai prévu les intentions de V. M.

J'avais déjà ordonné que 100 hommes par bataillon et 25 hommes montés par dépôt de troupes à cheval fussent prêts à partir.

Tout ce qui vient du Haut-Rhin doit être réuni à Strasbourg à l'heure qu'il est, et dans ce moment l'infanterie doit être en marche pour Mayence. Les troupes à cheval seront en marche le 10. Je viens encore d'ordonner que 100 hommes de plus par bataillon et 25 hommes montés par dépôt de troupes à cheval soient sur-le-champ habillés, armés et équipés, et partent 4 jours après l'ordre reçu. Je n'exige point qu'ils soient instruits, ils s'instruiront en chemin.

V. M. peut s'en reposer sur moi. Dès qu'un détachement est parti, j'ordonne qu'il en soit formé un autre de même force prêt à partir et je mets et fais mettre, dans tout ce qui a rapport au service, la plus grande activité.

L'EMPEREUR AU MAJOR GÉNÉRAL.

Berlin, 2 novembre 1806.

Je vous renvoie les états du commandant de Würzburg. Je vois que 350 hommes restent encore dans cette place parmi lesquels sont beaucoup d'ouvriers et des détachements d'artillerie et du génie. Donnez ordre que tout cela rentre à Erfurt pour fournir aux besoins de l'armée. Vous aurez, j'imagine, donné ordre que les hommes de cavalerie à pied arrivassent à Wittemberg ; que tous les dépôts de Forchheim et de Baireuth se rendissent du côté de Wittemberg et que le général Lefranc qui commandait à Forchheim et l'officier qui commandait à Kronach rejoignissent la Grande Armée. — Faites-moi connaître si les 1,000 hommes de Hesse-Darmstadt qui sont arrivés le 23 à Würzburg, ont continué leur route et sur quels points ils se sont dirigés.

Faites donner 1,200 paires de souliers au 28ᵉ régiment d'infanterie légère. Faites donner 3,000 chapeaux au corps du maréchal Davout, 1,000 au corps du maréchal Lannes, 1,000 à celui du maréchal Soult, 1,000 à celui du Prince de Ponte-Corvo.

Prévenez, par l'ordre de l'armée, qu'il y a dans l'arsenal de Berlin une grande quantité de caisses de tambours, et que les corps qui en auront besoin peuvent en demander.

Chargez le maréchal Bessières de visiter les 5,000 bois de selles qui sont ici en magasin, pour savoir s'ils sont bons, et faites-moi connaître ce qu'il faudrait pour compléter les selles.

Donnez au corps du maréchal Lannes 6,000 paires de souliers à prendre à Stettin, et au corps du maréchal Davout 6,000 à prendre à Francfort.

Prévenez l'armée qu'il y a à Berlin 80,000 gibernes que les corps peuvent demander, s'ils en ont besoin.

Faites distribuer les 2,103 culottes de peau qui sont à Berlin aux dragons, à mesure qu'ils sont montés. Faites-leur donner aussi, s'ils en ont besoin, des sabres et des baudriers.

Prévenez les corps de chasseurs, dragons et hussards, qu'il y a beaucoup de baudriers à Berlin.

Donnez ordre que les 5,000 paires de bas de laine soient données en gratification aux blessés, à mesure qu'ils sortent de l'hôpital et qu'ils rejoignent leurs corps.

Faites connaître aux régiments de cavalerie qu'il y a une grande quantité d'objets de harnachement à Berlin, et qu'ils en forment la demande quand ils en auront besoin.

Il y a également des marmites et des petits bidons. Faites donner 800 marmites, 800 gamelles, 800 bidons, 800 haches au corps du maréchal Davout, qui les a demandés.

LE MAJOR GÉNÉRAL AU GÉNÉRAL DE BRIGADE THOUVENOT COMMANDANT A ERFURT.

Berlin, 2 novembre 1806.

L'Empereur ordonne, Général, que vous partiez d'Erfurt le 12 novembre pour vous rendre en poste à Stettin et prendre le commandement supérieur de cette place où j'ai déjà envoyé l'adjudant-commandant Dentzel pour remplir les fonctions de commandant d'armes.

A votre arrivée vous me rendrez un compte détaillé sur l'état de cette place, vous y organiserez et surveillerez le service et vous ferez les dispositions nécessaires pour la sûreté des magasins et établissements ainsi que pour le maintien de la police et du bon ordre.

Vous laisserez à Erfurt un officier supérieur ou un adjudant-commandant pour commander cette place et vous lui donnerez tous les ordres et instructions nécessaires.

L'intention de l'Empereur est que vous ne laissiez en troupes françaises à Erfurt que 500 à 600 hommes en tout[1]. Faites diriger tout le restant sur Spandau; envoyez-m'en l'état ainsi que copie de l'itinéraire que suivra cet excédent de

---

1. Ce même jour 2 novembre, le général Clarke remettait à l'Empereur à Berlin le rapport de la place d'Erfurt du 29 au 30 ainsi que la situation de la garnison le 30 au matin, jour où il avait cessé ses fonctions de gouverneur

troupes; faites-moi connaître aussi à quel corps appartiendront les 500 à 600 Français qui resteront à Erfurt.

Le bataillon de Würzburg et les troupes de Nassau continueront à servir à l'escorte des prisonniers sur Fulde.

Instruisez-moi, Général, de l'exécution de ces différentes dispositions.

---

du pays d'Erfurt. — Le général Thouvenot ne devait donc rester que 13 jours gouverneur d'Erfurt.

SITUATION DE LA GARNISON D'ERFURT LE 30 OCTOBRE.

1 bataillon de grenadiers fort d'environ 500 hommes. — Ce bataillon avait 1 compagnie détachée à Gotha pour garder les blessés et 1 demi-compagnie à Weimar pour le même objet et pour l'artillerie. — (C'était le bataillon de grenadiers laissé par le maréchal Ney. Voir page 80. Ordre du Major général le 4 novembre à Erfurt de diriger sur Wanzleben le détachement du 3e de hussards, les compagnies de voltigeurs et le bataillon de grenadiers du corps du maréchal Ney.)

2 bataillons de Hesse-Darmstadt ayant ensemble environ 500 hommes. — La totalité de ces bataillons a été employée en escortes de prisonniers et il est même à craindre que le maréchal Mortier n'ait fait escorter ces prisonniers jusqu'à Mayence par les détachements de ces 2 bataillons.

1 compagnie d'artillerie sous les ordres du chef de bataillon Gilliard, 50 hommes. Total 1,050 hommes.

On attendait 1 compagnie d'artillerie, et le 31 il devait arriver à Erfurt 1 bataillon de Würzburg fort de 1,012 hommes, 1 bataillon de Nassau Usingen dont on ignore la force, quelques dépôts de Würzburg très-indisciplinés et des hussards à pied.

RAPPORT DE LA PLACE D'ERFURT DU 29 AU 30 OCTOBRE.

Entrées. — Un détachement de 150 hommes du 11e de dragons; — un autre détachement de 26 hommes du 11e de cuirassiers commandé par un adjudant-major; — un détachement de 8 hommes de différents corps commandé par un capitaine du 28e régiment rejoignant son corps; — un détachement de sapeurs escortant plusieurs caissons; — 5 hommes du 17e régiment; — un convoi de pontons escorté par des chasseurs bavarois; — 2 voitures de fusils, sabres et gibernes ramassés sur le champ de bataille; — une voiture de blessés français; — 1 compagnie du 14e régiment rentrant d'escorte; — une voiture de blessés prussiens escortée par 4 dragons du 20e régiment.

Sorties. — 24 voitures de blessés prussiens escortées par un détachement de troupes du prince de Darmstadt.

Il est entré dans la citadelle 39 pontons prussiens, 1 haquet à pontons, 242 fusils, 124 sabres, 89 gibernes provenant de divers villages près d'Erfurt et divers objets tels que débris de fusils, baïonnettes et banderoles.

Il est entré ce matin dans la place le général Coin, 2 colonels, 13 officiers, 28 sous-officiers ou canonniers, 61 sous-officiers ou soldats du train, 6 bouches à feu et 196 chevaux venant de Würzburg.

LE GÉNÉRAL CORBINEAU A L'EMPEREUR.

Spandau, 2 novembre 1806, 8 heures du soir.

J'ai l'honneur de rendre compte à V. M. de l'arrivée à Spandau de la seconde colonne des prisonniers faits avec le prince de Hohenlohe et celle de ce Prince lui-même ; la seconde colonne est forte de 5,500 hommes environ ; elle est escortée par 3 régiments de dragons (les 8e, 16e et 21e) et 1 bataillon du 21e léger, le tout commandé par les généraux Boyé et Marisy.

Environ 200 officiers prussiens sont aussi arrivés ce soir ici pour y prendre de nouveaux passeports ; ils étaient conduits par un détachement du 20e de chasseurs ; ils partiront demain après avoir reçu des passeports qui ne leur permettront pas d'aller sur la rive droite de l'Oder.

Les prisonniers de guerre qui partiront demain recevront pour 3 jours de pain, la distribution est assurée ; la colonne partie ce matin, ainsi que son escorte, en ont reçu autant.

Les troupes de Darmstadt ont quitté Spandau ce matin savoir : 2 bataillons pour escorter les prisonniers dirigés sur Erfurt, 2 autres pour se rendre à Stettin.

Les troupes alliées étant toutes parties, un bataillon du 21e léger escortera demain les prisonniers. Un autre bataillon dudit régiment est laissé ici par le général Beaumont jusqu'à nouvel ordre.

Avec les régiments de dragons qui servaient d'escorte aux prisonniers ont été amenés ici 393 chevaux. Le général Bourcier et moi les avons examinés avec soin ; nous n'en avons pas trouvé un seul susceptible de servir soit à la Garde de V. M., soit aux régiments de carabiniers et de cuirassiers.

Ces chevaux sont le rebut des corps de l'armée française qui ont rencontré la colonne des prisonniers ; la plupart portent des marques des régiments français : il serait possible qu'avec du temps et beaucoup de soins, on puisse faire usage d'un tiers ou peut-être de la moitié de ces chevaux pour monter les dragons à pied; ils seront emmenés à Potsdam demain matin par les dragons à pied des 14e et 20e régiments.

La disette de foin et le peu d'apparence de pouvoir tirer aucun autre parti des chevaux de prise qui arriveront à Spandau autrement que pour les dragons à pied, ont engagé le général Bourcier à me demander de diriger de suite sur Potsdam les chevaux de prise qui arriveront à l'avenir. J'ai l'honneur de prier V. M. de me faire savoir si elle consent à cette disposition et si dans ce cas il faudrait que j'allasse à Potsdam toutes les fois qu'il arrivera des convois de ces chevaux.

J'ai visité tous les bateaux qui étaient dans le port, après y avoir fait conduire ceux qui étaient encore sur la Havel; un grand nombre sont chargés de grains, farines, plusieurs d'armes et 5 d'effets d'habillements; dans un de ces derniers j'ai trouvé une très grande quantité de culottes de peau de mouton.

J'ai l'honneur de demander à V. M. si elle ne jugerait pas convenable de les faire transférer à Potsdam pour l'usage des dragons qu'on va y monter. J'ai fait moi-même et j'ai fait faire les recherches les plus exactes pour découvrir le bateau chargé de bottes, je n'ai pu en avoir de nouvelles.

Un officier du 8e de dragons envoyé jusqu'au pont de Neubrück pour rechercher ce bateau, a fait la route à pied le long du bord de la rivière et a visité tous les bateaux qu'il a rencontrés; il n'a pu trouver celui-là.

On s'occupe de l'établissement de 3 hôpitaux dont l'un sera dans le fort et les 2 autres en ville; je verrai demain les locaux et aurai l'honneur de rendre compte à V. M. de ce que j'en penserai.

LE GÉNÉRAL BOURCIER AU MAJOR GÉNÉRAL.

Potsdam, 2 novembre 1806.

J'ai l'honneur de rendre compte à V. A. que j'arrive de Spandau où j'ai attendu depuis le 30 octobre les 4,000 chevaux de prise que V. A. m'avait annoncés par sa lettre du 29 pour le lendemain.

Au lieu de 4,000 chevaux, M. le général Beaumont m'en a remis seulement 393 ; et dans ce nombre il y en a à peine 50 provenant de l'ennemi. Le surplus consiste en chevaux blessés ou éclopés, rebut de plusieurs régiments de diverses armes qui les ont échangés contre ceux pris sur les Prussiens. On peut donc assurer que les deux tiers des 393 chevaux reçus sont dans l'impossibilité de servir au moins de longtemps.

Vu cette espèce de chevaux, les détachements de la Garde impériale, des carabiniers et cuirassiers, ainsi que la compagnie d'élite du 4e de dragons, n'ont pas voulu en recevoir un seul et ils sont rentrés à leurs régiments.

Je me suis en conséquence déterminé à les faire venir ici par les détachements de dragons que j'avais appelés de Spandau, d'autant qu'il n'y a point de fourrages dans cette place, et qu'à Potsdam ils pourront être mieux surveillés par les officiers de dragons qui s'y trouvent et par moi-même.

Le général Corbineau m'a prévenu que le général Milhaud était chargé de faire conduire d'autres chevaux de prise à Spandau ; mais comme il n'a pu m'indiquer ni le jour de leur arrivée ni leur nombre, je n'ai pas voulu retarder mes opérations à Potsdam en restant davantage à Spandau pour y attendre les chevaux dont il s'agit, mais j'y ai laissé M. l'adjudant-commandant Requin avec un détachement de dragons dont il se servira pour les conduire ici. Ils y seront mieux qu'à Spandau, où il n'y a nulle espèce d'approvisionnements de fourrages. Cette considération m'a décidé à réunir ici tout ce qui pourrait arriver de chevaux à Spandau. Je désire que V. A. approuve cette détermination.

Je dois avoir l'honneur d'informer V. A. que la plupart des 393 chevaux conduits par les troupes aux ordres du général Beaumont n'ont ni selles ni brides.

3 NOVEMBRE.

26e BULLETIN DE LA GRANDE ARMÉE.

Berlin, 3 novembre 1806.

On n'a pas encore reçu la nouvelle de la prise des colonnes du général Blücher et du duc de Weimar.

Voici la situation de ces 2 divisions ennemies et de celles de nos troupes. Le général Blücher, avec sa colonne, s'était dirigé sur Stettin. Ayant appris que nous étions déjà dans cette ville, et que nous avions gagné 2 marches sur lui, il se reploya de Gransee, où nous arrivions en même temps que lui, sur Neu-Strelitz, où il arriva le 30 octobre, ne s'arrêtant point là et se dirigeant sur Waren, où on le suppose arrivé le 31, avec le projet de chercher à se retirer du côté de Rostock pour s'y embarquer.

Le 31, 6 heures après son départ, le général Savary, avec une colonne de 600 chevaux, est arrivé à Strelitz, où il a fait prisonnier le frère de la reine de Prusse, qui est général au service du roi.

Le 1er novembre, le grand-duc de Berg était à Demmin, filant pour arriver à Rostock et couper la mer au général Blücher.

Le maréchal prince de Ponte-Corvo avait débordé le général Blücher. Ce Maréchal se trouvait le 31, avec son corps d'armée, à Neu-Brandenburg, et se mettait en marche sur Waren, ce qui a dû le mettre aux prises, dans la journée du 1er, avec le général Blücher.

La colonne commandée par le duc de Weimar était arrivée le 29 octobre à Neu-Strelitz; mais, instruit que la route de Stettin était coupée, et ayant rencontré les avant-postes français, il fit une marche rétrograde le 29 sur Wittstock. Le 30 le maréchal Soult en avait connaissance par ses hussards et se mettait en marche sur Wusterhausen. Il l'aura immanquablement rencontré le 31 ou le 1er. Ces 2 colonnes ont donc été prises hier ou aujourd'hui au plus tard. Voici leur force. Le général Blücher a 30 pièces de canon, 7 bataillons d'infanterie et 1,500 hommes de cavalerie; il est difficile d'évaluer la force de ce corps; ses équipages, ses caissons, ses munitions ont été pris; il est dans la plus pitoyable situation. Le duc de Weimar a 12 bataillons et 35 escadrons en bon état, mais il n'a pas une pièce d'artillerie. Tels sont les faibles débris de toute l'armée prussienne. Il n'en restera rien. Ces 2 colonnes prises, la puissance de la Prusse est anéantie, et elle n'a presque plus de soldats. En évaluant à 10,000 hommes ce qui s'est retiré avec le Roi sur la Vistule, ce serait exagérer.

M. Schulenburg s'est présenté à Strelitz pour demander un passeport pour Berlin. Il a dit au général Savary : « Il y a 8 heures que j'ai vu passer les débris de la monarchie prussienne; vous les aurez aujourd'hui ou demain. Quelle destinée inconcevable et inattendue! La foudre nous a frappés. » Il est vrai que, depuis que l'Empereur est entré en campagne, il n'a pas pris un moment de repos, toujours en marche forcées, devinant constamment les mouvements de l'ennemi. Les résultats en sont tels, qu'il n'y en a aucun exemple dans l'histoire. De plus de 150,000 hommes qui se sont présentés à la bataille d'Iéna, pas un ne s'est échappé pour en porter la nouvelle au delà de l'Oder. Certes jamais agression ne fut plus injuste, jamais guerre ne fut plus intempestive. Puisse cet exemple servir de leçon aux princes faibles que les intrigues, les cris et l'or de l'Angleterre excitent toujours à des entreprises insensées!

La division bavaroise commandée par le général Wrède est partie de Dresde le 31 octobre. Celle commandée par le général Deroy est partie le 1er novembre. La colonne wurtembergeoise est partie le 3. Toutes ces colonnes se rendent sur l'Oder. Elles forment le corps d'armée du prince Jérôme.

Le général Durosnel a été envoyé à Oderberg avec un parti de cavalerie, immédiatement après notre entrée à Berlin, pour intercepter tout ce qui se jetterait du canal dans l'Oder. Il a pris plus de 80 bateaux chargés de munitions de toute espèce, qu'il a envoyés à Spandau.

On a trouvé à Küstrin des magasins de vivres suffisants pour nourrir l'armée pendant 2 mois.

Le général de brigade Macon, que l'Empereur avait nommé commandant de Leipzig, est mort dans cette ville d'une fièvre putride. C'était un brave soldat et un parfait honnête homme. L'Empereur en faisait cas et il a été très-affligé de sa mort.

LE GRAND-DUC DE BERG A L'EMPEREUR.

Malchin, 3 novembre 1806, 9 heures et demie du matin.

J'ai eu l'honneur de vous annoncer hier matin de Demmin ma marche sur Güstrow par Teterow ; je me portais effectivement sur ce point ; mais, n'ayant reçu aucune nouvelle de l'affaire du maréchal Bernadotte, ou celles que je recevais n'étant pas favorables, je crus devoir me diriger sur Waren, où l'on s'était battu. Enfin à force d'émissaires et d'officiers d'état-major envoyés, j'ai appris la jonction des maréchaux Bernadotte et Soult, leur marche contre l'ennemi et la retraite de l'ennemi de Güstrow où j'arriverai ce soir. De ce point je le poursuivrai sur Rostock ou sur Wismar, et j'espère être lié avec les maréchaux Bernadotte et Soult.

Nous sommes fort embarrassés pour les escortes de prisonniers ; les escortes affaiblissent considérablement nos troupes.

J'allais envoyer l'ordre au maréchal Lannes de se porter sur Neu-Brandenburg pour nous soutenir, parce que je savais la jonction de Blücher et du duc de Weimar, et que j'ignorais celle des maréchaux Bernadotte et Soult ; mais puisque les choses sont changées et que nous sommes assez forts sans lui, je ne lui donnerai aucun ordre.

Je m'empresse d'adresser à V. M. le courrier de Hamburg arrêté à Anklam; il contient les dépêches les plus importantes adressées au Roi et à la Reine. V. M. y apprendra que le général Moreau a passé à Paris le 12 octobre dernier et le 28 à Hamburg et qu'il est parti sur-le-champ pour la Russie. Si les événements de la guerre me ramenaient promptement vers Hamburg, ou du moment que cette communication sera libre, je m'empresserai d'informer Bourrienne de la présence de Fauche-Borel à Hamburg, et je l'engagerai à le faire arrêter. Indépendamment des dépêches du Roi, j'adresse à V. M. toutes les autres lettres que contenait le courrier.

Je vous prie, Sire, de me renvoyer mes aides de camp; je suis maintenant sans officiers[1].

J'espère que dans 2 ou 3 jours la battue que vous m'avez ordonnée sera finie.

Quartier général de la réserve de cavalerie, brigade Lasalle, 2ᵉ division de dragons, 2ᵉ division de grosse cavalerie, Güstrow.

LE GÉNÉRAL BEKER AU GÉNÉRAL BELLIARD.

Prenzlow, 3 novembre 1806.

Depuis que je vous ai rendu compte de la composition de la colonne prussienne prisonnière, j'ai appris d'après diverses questions faites aux officiers que l'île d'Usedom renferme plus de 500 voitures d'effets de toutes espèces avec un trésor qu'on évalue à 2,000,000 d'écus de Prusse, ce qui ferait 8,000,000 de livres.

Depuis mon départ d'Anklam, le chef d'escadron Boyer, commandant ce poste, vous aura déjà transmis des renseignements positifs sur l'existence de tout ce que je vous ai signalé. Je vous avais prévenu qu'il était important de faire surveiller la restitution de tout ce qui appartient à l'armée prussienne. Si cette opération est bien faite, elle rapportera des sommes considérables, car beaucoup de régiments ont transféré leur caisse sur ce point et la difficulté de les exporter de la colonie ne leur a pas permis de les enlever.

---

1. Lorsque les courses prennent plusieurs jours, un commandant d'armée ou de corps d'armée peut se trouver sans officiers.

LE CHEF D'ESCADRON BOYER AU GÉNÉRAL BELLIARD.

3 novembre 1806.

Le commandant en chef des postes avancés suédois, le chef de brigade comte de Mörner, vient de m'envoyer son aide de camp pour redresser, disait-il, l'erreur commise par le lieutenant de Löwenhaupt qui est l'officier suédois que j'avais sommé de me remettre le trésor et tous les effets que l'armée prussienne a réfugiés en Poméranie, ce dont j'ai eu l'honneur de vous rendre compte dans ma première lettre. La mission de M. l'aide de camp était de me persuader que le lieutenant Löwenhaupt avait pris sur lui de me dire, d'après le grief que je lui en faisais, *qu'il avait eu des ordres pour laisser passer les Prussiens,* et que pour cette faute grave il avait été rappelé et destitué. J'ai répondu à cet officier qu'une violation de neutralité ne pouvait point se rejeter sur un officier subalterne qui n'avait agi que par ordre, ni être suffisamment expiée par sa punition ; que nous savions parfaitement ce que valaient ces sortes de satisfactions ; que s'il voulait que je crusse à la sincérité de ses protestations, il fallait avant tout qu'il livrât le trésor et me signalât tous les corps prussiens errants en Poméranie ; qu'autrement l'armée française allait y entrer pour chercher ce qui est devenu sa propriété par la capitulation de ses ennemis ; il est reparti en toute hâte, m'assurant qu'il en serait référé à M. le Gouverneur général de la Poméranie et qu'il s'empresserait de me faire parvenir sa réponse dont j'aurai l'honneur de vous rendre compte.

M. l'aide de camp m'a assuré qu'il n'y avait plus de corps ennemis armés en Poméranie suédoise et que les ordres étaient donnés pour en chasser les fuyards. Il m'a avoué qu'il y avait plusieurs officiers généraux blessés à Stralsund. Il m'a dit qu'on croyait le roi de Prusse en Pologne et qu'on disait que les Russes y étaient aussi.

P.-S. — La reconnaissance ordonnée par le Prince a eu lieu. C'est principalement par Wolgast que les ennemis passaient par l'île d'Usedom.

Il paraît que les communications sont interrompues. Il n'est arrivé aujourd'hui ni malles ni estafettes.

LE CHEF D'ESCADRON BOYER AU GÉNÉRAL BELLIARD.

Anklam, 3 novembre 1806.

La colonne des bagages de toute l'armée prussienne vient d'arriver; j'ai commencé par me débarrasser de MM. les officiers qui, au nombre de 100 environ, ont 8 ou 9 chevaux à leur suite pour leurs bagages. Je les ai fait filer aujourd'hui même jusqu'à moitié chemin de Friedland, parce qu'ils nous eussent affamés ; ils sont presque tous porteurs d'un passeport de M. Déry, qui les autorise à se rendre chez eux, de sorte qu'il n'en est pas question.

Une autre colonne de 600 chevaux montés provenant des dépôts de tous les régiments de cavalerie de l'armée prussienne bivouaque en arrière de cette ville et partira demain pour Friedland quand j'en aurai réformé ceux qui sont hors d'état de servir.

LE COMMANDANT D'ARMES DAIGUILLON AU GÉNÉRAL BELLIARD.

Friedland, 3 novembre 1806.

Le passage dans la journée du 2 a été très considérable ; il se composait de divers soldats de toutes armes dont la majeure partie peut être considérée comme traînards. Les habitants de 5 communes de cet arrondissement ont abandonné leur bétail en quittant les habitations pour se réfugier dans les bois ; cette fuite qui provenait du pillage qu'ils souffraient, sera sous peu réparée ; pour y parvenir il a été pris parmi les hommes stationnés dans les communes environnantes quelques sauvegardes pour arrêter ce désordre, et des ordres en conséquence ont été donnés aux bourgmestres pour qu'ils emploient les moyens de persuasion nécessaires au rappel de ces habitants.

LE MARÉCHAL BERNADOTTE A L'EMPEREUR.

Schwerin, 4 novembre 1806, 9 heures du matin.

J'ai l'honneur de rendre compte à V. M. qu'avant-hier soir, le général Drouet allant prendre position à Granzin, y rencontra l'ennemi ; il était déjà nuit et il s'engagea une fusillade qui fut suivie de quelques coups de canon tirés sur nos troupes. Le général Drouet arrêta sa colonne et envoya 1 bataillon du 94ᵉ qui entra dans la ville, enleva une redoute, 2 pièces de canon et fit 200 prisonniers parmi lesquels 1 major, 3 capitaines et 2 lieutenants. Il prit aussi beaucoup de bagages.

La position que l'ennemi avait prise à Goldberg sur les bords du lac, m'avait déterminé à me porter sur Granzin ;

par ce mouvement je me trouvais sur ses derrières et en gagnant de vitesse je pouvais arriver avant lui à Schwerin ; il le sentit bien ; il partit à minuit pour opérer sa retraite sur Schwerin ; sans connaître ce mouvement de sa part, je m'étais mis en route à 3 heures du matin pour Crivitz afin de lui couper sa retraite, me mettre au milieu de lui et le forcer à se battre. En arrivant à Grebbin[1] j'ai trouvé l'ennemi réunissant ses colonnes et tenant position ; je l'ai fait attaquer; après une canonnade assez vive, il a décidé sa retraite sur Kladrum en la couvrant par 4,000 chevaux. L'infanterie qui arrivait, a déterminé l'ennemi à se retirer et à manœuvrer sur Radepohl et Wessin ; ces endroits présentent de fort bonnes positions et l'on n'y peut arriver que par des défilés très-faciles à défendre. L'on s'est battu quelques moments, et le général Blücher s'est porté sur Crivitz en manœuvrant avec sa cavalerie de manière à envelopper la mienne lorsque mon infanterie s'en trouvant éloignée ne pouvait plus la soutenir ; mais dès l'instant qu'elle a paru, le mouvement rétrograde a continué jusqu'à Crivitz où l'ennemi a pris position en arrière de cette ville sur des hauteurs presque inaccessibles et auxquelles on ne pouvait parvenir qu'après avoir passé un défilé très-étroit et très-long[2]. Jusqu'alors il ne nous avait opposé que très-peu d'infanterie ; là il nous en montra 10 à 12,000 hommes. Je ne doutais pas que l'ennemi n'eût le projet de défendre cette position de tous ses moyens. Je fis

---

1. De Granzin à Grebbin, 5 kil. ; — de Grebbin à Kladrum, 7 kil., — de Kladrum à Wessin, 4 kil. ; — de Wessin à Crivitz, 5,500 mètres.

2. Les portes de la ville étaient fermées..... Quelques compagnies du 27e léger et des 8e et 94e qui avaient fait l'avant-garde avec la cavalerie légère marchèrent aux portes, les ouvrirent et entrèrent dans la ville où elles trouvèrent des cavaliers ennemis. — Crivitz est dans un fond, près du lac de ce nom. Un ruisseau dont les bords sont marécageux et qui va du lac de Crivitz à celui de Barnin la traverse. Tout le front que l'ennemi occupait était couvert par des lacs et des marais ; pour aller à lui il fallait défiler par la ville.

Le général Blücher à notre approche faisait des dispositions pour se retirer. Quand l'infanterie eut occupée la ville, le Prince fit passer promptement le défilé à la cavalerie légère et ordonna au général Pacthod de suivre avec le 8e régiment.

Le général Maison étant entré en ville avec les voltigeurs y attendait la cavalerie légère pour sortir et se porter sur les hauteurs où était établie la cavalerie ennemie. (Journal des opérations du 1er corps.)

mes dispositions : le 8e régiment d'infanterie conduit par le général Pacthod eut l'ordre de déboucher de la ville et de passer le défilé, en se faisant précéder par des voltigeurs ; quelques pièces d'artillerie, avantageusement placées sur une élévation à l'entrée du défilé, soutinrent ce mouvement. L'ennemi ne fit pas une très-longue résistance ; il abandonna les hauteurs beaucoup plus facilement que je ne le pensais, et il se retira, comme de coutume, en se couvrant de sa nombreuse cavalerie[1]. J'ordonnai de suite à la mienne de déboucher et de charger, si elle en trouvait une occasion avantageuse[2]. Le général Watier fit effectivement exécuter une charge sur 12 à 1,500 chevaux, mais cette charge ne fut pas très-heureuse ; notre cavalerie fut obligée de céder, et elle aurait été maltraitée si les généraux Pacthod et Maison avec la majeure partie du 8e régiment et quelques compagnies du 27e n'avaient forcé l'ennemi de rétrograder. A l'instant où notre cavalerie faisait ce mouvement rétrograde je montais le défilé et j'arrivai assez à temps pour la rallier et la faire charger de nouveau avec avantage ; 1 compagnie de voltigeurs du 94e se trouvait là et fit la plus belle contenance. Elle était commandée par le capitaine Razout ; je

---

1. Toujours la même manœuvre dans la retraite : se couvrir par un rideau en arrière d'un défilé, forcer l'ennemi à prendre ses dispositions, permettre au gros de la colonne de gagner du temps, puis faire décamper l'arrière-garde au moment où elle va être attaquée ; protéger cette retraite de l'arrière-garde par de grandes démonstrations de cavalerie qui obligent l'ennemi à continuer ses dispositions d'attaque. Mais pour cela il faut savoir manœuvrer, avoir de l'à-propos, savoir discerner le moment où l'on doit retirer les troupes, savoir leur apprendre la manière de filer. Cette faculté de manœuvre est l'art du général.

2. Le général Blücher s'apercevant que notre cavalerie légère avait débouché de Crivitz, qu'elle se formait sur le plateau en avant dans le dessein de charger la queue de sa colonne et que déjà les tirailleurs de l'infanterie, qu'on ne pouvait retenir, l'atteignaient, fit revenir quelques escadrons pour soutenir sa retraite.

Au lieu de charger de suite les premiers escadrons ennemis qu'on avait en tête, on parlementa pour les engager à se rendre. Pendant ce temps ceux que le général Blücher faisaient revenir, arrivaient et se préparaient à charger.

Le général Maison, en voyant cette disposition de l'ennemi, réunit de suite les tirailleurs, les forma de suite en colonne avec les voltigeurs du 27e léger et 1 compagnie du 8e de ligne et les porta en avant à la hauteur de la ligne de la cavalerie légère pour l'appuyer. (1er corps.)

prends la liberté de recommander cet officier aux bontés de V. M.[1].

Notre infanterie a donné dans cette circonstance une nouvelle preuve de son sang-froid et de son audace. Elle a attendu la cavalerie à bout portant, lui a fait une décharge très meurtrière et a marché sur elle pendant 1 lieue en plaine, la baïonnette en avant; le colonel Gérard, mon aide de camp, en dirigeait une partie[2].

Dans le même moment le maréchal Soult à qui j'avais donné connaissance de tous mes mouvements, arriva avec sa cavalerie légère par ma gauche[3]. Nous poussâmes ensemble l'ennemi jusqu'au bois en arrière de Muess; les Prussiens tenaient la tête de ce bois avec beaucoup d'infanterie. Nous fûmes forcés d'attendre la mienne; je la fis avancer promptement et je chargeai un bataillon du 8e de faire l'attaque du bois. Le général Pacthod se mit à la tête; le bois fut emporté de suite. La nuit était déjà arrivée; nous fûmes forcés de nous arrêter et d'attendre à aujourd'hui pour continuer à le poursuivre[4]. J'ai quitté ma position ce matin de bonne heure

---

1. La tête du 8e régiment que le général Pacthod conduisait, paraissait sur le plateau. Pendant que ce général se portait à hauteur du général Maison, le général Watier fit charger l'ennemi; sa cavalerie fut culbutée et poursuivie dans le défilé. Quelques escadrons ennemis chargèrent l'infanterie des généraux Maison et Pacthod et furent repoussés.

Le prince de Ponte-Corvo, qui sortait de Crivitz, n'ayant pu rallier quelques pelotons de cavalerie pour arrêter l'ennemi, prit une compagnie de voltigeurs du 94e, se mit à sa tête et lui fit faire feu à bout portant sur la cavalerie prussienne. Cette fusillade et la belle contenance de cette troupe arrêta les poursuites de l'ennemi. Le capitaine Razout qui commandait cette compagnie de voltigeurs, dit au Prince qui était au milieu de l'ennemi avec eux « que tant qu'un voltigeur de sa compagnie existerait, il n'aurait rien à craindre ». (1er corps.)

2. Les généraux Pacthod et Maison firent alors battre la charge et marcher sur la cavalerie ennemie qui poursuivait la nôtre. Cette cavalerie en se retirant au galop fut fusillée par leur infanterie qui la poursuivit assez longtemps seule dans la plaine. (1er corps.)

3. Le commandant de corps d'armée se tient à l'avant-garde pour reconnaître le terrain et prendre ses dispositions.

4. Le Prince rallia lui-même sa cavalerie et la ramena à la charge, mais déjà celle du général Blücher entrait dans le défilé de Schwerin.

Notre cavalerie suivit l'ennemi dans ce défilé; arrivé à hauteur de Fahre, 1 bataillon prussien qui le défendait, fit pleuvoir une grêle de balles sur le 6e de chasseurs qui était tête de colonne. Le terrain ne permettait pas de former les pelotons pour charger; il était nuit et il ne fut plus possible à ce

et me suis dirigé sur Schwerin où quelques avis m'annonçaient que l'ennemi devait tenir. Je viens d'y entrer avec mes premières troupes. Les autres seront encore longtemps à y arriver; je ne les attends pas avant midi à cause d'un défilé qu'on est obligé de passer par le flanc entre les lacs[1]; je vais mettre ce temps à profit pour réunir des vivres, car les troupes tombent de lassitude et de besoin et je ne pourrai pas faire grand chemin aujourd'hui; d'ailleurs le maréchal Soult est beaucoup en arrière; il doit déboucher de Crivitz par Peckatel, Plate et Pampow. Si, comme tous les avis l'annoncent, l'ennemi veut tenir à Gadebusch et faire dans cette position un dernier effort, quand même je n'aurais que la cavalerie du maréchal Soult, j'espère qu'elle me suffira pour recueillir les avantages que je pourrais avoir.

Par les différentes manœuvres que j'ai faites dans la journée d'hier, des colonnes ennemies ont été souvent coupées, mais je n'ai pu retirer tout le fruit de ces succès à cause de mon peu de cavalerie. Un détachement a été se faire prendre ce matin sur nos derrières par les troupes du maréchal Soult. Il est de 4 à 500 hommes avec 2 pièces de canon. 2 régiments de hussards étaient aussi coupés, mais ils ont échappé, toujours par mon manque de cavalerie[2].

---

régiment d'avancer, mais il brava le feu de l'ennemi avec beaucoup de constance jusqu'à ce que les 3 compagnies de voltigeurs du 27e léger avec lesquelles le Prince avait ordonné au général Maison de suivre la cavalerie légère fussent arrivées. Alors ce général attaqua l'infanterie ennemie, la culbuta et la poursuivit au delà de Muess. S. A. ayant entendu la fusillade à la tête de la colonne fit aussi avancer le général Pacthod avec le 8e régiment; l'ennemi était en retraite lorsqu'il arriva.

Dans cette circonstance le colonel Bonnemains, du 5e de chasseurs, montra beaucoup de fermeté; cet officier avait été meurtri de coups de sabre dans les charges précédentes. Le colonel Gérard, du 2e de hussards, fut blessé et pris dans la charge de cavalerie ainsi que le capitaine Villatte, aide de camp du Prince, qui eut plusieurs coups de sabre sur la tête.

L'ennemi eut un grand nombre de blessés et de tués; on lui fit environ 1,000 prisonniers et on lui prit 7 pièces de canon. (1er corps.)

1. Cette observation du maréchal Bernadotte au sujet de la marche par le flanc, permet de penser que depuis qu'on se trouvait en présence de l'ennemi, qu'on était en manœuvres de guerre, on marchait dans une autre formation que la formation par le flanc, ainsi que le maréchal Soult en donnait l'ordre le 3 novembre (voir plus loin), et que cela avait eu lieu au 4e corps les 15, 16 et 17 octobre, et au 1er corps les 15 et 16.

2. Voir le rapport du 5 du maréchal Soult à l'Empereur.

Nous avons fait beaucoup de mal à l'ennemi ; il a eu beaucoup de blessés, assez de morts et plus de 1,000 prisonniers. Nous avons pris aussi 7 pièces de canon. M. Gérard, colonel du 2e régiment de hussards, a été tué. Mon aide de camp Villatte a été blessé.

Si, au lieu de nous attendre, l'ennemi se jette dans le Lauenburg, nous serions alors beaucoup trop de monde pour le poursuivre et mon corps d'armée seul, avec 2 régiments d'infanterie et 1,000 chevaux de plus, suffiraient pour le détruire.

Ci-joint, Sire, 2 lettres trouvées sur une estafette que nous avons arrêtée.

1er CORPS D'ARMÉE.

ORDRE DE POSITION POUR LE 3 NOVEMBRE 1806.

Le général Rivaud à Zippendorf où il s'établira en avant de ce village, la droite au lac de Schwerin s'étendant jusqu'à Ostorf [1].

Le général Drouet prendra son quartier général à Krebsforden ; il appuiera sa gauche à ce village et sa droite se prolongera le long du bois dans la direction de Zippendorf. Il se liera par des postes avec le général Rivaud.

Le général Dupont placera un régiment à Muess et le reste de la division à Rabensteinfeld ; il occupera le moulin de Schwerinfehr. La cavalerie sera à Rabensteinfeld, excepté le 5e de chasseurs qui restera à Zippendorf et qui recevra des ordres du général Rivaud.

Le quartier général sera à Rabeinsteinfeld [2].

Les troupes sont prévenues qu'elles doivent être prêtes à marcher pour forcer le passage de Schwerin.

Le général de division, chef de l'état-major général,

L. BERTHIER.

---

1. De Granzin à Zippendorf, 36 kil. ; — de Rabenstein à Zippendorf, 3,500 mètres ; — de Zippendorf à Krebsforden, 4 kil. ; — de Zippendorf à Ostorf, 4 kil.

2. Cette nuit-là le quartier général de Blücher qui était à Ostorf et celui du Prince n'étaient pas éloignés d'une lieue l'un de l'autre. (Journal du 1er corps.)

LE MARÉCHAL SOULT A L'EMPEREUR.

Au bivouac en avant de Lübz[1], 3 novembre 1806,
8 heures du matin.

L'ennemi paraît avoir renoncé au projet de repasser l'Elbe et il se réunit entre Crivitz et Goldberg ; je marche sur Crivitz, et si en route j'apprends qu'il est concentré vers Goldberg, je me dirigerai sur ce point.

Voir pour les opérations du 4ᵉ corps pendant la journée du 3 le rapport du maréchal Soult à l'Empereur du 5 novembre, minuit.

Quartier général, 2ᵉ et 3ᵉ divisions, Crivitz[2] ; — 1ʳᵉ division, Wessin. — La 4ᵉ division de dragons rejoint le corps d'armée, bivouac à Crivitz.

ORDRE.

Crivitz, 3 novembre 1806.

Demain au point du jour le corps d'armée se mettra en marche et se dirigera sur le village de Plate[3] et ensuite sur celui de Pampow où il sera donné de nouveaux ordres pour continuer le mouvement.

Toute la cavalerie marchera en tête de la colonne et, lorsqu'il le faudra, le général Legrand tiendra son infanterie légère prête à la protéger et à la couvrir. Pour cet effet les généraux Sahuc et Margaron formeront leur cavalerie en bataille dans la plaine en avant de Plate pour 7 heures et demie du matin.

Le général Legrand réglera le mouvement de sa division de manière à ce qu'elle soit formée aussi en avant de Plate pour 8 heures du matin.

Les généraux Leval et Saint-Hilaire serreront de très-près le mouvement de la 3ᵉ division afin qu'elle puisse être formée en ligne aussitôt que l'avant-garde aura débouché.

La marche que fera demain le corps d'armée aura lieu en manœuvre de guerre. Les divisions marcheront toujours au moins sur

1. De Plau à Lübz, 16 kil.

1. De Lübz à Wessin, 23 kil. ; — de Wessin à Crivitz, 5 kil. ; — de Crivitz à Rabensteinfeld, 10 kil.

2. De Crivitz à Plate, 12 kil. ; — de Plate à Pampow, 10 kil.

2 colonnes sur un front de division toutes les fois que le terrain le permettra. L'artillerie sera au centre et formera la troisième colonne. Les chevaux de suite, les voitures et autres objets d'embarras seront laissés en arrière. Les généraux s'assureront que la troupe est bien pourvue en cartouches; dans le cas contraire, ils lui en feront distribuer.

Le général Lariboisière donnera ordre au parc d'artillerie de se rendre à Lübz où le bataillon de traîneurs, commandé par le chef de bataillon Menu, aura aussi ordre de se rendre.

Le Maréchal se flatte que dans la journée de demain il n'y aura pas un seul homme qui reste en arrière ni s'écarte de la colonne et il espère même qu'au premier coup de canon qui sera tiré, ceux que les fatigues ont empêchés de joindre, seront de suite à leur drapeau.

Le général Margaron enverra prendre en avant de Crivitz la compagnie d'artillerie légère qui est affectée à sa division et il devra l'avoir réunie à elle en avant de Plate, à 7 heures et demie du matin, ainsi que les régiments sous ses ordres.

LE MARÉCHAL NEY AU MAJOR GÉNÉRAL.

Schöneheck, 3 novembre 1806.

J'ai reçu aujourd'hui à 2 heures du matin la lettre que vous m'avez fait l'honneur de m'écrire de Berlin le 1er de ce mois et par laquelle vous me renouvelez l'ordre de faire établir un pont de bateaux sur l'Elbe.

V. A. aura vu par mes précédentes lettres que ce pont existe vis-à-vis Schönebeck depuis le 25 octobre. J'ai eu l'honneur de vous adresser le — octobre le levé d'une partie du cours de l'Elbe où se trouvent le grand et le petit pont. Cette pièce contenait les observations du chef de bataillon Prudhomme, commandant le génie du corps d'armée, sur les obstacles qui s'opposent à former un établissement dans l'une des îles situées à 1 ou 2 lieues au-dessous de Magdeburg; il résulte de ces observations qu'il faut se borner à l'île de Gommern.

Conformément à vos ordres, j'ai changé la direction des 2 régiments de dragons qui ont couché hier à Nedlitz, route de Brandenburg, pour se diriger sur Berlin. La brigade du général Picard a dû passer l'Elbe aujourd'hui à Dessau; j'en ai prévenu le général Klein qui m'a répondu qu'il allait rejoindre cette brigade et se rendre à Berlin avec sa division réunie.

La division du général Vandamme est absolument insuffisante pour bloquer Magdeburg sur les 2 rives de l'Elbe, le développement des fortifications étant immense. J'ai parcouru toutes les positions qu'il est indispensable d'occuper: celles de la rive droite exigent moins de monde, cependant il n'y a pas sur ce point le quart des troupes nécessaires; et en cas de sortie le général Colbert serait contraint de se replier sur Pechau et Gommern, en attendant les secours que je lui enverrais de la 2e division.

J'aurai l'honneur de vous adresser avant 3 jours un plan de Magdeburg sur lequel seront figurés les camps et postes que j'ai établis sur les 2 rives de l'Elbe pour le blocus de cette place.

Ce travail, dont les officiers du génie sont occupés depuis 4 jours, prouvera à V. A. que la totalité des troupes n'est pas trop nombreuse pour bloquer une place qui renferme beaucoup plus de monde qu'on ne croit et qu'il est nécessaire d'observer de très-près, pour la priver des ressources en subsistances qu'elle pourrait tirer de ses dehors.

Les pourparlers que j'ai eus depuis 2 jours avec des officiers civils et militaires de Magdeburg prouvent plus que jamais qu'un simple bombardement ferait tomber cette place; j'ai dans ce moment les moyens de l'exécuter et je n'attends pour cela que les ordres de V. A.

Si l'Empereur désire que je laisse devant Magdeburg la division Vandamme et que je me rende à Berlin avec le surplus de mes troupes, je ne vois d'autre moyen de remplir ses intentions, sans compromettre cette division, que de négocier avec le gouverneur comte de Kleist un armistice qui constituerait cette place en état de blocus, sans aucune espèce de communications avec le dehors pour une durée fixe de 15 jours ou d'un mois. Je pourrais réussir dans cette négociation. Le gouverneur m'a renouvelé hier la demande d'un passeport pour un de ses aides de camp qu'il désirait envoyer à Berlin pour s'assurer de la situation des armées prussiennes; il proposait une cessation d'armes jusqu'au retour de cet officier. J'ai offert ce passage aux conditions que la ville se rendrait aussitôt qu'il serait prouvé qu'il n'existe plus d'armée prussienne ; cette condition n'a pas été acceptée.

M. le baron de Williben, ancien lieutenant-colonel au service de Prusse, président du premier cercle de l'administration de Magdeburg, et qui réside à Strassfurt, a été nommé commissaire par les autorités civiles de la province pour se rendre à Berlin près de V. A., et s'il est possible auprès de S. M., pour obtenir que la place ne soit pas bombardée. Cet officier a fait d'inutiles efforts pour convaincre le comte de Kleist que l'opiniâtreté de la défense est sans objet dans les circonstances actuelles; il prétend que la place renferme plus de 16,000 hommes de toutes armes; je crois ce nombre exagéré.

Je prie V. A. de me faire connaître à quel parti je dois m'arrêter ou de me borner à un simple blocus ou de bombarder la place, ou enfin de négocier un armistice pour retirer la moitié de mes troupes et les diriger sur Berlin.

LE MAJOR GÉNÉRAL AU ROI DE BAVIÈRE[1].

Berlin, 3 novembre 1806.

Sire, l'Empereur me charge de faire connaître à V. M. que par suite des mouvements de la Grande Armée, ainsi que par ceux ultérieurs qui auront lieu, il est utile à l'ensemble des opérations que V. M. veuille bien donner ses ordres pour faire porter un petit corps d'observation du côté de Forchheim. L'Empereur ayant retiré ses troupes de cette partie de vos États, Sire, il est nécessaire qu'il y ait de ce côté un millier d'hommes et 500 du côté de Kronach ; il faut que V. M. mette dans cette petite place une garnison capable de se défendre envers et contre tout et qu'elle soit bien approvisionnée.

1. Portée par le lieutenant-colonel bavarois Pocci, détaché à l'état-major particulier du Major général.

Rien ne donne à penser que les Autrichiens soient dans l'intention de remuer, mais l'Empereur au milieu de ses plus grands succès a pour principe de prévoir à tout et il faut que, telle chose qui puisse arriver, l'ennemi ne puisse jamais s'emparer de ces petites places importantes par leur position. Les commandants doivent être sur leurs gardes et faire le service comme si l'ennemi pouvait y arriver d'un moment à l'autre ; telles sont les instructions que j'ai données avant la campagne au général Merle, commandant à Braunau ; telles sont celles qu'il est utile que V. M. veuille bien donner aux commandants de toutes ses places sur ses frontières.

L'EMPEREUR AU MARÉCHAL KELLERMANN.

Berlin, 8 novembre 1806.

Mon cousin, je reçois votre lettre du 3 octobre. Je vous ai fait connaître le désir que j'avais que vous me fissiez passer le plus d'hommes possible. Le 28e d'infanterie légère n'a que 1,600 hommes ; envoyez-lui en au plutôt 400 autres. J'ai des places fortes où je les ferai exercer s'ils ne sont pas instruits, et dont ils formeront même la garnison.

Je vous ai donné ordre de faire partir la 1re compagnie du corps de gendarmerie d'ordonnance. Lorsque ce corps sera de 1,200 hommes et digne de vous, je vous appellerai volontiers pour le commander. Ne laissez point de troupes en arrière. J'occupe beaucoup de pays. Nos postes sont déjà sur les confins de la Pologne. J'ai donc besoin de troupes ; mais il faut que les renforts m'arrivent de bonne heure, sinon ils arriveront trop tard. Les Russes sont bien loin ; mais il est possible que nous les rencontrions et que nous soyons aux mains dans un mois ; il n'y a pas de temps à perdre. Tout ce qui arriverait après la bataille ne servirait pas à grand'chose ; partez de ce principe.

J'ai vu avec peine que vous aviez envoyé un régiment de cuirassiers pour escorter des prisonniers dans l'intérieur de la France. C'est aux gardes nationales à faire ce service.

Je suis ici dans un pays de cavalerie. Ainsi donc, quand il y aura dans les dépôts de cavalerie 15 hommes en état de partir, envoyez-les-moi sur-le-champ[1].

3 novembre 1806.

Le général Rapp me remettra sur la carte un tracé des canaux qui communiquent de l'Oder avec l'Elbe et s'assurera si on a placé des postes pour intercepter ce qui s'y trouve.

NAPOLÉON.

L'EMPEREUR AU MAJOR GÉNÉRAL.

Berlin, 3 novembre 1806.

Donnez ordre aux détachements du 5e et du 9e régiment de dragons, qui viennent du camp de Meudon, de rejoindre ce soir leurs régiments qui sont à Berlin. Donnez ordre au général Beaumont de se rendre demain, à 11 heures du ma-

1. LE MARÉCHAL KELLERMANN A L'EMPEREUR.

Mayence, 8 novembre 1806.

Le 3e bataillon du 28e d'infanterie légère a beaucoup d'hommes, mais il n'a point d'habits. Son magasin qui devait être rendu à Mayence le 15 octobre n'est point encore arrivé. Le service des transports militaires dans l'intérieur va bien mal surtout dans un moment où la rapidité des opérations de V. M. exigerait qu'il n'y eût pas une minute de perdue. Si le magasin du 28e léger n'est pas arrivé lorsque les premiers détachements de la 5e division militaire seront rendus à Mayence, je ferai partir les 400 conscrits que V. M. demande de ce corps tels qu'ils seront. Leur habillement sera expédié après.

Je fais partir demain les premiers détachements de 100 hommes d'infanterie de la garnison de Mayence avec 3 détachements de la Garde de V. M., 2 compagnies d'artillerie et la 8e compagnie de mineurs*. 2 brigades des équipages militaires partent sous l'escorte de cette colonne. Les caissons chargés d'effets pour les bataillons et escadrons de guerre.

Tout ce que je fais partir n'est composé que de conscrits; mais presque tous ont déjà l'air de vieux soldats. Ils ont un bon commencement d'instruction, ayant été exercés depuis leur arrivée matin et soir. Je désirerais que V. M. pût les voir arriver. Je viens de les passer en revue.

Je supplie V. M. de se faire représenter l'état sur lequel elle a vu que

* Détachements qui ont passé le Rhin à Mayence le 9 novembre par se rendre à la Grande Armée :

1 officier et 100 hommes de chacun des 27e, 30e, 33e, 51e, 61e, 85e, 111e (dépôts à Mayence); — 3 officiers et 100 hommes de chacun des 18e et 88e (dépôts à Strasbourg); — chasseurs à cheval de la Garde, 1 off., 70 h., 6 chevaux; — chasseurs à pied, 3 off., 183 h.; — grenadiers à pied, 1 off., 89 h.; — 1er d'artillerie à pied, 8e et 9e compagnies, 4 off., 151 h.; — 8e compagnie de mineurs, 4 off., 83 h.; — 28e léger, 1 off., 50 h.; — matelots de la Garde, 4 h.; — 2 brigades d'équipages Broidt, 66 h., 106 chevaux; — 26 militaires isolés.

tin, avec les régiments qui composent sa division, sur la place du château, où il se placera dans l'ordre que désignera le maréchal Bessières. S'il a des détachements à Spandau, il les fera revenir. Il faut que tout le monde soit présent, que les colonels aient la situation de leurs régiments et des détachements qu'ils auront faits, afin que je connaisse parfaitement leur situation ; et que l'on prépare les propositions pour toutes les places vacantes, afin qu'on puisse me les présenter si je les demande. Vous donnerez l'ordre que dans la nuit on paye un mois de solde à cette division. Il est nécessaire que cela soit fait dans la nuit, afin que les officiers et les soldats puissent acheter dans la ville ce dont ils ont besoin, ces régiments devant bientôt partir[1]. Donnez l'ordre que tous les dépôts de cavalerie qui ont été à Würzburg, Forchheim, et, depuis, à Erfurt, Wittemberg et autres endroits, se rendent à Potsdam pour y être sous les ordres du général Bourcier. Donnez également l'ordre que tous les hommes qui viennent de France sans chevaux se réunissent là.

L'EMPEREUR AU GÉNÉRAL BOURCIER.

Berlin, 3 novembre 1806.

Je désire connaître l'état de situation exact du grand dépôt de Potsdam en personnel, chevaux, selles et armes. Le

---

j'avais fait escorter les prisonniers de guerre par un régiment de cuirassiers. V. M sait bien que je n'ai à Mayence qu'un dépôt dont elle a fait partir, lorsqu'elle y a passé, tout ce qui était disponible. Les premiers transports de prisonniers de guerre étaient de plus de 3,000 hommes. J'ai joint à leur escorte une petite arrière-garde de 4 gendarmes et de 4 cuirassiers du 9e qui ont été relevés à Deux-Ponts par des cuirassiers du 12e. Ces cuirassiers ont été pris parmi les hommes hors d'état de faire campagne qui ne sont pas destinés pour les escadrons de guerre. Les chevaux qu'ils ont montés sont de vieux chevaux destinés pour la réforme.

1. L'Empereur n'ignorait pas le mécontentement légitime des officiers et des troupes de ne pas recevoir leur solde. La difficulté d'exécuter les mouvements de fonds, l'obligation d'avoir des fonds disponibles pour les objets pressants et où l'argent comptant était indispensable, contraignait l'Empereur à suspendre momentanément le paiement de la solde. Mais il ne voulait pas s'exposer à des réclamations qu'il savait le soldat français capable de lui faire en face. Aux yeux des troupes, il voulait rejeter sur l'administration l'odieux des mesures que la nécessité le forçait de prendre.

général Oudinot m'a dit qu'il avait remis 1,800 chevaux aux dragons à pied. Vous avez dû en reprendre 4 ou 500 de Spandau. C'est le rebut de la cavalerie. Mais vous devez avoir des selles, et quelques jours de repos referont les chevaux. En Silésie les corps les remplaceront par de meilleurs. Le général Milhaud m'annonce qu'il en a amené 500 aujourd'hui. Je donne ordre que les 200 hommes du 4e régiment de dragons restent sous vos ordres[1]. Il y a ici des magasins de bois de selles, d'étriers, d'éperons. Envoyez l'état de ce dont vous avez besoin au maréchal Bessières que j'ai chargé de les visiter et qui vous en fera passer. J'ai chargé le général Corbineau de vous envoyer de Spandau des culottes de peau. Il y a ici 15 a 20,000 sabres. Je suis surpris qu'on ne trouve pas de bottes. Mais donnez l'ordre qu'on retire les bottes à tous les cavaliers prussiens et de leur donner en place une paire de souliers. Ils n'en ont plus besoin, et d'ailleurs la nécessité ne connaît pas ces petits ménagements. Je désire que les 1,000 hommes que vous avez viennent à Berlin dans 3 ou 4 jours. Je les enverrai à leurs régiments, qui pourront mieux les équiper que je ne pourrais le faire à Potsdam. Envoyez-moi sans délai l'état que je vous demande.

L'EMPEREUR AU GÉNÉRAL CORBINEAU.

Berlin, 3 novembre 1806.

Le 21e d'infanterie légère doit avoir été relevé à Spandau par des troupes de Hesse-Darmstadt. Faites-moi connaître ce qu'il y a à Spandau, ainsi que tous les détachements qui s'y trouvent, appartenant au corps d'armée du maréchal Lannes.

Il doit vous arriver 1,500 prisonniers, canonniers d'artillerie légère, qui viennent à cheval ; ainsi leurs chevaux vous arriveront tous sellés. On me dit qu'il serait possible que ces hommes consentissent à prendre du service chez mon

1. Le 4e de dragons, venant de France, fort de 600 hommes dont 300 à pied, passait le 1er novembre à Potsdam.

frère le roi de Naples. Faites-en la proposition aux sous-officiers, si toutefois vous pensez que cela puisse réussir.

Faites-moi connaître tous les détachements, de quelques corps qu'ils soient, qui se trouvent actuellement à Spandau.

L'EMPEREUR AU GÉNÉRAL CORBINEAU.

Berlin, 3 novembre 1806.

Je reçois votre lettre[1]. Faites compter les bateaux et faites l'inventaire exact de tout ce qui se trouve, afin d'éviter que rien ne soit dilapidé. Ayez soin de tout réunir dans de bons magasins. Vous finirez par trouver des bateaux chargés de bottes ; vous en ferez fournir la quantité nécessaire aux dragons à pied qui sont à Potsdam. Envoyez-leur aussi les culottes de peau et ce qui peut être nécessaire à leur usage. Donnez-moi le plus grand détail sur les fortifications. Faites-moi connaître en détail ce qui se trouve aux différents dépôts et ce qui forme la garnison de Spandau. Puisque vous pensez que la Garde ne pourra pas se remonter avec les chevaux de prise, par la raison qu'on les a changés, envoyez un des officiers de ma Garde qui sont à Spandau, à Dessau. Il doit y avoir là 450 chevaux des régiments saxons ; il choisira les meilleurs pour ma Garde, et dirigera les autres sur Potsdam, pour les dragons. Faites-moi connaître si, avec les chevaux de prise, se trouvaient des selles et des sabres, et dans quel état sont ces selles.

LE GÉNÉRAL CORBINEAU A L'EMPEREUR.

Spandau, 3 novembre 1806.

J'ai l'honneur de rendre compte à V. M. que j'ai compté, suivant ses ordres, les bateaux qui sont dans le port de Span-

---

1. Lettre du général Corbineau du 2 novembre, 8 heures du soir. Voir page 662.

dau; j'en joins un état au rapport que j'ai l'honneur de faire à V. M.[1].

Je ferai l'inventaire exact de ceux qui contiennent des effets d'habillement ou d'équipement; je ferai décharger avec soin ceux qui contiennent des comestibles et surveillerai l'emmagasinement de ce qu'ils contiennent. Je recommanderai aux officiers d'artillerie de faire décharger avec soin et placer tout ce qui concerne leur arme; je ferai établir un chantier pour le bois de chauffage.

Je ne puis encore envoyer d'inventaire à V. M.; un seul bateau d'effets d'habillement est en déchargement.

Le bateau contenant les bottes n'est pas encore trouvé.

J'ai fait extraire du bateau en déchargement 2,500 culottes de peau que j'envoie demain matin au général Bourcier pour les dragons à pied.

Les rapports que j'ai reçus des dépôts et de la garnison de Spandau, sont si mal faits que je ne puis faire à ce sujet un rapport satisfaisant à V. M.; je puis seulement lui faire savoir qu'il y a ici 190 artilleurs de différents régiments, 175 sapeurs, 86 mineurs et 70 pontonniers, 1,680 hommes des troupes de Darmstadt infanterie (on n'a pas de situation de leur cavalerie), 1 bataillon du 21e léger et 83 hommes du 3e de ligne; telles sont les troupes dont j'ai pu obtenir des situations qui forment garnison. Demain au soir je ferai en sorte de pouvoir faire connaître à V. M. la force de tous les dépôts qui sont dans la place ou aux environs.

Il s'est trouvé 170 selles sur les chevaux venus hier par les troupes du général Boyé; mais il n'y a pas une de ces selles qui puisse être utilisée; rien absolument n'est bon.

La plupart des chevaux remis n'ont que des longes de cordes et point de brides ni licols; on n'a pas remis ici un seul sabre des cavaliers prisonniers.

---

1. État des bateaux qui sont dans le port de Spandau :

18 bateaux chargés de farine; — 10 d'avoine; — 2 de foin; — 34 d'objets d'artillerie tels que trains, pièces, plombs, gargousses, projectiles; — 4 de fusils et sabres; — 5 de gamelles et bidons; — 5 d'effets d'habillement, équipement et buffleterie; — 4 de sol; — 20 de bois à brûler; — 3 de bois propre au charronnage.

Les officiers de la Garde de V. M. venus ici pour chercher des chevaux, étaient retournés à leurs corps quand les ordres de V. M. me sont parvenus ; j'ai communiqué à M. le maréchal Bessières l'ordre d'en envoyer un à Dessau. — Renseignements relatifs aux travaux de fortification.

La brigade du général Milhaud (13e de chasseurs et 9e de dragons) est arrivée aujourd'hui conduisant environ 3,500 prisonniers (personne n'a pu m'en dire exactement le nombre en l'absence de ce général, qui est allé porter des drapeaux à Berlin); elle a amené 363 chevaux de prise dont aucun n'a pu être employé pour les carabiniers ni les cuirassiers, bien moins encore pour la Garde de V. M. Je les ai fait donner à des dragons à pied qui les conduiront demain matin à Potsdam.

Le 21e léger a fourni 1 bataillon pour escorter les prisonnier ; l'autre est encore à Spandau n'ayant point reçu d'ordre d'en partir et ayant au contraire du général Beaumont celui d'y rester jusqu'à nouveaux ordres.

Ordre du Major général, 3 novembre, au énéral commandant à Spandau, de faire partir pour Stettin les 2 bataillons du 21e léger.

L'EMPEREUR A L'INTENDANT GÉNÉRAL.

Berlin, 3 novembre 1806, 6 heures du soir.

On a trouvé des magasins considérables à Stettin. Donnez des ordres pour qu'on y fasse 100,000 rations de pain biscuité, et, s'il est possible, 200,000 rations de biscuit. Donnez le même ordre à Küstrin.

Faites évacuer sur France toutes les marmites de cuivre qui sont ici ; elles ne peuvent servir en rien pour l'armée et seront très-utiles en France. Vous pouvez les faire déposer provisoirement dans le fort de Spandau.

Faites-moi connaître demain quelle contribution on pourrait mettre sur Stettin. Je désirerais qu'elle fût frappée promptement, afin qu'on pût payer un mois de solde au corps du maréchal Lannes qui va se réunir sur cette place.

LE MAJOR GÉNÉRAL A L'INTENDANT GÉNÉRAL.

Berlin, 3 novembre 1806.

Ordre d'organiser la route d'étapes de Berlin à Stettin par Bernau, Augermünde; il y a une trentaine de lieues à arranger en 4 journées; on prendra du pain pour 4 jours lorsqu'on ira de Berlin à Stettin et quand on partira de Stettin à Berlin; mais, pour les fourrages et autres objets, il faut que les étapes soient marquées et que l'on fasse des approvisionnements.

On prendra du pain pour 2 jours, soit en partant de Berlin, soit en partant de Küstrin.

Organiser de même la route de Wittenberg passant par Spandau.

De Mayence à Wittenberg, M. l'Intendant général fera toutes les dispositions nécessaires pour indiquer les endroits où l'on prendra du pain lorsqu'il sera nécessaire de le prendre pour plusieurs jours, il en sera de même pour la distribution de la viande; quant aux fourrages, il faut qu'il y en ait dans chaque lieu d'étape.

M. l'Intendant général organisera le service de manière qu'il n'y ait plus rien d'arbitraire dans les distributions. M. l'Intendant général soumettra à cet égard au Major général un règlement qui déterminera comment le service en vivres et fourrages sera assuré sur toute la ligne d'étapes depuis Mayence jusqu'à Wittenberg, de là à Berlin par Potsdam et Spandau, et ensuite de Spandau à Stettin passant par Bernau, etc., et de Spandau à Küstrin passant par Berlin.

Le général Sanson tracera de nouveau toutes ces routes d'étapes.

M. l'Intendant général donnera des ordres pour que, dans les différents cercles, les postes aux chevaux sur la ligne de l'armée soient protégées; il sera donné des ordres à cet égard aux commandants d'armes et aux commandants de gendarmerie. Il sera ordonné aux autorités civiles du pays de faire doubler dans chaque poste le nombre de chevaux qui existaient avant l'entrée des Français.

Expédier l'ordre pour que tous ceux qui courent la poste payent exactement aux prix ordinaires du pays; défendre expressément de faire doubler les chevaux d'une poste à l'autre ; prévenir que ceux qui se permettraient d'enlever un cheval de la poste ou de contrevenir aux ordres ci-dessus, seront traduits au conseil de guerre comme ayant compromis la sûreté de l'État et celle de l'armée, en interceptant la communication[1].

Il sera envoyé un officier supérieur d'état-major et un officier d'administration, soit commissaire des guerres ou autre, pour partir de Berlin et suivre la communication jusqu'à Mayence et organiser les services.

Un ordre en placard sera affiché sur toutes les communications qui fera connaître l'organisation de la ligne d'étapes; l'ordre qui doit être suivi dans les postes, et la gendarmerie réunie à la force civile du pays arrêteront tous contrevenants qui seront livrés à une commission militaire. Dans chaque arrondissement[2] les mêmes dispositions seront suivies sur la route de Spandau à Berlin et de Spandau à Küstrin.

Le général Sanson fera faire une route d'étapes pour l'Empereur, une pour l'Intendant général et une pour moi.

Un adjudant-commandant sera chargé près l'état-major général de tout ce qui tient à la ligne d'étapes et à la police des postes ; il lui sera désigné et il aura sous ses ordres un officier supérieur choisi parmi ceux de l'état-major.

---

1. Le maître de poste de Mittenwald demande que les courriers français payent leurs chevaux.

Berlin, 18 novembre 1806.

Renvoyé au Major général pour faire mettre une ordonnance chez ce maître de poste et saisir le premier qui ne paierait pas.

NAPOLÉON.

2. Voir le placard affiché dans la province de Berlin à la fin de décembre. Annexe.

4 NOVEMBRE.

27e BULLETIN DE LA GRANDE-ARMÉE.

Berlin, 4 novembre 1806.

On a trouvé à Stettin une grande quantité de marchandises anglaises à l'entrepôt sur l'Oder ; on y a trouvé 500 pièces de canon et des magasins considérables de vivres.

Le 1er novembre le grand-duc de Berg était à Demmin, le 2 à Teterow ayant sa droite sur Rostock. Le général Savary était le 1er à Kratzeburg, et le 2, de bonne heure, à Waren et à Jabel. Le prince de Ponte-Corvo attaqua, le soir du 1er, à Jabel, l'arrière-garde de l'ennemi. Le combat fut assez soutenu ; le corps ennemi fut plusieurs fois mis en déroute ; il eût été entièrement enlevé, si les lacs et la difficulté de passer le pays de Mecklemburg ne l'eussent encore sauvé ce jour-là. Le prince de Ponte-Corvo, en chargeant avec la cavalerie, a fait une chute de cheval qui n'a eu aucune suite. Le maréchal Soult est arrivé le 2 à Plau.

Ainsi l'ennemi a renoncé à se porter sur l'Oder. Il change tous les jours de projets ; voyant que la route de l'Oder lui était fermée, il a voulu se retirer sur la Poméranie suédoise ; voyant celle-ci également interceptée, il a voulu retourner sur l'Elbe ; mais le maréchal Soult l'ayant prévenu, il paraît se diriger sur le point le plus prochain des côtes. Il doit avoir été à bout le 4 ou le 5 novembre. Cependant, tous les jours, 1 ou 2 bataillons, et même des escadrons de cette colonne, tombent en notre pouvoir. Elle n'a plus ni caissons, ni bagages.

Le maréchal Lannes est à Stettin ; le maréchal Davout à Francfort ; le prince Jérôme en Silésie.

Le duc de Weimar a quitté le commandement pour retourner chez lui, et l'a laissé à un général peu connu.

L'Empereur a passé aujourd'hui la revue de la division des dragons du général Beaumont, sur la place du palais de Berlin ; il a fait différentes promotions.

Tous les hommes de cavalerie qui se trouvaient à pied se sont rendus à Potsdam, où l'on a envoyé les chevaux de prise. Le général de division Bourcier a été chargé de la direction de ce grand dépôt. 2,000 dragons à pied, qui suivaient l'armée, sont déjà montés.

On travaille avec activité à armer la forteresse de Spandau, et à rétablir les fortifications de Wittenberg, d'Erfurt, de Küstrin et de Stettin.

Le maréchal Mortier, commandant le 8e corps de la Grande Armée, s'est mis en marche le 30 octobre sur Cassel. Il y est arrivé le 31. Voici la note que le chargé d'affaires de France a présentée au prince, 24 heures auparavant. Voici ensuite la proclamation qu'à faite le maréchal Mortier[1]. Le prince de Hesse-Cassel, maréchal au service de Prusse, et son fils, général au service de la même puissance, se sont retirés. Le prince de Hesse-Cassel, pour réponse à la note qui lui fut remise, demanda de marcher à la tête de ses troupes avec l'armée française contre nos ennemis ; le maréchal Mortier répondit qu'il n'avait pas d'instructions sur cette proposition ; que, ce prince ayant armé après la déclaration qui avait été faite à M. de Malsburg, son ministre, que le moindre armement serait considéré comme un acte d'hostilité, son territoire n'avait pas été seulement violé par les Prussiens, mais qu'ils y avaient été accueillis avec pompe par le prince héréditaire ; que, depuis, ils avaient évacué Cassel par suite des combinaisons militaires, et que ce ne fut qu'à la nouvelle de la bataille d'Iéna que les armements discontinuèrent à Cassel ; qu'à la vérité le prince héréditaire avait eu le grand

1. Voir ces deux pièces à la date du 23 octobre, à la suite de la lettre de l'Empereur au maréchal Mortier, pages 256 et 257.

bonheur de marcher à la tête des troupes prussiennes et d'insulter les Français par toutes sortes de provocations.

Il payera cette frénésie de la perte de ses États. Il n'y a pas en Allemagne une maison qui ait été plus constamment ennemie de la France. Depuis bien des années, elle vendait le sang de ses sujets à l'Angleterre pour nous faire la guerre dans les deux mondes; et c'est à ce trafic de ses troupes que le prince doit les trésors qu'il a amassés, dont une partie est, dit-on, enfermée à Magdeburg, et une autre a été transportée à l'étranger. Cette avarice sordide a entraîné la catastrophe de sa maison, dont l'existence sur nos frontières est incompatible avec la sûreté de la France. Il est temps enfin qu'on ne se fasse plus un jeu d'inquiéter 40 millions d'habitants et de porter chez eux le trouble et le désordre. Les Anglais pourront encore corrompre quelques souverains avec de l'or; mais la perte des trônes de ceux qui le recevront sera la suite infaillible de la corruption. Les alliés de la France prospéreront et s'agrandiront; ses ennemis seront confondus et détrônés.

Les peuples de Hesse-Cassel seront plus heureux. Déchargés de ces immenses corvées militaires, ils pourront se livrer paisiblement à la culture de leurs champs; déchargés d'une partie des impôts, ils seront aussi gouvernés par des principes généreux et libéraux, principes qui dirigent l'administration de la France et de ses alliés. Si les Français eussent été battus, on aurait envahi et distribué nos provinces; il est juste que la guerre ait aussi des chances sérieuses pour les souverains qui la font, afin qu'ils réfléchissent plus mûrement dans leurs conseils avant de la commencer. Dans ce terrible jeu, les chances doivent être égales. L'Empereur a ordonné que les forteresses de Hanau et de Marburg soient détruites, tous les magasins et arsenaux transportés à Mayence, toutes les troupes désarmées et les armes de Hesse-Cassel enlevées de toutes parts.

La suite prouvera que ce n'est point une ambition insatiable ni la soif des conquêtes qui a porté le cabinet des Tuileries à prendre ce parti, mais bien la nécessité de terminer enfin cette lutte, et de faire succéder une longue paix à cette guerre insensée, provoquée par les misérables intrigues et les basses manœuvres d'agents tels que les lords Paget et Morpeth.

......Le 4 nous entrâmes à Schwerin ; les troupes étaient fatiguées. Le Prince les porta à Lankow[1] en avant de la ville et leur fit faire quelques distributions dont elles avaient été privées depuis Brandenburg.

Suivant les rapports qu'on avait eus à Schwerin le 4, Blücher avait réuni tout son corps ce même jour à Gadebusch à l'embranchement des 2 routes de Lübeck et de Ratzeburg. On croyait qu'il avait le dessein de combattre et tout était disposé pour l'attaquer; mais le 5 au matin des reconnaissances rapportèrent qu'il avait filé dans la nuit. (Journal du 1er corps.)

ORDRE DE MARCHE POUR LE 5 NOVEMBRE.

Lankow, 4 novembre 1806.

Le corps d'armée se dirigera demain 5 novembre sur Gadebusch, passant par Eulen-Krug, Rosenberg-Krug et Rosenow.

Le général Watier ouvrira la marche avec les 2e de hussards et 5e de chasseurs. Ces 2 corps devront toujours se trouver à la tête à 1 demi-lieue en avant de la colonne.

Le 4e de hussards précédera immédiatement l'infanterie et formera la réserve de la cavalerie légère.

Les divisions d'infanterie marcheront la gauche en tête, les régiments serrés et toujours éclairés sur leurs flancs.

Les équipages du corps d'armée marcheront à la queue de la colonne : il ne se trouvera aucune voiture, l'artillerie exceptée, entre les divisions.

Le général Watier commencera son mouvement à 3 heures.

Le général Drouet aura dépassé le village de Lankow à 4 heures.

Le général Rivaud se mettra en marche à 4 heures précises et le général Dupont également à 4 heures précises.

Les parcs des divisions et les dépôts du corps d'armée aux ordres de l'adjudant commandant Luthier partiront de Schwerin le lendemain de leur arrivée dans cette ville pour se diriger sur Gadebusch.

P. o. du maréchal prince de Ponte-Corvo,

Le Général de division,

L. Berthier.

1. De Schwerin à Lankow, 3 kil. ; — de Lankow à Gadebusch, 18 kil.

LE MARÉCHAL SOULT AU GÉNÉRAL SAHUC.

Crivitz, 4 novembre 1806.

Je ne suis pas certain que l'ennemi n'ait pas fait de mouvement sur Wittenburg, mais pour ne rien donner au hasard, je désire y envoyer. Donnez ordre à l'adjudant-commandant Drouhot de partir à minuit avec 1 escadron de dragons ; dites-lui de se porter sur Wittenburg à l'effet de prendre des renseignements sur les mouvements que l'ennemi a faits dans cette partie et la direction qu'il a prise en se retirant.

Si l'adjudant-commandant Drouhot pénètre dans Wittenburg [1], il commandera du pain pour 30,000 hommes qui devront y passer demain et se diriger sur l'Elbe ; dans le cas contraire et s'il y trouvait des forces considérables, il prendrait position devant elles et m'en rendrait compte.

S'il n'y était passé que peu de chose, il reviendrait avec son escadron et m'enverrait un maréchal-des-logis pour m'en instruire ; quoi qu'il fasse, je désire avoir son rapport avant le jour pour que je puisse faire mes dispositions avant de mettre la troupe en marche sur une autre direction.

Demain votre division devra se mettre en marche à 6 heures et demie. Tenez-la prête pour qu'il n'y ait pas de retard.

Dans l'intention de tourner la position de l'ennemi et pour l'enlever entièrement lorsqu'il voudrait opérer sa retraite le 4 au matin, le maréchal Soult dirigea le corps d'armée par Plathe et Pampow sur Wittenforden, d'où il devait se rejeter à droite ou se porter sur Gross-Brütz, suivant les mouvements que l'ennemi aurait faits.

Un parti composé d'un escadron du 16e de chasseurs sous les ordres du major Ameil fut détaché sur l'Elbe pour éclairer les mouvements que l'ennemi pourrait faire dans cette partie, ramasser ses traînards et couvrir la gauche du corps d'armée.

En arrivant à Pampow on fit 300 prisonniers et on fut instruit que la nuit l'ennemi avait opéré sa retraite partie sur Wittenburg et partie sur Gadebusch.

La cavalerie fut immédiatement mise à la poursuite de ces 2 portions de colonne et elle ne tarda pas à avoir la certitude que les troupes qui s'étaient dirigées sur Wittenburg, après avoir tourné le lac de Dümmer, s'étaient relevées vers Gadebusch, et que celles qui

1. 44 kil. de Crivitz à Wittenburg et 2 rivières à traverser dont l'une, la Stoer, à 12 kil. seulement de Crivitz, semble assez importante ; ses bords sont marécageux.

avaient d'abord pris cette dernière direction, avaient déjà dépassé Gross-Brütz ; alors le corps d'armée se dirigea sur Gross et Klein-Welzin [1] où il prit position et l'avant-garde fut portée à Lützow, Pokrent et Bleese. Pendant la nuit l'ennemi ne cessa d'inquiéter nos avant-postes et tout annonça qu'il voulait enfin se défendre à Gadebusch [2] ; mais cette attente fut encore trompée. (*Journal du 4e corps.*)

Voir le rapport du 5 du maréchal Soult à l'Empereur.

Quartier général, 3e division, Gross-Welzin [3] ; — 4e division de dragons, bivouac à Perlin ; — 2e division, Dümmer ; — 1re division, Walsmühlen.

LE CHEF D'ESCADRON AUG. AMEIL, DU 5e DE CHASSEURS, AU MARÉCHAL SOULT.

Neustadt, 4 novembre 1806.

J'ai l'honneur de faire savoir à V. Exc. que conformément à ses désirs je me suis porté à Neustadt en descendant la Stoer sur la rive droite, et coupant continuellement la communication de Ludwigslust à Schwerin. J'ai trouvé sur Mirow et Jamel des feux qu'occupaient la nuit dernière les postes de la droite des Prussiens postés à Plate. Les rapports des paysans et des traînards confirment que ce corps s'est retiré sur Schwerin, et 2 ou 3 avis fort incertains ont seulement annoncé que la retraite se faisait sur Wittenburg : aussi ai-je fait très-peu de cas de ce dernier avis. J'ai continué mon mouvement et n'ai trouvé à Neustadt que des traînards. Les éclaireurs ont rencontré, sabré et pris quelques hussards de Mecklemburg qui ont été aux Prussiens et ne voulaient d'ailleurs pas se rendre. Les chevaux ont remplacé des chevaux fatigués.

---

1. De Pampow à Walsmühlen, 7 kil. ; — de Walsmühlen à Dümmer, 4 kil. ; — de Dümmer à Gross-Welzin, 4 kil. ; — de Gross-Welzin à Lützow, 4 kil. ; — de Lützow à Gadebusch, 8 kil.

2. C'est une ruse qui réussit toujours.

3. LE GÉNÉRAL COMPANS AU GÉNÉRAL LEVAL.

Gross-Welzin, 4 novembre 1806.

Je vous invite d'envoyer demain à la pointe du jour à l'état-major général un détachement de 25 hommes, commandé par un lieutenant, que vous ferez prendre parmi les militaires fatigués et éclopés.

Ce détachement réuni à un pareil nombre de la 3e division sera chargé de mener à Schwerin un convoi de 400 à 500 prisonniers prussiens. Le lieutenant prendra des ordres à l'état-major général, où il sera porté que jusqu'à nouvel ordre il restera à Schwerin sous les ordres de M. le chef de bataillon Menu, commandant les éclopés du corps d'armée.

J'ai continué, Monseigneur, de poursuivre l'exécution de vos ordres ; j'espère me lier cette nuit avec M. le maréchal Ney ; il est déjà à Dömitz comme vous le présumiez. Il marche sur Lauenburg et détruit tout ce qui pourrait faciliter à l'ennemi le passage de l'Elbe. Il a 20,000 hommes avec lui, car il a laissé au blocus de Magdeburg une division pour agir de concert avec les Bavarois.

Ma journée n'est pas terminée, Monseigneur ; mais j'ai déjà acquis la certitude que vos derrières sont sûrs et que l'ennemi ne manœuvre pas sur votre aile gauche.

LE GÉNÉRAL LASALLE AU GÉNÉRAL BELLIARD.

Demen, 4 novembre 1806 [1].

Les canonniers qui se sont trouvés ici sont du corps du maréchal Soult et non de celui de S. A. le prince de Ponte-Corvo. Ils vont à Schwerin.

Les reconnaissances sur Crivitz et sur Schwerin sont parties.

LE GRAND-DUC DE BERG A L'EMPEREUR.

Schwerin, 4 novembre 1806, 9 heures du soir.

Je m'empresse d'annoncer à V. M. mon arrivée à Schwerin [2] d'où le prince de Ponte-Corvo est parti ce soir à 4 heures pour se porter sur Lübeck où l'ennemi paraît vouloir se retirer. Demain je joindrai de très-bonne heure le Prince et j'espère que nous aurons bon marché de M. Blücher qui jusqu'ici paraît se retirer en bon ordre ; et comme il a au moins 25,000 hommes dont 5,000 de cavalerie et que le Prince n'en a que 12,000 dont 600 de cavalerie, je pense qu'il est prudent de se rallier, de mettre de l'ensemble dans nos manœuvres si nous voulons l'écraser à la première affaire ; ses troupes n'ont pas encore été battues ; elles donnent leur confiance à Blücher ; il faut donc nous réunir et lui tomber sur

1. C'est probablement pendant une halte à moitié marche. La brigade venait de faire 32 kil. depuis son départ de Güstrow. Il fallait attendre les autres divisions de la réserve.

2. De Güstrow à Schwerin, 57 kil.

le corps en masse. Je ne sais pas encore où est le maréchal Soult qui est néanmoins fort près d'ici ; je le saurai dans la nuit, et nous agirons en conséquence. On dit que Blücher se retire sur Lübeck. En vérité je ne conçois pas cette manœuvre. Est-ce pour s'y embarquer? Est-ce pour pénétrer dans le Holstein? Dans la première supposition, je doute qu'on lui en donne le temps ; dans la seconde, il est perdu sans ressource ; le Holstein est un cul-de-sac d'où il lui sera difficile de sortir. Voudrait-il regagner Stralsund? Il serait perdu, nous parviendrions à le déborder et à l'acculer à la mer.

Je viens d'annoncer mon arrivée au prince de Ponte-Corvo. J'aurai l'honneur de faire connaître demain à V. M. ce qui aura été arrêté.

Le combat de Waren, qu'on m'avait assuré avoir été funeste pour nous, m'a fait perdre une demi-journée ; sans cela je me serais trouvé ici à l'affaire d'hier et j'aurais fait beaucoup de mal à l'ennemi.

P.-S. — Je joins à ma lettre celles du prince de Ponte-Corvo et du duc de Mecklemburg ; je vous prie de me faire connaître vos intentions à l'égard de ce dernier.

LE GÉNÉRAL BELLIARD AU MAJOR GÉNÉRAL.

Schwerin, 4 novembre 1806.

J'ai l'honneur de rendre compte à V. A. S. que la brigade Lasalle et les divisions Grouchy et d'Hautpoul sont parties de Demmin et de Jarmen le 2 de ce mois pour se rendre à Malchin. Le 3 elles ont quitté Malchin pour se rendre à Güstrow et aujourd'hui 4 le corps d'armée est venu s'établir à Schwerin et environs où il a opéré sa jonction avec les troupes du prince de Ponte-Corvo. Dans la marche depuis Demmin jusqu'à Schwerin, on a fait environ 300 prisonniers.

Je n'ai point encore de nouvelles, Monseigneur, des détachements qui sont entrés dans la Poméranie suédoise par Demmin, Jarmen et Anklam.

Brigade Lasalle, Schwerin; — 2e division de grosse cavalerie, bivouac à Petersberg[1]; — 2e division de dragons, Kladow.

L'EMPEREUR AU MAJOR GÉNÉRAL.

Berlin, 4 novembre 1806.

Mon intention est que le corps d'armée du maréchal Lannes soit partagé en 3 divisions: la 3e sera sous les ordres du général de division Victor et sera composée du 28e régiment d'infanterie légère et des 64e et 88e; ces 2 régiments seront ôtés à la division Suchet, une division de 5 régiments étant trop considérable pour pouvoir être maniée sur un champ de bataille[2]. La division du général Victor aura 12 pièces de canon. Je donne ordre, à cet effet, qu'une division de 6 pièces actuellement attachée à la Garde et servie par l'artillerie à pied, passe au corps du maréchal Lannes. Le général Songis y joindra 2 pièces de 12 du parc, ce qui fera 8, et y fera passer le plus tôt possible 4 pièces de 3, ce qui complétera les 12 pièces. Vous donnerez donc l'ordre au maréchal Lefebvre de faire partir demain à 5 heures du matin, sous la conduite du colonel du 28e régiment d'infanterie légère, la division d'artillerie de la Garde qui a été organisée à Mayence et que je suppose servie entièrement par l'artillerie à pied.

Le 28e partant demain à 5 heures du matin, vous donnerez

---

1. De Güstrow à Kladow, 43 kil.; — de Kladow à Petersberg, 4 kil.

2. Le 5e corps resta constitué à 2 divisions. Mais cet ordre montre la volonté de l'Empereur de former ses corps d'armée à 3 divisions même en réduisant à 3 le nombre des régiments de chaque division. Les divisions du 1er corps étaient à 3 régiments. L'Empereur n'avait pas de règles invariables dans son organisation; il employait ses ressources au mieux de ses intérêts; il préférait les divisions à 3 régiments à celles à 5 qu'il jugeait trop considérables pour être maniées sur un champ de bataille. Les divisions à 3 régiments avaient cependant 2 généraux de brigade.

Le corps d'armée a besoin de 3 divisions pour mener la portion de combat qui lui revient sur la ligne de bataille. — 3 divisions peuvent marcher sur une même route. — En raison des détachements nombreux que l'on est obligé de faire à la guerre pour la protection des flancs, la protection des voies ferrées, etc., il est même nécessaire que dans une armée certains corps d'armée aient 4 divisions, afin que chacun en ait 3 présentes sur le champ de bataille.

l'ordre au général Songis de faire arriver ce soir du parc de Spandau 2 pièces de 12 et, s'il est possible, 4 pièces de 3; et de les réunir à la division d'artillerie qui a été formée à Mayence, afin que cette artillerie puisse partir sous l'escorte du 28e régiment pour Stettin, où elle arrivera au plus tard dans la journée du 7. L'artillerie et les troupes qui partent pour Stettin prendront du pain pour 4 jours. Vous instruirez de cette disposition M. le maréchal Lannes, et vous ordonnerez au 28e régiment d'infanterie légère de marcher en règle.

Ordre de faire partir de suite les détachements des 34e, 64e, 40e, 88e, 21e léger, 100e et 103e de Spandau pour Stettin.

NAPOLÉON.

L'EMPEREUR AU MAJOR GÉNÉRAL.

Berlin, 4 novembre 1806.

Je passerai demain à la parade la revue de la cavalerie légère du général Milhaud. Ordonnez qu'avant demain à midi on lui paye un mois de solde[1].

L'EMPEREUR AU ROI DE HOLLANDE.

Berlin, 4 novembre 1806.

Mon Frère, le maréchal Mortier se range sous vos ordres et vous commandez en chef dans le Hanovre et les villes

---

1. LE MAJOR GÉNÉRAL A L'INTENDANT GÉNÉRAL.

Berlin, 4 novembre 1806.

L'Empereur ordonne, M. l'Intendant général, qu'avant demain midi on paye un mois de solde aux régiments de cavalerie légère commandés par le général Milhaud que S. M. passera demain en revue à la parade. J'en préviens le payeur général de l'armée. Veillez à ce que cette disposition soit ponctuellement exécutée.

Ordre de payer dans la journée un mois de solde à tout ce qui appartient à l'état-major général, officiers et administration.

hanséatiques. Je suppose qu'au plus tard le 10 vous serez à Hanovre, et que vous avez avec vous le 72e, le 65e et le 22e régiments français, et 7 à 8,000 Hollandais. Vous ferez occuper par 2 ou 3,000 Hollandais, autres que ceux que vous avez à l'armée, Emden et l'Ost-Frise, ce qui formera votre gauche et votre réserve. Le maréchal Mortier aura de son côté, les 2e, 4e et 12e d'infanterie légère; vous aurez donc 6 régiments français, ce qui, avec les Hollandais, ne doit pas faire beaucoup moins de 20,000 hommes. Les 2 régiments italiens, les troupes de Nassau et de Darmstadt et celles du grand-duc de Berg, qui sont à Wesel ou à Cassel, formeront un secours de 4 ou 5,000 hommes, dont, selon les circonstances, vous pourrez vous fortifier. Le général Lacombe-Saint-Michel commandera en chef votre artillerie. J'ignore la formation de vos divisions; mais le maréchal Mortier avait un grand nombre de bons généraux de brigade. Mon intention est que vous divisiez votre armée en 2 corps; que vous donniez au maréchal Mortier le commandement du 8e corps de la Grande Armée, que vous formerez de manière qu'il soit au moins de 12,000 hommes, avec le plus de cavalerie que vous pourrez et 24 pièces d'artillerie. Avec ce corps, le maréchal Mortier se rendra à Hamburg, prendra possession de la ville, ainsi que de Brême et de Lübeck. Je vous ferai connaître demain la conduite que le maréchal Mortier doit tenir.

Voici aujourd'hui la situation de mon armée : le maréchal Davout a son dépôt dans la place forte de Küstrin et sa tête en Pologne; le maréchal Lannes, à Stettin; le maréchal Augereau, à Berlin; le prince Jérôme, avec 25,000 Bavarois et Wurtembergeois, en Silésie; le grand-duc de Berg, le prince de Ponte-Corvo et Soult, dans la Poméranie suédoise, aux trousses d'une division ennemie que commande le duc de Weimar; le maréchal Ney fait le siège de Magdeburg.

Le roi de Prusse est au delà de la Vistule.

L'EMPEREUR A L'INTENDANT GÉNÉRAL.

Berlin, 4 novembre 1806.

J'ai pris possession de la Hesse et de Hanau. J'ai nommé le général Lagrange gouverneur général du pays. Que M. la Bouillerie y envoie sur-le-champ un de ses préposés. Mon intention est que tous les revenus soient perçus en mon nom. Hesse-Cassel ne doit plus régner. Toute l'artillerie et les provisions et magasins de guerre qui se trouvent à Hanau et à Cassel doivent être envoyés à Mayence. On doit désarmer le pays. Les chevaux et selles appartenant au prince doivent servir à monter ce que j'ai à Mayence. Les contributions doivent continuer à se percevoir pour mon compte. Voilà les instructions à donner au receveur qu'enverra M. la Bouillerie, ainsi que l'inspecteur aux revues intendant que vous enverrez là. Ordonnez-leur de correspondre fréquemment avec vous et avec M. la Bouillerie.

L'EMPEREUR AU VICE-ROI D'ITALIE.

Berlin, 4 novembre 1806.

Mon Fils, le prince de Neufchâtel vous envoie des instructions pour la réunion de 3 divisions à Vérone, Brescia et Alexandrie. Donnez tous les ordres. Le roi de Naples vous a déjà renvoyé 4 régiments de cavalerie ; je lui fais connaître que je désire qu'il vous en envoie 4 autres français et 2 italiens. Du moment que ces 6 derniers régiments seront arrivés, mon intention est de retirer encore d'Italie 4 régiments de cavalerie, soit dragons, soit chasseurs, soit hussards ; car c'est ici que la cavalerie est nécessaire au milieu des immenses plaines de la Pologne[1]. Vous verrez par les disposi-

---

1. L'EMPEREUR AU ROI DE NAPLES.

Berlin, 4 novembre 1806.

.... Je me trouve sur les confins de la Pologne, c'est avec de la cavalerie qu'on fait la guerre dans ce pays.... Faites en sorte de renvoyer, avec les ré-

tions que j'ai prescrites, que je désire que vous augmentiez vos divisions du Frioul sans aucun délai, de manière qu'elles aient chacune 8 à 10,000 hommes et 12 pièces d'artillerie attelées; que vous ayez, avant le 1er décembre, à Vérone et à Brescia, 2 divisions de 8 à 10,000 hommes chacune avec 12 pièces d'artillerie ; que vous ayez à la même époque une division à Alexandrie, de 6,000 hommes avec 12 pièces d'artillerie; et enfin qu'au mois de janvier 2 divisions, chacune de 5 à 6,000 hommes, soient formées de différents bataillons de la réserve..

Mon intention est, lorsque j'aurai reçu les états de situation de vos dépôts au 15 novembre, d'ordonner moi-même la formation de ces bataillons. J'ai également ordonné que les 4 régiments de dragons qu'a renvoyés le roi de Naples formeraient une réserve de cavalerie. Si ce prince vous en envoie d'autres, vous pourrez alors en former 2 divisions, chacune de 3 régiments, mon intention étant que vous ayez 6 à 7,000 hommes de cavalerie et plus de 45,000 hommes d'infanterie ; ce qui, joint aux 12,000 hommes que le général Marmont peut réunir à Zara pour porter en Carniole si vous prenez l'offensive, fera une armée de plus de 60,000 hommes contre laquelle l'Autriche ne pourra faire front qu'avec une armée de 100,000 hommes. Cependant je n'ai point encore à me plaindre de l'Autriche, et je ne crois pas qu'elle veuille entrer en lice. Le terrible exemple de la Prusse lui en ôtera l'envie, si elle l'avait. Mais enfin ces précautions sont nécessaires, et je m'y suis résolu. Mon intention est que les divisions de Vérone et de Brescia soient cantonnées dans les villages voisins et s'exercent constamment aux manœuvres de ligne et à la cible; car une réunion d'hommes ne fait pas des soldats; l'exercice, l'instruction et l'adresse leur en donnent le véritable caractère. Que les conseils d'administration pourvoient à ce qu'ils aient 2 paires de souliers dans le sac et une bonne capote. En portant le même soin aux 2 divi-

---

giments de cavalerie, un escadron de votre artillerie légère. Cette artillerie légère ne doit pas vous être indispensable ; elle est ici de la plus grande nécessité dans les immenses plaines où il faut manœuvrer.

sions du Frioul vous aurez une armée composée de 6 ou 7 bonnes divisions capables de tout entreprendre. Le principal est d'avoir des généraux. Les 2 généraux du corps du Frioul sont bons. Comme, avant de partir de France, j'ai ordonné des mouvements de plusieurs généraux d'Italie sur la Grande Armée, je n'ai plus cela présent; mais il faut choisir des hommes vigoureux; proposez-les-moi vous même pourvu que vous ne preniez pas de généraux de la Grande Armée. Le roi de Naples en renvoie beaucoup; vous pouvez les arrêter à Milan, si cela vous convient.

Il faut un gouverneur pour Mantoue. Miollis est très-bon à Venise. Les dépenses des vivres et des approvisionnements des places seront faites sur le trésor d'Italie. Songez quel mal ce serait pour l'Italie si une de ces provinces était envahie. En cas de guerre vous avez en Caffarelli un bon général et qui vous servira bien, près de vous.

Faites-moi connaître comment vous organiserez le commandement des places, et quels sont les 2 généraux de brigade que vous laisserez à Venise, et les commandants de l'artillerie et du génie, ainsi que pour Mantoue, Osoppo et les autres places. Tenez le général Charpentier toujours en course, visitant sans cesse les dépôts pour activer l'instruction et leur organisation. Il doit vous être arrivé ou vous arrivera, à la fin de novembre, 20,000 hommes. Si l'habillement, l'armement, l'instruction de ces hommes sont poussés, c'est 20,000 hommes que vous aurez acquis.

Vous devez être prêt à entrer en campagne le 1er décembre, si je vous l'ordonne.

Ordre, 4 novembre, du major général au Vice-Roi de faire partir de l'armée d'Italie 3 escadrons de chacun des 19e et 24e de chasseurs complétés à 600 hommes; au Gouverneur de Parme, 3 escadrons du 15e de chasseurs, et de les diriger par Brescia sur Ulm. Le Vice-Roi nommera un général de brigade.

L'EMPEREUR AU GÉNÉRAL BOURCIER.

Berlin, 4 novembre 1806.

Je reçois votre lettre du 4 novembre avec les états qui y étaient joints[1].

Je remarque d'abord que vous ne portez que 1,400 dragons; il en manque donc près de 1,000; partie, je crois, sont allés escorter des prisonniers, partie sont probablement encore à Wittenberg ou à Spandau[2].

Je remarque ensuite que vous portez 1,200 chevaux comme en état de servir et que vous avez 1,500 selles. Vous ferez faire facilement les porte-crosses. Les éperons existent à Berlin. Vous avez 800 sabres, mais il y en a à Berlin 12 ou 15,000, ainsi que des ceinturons et des pistolets. Je désirerais savoir si ces 1,200 hommes peuvent être disponibles d'ici à 3 ou 4 jours pour rejoindre leurs régiments.

Je remarque ensuite 829 chevaux comme hors d'état de servir. Je pense que c'est momentanément, mais qu'avec un peu de temps et de soins ils seront remis en état de servir.

Enfin vous avez 2,000 chevaux. Au détachement qu'a amené le général Beaumont a succédé le détachement qu'a amené le général Milhaud, et que vous devez avoir à présent. A ceux-ci en succéderont plusieurs autres. Je suppose que

1. Ces états n'existent plus.

2. Le 4 novembre il n'y avait plus de dragons à pied à Spandau, mais il y avait encore à Spandau même et aux environs un assez grand nombre de petits dépôts de cavalerie. (Situation du général Corbineau.) Tous ces petits dépôts étaient composés des chevaux blessés et des hommes malingres des régiments. Ces chiffres ne sont donc pas dépourvus d'intérêt après une campagne de 30 jours.

5e de hussards	14 hommes.	10 chevaux.
7e —	17 —	23 —
3e de dragons	8 —	1 —
8e —	18 —	42 —
16e —	29 —	60 —

Dépôts des 17e, 18e, 19e, 27e, 25e de dragons arrivés le 4 novembre, 52 hommes, 158 chevaux. Les petits dépôts de la 2e division de grosse cavalerie cantonnés à Dobritz et Seeburg, du 6e de dragons à Staaken, du 22e à Glienike, des 5e et 12e à Kladow, n'avaient pas envoyé leur situation.

dans peu de temps vous aurez 4,000 chevaux. Faites recueillir les chevaux et les selles que nos gens ont eu la négligence de laisser à la disposition des baillis.

Je donne l'ordre que les petits dépôts qui sont à Spandau et à Wittenberg se réunissent tous à Potsdam, et je désire que vous y restiez quelque temps pour cette inspection. Les écuries de Potsdam me paraissent nécessaires pour un si grand dépôt.

Je désire que vous surveilliez la fabrication des 1,000 selles que j'ai ordonnée à Berlin. Il y a dans les magasins des bois, des mors, etc. Je voudrais que vous puissiez faire faire 1,000 selles par les ouvriers de Potsdam. Vous feriez prendre ici les effets dont vous auriez besoin.

Mettez du soin à ces objets, et envoyez-moi des rapports afin que je puisse ordonner les mouvements et éviter aux hommes des fatigues inutiles. Il y a encore à Dessau 500 chevaux d'un régiment saxon ; envoyez-y un aide de camp en poste pour les faire venir avec les sabres et les selles. Le prince de Dessau se chargera de donner les hommes pour les conduire.

Vous avez bien fait d'envoyer des souliers pour prendre les bottes de la cavalerie qui est passée ; mais beaucoup passera encore. Il y a 1,200 hommes d'artillerie à cheval qui vont passer à Spandau et qui mènent eux-mêmes leurs chevaux. Ainsi il y a possibilité d'avoir beaucoup de chevaux ; j'en ai d'ailleurs fait demander à Dresde. Il y a 4,000 hommes de différentes armes qui, partis de Mayence, sont à Würzburg et se rendront à Potsdam.

LE MAJOR GÉNÉRAL AU GÉNÉRAL BOURCIER.

Berlin, 4 novembre 1806.

Je vous envoie le rapport du maréchal Bessières sur un magasin de harnachement et équipement ; il en résulte que, suivant l'opinion de M. le Maréchal, moyennant un louis, on peut, en employant ce qui est dans le magasin, faire de bonnes et belles selles.

L'Empereur ordonne que vous soyez chargé de tous ces objets et que vous fassiez distribuer aux dragons à pied tout ce qui leur sera utile pour être montés et équipés.

Vous êtes autorisé à passer un marché à un louis par selle ou au prix que vous jugerez convenable. Il est donc utile qu'à cet effet vous veniez passer un moment à Berlin pour voir les magasins.

Je préviens M. l'Intendant général de l'autorisation que je vous donne.

Dans tout ce que vous ferez distribuer, vous établirez l'ordre et la forme de comptabilité ordinaires.

Vous ne m'avez pas rendu compte des 1,600 chevaux sellés et bridés qui vous ont été livrés par le général Oudinot.

LE GÉNÉRAL BOURCIER A L'EMPEREUR.

Potsdam, 4 novembre 1806.

Je m'empresse d'avoir l'honneur d'adresser à V. M. l'état de situation du grand dépôt de Potsdam en hommes, chevaux, selles et armes, conformément aux ordres de V. M.

Le général Beaumont m'a mandé que les cavaliers prisonniers étaient de la première colonne et avaient couché la nuit dernière à Treuenbritzen à 8 lieues d'ici. J'ai fait partir une voiture et quelques sous-officiers avec 230 paires de souliers pour être échangées contre leurs bottes; c'est tout ce que j'ai pu rassembler en souliers, encore avec beaucoup de difficultés. Les marches que viennent de faire les dragons ont usé leurs souliers en majeure partie, ce qui les réduit à une paire.

J'adresse à M. le maréchal Bessières l'état de ce qui me manque en selles, brides, licols, étriers et éperons, etc.

V. M. peut être assurée que j'emploierai tout mon zèle et mes moyens pour remplir ses intentions et envoyer à Berlin les 1,000 dragons qu'elle demande dans le délai qu'elle a fixé.

Quoiqu'il eût fait courir après la première colonne de prisonniers, le général Bourcier ne put faire changer que 250 paires de bottes environ. La plupart des cavaliers prisonniers avaient déjà soit jeté leurs bottes pour prendre des souliers, soit coupé les tiges pour marcher plus aisément. Le général Corbineau ne trouvait toujours pas à Spandau le bateau chargé de bottes.

ORDRE DU JOUR.

Quartier général impérial, Berlin, 4 novembre 1806.

S. M. réitère l'ordre que tous les petits dépôts de toutes les armes de cavalerie se réunissent à Potsdam sous l'inspection du général de division Bourcier. Tous les chevaux blessés, tous les hommes à pied des armes de cavalerie, chasseurs, hussards et dragons, se rendront aussi à Potsdam. Là seront formés des ateliers par régiment pour tout ce qui est relatif au rétablissement de la cavalerie. Les généraux, les colonels, les commandants de place, dirigeront tous les chevaux blessés et tous les hommes de cavalerie à pied à Potsdam. Ainsi tous les petits dépôts de cavalerie de Würzburg, Forchheim, Kronach, Baireuth, Erfurt, Wittenberg et enfin de tout autre lieu seront supprimés.

Désormais tous les dépôts restés à Kronach, Erfurt, Würzburg, Wittenberg et Forchheim prendront la direction suivante :

Tout ce qui appartient aux 1er et 5e corps sera dirigé sur Stettin ;

Tout ce qui appartient aux 3e et 7e corps sera dirigé sur Küstrin ;

Tout ce qui appartient aux 4e et 6e corps sera dirigé sur Spandau.

Les généraux commandant les corps d'armée et les commandants de place donneront les ordres en conséquence.

Le dépôt général de l'artillerie sera à Spandau.

Les commandants qui après la réception du présent ordre continueraient à garder les dépôts dans leur place seront mis à l'ordre de l'armée.

Les hommes isolés et les détachements seront dirigés sur le dépôt de leur corps d'armée[1].

L'Empereur ordonne qu'il soit payé un mois de solde à l'armée.

Les payeurs des 1er et 5e corps et des divisions de la réserve de cavalerie d'Hautpoul, Klein, Sahuc et Grouchy, se présenteront à Stettin où ils recevront des fonds[2].

---

1. Ordre du jour complété par l'ordre suivant :

ORDRE DU JOUR.

Berlin, 10 novembre 1806.

S. M. ordonne que tous les hommes isolés et les détachements qui viennent à l'armée pour rejoindre leurs corps se rendront directement dans les lieux ci-après désignés :

1° A Francfort-sur-l'Oder tout ce qui appartient aux corps de troupes du roi de Bavière et du roi de Wurtemberg ; — 2° à Erfurt, tout ce qui appartient au prince Primat ; — 3° à Stettin, aux troupes du grand-duc de Bade ; — 4° à Magdeburg, aux troupes du grand-duc de Berg ; — 5° à Spandau, aux troupes de Hesse-Darmstadt et de Nassau-Usingen ; — 6° à Magdeburg, aux troupes de Hohenzollern-Hechingen, Hohenzollern-Sigmaringen et à celles du prince d'Isemburg.

Il est ordonné aux commandants de faire rejoindre les détachements appartenant aux différents corps désignés ci-dessus et de les diriger sur les places indiquées pour le dépôt de chacun de ces corps.

Les commissaires des guerres donneront les feuilles de route aux hommes isolés et aux détachements pour suivre les mêmes directions.

Les commandants d'armes, dans les places désignées pour le dépôt affecté aux corps des princes alliés, rendront compte des hommes isolés et des détachements à mesure de leur arrivée.

Les détachements et les hommes isolés de tous les corps hollandais se réuniront à Ritteln au 8e corps de la Grande Armée sous le commandement du maréchal Mortier.

2. LE MARÉCHAL LANNES A S. A. LE PRINCE DE NEUFCHÂTEL.

Schneidemühl, 12 novembre 1806.

Monseigneur,

J'ai reçu l'ordre concernant le paiement d'un mois de solde au 5e corps d'armée avec l'argent trouvé à Stettin. Non-seulement le mois de solde a été payé le 6 à Stettin, mais encore plusieurs régiments ont reçu deux ou trois mois de paye, au moins deux mois, et cela sur des revues en forme.

Le grand-duc de Berg m'avait prévenu qu'il faisait apposer les scellés sur les caisses trouvées à Stettin, et j'ai fait part à son chef d'état-major de l'usage que je faisais de cet argent. Ainsi V. A. doit voir par là que l'ordre qu'elle m'a envoyé, de payer sur-le-champ un mois de solde a été devancé ainsi que les intentions de S. M. I. Je dirai encore plus à V. A. que le style de cet ordre n'est pas fait pour un homme loyal ; plus mes intentions sont pures, moins je mérite de recevoir un tel ordre, et j'avoue que je ne sais à quoi attribuer ce procédé à mon égard.

Je prie V. A. de recevoir l'assurance de ma haute considération.

LANNES.

Ceux du 3e corps recevront la solde à Küstrin ; — des 4e et 7e corps et des divisions Nansouty et Beaumont la recevront à Berlin. — Le payeur du 6e corps la recevra à Erfurt.

Beaucoup d'officiers, sous-officiers et soldats ont de l'argent dont ils sont embarrassés. Le payeur les fait prévenir qu'il a des traites du caissier de la Trésorerie sur lui-même. Ce sont des effets à vue et au porteur. Ceux qui voudront profiter de cette voie pour envoyer des fonds chez eux peuvent se présenter au payeur de leur corps d'armée.

Le Prince de Neufchâtel, Major général,
Mal ALEXANDRE BERTHIER.

5 NOVEMBRE.

LE GRAND-DUC DE BERG A L'EMPEREUR.

Ratzeburg, 5 novembre 1806, 9 heures du soir.

J'ai eu l'honneur d'annoncer à V. M. mon arrivée à Schwerin et ma jonction avec les maréchaux Soult et Bernadotte. Je me suis mis en route ce matin dès 7 heures ; les 2 corps d'armée de MM. les Maréchaux sont arrivés en même temps sur Gadebusch ; le maréchal Soult a pris la route de Ratzeburg et le prince de Ponte-Corvo celle de Rehna, se dirigeant tous deux sur Lübeck où tous les rapports annonçaient la retraite de Blücher par les deux points de Rehna et Ratzeburg. Le général Lasalle a reçu ordre de prendre la route de Ratzeburg ; les généraux d'Hautpoul et Grouchy couchent ce soir à la hauteur de Rehna ; demain tout se mettra en route à 5 heures du matin pour Lübeck où se trouve réuni tout le corps de Blücher et où l'on croit qu'il a projet de s'embarquer ; nous avons rencontré ici son arrière-garde ; elle a été chargée ; on lui a pris 8 pièces de canon qui se sont trouvées coupées, et environ 300 hommes de cavalerie ont capitulé. Il n'a passé dans la ville qu'un bataillon d'infanterie qui à notre approche a coupé le pont, mais j'avais fait tourner le lac par le général Lasalle par le village de Schmilau, et ses hussards entraient dans la ville du côté de Lübeck, tandis qu'on faisait raccommoder le pont sur la porte de Schwerin. Sa grand'garde est à portée de pistolet de l'ennemi. J'espère que demain sera une journée décisive. Je ne pense pas que le général Blücher ait les moyens et le temps de s'embarquer ; les Suédois qui sont partis d'ici hier, se sont embarqués à Lübeck sur des bâtiments russes et je ne pense pas qu'on trouve assez de bâtiments pour embarquer l'armée prussienne ; d'ailleurs le vent est en ce moment contraire, et Dieu qui protège les armes de V. M. ne le fera pas changer. Tous les ordres de V. M. contenus dans votre dépêche du 2 et qui m'est parvenue ce matin, seront exécutés.

Toutes les troupes sont bien fatiguées ; je prendrai le parti de laisser à Lübeck les cuirassiers et les dragons de Grouchy, si l'ennemi continuait à fuir. Je me mettrai à ses trousses avec la division Sahuc et toute la cavalerie légère des maréchaux Soult et Bernadotte. Je les eusse laissés à Schwerin sans la certitude qu'on nous avait donnée, que Blücher voulait livrer bataille sous Lübeck. Je viens d'écrire au ministre Bourrienne.

LE GÉNÉRAL LASALLE AU GRAND-DUC DE BERG

5 novembre 1806.

J'ai l'honneur de vous prévenir que je suis arrivé à 7 heures et demie à Harmsdorf-Ratzeburg. De l'infanterie y arrivait par le pont en même temps que moi ; elle doit bivouaquer sur la montagne et ma brigade bivouaquera en arrière de ce village.

Il est passé ici vers 5 heures 2 bataillons ennemis et quelques hussards se dirigeant sur Lübeck.

On croit que le général Blücher se retire sur cette dernière ville par Schlagsdorf et Herrnburg de l'autre côté du lac.

Quartier général de la cavalerie, Ratzeburg[1] ; — brigade Lasalle, Einhaus ; — 2e division de grosse cavalerie, Holdorf ; — 2e division de dragons, Mezen.

1er Corps : cavalerie légère, Schönberg et Bunsdorf[2] ; — division

---

1. De Schwerin à Ratzeburg, 45 kil. ; — de Schwerin à Einhaus en contournant le lac par Schmilau, 54 kil. ; — de Petersberg à Holdorf, 38 kil. ; — de Kladow à Mezen, 39 kil.

2. De Lankow à Gadebusch, 18 kil. ; — de Gadebusch à Rehna, 11 kil. ; — de Rehna à Rabensdorf, 7 kil. ; — de Rabensdorf à Schönberg, 4 kil.

Rivaud, quartier général, Schönberg; — division Drouet, Schönberg et en arrière ; — division Dupont, Rabensdorf.

Voir le rapport du maréchal Bernadotte à l'Empereur du 7 novembre.

ORDRE.

Gross-Welzin, 5 novembre 1806.

La division de cavalerie légère partira à 7 heures du matin et se dirigera sur Gadebusch, où elle recevra de nouveaux ordres ; elle aura un fort parti vers Roggendorf, route de Ratzeburg.

La division de dragons et celles d'infanterie suivront le mouvement de la cavalerie légère et partiront à cet effet à 6 heures et demie.

M[al] Soult.

Les 3 divisions d'infanterie sont cantonnées à une lieue de distance ; elles partent à la même heure ; la cavalerie qui a passé la nuit à une lieue en avant de l'infanterie, ne commence son mouvement que lorsque la tête de l'infanterie a déjà regagné 2 kilomètres ; au début de la marche elle est donc à 2 kil. environ en avant de la colonne.

LE MARÉCHAL SOULT A L'EMPEREUR.

Ratzeburg, 5 novembre 1806, minuit.

J'ai l'honneur de rendre compte à V. M. des mouvements que le corps d'armée a faits depuis le 2.

Le 3 étant en avant de Lübz, S. A. le maréchal Bernadotte me prévint que l'ennemi concentrait ses troupes sur Crivitz où il paraissait vouloir tenir ; je dirigeai de suite le corps d'armée sur cette ville, et le soir il y prit position [1]. La cavalerie légère du corps d'armée participa au combat qui eut lieu entre Crivitz et Schwerin ; elle tourna la droite de la position et dans son mouvement sur le défilé de Schwerin

---

1. Dans cette marche, à hauteur de Grabbin, 3 escadrons saxons (dragons) formant près de 400 chevaux, commandés par le lieutenant-colonel Lecoq, quittèrent les troupes prussiennes et se rendirent au 4e corps d'armée. Le maréchal Soult les fit diriger sur Dessau et en rendit compte au Prince ministre de la guerre. (Journal du 4e corps.)

elle coupa la retraite à 2 régiments de cavalerie ennemie qui s'élevèrent avec la plus grande hâte pour tourner le lac par sa partie supérieure; il y eut quelques centaines de prisonniers de faits, beaucoup de bagages et 2 pièces de canon de prises[1].

L'opiniâtreté que l'ennemi mit à défendre le défilé de Schwerin nous fit penser à M. le maréchal Bernadotte et à moi, qu'il voulait livrer combat dans cette position; le rapport des déserteurs et des prisonniers confirma même cet espoir, et les dispositions furent faites en conséquence; M. le maréchal Bernadotte devait l'attaquer de front, et le 4e corps d'armée tourner sa droite; mais l'ennemi jugea qu'il était plus prudent de se retirer, et à minuit il partit se dirigeant sur Wittenburg et Gadebusch.

Le mouvement rétrograde de l'ennemi me dispensa de me rapprocher de Schwerin : le 4 je dirigeai le corps d'armée sur Gadebusch par Plate, Pampow et Strahlendorf; le soir je lui fis prendre position en avant de Gross-Welzin, ayant son avant-garde à Pokrent.

En commençant ce mouvement, un bataillon ennemi ayant 2 pièces de canon (20 officiers et 1 major) qui avait été coupé la veille par la cavalerie du corps d'armée, fut pris avec son drapeau et ses canons[2]. Le soir je pus atteindre la queue

---

1. La cavalerie du 4e corps ayant passé à gauche et se portant vers la tête du défilé de Schwerin pour fermer le passage à l'ennemi, parvint après une brillante charge qu'elle fit à hauteur du village de Pinnow, à couper la retraite à 2 bataillons d'infanterie ennemie et au régiment d'Usedom hussards, ainsi qu'à plusieurs escadrons de dragons et à enlever 8 pièces de canon, 300 hommes et beaucoup d'équipages ; ensuite elle entra pêle-mêle avec l'ennemi dans le défilé de Schwerin et lui fit un mal effroyable jusqu'à ce qu'enfin la nuit qui survint et l'infanterie ennemie qu'elle rencontra, l'obligeassent à s'arrêter. (Rapport du 4e corps.)

2. Ce bataillon, qui se défendit, fut pris, comme il cherchait à revenir sur Pinnow, par un peloton du 8e de hussards à la tête duquel était le capitaine Lameth, aide de camp du maréchal Soult, et par une compagnie d'artillerie légère du corps d'armée.

Les autres troupes également coupées par le résultat de la charge de la cavalerie du 4e corps, n'ayant pu rejoindre la colonne du général Blücher, furent prises 2 jours après à la hauteur de Wismar par le général Savary. (4e corps.)

....Le 4 novembre, la 4e compagnie du 5e d'artillerie à cheval qui allait rejoindre la division de cavalerie légère, aperçut de l'infanterie prussienne dans

d'une colonne d'infanterie, et on parvint à lui enlever 200 hommes et quelques chevaux : toute la nuit il a tracassé nos grand'gardes; mais à 3 heures il s'est retiré par Gadebusch, prenant la route de Lübeck, partie par Ratzeburg et partie par Rehna, faisant toujours des contre-marches dans l'espoir de nous tromper sur ses forces et sur sa direction.

Ce matin avant le jour le corps d'armée s'est mis en marche ; il a passé à gauche de Gadebusch, en même temps que M. le maréchal Bernadotte passait par cette ville[1], et s'est directement dirigé sur Ratzeburg : pendant toute la marche, on s'est tiraillé avec l'arrière-garde de l'ennemi[2], mais elle n'a pu être jointe qu'en avant de Ratzeburg, où une charge de cavalerie lui a enlevé 8 pièces de canon avec leurs caissons, 2 escadrons (300 hommes et 180 chevaux) ; parmi les prisonniers il y a 1 colonel et 15 autres officiers[3].

---

le village de Pinnow : le capitaine Hubert qui la commandait proposa à un officier du 8e de hussards qui se trouvait là avec une douzaine d'hommes, de se réunir à ses canonniers pour charger ensemble cette infanterie ; mais M. Lameth, aide de camp de M. le Maréchal, qui connaissait le terrain, les engagea à tourner le village et à mettre les pièces en batterie au débouché par lequel les Prussiens devaient se retirer. Après une vingtaine de coups tirés de très-près sur l'infanterie prussienne qui s'était formée en bataillon carré et qui riposta avec un de ses canons (l'autre était démonté) et par un feu très-vif de mousqueterie, les Prussiens mirent bas les armes : le résultat de cette rencontre heureuse fut la prise d'un bataillon avec tous ses officiers au nombre de 14, 1 major, 1 drapeau, 2 pièces de canon, une cinquantaine de tués ou blessés.

Dans l'après-midi du même jour, cette même compagnie eut encore occasion de tirer sur l'arrière-garde de l'armée prussienne, à la hauteur de Gross-Welzin ; mais la nuit étant survenue, et l'ennemi étant très-soigneux d'emporter ses morts et ses blessés, on ne put juger de l'effet qu'elle avait produit. Rapport du général Lariboisière au général Songis, Schwerin, 14 novembre.

1. Les avant-gardes des 2 corps d'armée se joignirent à Gadebusch. L'ennemi avait encore sa cavalerie en position sur les hauteurs derrière la ville. Cette arrière-garde voyant les dispositions qui étaient faites pour l'attaquer se retira sur Lübeck partie par la route de Rehna et partie par celle de Ratzeburg. (4e corps.)

2. En arrivant à Roggendorf, l'avant-garde rencontra 2 escadrons de dragons prussiens, dits du roi de Bavière, qu'elle chargea et culbuta et leur enleva 40 hommes : elle prit en même temps les équipages du duc de Brunswick-Œlz. La marche sur Ratzeburg fut immédiatement continuée. (4e corps.)

3. Près de Gross-Thurow on aperçut une forte colonne de cavalerie ennemie sur les hauteurs en arrière qui paraissait se diriger sur Mölln et Ratzeburg; le mouvement de l'avant-garde fut serré afin de prévenir l'ennemi dans ce dernier endroit.

La cavalerie ennemie commençait à déboucher sur Ratzeburg lorsque les

S. A. I. et R. le grand-duc de Berg était arrivé peu auparavant.

La rapidité du mouvement sur Ratzeburg a coupé la retraite sur ce point à une colonne de 2,000 chevaux. On l'a poursuivie jusque vers Mölln ; mais la nuit étant survenue, on n'a pu en recueillir tout le fruit.

L'ennemi avait coupé le pont de Ratzeburg, mais une heure après il a été rétabli[1], et demain le corps d'armée y passera pour se diriger sur Lübeck, où il paraît que l'ennemi se rallie, et se propose même, dit-on, de s'embarquer pour se rendre à Danzig. J'espère qu'il n'en aura pas le temps.

On prétend aussi qu'il veut entrer dans le Holstein et qu'une colonne doit se porter sur Hamburg; quelle direction qu'il prenne, il sera partout poursuivi jusqu'à extinction. Les colonnes des généraux Blücher et Wenniping (cette dernière est celle que commandait le duc de Weimar) suivent toujours le même plan d'opérations sous les ordres du général Blücher.

---

généraux Margaron et Guyot, à la tête de celle du corps d'armée, arrivèrent à portée de cette ville. Un changement de direction qui fut fait à gauche, les mit à même d'exécuter une belle charge et d'enlever 4 pièces de canon avec leurs caissons et un escadron de dragons.

L'ennemi chercha ensuite à établir son artillerie ; mais tourné par la cavalerie légère, il n'eut le temps que de tirer quelques coups et après avoir fait un mouvement en arrière, 5 autres pièces de canon avec 2 escadrons de dragons se rendirent. Le restant de la colonne fut dispersé et se retira dans le plus grand désordre sur Mölln, d'où ensuite pendant la nuit partie se dirigea vers Lübeck, et le restant entièrement éparpillé fut du côté de Hamburg où il a été ramassé par l'escadron du 16e de chasseurs que conduisait le major Ameil.

La cavalerie et l'artillerie légères du corps d'armée, ainsi que la 4e division de dragons, se conduisirent parfaitement dans cet engagement auquel la cavalerie légère de S. A. I. le grand-duc de Berg put prendre part. (4e corps.)

1. L'ennemi avait à Ratzeburg 2 bataillons d'infanterie qui défendirent jusqu'à la nuit le pont qui y conduit et ensuite le coupèrent ; mais aussitôt que l'engagement de la cavalerie fut terminé, on se reporta sur Ratzeburg d'où l'ennemi se retirait ; le pont fut immédiatement rétabli et les troupes passèrent.

Le soir le corps d'armée prit position en arrière de Ratzeburg, et son avant-garde fut portée au delà de la ville, couvrant tous les débouchés qui y aboutissent. (4e corps.)

Le soir, nous travaillâmes, de concert avec le génie, au rétablissement du pont dont les Prussiens avaient détruit 4 travées. L'artillerie avait été disposée sur les bords du lac, de manière à protéger nos travailleurs en cas d'opposition de la part de l'ennemi... (Gal Lariboisière.)

Les troupes suédoises qui étaient dans le pays de Lauenburg (1,500 hommes) se sont réunies hier à Lübeck, où elles se sont embarquées sur des bâtiments russes : on prétend que les magistrats se sont refusés à les recevoir, mais que les portes ont été forcées.

J'ai chargé le commandant d'un parti que j'ai envoyé entre l'Elbe et la direction que suit le corps d'armée pour éclairer les mouvements que l'ennemi pourrait faire dans cette partie, de faire prévenir le ministre de V. M. à Hamburg de l'approche des Prussiens, afin qu'il porte les magistrats à leur refuser l'entrée de la ville s'ils se présentent, et aussi pour qu'il engage le Sénat à faire descendre les bâtiments vis-à-vis le territoire danois, afin de les empêcher de s'en servir, et d'annoncer en même temps le passage d'une grande armée pour les rendre plus circonspects.

Le commandant de ce parti est passé par Ludwigstadt, où S. A. le prince héréditaire de Mecklenburg-Schwerin s'est empressé de lui remettre au nom du duc régnant sa parole d'honneur, et par écrit, que ses troupes consistant en 7 ou 800 hommes et 2 pièces de canon ne prendraient pas les armes contre celles de V. M.

J'ose espérer que la journée de demain produira des résultats plus décisifs que ceux qui ont été obtenus jusqu'à présent sur la colonne ennemie que nous poursuivons ; car elle touche bientôt au terme de l'espace qu'elle avait à parcourir, et ses troupes sont de plus en plus harassées : tous les jours d'ailleurs son nombre diminue sensiblement; mais je n'aurai de repos que quand je pourrai annoncer à V. M. qu'il n'en existe plus.

Quartier général, 3e division, Ratzeburg ; — 2e division, Ziethen ; — 1re division, Thurow ; — cavalerie légère, Schmilau [1] ; — 4e division de dragons, Ratzeburg.

---

1. De Gadebusch à Roggendorf, 7 kil. ; — de Roggendorf à Gross-Thurow, 5 kil. ; — de Gross-Thurow à Ziethen, 8 kil. ; — de Ziethen à Ratzeburg, 3 kil. ; — de Ratzeburg à Schmilau, 4 kil.

ORDRE.

Ratzeburg, 5 novembre 1806.

Le corps d'armée se mettra en marche demain à la pointe du jour et se dirigera sur Lübeck [1]. Pour cet effet la division de cavalerie légère et la division de dragons se réuniront en avant de Ratzeburg pour 6 heures et demie. MM. les généraux qui les commandent, régleront leur mouvement en conséquence, et ils sont prévenus que cette disposition est de rigueur. Aussitôt que la cavalerie aura passé, le général Legrand mettra sa division en marche et lui fera suivre le mouvement.

Les généraux Leval et Saint-Hilaire dirigeront aussi leurs divisions sur Lübeck en passant par Ratzeburg et régleront leur mouvement de manière à être à cette dernière ville entre 7 et 8 heures du matin et continueront leur marche.

Les prisonniers qui ont été faits dans la journée resteront à Ratzeburg jusqu'à ce qu'il en soit envoyé d'autres pour les diriger ensemble sur Spandau. A cet effet on prendra sur les 3 divisions les hommes les plus éclopés pour les garder et un officier pour les commander, conformément aux dispositions prescrites par l'ordre général du.... [2].

M[al] SOULT.

---

1. Pendant la nuit on eut la certitude qu'il ne s'était retiré que très-peu de monde sur Hamburg et que le gros des troupes ennemies se réunissait à Lübeck. (4e corps.)

2. LE GÉNÉRAL COMPANS AU GÉNÉRAL LEGRAND.

Ratzeburg, 5 novembre 1806.

J'ai l'honneur de vous inviter de commander sur toutes les troupes de votre division un détachement de 15 hommes et 1 officier pris parmi ceux fatigués ou éclopés, qui se rendra demain à la pointe du jour à l'état-major général à Ratzeburg pour former un détachement de 50 hommes pris sur les 3 divisions du corps d'armée et servir à l'escorte d'un convoi de prisonniers de guerre. L'officier que fournit votre division sera chargé du commandement.

ORDRE.

Il est ordonné à M. . . ., officier au. . . . régiment, de rester à Ratzeburg pour y garder jusqu'à nouvel ordre les . . . prisonniers de guerre prussiens, dont. . . . officiers, avec un détachement de 50 hommes mis sous son commandement. Il fera loger dans un emplacement convenable et bien clos les sous-officiers et soldats prisonniers afin de les garder par un seul poste.

Les officiers prussiens seront logés tous dans une maison et il y sera placé un poste pour surveiller leurs démarches, s'assurer qu'ils ne communiquent avec aucuns des habitants, et empêcher qu'il ne leur soit fait aucun tort, la plupart ayant reçu la promesse de S. A. I. le grand-duc de Berg de

LE GÉNÉRAL SAVARY AU MAJOR GÉNÉRAL

Wismar, 5 novembre 1806, 5 heures du soir.

C'est avec la plus vive satisfaction que j'apprends à V. A. S. qu'aujourd'hui 5 à 7 heures du matin, le général Usedom, à la tête de son corps de hussards avec quelques débris d'infanterie et 2 pièces de canon, a mis bas les armes devant moi, comme prisonnier de guerre. Voici comment cette heureuse rencontre m'est arrivée :

J'ai mandé à V. A. S. qu'après l'affaire de Jabel j'avais manœuvré sur le flanc du maréchal Bernadotte en me rapprochant de lui ; hier j'étais à Warin[1] où je ramassais les débris de la colonne que j'avais dispersée le jour de l'affaire de Jabel et dont une grande partie était déjà tombée entre mes mains. J'appris par des prisonniers et par le retour de mon émissaire Charles qu'il n'y avait qu'une partie du corps du général Usedom qui, le lendemain de l'affaire de Jabel, avait rallié M. de Blücher, que lui de sa personne, son régiment, 2 pièces de canon, et les débris de plusieurs bataillons étaient postés dans les environs de Wismar, d'où il devait partir le lendemain matin pour passer par cette ville et rejoindre M. de Blücher vers Lübeck.

Je suis parti de Warin à 2 heures du matin ayant avec moi 350 chevaux bien combattants et me suis porté au trot

---

garder leurs chevaux et bagages ; il aura aussi attention que l'on ne prenne rien des porte-manteaux des soldats à qui la même faveur a été accordée.

L'officier commandant ce détachement est autorisé à demander à l'autorité locale le logement pour sa troupe dans une maison où il pourra la réunir en entier et s'y loger lui-même ; il lui est expressément ordonné, sous sa responsabilité personnelle, de la faire vivre en bonne discipline.

Cet officier est aussi autorisé de demander aux autorités locales les vivres pour sa troupe sur les bons qu'il donnera chaque jour, ainsi que pour les officiers prisonniers et les soldats.

Il apportera la plus exacte surveillance à faire respecter la ville et fera réunir à son détachement tous les traînards pour les remettre à M. Menu, chef de bataillon au 46e régiment, qui doit arriver aujourd'hui ou demain au plus tard dans cette ville avec les hommes restés en arrière.

1. De Wangelin par Dobbertin, Borkow, Sternberg, Brüel, à Warin, 60 kil.; — de Warin à Wismar, 20 kil.

sur Wismar où je suis arrivé avec le jour. Je rencontrai le corps du général Usedom en marche, à la porte de la ville. Il venait de faire filer ses bagages et son infanterie; mais ils étaient encore en vue; il n'y avait pas une minute à perdre; je n'avais pas le tiers de sa cavalerie, ni un fantassin, ni un canon. Je me hâtai de me former et en même temps je lui envoyai un trompette avec mon aide de camp Custine pour le sommer de se rendre; il a beaucoup demandé qui j'étais, à qui il se rendait, et après avoir déploré son malheureux sort, il a fait défiler devant mes 3 escadrons tout son régiment de hussards d'Usedom de plus de 700 chevaux, un détachement du régiment des dragons de Matte qui sont les débris de ce régiment, 2 pièces de canon et un détachement de Rudorf. Tout cela fut mis en bataille, rendit ses chevaux, armes et bagages avec un désespoir sans exemple.

Je fis de suite charger à travers la ville sa petite colonne d'infanterie formant le fond de 2 bataillons de grenadiers réduits à 300 hommes qui mirent bas les armes en entier. Les 2 régiments y firent un énorme butin et jamais je n'ai été effrayé de voir autant de chevaux de main; pour en diminuer le nombre j'ai été obligé d'accorder aux maréchaux-des-logis d'emmener les leurs jusqu'à Spandau où ils les remettraient.

Par ma capitulation, le général Usedom a eu la liberté d'aller chez lui ainsi que ses officiers après avoir signé l'engagement de ne plus servir de la guerre contre la France ni ses alliés. Fort heureux de les avoir amenés à ce point, je me suis hâté de les mettre en route sous l'escorte d'une compagnie qui me réduit maintenant à moins de 300 chevaux.

Je ne voulais pas en croire mes yeux, mais enfin ils sont désarmés, pris et partis pour Spandau. J'ai été obligé de faire couper le jarret à la majeure partie de ma capture. Demain je pousserai vers Lübeck et si je trouve encore une belle occasion je serai habile à la saisir.

Les officiers prussiens étaient dans le besoin le plus urgent et ils me firent demander par le général Usedom de leur avancer 236 frédérics d'or. Je n'avais pas cette somme sur moi, et conséquemment je fus contraint de la leur faire avancer par la ville de Wismar à laquelle ils en donnèrent un reçu, n'ayant voulu en rien donner ma signature pour des affaires de cette nature.

Voilà, Monseigneur, le résultat de ma journée d'aujourd'hui. Je me loue beaucoup des deux colonels du 1er de hussards et de M. Barbé commandant par intérim le 7e de chasseurs ; c'est un officier d'honneur; ils seraient bien aise d'obtenir tous deux un témoignage de satisfaction de S. M. Quant à moi je me trouve heureux d'être chargé de rapporter à V. A. S. combien j'ai été content d'eux, et le bonheur de servir mon maître est pour moi sans prix.

La colonne d'Usedom passe par Warin, Sternberg, Parchim, Plau, Waren, Neu-Strelitz, de là sur Oranienburg et Spandau.

LE MAJOR GÉNÉRAL AU MARÉCHAL NEY.

Berlin, 5 novembre 1806.

L'Empereur approuve fort vos idées, Monsieur le Maréchal, relativement au bombardement que vous proposez de faire de la ville de Magdeburg. J'écris au général Lemarois à Wittenberg, j'écris à M. de Thiard à Dresde pour que l'on vous fasse passer encore de 8 à 10 mortiers et les munitions nécessaires. J'écris également que l'on vous fasse passer 6 pièces de 24. L'Empereur trouve qu'il serait nécessaire que vous envoyassiez un de vos officiers d'artillerie à Wittenberg près le général Lemarois et de là à Dresde pour faire hâter l'arrivée des objets dont vous avez besoin pour votre bombardement ; même cet officier pourrait vous procurer à Dresde un équipage de siège si cela devenait nécessaire. Les pièces de 24 vous serviraient à tirer à boulets rouges. J'écris au général Lemarois et au général Songis qu'ils vous fassent passer un grand nombre d'obus de manière que vous puissiez en jeter avec les obusiers que vous avez en très-grande quantité. L'Empereur pense que la manière la plus avantageuse serait de commencer le feu avec 2 mortiers, 1 pièce de canon et 1 obusier ; 2 heures après, 4 mortiers, 2 obusiers et 2 pièces de canon ; 4 heures après, 6 mortiers, 3 pièces à boulets rouges et 3 obusiers ; au bout de 48 heures, 8 mortiers, ce que vous avez d'obusiers et 4 grosses pièces à boulets rouges ; enfin, au bout de 60 heures, 12 mortiers, vos 6 pièces de 24 à boulets rouges et tous les obusiers que vous pouvez avoir. Les habitants et la garnison ne pourront tenir à ce feu progressif. L'Empereur porte une grande confiance dans cette manière de tirer, et par là il est impossible que dans 3 jours le commandant, quelque tenace qu'il soit, ne vous demande à capituler. Vous pouvez accorder que les officiers seront prisonniers sur parole ; que leurs chevaux et leurs effets leur seront conservés ; que la garnison défilera avec les honneurs de la guerre pour de là se rendre prisonnière de guerre en France ; que les munitions, les caisses, etc., etc., appartiendront à l'Empereur. Vous savez que l'Empereur s'est emparé de Hesse-Cassel. Communiquez fréquemment avec le roi de Hollande qui est en Hanovre, et faites-moi passer souvent de vos nouvelles, ce que l'Empereur vous recommande.

L'EMPEREUR AU GÉNÉRAL LAGRANGE, A CASSEL.

Berlin, 5 novembre 1806, 4 heures du matin.

Je vous adresse directement mes ordres, parce que je suppose que le maréchal Mortier est parti pour Hanovre. J'imagine qu'il vous aura laissé un régiment français et un régiment italien. Un autre régiment italien arrive le 6 novembre à Mayence ; appelez-le afin que vous ayez main-forte. Le maréchal Kellermann vous enverra tous les hommes à pied des armes de cavalerie qui sont à Mayence ; montez-en le plus possible. Otez partout les armes de Hesse. Faites détruire les fortifications de Marburg de fond en comble. Faites sauter les fortifications de Hanau, de manière que la place soit rase comme la main. Faites transporter toute l'artillerie, tous les magasins, tous les meubles, statues et effets des palais de la cour, à Mayence.

Annoncez que ce prince ne peut plus régner; que je ne souffrirai plus sur mes frontières un prince ennemi, plus que Prussien, mais Anglais et vendant ses sujets pour me faire la guerre dans les deux mondes.

Demandez tout ce que les princes de Nassau-Usingen doivent fournir et donnez-leur des fusils. Demandez aussi 2,000 hommes à Hesse-Darmstadt. Désarmez exactement le pays; qu'il n'y ait pas un canon, pas un fusil. Suivez les mesures que j'ai ordonnées, d'arrêter et d'envoyer en France les colonels et les officiers. Envoyez un intendant et un receveur des contributions pour percevoir les revenus du prince. Du reste, on peut traiter le pays avec douceur; mais, s'il y a le moindre mouvement quelque part, faites un exemple terrible. Que le premier village qui bouge soit pillé et brûlé; que le premier rassemblement soit dissipé et les chefs traduits à une commission militaire. Aucun prince de la maison de Hesse, même les femmes, ne doit rester dans le pays. Donnez-leur des passeports pour s'en aller. Congédiez tous les domestiques. Faites tout cela avec exactitude, fermeté, mais avec toute l'honnêteté française et avec tous les égards pour le sexe.

Votre règle de conduite doit être dans mes projets, qui sont de détrôner entièrement cette maison, dont l'existence est incompatible sur le Rhin avec la sûreté de la France.

Vous sentez qu'en vous laissant les 2 régiments italiens et 3 ou 4,000 hommes de mes alliés, cela me fait 5 à 6,000 hommes dont je puis avoir besoin ailleurs. Il faut donc prendre des mesures pour que bientôt ces troupes ne soient plus utiles là et que vous puissiez vous contenter d'un millier d'hommes.

S'il y a quelque chose à faire qui puisse être utile à cette population et la contenter, telle que la suppression de quelque droit onéreux, ayez soin de m'en informer.

Faites-moi connaître le jour précis où l'artillerie et les magasins seront arrivés à Mayence, et les places détruites. Je désire que ce soit avant le 16 novembre, et qu'à cette époque les trois quarts des troupes que vous allez avoir sous vos ordres puissent se porter sur l'Elbe.

Je suppose que l'Électeur n'aura pas eu le temps d'enlever les archives des relations extérieures; tâchez de trouver sa correspondance avec la Prusse.

L'EMPEREUR AU MARÉCHAL MORTIER.

Berlin, 5 novembre 1806.

J'ai vu avec plaisir votre entrée à Cassel le 1er novembre. Je donne mes instructions directement au général Lagrange, parce que je suppose que vous n'êtes plus à Cassel, et que vous vous êtes dirigé à tire-d'aile sur le Hanovre. Vous trouverez là, chez le roi de Hollande, sous les ordres de qui vous serez, l'ordre d'aller prendre possession de Hamburg, avec les instructions nécessaires. Si la santé de ce prince l'oblige à retourner dans son royaume, vous prendrez en chef le commandement de toutes mes troupes en Hanovre et dans les villes hanséatiques. Portez tous vos soins à ce qu'il n'y ait pas de dilapidation et à ce que tout se fasse avec le plus grand ordre; je n'en veux tolérer aucune; toutes les ressources doivent être pour l'armée.

Envoyez-moi souvent vos états de situation et expédiez-moi tous les 2 jours un officier.

ORDRE.

Berlin, 5 novembre 1806.

Une commission de 3 membres, pris dans le conseil des 60, se rendra à Spandau avec un commissaire des guerres et un officier d'état-major qui sera l'aide de camp de S. M. On vérifiera s'il est vrai qu'il y ait eu des farines ou avoines vendues, et il en sera rendu compte à S. M. par l'intermédiaire du Gouverneur général.

NAPOLÉON.

L'EMPEREUR AU GÉNÉRAL CHASSELOUP, A STETTIN.

Berlin, 5 novembre 1806.

Il faut arranger le fort de Prusse, le fort Guillaume et le fort Léopold, de manière que 400 hommes dans le premier, 200 dans le second et 100 dans le troisième, me mettent ces forts à l'abri de toute surprise. Ces 700 hommes faisant leur devoir, et le génie ayant disposé ainsi les choses, l'ennemi n'approchera de la place qu'avec les apprêts d'un siège en règle. Cependant l'on mettra l'enceinte dans un tel état que, maître des forts avancés, l'ennemi ne puisse rien tenter contre les ouvrages extérieurs. Il ne saurait se loger entre 2 forts; il faut pourvoir à ce qu'il ne puisse pas, dans la même nuit, escalader en même temps les ouvrages extérieurs et l'enceinte. S'il est nécessaire, le génie pourra occuper les ouvrages extérieurs en les fermant à la gorge.

Quant aux ouvrages de la rive droite, le marais les couvre. Il faut cependant pourvoir au cas de gelée, par des fraises et des palissades. Mon intention est de laisser 700 hommes pour les forts détachés, comme je l'ai dit plus haut, autant pour le corps de la place, 400 pour la rive droite, 200 pour l'ouvrage qui est dans l'île, 400 ou 500 pour la place de Damm: total 2,500 hommes, sans compter 200 hommes qui, par les mouvements de l'armée, s'y trouveront sans ordre.

L'EMPEREUR AU GÉNÉRAL LEMAROIS.

Berlin, 5 novembre 1806.

Vous n'écrivez pas assez souvent. Tous les jours mes courriers passent à Wittenberg; vous devriez toujours avoir une lettre prête pour leur donner à leur passage. Combien avez-vous de pièces en batterie? Quelles parties de l'enceinte palissadées? Les redoutes sur les flancs sont-elles faites? La tête de pont sur la rive gauche est-elle finie? Quelle est la situation des fours et des magasins? Êtes-vous à l'abri d'un coup de main? Vous devez sentir que tout cela est très-important. Avez-vous des nouvelles des dépôts qui sont à Forchheim, de tous les hommes de cavalerie à pied qui, de Würzburg, Forchheim et Kronach, devaient se diriger sur Wittenberg? Envoyez-m'en l'état par régiments, hommes et chevaux. Avez-vous encore des dragons à pied? Tous ces objets m'intéressent. Répondez-moi par le retour de mes courriers.

Instruisez-moi de la quantité d'artillerie et de mortiers que vous envoyez pour le bombardement de Magdeburg.

L'EMPEREUR A L'ÉLECTEUR DE SAXE.

Berlin, 5 novembre 1806.

Je reçois la lettre de V. A. S. Électorale, que m'a présentée ce matin son grand chambellan le comte de Bose. J'ai investi de mes pouvoirs le prince de Bénévent, et je verrai avec plaisir finir les malheurs qui ont pesé sur la Saxe et ont donné tant d'inquiétudes à V. A. Si les événements ont altéré nos relations politiques, rien n'a altéré l'estime et la parfaite considération que je vous ai vouées depuis longtemps.

L'EMPEREUR A LA DUCHESSE DE WEIMAR.

Berlin, 5 novembre 1806.

Ma cousine, j'ai reçu plusieurs de vos lettres. Je partage toutes vos peines. J'ai accordé toutes les demandes que vous avez faites. Je désire cependant que cela serve de leçon au duc de Weimar. Il m'a fait la guerre sans raison ; il pouvait imiter la conduite du duc de Saxe-Gotha ; il pouvait imiter celle du duc de Brunswick, qui n'a point fourni de contingent et que j'ai cependant privé de ses États. Tout ce que j'ai fait pour le duc est uniquement à votre considération.

L'EMPEREUR AU MARÉCHAL LANNES.

Berlin, 5 novembre 1806, 7 heures du soir.

Je reçois votre lettre du 4 novembre[1]. Je ne vois pas d'inconvénient à ce que vous fassiez occuper Stargard, pourvu que la troupe y soit bien et s'y repose. Il doit y avoir à Stargard des magasins. Envoyez des patrouilles du côté de Colberg, sur la mer. 12 pièces d'artillerie, avec le 28e, sont parties ce matin, une heure avant le jour, pour Stettin. Je désire beaucoup que vous formiez vos 3 divisions. Du moment que j'aurai un autre régiment, je le donnerai à Victor. Choisissez un autre chef d'état-major.

Vous recevrez bientôt des ordres pour marcher sur la Vistule, mais j'attends, pour voir finir la poursuite de la colonne du duc de Weimar, qui s'est réunie à celle de Blücher et occupe les corps d'armée des maréchaux Soult, prince de Ponte-Corvo et grand-duc de Berg. Elle doit être arrivée hier sur la Baltique du côté de Rostock. J'imagine qu'on parviendra à les prendre.

On m'assure qu'il y a beaucoup de mouvements en Pologne.

Mon intention est de fortifier Stettin. Faites approvisionner les forts de Prusse, de Damm, les forts Guillaume et Léopold. J'ai prescrit des ordres au général Chasseloup. Avec une armée comme celle-ci, tant de dépôts, tant de troupes auxiliaires, il est fort heureux d'avoir des lieux où l'on puisse mettre en sûreté 2 à 3,000 hommes.

Je ne sais pas le nombre de fours qu'il y a à Stettin; si vous n'y avez pas les moyens suffisants pour faire 50,000 rations par jour, faites construire quelques fours de plus.

Un corps de troupes bavaroises se porte du côté de Glogau; la place est forte; mais Stettin et Küstrin se sont bien rendus; je ne vois pas pourquoi ceux-ci feraient autrement. Cette place nous serait fort utile.

---

1. Voir *Campagne de Pologne*, tome I, page 44.

J'avais nommé, pour commander à Stettin, un adjudant-commandant, mais je donnerai ce commandement au général Thouvenot dont j'ai été content à Würzburg et qui entend bien le détail des places.

J'ai appris avec plaisir que vous aviez 2,000 rations d'eau-de-vie; mais je suis fâché que vous n'ayez pas plus de souliers. C'est bien peu de chose que 2 paires de souliers par homme, dans la saison où nous allons entrer. J'imagine que les corps en font venir de France; on en fait ici 500 paires par jour. S'il est possible, faites-en faire à Stettin; nous avons passé la plus belle saison et désormais une paire de souliers ne durera pas 10 jours.

Le soulier est aussi indispensable au fantassin que le pain. — Aujourd'hui le brodequin a remplacé le soulier [1]; le soldat préfère le brodequin qui lui soutient mieux la cheville. Mise continuellement, jour et nuit, une paire de brodequins neufs ne fait pas plus de 30 jours sans avoir besoin de réparations, même dans la saison la plus favorable; et dans une guerre de mouvements il est impossible de faire aucune réparation, vu le manque absolu ou l'insuffisance de temps, de matériel (outils et fournitures), d'ouvriers de compagnie.

Faire entrer le soldat en campagne avec une seule paire de brodequins, même complètement neufs, c'est vouloir que l'armée soit pieds nus avant la fin du premier mois. Le soulier et la guêtre de toile que l'homme porte dans son sac ne sont pas capables de remplacer, même momentanément, le brodequin détérioré. Par la pluie et la boue, la guêtre de toile n'est bientôt plus qu'une loque.

---

1. Les souliers dont se servaient les troupes étaient à cordons. L'infanterie de ligne portait la guêtre longue, l'infanterie légère la demi-guêtre ou guêtre courte, l'une et l'autre en estamette ou étamette, étoffe noire de laine. Une circulaire du 29 frimaire an XIV avait supprimé la guêtre blanche, excepté pour la Garde. A partir de 1812 toute l'infanterie porta la demi-guêtre.

La circulaire du 29 frimaire an V avait aboli le ressemelage et fixé à 3 mois la durée des souliers. La circulaire du 4 brumaire an VI remit aux corps le soin de faire confectionner eux-mêmes leurs souliers (masse de petit équipement, loi du 25 fructidor an V; retenue de 0,08 par jour, arrêté du 8 floréal an VIII), pour mettre un terme aux abus que ces fournitures avaient entraînés jusque-là. Le général Bardin rapporte qu'il vit en 1793, dans une séance de conseil d'administration, démolir des souliers pour en constater la fabrication et que les semelles se trouvèrent en carton. Les souliers fournis en l'an XII aux régiments italiens n'étaient pas de meilleure qualité; « ils ne valent pas 30 sous », écrit l'Empereur au général Dejean, le 23 thermidor an XII. Le prix des souliers était de 5 fr. à 5 fr. 10.

L'homme doit donc avoir dans son sac une seconde paire de brodequins neufs et ajustés, au lieu du soulier et de la guêtre de toile. A ce prix seulement il continuera à marcher et attendra le remplacement de sa première paire de brodequins détériorée.

Jusqu'à ce que les opérations aient pris une tournure, on ne peut songer à faire venir des chaussures à l'armée ; il faut pouvoir aller jusqu'à ce moment et fournir encore soit une marche en avant, soit une marche en retraite pendant lesquelles les complications de mouvements sont telles que rien ne peut parvenir que les subsistances et les munitions.

Il est donc de toute nécessité que l'homme soit chaussé au moins pour 45 jours, et il ne l'est pas s'il n'est pourvu à son départ de 2 paires de brodequins neufs et ajustés, une aux pieds et l'autre dans le sac. Les chemins de fer apporteront la 3e paire dès que la première sera bonne à jeter. — D'ailleurs il ne suffit pas de faire venir des brodequins, encore faut-il que le soldat puisse marcher avec sans être blessé, et ce ne sera pas une petite difficulté de faire les distributions suivant les besoins. Mieux vaut que cette opération ait été faite avant le départ, que l'on n'ait à la répéter que le moins possible et surtout pas pendant la première période des opérations.

Cette question des brodequins est très importante, elle doit fixer l'attention.

LE GÉNÉRAL CORBINEAU A L'EMPEREUR.

Spandau, 5 novembre 1806.

J'ai l'honneur de rendre compte à V. M. que l'arrivée des 1,500 hommes d'artillerie prisonniers de guerre vient de m'être annoncée pour 2 heures.

Il n'y a ici ni dragons à pied ni hommes d'aucun régiment de cavalerie pour recevoir ces chevaux. Le général Bourcier n'y est pas non plus ; j'ai l'honneur de prier V. M. de me donner ses ordres relativement à eux.

L'artillerie a débarqué et placé dans les magasins du fort 60,000 fusils, 5 ou 600 sabres, quelques mousquetons et beaucoup de poudre ; le débarquement des effets d'habillement s'opère, mais lentement, parce que l'artillerie et le génie emploient presque tous les bras ; les bateaux contenant des comestibles de toute espèce seront inventoriés très-incessamment et dès qu'ils le seront j'en rendrai comptables des employés qui déjà sont ici.

LE GÉNÉRAL CORBINEAU A L'EMPEREUR.

Spandau, 5 novembre 1806.

J'ai l'honneur de rendre compte à V. M. de l'arrivée à Spandau d'une partie de l'artillerie prise par M. le maréchal Lannes. Ce convoi est composé de 20 pièces de canon, 5 obusiers, 2 ou 3 affûts de rechange et 53 caissons.

Toutes les pièces et caissons sont attelés les unes de 6 les autres de 8 chevaux ; elles sont conduites par des charretiers prisonniers ; il y a avec ces pièces 150 canonniers à pied environ.

Il est arrivé en même temps environ 250 hommes d'artillerie légère prisonniers tous montés. Les chevaux sont presque tous équipés, mais les selles sont de la plus mauvaise qualité, les agrès ne tiennent pas, les cuirs sont presque pourris ; les sangles ne valent rien et manquent presque toutes de boucles. Les brides et licols sont aussi dans le plus affreux état.

Les harnais des chevaux de trait sont peut-être ce dont on pourra tirer le meilleur parti quoiqu'ils ne soient pas non plus en très-bon état.

Les chevaux périssent de faim. Cela n'est pas étonnant; les escortes ne s'en occupent pas, même lorsque leur approvisionnement est prêt. Aujourd'hui j'ai été forcé d'avoir recours à des étrangers pour faire donner aux hommes et aux chevaux leurs vivres.

Le général d'artillerie Saint-Laurent désire prendre pour son train les charretiers prisonniers de bonne volonté qu'il pourra trouver. Le commandant du génie demande aussi 36 de ces hommes pour panser les chevaux de son parc; en les lui accordant il aurait 36 sapeurs de plus disponibles pour ses travaux, qui en ce moment pansent des chevaux.

V. M. permet-elle que je les leur laisse prendre?

Si je ne recevais pas d'ordre de V. M. d'ici à demain matin, je ne sais si je devrais faire partir pour Potsdam les pièces et le train d'artillerie arrivés aujourd'hui. Plusieurs soldats d'artillerie ennemie et quelques sous-officiers ont témoigné qu'ils entreront avec plaisir au service de S. M. le roi de Naples; ils m'ont demandé s'ils auront un engagement? s'ils conserveront leur grade? J'ai l'honneur de prier V. M. de me faire connaître ses intentions pour ceux qui voudront s'engager; j'ai l'espoir d'en réunir demain une assez forte quantité.

J'ai l'honneur d'envoyer à V. M. un rapport du mouvement qui a eu lieu aujourd'hui dans la place. Les travaux du fort et de la ville se continuent. Le débarquement des bateaux et l'inventaire de ce qu'ils contiennent se fait. Il reste en magasin 440 culottes de peau. Il en a été délivré 2,500 à Potsdam pour les dragons à pied et 450 le 26 avant mon arrivée ici au 11e régiment de dragons.

RAPPORT DU MOUVEMENT DE LA PLACE DE SPANDAU.

Il est entré aujourd'hui à Spandau les troupes suivantes:

	Hommes.	Chevaux.
Une escorte de prisonniers d'infanterie venant du corps du maréchal Lannes. Je n'ai pas le nom du corps.	120	
Une escorte du 21e régiment d'infanterie légère . . .	574	
Une escorte du 28e de ligne d'un convoi de voitures venant de l'intérieur [1]	674	
Un détachement du 10e régiment venu du dépôt en France	49	
Des détachements réunis des 43e et 55e venus de leur dépôt en France.	75	
Un détachement de Nassau-Usingen	36	
Un détachement des troupes de Bade	178	
Cavaliers des 5e et 7e de chasseurs venant du dépôt .	41	42
Détachement du 21e de chasseurs venu pour escorter les prisonniers	136	136

4 compagnies de sapeurs et de mineurs qui n'ont pas fourni de situation.

1. Voir le rapport du général Corbineau, du 6 novembre, 7 heures du soir.

Prisonniers de guerre. — 1re colonne escortée par le 21e léger, 1,943 hommes y compris 300 canonniers.

2e colonne escortée par le 21e de chasseurs et de l'infanterie qui n'a pas paru, même pour dire à quel corps elle appartenait, 2,506 hommes dont 609 hommes d'artillerie à pied et 95 hussards, le reste infanterie.

3e colonne, 250 chevaux d'artillerie légère environ et 500 à 550 chevaux de trait; 250 hommes d'artillerie légère montés sur les chevaux indiqués ci-dessus et 150 hommes d'artillerie à pied; 220 à 230 charretiers conduisant les pièces et caissons.

Nota. — Tout ce qui est relatif aux prisonniers n'a pu être qu'approximé, les officiers conducteurs les ayant amenés sans ordre; la seule chose dont je sois sûr, c'est qu'il y avait ce soir au bivouac près Spandau 25 pièces d'artillerie, 53 caissons tous attelés de 6 chevaux au moins et 260 canonniers à cheval montés. Il peut y en avoir plus, mais pas moins. Je n'ai pu compter que pendant la durée du jour.

LE GÉNÉRAL LEMAROIS A L'EMPEREUR.

Wittenberg, 5 novembre 1806.

Comme je rendais journellement compte à S. A. S. le Major général de l'armée de ce qui se passait dans cette place, je n'osais pas interrompre V. M. pour lui en faire le même rapport.

Le général Oudinot a envoyé à Potsdam tous les chevaux saxons de Dessau; le nombre s'en montait à près de 1,500; mais il y en avait beaucoup de blessés et sans leurs équipages. J'ai également fait partir les 141 que j'avais, ainsi que ce qu'il me restait de dragons à pied d'après les ordres du Major général.

Il n'est point arrivé de dragons des dépôts de Kronach, Forchheim, Würzburg et Erfurt. Il est passé le 30 octobre le 4e régiment de dragons venant de France fort de 600 hommes dont 300 à pied, et hier un détachement de 143 dragons à pied du 11e faisant partie du 1er régiment de dragons à pied [1].

---

1. Cette compagnie n'avait quitté Mayence que le 19 octobre; elle manquait au 2e bataillon, 1er régiment. Voir *Iéna*, pages 41 et 42.

J'ai fait partir aujourd'hui le dépôt du 5e corps d'armée pour Stettin. Sur 587 hommes qui le composent, 209 sont en état de rejoindre leurs drapeaux. Le dépôt du 3e corps part également pour Küstrin ; sa force est de 330 hommes[1].

Les travaux de la place vont assez lentement ; si le Major général avait voulu accorder une ration de pain aux ouvriers, nous en aurions autant qu'il nous en faudrait ; je presse autant que je puis et je trouve assez de bonne volonté partout, mais le pillage et l'assassinat que commettent les maraudeurs qui sont dans les villages, désolent le pays. Si j'avais quelques gendarmes, je rétablirais l'ordre partout.

Je fais évacuer de Torgau sur cette place 500 milliers de poudre qui s'y trouvent ; si on fournit les subsistances que j'ai demandées à l'intendant Croutelle, nous serons abondamment pourvus de tout ce dont nous pourrons avoir besoin.

---

1. LE GÉNÉRAL LEMAROIS AU MAJOR GÉNÉRAL.

Wittenberg, 3 novembre 1806.

Il est arrivé hier un trésor venant de Mayence ; il est parti ce matin pour Spandau et escorté par 4 compagnies de sapeurs et par un détachement du 28e léger commandé par le major de ce régiment.

Il existe dans les dépôts des différents corps d'armée des hommes qui sont nus ; presque tous ont été blessés à l'affaire de Iéna. Je crois indispensable que V. A. me fasse passer ou m'autorise à requérir 100 capotes, 100 pantalons ou culottes et 200 paires de souliers.

Il me déserte journellement, pour rejoindre leurs régiments, des militaires qui ne veulent pas rester sur les derrières ; comme je n'ai ici ni officiers ni sous-officiers et que ce sont eux-mêmes qui se gardent, il m'est impossible d'arrêter ceux qui veulent aller rejoindre leur corps.

M. le feld-maréchal de Mollendorf est parti ce matin pour Berlin où il arrivera après-demain.

LE GÉNÉRAL LEMAROIS AU MAJOR GÉNÉRAL.

Wittenberg, 4 novembre 1806.

Les soldats qui se trouvent dans leurs dépôts respectifs n'ont pas les moyens de se blanchir et de se faire la barbe, et beaucoup d'entre eux n'ont que la chemise qu'ils ont sur le corps ; presque tous ceux qui ont été blessés et qui ont tout perdu sont venus m'en demander. Ils réclament également le pain de soupe puisqu'ils sont casernés. Je prie V. A. S. de vouloir bien m'autoriser à leur faire distribuer une demi ou un quart de ration de supplément.

Tous les jours il se commet des brigandages et des assassinats dans les villes et villages à 6 lieues à la ronde de Wittenberg. Je crois qu'un détachement de gendarmerie me serait d'une grande utilité pour arrêter le pillage : je n'ai ici que 8 hussards (du 1er régiment laissés par ordre du Major général) qui ne sont pas propres à ce service.

6 NOVEMBRE.

LE MARÉCHAL BERNADOTTE AU GRAND-DUC DE BERG.

Schönberg, 6 novembre 1806, 4 heures du matin.

Tous les rapports qui me sont parvenus et le résultat des reconnaissances que j'ai envoyées, me donnent la certitude que l'ennemi n'a point fait le crochet que nous soupçonnions sur Wismar, et qu'il n'a que très-peu de monde à Lübeck.

LE GÉNÉRAL LASALLE AU GRAND-DUC DE BERG.

En avant de Gross-Sarau, 6 novembre 1806,
6 heures et demie du matin.

Les Suédois, partis de Ratzeburg il y a 3 jours, se sont retirés à Lübeck d'où ils s'étaient portés vers le Danemark qui s'est opposé à leur passage.

Ils sont retournés vers Ratzeburg, mais en voyant la marche rétrograde des Prussiens, ils sont rentrés à Lübeck où ils ont embarqué leurs armes et leurs canons ; on les croit encore à Lübeck.

Il n'est passé par cette route que 12 à 1,500 hommes d'infanterie et cavalerie et beaucoup de bagages ; ils se sont informés du chemin de Herrnburg.

LE MARÉCHAL BERNADOTTE AU MAJOR GÉNÉRAL.

Lübeck, 7 novembre 1806.

Prince, j'ai dépêché hier le colonel Morio au quartier général impérial pour rendre compte à S. M. des nouveaux succès de ses armes sur les troupes prussiennes. Je n'ai pas eu le temps d'écrire à V. A., mais je profite ce matin du retour de M. l'adjoint Michal pour vous transmettre directement tous les détails de la journée d'hier.

Par ma dernière lettre écrite de Schwerin le 4 novembre, je vous marquais que je continuais la poursuite de l'ennemi sur la route de Lübeck; depuis, mes reconnaissances m'apprirent que le général Blücher avait effectivement dirigé une partie de ses troupes sur Lübeck, mais qu'en même temps une autre colonne avait pris le chemin de Ratzeburg. Je m'entendis avec M. le maréchal Soult, et il fut convenu qu'il marcherait sur Ratzeburg et moi sur Lübeck.

Avant-hier matin j'atteignis à Gadebusch l'arrière-garde ennemie composée d'environ 2,000 chevaux et de 2 bataillons de grenadiers. Nos voltigeurs eurent bientôt repoussé ces derniers qui se retirèrent dans la ville et en fermèrent les portes. Elles furent enfoncées à coups de hache; la cavalerie s'était mise en bataille sur les hauteurs derrière la ville; quelques coups de canon décidèrent sa retraite et je continuai ma marche après avoir fait une centaine de prisonniers.

Mes troupes toujours suivant les traces de l'ennemi vinrent prendre position avant-hier soir à Schönberg; 2 divisions d'infanterie et 2 régiments de cavalerie en avant de la ville et le reste en arrière.

Pendant la nuit j'appris que 2,000 Suédois se retirant du Lauenburg étaient entrés hier à Lübeck et devaient s'y embarquer sur la Trave.

Je chargeai aussitôt le colonel Gérard, mon premier aide de camp, d'aller prendre poste vis-à-vis Travemünde avec 1 bataillon, 2 pièces de canon et quelques hussards[1], et j'envoyai en avant le général Maison avec un autre détachement sur Schlutup[2] pour observer tout ce qui se passait sur la Trave et aux environs de Lübeck[3].

---

1. Afin de s'opposer au passage de ceux des bâtiments suédois qu'on ne pourrait arrêter à Schlutup. Cet officier supérieur ramassa sur la route de Dassow des bagages et des prisonniers. (Journal du 1er corps.)

2. De Schönberg à Schlutup, 11 kil.; — de Schlutup à Lübeck, 8 kil.

3. Le général Maison avait quelques compagnies de voltigeurs, du canon et

Je partis moi-même avec toutes mes troupes à 2 heures du matin.

Arrivé à Selmsdorf je fus chargé moi et mon escorte par les hussards ennemis ; cette surprise avait lieu à la faveur de la nuit, nos tirailleurs s'étant croisés sans se voir avec les tirailleurs ennemis ; je fis avancer 1 bataillon de la division Drouet précédé par quelques voltigeurs et bientôt nous eûmes en notre pouvoir un convoi de 300 voitures d'équipages escorté par environ 1,000 hommes d'infanterie et 2 escadrons de hussards qui tous mirent bas les armes ; 3,000 hommes qui étaient sortis de Lübeck pour protéger l'entrée de ce convoi se retirèrent en grand désordre. Ces 300 voitures venaient de Wismar sur Lübeck. Elles étaient toutes attelées de 4 chevaux.

Continuant notre marche nous arrivâmes à Schlutup où nous reconnûmes effectivement sur la Trave plusieurs bâtiments prêts à mettre à la voile avec des troupes suédoises dont une partie déjà embarquées, les autres sur le rivage. Je chargeai le général Rouyer avec une partie de sa brigade de s'en rendre maître ; ils ripostèrent à notre canon avec quelques pièces qu'ils avaient sur la rive gauche ; mais j'ordonnai au général Rouyer de couler bas les bâtiments et de jeter de suite quelques troupes sur la rive gauche en les sommant de se rendre, si elles ne voulaient pas être taillées en pièces. Cet ordre fut exécuté. Plus de 600 Suédois se rendirent prisonniers de guerre, sous les ordres de M. le colonel comte de Meurner.

Sur ces entrefaites j'avançais sur la ville avec tout le reste de mon corps d'armée et je chassais devant moi environ 5,000 hommes qui s'étaient portés en avant. Je reconnus bientôt que l'ennemi voulait défendre la place et que les localités lui assuraient de grands avantages, mais fort de l'in-

---

100 chevaux. — Arrivé au village de Solmsdorf, ce général rencontra les avant-postes prussiens ; il les chassa et continua sa marche. En arrivant avec des tirailleurs pour ouvrir les portes de Schlutup qu'il croyait évacué, le général Maison fut assailli par une grêle de balles ; un bataillon prussien y était encore ainsi que quelques cavaliers ; pendant qu'il faisait des dispositions pour l'attaquer, l'ennemi se retira sur Lübeck. (Journal du 1er corps.)

trépidité de nos troupes je ne balançai pas à ordonner l'attaque. La ville est entourée de marais et de notre côté un lac en couvrait tout le front. Il fallait pour y arriver que toutes les troupes défilassent sur une chaussée qui conduit à la porte de la ville. Les Prussiens avaient fait de cette porte une véritable place d'armes. Elle était hérissée de canons et 2 bastions placés sur les flancs de l'entrée avaient aussi été armés de pièces qui battaient en écharpe tout ce qui se dirigeait sur la ville; en avant de cette position formidable toute leur infanterie légère avait pris poste avec l'artillerie de campagne. Nos troupes abordèrent tous ces obstacles avec un sang-froid et une valeur qui n'appartiennent qu'à l'infanterie française[1].

J'ordonnai à la division Drouet qui se trouvait en tête de se former par division et demi-bataillons et d'avancer précédée par ses compagnies de voltigeurs et soutenue par quelques pièces de canon que je fis de suite établir sur les

---

1. Lübeck est au milieu d'une plaine marécageuse en certains endroits et les accidents du terrain ne sont pas assez considérables pour donner de grands avantages à l'attaquant pour l'établissement de son artillerie.

La ville avait autrefois une enceinte bastionnée; elle est démantelée, mais on a conservé les terre-pleins ainsi que les fossés profonds de 10 pieds au moins et dans lesquels coulent la Trave et la Wakenitz. La Burgthor est sur un front tout particulier: à l'épaule extérieure du bastion de droite vient tomber la Wakenitz et du saillant du bastion de gauche débouche la basse Trave, de sorte que ce front est comme isolé. Le bastion de gauche est lui-même séparé de la courtine par la Trave sur laquelle il n'y a qu'un pont qu'il faut aller chercher à l'autre bout de la ville. Le front du bastion isolé enfile la route par où nous arrivions, tandis que sa face prend d'écharpe la route de Travemünde enfilée d'ailleurs par la courtine. A la place de la demi-lune qui existait jadis, on a construit un tambour en palissades espacées placées sur un mur d'appui et fermé par une barrière pareille à l'enceinte.

Les Prussiens avaient environ 20,000 hommes tant sur le rempart qu'autour de la ville avec une artillerie formidable; sur le seul front de la Burgthor, ils avaient posté 25 bouches à feu, 7 sur le bastion isolé et le reste sur la courtine, sur le bastion de droite et dans le tambour.

Outre l'infanterie placée sur la crête du front et dans le tambour en charpente, il y en avait encore sur la berme. Un corps d'environ 5,000 hommes était sorti de la ville et avait pris position sous la protection des batteries en avant du tambour.

Les deux routes de Schönberg et de Travemünde se joignent à la porte perpendiculairement l'une à l'autre; elles sont bordées de fossés assez profonds, de jardins, d'arbres et de maisons. Le terrain compris entre les deux est entièrement marécageux, quoique praticable dans quelques endroits. (Journal du 1er corps.)

flancs de notre colonne d'attaque. La précision de nos artilleurs, et par-dessus tout l'audace et la fermeté de notre marche, eut bientôt déconcerté toute l'avant-garde ennemie qui, abandonnant ses pièces de campagne, se retira dans les redoutes de la porte et sous la protection des bastions. Mais le 27e d'infanterie légère les poussant la baïonnette dans les reins, entra avec eux dans la ville. Le 94e et le 95e arrivèrent et pénétrèrent avec la même intrépidité sous le feu le plus meurtrier des bastions[1].

D'après mes ordres, la division Drouet entra dans la place, se dirigea de suite à droite pour passer la Trave et déboucher sur la route du Holstein.

Tandis que le général Drouet exécutait cette manœuvre, j'avais fait avancer la division Rivaud et je lui avais ordonné de balayer toute la ville et d'aller déboucher par la porte de Ratzeburg[2].

---

1. Le prince de Ponte-Corvo reconnut la position de l'ennemi ; il fit établir un grand feu d'artillerie sur la Burgthor et placer la division Drouet derrière les maisons et les jardins en colonne par régiment ; la division Rivaud et la plus grande partie de la division Dupont en masse sur le coteau en face, à cheval sur la route de Schönberg ; la cavalerie légère sur les ailes et en arrière en réserve.

Le 27e léger qui avait la droite du général Drouet longea le bois qui se trouve entre les 2 routes, et, quand il fut établi à la tête, le Prince ordonna d'attaquer la porte : pour y arriver, ce régiment traversa des marais et gagna la route de Travemünde. Le général Drouet avec les 94e et 95e suivait la route de Schönberg afin d'arriver par les 2 routes à la fois.

Dans cette disposition le 27e, ayant à sa tête le général Werlé, se présente vivement à la porte pour l'emporter ; arrêté par un feu terrible de mitraille et une grêle de balles, il est obligé d'aller se reformer en arrière ; alors les troupes ennemies qui étaient hors de la porte rentrèrent dans le tambour.

Le 94e, conduit par le général Frère, marchait à hauteur du 27e. Jaloux d'avoir la tête de la colonne, il se précipite sur la porte et malgré les efforts de l'ennemi, les palissades du tambour sont brisées à coups de hache et de crosse de fusil ; les soldats entrent par les trous qu'ils ont fait ; il y eut là un carnage horrible des troupes prussiennes qui défendaient cet ouvrage ; les barrières furent ouvertes, les pièces de la courtine et du bastion de droite renversées et les canonniers tués ; le 94e se précipite dans la ville à la poursuite de l'ennemi ; le reste de la division suit ce mouvement. En entrant elle défile sous un feu terrible que faisaient 16 pièces du bastion de gauche qui la prenait en flanc.

Le prince de Ponte-Corvo ordonna alors au général Maison d'aller prendre la division Rivaud et de la conduire dans la ville pour soutenir celle qui venait d'y entrer. Ce mouvement fut exécuté avec promptitude. Cette division essuya sur la chaussée et pour passer à la porte les mêmes feux du bastion de gauche que la division Drouet. (1er corps.)

2. Nous étions dans Lübeck, mais il fallait passer la Trave pour arriver au

Mes ordres ont été exécutés avec autant d'intelligence que de valeur; le général Drouet a passé la Trave et a fait attaquer par derrière le bastion de gauche de la porte armé de 8 pièces; tout ce qui s'y trouvait a été égorgé et de suite il a continué sa marche sur Schwartau.

La division Rivaud, malgré la mitraille du bastion qui n'était pas encore enlevé, entra dans la ville, fit un carnage affreux de tout ce qui s'y trouvait, et s'avançant au milieu des cadavres et des chevaux morts qui encombraient les rues, arriva jusqu'à la porte de Ratzeburg dont 3 bataillons d'infanterie et 4 pièces de canon défendaient l'approche. Le général de brigade Pacthod, à la tête du 8e régiment, se précipita sur ses nombreux ennemis; rien ne put résister à cette audacieuse attaque; les bataillons furent renversés et les

---

bastion qui foudroyait tout ce que nous voulions faire entrer ou sortir; il fallait aussi occuper la porte de Holstein pour enfermer tout ce qui restait de Prussiens dans la ville ou empêcher les secours du dehors; enfin il était important de s'assurer de la Mühlenthor par où le maréchal Soult et le Grand-duc devaient arriver, pour se ménager une jonction facile avec leurs corps.

L'ennemi retranché dans les rues et dans les maisons avait fait des efforts incroyables pour nous repousser; chaque place, chaque rue était un champ de bataille. Le général Blücher fit lui-même plusieurs charges avec de la cavalerie dans les rues. — En peu de temps nous fûmes maîtres de la ville. Tout ce qui y était fut pris ou tué, et nous nous trouvâmes en position de déboucher sur l'ennemi qui cherchait à se reformer sur la route de Schwartau.

Le général Werlé, avec un bataillon du 27e léger, arrivé au pont de la Trave, fila le long du rempart et gagna le bastion de gauche de la Burgthor, s'en empara et fit cesser le feu meurtrier qu'il n'avait cessé de faire sur les troupes qui entraient en ville.

La division Rivaud avait marché aux Mühlen et Höxenthor; le général Pacthod à la tête du 8e régiment et de quelques compagnies du 94e fut chargé de s'emparer de la Mühlenthor. Cette porte donne dans une espèce d'île qui ne communique avec la ville que par une route sur laquelle il fallait défiler pour tourner la position de la porte. L'ennemi posté sur les toits des maisons de l'île et sur les remparts dont il avait retourné le canon sur la ville, dominait le débouché. Il fallut toute la bravoure et l'intrépidité du 8e régiment et du général Pacthod pour s'emparer de cette porte; l'on y fit 2,000 prisonniers. Le général Pacthod débouchant de la porte rencontra l'infanterie du maréchal Soult qui y arrivait.

Le général Drouet avait débouché de la ville par la Holsteinthor; il était à la poursuite de l'ennemi qui se retirait sur Schwartau. Après l'arrivée du maréchal Soult, la division Rivaud, ainsi que la cavalerie, furent envoyées pour soutenir la division Drouet.

La division Dupont était restée en réserve pendant toute l'action entre les routes de Schönberg et de Travemünde.

4 pièces de canon prises ; on s'empara de la porte intérieure, mais on trouva une nouvelle résistance à la porte extérieure qui était, ainsi que le rempart, garnie d'infanterie et défendue par 2 pièces ; le 8e régiment avait déjà perdu beaucoup de monde sans que rien ne pût ébranler son ardeur. Mais le 54e régiment arriva pour le renforcer ; l'adresse se joignit ici à la valeur ; il fallait avoir recours à divers moyens pour atteindre l'ennemi ; on monta des soldats sur les toits, on en plaça aux fenêtres, on en fit couler sur le rempart ; enfin on enfonça cette porte à laquelle on ne parvint encore que sur des centaines de cadavres. On y prit en outre les 2 pièces et 1,200 prisonniers. La division Rivaud en débouchant de la ville dans la campagne rencontra la division Legrand du corps de M. le maréchal Soult.

Pendant l'attaque de cette dernière porte j'avais ordonné au général Rivaud de détacher quelques compagnies pour s'emparer d'un bastion placé à la gauche tandis que je le faisais battre par 2 pièces d'artillerie ; ce bastion a été emporté ; c'était le dernier ouvrage ennemi qui ait tenu ; l'on y a pris 500 hommes et 2 pièces de canon.

La division Dupont est restée en réserve derrière la ville et a été chargée d'observer les bords de la Trave, se tenant toujours prête à soutenir l'attaque.

Les 3 régiments de cavalerie légère y étaient également restés. Dès que la ville a été en notre pouvoir, j'ai ordonné au général Tilly qui les commandait, de la passer et de déboucher. Le 5e régiment de chasseurs s'est porté sur la route de Travemünde et les 2e et 4e de hussards sur celle de Stockelsdorf. Ils ont atteint l'ennemi et l'ont chargé avec une audace qui tenait de la fureur. Les 2e et 4e ont coupé 4 escadrons ennemis qui se sont rendus à la cavalerie du grand-duc de Berg qui venait de déboucher immédiatement après la mienne ; ils ont ensuite fait mettre bas les armes à un bataillon. Le 5e se dirigeant sur Travemünde où s'était retiré le gros de l'ennemi, a chargé une partie de son arrière-garde et a pris un escadron entier.

Les divisions Rivaud et Drouet ayant continué leur marche

sur Schwartau, en ont débusqué l'ennemi et lui firent encore 500 prisonniers[1].

Il s'est élevé une discussion entre la division Legrand et la division Rivaud au sujet de 2,000 prisonniers qui, poursuivis par les troupes du général Rivaud, furent se jeter sur celles du général Legrand ; mais je suis arrivé pour concilier cette discussion ; la noble rivalité qui l'avait causée, prouve l'ardeur de tous pour le service de l'Empereur ; mais le bonheur de voir triompher ses armes doit mettre tout le monde d'accord.

Cette journée a été une des plus brillantes que l'on puisse citer ; mais V. A. concevra qu'elle a dû être aussi fort sanglante ; nous avons à regretter beaucoup de braves officiers. J'estime notre perte à plus de 1,500 hommes tués ou blessés ; plusieurs compagnies ne sont plus commandées que par leur sergent-major. Le chef de l'état-major vous transmettra l'état détaillé de tous les braves restés sur le champ de bataille[2].

---

1. La position du 1er corps le 6 au soir était la suivante : cavalerie légère en avant de Schwartau avec la division Rivaud ; — la division Drouet en avant de Lübeck dans les jardins ; — la division Dupont et le quartier général dans la ville.

ORDRE.

Au quartier général à Lübeck, 7 novembre 1806.

M. le général Dupont réunira le 96e régiment au reçu du présent ordre et portera ce corps et ce qui lui reste de disponible du 9e à Schwartau sur la rive gauche de la Trave.

Il donnera l'ordre au 32e régiment de suivre ce mouvement quelques heures après, lorsque le calme sera un peu rétabli dans la ville. En attendant, ce régiment y restera en sauve-garde et arrêtera tous les pillards de quelques corps qu'ils soient.

P. o. de S. A. le prince de Ponte-Corvo,
Le général de division,
L. Berthier.

ORDRE.

La division Dupont bivouaquera aujourd'hui dans la position qu'elle occupe en ce moment. Le 32e régiment restera dans la ville de Lübeck.

Le général de division, chef de l'état-major général,
L. Berthier.

2. LE GÉNÉRAL L. BERTHIER AU GÉNÉRAL DUPONT.

Lübeck, 7 novembre 1806.

Veuillez, mon cher Général, conformément aux intentions du prince de

Je vous adresserai plus tard la liste de ceux qui se sont le plus particulièrement distingués, et je réclame d'avance votre intercession auprès de S. M. pour leur obtenir les récompenses qu'ils ont méritées.

Je me borne aujourd'hui à vous dire que tous ont fait leur devoir avec un zèle et un dévouement qui ne laissent rien à désirer.

Les généraux Rivaud et Drouet ont puissamment contribué à la gloire de leurs divisions par la manière distinguée dont ils les ont conduites, et je ne saurais trop me louer de la précision avec laquelle ils ont rempli mes ordres. Le général Pacthod a encore déployé dans cette occasion cette bouillante ardeur qu'il a toujours montrée, et les généraux Werlé et Frère ont commencé et soutenu l'attaque avec une rare intrépidité.

MM. les colonels des 27e d'infanterie légère, 94e et 95e, ceux des 8e, 45e et 54e, ont entraîné leurs corps par l'exemple de la plus brillante bravoure. MM. Derbes, chef de bataillon du 27e, Aymard du 8e et Martin du 94e ont été blessés grièvement.

Je dois beaucoup d'éloges au zèle avec lequel le général Berthier m'a secondé pendant toute l'action.

Le général Eblé a dirigé l'artillerie avec autant d'activité que de talents; il plaçait lui-même les pièces; son sang-froid et la justesse de son coup d'œil ont beaucoup contribué aux succès de la journée. Le général Maison a continué de mériter les bontés de S. M.

Les résultats de la journée sont près de 3,000 hommes tués ou blessés, plus de 5,000 prisonniers y compris les Suédois, 10 drapeaux, 2 étendards et plus de 30 pièces de canon.

Ponte-Corvo, m'adresser dans la journée un rapport circonstancié de l'affaire d'hier. Vous ferez connaître dans ce rapport l'état des pertes que chaque régiment de votre division a éprouvées, les officiers et autres militaires qui s'y sont distingués, les prisonniers que vous avez faits en désignant, s'il est possible, le nom et le grade des officiers et l'état des pièces de canon, des drapeaux et étendards que vos troupes auraient pu prendre. Ces drapeaux et étendards devront être portés aujourd'hui à l'état-major général.

Je prie V. A. d'agréer l'expression de mes sentiments distingués.

P.-S. — Le colonel Gérard, mon aide de camp, a empêché l'embarquement de quelques bataillons prussiens à Travemünde ; il a fait quelques centaines de prisonniers et a pris beaucoup de bagages.

LE MARÉCHAL SOULT A L'EMPEREUR.

Lübeck, 6 novembre 1806.

Ainsi que j'ai eu l'honneur d'en rendre compte à V. M. par mon dernier rapport, le corps d'armée est parti ce matin avant le jour de Ratzeburg et s'est dirigé sur Lübeck[1]. A 8 heures la cavalerie jointe à celle de S. A. I. le grand-duc de Berg était devant cette ville. Il y a eu[2] une charge conduite par le général Lasalle, qui a fait prendre un étendard et beaucoup de chevaux. Aussitôt que l'artillerie légère a été arrivée[3], elle a été placée à 100 toises de la place et des ouvrages, et l'ennemi a été immédiatement attaqué. La division du général Legrand[4] a été chargée d'enlever l'ouvrage avancé de la porte de Mühlen[5]. Les tirailleurs corses et les tirailleurs du Pô l'ont emporté à la baïonnette après une ré-

1. En suivant la rive gauche du lac de Ratzeburg. (Rapport du 4e corps.) — De Ratzeburg à Lübeck, 19 kil.

2. A Strecknitz, 3 kil. avant d'arriver à Lübeck.

3. L'infanterie était encore éloignée. (4e corps.)

....M. le Maréchal ordonna aux 6 pièces attachées à l'avant-garde de se porter en avant pour soutenir la cavalerie et l'aider à repousser les avant-postes ennemis. Nous commençâmes par faire feu sur les pelotons qui soutenaient leurs tirailleurs ; après qu'ils furent dispersés et forcés à rentrer dans la place, nos pièces s'avancèrent à petite portée de mitraille ; l'une fut placée sur la chaussée qui mène droit à la porte de la ville ; les autres dans les jardins à droite et à gauche. On tira à boulets sur la porte pour l'enfoncer et à mitraille sur les batteries et les troupes qui les défendaient..... Les prisonniers, les déserteurs ont attesté pendant toute la campagne la grande supériorité de notre artillerie et combien elle portait l'épouvante et occasionnait de ravages parmi les rangs des Prussiens... (Gal Lariboisière.)

4. A 10 heures la division du général Legrand put prendre part à l'engagement... (4e corps.)

5. Et de pousser l'infanterie par la droite jusqu'à la Wakenitz pour se rap-

sistance d'une heure. Le 26e d'infanterie légère, soutenu par les 18e et 75e de ligne, ont escaladé en même temps le rempart, et l'artillerie enfonçait la porte. 1,500 prisonniers avec leurs officiers et 2 généraux ont été pris dans cette attaque. — La division du général Leval était en même temps dirigée sur la porte de Hertzberg qu'elle devait aussi enlever[1]; celle du général Saint-Hilaire était en réserve. Mais l'emploi de toutes ces forces n'a pas été nécessaire. Le général Legrand a forcé la porte de Mühlen et est entré dans la ville en même temps que le 1er corps d'armée y pénétrait par un autre côté; la jonction des 2 corps s'est faite dans la ville même, en poursuivant l'ennemi. Une espèce d'ouvrage à cornes, absolument détaché et défendu par 2 bataillons, tenait encore et faisait une vive résistance; mais il a été également forcé et tout a été pris[2]. — Aussitôt que la cavalerie a pu déboucher, celle du corps d'armée s'est mise à la poursuite de l'ennemi. Dans son premier mouvement elle a coupé 4 escadrons prussiens avec leurs canons. Après une légère résistance, ils ont capitulé[3]. Le restant de la colonne du général Blücher et de

---

procher de l'attaque du 1er corps et ensuite forcer les remparts depuis la Wakenitz jusqu'à la porte de Mühlen. (4e corps.)

1. Elle eut ordre de prendre l'attaque de gauche et de passer la Trave au-dessous de son confluent avec la Steckenitz, soit à un gué qui y avait été reconnu, soit au pont de..... que l'ennemi venait de détruire, mais qui pouvait être facilement rétabli. (4e corps.)

2. Pendant 2 heures que dura le combat on se battit souvent corps à corps et à la baïonnette. L'artillerie, conduite par le général Lariboisière, se tint constamment à demi-portée de mitraille et contribua puissamment par la vivacité de son feu à la destruction de l'ennemi. Aussitôt qu'elle put être portée sur les remparts, elle s'y établit et étant alors plus rapprochée des 2 bataillons prussiens qui étaient sur une demi-lune rasée entre la porte de Mühlen et le canal de la Wakenitz où, quoique tournés et vigoureusement pressés par les bataillons de tirailleurs corses et de tirailleurs du Pô, ces 2 bataillons faisaient encore résistance; elle les foudroya et, après quelques décharges à mitraille, obligea le peu qui restait à capituler. Il était extrêmement difficile de déboucher dans la rue qui aboutit à la porte de Mühlen tant le passage était encombré d'hommes et de chevaux morts et par des canons et des caissons que l'ennemi avait été forcé d'abandonner successivement et il fallut perdre quelques instants pour le désencombrer et pour s'ouvrir une autre voie; enfin on y parvint et les troupes sortirent de la ville par la porte dite de Holstein, en avant de laquelle elles ne tardèrent pas à rencontrer l'ennemi. (4e corps.)

3. La cavalerie légère du corps d'armée s'étant portée sur Fackenburg,

celle du général Wenniping réunies s'est retiré vers Travemünde. Demain il y sera poursuivi et sans doute obligé de se rendre à moins qu'il ne force le cordon de troupes danoises qui est sur la frontière du Holstein. Mais quoi qu'il fasse, il n'échappera pas à son sort. — Cette journée produit au moins 6,000 prisonniers, 50 canons, plusieurs drapeaux et étendards, 3 généraux et considérablement de bagages[1]. Le corps d'armée commandé par M. le maréchal Bernadotte et le 4e y ont également participé. Tout le monde rivalisait de zèle ; et les troupes ont marché à l'ennemi aux cris de *Vive l'Empereur!* — S. A. I. et R. le grand-duc de Berg qui a principalement dirigé les attaques et qui avait fait arriver sa cavalerie pour y prendre part, rendra à V. M. un compte plus détaillé de ce qui s'est passé dans la journée et moi-même j'y reviendrai lorsque tous les rapports me seront parvenus. A peine puis-je dans ce moment en connaître les principales circonstances.

La nuit étant venue, le corps d'armée prit position une division en avant de Lübeck sur la route du Holstein, et 2 divisions en arrière de la ville. La cavalerie fut établie au village de Padelügge, où elle ramassa la valeur d'un bataillon ennemi qui avait été coupé. (4e corps.)

village danois, rencontra 3 escadrons de dragons prussiens avec 4 pièces de canon qui, ne pouvant pénétrer par le Holstein, avaient la retraite coupée et qui se rendirent après avoir fait quelques efforts (inutiles à la vérité) pour s'ouvrir un passage.

La cavalerie de S. A. le grand-duc de Berg et celle du 1er corps prirent la route de Travemünde. (4e corps.)

1. La division Legrand fit sur les remparts de la ville, aux avancées et dans les rues, 2,500 prisonniers avec leurs officiers et 2 généraux (les généraux Haufberg et Zwiffel) ; elle prit 9 drapeaux et 25 pièces de canon avec leurs caissons. Par l'effet des sages dispositions que le général Legrand prit et par la rare intrépidité que les hommes montrèrent, leur perte ne fut pas très-considérable. — Le général Legrand cite avec éloge dans son rapport le général de brigade Ledru pour le zèle et l'intelligence qu'il mit à exécuter les ordres qui lui furent donnés, l'adjudant-commandant Cosson, son chef d'état-major, et ses propres aides de camp. (4e corps.)

LE GRAND-DUC DE BERG A L'EMPEREUR.

Lübeck, 6 novembre 1806, 9 heures du soir.

Sire, je m'empresse d'annoncer à V. M. le plus brillant succès dont le résultat sera, je l'espère, la prise de tout le corps du général Blücher et de celui du duc de Weimar. Le général Blücher, qui commande tous les restes de l'armée prussienne réunis, avait attendu les troupes de V. M. dans Lübeck. M. le prince de Ponte-Corvo et M. le maréchal Soult ont débouché sur cette ville presque en même temps. Les divisions Grouchy et d'Hautpoul y ont paru à la même heure : le prince de Ponte-Corvo par la route de Rehna, le maréchal Soult par celle de Ratzeburg et la grosse cavalerie par une route intermédiaire entre les 2 corps d'armée. J'ai marché de ma personne avec M. le maréchal Soult et la brigade du général Lasalle. On était en mouvement de tous côtés dès 5 heures du matin. Les troupes légères de M. le maréchal Soult et la brigade Lasalle ont rencontré l'ennemi à une lieue en avant de la ville, l'ont chargé, culbuté, ont enlevé un guidon et pris 200 hommes montés. Le général Lasalle, en fournissant sa charge, est arrivé sous les murs de la ville où il a été reçu par 6 coups de canon à mitraille ; il a perdu quelques hommes et a conservé sa position. Cependant la division Sahuc et tout le corps de M. le maréchal Soult suivaient ; les différentes routes étaient interceptées ; les rivières de la Wakenitz et de la Steckenitz étaient reconnues et observées. Alors le général Legrand a reçu l'ordre de M. le maréchal Soult d'attaquer les ouvrages avancés de la porte de Mühlen. Les tirailleurs corses et ceux du Pô, soutenus par le 18e, ont marché en tête et, aux cris mille fois répétés de *Vive l'Empereur!* ont couru à l'ennemi ; l'attaquer et enlever les ouvrages avancés a été l'affaire d'un moment. 1,200 hommes et 3 généraux qui les défendaient ont été faits prisonniers. Ce premier succès en a donné un second : la porte de la ville a été enfoncée à coups de canon, les remparts ont été gravis ; on est entré dans la ville. Le général

Leval, de son côté, marchait pour attaquer la porte de Huxter, et le général Saint-Hilaire restait en réserve. Tandis que M. le maréchal Soult forçait ainsi l'ennemi par la porte de Mühlen et pénétrait dans l'intérieur de la ville, M. le prince de Ponte-Corvo avait obtenu les mêmes succès à la porte de Burgen. Les têtes de colonne des 2 corps d'armée se sont rencontrées au milieu de la ville : tout a été renversé ; jamais on ne s'est battu avec plus d'acharnement ; les rues sont jonchées de cadavres. Alors j'ai ordonné qu'on laissât déboucher la cavalerie qui a poursuivi l'ennemi l'épée dans les reins sur la route de Travemünde, par où s'est retiré le général Blücher. — Sire, 5,000 hommes, 3 ou 4 généraux, au moins 50 pièces de canon ont été les résultats de cette journée. Une colonne qui s'était retirée par la route de Hamburg, forte de 6 escadrons et de quelques bataillons, s'est rendue à la cavalerie légère de M. le maréchal Soult. Le général d'Hautpoul a l'ordre de sommer le général Blücher. La nuit a mis fin au combat et a empêché la prise de tout le corps ennemi. — Demain à la pointe du jour toute la cavalerie marchera sur le général Blücher. Placé entre la mer et le cordon de troupes danoises qui, les armes à la main, a fait respecter sa neutralité, il sera certainement forcé de se rendre. Il est impossible de faire de meilleures dispositions que celles qu'ont faites MM. les Maréchaux. Ils feront sans doute connaître à V. M. les militaires de tout grade qui se sont le plus distingués dans cette affaire ; quant à moi, je dois vous dire que tout le monde a fait son devoir. La ville souffrira beaucoup, mais il a été hors de notre pouvoir de l'empêcher. Demain j'aurai l'honneur d'écrire plus en détail à V. M.

Le prince de Ponte-Corvo a pris 1,000 ou 1,200 Suédois qui étaient déjà embarqués. Les Danois, qui paraissaient bien décidés à défendre leur neutralité, ont fait feu sur mes troupes, les prenant pour des Prussiens. J'ai fait rendre tous les prisonniers de cette nation.

P.-S. — Je joins à ma lettre la copie de la capitulation de

Wolgast[1], que m'envoie mon aide de camp Déry, que j'ai annoncé à V. M. avoir été envoyé dans la Poméranie suédoise pour enlever tous les bagages qui s'y étaient retirés. J'aurai l'honneur d'adresser à V. M. une copie de tous les rapports que je reçois du chef d'escadron Boyer qui commande à Anklam et de mon aide de camp Déry.

LE GÉNÉRAL GROUCHY AU GRAND-DUC DE BERG.

Rapport de l'affaire de Lübeck.

Vorwerk, en avant de Lübeck, 6 novembre 1806.

M'étant porté sur Lübeck en conséquence des ordres de V. A. I., j'ai débouché en vue de cette ville en même temps que le corps d'armée du prince de Ponte-Corvo.

L'attaque ayant bientôt commencé, j'ai dirigé l'artillerie de la division sur les bords de la rivière au point où elle pouvait le plus puissamment seconder les efforts de l'infanterie du 1er corps pour pénétrer dans la ville. Conduite à l'emplacement où elle devait entamer son feu, par le chef d'état-major de la division Darsonval, elle a produit le meilleur effet, fait taire les pièces de l'ennemi, et avec l'une des nôtres le lieutenant d'artillerie Desjobert est entré des premiers dans la ville et y a chargé vigoureusement les Prussiens, montrant dans cette circonstance autant de vigueur que d'intelligence. Un piquet de dragons du 10e régiment, qui soutenait mon artillerie, a également pénétré des premiers dans la ville et y a

---

1. *Capitulation de la garnison de Wolgast entre le lieutenant-colonel et intendant M. de Prittwitz et M. Déry, lieutenant-colonel aide de camp de S. A. I. le grand-duc de Berg.*

Art. 1er. — La garnison de Wolgast composée des dépôts des régiments de l'armée prussienne est prisonnière de guerre ; elle sortira demain à 9 heures de la place, déposera les armes sur le glacis et remettra tous les chevaux, fourgons et autres effets appartenant à S. M. le roi de Prusse.

Art. 2. — MM. les officiers des différents régiments conserveront leurs armes, chevaux et bagages ; ils s'engageront sur leur parole d'honneur à ne pas servir contre S. M. l'Empereur et Roi jusqu'à parfait échange ; ils recevront des passeports pour retourner dans leurs foyers. Les valets de pied retourneront chez eux.

Art. 3. — Toutes les caisses des régiments, celles appartenant au Roi et celles qui peuvent se trouver dans l'île d'Usedom seront remises fidèlement.

PRITTWITZ. DÉRY.

chargé vigoureusement les Prussiens. Le sous-lieutenant Langlet qui le commandait a été blessé d'un biscaïen et de 7 coups de sabre ; plusieurs dragons ont été mis hors de combat.

V. A. I. m'ayant envoyé l'ordre de traverser la ville, j'ai débouché rapidement et me suis porté sur la gauche de la route de Hamburg où j'ai atteint l'ennemi. Déployant mes 2 brigades à sa vue et sous le feu de son artillerie, j'allais charger lorsque le corps que j'avais devant moi et que je poussais, a demandé à capituler et a mis bas les armes. Il s'est trouvé fort de 4 escadrons, d'un bataillon et de 4 pièces de canon. — Me reportant alors par ma droite sur la route de Travemünde où se dirigeaient les débris de l'armée prussienne, je les ai poursuivis jusqu'au village de Vorwerk d'où mon avant-garde les a chassés ; l'obscurité de la nuit ne me permettant pas de me porter plus avant, j'ai pris position à ce village en conformité des ordres de V. A. I.

Je viens d'envoyer sommer le général Blücher de mettre bas les armes ; s'il s'y refuse, je me mettrai en marche demain une heure avant le jour et continuerai à le poursuivre chaudement.

Nota. — D'après la sommation du général Grouchy, le général Blücher s'est rendu le lendemain à 11 heures du matin et a défilé avec son corps d'armée devant le prince Murat et les maréchaux Soult et Bernadotte.

LE MARÉCHAL LANNES A L'EMPEREUR.

Stettin, 6 novembre 1806.

.... J'avais fait à Stettin quelques réquisitions de capotes et de souliers. On m'a donné du drap pour 3 ou 4,000 capotes, mais il est si mauvais qu'on a été obligé d'en rendre la moitié. Pour les souliers il y en aura si peu que ce n'est pas la peine d'en parler.

Les habitants de Stettin crient misère... Il paraît sûr qu'ils ne verseront pas les 500,000 fr. qu'ils doivent payer aujourd'hui. Ils m'ont demandé des passeports pour se rendre auprès de V. M. I. et R. et lui dire qu'il leur était impossible de donner ce qu'on leur demandait. Je les leur ai refusés. J'attendrai les ordres de V. M. à cet égard.

Le 21e d'infanterie légère ne paraît pas très-bien organisé.

Il est arrivé au 5e corps d'armée sans souliers et sans capotes[1]. Il est pour ainsi dire tout nu. Je verrai à lui faire donner le peu de souliers et de capotes que j'aurai ici.

Si V. M. I. avait pu donner les ordres pour qu'on nous envoyât quelques mille capotes et autant de paires de souliers de Berlin, cela aurait fait grand bien au 5e corps. Cela devient même indispensable dans un pays aussi froid que celui que nous allons parcourir.

L'EMPEREUR AU GÉNÉRAL LAGRANGE.

Berlin, 6 novembre 1806.

J'imagine que le maréchal Mortier est parti. L'Électrice ne peut pas rester dans le pays et se rendra sans doute chez elle. Le prince Frédéric de Hesse ne peut pas rester non plus. La forteresse de Ziegenhain sera démolie sans délai. Toutes les pièces d'artillerie seront transportées en France. Levez dans les États de Cassel un corps pour le service du roi de Naples. Je vous autorise à prendre les officiers, sous-officiers des troupes hessoises, même ceux de la Garde du prince. Vous choisirez, pour le lieu de rassemblement de ce corps, Haguenau. Ce corps sera de 3 bataillons formés à notre

---

1. Voir pour le 21e léger *Iéna*, page 10.

Beaucoup de régiments avaient des besoins analogues. Le 5 novembre, le colonel Müller, du 12e de ligne, 3e corps, demandait 1,000 capotes au maréchal Davout.

96e régiment. Lübeck, 9 novembre 1806.

État des effets dont le régiment a le plus pressant besoin.

Capotes manquantes	600	
— hors de service	400	
Souliers	1,700 paires.	
Étoffe pour guêtres noires, drap ou estaminette	400	aunes de France.
Drap pour vestes à manches	400	—
— pour culottes	400	—
Toile pour doublure d'habit	400	—
Chapeaux	600	
Marmites de fer battu	108	

Le Colonel Barrois.

manière. Mon principal but est de me défaire de ces gens-là ; ils seront armés avec des fusils hessois. Faites-moi connaître le degré d'attachement que les colonels, lieutenants-colonels et capitaines conservent à la maison régnante.

Qu'il ne reste ni fusils ni artillerie, que le nécessaire à la garnison de la place. Désarmez les habitants. Ayez toujours en vue que la Hesse ne me donne aucune inquiétude si j'étais battu.

LE MAJOR GÉNÉRAL AU ROI DE HOLLANDE.

Berlin, 6 novembre 1806.

L'Empereur me recommande de faire connaître à V. M. qu'elle ne doit se mêler en rien de l'administration des pays conquis où il a nommé des gouverneurs et des intendants. L'intention de l'Empereur, Sire, est que vous vous borniez au commandement et à l'organisation du Hanovre où toutes les prises de possession doivent être faites au nom de l'Empereur et Roi. S. M. me charge de vous faire observer que ce n'est pas comme roi de Hollande que vous commandez en Hanovre, mais comme commandant de l'armée française.

L'intention de l'Empereur est que vous donniez vos ordres pour qu'on renvoie sur-le-champ tous les gendarmes qu'on a enlevés du département de la Roër ; S. M. trouve que cela a tellement désorganisé la légion de la gendarmerie du département que le service ne peut pas s'y faire.

L'EMPEREUR AU ROI DE HOLLANDE.

Berlin, 6 novembre 1806, 10 heures du soir.

J'espère que le 5, ou au plus tard le 6, vous aurez fait votre entrée en Hanovre. Le 6 ou le 8 vous serez joint par le maréchal Mortier. La forteresse de Rinteln me paraît très-bonne pour observer Hameln. Faites-la occuper et tenir en bon état. Envoyez-m'en le plan avec une reconnaissance d'officiers du génie. Elle me paraît bien placée entre Magdeburg et Wesel pour servir de point d'appui de ma ligne de communication ; mais il faut qu'elle soit susceptible de résister à un coup de main. Quant aux forteresses de Hanau, Marburg et Ziegenhain, je donne ordre au général Lagrange de les faire démolir. J'espère que le maréchal Mortier sera rendu à Hamburg avec son corps d'armée le 10 ou le 11. Si une colonne de 12,000 hommes qui est poursuivie par le prince de Berg, le maréchal Soult et le prince de Ponte-Corvo, et qui était le 3 à Crivitz, ayant l'air de se retirer sur Wismar, avait débordé la gauche du maréchal Soult pour se retirer sur Hamburg, vous vous mettrez à sa poursuite. Le maréchal Mortier, avant d'entrer à Hamburg, pourra passer dans le Lauenburg pour y culbuter tout ce qui appartient aux Suédois. Je le laisse le maître de ce mouvement ; mais il se mettra à la poursuite de la colonne du général Blücher si elle n'était pas encore prise. Le maréchal Davout est entré à Posen, capitale de la grande Pologne. Les Polonais paraissent vouloir s'insurger. Dans peu de jours je vais moi-même marcher sur la Vistule. Envoyez-moi, tous les jours, un officier avec des états de situation.

L'EMPEREUR AU GÉNÉRAL SONGIS.

Berlin, 6 novembre 1806.

Il y a 500 milliers de poudre à Wittenberg ; faites-en filer un peu sur Spandau et Küstrin. Envoyez-y des cartouches à poudre d'infanterie et à canon. C'est autour de cette place qu'auront lieu les grandes opérations[1].

---

1. L'EMPEREUR AU GÉNÉRAL SONGIS.

Berlin, 10 novembre 1806.

....Je vous le répète encore, Küstrin est le point d'appui de l'armée. Il me faut là des cartouches d'infanterie et des cartouches à canon....

L'EMPEREUR AU GÉNÉRAL SONGIS.

Berlin, 6 novembre 1806, au soir.

Le Major général vous envoie l'ordre de faire partir demain le parc et l'équipage de pont, qui doivent être rendus à Küstrin le 9 au soir. Je désire que ce parc défile demain à midi sur la place du château, tant le personnel que le matériel.

Prenez des mesures pour qu'en partant de Spandau, ou en partant de Berlin, ce parc prenne du pain pour 3 jours. Cela est fort nécessaire. Recommandez bien qu'on observe la plus sévère discipline, surtout en Pologne.

L'EMPEREUR AU GÉNÉRAL CHASSELOUP.

Berlin, 6 novembre 1806, au soir.

Le Major général vous donnera l'ordre de faire partir demain le parc du génie, pour qu'il soit le 9 à Küstrin. Faites faire l'état du matériel, du personnel et des attelages de ce parc. Je désire qu'il passe demain, entre 11 heures et midi, sur la place du Palais, où je le verrai défiler. J'espère qu'il y aura à ce parc une vingtaine de milliers d'outils, car enfin il devient très-important que j'aie de quoi faire construire dans une nuit des redoutes et des retranchements[1].

---

1. LE GÉNÉRAL CHASSELOUP A L'EMPEREUR.

Berlin, 7 novembre 1806.

Les intentions de V. M. sont à peu près remplies.

Nous avons de bien attelés au parc environ 15,000 outils de tout genre; — en dépôt à Spandau 24,000, dont 20,000 vont être conduits à Küstrin d'après vos ordres.

Indépendamment de ces 39,000, nous en aurons sous peu de jours 12,000 portés par 30 fourgons venant de Strasbourg.

Faute de transports suffisants, 10,000 sont restés dans les places de Würzburg, Kronach, Wittenberg et Spandau; on pourra s'en passer d'autant plus volontiers que, dans chaque corps d'armée, il se trouve quelques voitures chargées d'outils; c'est une mesure que l'on a prise en attendant les fourgons de Strasbourg.

Je pars à l'instant pour Küstrin; M. le général Cazal remettra à S. A. le Prince Ministre de la guerre l'état détaillé que V. M. a demandé.

En vous demandant 20,000 outils portatifs pour votre parc, je désire que vous en réunissiez autant à Küstrin, qui sera désormais le point d'appui des opérations militaires.

L'EMPEREUR A L'INTENDANT GÉNÉRAL.

Berlin, 6 novembre 1806, au soir.

Faites partir demain pour le quartier général du maréchal Davout, à Posen, tous les constructeurs de fours de l'armée pour construire rapidement les fours nécessaires pour nourrir l'armée qui va se réunir à Posen. Envoyez un ordonnateur et 2 commissaires des guerres, qui formeront constamment votre avant-garde et seront chargés d'exécuter tous vos ordres.

Mon intention est qu'il y ait à Posen :

1° Des fours pour faire 80,000 rations de pain par jour;

2° Qu'on réunisse sur-le-champ des magasins pour pouvoir nourrir l'armée en farine, avoine, eau-de-vie et bestiaux.

Ce commissaire ordonnateur d'avant-garde d'administration aura avec lui un inspecteur de chaque service. Tout cela partira à la pointe du jour, pour être arrivé à Posen en même temps que le maréchal Davout.

Vous écrirez à l'ordonnateur du maréchal Davout et à ce Maréchal, afin que, lorsque l'armée se réunira à Posen, il y ait des farines, de l'avoine, de la viande et des eaux-de-vie.

Vous enverrez un agent des transports à Küstrin, qui partira avant minuit et sera arrivé demain, avant 9 heures du matin, à Küstrin. Il prendra des mesures pour connaître le nombre de jours qu'il faut à un bateau pour remonter la Warta jusqu'à Posen. Si cela est nécessaire, il se rendra à Landsberg, où j'ai des magasins considérables, pour en faire filer l'avoine et les farines dont on aurait besoin. Il vous expédiera demain un courrier, afin que je sache ce qu'il faut de temps pour remonter la Warta de Küstrin à Posen.

Le trésor, les chefs de service, les approvisionnements

d'ambulance, tout ce qui doit suivre le quartier général, tout cela peut se préparer à partir. Faites-moi connaître le nombre de voitures allant avec leurs chevaux, et le matériel soit pour les ambulances, soit pour le trésor, qui pourront partir pour suivre l'armée. Donnez des ordres pour qu'on établisse des hôpitaux à Küstrin. Vous pouvez faire remonter, de Stettin à Küstrin, par l'Oder, de l'eau-de-vie et du vin. C'est par la ligne de communication de Stettin à Küstrin qu'auront lieu toutes les opérations militaires contre les Russes.

Il y a à Stettin 2 millions de pain, de rhum et de l'eau-de-vie. Vous pouvez en faire remonter la moitié à Küstrin.

LE MAJOR GÉNÉRAL A L'INTENDANT GÉNÉRAL.

Berlin, 6 novembre 1806.

L'intention de l'Empereur est qu'il soit confectionné 2,000 selles de dragons et 1,000 de hussards et qu'on utilise les objets dépareillés de sellerie qui existent dans les magasins de Berlin ; je vous ai annoncé que M. le général Bourcier recevait l'ordre de diriger cette confection et de passer des marchés tant pour la fourniture des objets qui n'existent pas que pour la main-d'œuvre.

L'Empereur désire que les ateliers soient établis de préférence à Potsdam ou à Spandau ; des ouvriers de Berlin peuvent se rendre à cet effet à Potsdam.

Le général Bourcier nommera un officier et vous un commissaire des guerres qui feront dans le magasin le triage de tout ce qui peut être employé à la confection de ces 3,000 selles et en dresseront l'inventaire.

Des modèles de selles de dragons et de hussards seront fournis par les soins du général Bourcier.

Le commissaire des guerres et l'officier chargé de cette opération recevront les offres des ouvriers que vous requerrez la municipalité de faire appeler et feront un marché pour la confection de 3,000 selles en faisant entrer en compensation du prix du pays la valeur des objets fournis du magasin.

Vous soumettrez ce marché à mon approbation, et je vous ouvrirai en conséquence un crédit sur lequel vous ferez acquitter la valeur des selles au fur et à mesure de leur livraison.

Vous donnerez la plus grande activité à ces magasins et le général Bourcier enverra des officiers pour les surveiller et pour assister à la réception des selles qui seront envoyées immédiatement à Potsdam.

Vous ferez de même un marché pour la confection des bottes et pour la façon et les mêmes fournitures des 2,000 manteaux et des 2,000 porte-manteaux de dragons, dont les étoffes seront fournies du magasin et prises sur celles qui sont destinées à faire des capotes.

LE GÉNÉRAL CORBINEAU A L'EMPEREUR.

6 novembre 1806, 7 heures du soir.

J'ai l'honneur de rendre compte à V. M. que le convoi escorté par le 28e léger et autres troupes venant de l'intérieur était composé de caissons chargés d'argent venant de Mayence[1] et de voitures d'ambulance appelées ambulances légères.

Le détachement d'escorte était composé de 88 hommes dont 5 officiers du 28e léger; le reste des 674 hommes était formé par les compagnies de sapeurs[2], mineurs et les chasseurs à cheval venant de l'intérieur dont j'ai fait mention dans mon rapport. Le major ayant donné sans détail le nombre d'hommes dont sa troupe était composée, j'ai cru le tout du 28e.

Le major était allé à Berlin pour demander à rester à l'armée. Si, comme il le croit, il doit retourner en France, ne pourrais-je pas conserver sa troupe pour aider à escorter les prisonniers qui passent demain? Sur les 83 hommes, il y a 50 carabiniers.

---

1. Voir *Iéna*, page 893.

2. 5 compagnies du 5e bataillon de sapeurs, 460 hommes; 3e compagnie de mineurs, 75 hommes.

Les escortes de prisonniers du corps de M. le maréchal Lannes ainsi que celles du corps du maréchal Davout arrivées hier sont reparties aujourd'hui pour rejoindre leurs corps d'armée.

Les prisonniers ont été escortés par les troupes de Hesse-Darmstadt.

Les dragons à pied n'étant arrivés qu'à midi passé pour recevoir les chevaux de l'artillerie légère prussienne, je n'ai pu démonter les cavaliers qu'après leur arrivée. Je les ai en conséquence chargés de les escorter jusqu'à Potsdam.

J'ai remis aux dragons 194 chevaux, 139 selles, 118 licols, 104 bridons et 16 ou 18 brides.

Les escortes qui ont été chargées encore cette nuit de la garde de ces prisonniers ont laissé tout piller. J'ai cru devoir punir M. Arnould, officier du 21ᵉ chasseurs, qui a mis beaucoup de négligence à faire nourrir les chevaux et les prisonniers et à faire garder les uns et les autres.

Les chevaux du train au nombre de 510 ont été remis à l'artillerie ; elle n'en a gardé que 180, a fendu l'oreille aux autres et les a donnés à la ville ou aux villages des environs : l'artillerie a reçu les pièces et caissons.

14 Français qui étaient parmi les prisonniers et 3 Prussiens sont entrés dans le train d'artillerie.

.... Il arrive demain ici 3,000 prisonniers et 1,500 chevaux que je ferai conduire après-demain au général Bourcier par les troupes qui les escorteront jusqu'ici, à moins que ce général n'envoie des dragons à pied pour les recevoir ou que je ne reçoive des ordres contraires de V. M.

Il est arrivé ici aujourd'hui 80 pièces d'artillerie attelées avec des chevaux du pays outre les pièces et caissons amenés hier.

J'ai donné l'ordre au commandant de la place d'employer à l'escorte des prisonniers les troupes de Hesse, de Nassau et de Bade, afin de pouvoir renvoyer les escortes à leurs corps d'armée conformément aux intentions de V. M. Cet ordre se trouve contrarié par un autre apporté par l'aide de camp de S. A. le prince de Bade; le commandant de la place qui a peu de garnison et ne sait comment faire escorter les prisonniers s'il n'a plus les troupes de Bade a cru devoir suspendre l'ordre apporté par l'aide de camp de S. A., n'ayant d'ailleurs aucun avis de M. le Major général que ces troupes doivent avoir de destination particulière.

Il est arrivé ce matin 3 commissaires de la ville de Berlin et 1 commissaire français pour de concert avec moi tâcher de découvrir s'il s'était commis des dilapidations sur les bateaux entrés dans le port et les auteurs de ces dilapidations; nous n'avons pu rien apprendre qui nous donnât lieu de penser qu'il s'en est commis; je crois que depuis mon arrivée il eût été difficile que cela échappât à ma connaissance, mais, si cela est, je tâcherai d'en être instruit.

7 NOVEMBRE.

LE GRAND-DUC DE BERG A L'EMPEREUR.

En arrière de Schwartau, 7 novembre 1806,
10 heures et demie du matin.

Sire, le combat finit faute de combattants. Je m'empresse d'annoncer à V. M. que le corps du général Blücher s'est rendu ce matin aux 3 corps d'armée qui se trouvent réunis à Lübeck. Il va défiler dans une heure devant eux; j'adresserai dans la journée la capitulation qui a été faite ainsi que l'état des cantonnements du prince de Ponte-Corvo, du maréchal Soult et de la réserve de cavalerie; j'attendrai les ordres de V. M. pour les mouvements ultérieurs.

Je suis avec le prince de Ponte-Corvo.

LE GÉNÉRAL BELLIARD AU MAJOR GÉNÉRAL.

Lübeck, 7 novembre 1806.

J'ai l'honneur de rendre compte à V. A. S. que les divisions Grouchy, d'Hautpoul, ainsi que la brigade Lasalle ont quitté le 5 Schwerin pour marcher sur Lübeck. La brigade Lasalle a pris la route de Ratzeburg avec le corps d'armée de M. le maréchal Soult, et les divisions Grouchy et d'Hautpoul ont suivi celle de Rhena : l'ennemi tenait Ratzeburg avec quelques troupes; il avait coupé le pont; 7 pièces d'artillerie ainsi qu'environ 200 hommes de cavalerie qui venaient pour entrer dans la place, ont été rencontrés par nos troupes et sont tombés au pouvoir de l'armée française. Le Prince a ordonné à la brigade Lasalle de tourner le lac pour couper la retraite à l'ennemi. Ce mouvement lui a fait évacuer la place; on a rétabli le pont, et les troupes de S. M. ont pris possession de la ville. La brigade Lasalle a couché à Einhaus sur la route de Lübeck; la division Grouchy à Mezen, celle de d'Hautpoul à Holdorf, en arrière de Rhena; le 6 à 4 heures du matin la brigade Lasalle et à 6 heures celles de Grouchy et d'Hautpoul ont quitté leurs positions pour marcher sur Lübeck. La brigade Lasalle a rencontré l'ennemi en arrière du village de Grönau; le général Lasalle l'a chargé vigoureusement, lui a enlevé un étendard et l'a chassé successivement de ses positions et l'a forcé de se jeter dans la place de Lübeck; pendant ce temps le corps d'armée de M. le maréchal Soult suivait la brigade Lasalle; celui de M. le maréchal Bernadotte marchait par Selmsdorf et les divisions Grouchy et d'Hautpoul suivaient la route d'Hernnburg; les 3 têtes de colonne sont arrivées à peu près en même temps sous les murs de Lübeck. On a canonné la place; l'infanterie s'est portée en avant et, avec sa bravoure ordinaire, malgré la vigoureuse résistance des ennemis, elle s'est emparée des ouvrages avancés et successivement de toute la place en faisant un carnage affreux de tout ce qui voulait s'opposer à son passage. Le corps d'armée de M. le maréchal Bernadotte entrait par la porte de Schönberg tandis que celui de M. le maréchal Soult entrait par celle de Grönau. Les 2 têtes de colonne se sont rencontrées sur la place et de concert elles ont fini de nettoyer la place de toutes les troupes prussiennes qui défendaient pied à pied et les rues et les carrefours. L'ennemi s'est retiré sur la route de Schwartau. On l'a poursuivi. 4 ou 500 hommes de cavalerie avec 3 pièces d'artillerie qui se trouvaient coupés, se sont rendus; la nuit est venue et a empêché de suivre les succès. On a pris dans la place environ 5,000 hommes et beaucoup d'artillerie. Les troupes se sont établies, savoir : la brigade Lasalle ainsi que la division Grouchy à Krempelsdorf et la division d'Hautpoul en avant de Lübeck. Le Prince a envoyé un officier de dragons pour sommer M. le général Blücher de se rendre avec son corps d'armée et de déposer les armes. Le général Blücher avait accepté les conditions, lorsque les généraux Rivaud et Tilly sont arrivés à l'avant-garde et ont fait avec le général Blücher une capitulation dont j'ai l'honneur d'envoyer un extrait à V. A. S., pensant qu'elle sera adressée en original par le prince de Ponte-Corvo[1]. A midi la colonne a défilé devant les troupes de S. M. et 27 bataillons et 52 escadrons ont déposé les armes. On évalue le nombre des prisonniers à 12 ou 15,000. J'aurai l'honneur d'en adresser l'état à V. A. S. ainsi que celui des bouches à feu.

N'ayant plus d'ennemis à combattre, le corps d'armée s'est mis en marche pour rallier la Grande Armée. Ce soir la division d'Hautpoul occupe Schönberg, celle de Grouchy Hernnburg et la brigade Lasalle Selmsdorf. La division Sahuc est chargée de l'escorte des prisonniers de cavalerie.

Les 3 premiers corps resteront demain en position et le 9 ils continueront leur marche.

---

1. Art. 1er. — Les troupes sous les ordres de S. Exc. M. le général de Blücher, tant cavalerie, infanterie, qu'artillerie et tout détachement faisant partie de son commandement, seront prisonnières de guerre.

2. — Les armes, chevaux, canons et munitions de toute espèce seront sur-le-champ remis à l'armée française.

3. — MM. les officiers de tout grade, y compris les cadets, conserveront leurs armes, chevaux et bagages ; les bas officiers et soldats conserveront leurs sacs et porte-manteaux.

4. — MM. les officiers se rendent prisonniers sur parole et s'engagent à se rendre sur le point qui leur sera indiqué.

5. — La caisse militaire et tous les fonds appartenant à S. M. prussienne qui sont à la disposition de M. le général de Blücher, seront remis à l'armée française ; on s'en rapporte, sur ce point, à la parole de M. le général de Blücher.

6. — M. le général de Blücher fera donner par son quartier-maître général l'état de tous les corps et détachements qui font partie de son commandement.

7. — Le corps d'armée de S. Exc. M. le général de Blücher défilera aujourd'hui à midi, avec les honneurs de la guerre, en présence de l'armée française avec ses armes, canons, drapeaux et étendards déployés. Il déposera les armes après qu'il aura dépassé la gauche de l'armée française.

Fait double à Ratzkaw, le 7 novembre 1806.

Le lieutenant-général DE BLÜCHER.

Le général de division RIVAUD.

P.-S. — Dans le nombre des prisonniers qui ont été faits hier, il se trouve 1,000 Suédois que l'on a pris sur des barques.

LE GÉNÉRAL COMPANS AU COLONEL DU 28e DE LIGNE.

Lübeck, 7 novembre 1806.

Je vous préviens, M. le Colonel, que vous êtes chargé d'après les intentions de M. le Maréchal commandant en chef de faire avec votre régiment la police de la ville de Lübeck ; vous la ferez exclusivement, si S. A. le prince de Ponte-Corvo n'y a pas laissé de troupes pour le même objet. Dans le cas contraire vous la ferez de concert avec le commandant des troupes qu'il y aura laissées. — Le plus grand ordre doit régner dans la ville ; vous vous entendrez avec le magistrat dans tous les cas où cela sera nécessaire et au besoin vous le requerrez. — Il est urgent que tous les détachements et hommes isolés et étrangers à la garnison soient renvoyés à leurs corps et que tous les traînards et pillards soient rigoureusement chassés de la place. — M. le général Lariboisière, commandant l'artillerie du corps d'armée, est chargé de faire retirer des rues toutes les voitures d'artillerie qui les obstruent et de les faire parquer en arrière de la place ; il aura besoin pour remplir cet objet de beaucoup de bras ; vous requerrez du magistrat tous ceux qu'il vous demandera. — Lübeck doit renfermer beaucoup de portefaix propres à ce genre de travail. — Vous fournirez aussi tous les détachements armés dont il aura besoin [1]. — Vous demanderez sur-le-champ au magistrat deux locaux pour la réunion des prisonniers de guerre. L'un sera destiné aux officiers et l'autre aux sous-officiers et soldats. — Vous ordonnerez sur-le-champ des patrouilles qui parcourront toutes les rues de la ville et les dehors à une certaine distance ; elles auront pour consigne de ramasser tous les prisonniers et déserteurs et de les conduire dans les locaux qui vous auront été désignés ; les patrouilles qui rencontreront des détachements conduisant des prisonniers et déserteurs, les dirigeront vers ces dépôts que vous ferez garder soigneusement. — Il sera conduit ici des chevaux de prise qui doivent être dirigés incessamment sur Spandau ; en attendant qu'il soit donné des ordres pour leur départ, ils devront être établis

1. Ordre au général Lariboisière pour l'artillerie prise à l'ennemi. — Y faire faire les réparations ; requérir les chevaux nécessaires pour l'atteler. — Se concerter avec le général Eblé. — Rechercher avec soin et réunir toutes les cartouches d'infanterie abandonnées par les Prussiens.

dans un local convenable que vous ferez désigner par les magistrats. — Ces chevaux devront être pansés par des prisonniers d'infanterie à raison d'un par 2 chevaux. Vous prendrez des mesures en conséquence. Ce dépôt devra être gardé soigneusement. La garde à qui il sera confié devra avoir pour consigne de n'en laisser sortir aucun cheval sans l'ordre exprès de M. le Maréchal. Vous y ferez réunir tous les chevaux abandonnés ou conduits par des fantassins qui seront trouvés dans la place ; ils seront pansés de la même manière. — M. l'ordonnateur en chef du corps d'armée aura probablement besoin de détachements pour l'exécution de ses réquisitions, la surveillance des boulangers et des moulins, la garde des hôpitaux et des magasins, etc. Vous lui fournirez ceux qu'il vous demandera. — Vous ferez d'ailleurs pour le bien du service du corps d'armée et pour le bon ordre de la ville tout ce que votre zèle vous suggérera. — Je vous recommande de mettre beaucoup de vigueur et de célérité dans l'exécution de ces dispositions.

Circulaire en conséquence aux généraux Saint-Hilaire, Leval, Legrand, Sahuc, Margaron, au sujet des prisonniers de guerre et des chevaux de prise. — S'adresser au colonel Edighoffen, du 28e de ligne, logé au Cheval rouge, Mahlstrasse.

LE GÉNÉRAL COMPANS AU COLONEL DU 28e DE LIGNE.

Lübeck, 7 novembre 1806.

En exécution des ordres de M. le Maréchal commandant en chef, vous voudrez bien vous occuper de suite de faire la remise à M. le général de division Berthier de tous les prisonniers de guerre d'infanterie qui doivent être conduits d'après ses ordres[1].

Vous vous informerez près du général Berthier des endroits où sont réunis les prisonniers de guerre de cavalerie et d'artillerie afin de m'en rendre compte pour que je puisse les faire remettre au 22e régiment de chasseurs qui est chargé de les escorter.

---

1. LE GÉNÉRAL COMPANS A L'OFFICIER COMMANDANT LE DÉTACHEMENT CHARGÉ DE LA GARDE DES PRISONNIERS A RATZEBURG.

Lübeck, 7 novembre 1806.

Je vous préviens que demain ou après le colonel Barrié passera à Ratzeburg avec une colonne de prisonniers de guerre prussiens. Vous voudrez bien, en exécution des ordres de M. le Maréchal commandant en chef, lui remettre les prisonniers de guerre dont vous avez la garde et aussitôt après partir pour Schwerin où vous vous réunirez avec votre détachement au bataillon des hommes éclopés commandé par le chef de bataillon Menu, du 46e régiment, qui se trouve dans cette ville où vous resterez sous ses ordres jusqu'à ce que vous receviez celui de rejoindre votre régiment.

LE GÉNÉRAL COMPANS A L'ORDONNATEUR.

Lübeck, 7 novembre 1806.

L'intention de M. le Maréchal commandant en chef est que le corps d'armée soit nourri par des distributions régulières pendant son séjour ici. Vous adresserez en conséquence vos réquisitions aux magistrats et dans le cas cependant où LL. AA. le grand-duc de Berg et le prince de Ponte-Corvo auraient laissé leurs ordonnateurs en chef ici pour le même objet, vous vous concerterez avec eux pour qu'il soit fait un partage exact de toutes les ressources. — M. le Maréchal désire que les distributions commencent dès aujourd'hui, et il vous charge en outre de prendre les mesures les plus promptes pour un approvisionnement de 300,000 rations de biscuit qu'il fera distribuer au corps d'armée avant son départ d'ici ou qu'il fera marcher à sa suite ; vous ferez distribuer aujourd'hui de l'eau-de-vie à tout le corps d'armée et vous en ferez un approvisionnement de 6 jours. — M. le colonel Edighoffen, commandant la place de Lübeck pour le corps d'armée, est chargé de mettre à votre disposition les détachements dont vous aurez besoin. — Veuillez bien, M. l'Ordonnateur, rendre des comptes fréquents à M. le Maréchal concernant les mesures que vous prendrez pour l'exécution de ses intentions [1].

CIRCULAIRE AUX GÉNÉRAUX D'INFANTERIE.

Lübeck, 7 novembre 1806.

J'ai l'honneur de vous prévenir que d'après les ordres de M. le Maréchal commandant en chef, l'ordonnateur du corps d'armée fera distribuer dans la nuit aux troupes de votre division du pain biscuité

---

1. LE GÉNÉRAL COMPANS A L'ORDONNATEUR.

Meseritz, 26 novembre 1806.

M. le Maréchal commandant en chef désire savoir quelles sont les distributions que la troupe a reçues ici avant son départ, et pourquoi le pain qui par le mauvais temps qu'il fait, aurait dû être placé dans les caissons, a été distribué au soldat qui s'en trouvant surchargé le vend aux habitants. Je vous prie de me mettre à même de le satisfaire à cet égard.

Je vous prie aussi de joindre à ces renseignements tous ceux que vous pourrez me donner sur la quantité des rations de tout genre dont chaque soldat est pourvu et les moyens que vous avez d'assurer le service des vivres.

Circulaire aux généraux de division et commandants d'armes pour leur donner connaissance de la défense expresse publiée le 25 à Francfort-sur-l'Oder de laisser acheter quoi que ce soit, pain, vivres, effets, par les habitants.

à raison de 2 livres par homme et qu'il sera ajouté à cette distribution une partie du pain qui sera cuit d'ici à demain matin.

Je vous invite en conséquence, mon Général, à envoyer de suite votre commissaire des guerres près l'ordonnateur pour recevoir les quantités de pain et de biscuit accordées à votre division afin d'en arrêter la distribution et de pouvoir désigner l'endroit où elle pourra s'effectuer. — J'ai l'honneur de vous observer que M. le Maréchal commandant en chef tient beaucoup à ce que la distribution que je viens de vous annoncer, soit entièrement faite dans le courant de la nuit.

Prévenez l'ordonnateur de ces dispositions.

Gal COMPANS.

LE GÉNÉRAL COMPANS AU GÉNÉRAL MARGARON [1].

Lübeck, 7 novembre 1806.

Je vous préviens, mon cher Général, que dans le cas où les régiments que vous commandez auraient besoin de quelques chevaux, M. le Maréchal commandant en chef les leur ferait fournir sur ceux de la cavalerie prussienne qui s'est rendue aujourd'hui par capitulation [2] ; mais dans ce cas vous voudrez bien faire connaître de suite à M. le Maréchal le nombre de chevaux dont chacun des régiments auront besoin afin qu'il les autorise à les recevoir.

Comme ils leur seront remis par M. le général Sahuc qui va cantonner ce soir à 1 ou 2 lieues d'ici sur la route de Rhena, vous ne sauriez mettre trop de rigueur à les faire demander [3].

---

1. LE GÉNÉRAL COMPANS AU GÉNÉRAL GUYOT.

Lübeck, 7 novembre 1806.

Je vous préviens, mon cher Général, que M. le général Margaron ayant reçu des lettres de service pour la division de dragons, l'intention de M. le Maréchal commandant en chef est que vous preniez, aussitôt après son départ, le commandement de la division de cavalerie légère.

2. LE GÉNÉRAL L. BERTHIER AU GÉNÉRAL DUPONT.

Lübeck, 7 novembre 1806.

D'après les ordres de S. A. le maréchal Prince, veuillez bien, mon cher Général, donner les vôtres pour qu'un détachement de 50 hommes d'infanterie commandé par 2 officiers soit rendu demain 8, à 9 heures du matin, à l'état-major pour y être à la disposition du capitaine adjoint Berton : ces hommes devront venir sans fusil pour ramener des chevaux ; ils rentreront le soir à leur régiment.

3. LE GÉNÉRAL COMPANS AU GÉNÉRAL LAPLANCHE.

Lübeck, 8 novembre 1806.

Vous voudrez bien, en exécution des ordres de S. Exc. le maréchal Soult,

LE MARÉCHAL NEY AU MAJOR GÉNÉRAL.

Schönebeck, 7 novembre 1806.

J'ai l'honneur d'adresser à V. A. S. le plan de la forteresse de Magdeburg avec l'emplacement des troupes qui forment le blocus.

Le général Colbert dont le quartier général est à Gommern commande sur la rive droite.

Le général Marchand est établi à Gross-Ottersleben.

Le général Vandamme a son quartier général à Olvenstadt, appuyant sa gauche à l'Elbe.

Les troupes sont retranchées dans leurs positions, de même que les postes avancés : des coupures ont été faites sur différentes communications que le nombre de mes troupes ne me permettait pas de garder : l'artillerie est disposée sur le flanc et sur le front des divisions pour battre la plaine et protéger la retraite des avant-postes en cas de sortie ; enfin toutes les mesures ont été prises pour ôter à l'ennemi toute communication avec ses dehors et lui enlever les moyens de fourrager.

Pendant la nuit des postes d'observation s'approchent de la place sur les 2 rives de l'Elbe, de manière qu'aucune patrouille ne peut en sortir : à la Diane ces postes rentrent derrière la première chaîne de vedettes : ils sont tous relevés à cette même heure et restent doublés jusqu'au grand jour.

Il règne dans le service beaucoup d'exactitude et il en est résulté que l'ennemi, après avoir tenté plusieurs sorties, n'a pas pu parvenir à nous faire un seul prisonnier.

La fusillade et la canonnade se répètent presque toutes les nuits entre Neustadt et Diesdorf, ce qui fatiguait extrêmement la garnison de Magdeburg. Je fais tirer 2 fois chaque

---

faire délivrer aux régiments de la division de cavalerie légère la quantité de chevaux ci-après mentionnés, savoir : au 11e régiment de chasseurs, 18 chevaux ; — au 16e, 18 ; — au 22e, 20. — Je vous invite à vous faire donner des reçus de ces chevaux, que vous voudrez bien m'envoyer.

nuit des fusées de signaux. Toutes ces alertes excèdent l'ennemi en sorte que les déserteurs et prisonniers disent que la garnison n'a qu'une nuit de repos pendant laquelle elle est souvent obligée de prendre les armes.

Cette extrême fatigue a causé beaucoup de maladies; le nombre des hommes aux hôpitaux et des fiévreux s'élève, dit-on, à 1,800.

Le jour qui a suivi l'essai de bombardement que j'ai fait faire, les bourgeois se sont assemblés sous les fenêtres du gouverneur et le menaçaient de se révolter si on refusait de rendre la place.

Le 5 j'ai fait ma dernière sommation au gouverneur et le 6 les pourparlers ont commencé. J'ai envoyé aujourd'hui un projet de capitulation ; M. de Kleist a fait assembler son conseil de guerre ; il paraît qu'il y règne de la diversité dans les opinions ; mais malgré les lenteurs que cela cause, j'espère avoir dans peu une réponse définitive.

LE MARÉCHAL NEY AU MAJOR GÉNÉRAL.

Schöneberk, 7 novembre 1806.

J'ai eu l'honneur de vous adresser le résumé des rapports journaliers du blocus de Magdeburg jusqu'au 2 de ce mois.

Le 3 quelques détachements de la 3e division ont été envoyés pendant la nuit pour enlever les postes que l'ennemi aurait pu avoir hors de la place; ils se sont avancés jusqu'aux palissades sans rencontrer personne. — On a reçu 11 déserteurs.

Le 4 il est arrivé un déserteur.

La nuit du 4 au 5 la 2e division a pris les armes. La 3e division a également été sous les armes toute la nuit ; l'ennemi a tenté une sortie entre 8 et 9 heures ; il a été vivement repoussé. On a tiré sur la place 12 bombes et quelques obus ; une maison a été brûlée dans la ville et 2 autres dans le faubourg de Neustadt.

Le 6 il est arrivé 5 déserteurs.

L'EMPEREUR AU MARÉCHAL NEY.

Berlin, 7 novembre 1806.

Je donne ordre au général Lemarois, qui est à Wittenberg, de vous expédier 6 pièces de 24 et 2 mortiers avec armement et approvisionnement. Nous avons de la poudre et des bombes en quantité à Dresde. Vous avez des canonniers qui peuvent servir ce matériel. Bombardez Magdeburg. Toutes les lettres de Stettin assurent que la place n'est pas approvisionnée et manque des objets les plus importants. Je vous ai fait connaître que le bombardement devait toujours aller en augmentant. Servez les pièces avec des boulets rouges, afin de mettre le feu à la ville. J'imagine que vous avez établi de petites redoutes devant la ville, afin que, si les assiégés mécontents de se voir ainsi maltraités, faisaient des sorties, vous puissiez les recevoir. Envoyez fréquemment des officiers au roi de Hollande à Hanovre et au maréchal Mortier qui arrivera le 10 à Hamburg, et faites-moi passer régulièrement les nouvelles que vous aurez de ces deux corps. Je vous recommande aussi de m'envoyer fréquemment des officiers et le bulletin du bombardement. Il y a à Wittenberg 500 milliers de poudre, à Dresde des bombes tant qu'on en veut. Envoyez à Wittenberg des officiers, et à Dresde, à M. de Thiard que j'ai nommé commandant de cette ville et qui a ordre de vous fournir tout ce dont vous aurez besoin. Ne tardez pas à m'apprendre que Magdeburg est rendu ou en feu. Vous ne manquerez pas de faire connaître au gouverneur qu'il vous est arrivé un équipage de siège de Dresde; qu'avec 100 pièces d'artillerie et les officiers du génie et d'artillerie que vous avez, la place sera bientôt prise; que dans 8 jours vous aurez passé le fossé et pratiqué la brèche; que la ville sera brûlée et saccagée; qu'arrivé à ce point, il n'y aura pas de capitulation pour les officiers; que cette résistance est sans but, car mes armées sont sur la Vistule, et que Küstrin et Stettin sont pris. Si jamais ils doutaient de cette prise, je ne verrais pas d'inconvénient qu'un de leurs officiers se rendît par Berlin à Küstrin et à Stettin, et revînt à Magdeburg pour les assurer de la position des choses. J'imagine qu'avant le 15 novembre vous aurez Magdeburg.

Mes troupes sont entrées en Pologne ; elles ont été reçues à Posen avec un enthousiasme difficile à peindre. Le peuple de Pologne demande à grands cris des armes ; je lui en ai envoyé. Les Russes n'y étaient pas encore entrés le 1er novembre. Il est probable que nous les rencontrerons dans les premiers jours de décembre. Vous sentez combien je désire que vous soyez débarrassé de Magdeburg, pour être, vers ce temps, sur la Vistule. Vous trouverez à Magdeburg une partie du trésor du prince de Hesse-Cassel et beaucoup de caisses de régiments. Que rien ne vous échappe ; pour cela faites visiter tous les fourgons et bagages, et ne laissez aux officiers que ce qui leur appartient bien véritablement.

L'EMPEREUR AU GÉNÉRAL SONGIS.

Berlin, 7 novembre 1806.

Le Major général vous donnera l'ordre d'envoyer le général Pernety pour diriger le bombardement de Magdeburg. Des mortiers ont été envoyés d'Erfurt et sont déjà arrivés au camp devant cette place. 6 pièces de 24 et 8 mortiers sont partis de Wittenberg par l'Elbe. Tout cela est abondamment approvisionné de poudre, bombes et boulets. Mon intention est que le bombardement commence et se continue avec la plus grande activité, de manière qu'il aille tous les jours en augmentant pendant 10 jours ; on embrâsera tous les points de la ville. Les pièces tireront à boulets rouges pour mettre le feu. Il est impossible que l'ennemi résiste à l'idée de la destruction de cette grande ville. Le général Pernety correspondra fréquemment avec vous. Il tirera de Dresde tout ce dont il aura besoin.

L'EMPEREUR AU GÉNÉRAL SONGIS.

Berlin, 7 novembre 1806.

En lisant avec attention l'état de situation que vous m'avez remis, je vois que le 1er bataillon du train a au corps du maréchal Davout 543 hommes dont 70 à cheval sur des chevaux de selle. Voilà donc 473 hommes qui devraient servir 946 chevaux; cependant ce bataillon ne sert que 672 chevaux; il pourrait donc servir de plus 274 chevaux. — Je vois en outre 70 chevaux de selle sur 473 de trait servant le train; cela forme 1/7. Comment les officiers et maréchaux des logis sont-ils le 1/7 du train? On peut faire la même observation pour tous les autres bataillons; j'y vois partout le même abus. En définitif 6,635 hommes du train montant 827 chevaux de selle et 8,845 chevaux de trait, tandis qu'ils devraient monter 11,600 chevaux de trait; ils montent 3,000 chevaux de moins qu'ils le pourraient; j'ai donc un personnel supérieur aux chevaux. Vous voyez le tort que cela fait. Il y a beaucoup d'abus dans ces bataillons du train; tâchez d'y porter remède; ce ne sont pas les chevaux qui me manquent ici, ce sont les hommes du train[1].

Je puis faire la même observation sur le matériel que sur le personnel. Je vois que j'ai au 1er corps 534 canonniers; je devrais donc avoir de quoi servir plus de 50 pièces de canon; cependant le 1er corps n'a que 38 pièces de canon. — Le 3e corps n'a que 36 pièces de canon et a un personnel de 540 hommes. Il peut donc très bien servir les 6 pièces de 3 que je veux lui donner. — Le 4e corps a 410 hommes et n'a

---

1. LE GÉNÉRAL SONGIS A L'EMPEREUR.

Berlin, 9 novembre 1806.

V. M. parait persuadée qu'il existe de grands abus dans les bataillons du train; elle croit que les 6,635 hommes présents à l'armée pourraient conduire 3,000 chevaux de plus qu'ils ne le font et elle est surprise que les hommes qui n'en conduisent pas, forment le septième du train. J'ai l'honneur de lui représenter que, d'après la formation des bataillons du train, il doit y avoir

que 48 pièces. — Le 5e corps n'a que 24 pièces. Il a cependant 370 hommes. Ainsi vous pourrez très-bien augmenter de quelques pièces de 3 les corps comme je l'ai demandé, sans leur fournir une augmentation de personnel.

---

dans chacun 100 hommes qui montent 82 chevaux de selle et n'en conduisent pas de trait, savoir :

1	capitaine commandant	3	chevaux de selle.
1	adjudant-major	2	—
1	quartier-maître	2	—
1	adjudant sous-officier	1	—
1	maître trompette	1	—
1	artiste vétérinaire	1	—
4	maîtres ouvriers	»	
6	officiers	12	—
6	maréchaux des logis chefs	6	—
12	maréchaux des logis	12	—
6	fourriers	6	—
24	brigadiers	24	—
12	maréchaux	»	
12	bourreliers	»	
12	trompettes	12	—
100		82	

Ce qui forme en hommes le sixième de chaque bataillon, le complet n'étant que de 604 hommes.

Il y a à l'armée 11 bataillons du train ; conséquemment 1,100 hommes ne conduisent pas de chevaux de trait ; il y a en outre 11 employés de brigades de réquisition qui n'en conduisent pas, ce qui fait un total de 1,111 hommes qu'il faut déduire des 6,635 existants. Il n'en reste donc que 5,524 conduisant des chevaux de trait. Dans ce nombre 300 au moins mènent plus de 600 chevaux blessés ou malades à raison de 50 environ par bataillon. Ces chevaux n'ont point été compris sur l'état, attendu qu'on n'y a porté que les chevaux pouvant servir. Il n'y a donc réellement que 5,224 soldats du train conduisant des chevaux en état. A raison de 2 par homme ils n'en pourraient mener que 10,448 ; il en existe 8,845 dans les corps d'armée ou au parc ; il y en a de plus en route pour rejoindre le parc 800 qui ont été achetés à Anspach et qui ne sont pas compris sur l'état, ce qui fait 9,645 pour lesquels il faut 4,823 soldats ; il n'y en aurait effectivement de trop que 401 qui pourraient mener 802 chevaux de plus qu'il n'en est porté existants sur l'état de situation ; mais je suis certain que tous ces hommes sont employés et que même plusieurs ont 3 chevaux à conduire. Ces chevaux proviennent de réquisitions ou de prises à l'ennemi. N'ayant pas les procès-verbaux de leur incorporation dans les bataillons du train, je ne les ai pas compris sur l'état ; ils n'en existent pas moins ; le parc seul en a reçu le 7, 180 provenant des 26 bouches à feu prussiennes attelées prises à l'ennemi. Ils emploient non seulement les hommes du train, mais même un grand nombre de canonniers.

V. M. trouvera sans doute que la proportion d'un sixième d'hommes ne conduisant pas de chevaux est beaucoup trop forte. Depuis longtemps j'ai remarqué cet inconvénient, et dans plusieurs propositions que j'ai faites pour changer l'organisation de ces bataillons, notamment dans une du 4 juin, j'ai demandé une augmentation de 14 soldats par compagnie ou 84 par bataillon,

28e BULLETIN DE LA GRANDE-ARMÉE.

Berlin, 7 novembre 1806.

S. M. a passé aujourd'hui, sur la place du palais de Berlin, depuis 11 heures du matin jusqu'à 3 heures après midi, la revue de la division de dragons du général Klein. Elle a fait plusieurs promotions. Cette division a donné avec distinction à la bataille d'Iéna, et a enfoncé plusieurs carrés d'infanterie prussienne. L'Empereur a vu ensuite défiler le grand parc de l'armée, l'équipage de pont et le parc du génie ; le grand parc est commandé par le général d'artillerie Saint-Laurent,

---

ce qui établirait au septième la proportion des hommes non montés. Je ne pense pas qu'il soit possible d'en mettre moins, car il faut nécessairement beaucoup de surveillance et d'ouvriers dans ce corps, plus même que dans tout autre, vu son genre de service qui oblige à le morceler souvent.

V. M. trouve qu'il y a dans les corps d'armée plus de canonniers qu'il n'en faut pour le service des bouches à feu existantes ; elle croit par exemple que dans le 1er corps où il existe 534 hommes d'artillerie, officiers et sous-officiers compris, on pourrait servir 50 pièces de canon. J'observerai qu'il est indispensable d'avoir dans chaque corps au moins 100 hommes pour le service du parc ; ils peuvent à peine suffire pour les travaux, la garde et l'escorte et pour aller chercher des munitions au grand parc. Il ne reste point de canonniers disponibles pour ramasser les pièces prises à l'ennemi. Il n'y a donc réellement au 1er corps que 434 hommes pour le service des pièces ; il faut en défalquer 48 officiers, sous-officiers, tambours, trompettes ou maréchaux, ce qui réduit le nombre à 386 qui suffit à peine pour le service de 38 bouches à feu à raison de 10 pour chacune.

Afin que l'artillerie puisse réellement servir en proportion de ses canonniers, il serait nécessaire que les commandants des corps d'armée fissent fournir de l'infanterie pour la garde et l'escorte du parc et pour les convois. Autrefois il existait des auxiliaires qui faisaient ce service et fournissaient en outre 5 hommes par pièce de 8 et par obusier, et 7 hommes par pièce de 12.

Cette mesure de prendre des auxiliaires dans l'infanterie fut encore appliquée dans le courant de la campagne.

LE GÉNÉRAL GUDIN AUX GÉNÉRAUX PETIT ET GAUTIER.

Posen, 15 novembre 1806.

Les 4 pièces d'artillerie prussiennes accordées à la division par M. le Maréchal étant dépourvues du nombre de canonniers nécessaires pour les servir et de soldats du train pour conduire les chevaux, vous voudrez bien prescrire à M. le colonel du 12e régiment d'envoyer au parc de la division 8 hommes, du 21e 11 hommes, du 25e 11 hommes et du 85e 8 hommes, dont partie pour un des services et partie pour l'autre. Ces militaires devront être rendus aujourd'hui au parc à Bordichkow.

l'équipage de pont par le colonel Bouchu et le parc du génie par le général du génie Cazal.

S. M. a témoigné au général Songis, inspecteur général, sa satisfaction de l'activité qu'il mettait dans l'organisation des différentes parties du service de l'artillerie de cette Grande Armée.

Le général Savary a tourné près de Wismar sur la Baltique, à la tête de 500 chevaux du 1er de hussards et du 7e de chasseurs, le général prussien Usedom, et l'a fait prisonnier avec 2 brigades de hussards et 2 bataillons de grenadiers. Il a pris aussi plusieurs pièces de canon. Cette colonne appartient au corps que poursuivent le grand-duc de Berg, le prince de Ponte-Corvo et le maréchal Soult, lequel corps, coupé du côté de l'Oder et de la Poméranie, paraît acculé du côté de Lübeck.

Le colonel Exelmans, commandant le 1er régiment de chasseurs du maréchal Davout, est entré à Posen, capitale de la grande Pologne. Il y a été reçu avec un enthousiasme difficile à peindre ; la ville était remplie de monde, les fenêtres parées comme en un jour de fête ; à peine la cavalerie pouvait-elle se faire jour pour traverser les rues.

Le général du génie Bertrand, aide de camp de l'Empereur, s'est embarqué sur le lac de Stettin, pour faire la reconnaissance de toutes les passes.

On a formé à Dresde et à Wittenberg un équipage de siège pour Magdeburg ; l'Elbe en est couvert. Il est à espérer que cette place ne tiendra pas longtemps. Le maréchal Ney est chargé de ce siège.

L'EMPEREUR AU MARÉCHAL MORTIER.

Berlin, 7 novembre 1806.

J'ai reçu votre lettre du 3 novembre. Je suis surpris que le régiment italien ne soit pas encore arrivé. Il devait être le 26 à Mayence. J'imagine que les hommes à pied qui étaient à Mayence sont arrivés, et que vous les avez montés sur les chevaux de l'Électeur. Je ne vous parle plus de Cassel, parce que vous en êtes parti depuis longtemps. Il est nécessaire que vous soyez le 10 ou le 11 à Hamburg. Le roi de Hollande vous donnera vos instructions. Cela ne doit pas vous empêcher de vous mettre en correspondance avec les commandants de Berlin et de Stettin ; car il est possible que dans quelques jours, je me porte de ma personne au milieu de la Pologne, où mes postes sont déjà arrivés. Si le Roi s'en retourne en Hollande et que vous commandiez en chef, cela ne changera rien à votre position.

Vous laisserez un petit corps devant Hameln et Nienburg et vous vous porterez dans le Lauenburg et de là sur Hamburg d'où, selon les ordres que je vous enverrais, vous vous porteriez dans la Poméranie suédoise, à la poursuite de la colonne du général Blücher. Vous laisserez à Hanovre un commandant avec une poignée de monde. Point de dilapidations, portez-y une grande attention; je n'en veux pas, tout doit être clair et net. Vous ne sauriez m'envoyer trop souvent des officiers pour m'instruire de toutes vos opérations. J'enverrai demain au roi de Hollande des instructions sur la prise de possession de Hamburg. Faites aux Suédois le plus de mal que vous pourrez, et tâchez de couper la colonne de Blücher, qui était le 3 à Kriwitz. Mettez-vous en correspondance avec le maréchal Ney, qui assiège Magdeburg.

L'EMPEREUR AU MARÉCHAL LANNES.

Berlin, 7 novembre 1806.

Le Major général vous envoie un ordre de mouvement pour que votre cavalerie légère pousse des reconnaissances le 9 jusqu'à Schneidemühl. Si vous pouvez y être le 9 ou le 10, soyez-y. (Voir les ordres concernant le mouvement du 5e corps. *Campagne de Pologne*, page 68.)

Une compagnie d'artillerie doit être arrivée à Stettin ; elle ne perdra pas un moment à armer la place. Les 1,200 hommes que vous y laissez, vont être employés de la manière suivante :

200 à Damm, 200 au fort de Prusse, 100 au fort Guillaume, 100 au fort Léopold, 600 dans Stettin. Ces hommes se baraqueront par compagnie dans les bastions. Par ce moyen, leur service ne sera pas pénible et ils seront toujours en mesure. Ces 1,200 hommes seront promptement augmentés par les 600 hommes de votre corps d'armée qui partent de Wittenberg et par les détachements qui arrivent de tous côtés.

Donnez ordre que tout ce qui arrivera de votre corps s'arrête à Stettin, pour en renforcer la garnison, jusqu'à nouvel ordre. Ce corps ensuite formera l'arrière-garde de votre division. Il sera de 2,000 hommes environ et vous rejoindra lorsque la tête du corps d'armée du prince de Ponte-Corvo sera à Stettin, et selon l'ordre que je donnerai. Je vais d'ailleurs envoyer un corps auxiliaire de 1,500 hommes de troupes allemandes.

Recommandez que l'on arme la place avec la plus grande activité et que sous 2 jours il y ait des canons dans chaque bastion. Assurez-vous qu'il y ait une compagnie d'artillerie de 100 hommes complète. Par les états que m'a remis le commandant de l'artillerie, cette compagnie est la 18e du 5e régiment d'artillerie à pied, forte de 100 hommes. Assurez-vous qu'il y ait un chef supérieur de l'artillerie et plusieurs officiers du génie. J'ai donné mes ordres au général Chasseloup. Je veux défendre tout Stettin.

Stettin, avec 1,200 hommes, ayant des canons sur tous les bastions, doit être à l'abri de toute surprise, si, à la manière des Turcs, et suivant l'usage que nous avons aussi pratiqué avec succès, au lieu de monter la garde tous les jours, on confie la garde de chaque pièce à une compagnie, on se baraque dans chaque bastion, on exige que, de nuit, tout le monde soit là jusqu'à 10 heures du matin; lorsqu'on est certain que l'ennemi ne paraît pas, on ne fait rester que la moitié de son monde près de la pièce, et l'on permet au reste d'aller se promener en ville.

Donnez vos ordres en conséquence au commandant de la place. J'ai donné l'ordre à l'état-major d'envoyer des officiers pour commander au fort de Damm et au fort de Prusse.

L'EMPEREUR AU GÉNÉRAL LEMAROIS A WITTENBERG.

Berlin, 7 novembre 1806.

Je vois avec plaisir la situation déjà avancée des fortifications; mais je ne puis voir sans peine qu'il n'y ait pas une pièce en batterie. Qu'avant le 10, il y en ait au moins 20, et que les ouvrages soient garnis. Je suis étonné que vous n'ayez pas reçu d'ordre pour envoyer de l'artillerie à Magdeburg; il y a 4 jours que vous auriez dû y envoyer des mortiers et des pièces; envoyez-y sur-le-champ 6 pièces de 24, approvisionnées chacune à 500 boulets, avec la poudre nécessaire, et 2 mortiers avec 300 bombes. Faites venir à Wittenberg les 500 milliers de poudre de Torgau. Vous pouvez en envoyer 100 milliers à Magdeburg. Je ne pense pas que les bateaux qui les porteront seront assez bêtes pour se jeter dans la ville. Prévenez bien le maréchal Ney du jour où ils partiront, afin qu'il fasse garder l'endroit où on les débarquera.

Envoyez à Berlin tous les constructeurs de fours français qui seraient à Wittenberg. Combien avez-vous de fours de faits? Ramassez des boulangers pour vous faire du biscuit; il faut que vous ayez à Wittenberg un approvisionnement.

Je vous ai donné l'ordre de revenir près de moi; mais, avant de partir, ordonnez qu'on ne ménage pas les palissades. Je suppose que l'adjudant commandant Nivet est capable de me répondre de ce poste. Il faut que l'on cantonne la garnison qu'on aura dans les bastions, en chargeant chaque officier de la défense d'un ouvrage. Par ce moyen vous défendrez avec 600 hommes ce que vous ne défendriez pas avec 4,000 hommes. Vous ne me dites pas si les fossés sont pleins d'eau ; c'est un moyen de défense pour la place, et qui la mettra à l'abri d'un coup de main. Renvoyez une des 2 compagnies de sapeurs que vous avez ; cela ne répond pas à votre demande, mais j'ai aujourd'hui d'autres points à garder. Vous devez avoir une bonne compagnie d'artillerie à pied, c'est tout ce qu'il vous faut. Les officiers d'artillerie ne manqueront pas d'instruire quelques soldats d'infanterie à la manœuvre du canon.

L'EMPEREUR A M. DE TALLEYRAND.

Berlin, 7 novembre 1806.

M. Maret vous enverra les décrets par lesquels je rappelle M. la Rochefoucauld de Vienne et je nomme à sa place le général Andréossy. Mon intention est que vous m'apportiez leurs lettres de créance et de récréance à signer à 10 heures du matin, et que votre courrier soit prêt à partir avant midi; il sera adressé au général Andréossy. M. la Rochefoucauld présentera sur-le-champ sa lettre de récréance et partira immédiatement pour Berlin.

Vous préparerez une dépêche au général Andréossy pour lui faire connaître qu'il doit dire : qu'il ne sera plus question que très-légèrement d'alliance; que cela était bien il y a un mois, que la cour de Vienne ne m'avait donné aucuns sujets d'inquiétude; qu'aujourd'hui ils sont visibles, que je ne puis me le dissimuler; et que, tant qu'elle entretiendra sur mes flancs 60 à 80,000 hommes[1], je ne la croirai pas disposée

---

1. Le capitaine Simonin, attaché à l'état-major particulier du Major général, a dû partir de Berlin vers le 26 ou le 27 octobre, après que l'Empereur eut écrit la lettre du 26 à M. de la Rochefoucauld ; le rapport suivant, sans date, est probablement des premiers jours de novembre.

RAPPORT.

Sire, en m'envoyant à Prague porter une dépêche à M. le comte de Collowraty, commandant l'armée autrichienne en Bohême, S. A. S. le prince de Neuchâtel m'a chargé de reconnaître autant que possible la force de cette armée et d'observer ses mouvements.

Depuis 15 à 20 jours que tous les corps ont pris leurs cantonnements sur la frontière, il n'y a plus le moindre mouvement; pendant les 7 jours que j'ai employés à me rendre de Dresde à Prague et à revenir de Prague à Dresde, je n'en ai pas vu le moindre, et tous les renseignements que j'ai pu me procurer, à cet égard, m'ont confirmé que l'armée était dans la plus parfaite inaction.

Quant à sa force active, je dois dire à V. M. que sur l'observation que j'ai faite à M. le baron de Vincent, arrivé à Prague 2 jours avant moi, que j'étais surpris du grand nombre de troupes que j'avais trouvées sur ma route, il m'a répondu qu'ils n'avaient point pensé à faire un secret du mouvement de ces

à vivre tranquille avec moi. En présentant sa lettre de créance à l'Empereur, le général Andréossy lui dira que je veux lui donner une nouvelle preuve de mon amitié et de mon désir de vivre en paix, mais dans une véritable paix, et que je ne puis considérer comme tel un état de choses où je me trouverais menacé. Il expliquera aussi au ministère que j'entends par être en paix n'être point menacé et ne pas voir l'Autriche profiter de tous les événements militaires pour être prête à me tomber dessus.

L'EMPEREUR AU GÉNÉRAL LEMAROIS A VITTENBERG.

Berlin, 7 novembre 1806.

J'approuve l'envoi que vous avez fait devant Magdeburg de 6 pièces de 24, de 2 obusiers de 9 pouces, de 6 obusiers

---

troupes, non plus que de l'objet de ce mouvement ; que si j'étais curieux de connaître la force de l'armée, il pouvait bien me dire que S. M. l'empereur d'Autriche avait tiré seulement 9 régiments de la Hongrie pour les réunir aux 14 qui forment les garnisons ordinaires de la Bohême. Cette déclaration m'a paru vraie, attendu qu'elle est conforme à l'état de répartition de l'armée que j'ai trouvé chez les maîtres de poste de Peterswald et de Slaun qui porte l'armée à 71 bataillons d'infanterie et 76 escadrons de cavalerie, auxquels il faut ajouter les 6 escadrons de hulans de Schwarzenberg portés de la Moravie à Königgrütz. Les bataillons et escadrons sont complets ; quelques bataillons même se trouvent plus que complets par la rentrée de leurs prisonniers. Les bataillons sont de 600 hommes et les escadrons de 150.

J'ai cru pouvoir avancer à V. M. que l'armée autrichienne m'avait semblé être dans les dispositions les moins hostiles en ce qu'elle n'a pas quitté le pied de paix (l'avancement n'ayant point encore eu lieu) et les soldats ne recevant pas encore les 2 kreutzen de traitement de guerre ; en ce qu'elle est tellement dispersée dans ses cantonnements, qu'un seul régiment occupe jusqu'à 60 villages ; que les petits villages où se trouvent les états-majors des corps n'ont qu'une simple garde de police fournie et relevée chaque jour par les cantonnements.

Depuis 15 jours le prince Charles est attendu à Prague ; il m'a été impossible de m'assurer non seulement de l'époque à laquelle il y viendrait, mais aussi si réellement il y viendrait.

La route de Peterswald à Töplitz vient d'être achevée, elle est fort belle ; de Töplitz à Laün, distance de 4 milles, il n'y a qu'un fort mauvais chemin de communication à travers champs, dont la terre extrêmement grasse le rend presque impraticable en temps de pluie ; j'ai employé une journée entière à faire ce chemin avec la poste. A Laün on retrouve une belle chaussée jusqu'à Prague. On ne rencontre de Peterswald à Prague que les rivières d'Eger qui baigne les murs de Laün et de la Modaw qui traverse la ville de Prague.

Le capitaine aide de camp,

SIMONIN.

de 7 pouces 1/2. Tout cela est fort bien. Envoyez-y une grande quantité de poudre; vous savez la quantité énorme qu'il en faut pour tant de boulets.

Envoyez un de vos aides de camp sur la route de Leipzig, Gera, Plauen et Hof, à la rencontre des dépôts de cavalerie de Forchheim, où il y a 7 ou 800 chevaux[1]. Cet aide de camp passera par Baireuth, prendra connaissance des troupes qui s'y trouvent; il verra pourquoi on ne jette pas de bombes dans le fort de Culmbach pour l'obliger à se rendre, et reviendra après vous rejoindre.

LE GÉNÉRAL CORBINEAU A L'EMPEREUR.

Spandau, 7 novembre 1806, 3 heures un quart.

J'ai l'honneur de rendre compte à V. M. de l'arrivée ici du général Beker avec 2 régiments de dragons français escortant 3,000 prisonniers environ et une colonne de chevaux pris, montés par ses cavaliers, et de l'artillerie toute attelée.

Il m'est arrivé ici 200 dragons du 11ᵉ à pied venant de France. Si V. M. le juge à propos, je ferais relever les régiments de dragons pour la conduite des chevaux jusqu'à Potsdam par les dragons à pied, et pour celle de l'infanterie prisonnière par l'infanterie de la garnison qui est composée du bataillon de dépôt du 6ᵉ corps d'armée.

Les chevaux arrivés ici sont sellés, bridés et bien portants; l'escorte a conservé le tout en très-bon état.

J'ai l'honneur de proposer à V. M. de joindre à l'escorte à pied qui conduira les prisonniers jusqu'à Potsdam 50 à 60 dragons à cheval des régiments commandés par le général Beker pour empêcher les hommes à cheval de s'évader.

---

1. Le capitaine Bagniol rencontra le 30 à Gera les dépôts de Forchheim, conduits par le colonel Lacour, qui comprenaient 46 officiers, 1,714 cavaliers et 1,224 chevaux. Ils arrivèrent le 15 ou le 16 à Potsdam.

L'EMPEREUR AU GÉNÉRAL CORBINEAU.

Berlin, 7 novembre 1806.

Je reçois votre lettre de 3 heures et demie. Le général Bourcier avait prévenu les ordres que je lui ai donnés, de faire venir 400 dragons à pied, pour prendre les chevaux qui vous arrivent. Il faut prendre les bottes des prisonniers et leur donner des souliers; la nécessité n'a point de loi, et j'ai besoin de remonter ma cavalerie; d'ailleurs, allant à pied, ces souliers seront plus commodes.

Le général Beker reçoit l'ordre de rester demain pour voir partir les prisonniers de Spandau, afin de s'assurer qu'ils sont bien escortés, et de se rendre à Berlin avec ses 2 régiments. J'approuve que vous fassiez escorter ces prisonniers par de l'infanterie; mais je croyais qu'il y avait encore des troupes de Hesse-Darmstadt. Toutefois s'il n'y en a pas, il faut bien se servir des dépôts du 6e corps. Il faut mettre un officier supérieur, afin que les prisonniers ne s'échappent pas. Je pense que toutes les colonnes prisonnières sont arrivées et que vous n'en avez plus à attendre. Si cela est, vous me rejoindrez; mais, avant de partir, visitez en détail les Augustins, les dépôts et hôpitaux, afin de me rendre compte de tout. A-t-on nettoyé un des magasins dans la citadelle pour y mettre les effets trouvés sur les bateaux? De quel droit a-t-on donné 450 culottes de peau à un seul régiment?

Portez-moi un inventaire exact de tous les effets d'habillement qui se trouvent à Spandau.

Il faut garder les culottes de peau qui restent pour les distribuer aux dragons qui vont arriver.

LE GÉNÉRAL BOURCIER A L'EMPEREUR.

Potsdam, 7 novembre 1806.

L'officier que j'ai envoyé en poste à Dessau par ordre de V. M. est de retour; le prince de Dessau était absent; il a parlé à son premier conseiller qui lui a dit qu'il n'y avait pas un seul cheval saxon et qu'il n'en était arrivé aucun depuis le départ de ceux qu'a emmenés le général Oudinot. Il n'y a également ni sabres ni selles.

J'ai envoyé à Spandau pour prendre les chevaux que V. M. m'a annoncés ; on n'en a ramassé que 184 dont partie n'est propre qu'aux charrois ; beaucoup sont chevaux français, tous dans un très-mauvais état ; ils ne pourront servir de quelque temps[1]. On n'a pu réunir qu'une vingtaine de paires de bottes de cavaliers prisonniers qui ont conduit ce dernier convoi.

Je vais avoir disponible un détachement de 901 dragons bien montés ; il ne leur manquera que quelques petits objets qu'ils se procureront facilement à leurs corps. Je suis obligé de faire faire de fortes réparations à toutes les selles et de faire confectionner des porte-crosses et 900 coussinets, choses indispensables. J'ai fait réunir à cet effet tous les selliers de Potsdam ; il y en a très-peu ; ils travaillent jour et nuit. Je les fais surveiller pour qu'ils ne quittent pas leur travail un instant.

Malgré tous mes soins bien pressants, j'ai le regret d'annoncer à V. M. que ce détachement ne pourra partir que le 13 au matin. Il est impossible de les mettre plus tôt en route.

Je joins à cette lettre l'état par régiment des hommes qui composent ce détachement[2].

Le général Corbineau m'annonce en ce moment 1,500 chevaux de prise ; je fais partir 400 dragons pour me les ramener.

---

1. Ordre du Major général, le 8 novembre, aux divisions Klein et Beker d'envoyer à Potsdam tous les artistes vétérinaires qu'ils peuvent avoir au-dessus d'un par régiment.

2. Ce détachement était composé de 85 dragons montés du 6e, 80 du 8e, 100 du 12e, 35 du 13e, 108 du 16e, 108 du 17e, 135 du 18e, 150 du 25e, 100 du 27e, total, 901 chevaux. Les détachements des 8e, 12e, 13e, 17e, 25e et 27e partirent le 8, total 573 hommes montés. Les 328 autres dragons des 6e, 16e et 18e furent mis en route le 10.

L'EMPEREUR AU GÉNÉRAL BOURCIER.

Berlin, 7 novembre 1806.

Je reçois votre lettre du 7 novembre. Je vois avec peine que je ne puis avoir les 900 hommes que le 13 ; tâchez au moins que ce soit pour le 10. Je ne vois rien là pour les 4e, 20e, 26e, 1er et 21e de dragons. Tous ces régiments ont cependant besoin d'être un peu augmentés. Envoyez-moi un état général des hommes et des chevaux de tous ces détachements.

Vous recevrez dans la journée de demain 500 hussards à pied qui viennent de Wittenberg[1]. Donnez-leur des chevaux de hussards ou bien de dragons. Que ma cavalerie soit augmentée par des hussards ou des dragons, cela m'est indifférent.

1. Détachements de cavalerie à pied venant de Würzburg.

8 NOVEMBRE

NOTE.

Berlin, 8 novembre 1806.

Prendre tout ce qui se trouve à Stettin de vin, eau-de-vie, liqueurs, rhum et rack, pour le service de l'armée ; on donnera des reçus aux particuliers.

On fera transporter les trois quarts de tout à Küstrin, et on me fera connaître pour combien de jours il y en a pour l'armée.

Les froids vont devenir vifs et l'eau-de-vie peut sauver mon armée.

On m'assure qu'on trouve beaucoup de vin à Stettin; il faut tout prendre, y en eût-il pour 20 millions. C'est le vin qui dans l'hiver me vaudra la victoire; il faut le prendre en règle et on donnera des reçus.

Tous les souliers qu'on pourra se procurer, les diriger sur Küstrin, ne point en distribuer à Berlin ; faire venir ceux qui sont à Mayence et à Erfurt jusqu'à Küstrin : tout ce qu'il y a de confectionné[1].

---

1. Ordre du Major général, 10 novembre, au maréchal Kellermann de faire partir tous les souliers qui sont à Mayence et de laisser partir aussi tous ceux que les corps ont sur la rive gauche du Rhin.

M. VILLEMANZY AU MAJOR GÉNÉRAL.

Leipzig, 8 novembre 1806.

....Tous les ouvriers de la ville de Leipzig et 40 externes, en totalité 340 cordonniers, sont occupés à la confection des souliers. Ces ateliers en fournissent environ 8,000 paires par semaine....

M. la Bouillerie portera en compte un mois de solde au 5e corps, qui sera payé par M. le maréchal Lannes.

NAPOLÉON.

LE GÉNÉRAL BELLIARD AU GÉNÉRAL LASALLE.

Lübeck, 8 novembre 1806.

Il est impossible, mon cher Lasalle, de vous envoyer ce que vous demandez ; la ville de Lübeck est dans un état de confusion tel que l'on ne peut rien obtenir. Ainsi tâchez de vivre aujourd'hui le mieux qu'il vous sera possible. Demain mettez-vous en marche pour gagner le bon pays et portez-vous par Grevismühlen, Beidendorf, Mecklenburg, Neukloster à Bützow où vous attendrez de nouveaux ordres. Vous aurez à Güstrow la division de dragons et à Sternberg celle des cuirassiers. Ainsi il faut peu vous étendre sur votre droite, mais tant que vous voudrez sur votre gauche et en arrière de vous. Veillez, je vous prie, à ce que l'on marche dans le plus grand ordre et que l'on n'abîme pas le pays.

LE GÉNÉRAL BELLIARD AU GÉNÉRAL D'HAUTPOUL.

Lübeck, 8 novembre 1806.

Le Prince ordonne, mon cher Général, que vous partiez demain avec votre division pour vous rendre à Sternberg où vous attendrez de nouveaux ordres en prenant par Vitense, Mühl-Eichsen, Dambeck, Hohen-Vicheln et Brüel. Vous êtes prévenu que la division Grouchy doit aussi passer à Hohen-Vicheln ; il faut vous arranger ensemble pour ne pas vous y trouver le même jour. Ci-joint la route qu'elle doit suivre partant demain de Herrnburg pour se rendre à Güstrow, elle passe par Schönberg, Lubsee, Dietriechshagen, Hohen-Vicheln, Warin et Boitin. Je lui écris de vous faire passer son itinéraire. Faites de même de votre côté pour éviter l'encombrement. Veuillez faire de suite l'itinéraire de votre marche et me l'envoyer par l'officier de l'état-major qui vous porte des ordres ; je vous prie d'y joindre l'état de situation que je vous ai demandé hier.

Ordre analogue au général Grouchy[1].

LE GÉNÉRAL BELLIARD AU GÉNÉRAL GROUCHY.

Lübeck, 8 novembre 1806.

Je vous prie d'ordonner qu'une compagnie d'élite parte sur-le-champ pour se rendre à Rhena et de là à Schwerin où sera demain le quartier général du

Itinéraires : brigade Lasalle, le 9 à Mecklenburg, — le 10 à Bützow ;

Division d'Hautpoul, le 9 à Mühl-Eichsen, — le 10 à Dambeck, — le 11 à Hohen-Vicheln. — le 12 à Brüel, — le 13 à Sternberg ;

Division Grouchy, le 9 à Lübsee, — le 10 à Dambeck, — le 11 à Warin, — le 12 à Güstrow.

LE MARÉCHAL BERNADOTTE A L'EMPEREUR.

Lübeck, 8 novembre 1806.

J'ai transmis à M. le Major général le détail des succès remportés dans la journée du 6 sur les troupes prussiennes et sur les troupes suédoises.

Je m'empresse aujourd'hui d'annoncer à V. M. qu'hier matin comme je me disposais à attaquer le reste des troupes ennemies réunies à Ratkau, le général Blücher m'a fait demander à capituler. Après avoir pris l'avis de S. A. le grand-duc de Berg, j'ai autorisé les généraux Rivaud et Tilly qui se trouvaient en présence à accepter au nom des 3 corps de la Grande Armée la capitulation dont je remets copie à V. M. ; 27 bataillons et 52 escadrons ont déposé leurs armes.

Demain, Sire, j'aurai l'honneur d'envoyer à V. M. les drapeaux ennemis dont 15 ont été conquis sur le champ de bataille ; elle verra avec plaisir les enseignes du grand Frédéric réunies à celles de Gustave-Adolphe.

J'attends maintenant les ordres de V. M. A moins qu'il ne faille voler de suite à de nouveaux combats, je la supplie de permettre au 1er corps de cantonner pendant une douzaine de jours : ce repos est indispensable pour refaire les hommes et les chevaux, rassembler les traînards, et surtout remettre un peu la discipline[1] qui, je ne puis le cacher à V. M., est

---

Prince. Cette compagnie laissera 4 hommes et 1 brigadier à Schönberg, autant à Rhena et à Gadebusch, pour servir demain d'escorte au Prince le long de la route. Soyez assez bon pour prévenir d'Hautpoul et Lasalle que nous nous rendons à Schwerin demain.

1. 1er CORPS D'ARMÉE.

Quartier général à Lübeck, 8 novembre 1806.

ORDRE DU JOUR DU 8 AU 9.

Art. 1er. — Il sera nommé de suite dans chaque division par le général qui

considérablement affaiblie par la difficulté d'atteindre et de punir les coupables pendant nos marches rapides et forcées. Le matériel de mon artillerie est dans le plus mauvais état; je n'ai plus une roue de rechange; j'ai consommé beaucoup de munitions; le voisinage du Hanovre pourra peut-être m'en procurer du calibre de mes pièces.

Depuis mon départ de Halle j'ai eu près de 2,000 hommes tués ou blessés. Je m'estimerais heureux, Sire, si dans les différentes marches que j'ai faites, et les combats que j'ai livrés, j'ai pu satisfaire V. M.

Même rapport au Major général. Le Maréchal dit en outre : « M. le « maréchal Soult s'est chargé de faire escorter la cavalerie par sa di- « vision de dragons. Je me suis chargé de l'infanterie. Elle partira « en 2 colonnes et sous l'escorte d'un bataillon du 57ᵉ et d'un ba- « taillon du 45ᵉ.

« Dans la matinée de hier, M. le colonel Outié, commandant le « 8ᵉ régiment, a fait mettre bas les armes à un bataillon de grena- « diers suédois et à 2 escadrons de dragons. Nous avons maintenant « en tout près de 1,500 Suédois avec 2 drapeaux. M. le major La- « grange, aide de camp du roi de Suède, est au nombre des prison- « niers. »

---

la commande une commission militaire composée d'un colonel, d'un chef de bataillon, d'un lieutenant, d'un sergent et d'un soldat : cette commission aura un capitaine rapporteur.

2. — Elle jugera sans désemparer et condamnera à mort tout militaire du 1ᵉʳ corps de la Grande Armée qui sera trouvé pillant et ravageant dans les maisons.

3. — Les habitants de Lübeck et de son territoire sont mis sous la sauvegarde de S. M. l'Empereur et Roi ; tout soldat qui porte atteinte à leur tranquillité est criminel.

Le maréchal prince de Ponte-Corvo rappelle aux troupes du 1ᵉʳ corps que la ville de Lübeck quoique prise de force ne doit pas être considérée comme une ville ennemie et que le soldat français, bien loin de se conduire en vainqueur farouche, doit être sensible et humain après la victoire.

Les généraux de division rendront compte de suite de la formation de leur commission ; elles seront permanentes jusqu'à ce que le calme et la tranquillité soient rétablis.

Le maréchal prince de Ponte-Corvo,

BERNADOTTE.

LE MARÉCHAL SOULT A L'EMPEREUR.

Lübeck, 8 novembre 1806.

S. A. I. et R. le grand-duc de Berg ayant eu l'honneur de rendre compte à V. M. de la capitulation de toutes les troupes prussiennes aux ordres du général Blücher, lesquelles se composaient de la colonne que ce général avait lui-même conduite et de celle du duc de Weimar, ainsi que des débris de la colonne du prince Hohenlohe qui s'y étaient ralliés, je ne crois entretenir V. M. que des dispositions que j'ai cru convenable d'ordonner, en attendant ses nouveaux ordres, et de celles dont je suis convenu avec S. A. le prince de Ponte-Corvo.

Le 1er corps d'armée reste dans le Lauenburg et à Lübeck.

Je dirige le 4e corps dans le Mecklenburg et demain je lui ferai prendre des cantonnements : la division du général Leval entre Warin et Brüel occupant ces deux endroits ; la division du général Legrand à Wismar et dans les environs ; la division du général Saint-Hilaire à Schwerin ; et la cavalerie légère à Mecklenburg et Lübow ; je serai moi-même demain à Schwerin où j'attendrai que V. M. m'ait fait connaître ses intentions pour remettre en mouvement le corps d'armée dans la direction qui lui sera donnée.

La troupe a besoin de repos ; mais je pense que 4 jours suffisent pour la rétablir ; pendant ce temps on ralliera les traînards qui sont restés en arrière ; la cavalerie et l'artillerie feront ferrer les chevaux et réparer les voitures qui ont souffert et l'armement sera remis en état. S'il entrait dans les dispositions de V. M. que ce séjour fût prolongé, je la supplierais d'avoir la bonté de me faire donner ses ordres pour que je puisse faire étendre les troupes et leur donner la facilité de vivre.

La 4e division de dragons, commandée par le général Sahuc, qui fait momentanément partie du corps d'armée, conduit à Potsdam les 53 escadrons prussiens, formant plus de 6,000 chevaux, qui se sont rendus ; je lui ai ordonné d'empêcher qu'il soit détourné un seul cheval, ni qu'aucun homme ne s'égare. L'armement de cette cavalerie suit sur des voitures la colonne du général Sahuc[1].

M. le maréchal Bernadotte s'est chargé de faire conduire les hommes d'infanterie prisonniers de guerre, ainsi que l'artillerie qui a été prise : il y a plus de 15,000 prisonniers soit d'infanterie ou d'artillerie, et plus de 80 pièces de canon avec leurs caissons et plus de 300 voitures de bagages. J'ai fourni le second bataillon du 57e régiment et M. le maréchal Bernadotte un autre bataillon pour en faire la garde et la conduite[2].

---

1. Voir plus loin les rapports des généraux Corbineau et Bourcier sur l'arrivée de ces prisonniers à Spandau et Potsdam.

2. LE GÉNÉRAL COMPANS AU MAJOR GÉNÉRAL.

Francfort-sur-l'Oder, 25 novembre 1806.

J'ai l'honneur d'adresser à V. A. l'état des prisonniers de guerre prussiens faits par le 4e corps d'armée depuis l'ouverture de la campagne jusqu'à ce jour. Ceux de la bataille d'Iéna, de l'assaut de Lübeck et de la capitulation du général Blücher n'y sont point compris, savoir:

Les premiers parce que les troupes qui les firent les conduisirent aussitôt à une réunion qu'on en formait en arrière du champ de bataille où ils se trouvèrent confondus avec ceux des autres corps d'armée ; M. le général Saint-Hilaire en évalue le nombre à 600, dont un officier général et plusieurs officiers subalternes. 300 furent faits par la cavalerie légère.

Les seconds parce qu'en vertu d'un arrangement pris entre S. A. I. et R. le grand-duc de Berg, S. A. le prince de Ponte-Corvo et S. E. M. le maréchal Soult, tous les prisonniers d'infanterie de l'assaut de Lübeck et de la capitulation du général Blücher devaient être dirigés sur Wittenberg par les soins de M. le chef de l'état-major général du 1er corps d'armée et tous ceux de cavalerie sur Potsdam par les miens. Le 4e corps ne fit à Lübeck que des prisonniers d'infanterie qui furent conduits de suite au dépôt général qu'on fit former M. le général Maison, commandant de la place. Ce général m'informe officiellement que le nombre s'en élevait à plus de 2,000. Le général prussien commandant à Lübeck en faisait partie.

Les troisièmes (tous ceux de la cavalerie) parce que d'après les ordres de M. le maréchal Soult, je dus les mettre en marche sans les laisser s'arrêter. L'escorte en fut confiée à la division de dragons aux ordres de M. le général Sahuc ; le chef de l'état-major de cette division, laquelle cessa dès lors de faire partie du corps d'armée, a sans doute dû en adresser l'état à V. A. ou le remettre au commandant de Potsdam.

Je prie V. A. de vouloir bien être convaincue que la rapidité des marches du corps d'armée et les motifs que je viens de lui exposer, ne m'ont pas permis d'apporter au travail que j'ai l'honneur de lui adresser ni plus d'exactitude dans sa confection, ni plus de célérité dans son envoi. Je désire qu'il remplisse ses intentions.

L'état des régiments de cavalerie prussienne prisonniers de guerre escortés par la 4e division de dragons, comprend : officiers, 307 ; — sous-officiers et soldats, 3,745 ; — chevaux d'officiers, 1,171 ; — de troupe, 3,794. — Cet état n'a pas de date.

Les drapeaux et étendards seront présentés à V. M. par 2 officiers d'état-major des 2 corps d'armée[1] ; parmi ces drapeaux il y en a 8 qui ont été pris par la division du général Legrand dans les ouvrages avancés de la place et sur les remparts de Lübeck lorsqu'elle s'en est emparée de vive force. 2 étendards ont été pris dans une charge par la cavalerie légère du corps d'armée.

Ainsi ce qui restait de l'armée prussienne et qui il y a 8 jours formait encore un total de 30,000 hommes dont 7,000 de cavalerie et 100 pièces de canon, est au pouvoir de V. M. ; il ne s'en est échappé qu'un parti de 300 chevaux avec 3 pièces de canon qui, s'étant rejeté sur l'Elbe, est parvenu à passer ce fleuve à Luneburg et s'est porté sur Hameln. Le major Ameil que j'avais envoyé depuis 4 jours en détachement sur l'Elbe pour intercepter tout ce qui voudrait passer, n'a pu prendre qu'une centaine de chevaux de ce parti et beaucoup d'hommes d'infanterie égarés; mais il a fait passer en sûreté M. Roguin, payeur général de la Grande Armée, qu'il a rencontré à Boitzenburg se rendant à Hamburg avec 1,200,000 fr. qu'il doit remettre, dit-il, à M. Bourrienne, ministre de V. M. à Hamburg. M. Roguin a manqué d'être pris à Boitzenburg (rapport du major Ameil).

Sire, le corps d'armée a fait des marches inouïes pour parvenir au résultat qu'il a enfin obtenu à Lübeck ; mais il croirait n'avoir rien fait si V. M. n'était pas satisfaite de sa conduite.

LE MARÉCHAL NEY A L'EMPEREUR.

Schönebeck, 8 novembre 1806.

J'ai l'honneur de mettre sous les yeux de V. M. copie de l'armistice conclu la nuit dernière avec le gouverneur de Magdeburg[2].

---

1. Le colonel Gérard et l'adjudant commandant Ricard, premiers aides de camp des maréchaux Bernadotte et Soult. — L'Empereur les nomma généraux.
2. S. Exc. Monseigneur le maréchal Ney, grand-officier de l'Empire, grand-

J'ai dans ce moment dans la place des officiers qui règlent les conditions de la capitulation sur cette base déjà consentie que la garnison sera prisonnière et envoyée en France à l'exception des officiers qui rentreront chez eux sur parole.

Le gouverneur demandait un délai pour ses dispositions; je l'ai restreint et il défilera le 11.

La garnison paraît être forte de 20,000 hommes y compris 1,800 malades et les blessés; on assure qu'il y a dans la place environ 800 pièces de canon.

Mon intention est à moins que V. M. n'en ordonne autrement de laisser à Magdeburg le 6e d'infanterie légère et le 15e de dragons resté à Brünswick et de partir le 13 avec le reste de mon corps d'armée pour me diriger sur Berlin.

Je laisserai dans la place, pour y commander, un général avec les officiers d'artillerie et du génie nécessaires qui y

---

cordon de la Légion d'honneur, grand-croix de l'ordre royal du Christ de Portugal, commandant en chef le 6e corps de la Grande Armée française formant le blocus de la place de Magdeburg, et S. Exc. M. le lieutenant-général comte de Kleist, chevalier de l'ordre de l'Aigle noir, de l'ordre de l'Aigle rouge et de celui du Mérite militaire de Prusse, gouverneur de la place et citadelle de Magdeburg, étant d'accord sur les points principaux de la capitulation qui doit mettre la place et citadelle susdites au pouvoir de l'armée française, ont arrêté par l'organe de leurs fondés de pouvoir soussignés, ce qui suit :

Art. 1er. — Il y aura à dater de ce jour 7 novembre 1806, armistice entre les troupes françaises formant le blocus de Magdeburg et les troupes prussiennes formant la garnison de cette place et citadelle.

2. — Les troupes et postes des deux nations resteront dans les positions qu'ils occupent sans s'inquiéter mutuellement et sans communiquer.

3. — MM. les officiers généraux, supérieurs et autres des deux armées tiendront la main à l'exécution de l'article précédent.

4. — Le présent armistice sera communiqué le plus promptement possible aux postes avancés des deux armées.

Fait double à Magdeburg, le 7 novembre 1806.

L'adjudant commandant, chef de l'état-major de l'avant-garde du 6e corps de la Grande Armée,

Liger-Belair,
officier de la Légion d'honneur.

Le capitaine aide de camp de S. Exc. M. le maréchal Ney,

Regnard,
membre de la Légion d'honneur.

Du Troussel,
Colonel, commandant de la place de Magdeburg.

Le Blanc,
Capitaine au régiment du prince Louis de Prusse.

resteront jusqu'à ce que V. M. ait ordonné leur remplacement.

Le général Thouvenot me mande d'Erfurt qu'il m'envoie à Schönbeck un détachement du 3e de hussards, quelques compagnies de voltigeurs et un bataillon de grenadiers de mon corps d'armée. Cette troupe arrivera le 13.

Le reste des voltigeurs et des hussards qui avaient été employés à la conduite des prisonniers partiront également le 8 d'Erfurt pour Schönbeck. Ces divers détachements me suivront à Berlin.

J'écris au général Thouvenot pour l'inviter à envoyer à Magdeburg un détachement de 3 ou 4,000 hommes des troupes de la Confédération du Rhin qui sont à Erfurt; cette garnison relèverait la 6e légère si V. M. approuve cette disposition.

Aussitôt que la capitulation sera signée, V. M. en sera instruite; un de mes officiers aura l'honneur de la lui présenter.

Je n'ai pas cru devoir avant ce moment contremander l'envoi d'artillerie ordonné par V. M.; je m'empresserai alors de le faire.

Je ne négligerai rien pour avoir fréquemment des nouvelles du roi de Hollande et du maréchal Mortier.

Je vous supplie, Sire, d'être persuadé du vif désir que j'ai de me voir réuni à la Grande Armée; mon vœu de tous les instants est de combattre sous les yeux de V. M.

LE MARÉCHAL NEY A L'EMPEREUR.

Schönbeck, 8 novembre 1806.

La forteresse de Magdeburg se rend aux armes de V. M.; la capitulation[1] a été signée ce soir; j'ai l'honneur de vous la mettre sous les yeux.

---

1. Articles de capitulation pour la ville et forteresse de Magdeburg, convenus entre MM. le général de brigade Dutaillis, l'un des commandants de la Légion d'honneur, chevalier de l'ordre militaire de Bavière, et chef de l'état-major général du 6e corps de la Grande Armée française en Allemagne (le

Il m'a été confirmé que la garnison est forte de 20,000 hommes, y compris les malades et les blessés; elle défilera le 11.

Le gouverneur a fait des difficultés jusqu'au moment de la signature; il existait dans la place deux partis, celui des magistrats et des habitants qui voulait capituler, et celui des officiers qui insistait pour la résistance. Cette diversité

---

colonel Liger-Belair et le capitaine Regnard), etc., stipulant au nom de M. le maréchal d'Empire Ney, grand-officier de la Légion d'honneur, grand-cordon, chef de la 7e cohorte, chevalier de l'ordre du Christ de Portugal et commandant en chef du 6e corps de la Grande Armée ;

Et MM. de Renouard, général-major, chef d'un régiment d'infanterie et chevalier de l'ordre du Mérite militaire de Prusse (du Troussel et Leblanc), stipulant au nom de S. Exc. M. le comte de Kleist, général d'infanterie, chevalier des ordres de l'Aigle noir et de l'Aigle rouge de Prusse et de celui de Saint-Alexandre Newski de Russie, et gouverneur militaire de la ville et citadelle de Magdeburg :

Art. 1er. — La ville, citadelle et fortifications de Magdeburg seront remises aux troupes du 6e corps de la Grande Armée française, avec leur artillerie, munitions, magasins, approvisionnements de toutes espèces et propriétés publiques, sans aucune restriction, et dans l'état où toutes ces choses se trouveront au moment de la capitulation.

2. — La porte dite Ulrich et les ouvrages extérieurs qui en dépendent, seront remis à l'armée française pour être occupés par elle le 10 novembre après midi.

3. — La garnison aura les honneurs de la guerre; elle sortira le 11 novembre à 11 heures du matin, tambours battants, drapeaux déployés, avec 4 pièces de campagne, par la porte dite Ulrich. Elle mettra bas les armes et la cavalerie livrera ses armes et ses chevaux dans l'endroit qui sera convenu, à la portée du canon de la place.

4. — Les armes déposées, la garnison sera prisonnière de guerre ; les soldats seront conduits en France et MM. les officiers seront prisonniers, sur leur parole d'honneur de ne point servir, avant échange, contre S. M. l'Empereur des Français et Roi d'Italie, ni contre ses alliés, et ils auront la liberté de se retirer aux lieux qu'ils désigneront. Cependant les seuls officiers qui ont leur famille et qui sont établis et mariés à Magdeburg pourront rester dans la ville.

5. — MM. les officiers conserveront leurs épées, leurs bagages et leurs chevaux. Les soldats conserveront aussi leurs havre-sacs et porte-manteaux.

6. — Les cadets, porte-enseignes, feld-webels de l'infanterie et premiers maréchaux-des-logis de la cavalerie, seront considérés comme officiers et traités comme tels.

7. — Les auditeurs, aumôniers, chirurgiens et quartiers-maîtres, ne seront point considérés comme prisonniers de guerre.

8. — Les 2 compagnies incomplètes d'invalides qui se trouvent dans la place y laisseront leurs armes et seront renvoyées dans leurs anciennes garnisons, l'une à Peim près Hildesheim, l'autre à Aacken, où elles recevront leur solde et nourriture ordinaires, par les soins des autorités locales et aux dépens du pays.

9. — Après le départ de la garnison, MM. les officiers rentreront dans la

d'opinions entravait la négociation et a prolongé les conférences.

Aucunes mesures ne seront négligées pour la découverte et la conservation des objets qui doivent appartenir à V. M.; j'épuiserai surtout toutes les précautions pour que, si le prince de Hesse-Cassel a en effet dans la place une partie de son trésor, elle ne puisse pas nous échapper.

---

ville pour y recevoir leurs passeports, et partiront après les avoir reçus. Les revers contenant parole d'honneur de ne point servir avant échange, seront préparés d'avance.

10. — Les soldats mariés et établis à Magdeburg ou dans l'étendue de l'inspection, resteront dans leur famille, à condition de ne point servir avant échange et de ne point porter l'habit militaire.

11. — Les officiers et soldats blessés ou malades pourront rester à Magdeburg jusqu'à leur guérison. Ils seront soignés aux dépens de la ville.

Des chirurgiens-majors prussiens resteront dans la place en nombre suffisant pour les soigner. Ils seront, pendant toute la durée de leur séjour, traités par la ville comme les chirurgiens-majors français.

12. — Les personnes, les propriétés particulières des habitants, les cultes et les opinions religieuses, sont mis sous la sauvegarde des lois et de la loyauté française.

S'il y avait dans la ville des personnes qui voulussent la quitter, soit en y conservant, soit en y vendant leurs propriétés, il leur serait donné des passeports et garanties nécessaires.

13. — Il ne sera rien changé dans l'administration ni dans les institutions actuelles du pays. Les magistrats qui en sont chargés continueront leurs fonctions et recevront protection de l'armée française.

14. — Il sera nommé, de part et d'autre, des commissions pour l'inventaire et la remise des plans et cartes, papiers, archives, artillerie, munitions de guerre et de bouche et de toutes les propriétés publiques de quelque nature qu'elles soient, qui peuvent se trouver dans la place.

15. — MM. les officiers supérieurs et autres, ainsi que les cadets, porte-enseignes, feld-webels et premiers maréchaux-des-logis qui se retireront en vertu de la présente capitulation dans les provinces prussiennes occupées par les armées françaises, ou qui viendraient à l'être par la suite, recevront aux dépens de ces provinces, et par les soins des administrations locales, leurs gages et appointements sur le pied de paix. Ces gages et appointements devront être exactement payés le 1er de chaque mois.

16. — S. E. M. le gouverneur de Magdeburg aura la faculté d'envoyer, s'il le juge nécessaire, un officier à sa cour, pour lui donner avis de la présente capitulation. Cet officier recevra les passeports nécessaires.

17. — Tous les articles de la présente capitulation qui pourraient présenter un sens douteux, seront interprétés à l'avantage de la garnison.

18. — Il sera donné de part et d'autre 3 otages du grade qui sera convenu, pour la garantie réciproque de l'exécution de la capitulation. Ces otages seront remis demain 9 novembre, et seront respectivement rendus après l'occupation de la place.

Fait double à Magdeburg, le 8 du mois de novembre 1806.

L'artillerie dont V. M. m'annonce l'envoi par la lettre qu'elle m'a fait l'honneur de m'écrire hier n'est point encore arrivée ; je la ferai rétrograder sur-le-champ.

Je désire bien vivement que V. M. soit satisfaite et j'ose espérer qu'elle daignera en donner la preuve au 6e corps d'armée en lui fournissant quelque occasion de manifester avec éclat le dévouement dont il est animé pour votre personne sacrée.

LE MARÉCHAL KELLERMANN A L'EMPEREUR.

Mayence, 8 novembre 1806.

J'ai demandé l'année dernière qu'il y eût à Strasbourg un dépôt de capotes et autres effets d'habillement. Ce magasin a été bien utile. Je fais la même demande cette année pour Mayence et j'en ai écrit hier au ministre directeur de l'administration de la guerre. Cet approvisionnement n'est qu'une faible avance parce que les corps en tiennent compte. J'ai passé en revue ce matin plusieurs détachements venant de la 25e division militaire et qui partent demain pour la Grande Armée. Il y a dans le nombre 128 hommes du 21e régiment d'infanterie de ligne et 130 du 94e qui n'ont que des vestes et pas même de capotes. Le cœur me saigne de ne pouvoir donner aucuns vêtements à ces braves conscrits qui vont au commencement de l'hiver dans le Nord de l'Allemagne. Je demande au général Dejean d'envoyer sur-le-champ à Mayence et par la voie la plus prompte au moins 10,000 capotes. V. M. doit sentir combien cet approvisionnement est nécessaire ; ce qui ne serait pas distribué à la fin de la campagne serait réparti dans les corps et on en ferait tenir compte au conseil d'administration sur la masse d'habillement. Je supplie V. M. d'avoir la bonté de donner des ordres à ce sujet.

LE GÉNÉRAL BOURCIER A L'EMPEREUR.

Potsdam, 8 novembre 1806.

J'ai l'honneur de répondre à la lettre de V. M. en date d'hier; je l'ai reçue cette nuit.

V. M. ne voit pas sur le dernier état que je lui ai adressé les 4e, 20e, 26e et 21e régiments, parce que je n'ai compris sur cet état que les détachements que je fais partir pour l'armée. En second lieu ils sont arrivés ici les derniers et ont reçu les chevaux des derniers convois amenés par les généraux Milhaud et Beaumont. J'ai déjà rendu compte à V. M. que ce sont tous des chevaux blessés, échangés, nus, et hors d'état de servir de quelque temps. Je n'ai vu encore personne du 1er régiment de dragons.

D'après la demande de S. A. le prince Major général, je fais partir ce matin pour Berlin 573 dragons montés; il leur manque quelques effets qui devaient m'arriver aujourd'hui, mais pour ne pas retarder leur départ, j'ai pris des mesures pour qu'ils les reçussent à leur arrivée à Berlin[1].

Ainsi que V. M. le désire, je ferai partir le 10 le reste de tout ce qui sera disponible.

Je joins à cette lettre la situation que demande V. M.

J'ai fait partir la nuit dernière 400 dragons commandés par le major Raizé pour Spandau à l'effet d'y recevoir les chevaux qui me sont annoncés par le prince Major général.

---

1. LE MAJOR GÉNÉRAL A L'INTENDANT GÉNÉRAL.

Berlin, 8 novembre 1806.

573 hommes montés doivent arriver aujourd'hui de Potsdam pour être passés en revue par l'Empereur. — Vous leur ferez fournir les objets de harnachement qui leur seront nécessaires; le maréchal Bessières constatera après la revue les quantités.

9 NOVEMBRE.

L'EMPEREUR AU MARÉCHAL NEY.

Berlin, 9 novembre 1806.

Je reçois votre lettre du 7. Portez la plus grande attention à ce que les trésors qui sont enfermés dans Magdeburg nous restent. Visitez tous les caissons des officiers et tous les fourgons. Les caisses des régiments sont dans Magdeburg; le trésor de l'armée et des trésors très-considérables appartenant au prince de Hesse-Cassel s'y trouvent également. Faites main basse sur tout. Votre arrivée à Berlin n'est pas urgente. Partez plutôt un jour plus tard qu'un jour plus tôt. Au lieu d'un régiment laissez-en 2 à Magdeburg. Faites escorter vos prisonniers par de bonnes escortes; chargez-en les corps qui ont le plus souffert à la bataille d'Iéna. Les prisonniers se sauvent partout. Vous sentez combien cela a d'inconvénients. Mettez en marche, seulement le 12, une division avec toute votre artillerie. Que, la garnison prussienne sortie, les portes soient fermées et qu'on visite tout ce qui sortira de la ville, afin que les trésors qui y sont renfermés ne soient pas soustraits quelques jours après. Ce fameux Blücher, avec 20,000 hommes, est à nous. Le grand-duc de Berg, le prince de Ponte-Corvo et le maréchal Soult ont pris la ville d'assaut. Ainsi a fini le reste de l'armée prussienne. Les 2,000 Suédois qui gardaient le Lauenburg ont été pris. Le roi de Hollande me mande qu'il y a à Hameln 7,000 hommes campés sous les murs de la place. Envoyez un officier prendre des renseignements pour que vous soyez instruit si quelque colonne cherchait à s'échapper.

L'EMPEREUR AU MARÉCHAL LANNES.

Berlin, 9 novembre 1806.

Magdeburg s'est rendu le 7. Il y a dans cette place 16,000 hommes et 800 pièces de canon, des bagages et des trésors très-considérables. Le 6 Lübeck a été pris d'assaut par le grand-duc de Berg, le prince de Ponte-Corvo et le maréchal Soult. La boucherie a été effroyable. Le général Blücher y était avec la colonne du duc de Weimar et ce qu'il avait pu ramasser, formant une vingtaine de mille hommes. Ce qui n'a pas été pris le jour, a été ramassé le lendemain par capitulation. Les 2,000 Suédois qui gardaient le Lauenburg ont été pris.

Si la nouvelle de la bataille du 14 n'a pas arrêté la marche des Russes, je ne serais pas étonné que, le 8 ou 10 novembre, une colonne de 10 ou 15,000 hommes fût arrivée à Graudenz.

Tâchez de faire observer une bonne discipline en Pologne.

L'EMPEREUR AU ROI DE HOLLANDE.

Berlin, 9 novembre 1806.

J'ai reçu votre lettre du 4 novembre de Paderborn. Il est possible que le corps sorti de Hameln soit sorti pour fourrager et qu'il y rentre. Je ne sais ce que vous voulez dire en parlant d'officiers qui se réunissent au corps dans leurs anciennes garnisons. Chacun de ces officiers doit retourner dans sa famille. S'il y en a d'étrangers au pays, il faut les renvoyer sur-le-champ; ils ont la permission de s'en retourner chez eux et voilà tout. — J'espère que vous avez, à l'heure qu'il est, pris possession de Hanovre.

Le corps de Blücher, que je vous avais annoncé se diriger

du côté de Lübeck, a été battu et pris. Il était de 20,000 hommes. Magdeburg capitule en ce moment.

L'EMPEREUR AU ROI DE HOLLANDE.

Berlin, 9 novembre 1806.

M. de Montesquiou m'apporte votre lettre du 5 novembre. J'agrée que vous retourniez dans votre royaume et laissiez le commandement en chef au maréchal Mortier. Dès que vous serez arrivé chez vous, envoyez en Hanovre de la cavalerie pour compléter la cavalerie hollandaise. Gouvernez d'une manière ferme. Tout n'est pas fini ; il faut dire à votre conseil qu'il faut conquérir les colonies par terre, puisque nous sommes si impuissants sur mer. Il faut qu'au printemps prochain vous puissiez me fournir 20,000 hommes. Complétez le plus possible votre division du Hanovre. Envoyez surtout votre cavalerie, qui ne vous est d'aucune utilité et qui est si utile ici.

Le Roi n'avait en effet à l'armée que 6,000 hommes d'infanterie, 3 régiments de cavalerie, ne comptant pas chacun 150 chevaux, et 12 pièces de canon.

L'EMPEREUR AU MAJOR GÉNÉRAL.

Berlin, 9 novembre 1806.

Il y aura une 5e division de dragons qui sera commandée par le général Beker ; elle sera composée des 13e, 22e, 15e et 25e régiments. — Elle aura comme les autres 3 pièces d'artillerie légère. Il est nécessaire qu'on y attache un commissaire des guerres et tout le nécessaire de l'administration. — Le général de brigade Boussart sera attaché à cette division. Il faut y attacher un adjudant commandant. Jusqu'à ce que le général Songis puisse fournir les 3 pièces d'artillerie, elles seront prises parmi celles de l'infanterie de ma Garde. Vous donnerez donc l'ordre que 2 pièces de 8 et un obusier qui ont été attachés à ma Garde à pied, passent demain matin sous les ordres du général Beker et soient servis par l'artillerie à cheval. — Le maréchal Lefebvre désignera le matériel et le personnel.

LE GÉNÉRAL CORBINEAU A L'EMPEREUR.

Spandau, 9 novembre 1806, au matin.

J'ai l'honneur de rendre compte à V. M. que les chevaux pris sur l'ennemi amenés par les régiments sous les ordres du général Beker, ont été remis le 8 au matin aux dragons à pied. Ces dragons ont reçu et dû conduire à Potsdam 692 chevaux de cavalerie légère, 208 chevaux de cavalerie, 670 selles à la hussarde avec shabraques vertes, 200 selles de cavalerie, 843 brides de toute espèce, 890 licols. Tous les hommes étaient bottés ; les bottes leur seront ôtées à Potsdam. Ils avaient 654 manteaux de cavalerie légère qu'ils remettront aussi à Potsdam.

Le colonel d'artillerie laissé à Spandau pour les travaux de cette arme, a reçu 4 bouches à feu, 2 caissons et 30 chevaux de trait provenant de la même prise.

Les prisonniers d'infanterie au nombre d'environ 2,000 ont été conduits à Potsdam par 300 hommes du bataillon de dépôt du 6e corps. Les cavaliers prisonniers seront ajoutés le 9 à la colonne des prisonniers qu'escortent ces 300 hommes. On n'a pu faire commander l'escorte par un officier supérieur, il n'y en avait pas dans la place.

La garnison de la ville depuis le départ de ces 300 hommes est de 350 hommes du bataillon de dépôt du 6e corps ; celle du fort est de 83 hommes du 3e régiment et de 111 hommes du bataillon de dépôt.

Il y a toujours à Spandau 4 officiers et 83 hommes du 28e d'infanterie légère. Le major du 28e venu avec ce détachement est toujours à Berlin à attendre des ordres pour lui.

L'artillerie a ressorti de ses magasins et embarqué 5,000 fusils ; elle doit en embarquer 5,000 encore et 1,800 sabres et les diriger sur Küstrin. Le tout partira le 11 au plus tard.

L'EMPEREUR AU GÉNÉRAL BOURCIER.

Berlin, 9 novembre 1806.

Vous recevrez 4,000 chevaux qui arrivent de Lübeck. Le Grand-duc me fait espérer que ceux-là arriveront en bon état et qu'il prend des mesures pour qu'ils ne soient pas gaspillés en route. Les 500 chevaux que vous avez envoyés sont pourvus de tout ce qui leur manque. Je ne les ai point vus; mais le maréchal Bessières que j'ai chargé de les voir, les a trouvés en bon état. — Il doit vous être arrivé des hussards et des chasseurs à pied. Faites-moi connaître quand vous pourrez m'envoyer 500 chasseurs et hussards montés et équipés, à Berlin. Je désire avoir 500 dragons des 1er, 2,e 14e, 20e, 26e, 13e, 22e, 5e, 9e, 16e et 21e. Ce sont les 2 divisions qui ont déjà passé l'Oder. Les régiments des divisions Sahuc et Grouchy ne seront ici que dans 7 ou 8 jours. Il y aura le temps de leur fournir leurs détachements. Vous comprenez bien que les détachements que vous ferez, ne peuvent être exposés seuls devant l'ennemi et qu'il faut qu'on leur fasse rejoindre leurs régiments. Envoyez-moi donc, indépendamment de ce que je vous ai demandé en chasseurs et hussards, tout ce qui peut être disponible des 11 régiments de dragons que je vous ai nommés.

LE GÉNÉRAL BOURCIER A L'EMPEREUR.

Potsdam, 9 novembre 1806.

J'ai l'honneur de rendre compte à V. M. que je fais partir demain matin 10 un détachement de 370 hommes montés, composé de :

1 lieutenant, 42 hussards du 8e;
1 sous-lieutenant, 108 dragons du 16e;
1 lieutenant, 135 dragons du 18e;
1 capitaine, 85 dragons du 6e.

J'ai tiré ces 42 hussards du dépôt du 8e arrivé hier; ils

sont tous bien montés, armés, équipés et en état de faire campagne. Les dragons ont également ce qui leur est indispensable ; ce sont les bottes seulement qui nous manquent. Je m'étais concerté à cet égard avec M. l'intendant général et je devais en recevoir 300 paires hier, que M. Scetty, commissaire des guerres chargé de cette partie à Berlin, devait me faire parvenir. Je viens de lui dépêcher un officier et j'espère bien les avoir dans le jour. Dans la dernière colonne de prisonniers je n'ai pu trouver que 200 paires de bottes ; la plupart de ces cavaliers coupent les tiges en route pour être moins fatigués. D'autres vendent les bottes. Il en est de même de la colonne à la suite de laquelle j'avais envoyé un officier avec 300 paires de souliers pour échanger ; il n'en a trouvé que quelques paires.

Le major Raizé que j'avais envoyé à Spandau est revenu hier soir et m'a ramené 900 chevaux. Je vais à l'instant en passer la revue ainsi que des effets de harnachement, équipement et armement ; j'aurai l'honneur d'en rendre compte à V. M. par mon rapport de demain.

Il vient de m'arriver 5 dépôts ; je vais les voir et prendre les mesures les plus promptes pour en tirer parti ; j'aurai l'honneur de rendre compte à cet égard à V. M.

Je vais m'occuper sans relâche de former un nouveau détachement de 1,000 hommes ; j'y mettrai toute la célérité possible. V. M. peut être assurée que je ne perdrai pas un instant pour remplir promptement ses intentions.

29e BULLETIN DE LA GRANDE-ARMÉE.

Berlin, 9 novembre 1806.

La brigade de dragons du général Beker a paru aujourd'hui à la parade.

S. M., voulant récompenser la bonne conduite des régiments qui la composent, a fait différentes promotions.

Mille dragons qui étaient venus à pied à l'armée et qui

ont été montés au dépôt de Potsdam, ont passé hier la revue du maréchal Bessières ; ils ont été munis de quelques objets d'équipement qui leur manquaient, et ils partent aujourd'hui pour rejoindre leurs corps respectifs, pourvus de bonnes selles et montés sur de bons chevaux, fruits de la victoire.

S. M. a ordonné qu'il serait frappé une contribution de 150 millions sur les États prussiens et sur ceux des alliés de la Prusse.

Après la capitulation du prince de Hohenlohe, le général Blücher, qui le suivait, changea de direction et parvint à se réunir à la colonne du duc de Weimar, à laquelle s'était jointe celle du prince Frédéric-Guillaume Brünswick-Œls, fils du duc de Brünswick. Ces 3 divisions se trouvèrent ainsi sous les ordres du général Blücher. Différentes petites colonnes se joignirent également à ce corps.

Pendant plusieurs jours ces troupes essayèrent de pénétrer par des chemins que les Français pouvaient avoir laissés libres ; mais les marches combinées du grand-duc de Berg, du maréchal Soult et du prince de Ponte-Corvo avaient obstrué tous les passages.

L'ennemi tenta d'abord de se porter sur Anklam et ensuite sur Rostock ; prévenu dans l'exécution du projet, il essaya de revenir sur l'Elbe ; mais s'étant trouvé encore prévenu, il marcha devant lui pour gagner Lübeck.

Le 4 novembre il prit position à Grevismühlen ; le prince de Ponte-Corvo culbuta l'arrière-garde ; mais il ne put entamer ce corps, parce qu'il n'avait que 600 hommes de cavalerie et que celle de l'ennemi était beaucoup plus forte. Le général Watier a fait dans cette affaire de très-belles charges, soutenu par les généraux Pacthod et Maison, avec le 27e régiment d'infanterie légère et le 8e de ligne.

On remarque dans les différentes circonstances de ce combat qu'une compagnie d'éclaireurs du 94e régiment, commandée par le capitaine Razout, fut entourée par quelques escadrons ennemis ; mais les voltigeurs français ne redoutent point le choc des cuirassiers prussiens ; ils les reçurent de pied ferme et firent un feu si bien nourri et si adroitement dirigé, que l'ennemi renonça à les enfoncer. On vit alors les voltigeurs à pied poursuivre la cavalerie à toute course. Les Prussiens perdirent 7 pièces de canon et 1,000 hommes.

Mais, le 4 au soir, le grand-duc de Berg, qui s'était porté sur la droite, arriva avec sa cavalerie sur l'ennemi dont le projet était encore incertain. Le maréchal Soult marcha par Ratzeburg. Le prince de Ponte-Corvo marcha par Rehna ; il coucha du 5 au 6 à Schönberg d'où il partit à 2 heures après minuit. Arrivé à Schlutup sur la Trave, il fit environner un corps de 1,600 Suédois qui avaient enfin jugé convenable d'opérer leur retraite du Lauenburg pour s'embarquer sur la Trave. Des coups de canon coulèrent les bâtiments préparés pour l'embarquement. Les Suédois, après avoir riposté, mirent bas les armes.

Un convoi de 300 voitures, que le général Savary avait poursuivi de Wismar, fut enveloppé par la colonne du prince de Ponte-Corvo et pris.

Cependant l'ennemi se fortifiait à Lübeck. Le maréchal Soult n'avait pas perdu de temps dans sa marche de Ratzeburg, de sorte qu'il arriva à la porte de Mühlen lorsque le prince de Ponte-Corvo arrivait à celle de la Trave. Le grand-duc de Berg avec sa cavalerie était entre eux deux.

L'ennemi avait arrangé à la hâte l'ancienne enceinte de Lübeck ; il avait disposé des batteries sur les bastions ; il ne doutait pas qu'il ne pût gagner là une journée ; mais le voir, le reconnaître et l'attaquer fut l'affaire d'un instant.

Le général Drouet, à la tête du 27ᵉ d'infanterie légère et des 94ᵉ et 95ᵉ régiments, aborda les batteries avec ce sang-froid et cette intrépidité qui appartiennent aux troupes françaises. Les portes sont aussitôt enfoncées, les bastions escaladés, l'ennemi mis en fuite et le corps du prince de Ponte-Corvo entre par la porte de la Trave.

Les chasseurs corses, les tirailleurs du Pô et le 26ᵉ d'infanterie légère composant la division d'avant-garde du général Legrand qui n'avaient pas encore combattu dans cette campagne et qui étaient impatients de se mesurer avec l'ennemi, marchèrent avec la rapidité de l'éclair ; redoutes, bastions, fossés, tout est franchi et le corps du maréchal Soult entre par la porte de Mühlen.

Ce fut en vain que l'ennemi voulut se défendre dans les rues, dans les places; il fut poursuivi partout. Toutes les rues, toutes les places furent jonchées de cadavres. Les 2 corps d'armée arrivant des 2 côtés opposés se réunirent au milieu de la ville. A peine le grand-duc de Berg put-il passer, qu'il se mit à la poursuite des fuyards. 4,000 prisonniers, 60 pièces de canon, plusieurs généraux, un grand nombre d'officiers tués ou pris, tel est le résultat de cette belle journée.

Le 7 avant le jour tout le monde était à cheval et le grand-duc de Berg cernait l'ennemi près de Schwartau avec la brigade Lasalle et la division de cuirassiers d'Hautpoul. Le général Blücher, le prince Frédéric-Guillaume de Brünswick-Œls et tous les généraux se présentent aux vainqueurs, demandent à signer une capitulation et défilent devant l'armée française.

Ces 2 journées ont détruit le dernier corps qui restait de l'armée prussienne, et nous ont valu le reste de l'artillerie de cette armée, beaucoup de drapeaux et 16,000 prisonniers, parmi lesquels se trouvent 4,000 hommes de cavalerie.

Ainsi ces généraux prussiens qui dans le délire de leur vanité s'étaient permis tant de sarcasmes contre les généraux autrichiens, ont renouvelé 4 fois la capitulation d'Ulm : la première par la capitulation d'Erfurt; la deuxième par celle du prince de Hohenlohe; la troisième par la reddition de Stettin et la quatrième par la capitulation de Schwartau.

La ville de Lübeck a considérablement souffert : prise d'assaut, ses places, ses rues ont été le théâtre du carnage. Elle ne doit s'en prendre qu'à ceux qui ont attiré la guerre dans ses murs.

Le Mecklenburg a été également ravagé par les armées françaises et prussiennes. Un grand nombre de troupes, se croisant en tous sens et à marches forcées sur ce territoire, n'a pu trouver sa subsistance qu'aux dépens de cette contrée. Ce pays est intimement lié avec la Russie; son sort servira d'exemple aux princes d'Allemagne qui cherchent des relations éloignées avec une puissance à l'abri des malheurs qu'elle attire sur eux, et qui ne fait rien pour secourir ceux qui lui sont attachés par les liens les plus étroits du sang et par les rapports les plus intimes. L'aide de camp du grand-duc de Berg, Déry, a fait capituler le corps qui escortait les bagages qui s'étaient retirés derrière la Peene ; les Suédois ont livré les fuyards et les caissons. Cette capitulation a produit 1,500 prisonniers et une grande quantité de bagages et de chariots. Il y a aujourd'hui des régiments de cavalerie qui possèdent plusieurs centaines de milliers d'écus.

Le maréchal Ney, chargé du siège de Magdeburg, a fait bombarder cette place. Plusieurs maisons ayant été brûlées, les habitants ont manifesté leur mécontentement, et le commandant a demandé à capituler. Il y a dans cette forteresse beaucoup d'artillerie, des magasins considérables, 16,000 hommes appartenant à plus de 70 bataillons, et beaucoup de caisses des corps.

Pendant ces événements importants plusieurs corps de notre armée arrivent sur la Vistule.

La malle de Varsovie a apporté beaucoup de lettres de Russie qui ont été interceptées. On y voit que, dans ce pays, les fables des journaux anglais trouvent une grande croyance : ainsi l'on est persuadé en Russie que le maréchal Masséna a été tué, que la ville de Naples s'est soulevée, qu'elle a été occupée par les Calabrais, que le roi s'est réfugié à Rome, et que les Anglais, avec 5 ou 6,000 hommes, sont maîtres de l'Italie. Il ne faudrait cependant qu'un peu de réflexion pour rejeter de pareils bruits. La France n'a-t-elle donc plus d'armée en Italie? Le roi de Naples est dans sa capitale ; il a 80,000 Français ; il est maître des deux Calabres ; et à Pétersburg on croit les Calabrais à Rome ! Si quelques galériens, armés et endoctrinés par cet infâme Sidney Smith, la honte des braves militaires anglais, tuent des hommes isolés, égorgent des propriétaires riches et paisibles, la gendarmerie et l'échafaud en font justice. La marine anglaise ne désavouera pas le titre d'infâme donné à Sidney Smith. Les généraux Stuart et Fox, tous les officiers de terre s'indignent de voir le nom anglais associé à des brigands. Le brave général Stuart s'est même élevé publiquement contre ces menées aussi impuissantes qu'atroces, et qui tendent à faire du noble métier de la guerre un échange d'assassinats et de brigandages. Mais quand Sidney Smith a été choisi pour seconder les fureurs de la Reine, on n'a vu en lui qu'un de ces instruments que les gouvernements emploient trop souvent, et qu'ils abandonnent au mépris qu'ils sont les premiers à avoir pour eux. Les Napolitains feront connaître un jour avec détail les lettres de Sidney Smith, les missions qu'il a données, l'argent qu'il a répandu pour l'exécution des atrocités dont il est l'agent en chef.

On voit aussi dans les lettres de Petersburg, et même dans les dépêches officielles qu'on croit qu'il n'y a plus de Français dans l'Italie supérieure : on doit savoir cependant qu'indépendamment de l'armée de Naples il y a encore en Italie 100,000 hommes prêts à punir ceux qui voudraient y porter la guerre. On attend aussi à Pétersburg des succès de la division de Corfou ; mais on ne tardera pas à apprendre que cette division, à peine débarquée aux bouches de Cattaro, a été défaite par le général Marmont, qu'une partie a été prise et l'autre rejetée dans ses vaisseaux. C'est une chose fort différente d'avoir affaire à des Français ou à des Turcs que l'on tient dans la crainte et dans l'oppression, en fomentant avec art la discorde dans les provinces.

Mais, quoi qu'il en puisse être, les Russes ne seront point embarrassés pour détourner d'eux l'opprobre de ces résultats. Un décret du Sénat dirigeant a déclaré qu'à Austerlitz ce n'étaient point les Russes, mais leurs alliés qui avaient été battus. S'il y a sur la Vistule une nouvelle bataille d'Austerlitz, ce seront encore d'autres qu'eux qui auront été vaincus, quoique aujourd'hui, comme alors, leurs alliés n'aient point de troupes à joindre à leurs troupes, et que leur armée ne puisse être composée que de Russes.

Les états de mouvement et ceux des marches de l'armée russe sont tombés dans les mains de l'état-major français. Il n'y aurait rien de plus ridicule que les plans d'opérations des Russes si leurs vaines espérances n'étaient plus ridicules encore.

Le général Lagrange a été déclaré gouverneur général de Cassel et des États de Hesse.

Le maréchal Mortier s'est mis en marche pour le Hanovre et pour Hamburg avec son corps d'armée.

Le roi de Hollande a fait bloquer Hameln.

Il faut que cette guerre soit la dernière, et que ses auteurs soient si sévèrement punis que quiconque voudra désormais prendre les armes contre le peuple français, sache bien, avant de s'engager dans une telle entreprise, quelles peuvent en être les conséquences.

10 NOVEMBRE.

30e BULLETIN DE LA GRANDE ARMÉE.

Berlin, 10 novembre 1806.

La place de Magdeburg s'est rendue le 8. Le 9 les portes ont été occupées par les troupes françaises.

16,000 hommes, près de 800 pièces de canon, des magasins de toute espèce tombent en notre pouvoir.

Le prince Jérôme a fait bloquer la place de Glogau, capitale de la Haute-Silésie, par le général de brigade Lefebvre, à la tête de 2,000 chevaux bavarois. La place a été bombardée le 8 par 10 obusiers servis par de l'artillerie légère. Le Prince a fait l'éloge de la conduite de la cavalerie bavaroise. Le général Deroy, avec sa division, a investi Glogau le 9; on est entré en pourparlers pour sa reddition.

Le maréchal Davout est entré à Posen avec son corps d'armée le 10. Il est extrêmement content de l'esprit qui anime les Polonais. Les agents prussiens auraient été massacrés si l'armée française ne les eût pris sous sa protection.

La tête de 4 colonnes russes, forte chacune de 15,000 hommes, entrait dans les États prussiens par Georgenburg, Olita, Grodno et Jalowka. Le 25 octobre ces têtes de colonne avaient fait 2 marches, lorsqu'elles reçurent la nouvelle de la bataille du 14 et des événements qui l'ont suivie; elles rétrogradèrent sur-le-champ.

Tant de succès, des événements d'une si haute importance, ne doivent pas ralentir en France les préparatifs militaires; on doit au contraire les poursuivre avec une nouvelle énergie, non pour satisfaire une ambition insatiable, mais pour mettre un terme à celle de nos ennemis.

L'armée française ne quittera pas la Pologne et Berlin que la Pologne ne soit rétablie dans toute son indépendance, et que la Valachie et la Moldavie ne soient déclarées appartenantes en toute suzeraineté à la Porte.

L'armée française ne quittera point Berlin que les possessions des colonies espagnoles, hollandaises et françaises ne soient rendues, et la paix générale faite.

Ci-joint la capitulation du général Blücher.

On a intercepté une malle de Danzig, dans laquelle on a trouvé beaucoup de lettres venant de Petersburg et de Vienne. On use à Vienne d'une ruse assez simple pour répandre de faux bruits. Avec chaque exemplaire des gazettes, dont le ton est fort réservé, on envoie, sous la même enveloppe, un bulletin à la main, qui contient les nouvelles les plus absurdes. On y lit que la France n'a plus d'armée en Italie ; que toute cette contrée est en feu ; que l'État de Venise est dans le plus grand mécontentement et a les armes à la main ; que les Russes ont attaqué l'armée française en Dalmatie et l'ont complètement battue. Quelque fausses et ridicules que soient ces nouvelles, elles arrivent de tant de côtés à la fois, qu'elles obscurcissent la vérité. Nous sommes autorisés à dire que l'Empereur a 200,000 hommes en Italie, dont 80,000 à Naples et 25,000 en Dalmatie ; que le royaume de Naples n'a jamais été troublé que par des brigandages et des assassinats ; que le roi de Naples est maître de toute la Calabre ; que si les Anglais veulent y débarquer avec des troupes régulières, ils trouveront à qui parler ; que le maréchal Masséna n'a jamais eu que des succès, et que le Roi est tranquille dans sa capitale, occupé des soins de son armée et de l'administration de son royaume ; que le général Marmont, commandant l'armée française en Dalmatie, a complètement battu les Russes et les Monténégrins, entre lesquels la division règne ; que les Monténégrins accusent les Russes de s'être mal battus et que les Russes reprochent aux Monténégrins d'avoir fui ; que, de toutes les troupes de l'Europe, les moins propres à faire la guerre en Dalmatie sont certainement les troupes russes; aussi y font-elles en général une fort mauvaise figure.

Cependant le corps diplomatique, endoctriné par ces fausses directions données à Vienne à l'opinion, égare les cabinets par ces rapsodies. De faux calculs s'établissent là-dessus, et, comme tout ce qui est bâti sur le mensonge et sur l'erreur tombe promptement en ruine, des entreprises aussi mal calculées tournent à la confusion de leurs auteurs. Certainement, dans la guerre actuelle, l'Empereur n'a pas voulu affaiblir son armée d'Italie; il n'en a pas retiré un seul homme, il s'est contenté de faire revenir 8 escadrons de cuirassiers, parce que les troupes de cette arme sont inutiles en Italie. Ces escadrons ne sont pas encore arrivés à Insprück. Depuis la dernière campagne l'Empereur a au contraire augmenté son armée d'Italie de 15 régiments qui étaient dans l'intérieur, et de 9 régiments du corps du général Marmont. 40,000 conscrits, presque tous de la conscription de 1806, ont été dirigés sur l'Italie, et par les états de situation de cette armée au 1er novembre, 25,000 y étaient déjà arrivés. Quant au peuple des États vénitiens, l'Empereur ne saurait être que très-satisfait de l'esprit qui l'anime. Aussi S. M. s'occupe-t-elle des plus chers intérêts des Vénitiens; aussi a-t-elle ordonné des travaux pour réparer et améliorer leur port, et pour rendre la passe de Malamocco propre aux vaisseaux de tout rang.

Au reste tous ces faiseurs de nouvelles en veulent beaucoup à nos maréchaux et à nos généraux; ils ont tué le maréchal Masséna à Naples; ils ont tué en Allemagne le grand-duc de Berg, le maréchal Soult. Cela n'empêche heureusement personne de se porter très-bien.

L'EMPEREUR AU MAJOR GÉNÉRAL.

Berlin, 10 novembre 1806.

Indépendamment des détachements que j'ai ordonné au maréchal Kellermann de faire partir dans la première quinzaine de novembre pour venir renforcer les corps, mon intention est qu'il soit formé 8 bataillons provisoires[1]. Chaque bataillon sera composé d'une compagnie fournie par chacun des 3es bataillons des corps qui sont à la Grande Armée; chaque compagnie sera complétée à 140 hommes; les bataillons seront formés conformément à l'état ci-joint[2].

Le maréchal Kellermann nommera un chef de bataillon et un adjudant-major pour chaque bataillon, et un major pour commander 2 bataillons.

Il aura soin de ne pas prendre les majors dans les mêmes corps où il prendra les chefs de bataillon ou adjudants-majors.

Il ne sera pas nécessaire que les conscrits soient instruits: il suffira qu'ils aient 8 ou 10 jours d'instruction, qu'ils soient armés et qu'ils aient la veste, la culotte, les guêtres, le chapeau d'uniforme et une capote. Il ne faudra pas attendre qu'ils aient l'habit.

Ces bataillons seront placés dans les places suivantes où ils achèveront leur instruction :

Le 4e et le 5e bataillon se réuniront à Cassel, le plus tôt possible, pour maintenir la tranquillité de l'électorat de Hesse-Cassel; et vous remarquerez à cet effet qu'il faudra

---

1. Les seconds détachements d'infanterie demandés au maréchal Kellermann le 2 novembre pour le 15 (voir page 658) ne furent pas fournis et furent remplacés par ces bataillons provisoires qui formeront des régiments provisoires.

2.

1er régiment.	1er bataillon.	Compagnies des 3e, 4e, 18e, 57e de ligne; 10e, 24e, 26e léger.
	2e bataillon.	— 34e, 40e, 88e, 100e, 103e de ligne; 17e léger.
2e régiment.	3e bataillon.	— 24e, 44e, 63e, 105e de ligne; 7e, 16e léger.
	4e bataillon.	— 39e, 76e, 96e de ligne; 6e, 9e léger.
3e régiment.	5e bataillon.	— 27e, 30e, 33e, 51e, 61e de ligne.
	6e bataillon.	— 111e de ligne; 28e léger; 12e de ligne; 25e léger; 14e de ligne.
4e régiment.	7e bataillon.	— 8e, 22e, 65e, 72e de ligne; 21e, 27e léger.
	8e bataillon.	— 21e, 45e, 54e, 94e, 95e de ligne.

que vous donniez l'ordre au commandant de la 2e division militaire pour la compagnie du 14e régiment et pour celle du 12e de ligne, et au commandant de Verdun pour la compagnie du 25e d'infanterie légère. Donnez ordre aux commandants de ces divisions d'orgainser sur-le-champ ces compagnies et de les diriger sur Mayence.

Les autres bataillons se dirigeront sans délai sur Magdeburg, où ils resteront le temps nécessaire pour compléter leur instruction. Faites sentir au maréchal Kellermann qu'il ne faut pas perdre un moment pour former ces bataillons; que, pourvu qu'ils soient armés, tout est bon; que je les fournirai de tout à Magdeburg; qu'enfin j'obtiendrai par là deux avantages, puisqu'ils ne me coûteront rien en France, et qu'ils me garderont Magdeburg, ce qui me rendra d'autres troupes disponibles.

J'espère que ces troupes seront réunies à Mayence et partiront le 25, pour être rendues le plus tôt possible à leur destination.

Donnez ordre au commandant de la 25e division militaire de faire partir au 20 novembre tous les dragons à pied, chasseurs et hussards qui s'y trouveront au-dessus du nombre de chevaux qu'ils ont.

Donnez le même ordre pour les 5e et 26e divisions militaires. Donnez le même ordre à Paris pour les corps de dragons. Les ordres sont donnés aux corps de cavalerie qui se trouvent dans les 6e, 24e, 16e, 1re et 21e divisions [1]. Tout doit donc venir à la Grande Armée. Il ne doit donc plus y avoir aux dépôts d'hommes à pied, hormis les invalides, auxquels il faut donner leur retraite [2], et les hommes qui ont des che-

---

1. Voir page 331 la dépêche de l'Empereur au général Dejean, en date du 25 octobre.

2. Le 30 septembre, le général de brigade Duverger pour les 15e, 16e, 24e, 25e et 26e divisions militaires, le général Baget pour les 1re, 3e, 4e, 5e, 6e, 21e et 22e divisions, et le général Pully pour les armées d'Italie et de Naples avaient été chargés de procéder à l'inspection des dépôts des corps de troupes à cheval stationnés sur les territoires de ces divisions pour donner la réforme aux hommes et réformer les chevaux hors d'état de servir et débarrasser les corps des uns et des autres.

vaux non encore dressés, et encore faut-il que ces chevaux partent à mesure qu'il y en a 10 d'équipés et d'arrangés, pour venir rejoindre leur régiment.

Vous ferez remarquer au général Dejean l'avantage qu'il y aura, pour l'économie de mes finances et le bien de mon armée, dans l'envoi de ces hommes; qu'ils tiendront garnison dans les grandes places de Magdeburg, Potsdam, Spandau, Küstrin, Stettin, garderont mes derrières, s'instruiront plus vite parce qu'ils en sentiront le besoin, et ne coûteront rien à mes finances.

Il y a à Juliers 2 compagnies de sapeurs qui sont inutiles; faites-en partir une pour Magdeburg. N'en laissez qu'une à Mayence et à Wesel; que le reste parte. Il n'y en a pas besoin à Strasbourg.

L'EMPEREUR AU MARÉCHAL NEY.

Berlin, 10 novembre 1806.

Je reçois la capitulation de Magdeburg; cela m'a fait le plus grand plaisir. Je vous recommande de bien faire escorter les prisonniers. Désarmez tous les habitants de Magdeburg dès votre entrée dans la ville. Qu'il n'y ait aucune arme. Je pense que vous devez garder l'artillerie de Dresde et de Wittenberg. Comme c'est de l'artillerie saxonne, elle est plus à ma disposition à Magdeburg qu'à Dresde même. Faites-la débarquer et mettre dans la ville. Mes coureurs sont déjà arrivés à Varsovie. Nous sommes en pleine possession de la capitale de la haute Pologne. Je fais en ce moment bombarder Glogau. J'espère que cette place sera rendue dans peu de jours. Votre présence n'est pas urgente; cependant je verrai avec plaisir l'arrivée à Berlin de votre première division et de votre artillerie. Quant au reste, ne le faites venir qu'au cas que cela ne puisse pas nuire au service et à l'escorte des prisonniers. Huit jours plus tôt ou plus tard ne m'importent pas assez, dans l'état actuel des choses, pour que je risque de perdre une partie de mes prisonniers.

LE GÉNÉRAL BOURCIER A L'EMPEREUR.

Potsdam, 10 novembre 1806.

J'ai passé la revue des derniers chevaux que j'ai envoyé prendre à Spandau par le major Raizé. Il s'en trouve 882 ainsi que 625 selles et 553 brides.

La moitié de ces chevaux est en ce moment hors d'état d'être montée pour cause de blessures, mais ils paraissent en général susceptibles d'un bon service.

Sur les 625 selles, 180 seulement conviennent aux dragons, les autres aux hussards, une grande quantité des bois de ces dernières est cassée et la majeure partie a besoin de réparations indispensables. Les brides sont en plus petit nombre que les selles; il y a beaucoup de mors cassés et d'autres à réparer ou à remplacer.

J'ai bien fait réunir tous les ouvriers selliers de cette ville; mais ils sont en petite quantité et, malgré toute la surveillance que je fais apporter pour qu'ils n'interrompent pas leur travail, ils en font peu.

Les chevaux des petits dépôts qui sont arrivés jusqu'à ce moment sont dans un état pitoyable. J'attends des artistes qui me sont annoncés. J'en ai grand besoin. J'ai écrit à M. l'Intendant général pour avoir des médicaments; on n'en trouve point ici.

Sur la quantité des chevaux qu'il y a ici, j'estime qu'il y en a au moins 200 susceptibles de réforme. Je vais les examiner scrupuleusement et en ordonner la vente.

Les dépôts des 7ᵉ, 11ᵉ, 13ᵉ de chasseurs, 8ᵉ, 9ᵉ, 10ᵉ de hussards, viennent d'arriver. Conformément au désir de V. M., je ferai partir environ 500 hommes de ces dépôts, c'est presque la totalité, mais il est de toute impossibilité de les faire partir avant 5 ou 6 jours par la raison que je viens d'avoir l'honneur de donner à V. M. Ce sont les réparations qui ne peuvent se faire plus vite faute d'ouvriers. V.M. peut être assurée que nous sommes sur pied nuit et jour; mon unique but est la célérité dans l'exécution de ses ordres. Malgré ma surveillance, je n'ai pas pu parvenir à établir encore l'ordre nécessaire. Ce n'est pas chose facile; l'arrivée et le départ successifs de tant de chevaux et d'hommes de divers régiments mettent inévitablement souvent de la confusion. Souvent les officiers ne mettent pas l'intelligence et la bonne volonté qu'on peut désirer.

Des 11 régiments de dragons auxquels V. M. désire que je fasse fournir des détachements, 4 n'ont personne ici, les 1er, 5e, 9e et 21e. Des 7 autres, le 16e a en route un détachement de 108 hommes et le 13e a reçu également des chevaux pour les hommes qui étaient ici; ils sont aussi en route. Il reste donc les 2e, 14e, 20e, 22e et 26e. Il me serait difficile de dire au juste à V. M. l'époque à laquelle je pourrai former de ces corps un détachement de 500 hommes montés, toujours par la raison des selles et des bottes. J'ai écrit au sujet des bottes à M. l'Intendant général; mais les selles ont besoin de réparations si considérables et d'objets essentiels qui en dépendent tels que fontes, coussinets, croupières, étrivières, etc., qu'il faut un peu de temps pour les mettre en état.

Sous 2 ou 3 jours, je peux mettre en route 100 dragons du 11e, bien montés et équipés; mais il ne fait pas partie des régiments que V. M. me désigne; veut-elle que je prenne leurs effets pour les donner à un des régiments désignés par Elle?

LE MARÉCHAL SOULT AUX GÉNÉRAUX DE DIVISION.

Wismar, 10 novembre 1806.

Il est vraisemblable que le corps d'armée gardera pendant 4 ou 5 jours les cantonnements provisoires que j'ai donnés; mais après cette époque il devra probablement se remettre en marche pour se porter sur la ligne d'opérations des autres corps d'armée. Nous devons donc profiter de ce temps pour mettre en ordre tout ce qui a souffert, pour rallier les traînards qui sont restés en arrière et pour resserrer les liens de la discipline.

J'ai donné des ordres pour que les militaires éclopés qui, depuis la journée de Waren, marchaient en arrière du corps d'armée sous la conduite du chef de bataillon Menu, fussent de suite dirigés sur les corps auxquels ils appartiennent ainsi que les ambulances, équipages et généralement tout ce qui appartient à votre division. Faites en sorte que le tout soit remis promptement en état, et s'il était d'autres militaires ou portions d'équipages qui auraient pris une autre direction, vous ne devriez rien négliger pour les faire rejoindre.

Prescrivez à votre commandant d'artillerie de faire réparer toutes les voitures de son équipage qui ont souffert et de faire ferrer les chevaux; il doit aussi profiter de ce temps de repos pour se remettre en avance en fers, clous, longes et traits, ainsi qu'il y était à l'ouverture de la campagne.

Malgré les ordres que j'ai donnés, il existe encore dans les régiments un grand nombre de chevaux que les soldats et même les officiers ont pris chez l'habitant pour leur propre usage. L'abus qu'on en a fait est si contraire au bon ordre et au maintien de la discipline, que vous ne sauriez prendre des mesures trop sévères pour les réprimer. J'ordonne de la manière la plus positive que tous les officiers qui ont des chevaux et qui ne sont pas autorisés par la loi ou par une permission expresse de moi, aient à les remettre sur-le-champ et vous les emploierez, ainsi que ceux que, sans exception, vous ferez retirer aux soldats, au renouvellement des attelages de l'artillerie ou des ambulances, ou des équipages des vivres, et les plus mauvais, qui ne seraient susceptibles d'aucun service, seraient remis aux magistrats des lieux ou abandonnés dans les champs.

Après que ces dispositions auront été exécutées, s'il est des officiers qui, par leurs infirmités ou leur âge, soient susceptibles d'avoir un cheval, sur la demande que vous m'en ferez, je leur délivrerai une autorisation; mais je vous prie d'en limiter le nombre à l'indispensable, afin d'éviter l'abus que par ces mesures je cherche à réprimer[1].

J'ai reconnu depuis le commencement de la campagne que dans les régiments il y avait des officiers dont le zèle, le dévouement et la conduite devant l'ennemi n'avaient cessé de servir d'exemple. Ceux-là sont dignes des bonnes grâces de l'Empereur, et pour eux je les provoquerai avec le plus grand empressement. Vous devez donc, sans perte de temps, me les faire connaître, car je suis dans l'intention de présenter au premier jour à S. M. le rapport général de tout ce

---

1. CIRCULAIRE AUX GÉNÉRAUX COMMANDANT LES DIVISIONS.

Schwerin, 11 novembre 1806.

J'ai l'honneur de vous prévenir que M. le Maréchal commandant en chef, sur les représentations qui lui ont été faites, autorise qu'à l'avenir il y ait un cheval de selle ou de bât par compagnie d'infanterie soit pour l'usage des officiers, soit pour porter leurs propres effets; mais le nombre ne peut être dépassé sous quelque prétexte que ce soit, et y seront même compris les chevaux d'officiers qui ont déjà obtenu des autorisations particulières.

Aussitôt que les équipages auront rejoint votre division, vous voudrez bien, mon Général, d'après les instructions de M. le Maréchal, passer vous-même la revue des équipages de votre division, afin de réformer toutes les voitures qui vous paraîtraient inutiles, et obliger les corps à se défaire des effets dont l'usage ne leur est pas indispensable.

Cette disposition qui a pour but de diminuer la quantité d'équipages inutiles qui sont à la suite des divisions, doit être exécutée avec rigueur, et M. le Maréchal commandant en chef la recommande particulièrement à MM. les généraux.

M. le Maréchal désire que vous fassiez remettre l'état de toutes les voitures qui sont à la suite de votre état-major ou des corps sous vos ordres. Cet état devra indiquer le motif et le lieu où elles ont été prises, s'il y a ou non des conducteurs ou si des soldats les conduisent; ces états seront dressés par régiment et par état-major de division d'infanterie et de cavalerie ou d'artillerie et immédiatement adressés à l'état-major général.

Le général chef de l'état-major général,

COMPANS.

ORDRE.

Posen, 8 décembre 1806.

Il sera délivré journellement une ration de fourrages pour la nourriture de chacun des chevaux de bât qui ont été accordés par l'ordre du 11 novembre aux compagnies d'infanterie.

Le Maréchal,

SOULT.

qui s'est fait au corps d'armée depuis l'ouverture de la campagne[1].

Mais il est aussi dans les corps et même dans les états-majors (je l'ai reconnu avec la plus vive peine) des officiers qui, par leur indifférence dans le service, leur tiédeur et la conduite crapuleuse qu'ils ont tenue, se sont rendus indignes du poste qu'ils occupent, et ont servi souvent de prétexte ou d'excuse aux soldats qui se sont livrés au pillage et portés aux excès qui se sont commis ; quels qu'ils soient, et quelque grade qu'ils aient, mon intention est de les signaler à S. M. comme ayant cessé de mériter ses grâces, et inhabiles pour commander ; s'il en est dans la division que vous commandez, qui soient dans ce cas, vous devez porter la plus grande sévérité à me les faire connaître. Vous seriez responsable du mal qu'ils ont fait et de celui qu'ils ont laissé commettre, comme vous le serez encore envers l'Empereur à leur égard tant que leur conduite sous tous les rapports ne justifiera pas sa confiance.

Je vous ai dit que vraisemblablement vous resterez en cantonnement pendant 4 ou 5 jours; mais après cette époque votre division devra être en si bon état sous tous les rapports d'organisation et de tenue qu'elle l'était à l'ouverture de la campagne, afin qu'au premier ordre elle puisse se remettre en marche, et que rien ne lui manque ; mais je désire que lorsque cet ordre vous parviendra, vous ayez pour 4 jours de pain et pour 3 distributions d'eau-de-vie, et que dans le mouvement qui aura lieu, vous conserviez cette avance et fassiez successivement remplacer les consommations journalières qui seront faites ; donnez des instructions en conséquence à votre commissaire des guerres et rendez-moi compte de leur exécution.

---

1. Le maréchal Soult signa le 24 novembre à Berlin le *Rapport général des marches, mouvements et opérations du 4e corps d'armée depuis l'ouverture de la campagne, 27 septembre, jusqu'au 24 novembre* 1806, qui fut remis ce même jour à l'Empereur. — Le Maréchal joignit à ce rapport l'état des militaires des divers grades qui, pendant la campagne, ont, par leur conduite, leurs actions et leur zèle, le plus mérité les bonnes grâces de S. M. et en faveur desquels il les sollicite.

Je compte beaucoup sur le bon effet que produiront ces mesures pour rétablir la discipline dans la division que vous commandez ; autant que moi vous en sentez la nécessité, et vous êtes aussi persuadé que moi que, sans ce lien, il n'est pas possible à un chef de commander avec honneur, ni à aucun de nous de justifier la confiance dont l'Empereur nous honore.

Veuillez, en me faisant connaître ce résultat, m'instruire de l'exécution des dispositions que ma lettre renferme, et envoyez-moi de suite à Schwerin où sera demain mon quartier général, le rapport de l'établissement de la division que vous commandez ainsi que ceux de service.

11 NOVEMBRE.

L'EMPEREUR AU MARÉCHAL MORTIER.

Berlin, 11 novembre 1806.

Le roi de Hollande s'en retourne dans son royaume. Vous avez donc le commandement de toutes les troupes. Mon intention est que vous en fassiez quatre divisions, dont deux divisions françaises, une division hollandaise et une division italienne.

La 1re division française sera composée du 2e d'infanterie légère et des 65e et 72e de ligne.

La 2e division française sera composée du 4e régiment d'infanterie légère et des 22e et 58e de ligne. Ce dernier régiment sera le 20 novembre à Wesel; jusqu'à ce qu'il soit arrivé, vous le remplacerez par le 12e d'infanterie légère, que vous pourrez cependant laisser encore une quinzaine de jours à Cassel, jusqu'à ce qu'il y soit relevé par un millier d'hommes que j'ordonne au maréchal Kellermann de former à Mayence et d'y envoyer (4e et 5e bataillons provisoires).

La division hollandaise sera composée de troupes hollandaises, et la division italienne, des 3 régiments italiens.

Je n'ai pas besoin de vous dire que mon intention est que vos deux divisions françaises soient toujours réunies. Chacune des divisions doit avoir 12 pièces de canon que vous vous occuperez d'organiser en Hanovre. Lorsque le 58e sera arrivé, je retirerai le 12e et le 15e, qui arrive également le 20 à Wesel, auxquels je donnerai une autre destination.

Envoyez-moi la formation de votre armée sur ces bases. Il vous faut un général de cavalerie française pour commander la cavalerie de votre avant-garde. Vous devez avoir un millier de chevaux hollandais. Il faut aussi se procurer des chevaux en Hanovre et monter quelques escadrons de dragons à pied, que je vous enverrai des dépôts de France.

LE MAJOR GÉNÉRAL AU GRAND-DUC DE BERG.

Berlin, 11 novembre 1806.

L'Empereur, Monseigneur, ordonne que V. A. donne ses ordres[1] à la division du général d'Hautpoul, à celle du général Grouchy et à la brigade du général Lasalle de partir des lieux où elles se trouvent pour se rendre à Berlin.

Au maréchal Soult. — L'intention de l'Empereur, M. le Maréchal, est que vous partiez avec votre corps d'armée de la position où vous recevrez le présent ordre pour vous rendre à Berlin[2].

Au maréchal Ney. — L'Empereur, M. le Maréchal, attend la nouvelle de l'exécution des dispositions de la capitulation de Magdeburg; aussitôt que vous serez maître de la place et

---

1. Le grand-duc de Berg s'était rendu directement à Berlin avec son état-major.

LE GÉNÉRAL BELLIARD AUX GÉNÉRAUX LASALLE, GROUCHY ET D'HAUTPOUL.

Berlin, 11 novembre 1806.

D'après les ordres du Prince, vous devez partir aussitôt la réception de ma lettre, s'il est possible, ou le lendemain au plus tard pour vous rendre à Berlin passant par

Pour le général Lasalle Güstrow, Serrahn, Waren, Neu-Strelitz, Zehdenick et Oranienburg;

Pour le général Grouchy Goldberg, Plau, Wittstock, Fehrbellin, Bötzow;

Pour le général d'Hautpoul Motzlin, Lübz, Putlitz, Pritzwalk, Wüsterhausen, Fehrbellin, Bötzow.

2. Le 4e corps partit de ses cantonnements le 16 pour se rendre à Berlin où les divisions arrivèrent les 21 et 22 novembre et passèrent le 24 la revue de l'Empereur. Voir au 13 novembre les ordres de mouvement du maréchal Soult.

que les prisonniers seront partis, vous vous mettrez en marche pour vous rendre à Berlin; vous désignerez 2 régiments de votre corps d'armée pour tenir garnison dans cette place; un autre régiment sera chargé de l'escorte des prisonniers de guerre; mais arrangez-vous pour venir à Berlin avec une division entière ainsi qu'avec votre cavalerie et votre artillerie.

Au maréchal Bernadotte. — L'intention de l'Empereur, M. le Maréchal, est que votre corps d'armée prenne ses cantonnements dans l'endroit où vous recevrez cet ordre; faites-moi connaître les positions que vous occupez; envoyez-moi l'état de situation de votre corps d'armée; je vous ferai passer incessamment les dispositions de l'Empereur sur ce que vous aurez à faire.

J'ai envoyé des ordres au grand-duc de Berg et au maréchal Soult en ce qui les concerne.

S. M. a suivi avec intérêt les mouvements de votre armée et a éprouvé une grande satisfaction de leur résultat.

LE MAJOR GÉNÉRAL AU GÉNÉRAL BOURCIER.

Berlin, 11 novembre 1806.

Je vous préviens qu'il arrivera dans 3 jours à Spandau 6,000 chevaux provenant de la colonne du général Blücher; ces chevaux sellés, bridés et équipés, sont montés par les cavaliers prisonniers qui les conduiront jusqu'à Spandau et Potsdam; faites donc tous vos préparatifs d'avanee.

Vous êtes bien le maître de cantonner autour de Potsdam quelques dépôts.

La véritable manière de vous déblayer, c'est de monter et équiper promptement les hommes à pied et de nous les envoyer à Berlin. Je donne l'ordre à S. A. I. le prince Jérôme de faire partir de Francfort tous les hommes de cavalerie à pied, bavarois, pour se rendre à Potsdam, où aussitôt à leur arrivée vous leur donnerez des chevaux sellés et bridés et vous les renverrez à Francfort.

Indépendamment des demandes qui vous ont été directement faites par l'Empereur de divers détachements, vous devez également envoyer à Berlin tous les autres détachements à mesure qu'ils sont prêts.

L'Empereur ayant pris le parti de réunir tous les détachements que vous aurez montés et équipés, appartenant aux divisions Grouchy, Sahuc, et enfin appartenant aux autres corps de cavalerie qui sont en arrière, ayant pris le parti, dis-je, de les faire venir à Berlin, pour de là les réunir à Francfort-sur-l'Oder où ils attendront le passage de leurs corps; par là S. M. ménagera les fourrages à Potsdam et à Berlin et vous serez d'autant plus dégagé à Potsdam.

J'approuve fort que vous fassiez vendre très-promptement les chevaux que vous reconnaîtrez absolument hors d'état de servir; cela ménage les fourrages et des hommes pour en avoir soin[1].

LE MAJOR GÉNÉRAL AU MAJOR LAMBERT, DU 9e DE HUSSARDS.

Berlin, 11 novembre 1806.

L'Empereur ordonne que vous partiez demain matin avec les détachements du 17e de dragons fort de 108 hommes, du 25e fort de 140 hommes, du 27e fort de 95, du 6e fort de 85, du 18e fort de 135, et enfin du 8e de hussards fort de 42 hommes

---

1. La première vente eut lieu dès que l'autorisation en eut été donnée, et fut suivie d'autres ventes.

LE GÉNÉRAL BOURCIER AU MAJOR GÉNÉRAL.

Potsdam, 19 novembre 1806.

J'ai l'honneur d'adresser à V. A. le procès-verbal de la première vente de chevaux de réforme que j'ai fait faire dans les détachements réunis au grand dépôt de Potsdam. La réforme s'en est opérée par moi-même, et il n'est pas un de ces chevaux qui pût être employé à aucun service militaire.

Cette première vente embrasse 106 chevaux qui ont produit 280 thalers 22 gros de Prusse équivalant à 1,039 fr. 36, dont je disposerai de la manière autorisée par V. A.

Ces chevaux se sont mieux vendus que je n'osais l'espérer. Cela vient de ce que les habitants ont besoin de réparer les pertes qu'ils ont faites en ce genre.

J'aurai l'honneur d'adresser sous peu de jours à V. A. les procès-verbaux des autres ventes des chevaux de réforme qui viennent d'avoir lieu.

et d'un détachement du 3e de dragons fort de 136 hommes[1], tous montés et formant environ 600 hommes.

Ces corps sont tous à Berlin ; vous les demanderez au général Hulin, commandant la place. Vous prendrez le commandement de tous ces dragons et hussards et vous vous rendrez en 2 jours à Francfort ; ci-joint l'état des divisions auxquels ils appartiennent.

L'intention de S. M. est qu'arrivé à Francfort, vous fassiez soir et matin exercer ces dragons qui sont en partie de jeunes recrues[2] et que vous mainteniez parmi eux la plus sévère discipline ; vous m'en rendrez compte tous les jours.

---

1. Ces 136 dragons du 3e faisaient partie du détachement venant du camp de Meudon et mis en route le 12 septembre.

2. Une grande partie des dragons qui composaient les 4 bataillons à pied n'avaient même été instruits qu'à pied. Le général Morlot, commandant la 16e division militaire, dans un rapport au ministre, du 15 septembre 1806, sur une revue qu'il venait de passer, par ordre, du dépôt du 11e de dragons à Hesdin, faisait connaître qu'il y avait 177 dragons instruits seulement à pied. Le dépôt ne comptait que 18 chevaux de troupe dont 10 réformés et 8 hors d'état d'être utilisés à la guerre pour le moment.

Les régiments de dragons avaient reçu beaucoup d'hommes de la conscription de l'an XIII arrivés dans les dépôts à la fin de juin 1805, de la réserve de l'an XIII arrivés à la fin d'août et de la conscription de l'an XIV arrivés à la fin de novembre 1805. Ces hommes avaient les premiers 15 mois de service, les seconds 13 mois, les troisièmes 10 mois seulement de service en octobre 1806, au commencement de la campagne de Prusse. Aucun n'avait fait la campagne de l'an XIV, à l'exception de quelques-uns peut-être dans la division de dragons à pied.

	Conscription de l'an XIII.	Réserve de l'an XIII.	Conscription de l'an XIV.	Total.
1re division.				
1er de dragons. .	60	84	106	250
2e — . .	53	84	131	268
4e — . .	78	84	71	233
14e — . .	95	84	55	234
20e — . .	129	84	122	335
26e — . .	69	84	198	351
2e division.				
3e de dragons. .	24	84	40	148
6e — . .	95	84	130	309
10e — . .	66	84	85	235
11e — . .	40	84	76	200
13e — . .	»	84	104	188
22e — . .	86	84	226	396
3e division.				
5e de dragons. .	69	84	95	248
8e — . .	86	84	108	278

Je vous autorise à ne partir qu'après-demain matin une heure avant le jour. Vous emploierez le reste de la journée d'aujourd'hui et celle de demain à leur procurer ce qui leur manque en armement et équipement et à leur donner une espèce d'organisation.

Vous tiendrez tous ces détachements sous votre commandement jusqu'à ce que les régiments auxquels ils appartiennent et qui sont encore en arrière passent à Francfort.

LE MARÉCHAL BERNADOTTE A L'EMPEREUR.

Lübeck, 11 novembre 1806.

Je m'empresse d'annoncer à V. M. que tout est rentré dans l'ordre dans la ville de Lübeck. 3 corps d'armée entrant successivement dans une place emportée de vive force avaient

	Conscription de l'an XIII.	Réserve de l'an XIII.	Conscription de l'an XIV.	Total.
	—	—	—	—
9e — . .	86	84	96	266
12e — . .	118	84	154	356
16e — . .	95	84	127	306
21e — . .	114	84	145	343
4e division.				
15e de dragons . .	95	84	117	296
17e — . .	86	84	89	259
18e — . .	133	84	76	293
19e — . .	60	84	122	266
25e — . .	78	84	197	359
27e — . .	86	84	168	338

Afin de tenir compte des réfractaires, des déserteurs et des conscrits impropres au service, réformés après incorporation, les chiffres ont été diminués de 1/7 pour la conscription de l'an XIII, de 1/6 pour la réserve de l'an XIII et de 1/10 pour la conscription de l'an XIV, conformément à l'examen des comptes-rendus de l'appel de ces conscriptions.

Les régiments de carabiniers et de cuirassiers avaient reçu de 150 à 250 hommes de ces mêmes appels; les régiments de chasseurs de 100 à 200 hommes de la conscription de l'an XIV; les régiments de hussards de 50 à 100 hommes de cette dernière conscription.

Au début de la campagne de Prusse, chacun des régiments de dragons avait donc à cheval dans ses rangs 100 à 150 hommes qui avaient au plus 15 mois de service et qui n'avaient pas encore fait la guerre. Les cadres étaient expérimentés, mais bien des hommes étaient des recrues. Il en était de même dans l'infanterie.

dû nécessairement y occasionner quelques désordres. Cependant je me suis convaincu que le mal était beaucoup moindre qu'on ne l'avait d'abord cru [1]. Les mesures prises ont rétabli le calme ; déjà les habitants ont repris le cours de leurs affaires et le théâtre sera rouvert ce soir [2]. Tous les morts sont enterrés. Les logements militaires ont été mieux répartis, et les blessés, dispersés dans toutes les maisons de la ville, sont maintenant réunis; j'ai pris tous les moyens propres à améliorer leur traitement; mais je ne puis cacher à V. M. que je n'ai point à me louer à cet égard de l'administration militaire. Ce service ne marche point avec les soins ni l'activité nécessaires, et j'ai été forcé de m'occuper moi-même des moindres détails.....

LE MARÉCHAL NEY A L'EMPEREUR.

Magdeburg, 11 novembre 1806.

La garnison de Magdeburg divisée en 4 colonnes a commencé à défiler ce matin à 9 heures; cette opération a été terminée à 3 heures après midi. Chaque colonne prisonnière après avoir déposé les armes a été aussitôt dirigée sur Bernburg sous l'escorte de 6 compagnies d'infanterie com-

---

1. LE GÉNÉRAL L. BERTHIER AU GÉNÉRAL DUPONT.

Lübeck, 11 novembre 1806.

Je vous invite, d'après l'ordre formel de S. A. le prince de Ponte-Corvo, de vouloir bien donner les vôtres pour que les capitaines des compagnies passent régulièrement la revue de leurs compagnies tous les jours. Il a remarqué en se promenant dans les rues de la ville que les soldats ne saluaient pas les officiers. Veuillez également ordonner que la discipline la plus sévère soit observée et que ce manque de subordination ne se répète plus.

2. ORDRE POUR M. LE GÉNÉRAL DUPONT.

Lübeck, 11 novembre 1806.

D'après les ordres de S. A. le prince de Ponte-Corvo, vous voudrez bien, Général, donner les vôtres pour que dans la distribution des logements on laisse dans les auberges la moitié des chambres et des écuries pour les étrangers et leurs chevaux; le commerce d'un aubergiste étant de recevoir du monde, il faut donc lui en laisser la faculté et c'est d'ailleurs un des moyens pour ramener la confiance.

Le général de division, chef de l'état-major général,

L. BERTHIER.

mandées par un chef de bataillon et de 25 hommes de cavalerie. J'ai confié le commandement supérieur au général Roguet, après lui avoir donné les instructions que j'ai jugées nécessaires.

Les 4 colonnes ont été autant que possible égalisées en force; chacune d'elles excédait 4,000 hommes, en sorte qu'y compris 2,000 artilleurs, 400 cuirassiers, 20 généraux et environ 800 officiers, le tout peut être évalué sans exagération à 22,000 hommes[1]. J'ai entre mes mains 54 drapeaux d'in-

---

1. Je fus désigné, dit le général Roguet dans ses Mémoires, pour la corvée de conduire les prisonniers... Le Maréchal me donna 18 compagnies des divers régiments du corps d'armée, commandées par 3 chefs de bataillon, et 2 pièces d'artillerie; je ne gardai celles-ci que 2 jours. Malgré le désordre qui eut lieu à la sortie des prisonniers et que cette opération ne fut terminée qu'à 6 heures du soir, je parvins à organiser 3 colonnes; je distribuai cette masse confuse de telle sorte que chaque capitaine eût un nombre égal à conduire. Je les rendis responsables envers les chefs de bataillon. J'ordonnai de fréquents appels; je prescrivis toutes les dispositions convenables pour que les prisonniers ne pussent s'échapper, que le plus grand ordre régnât dans les marches et dans les gîtes, et que les subsistances fussent assurées lors de l'arrivée des colonnes aux lieux d'étapes. Un adjudant-major précédait chaque colonne à cet effet. Toutes ces mesures eurent le meilleur succès.

Malgré l'heure avancée, le mauvais temps et l'état affreux des routes, la 1re colonne, chef de bataillon Vaillant du 39e, fut loger le même jour à Bernburg, où j'établis mon quartier général; la 2e, chef de bataillon Frapat du 25e léger, à Strasfurt; la 3e, chef de bataillon Bausin du 59e, à Calbe. Le 12 les colonnes se mirent en mouvement et vinrent coucher la 1re à Gerbstadt, la 2e à Sondersleben, la 3e à Gusten; le 13 respectivement à Eisleben, Gerbstadt, Aschersleben. La 1re colonne coucha le 14 à Heldrungen, le 15 à Weissensee, le 16 à Erfurt, le 17 à Gotha, le 18 à Eisenach, le 19 à Vach, le 20 à Hunefeld, le 21 à Fulde, le 22 à Schlüchtern, le 23 à Gelnhausen, le 24 à Hanau, le 25 à Francfort, le 26 à Mayence, où la 2e colonne arriva le 28 et la 3e le 29, étant d'une marche en arrière de la précédente et couchant dans les mêmes gîtes.

Par suite des mesures ordonnées et des soins que prirent les escortes, il arriva sur le Rhin 20,000 prisonniers. Le maréchal Kellermann fut étonné de l'ordre des colonnes à leur entrée dans cette ville. Il me témoigna sa satisfaction et me dit: « L'on annonce toujours de grandes masses de prisonniers, et « il n'arrive ici que des détachements insignifiants; cela prouve que les es« cortes n'en prennent aucun soin (troupes de la Confédération !), les prison« niers se sauvent et cette circonstance peut avoir des suites graves. Je « rendrai compte à S. M. de la manière dont vous avez rempli votre mission, « malgré le nombre d'hommes à conduire, la longueur de la route et le mau« vais temps. » — L'escorte séjourna 3 jours à Mayence, puis partit pour rejoindre l'armée, celle de la 1re colonne le 30 novembre, de la 2e le 1er décembre, de la 3e le 2. Ces troupes furent dirigées par Erfurt, Berlin et Thorn où elles rejoignirent leur régiment. Je me rendis le 3 janvier 1807 à Neidenburg auprès du maréchal Ney pour lui rendre compte de la mission dont il m'avait chargé. Il me témoigna en termes flatteurs sa satisfaction.....

fanterie et 5 étendards; d'autres ont été brisés; j'attendrai les ordres de V. M. pour les lui envoyer.

La forteresse contient 700 pièces de canon, un million de livres de poudre, une très-grande quantité de fer coulé, un équipage de 90 pontons et des farines. Les inventaires de tous ces objets seront adressés à votre ministre de la guerre.

Je me conforme exactement aux instructions que V. M. a daigné me donner dans sa lettre du 9 : tous les bagages sont fouillés avec la plus grande rigueur; toute ma gendarmerie y est occupée. Pour que cette opération puisse être complète, j'ai fait parquer les bagages qui sont immenses ; il y a près de 300 voitures.

Il résulte des renseignements que je me suis procurés que les caisses des régiments ont suivi le corps d'armée du prince Hohenlohe à son passage à Magdeburg. Il a été impossible jusqu'à ce moment de trouver aucune trace du trésor du prince de Hesse. J'emploierai l'espionnage, la correction et la terreur pour tâcher ou de le découvrir ou de savoir au moins ce qu'il est devenu.

Les 6e et 25e légères tiendront garnison à Magdeburg; la 2e division se rendra demain 12 à Höckern avec toute l'artillerie et le parc ; la 3e division sera aux environs de Gommern.

12 NOVEMBRE.

L'EMPEREUR AU MARÉCHAL NEY

Berlin, 12 novembre 1806.

Je reçois votre lettre du 11 novembre. Je vous fais mon compliment sur l'heureuse reddition de Magdeburg. Témoignez-en ma satisfaction à votre corps d'armée. Votre 1re division, qui reçoit ordre de venir directement à Berlin, pourra apporter les drapeaux qu'elle présentera à son arrivée.

31e BULLETIN DE LA GRANDE-ARMÉE.

Berlin, 12 novembre 1806.

La garnison de Magdeburg a défilé le 11, à 9 heures du matin, devant le corps d'armée du maréchal Ney. Nous avons 20 généraux, 800 officiers, 22,000 prisonniers parmi lesquels 2,000 artilleurs, 54 drapeaux, 5 étendards, 800 pièces de canon, un million de poudre, un grand équipage de pont et un matériel immense d'artillerie.

Le colonel Gérard et l'adjudant-commandant Ricard ont présenté ce matin à l'Empereur, au nom des 1er et 4e corps, 60 drapeaux, qui ont été pris à Lübeck au corps du général prussien Blücher ; il y avait 22 étendards ; 4,000 chevaux tout harnachés, pris dans cette journée, se rendent au dépôt de Potsdam.

Dans le 29e bulletin, on a dit que le corps du général Blücher avait fourni 16,000 prisonniers, parmi lesquels 4,000 de cavalerie. On s'est trompé : il y avait 21,000 prisonniers, parmi lesquels 5,000 hommes de cavalerie montés, de sorte que par le résultat de ces deux capitulations nous avons 120 drapeaux et étendards et 43,000 prisonniers. Le nombre des prisonniers qui ont été faits dans la campagne passe 140,000 ; le nombre des drapeaux pris passe 250 ; le nombre des pièces de campagne prises devant l'ennemi et sur le champ de bataille passe 800 ; celui des pièces prises à Berlin et dans les places qui se sont rendues passe 4,000.

L'Empereur a fait manœuvrer hier sa Garde à pied et à cheval dans une plaine aux portes de Berlin. La journée a été superbe.

Le général Savary, avec sa colonne mobile, s'est rendu à Rostock et y a pris 40 ou 50 bâtiments suédois sur leur lest ; il les a fait vendre sur-le-champ.

LE MARÉCHAL SOULT AU MAJOR GÉNÉRAL.

Schwerin, 12 novembre 1806.

En exécution des ordres que V. A. m'a fait l'honneur de m'adresser, j'ai expédié un courrier au sous-inspecteur aux revues Malraison pour lui prescrire d'envoyer à Potsdam les chevaux, selles et bottes des troupes du duc de Brünswick qui ont été désarmées et de faire diriger sur Erfurt les armes et canons qui proviennent du même désarmement[1].

Ainsi que j'ai eu l'honneur d'en rendre compte à V. A. par mon dernier rapport le corps d'armée a pris des cantonnements entre Schwerin, Sternberg, Warin et Wismar ; je l'eusse porté un peu plus en avant afin de lui donner la facilité de vivre pendant quelques jours ; mais j'ai été arrêté par la ca-

1. 12 chevaux de prise sont donnés aux généraux Leval et Legrand. Ordre de les faire prendre par un officier d'état-major auprès du colonel du 36e, commandant la place de Schwerin. — Ordre au sous-inspecteur aux revues Malraison d'envoyer à Potsdam les chevaux des troupes du duc de Brünswick. Registre du général Compans. Ordre porté par le maréchal des logis d'Herbigny, du 16e de chasseurs.

valerie de la réserve qui occupe Bützow, Schwaan, Güstrow et Rostock. Si notre séjour dans ce pays devait se prolonger (et il le sera jusqu'à ce que les intentions de S. M. sur la nouvelle direction à donner au corps d'armée me soient connues), il serait indispensable que je fisse occuper une plus grande étendue de pays ; car dans cette partie les habitants ont tellement souffert par le passage des troupes que les ressources y seront dans peu de jours entièrement épuisées [1].

V. A. est sûrement instruite que dans toutes les provinces prussiennes et même dans le Mecklemburg, il y a une infinité de militaires prussiens qui s'étant égarés de leur colonne, ou

---

1. Ordre au capitaine Ducos du 36e, avec 100 hommes, de conduire 612 prisonniers à Potsdam. — Registre du général Compans, 12 novembre.

AUTORISATION.

Schwerin, 12 novembre 1806.

D'après les ordres de M. le maréchal Soult, commandant en chef le 4e corps de la Grande Armée, MM. le major George Lichtenhayen de Lossen, des troupes légères, les capitaines Hulsen et Galken, du régiment dit Jeune Larich, le lieutenant Bluchheim, des troupes légères, et le lieutenant Harlessen, du bataillon de Wedel, tous 5 officiers prussiens prisonniers de guerre, actuellement blessés à Schwerin, sont autorisés à rester jusqu'à leur guérison et il leur est ordonné d'en partir immédiatement après pour se rendre sur leur parole à Potsdam, d'où ils s'adresseront à S. A. le Prince ministre de la guerre relativement à l'autorisation de rentrer dans leur famille, qu'ils désirent obtenir.

Mal Soult.

Cette autorisation se trouve en expédition sur le registre du général Compans.

ORDRE.

Schwerin, 12 novembre 1806.

Le payeur du corps d'armée payera à M. le major prussien George Lichtenhayen de Lossen, tant pour lui que pour les 4 officiers qui l'accompagnent, la somme de 1,500 fr., à titre de secours; cette somme sera réintégrée en caisse lorsque le remboursement en sera fait.

Mal Soult.

ORDRE.

Schwerin, 12 novembre 1806.

D'après les ordres de M. le Maréchal commandant en chef, le payeur principal du corps d'armée paiera à. . . . . . la somme de 1,500 fr., laquelle leur est remise à titre de secours, et sera prise sur les fonds excédents à la disposition de M. le Maréchal pour être réintégrée, lorsque le remboursement sera fait.

Gal Compans.

qui appartenant à des corps qui ont été dispersés, se disent déserteurs; la plupart ne sachant que devenir, commettent les plus grands désordres pour se procurer leur subsistance. Il en est même qui ont arrêté des militaires français isolés, qui ont pris leurs habits et, à la faveur de ce déguisement, se portent aux plus grands excès; d'autres se sont attroupés, ont arrêté des officiers qui allaient en mission et les ont dépouillés. Pour y remédier j'ai recommandé aux chefs de corps de faire fouiller avec soin tous les endroits par où ils passent pour ramener les militaires prussiens qui s'y étaient cachés; cette mesure a déjà produit un bon résultat pour la partie que j'occupe; car déjà on m'a ramené 500 ou 600 hommes que j'ai fait partir pour Potsdam.

J'ai en outre invité la régence du duché de Mecklemburg à faire publier dans les communes que les habitants étaient tenus, sous peine de responsabilité, à arrêter tous les militaires prussiens isolés qui se présenteraient, et à les remettre au premier corps français qui serait à leur portée; j'espère que par ce moyen quelques milliers d'hommes seront encore réunis; mais pour que la mesure obtînt tout le succès désirable, il serait à souhaiter que V. A. jugeât à propos d'en faire l'application dans les provinces prussiennes; en attendant j'ai cru qu'il était convenable d'ordonner au sous-inspecteur Malraison de la mettre à exécution dans le duché de Brunswick; ainsi la sûreté des communications sera rétablie et on aura retiré du vagabondage plusieurs milliers d'hommes qui n'attendaient peut-être qu'un recruteur pour s'enrôler.

Je désire que ces mesures obtiennent l'approbation de S. M.

LE MARÉCHAL SOULT AU MAJOR GÉNÉRAL.

Schwerin, 12 novembre 1806.

Dans les derniers rapports que j'ai faits à V. A., j'ai eu l'honneur de lui rendre compte que j'avais envoyé un parti[1]

1. Voir page 693, Journal du 4e corps. — Rapport du chef d'escadron Ameil

de cavalerie formé par un escadron du 16e régiment de chasseurs à cheval sous les ordres du major Ameil le long de l'Elbe, afin de détruire tous les moyens de passage qu'il y avait sur ce fleuve, ou au moins les rejeter sur la rive opposée et ainsi empêcher que l'ennemi, s'il avait pris cette direction, pût en profiter. Ce parti devait en outre éclairer la gauche du corps d'armée, surveiller les mouvements de l'ennemi et lui donner des inquiétudes. M. le major Ameil a parfaitement rempli les instructions qu'il avait reçues et V. A. en jugera par le résumé de ses opérations que j'ai l'honneur de lui présenter.

Le détachement partit le 4 de grand matin du village de Plathe à hauteur de Schwerin et se dirigea par Neustadt sur Kummer où il bivouaqua.

Dans la nuit il expédia un courrier à Brünswick pour prévenir le commandant français que des partis prussiens semblaient vouloir passer l'Elbe et se diriger sur Hameln par Lüneburg et Celle.

Un second courrier fut expédié à M. Bourrienne, ministre de l'Empereur à Hamburg, pour l'instruire de la position du général Blücher et l'engager à porter le Sénat à défendre sa neutralité dans le cas où les Prussiens se présenteraient sur leur territoire, ou au moins à faire refluer sur la rive gauche de l'Elbe toutes les embarcations qui étaient sur la rive droite.

Le 5 l'escadron se porta par Lübtheen sur Boitzenburg.

Le 6 il attaqua dans cette ville la queue d'un parti prussien qui cherchait à passer l'Elbe et lui fit des prisonniers.

Tous les passages furent immédiatement détruits à Boitzenburg, Lauenburg, Schnakenbeck, Krummel et Geesthacht. A chacun de ces endroits on trouva des détachements de cavalerie ennemie qui cherchaient à passer, et une partie fut enlevée. 12 chasseurs du 16e passèrent même sur la rive gauche d'où ils amenèrent des prisonniers.

Le 7 le détachement rencontra un payeur de l'armée por-

---

du 4 novembre, page 691. — Rapport du maréchal Soult à l'Empereur, Ratzeburg, 5 novembre, minuit, page 715.

tant 1,200,000 fr. sur lettres de change à Hamburg ; il était très-compromis et reçut ordre de quitter sa voiture, et sous sa responsabilité de ne pas quitter le détachement jusqu'à ce qu'il fût à sa destination (il a déjà été rendu compte de ce fait).

Pendant la nuit le major Ameil apprend que des détachements prussiens venant du Mecklemburg et n'ayant point de communications sur l'Elbe, cherchent à s'ouvrir de vive force un passage à Tollenspicken, territoire d'Hamburg ; il marche à Bergdorf et il trouve effectivement une colonne assez nombreuse du régiment de Köller hussards et de l'infanterie ; cette troupe est immédiatement attaquée et dispersée ; 150 hussards sont pris, le restant se sauve à pied et est désarmé dans le Holstein.

Le détachement se porte après sur Tollenspicken pour y prendre ce qui restait d'un escadron qui avait cherché à passer l'Elbe sur ce point ; une imprudence fit tomber le major Ameil au pouvoir de l'ennemi, mais il s'en tire par une négociation et revient de suite prendre 40 hussards de Rudorf et 100 hommes d'infanterie qui cherchaient à s'ouvrir un passage.

Tous les passages étaient absolument coupés et une infinité de fuyards errent dans la plaine ; ils se réunissent à Wendorf et Woldorf d'où ils se disposent à tenter le lendemain de reprendre le passage ; ils sont prévenus et attaqués pendant la nuit par l'escadron. 300 hussards de Rudorf, de Köller et de Wolfrath sont faits prisonniers ainsi qu'une compagnie de 100 canonniers et 120 grenadiers ; il se rend aussi maître de beaucoup de bagages.

Le 8 l'escadron tenait la tête des digues ; ses patrouilles battaient toute la Schsenwald et ramassaient les égarés. Le nombre des prisonniers était de 800 environ dont 500 hussards. Ne pouvant les contenir, il les enferme dans l'église de Bergdorf et les confie à la garde des milices hambourgeoises. Il se porte ensuite vers Hamburg et bivouaque aux portes de cette ville. Dans ce mouvement l'escadron ramasse encore beaucoup de Prussiens.

Le 9 l'escadron ne pouvant conserver tous les chevaux qu'il avait pris, ni conduire les prisonniers, fit vendre à Hamburg les chevaux, et ayant appris le combat de Lübeck ainsi que la capitulation du général Blücher, il se mit en marche pour joindre le corps d'armée, en exécution des ordres qui lui furent adressés.

En partant le major Ameil remit au général Drouet, du 1er corps d'armée, qui venait d'arriver à Lauenburg, 900 prisonniers qu'il avait faits, et lui donna avis que 500 chevaux prussiens avec 2 pièces de canon, dont la retraite avait été coupée par la cavalerie du corps d'armée à Ratzeburg, avaient passé l'Elbe avant son arrivée ; comme ce détachement ainsi que tous les autres que le général Blücher avait pu faire avant le combat de Lübeck, sont nécessairement compris dans la capitulation [1], le général Drouet a dû le réclamer, et le major Ameil est parti avec l'assurance qu'il se rendait.

Ainsi de toutes les troupes que commandait le général Blücher, il n'aura pas échappé un seul homme, excepté ceux qui sans armes, fuyant d'épouvante, se seront jetés dans le Holstein, mais ils seront en petit nombre.

Le major Ameil s'est parfaitement conduit dans cette mission et il a eu à se louer des militaires composant l'escadron qui était à ses ordres; il m'observe dans son rapport qu'il n'est entré sur le territoire de Hamburg que pour y poursuivre l'ennemi, qu'aucune vexation n'y a été commise et qu'il a été à même de se convaincre que les magistrats d'Hamburg avaient pris toutes les mesures qui étaient en leur pouvoir pour défendre leur neutralité.

M. le major Ameil et l'escadron du 16e ont rejoint le corps d'armée.

LE MARÉCHAL NEY A L'EMPEREUR.

Magdeburg, 12 novembre 1806.

J'ai reçu hier à 6 heures du soir la lettre que V. M. a daigné m'écrire de Berlin le 10.

1. Théorie du vainqueur.

Le 25e léger est parti ce matin à 5 heures pour se rendre à Bernburg; ce régiment fournira une réserve à la suite de chacune des 4 colonnes de prisonniers.

Les portes de Magdeburg ont été fermées aussitôt après notre entrée ; elles le seront encore aujourd'hui ; pendant ce temps-là on effectuera le désarmement et on continuera les recherches que j'ai ordonnées.

La 2e division, aux ordres du général Marchand, partira aujourd'hui avec son artillerie, celle de la 3e division et le parc de l'armée.

Cette division composée des 6e légère, 39e, 69e et 76e de ligne, formera 3 colonnes qui arriveront à Berlin les 16, 17 et 18.

Il ne restera donc que 3 régiments de la division Vandamme, les 27e, 50e et 59e, qui seront en garnison à Magdeburg. Les 3e de hussards et 10e de chasseurs seront placés aux environs de cette place.

L'artillerie arrivée de Wittenberg et de Dresde sera débarquée et déposée à l'arsenal de Magdeburg.

Le 15e régiment de dragons retournera à Brünswick ; ce régiment a fourni pour l'escorte des prisonniers un détachement qui, arrivé à Erfurt, rentrera à son corps. J'ai ordonné au colonel de bien faire observer Hanovre et Hameln ; il avait déjà envoyé un escadron sur cette direction.

Un officier porteur de mes dépêches pour le roi de Hollande est aussi chargé de recueillir des renseignements, de s'informer de la force et des mouvements de l'ennemi sur ce même point.

LE MARÉCHAL MORTIER A L'EMPEREUR.

Hanovre, 12 novembre 1806.

Ainsi que j'ai eu l'honneur d'en rendre compte à V. M. par ma lettre du 6, je me suis porté sur Hameln, d'après l'ordre du roi de Hollande, pour cerner cette place forte sur la rive droite du Weser.

Le 9 au soir je débouchai par Hastenbeck; le 10 dans la journée tous les postes ennemis furent repoussés dans la place et délogés du fort en briques situé sur le Hamel, à demi-portée de la ville.

S. M. m'ayant communiqué vos ordres pour l'occupation de Hamburg, j'ai rassemblé les troupes du 8e corps; elles n'ont pu être rendues que très-tard hier à Springe, 6 lieues d'ici. Elles viennent d'arriver à Hanovre pour en repartir demain matin; elles se dirigeront sur Luneburg.

Le Roi a mis à ma disposition les divisions des généraux Dumonceau et Michaud; elles doivent former en tout environ 7,000 hommes. Elles ont été retenues hier à Hameln par de nouveaux ordres du Roi. Je présume qu'elles rentreront demain.

A l'instant même je reçois la lettre que V. M. m'a fait l'honneur de m'écrire le 7. Je n'ai point encore reçu mes instructions pour la prise de possession de Hamburg. V. M. peut être convaincue qu'aucune dilapidation n'aura lieu; les comptes seront rendus tels que je les trouverai.

Je viens de prendre possession du Hanovre au nom de V. M.; les habitants du pays nous ont accueillis partout avec les démonstrations de la joie; les Prussiens sont en horreur en Hanovre.

Le 1er régiment d'infanterie légère italien n'est point encore arrivé; je n'ai plus de nouvelles du 26e de chasseurs à cheval ni de la compagnie de sapeurs que V. M. m'avait promise.

Le général Lagrange m'annonce que le bataillon de 800 chasseurs, hussards, etc., à pied que j'avais fait organiser à Mayence, est arrivé le 8 à Cassel. Le 9, 199 hommes étaient montés; les autres devaient l'être peu après des chevaux provenant de la cavalerie hessoise.

Je laisserai deux petits corps pour observer Hameln et Nienburg ainsi que vous me le prescrivez. Il y a encore environ 400 chevaux du corps du général Winning qui rôdent du côté de Luneburg.

Je n'ai point encore reçu de payeur; j'ai dû en nommer

un provisoirement ainsi que j'ai eu l'honneur de vous en rendre compte.

LE GÉNÉRAL BOURCIER A L'EMPEREUR.

Potsdam, 12 novembre 1806.

J'ai l'honneur de rendre compte à V. M. que je fais partir le 14 un détachement de 500 hommes montés, chasseurs et hussards.

1 officier, 109 hussards du 8e.
3 officiers, 100 hussards du 9e.
1 officier, 82 hussards du 10e.
1 officier, 80 chasseurs du 7e.
1 officier, 69 chasseurs du 11e.
1 officier, 60 chasseurs du 13e.

Je me trouvais fort embarrassé pour procurer à ces détachements des couvertures de laine qui leur manquaient. J'ai fait prendre toutes celles qui se trouvaient dans la ville et je suis parvenu à les compléter.

J'ai reçu hier 221 chevaux qui m'ont été amenés de Spandau par des cavaliers prussiens prisonniers de guerre d'après la capitulation d'Anklam. J'en ai passé la revue ; sur ce nombre il ne s'en trouve que 83 en état de servir en ce moment. Je les ai sur-le-champ délivrés aux dragons et hussards destinés à entrer dans les premiers détachements à envoyer aux escadrons de guerre. J'ai réparti les autres provisoirement dans divers détachements. Ils sont de la plus médiocre qualité, presque tous hors d'âge, et en grande partie blessés ou garrottés.

Je n'ai trouvé dans ce détachement que 121 selles en fort mauvais état, dégarnies de leurs fontes, coussinets et housses; il n'y avait que 71 brides de divers modèles dont une vingtaine seulement pouvant servir de suite.

Une partie de ces chevaux et de ces équipements paraît avoir été échangée comme cela s'est précédemment pratiqué jusqu'à présent dans la majeure partie des prises.

J'ai fait rassembler une cinquantaine de paires de bottes de cavaliers prussiens qui ont amené ce convoi, c'est tout ce qu'on a pu trouver.

Les réparations se continuent toujours avec autant d'activité que possible.

ORDRE.

Berlin, 12 novembre 1806.

Je tiendrai demain mon premier conseil d'administration à 10 heures. M. Maret fera prévenir M. Daru ; M. Daru, le gouverneur général, M. Estève, M. la Bouillerie et M. d'Angern, et autres gens du pays qui connaissent l'administration; ceux-ci n'entreront que quand ils seront appelés.

Depuis 10 jours on doit connaître enfin la situation des finances, et on me fera un rapport sur les finances de la Prusse, l'état des bateaux de sel qui ont été saisis, chantiers de bois, tabacs, etc.

Le payeur y viendra et portera l'état de ce qu'il a reçu et celui de la solde payée corps par corps.

Après-demain j'aurai un conseil d'administration de l'armée. On portera l'état de l'habillement, de la caisse, de la solde qui est due, et payée, de la compagnie Breidt, des magasins pris sur l'ennemi. Tous les chefs de service y seront et entreront quand ils seront appelés.

ORDRES.

Berlin, 12 novembre 1806.

La ville de Berlin n'a que 8 jours de vivres; c'est une chose absurde. Il faut sur-le-champ mettre, dans la journée de demain, les 12,000 quintaux de seigle que j'ai à Spandau, à la disposition de la ville ; en les lui vendant, exiger qu'elle les fasse moudre.

Comme actuellement j'ai Hamburg, Lübeck et Magdeburg,

je n'ai pas besoin que la ville me remplace ce seigle ; je saurai comment le remplacer ; j'aime mieux avoir de l'argent.

On fera venir de Küstrin tout ce que j'ai au-dessus de 100,000 quintaux ; on le vendra également à la ville. Par le même principe, j'aime mieux de l'argent que ce blé.

S'il peut être avantageux d'en faire venir de Stettin, on en fera aussi venir, par le même principe.

Je veux cependant à Stettin de quoi nourrir 60,000 hommes pendant 3 mois.

On fera venir le magasin de Rathenow et on le vendra à la ville.

J'ai ordonné au gouverneur de faire partir un lieutenant de gendarmerie, qui partira avant minuit pour faire venir ce magasin.

Un autre lieutenant prendra à Oranienburg et sur la ligne toutce q ui est converti en farines, afin d'avoir en magasin pour un mois, en cas de glaces.

Le courrier extraordinaire pour Küstrin sera expédié cette nuit, afin que dans 6 jours ces 20 ou 30,000 quintaux soient ici. La circonstance presse à cause des glaces.

On enverra quelqu'un à Damm, où il y a des approvisionnements pris sur l'ennemi ; on les versera dans les magasins militaires.

On enverra quelqu'un à Lübeck pour faire venir sur-le-champ à Magdeburg tous les grains appartenant aux Prussiens, Russes, Suédois et Anglais. On enverra un courrier à M. Bourrienne.

On donnera des ordres pour que désormais l'intendant de Magdeburg se tienne dans la ville, qu'il y ait un commissaire des guerres pour la place. J'y veux un fort approvisionnement ; c'est la place la plus importante pour l'armée ; il doit y avoir pour 10,000 hommes pendant un an, et pour 200,000 hommes pendant 10 jours ; pour 500 chevaux pendant un an, et pour 60,000 chevaux pendant 10 jours.

Les 50,000 quintaux de Küstrin et de Spandau, on exigera que les boulangers les achètent, de manière que chacun ait pour 2 mois, selon la règle de France ; point de difficultés pour leur faire des crédits.

On doit parler très-haut, et donner l'assurance à la ville que le pain ne manquera jamais.

Il faut mettre un auditeur à la tête des approvisionnements de la ville, se concerter avec le comité, me rendre compte ; il embrassera tous les détails de la mouture et de la consommation.

On fera des recherches qui fassent connaître la consommation de Berlin ; au lieu des calculs ridicules qui m'ont été présentés, on les basera sur le nombre de fournées qui se font tous les jours chez les boulangers ; c'est par là qu'à Paris on a des calculs très-différents de la théorie.

L'auditeur aura 48 heures pour me faire un rapport là-dessus.

NAPOLÉON.

13 NOVEMBRE.

LE MAJOR GÉNÉRAL AU GÉNÉRAL BELLIARD.

Berlin, 13 novembre 1806.

L'intention de l'Empereur, Général, est que l'on porte le plus grand soin à ce que tous les prisonniers provenant de la colonne du général Blücher et du duc de Weimar, se rendent comme prisonniers en France. S. M. veut que tous MM. les généraux et officiers se rendent également en France. M. le général Blücher sera conduit par un officier à Dijon. Le jeune prince de Brünswick sera aussi conduit par un officier à Châlons-sur-Marne. Tous les autres officiers seront dirigés sur les différents points de la France désignés par le ministre Dejean pour les prisonniers de guerre. Vous communiquerez cet ordre au commandant de l'escorte des prisonniers de guerre.

LE MAJOR GÉNÉRAL AUX GOUVERNEURS DES PROVINCES PRUSSIENNES CONQUISES PAR L'ARMÉE FRANÇAISE.

Berlin, 13 novembre 1806.

L'Empereur, M. le Gouverneur, ordonne que vous preniez sur-le-champ les mesures nécessaires pour le désarmement de tous les habitants, et qu'au fur et à mesure vous fassiez passer toutes les armes en France. Vous ferez enlever toutes les pièces d'artillerie qui se trouvent dans le pays, même celles en fer, vous les enverrez aussi en France[1]. Est exceptée de cette mesure l'artillerie des places de guerre conservées dans lesquelles il y a des commandants français et des garnisons françaises, et dans lesquelles le commandant d'artillerie a l'ordre de ne laisser que ce qui est nécessaire à leur défense; vous veillerez cependant à ce que le surplus qui doit être évacué, le soit en effet.

L'Empereur ordonne que vous ayez à m'écrire chaque jour, en numérotant vos lettres, et que vous me rendiez compte de tout ce qui se passe dans votre gouvernement.

L'Empereur me charge de vous recommander de prescrire à tout ce qui vous est subordonné le plus grand ordre dans toutes les parties de votre administration. S. M. ne veut aucune espèce d'abus; elle ordonne que tous les fonds entrent dans la caisse du receveur général des contributions afin que tout soit employé au service de l'Armée.

4e CORPS. ORDRE DE MOUVEMENT.

Schwerin, 13 novembre 1806.

Les divisions du corps d'armée lèveront leurs cantonnements le 15 et se dirigeront sur Berlin en suivant chacune d'elles, le parc et le quartier général, l'itinéraire ci-dessous :

---

1 L'EMPEREUR AU MAJOR GÉNÉRAL.

Berlin, 17 novembre 1806.

Mon Cousin, envoyez un courrier aux gouverneurs de Brünswick, de Minden, de Münster et de Baireuth, pour qu'ils vous fassent connaître où en est la rentrée des contributions que j'ai frappées; si tout le pays est désarmé et les armes et l'artillerie envoyées en France; si les anciennes armoiries ont été ôtées; si la justice se rend en mon nom; enfin si la possession entière du pays a eu lieu. Il est indispensable qu'ils vous rendent ces comptes tous les jours. Recommandez-leur de veiller à ce qu'il n'y ait aucune dilapidation, que je n'en veux aucune et que tout se fasse en règle.

	1re division.	2e division.	3e division.	Quartier général.	Cavalerie.	Parc.
	—	—	—	—	—	—
15	entre Schwerin et Kriwitz.	Sternberg.	Warin et Brühl.	Neustadt.	Qualitz.	»
16	Parchim.	Lübz et Plau.	Golberg.	Putlitz.	Krakow.	Schwerin
17	Pudlitz et Pritzwalk.	Fruenstein et Wistock.	Malkow.	Kyritz.	Robel.	Neustadt.
18	Kyritz.	Alt et Neu-Ruppin.	Robel.	Frusak.	Reinsberg.	Pritzwalk.
19	Friesak.	Fehrbellin.	Reinsberg.	Nauen.	Gransee.	Kyritz.
20	Nauen.	Botrow.	Alt et Neu-Ruppin.	Berlin.	Oranienburg.	Friesak.
21	Berlin.	Berlin.	Kremmen.	»	Berlin.	Nauen.
22	»	»	Berlin.	»	»	Berlin.

MM. les généraux enverront pour le 19 au matin à Berlin un officier de leur état-major près du Maréchal commandant en chef pour rendre compte de leur mouvement et prendre de nouveaux ordres. Ils feront cantonner les troupes à portée des principaux lieux de logement qui leur seront indiqués, et ils enverront à l'avance leurs commissaires des guerres avec un officier d'état-major pour faire préparer les subsistances et le logement de la troupe. Ils feront transporter à la suite des régiments le pain qu'ils ont eu ordre de faire préparer, afin qu'il en soit fait des distributions lorsqu'il en manquera. Ils défendront expressément que l'eau-de-vie et le riz qui sont dans les divisions soient distribués, le Maréchal commandant en chef se réservant de l'ordonner lorsqu'il y aura lieu.

L'ordonnateur fera transporter à Robel, Plau et Putlitz, le pain provenant de la réquisition faite à Rostock qu'il a eu ordre de réunir à Güstrow, afin qu'il soit distribué aux divisions suivant leur force lors de leur passage et il fera suivre sur Berlin l'eau-de-vie provenant de la même réquisition qui est aussi à Güstrow [1].

---

1. 4e CORPS. ORDRE.

27 novembre 1806.

Les caissons des équipages militaires sont affectés aux divisions à raison de 2 par bataillon et 1 par régiment de cavalerie pour le transport du pain; lorsque les caissons sont chargés, ils suivent les régiments auxquels ils sont affectés; mais lorsque la distribution du pain est faite, les commissaires des guerres des divisions les réunissent et les envoient en chargement dans les lieux indiqués par l'ordonnateur. Toutes les fois que les caissons vont en chargement, le capitaine des équipages les fait examiner avec soin et il pourvoit sur-le-champ aux réparations nécessaires et au remplacement des chevaux.

Les caissons sont sous la police des commissaires des guerres des divisions ainsi que sous celle des capitaines des équipages.

Indépendamment des caissons pour le transport du pain, il y a dans chaque division 2 caissons d'ambulance, 1 caisson pour le pain du quartier général

Tous les militaires prussiens isolés et égarés qui seront trouvés sur la route que les divisions doivent tenir seront ramassés avec soin pour être ensuite dirigés sur le dépôt de Spandau, lorsque les divisions seront à portée de cette ville.

Le Maréchal commandant en chef recommande à MM. les généraux de faire marcher la troupe dans le plus grand ordre et d'éviter que sous quelque prétexte que ce soit, aucun militaire reste en arrière, ni s'écarte de la colonne; il se flatte qu'au moyen des mesures qui ont été prises pour rétablir la discipline et des dispositions qui sont faites pour assurer les subsistances à la troupe, il ne sera commis pendant cette marche aucun pillage, et que les habitants seront au contraire protégés tant dans leurs personnes que dans leurs propriétés; s'il était des militaires qui oubliassent ce devoir, MM. les généraux devraient les punir avec la plus grande sévérité et les traduire devant une commission militaire.

Le Maréchal commandant en chef sera le 18 novembre à Berlin.

L'ordonnateur prendra des mesures pour faire transporter à Spandau tous les malades et blessés du corps d'armée qui sont à Schwerin et dans le duché de Mecklemburg; il donnera des instructions en conséquence aux commissaires des guerres des divisions.

M[al] SOULT.

Rapport au Major général le 14 pour rendre compte du mouvement du 4e corps.

LE MARÉCHAL BERNADOTTE A L'EMPEREUR.

Boitzenburg, 13 novembre 1806.

Tandis que le général Blücher capitulait à Ratkau, j'étais instruit que le général Pelet s'étant trouvé, par nos diverses manœuvres, coupé et séparé du corps du général Blücher, s'était retiré sur Lauenburg où il avait dû passer l'Elbe. — Je donnai au général Drouet qui entrait dans le Lauenburg,

---

de la division et les troupes d'artillerie et 1 prolonge pour porter les objets de rechange. Les caissons employés dans les divisions sont pris autant que faire se peut dans une seule brigade. Le surplus des caissons de l'équipage accordé au corps d'armée qui, en vertu des dispositions ci-dessus, ne sera point employé par les divisions, restera à la disposition de l'ordonnateur en chef au quartier général, soit pour le transport du pain, soit pour être affecté aux ambulances du quartier général.

l'instruction nécessaire pour faire poursuivre ce corps détaché, et moi-même, dès que j'eus assuré l'ordre et la tranquillité dans Lübeck, je me suis rendu ici pour surveiller l'exécution de mes ordres et être certain que tout ce qui pouvait se trouver encore de Prussiens sur notre gauche, fût exactement ramassé. Je m'empresse d'annoncer à V. M. que le général Pelet a été atteint au village de Reinstorf entre Lüneburg et Dannenberg, comme je venais de faire passer l'Elbe à 2 escadrons du 4e de hussards et à un bataillon d'infanterie légère. Le général Pelet a voulu d'abord faire quelque résistance, mais se voyant serré de près il s'est rendu. Les troupes suivantes ont été faites prisonnières de guerre : 4 escadrons de dragons du roi de Bavière, 1 escadron de hussards de Köhler, un détachement de divers régiments de cavalerie commandés par le lieutenant comte de Schwerin, 600 hommes d'infanterie, — 1 général-major, 2 colonels, 1 lieutenant-colonel, 2 majors et 49 autres officiers, — 3 pièces de canon et 1 obusier.

Je charge M. le capitaine Lebrun, mon aide de camp, d'avoir l'honneur de présenter à V. M. 4 étendards du régiment du roi de Bavière.

Je prends la liberté de renouveler à V. M. la prière que je lui ai faite de me laisser les compagnies de grenadiers et völtigeurs des 3es bataillons. Chaque jour je vois mon corps d'armée s'affaiblir par les maladies résultant de nos marches rapides. 2 régiments de la division Dupont ont d'ailleurs leurs 3es compagnies de grenadiers et éclaireurs déjà détachées, et mes 2 autres divisions, même avec ce supplément, n'ont pas plus de 4,000 hommes chacune présents sous les armes.

P.-S. — Je crois devoir prévenir V. M. qu'Altona est devenu le réceptacle de tous les ennemis de la France. Cette ville est ce qu'était Coblentz en 1792.

LE MARÉCHAL NEY AU MAJOR GÉNÉRAL.

Magdeburg, 13 novembre 1806.

Le général Thouvenot m'annonce qu'il envoie à Magdeburg le régiment de S. A. R. le grand-duc de Hesse.

Je n'ai reçu qu'hier à minuit la lettre que vous m'avez fait l'honneur de m'écrire le 11. Pour me conformer aux dispositions qu'elle contient, je ferai partir le 16 pour Berlin les 27e et 59e; ces 2 régiments suivront la même direction que la division Marchand par Möckern, Ziesar, Brandenburg, Potsdam et Berlin ; ainsi il restera 2 régiments pour la garnison de Magdeburg.

Aussitôt que la 25e légère qui escorte les prisonniers jusqu'à Erfurt, sera de retour, le 50e régiment se mettra également en marche pour Berlin. Les 3 bataillons du 25e qui ont le plus souffert dans la dernière campagne et à la bataille d'Iéna, pourront rester à Magdeburg jusqu'à ce qu'ils soient relevés par d'autres corps.

LE MARÉCHAL MORTIER A L'EMPEREUR.

Hanovre, 13 novembre 1806.

Ainsi que j'ai eu l'honneur d'en rendre compte à V. M. par ma lettre d'hier, le 8e corps s'est mis en marche ce matin pour Luneburg. Je vais partir pour le rejoindre.

Le roi de Hollande a cru devoir garder encore pendant quelques jours les divisions Dumonceau et Michaud devant Hameln. Ne pouvant point retarder ma marche sur Hamburg, je dois laisser en arrière ces troupes que le Roi avait mises à ma disposition. Je donne des ordres pour que le général Dumonceau laisse en observation, tant devant Hameln que devant Nienburg, les 2e et 3e régiments d'infanterie légère, le 7e de ligne, le 2e de cavalerie, toutes troupes hollandaises

Ces corps, dont je n'ai pu encore me procurer la situation, sont faibles. Je lui laisse aussi 10 bouches à feu.

Je charge le général Michaud de venir me rejoindre, en se dirigeant sur Luneburg, avec sa division composée des 22e, 65e et 72e régiments d'infanterie française, le 2e de hussards hollandais ; ce dernier corps faisait partie de la division Dumonceau et y rentrera lorsque le général Dumonceau rejoindra. Les forces de l'ennemi tant à Hameln qu'à Nienburg sont évaluées à 10,000 hommes ; ils pourraient intercepter nos convois et nos détachements s'ils n'étaient observés de près.

Après la prise de possession du pays de Hanovre au nom de V. M., j'ai créé une commission spéciale. Elle est composée de 3 membres connus dans le Hanovre par leur intégrité et leur habileté dans les affaires. Cette commission prendra les ordres de la personne que V. M. aura désignée pour gouverner le pays. J'ai cru devoir laisser exister les autres autorités locales jusqu'à ce que V. M. en ait autrement ordonné.

Je n'ai point encore reçu les instructions que V. M. a bien voulu m'annoncer pour la prise de possession de Hamburg.

J'ai toujours un officier d'état-major près le Major général de l'armée pour prendre vos ordres et les siens.

Au lieu de 200,000 fr., le payeur du 8e corps vient de m'annoncer qu'il n'avait été versé dans sa caisse à Cassel que 170,000 fr.

14 NOVEMBRE.

LE MAJOR GÉNÉRAL AU MARÉCHAL BERNADOTTE.

Berlin, 14 novembre 1806.

L'Empereur, M. le Maréchal, ordonne que vous vous mettiez en route le plus tôt possible avec votre corps d'armée pour vous rendre à Berlin ; vous laisserez à Lübeck un bataillon pour y garder l'artillerie qui s'y trouve et qui a été prise à l'ennemi ; ce bataillon restera jusqu'à ce qu'il soit relevé par des troupes du maréchal Mortier qui a des ordres à cet égard.

L'intention de l'Empereur est que vous envoyiez en France les Suédois faits prisonniers.

S. M. me charge de vous faire connaître que 3,000 hommes sont en route de France pour venir renforcer votre corps d'armée. Ils sont dirigés sur Berlin de manière qu'à votre arrivée en cette ville vous serez plus fort que vous ne l'étiez, malgré les pertes que vous avez éprouvées.

Envoyez-moi l'itinéraire de votre marche de Lübeck à Berlin afin que je sache chaque jour où pouvoir vous donner des ordres.

Le 1er corps quitta ses cantonnements de Lübeck et environs le 19 novembre pour se porter sur Berlin où il arriva le 28. — L'Empereur était parti de Berlin le 25 à 2 heures du matin.

LE MAJOR GÉNÉRAL AU MARÉCHAL NEY.

Berlin, 14 novembre 1806.

L'Empereur, M. le Maréchal, me charge de vous réitérer l'ordre de vous rendre le plus tôt possible à Berlin avec votre 1re division, l'artillerie de vos 2 divisions, votre parc et votre cavalerie légère. S. M. désire que vous me fassiez connaître quand votre 2e division pourra suivre votre mouvement.

Les drapeaux prussiens pris dans l'arsenal de Magdeburg ne signifient rien. Donnez l'ordre qu'ils soient brûlés; mais vous ferez porter en triomphe par votre 1re division les drapeaux pris à la garnison pour être remis par vous à Berlin à l'Empereur. On ne doit porter en triomphe que les drapeaux pris les armes à la main et brûler ceux pris dans les arsenaux.

Vous vous conformerez aux ordres que vous avez reçus de moi, touchant la garnison de Magdeburg.

32e BULLETIN DE LA GRANDE-ARMÉE.

Berlin, 16 novembre 1806.

Après la prise de Magdeburg et l'affaire de Lübeck, la campagne contre la Prusse se trouve entièrement finie.

Voici quelle était la situation de l'armée prussienne en entrant en campagne : (Voir *Campagne de Prusse, Iéna,* page 611.)

De ces 126,000 hommes pas un n'a échappé. Du corps du duc de Weimar pas un homme n'a échappé. Du corps de réserve du duc de Wurtemberg qui a été battu à Halle, pas un homme n'est échappé.

Ainsi ces 145,000 hommes ont tous été pris, blessés ou tués. Tous les drapeaux et étendards, tous les canons, tous les bagages, tous les généraux ont été pris, et rien n'a passé l'Oder. Le Roi, la Reine, le général Kalkreuth et à peine 10 ou 12 officiers, voilà tout ce qui s'est sauvé. Il reste aujourd'hui au roi de Prusse un régiment dans la place de

Gross-Glogau qui est assiégée, un à Breslau, un à Brieg, 2 à Varsovie et quelques régiments à Königsberg; en tout, à peu près 15,000 hommes d'infanterie et 3 ou 4,000 hommes de cavalerie. Une partie de ces troupes est enfermée dans des places fortes. Le Roi ne peut pas réunir à Königsberg, où il s'est réfugié dans ce moment, plus de 8,000 hommes.

Le souverain de Saxe a fait présent de son portrait au général Lemarois, gouverneur de Wittenberg qui, se trouvant à Torgau, a remis l'ordre dans une maison de correction parmi 600 brigands qui s'étaient armés et menaçaient de piller la ville.

Le lieutenant Lebrun a présenté hier à l'Empereur 4 étendards de 4 escadrons prussiens que commandait le général Pelet, et que le général Drouet a fait capituler du côté de Lauenburg. Ils s'étaient échappés du corps du général Blücher.

Le major Ameil, à la tête d'un escadron du 16e de chasseurs, envoyé par le maréchal Soult le long de l'Elbe pour ramasser tout ce qui pourrait s'échapper du corps du général Blücher, a fait un millier de prisonniers, dont 500 hussards, et a pris une grande quantité de bagages.

Voici la position de l'armée française: la division de cuirassiers du général d'Hautpoul, les divisions de dragons des généraux Grouchy et Sahuc, la cavalerie légère du général Lasalle, faisant partie de la réserve de cavalerie que le grand-duc de Berg avait à Lübeck, arrivent à Berlin.

La tête du corps du maréchal Ney, qui a fait capituler la place de Magdeburg, est entrée aujourd'hui à Berlin.

Les corps du prince de Ponte-Corvo et du maréchal Soult sont en route pour venir à Berlin. Le corps du maréchal Soult y arrivera le 20, celui du prince de Ponte-Corvo quelques jours après.

Le maréchal Mortier est arrivé avec le 8e corps à Hamburg pour fermer l'Elbe et le Weser.

Le général Savary a été chargé du blocus de Hameln avec la division hollandaise.

Le corps du maréchal Lannes est à Thorn.

Le corps du maréchal Augereau est à Bromberg et vis-à-vis Graudenz.

Le corps du maréchal Davout est en marche de Posen sur Varsovie, où se rend le grand-duc de Berg avec l'autre partie de la réserve de cavalerie composée des divisions de dragons des généraux Beaumont, Klein et Beker, de la division de cuirassiers du général Nansouty et de la cavalerie légère du général Milhaud.

Le prince Jérôme avec le corps des alliés assiège Gross-Glogau. Son équipage de siège a été formé à Küstrin. Une de ses divisions investit Breslau. Il prend possession de la Silésie.

Nos troupes occupent le fort de Lenczyc à mi-chemin de Posen à Varsovie. On y a trouvé des magasins et de l'artillerie. Les Polonais montrent la meilleure volonté. Mais jusqu'à la Vistule ce pays est difficile; il y a beaucoup de sables. Pour la première fois la Vistule voit l'aigle gauloise.

L'Empereur a désiré que le roi de Hollande retournât dans son royaume pour veiller lui-même à sa défense.

Le roi de Hollande a fait prendre possession du Hanovre par le corps du maréchal Mortier. Les aigles prussiennes et les armes électorales en ont été ôtées ensemble.

4e CORPS. CIRCULAIRE AUX GÉNÉRAUX DE DIVISION.

Berlin, 20 novembre 1806.

La division que vous commandez, M. le Général, passera le lendemain de son arrivée à Berlin la revue de S. M. Elle logera en ville jusqu'à nouvel ordre. Envoyez à l'avance votre chef d'état-major et les officiers de régiment chargés du logement pour préparer celui de la troupe et faire prendre sur des bons les subsistances qui lui reviennent.

Prévenez les chefs de corps qu'ils doivent se préparer pour la revue de l'Empereur et qu'ils doivent faire mettre leurs troupes dans le meilleur état possible. Tous les officiers et soldats y assisteront, et chacun aura sur lui exactement tout ce que l'ordonnance prescrit.

Les colonels devront avoir des états de situation sommaires et par grade, prêts à être remis à S. M., et être préparés pour répondre avec clarté et précision à toutes les questions que leur fera S. M.

Il est vraisemblable que lors de sa revue, S. M. fera les promotions à tous les emplois vacants dans les régiments et même de ceux qui le deviendront par l'effet des remplacements et des mutations; ainsi les colonels doivent faire à l'avance leur travail et même préparer tous les mémoires de proposition pour les sujets qu'ils présenteront, lesquels, après avoir été examinés par l'Empereur, seront, d'après ses ordres, immédiatement reconnus.

L'Empereur verra aussi votre artillerie après les régiments.

Je vous préviens que l'artillerie éprouvera de grandes difficultés pour avoir des fourrages à Berlin; ainsi faites en sorte qu'elle en ait au moins pour 1 jour ou 2 en arrivant, et reconnaissez vous-même un emplacement convenable pour la faire parquer à portée du quartier que votre division occupera. Je vous remettrai à votre arrivée de nouveaux ordres pour la revue de l'Empereur.

M[al] SOULT.

CIRCULAIRE AUX GÉNÉRAUX DE DIVISION.

Berlin, 21 novembre 1806.

J'ai l'honneur de vous prévenir que d'après les ordres de S. M. l'Empereur et Roi, demain 22 courant, la solde du mois d'octobre sera payée aux régiments composant le 4e corps d'armée; ce paiement n'aura lieu que pour les hommes seulement présents à l'époque du 1er novembre sur des états d'effectif visés par MM. les Inspecteurs.

Gal COMPANS.

LE GÉNÉRAL COMPANS AUX GÉNÉRAUX DE DIVISION SAINT-HILAIRE ET LEVAL.

Berlin, 21 novembre 1806.

J'ai l'honneur de vous informer d'après les ordres de M. le maréchal Soult, qu'il est possible que S. M. l'Empereur désire voir l'artillerie de votre division demain immédiatement après la revue de la cavalerie légère du corps d'armée. En conséquence M. le Maréchal vous charge de donner des ordres pour que tout votre équipage d'artillerie soit attelé et prêt à 11 heures et demie précises à entrer en ville[1] au premier ordre qui pourra lui être adressé. En attendant

1. 19 novembre. — Major général. Ordre au général Clarke de faire reconnaître à 2 lieues environ autour de Berlin des cantonnements pour les troupes à cheval et l'artillerie, ne devant pas y en avoir de logées dans la ville.

cet ordre il sera placé de manière à n'obstruer aucune communication et à être en mesure de l'exécuter avec la plus grande célérité ; il ne saurait être disposé trop près de la ville.

Les canonniers et soldats du train devront être dans la plus grande tenue, et tout ce qui tient au harnachement des chevaux et au matériel devra être dans le meilleur état.

Le commandant de votre artillerie aura soin d'emmener toutes les voitures qui tiennent à son équipage.

Au général Lariboisière. — Copie de l'ordre précédent. M. le Maréchal vous engage à tenir la main à ce qui vous concerne, afin que les dispositions de cet ordre soient ponctuellement exécutées. — Faire partir le parc d'artillerie le 23 de Nauen pour se rendre à Berlin.

CIRCULAIRE AUX GÉNÉRAUX DE DIVISION D'INFANTERIE.

Berlin, 22 novembre 1806.

Le Maréchal commandant en chef n'ayant apporté aucun changement aux dispositions portées dans les ordres du 20 et du 21 relativement à la rèvue de S. M. l'Empereur, je vous invite, mon Général, à vous conformer strictement à leur contenu et à prendre vos dispositions pour que votre division soit rendue demain à 11 heures très précises du matin sur la place en face le Palais où se trouveront des officiers de l'état-major général pour indiquer aux divisions leur emplacement.

Gal COMPANS.

L'EMPEREUR AU GÉNÉRAL BOURCIER.

Berlin, 18 novembre 1806.

On vient de trouver ici un millier de paires de bottes, de selles et beaucoup d'objets d'habillement, harnachement et équipement. Envoyez ici un de vos officiers les voir ; les hommes que je désire voir monter spécialement sont les hommes de cavalerie des corps des maréchaux Lannes et Davout et les 7e, 13e et 20e de chasseurs, tous ces régiments étant sur la Vistule.

Le bateau chargé de bottes est enfin arrivé. Envoyez quelqu'un à Spandau prendre les paires qui vous sont nécessaires.

LE GÉNÉRAL BOURCIER A L'EMPEREUR.

Potsdam, 14 novembre 1806.

D'après les ordres de V. M. que j'ai reçus cette nuit, j'ai envoyé sur-le-champ un officier à Spandau pour y prendre la quantité de bottes nécessaires au grand dépôt de Potsdam.

Conformément aux ordres de V. M. j'ai chargé M. le chef d'escadron Maignet, du 5e régiment de hussards, de se rendre aujourd'hui à Berlin pour voir les effets d'habillement, équipement et harnachement qu'on y a trouvés et m'en rendre compte.

J'ignore quels sont les régiments de cavalerie qui font partie des corps de MM. les maréchaux Lannes et Davout. Je viens d'en demander l'état à S. A. le prince Major général de l'armée.

Hier 30 chevaux de prise ont été dirigés de Spandau sur Potsdam sous l'escorte d'un détachement d'infanterie. Il en est arrivé seulement 19. Le reste a été enlevé en route par des soldats de toute arme.

J'ai écrit à ce sujet au général Fery à Spandau en le priant de vouloir bien à l'avenir donner aux commandants des escortes des instructions assez sévères pour que ces abus ne se renouvellent pas.

Ces 19 chevaux sont tous sans exception susceptibles de réforme ; ils n'ont ni brides, ni selles, ni licols même.

LE GÉNÉRAL BOURCIER A L'EMPEREUR.

Potsdam, 15 novembre 1806.

Ainsi que j'ai eu l'honneur d'en rendre compte à V. M. par ma lettre d'hier, j'ai envoyé un officier à Spandau à l'effet d'y prendre des bottes dont V. M. m'avait annoncé l'arrivée. Cet officier est de retour et me remet une lettre d'un aide de camp du général Fery, par laquelle il me mande qu'il n'en est point arrivé à Spandau. Il m'annonce aussi avoir fait la visite de tous les bateaux qui s'y trouvent et n'avoir trouvé aucun effet relatif à la chaussure.

V. M., par sa lettre du 13, me charge de remonter spécialement les 7e, 13e et 20e de chasseurs qui sont sur la Vistule. J'ai fait hier matin partir des 7e et 13e tout ce qui était disponible. Quant au 20e je n'ai ici de ce régiment que 22 hommes et 17 chevaux blessés renvoyés de l'armée pour former le petit dépôt.

Par sa lettre d'hier V. M. me fait l'honneur de m'annoncer que les 9e et 10e de hussards et 21e de chasseurs font partie du corps de M. le maréchal Lannes et les 1er, 2e et 12e de chasseurs du corps du maréchal Davout.

J'ai fait partir hier matin tout ce qui était disponible des 9e et 10e de hussards; j'ai du 21e 64 hommes et 81 chevaux blessés formant le petit dépôt; du 1er de chasseurs j'ai 12 chasseurs à remonter; je n'ai encore personne du 12e.

J'ai passé la revue de tous ces petits dépôts; j'ai trouvé environ 200 hommes de toutes armes disponibles en ce moment dont 68 hommes de la 2e division de cuirassiers. J'ai demandé au prince de Neufchâtel si je devais les faire partir sur-le-champ.

Je pourrai sous 8 ou 10 jours former un détachement de 500 dragons bien montés et équipés, sauf de housses dont on se passe à la rigueur et de porte-manteaux auxquels on supplée avec des sacs; ils n'auront pas de manteaux, mais ils seront suffisamment vêtus avec leurs capotes.

Je viens de donner l'ordre au chef d'escadron Maignet que j'ai chargé de la surveillance des ateliers d'équipement et de harnachement à Berlin, de faire travailler sans relâche à la confection de 600 harnachements de cavalerie légère et d'employer à cet effet les bois de selle qui sont en magasin.

Je n'ai pas encore eu l'occasion de me conformer à l'intention de V. M. pour la remise des capotes des hommes qui reçoivent des manteaux, ne leur en ayant pas encore fait délivrer; ceux que j'ai eus des prisonniers, sont en si petite quantité, que c'est bien peu de chose.

Il m'arrive en ce moment 79 chevaux de Spandau amenés par des prisonniers. Ils sont comme ceux qui ont précédé, en fort mauvais état, presque tous échangés. Au premier aperçu, j'en ai reconnu beaucoup qui ne paraissent propres qu'aux charrois; l'officier chargé de l'escorte me dit qu'ils sont en majeure partie blessés ou garrottés. Je vais en passer la revue et j'aurai l'honneur d'en rendre un compte plus détaillé à V. M.

Je joins à la présente deux états de situation dont un des petits dépôts de toutes armes et l'autre des détachements à remonter.

C'est vers le 16 qu'arrivèrent à Potsdam les détachements de cavalerie partis de Baireuth et Forchheim le 5 novembre sous les ordres du colonel Lacour.

LE GÉNÉRAL CORBINEAU A L'EMPEREUR.

Spandau, 18 novembre 1806, 9 heures 3/4 du soir.

J'ai l'honneur de rendre compte à V. M. qu'un officier envoyé par le général Sahuc vient de me prévenir à l'instant que la division de ce général doit arriver demain vers 2 heures à Spandau; cette division est composée de 5 régiments[1] et forte d'environ 3,500 hommes. Elle escorte 3,600 prisonniers de cavalerie prussienne dont 3,000 et quelques sont montés.

J'ai l'honneur de prier V. M. de donner ses ordres relativement à ces chevaux pris; après les avoir comptés, devrai-je les faire conduire à Potsdam par les corps qui les auront amenés à Spandau? ou le général Bourcier enverra-t-il ici des dragons à pied pour les recevoir?

---

1. Le 15e de dragons avait été envoyé à Brünswick avec le sous-inspecteur aux revues Malraison. Le Major général lui envoya l'ordre le 13 novembre de se rendre à Berlin, où il arriva le 20, passa le jour même la revue de l'Empereur et partit le lendemain pour rejoindre la division Beker.

LE GÉNÉRAL CORBINEAU A L'EMPEREUR.

Spandau, 19 novembre 1806, 3 heures après midi.

La colonne du général Sahuc n'est pas encore arrivée[1]. Demain je compterai les chevaux de prise qu'aura amenés cette colonne et les harnachements qu'ils auront, et j'enverrai le tout au général Bourcier.... Les bottes que V. M. m'a ordonné de faire chercher ont été prises par un détachement du 20e de chasseurs qui a escorté les bateaux avant qu'ils ne fussent remis à la garde du 105e régiment qui les a conduits ici.

Les troupes alliées qui sont à Spandau, fourniront demain une partie de l'escorte des prisonniers. Un détachement du 50e et le 25e léger seront forcés de fournir le complément de l'escorte des prisonniers; mais après le départ de ces détachements il ne restera pas de quoi fournir les escortes pour les prisonniers qu'on annonce devoir arriver demain et après. Le commandant sera forcé de faire continuer l'escorte par les troupes qui amèneront ici ces prisonniers.

La colonne arriva dans la soirée.

LE GÉNÉRAL CORBINEAU A L'EMPEREUR.

Spandau, 20 novembre 1806, 6 heures 3/4 du matin.

J'ai l'honneur de rendre compte à V. M. du parti que je prends pour l'escorte jusqu'à Potsdam des prisonniers de cavalerie arrivés ici hier. Cette disposition est motivée sur l'avis que je reçois à l'instant du général Bourcier par le retour d'une ordonnance que je lui ai envoyée hier. Ce général me mande que n'ayant pas été averti plus tôt il ne pourra faire partir que ce matin 20 novembre les dragons à pied et qu'il ne pourra en envoyer que 100.

---

1. 18 novembre. — Major général. Ordre à la division Sahuc de régler sa marche de manière à arriver le 20 à Berlin pour être passée en revue.

Les dragons à pied ne pouvant arriver ici que fort tard, le foin et la paille manquant totalement ici puisque dès hier on n'a pu en donner aux chevaux des prisonniers, j'ai cru devoir faire partir ce matin tous les chevaux montés par leurs cavaliers. Dès lors il devenait impossible d'en confier la garde à 430 hommes d'infanterie (c'est à peu près tout ce que la ville et le fort peuvent fournir pour l'escorte des prisonniers). J'ai donc cru devoir inviter le général Sahuc de donner ordre à un de ses régiments de continuer l'escorte jusqu'à Potsdam où la remise des chevaux, harnachements et bottes, sera faite au général Bourcier.

Je compterai seulement les chevaux avant leur départ d'ici.

Les 430 hommes d'infanterie seront joints au régiment de dragons jusqu'à Potsdam; ils continueront ensuite l'escorte jusqu'à nouveaux ordres après que les prisonniers seront démontés et les dragons exécuteront ceux qu'ils recevront.

Quand bien même les dragons à pied seraient arrivés ici, étant en trop petit nombre pour pouvoir démonter les prisonniers, il eût toujours fallu conserver des piquets montés pour empêcher les prisonniers de fuir. Je désire que le parti que je prends obtienne l'approbation de V. M.

LE GÉNÉRAL BOURCIER A L'EMPEREUR.

Potsdam, 21 novembre 1806.

La tête de colonne des chevaux de prise arrivant de Spandau est entrée en ville hier à 5 heures du soir et ce n'est qu'à 8 heures qu'elle a été rangée en totalité dans la cour du château pour en faire la distribution préparatoire.

Les officiers prussiens ayant appris à leur arrivée qu'ils étaient prisonniers de guerre, ont montré du mécontentement et presque tous ont abandonné leur troupe pour se retirer en ville. Je suis cependant parvenu à en réunir 80 dans un local, lesquels partent aujourd'hui avec la colonne qui se dirige en France. L'absence de ces officiers de leur troupe, l'obscurité de la nuit, la difficulté de contenir en bon ordre les détachements des différents corps destinés à prendre ces chevaux ont occasionné de la confusion et même du désordre. Des chevaux ont été enlevés ainsi qu'une quantité d'équipages, notamment les couvertures de laine. Les sentinelles ou gardes qui étaient placées à diverses issues, ont faibli ou ont été culbutées par la foule ; il est même probable qu'une partie a pris part au désordre.

Enfin, Sire, ce n'est qu'à 11 heures que je suis parvenu à connaître que le nombre des chevaux présents était de 2,291, mais déjà dépouillés en majeure partie de leurs équipages. Leur placement aux baraquements et sur les places où j'avais fait disposer des piquets pour les attacher, n'a été terminé qu'à 2 heures du matin.

Les troupes de passage, tant infanterie, cavalerie qu'artillerie, logées en ville, étaient de plus de 4,000 hommes, non compris les prisonniers de guerre. Il est évident qu'elles ont participé à l'enlèvement de beaucoup de chevaux et autres objets.

Aujourd'hui j'examinerai tous les chevaux en détail et j'en ferai le classement.

Les magasins à fourrage sont épuisés en foin et paille, je compte sur les versements qui doivent avoir lieu dans la journée pour faire faire la distribution du jour [1].

Des voitures chargées de fourrage sont journellement pillées sur les routes et les chevaux enlevés.

C'est avec douleur que je me vois forcé de rendre un

---

1. LE GÉNÉRAL BOURCIER AU MAJOR GÉNÉRAL.

Potsdam, 24 novembre 1806.

J'ai l'honneur de rendre compte à V. A. que j'ai autorisé provisoirement la réduction de la ration de fourrage à 5 livres de foin, 5 livres de paille, 2/3 de boisseau d'avoine* ; mais comme je sens parfaitement que cette ration n'est pas suffisante pour des chevaux extrêmement fatigués, d'autant que le foin est de très-mauvaise qualité, j'ai expressément chargé le commissaire des guerres de prendre toutes les mesures nécessaires pour faire hâter l'arrivée des fourrages, de manière à ce que le magasin puisse être approvisionné pour un mois avant que les gelées n'aient interrompu la navigation.

* 2/3 de boisseau d'avoine faisaient environ 8 litres et demi, le boisseau valant 13l,008.

compte aussi fâcheux à V. M., mais je croirais manquer à V. M. si je lui cachais un pareil désordre. V. M. peut être bien convaincue que je mets tout mon zèle et mes soins pour réprimer ces désordres.

LE GÉNÉRAL BOURCIER A L'EMPEREUR.

Potsdam, 22 novembre 1806.

Ainsi que j'ai eu l'honneur de l'annoncer à V. M. par ma lettre du 21, j'ai passé la revue des chevaux de prise amenés de Spandau le 20 au soir sous l'escorte du 25e de dragons. Il résulte de la dernière vérification faite les 20 et 21[1] qu'il s'est trouvé 2,017 chevaux, non compris 25 qui sont morts ici ou que j'ai fait abattre pour cause de morve.

Sur ce nombre de 2,017 j'en ai fourni 18 aux grenadiers de la Garde de V. M. et 131 à ses chasseurs; 15 aux guides interprètes, 52 aux cuirassiers, ceux-ci m'ont paru avoir la force et la taille propres au service de cette arme. J'en ai également livré 209 à M. le major Hennot pour la cavalerie de S. A. le grand-duc de Bade.

La défense que j'ai fait publier pour empêcher les habitants d'acheter à la troupe des chevaux ni aucun effet quelconque a fait, à ce que je crois, retrouver une trentaine de chevaux achetés par eux qu'ils ont ensuite abandonnés dans les rues, après avoir fendu l'oreille à quelques-uns, à l'effet de les faire passer pour chevaux de réforme, mesure que j'avais ordonnée à l'égard des chevaux réformés et vendus ces jours derniers, afin de prévenir toute espèce d'abus.

J'ai ordonné et j'ai fait faire les recherches les plus exactes pour retrouver les chevaux manquants, mais elles ont été sans succès. J'avais fait donner la consigne à tous les commandants des postes aux portes de la ville de ne point laisser

1. Dans un rapport à l'Empereur, du 19 novembre, le général Bourcier signalait déjà, dans deux convois de chevaux de prise amenés de Wittenberg, l'enlèvement aux selles d'objets indispensables, notamment les couvertures de laine.

sortir de chevaux sans vérification, excepté ceux des troupes de passage, tels que les 25e de dragons, 10e de chasseurs et 3e de hussards, ainsi qu'un fort convoi d'artillerie et beaucoup de chevaux d'officiers généraux. Cette mesure et les informations prises dans ces divers corps n'ont produit aucun effet.

Les chevaux de hussards sont généralement d'une bonne espèce, ceux de dragons et de grosse cavalerie sont médiocres. Les 4/5 sont blessés de manière à ne pouvoir servir qu'après leur guérison qui sera fort longue. Beaucoup aussi sont dans le cas de la réforme. J'attribue les blessures considérables de ces chevaux à deux causes principales, l'une que ces chevaux n'ont pas été dessellés (d'après l'aveu des prisonniers) depuis le 20 octobre, et l'autre que les prisonniers ont soustrait les couvertures, ce qui a particulièrement endommagé les chevaux de hussards, auxquels la couverture sous la selle est indispensable.

Immédiatement après la réception des chevaux de prise, j'ai envoyé au bivouac des prisonniers un officier supérieur avec des détachements de diverses armes pour effectuer l'échange des souliers contre leurs bottes, mais il a reconnu que ces prisonniers avaient coupé les tiges des meilleures, et les autres étaient tellement mauvaises qu'il n'a pas jugé convenable de les prendre.

Il n'a pu réunir que 547 manteaux et 660 porte-manteaux.

V. M. me prescrivait par sa lettre du 7 de ce mois de remonter de préférence les dragons à pied du 1er régiment; j'ai eu l'honneur de lui répondre dans le temps qu'il ne m'était encore arrivé aucun homme de ce régiment; depuis cette époque j'ai ici un détachement de 30 hommes auxquels j'ai déjà remis 64 chevaux.

Ce rapport porte de la main de l'Empereur la note suivante :

Répondre qu'il ne faut donner de chevaux aux alliés que lorsque mes troupes seront montées et lorsque les alliés seront arrivés pour monter les chevaux.

Demander un état général de situation.
Répondre en ces termes. 24 novembre.

CONSEIL D'ADMINISTRATION DE L'ARMÉE.

Berlin, 14 novembre 1806.

Le conseiller d'État Daru, intendant général, est présent. M. Roguin, payeur général, est introduit. Il met sous les yeux de S. M. l'état de sa recette et de ses payements, et celui des moyens et des besoins du service. S. M. fait les observations et prescrit les dispositions suivantes :

On ne voit pas figurer dans les rentrées les 700,000 fr. provenant des caisses de Cassel. Cette omission doit être réparée.

Il n'est pas nécessaire de s'occuper du 8ᵉ corps, attendu qu'il a reçu 200,000 fr. à Cassel.

Il faut donner sur-le-champ l'ordre de verser dans la caisse du 4ᵉ corps, à Lübeck, les 400,000 fr. de Hamburg, qui ont été réalisés.

Le payeur général présentera au conseil d'administration, qui se tiendra dimanche prochain[1], à 10 heures, un compte séparé de l'argent qui provient du trésor public de Paris, et de celui qui provient du pays conquis. Ces fonds ne doivent pas être confondus ; le payeur doit compte des uns au trésor public, et il doit être tenu des autres un compte particulier dont le trésor public doit avoir connaissance, mais sur l'emploi desquels il n'a aucun moyen de vérification.

L'intention de S. M. est que le mois de solde accordé à l'armée soit entièrement payé avec les fonds du pays conquis. Si, pour activer les payements, on était dans le cas de prendre sur les fonds qui viennent de France, ce ne serait qu'un emprunt. Il doit en être de même des sommes qui seront mises à la disposition de l'Intendant général sur les ordon-

1. Dimanche 16 novembre.

nances du Major général. Les fonds envoyés par le trésor public de France sont pour le payement de la solde arriérée. Ainsi le mois qui a été payé à l'armée sur les fonds provenant du pays conquis est pour la solde d'octobre; et, comme l'intention de S. M. est que la solde courante soit payée, le premier mois à acquitter sera celui de novembre.

Dans les besoins auxquels les fonds du trésor de France doivent subvenir, le payeur général comprendra : 1° les ordonnances délivrées par les ministres et autorisées par le trésor; 2° la solde jusqu'au 1er octobre exclusivement[1].

Le payeur général apportera : 1° le bordereau séparé de ce qui a été payé sur les 2 millions mis à la disposition du Major général, et celui des ordonnances en vertu desquelles se sont faits ces payements; comme le trésor public a fait les

---

1. L'EMPEREUR A M. MOLLIEN.

Berlin, 14 novembre 1806.

Je reçois votre lettre du 25 octobre. Tout ce que vous me dites me parait assez satisfaisant. Tenir toujours sept à huit millions à Strasbourg, afin que j'en puisse disposer, si cela était nécessaire, pour alimenter la caisse de l'armée, est une bonne et sage précaution. Dans les moments de guerre comme ceux-ci, l'argent n'a de valeur que par la rapidité avec laquelle on peut l'avoir. Mais ce qui m'importe surtout, c'est que vous ne perdiez jamais de vue ce qui est dû de solde à mon armée. Il me semble que, dans l'année 1806, l'armée n'a touché que quatre mois : au mois de janvier 1807 il lui sera donc dû huit mois, c'est-à-dire 24 millions. Je désire que ces 24 millions existent soit à Mayence, soit dans la caisse de réserve du trésor à Paris, non en effets, mais en argent. Ainsi, si je voulais ces 24 millions du soir au matin, je devrais les avoir sans produire aucun mouvement sur la place. Vous me dites que vous aurez des obligations: ce n'est pas mon affaire; que vous aurez des effets : ce n'est pas mon affaire; il faut que vous ayez de l'argent ; c'est un dépôt dans toute la force du terme. Alors, quelque chose qui arrive, je puis considérer mon armée comme soldée; au lieu que, s'il arrivait quelque chance, comme l'affaire Ouvrard l'année passée, ou même quelque malheur, les papiers ne seraient point réalisés et l'armée perdrait sa solde. Faites-moi connaître ce qui est dû à l'armée, mois par mois, et où sont les fonds pour acquitter cette solde. J'entends que vous ne soyez plus le maître de cet argent, mais que vous l'ayez seulement en dépôt. Du reste, ici, maître de la Prusse et de toute la Westphalie, l'argent va commencer à rentrer, de manière qu'il n'y a pas d'inquiétudes à avoir.

Je n'ai fait aucune autre disposition que le crédit de 2 millions que j'ai ouvert au prince de Neufchâtel pour les besoins de l'armée, comme je vous en ai instruit. Je vous envoie un décret qui les répartit dans les différents chapitres du budget du Ministre de la guerre, comme la distribution en a été faite. Mais il paraît qu'il est encore dû 2 millions pour différents objets d'administration. Je ne sais pas si cela a été ordonnancé par les ministres.

fonds pour ces 2 millions, ils entreront dans les dépenses à payer par le trésor de France ; 2° le bordereau des dépenses des ministres de la guerre et de l'administration de la guerre ; 3° enfin le montant détaillé, corps par corps, d'un mois de solde pour toute l'armée.

M. Daru présente l'état des magasins de Magdeburg et de Spandau.

S. M. ordonne que, jusqu'à nouvel ordre, on ne laisse rien sortir de la douane de Magdeburg, et qu'on fasse connaître l'argent qui se trouve dans la banque de cette place.

Elle prescrit de faire publier par les commandants à Berlin, Magdeburg, Stettin et Küstrin, que toute personne qui fera connaître un magasin d'effets ou de denrées ayant appartenu au roi de Prusse, aux régiments ou aux capitaines de l'armée prussienne, recevra le quart de la valeur de ce magasin, à quelque somme qu'elle puisse s'élever.

M. Cetty, faisant les fonctions d'ordonnateur du service de l'habillement, et M. de Riccé, inspecteur général, sont introduits. Les états des magasins des diverses sortes d'effets d'habillement sont mis sous les yeux de l'Empereur. S. M. prescrit les dispositions suivantes :

Les 2,103 culottes de peau existant dans les magasins seront distribuées aux régiments de dragons et de cuirassiers, excepté le 1er et le 2e, qui en ont déjà reçu, à raison de 50 par régiment. Cette distribution sera mise à l'ordre du jour de demain.

Il faut également distribuer les 6,000 chapeaux. Donner aussi à l'armée les caisses de tambour qui sont à l'arsenal, et dont le magasin général doit faire recette.

Donner à l'artillerie les poudrières.

Présenter, pour être mise à l'ordre du jour, une distribution des draps fins provenant tant de Berlin que de Leipzig.

Distribuer les 14,000 aunes de coutil, en en donnant d'abord aux grenadiers d'Oudinot un pantalon par homme.

La mesure proposée de faire venir les capotes en masse est impraticable ; mais il faut ordonner que chaque maréchal d'Empire, en conséquence de l'ordre du jour, fasse une distribution partielle, régiment par régiment, et que cette distribution soit mise à l'ordre de chaque corps d'armée.

Comprendre, dans la distribution des capotes, les grenadiers d'Oudinot en masse, pour 3,000 capotes.

Avoir soin, lors de la distribution des manteaux aux dragons à pied qui ont été montés, de faire rendre une capote pour chaque manteau délivré.

Faire connaître au prochain conseil la quantité des draps qui proviennent de Stettin et de Francfort, et donner un état positif et détaillé de ceux qui ont été requis à Leipzig.

Faire réunir à Magdeburg du drap provenant des boutiques de draperie de cette ville, pour 20,000 capotes ; en demander à Hamburg pour 50,000, et à chacune des villes de Brême et de Lübeck pour 15,000. Faire emmagasiner ces draps et confectionner les capotes, qui seront dirigées sur Magdeburg.

Enfin remettre, tous les 8 jours, l'état de ce qui aura été donné corps par corps.

S. M. représente la nécessité de s'occuper avec activité d'un grand approvisionnement de souliers. Elle prescrit à cet effet les dispositions suivantes :

L'Intendant général passera des marchés qui seront soumis à l'approbation du Major général : à Berlin, pour 50,000 paires qui seront versées à Spandau ; à Magdeburg, pour 50,000 paires qui seront emmagasinées dans cette place ; à Stettin, pour 25,000 paires qui seront emmagasinées dans cette place ; à Francfort-sur-l'Oder, pour 15,000 paires qui seront versées à Küstrin ; à Küstrin, pour 10,000 paires qui y seront emmagasinées ; à Leipzig, pour 50,000 paires qui seront versées à Magdeburg, et à Dresde, pour 50,000 paires qui seront versées à Küstrin.

Les marchés fixeront l'époque des livraisons, savoir :

Le premier cinquième, au 1er décembre ; le second, au 15 ; le troisième, au 30, et les deux derniers cinquièmes avant le 20 janvier; avec la condition d'une déduction sur le prix en cas de retard. Les payements seront faits après chaque livraison de 1,000 paires.

Des ordres seront donnés à l'avant-garde pour passer aussi des marchés de souliers, savoir: de 25,000 paires à Glogau, de 25,000 à Posen, et à Varsovie de 50,000, aux mêmes conditions et dans les mêmes délais[1].

On fera acheter à Hambourg du cuir pour 200,000 paires; la livraison s'en fera à Magdeburg. Dans ce cas, les marchés de souliers, pour cette quantité de 200,000 paires, ne seront passés que pour la façon.

M. Breidt, entrepreneur des transports et équipages militaires, et M. Thévenin, inspecteur général de ce service, sont introduits. S. M. prescrit les dispositions suivantes:

Au lieu de laisser les agents de l'inspecteur général auprès de chaque corps d'armée, il convient de les rappeler tous auprès de l'inspecteur général. Ils y seront employés pour le service du transport des réquisitions et pour d'autres missions. On pourra, tous les mois ou tous les 2 mois, les envoyer faire l'inspection de l'état du service dans les corps.

Il convient aussi d'envoyer sans délai un inspecteur des équipages militaires à Lübeck, à Prenzlow et dans les autres lieux du pays où l'armée prussienne a été coupée, pour réclamer, auprès des baillis, les caissons, voitures et équipages, selles et harnais de l'ennemi.

---

1. Dès le milieu de novembre et avant même de savoir quelle marche suivraient les événements, l'Empereur voulait donc avoir avant le 20 janvier 550,000 paires de souliers échelonnées sur la route de l'armée dans les différentes places de dépôts, car : « à la guerre, c'est de souliers qu'on manque toujours ». Lettre au vice-roi d'Italie, 16 septembre 1805.

L'administration était subordonnée au commandement de la façon la plus absolue. «.... Songez, écrivait l'Empereur au général Clarke, gouverneur gé-« néral de la Prusse, le 6 décembre à propos des exactions de Küstrin, que « vous n'êtes pas dans un poste à observer et à critiquer, mais à agir puisque « vous avez le commandement. » Et le 8 : «.... J'apprends de Spandau que « des bateaux sont encore chargés d'effets d'habillement et d'équipement, et « qu'on ne les décharge pas pour les mettre en magasin. Voyez à remédier « promptement à cet abus; transportez-vous vous-même à Spandau et parlez « en maître. »

Les inspecteurs doivent être chargés non seulement des missions qu'ils recevront pour les transports par terre, mais encore de tout ce qui concerne les transports par eau. Il faut donc que M. Thévenin se mette au courant de tout ce qui regarde les transports sur l'Elbe, de Dresde à Hamburg; sur l'Oder, de Glogau à Stettin, et sur la Warta, de Posen à Küstrin. Il enverra des inspecteurs pour être au fait, par leurs rapports, des prix, du nombre et de la capacité des bateaux, etc., afin d'être en état de disposer de ces moyens de transport.

M. Lombard, commissaire ordonnateur du service des hôpitaux, et MM. Coste, médecin en chef, Percy, chirurgien en chef, Bruloy, pharmacien en chef, et Meuron, régisseur, sont introduits. M. Lombard met sous les yeux de S. M. les états relatifs au service des hôpitaux et de l'ambulance.

S. M. défend expressément aucune évacuation sur la France. Les évacuations sont funestes aux blessés et aux malades. Mais, quand elles sont indispensables, elles doivent avoir lieu sur Weimar et sur Leipzig, pour ce qui est au delà de la Saale, et pour ce qui est en deçà, sur Magdeburg, Spandau et Küstrin.

S. M. ordonne l'établissement d'un hôpital pour 500 malades et 500 blessés à Magdeburg. Les hôpitaux prussiens seront ôtés de la ville et évacués sur Brünswick et dans cette direction.

M. Roman, commissaire ordonnateur du service des subsistances, et MM. Reiboll, entrepreneur des vivres-pain, Valette, entrepreneur des vivres-viande, et Lannoy, entrepreneur des fourrages, sont introduits. Les états de ces divers services sont mis sous les yeux de S. M., qui prescrit les dispositions suivantes :

Les grains qui sont à Weissenfels seront transportés à Magdeburg.

On fera remonter 100,000 boisseaux d'avoine de Stettin sur Küstrin.

S. M. remarque qu'il y a bien peu de chose à Erfurt. Elle désire qu'on prenne des mesures pour y maintenir toujours un approvisionnement de 15,000 quintaux de grains.

Elle ne voit pas d'inconvénient à ce que l'on frappe une réquisition sur Weimar et sur Fulde ainsi que sur les pays prussiens qui en sont voisins.

Places et gîtes d'étape et dispositions relatives au logement, aux subsistances et aux relais.

ADMINISTRATION MILITAIRE.

Répartition des services de la place de Berlin.

LAMBERT, inspect[r] aux revues du 4e corps, commissaire ordonnateur de la province.	Sous les arbres, n° 2, chez Mme de Berg; l'entrée est rue Guillaume, dans la porte cochère.	Administration générale de la province.
MAYAUD, adjoint aux commissaires des guerres.	Id.	Employé près le commissaire ordonnateur.
MARCHANT, commissaire des guerres.	Sous les arbres, n° 78.	Les subsistances et le visa des bons; les feuilles de route.
BAUDON, commissaire des guerres.	Sous les arbres, n° 37.	Les magasins de l'habillement, équipement et campement; le casernement, les hôpitaux militaires, les équipages militaires.

Les commissaires des guerres Marchant et Baudon requièrent chacun les transports nécessaires aux services qui se trouvent dans leurs attributions.

MICHEL, payeur de l'arrondissement, à Berlin.

La municipalité de Berlin n'accorde de logement aux fonctionnaires et aux employés d'administration que d'après l'ordre de M. le général commandant sollicité par l'ordonnateur et elle renvoie toutes réquisitions pour fournitures de denrées, voitures ou chevaux, etc., par-devant les commissaires des guerres.

Le commissaire ordonnateur ne s'immisce aucunement dans les détails des objets attribués aux commissaires des guerres et c'est à eux seuls qu'on doit s'adresser : ils renverront par-devant l'ordonnateur pour les objets sur lesquels il ne leur appartiendrait pas de statuer.

Les officiers et les employés militaires étant logés chez l'habitant n'ont point droit aux rations de vivres.

Les fourrages ne sont dus qu'aux officiers et employés militaires attachés spécialement à la place de Berlin lorsqu'ils ont des chevaux.

Les commissaires des guerres sont responsables des rations de vivres et fourrages qui seraient indûment perçues.

Indications.

Habillement. — Les distributions se font au magasin du Weidendam.

Vivres-pain. — A la contrescarpe.

Vivres-viande. — Id.

Fourrages. — A la porte de Francfort.

Le bois de chauffage se distribue au magasin dit Stralauer-Holzmarkt.

Hôpital de la Charité entre la porte d'Orange et celle d'Unterbaum, près de la muraille de la ville.

Hôpital de la caserne d'artillerie, rue Frédéric, près le pont.

Arrêté par moi Inspecteur ordonnateur,

LAMBERT.

Places et gîtes d'étape dépendants de l'arrondissement de Berlin.

De Mayence à Halberstadt 87 lieues, en 11 jours de marche.

Route de Halberstadt à Berlin.	De Halberstadt à Wanzleben	9	lieues,	il y a un commissaire des guerres.
	Magdeburg.	4	—	Id.
	Hohenziatz.	8	—	Id. Réside à Ziesar.
	Ziesar. . .	6	—	
	Brandenburg	6	—	Id. Réside à Brandenburg.
	Wüstermark	9	—	
	Berlin. . .	9	—	Voir au tableau ci-contre.

Nota. — De Wüstermark à Berlin on passe par Spandau sans s'y arrêter. Spandau, sans être lieu d'étape, conserve son administration civile et militaire.

Route de Berlin à Küstrin.	De Berlin à Dalwitz . . .	5 lieues.	Un commissaire réside à Muncheberg.
	Muncheberg .	8 —	
	Küstrin . . .	10 —	

D'où à Posen par Landsberg, 49 lieues en 6 marches.

Route de Berlin à Francfort-sur-l'Oder.	De Berlin à Dalwitz . . .	6 lieues.	Comme ci-dessus
	Muncheberg .	7 —	1 commissaire.
	Francfort-sur-l'Oder. . .	8 —	Il y a un commissaire.

D'où à Posen 49 lieues en 5 marches.

Route de Berlin à Stettin.	De Berlin à Bernau . . .	6 lieues.	Un commissaire réside à Neustadt.
	Neustadt. . .	6 —	
	Schwedt. . .	10 —	Un commissaire réside à Garz.
	Garz	4 —	
	Stettin . . .	6 —	Un commissaire.

Nota. — Les régiments, les détachements et les hommes isolés partant de Berlin pour se rendre soit à Küstrin, soit à Francfort-sur-l'Oder, ne doivent jamais manquer de prendre à Berlin le pain pour 2 jours. (Le pain se trouve reçu pour le jour de l'arrivée.)

Ceux qui se rendent de Berlin à Stettin doivent en prendre pour 4 jours. (Le pain est dû pour le jour de l'arrivée à Stettin.)

S'ils négligeaient de le prendre, ils n'en trouveraient dans aucun des gîtes de Dalwitz, Muncheberg, Bernau, Neustadt, Schwedt et Garz.

Jusqu'à ce qu'il soit décidé que Dalwitz sera un gîte en remplacement de Vogelsdorf qui n'a pas paru propre à recevoir un établissement, les troupes partant de Berlin iront à Muncheberg; mais, lorsque le gîte sera fixé à Dalwitz, elles prendront à Berlin le pain pour 3 jours, et dans ce cas elles n'en recevront plus que le lendemain de leur arrivée à Küstrin ou à Francfort.

Ancienne. — De Berlin à Potsdam. — Un commissaire.

Nota. — Potsdam, quoique sur l'ancienne route, conserve son administration civile et militaire.

DISPOSITIONS GÉNÉRALES.

Logement et subsistances.

Les commissaires des guerres placés dans les gîtes d'étape où il n'existe ni magasins ni manutentions militaires, doivent se concerter avec les autorités locales et les magistrats des villages environnants pour que les troupes qui seraient réparties en cantonnements dans lesdits villages, lorsque la localité du gîte d'étape ne serait pas suffisante, trouvent chez l'habitant l'équivalent de la ration qui leur revient, et pour qu'il soit formé un magasin toujours approvisionné en foin, paille et avoine, dans les quantités qui seront déterminées par les commissaires des guerres pour être distribuées sur les bons visés par eux.

Les Chambres de guerre et des domaines dans les provinces et départements respectifs, ou telle autre autorité qui en tient lieu, doivent donner aux magistrats, dans chaque gîte d'étape, les instructions, ordres et moyens nécessaires pour que le logement, les subsistances et les fourrages soient constamment assurés, la marche des troupes ne permettant pas toujours de prévenir de leur arrivée.

Néanmoins les commissaires des guerres enverront autant que possible au lieu d'étape où la troupe devra se rendre le lendemain, l'avis du nombre d'hommes et de chevaux pour lesquels tout devra être préparé.

Il convient surtout que les Chambres commettent de suite dans chaque place et gîte un commissaire qui soit spécialement chargé de se concerter avec le commissaire des guerres pour régler tous les besoins, déterminer avec le plus grand soin les contrées sur lesquelles les réquisitions devront être frappées et transmettre aux autorités desdites contrées les ordres nécessaires pour que l'exécution des réquisitions n'éprouve jamais de retard: ce soin devra regarder particulièrement le commissaire investi de la confiance des Chambres.

Relais.

On ne saurait trop recommander l'établissement dans chaque gîte d'étape d'un parc de voitures, dont le nombre devra être réglé entre les commissaires des guerres, les magistrats des gîtes et les commissaires des Chambres. Les villages circonvoisins des gîtes seront appelés à concourir à la formation de ces parcs, en raison de la quantité de voitures existantes dans chaque ville et il résultera de ces établissements que le service des transports sera toujours assuré de manière à ce que les voitures d'un relais ne soient jamais conduites au delà de la station et y soient toujours remplacées pour qu'elles puissent retourner à leur relais: les commissaires des guerres y tiendront rigoureusement la main et réclameront l'autorité de MM. les commandants contre quiconque tenterait de faire passer les voitures au delà du relais, ou de vouloir employer à son usage personnel des moyens de transports qui ne doivent être affectés qu'aux subsistances, munitions de guerre, effets d'habillement et d'équipement et aux évacuations de malades.

Les autorités locales devront assujettir les conducteurs des voitures des relais à porter sur le bras gauche une plaque avec l'empreinte du mot *Relais* et elles délivreront à chaque conducteur une déclaration imprimée portant invitation dans les deux langues, de laisser passer, repasser et protéger le conducteur parti du relais de. . . . . et y retournant avec sa voiture et ses chevaux. Cette déclaration sera, autant que possible, visée par le commissaire des guerres du lieu du relais auquel le conducteur appartiendra.

Les commissaires des guerres inviteront MM. les commandants d'armes dans les places et gîtes d'étape à établir une garde à l'endroit où seront réunies les voitures du relais pour empêcher que qui que ce soit se permette d'en disposer sans l'autorisation du commissaire des guerres du gîte d'étape et à son défaut par M. le commandant d'armes, le bailli ou le bourgmestre.

Les commissaires des guerres peuvent seuls affecter des voitures ou des chevaux à ceux qui y ont droit, et ils sont responsables des abus qui se commettraient.

Les autorités locales établiront au relais un chef de parc qui en aura la direction, en tiendra un contrôle, recevra les autorisations du commissaire des guerres et fera marcher les voitures à tour de rôle. Les voitures pourront être remplacées tous les huit jours par des voitures prises dans les mêmes villages ou dans d'autres qui n'en auraient pas fourni.

Les fourrages seront délivrés chaque jour pour les chevaux des relais sur l'état d'effectif qui en sera dressé par le chef du parc, visé par le commissaire des guerres; la ration sera composée de 10 livres de foin, 10 livres de paille et un demi-boisseau d'avoine.

Chaque conducteur recevra des manutentions militaires, lorsqu'il en existera dans les gîtes, une ration de pain de 24 onces par jour, sur l'état d'effectif du nombre des conducteurs, également dressé par le chef du parc et visé par le commissaire des guerres.

Enfin lorsque les commissaires des guerres jugeront qu'il n'y aura plus nécessité de maintenir les relais, ils nous proposeront d'en autoriser la dissolution, après s'être assurés que le petit nombre de voitures qu'on demanderait journellement ou pour des transports imprévus pourrait être fourni sans le moindre retard.

Berlin, 29 décembre 1806.

L'Inspecteur aux revues, ordonnateur en chef de la province,

LAMBERT.

RAPPORTS OMIS A INTERCALER.

Page 151. LE GÉNÉRAL CLARKE A L'EMPEREUR.

Erfurt, 19 octobre 1806.

Je réponds à la lettre de V. M. du 17. Il m'est arrivé ici 70 officiers prussiens venant de Weimar. — Ne les voulant pas garder ici et ne pouvant les envoyer avec une faible escorte sur la route de Francfort qui n'est pas sûre, je les renvoie à Weimar et j'invite le commandant de Weimar à les envoyer par Bamberg. Ces officiers me gêneraient ici. Je ne les ai pas laissés communiquer avec ceux qui ont capitulé.

Quant aux soldats qui ont capitulé à Erfurt, il en reste peu ; je les fais rassembler et mettre dans un édifice public avec une garde ; quand j'en aurai 1,000 à 1,200 je les enverrai à Francfort par la route que je prie V. M. de me faire désigner.

Je prends tout ce que mes faibles moyens me permettent de prendre de précautions pour la sûreté de la place et de la citadelle. On veille à l'ouverture des portes, etc. L'artillerie est dans la citadelle. V. M. peut être tranquille, surtout pour la citadelle.

Je vais écrire au maréchal Mortier. — J'ai écrit au roi de Hollande et à M. Bignon. J'écrirai aussi souvent que je pourrai à Mayence et à Wesel, au maréchal Mortier et au commandant de Wesel.

Le service des fourrages est assuré en avoine, mais il n'y a ni foin ni paille.

Page 182. LE GÉNÉRAL CLARKE A L'EMPEREUR.

Erfurt, 20 octobre 1806.

J'ai rassemblé chez moi hier et avant-hier MM. de Dantzen, directeur de la ville d'Erfurt, de Resch, directeur principal du pays, le commissaire des guerres Le Marquant et Launay, régisseur général des fourrages de la Grande Armée, que M. Villemanzy avait envoyé ici, et j'ai établi, sauf l'approbation de V. M., certaines bases et approvisionnements à faire à Erfurt le plus tôt possible.

MM. de Resch et de Dantzen se sont soumis de bonne grâce à obtempérer à ce qui suit :

(Suivent les mesures adoptées).... Les versements doivent se faire d'ici à 15 jours.....

J'ai ordonné en outre que d'ici à 8 jours MM. de Dantzen et de Resch fissent préparer les hôpitaux pour 1,200 malades. Il ne s'est trouvé aucun local capable de les contenir tous. Ces malades auront 1,200 fournitures complètes.

17 chevaux de prise ont été d'après mon vœu remis par le commandant de la place au commissaire des guerres pour établir un parc de 20 voitures pour le service de la place. Le reste sera fourni par la ville et on se servira de quelques caissons que les Prussiens ont abandonnés pour compléter ce petit parc qui sera très-utile.

Page 278. LE GÉNÉRAL CLARKE A L'EMPEREUR.

Erfurt, 23 octobre 1806.

Sur la somme imposée à la ville d'Erfurt le 16 octobre [1], il n'est encore rentré que celle de 46,713 écus qui sont entre les mains des magistrats d'Erfurt parce qu'il n'est encore arrivé personne ici de la part de M. de la Bouillerie.....

La ville d'Erfurt a 15,000 âmes de population, mais elle est très-pauvre. En général on n'y aime pas les Prussiens et on ne s'en cache pas.

Les besoins des hôpitaux sont très-pressants. Je n'ai qu'un seul officier de santé français et on évacue sur Erfurt presque tous les blessés de l'armée.... On est forcé, faute de lits, de mettre des blessés chez les bourgeois....

Page 301. LE GÉNÉRAL CLARKE A L'EMPEREUR.

Erfurt, 24 octobre 1806.

Il est certain que je n'ai trouvé personne ici qui pût me donner des détails exacts sur le nombre de Prussiens compris dans la capitulation d'Erfurt, pas même le général Dutaillis.

---

1. Voir pages 77, 78, 79 et 81.

La 1re colonne des prisonniers prussiens sortis d'Erfurt qui fut délivrée dans les environs d'Eisenach par un parti prussien était, à ce qu'on calcule, de 4,000 hommes.

La 2e avec laquelle marchait le général von der Weidt qui commandait l'une et l'autre, était d'environ 6,000 prisonniers. Cette colonne, après avoir couché à Gotha, s'est dirigée sur Schmalkalden (où il n'avait paru aucun ennemi le 21 octobre); elle en est partie le 20 octobre à 7 heures et demie du matin ainsi que j'en ai été sûrement informé par quelqu'un que j'y ai envoyé. J'ai su par la même voie en date de Fülde du 21 octobre à 6 heures et demie du soir que la 2e colonne de ces prisonniers sortis d'Erfurt avait fait halte à Vach après avoir passé à Salzungen. Il y avait eu à Salzungen après leur passage une fausse alerte; les habitants s'étaient sauvés de toutes parts dans l'idée mal fondée que les Prussiens revenaient et que notre escorte était en fuite. Cette crainte n'a été que passagère. L'on croyait à Salzungen ce jour-là que les Prussiens étaient à 6 lieues sur la droite de la route de Schmalkalden à Vach et la route était libre jusqu'à Fulde. Je ne doute pas que cette seconde et importante colonne de prisonniers n'arrive en bon état à Francfort.

J'ai écrit au général von der Weidt pour qu'il m'envoie un état des 2 colonnes de prisonniers sortis d'Erfurt.

Une lettre que j'ai écrite hier au ministre de la guerre contient un état des Saxons et Prussiens blessés que j'ai à Erfurt à l'hôpital. V. M. verra par cet état que leur nombre s'élève à 1,433 et j'évalue à 10,130 le nombre des prisonniers faits à Erfurt et que j'ait fait ramasser dans la ville et joindre à un autre convoi de prisonniers parti le 20 octobre ainsi que j'en ai rendu compte au Ministre.

J'ai envoyé au Ministre dans une lettre datée d'hier le nom et les qualités des officiers prussiens compris dans la capitulation d'Erfurt.

Si je parviens à avoir des renseignements plus exacts, je ne manquerai pas de les transmettre sur-le-champ à V. M.

S. M. L'EMPEREUR ET ROI, COMMANDANT EN PERSONNE.

Officiers généraux près de S. M.[1].

Le G[al] de div[on] DUROC, Grand Maréchal du Palais. — ORDENER lieut[t], JERMANOWSKI l[t] pol., aides de camp.

Le G[al] de div[on] CAULAINCOURT, Grand Écuyer. — SAINT-AIGNAN, chef de bat[on] au rég[t] d'Isemburg, a. d. c.

Le G[al] de div[on] CLARKE, secrétaire du Cabinet. — SHÉE cap. au 88e rég[t], DE CLERMONT-TONNERRE (Aynard) cap.[2], ZÆPFFEL s.-lieut[t] au 60e rég[t].

Le G[al] de brig[de] CORBINEAU, écuyer de l'Impératrice[3]. — D'HAUBERSART lieut[t] au 16e de dragons, MORIN lieut[t] des chasseurs à cheval hanovriens.

Le G[al] de brig[de] GARDANE, gouverneur des Pages, — MINGRAT cap. au 9e de chass[rs], ROSILLY lieut[t] au 8e de hussards.

Aides de camp de l'Empereur.

Le G[al] de div[on] LEMAROIS. — GIFFLENGA chef de bat[on] ex-adjoint, BAGNIOL cap. ex-adjoint, NOYELLE lieut[t] au 6e de hussards.

Le G[al] de div[on] SAVARY. — CUSTINE cap. au 5e de hussards, SEMERY cap. ex-adjoint, FEROWSKI cap. pol.

Le G[al] de div[on] RAPP. — CHOUARD chef de bat[on] ex-aide de camp, FIGUIER cap. ex-adjoint.

Le G[al] de brig[de] BERTRAND. — FOSSARDY cap. du génie, GOLASCHEWSKI cap. pol.

Le G[al] de brig[de] MOUTON. — BAUDUIT cap. ex-adjoint.

---

1. Cet état présente le personnel des officiers qui se trouvaient auprès de l'Empereur pendant le mois d'octobre 1806.

2. Chambellan de la princesse Pauline Borghèse; il avait été capitaine des gardes du corps du Roi.

3. Le général Corbineau, qui était sans emploi à l'armée, accompagna l'Empereur comme écuyer, ainsi que le général Gardane. V. *Iéna* p. 110. — L'Empereur les employa pendant toute cette campagne comme ses aides de camp.

Officiers d'ordonnance près de S. M.[1].

DEPONTHON, cap. du génie.
LAMARCHE, cap. au 4e de hussards.
SCHERB, cap. au 10e de cuirassiers.
CASTILLE, cap. d'artillerie.
DE MONTESQUIOU (Eugène), lieut a. d. c. du maréchal Davout.
DE TURENNE (Amédée), cap.[2].

MM. DE CANISY écuyer[3], DE TOURNON chambellan, DE SÉGUR cap. adjt au Grand Maréchal du Palais, remplissent aussi des missions.

BACLER-D'ALBE, chef d'escon, ingénieur-géographe, chargé du cabinet topographique de l'Empereur.

---

1. DÉCRET.

Palais de Saint-Cloud, le 19 septembre 1806.

Art. 1er. — Il y aura près de nous 12 officiers d'ordonnance qui nous serviront à la guerre et dans nos camps pour transmettre nos ordres.

2. — Ces 12 officiers d'ordonnance seront sous les ordres du Grand Écuyer.

3. — Les officiers d'ordonnance seront comptés à la suite de la cavalerie de la Garde pour en recevoir la solde et la quantité de rations de fourrages attribuées aux capitaines de cavalerie. Indépendamment de cette solde, ils recevront un traitement annuel de 4,000 fr. sur notre trésor.

NAPOLÉON.

MM. Deponthon, Lamarche et Scherb furent nommés officiers d'ordonnance par décret du 19 septembre 1806; MM. Castille, de Montesquiou et de Turenne par décret du 20 septembre. — M. Scherb, promu chef d'escadron au 11e de cuirassiers le 5 octobre 1806, rejoignit son régiment après l'entrée à Berlin. M. Lamarche fut nommé chef d'escadron au 2e de hussards le 25 octobre 1806. — Le capitaine Falkowski fut nommé officier d'ordonnance le 9 novembre 1806. L'Empereur lui accorda une gratification de 6,000 fr. pour acheter des chevaux. — Bongard, lieut. de cavalerie, le 3 janvier 1807, — de Tascher (Louis), lieut. au 16e léger, le 9 février 1807, — Berthemy, lieut. aide de camp de feu le général d'Hautpoul, Maulnoir, cap. au 4e de hussards, Parrain, cap. au 2e de carabiniers, Labiffe, cap. au 7e de hussards, le 14 février 1807. — De Talhouet, sous-lieut. au 5e de chasseurs, le 15 avril 1807. Le cadre ne fut donc complété qu'en avril 1807. — M. de Bongard était lieutenant de la vénerie dans la maison de l'Empereur. Il avait servi dans la cavalerie avant la Révolution.— M. de Tascher, sorti de l'École de Fontainebleau le 19 avril 1806, était adjoint au Grand Maréchal du Palais.

2. Appelé à la Grande Armée par ordre de l'Empereur pendant la campagne de l'an XIV, avait rejoint le 15 octobre 1805 : volontaire dans la cavalerie de 1791 à 1794, avait demandé en l'an XIV à reprendre du service dans les gendarmes d'ordonnance, organisation qui échoua en raison de la rapidité de la campagne.

3. Les autres écuyers de l'Empereur étaient les généraux Durosnel, Defrance, Vatier, Lefebvre-Desnoëttes, Saint-Sulpice, tous employés à l'armée, et M. de Villoutreys.

Le travail de l'Empereur à l'armée.

L'Empereur dicte au général Clarke secrétaire du cabinet, à M. Meneval secrétaire du portefeuille, à M. Fain archiviste du cabinet[1]. Le général Duroc, le Major général, M. Daru intendant général, les aides de camp, plus tard le premier officier d'ordonnance écrivent également sous la dictée de l'Empereur. En l'absence du secrétaire du portefeuille l'Empereur dicte de préférence à celui que l'ordre concerne lorsqu'il est présent dans le cabinet. Celui qui a écrit met au net lui-même la dictée que l'Empereur lui a faite,

1. Le décret du 3 février 1806, Palais des Tuileries, fixe le service du cabinet de l'Empereur:

« Le secrétaire du portefeuille présente seul à la signature de l'Empereur toute lettre ou note que S. M. aurait dictée; toutes les expéditions sont faites par lui; il expédie tous les courriers. — Il entre seul dans le cabinet de l'Empereur; il a seul les clefs du bureau et du portefeuille de l'Empereur...

« M. Deschamps, secrétaire des commandements de l'Impératrice, est rapporteur des pétitions et chargé de la mise en ordre et réduction des matériaux relatifs à l'histoire des campagnes de l'Empereur. Il écrit aussi sous sa dictée... (Il ne paraît pas accompagner l'Empereur à l'armée.)

« L'archiviste du cabinet reçoit des mains du secrétaire du portefeuille toutes les pièces du travail de l'Empereur qui ont été répondues; il les classe et les met en ordre. — Il met au net les minutes dont il est dépositaire. — Tous les papiers, minutes, copies, etc., ne peuvent être remis à l'archiviste que par le secrétaire du portefeuille.....

« Le secrétaire du portefeuille ne peut s'absenter qu'avec la permission de l'Empereur; et alors il laisse sur le bureau de l'Empereur une note indiquant l'heure de son retour et remet la clef du bureau au garde du portefeuille qui est de service. Mais, lorsqu'il s'absente, n'importe à quelle heure du jour ou de la nuit que ce soit, il pourvoit à ce que, soit le rapporteur des pétitions, soit l'archiviste, reste et soit en état de répondre à l'Empereur. — Dans ce cas, celui qui reste de garde se tient dans la pièce la plus voisine du cabinet de l'Empereur.

« Si, en l'absence du secrétaire du portefeuille, l'Empereur dicte quelque lettre ou note ou fait expédier quelque travail, la minute, si ce travail a été expédié avant son retour, et la minute et la copie, si le travail n'a pas encore été expédié, sont remises au secrétaire du portefeuille aussitôt son arrivée.

« Le secrétaire du portefeuille, l'archiviste du cabinet et le rapporteur des pétitions sont logés dans le palais le plus près possible de leur service. Ils ont une table commune..... »

En 1813 MM. Fain et Mounier étaient secrétaires du cabinet, sous leurs ordres deux premiers commis du cabinet MM. Prévost et Jouanne. — M. Bacler d'Albe, qui était seul ingénieur au cabinet de l'Empereur en 1806, avait eu 1812 auprès de lui 2 capitaines ingénieurs géographes, MM. Duvivier et Lameau.

ordre ou note, et la lui remet aussitôt[1]. En raison de la rapidité avec laquelle l'Empereur dictait, il eût été impossible à qui que ce fût, autre que celui qui avait écrit, de pouvoir mettre au net les ordres dictés par l'Empereur.

Les dictées et les minutes mises au net sont écrites à mi-marge sur du papier format grand aigle[2]; elles portent en tête l'indication du destinataire: *Au Major général, au maréchal Soult.* — Dans la marge le secrétaire indique le lieu, la date, l'heure, et souvent le sommaire des objets contenus dans la dépêche. Il ajoute le nom de l'officier ou du courrier porteur de la dépêche et l'heure de son départ.

Les expéditions faites sur du papier format petit aigle sont écrites sans marge et présentées à la signature de l'Empereur.

L'archiviste tient chaque jour une feuille de travail numérotée contenant le sommaire des dépêches expédiées dans le jour par l'Empereur. Ces feuilles de travail portent en tête *Feuille de travail n° 12* et au-dessous la date *A Ebersdorf le 10 octobre 1806*, sont écrites à mi-marge et constituent l'enregistrement de l'expédition du travail de l'Empereur. L'archiviste inscrit sur la feuille le nom des officiers ou des courriers chargés des dépêches et l'heure de leur départ. — Lorsque l'Empereur change de résidence et qu'il travaille deux fois dans la journée, la même feuille sert pour toute la journée avec indication de la nouvelle résidence et de l'heure. *Schleiz, même jour, 6 heures du soir.*

---

1. L'EMPEREUR AU MARÉCHAL BERTHIER.

Saint-Cloud, 18 fructidor an XIII (5 septembre 1805).

Je vous ai demandé la copie des lettres que vous avez écrites au maréchal Bernadotte et au maréchal Marmont; vous ne m'envoyez que celles du 10. Faute de ces copies il m'est impossible de donner d'autres ordres. Je vous ai dit, une fois pour toutes, de me renvoyer la copie de tous les ordres que je vous dictais..... Envoyez-moi les lettres au maréchal Bernadotte; ce sont choses que j'ai besoin de consulter deux fois par jour.

2. Format grand aigle $\frac{0,320}{0,195}$; petit aigle $\frac{0,230}{0,185}$.

Journal tenu au cabinet pendant la campagne de S. M. contre la Prusse.

Septembre. 25. — S. M. est partie de Saint-Cloud le 25 à 4 heures et demie du matin. — Déjeuner à la Ferté-sous-Jouarre. — Dîner à Châlons.

26. — Déjeuner à Mars-la-Tour. — Souper à Metz où S. M. est restée depuis 2 heures de l'après-midi jusqu'à 10 heures du soir. (Feuille de travail n° 1.)

27. — Déjeuner à Sarrebruck. — Souper à Kaiserslautern.

28. — Déjeuner à Oppenheim. — Arrivée à Mayence à midi. (Feuille de travail n° 2.)

29. — Séjour à Mayence. (Feuille de travail n° 3.)

30. — Séjour à Mayence. (Feuille de travail n° 4.)

Octobre. 1er. — (Feuille de travail n° 5.) — Départ de Mayence à 10 heures du soir.

2. — Déjeuner à Aschaffenburg chez le prince Primat. Arrivée à Würzburg à 6 heures du soir.

3. — Séjour à Würzburg. (Feuille de travail n° 6.)

4. — Séjour à Würzburg. (Feuille de travail n° 7.).

5. — Séjour à Würzburg. (Feuille de travail n° 8.)

6. — Départ de Würzburg à 3 heures du matin. — Déjeuner à Burgwenheim. — Arrivée à Bamberg à 1 heure après midi. (Feuille de travail n° 9.)

7. — Séjour à Bamberg. (Feuille de travail n° 10.)

8. — Départ de Bamberg à 4 heures du matin. — Arrivée à Kronach à 10 heures et demie du matin. (Feuille de travail n° 11.)

9. — Départ de Kronach à 3 heures du matin. — Déjeuner à Nordhalben. — Coucher à Ebersdorf. — Combat de Schleiz.

10. — Départ d'Ebersdorf à 11 heures du matin. — Coucher à Schleiz. (Feuille de travail n° 12.) — Combat de Saalfeld.

11. — Départ de Schleiz à 6 heures du matin. — Coucher à Auma.

12. — (Feuille de travail n° 13.) — Départ d'Auma à 9 heures et demie du matin. — Coucher à Gera.

13. — (Feuille de travail n° 14.) — Départ de Gera à 9 heures du matin. — Coucher au bivouac en avant de Iéna. — Les équipages restent à Roda.

14. — Bataille en avant de Iéna. — Coucher à Iéna.

15. — Départ de Iéna à 1 heure après midi. (Feuille de travail n° 15.) — Coucher à Weimar au palais des Ducs.

16. — Séjour à Weimar. (Feuille de travail n° 16.)

17. — Départ de Weimar à midi. — (Feuille de travail n° 17.) Coucher à Naumburg. — Combat de Halle.

18. — Départ de Naumburg à midi. — (Feuille de travail n° 18.) Coucher à Merseburg.

19. — Départ de Merseburg à 1 heure et demie après midi. — Arrivée à Halle à 3 heures après midi. (Feuille de travail n° 19.)

20. — Séjour à Halle. (Feuille de travail n° 20.)

21. — Départ de Halle à 10 heures du matin. — Arrivée à Dessau à 2 heures après midi.

22. — Départ de Dessau à 10 heures du matin. — Coucher à Wittenberg. (Feuille de travail n° 21.)

23. — Départ de Wittenberg à 3 heures après midi. — Coucher au village de Kropstädt à 3 lieues en avant. (Feuille de travail n° 22.)

24. — Départ de Kropstädt à 5 heures et demie du matin. — Arrivée et coucher à Potsdam. (Feuille de travail n° 23.)

25. — Séjour à Potsdam. — Capitulation de Spandau. Entrée du maréchal Davout à Berlin. (Feuille de travail n° 24.)

26. — Départ de Potsdam à 1 heure après midi. — Visite à Spandau. — Coucher à Charlottenburg. Combat de Zehdenick. (Feuille de travail n° 25.)

27. — Entrée de S. M. à Berlin à 2 heures après midi.

28. — Séjour à Berlin. Capitulation de Hohenlohe. (Feuille de travail n° 26.)

29. — Séjour à Berlin. Capitulation des ville et forts de Stettin. (Feuille de travail n° 27.)

30. — Séjour à Berlin. (Feuille de travail n° 28.)

31. — Séjour à Berlin. (Feuille de travail n° 29.)

Le journal continue avec une feuille de travail chaque jour[1]. — Le 14 novembre feuille de travail n° 43.

---

1. 9 novembre. Feuille de travail n° 38. Ordre au Major général pour l'envoi de 4 adjoints auprès du maréchal Lannes.
12 — Feuille de travail n° 41. Ordre pour mettre 50,000 fr. pour dépenses secrètes à la disposition du maréchal Davout.

Organisation du Grand État-Major Général[1].

Major général : le prince de NEUCHATEL et VALENGIN.

Généraux employés près de lui : LECAMUS, général de brigade[2]; N. . . . .

Colonels et adjudants commandants : BLEIN colonel du génie, aide-major général ; BAILLY DE MONTHION adjudant-commandant.

Aides de camp titulaires : BRUYÈRES colonel; GIRARDIN, COLBERT chefs d'escadron ; LAGRANGE, MONTHOLON, Louis PÉRIGORD capitaines.

Aides de camp surnuméraires : CANOUVILLE, Edmond PÉRIGORD, DE NOAILLES, LEBRUN lieutenants.

Aides de camp adjoints : LEJEUNE chef de bataillon; SIMONIN, MARIN capitaines.

Chargés de la topographie de campagne près le Major général : BEAULIEU, BERLIER capitaines.

Employé comme ordonnance près le Major général : M. BRUN, de la garde d'honneur de NEUCHATEL.

Officiers bavarois : D'AUBERT, POCCI lieutenants-colonels.

Officiers de Würtemberg : Baron DE HÜGEL major; DE SPITZENBERG chef d'escadron.

Officier de Bade : Général-major DE HARANDT.

Officier de Hesse-Darmstadt : DE MORANVILLE major, aide de camp du Grand-duc.

Bureaux du Major général.

Secrétaire intime faisant fonctions de caissier particulier du Major général : LE DUC commissaire des guerres.

Employés : MARIN capitaine ; GUILLABERT commissaire adjoint.

Chef de la comptabilité et administration intérieure du Major général : DUFRESNE sous-inspecteur aux revues. — Près de M. DUFRESNE : MAQUART, adjoint aux commissaires des guerres.

---

1. L'état-major général de la Grande Armée avait déjà fonctionné pendant la campagne de l'an XIV. Le maréchal Berthier arrêtait l'organisation de l'état-major général d'après l'expérience qu'il avait acquise depuis 10 ans, du travail de l'Empereur. — Cette organisation sera maintenue jusqu'en 1814, sauf quelques modifications de détail.

2. Le général Lecamus, absent, était commissaire général en Würtemberg pour effectuer la remise des pays cédés au roi de Würtemberg par les dispositions du traité conclu à Paris le 12 juillet 1806. — Il n'a pas encore rejoint le 30 octobre.

Nota. — Toutes les dépenses intérieures du Major général seront payées par le caissier quand elles seront revêtues du visa du chef de la comptabilité qui devra constater la nature des dépenses et désigner les fonds sur lesquels elles seront imputées.

Chef du bureau du mouvement des troupes : SALAMON capitaine en retraite.

Sous-chef : M. CHAPUY.

Employés : M. FAVIERS, chargé du personnel sous la direction de M. Dufresne; M. LATRAN, M. BOVERAT, M. X. SALAMON.

Partie secrète, correspondance des Maréchaux, reconnaissances, etc. : Colonel BLEIN.

Le colonel BLEIN chargé de ce service aura un employé près de lui, M. RIVES.

Aide-major général chef de l'état-major général : ANDRÉOSSY, général de division.

Généraux :. . . .

Adjudants-commandants et colonels : ROMEUF [1], CHEVALIER [2], PASSINGES, AXAMITOWSKI.

Chefs de bataillon ou d'escadron : PILLET, BOUCHARD [3], LAVENANT [4], POCHOLLE [5], GRUNDLER [6], BIDAT, JUNGE [7].

Adjoints : CHATEAU, TRICARD, BOLESTA, DIENY, VAUQUELIN, NIEPCE, CHALOT capitaines ;
KERKOWSKI, FAVEREAU [8], SARRASIN [9], CHANCEL lieut[ts];
STANOWSKI, OZLESKI sous-lieutenants polonais.

Commandant la force armée : le colonel LAUER.

Vaguemestre général : le colonel WOLFF. — Adjoints: BARBIER capitaine, près l'état-major général ; — Philippe RIÉGERT lieutenant du train, près le Major général.

M. le général Andréossy distribuera entre les généraux et adjudants commandants le service relatif à la police, à l'établissement du quar-

1. Romeuf, passé au 8e corps, tableau du personnel du 30 octobre.

2. Chevalier, ex-commissaire général à Sigmaringen, n'a pas encore rejoint le 30 octobre.

3. Bouchard, commandant de place à Iéna, rentrera aussitôt qu'il n'y aura plus de blessés dans cette place.

4. Lavenant, ex-commandant à Schleiz, a l'ordre de rejoindre, tableau du 30 octobre.

5. Pocholle, ex-commandant à Kronach, a l'ordre de rejoindre.

6. Grundler, à la disposition du général Clarke à Erfurt.

7. Junge, adjudant de place à Würzburg, a l'ordre de rejoindre.

8. Favereau, ex-commandant à Adelsheim, a l'ordre de rejoindre.

9. Sarrasin, ex-adjudant de place à Würzburg.

tier-général, à la correspondance et à tous les objets qui lui seront renvoyés par le Major général, à l'emplacement et à la direction des troupes dans leurs marches, à des reconnaissances, etc.

Il réglera l'ordre du service des adjoints de l'état-major, tant dans les bureaux que pour l'expédition des ordres qu'il aura à transmettre directement ou qui lui seront envoyés par le Major général, de manière qu'il y ait toujours 2 officiers prêts à partir dont l'un sera un officier supérieur. Ces 2 officiers devront suivre le Major général dans les mouvements et sur le champ de bataille afin de transmettre ses ordres immédiatement.

Bureaux de l'État-major général.

1re division. — HASTREL adjt-commt, chef. — Adjoints: FOURN chef de bataillon; — CRESSENT[1], MARTEVILLE[2], PINTHON capnes.

Ce bureau sera chargé de la surveillance générale du travail, des ordres du jour, mots d'ordre, expédition des ordres, lettres et paquets, de l'ordre de service des officiers, des mouvements, des états et situations, des renseignements, des commandants de place et de la correspondance générale.

2e division. — PETIET adjt-commt, chef. — Adjoints: VERDUN, DUCOUDRAS, capnes.

Ce bureau sera chargé du logement du grand quartier général, de la police et de la gendarmerie, des subsistances et des distributions, des hôpitaux.

3e division. — BŒRNER[3] adjt-commt, chef. — Adjoints : SALLEY, THOMAS capnes.

Ce bureau est chargé du travail relatif aux prisonniers de guerre et déserteurs et aux réquisitionnaires et conscrits, des conseils de guerre des lois et arrêtés du Gouvernement.

Au moyen de cette organisation, l'état-major général pourra, pendant toute la campagne, répondre à toutes les demandes du Major général et exécuter avec promptitude et exactitude les ordres qui seront transmis par lui.

---

1. Cressent, ex-commandant à Rastadt, a l'ordre de rejoindre.
2. Marteville, était employé près le général Lecamus, a l'ordre de rejoindre.
3. Bœrner, ex-sous-commissaire employé près le général Lecamus, a l'ordre de rejoindre; — remplacé dans son service par l'adjudant-commandant Passinges. — M. Bœrner avait été chargé de la conduite des prisonniers de guerre en l'an XIV.

Aide-major général chargé de la partie topographique : Sanson général de brigade ;

Officiers supérieurs : Parigot chef de bataillon ; — Legrand chef de bataillon du génie ; — Guilleminot chef de bataillon.

Ingénieurs-géographes de 1re et de 2e classe : Chabrier, Brousseau, Decastres, Gauthier, Schneider, Lerouge.

M. le général Sanson fera tracer chaque jour un plan général de l'emplacement de l'armée. Il fera lever les positions et champs de bataille immédiatement après le combat et en fera prendre les vues. Il emploiera d'ailleurs tous ses officiers à des renseignements sur les pays et chemins à parcourir par l'armée et à faire les reconnaissances qu'il croira utiles de manière à pouvoir en fournir des extraits au Major général quand il les lui demandera.

Il sera délivré un extrait de la présente organisation aux aides-majors généraux et aux chefs des différents bureaux, chacun pour ce qui les concerne, afin qu'ils aient à s'y conformer.

Arrêté à Würzburg, le 2 octobre 1806.

Le Prince de Neuchâtel, Ministre de la guerre, Major général,
Mal Alex. Berthier.

Le Major général.

Comme Major général le maréchal Berthier est chargé de tous les détails de l'armée qui, ainsi qu'il l'écrit à l'Empereur le 1er octobre 1806, sont immenses dans ce moment où tout est en marche et en action [1].

La fonction principale du Major général est d'expédier les ordres de l'Empereur. Dans tous les livrets de l'armée, depuis la constitution de la Grande Armée, l'énumération des titres du maréchal Berthier est immédiatement suivie de la mention *Expédiant les ordres de l'Empereur.*

L'Empereur donnait tous ses ordres de mouvement et tous les ordres concernant les détails de l'armée par le canal du Major général.

1. La tâche du Major général ne fera qu'augmenter : « Il me restera, comme Major général, autant de travail qu'il me sera possible d'en faire pour expédier les ordres de V. M., donner ceux de mouvement et d'administration, tenir les états de situation, l'organisation, le personnel et enfin faire le service actif de guerre près de V. M., service auquel je suis accoutumé depuis 20 ans, que je ne veux cesser de remplir que quand je ne pourrai plus suivre V. M. ». Rapport du Major général à l'Empereur. Mayence, 19 avril 1813.

Il écrivait souvent directement aux Maréchaux et généraux commandant les corps d'armée et aux chefs de service pour confirmer et expliquer les ordres transmis par le Major général.

L'EMPEREUR AU MARÉCHAL SOULT.

Würzburg, 5 octobre 1806, 11 heures du matin.

Le Major général rédige dans ce moment vos ordres que vous recevrez dans la journée.... [1].

L'EMPEREUR AU GRAND-DUC DE BERG.

Berlin, 28 octobre 1806, midi.

Le Major général a dû vous écrire pour vous faire connaître mes intentions.... [2].

Cette méthode de commandement de l'Empereur est trop connue pour qu'il soit besoin d'insister; elle s'est maintenue pendant toutes les campagnes; les originaux des ordres de l'Empereur au Major général existent pour faire foi. — L'Empereur donnait au Major général des ordres écrits commençant invariablement par ces mots :

Mon Cousin, donnez ordre au Maréchal..... Mon Cousin, donnez ordre à l'Intendant général..... Écrivez au Maréchal.....

Et terminés par cette phrase : *Sur ce, je prie Dieu qu'il vous ait en sa sainte garde,* et la date.

L'Empereur écrivait aussi très-souvent au Major général sous forme de *Notes.*

Ces ordres et ces notes sont de la main de M. Meneval, de M. Fain, de M. Mounier, secrétaires de l'Empereur; mais on en trouve aussi écrites sous la dictée [3] de l'Empereur par le général Duroc, par les aides de camp, par le Major général, par M. Daru, plus tard par le premier officier d'ordonnance. L'Empereur signe de son N.

---

1. Voir *Iéna* page 316 et l'ordre de mouvement page 328.
2. Voir page 451 et l'ordre de mouvement page 450.
3. Tous les ordres dictés par l'Empereur lui étaient présentés au net par celui qui les avait écrits sous la dictée.

LE MAJOR GÉNÉRAL A L'EMPEREUR.

Dresde, 9 août 1813.

J'ai l'honneur d'adresser à V. M. la mise au net des ordres qu'elle m'a dictés....

« Selon que l'ordre concernait une ou plusieurs branches de « service, soit mouvement de troupes, soit dispositions administra- « tives, dit M. Denniée [1], le Prince, après en avoir pris connaissance, « le remettait à l'un de nous; celui-ci expédiait et soulignait [2] la « partie de l'ordre qui se rattachait à la spécialité dont il était « chargé, puis ensuite le remettait à son voisin qui en complétait la « transmission en ne faisant subir aux ordres de l'Empereur que « cette unique inversion : *M. le Maréchal, l'Empereur ordonne.....* « *M. l'Intendant général, l'Empereur ordonne.....* »

Le Major général employait aussi les expressions: *L'intention de l'Empereur, M. le Maréchal, est que..... L'Empereur, mon Prince, me charge de vous dire.....*

Les ordres ainsi expédiés portaient en tête l'indication de la personne à laquelle ils étaient adressés, à la fin le lieu, la date et l'heure, s'il y avait nécessité, et se terminaient sans aucune formule depolitesse [3].

A S. A. I. LE GRAND-DUC DE BERG.

L'Empereur, Prince, ordonne que la division Grouchy.....

Le Prince de Neuchâtel, Major général,

Mal Alex. Berthier.

Au bivouac de Deppen,
le 7 juin 1807, à 11 heures du soir.

« Les ordres ainsi expédiés [4], continue M. Denniée, étaient remis « au Prince qui ne les signait jamais sans les avoir collationnés.

« Néanmoins il arrivait parfois pendant les marches que l'Empe- « reur donnait des ordres verbaux au Major général; dans ces cir- « constances le Prince les dictait soit à un de ses aides de camp

1. *Itinéraire de l'Empereur Napoléon pendant la campagne de 1812*, par M. Denniée fils, inspecteur aux revues, qui faisait partie du cabinet du Major général.

2. Beaucoup d'ordres originaux de l'Empereur au Major général sont en effet soulignés.

3. A moins que la longueur de l'ordre ne l'exigeât, on ne se servait que d'une seule feuille de papier de petit format.

4. La mention *Expédié le.....* est toujours portée sur l'ordre original de l'Empereur; lorsque l'importance de l'ordre le nécessite, on ajoute l'heure et même le nom de l'officier chargé de porter l'ordre. M..... parti à..... — A partir de 1812, pendant les périodes d'opérations, le nom de l'officier est toujours inscrit sur le registre de correspondance avec les Maréchaux.

« soit le plus souvent à moi-même; mais arrivé au quartier général, « ces ordres verbaux étaient toujours confirmés par des ordres « écrits [1] plus explicites que les premiers.

« Ainsi l'Empereur seul imprimait le mouvement, seul il donnait « la direction à tous les services; car telle était l'application de ce « vaste génie que l'histoire de ses campagnes est tout entière dans « sa correspondance avec le Major général [2].

« Le prince de Neuchâtel était en campagne inséparable de « l'Empereur; son habitation personnelle était toujours sous le « même toit, quelque vaste ou quelque exigu que pût être le châ- « teau ou la chaumière. L'Empereur faisait des apparitions assez « fréquentes dans le cabinet du Prince et n'en sortait jamais sans « donner un signe de bienveillance à l'un de nous; le silence le « plus absolu y était observé, et l'entrée en était même interdite aux « aides de camp du Prince [3]; la moindre infraction à cet ordre aurait « excité d'une manière d'autant plus vive son mécontentement qu'il « ne pardonnait ni la curiosité ni l'indiscrétion.

« Le Prince n'admettait près de lui qu'un très-petit nombre de « personnes [4]; elles devaient suffire et suffisaient à la transmission « des ordres de l'Empereur. »

---

1. L'ordre écrit était une règle de la part du commandement. J'ai trouvé sur un registre du maréchal Augereau la lettre suivante adressée au général Pannetier, son chef d'état-major.

Coburg, 10 octobre 1806.

Pour la régularité, M. le Général, je vous envoie par écrit les ordres que je vous ai donnés verbalement cet après-midi.

Le général Thiébault recommande aux chefs d'état-major d'avoir un carnet sur lequel les généraux commandant signent les ordres qu'ils donnent à expédier à leurs chefs d'état-major. — Le chef d'état-major aura toujours le carnet sur lui pour que le général puisse le consulter si la mémoire vient à lui faire défaut.

2. Un grand nombre d'ordres de l'Empereur au Major général ou à d'autres personnes n'ont pas été publiés dans la Correspondance, soit que l'on ait jugé ces ordres trop peu importants, soit que l'on ait voulu éviter des répétitions.

3. Les aides de camp se tenaient dans le salon de service. (*Souvenirs du général Lejeune.*)

4. L'état d'organisation de l'état-major général au 2 octobre 1806 donne 13 personnes employées dans les bureaux du Major général. Pendant la suite des campagnes, ce personnel est resté stationnaire et a même diminué. Le 1er août 1813 il était de 10 personnes, dont 6 nous sont déjà connues :

MM. Dufresne, Dennié fils inspecteurs aux revues.
Le Duc commissaire ordonnateur; — Guillabert commissaire des guerres.
Salamon, capitaine adjoint, chargé du mouvement des troupes.
Latran, Lechantre, Belle, Riancey, Huguet commissaires des guerres adjoints.

Les employés du cabinet du Major général sont des non-combattants ou des civils[1].

Le colonel Blein, aide-major général, ne semble compris dans le cabinet du Major général que pour la partie secrète, le classement des reconnaissances et de la correspondance des Maréchaux; il va d'ailleurs disparaître au commencement de novembre, envoyé en mission auprès du prince Jérôme en Silésie pour diriger le génie dans les sièges; il comptera désormais à l'état-major du génie.

J'insiste sur la qualité de civils ou de non-combattants de toutes les personnes employées dans le cabinet du Major général, car j'estime que les officiers ne sont pas propres à ce service, extrêmement important mais peu brillant, d'expédition, d'enregistrement, de détails de correspondance, à cette assiduité dans un bureau, à cette abnégation de tous les instants qui, en supprimant toute volonté, abaissent les caractères et ne sont propres qu'à faire des hommes de second plan. L'officier qui a choisi la carrière des armes, a besoin d'activité et de mouvement ; il aspire à commander ; il ne consent à faire un service sédentaire que lorsqu'il se sent fatigué. Le service du cabinet du Major général était extrêmement astreignant. Le Prince savait ce qu'il pouvait exiger de non-combattants obscurs dont il était le seul protecteur. Tous le considéraient comme leur bienfaiteur[2].

Est-ce à dire qu'on ne trouvera plus à l'avenir de ces serviteurs modestes et dévoués ? La race n'en est pas éteinte, mais les grandes situations savent seules inspirer ces dévouements discrets, comme seules aussi elles sont à même de les récompenser.

M. Le Duc, secrétaire intime, est chargé de toute la correspondance particulière du Prince, de la conservation des archives et de la caisse de l'état-major général. Ce commissaire des guerres a avec lui un commissaire adjoint, M. Guillabert, et tous deux seront encore dans ces mêmes fonctions au cabinet en 1812, mais l'un et l'autre

---

1. C'est pour cela qu'en route le Major général dicte les ordres plus souvent à M. Dennièe fils, inspecteur aux revues, employé en 1812 au cabinet, qui suit à cheval, plutôt même qu'à un aide de camp. Si l'ordre écrit doit être porté de suite par un aide de camp, c'est cet officier qui l'écrit sous la dictée; mais si l'ordre doit être expédié par le cabinet lorsqu'on ouvrira les portefeuilles, c'est l'employé du cabinet qui l'écrit. Les aides de camp ont leur travail de missions; ils n'entrent pas dans le cabinet.

2. Il les a tous élevés. De simples employés, de simples commis, il a fait en 1813 des commissaires des guerres adjoints. Le travail n'a pas changé dans le cabinet du Major général. Mais la récompense est venue comme prix du travail accompli. — Ce n'est pas que je veuille voir ressusciter le passé. Loin de moi de pleurer ce qui a vécu. Mon travail n'a qu'un but : montrer comment la machine fonctionnait à une époque où un grand capitaine a fait de grandes choses. A chacun d'en tirer le parti qui lui convient.

de rang plus élevé, M. Le Duc comme commissaire ordonnateur, M. Guillabert comme commissaire des guerres. Cet avancement est la récompense de leur dévouement.

Comme Ministre de la guerre et comme Major général, le Maréchal dispose de fonds dont il a l'ordonnancement[1]; il délègue d'après les ordres de l'Empereur soit aux Maréchaux, soit aux chefs de service. Il renvoie toutes les demandes de fonds à l'examen de M. Dufresne, chef de la comptabilité, qui le met à même de prononcer[2]. Cette comptabilité[3] est considérable et demande une correspondance suivie ainsi que la production continuelle de notes et d'états de justification. M. Dufresne est chargé de toute la correspondance concernant les fonds (crédits, solde, etc.) avec le Ministre de la guerre, le Ministre directeur, l'Intendant général, les chefs de service, le Payeur général, le Receveur général des contributions.

M. Dufresne est également chargé du personnel de l'armée (personnel des corps et personnel des états-majors), ayant un employé sous ses ordres. Par personnel il faut entendre toutes les questions concernant le personnel (promotions, décorations, retraites, etc., décrets, expéditions de décret, lettres de service, lettres d'avis, etc., correspondance avec le Ministre de la guerre) qui résultaient des revues passées par l'Empereur, des demandes des Maréchaux, questions que le Major général traite complètement comme Ministre de

---

1. M. Dufresne fera une ordonnance de la somme de trois mille francs au profit du général de division Morand et une de six mille francs au profit du général de division Gazan pour dépenses secrètes.

Finkenstein, le 4 avril 1807.
Le Major général,
M[al] Alex. Berthier.

Cette somme sera payée en or à M. Le Duc qui en a fait l'avance par mon ordre.

B.

2. NOTE POUR S. A. 1807.

Le général Bourcier fait la demande d'un nouveau crédit, le dernier de 30,000 fr. qui lui a été accordé, étant épuisé.

Sur une demande de 400,000 fr. qui a été, dans le budget du mois de juin, destinée aux dépenses imprévues de l'administration, V. A. n'a encore disposé que de 203,000 fr. ; il reste donc 197,000 fr. sur laquelle somme j'ai l'honneur de proposer à V. A. d'accorder un nouveau crédit au général Bourcier par l'intermédiaire de M. l'Intendant général, afin que toutes les dépenses de l'administration soient réunies dans la comptabilité de M. Daru.

Approuvé, Dufresne.

B.

3. Sur le *Tableau général du personnel de l'état-major général de la Grande Armée*, cette partie de l'état-major particulier du Major général porte le nom de *Bureau de comptabilité près le Major général*.

la guerre [1] et qui ne constituent pas pour lui un simple travail de transmission. Toute demande soumise à l'Empereur, soit dans une revue, soit dans la correspondance, et sur laquelle il n'a pas prononcé, lui est représentée dans un rapport avec le projet de décret s'il y a lieu, par le Major général ou par les aides de camp. L'Empereur annote le rapport, y porte sa décision [2] ou signe le décret. — M. Dufresne sera encore auprès du Major général en 1812, chargé du personnel des corps; en 1809 il est inspecteur aux revues.

M. Salamon, capitaine en retraite, est chargé du *Mouvement des troupes,* service qu'il a exécuté au cabinet du Major général pendant toutes les campagnes de 1805 à 1814 [3].

Par *Mouvement des troupes* il faut entendre tous les ordres de l'Empereur concernant les mouvements, l'expédition des ordres aux Maréchaux, aux chefs de service, aux gouverneurs généraux de province, aux commandants des places de dépôt, aux généraux commandant des corps isolés ou détachés, etc., etc. (minutes, expédition des ordres, avis à toutes les autorités qui doivent connaître les mouvements ordonnés, enregistrement [4]), — la rédaction des ordres con-

---

1. Lorsque le maréchal Berthier a cessé d'être Ministre de la guerre le 9 août 1807, il ne s'est plus occupé du travail des promotions qu'à l'armée où il suppléait le Ministre.

A S. EXC. LE MINISTRE DE LA GUERRE.

Paris, 15 mars 1809.

J'ai l'honneur de vous adresser, M. le Comte, quelques lettres de ma correspondance dont l'objet rentre dans vos attributions. C'est à tort que M. le Maréchal duc d'Auerstädt s'adresse à moi pour demander l'avancement de militaires de son corps d'armée. Je ne me mêle de cela que quand S. M. est présente à l'armée et loin de son Ministre dont alors je suis le chef de division.

Je renouvelle à V. Exc. l'assurance de ma plus haute considération.

Le Vice-Connétable, Major général,

ALEXANDRE.

2. Nombre de pièces concernant des détails (rapports du Major général, notes de mouvement, lettres des Maréchaux ou des chefs de service) sont annotées par l'Empereur lui-même, ou portent sa décision et la date, de la main du secrétaire, avec l'N de l'Empereur.

3. Lors de son départ de Paris, le 31 mars 1809, pour se rendre à Mayence, « le Prince, dit le colonel Lejeune, me prit dans sa voiture avec ses deux « secrétaires, l'excellent baron Le Duc et l'infatigable Salamon, chargé spé- « cialement du mouvement des troupes, et que des blessures graves et une « balle dans la cuisse n'empêchaient pas d'être nuit et jour à son pénible « travail. »

4. La correspondance concernant le *Mouvement des troupes* est enregistrée sur des registres particuliers de 120 feuillets, de $\frac{0,325}{0,210}$, reliés en peau, intitulés *Correspondance avec les Maréchaux* et portant sur la couverture *Major général* nº 1, 2, etc. (une série de registres par campagne). A ces re-

cernant les organisations nouvelles (corps d'armée, divisions, etc.), — les rapports à l'Empereur pour lui faire connaître en détail l'expédition de ses ordres, pour lui demander ses ordres sur les questions soumises au Major général, — les notes extraites de la correspondance des Maréchaux, gouverneurs, commandants d'armes et de provinces, présentées à l'Empereur dans des rapports ou seulement destinées au Major général, — les récapitulations demandées par l'Empereur et présentant l'état de telle ou telle partie d'un service avec l'exécution de ses ordres (distributions d'armes, de souliers, de chemises, de subsistances [1], — état des troupes rejoignant l'armée avec l'indication de leur emplacement à un jour déterminé, état des troupes fournies par les princes de la Confédération du Rhin, etc., etc.), — l'envoi au ministère à Paris de tout le travail qui lui est destiné (décrets, ampliations, états de situation pour la rédaction du livret de l'armée [2], etc.)

Toutes les pièces qui existent encore et la trace de celles qui ont disparu, prouvent la somme de travail qui se faisait chaque jour dans le cabinet du Major général. Un personnel restreint suffisait cependant pour toute cette correspondance, et ce n'était pas toujours travail d'expéditionnaire; le Major général avait besoin d'hommes

---

gistres est jointe la collection des ordres de l'Empereur au Major général qui ont servi de minutes pour l'expédition faite par le Prince.

La correspondance concernant *les détails de l'armée* est enregistrée sommairement sur des *répertoires d'ordres*, cahiers de papier non reliés. — A ces répertoires est jointe la collection des minutes des rapports à l'Empereur ou des ordres de détail lorsqu'en raison de l'importance du rapport ou de la dépêche M. Salamon a jugé nécessaire ou a reçu l'ordre de faire une minute et de la soumettre au Prince avant de présenter l'expédition à sa signature. — Du mois de décembre 1806 au mois d'avril 1807 on avait fait au cabinet un cahier d'enregistrement des ordres de détail sur lequel on les transcrivait dans leur entier, mais on semble avoir renoncé à ce genre d'enregistrement pour cette partie et y avoir substitué la collection des minutes. Les feuillets de ce registre existent. — L'examen de ces pièces et de ces registres pendant les diverses campagnes est la base de mes observations.

M. Salamon ne faisait pas l'enregistrement lui-même; mais il marquait sur le registre le nom de l'officier porteur de l'ordre ainsi que l'heure de son départ.

1. Cette partie qui était traitée en 1806 au cabinet du Major général par M. Salamon, passa par la suite à M. Daru, qui travaillait avec l'Empereur comme Intendant général, comme Ministre secrétaire d'État, puis plus tard comme Directeur de l'administration de l'armée.

2. Pendant toutes les campagnes il existe beaucoup de *Notes* adressées par M. Latran à M. Gérard, chef de la 3e division du ministère, mouvement des troupes, pour lui faire connaître les promotions, les mutations dans le personnel de l'armée, les changements apportés par l'Empereur dans l'organisation de l'armée, et pour lui permettre de faire rédiger le livret de situation destiné à l'Empereur.

instruits et capables, ainsi que le prouve la lettre suivante à M. Denniée, secrétaire général du ministère de la guerre.

Finkenstein, 11 mai 1807.

Il me devient très-important, M. Denniée, d'avoir près de moi un homme fort et capable de prendre l'initiative sur les objets dont je peux le charger : enfin un homme d'esprit, instruit et par conséquent propre à tout. Je préférerais quelqu'un du bureau de l'Inspection [1]. D'après les renseignements que j'ai pris, il paraît que M. Rouillard a du mérite. En général je désirerais que la personne que vous m'enverrez fût au fait de l'inspection et de l'organisation ; enfin sans aucun égard ni aucune considération, envoyez-moi un homme des plus capables de mes bureaux : il se munirait d'une collection des lois les plus nécessaires ; il pourrait aussi être chargé du travail des ministres adressé à M. Maret : au reste cela ne doit pas le retenir et je préfère qu'il parte en poste et promptement.

Si vous connaissiez encore dans mes bureaux quelqu'un de très-fort pour l'administration, envoyez-le-moi aussi, en poste. Deux personnes ne seraient pas de trop, mais je vous le répète, ce ne sont pas des expéditionnaires ni des copistes qu'il me faut : je veux des hommes qui rédigent bien, qui soient capables de faire des rapports dans le cas d'être livrés à l'impression. Faites-moi donc un bon choix pour les deux personnes que je vous demande.

Je vous salue avec considération.

Le Ministre de la guerre, Prince de Neuchâtel,
M^al^ Alex. Berthier.

Les Maréchaux et les généraux commandant les corps d'armée, les gouverneurs, les commandants de place, les chefs de service, adressaient leurs rapports et leurs demandes au Major général, qui les présentait à l'Empereur ; ils écrivaient en outre directement à l'Empereur lorsqu'il leur avait écrit ou lorsqu'ils le jugeaient nécessaire, mais cette correspondance directe ne les dispensait pas des comptes rendus détaillés au Major général. Les maréchaux Bernadotte, Soult, Lefebvre adressaient souvent à l'Empereur et au Major général le même rapport dont le protocole seul variait. Les rapports concernant les opérations ou contenant des renseignements sur l'ennemi, même ceux adressés au Major général, étaient annotés en tête, en travers, par le secrétaire de l'Empereur qui mettait la date, si elle se trouvait

1. C'est la place qu'a tenue plus tard M. Denniée fils, inspecteur aux revues.

à la fin [1], ou soulignait le jour lorsque la date était en tête, indiquait le signataire et résumait en deux lignes le contenu du rapport. Les rapports adressés au Major général lui étaient rendus lorsque l'Empereur n'en avait plus besoin ; ceux qui étaient adressés directement à l'Empereur étaient classés dans les archives de son cabinet. — L'Empereur inscrivait quelquefois un ordre ou une décision en tête des rapports ; le plus souvent il le faisait écrire par son secrétaire ou même par le Major général et signait. Le Major général inscrivait aussi sur les rapports les ordres de l'Empereur qui servaient à ses secrétaires à rédiger les ordres. Le Prince indiquait souvent sur la pièce celui de ses secrétaires que l'affaire concernait : M. Salamon, M. Dufresne.

La correspondance par le canal du Major général est de l'essence de l'organisation de la Grande Armée [2].

L'EMPEREUR AU GRAND-DUC DE BERG.

Posen, 14 décembre 1806, 2 heures après midi.

L'aide de camp du Major général, M. Lejeune, arrive et m'apporte votre lettre du 11 à 10 heures du soir. Je suis fâché de n'y voir pas

1. Il paraît donc indispensable, comme règle de correspondance militaire, de mettre toujours la date et l'heure en tête du rapport. — Si le rapport a été interrompu, on met à la fin, en signant, l'heure à laquelle il est terminé. — Enfin l'officier qui reçoit un ordre ou un rapport doit indiquer aussitôt en tête la date du jour et l'heure à laquelle il le reçoit, et plus tard il doit ajouter la date de la réponse et même le sommaire de cette réponse. — On ne peut exiger qu'un Chef d'armée se livre lui-même à ces détails, mais les généraux ont auprès d'eux des officiers et des secrétaires dont c'est le service. Il faut de l'ordre dans la correspondance ; ces détails prennent très peu de temps et peuvent avoir leur importance. — Le général Molitor et le général Mathieu Dumas annotaient ainsi tous les ordres et rapports qu'ils recevaient. — Quand on lit les rapports du passé, on regrette souvent de ne pas trouver sur les pièces l'indication de la date et de l'heure auxquelles elles sont parvenues à l'Empereur.

2. Lorsqu'un général était nommé à un commandement en chef, il recevait l'ordre, en conséquence de son commandement, d'avoir à correspondre directement et journellement dans le plus grand détail avec le Major général, indépendamment des comptes qu'il devait rendre au Maréchal ou au général sous les ordres duquel il pouvait se trouver d'une façon constante ou seulement temporaire.

L'EMPEREUR AU DUC DE PADOUE, COMMANDANT LE 3e CORPS DE CAVALERIE.

Dresde, 18 août 1813.

..... Aidez le Maréchal de vos lumières et soutenez-le de tout votre zèle... Il est nécessaire que vous fassiez tous les jours votre rapport au Major géné-

le rapport du maréchal Davout[1]. Les généraux ne correspondent plus avec moi par le canal du Major général; cela me fait de la peine; cela est de l'essence de l'organisation de la Grande Armée; car vos lettres qui sont d'ailleurs remplies de beaucoup de choses, ne m'apprennent pas tout ce qu'il m'importe de savoir, ce que je trouverai dans les rapports de détails. Par exemple je ne sais pas sur quelle rive de la Wkra se trouve la tête de pont, si c'est sur la rive droite ou sur la rive gauche, ou plutôt je ne le sais que parce que M. Lejeune me l'a dit. Je ne sais pas quels sont les régiments qui ont passé la Narew et ont soutenu l'affaire. Tout cela est cependant fort important. Je ne sais pas non plus en quelle force présumée était l'ennemi à l'attaque du village. J'aurais su tout cela dans les rapports du maréchal Davout. Cela est important pour former mon opinion et prendre mon parti.

LE GRAND-DUC DE BERG A L'EMPEREUR.

Varsovie, 17 décembre 1806, 5 heures après midi.

Je reçois les dépêches de V. M. des 13 et 14, 10 heures du matin et 2 heures après midi. Je vois avec peine que V. M. a été contrariée des mouvements rétrogrades des Russes, et qu'elle aurait désiré surtout recevoir, en même temps que mes rapports, ceux de MM. les maréchaux Lannes, Davout et Augereau. Je vous prie d'être bien persuadé que je ne leur ai point donné l'ordre de cesser de correspondre avec M. le Major général, et que j'ai dû penser que cette correspondance existait toujours, puisque souvent j'ai reçu des dépêches de M. le Major général pour eux, et que souvent ils m'en ont adressé pour le Major général. Quant à mes rapports à V. M., ils ont toujours été basés sur ceux de MM. les Maréchaux, et je ne croyais pas faire quelque chose de conforme à vos désirs en vous

---

ral sur tout ce qui se passe. — Vous êtes entièrement sous les ordres du duc de Reggio, et vous devez aussi rendre directement compte des événements à l'État-major de cette armée.

Lorsque l'Empereur n'était pas présent, les généraux commandant les corps d'armée profitaient de cette correspondance directe avec le Major général pour se dérober à l'autorité du Commandant supérieur. — Le maréchal Ney qui avait donné le mauvais exemple à l'armée de Portugal en 1811, subit lui-même en 1813 après la bataille de Dennewitz les funestes effets de cette indiscipline.

1. Le grand-duc de Berg était Lieutenant de l'Empereur et avait le commandement supérieur en l'absence de l'Empereur. Les Maréchaux correspondaient donc avec lui, pensant qu'il transmettait leurs rapports originaux.

adressant les originaux, c'est-à-dire un tas de papiers qui n'auraient été que la répétition de ce que j'avais l'honneur de vous mander.

J'ai rendu compte régulièrement à V. M. des mouvements de l'ennemi; jusqu'à ce jour tous mes rapports se sont trouvés fondés. Pour mettre V. M. à portée d'en juger, je lui adresse tous les rapports des Maréchaux; vous verrez qu'ils sont bien loin de contenir les détails dans lesquels je suis entré moi-même. A l'avenir je les joindrai tous à mes dépêches, malgré que je leur aie écrit de faire de leur côté leur rapport directement à M. le Major général. J'espère que par ce moyen V. M. n'aura plus rien à désirer pour cet objet....

LE MARÉCHAL DAVOUT AU GRAND-DUC DE BERG.

Jablonna, 17 décembre 1806.

...J'ai reçu une lettre du prince de Neuchâtel en date du 14 décembre[1]; il se plaint de ce que je ne lui ai pas adressé le double des rapports sur ce qui se passait au corps d'armée et de tout ce que je savais sur les mouvements de l'ennemi. Il doit y avoir un malentendu puisque vous m'avez donné l'assurance que vous lui adressiez les rapports originaux que je vous transmettais sur ce dernier article. J'ai l'honneur de vous prier, en conséquence, de vouloir bien me disculper sur cet objet. Quant au premier, à l'avenir, j'enverrai le double des rapports généraux, et même, pour ce qui concerne ce que je sais des mouvements de l'ennemi, je l'enverrai sous cachet volant, afin que vous puissiez en prendre connaissance, n'ayant pas le temps de faire des écritures ...

LE MARÉCHAL AUGEREAU AU MAJOR GÉNÉRAL.

Kazun, 18 décembre 1806.

Monseigneur, j'étais dans la persuasion que S. A. le grand-duc de Berg transmettait à V. A. la situation, les mouvements et les rapports des divers corps d'armée qu'il commande. J'ai mis la plus grande exactitude à les lui adresser, et j'ai correspondu journellement avec S. A. depuis que j'ai l'honneur d'être sous ses ordres, comme je le faisais précédemment avec vous, Monseigneur, croyant fermement que telles étaient vos intentions. V. A. sera dans un moment au cours de tout ce qui s'est passé au 7e corps depuis que ma correspondance avec elle a été interrompue.....

---

1. Cette lettre n'est pas sur le registre de correspondance avec les Maréchaux; elle n'est pas non plus dans les minutes du Prince.

LE MAJOR GÉNÉRAL AU MARÉCHAL SOULT.

Osterode, 1er mars 1807.

L'Empereur, M. le Maréchal, m'a demandé plusieurs fois la communication de votre correspondance, et comme depuis plusieurs jours je n'ai pas reçu un seul rapport de vous sur les mouvements militaires, S. M. me charge de vous dire que son intention est qu'indépendamment du rapport que vous lui faites directement, d'après les lettres qu'Elle vous adresse elle-même, vous n'en devez pas moins continuer à me faire les mêmes rapports, avec la différence que dans ceux que vous m'adressez, vous devez entrer dans beaucoup plus de détails ; ces rapports, comme vous le sentez, M. le Maréchal, ne me sont pas personnels, car je ne suis rien dans l'armée ; je reçois au nom de l'Empereur les rapports de MM. les Maréchaux et je signe ses ordres pour lui ; ainsi, je suis nul pour ce qui m'est personnel ; mais S. M. exige que des rapports plus détaillés de tout ce qui se passe me soient envoyés ; soit avantage, soit désavantage, rien ne doit être caché à l'Empereur.

Je vous engage donc à vouloir bien me tenir au courant de tout ce qui se passe à votre corps d'armée, ainsi que le font les autres Maréchaux.

Pour ce qui m'est personnel, M. le Maréchal, j'ajouterai qu'il m'est agréable de correspondre avec vous.

« ... *Je ne suis rien dans l'armée ; je reçois au nom de l'Empereur les rapports de MM. les Maréchaux et je signe ses ordres pour lui, ainsi je suis nul pour ce qui m'est personnel.....* » Tel est le rôle effacé du maréchal Berthier, rôle tout de dévouement et d'abnégation, qui est celui de tous les chefs d'état-major et de leurs adjoints, quel que soit leur grade.

État-major particulier du Major général.

Le Major général a auprès de lui, indépendamment de ses aides de camp, des officiers qui lui sont personnellement attachés et qui forment son *État-major particulier* [1].

L'État-major particulier est sous la direction d'un des aides-majors généraux. Le 2 octobre le général Lecamus étant absent, c'est le colonel du génie Blein qui remplit les fonctions d'aide-major géné-

1. L'expression *État-major particulier* est celle dont on se sert dans le *Tableau*

ral chef de l'état-major particulier ; il ne quitte pas le Prince[1]. A la dissolution du 7e corps à la fin de février 1807, le général de brigade Pannetier prend les fonctions d'aide-major général chef de l'état-major particulier, et l'Empereur ordonne qu'il soit de droit, par ses fonctions d'aide-major général, commandant supérieur du quartier général[2]. (Voir *Iéna* page 390.) — Au commencement d'octobre le Major général avait confié les fonctions de commandant supérieur du quartier général au général de brigade Ménard (voir *Iéna* page 390), parce qu'il jugeait nécessaire que ce commandement fût exercé par un officier général.

Les généraux, colonels et adjudants-commandants employés près le Major général sont ses premiers aides de camp quoique n'en portant pas le titre. Il les charge des missions qu'on ne peut confier qu'à des officiers d'un grade élevé.

Des 6 aides de camp titulaires, les colonels Bruyère et Girardin sont à leurs régiments et ne reprennent leur service d'aide de camp qu'à la paix et par trimestre. « Je remarque sur l'état de situation « général de la Grande-Armée, écrit l'Empereur au Major général le « 17 septembre 1806, que vous n'avez que 5 aides de camp ; je crois « qu'il serait nécessaire que vous y joignissiez 3 lieutenants, jeunes « gens actifs et qu'on pourrait faire courir pour porter des ordres. » Ce sont les aides de camp surnuméraires. — Quant aux aides de camp adjoints, M. Lejeune, qui comme capitaine du génie était aide de camp titulaire, va redevenir aide de camp titulaire le 30 décembre à la nomination du chef d'escadron Ed. Colbert comme colonel du 7e de

---

général du personnel de l'état-major général établi à la date du 30 de chaque mois pour le ministre à Paris * par le chef de bataillon Fourn, chargé des détails du bureau à l'état-major général, et signé par le général Lecamus, aide-major général chargé du bureau de l'état-major général. — L'expression *Officiers d'état-major qui sont personnellement attachés au Major général* est celle qui est employée dans les *Dispositions générales du 3 avril* 1807 pour l'établissement à Finkenstein et dans les environs de tout ce qui compose l'état-major général.

1. On a déjà trouvé, *Iéna* page 514, une lettre du colonel Blein à l'adjudant commandant Hastrel, faisant fonctions de chef de l'état-major général ; il existe encore plusieurs autres billets de lui concernant des objets sans importance.

2. Sur le tableau du personnel de février 1807, le chef de bataillon polonais Amira, commandant d'armes sous les ordres du général Pannetier partout où est le quartier général, est compris parmi les officiers de l'état-major particulier.

* Les livrets de l'armée étaient établis au ministère à Paris d'après les grands états de situations de quinzaine des corps d'armée, des troupes de l'artillerie, les tableaux du personnel de l'état-major général comprenant le personnel de l'administration, les tableaux du génie. Ils étaient ensuite envoyés à l'Empereur.

hussards; M. Simonin[1], promu chef d'escadron, sera nommé le 25 mars 1807 commandant supérieur de la compagnie des guides interprètes au quartier général[2]; M. Marin qui figure déjà au cabinet du Major général, est classé au mois de décembre parmi les capitaines adjoints chargés des ordres de mouvement et est, au mois de mars, porté comme aide de camp du général Lecamus.

Le capitaine du génie Beaulieu est employé aux reconnaissances; il vient d'aller en mission à la fin de septembre (voir *Iéna* pages 142 à 145) en même temps que le colonel Blein, les chefs de bataillon Legrand, Huart, le chef d'escadron Guilleminot, l'ingénieur-géographe Raymond.

Sur le livret de février 1807, 13 officiers sont portés comme aides de camp du Major général : MM. Lagrange et de Piré chefs d'escadron; — Lejeune chef de bataillon; — Périgord (Louis), Périgord (Edmond), Curnieux, Sopransy, Lebrun, Canouville, Noailles, Ferreri capitaines; — Bontemps, capitaine aide de camp du général Dejean, et Niegolewski, officier de la levée noble polonaise, détachés près le Major général avec les prérogatives d'aides de camp.

Le Major général donne à ses aides de camp des missions en rapport avec leur grade, leur arme, leurs connaissances; c'est ainsi que M. Lejeune, officier du génie, ira en 1807 devant Stralsund auprès du maréchal Mortier, puis ensuite auprès du maréchal Brune; qu'il sera envoyé plusieurs fois devant Danzig; qu'il ira le 7 juin au siège de Colberg; qu'on le retrouvera au siège de Saragosse envoyé par l'Empereur; qu'il partira le 28 avril 1809 de Braunau pour presser les opérations du maréchal Lefebvre et faire la reconnaissance de la place de Salzburg, tandis que M. Lagrange, officier de cava-

---

1. Voir la mission de cet officier à Prague, page 775.

2. Osterode, 25 mars 1807.

S. M. ayant à nommer un chef d'escadron pour réunir sous son commandement supérieur la compagnie de guides interprètes de l'armée et le détachement de cavalerie polonaise attaché pour la correspondance au quartier impérial, a fait choix de M. le chef d'escadron Simonin. En conséquence M. Simonin sera reconnu en ladite qualité et prendra sur-le-champ ce commandement.

Il portera une attention particulière sur la compagnie de guides interprètes, examinera sa composition, sa situation sous tous les rapports, vérifiera son administration et sa comptabilité, m'en rendra des comptes exacts et détaillés, me fera remettre des notes sur la moralité des officiers, sur l'instruction et la conduite des sous-officiers, et enfin me proposera toutes les mesures qu'il jugera propres à donner une bonne organisation à cette compagnie, mon intention étant qu'elle soit portée au complet qu'elle doit avoir et qu'elle soit mise le plus tôt possible en état de servir utilement. (*Minute du Major général.*)

lerie, marchera avec la cavalerie d'avant-garde le 25 octobre 1806 ; que M. de Piré, officier de cavalerie, sera envoyé le 13 mai 1807 aux avant-postes dans la Frische-Nehrung accompagné d'un officier polonais de l'état-major général.

L'Empereur emploie les aides de camp du Major général à des missions semblables à celles qu'il donne à ses propres aides de camp et à ses officiers d'ordonnance ; il s'en sert suivant leur grade. « Il faut envoyer là un colonel du génie. » — Sur le champ de bataille les aides de camp du Prince portent les ordres comme les officiers de l'Empereur ; ils sont employés là aussi suivant leur grade. Les jeunes gens courent pour porter les dépêches et font le service avec les adjoints chargés des ordres de l'armée à l'état-major général.

Enfin des officiers des Princes de la Confédération du Rhin sont adjoints à l'état-major particulier du Major général ; ils portent les ordres aux troupes alliées, annoncent à leurs souverains les nouvelles de l'armée[1] et leur transmettent les demandes concernant leurs contingents.

Troupes du quartier général.

Les instructions au général Ménard du 7 octobre 1806 et celles au général Pannetier du 23 mars 1807, *Iéna* page 390, ont fait connaître les fonctions du commandant supérieur du quartier général. — Le général Pannetier avait sous ses ordres pour le seconder le chef de bataillon Amira, commandant de la place du quartier général.

Pendant la campagne de l'an XIV un régiment de cavalerie avait été d'ordonnance au grand quartier général : en vendémiaire le 22e de chasseurs, relevé en brumaire par le 21e de dragons et en frimaire par le 4e de dragons ; ce régiment couchait en avant du quartier général ou aux environs, à un quart de lieue ou à une demi-lieue.

Au commencement d'octobre 1806 il n'y a de troupes de cavalerie attachées à l'état-major général que la compagnie d'élite du 4e de dragons restée à Munich pour la garde du maréchal Berthier. — L'Empereur prend auprès de lui pour son escorte le 1er de hussards en attendant l'arrivée de la cavalerie de la Garde. Ce régiment suffit à l'escorte de l'Empereur et au service d'ordonnance au quartier géné-

---

1. Les lettres de ces officiers sont ouvertes à la poste de Berlin ; la traduction en est envoyée à l'Empereur par le général Clarke, gouverneur de Berlin.

ral. Les dragons à pied fournissent la garde du quartier général. — Les équipages du quartier général sont escortés par la gendarmerie et par un petit détachement de sapeurs, *Iéna* p. 611.

Le Major général conserve pour sa garde personnelle, ainsi que tous les Maréchaux y avaient droit d'après un ordre de l'Empereur datant de vendémiaire an XIV, la compagnie d'élite du 4e de dragons, remplacée par la compagnie des guides interprètes, capitaine Faget, qui prit le 20 janvier 1807 le service du quartier général. Cette compagnie de dragons créée en l'an XII à l'armée des Côtes pour servir de guides en Angleterre et composée exclusivement d'hommes parlant anglais, avait été laissée à Boulogne à la fin de l'an XIII ; elle arriva incomplète à Varsovie, et l'Empereur fit donner l'ordre au maréchal Kellermann, pour la porter à 120 hommes, de prélever 2 hommes montés par chacun des 24 dépôts des régiments de dragons de la Grande Armée et d'envoyer ce détachement à l'armée le plus tôt possible. — On attacha au quartier général pour la correspondance un détachement de cavalerie polonaise et ces 2 troupes furent mises, comme on l'a vu, sous le commandement du chef d'escadron Simonin.

Il y avait également à l'état-major général un détachement de gendarmerie, dont je donnerai la composition plus loin, et au mois de mars 1807 un bataillon d'infanterie de Hesse-Darmstadt.

Pendant le séjour de l'Empereur à Finkenstein en avril 1807, indépendamment des piquets de la Garde de service au palais impérial, étaient de service chaque jour auprès du Major général, 1 officier et 20 hommes de la garde de Hesse-Darmstadt ; 1 officier des guides avec 1 brigadier ou maréchal des logis, 6 guides, et 1 brigadier et 6 Polonais ; 1 officier de gendarmerie et 2 brigades de gendarmerie. Le bataillon de Hesse-Darmstadt, les guides, le détachement polonais et le reste de la gendarmerie (1 capitaine et 5 brigades) étaient avec l'état-major général à Rosenberg.

Pendant les campagnes suivantes les troupes du quartier général se composèrent toujours d'un détachement de gendarmerie de 100 à 200 hommes montés, de la compagnie des guides appelée guides du quartier général de 120 hommes montés, du bataillon de Neuchâtel de 6 à 700 hommes ; pendant la campagne de 1809 d'un régiment provisoire de chasseurs de 3 escadrons fort de 600 chevaux.

État-major général.

Les détails de l'armée (dont l'*état d'organisation* donne l'énumération) et les courses pour porter les ordres exigent un certain personnel d'officiers qui forme *l'état-major général* et dont le chef est un officier général portant le titre *d'aide-major général chef de l'état-major général*[1].

Pendant la campagne de l'an XIV le général de division du génie Andréossy était chef de l'état-major général; resté à Vienne comme ambassadeur extraordinaire, il a été remplacé provisoirement par le général du génie Vallongue, aide-major, employé près le Major général, qui, étant parti lui-même pour l'armée de Naples, a été remplacé par l'adjudant commandant Hastrel. C'est cet officier supérieur qui, le 2 octobre 1806, remplit les fonctions de chef de l'état-major général dont il était le sous-chef en l'an XIV, et qui les conservera jusqu'au retour à l'armée au mois de janvier 1807 du général Lecamus[2]. — Le général Lecamus figure sur le livret de février 1807 comme aide-major général chargé du bureau de l'état-major pour le détail du logement, les passages de troupes, les prisonniers de guerre, l'emplacement de l'armée, les magasins, les hôpitaux, etc.

Le chef de l'état-major général a auprès de lui des officiers de tous grades, adjudants-commandants, chefs de bataillon et capitaines, qui sont employés aux différentes missions données par le Major général. C'est lui qui règle le service extérieur et le service dans les bureaux. Les adjudants-commandants sont employés aux reconnaissances, — aux tournées à l'avant-garde, aux avant-postes, sur la ligne de communication, — aux visites d'établissements, de magasins, d'hôpitaux, — aux commandements provisoires de place, etc. Les chefs de bataillon sont employés aussi aux commandements provisoires de place et ils concourent avec les capitaines pour porter les ordres de l'armée. Le Major général veut toujours auprès de lui 2 officiers prêts à partir, dont l'un officier supérieur. Au mois d'avril 1807 4 adjoints à l'état-major soit officiers supérieurs, soit capitaines, sont chaque jour de

1. Le titre de *chef de l'état-major du Major général* est celui que porte en 1812 et 1813 le général comte Monthion. Les livrets de l'armée ne font plus mention du titre d'*aide-major général*, sauf cependant en 1813 pour le général Belliard qui est appelé sur les livrets *aide-major général de la cavalerie* et qui signe *le colonel général, aide-major général.*

2. M. Hastrel, promu général de brigade, est envoyé en janvier 1807 comme commandant de place à Küstrin.

service chez le Major général et ont leurs chevaux à Finkenstein, — indépendamment des officiers de l'état-major particulier du Prince.

Les officiers *chargés des ordres de l'armée* à l'état-major général sont nombreux : — en octobre 1806 7 chefs de bataillon, 7 capitaines, 4 lieutenants, 2 officiers polonais servant en même temps d'interprètes ; — en décembre 18 capitaines, 2 lieutenants, 3 officiers polonais, et en outre 24 sous-lieutenants officiers d'ordonnance près le Major général [1] ; — en février 1807 2 chefs de bataillon, 14 capitaines, 2 lieutenants. Soit environ 18 à 20 adjoints chargés de porter les ordres de l'armée concurremment avec les aides de camp du Major général et les aides de camp des généraux aides-majors [2], ce qui fait toujours une trentaine d'officiers disponibles pour porter des ordres ; pour 9 corps d'armée (1er, 3e, 4e, 5e, 6e, 7e, 8e, 9e et réserve de cavalerie) 3 ou 4 officiers à l'état-major général par corps d'armée faisant partie de l'armée. De même chaque corps d'armée a 3 ou 4 officiers en route pour la correspondance avec le quartier général de l'armée. C'est d'après le nombre des corps d'armée que le Major général calcule le nombre d'officiers adjoints qui lui sont nécessaires.

La répartition du travail des bureaux de l'état-major général en 3 *divisions* [3], telle qu'elle figure dans *l'organisation* du 2 octobre 1806, n'a pas subsisté. Dans aucun des livrets de l'armée pour cette campagne ni pour les campagnes suivantes, on ne retrouve cette organisation. A partir du mois de novembre 1806, sur le tableau de composition de fin de mois, on voit après le nom des adjudants commandants employés à l'état-major général le service dont ils sont chargés [4].

---

1. Ces 24 sous-lieutenants sont des jeunes gens venant de l'école militaire de Fontainebleau, placés à l'état-major général par ordre de l'Empereur du 17 novembre 1806 pour suppléer aux 120 capitaines adjoints à l'état-major « qui doivent exister et qui n'existent pas ». Quatre ont été affectés à chaque Maréchal pour le même service de correspondance. Ils disparurent d'ailleurs promptement des états-majors. « Comme il y a beaucoup de places vacantes « dans les régiments, écrit l'Empereur au Major général le 15 janvier 1807, vous « pourriez n'en garder que 12, car avant tout il faut pourvoir les corps. » — Deux de ces jeunes gens porteurs des dépêches du Major général au maréchal Bernadotte en date du 31 janvier 1807 furent pris par les Cosaques à Lautenburg et les ordres de l'armée tombèrent aux mains de l'ennemi.

2. Les officiers généraux employés à l'état-major général, Pannetier, Lecamus, Sanson, ont le même nombre d'aides de camp que les officiers généraux du même grade employés dans les corps d'armée.

3. Le général Thiébault se sert du mot *division* dans le même sens.

4. C'est une répartition analogue à celle des *Dispositions provisoires pour le service de l'état-major général de l'armée des Alpes* arrêtées par le général Alex. Berthier. Rapport au Directoire exécutif du 11 pluviôse an IV.

Novembre 1806. Adjudants commandants.

Hastrel, faisant fonctions de chef de l'état-major général. — Fourn chef de bataillon, adjoint[1].

Petiet, chargé du logement[2]. — Pinthon capitaine, adjoint.

Passinges, chargé du détail des prisonniers de guerre. — Salley capitaine, adjoint.

Petit-Pressigny, pour la surveillance de la ligne d'étapes[3].

Février 1807. Adjudants commandants.

Hennin, Pérard, } chargés du détail du quartier général, magasins, hôpitaux, subsistances.

Petiet, chargé du logement.

Dentzel[4], chargé des prisonniers de guerre.

Chevalier, chargé de l'état civil.

Guilleminot, Bouchard, Gressot, } chargés des reconnaissances militaires.

Ce n'est donc plus tout à fait l'organisation du 2 octobre. On a donné un service à chaque adjudant commandant ; chacun a un capitaine adjoint qui l'aide et le remplace lorsqu'il est en mission, en tournée. Mais de même qu'en 1796 « les adjudants commandants « devront néanmoins se suppléer l'un l'autre en cas de mission parti-

1. M. Fourn est chargé des détails du bureau ; c'est l'officier qui ne bouge pas. Sur le tableau du personnel établi à la date du 20 février par M. Fourn lui-même, son nom est précédé de la mention *Bureau fixe*.

2. Pendant les opérations M. Petiet et ses adjoints sont toujours avec le Major général. Le 12 octobre 1806 le colonel Blein le réclame. Voir *Iéna* page 544.

3. L'Empereur avait ordonné le 16 novembre 1806 qu'un officier fût chargé de tenir et de suivre la correspondance avec les commandants de place. — Cette partie est tellement importante à la Grande Armée qu'elle passera au cabinet du Major général. — L'adjudant commandant Petit-Pressigny quittera l'état-major général en janvier 1807 pour être attaché à la division de cavalerie légère de la réserve.

4. C'est le troisième adjudant commandant qui est chargé des prisonniers depuis le commencement de la campagne, Bœrner, Passinges, Dentzel. — Mais M. Dentzel y sera encore en 1813.

RAPPORT A L'EMPEREUR.

Dresde, 9 août 1813.

L'adjudant commandant baron Dentzel, chargé à l'état-major général du détail des prisonniers de guerre, a 35 ans de service dont 17 ans de grade de colonel. Il sert depuis plusieurs années à l'état-major général. Je suis satisfait de son zèle et de son exactitude à remplir ses devoirs ; il n'a obtenu aucune grâce depuis plusieurs campagnes. J'ai l'honneur de proposer à V. M. d'accorder à M. l'adjudant commandant Dentzel la décoration d'officier de la Légion d'honneur qu'il me paraît mériter par ses longs services.

Le Prince Major général,

ALEXANDRE.

« culière ou autres motifs, et chacun devra toujours être au courant « du travail général ».

En décembre 1806 les capitaines Cressent, Salley, Verdun, Thomas, sont désignés comme *attachés aux bureaux* sans qu'il soit fait mention pour aucun d'eux de son affectation à tel ou tel bureau, à tel ou tel adjudant commandant. — En février 1807 le capitaine Verdun est porté comme aide de camp du général Lecamus.

Tous ces adjudants commandants, chefs de bataillon et capitaines, employés dans les bureaux de l'état-major général ne sont pas compris parmi les officiers chargés des ordres de l'armée ; ils vont cependant en mission et en tournée, mais ils ne sont pas employés à porter les ordres.

A la Grande Armée le bureau de l'administration, magasins, subsistances, distributions, est très-simplifié puisque l'intendant général Daru travaille directement avec l'Empereur ou avec le Major général.

Tout le travail de l'état-major général passe sous les yeux du Major général en suivant la règle établie à l'état-major de l'armée des Alpes. « Personne ne peut rien envoyer en son propre et privé « nom. Tout doit émaner du chef de l'état-major qui est le point « central de toutes les opérations. Toute la correspondance lui est « directe ; il signe tout ; en cas d'absence, il sera donné des ordres « particuliers. » Cependant en créant un aide-major chef de l'état-major général, le maréchal Berthier lui a remis l'expédition des détails de l'état-major et la surveillance du travail des bureaux ; il reste un registre de correspondance générale du général Andréossy pendant la campagne de l'an XIV qui ne laisse aucun doute sur les attributions du chef de l'état-major général[1] ; ainsi le chef de l'état-major général a une correspondance propre et directe pour tous les

1. A l'armée des Alpes en l'an IV il y avait 11 registres : « 1° pour l'ordre « de l'armée ; — 2° du mouvement des troupes ; — 3° des ordres particuliers « aux généraux adjudants généraux ; instructions, etc. ; — 4° de la correspon- « dance générale ; — 5° journal historique ; — 6° actions d'éclat et traits de « bravoure ; — 7° état nominatif des déserteurs de l'ennemi conduits à l'état- « major ; — 8° état nominatif des prisonniers de guerre conduits à l'état-ma- « jor général ; — 9° pour l'enregistrement des lettres de service des officiers « de l'état-major et autres, des congés qui leur sont accordés, des passeports « délivrés ; — 10° l'enregistrement de tout ce qui tient à la comptabilité ; — « 11° pour les parties secrètes. — Les adjudants généraux chargés des diffé- « rentes parties du travail distribueront la tenue des registres suivant les « différentes parties qui ont rapport au travail qui leur est confié. »

A la Grande Armée les registres n°s 2, 10 et 11 sont tenus dans le cabinet du Major général ; — le registre d'ordres est tenu à l'état-major général, mais il semble qu'on l'ait remplacé par la collection des ordres du jour originaux signés du Major général ; — les registres n°s 7 et 8 sont tenus par l'adjudant

objets qui sont du ressort des bureaux de l'état-major, avec les Maréchaux, les chefs d'état-major des corps d'armée, avec l'Intendant général, les commandants d'armes; il signe les ordres de mission pour les adjoints à l'état-major. De même on trouve sur les registres du général Belliard chef d'état-major de la cavalerie, du général Daultanne chef d'état-major du 3e corps, des généraux Salligny et Compans chefs d'état-major du 4e corps, des réponses adressées directement au général Andréossy, à l'adjudant commandant Hastrel et au général Lecamus pour le travail des états de situation, et même à l'adjudant commandant Dentzel pour des états de prisonniers réclamés directement par cet officier.

Enfin font partie de l'état-major général, sous les ordres de l'aide-major chef de l'état-major général, le commandant de la force publique et ses gendarmes[1]; le vaguemestre général du grade de colo-

commandant chargé du détail des prisonniers de guerre; il n'en reste pas de trace, non plus que des registres nos 6 et 9 qui n'ont plus grand intérêt; — le journal historique ne semble pas avoir été tenu à l'état-major du Major général; ce journal ne peut être tenu que par le Major général lui-même, et il n'en a pas le temps; l'état-major général était souvent divisé, de là impossibilité de savoir ce qu'a fait telle ou telle section de l'état-major général; on trouve seulement sur les répertoires d'ordres, tenus dans le cabinet du Prince, l'itinéraire du petit quartier général; — le registre de la correspondance générale sert en même temps à l'enregistrement des ordres particuliers aux adjudants commandants et adjoints. — « Lorsque le général Vallongue partit, « il n'y avait au bureau que le registre de correspondance générale et les « papiers relatifs aux prisonniers de guerre. Toutes les fournitures du bureau « consistaient en un canif, un écritoire et une centaine de feuilles de papier. « Il reste à l'état-major général 2 secrétaires auxquels le général Andréossy « donnait 120 fr. par mois en argent.

« Le général a également laissé un très-petit caisson et 3 mauvais chevaux « incapables de le conduire. Les 2 hommes qui en ont soin reçoivent par « jour 1 fr. 7 sous en argent. Comme ils avaient besoin d'argent en partant « de Linz, ainsi que les secrétaires, j'ai pris sur les fonds que vous avez mis « à ma disposition, 197 florins pour les payer jusqu'au 1er février. » (L'adjudant commandant Hastrel au Major général à Munich. Augsburg, 8 février 1806.)

NOTE.

Finkenstein, 24 mai 1807.

M. Dufresne fera les ordres et expéditions nécessaires pour mettre à la disposition de MM. Dentzel, Chevalier, Gressot et Guilleminot, chargés des prisonniers de guerre, de l'état civil, des reconnaissances, un fourgon attelé de 4 chevaux qui servira à porter les papiers relatifs à ces différents services, et non autre chose.

Mal Alex. Berthier.

1. Le 7 octobre 1806 la gendarmerie attachée à l'état-major général de l'armée se compose de 1 capitaine, 2 lieutenants, 1 quartier-maître et 97 gendarmes,

nel ayant un capitaine comme adjoint[1]. Les équipages particuliers du Major général qui marchent à part avec ceux des officiers de l'état-major particulier, sous la direction d'un vaguemestre spécialement affecté au service.

Se trouvent à la suite du grand quartier général :

1° Des adjudants commandants, chefs de bataillon ou capitaines *attendant des destinations comme titulaires*. Le quartier général de l'armée est le point de réunion de tous les officiers qui viennent de l'intérieur, l'Empereur ayant donné l'ordre le 20 septembre que tous les adjudants commandants et tous les adjoints à l'état-major qui étaient à l'intérieur se rendissent à la Grande Armée. A l'aide de ces officiers le Major général complète les états-majors des corps d'armée et des divisions, remplace les officiers d'état-major blessés ou faits prisonniers, constitue les états-majors des divisions et corps

---

dont 6 démontés, employés de la manière suivante : 15 gendarmes à la disposition de l'Intendant général ; — 11 avec le général Ménard, commandant du quartier général; — 7 avec l'adjudant commandant Petiet pour le logement; — 2 avec l'adjudant commandant Hastrel, faisant fonctions de chef de l'état-major général ; — 1 chez S. A. I. le prince Jérôme ; — 12 à la disposition du vaguemestre général; — 8 à l'escorte des biscuits ; — 17 disponibles; — 18 qui n'ont pas encore rejoint ; — 6 aux hôpitaux.

Le 29 octobre la gendarmerie attachée à l'état-major général est répartie ainsi : 1 capitaine, 1 lieutenant, 1 quartier-maître, 4 sous-officiers, 22 gendarmes disponibles à Berlin ; — 1 sous-officier et 5 gendarmes aux équipages du quartier général ; — 1 sous-officier et 4 gendarmes aux équipages du Major général ; — 1 sous-officier et 14 gendarmes avec l'Intendant général ; — 1 lieutenant et 10 gendarmes avec le payeur général ; — 2 gendarmes avec le secrétaire d'État ; — 4 chez l'adjudant commandant Petiet ; — 1 chez l'adjudant commandant Hastrel ; — 1 sous-officier et 4 gendarmes chez S. A. I. le prince Jérôme ; — 1 sous-officier et 4 gendarmes en conduite de prisonniers de guerre ; — 1 gendarme aux haras de Merseburg ; — 1 sous-officier et 2 gendarmes aux haras de Neustadt ; — 1 lieutenant, 1 sous-officier et 4 gendarmes à Dessau ; — 5 à Potsdam ; — 1 sous-officier et 11 gendarmes éclopés en arrière ; — 4 aux hôpitaux. Total 1 capitaine, 3 lieutenants, 1 quartier-maître, 12 sous-officiers et 97 gendarmes parmi lesquels se trouvaient 1 lieutenant et 9 gendarmes de la ligne de communication détachés provisoirement au quartier général en attendant l'arrivée de ceux qui étaient en arrière.

Le 7 octobre il y avait 8 gendarmes à Würzburg et 5 dans chacun des gîtes de la communication de Mayence à Bamberg (*Iéna* page 122), 1 chef d'escadron et 1 lieutenant à Würzburg, 1 lieutenant à Francfort et 1 à Bessenbach ; — de même 5 gendarmes dans chacun des gîtes de la ligne de Mannheim à Würzburg (*Iéna* page 174), et 1 lieutenant à Adelsheim ; — enfin 5 gendarmes à Braunau et 5 à Ingolstadt, soit 1 chef d'escadron, 5 lieutenants et 83 gendarmes ; — 46 sous-officiers et gendarmes marchaient avec le quartier général pour prolonger la ligne.

Le 29 octobre 6 officiers et 131 gendarmes étaient employés sur la ligne de communication de Mayence à Berlin.

1. Voir *Iéna* page 391, les ordres au colonel Wolff, vaguemestre général, pour la marche du quartier général.

d'armée nouvellement formés (les adjudants commandants Lauberdière et Petit-Pressigny à la division Lasalle, le colonel Axamitowski à la division Zagonschek, etc.), désigne les officiers destinés à être employés près les gouverneurs de province (l'adjudant commandant Grundler près le gouverneur général de Berlin), les commandants des grands dépôts (l'adjudant commandant Capellini près le général Bourcier). Dans cette première catégorie il n'y a que des officiers d'état-major, adjudants commandants et adjoints ainsi que des aides de camp de généraux tués ou de généraux quittant l'armée par suite de leurs blessures. Tous ces officiers attendent des destinations. Le Major général ministre de la guerre reçoit les demandes des Maréchaux et y satisfait.

2° *Les officiers supérieurs et autres disponibles pour des missions particulières ou des commandements d'armes.* — Beaucoup d'officiers portés à l'état-major général en octobre figurent en février parmi les commandants d'armes sur la route d'étapes ou en dehors de cette route (le général Hastrel à Küstrin ; l'adjudant commandant Bœrner à Breslau ; l'adjudant commandant Passinges à Modlin ; le chef d'escadron Lavenant à Münchberg ; le chef de bataillon Bidat à Egeln ; le chef de bataillon Parigot commandant le pays de Coburg ; le capitaine Marteville commandant d'armes à Gollup ; le capitaine Thomas à Strassburg ; le capitaine Dieny à Culmsee). Ils seront remplacés à l'état-major général par des officiers venus de l'intérieur [1].

Dans cette deuxième catégorie se trouvent des officiers d'état-major et des officiers blessés qui ne peuvent supporter momentanément les fatigues d'un service actif et ont besoin de repos pour se rétablir.

3° *Les officiers généraux à la suite du quartier général attendant des destinations.* — Les officiers généraux appelés de l'intérieur et ceux nouvellement promus. L'Empereur prend parmi eux les généraux pour les formations nouvelles, pour combler les vacances, commander les places, gouverner les provinces, commander les dépôts, inspecter les petits dépôts des corps.

Partie topographique.

Le général de brigade du génie Sanson était directeur du dépôt de la guerre. Il était chargé de conserver tous les travaux de recon-

1. « Il y a un grand nombre d'officiers d'état-major qui vous sont arrivés de l'intérieur, qui sont absolument incapables de faire ce service, soit par leur âge et leurs infirmités, soit par leur ignorance. Il faut leur donner des commandements de place et les remplacer par des jeunes gens qui, par leur âge, leur éducation et leur intelligence, sont plus en état de faire un rapport. » (L'Empereur au Major général, 17 novembre 1806.)

naissances faits depuis de longues années par ordre des ministres et des généraux d'armée sur les théâtres d'opérations où les armées françaises avaient combattu ; il les avait fait lui-même compléter d'après les ordres de l'Empereur et les instructions du maréchal Berthier. Le bureau topographique de l'état-major général avait été muni avant le départ pour la campagne de l'an XIV de tous les documents sur l'Allemagne, l'Autriche et l'Italie. L'Empereur s'était fait fournir à Paris toutes les cartes et toutes les reconnaissances sur la Saxe, la Prusse, la Hesse et la Pologne ; il avait ordonné au Major général de faire faire de nouvelles reconnaissances et avait envoyé des aides de camp en mission. Son cabinet topographique contenait tous les renseignements qui lui étaient nécessaires pour le moment. Des copies des documents se trouvaient au bureau topographique du général Sanson, mais les originaux étaient au cabinet topographique de l'Empereur. C'était pour le Commandant en chef qu'on travaillait, le Major général n'étant rien. — En 1809 le général Sanson n'est pas à l'armée d'Allemagne ; le retour d'Espagne a été rapide ; les préparatifs de guerre se sont faits à la hâte ; le Major général est parti précipitamment ; le ministre n'a pas voulu remettre à l'Empereur les originaux conservés au dépôt de la guerre ; le temps a manqué pour faire les copies ; l'Empereur est parti avec des documents insuffisants.

L'EMPEREUR AU GÉNÉRAL CLARKE, MINISTRE DE LA GUERRE, A PARIS.

Schönbrünn, 13 mai 1809.

Je ne puis que vous témoigner mon extrême mécontentement de l'absolu dénûment où vous me laissez de reconnaissances et de cartes sur Nikolsburg, sur Austerlitz, sur les environs de Vienne, sur la Hongrie. Je ne trouve dans mon bureau topographique aucun des renseignements que j'ai fait prendre moi-même. Mes reconnaissances sur l'Inn, vous ne me les avez envoyées que lorsque je n'en avais plus besoin. Par un principe ridicule on ne veut m'envoyer que des copies, et, comme on copie très-lentement, rien ne m'arrive à temps, et je suis privé de matériaux importants. Cette manière de faire le service est mauvaise. Si l'on me fait cela, à moi, que fait-on aux généraux? A quoi sert le dépôt de la guerre, s'il ne fournit pas aux généraux des reconnaissances qui puissent leur servir dans leurs opérations ? Donnez ordre que dans les 24 heures on m'envoie les originaux (je ne veux point de copies) des cartes, plans, reconnaissances et mémoires sur la Moravie, sur la Bohême, sur la Hongrie, sur l'Autriche. Sans doute qu'il eût été préférable d'avoir des copies, mais il fallait qu'elles fussent faites avant la déclaration de guerre.

Ces observations indiquent les devoirs du ministre vis-à-vis du Commandant en chef, et ceux de l'officier général chargé de la partie topographique, devoirs qui concernent la réunion des documents et leur reproduction à un nombre suffisant d'exemplaires pour en pourvoir non seulement le Commandant en chef mais tous ceux qui en ont besoin dans l'armée[1]. « Si l'on me fait cela, à moi, que fait-on aux généraux[2] ? »

L'état d'organisation de l'état-major général indique d'une manière complète le service de l'aide-major général chargé du service topographique et sa responsabilité vis-à-vis du Major général ; il agit de son propre mouvement et prévoit tout ce qui peut être utile. — Les dispositions suivantes arrêtées par l'Empereur réglèrent la répartition des ingénieurs géographes et leur mode de travail sur le terrain.

LE MAJOR GÉNÉRAL AU GÉNÉRAL SANSON.

Posen, 2 décembre 1806.

L'Empereur vient de recevoir la reconnaissance que vous lui avez envoyée des environs de Posen, mais il attend celle de tout le cours de la Wartha jusqu'à son embouchure. S. M. ordonne que vous fassiez partir 2 petits détachements d'ingénieurs-géographes, l'un pour se rendre en poste à Varsovie et y faire la reconnaissance des environs de cette ville jusqu'à l'embouchure du Bug ou de la Wkra dans la Vistule ; l'autre détachement se rendra au fort de Lenczyc et reconnaîtra rapidement le pays jusqu'à 20 lieues à la ronde. Dans la reconnaissance, il faut mettre la population des villages, les noms et désigner par un signe si c'est sable ou terre grasse ; en général, dans toutes les reconnaissances que feront les ingénieurs-géographes, on mettra le nom de chacun afin que lorsque l'Empereur voudra avoir des renseignements sur une partie des reconnaissances, il puisse faire demander l'ingénieur qui l'a faite et avoir des renseignements encore plus précis.

L'Empereur voudrait que je lui remisse le 3 le croquis de la route de Küstrin à Posen avec le nom des villages, leur population, etc. ;

1. Les besoins sont encore plus considérables aujourd'hui.

2. Le général Sanson, promu général de division après la paix de Tilsit, était employé en Espagne pendant les premiers mois de 1809 ; il commandait le génie au siège de Girone ; il ne parut pas à l'armée d'Allemagne. Il est probable qu'il eût tranché lui-même les difficultés qui se produisirent au ministère avant le départ de l'Empereur pour la remise des originaux. L'Empereur regretta son absence ; aussi en 1812 le général Sanson fut-il de nouveau chargé du service topographique à la Grande Armée.

cela ne peut avoir lieu que dans le cas où ce travail serait déjà fait; s'il ne l'est pas, mettez-moi à même de rendre compte au plus vite.

L'Empereur désire également avoir le figuré à vue de la route de Küstrin à Francfort sur-l'Oder, celle de Posen à Thorn, celle de Posen à Varsovie, celle de Posen à Glogau et à Breslau.

Pour faire ce travail qui sera double de celui de la grande carte de Posen à Varsovie, on fera un canevas en doublant l'échelle de cette carte; on y mettra tout ce que la carte donne de détails et ensuite l'ingénieur ayant ses croquis à la main les corrigera en cheminant sur la route et exprimera la nature du pays en figurant seulement à vue à droite et à gauche; il est facile à un ingénieur de faire ainsi 7 à 8 lieues de pays par jour.

L'intention de l'Empereur est qu'il n'y ait aucun ingénieur attaché aux corps d'armée; ils doivent tous être à l'état-major général sous votre direction particulière; mais vous donnerez vos ordres pour qu'il y ait un ingénieur-géographe à l'avant-garde et un à chaque corps d'armée; ils marcheront toujours à l'avant-garde de chaque corps d'armée, suivront à cheval et figureront la route et le pays à droite et à gauche; ils m'adresseront journellement le croquis de leur travail que je vous remettrai pour être assemblé et mis au net; ces officiers quoiqu'aux différents corps d'armée n'en feront pas partie et recevront des ordres directs de vous ou de moi; car les plans que l'on donne après les marches et les batailles ne servent à rien; l'essentiel est d'avoir de bons croquis aussitôt que les premiers tirailleurs paraissent sur le pays ennemi et que d'après ces croquis l'Empereur puisse faire ses dispositions soit pour une bataille ou pour tout autre dessein.

L'Empereur traça à la fin de la campagne de 1809 la manière dont il voulait que les ingénieurs-géographes travaillassent, ainsi qu'ils l'avaient fait dans les campagnes précédentes. Il faut donc supposer que cette méthode de travail avait jusque-là servi de règle et qu'elle était en pratique en 1806.

ORDRES.

Camp impérial de Schönbrünn, 9 août 1809.

1. Le corps des ingénieurs-géographes ne recevra d'ordres que de l'adjudant commandant Bacler d'Albe[1]. Les ingénieurs correspon-

---

1. Directeur du cabinet topographique de l'Empereur. — Le général Sanson n'étant pas à l'armée, c'est le directeur du cabinet topographique de l'Empereur qui le remplace pour indiquer les travaux dont l'Empereur a besoin.

dront avec lui et lui remettront leurs travaux. Ils recevront mes ordres par son canal.

2. Tous les ingénieurs-géographes attachés aux Maréchaux rejoindront sur-le-champ le quartier général.

3. Chaque soir il me sera fait un rapport sur le travail de chaque ingénieur.

4. Je suis peu satisfait des travaux que les ingénieurs ont faits pendant la campagne. On ne m'a pas remis la reconnaissance entre Passau et Krems. La position d'Enns, quoique bien coloriée, est mal faite sous les rapports militaires ; il n'y a point de place pour y tracer une tête de pont, et le point essentiel de Mathausen ne s'y trouve point ; il n'y a point de mémoire à l'appui. Il faut recommencer cet ouvrage et y joindre un mémoire descriptif. Le champ de bataille d'Ebelsberg est sans mémoire ; il ne sert pas à mes combinaisons.....

La reconnaissance des communications entre les deux routes de Vienne à Znaym et de Vienne à Nikolsburg est mal faite et peu utile..... Cette carte pourrait tout au plus convenir à un particulier voyageur ; elle ne peut militairement être utile. Le chemin de Znaym à Nikolsburg est mal tracé ; il y a près de Znaym un ruisseau, des marais, un pont qui ne sont point marqués. L'ingénieur n'a point placé tous les villages ; il n'y a point de population écrite. Quand je demande une reconnaissance, je ne veux pas qu'on me donne un plan de campagne. Le mot *l'ennemi* ne doit pas être prononcé par l'ingénieur. Il doit reconnaître les chemins, leur nature, les pentes, les hauteurs, les gorges, les obstacles, vérifier si les voitures peuvent y passer, et s'abstenir absolument de projets de campagne.

5. On me présentera un projet de répartition de travail entre les ingénieurs qui sont ici..... Suit le détail de 5 reconnaissances à faire exécuter autour de Vienne...

Ces reconnaissances embrasseront un terrain de près de 20 lieues de rayon autour de Vienne et en donneront une connaissance parfaite.

Deux ou trois ingénieurs seront chargés de chacune de ces reconnaissances ; ils étudieront bien le pays. On aura par ce moyen à l'état-major des officiers instruits qui seront plus utiles que les guides. C'est ainsi que travaillaient autrefois les ingénieurs-géographes des armées ; c'est en suivant leur exemple que les ingénieurs-géographes acquerront l'estime et la considération.

6. Quand l'armée marchera, les ingénieurs-géographes qui auront reconnu le pays seront toujours à l'état-major afin de donner tous les renseignements nécessaires. Leurs mémoires de reconnaissance seront toujours du style le plus simple et purement descriptifs. Ils ne s'écarteront jamais de leur sujet pour présenter des idées étran-

gères. Une méthode précise est la seule qui convienne à l'Empereur. On annoncera la longueur des chemins et leur largeur, leurs qualités; on dessinera exactement les détours des chemins, qui souvent ne peuvent s'expliquer que par la bizarrerie du terrain. Les rivières doivent être aussi tracées et mesurées avec soin, les ponts et les gués marqués. Le nombre des maisons et des habitants des villes et des villages sera indiqué. Autant que possible on cotera les hauteurs des collines et montagnes, afin qu'on puisse juger facilement les points dominants; ces cotes ne doivent être que relatives entre elles. On ne peut sur ce point, et sur beaucoup d'autres, entrer dans des détails trop minutieux; mais il faut exprimer toujours de la manière la plus simple comment la chose se peint à l'œil de l'observateur.

7. Il y aura une échelle constante pour tous les dessins.

NAPOLÉON.

Quant au travail de cabinet à l'état-major général, il consistait dans la mise au net des dessins, l'assemblage des parties de reconnaissance, la copie rapide des cartes et plans exécutés par les ingénieurs ou trouvés dans le pays[1], la confection d'exemplaires de ces cartes pour les Maréchaux et généraux en chef (vu la rareté des cartes à cette époque), la copie des mémoires, la surveillance des dessinateurs.

1. On trouva à Berlin des cuivres d'une carte de la Prusse en cours d'achèvement qui furent requis pour le service topographique. Un ingénieur resta à Berlin pour faire continuer le travail et procéder au tirage.

État-major général de l'artillerie. 30 octobre 1806.

Général de division SONGIS, premier inspecteur général d'artillerie, commandant l'artillerie. — DURELLE, cap. a. d. c.

Général de brigade PERNETTY, chef de l'état-major. — MARION cap., DOULCET lieut.

Général de brigade SÉNARMONT. — EVAIN lieut.

Colonel DOGUEREAU.

Major BERGE.

Major VALÉE, inspecteur général du train.

Chef d'escadron BOULARD, 5 capitaines, 2 lieutenants,	adjoints à l'état-major, dont un adjoint à l'inspecteur général du train.

1 garde d'artillerie secrétaire du général SONGIS.

1 conducteur d'artillerie caissier de l'état-major de l'artillerie.

1 capitaine commandant le détachement des ordonnances.

1 lieutenant commandant en second.

37 sous-officiers et canonniers du 5e d'artillerie à cheval faisant le service d'ordonnance.

Sur le tableau du personnel du 31 mars 1807, on trouve à la suite de l'état-major de l'artillerie 16 soldats et 32 chevaux attachés aux fourgons de l'état-major. — Le 30 avril, 1 brigadier, 19 soldats et 38 chevaux.

État-major du génie. 19 octobre 1806.

Général de division CHASSELOUP, commandant le génie. — DELAAGE, CASSAIGNADE cap[es] a. d. c.

LACHER, Ambroise PROST, GOUVILLE capitaines attachés au général CHASSELOUP.

Général de brigade KIRGENER, chef de l'état-major.

FAUVI, DELAVIGNE capitaines adjoints au chef de l'état-major.

Administration militaire près le Major général ou administration du petit quartier général.

(*Tableau du* 30 *octobre* 1806.)

Dufresne sous inspecteur aux revues.
Denniée commissaire des guerres.
F. Joinville adjoint aux commissaires des guerres.

Services administratifs.

Vivres-pain. Gallien inspecteur. — 1 brigade de boulangers.
Vivres-viande. Rigot inspecteur. — 1 brigade de bouchers.
Fourrages. Marchant inspecteur. — 1 brigade de journaliers.
Ambulance. Repaux économe. — 1 brigade d'infirmiers.
Teinturier chirurgien-major. — 1 aide-chirurgien.
1 caisson d'ambulance légère, 3 chevaux.
Équipages militaires. Lathier sous-inspecteur.
Postes. Guérin inspecteur général. — 1 directeur, 2 commis, 8 courriers, 8 malles, 21 chevaux.
Imprimerie. Levrault, directeur. — 2 traducteurs, 2 protes, 2 compositeurs, 2 pressiers.

L'administration du petit quartier général avait été organisée pendant la campagne de l'an XIV.

LE MAJOR GÉNÉRAL A M. PETIET, CONSEILLER D'ÉTAT, INTENDANT GÉNÉRAL.

Augsburg, 30 vendémiaire an XIV (22 octobre 1805).

L'Empereur ordonne, Monsieur, qu'indépendamment de l'administration générale de la Grande Armée dont vous êtes le chef immédiat, vous organisiez une portion d'administration qui marchera toujours avec moi dans les différents quartiers généraux mobiles que prend l'Empereur. Savoir :

Un commissaire ordonnateur ou inspecteur aux revues faisant fonctions ;

6 commissaires des guerres dont un pour les subsistances, un pour les fourrages, un pour les hôpitaux, un pour les prisonniers de guerre et enfin deux autres disponibles ;

1 chirurgien-major ;

6 ou 8 chirurgiens ;

2 petites ambulances ;

1 chef et 2 employés pour le service des transports ;

1 chef et 2 employés pour le service des vivres ;

1 chef et 2 employés pour le service des fourrages ;

1 adjoint aux commissaires des guerres chargé des prisonniers.

4 chariots disponibles sans être chargés et très-bien attelés, dont répondra l'employé des transports.

L'ordonnateur de cette petite administration détachée aura avec lui 1 brigadier et 8 gendarmes.

Cette administration me suivra toujours et ne recevra des ordres que de moi ou du général Andréossy, en conséquence des miens. Elle doit me suivre partout [1].

Faites cette organisation dans la journée et désignez-moi l'ordonnateur en chef.

Vous savez que cette partie d'administration isolée est indépendante de la grande administration et de celle de toutes les divisions de l'armée.

En février 1807 l'administration du petit quartier général avait la composition suivante en personnel dirigeant, composition qui se rapprochait comme nombre de fonctionnaires de l'organisation de l'an XIV :

---

1. Cette petite administration fournissait elle-même une avant-garde ainsi que cela semble résulter de la dépêche suivante du Major général.

LE MAJOR GÉNÉRAL A L'INTENDANT GÉNÉRAL.

Varsovie, 23 décembre 1806, 1 heure 1/2 du matin.

..... Envoyez avec l'ordonnateur de l'avant-garde quelques agents des transports et des différents services sous vos ordres, je dis avant-garde, c'est-à-dire avant-garde du quartier général qui est près de moi. Il est indispensable que j'aie un commissaire des guerres pour le service du petit quartier général et pour la petite administration organisée de la même manière que celle que j'avais à la dernière campagne ; vous m'avez enlevé M. Dennié qui ferait très-bien ce service.

Duprat commissaire ordonnateur en chef du petit quartier général;

Lombart commissaire ordonnateur en chef des hôpitaux;

Anglès commissaire des guerres faisant fonctions d'ordonnateur;

Roch commissaire des guerres chargé des subsistances;

Salonte commissaire des guerres chargé du service de la place[1];

F. Joinville / Lombart fils } commissaires des guerres chargés des ambulances;

Clarac adjoint aux commissaires des guerres, chargé des fonds;

Raymond adjoint aux commissaires des guerres, chargé des subsistances.

1. Ce service devait comprendre les transports et les prisonniers.

Personnel de l'administration attaché à l'état-major général de la Grande Armée.

Villemanzy Inspecteur en chef aux revues et Intendant général[1].
Joinville ordonnateur en chef du grand quartier général.
Fririon, Lambert inspecteurs aux revues.
Piet-Chambel, E. Marchant sous-inspecteurs.

Commissaires des guerres[2].

Près l'Intendant général. — Baudon, Mazeau Delamarre commissaires. — Emery, Rouillon, Pascal Vallongue adjoints.

Service du grand quartier général. — Jacqueminot commissaire. — Drouin adjoint. — de Sermet, Frogier adjoints provisoires.

Administration générale des hôpitaux. — Lombart ordonnateur. — Dufresne, Lombart fils commissaires.

Services administratifs à la suite du grand quartier général.

Vivres-pain. — Déniot, Raibell[3] régisseurs. — 2 inspecteurs principaux. — 8 commis. — 3 inspecteurs. — 3 garde-magasins. — 6 aides. — 1 chef de boulangers. — 1 chef de construction. — 12 ouvriers. — 48 boulangers.

Vivres-viande. — Valette régisseur. — 1 directeur des comptes. — 1 caissier. — 2 inspecteurs principaux. — 10 commis. — 4 inspecteurs. — 1 chef de parc. — 4 préposés comptables. — 4 commis aux distributions.

Fourrages. — Lonnoy régisseur. — 1 directeur. — 1 caissier.

---

1. Par décret daté de Halle, 19 octobre 1806, l'Empereur sépara les fonctions de l'Intendant général de celles de l'Inspecteur en chef aux revues. M. Daru, conseiller d'État, fut nommé intendant général. V. p. 152.

2. Je n'ai pas porté sur cet état le personnel de l'administration du petit quartier général dont j'ai déjà indiqué la composition plus haut. — Ce personnel, commissaires des guerres et services administratifs, figure sur l'état de M. Villemanzy.

3. Agent envoyé de Münich à Würzburg le 23 septembre. *Iéna* p. 145.

— 2 inspecteurs principaux. — 10 commis. — 4 inspecteurs. — 4 garde-magasins. — 8 aides.

Service de santé et hôpitaux. — COSTE, PERCY, BRULOY inspecteurs généraux. — 2 médecins. — 2 chirurgiens-majors. — 2 aides. — 8 sous-aides. — 2 pharmaciens de 1re classe, 2 de 2e, 4 de 3e. — 1 régisseur des hôpitaux. — 1 directeur général. — 2 directeurs du service. — 9 commis. — 2 économes. — 2 employés de 1re classe, 2 de 2e, 2 de 3e. — 20 infirmiers. — 25 caissons[1]. — 80 chevaux.

Équipages militaires. — THEVENIN inspecteur général. — 1 inspecteur. — 3 commis. — 1 agent en chef de l'entreprise Breidt. — 1 chef de service. — 3 commis. — 75 charretiers. — 200 chevaux haut-le-pied.

Habillement. — DE RICÉ inspecteur général. — 2 inspecteurs. — 2 garde-magasins. — 1 aide.

Postes. — 1 directeur. — 2 commis. — 4 courriers. — 2 malles. — 12 chevaux.

Trésorerie. — ROGUIN payeur général. — FÉRINO payeur central. — 1 caissier. — 2 principaux commis. — 10 commis. — 5 sous-employés. — 12 caissons. — 50 chevaux.

Au quartier impérial à Würzburg, le 3 octobre 1806.

L'Inspecteur en chef aux revues, Intendant général,

VILLEMANZY.

Cette administration du grand quartier général avait une avant-garde indépendante de l'administration du petit quartier général, ainsi que le prouve l'ordre de l'Empereur à l'Intendant général du 6 novembre 1806 au soir, page 752.

1. Ce sont les 26 caissons signalés dans l'état du 24 septembre, *Iéna* p. 140, les caissons d'ambulance légère n'étant pas encore partis de Strasbourg.

ÉTATS-MAJORS DES CORPS D'ARMÉE.

Réserve de cavalerie.

(1er novembre 1806.)

Commandant en chef . . .	S. A. I. le GRAND-DUC DE BERG lieutenant de l'Empereur.
	BEAUMONT g^{al} de brig. — DÉRI chef d'esc. [1]. — LAGRANGE, PIÉTON, FLAHAULT, BRUNET cap. a. d. c.
Chef de l'état-major g^{al} . .	BELLIARD g^{al} de div. — GALBAUD-DUFORT, WALSCH lieut^{ts} a. d. c.
Sous-chef de l'état-major .	GIRARD adj^{t}-c^{t}.
Employés à l'état-major . .	AYMÉ adj^{t}-c^{t}. — DOLBECK, SAINT-ELME cap. [2]. — SONIS cap. du génie. — PASZKOWSKI cap., MIKIELWI lieut^{t}, interprètes. — ROBERT s^{s}-lieut^{t} du 28e de dragons.
Adjoints à l'état-major . . .	MOREAU, GUYARDELLE, GALDEMAR, BEDOT, FORGEOT, WATHIEZ, REGNIER cap.
Commandant l'art^{ie}	LAMARTINIÈRE g^{al} de brig. — AUBERT lieut^{t} a. d. c.
	SIMON FAULTRIER col. chef de l'ét.-maj. — LEBEAU cap. adj^{t}. — NEIGRE major dir. du parc, 2 cap., 1 lieut^{t} adj^{ts}.
Commandant le génie . . .	ROGNIAT chef de b^{on}, 2 cap. adj^{ts}.
Commandant la gend^{ie} . .	FONTANIER chef d'esc^{on}.
Vaguemestre général . . .	LECLAIRE chef de b^{on}.
Inspecteur aux revues . . .	. . . .
Ordonnateur en chef . . .	MATHIEU FAVIERS insp. aux revues. — BREVET, MONY c^{res} des g^{res}. — MILLOUAIN, adj^{t}.

---

1. Lanusse col. du 17e de ligne. — Exelmans col. du 1er de chass. à cheval.
2. Ex-aides de camp du général Verdières, à l'ét.-maj. du 25 octobre.

1er *Corps d'armée.*

(16 novembre 1806.)

Commandant en chef . . .	M^{al} BERNADOTTE, Prince de Ponte-Corvo.
	GÉRARD adj^{t}-c^{t}. — GAULT chef d'esc. — VILLATTE, LEBRUN cap. — GENTIL lieut^{t} a. d. c.
Chef de l'état-major g^{al} . .	Léopold BERTHIER g^{al} de div^{on}. — PERNET cap. — MONTGARDÉ lieut^{t} a. d. c.
Sous-chef de l'état-major .	HAMELINAYE adj^{t}-c^{t}.
Employés à l'état-major. .	FORGUES chef d'esc^{on} c^{t} le q^{r} g^{al}. — BIGY chef de b^{on}. — DAREWSKY cap., POMORSKY lieut^{t} pol. interprètes.
Adjoints à l'état-major . .	GAULT, BERTON, VILMAIN, STECK, WIRIOT, CLARY cap.
Commandant l'art^{ie} . . .	EBLÉ g^{al} de div^{on}. — PÉCHEUR lieut^{t} a. d. c.
	FORNO col. chef de l'ét.-maj. — MARCLET col. dir. du parc. — 1 chef de b^{on}, 2 cap. adj^{ts}.
Commandant le génie. . .	MORIO col. — VALAZÉ chef de b^{on}, LEGENTIL cap. attachés à l'ét.-maj. g^{al}.
Commandant la gend^{ie} . .	VAILLANT chef d'esc^{on}.
Inspecteur aux revues. . .	LALANCE. — GASPARD, VILLAIN sous-insp.
Ordonnateur en chef . . .	BOILLEAU c^{re} des g^{res} ff^{ons}. — GENÊT c^{re} des g^{res} au q^{r} g^{al}.

3e *Corps d'armée.*

(7 octobre 1806.)

Commandant en chef . . .	Mal DAVOUT.
	BOURCK, DAVOUT colonels. — FALCOU chef d'escon. — PERRIN cap. — TROBRIANT, MONTESQUIOU lieutts a. d. c.
Chef de l'état-major gal . .	DAULTANNE gal de brig. — BEZANÇON cap. a. d. c.
Sous-chef de l'état-major .	BEAUPRÉ adjt-ct.
Employés à l'état-major . .	LEVASSEUR, ROMEUF, ALLAIN adjts-cts. — JAZINSKI, ZADERA cap. pol. interprètes.
Adjoints à l'état-major . .	GAUTHEROT, COUBARD, MAUREL, LABARBÉ, RASPAIL cap.
Commandant l'artie	HANNICQUE gal de brig. — BONTEMPS cap. a. d. c.
	CHARBONNEL col. chef de l'ét.-maj. — BEAUVISAGE cap. adjt. — JOUFFROY col. dir. du parc. — 4 cap. adjts.
Commandant le génie . . .	TOUSARD col. — BREUILLE chef de bon. — PRÉVOST cap. chef de l'ét.-maj.
	FERROGIO cap, LAMBERT lieutt adjts.
Commandant la gendie . .	SAUNIER chef d'escon.
Inspecteur aux revues. . .	LAIGLE.
Ordonnateur en chef . . .	CHAMBON. — GUITER cre des gres. — BURGET adjt.

4e *Corps d'armée.*

(16 octobre 1806.)

Commandant en chef . . .	M^{al} Soult.
	Ricard adj^{t}-c^{t}. — Lachau, Triboul chefs de b^{on}. — Lameth, Saint-Chamans cap. a. d. c. [1].
Chef de l'état-major g^{al} . .	Compans g^{al} de brig. — Martin, Lavigne lieut^{ts} a. d. c.
Sous-chef de l'état-major .	Binot adj^{t}-c^{t}.
Employés à l'état-major. .	Lepreux adj^{t}-c^{t} [2]. — Dufay chef d'esc^{on} [3]. — Billewitz, Wilwinski lieut^{ts} pol. interprètes.
Adjoints à l'état-major . .	Laurain, Asselin, Weigold, d'Héricourt cap.
Commandant l'art^{ie} . . .	Lariboisière g^{al} de brig. — Liguin cap. a. d. c.
	Moncabrié col. chef de l'ét.-maj. — Caban chef de b^{on} dir. du parc. — 3 cap. adj^{ts}.
Commandant le génie . . .	Garbé col. — Guardia chef de b^{on}. — Vincent cap.
Commandant la gend^{ie} . .	Dubignon chef d'esc^{on}.
Vaguemestre général . . .	Armanet chef de b^{on}.
Inspecteur aux revues. . .	Lambert.
Ordonnateur en chef . . .	Lenoble. — Crouzet c^{re} des g^{res}. — Desfontaines, adj^{t}.

1. Pétiet lieut^{t} à l'expédition de Sicile.
2. Mériage adj^{t}-c^{t} en mission à Vienne.
3. Vernet chef de b^{on} à Nuremberg.

5e *Corps d'armée.*

(7 octobre 1806.)

Commandant en chef . . .	M^{al} LANNES.
	THOMIÈRES adj^{t}-c^{t}. — BUSSIÈRES chef d'esc^{on}. — SAINT-MARS cap. — LE GUEHENEUC lieut^{t} a. d. c.
Chef de l'état-major g^{al} . .	VICTOR g^{nl} de div^{on}. — JOURDAIN lieut^{t} a. d. c.
Sous-chef de l'état-major .	DEMBOWSKY adj^{t}-c^{t}.
Employés à l'état-major. .	GAUTHRIN, GATINE adj^{ts}-c^{ts}. — BORELLY chef d'esc^{on}. — PETITPIERRE chef de b^{on}. — BRZOZOWSKY lieut^{t} pol. interprète.
Adjoints à l'état major . .	MARIMPOIX, MAHON, GLADY, CARRÈRE cap.
Commandant l'arti^{e} . . .	FOUCHER g^{al} de brig. — GOURGAUD, lieut^{t} a. d. c.
	NOURY col. chef de l'ét.-maj. — BEAUFRANCHET cap. adj^{t}. — HUMBERT col. dir. du parc. — 1 chef de b^{on}, 2 cap., 1 lieut^{t}.
Commandant le génie. . .	DODE col. — ROUGIER chef de b^{on} chef de l'ét.-maj. — 4 cap. adj^{ts}.
Commandant la gend^{ie} . .	TASSIN cap.
Vaguemestre général . . .	ALFONCE chef de b^{on}.
Inspecteur aux revues. . .	BUHOT.
Ordonnateur en chef . . .	WAST c^{re} des g^{ros} ff^{ons}. — TEXIER, OLIVIER c^{res} des g^{ros}. — BONNEFOI, adj^{t}.

6e *Corps d'armée.*

(7 octobre 1806.)

Commandant en chef . . .	M^{al} Ney.
	Jomini adj^{t}-c^{t}. — Crabbé major au 14e de chass. — Béchet chef d'esc^{on}. — Lamour chef de b^{on}. — Labrume cap. — Saint-Simon, Vogt, Laboissière lieut^{ts} a. d. c.
Chef de l'état-major g^{al} . .	Dutaillis g^{al} de brig. — Talbot, Duhamel lieut^{ts} a. d. c.
Sous-chef de l'état-major .	Mallerot adj^{t}-c^{t}.
Employés à l'état-major . .	Vonderweidt g^{al} de brig. — Chodron, Barthès cap. a. d. c. — Destabenrath adj^{t}-c^{t}. — Flosse col. c^{t} le q^{r} g^{al}. — Lieutaud, Arnauld chefs de b^{on}. — Rippert chef d'esc^{on}. — Orzelsky lieut^{t} pol. interprète.
Adjoints à l'état-major . .	Barbut, Gérard, Fontaine, Vanot, Saint-Léger cap.[1].
Commandant l'art^{ie} . . .	Seroux g^{al} de div^{on}. — Regnard cap. — Heymès, Vavasseur, lieut^{ts} a. d. c.
	Bicquelley col. chef de l'ét.-maj. — Martin cap. adj^{t}. — d'Aboville col. dir. du parc. — 3 cap. adj^{ts}.
Commandant le génie. . .	Prudhomme chef de b^{on}. — 1 cap., 1 lieut^{t} adj^{ts}.
Commandant la gend^{ie} . .	Jameron chef d'esc^{on}.
Sous-inspecteur aux revues.	Barte.
Ordonnateur en chef . . .	Marchant. — Robert c^{re} des g^{res}. — Montessuy, d'Hervey adj^{ts}.

1. Lanusse, Caboche cap., aux eaux.

7e *Corps d'armée.*

(8 octobre 1806.)

Commandant en chef . . .	M^{al} AUGEREAU. ALBERT adj^{t}-c^{t}. — SICARD col. — MASSI, NOGUÈS chefs d'esc^{on}. — CHEWTEL cap. — MAINVIELLE, MARBOT lieut^{ts} a. d. c.
Chef de l'état-major g^{al} . .	PANNETIER g^{al} de brig. — FROMENT cap. — BERTHELOT lieut^{t} a. d. c.
Sous-chef de l'état-major .	MAC-SHÉEHY adj^{t}-c^{t}.
Employés à l'état-major . .	PERARD, PICQUET chefs de b^{on}. — GRESSOT, FOUQUES, MARTIN, BLACKWEL chefs d'esc^{on}. — DALHEN cap. interprète.
Adjoints à l'état-major . .	GARNIER, LIGNAC, FOUSCHARD, MAIRE, MARESCHAL cap.
Commandant l'art^{ie} . . .	DORSNER g^{al} de div^{on}. — MONISTROL chef d'esc^{on}, DUPRÉS cap., PRÉVOST s.-lieut^{t} a. d. c. LEHAUT chef de b^{on} chef de l'ét.-maj. — BRATCHER cap. adj^{t}. — DHERVILLE col. dir. du parc. — 3 cap. adj^{ts}.
Commandant le génie . . .	LAGASTINE col. — 2 cap. adj^{ts}.
Commandant la gend^{ie} . .	CARANT cap.
Inspecteur aux revues. . .	GARREAU.
Ordonnateur en chef . . .	DUPRAT. — BANAL, LEMARQUANT c^{ros} des g^{res}. — CLABAC adj^{t}.

8e *Corps d'armée.*

(20 novembre 1806.)

Commandant en chef . . .	Mal MORTIER. SIMON adjt-ct. — GOURÉ col. — DE LAPOINTE chef d'escon. — BEAUMETZ, BONNAIRE lieutts a. d. c.
Chef de l'état-major gal . .	GODINOT gal de brig. — DE CHOISY, VIDAL lieutts a. d. c.
Sous-chef de l'état-major .	D'HARLENCOURT adjt-ct.
Adjoints à l'état-major . .	FIAUD, BICHOT, TASCHER cap.
Commandant l'artie . . .	LACOMBE SAINT-MICHEL gal de divon. — CAPRIOL SAINT-HILAIRE cap. d'infie. LEBUGUET lieutt au 6e bon ppal du train a. d. c. — BALTUS col. chef de l'ét.-maj.
Commandant le génie. . .	MONTFORT col.
Commandant la gendie . .	. . . . .
Inspecteur aux revues. . .	CHAALONS. — BREMOND s.-insp.
Ordonnateur en chef . . .	MONNAY. — JOURDEUIL, STOUHLEN cres des gres. — BRIGNAN, GRANIER adjts.

Dans les états-majors de corps d'armée il y a 2 catégories d'officiers : l'adjudant-commandant ou colonel premier aide de camp et les adjudants-commandants employés à l'état-major ; — les chefs de bataillon ou d'escadron, capitaines et lieutenants aides de camp du Maréchal ou du chef d'état-major et employés ou adjoints à l'état-major.

Les premiers sont à la disposition du commandant du corps d'armée pour les missions importantes qui ne peuvent être confiées qu'à des officiers d'un grade élevé ayant la confiance du chef et pouvant parler en son nom. Ils sont toujours au nombre de 3, le premier aide de camp, le sous-chef d'état-major chargé de tenir le bureau et un adjudant-commandant ; souvent même il y a deux adjudants-commandants employés à l'état-major.

Les seconds sont chargés des missions moins importantes et surtout de porter les ordres. Les aides de camp et les officiers de l'état-major concourent ensemble pour ce service. Les officiers de l'état-major ont en outre un service de jour auprès du chef d'état-major ; l'un d'eux, du grade de chef de bataillon ordinairement, est commandant du quartier général. L'observation des tableaux du personnel des états-majors de corps d'armée montre que pour chacune des divisions d'infanterie du corps d'armée il y a à l'état-major 5 officiers de cette catégorie, soit 15 officiers environ (aides de camp, employés et adjoints) pour un corps d'armée à 3 divisions d'infanterie.

Les commandants de corps d'armée ont toujours des officiers auprès du Commandant de l'armée et auprès des commandants des corps d'armée voisins ; les courses sont longues, les officiers ne reviennent pas, les généraux se trouvent bientôt presque seuls obligés d'envoyer leurs rapports au Commandant de l'armée par des sous-officiers. Pendant le mois d'octobre tous les Maréchaux se plaignent du manque d'officiers. Le maréchal Lannes dit que ses officiers sont surmenés.

L'Empereur a donné l'ordre le 17 septembre que tous les généraux complètent leurs aides de camp et que le Major général complète les états-majors en officiers. Mais il sait qu'il manque 120 capitaines adjoints à l'état-major qui doivent exister et qui n'existent pas ; aussi ordonne-t-il le 17 novembre au Major général d'attacher à chacun des Maréchaux 4 jeunes gens arrivant de l'école militaire de Fontainebleau comme sous-lieutenants d'ordonnance et d'en placer 20 à l'état-major général. « En attachant les jeunes gens à l'état-

« major et aux Maréchaux, j'entends bien qu'ils ne pourront pas rester là plus d'une année et qu'ils seront, après, envoyés dans les « corps à mesure qu'il y aura des vacances. Cette disposition, d'ailleurs, sera momentanée et pour la campagne[1]. » La mesure, comme je l'ai dit plus haut, ne dura pas plus de 3 mois; mais ces sous-lieutenants d'ordonnance ont figuré sur les états de situation des corps d'armée.

Dans les divisions l'adjudant-commandant chef d'état-major a sous ses ordres 2 ou 3 adjoints, généralement autant d'adjoints qu'il y a de brigades dans la division. Le général de division a 3 aides de camp, ce qui fait 6 officiers pour porter les ordres.

Indépendamment de tous ces officiers, les Maréchaux font désigner des officiers de troupe intelligents et actifs pour porter les ordres et faire connaître l'emplacement des troupes. Le maréchal Davout en veut 3 dans chaque division. Voir *Iéna* page 58. Sur les états de situation ces officiers ne sont pas portés comme détachés en dehors du corps[2].

---

1. Je ne cite pas cette manière d'employer les sous-lieutenants comme bonne à imiter. Je la crois extrêmement mauvaise. Pour qu'un officier soit capable de servir dans un état-major même pour porter des ordres, il faut qu'il ait servi plusieurs années dans les troupes, qu'il s'y soit formé.

2. Le nombre d'officiers est trop restreint pour que l'on puisse aujourd'hui détacher dans les états-majors des officiers en plus de ceux que le règlement accorde. Il faut donc employer beaucoup de sous-officiers d'ordonnance intelligents capables de porter les ordres, réservant les officiers pour les courses qui ne peuvent être confiées qu'à des officiers.

Les détachements de cavalerie d'escorte et d'ordonnance dont on a trouvé la répartition pour le 8e corps, *Iéna* page 196, existent dans tous les corps d'armée. Il y a toujours à l'état-major des corps d'armée pour le service d'ordonnance un piquet de 25 chevaux commandé par un maréchal des logis, indépendamment de l'escorte du Maréchal indiquée page 538. Ce piquet est composé d'hommes pris en nombre égal dans tous les régiments de cavalerie légère attachés au corps d'armée, sous les ordres d'un brigadier par régiment; il est commandé par un officier et un maréchal-des-logis fournis à tour de rôle par chacun des régiments; tout le piquet d'ordonnance est relevé tous les 5 jours.

A l'état-major du 4e corps, pendant la campagne de l'an XIV, il y avait toujours 4 chevaux sellés, 2 chasseurs d'ordonnance chez le Maréchal, 2 chez le chef de l'état-major; au fur et à mesure de leur départ ils étaient remplacés. — Le nombre d'ordonnances composant le piquet doit être assez considérable pour que les chevaux ne soient pas surmenés. — Dans les divisions du 4e corps, il y a un piquet d'ordonnances composé d'un brigadier et 10 cavaliers. — Ce service d'ordonnances était loin d'être tenu en honneur par les cavaliers : pendant la campagne de l'an XIV tous les chasseurs du piquet du 26e régiment, détachés au quartier général du 4e corps, disparurent un jour et regagnèrent leur régiment à l'exception d'un seul, si bien que le chef d'état-major fut obligé de réclamer un nouveau détachement d'ordonnances. Il est probable que le piquet n'avait pas été relevé au jour indiqué et que les chasseurs, considérant leur dette payée, avaient filé sans attendre leurs successeurs.

Le Maréchal commandant en chef un corps d'armée a une correspondance personnelle avec l'Empereur, le Major général, le Ministre, les Maréchaux commandant les corps voisins, enfin avec toutes les autorités de rang supérieur, de même rang ou de rang inférieur, comme les généraux commandant les divisions sous ses ordres, les généraux commandant la cavalerie, l'artillerie, l'ordonnateur. Cette correspondance est enregistrée sur le registre personnel du Maréchal. Indépendamment des lettres à ces autorités, on trouve sur ce registre les ordres de mouvement, les ordres au chef de l'état-major pour les détails, etc. [1]. — Les Maréchaux donnaient leurs ordres par écrit à leurs chefs d'état-major, comme je l'ai déjà signalé, *Iéna* page 474. Il reste trop de registres de correspondance des Maréchaux et des généraux commandant en chef pour qu'on puisse douter de cette méthode de travail. Outre leurs aides de camp, les Maréchaux avaient tous un secrétaire ; celui du maréchal Ney était un M. Cassin que le Maréchal fit nommer adjoint aux commissaires des guerres et qui devint commissaire ; celui du maréchal Augereau était un M. Hullot.

Le chef d'état-major du corps d'armée est chargé des détails du corps d'armée. Il présente au Maréchal les rapports des divisions, de l'ordonnateur, etc., reçoit ses ordres et les expédie. Les ordres de mouvement qui sont sur le registre du Maréchal se retrouvent pour l'expédition sur le registre du chef d'état-major ; mais les ordres particuliers donnés directement par le Maréchal aux généraux de division, au commandant de la cavalerie, au commandant de l'artillerie, à l'ordonnateur, se trouvent seulement sur son registre. Que le Maréchal donne connaissance de ces ordres à son chef d'état-major, cela n'est pas douteux ; mais le Maréchal a son travail personnel comme le chef d'état-major le sien [2].

---

1. Ce registre est le *registre du commandement*. On y trouve toutes les affaires qui nécessitent les ordres directs du commandant du corps d'armée, qui exigent sa signature. Si on examine le registre du maréchal Soult pendant la campagne de 1806 et 1807, on y trouve les rapports à l'Empereur et au Major général, les lettres aux Maréchaux commandant les corps voisins, les ordres généraux de mouvement, les ordres particuliers aux généraux de division, au commandant de la cavalerie, à des officiers de cavalerie pour des reconnaissances, en un mot tout ce qui tient aux opérations, les ordres d'administration à l'ordonnateur qui comportent exécution et engagent la responsabilité du commandement (ordres à l'ordonnateur et au payeur pour les dépenses, ordres pour les réquisitions), les ordres concernant la discipline. Le registre ne contient pas plus de 5 ou 6 lettres chaque jour. J'ai publié pour la campagne d'octobre tous les ordres ou lettres qui se trouvent sur le registre du maréchal Soult. On se rendra compte des ordres que le Maréchal signait lui-même.

2. Ce que j'ai fait pendant la campagne de Prusse pour le registre du ma-

Une partie du travail du chef d'état-major consiste à prévoir toutes les demandes du général pour les questions de détail, reconnaissances, renseignements de toutes espèces sur l'ennemi, les subsistances, etc., à employer les officiers sous ses ordres à recueillir ces renseignements afin d'être toujours lui-même en mesure d'être utile et de seconder son chef. C'est un aide actif.

Le chef d'état-major donne les ordres de détail au nom du Maréchal. Dans les circulaires, ordres ou dépêches, c'est la même formule qui revient : « L'intention de M. le Maréchal commandant en chef est que... M. le Maréchal commandant en chef désire... » Le général Belliard, chef d'état-major du grand-duc de Berg, écrit de même : « L'intention du Prince est que... » C'est une formule analogue à celle dont se sert le Major général. L'organisation du grand état-major général est suivie dans les états-majors des corps d'armée et des divisions.

L'adjudant-commandant sous-chef d'état-major *fait les détails* de

---

réchal Soult, je l'ai fait également pour le registre du général Compans. J'ai publié tous les ordres qu'il contient. J'en ai bien omis quelques-uns sans intérêt, comme la transmission des états de situation au Major général ou la réclamation de ces mêmes états aux chefs d'état-major des divisions. On se rendra compte au jour le jour du travail du bureau de l'état-major.

Il n'y a pas chaque jour plus de 2 ou 3 pages d'enregistrement sur le registre du chef d'état-major du 4e corps. Ce sont l'expédition des ordres généraux de mouvement; des ordres aux généraux et à l'ordonnateur pour les distributions; des ordres aux généraux pour la répartition du service, le relèvement des détachements, l'installation des camps et des cantonnements; des ordres aux généraux et aux chefs de service pour les transports; des ordres aux chefs d'état-major pour la production des états de situation et autres pièces; des ordres de mission aux officiers d'état-major ; des demandes de renseignements; des ordres au commandant de la gendarmerie pour des questions de police, d'arrestations, de conseils de guerre. C'est la besogne de l'adjoint de service au bureau et des 4 secrétaires sous la direction du sous-chef d'état-major.

La transmission des états de situation se faisait directement entre les chefs d'état-major qui les signait. C'était une suite des traditions de l'armée d'Italie. Dans le rapport du 11 pluviôse an IV au chapitre *Adjudants généraux employés dans les divisions de l'armée et chargés des détails*, il est dit : « Par ordre du « Général en chef le tableau n° 1, au lieu de lui être adressé directement, le « sera au chef de l'état-major, ce qui facilitera le travail pour dresser le tableau général. » La production des états de situation tenait une grande place dans la correspondance entre les chefs d'état-major. — Il y avait à l'état-major du 4e corps, à celui de la réserve de cavalerie et dans les autres corps d'armée probablement aussi, un registre pour l'inscription de toutes les situations fournies. A la réserve de cavalerie on se servait de la minute de l'état de quinzaine et on reliait tous ces états. — Je n'ai d'ailleurs pas l'intention de reproduire ici le *Manuel des états-majors* du général Thiébault. Je présente seulement quelques observations que m'ont suggérées la lecture et le maniement de tous ces registres et pièces d'état-major.

l'état-major et *tient le bureau* du chef d'état-major du corps d'armée, comme l'aide-major général chef de l'état-major général est chargé des détails et du bureau de l'état-major général. Ce sont les expressions en usage à la Grande Armée ; je les trouve dans une lettre du maréchal Soult au Major général du 24 septembre 1806 et dans une lettre du 1er janvier 1806 du général Salligny, chef d'état-major du 4e corps, au Major général dans laquelle il lui demande un adjudant-commandant propre à être sous-chef d'état-major [1].

L'Empereur ayant nommé le 19 septembre 1806 gouverneur de Braunau le général de division Merle, chef d'état-major du 4e corps, et lui ayant donné comme chef d'état-major l'adjudant-commandant Lomet sous-chef de ce corps, le maréchal Soult se trouve privé le 24 septembre du chef et du sous-chef de son état-major [2]. Le Maréchal demande aussitôt au Major général un chef et un sous-chef d'état-major. *Iéna* page 77. En attendant la réponse du Major général, le maréchal Soult prend comme sous-chef provisoire l'adjudant-commandant Cosson, chef d'état-major de la division Legrand actuellement à Passau où se trouve également le quartier général du Maréchal. L'adjudant-commandant Lacroix employé à l'état-major du 4e corps était en mission auprès de différents régiments du corps d'armée pour faire une enquête nécessitée par des plaintes des habitants.

LE GÉNÉRAL MERLE A L'ADJUDANT-COMMANDANT COSSON.

Passau, 26 septembre 1806.

J'ai l'honneur, M. l'adjudant-commandant, de vous prévenir que l'intention de M. le Maréchal commandant en chef est que vous soyez provisoirement chargé des détails de l'état-major général attribués au sous-chef d'état-major pendant l'absence momentanée [3] de M. l'adjudant-commandant Lomet. Je vous invite en conséquence de vous rendre près de moi. M. le général de division Legrand est prévenu de cette disposition.

---

1. Il semblerait que tous les adjudants-commandants ne fussent pas aptes à remplir ces fonctions. Je prie de se reporter au Manuel du général Thiébault, ouvrage dont le seul tort est d'être trop complet et par suite d'une lecture difficile.

2. Ces 2 officiers étaient fort utiles au Maréchal, mais il ne les considérait pas comme indispensables, car il ne se plaint pas en écrivant au Major général.

3. En donnant le 24 septembre au général Merle les instructions pour aller prendre le commandement de Braunau, le maréchal Soult ajoute : « Toutes « ces dispositions doivent être tenues très-secrètes et surtout vous ne devez « pas faire connaître encore votre destination. Donnez pour motif du mouvement des troupes un changement de division et ne laissez présumer au- « cun motif de guerre. »

LE GÉNÉRAL MERLE A L'ADJUDANT-COMMANDANT COSSON.

Passau, 26 septembre 1806.

J'ai l'honneur, Monsieur et cher camarade, de vous prévenir qu'en exécution des ordres de S. Exc. M. le Maréchal commandant en chef le quartier général du 4e corps d'armée partira demain 27 du présent mois de septembre pour se rendre à Amberg en suivant l'itinéraire ci-après : le 27 à Wilshoffen, le 28 à Plettling, le 29 à Straubing, le 30 à Ratisbonne, le 1er octobre à Schwandorf, le 2 à Amberg.

Les ordres ont été donnés en conséquence pour suivre le mouvement à M. le Commissaire ordonnateur en chef et à l'Inspecteur aux revues [1], au payeur principal du corps d'armée, à MM. les adjoints et officiers attachés à l'état-major, au vaguemestre général, au commandant de la gendarmerie, à l'officier commandant les ordonnances, aux secrétaires de l'état-major général.

Les officiers adjoints à l'état-major général sont MM. Asselin, Laurain, Weigold capitaines.

Les officiers employés près l'état-major général sont MM. Vernet chef de bataillon ; Billewitz, Wilwinsky lieutenants polonais ; Armanet, vaguemestre général, chef de bataillon.

Chaque jour un de MM. les officiers ci-dessus désignés est de service près le général chef d'état-major [2] ; ce service se fait à tour de rôle à moins de circonstances extraordinaires. Le tour actuel est le 27 M. Asselin, le 28 M. Weigold, le 29 M. Billewitz, le 30 M. Wilwinsky, le 1er octobre M. Vernet, le 2 M. Laurain, et ainsi de suite.

M. Weigold a été chargé de prendre les devants pour faire préparer les logements pendant toute la route.

M. Armanet, vaguemestre général, ne fait d'autre service que celui attribué à ses fonctions.

---

1. Ordre au général Lariboisière commandant l'artillerie ; au colonel Garbé commandant le génie ; — au commissaire ordonnateur en chef : « ..... Vous voudrez bien en conséquence donner les ordres nécessaires à tous les chefs et employés des administrations employés sous vos ordres pour que ce mouvement soit ponctuellement exécuté. — M. le Maréchal me charge de vous prescrire d'informer à l'avance les autorités locales, baillis et bourgmestres dans tous les lieux de gîte indiqués ci-dessus pour que le logement soit préparé et que les vivres soient assurés. — Je vous préviens que M. l'adjudant-commandant Cosson sera provisoirement chargé de remplir les fonctions de sous-chef de l'état-major général pendant l'absence momentanée de M. l'adjudant-commandant Lomet, et, comme je vais moi-même m'absenter pendant un jour ou deux, vous pourrez, en cas d'urgence, correspondre avec M. l'adjudant-commandant Cosson.

2. C'est la même répartition qu'à l'état-major de la réserve de cavalerie. V. *Iéna* page 371.

M. Vernet est en ce moment très-malade et a été autorisé à rester à Passau jusqu'à son rétablissement, s'il le juge nécessaire.

Les secrétaires d'état-major sont MM. Vomard, Mery, Leclair, Aude. Chacun de ces secrétaires a particulièrement l'expérience de la partie du service auquel il est spécialement employé et tous connaissent assez le travail pour s'entr'aider mutuellement ; ils ont montré beaucoup de zèle et d'expérience pendant le temps qu'ils ont été employés sous mes ordres [1].

Tous les papiers ont été classés avant le départ, et M. Armanet fait les dispositions nécessaires tant pour en assurer le transport que pour les faire escorter [2].

Tels sont, mon cher camarade, les renseignements généraux que je puis vous donner sur les éléments du service au quartier général.

Je vous remets les lettres de service de 3 adjoints qui sont envoyés au 4e corps par S. A. le ministre de la guerre. M. le Maréchal a ordonné que M. Folard, l'un d'entre eux, serait employé à la division de cavalerie légère et que les 2 autres seraient attachés à l'état-major général. M. le Maréchal a ordonné que leurs lettres de service leur fussent remises à leur arrivée en leur annonçant leurs destinations respectives.

M. l'adjudant-commandant Lacroix, employé au quartier général [3], est actuellement en mission vers Landshut ; il importe de ne pas perdre de vue de lui adresser des ordres aussitôt qu'on aura reçu ceux de M. le maréchal Soult à cet égard.

---

1. Le général Lejeune, demandé le 9 septembre 1812 par le maréchal prince d'Eckmühl comme chef d'état-major en remplacement du général Romeuf tué à la Moskowa, trouva 5 à 6 secrétaires ou employés à l'état-major du 1er corps.

2. LE GÉNÉRAL MERLE AU GÉNÉRAL LEGRAND.

Passau, 26 septembre 1806.

Je vous invite, mon Général, à vouloir bien donner les ordres nécessaires pour qu'une compagnie de grenadiers des troupes employées sous vos ordres soit affectée à l'escorte des équipages de M. le Maréchal commandant en chef et ceux de l'état-major général, ainsi que cela a eu lieu pendant la campagne dernière. Cette compagnie doit être à la disposition de M. le chef de bataillon Armanet, vaguemestre général du corps d'armée.

Le 10 octobre, le maréchal Soult fit commander 4 compagnies de grenadiers pour le service du quartier général. *Iéna* page 482.

A la réserve de cavalerie il était fourni une compagnie d'élite pour la garde du quartier général (ordre du 2 vendémiaire an XIV). Cette garde était relevée tous les 8 jours ; elle recevait au quartier général ses vivres et ses fourrages et ne devait pas être comprise sur les bons des régiments. — L'Empereur supprima au commencement de la campagne de l'an XIV les guides des généraux en chef et ordonna que chaque Maréchal pourrait prendre pour sa garde 1 ou 2 compagnies d'élite de cavalerie.

3. L'adjudant-commandant Lacroix fut nommé le 28 septembre chef d'état-

Les états de situation déposés aux archives vous donneront d'ailleurs toutes les indications relatives à la composition du corps d'armée.

Les adjoints et les officiers employés à l'état-major roulaient ensemble pour le service près le chef d'état-major. Le service dont il est question ici devait être le service de bureau. Tous s'occupaient donc de l'ensemble du travail qui n'était d'ailleurs pas compliqué ainsi que cela ressort de l'examen des registres des généraux Salligny, Merle, Compans, Belliard. Pour le service extérieur ils roulaient également entre eux comme à la réserve de cavalerie. Les aides de camp concouraient aussi avec eux pour ce service. Un des adjoints à tour de rôle faisait le logement du quartier général[1]. — Tout ce service des adjoints est bien subalterne et ne concorde guère avec l'idée élevée que l'on se fait actuellement du service des officiers d'état-major. Le nom d'*adjoints* donné à ces officiers paraît parfaitement en rapport avec leurs fonctions.

---

major de la 1re division en remplacement de l'adjudant-commandant Binot. — L'adjudant-commandant Lepreux arriva à l'état-major du 4e corps le 1er octobre.

1. 4e corps. ORDRE.

Au quartier général de Ratisbonne, le 29 septembre 1806.

A l'avenir un officier d'état-major sera toujours chargé de faire le logement du quartier général du corps d'armée.

Le logement sera fait dans l'ordre qui suit : Pour le Maréchal commandant en chef ; — le chef d'état-major général avec le sous-chef d'état-major; — le général commandant l'artillerie et son chef d'état-major ; — l'ordonnateur en chef; — l'état-major du génie ; — les inspecteurs aux revues ; — le payeur principal du corps d'armée ; — le commissaire des guerres ayant la police du quartier général ; — le commandant de la force publique ; — le vaguemestre général; — la poste militaire ; — les chefs des divers services d'administration et des hôpitaux, les adjoints à l'état-major général, de l'artillerie et du génie ; — les inspecteurs d'administration ; — les officiers commandant les détachements de gendarmerie, d'escorte ou de correspondance ; — les employés de l'administration suivant leur grade ; — les détachements de cavalerie ; — l'établissement pour les détachements d'infanterie ou compagnie de service au quartier général.

Toutes les fois que le quartier général devra changer, l'ordonnateur enverra un employé de l'administration avec l'officier qui sera chargé de l'établir, pour recevoir les billets de logement de toutes les personnes qui tiennent à l'administration et ensuite en faire la distribution.

L'adjoint qui aura fait le logement sera aussi chargé d'établir toutes les gardes et sentinelles nécessaires; il aura pendant les 24 heures la police du quartier général et sera successivement remplacé à tour de rôle par un autre adjoint.

Mal SOULT.

Il est probable que l'administration attachée à chaque quartier général de corps d'armée en 1806 et 1807 ne différait pas sensiblement de celle qui lui était attachée en 1809.

M. DARU AU MAJOR GÉNÉRAL.

Vienne, 16 mai 1809.

L'administration d'un quartier général est composée ainsi qu'il suit :

1 commissaire ordonnateur en chef;

2 commissaires des guerres.

Hôpitaux. — 1 médecin principal, 12 chirurgiens, 8 pharmaciens, 1 directeur principal des hôpitaux, 1 directeur, 4 employés, 1 brigadier infirmier, 12 infirmiers.

Trésorerie. — 1 payeur principal, 1 commis, 1 garçon de bureau, 2 postillons, 1 voiture, 6 chevaux.

Vivres-pain. — 1 directeur des vivres-pain, 1 contrôleur, 1 commis aux écritures, 1 garde-magasin, 1 aide, 1 chef de boulangers, 25 boulangers.

Vivres-viande. — 1 directeur des vivres-viande, 1 contrôleur, 1 préposé comptable, 1 commis aux distributions, 2 commis aux écritures, 1 romanier, 4 bouchers, 2 toucheurs.

Fourrages. — 1 directeur des fourrages, 1 contrôleur, 1 inspecteur, 1 garde-magasin, 2 aides, 2 commis aux écritures, 1 journalier principal, 3 botteleurs.

Postes. — 1 directeur des postes, 2 courriers, 2 postillons, 1 voiture, 4 chevaux.

Équipages auxiliaires. — 1 chef de parc.

Habillement. — 1 garde-magasin, 1 aide.

CAVALERIE LÉGÈRE DE LA RÉSERVE.

		SITUATION AU 22 SEPTEMBRE.							SITUATION AU 8 NOVEMBRE.									
		PRÉSENTS.				DÉTACHÉS.		HÔPITAUX.	PRÉSENTS.				DÉTACHÉS.			HÔPITAUX.		PRISONNIERS.
		Officiers.	Troupe.	Chevaux d'offic.	Chevaux de troupe.	Officiers.	Troupe.		Officiers.	Troupe.	Chevaux d'offic.	Chevaux de troupe.	Officiers.	Troupe.	Chevaux.	Officiers.	Troupe.	
BRIGADE LASALLE [1].																		
5e de hussards (1er corps) [2]. Colonel Schwarz	1er.	17	193	"	218	"	"	5	16	318	"	338	6	170	223	"	41	5
	2e.	9	196	"	193	"	"	3	"	"	"	"	"	"	"	"	"	"
	3e.	9	190	"	189	"	"	3	"	"	"	"	"	"	"	"	"	"
7e de hussards (3e corps). Colonel Marx	1er.	16	204	"	236	"	"	"	29	406	"	526	2	125	88	"	7	13[3]
	2e.	8	200	"	204	"	"	"	"	"	"	"	"	"	"	"	"	"
	3e.	8	198	"	202	"	"	"	"	"	"	"	"	"	"	"	"	"
		67	1,181	"	1,242	"	"	"	45	724	"	864	10	295	311	"	48	28
BRIGADE MILHAUD [4].																		
13e de chasseurs (5e corps). Colonel Domangeot	1er.	14	188	"	223	"	"	"	23	434	59	440	"	"	"	"	"	"
	2e.	8	169	"	195	"	"	"	"	"	"	"	"	"	"	"	"	"
	3e.	5	168	"	177	"	"	"	"	"	"	"	"	"	"	"	"	"
		27	525	"	595	"	"	"	23	434	59	440	"	"	"	"	"	"
1er de hussards [5] (division Dupont). Colonel Rouvillois [7]	1er.	12	132	"	179	"	"	7	"	"	"	"	"	"	"	"	"	"
	2e.	6	140	"	158	"	"	6	"	"	"	"	"	"	"	"	"	"
	3e.	7	127	"	152	"	"	8	"	"	"	"	"	"	"	"	"	"
		25	399	"	489	"	"	21	"	"	"	"	"	"	"	"	"	"

1. Voir *Iéna* p. 99 les ordres pour la réunion de ces brigades légères.

2. Corps d'armée où se trouvait le régiment.

3. Dont 1 officier.

4. Cette brigade devait être formée des 11e et 13e de chasseurs, mais le maréchal Soult garda le 11e de chasseurs. V. *Iéna* p. 251, 368. — Le général Milhaud n'eut qu'un régiment pendant tout le mois d'octobre.

5. Situation sommaire au 30 novembre. — Ce régiment, détaché pour la conduite des prisonniers, n'avait pas fourni de situation au 8 novembre.

6. Ce régiment fut détaché pour faire l'escorte de l'Empereur jusqu'à l'arrivée de la cavalerie de la Garde. (V. *Iéna* p. 323.) — Il fut détaché le 29 octobre avec le général Savary ainsi que le 7e de chasseurs, à la poursuite de Blücher. (V. p. 481.)

7. Le colonel Rouvillois fut remplacé le 20 octobre par le colonel de Juniac, chef d'escadron au régiment.

Présents sous les armes :

	22 septemb.	8 novembre.
Brigade Lasalle.	1,242	769
Brigade Milhaud.	652	459

DIVISIONS DE DRAGONS.

		Situation au 27 septembre.							Situation au 15 novembre.									
		Présents.				Détachés.		Hôpitaux.	Présents.				Détachés.			Hôpitaux.		Prisonniers.
		Officiers.	Troupe.	Chevaux d'officiers	Chevaux de troupe.	Officiers.	Troupe.		Officiers.	Troupe.	Chevaux d'officiers	Chevaux de troupe.	Officiers.	Troupe.	Chevaux.	Officiers.	Troupe.	
1re DIVISION DE DRAGONS[1], Gal Klein.		»	»	»	»	»	»	»	15[2]	»	»	»	»	»	»	»	»	»
1re brigade, Gal Fénérolz.																		
1er de dragons, Col d'Oullenbourg .	1er esc.	12	138	»	183	»	»	»	17	148	16	105	»	22[3]	»	»	6	»
	2e —	7	128	»	144	»	»	»	9	129	22	139	3	32	»	»	8	»
	3e —	7	126	»	143	»	»	»	9	121	23	138	1	36	»	»	10	»
2e — Col Privé	1er —	13	144	»	172	»	»	»	13	111	37	127	2	58	»	»	4	»
	2e —	6	126	»	133	»	»	»	4	94	20	126	6	57	»	»	15	2
	3e —	7	117	»	130	»	»	»	7	101	16	129	1	58	»	»	8	2
	4e —	5	113	»	116	»	»	»	»	»	»	»	»	»	»	»	»	»
2e brigade, Gal Fauconnet.																		
4e de dragons, Col Lamotte[4]. . . .	1er —	»	513	»	409[5]	»	»	»	7	60	26	160	5	133	»	»	4	»
	2e —	»	»	»	»	»	»	»	8	102	18	119	»	97	»	»	2	»
	3e —	»	»	»	»	»	»	»	7	104	18	116	1	90	»	»	9	»
14e — Col Bouvier	1er —	14	164	»	197	»	»	»	13	129	33	149	»	17	»	1	18	»
	2e —	6	164	»	173	»	»	»	6	127	6	131	»	28	»	2	9	»
	3e —	10	170	»	184	»	»	»	6	128	11	146	1	29	»	2	18	»
3e brigade, Gal Picard.																		
20e de dragons, Col Reynaud. . . .	1er —	13	139	»	191	»	»	»	11	123	28	119	3	35	»	1	4	4
	2e —	8	139	»	151	»	»	»	8	114	12	113	1	31	»	»	3	7
	3e —	8	131	»	150	»	»	»	9	107	20	107	»	37	»	»	1	5
26e — Col Delorme . . .	1er —	17	146	»	184	»	»	»	12	126	30	138	2	25	»	1	7	2
	2e —	8	144	»	157	»	»	»	7	103	15	123	»	13	»	»	8	»
	3e —	8	141	»	185	»	»	»	7	105	13	124	2	31	»	»	13	1
		149	2,252	»	2,563	»	»	»	175	2,032	372	2,421	27	829	»	7	142	»
2e régt d'artie légère. 1/2 2e cie[6]		1	43	»	40	»	»	»	1	46	3	49	»	»	»	»	»	»
2e bon *bis* du train. 1/2 1re cie		1	59	»	78	»	»	»	1	58	2	80	»	»	»	»	»	»
2e DIVISION DE DRAGONS Gal Grouchy.		17	»	»	»	»	»	»	89	1,400	»	1,680[7]	23	427	248	»	27	5
1re brigade, Gal Roget.																		
3e de dragons, Col Grézard. . .	État-major.	7	4	»	19	»	»	»	»	»	»	»	»	»	»	»	»	»
	1er esc.	6	134	»	145	»	»	»	»	»	»	»	»	»	»	»	»	»
	2e —	6	121	»	129	»	»	»	»	»	»	»	»	»	»	»	»	»
	3e —	5	120	»	125	»	»	»	»	»	»	»	»	»	»	»	»	»
6e — Col Lebaron . .	État-major.	8	6	»	24	»	»	»	»	»	»	»	»	»	»	»	»	»
	1er esc.	7	134	»	130	»	»	»	»	»	»	»	»	»	»	»	»	»
	2e —	6	121	»	116	»	»	»	»	»	»	»	»	»	»	»	»	»
	3e —	8	124	»	121	»	»	»	»	»	»	»	»	»	»	»	»	»
	4e —	6	122	»	117	»	»	»	»	»	»	»	»	»	»	»	»	»
2e brigade, Gal Milet.																		
10e de dragons, Col Dommanget.	État-major.	7	3	»	26	»	»	»	»	»	»	»	»	»	»	»	»	»
	1er esc.	7	136	»	167	»	»	»	»	»	»	»	»	»	»	»	»	»
	2e —	6	142	»	152	»	»	»	»	»	»	»	»	»	»	»	»	»
	3e —	7	111	»	134	»	»	»	»	»	»	»	»	»	»	»	»	»
11e — Col Bourbier . .	État-major.	7	8	»	19	»	»	»	»	»	»	»	»	»	»	»	»	»
	1er esc.	6	137	»	168	»	»	»	»	»	»	»	»	»	»	»	»	»
	2e —	5	107	»	114	»	»	»	»	»	»	»	»	»	»	»	»	»
	3e —	6	119	»	113	»	»	»	»	»	»	»	»	»	»	»	»	»
	4e —	6	118	»	109	»	»	»	»	»	»	»	»	»	»	»	»	»
3e brigade, Gal Boussart.																		
13e de dragons, Col Laroche . . .	État-major.	6	8	»	30	»	»	»	»	»	»	»	»	»	»	»	»	»
	1er esc.	7	159	»	170	»	»	»	»	»	»	»	»	»	»	»	»	»
	2e —	7	148	»	156	»	»	»	»	»	»	»	»	»	»	»	»	»
	3e —	6	142	»	153	»	»	»	»	»	»	»	»	»	»	»	»	»
22e — Col Carrié . . .	État-major.	7	6	»	18	»	»	»	»	»	»	»	»	»	»	»	»	»
	1er esc.	8	148	»	132	»	»	»	»	»	»	»	»	»	»	»	»	»
	2e —	8	130	»	156	»	»	»	»	»	»	»	»	»	»	»	»	»
	3e —	7	141	»	146	»	»	»	»	»	»	»	»	»	»	»	»	»
		193	2,745	»	2,915	»	»	»	»	»	»	»	»	»	»	»	»	»
2e régt d'artie légère 1/2. 2e cie[8].		1	39	»	32	»	»	»	»	»	»	»	»	»	»	»	»	»
2e bon *bis* du train. 2e cie.		1	58	»	97	»	»	»	»	»	»	»	»	»	»	»	»	»
3e DIVISION DE DRAGONS, Gal Beaumont.		»	»	»	»	»	»	»	18	»	»	»	»	»	»	»	»	»
1re brigade, Gal Boyé.																		
5e de dragons, Col Lacour[9]. . .	État-major.	7	6	»	19	»	»	»	7	3	»	19	»	5	6	»	»	»
	1er esc.	6	132	»	144	»	»	»	7	140	»	151	»	19	20	»	2	»
	2e —	8	134	»	149	»	»	»	8	149	»	100	»	38	36	»	»	»
	3e —	7	133	»	143	»	»	»	7	147	»	161	»	36	37	»	»	»
8e — Col Beckler. . .	État-major.	6	6	»	23	»	»	»	7	5	»	22	»	1	1	»	»	»
	1er esc.	5	141	»	135	»	»	»	8	131	»	148	»	30	30	»	12	»
	2e —	7	125	»	141	»	»	»	9	127	»	144	1	44	46	»	4	»
	3e —	7	133	»	144	»	»	»	8	138	»	130	2	32	30	»	13	»
	4e —	4	129	»	136	»	»	»	»	»	»	»	»	»	»	»	»	»
2e brigade, Gal Marisy.																		
12e de dragons, Col Girault . . .	État-major.	5	6	»	21	»	»	»	5	6	»	19	»	»	»	»	»	»
	1er esc.	7	117	»	134	»	»	»	7	149	»	158	»	1	»	»	2	»
	2e —	6	118	»	132	»	»	»	8	145	»	150	»	»	»	»	5	»
	3e —	7	111	»	123	»	»	»	8	148	»	159	»	»	»	»	4	»
	4e —	6	114	»	124	»	»	»	»	»	»	»	»	»	»	»	»	»
16e — Col Clément . .	État-major.	8	4	»	22	»	»	»	7	1	»	13	»	»	»	»	»	»
	1er esc.	5	143	»	155	»	»	»	8	132	»	126	2	44	48	»	6	»
	2e —	7	131	»	133	»	»	»	8	119	»	97	1	69	71	»	3	»
	3e —	5	117	»	127	»	»	»	8	131	»	104	1	58	60	»	3	»
	4e —	5	126	»	130	»	»	»	»	»	»	»	»	»	»	»	»	»
3e brigade, Gal Latour-Maubourg.																		
9e de dragons, Col Maupetit . .	État-major.	6	5	»	17	»	»	»	8	4	»	17	»	»	»	»	»	»
	1er esc.	6	116	»	120	»	»	»	8	134	»	194	»	13	13	»	[illegible]	»
	2e —	7	101	»	136	»	»	»	9	143	»	179	»	26	26	»	[illegible]	»
	3e —	6	101	»	113	»	»	»	7	141	»	182	1	26	28	»	2	»
	4e —	6	96	»	111	»	»	»	»	»	»	»	»	»	»	»	»	»
21e — Col Dumas. . .	État-major.	5	5	»	15	»	»	»	7	6	»	19	»	»	»	»	»	»
	1er esc.	8	148	»	158	»	»	»	7	133	»	143	»	29	29	»	»	»
	2e —	6	117	»	138	»	»	»	8	134	»	155	»	24	25	»	»	»
	3e —	6	123	»	127	»	»	»	7	126	»	137	»	34	35	»	»	»
	4e —	7	139	»	139	»	»	»	»	»	»	»	»	»	»	»	»	»
		183	2,873	»	3,926	»	»	»	197	2,312	»	2,832	»	531	547	»	»	»
2e régt d'artie légère. 1/2. 3e cie.		2	35	»	40	»	»	»	2	39	»	39	»	1	2	»	3	»
2e bon *bis* du train. 2e et 3e cies, détachts . .		»	30	»	76	»	»	»	»	49	»	69	»	»	»	»	4	»
4e DIVISION DE DRAGONS, Gal Sahuc.		»	»	»	»	»	»	»	13	»	»	»	»	»	»	»	»	»
1re brigade, Gal Laplanche.																		
17e de dragons, Col Beurmann. .	État major.	7	4	»	13	»	»	»	»	»	»	»	»	»	»	»	»	»
	1er esc.	8	167	»	176	»	»	»	30	415	»	449	»	51	34	»	8	2
	2e —	8	157	»	167	»	»	»	»	»	»	»	»	»	»	»	»	»
	3e —	8	162	»	166	»	»	»	»	»	»	»	»	»	»	»	»	»
27e — Col Lallemand .	État-major.	5	4	»	13	»	»	»	»	»	»	»	»	»	»	»	»	»
	1er esc.	8	169	»	178	»	»	»	32	556	»	603	»	25	30	»	7	1
	2e —	8	161	»	171	»	»	»	»	»	»	»	»	»	»	»	»	»
	3e —	7	159	»	162	»	»	»	»	»	»	»	»	»	»	»	»	»
2e brigade, Gal Margaron[10].																		
18e de dragons, Col Laffite . . .	État-major.	6	4	»	22	»	»	»	»	»	»	»	»	»	»	»	»	»
	1er esc.	8	156	»	172	»	»	»	32	397	»	459	»	42	41	»	26	»
	2e —	8	147	»	168	»	»	»	»	»	»	»	»	»	»	»	»	»
	3e —	9	140	»	165	»	»	»	»	»	»	»	»	»	»	»	»	»
19e — Col Saint-Geniès.	État-major.	5	7	»	25	»	»	»	»	»	»	»	»	»	»	»	»	»
	1er esc.	8	172	»	178	»	»	»	29	536	»	573	»	43	61	»	49	»
	2e —	9	182	»	189	»	»	»	»	»	»	»	»	»	»	»	»	»
	3e —	11	290	»	277	»	»	»	»	»	»	»	»	»	»	»	»	»
3e brigade. . . . .[11].																		
15e de dragons, Col Barthélemy.	État-major.	3	5	»	19	»	»	»	»	»	»	»	»	»	»	»	»	»
	1er esc.	7	140	»	158	»	»	»	»	»	»	»	»	»	»	»	»	»
	2e —	7	131	»	148	»	»	»	»	»	»	»	»	»	»	»	»	»
	3e —	6	135	»	149	»	»	»	»	»	»	»	»	»	»	»	»	»
25e — Col Rigaud. . .	État-major.	6	6	»	20	»	»	»	»	»	»	»	»	»	»	»	»	»
	1er esc.	8	168	»	178	»	»	»	23	465	»	534	1	23	3	»	15	»
	2e —	8	169	»	168	»	»	»	»	»	»	»	»	»	»	»	»	»
	3e —	8	175	»	180	»	»	»	»	»	»	»	»	»	»	»	»	»
		170	3,009	»	3,804	»	»	»	161	2,369	»	2,618	»	184	140	»	105	»
6e régt d'artie légère. 1/2. 4e cie		»	»	»	»	»	»	»	1	37	»	35	»	»	»	»	»	»
5e bon ppal du train. 1/2 2e cie		»	»	»	»	»	»	»	1	53	»	61	»	»	»	»	»	»

1. Toutes les divisions de grosse cavalerie et de dragons ont 1 adjudant-commandant chef d'état-major, 2 capitaines adjoints, 1 ou 2 officiers polonais, lieutenants ou sous-lieutenants, interprètes, 1 sous-inspecteur aux revues, 1 commissaire des guerres.

2. Dans ce chiffre sont compris les généraux et leurs aides de camp.

3. Petit dépôt.

4. Le 4e régiment qui avait été d'ordonnance près le Major général depuis le 21 frimaire an XIV, avait quitté Ulm le 20 avril 1806 pour rentrer en France et avait été dirigé sur Moulins. Il rejoignit la 1re division de dragons le 5 novembre à Potsdam. — La compagnie d'élite était restée à Munich pour faire la garde du quartier général du Major général, service qu'elle ne quitta que le 20 janvier 1807 à l'arrivée à Varsovie de la compagnie des guides-interprètes.

5. Situation le 28 octobre lors du passage de ce régiment à Leipzig. V. page 591.

6. 2 canons de 8, 1 obusier de 6 pouces, 4 caissons de canon, 3 d'obusier, 1 caisson d'infanterie, 1 forge de campagne.

7. Cette division, malgré les demandes réitérées, n'a pas envoyé de situation depuis le 8 novembre. (Situation de la réserve de cavalerie en novembre 1806.)

8. 2 canons de 8, 1 obusier de 6 pouces, 1 caissons de 8, 2 d'obusier, 2 d'infanterie, 1 chariot à munitions, 1 forge, 1 fourgon d'équipages.

9. Le colonel Lacour resté à Forchheim puis à Potsdam pour maladie, remplacé par le major Dubois.

10. Le général Margaron employé au 4e corps, arrivé le 7 novembre. Cette brigade n'avait pas de général jusqu'à cette époque.

11. Cette brigade n'avait pas de général de brigade. — Elle quitta la 4e division de dragons pour passer à la 5e division qui fut formée par l'Empereur à Berlin le 9 novembre avec les 13e et 22e (2e division) et les 15e et 25e (4e division), sous le commandement du général de division Beker.
La 5e division de dragons n'a pas fourni de situation en novembre.
Le 15e de dragons, détaché à Brünswick avec le sous-inspecteur aux revues Malraison pour prendre possession du duché, n'a pas fourni de situation.

Présents sous les armes :

	27 septembre.	15 novembre.
1re division de dragons	2,401	2,207
2e —	2,915	1,489
3e —	3,055	2,709
4e —	3,188	2,530
	11,559	8,935

DIVISIONS DE GROSSE CAVALERIE.

	Situation au 27 septembre. Présents. Officiers.	Troupe.	Chevaux d'offic.	Chevaux de troupe.	Détachés. Officiers.	Détachés. Troupe.	Hôpitaux.	Situation au 20 novembre. Présents. Officiers.	Troupe.	Chevaux d'offic.	Chevaux de troupe.	Détachés. Officiers.	Détachés. Troupe.	Détachés. Chevaux.	Hôpitaux. Officiers.	Hôpitaux. Troupe.	Prisonniers.
1re DIV. DE GROSSE CAVALERIE, Gal Nansouty.	»	»	»	»	»	»	»	12	»	»	»	»	»	»	»	»	»
1re brigade, Gal Defrance.																	
1er de carabiniers, Cel Borghèse. État-major.	8	5	»	19	»	»	»	7	4	»	21	»	»	»	»	»	»
1er esc.	5	119	»	129	»	»	»	6	119	»	132	»	15	12	»	2	»
2e —	4	102	»	107	»	»	»	6	110	»	127	»	14	9	»	3	»
3e —	4	119	»	118	»	»	»	5	117	»	131	»	13	5	»	1	»
4e —	5	119	»	123	»	»	»	4	126	»	128	1	12	6	»	»	»
2e — Cel Morin. État-major.	9	6	»	17	»	»	»	9	6	»	22	»	»	»	»	»	»
1er esc.	5	115	»	124	»	»	»	6	135	»	144	»	33	19	»	4	»
2e —	4	111	»	120	»	»	»	6	146	»	160	»	23	20	»	2	»
3e —	4	111	»	119	»	»	»	6	150	»	156	»	19	15	»	4	»
4e —	4	110	»	113	»	»	»	»	»	»	»	»	»	»	»	»	»
2e brigade, Gal Lahoussaye.																	
2e de cuirassiers, Cel Chouard. État-major.	6	7	»	19	»	»	»	8	5	»	19	»	1	»	»	»	»
1er esc.	5	115	»	124	»	»	»	7	146	»	159	»	5	3	»	6	»
2e —	4	117	»	128	»	»	»	8	146	»	161	»	7	2	»	5	»
3e —	4	119	»	121	»	»	»	8	149	»	165	»	9	3	»	7	»
4e —	5	118	»	124	»	»	»	»	»	»	»	»	»	»	»	»	»
9e — Cel Doumerc. État-major.	7	5	»	19	»	»	»	»	»	»	»	»	»	»	»	»	»
1er esc.	4	137	»	138	»	»	»	27[1]	499	»	450	»	100[2]	47	»	5	»
2e —	4	129	»	138	»	»	»	»	»	»	»	»	»	»	»	»	»
3e —	5	142	»	147	»	»	»	»	»	»	»	»	»	»	»	»	»
4e —	4	122	»	129	»	»	»	»	»	»	»	»	»	»	»	»	»
3e brigade, Gal Saint-Germain.																	
3e de cuirassiers, Cel Préval. État-major.	4	3	»	14	»	»	»	»	»	»	»	»	»	»	»	»	»
1er esc.	5	113	»	119	»	»	»	25	460	»	501	»	44[3]	51	»	27	»
2e —	5	112	»	118	»	»	»	»	»	»	»	»	»	»	»	»	»
3e —	5	113	»	120	»	»	»	»	»	»	»	»	»	»	»	»	»
4e —	4	117	»	120	»	»	»	»	»	»	»	»	»	»	»	»	»
12e — Cel Dornez. État-major.	7	3	»	19	»	»	»	»	»	»	»	»	»	»	»	»	»
1er esc.	2	110	»	110	»	»	»	24	470	»	323	»	21	19	»	14	»
2e —	4	119	»	123	»	»	»	»	»	»	»	»	»	»	»	»	»
3e —	4	109	»	111	»	»	»	»	»	»	»	»	»	»	»	»	»
4e —	5	115	»	125	»	»	»	»	»	»	»	»	»	»	»	»	»
	143	2,842	»	3,054	»	»	»	174	2,788	»	2,999	»	316	211	»	80	»
2e régt d'artie légère. 1/2 4e cie [4]	1	33	»	38	»	»	»	2	43	»	41	»	»	»	»	»	»
2e bon bis du train. 1/2 4e cie	1	48	»	77	»	»	»	1	49	»	74	»	»	»	»	»	»
2e DIV. DE GROSSE CAVAL., Gal d'Hautpoul.								12	»	»	»	»	»	»	»	»	»
1re brigade, Gal Verdières[5].																	
1er de cuirassiers, Cel Guiton. État-major.	4	4	»	15	»	»	»	»	»	»	»	»	»	»	»	»	»
1er esc.	6	121	»	135	»	»	»	21	361	»	405	5	134[6]	103	»	4	»
2e —	4	126	»	137	»	»	»	»	»	»	»	»	»	»	»	»	»
3e —	5	132	»	140	»	»	»	»	»	»	»	»	»	»	»	»	»
4e —	6	128	»	136	»	»	»	»	»	»	»	»	»	»	»	»	»
5e — Cel Noirot. État-major.	6	7	»	22	»	»	»	»	»	»	»	»	»	»	»	»	»
1er esc.	5	87	»	96	»	»	»	21	346	»	330	3	139	155	»	18	»
2e —	3	86	»	91	»	»	»	»	»	»	»	»	»	»	»	»	»
3e —	4	86	»	96	»	»	»	»	»	»	»	»	»	»	»	»	»
4e —	4	83	»	86	»	»	»	»	»	»	»	»	»	»	»	»	»
2e brigade, Gal Saint-Sulpice.																	
10e de cuirassiers, Cel Lhéritier. État-major.	6	3	»	15	»	»	»	»	»	»	»	»	»	»	»	»	»
1er esc.	5	126	»	134	»	»	»	22	342	»	362	2	103	103	»	4	»
2e —	5	116	»	131	»	»	»	»	»	»	»	»	»	»	»	»	»
3e —	5	124	»	133	»	»	»	»	»	»	»	»	»	»	»	»	»
4e —	5	121	»	131	»	»	»	»	»	»	»	»	»	»	»	»	»
11e — Cel Brancas. État-major.	6	4	»	23	»	»	»	»	»	»	»	»	»	»	»	»	»
1er esc.	5	121	»	126	»	»	»	21	309	»	330	4	118	104	»	8	»
2e —	6	120	»	129	»	»	»	»	»	»	»	»	»	»	»	»	»
3e —	6	117	»	129	»	»	»	»	»	»	»	»	»	»	»	»	»
4e —	4	114	»	119	»	»	»	»	»	»	»	»	»	»	»	»	»
	101	1,826	»	2,024	»	»	»	97	1,358	»	1,467	14	496	472	»	34	»
2e régt d'artie légère. 1/2 4e cie.	1	42	»	36	»	»	»	1	39	»	35	»	»	»	»	»	»
2e bon bis du train. 1/2 5e cie.	1	53	»	132	»	»	»	1	61	»	82	»	»	»	»	»	»
PARC DU CORPS DE RÉSERVE DE CAVALERIE [7].																	
État-major	»	»	»	»	»	»	»	4	4	16	»	»	»	»	»	»	»
6e régt d'artie à pied. 3e cie	4	98	9	»	»	»	»	4	98	9	»	»	»	»	»	»	»
2e régt d'artie à cheval. 1/2 6e cie	»	»	»	»	»	»	»	2	31	36	»	»	»	»	»	»	»
Dét d'ouvriers. 4e cie	1	23	»	»	»	»	»	1	36	2	»	»	»	»	»	»	»
2e bon bis du train.	3	208	»	283	»	»	»	4	233	»	401[8]	»	17	33	»	»	»
8e bon bis du train.	»	»	»	»	»	»	»	1	63	»	148	»	63[9]	112	»	»	»
2e bon de pontonniers. 7e cie.	2	67	»	»	»	»	»	2	58	»	»	»	23	»	»	»	»

1. L'état de situation n'a pas été donné par escadron.

2. A Forchheim, 81 ; — avec les généraux, 6 ; — en sauve-garde, 13.

3. Forchheim, 25 ; — Langentheim, 17 ; — près Potsdam, 2.

4. 2 canons de 8, 1 obusier de 6 pouces. 4 caissons de 8, 3 d'obusier, 1 d'infanterie, 1 chariot à munitions, 1 forge.

5. Le général Marulaz arrivé à la 2e division le 18 octobre en remplacement du général Verdières mort le 18 octobre, a quitté la division le 27 novembre pour aller prendre le commandement de la cavalerie du 3e corps d'armée. Le général Saint-Sulpice a pris le commandement de la 1re brigade et le général Marulaz celui de la 2e.

6. Potsdam.

7. 6 pièces de 8, 2 obusiers de 6 pouces ; — 54 caissons à canon, 12 d'infanterie. Total des voitures du parc 95.

8. Dont 25 chevaux de réquisition.

9. Dans différents corps d'armée et au parc général.

Présents sous les armes :

	27 SEPTEMBRE.	20 NOVEMBRE.
divon de Grosse cavalerie	2,987	2,962
divon —	1,927	1,467
	4,914	4,429

1er CORPS D'ARMÉE. — MARÉCHAL BERNADOTTE.

	Situation au 22 sept. — Présents — Officiers	Troupe	Chevaux — Selle	Chevaux — Trait	Détachés (Officiers, Troupe)	Hôpitaux	Situation au 15 novembre — Présents — Officiers	Troupe	Chevaux — Selle	Chevaux — Trait	Détachés — Officiers	Détachés — Troupe	Hôpitaux
1re DIVISION, Gal Dupont. Gaux Rouyère, Legendre.													
9e léger. Cel Meunier. 1er bon	35	1,042	»	»	»	18	31	837	»	»	3	107[1]	88[2]
2e bon	25	1,016	»	»	»	35	25	908	»	»	»	»	185[3]
3e bon. Carabin. et voltig.	4	152	»	»	»	5	»	»	»	»	»	»	»
32e de ligne. Cel Darricau. 1er bon	33	1,083	»	»	»	77	24	741	»	»	»	161[4]	226[5]
2e bon	24	1,058	»	»	»	77	18	793	»	»	»	109	211[6]
96e de ligne. Cel Barrois. 1er bon	28	1,103	»	»	»	»	21	818	»	»	2	200[7]	115[8]
2e bon	29	1,081	»	»	»	»	26	831	»	»	2	179	92
	178	6,535	»	»	»	212	157	5,018	»	»	7	756	917
2e DIVISION, Gal Rivaud.	»	»	»	»	»	»	11	»	»	»	»	»	»
Gaux Pacthod, Maison.													
8e de ligne. Cel Auttié. 1er bon	38	1,000	»	»	»	37	24	778	»	»	1	164[9]	122[10]
2e bon	32	919	»	»	»	38	27	734	»	»	1	136	114[11]
3e bon. Gren. et voltig.	6	180	»	»	»	»	»	»	»	»	»	»	»
45e de ligne. Cel Barrié. 1er bon	35	847	»	»	»	56	29	751[12]	»	»	2	129[13]	92
2e bon	28	809	»	»	»	53	27	707	»	»	1	97	87
3e bon. Gren. et voltig.	6	180	»	»	»	»	»	»	»	»	»	»	»
54e de ligne. Cel Philippon. 1er bon	34	716	»	»	»	49	38	760	»	»	»	»	44
2e bon	27	733	»	»	»	40	27	797	»	»	»	»	53
3e bon. Gren. et voltig.	6	180	»	»	»	»	»	»	»	»	»	»	»
	212	5,564	»	»	»	273	183	4,527	»	»	5	526	512
3e DIVISION, Gal Drouet.							11	»	»	»	»	»	»
Gaux Frère, Werlé.													
27e léger. Cel Charnotet. 1er bon	36	901	»	»	»	25	29	802	»	»	»	29	133[14]
2e bon	31	867	»	»	»	30	23	746	»	»	»	30	165
3e bon. Carab. et voltig.	6	180	»	»	»	»	»	»	»	»	»	»	»
94e de ligne. Cel Razout. 1er bon	34	820	»	»	»	22	26	648	»	»	3	21	161
2e bon	28	798	»	»	»	27	22	614	»	»	2	18	79
3e bon. Gren. et voltig.	6	180	»	»	»	»	»	»	»	»	»	»	»
95e de ligne. Cel Pécheux. 1er bon	34	922	»	»	»	60	31	866	»	»	»	231	159[15]
2e bon	26	923	»	»	»	65	27	752	»	»	2	43	93[16]
3e bon. Gren. et voltig.	6	180	»	»	»	»	»	»	»	»	»	»	»
	207	5,771	»	»	»	220	159	4,428	»	»	7	372	790
ARTILLERIE.													
1re divon [17]. 1er à pied. 6e et 11e cies.	4	105	»	»	»	»	3	95	»	»	»	»	10
2e à cheval. 1re cie.	1	35	34	»	»	»	»	31	30	»	»	»	6
détls des 3e *bis*, 5e ppal et 8e *bis*.	2	199	298	»	»	»	2	172	277	»	»	»	5
2e divon [18]. 8e à pied. 1re cie.	3	73	»	»	»	»	2	70	»	»	»	»	5
3e à cheval. 2e cie	3	72	104	»	»	»	2	65	76	»	»	»	5
2e ppal train.	»	»	»	»	»	»	2	159	293	»	»	»	7
3e divon [19]. 8e à pied. 2e cie	3	77	»	»	»	»	6	78	»	»	»	»	»
3e à cheval. 3e cie	3	82	93	»	»	»	3	69	79	»	»	»	6
2e ppal train.	»	»	»	»	»	»	1	178	320	»	»	»	2
Parc de réserve [20]. 8e à pied. 6e cie	1	79	»	»	»	»	1	81	»	»	»	»	»
3e à cheval	»	»	»	»	»	»	»	18	18	»	»	»	»
2e ppal train.	»	»	»	»	»	»	4	301	422	»	»	»	3
Pontonniers, 1er bon, 1re cie	2	62	»	»	»	»	2	63	»	»	»	»	»
Ouvriers, 4e et 8e cies	1	68	»	»	»	»	1	66	»	»	»	»	»
	23	853	527	»	»	»	20	1,446	1,515	»	»	»	51
Génie [21]. Sapeurs, 2e bon, 8e cie	2	57	»	»	»	»	2	47	»	»	»	»	5
Gendarmerie.	3	66	72	»	»	»	4	52	57	»	»	»	»
Guides du commandant en chef	»	69	68	»	»	»	»	»	»	»	»	»	»
CAVALERIE LÉGÈRE. Gal de div. Tilly. État-major.	»	»	»	»	[illegible]	»	7	»	»	»	»	»	»
2e de hussards. Cel Gérard. 1er esc.	15	174	202	»	[illegible]	4	10	114	122	»	2	35	2
2e —	7	161	166	»	[illegible]	3	6	106	134	»	1	49	5
3e —	5	153	153	»	[illegible]	3	4	102	131	»	»	55	3
4e de hussards. Cel Burthe. 1er esc.	15	201	220	»	[illegible]	8	7	117	115	»	8	52	3
2e —	6	176	183	»	[illegible]	5	5	110	120	»	1	59	10
3e —	6	163	173	»	[illegible]	9	5	112	119	»	1	58	4
5e de chasseurs. Cel Bonnemains. 1er esc.	13	176	204	»	[illegible]	5	10	135	123	»	4	28	3
2e —	7	167	168	»	[illegible]	3	6	141	135	»	1	44	2
3e —	6	172	173	»	[illegible]	7	4	149	148	»	1	26	8
	80	1,543	1,042	»	[illegible]	[illegible]	57	1,086	1,147	»	19	406	40

Position du 1er corps au 10 septembre 1806.

Quartier général, Anspach.
Div. Dupont. Voir au 6e corps.
Div. Rivaud Anspach. — 8e Heilbron, 45e Anspach, 54e Schwarzenburg.
Div. Drouet Furth. — 27e léger Nuremberg, 94e Furth, 95e Schwabach.
Cavie légère Seehof. — 4e de huss. Lichtenfels, 5e de huss. Stegaurach, 2e de huss. Schesslitz, 5e de chass. Hochstadt.
4e div. de dragons Œllingen (pays de Neuburg). — 15e Allersberg, 17e Hilpolstein, 18e Gunzenhausen, 19e Greding, 25e Ohrenbau, 27e Heydeck.
1re div. de grosse cavie Kitzingen (pays de Würzburg). — 1er de carab. Ochsenfurt, 2e Marckbreit, 2e de cuirass. Kitzingen, 3e Gerolzhofen, 9e Wolkach, 12e Goschsheim.

1. Conduite de prisonniers.
2. Dont 2 officiers.
3. Dont 3 officiers.
4. Würzburg, Halle et en arrière.
5. Dont 9 officiers.
6. Dont 4 officiers.
7. Würzburg et conduite des prisonniers.
8. Dont 5 officiers.
9. Kronach, Neu-Brandenburg, Wittenberg.
10. Dont 7 officiers.
11. Dont 1 officier.
12. 1er bataillon détaché au parc et à la conduite des prisonniers.
13. Kronach et en arrière.
14. Dont 2 officiers.
15. Dont 4 officiers.
16. Dont 2 officiers.
17. 2 pièces de 12, 8 de 6, 2 obusiers; — 17 caissons à canon, 18 d'infanterie. — 59 voitures.
18. 4 pièces de 6, 4 de 3, 2 de 7; — 16 caissons à canon, 18 d'infanterie. — 66 voitures.
19. 8 pièces de 6 et de 3, 2 obusiers; — 16 caissons à canon, 16 d'infanterie. — 69 voitures.
20. 6 pièces de 12, de 6 et de 3; — 31 caissons à canon, 24 d'infanterie. — 111 voitures.
21. 6 fourgons contenant les outils et matériaux nécessaires.

Présents sous les armes :

	22 SEPTEMBRE.	15 NOVEMBRE.
1re division	6,713	5,175
2e —	5,776	4,710
3e —	5,978	4,587
Artillerie, génie, etc.	1,073	1,534
Cavalerie.	1,623	1,143
	21,163	17,149

3e CORPS D'ARMÉE. — MARÉCHAL DAVOUT.

Corps	Détail	1er oct. Présents Officiers	1er oct. Présents Troupe	1er oct. Chevaux d'offic.	1er oct. Chevaux de troupe	1er oct. Détachés Officiers	1er oct. Détachés Troupe	1er oct. Hôpitaux Officiers	1er oct. Hôpitaux Troupe	12 nov. Présents Officiers	12 nov. Présents Troupe	12 nov. Chevaux d'offic.	12 nov. Chevaux de troupe	12 nov. Détachés Officiers	12 nov. Détachés Troupe	12 nov. Hôpitaux Officiers	12 nov. Hôpitaux Troupe	Prisonniers
1re DIVISION, Gal Morand. Gaux Debilly, d'Honières, Brouard.																		
13e léger, Cel Guyardet	État-major	13	17	8	»	[illegible]	»	»	»	»	»	»	»	»	»	»	»	»
	1er bon	24	736	5	»	[illegible]	»	»	39	53	1,482	15	2	2	40	»	364	13
	2e bon	24	745	4	»	[illegible]	»	»	42	»	»	»	»	»	»	»	»	»
17e de ligne, Cel Lanusse	État-major	9	14	13	»	[illegible]	»	»	»	»	»	»	»	»	»	»	»	»
	1er bon	23	1,000	4	»	[illegible]	»	1	99	63	1,888	17	4	3	58	1	209	»
	2e bon	23	998	5	»	[illegible]	»	»	105	»	»	»	»	»	»	»	»	»
30e — Cel Valterre	État-major	10	14	»	»	[illegible]	»	»	»	»	»	»	»	»	»	»	»	»
	1er bon	25	812	»	»	[illegible]	»	»	»	70	1,800	14	4	»	52	3	136	»
	2e bon	26	814	»	»	[illegible]	»	»	»	»	»	»	»	»	»	»	»	»
	3e bon. Gren. et voltig.	5	174	»	»	[illegible]	»	»	»	»	»	»	»	»	»	»	»	»
51e — Cel Baille	État-major	10	12	19	»	[illegible]	»	»	»	»	»	»	»	»	»	»	»	»
	1er bon	24	918	»	»	[illegible]	»	»	»	59	1,629	15	4	1	53	6	379	»
	2e bon	26	920	»	»	[illegible]	»	»	»	»	»	»	»	»	»	»	»	»
	3e bon. Gren. et voltig.	6	174	»	»	[illegible]	»	»	»	»	»	»	»	»	»	»	»	»
61e — Cel Nicolas	État-major	9	13	»	»	[illegible]	»	»	»	»	»	»	»	»	»	»	»	»
	1er bon	27	918	»	»	[illegible]	»	»	»	48	1,298	8	4	3	31	10	687	»
	2e bon	27	902	»	»	[illegible]	»	»	»	»	»	»	»	»	»	»	»	»
	3e bon. Gren. et voltig.	6	180	»	»	»	»	»	»	»	»	»	»	»	»	»	»	»
		317	9,370	»	»	»	»	»	»	293	8,101	60	18	9	254	29	1,824	»
2e DIVISION, Gal Friant. Gaux Kister, Lochet, Grandeau.																		
33e de ligne, Cel St-Raymond	État-major	9	14	14	»	»	»	»	»	»	»	»	»	»	»	»	»	»
	1er bon	27	826	»	»	»	»	»	83	32	1,473	14	»	12	298	6	261	»
	2e bon	27	832	»	»	»	»	»	50	»	»	»	»	»	»	»	»	»
	3e bon. Gren. et voltig.	6	204	»	»	»	»	»	»	»	»	»	»	»	»	»	»	»
48e — Cel Barbanègre	État-major	9	11	13	»	»	»	»	»	»	»	»	»	»	»	»	»	»
	1er bon	27	774	1	»	»	»	»	14	36	1,656	29	»	8	137	3	115	»
	2e bon	26	744	5	»	»	»	»	15	»	»	»	»	»	»	»	»	»
108e — Cel Higonet	État-major	7	13	11	»	»	»	»	»	»	»	»	»	»	»	»	»	»
	1er bon	25	777	»	»	»	»	»	6	48	1,706	12	»	4	55	4	160	»
	2e bon	27	758	»	»	»	»	»	7	»	»	»	»	»	»	»	»	»
111e — Cel Gay	État-major	1	13	7	»	»	»	»	2	»	»	»	»	»	»	»	»	»
	1er bon	32	943	3	»	»	»	»	29	45	1,434	8	4	3	124	12	557	44
	2e bon	30	953	3	»	»	»	»	15	»	»	»	»	»	»	»	»	»
	3e bon. Gren. et voltig.	6	172	»	»	»	»	»	»	»	»	»	»	»	»	»	»	»
		259	7,034	57	»	»	»	»	201	201	6,319	63	4	27	614	25	1,093	»
3e DIVISION, Gal Gudin. Gaux Petit, Gauthier.																		
12e de ligne, Cel Vergès	État-major	8	13	»	»	»	»	»	»	»	»	»	»	»	»	»	»	»
	1er bon	36	860	»	»	»	»	»	94	31	1,193	10	4	2	41	29	858	»
	2e bon	25	930	»	»	»	»	»	99	»	»	»	»	»	»	»	»	»
	3e bon. Gren. et voltig.	6	172	»	»	»	»	»	»	»	»	»	»	»	»	»	»	»
21e — Cel Decous	État-major	9	12	»	»	»	»	»	»	»	»	»	»	»	»	»	»	»
	1er bon	26	964	»	»	»	»	»	18	51	1,820	17	»	7	42	17	395	»
	2e bon	26	959	»	»	»	»	»	19	»	»	»	»	»	»	»	»	»
	3e bon. Gren. et voltig.	9	280	»	»	»	»	»	»	»	»	»	»	»	»	»	»	»
25e — Cel Cassagne	État-major	9	12	»	»	»	»	»	»	»	»	»	»	»	»	»	»	»
	1er bon	27	899	»	»	»	»	»	88	43	1,294	14	4	»	»	13	562	»
	2e bon	25	911	»	»	»	»	»	63	»	»	»	»	»	»	»	»	»
85e — Cel Vialla	État-major	6	11	»	»	»	»	»	»	»	»	»	»	»	»	»	»	»
	1er bon	28	994	»	»	»	»	»	46	27	714	6	6	16	569[1]	16	643	171[2]
	2e bon	26	985	»	»	»	»	»	46	»	»	»	»	»	»	»	»	»
	3e bon. Gren. et voltig.	6	173	»	»	»	»	»	»	»	»	»	»	»	»	»	»	»
		272	8,201	»	»	»	»	»	473	152	5,023	47	14	23	682	75	2,438	»
ARTILLERIE.																		
1re division[3]	7e à pied, 11e cie	3	100	5	»	»	»	»	»	10[7]	378	23	»	4	8	»	»	»
	1er bon ppal train, 1re et 6e cies	2	130	»	196	»	»	»	5	5[8]	132	11	140	2	1	1	12	»
2e division[4]	7e à pied, 2e cie	3	84	»	»	»	»	»	»	15[9]	835	27	1,308	»	»	»	27	»
	5e à cheval, 2e cie	1	44	»	45	»	»	»	»	2[10]	52	4	»	»	»	»	»	»
	1er bon ppal train, 3e et 6e cies	1	114	»	179	»	»	»	»	»	»	»	»	»	»	»	»	»
3e division[5]	7e à pied, 3e cie	2	81	»	»	»	»	»	»	»	»	»	»	»	»	»	»	»
	5e à cheval, 2e cie	1	42	»	48	»	»	»	»	»	»	»	»	»	»	»	»	»
	1er bon ppal train, 4e et 5e cies	1	190	»	178	»	»	»	»	»	»	»	»	»	»	»	»	»
Parc de réserve[6]	7e à pied, 2e et 3e cies	1	51	2	»	»	»	»	»	»	»	»	»	»	»	»	»	»
	7e à pied, 15e cie	4	95	7	»	»	»	»	»	»	»	»	»	»	»	»	»	»
	5e à cheval, 1re cie	3	89	»	89	»	»	»	»	»	»	»	»	»	»	»	»	»
	Ouvriers d'artillerie	1	21	2	»	»	»	»	»	1	21	2	»	»	»	»	1	»
	1 bon ppal train. État-major	5	3	13	»	»	»	»	»	»	»	»	»	»	»	»	»	»
	1re, 3e, 4e et 6e cies	»	63	»	50	[illegible]	»	»	»	»	»	»	»	»	»	»	»	»
	2e cie	»	109	»	127	[illegible]	»	»	»	»	»	»	»	»	»	»	»	»
	5e cie	1	83	»	97	[illegible]	»	»	»	»	»	»	»	»	»	»	»	»
	3e bon bis train. État-major	3	2	5	»	[illegible]	»	»	»	»	»	»	»	»	»	»	»	»
	1re cie	1	94	»	157	[illegible]	»	»	»	»	»	»	»	»	»	»	»	»
	2e cie	1	86	»	125	[illegible]	»	»	»	»	»	»	»	»	»	»	»	»
	3e cie	1	100	»	146	[illegible]	»	»	»	»	»	»	»	»	»	»	»	»
	6e cie	»	21	»	8	[illegible]	»	»	»	»	»	»	»	»	»	»	»	»
	Charretiers de réquisition	»	20	»	40	[illegible]	»	»	»	»	»	»	»	»	»	»	»	»
		35	1,331	35	1,476	[illegible]	»	»	»	33	1,438	67	1,638	6	9	1	40	»
Génie	2e bon de sapeurs, 6e cie	2	71	»	36	[illegible]	»	»	»	1	63	»	36	2	30	1	14	»
Gendarmerie		2	36	»	39	[illegible]	»	»	»	2	34	3	36	»	»	»	2	»
CAVALERIE LÉGÈRE, Gal Viallannes.																		
1er de chass., Cel Exelmans	État-major	7	4	»	20	[illegible]	»	»	»	»[11]	»	»	»	»	»	»	»	»
	1er esc.	6	162	»	176	[illegible]	»	»	»	»	»	»	»	»	»	»	»	»
	2e —	6	164	»	167	[illegible]	»	»	»	»	»	»	»	»	»	»	»	»
	3e —	6	164	»	163	[illegible]	»	»	»	»	»	»	»	»	»	»	»	»
2e — Cel Bousson	État-major	7	3	»	23	[illegible]	»	»	»	20	337	31	330	19	122	5	20	11
	1er esc.	7	184	»	196	[illegible]	»	»	»	»	»	»	»	»	»	»	»	»
	2e —	8	172	»	190	[illegible]	»	»	»	»	»	»	»	»	»	»	»	»
	3e —	7	175	»	186	[illegible]	»	»	»	»	»	»	»	»	»	»	»	»
12e — Cel Guyon	État-major	7	4	»	24	[illegible]	»	»	»	»[11]	»	»	»	»	»	»	»	»
	1er esc.	8	172	»	189	[illegible]	»	»	»	»	»	»	»	»	»	»	»	»
	2e —	7	167	»	184	[illegible]	»	»	»	»	»	»	»	»	»	»	»	»
	3e —	8	167	»	178	[illegible]	»	»	»	»	»	»	»	»	»	»	»	»
		84	1,538	»	1,636	[illegible]	»	»	»	»	»	»	»	»	»	»	»	»

Position du 3e corps au 16 septembre 1806.

Quartier général, Œttingen.

1re div. Nordlingen. — 13e léger Rölingen, 17e de ligne Dischingen, 30e Heidenheim, 51e Nordlingen, 61e Wallerstein.

2e div. Hall. — 33e Gaildorf, 48e Winenden, 108e Obersontheim, 111e Schmidelfeld.

3e div. Œhringen. — 12e Knittlingen, 21e Beuigheim, 25e Wimpfen, 85e Jangsthausen.

Cavie légère Mergentheim. — 1er de chass. Calw, 2e Welkersheim, 12e Krautheim, 7e de huss. Mosbach.

1. Petit dépôt et un détachement pour la conduite des prisonniers de guerre.

2. Dont 1 officier.

3. 5 pièces de 8, 2 de 4, 1 ob. de 6 pouces; — 15 caissons à canon, 18 d'inf. — 53 voitures.

4. 5 pièces de 8, 2 de 4, 1 ob. de 6 pouces; — 15 caissons à canon, 15 d'inf. — 41 voitures.

5. 5 pièces de 8, 2 de 4, 1 ob. de 6 pouces; — 15 caissons à canon, 15 d'inf. — 48 voitures.

6. 6 pièces de 12 autrichiennes, 3 de 8, 3 ob. de 6 pouces; — 65 caissons à canon, 47 d'infanterie. — 152 voitures.

7. 7e à pied.

8. 5e à cheval.

9. Train d'artillerie.

10. Pontonniers.

11. Ce régiment étant détaché en partisan et disséminé ne peut fournir sa situation.

Présents sous les armes :

	1er OCTOBRE.	12 NOVEMBRE.
1re divon	9,687	8,394
2e —	7,293	6,520
3e —	8,473	5,175
Artillerie, génie, etc.	1,681	1,571
Cavalerie	1,622	1,050
	28,756	22,710

4e CORPS D'ARMÉE. — MARÉCHAL SOULT.

		SITUATION AU 1er OCTOBRE.							SITUATION AU 10 NOVEMBRE.									
		PRÉSENTS.				DÉTACHÉS.		HÔPITAUX.	PRÉSENTS.				DÉTACHÉS.			HÔPITAUX.		PRISONNIERS.
		Officiers.	Troupe.	Chevaux d'offic.	Chevaux de troupe.	Officiers.	Troupe.		Officiers.	Troupe.	Chevaux d'offic.	Chevaux de troupe.	Officiers.	Troupe.	Chevaux.	Officiers.	Troupe.	
ÉTAT-MAJOR GÉNÉRAL.		30	»	99	»	»	»	»	29	»	109	»	»	»	»	»	»	»
1re DIVISION, Gal Saint-Hilaire. Gaux Candras, Varé.		18	»	64	»	»	»	»	18	»	63	»	»	»	»	»	»	»
10e léger.	1er bon	35	1,001	28	»	»	»	36	31	823	30	»	»	»	»	1	30	»
Cel Pouzet.	2e —	30	892	14	»	»	»	36	34	895	23	»	»	»	»	»	43	»
36e de ligne. Cel Houdart-Lamotte puis Cel Berlior.	1er —	31	888	16	»	»	»	11	23	729	25	»	»	»	»	3	106	»
	2e —	32	864	4	»	»	»	18	23	710	16	»	»	»	»	4	123	»
43e de ligne.	1er —	34	838	27	»	»	»	13	31	736	30	»	»	»	»	3	91	»
Cel Lemarois.	2e —	23	846	10	»	»	»	18	25	747	14	»	»	»	»	»	88	»
55e de ligne.	1er —	28	948	25	»	»	»	10	30	851	20	»	»	»	»	1	92	»
Cel Silbermann.	2e —	30	939	14	»	»	»	12	23	883	17	»	»	»	»	2	45	»
		261	7,236	204	»	»	»	134	235	6,436	244	»	»	»	»	16	708	»
2e DIVISION, Gal Leval. Gaux Schiner, Ferey, Viviès.		19	»	71	»	»	»	»	20	»	67	»	»	»	»	»	»	»
24e léger.	1er bon	35	966	11	»	»	»	15	33	903	10	»	»	»	»	»	22	12
Cel Pourailly.	2e —	30	963	8	»	»	»	15	31	952	»	»	»	»	»	»	21	2
4e de ligne.	1er —	38	1,122	10	»	»	»	21	37	1,101	15	»	»	»	»	»	40	»
Cel Boyeldieu.	2e —	29	1,117	5	»	»	»	23	30	1,105	4	»	»	»	»	»	33	»
28e de ligne.	1er —	30	845	12	»	»	»	40	29	835	»	»	»	3	»	»	36	»
Cel Edighoffen.	2e —	31	872	10	»	»	»	34	30	837	22	»	»	13	»	»	13	»
40e de ligne.	1er —	31	833	10	»	»	»	33	29	815	7	»	»	6	»	1	20	»
Cel Latrilie.	2e —	30	880	7	»	»	»	34	30	821	6	»	»	5	»	»	19	»
57e de ligne.	1er —	39	1,135	12	»	»	»	19	38	1,131	7	»	»	»	»	1	31	»
Cel Rey.	2e —	38	1,151	6	»	»	»	18	30	1,124	6	»	»	»	»	»	37	»
		342	9,834	162	»	»	»	240	337	9,626	153	»	»	27	»	2	282	»
3e DIVISION, Gal Legrand. Gaux Ledru, Levasseur.		20	»	70	»	»	»	»	17	»	62	»	»	»	»	»	»	»
20e léger.	1er bon	36	1,107	10	»	»	»	16	33	987	19	»	1	83	»	»	27	1
Cer Pouget.	2e —	27	1,094	8	»	»	»	20	26	1,054	2	»	»	45	»	1	35	»
Tirailleurs corses. Ct Ornano.		26	659	13	»	»	»	43	25	690	8	»	»	»	»	»	62	»
Tirailleurs du Pô. Ct Hulot.		26	652	8	»	»	»	15	26	597	17	»	»	»	»	»	52	»
18e de ligne.	1er bon	35	1,007	10	»	»	»	19	32	994	31	»	»	8	»	»	44	»
Cel Ravier.	2e —	27	1,006	13	»	»	»	13	30	935	8	»	»	6	»	1	52	»
75e de ligne.	1er —	32	938	8	»	»	»	26	31	911	16	»	»	15	»	»	38	»
Cel L'Huillier.	2e —	29	908	7	»	»	»	27	21	893	6	»	»	4	»	»	36	»
		238	7,371	142	»	»	»	178	241	6,991	169	»	1	161	»	2	346	1
ARTILLERIE. État-major de l'artillerie et du génie		9	»	29	»	»	»	»	7	»	20	»	»	»	»	»	»	»
1re divon [1]	5e à pied, 12e et 17e cies	3	123	7	»	»	»	6	5	124	11	»	»	»	»	»	3	»
	1er bon bis train, 1re et 2e cies	1	136	»	234	»	»	7	2	140	»	263	»	»	»	»	3	»
2e divon [2]	5e à pied, 13e et 17e cies	5	121	11	»	»	»	6	5	133	11	»	»	»	4	»	»	»
	1er bon bis train, 3e et 5e cies	2	152	»	258	»	»	3	3	102	»	293	»	52	68	»	5	»
3e divon [3]	5e à cheval, 3e cie	3	84	»	90	»	»	4	4	153	»	178	»	»	»	»	4	»
	5e à pied, 14e et 17e cies	3	133	6	»	»	»	5	5	134	13	»	»	»	»	»	9	»
	3e ppal train, 1re, 3e, 4e, 5e cies	1	136	»	234	»	»	7	1	138	»	280	»	»	»	»	7	»
Cavalerie légère [4]	5e à cheval, 4e cie	3	85	»	77	»	»	6	3	78	»	73	1	5	5	»	4	»
	3e ppal train, 2e cie	1	80	»	165	»	»	2	1	79	»	144	»	»	»	»	2	»
Parc de réserve [5]	5e à pied, 16e et 17e cies	4	135	10	»	»	»	3	4	135	10	»	»	»	»	»	3	»
	1er bis train	5	281	»	449	»	»	9	5	281	»	347	»	8	14	»	5	»
	3e ppal train	3	132	»	211	»	»	4	4	131	»	194	»	6	12	»	3	»
	Ouvriers, 7e cie	»	22	»	»	»	»	»	»	22	»	»	»	»	»	»	»	»
	Pontonniers, 1er bon, 6e cie	»	»	»	»	»	»	»	2	24	5	»	1	30	»	»	8	»
		43	1,624	63	1,758	»	»	63	49	1,734	73	1,773	2	110	103	»	53	»
Génie	Sapeurs, 2e bon, 9e cie	2	67	»	10	»	»	8	2	68	»	8	»	34	»	»	5	»
Gendarmerie		3	43	»	48	»	»	»	3	43	»	48	»	»	»	»	»	»
CAVALERIE LÉGÈRE, Gaux Margaron et Guyot.		7	»	»	5	»	»	»	9	»	»	29	»	»	»	»	»	»
8e de hussards.	1er esc.	13	153	»	177	»	3[6]	»	7	38	»	89	4	3	10	»	1	4
Cel Laborde.	2e —	8	142	»	151	»	5	»	6	73	»	77	»	4	4	»	3	»
	3e —	8	135	»	147	»	6	»	6	92	»	104	»	2	2	»	1	»
22e de chasseurs [7].	1er —	12	132	»	139	»	»	»	13	124	»	135	»	9	6	»	»	»
Cel Bordesoult.	2e —	8	120	»	176	»	»	»	5	113	»	183	»	8	4	»	»	»
	3e —	8	120	»	128	»	»	»	6	111	»	136	2	9	4	»	»	»
11e de chasseurs.	1er —	13	157	»	182	1	10	»	13	120	»	142	1	36	31	»	»	»
Cel Jacquinot.	2e —	8	161	»	172	»	15	»	5	134	»	140	4	34	33	»	1	1
	3e —	8	169	»	182	»	15	»	6	136	»	145	»	44	33	»	»	»
16e de chasseurs.	1er —	14	175	»	202	1	3	»	12	161	»	179	2	16	18	»	»	»
Cel Maupoint.	2e —	8	157	»	170	»	5	»	8	147	»	163	»	13	13	»	1	1
	3e —	6	150	»	163	1	12	»	7	138	»	150	»	23	24	»	2	»
		120	1,756	»	2,00[illegible]	3	76	»	106	1,443	»	1,722	13	201	189	»	9	17

Position du 4e corps au 22 septembre 1806.

Quartier général Passau.

1re divon Braunau. — 10e léger Burghausen, 14e de ligne en France (Sedan), 36e Wart, 43e Thann, 55e Chostlam.

2e divon Landshut. — 24e léger Wasserburg, 4e de ligne Voluzach, 28e Guissenhausen, 46e Aw, 57e Aibach.

3e divon Passau. — 26e léger Obernzell, tirailleurs corses Passau, tirailleurs du Pô Waldkirchen, 8e de ligne Passau, 18e Nidraltar, 75e Vilshofen.

Cavie légère Neuhaus. — 8e de huss. Pfarkirchen, 11e de chass. Zwizel, 16e Wasserburg, 22e Adldorf, 26e en France (Saumur).

3e divon de dragons Amberg. — 5e Nabburg, 8e Amberg, 12e Neustadt, 9e Kenmath, 16e Soultzbach, 21e Utzenhof.

2e divon de grosse cavie Cham. — 1er de cuirass. Straubing, 5e Furt, 10e Neuburg, 11e Dekendorf.

1. 2 pièces de 12, 8 de 6, 2 ob. de 5 pouces 7 lignes; — 22 caissons à canon, 10 d'inf. — 49 voitures.

2. 2 pièces de 12, 6 de 6, 4 ob. de 5 pouces 7 lignes; — 25 caissons à canon, 15 d'inf. — 61 voitures.

3. 4 pièces de 12, 6 de 6, 2 ob. de 5 pouces 7 lignes; — 23 caissons à canon, 12 d'inf. — 51 voitures.

4. 4 pièces de 8, 2 ob. de 6 pouces; — 11 caissons à canon, 1 d'inf. — 26 voitures.

5. 8 pièces de 6, 2 ob. de 5 pouces 7 lignes; — 49 caissons à canon, 50 d'inf. — 161 voitures.

6. Près des généraux.

7. N'a rejoint le corps d'armée que le 16 octobre, et a formé brigade avec le 8e de hussards, sous les ordres du gal Guyot.

Présents sous les armes :

	1er OCTOBRE.	10 NOVEMBRE.
1re divon	7,497	6,671
2e —	10,176	9,963
3e —	7,629	7,232
Artie, génie, gendie	1,782	1,899
Cavalerie	1,876	1,549
	28,960	27,314

5e CORPS D'ARMÉE — MARÉCHAL LANNES.

		SITUATION AU 1er OCTOBRE				SITUATION AU 11 NOVEMBRE[1].							
		PRÉSENTS.				PRÉSENTS.				DÉTACHÉS.		HÔPITAUX.	
				Chevaux				Chevaux					
		Officiers.	Troupe.	d'offic.	de troupe.	Officiers.	Troupe.	d'offic.	de troupe.	Officiers.	Troupe.	Officiers.	Troupe.
ÉTAT-MAJOR GÉNÉRAL.		36	"	"	"	"	"	"	"	"	"	"	"
1re DIVISION, Gal Suchet.		19	"	"	"	"	"	"	"	"	"	"	"
Gaux Claparède, Reille, Vedel.													
17e léger. Cel Cabannes.	1er bon	30	998	12	"	"	"	"	"	"	"	"	"
	2e —	27	992	"	"	43	1,431	12	"	"	"	16	590
	3e — Carab. et voltig.	5	180	"	"	"	"	"	"	"	"	"	"
34e de ligne. Cel Dumoustier.	1er —	31	905	12	"	"	"	"	"	"	"	"	"
	2e —	30	896	"	"	71	2,071	21	"	"	"	24	778
	3e —	30	896	"	"	"	"	"	"	"	"	"	"
	4e — Gren. et voltig.	6	108	"	"	"	"	"	"	"	"	"	"
40e de ligne. Cel Chassereaux.	1er —	33	912	32	"	"	"	"	"	"	"	"	"
	2e —	30	906	"	"	55	1,455	"	"	1	104[2]	9	323
	3e — Gren. et voltig.	3	81	"	"	"	"	"	"	"	"	"	"
64e de ligne. Cel Chauvel.	1er —	34	960	17	"	"	"	"	"	"	"	"	"
	2e —	25	938	"	"	51	1,704	"	"	2	98[3]	5	87
	3e — Gren. et voltig.	2	79	"	"	"	"	"	"	"	"	"	"
88e de ligne. Cel Veilande.	1er —	32	1,033	13	"	"	"	"	"	"	"	"	"
	2e —	29	1,010	"	"	58	1,943	13	"	"	91	5	112
	3e — Gren. et voltig.	2	89	"	"	"	"	"	"	"	"	"	"
		366	11,070	86	"	278	8,604	"	"	"	"	59	1,899
2e DIVISION, Gal Gazan.		15	"	"	"	"	"	"	"	"	"	"	"
Gaux Graindorge, Campana.													
21e léger. Cel Duhamel.	1er bon	30	994	11	"	"	"	"	"	"	"	"	"
	2e —	28	950	"	"	45	1,456[4]	"	"	"	"	7	550
	3e — Carab. et voltig.	3	103	"	"	"	"	"	"	"	"	"	"
28e léger[5]. Cel Praefke.	1er —	"	"	"	"	"	"	"	"	"	"	"	"
	2e —	"	"	"	"	"	"	"	"	"	"	"	"
100e de ligne. Cel Quyot.	1er —	39	920	"	"	"	"	"	"	"	"	"	"
	2e —	25	923	"	"	82	2,569	32	"	13	238[6]	"	232
	3e —	19	798	"	"	"	"	"	"	"	"	"	"
103e de ligne. Cel Taupin.	1er —	33	788	26	"	"	"	"	"	"	"	"	"
	2e —	25	780	"	"	58	2,122	15	"	8	181[7]	20	377
	3e —	20	796	"	"	"	"	"	"	"	"	"	"
		237	7,052	"	"	185	6,147	"	"	"	"	27	950
ARTILLERIE.													
1re divon[8]	5e à pied, 15e cie	2	106	5	"	4	104	"	"	"	"	"	"
	6e à cheval, 3e cie	3	65	7	62	2	61	6	36	"	"	"	"
	3e bon ppal train, 4e et 5e cies	2	169	4	262	2	175	6	251	"	"	"	"
2e divon[9]	1er à pied, 5e cie	2	110	7	"	2	105	4	"	"	"	"	"
	6e à cheval, 4e cie	2	39	2	35	2	32	4	20	"	"	"	"
	6e *bis* train, 4e et 5e cies	2	170	4	274	2	169	4	339	"	"	"	"
Parc de réserve	1er à pied, 2e cie	2	52	"	"	5	56	"	"	"	"	"	"
	6e à cheval, 3e cie	"	14	"	14	"	13	"	13	"	"	"	"
	5e bon *bis* train, 1re et 6e cies	2	145	11	191	2	125	"	155	"	"	"	"
	Ouvriers d'artillerie	"	15	"	"	"	14	"	"	"	"	"	"
	Pontonniers, 1er bon, 4e cie	3	60	10	"	"	"	"	"	"	"	"	"
		20	945	50	838	21	854	24	1,014	"	"	"	"
Génie	2e bon de sapeurs, 2e et 5e cies	6	130	"	"	6	128	"	"	"	"	"	"
Gendarmerie		1	26	3	26	2	44	"	46	"	"	"	"
CAVALERIE LÉGÈRE, Gal Treillard.		5	"	"	"	"	"	"	"	"	"	"	"
9e de hussards. Cel Barbanègre.	1er escon	14	185	28	182	"	"	"	"	"	"	"	"
	2e —	8	157	14	157	23	333	67	290	"	50	5	59
	3e —	8	155	20	155	"	"	"	"	"	"	"	"
10e de hussards. Cel Briche.	1er —	10	162	26	160	"	"	"	"	"	"	"	"
	2e —	7	152	13	132	13	276	29	270	3	117	3	57
	3e —	8	156	18	156	"	"	"	"	"	"	"	"
21e de chasseurs. Cel Berruyer.	1er —	13	195	29	193	"	"	"	"	"	"	"	"
	2e —	9	194	12	194	25	440	58	440	2	66	3	49
	3e —	8	189	15	189	"	"	"	"	"	"	"	"
		85	1,605	175	1,533	61	1,049	154	1,000	5	233	11	165

Position du 5e corps au 16 septembre 1806.

Le Mal Mortier parti le 11 septembre de Durenhof pour aller près de S. M. faire son service de colonel général de la Garde impériale. — Le Mal Lefebvre arrivé au corps d'armée le 11 septembre.

Quartier général Dinkelsbühl.

1re div. Dinkelsbühl. — 17e léger Wassertrüding, 34e de ligne Schwaning, 40e Rothemburg, 64e Feuchtwang, 88e Creisheim.

2e div. Schweinfurt. — 100e Eibelstadt, 103e Schweinfurt, 21e léger en route venant de Dusseldorf.

Cavle légère Bischoffsheim. — 9e de huss. Lauda, 10e Wertheim, 13e de chass. Hassfurt, 21e Neustadt.

1. Le bataillon d'élite est parti le 11 novembre pour se rendre à Cüstrin où il arrivera le 13.

2. A Wittenberg.

3. A Spandau.

4. A la conduite des prisonniers de guerre. — Le 11 novembre le 21e léger était en route de Stettin pour rejoindre le 5e corps à Schneidemühl.

5. Le 28e léger venant de Boulogne, fort de 1,616 hommes, 2 bons, passa le Rhin à Mayence le 8 octobre, *Iéna* page 91; il était à Leipzig le 23, v. page 444; il partit de Berlin le 5 novembre pour rejoindre le 5e corps à Stettin, v. page 697.

6. Strasbourg, Wittenberg, Dessau.

7. Conduite des prisonniers.

8. 2 pièces de 12, 5 de 8, 2 de 4, 2 ob. de 6 pouces; — 25 caissons à canon, 10 d'inf. - [illegible] voitures.

[illegible] pièces de 12, 8 de 6, 4 de 3, 2 ob. de 5 pouces 7 lignes; — 31 caissons à canon, 10 [illegible] inf. — 60 voitures.

[illegible] caissons à canon, 45 d'inf. — 90 voitures.

Présents sous les armes :

	1er OCTOBRE.	11 NOVEMBRE.
1re divon	11,486	8,882
2e —	7,289	6,332
Artie, génie, gendie	1,128	1,055
Cavalerie	1,080	1,110
	21,533	17,379

6ᵉ CORPS D'ARMÉE. — MARÉCHAL NEY.

	SITUATION AU 22 SEPTEMBRE.						SITUATION AU 1ᵉʳ NOVEMBRE[1].								
	PRÉSENTS.				DÉTACHÉS.		PRÉSENTS.				DÉTACHÉS.		HÔPITAUX.		PRISONNIERS.
	Officiers.	Troupe.	Chevaux d'offic.	Chevaux de troupe.	Officiers.	Troupe.	Officiers.	Troupe.	Chevaux d'offic.	Chevaux de troupe.	Officiers.	Troupe.	Officiers.	Troupe.	
ÉTAT-MAJOR GÉNÉRAL.	34	»	130	»	»	»	24	25	120	»	5	»	6	»	1
1ʳᵉ DIVISION, Gᵃˡ Marchand.	10	»	44	»	»	»	11	»	60	»	»	»	»	»	»
Gᵃᵘˣ Villatte, Roguet.															
6ᵉ léger. 1ᵉʳ bᵒⁿ	38	1,099	»	»	»	»	37	1,126	»	»	»	»	»	46	»
Cᵉˡ Laplane. 2ᵉ —	29	1,092	»	»	»	»	31	975	»	»	»	»	»	45	»
39ᵉ de ligne. 1ᵉʳ —	39	1,068	»	»	»	»	36	1,127	»	»	1	23	»	33	»
Cᵉˡ Maucune. 2ᵉ —	30	1,065	»	»	»	»	30	934	»	»	»	17	1	19	»
69ᵉ de ligne. 1ᵉʳ —	31	1,015	»	»	»	»	30	1,050	»	»	1	6	3	60	»
Cᵉˡ Brun. 2ᵉ —	30	1,011	»	»	»	»	27	901	»	»	»	6	1	31	»
76ᵉ de ligne. 1ᵉʳ —	35	908	»	»	»	»	40	1,203	»	»	1	31[2]	»	58	»
Cᵉˡ Lajonquière. 2ᵉ —	24	895	»	»	»	»	25	1,030	»	»	»	10	»	43	»
	260	8,153	»	»	»	»	267	8,352	»	»	»	»	»	335	»
2ᵉ DIVISION, Gᵃˡ Gardanne.	12	»	44	»	»	»	13	»	64	»	»	»	»	»	»
Gᵃᵘˣ Marcognet, Labassée.															
25ᵉ léger. 1ᵉʳ bᵒⁿ	37	779	»	»	»	»	34	613	»	»	3	76	3	98	»
Cᵉˡ Morel. 2ᵉ —	28	697	»	»	»	»	22	620	»	»	1	16	2	81	»
3ᵉ —	31	670	»	»	»	»	3	72	»	»	28	591[3]	»	17[4]	»
27ᵉ de ligne. 1ᵉʳ —	37	1,056	»	»	»	»	34	968	»	»	8	178	»	51	»
Cᵉˡ Bardet. 2ᵉ —	29	1,069	»	»	»	»	25	930	»	»	3	29	»	52	»
50ᵉ de ligne. 1ᵉʳ —	25	922	»	»	»	»	35	838	»	»	»	48	»	40	»
Cᵉˡ Lamartinière. 2ᵉ —	26	922	»	»	»	»	25	832	»	»	»	50	1	30	»
59ᵉ de ligne. 1ᵉʳ —	30	1,084	»	»	»	»	36	961	»	»	5	186[5]	»	40	»
Cᵉˡ Dalton. 2ᵉ —	29	1,089	»	»	»	»	23	828	»	»	3	133[6]	»	26	»
	293	8,288	»	»	»	»	248	6,682	»	»	»	1,311	»	435	»
ARTILLERIE[7].															
État-major	12	»	36	»	»	»	10	»	42	»	»	»	»	»	»
1ᵉʳ rég. à pied. 9ᵉ cⁱᵉ	4	99	9	»	»	»	4	108	8	»	»	»	»	3	»
10ᵉ —	3	109	7	»	»	»	3	108	7	»	»	»	»	4	»
11ᵉ —	2	73	5	»	»	»	»	»	»	»	»	»	»	»	»
12ᵉ —	3	98	7	»	»	»	2	109	5	»	»	»	»	3	»
2ᵉ rég. à cheval. 1ʳᵉ —	2	44	»	38	»	»	2	45	»	52	»	»	»	4	»
5ᵉ —	»	»	»	»	»	»	3	75	»	70	»	»	»	10	»
Ouvriers d'artillerie 4ᵉ —	»	20	»	»	»	»	»	25	»	»	»	»	»	»	»
3ᵉ bᵒⁿ *bis* train. 4ᵉ —	1	76	»	123	»	»	1	78	»	126	»	»	»	4	»
5ᵉ —	1	78	»	139	»	»	1	81	»	156	»	»	»	4	»
5ᵉ bᵒⁿ ppᵃˡ. État-major	3	5	8	»	»	»	3	5	8	»	»	»	»	»	»
1ʳᵉ cⁱᵉ	»	60	»	87	»	»	»	38	»	91	»	»	»	»	»
2ᵉ —	1	90	»	143	»	»	1	88	»	140	»	»	»	»	»
3ᵉ —	1	101	»	173	»	»	1	100	»	173	»	»	»	»	»
4ᵉ —	1	113	»	193	»	»	1	100	»	187	»	»	»	»	»
5ᵉ —	1	74	»	109	»	»	1	69	»	130	»	»	»	»	»
6ᵉ —	1	73	»	106	»	»	1	61	»	102	»	»	»	»	»
	36	1,109	»	1,111	»	»	34	1,010	»	1,233	»	»	»	»	»
Génie. 4ᵉ bᵒⁿ de sapeurs, 2ᵉ cⁱᵉ	2	84	»	»	»	»	2	83	»	»	»	»	»	2	»
Mineurs, 7ᵉ cⁱᵉ	2	41	»	»	»	»	»	»	»	»	»	»	»	»	»
Gendarmerie	3	47	»	55	»	»	3	47	»	54	»	»	»	»	»
CAVALERIE LÉGÈRE[8], Gᵃˡ Colbert.	5	»	18	»	»	»	4	5	20	»	»	»	»	»	»
3ᵉ de hussards. 1ᵉʳ escᵒⁿ	11	69	»	176	3	70[9]	»	»	»	»	»	»	»	»	»
Cᵉˡ Laferrière. 2ᵉ —	4	125	»	132	1	21	12	129	»	474	6	361[10]	7	6	»
3ᵉ —	5	102	»	146	1	28	»	»	»	»	»	»	»	»	»
4ᵉ —	5	109	»	125	1	18	»	»	»	»	»	»	»	»	»
10ᵉ de chasseurs. 1ᵉʳ —	12	130	»	168	»	6	»	»	»	»	»	»	»	»	»
Cᵉˡ Subervie. 2ᵉ —	7	111	»	140	»	13	20	277	»	450	3	163[11]	5	46	»
3ᵉ —	4	118	»	138	1	10	»	»	»	»	»	»	»	»	»
4ᵉ —	5	122	»	139	»	5	»	»	»	»	»	»	»	»	»
	58	888	18	1,184	7	171	36	406	20	924	9	524	12	52	»

Position du 6ᵉ corps au 22 septembre 1806.

Quartier général Memmingen.

Div. Dupont Cologne. — 9ᵉ léger Crevelt, 32ᵉ de ligne Cologne, Neuss, 1ᵉʳ de hussards Coblentz.

Div. Marchand Memmingen. — 6ᵉ léger Mattsies, 39ᵉ Ober-Günzb 69ᵉ Leutkirch, 76ᵉ Memmingen.

Div. Gardanne Altdorf. — 25ᵉ léger Schussenried, 27ᵉ de ligne Lin 50ᵉ Mösskirch, 59ᵉ Mörsburg.

Cavⁱᵉ légère Alshausen. — 3ᵉ de huss. Waldsee, 10ᵉ de chass. Hirb

2ᵉ div. de dragons Fryburg. — 8ᵉ Donaueschingen, 6ᵉ Doningen, 10ᵉ Elt heim, 11ᵉ Fryburg, 13ᵉ Emendingen, 22ᵉ Merdingen.

1. Les grenadiers et voltigeurs sont détachés pour conduire les prisonniers.

2. Au parc.

3. Au parc.

4. 4 prisonniers.

5. Erfurt.

6. Au parc.

7. 4 pièces de 12, 12 de 8, 4 de 4, 4 ob. de 6 pouces; — 82 caissons à ca 54 d'infⁱᵉ. — 201 voitures.

8. Cette situation du 22 septembre est antérieure au départ des cadres du 4ᵉ e dron pour le dépôt.

9. Aux quartiers généraux.

10. 3 off., 51 h. à Iéna, — 1 off., 37 h. à Erfurt, — 120 h. aux divisions, — 2 47 h. avec le gᵃˡ Von der Weidt, — 75 h. au petit dépôt, — 19 h. au quartier géné — 9 égarés.

11. 41 dans les divisions, — 3 off., 122 h. au petit dépôt, la plupart blessés le 14 tobre. — Sur la situation sommaire à la date du 26 octobre, le 10ᵉ de chasseurs porté comme ayant 120 chevaux à l'infirmerie, résultat de la bataille du 14.

Présents sous les armes:

	22 SEPTEMBRE.	1ᵉʳ NOVEMB
1ʳᵉ div.	8,419	8,619
2ᵉ —	8,581	6,930
Artⁱᵉ, génie, gendⁱᵉ	1,323	1,188
Cavalerie	944	442
	19,267	17,179

7e CORPS D'ARMÉE. — MARÉCHAL AUGEREAU.

	SITUATION AU 1er OCTOBRE. Présents. Officiers.	Troupe.	Chevaux d'offic.	Chevaux de troupe.	SITUATION AU 1er NOVEMBRE. Présents. Officiers.	Troupe.	Chevaux d'offic.	Chevaux de troupe.	Détachés. Officiers.	Troupe.	Hôpitaux. Officiers.	Troupe.
ÉTAT-MAJOR GÉNÉRAL.	34	"	"	"	35	"	"	"	"	"	"	"
1re DIVISION, Gal Desjardins.	22	"	"	"	19	"	"	"	"	"	"	"
Gaux Lapisse, Lefranc.												
16e léger. Cel Harispe. 1er bon.	36	828	"	"	31	655	28	"	3	18	5	134
2e —	26	797	"	"	26	600	"	"	"	1	"	201
3e —	26	777	"	"	22	654	"	"	"	8	"	105
4e — Carab. et voltig.	6	167	"	"	6	175	"	"	"	"	"	8
14e de ligne. Cel Savary. 1er —	"	1,870[1]	"	"	"	"[2]	"	"	"	"	"	"
2e —	"	"	"	"	"	"	"	"	"	"	"	"
44e de ligne. Cel Sandeur. 1er —	32	832	"	"	31	771	21	"	1	22	"	48[3]
2e —	32	895	"	"	30	729	"	"	"	38	"	62
3e — Gren. et voltig.	"	"	"	"	4	81	"	"	"	1	"	13
105e de ligne. Cel Habert. 1er —	33	888	"	"	28	792	14	"	1	26	7	83
2e —	26	871	"	"	22	280	"	"	1	21	"	42
3e — Gren. et voltig.	3	75	"	"	2	75	"	"	"	2	1	3
	242	8,000	"	"	221	4,787	"	"	"	"	"	609
2e DIVISION, Gal Heudelet.	18	"	"	"	16	"	"	"	"	"	"	"
Gaux Amey, Sarrut.												
7e léger. Cel Boyer. 1er bon.	32	799	"	"	"	"	"	"	"	"	"	"
2e —	29	769	"	"	86	2,240	20	"	5	57	1	66
3e —	29	786	"	"	"	"	"	"	"	"	"	"
24e de ligne. Cel Semellé. 1er —	40	829	"	"	39	778	34	"	"	18	1	44
2e —	27	803	"	"	25	763	"	"	1	16	2	25
3e —	26	801	"	"	25	763	"	"	"	10	1	38
63e de ligne. Cel Lacuée. 1er —	34	903	"	"	33	866	14	"	"	5	1	44
2e —	24	888	"	"	23	873	"	"	"	4	3	24
	259	6,558	"	"	247	6,283	68	"	"	110	9	241
Brigade de Hesse-Darmstadt.	"	4,000[4]	"	"	"	"	"	"	"	"	"	"
ARTILLERIE[5].	9	2	"	"	8	2	"	"	"	"	"	"
1re division. 3e à pied, 4e cie.	1	83	3	"	1	100	3	"	"	"	"	"
6e à cheval, 2e cie.	2	29	"	31	2	29	5	22	"	"	"	"
8e ppal train, 3e et 6e cies.	1	193	"	250	1	191	2	244	"	"	"	"
2e division. 3e à pied, 3e cie.	2	87	"	"	1	81	"	"	2	18	"	"
6e à cheval, 2e cie.	1	28	3	25	1	27	4	24	"	"	"	"
8e ppal train, 4e et 5e cies.	2	190	"	270	2	137	4	268	"	59	"	"
Parc de réserve. 3e à pied, 5e cie.	2	90	"	"	2	90	5	"	"	"	"	"
8e ppal train, 4e et 5e cies	1	99	"	136	1	99	2	134	"	"	"	"
Ouvriers d'artie, 12e cie.	1	46	"	"	1	46	"	"	"	"	"	"
Pontonniers, 1er bon, 3e cie.	"	"	"	"	2	84	5	"	"	"	"	"
Cavalerie légère. 6e à cheval, 5e cie.	3	86	"	97	3	70	10	79	"	7	"	"
8e ppal train, 1re cie.	1	100	"	136	1	89	2	130	"	3	"	"
	26	1,033	"	945	26	1,025	42	899'	"	"	"	"
Génie. Sapeurs, 4e bon, 1e cie.	2	79	"	"	2	81	"	"	"	"	"	"
Gendarmerie.	3	44[6]	"	47	2	42	4	42	"	"	"	"
CAVALERIE LÉGÈRE, Gal Durosnel.												
7e de chasseurs. Cel Lagrange. 1er escon.	15	181	"	211	12	122	32	119	1	34[7]	1	28[8]
2e —	8	151	"	160	5	92	18	90	"	44	2	50
3e —	7	146	"	159	6	94	16	90	1	37	1	46
4e —	6	149	"	155	"	"	"	"	"	"	"	"
20e de chasseurs. Cel Marigny. 1er —	14	204	"	225	13	169	32	197	1	30[9]	"	5[10]
2e —	7	198	"	208	6	148	16	180	1	46	"	3
3e —	8	206	"	204	6	144	20	186	3	59	"	"
	65	1,235	"	1,322	48	769	134	871	7	250	4	132

Position du 7e corps au 24 septembre 1806.

Quartier général Francfort.

1re div. Friedberg. — 16e léger Guedern, 44e Homburg, 105e Aschaffenburg.

2e div. Dietz. — 7e léger Ober-Hadamar, 24e Camberg, 63e Francfort.

Cav. légère Francfort. — 7e de chass. Francfort, 20e en route venant de Cologne.

1re div. de dragons Siegen. — 1er Attendorn, 2e Altenkirchen, 14e Dillemburg, 20e Schwanzenraben, 26e Bidenkopf.

1. A son passage à Mayence le 2 octobre.

2. Ce régiment, qui n'a pas rejoint depuis Weimar, n'a pas encore envoyé sa situation le 1er décembre. — Il était de 1,420 hommes le 18 octobre à Weimar. (Rapport de l'aide de camp Custine.)

3. 1 off., 155 h. prisonniers de guerre.

4. Voir *Iéna* page 328. — Il ne semble pas que cette brigade ait eu plus de 1500 à 2000 hommes présents à la bataille.

5. 4 pièces de 12, 12 de 8, 4 de 4, 4 ob. de 6 pouces ; — 76 caissons à canon, 65 d'inf. — 199 voitures.

6. Dont 5 gendarmes à la 1re divon et 6 à la 2e.

7. Petits dépôts.

8. 2 off., 65 h. prisonniers de guerre.

9. Avec les généraux et aux petits dépôts.

10. A l'affaire du 14 ce régiment a perdu son colonel, 1 capitaine, 1 maréchal-des-logis chef et 1 chasseur tués. On a porté 16 chevaux en plus sans en indiquer les motifs. (Observation de l'état de situation).

Présents sous les armes :

	1er OCTOBRE.	1er NOVEMBRE.
1re divon	8,242	5,008
2e —	6,817	6,530
Artie, génie, gendie.	1,187	1,178
Cavalerie	1,290	817
	17,536	13,533

8e CORPS D'ARMÉE. — MARÉCHAL MORTIER.

		SITUATION SOMMAIRE au 21 novembre [1]. PRÉSENTS SOUS LES ARMES. Officiers.	Troupe.	Chevaux.
1re DIVISION, Gal Michaud.				
Gaux Désenfants, Gency, Grandjean.				
2e léger, col. Brayer	2 bons	63	1,727	22
65e de ligne, col. Coutard	2 —	68	1,626	14
72e de ligne, col. Ficatier	2 —	63	1,830	17
15e léger, col. Désailly	2 —	"	2,000	"
26e de chasseurs [2], col. Digeon		"	500	500
2e de cavalerie hollandais		12	166	180
1re et 2e cies d'artie à cheval hollandaise [3]		11	168	176
Train d'artie hollandais		4	147	272
2e DIVISION, Gal Dupas.				
Gaux Veaux, Boivin, Ruby.				
4e léger, col. Bazancourt	2 bons	51	1,704	"
22e de ligne [4], col. Clément	2 —	66	1,971	"
58e de ligne [5], col. Arnaud	2 —	"	2,000	"
12e léger [6], col. Jannin	2 —	61	1,848	10
2e de hussards hollandais		20	329	360
1er rég. d'artie à pied, 1re cie [7]		4	99	9
5e bon *bis* du train		1	105	153
1er rég. d'inf. italien [8]	2 bons	56	1,596	25
3e DIVISION, Gal Dumonceau.				
2e rég. de chasseurs à pied hollandais	1 bon.	24	637	7
3e rég. de chasseurs hollandais	1 —	20	632	8
2e rég. de ligne hollandais	2 bons	68	1,318	12
3e de ligne hollandais	2 —	63	1,381	9
7e de ligne hollandais	2 —	66	1,073	12
3e de hussards hollandais		20	370	406
Artie à pied et train d'artie hollandais [9]		10	148	224

1. Il n'y a pas de situation de ce corps d'armée avant le 20 novembre. V. page 818 l'ordre de l'Empereur.

2. Non arrivé, venant de Saumur.

3. 8 pièces de 6, 4 obusiers.

4. Détaché à Bremen, Cuxhaven, Stade.

5. Non arrivé.

6. Détaché à Hameln.

7. 2 pièces de 12, 1 de 8, 2 obusiers.

8. Attaché provisoirement à la div. Dupas jusqu'à l'arrivée du gal Teulié et des autres régts qui doivent former la division italienne. Il avait passé le Rhin à Mayence le 28 octobre. — Le 1er d'inf. légère italien passa le Rhin à Mayence le 11 novembre, 50 off., 1,449 hommes; — le 2e d'inf. légère les 23 et 26 décembre.

9. 6 pièces de 6 et 4 obusiers.

GARDE IMPÉRIALE [1].

		Situation au 1er octobre. Présents. Officiers.	Situation au 1er octobre. Présents. Troupe.	Situation au 1er octobre. Présents. Chevaux.	Situation au 30 octobre. Présents. Officiers.	Situation au 30 octobre. Présents. Troupe.	Situation au 30 octobre. Présents. Chevaux.	Situation au 30 octobre. Détachés. Hommes.	Situation au 30 octobre. Détachés. Chevaux.	Situation au 30 octobre. Hôpitaux.
INFANTERIE.										
Brigade de chasseurs à pied. Gal de brigade Soulès.										
1er régiment	1er bon.	16	482	"	86	1,703	93	83	"	42
	2e —	16	482	"	"	"	"	"	"	"
2e —	1er —	15	481	"	"	"	"	"	"	"
	2e —	16	482	"	"	"	"	"	"	"
Brigade de grenadiers à pied. Gal de brigade Hulin.										
1er régiment	1er bon.	15	419	"	86	1,480	72	92	30	12
	2e —	15	412	"	"	"	"	"	"	"
2e —	1er —	15	400	"	"	"	"	"	"	"
	2e —	15	413	"	"	"	"	"	"	"
		123	3,580	"	172	3,183	165	175	30	54
Brigade de dragons à pied [2].										
1er régiment	2 bons.	"	1,049	"	"	"	"	"	"	"
2e —	2 —	"	1,111	"	"	"	"	"	"	"
		"	2,160	"	"	"	"	"	"	"
CAVALERIE.										
Brigade de chasseurs à cheval et compagnie de mamelucks. Cel Dahmann.		40	948	1,008	66	966 [3]	1,165	89	182	29
Brigade de grenadiers à cheval. Gal de divon Walther.		40	841	936	64	814 [4]	995	70	81	14
Gendarmerie d'élite, Cel Jacquin		20	261	301	13	246	290	61	65	5
		100	2,050	2,245	143	2,030	2,450	220	328	48
ARTILLERIE [5]. Gal de brigade Couin.										
Artillerie de la Garde et train		25	600	447	20	432	627	88	28	8
Artie de la ligne attachée à la Garde		"	"	"	"	"	"	"	"	"
1er régt détt des 2e et 6e cies		2	43	"	"	"	"	"	"	"
6e régt à cheval		2	40	40	"	"	"	"	"	"
		29	683	487	"	"	"	"	"	"
Marins, Capitaine de vaisseau Daugier		"	"	"	4	98	12	"	"	6
Administration		"	"	"	21	138	81	31	52	2

État-major de la Garde.

Mal Lefebvre, ct la Garde à pied. — Reubell adjt-ct, Montmarie chef de bon, Tritz, Montelegier, Maingarnaud, Ernouf capes, Klop lieutt, aides de camp.

Mal Bessières, ct la Garde à cheval, chargé de l'administration de la Garde. — Doullemburg adjt-ct, Laville chef d'escon, Leisteinschneider cap., Lapeyrières lieutt, Andréossy sous-lieutt, a. d. c.

Roussel, général de brigade, chef de l'état-major. — Vautrin, Baron capts a. d. c.

Bottex, Laforêt capes; Waldener, Bourran sous-lieuts, adjoints à l'état-major de la Garde.

Boissonnet, chef de bon du génie.

Sous-inspecteur aux revues Martial Daru.

Commissaire ordonnateur Dufour. — Charamont, Dauxon, Dangeny, Odier comres des guerres.

1. Voir *Iéna* p. 88 les ordres pour l'organisation de la Garde. — Les bataillons de grenadiers et voltigeurs ne furent organisés qu'à Berlin par décret du 2 novembre. Voir page 588.

2. Voir *Iéna* page 41. — L'organisation des dragons à pied fut supprimée le 23 octobre. V. page 244.

3. Le 29 octobre sont arrivés 217 hommes et 260 chevaux dont 60 chevaux saxons.

4. Le 29 la 8e compagnie a rejoint et 23 chevaux de remonte le 28.

5. Situation au 1er novembre: 20 pièces de 8, 14 de 4, 8 ob. de 6 pouces; — 84 caissons à canon, 22 d'infie (artie de la Garde et artie attachée à la Garde). — 171 voitures.

Présents sous les armes:

	1er octobre.	30 octobre.
Infanterie	5,863	3,355
Cavalerie	2,150	2,173
Artillerie	712	452
	8,725	5,980

Situation sommaire des troupes employées au Grand Parc mobile d'artillerie de campagne et à l'équipage de Ponts au 3 novembre 1806.

	Officiers.	Sous-officiers.	Soldats.	Chevaux d'officiers.	Chevaux de troupe (selle).	Chevaux de trait en état.	Chevaux de trait blessés ou malades.
GRAND PARC D'ARTie DE CAMPAGNE.							
État-major — Cel Bouchu, directeur du parc	1	″	″	3	″	″	″
État-major — Chef de bon	1	″	″	3	″	″	″
État-major — Capitaines adjoints	5	″	″	15	″	″	″
État-major — Gardes et conducteurs	″	6	″	″	6	″	″
État-major — Secrétaires et ordonnances	″	″	5	″	″	″	″
Artillerie à pied — 5e régt. 1re cie	″	2	34	″	″	″	″
Artillerie à pied — 6e — 8e —	″	1	12	″	″	″	″
Artillerie à pied — 6e — 11e —	2	4	49	5	″	″	″
Artillerie à pied — 7e — 16e —	1	2	52	6	″	65	1
Artillerie à pied — 7e — 18e —	″	″	2	″	″	″	″
Artie à cheval — 3e — 1re —	2	3	24	5	29	″	″
Artie à cheval — 3e — 6e —	″	″	13	″	13	″	″
Ouvriers d'artie — 1re —	1	3	26	3	″	″	″
Ouvriers d'artie — 12e —	″	1	6	″	″	″	″
Ouvriers du train	1	2	10	2	″	″	″
Bataillon de Nassau	1	″	21	″	″	″	″
Train d'artie — 3e bon *bis*	″	1	28	″	2	44	6
Train d'artie — 8e bon *bis*	3	5	139	8	23	216	50
Train d'artie — 9e bon ppal	1	5	35	2	9	40	8
Équipage de réquisition — 1re divon	1	2	90	2	12	166	28
Équipage de réquisition — 2e —	″	1	″	″	″	4	″
Équipage de réquisition — 27e brigade	″	1	98	″	10	207	28
	20	30	653	54	104	742	121
ÉQUIPAGE DE PONTS. Chef de bon Dessalles, directeur.							
1er bon de pontonniers — État-major	3	1	3	11	″	″	″
1er bon de pontonniers — 2e cie	3	6	77	7	″	″	″
1er bon de pontonniers — 7e —	2	5	85	6	″	″	″
3e bon ppal du train	1	4	96	2	13	136	″
8e bon *bis*	″	1	10	″	1	20	″
9e bon ppal	2	6	69	5	16	162	″
	11	25	340	31	30	318	″

Matériel.

Bouches à feu sur affût et avant-train : 4 de 12, 2 ob. de 6 pouces.

Affûts de rechange : 1 de 12 français, 1 de 12 autrichien, 8 de 8, 1 de 6, 2 de 4, 1 d'ob. de 5 p. 7 l.

Caissons à canon : 19 de 12 franç., 2 de 12 autrich., 13 de 8, 2 de 6, 2 de 4, 4 d'ob. de 6 p., 8 d'ob. de 5 p. 7 l.

Caissons d'infie 59 ; — de parc 1.

Chariots à munitions et voitures en tenant lieu 8.

Forges de campagne 5.

Total général des voitures 143.

Cartouches à canon 1,095 de 12, 1,109 de 8, 608 de 6, 208 de 4, 210 d'ob. de 6 p., 282 d'ob. de 5 p. 6 l.

Cartouches à balles, 240 de 12, 246 de 8, 128 de 6, 49 de 4, 12 d'ob. de 6 p., 21 d'ob. de 5 p. 6 l.

Cartouches d'infie 965,275.

Pierres à feu 89,500.

Bateaux 18. — Pontons en fer-blanc prussiens 14. Total 32.

Voitures : haquets 35, — chariots 14, — agricoles 7, — forge de campagne 1.

Ancres 30.

Cordages : cinquenelles 5, — d'ancre 51, — toises de cordages de 10 mètres 40, — commandes 25, — combleaux 4, — brelages et enrayures 45.

Poutrelles 260. — Madriers 456

Parc du génie à la date du 19 octobre 1806.

(*Organisation arrêtée par l'Empereur le* 20 *septembre. Voir* Iéna *p.* 97.)

1re BRIGADE.

Chambarlhiac, général de brigade (attendu).
Dabadie, colonel comt en second.
Dianous (attendu), Prost (Pierre), Huart [1] chefs de bon.
Delmas, Blanc, Lecarron (attendus), Girod, Jeuasse capes.

2e cie de mineurs, 80 hommes, rappelée de Würzburg.
6e cie de mineurs, 80 h.
4e bon de sapeurs, 6e cie, 70 h.
2e bon de sapeurs, 1re cie, avec 20 à 25 terrassiers, venant de Palmanova.
5e bon de sapeurs, venant de Boulogne.

2e BRIGADE.

Cazals, général de brigade.
Guillaumin, major comt en second.
Soulages, Gillot, Isoard, Lambert (attendus), Collet, Dufresnay capes.

5e cie de mineurs, 65 h.
4e cie de mineurs, 12 h.
2e bon de sapeurs 3e et 4e cies.
4e bon de sapeurs 1re et 3e cies, — 3e, 5e, 7e et 9e cies (attendues).

Chacune de ces brigades devait être d'environ 800 hommes.

1. A rappeler de Würzburg.

TROUPES AUXILIAIRES AU 15 NOVEMBRE 1806.

(*Situation sommaire établie au cabinet du Major général.*)

		HOMMES.	CHEVAUX.	TOTAUX. Hommes.	TOTAUX. Chevaux.
TROUPES BAVAROISES. *Situation au 15 novembre.* — L'état dressé à Munich est beaucoup plus fort, mais celui-ci envoyé par le général Hédouville est plus certain.					
1re Division. Gal Deroy.	Infanterie	6,573	"	7,358	762
	Artillerie	94	86		
	Détt de cavie	691	676		
2e Division. Gal de Wrède.	Infanterie	4,123	"	4,209	65
	Artillerie	86	65		
	Cavalerie. 5 régts	2,090	2,090	2,090	2,090
Total des troupes bavaroises non compris celles stationnées dans le Tyrol, sur l'Inn, dans le pays de Baireuth et dans les garnisons		"	"	13,657	2,917
TROUPES WURTEMBERGEOISES. *Situation au 15 novembre.*					
Division d'infanterie. Gal de Seckendorf.	Infanterie	5,542	"	6,437	897
	Artillerie	263	265		
	Cavalerie. 2 régts	632	632		
TROUPES DE HESSE-DARMSTADT. *Situation au 15 novembre.*					
Lieutent-génal de Werner.	Infanterie	3,730	"	4,086	298
	Artillerie	221	161		
	Chevau-légers dét t.	135	137		
TROUPES DE BADE. *Situation au 14 novembre.*					
1re brigade	Infanterie. 3 régts.	2,857	"	4,154	236
	Artillerie	203	210		
	Hussards dét t	25	26		
Portion de la 2e brigade est partie de Hanau le 20 novembre.					
TROUPES DE NASSAU.					
1er bataillon		750	"	2,250	"
2e et 3e bons		1,500	"		
TROUPES DE WURZBURG.					
1er bon		1,008	"	2,008	"
2e bon	A l'armée	800	"		
	Restés dans la citadelle de Würzburg.	200	"		
TROUPES DU PRINCE PRIMAT.					
1 bataillon		970	"	970	"
TROUPES DE HOHENZOLLERN.					
1 compagnie d'infie		100	"	100	"
1 cie de dragons doit incessamment rejoindre l'armée.					
TROUPES DE HESSE-HOMBURG.					
1 cie de grenadiers		85	"	85	"
La 2e cie doit incessamment rejoindre l'armée.					
		"	"	33,747	4,348

TABLE ANALYTIQUE

ADMINISTRATION. — Administration militaire près le Major général ou administration du petit quartier général, 919. — Personnel de l'administration attachée à l'état-major général de la Grande Armée, 922. — Administration attachée au quartier général d'un corps d'armée, 940.

ADMINISTRATION DE L'ARMÉE (Conseil d'), 580, 837, 861.

AIDES DE CAMP ET OFFICIERS D'ORDONNANCE DE L'EMPEREUR. — Mission du grand maréchal du palais Duroc à Naumburg pour la visite des blessés, 63. — Le général Clarke, secrétaire du cabinet de l'Empereur, gouverneur d'Erfurt, 75; puis gouverneur de Berlin, 327. — Mission du capitaine Lamarche auprès du maréchal Soult, 82; — du capitaine Castille à Naumburg, 113; — du capitaine Custine, aide de camp du général Savary, à Weimar, 127; — de M. de Tournon auprès du roi de Hollande, 129; — de M. de Montesquiou auprès du roi de Prusse, 137, 259. — Le capitaine Lamarche envoyé en partisan avec 60 chevaux pour ramasser les isolés de l'armée ennemie, 161. — Le général Lemarois gouverneur de Wittemberg, 215. — Mission du capitaine Castille à Berlin, 241; — du général Corbineau à l'avant-garde, 268; — à Geltow, 284; — du général Bertrand à Spandau, 287, 315, 317; — du général Savary pour avoir des renseignements sur les troupes sorties de Magdeburg, 288, 343, 351, 379, 382, 431. — Rapport du commandant Scherb sur l'interrogatoire d'un domestique du prince Louis Ferdinand de Prusse, 320. — Rapport d'un officier d'ordonnance de l'Empereur envoyé à Berlin, 341. — Mission de M. de Montesquiou à Berlin, 351; — du général Savary pour servir de communication entre deux colonnes de l'armée et leur donner des nouvelles, 481, 484, 518, 523, 570, 600, 638, 717; — du général Corbineau à Spandau, 589, 610, 662, 683, 727, 754, 777, 797, 855; — du général Bertrand à Stettin, 592, 771. — Travail des aides de camp de l'Empereur, 681.

AMBULANCES. — Mission du général Duroc à Naumburg pour la visite des blessés, 63. — Visite des blessés à Iéna par le colonel Blein, 65. — Ordres donnés pour les blessés par l'Intendant général à Iéna, 68; — à Weimar, 69. — Réquisitions de demi-fournitures et de chemises pour les ambulances de Iéna et de Naumburg, 153. — Ambulances du 3e corps restées à Naumburg pour donner les premiers secours aux blessés de la bataille du 14, 407. — Place des ambulances dans les marches et mouvements, 442.

Approvisionnements. — Approvisionnements à réunir à Erfurt, 81, 108, 867; — à Leipzig, 151. — Approvisionnements à réunir à Wittemberg, pivot et centre des opérations de l'armée, 195; — à Spandau pour nourrir l'armée pendant 2 mois, 359; — à Stettin, 686, 781; — à Posen et à Küstrin, 752; — à Berlin, Magdeburg, Küstrin, Spandau, 837, 866. — V. *Places fortes, Points d'appui, Subsistances.*

Armée bavaroise. — La division bavaroise Mezanelli se rend de Schleiz à Plauen, 43. — Division Deroy à Ingolstadt, 71. — Ordre aux troupes bavaroises de presser leur marche sur Plauen, 73. — Ordre de se rendre à Dresde, 159. — Excès de l'armée bavaroise à Dresde, 349, 472, 477. — Ordre de fournir des souliers aux troupes bavaroises à Dresde, 488. — Ordre aux troupes bavaroises de quitter Dresde et de se rendre à Peitz, 489. — Situation de la division Mezanelli, 548.

Armée de réserve. — V. *Instruction des troupes.*

Armistice. — Faux avis d'armistice, 56, 82, 96. — Demande d'armistice formée par le roi de Prusse, 113.

Arrière-garde. — Combats d'arrière-garde; rôle de l'arrière-garde; la manœuvre, 629, 636, 671, 694.

Artillerie. — Rapidité des mouvements et activité de l'artillerie à cheval des divisions de cavalerie, 20. — L'artillerie du 4e corps au combat de Nordhausen, 92, 95. — Ordre au parc mobile d'artillerie de l'armée de se rendre à Wittemberg, 185. — Le parc mobile est à 1 ou 2 jours du quartier général, 385. — Dédoublement des bataillons du train d'artillerie de dernière formation; besoins en hommes pour les compléter; observations de l'Empereur, 330, 582, 768. — L'artillerie doit être considérée dans une place de dépôt sous 2 points de vue : artillerie nécessaire à la défense de la place, artillerie et munitions de guerre pour réparer les consommations et les pertes de l'armée d'opérations, 398. — L'artillerie à cheval au combat de Prenzlow, 456. — Rétablissement de ponts, pontonniers et sapeurs, 714. — L'artillerie du 4e corps au combat de Lübeck, 741. — Départ de Berlin du parc et de l'équipage de ponts, 751. — Bombardement de Magdeburg, 678, 719, 766, 774. — Auxiliaires fournis à l'artillerie par l'infanterie, 770. — État de l'artillerie du 1er corps après un mois de campagne, 784. — État-major de l'artillerie de l'armée, 917.

Avant-garde. — Manœuvre de l'avant-garde, 56, 90. — Surprise du pont de Wittemberg, 171. — Avant-garde du 5e corps, 369, 422 à 426.

Avant-postes. — Avant-postes du 3e corps, 198. — Avant-postes de marche du 1er corps, 322. — Avant-postes du 7e léger, 409. — Avant-postes devant Magdeburg, 577, 764.

Boulangers, 919, 922, 940.

Campement (Effets de). — Besoins du 3e corps en effets de campement, 516. — Distribution ordonnée des magasins de Berlin, 660.

Cantonnements. — Cantonnements de marche, 51, 322, 501. — Précaution à prendre lorsque les villages où l'on cantonne ne sont pas sur la grande route, 282. — Exiger que la nuit les habitants des villages éclairent leurs maisons extérieurement, 286.

Capitulations. — Capitulation d'Erfurt, 20, 36, 38, 47; — de Spandau, 318. — Capitulation d'un bataillon saxon, 390. — Capitulation des gendarmes du roi au combat de Wichmansdorf, 417, 419. — Capitulation de Prenzlow, 457, 555. — Capitulations de plusieurs corps débris de la colonne de Hohenlohe, 493, 529 ; — de troupes de cavalerie saxonne, 505. — Capitulation de Stettin, 525, 530, 556. — Capitulation du corps du général Bila à Anklam, 563, 593 ; — du grand parc d'artillerie de l'armée prussienne, 568, 597. — Capitulation de Wolgast, 626, 746. — Capitulation du général Usedom à Wismar, 718 ; — du général Blücher à Ratzkaw, 759. — Capitulation de Magdeburg, 788, 794. — Capitulation du corps du général Pelet, 844.

Capotes. — Réquisition de drap frappée à Halle par le maréchal Bernadotte pour fournir des capotes au 1er corps, 123. — Ressources de la ville de Leipzig en drap pour capotes et en tailleurs, 152. — Réquisition de drap frappée à Leipzig pour faire confectionner 150,000 capotes, 197. — Besoins en capotes du 3e corps, 407, 516 ; — du 5e corps, 476, 748. — Rapport sur les réquisitions de capotes frappées par l'Empereur, 513 à 517. — Capotes données aux grenadiers et voltigeurs de la réserve, 585. — Gratification de capotes aux corps d'armée, 612, 864. — Le maréchal Kellermann demande un dépôt de capotes à Mayence, 792.

Cavalerie. — Reconnaissances de cavalerie en mouvement pendant toute la nuit ; renseignements sur les mouvements de retraite de l'ennemi, 2, 4, 11, 24, 27, 29, 90, 385, 453, 501, 538. — Instructions du Commandant de l'armée au commandant de la cavalerie, 4, 34, 36, 305. — Instructions du maréchal Soult au commandant de sa cavalerie ; services que la cavalerie doit rendre à l'avant-garde, 26, 52, 90, 289, 291, 503, 572, 576. — Reconnaissances journalières, 47. — Reconnaissances pendant la marche, choix des chevaux ; place de la cavalerie dans les colonnes, 60, 502. — Les chevaux de prise de la cavalerie ennemie servent à remplacer les chevaux fatigués des régiments, 37, 42, 694, 732. — Position de nuit de la cavalerie d'avant-garde ; grand'gardes, 48, 96. — Divisions de dragons en soutien de la cavalerie légère, 53. — Partis de cavalerie pour harceler pendant la nuit l'ennemi en retraite, 58. — Partis de cavalerie pour lier les communications des corps d'armée, 61, 117, 172, 175. — Reconnaissances et partis de la cavalerie du 3e corps, 64, 86, 125, 172, 198, 200, 239, 266, 304, 360, 407. — Reconnaissances (renseignements) et patrouilles (liaison des colonnes), 89. — Profondeur de la colonne de la cavalerie de la réserve, 98. — Régiment de cavalerie avec une division d'infanterie, 99. — La cavalerie sur le terrain du combat, 101. — Cantonnements de la cavalerie après le combat, 104. — Levée de 500 chevaux à Baireuth pour remonter les hommes à pied des petits dépôts de cavalerie, 116. — Ordre de faire partir d'Italie les 4e, 6e, 7e et 8e de cuirassiers pour la Grande Armée, 116 ; — d'envoyer 2 régiments de chasseurs sur Augsburg, 332. — Le commandant de la cavalerie indique les points où doivent être envoyées les reconnaissances, 118. — Allures de la cavalerie pendant les marches, 126. — Postes de correspondance, 133, 185. — Détachement du général Picard avec 3 régiments pour nettoyer les communications de l'armée, 135, 156, 348, 539. — Détachements envoyés en partisans pour ramasser les isolés de l'armée ennemie, 161, 204. — Reconnaissance du général de brigade Beaumont et de l'adjudant commandant Girard avec le 13e de chasseurs sur l'Elbe, 176. — Rapports à envoyer de 2 en 2 heures, 176, 623. — La cavalerie de l'armée à l'avant-garde, 217. — La cavalerie du 5e corps chargée de la liaison avec le 1er corps, 264, 285. — Partis de la cavalerie du 4e corps à la recherche de la colonne du duc de Weimar, 274, 277, 289, 292, 296. — Reconnaissances d'officiers, 4e corps, 290. — Force des partis, 4e corps, 297. — L'artillerie à cheval peut gêner la cavalerie légère, 293. — Longues marches de la cavalerie, division d'Hautpoul, 282; brigade Lasalle, 284. — Partis à envoyer dans toutes les directions; les faire commander par des officiers intelligents, 305, 564, 566, 618. — Renseignements à recueillir par le général commandant la cavalerie légère de l'avant-garde; interrogation de cabinet, 305, 312. — Il faut de l'ordre dans les reconnaissances, 308. — Reconnaissances de la brigade Lasalle, 311, 362. — Hommes de cavalerie à pied à diriger des dépôts de l'intérieur sur l'armée, 332, 810, 811. — Infanterie transportée sur des chariots à la suite de la cavalerie, 339. — Vitesse de transmission des rapports de la cavalerie, 352. — Reconnaissance à coups de sabre; combat de cavalerie de Zehdenick, 371 à 377. — Les détachements sont pris dans les 2 régiments de la brigade, 371, 418. — La masse de cavalerie marche à demi-journée de marche en avant des corps d'armée, 378. — Liaison entre les colonnes, parti du général Savary, 379, 381, 431. — Petits dépôts de cavalerie à laisser en arrière dans les courses rapides, 401. — Activité et prudence du commandant de la cavalerie de l'armée, 404. — Reconnaissance du commandant Delaas sur Templin, 376, 410. — Reconnaissance du général Milhaud sur Boitzenburg, 412, 415, 455; — du général Lasalle sur Prenzlow, 412, 421; — d'un régiment de dragons sur Lychen, 414. — Combat de cavalerie de Wichmansdorf, 416. — Qualités nécessaires au général de cavalerie légère, 291, 437; — il doit connaître le détail de son métier, 438. — Combat de cavalerie de Prenzlow, 455. — Fatigue des troupes de cavalerie, 466, 594. — Mission du général Savary avec 2 régiments de cavalerie pour servir de communication entre 2 colonnes de l'armée et leur donner des nouvelles; instructions données à ce général, 481, 484, 518, 523, 546, 570, 600, 638, 717. — La division de dragons Klein rejoignant l'armée est chargée de nettoyer les communications de toutes les petites colonnes ennemies perdues et égarées, 485, 578. — Reconnaissance du colonel Gérard avec un régiment de cavalerie, 532. — Diminution de la cavalerie par suite de la rapidité et de la fatigue des marches, 533. — Piquet d'escorte et de correspondance des commandants de corps d'armée, 538, 933. — Reconnaissance du chef d'escadron Dejean sur Strasburg, 561. — Poste de correspondance laissé par une reconnaissance, 567. — Effectifs des régiments de cavalerie, 582. — Reconnaissance du chef d'escadron Boyer en Poméranie, 595, 619, 626. — Détachement de 25 hommes laissé pour établir la communication entre le gros de la cavalerie et une brigade légère, 618. — Sous-officiers pour prendre les ordres, 623. — Effets de harnachement des magasins de Berlin mis à la disposition des corps de cavalerie, 659. — Reconnaissance de l'adjudant-commandant Drouhot avec un escadron sur Wittenburg, 693. — Parti du major Ameil sur l'Elbe, 693, 715, 830. — Formation de la 5e division de dragons sous les ordres du général Beker, 796. — Détachements de cavalerie montés à Potsdam, envoyés à Francfort sous les ordres du major Lambert chargé de s'occuper de leur instruction, 821. — Composition des régiments en jeunes soldats, 822.

COMBAT. — Affaire de Groussen, 58; — de Nordhausen, 91. — Combat de Halle, 99 à 106. — Succession des engagements dans le combat, 102 à 106. — Combat de cavalerie de Zehdenick, 371 à 377, 396; —

de Wichmansdorf, 416 à 420 ; — de Prenzlow, 455 à 460. — Affaire de Waren, 600, 628, 639. — Combat de Nossentin, 601, 629, 639 ; — de Criwitz, 671. — Affaire de Ratzeburg, 709. — Combat de Lübeck, 735 à 747.

Commandant de l'armée. — Incertitude du Commandant de l'armée sur la direction de la retraite de l'ennemi, 2, 4, 9, 31. — Ordres et instructions du Commandant de l'armée au commandant de la cavalerie, 34, 40, 305, 365, 378. — Le Commandant de l'armée s'occupe lui-même de l'organisation de la ligne de communication, 41. — Nécessité de donner des ordres écrits, 179. — Le Commandant de l'armée est toujours occupé à réunir ses forces, 188, 219. — Le Commandant de l'armée songe toujours à un échec, 220.

Conscription. — Appel anticipé de la conscription de 1807, 330.

Contributions. — Contribution extraordinaire de guerre frappée le lendemain de la victoire sur tous les États de la Prusse et de ses alliés, 14. — Contribution requise verbalement à Erfurt par le maréchal Ney, 77, 81. — Impositions sur les États prussiens de la rive gauche de l'Elbe, 580.

Défense générale de l'Empire. — Levée de gardes nationales dans les départements de la Gironde, 280. — Instructions de l'Empereur sur le placement des troupes pour la défense de l'Empire, 335. — Levée de gardes nationales dans les départements de la Somme et de la Seine-Inférieure, 579.

Dépôts. — Dépôts de convalescents de Würzburg transférés à Erfurt, 115. — Dépôts de cavalerie de Forchheim envoyés à Baireuth ; levée de 500 chevaux pour les monter, 116. — Les dépôts de l'armée à Wittemberg, 193, 242, 251, 439, 513, 730 ; — à Spandau, 392, 400 ; — dans les places, 706. — Petits dépôts de chevaux blessés, 229, 401. — Petits dépôts d'hommes fatigués et éclopés à former par les corps d'armée, 323, 428, 452, 533, 535, 604, 606, 638.

Dépôt de cavalerie de Potsdam. — Instructions au général Bourcier, commandant le dépôt de Potsdam, 473, 682, 703, 780, 798, 820, 852. — Beaucoup de recrues dans les troupes de cavalerie, 474. — Les chevaux des capitulations conduits à Potsdam, 464, 487, 594, 610, 650, 662, 777, 797, 855, 857. — Diriger tous les hommes de cavalerie à pied sur Potsdam, 487, 682. — Revue des dragons à pied, 552. — Confection de selles et d'objets d'équipement pour le dépôt de cavalerie de Potsdam, 753, 853. — Mise en route de détachements montés à Potsdam, 779, 793, 798, 812, 836. — Besoins pour le dépôt de Potsdam, 812. — Vente de chevaux réformés, 821. — Diminution de la ration au dépôt de Potsdam, 858.

Derrières de l'armée. — Troupes à laisser à Erfurt, 35, 43. — Place d'Iéna, 67 ; — de Weimar, 72 ; — de Naumburg, 89, 190 ; — de Leipzig, 89, 143, 151 ; — de Potsdam, 241 ; — de Berlin, 239 à 242, 281, 327, 342. — Organisation du service des postes aux chevaux et des transports sur les derrières de l'armée, 181. — Correspondance journalière des commandants d'armes sur la route de l'armée avec le Major général, 133, 222, 248, 255, 278. — Indiscipline sur les derrières de l'armée, 429.

Déserteurs. — Renseignements à en tirer, 25, 273, 518.

Détachements rejoignant l'armée, 443, 475.

DISCIPLINE. — Indiscipline sur les derrières à Iéna, 68. — Commissions militaires, 68. — Isolés, traînards, pillards, 77, 81, 90, 123. — Le relâchement de la discipline est porté au point que la vie des officiers n'est plus en sûreté, 122. — Traîneurs occasionnés par les marches longues et continues, 199. — Ordres du maréchal Soult pour empêcher le pillage et resserrer les liens de la discipline ; commissions militaires, 211, 296, 814, 843. — Indiscipline de la division bavaroise, 349, 391, 472, 477. — Indiscipline des troupes du Ier corps, 428, 632, 783, 824. — Détachements des hommes incapables de supporter les fatigues, 428 à 430. — Indiscipline sur les derrières du 3e corps, 445. Indiscipline de la cavalerie du 7e corps, 490.

DISTRIBUTIONS. — Distributions en route pendant les haltes, 127, 142, 146. — Les distributions sont le meilleur moyen de maintenir l'ordre ou de le rétablir, 207, 211. — Distributions aux troupes du 4e corps, 440. — Distributions à Berlin à la cavalerie du 7e corps, 453. — Distributions de vin aux troupes à Berlin, 471.

DRAGONS A PIED. — Détachements de dragons à pied laissés à Iéna, 65, 67. — Dragons à pied envoyés à Acken, 185 ; — laissés à Dessau, 191, 268, 288 ; — dirigés sur Wittemberg, 217. — L'organisation des dragons cesse d'exister, 244. — Diriger les dragons à pied sur Spandau, 327, 353. — Renseignements sur la brigade de dragons à pied, 353, 473.

ÉQUIPAGES DE PONTS. — Équipage de pontons pris à Naumburg, 125, 139, 199. — Pontonniers envoyés à Dessau avec les marins de la garde, 138. — Bateaux envoyés de Halle au confluent de la Saale et de l'Elbe, 158, 201. — Navigation sur l'Elbe, pontonniers du 4e corps, 294, 299. — Passage de l'Elbe à Tangermünde par le 4e corps, 386. — Auxiliaires d'infanterie mis à la disposition de l'artillerie pour aider les pontonniers, 442. — Rétablissement de ponts, pontonniers et sapeurs, 714.

ÉQUIPAGES MILITAIRES. — Brigades de la compagnie Breidt, 581. — Ordre du maréchal Soult de passer une revue sévère des équipages pour les réduire aux voitures autorisées par le règlement, 815. — Répartition des équipages du 4e corps, 842. — Inspection du service des équipages militaires, 865.

ESPIONNAGE. — Espions à envoyer par le gouverneur d'Erfurt, 82 ; — par le maréchal Soult, 193. — Espion envoyé par le grand-duc de Berg à Magdeburg, 206. — Espion prussien arrivé à Berlin, 360. — Ordre de traduire le prince de Hatzfeld devant une commission militaire comme espion, 448. — Espions et émissaires à envoyer à Prague et en Bohême par le gouverneur de Dresde, 651. — L'émissaire Charles du général Savary, 717. — V. *Renseignements*.

ÉTAT-MAJOR. — Officiers d'état-major à diriger sur l'armée, VII. — États de pertes et rapport le lendemain d'une affaire, 3, 739. — Officier d'état-major chargé de la conduite d'une colonne de prisonniers, 6, 187. — Pertes en officiers d'état-major, 12. — Officier général ou supérieur chargé à l'état-major général de suivre le détail de l'organisation et de la police de la ligne de communication et de la correspondance à ce sujet, 41, 688. — Les rapports doivent être portés par les aides de camp et les officiers d'état-major et non par les courriers, 42. — Ordre d'établir à Erfurt un bureau d'état-major général, 44. — Commandement et état-major ; rédaction des ordres, 53, 78, 934. — Ordres particuliers donnés par le commandant de corps d'armée au chef de l'état-major, 55. — Officier d'état-major chargé de guider les troupes, 55. — Mission du colonel Blein, aide-major général, à Iéna, 65, 67. — Officiers d'état-major chargés des fonctions de commandant d'armes sur les derrières, 67, 72. — Communications des chefs d'état-major aux autorités municipales, 93. — Enregistrement de la correspondance pendant la marche, 95. — Dispositions à prendre pour l'escorte des prisonniers; service commandé par le chef d'état-major, 111. — Le maréchal Soult procure des chevaux aux généraux et officiers d'état-major de son corps d'armée, 116, 828. — Officiers d'état-major chargés de porter et de remettre des ordres, 120, 164, 174, 603. — Journal des marches et opérations du 1er corps, 145; — de la réserve de cavalerie, 174; — du 4e corps, 272, 346, 816. — Officier supérieur d'état-major avec la cavalerie d'avant-garde, adjudant-commandant Girard, 178, 312. — Mission de l'adjudant-commandant Girard auprès de l'Empereur, 364, 458. — Mission verbale de l'adjudant-commandant Girard auprès du maréchal Lannes, 424. — Ordres donnés par le commandant de corps d'armée par l'intermédiaire de son chef d'état-major, 207, 387, 453. — Correspondance journalière des gouverneurs de province, commandants de place, commandants d'armes sur les derrières, avec le Commandant de l'armée par le canal du Major général, 134, 222, 248, 255, 278, 591, 841. — Adjoint d'état-major chargé du commandement du dépôt de chaque corps d'armée dans les places de dépôt, 251, 392, 439. — Mission de l'adjudant-commandant Romeuf à Berlin pour assurer la subsistance des troupes, 267, 281. — Correspondance directe des chefs d'état-major des corps d'armée avec le Major général, 272, 436. — Mission de l'adjudant-commandant Lefol à Magdeburg, 276. — Mission de l'adjudant-commandant Hervo, sous-chef de l'état-major du 3e corps, pour reconnaître la position à occuper par le 3e corps à l'est de Berlin, 281. — Mission du capitaine Lagrange auprès du général Lasalle, 283. — Officiers d'état-major envoyés pour reconnaître les positions à occuper à la fin du jour par les troupes; devoirs du chef d'état-major du corps d'armée, 295. — Interrogation de cabinet à suivre par le général commandant la cavalerie légère de l'avant-garde ou par le chef d'état-major de la cavalerie, 305. — Service de jour des officiers à l'état-major du Major général, 319. — Officier d'état-major chargé de rendre des parlementaires, 359. — Chef d'état-major des commandants des places de dépôt, 393. — Officiers d'état-major au quartier général des corps d'armée voisins, 403, 428, 466, 599. — Officiers d'état-major chargés du commandement des détachements formés chaque jour des hommes restés en arrière pendant les marches forcées, 452. — Le général Belliard, chef d'état-major de la réserve de cavalerie, somme le prince de Hohenlohe, 457. — Difficulté de la transmission des ordres, 468. — Correspondance d'état-major, 474. — Mission du capitaine adjoint Danloup-Verdun à la recherche du 28e d'infanterie légère, 475. — Nécessité pour les généraux d'avoir auprès d'eux le nombre d'aides de camp que le règlement leur accorde, 497, 533, 668. — Dépêches envoyées en duplicata, 511. — Piquet de correspondance et d'escorte des commandants de corps d'armée, 538, 933. — Frais de bureau des chefs d'état-major, 637. — Mission pour porter des ordres donnée à un sous-officier de cavalerie, 637. — Officiers des princes de la Confédération du Rhin attachés à l'état-major du Major général, 649. — Reconnaissance de l'adjudant-commandant Drouhot sur Wittenburg, 693. — Instruction du général Compans au colonel du 28e de ligne chargé de la police de Lübeck, 760. — Mission du capitaine Simonin à Prague, 775. — Organisation du grand état-major général, 885. — Le Major général; expédition des ordres de l'Empereur, 888. — Cabinet du Major général, 891. — Correspondance par le canal du Major général, 896. — Néant de l'état-major, 900. — Règles de détail pour la correspondance, 897. — État-major particulier du Major général, 900. — Troupes du quartier général, 903. — État-major général : personnel et travail, 906. — Gendarmerie du quartier général, 909. — Officiers à la suite du grand quartier général, 910. — Partie topographique, 911. — État-major général de l'artillerie, 917; — du génie, 918. — Composition des états-majors des corps d'armée, 924 à 931. — Service du chef d'état-major du corps d'armée, du sous-chef et des adjoints, 932.

Évacuations. — Prendre des ordres pour les évacuations, 113. — Évacuations des malades et blessés du 4e corps, 439. — Ordres de l'Empereur pour les évacuations, 446, 469, 866.

Fonds. — Fonds mis à la disposition du Major général; fonds de réserve de la Grande Armée, vii, viii. — Fonds demandés par le maréchal Kellermann pour les dépenses extraordinaires et indispensables pour le service, 165. — Situation de la caisse de l'armée au 20 octobre, 182. — Fonds qui doivent se trouver disponibles à Mayence, 335. — Faire verser dans les caisses de l'armée les fonds appartenant au roi de Prusse, 387, 470. — Gratification accordée par le maréchal Soult aux pontonniers et sapeurs employés au passage de l'Elbe, 387. — Payer un mois de solde à l'armée, 470. — Service des fonds : fonds du trésor de France et fonds provenant du pays conquis, 861.

Gardes nationales. — V. *Défense générale de l'Empire.*

Gendarmerie. — Patrouilles de gendarmerie sur les derrières, 68. — Service de la gendarmerie pendant les marches, 502. — Conduite d'officiers prisonniers, 504. — Gendarmerie du quartier général; gendarmerie sur la ligne de communications, 909.

Génie. — Ordre au parc du génie de se rendre à Wittemberg, 185. — Départ de Berlin du parc du génie; outils de l'armée, 751. — État-major du génie de l'armée, 918.

Grenadiers et voltigeurs de la réserve. — Corps Oudinot, 583 à 585

Habillement. — Gratifications de draps aux officiers, 197; — de draps et de souliers aux troupes, 197. — Gratification de souliers aux troupes bavaroises, 472. — Le soldat est tout nu, 5e corps, 598. — Ordres pour la distribution d'effets d'habillement, 864.

Hesse-Cassel. — Ordres pour l'exécution de Hesse-Cassel au roi de Hollande, 74; — au maréchal Mortier, 75, 253. — Marche du maréchal Mortier, 389, 476.

Hôpitaux. — Hôpitaux établis à Iéna, 65, 68; — à Weimar, 69, 71; — à Erfurt, 44, 876; — à Weissenfels, à Leipzig, 151; — à Wittemberg, pivot et centre des opérations de l'armée, 195, 251; — à Spandau, 359.

Ingénieurs-géographes. — Levée du champ de bataille d'Iéna, 67. — Reconnaissance du cours de l'Oder ordonnée par l'Empereur, 650. —

Partie topographique et service des ingénieurs-géographes à l'état-major du Major général, 911.

Instruction des troupes. — Ordres au général Junot pour l'instruction des troupes laissées à Paris, 224. — Instruction des recrues de la cavalerie, 474. — Ordres du maréchal Kellermann pour l'instruction des conscrits et la formation des détachements destinés à rejoindre l'armée, 479. — Instruction des recrues du corps des grenadiers et voltigeurs de la réserve, 585. — Mise en route des conscrits pour l'armée avant la fin de leur instruction, 658, 681, 809. — Une réunion d'hommes ne fait pas des soldats, 701. — Activer l'instruction des conscrits en Italie, 702.

Ligne de communications. — Le Commandant de l'armée s'occupe lui-même de la ligne de communications de l'armée ; changement de la ligne de communications de l'armée, 41.

Marches. — 1er corps, 28, 60, 62, 427, 430, 465, 467, 499, 501, 534, 628, 632, 692. — 4e corps, 54, 90, 116, 293, 503, 603, 637, 676, 711, 716. — Changement de direction pendant la marche, 61. — On ne fait de surprises que par des marches forcées, 62. — Marches forcées du 6e corps, 122. — Ordre de marche de la 3e division du 3e corps le 19 octobre, 142. — Marches longues et continues, traîneurs, 199. — Ordre de mouvement du 3e corps, 266, 267. — Faire manger les troupes toutes les fois qu'on le peut, 271. — Marches forcées, longs repos, supplément de ration, 345, 435, 604. — Marches forcées du 5e corps, 369, 422, 463. — Rendez-vous de corps d'armée, 119, 384, 502, 534, 628. — Dans les marches forcées former chaque jour avec les éclopés une arrière-garde de 400 hommes sous le commandement d'un officier d'état-major, 323, 452, 604. — Surveillance des officiers pendant les marches, 499, 502. — Place du commandant de corps d'armée pendant les marches, 573, 673. — Formation de l'infanterie pendant les marches de guerre en présence de l'ennemi, 674. — Marches de route, 841.

Missions. — V. *Aides de camp de l'Empereur, Cavalerie, État-major.*

Munitions. — Remplacement des munitions au 3e corps, 12 ; — au 4e corps, 92 ; — au 1er corps, 123, 144. — Remplacement des munitions des parcs de corps d'armée par le grand parc de l'armée, 385. — Remplacement des munitions de la cavalerie, 491.

Officiers. — Besoins en officiers, 112, 230, 328.

Ordonnateurs. — L'ordonnateur du corps d'armée est chargé de l'exécution des réquisitions, 93. — Le maréchal Bernadotte n'a pas à se louer de l'administration militaire, 824.

Ordres de mouvement. — Ordres de mouvement du Commandant de l'armée, 90, 307. — V. *Marches.*

Organisation générale. — L'intention de l'Empereur n'est pas d'avoir une organisation nombreuse sans troupes, 329.

Parlementaires. — 56. — Le général Belliard envoyé en parlementaire à Magdeburg, 206, 225. — Le colonel Moncabrié à Magdeburg, 234. — L'adjudant-commandant Lefol à Magdeburg, 276. — Rendre des parlementaires, 207, 231, 359. — Parlementaire envoyé au général Savary pour avoir des nouvelles, 379.

PAYS CONQUIS (Organisation et administration des). — Ordres pour l'organisation et l'administration des pays conquis, 44. — Scellés mis sur les caisses, 153. — Exécution du pays de Brünswick, 221, 299. — Correspondance journalière des gouverneurs de province avec le Major général de l'armée, 222, 248, 255, 278. — Prise de possession des États prussiens; organisation de l'administration civile et militaire, 245. — États de l'Électorat de Saxe, 249. — Commandement de la place de Dresde, 252. — Prise de possession du pays de Hesse-Cassel, 353, 700, 720 à 722. — Le général Clarke gouverneur de Berlin, 327. — Prise de possession à Berlin par l'Intendant général de tout ce qui appartient au roi de Prusse, 330. — Organisation de la ville de Berlin, 447. — Administration des États du roi de Prusse, 652 à 657. — Prise de possession du Hanovre, 749, 846. — Ordres aux gouverneurs des provinces prussiennes pour le désarmement des habitants, 840; — pour la rentrée des contributions, 841.

PIVOT DES OPÉRATIONS. — Erfurt pivot des opérations de l'armée, 43. — Wittemberg pivot et centre de tous les mouvements de l'armée, et secondairement Erfurt, 194, 219.

PLACES FORTES. — Organisation de la place d'Erfurt, 76, 81, 85, 115, 391, 443, 470. — Organisation du service dans une place forte prise par capitulation, 77. — Wittemberg place de dépôt, 194, 249, 358, 513, 723, 730, 774. — Spandau place de dépôt, 324, 358, 397 à 401. — Spandau, Wittemberg et Erfurt seules places d'armes, dépôts et magasins de l'armée, 366, 392, 398. — Organisation de la place de Stettin, 660, 723, 725, 772. — Küstrin point d'appui de l'armée, 750, 752.

POINTS D'APPUI DE L'ARMÉE. — V. *Places fortes.*

POSTES AUX CHEVAUX. — Sauvegardes dans les postes aux chevaux, 91. — Ordre du jour pour assurer le service des postes aux chevaux, 181. — Faire recompléter les voitures dans les postes aux chevaux, 410. — Organisation du service des postes aux chevaux, 688.

PRISE DE POSITION. — Ordres de prise de position donnés à la fin de la marche, 117, 570, 602, 631, 675.

PRISONNIERS DE GUERRE. — Officier d'état-major chargé de conduire une colonne de prisonniers, 6. — Renvoi des prisonniers saxons, 18, 505. — Paroles d'honneur des officiers prisonniers de guerre; revers; passeports, 20, 136, 163, 505, 557, 572. — Évacuation des prisonniers, 37, 41, 44, 65, 80, 111, 128, 875. — Les troupes alliées chargées de l'escorte des prisonniers, 43. — Secours aux officiers prisonniers, 65, 718, 829. — Dépôt provisoire de prisonniers à Weimar, 69. — Prisonniers restés dans les villages, 106. — Escortes de prisonniers, 111, 144, 187, 203, 348, 349, 443, 550. — Convoi de prisonniers délivré par un parti de cavalerie ennemie, 128 à 131. — Les prisonniers de la capitulation d'Erfurt conduits par le général Von der Weidt, 129 à 132, 442, 877. — Emplacement dans les places fortes pour mettre les prisonniers, 251. — Renseignements donnés par les prisonniers; interrogatoires, 277, 296 à 298, 518 à 520, 640, 642. — Prisonniers du combat de Zehdenick, 452; — de la capitulation de Prenzlow, 457, 462, 464, 492, 497, 548 à 551, 590, 610, 662. — Spandau dépôt général des prisonniers, 495. — Remerciements du prince de Hohenlohe au grand-duc de Berg, 493. — Officiers prisonniers conduits par un gendarme, 504. — Prisonniers conduits par la brigade Milhaud, 529, 686. — État des prisonniers de guerre établi par les corps d'armée qui les ont pris, 551. — Prisonniers de la capitulation du général Bila à Anklam, 594 à 596, 625, 797. — Colonne du parc de l'artillerie de l'armée prussienne, 597, 683, 728 à 730, 777. — Prisonniers de la capitulation de Stettin, 598. — Remise des prisonniers de guerre à la gendarmerie du corps d'armée, 606. — Les prisonniers sont confiés aux dépôts d'éclopés pendant les marches forcées, 606, 638, 716. — Embarras pour les escortes de prisonniers qui affaiblissent considérablement les troupes, 667. — Prisonniers de la capitulation de Wolgast, 669. — Escorte des prisonniers de guerre à l'intérieur de la France, 682. — Colonne de prisonniers de la capitulation de Wismar, 718. — Négligence des escortes des colonnes de prisonniers, 755. — Prisonniers de la capitulation du général Blücher, 760, 784 à 786, 840, 855 à 857. — Prisonniers de la capitulation de Magdeburg, 824. — Ordres du maréchal Soult pour faire arrêter les militaires prussiens isolés rôdant dans le pays, 829.

QUARTIER GÉNÉRAL (Grand). — Équipages du quartier général, 66. — Officiers envoyés pour établir le logement du quartier général, 165. — Ordre de mouvement pour le quartier général, 190.

RECONNAISSANCES. — V. *Aides de camp de l'Empereur, Cavalerie, État-major.*

REMONTES. — Réquisition de chevaux à Leipzig, 152. — Chevaux de prise conduits à Potsdam pour remonter les dragons à pied et les hommes de cavalerie à pied, 185, 191, 450, 464, 487, 594, 610, 650, 662, 777, 797, 855, 857. — Intention de l'Empereur de lever 6,000 chevaux tant pour l'artillerie que pour la cavalerie, 193. — Changer les chevaux fatigués, 384.

RENSEIGNEMENTS. — Renseignements que doit fournir la cavalerie sur la direction de la retraite de l'ennemi, 2, 4, 8. — Absence de renseignements pendant la nuit et le lendemain de la bataille ; incertitude du Commandant de l'armée en présence des renseignements contradictoires, 8, 9, 13. — Renseignements sur la marche des colonnes ennemies fournis par le grand-duc de Berg, 8, 9, 39, 49, 149, 311 à 314, 363, 367, 377, 410, 414, 455, 493, 564 ; — par le maréchal Bernadotte, 384, 427, 465, 500, 531, 599 ; — par le 3e corps, 11, 28 à 30, 86, 87, 89, 125, 361, 408 ; — par le 4e corps, 23, 53, 296, 468, 535, 537 à 539 ; — par le 5e corps, 286 ; — par le général Corbineau, 285 ; — par le général Savary, 343, 379 à 384, 431 à 434, 519, 571, 640. — Renseignements fournis par les déserteurs, 25, 431 ; — par les prisonniers, 30, 269, 297 ; — par des voyageurs, 359, 407. — Ruse pour se procurer des renseignements, 180. — Renseignements donnés aux commandants des corps d'armée par le Commandant de l'armée d'après les rapports qui lui sont parvenus, 483, 521. — Renseignements sur les troupes prussiennes : colonne du prince de Hohenlohe, 231, 285, 287, 304 à 307, 309, 311 à 314, 320, 343, 363, 367, 377, 379 à 385, 409 à 411, 414, 427, 431 à 433, 452, 455 ; — colonne du duc de Weimar, 274, 277, 290, 298, 345, 389, 434, 519, 535, 537 à 539, 571 ; — colonne du général Blücher, 296, 465, 468, 495 à 498, 500, 523, 531, 564, 571, 599, 625, 634 à 636, 640. — V. *Espionnage.*

RÉQUISITIONS. — Réquisitions aux autorités municipales, 93. — Réquisition de drap frappée à Halle par le maréchal Bernadotte, 123. — Réquisition de chevaux pour l'artillerie, 152. — Réquisition de chemises et de fournitures pour garnir les ambulances de Naumburg et d'Iéna, 153. — Réquisition de draps et de souliers frappée à Leipzig, 197, 591. — Ordres du Commandant de l'armée pour les réquisitions de subsistances à faire par les corps d'armée, 216. — Réquisitions faites par les troupes alliées, 279. — Réquisitions levées par la cavalerie légère, 384. — Réquisition de bateaux, de voitures et de travailleurs à Berlin pour le service de l'artillerie, 397. — Réquisition à Berlin de vin, d'effets de rechange, de draps pour capotes et pantalons, de souliers, 471. — Réquisitions de chevaux de poste par des officiers en mission, 603. — Réquisitions de capotes et de souliers à Stettin par le maréchal Lannes, 747. — Réquisition de subsistances à Lübeck, 762. — Réquisitions de liquides à Stettin sur reçus, 781.

Revues passées par l'Empereur, 355, 449, 452, 482, 491, 509, 546, 583, 584, 586 à 588, 617, 681, 682, 690, 698, 770, 771, 799, 819, 850, 851, 855, 856.

Route de l'armée. — Organisation de la route de l'armée par Erfurt, Fulde, Francfort, Mayence, 44. — Organisation des places ouvertes, Naumburg, Leipzig, 89, 90. — Changement de la route de l'armée, 135. — Continuation de la route d'étapes de l'armée, 196. — Instruction à l'Intendant général pour l'organisation de la route de l'armée, 688. — Dispositions relatives au logement, aux subsistances et aux relais dans les places et gîtes d'étapes de la province de Berlin, 869 à 874. — Gendarmerie sur la ligne de communications ou route de l'armée, 909.

Sauvegardes dans les postes aux chevaux, 91, 410.

Solde. — Retard dans le paiement de la solde, 78. — Paiement d'un mois de solde aux troupes qui doivent passer la revue de l'Empereur, 682. — Ordre pour payer un mois de solde à l'armée, 707, 851. — L'argent de la solde arriérée n'est qu'un dépôt, 862.

Souliers — Ressources de la ville de Leipzig en souliers et en cordonniers, 152, 591. — Réquisition frappée à Leipzig pour la confection de 150,000 paires de souliers, 197. — Besoins du 3e corps en souliers, 407, 516. — Réquisition de souliers à Berlin, 471. — Gratification de souliers aux troupes bavaroises, 472. — Souliers donnés aux grenadiers et voltigeurs de la réserve, 585. — Soins de l'Empereur pour les souliers, 613. — Distributions de souliers aux corps d'armée, 659. — Souliers des dragons à pied ; ils ont usé 2 paires de souliers en 5 semaines, 705. — Désormais une paire de souliers ne durera pas 10 jours, 726. — La question des souliers doit fixer l'attention, 727. — Diriger tous les souliers sur Küstrin, 781. — Grands approvisionnements de souliers, 864.

Soupe. — Faire la soupe, 62. — Soupe mangée avant le départ, 124.

Subsistances. — Subsistances sur les derrières de l'armée pour les blessés, 67 à 69. — Moyens de subsistances pour les troupes à Weimar, 69. — Reconnaissances des subsistances faites dans le pays par les agents de l'Intendant général, 70. — Approvisionnements à réunir à Erfurt, 81, 108 ; — à Leipzig, 151 ; — à Wittemberg pivot et centre des opérations de l'armée, 195. — Difficultés pour les subsistances, 195, 268, 319. — Ordres pour la réunion des subsistances, 4e corps, 207. — Détachements de cavalerie mis à la disposition de l'ordonnateur pour faire rentrer les subsistances, 207. — Ordres du Commandant de l'armée pour les réquisitions à faire par les corps d'armée, 216. — Les officiers mangent au bivouac avec la troupe, 226. — Mission de l'adjudant-commandant Romeuf à Berlin pour assurer la subsistance des troupes du 3e corps, 267, 281. — Le corps d'armée d'avant-garde fait préparer des vivres pour toute l'armée, 268. — Faire manger les troupes toutes les fois qu'on le peut, 271. — Zèle à apporter dans la réunion des subsistances et les distributions aux troupes, 295, 430. — Répartition équitable des subsistances entre toutes les troupes du corps d'armée, 338. — Augmentation de ration dans les marches forcées ; distributions extraordinaires ; devoirs des ordonnateurs et des commissaires des guerres, 345, 426, 605. — Le 4e corps vit à Tangermünde des subsistances prises à l'ennemi, 347. — Approvisionnements à réunir à Spandau pour nourrir l'armée pendant 2 mois, 359. — Pénurie des subsistances en Poméranie, 369, 405, 427, 467. — Faire vider les caissons de vivres des corps pour y mettre des subsistances, 403, 406. — Réquisitions de vin à Berlin et distributions aux troupes, 471. — Règlement pour la nourriture des troupes par les habitants à Dresde, 478. — Approvisionnements à réunir à Stettin, 686 ; — à Posen et à Küstrin, 752, 753. — Avant-garde d'administration du quartier général, 752. — Subsistances à Lübeck, 762. — Distributions aux troupes, 763. — Réquisitions de liquides à Stettin sur reçus, 781. — Ordre du maréchal Soult aux généraux de division d'avoir 4 jours de vivres d'avance, 816. — Approvisionnements à réunir à Berlin, Magdeburg, Küstrin, Spandau, 837 à 839. — Service général des subsistances de l'armée, 866. — V. *Approvisionnements*.

TRANSPORTS. — Formation à Leipzig d'un parc pour les transports, 152. — Formation dans les arrondissements des parcs pour le service des transports, 181. — Transport en poste d'un corps de Paris en Hollande, 335.

TRÉSOR. — Escorte du Trésor, 190.

TROUPES DE LA CONFÉDÉRATION DU RHIN. — Les troupes de Hesse-Darmstadt employées à l'escorte des prisonniers, 43. — Ordre aux troupes de Bade et de Wurtemberg de se diriger sur Plauen, 72 ; — aux troupes de Hesse et de Nassau de se diriger sur Erfurt, 74. — Troupes de la Confédération destinées à la garnison des places fortes, 159, 407. — Ordre aux troupes de Wurtemberg de se diriger sur Dresde, 226. — Écrire aux princes de la Confédération pour faire rejoindre leurs troupes, 470.

TABLE DES MATIÈRES

		Pages.
Préface		v
Errata		VIII
Renseignements trouvés sur les minutes de l'Empereur		IX
Pièces concernant le volume d'*Iéna*		XX
15 octobre.	Ordres pour la poursuite	1
	Le résultat de la bataille est la conquête des pays appartenant au roi de Prusse en deçà de la Vistule. — Contribution frappée sur le pays conquis.	15
16 —	Capitulation d'Erfurt	33
	Changement de la ligne de communications de l'armée	44
17 —	Affaire de Greussen	58
	Affaire de Nordhausen	72
	Combat de Halle	99
18 —	Passage du Harz par l'aile gauche de l'armée	110
19 —		132
20 —	Passage de l'Elbe à Wittemberg par le 3e corps	154
21 —	Passage de l'Elbe à Dessau par le 5e corps	184
	Investissement de Magdeburg	208
22 —	Passage de l'Elbe devant Barby par le 1er corps	214
23 —	Décret de prise de possession des États conquis par l'Empereur	239
24 —		281
25 —	Entrée du 3e corps à Berlin	304
	Capitulation de Spandau	318
26 —	Combat de Zehdenick	351
27 —	Combat de Wichmansdorf	392
	Entrée de l'Empereur à Berlin	446

		Pages.
28 octobre.	Combat et capitulation de Prenzlow.	447
	Passage de l'Elbe à Tangermünde par le 4e corps.	468
29 —		481
30 —	Capitulation de Stettin	518
31 —	Capitulation du général Bila à Anklam	553
1er novembre.	Affaire de Waren. — Combat de Nossentin	592
2 —	Capitulation de Wolgast	616
3 —	Combat de Criwitz	665
4 —		689
5 —	Affaire de Ratzeburg	709
6 —	Combat de Lübeck	732
7 —	Capitulation du général Blücher à Ratzkow	757
8 —	Capitulation de Magdeburg	780
9 —		794
10 —		806
11 —		819
12 —		827
13 —		840
14 —	Conseil d'administration de l'armée	847

Dispositions relatives au logement, aux subsistances et aux relais dans les places et gîtes d'étapes de la province de Berlin 869
Rapports omis à intercaler. 875
L'Empereur et sa maison militaire. 879
Le travail de l'Empereur à l'armée 881
Le Major général et l'état-major général 885
Les états-majors des corps d'armée 924
États de situation des corps d'armée. 942
Table analytique 945

Nancy, imprimerie Berger-Levrault et Cie.

Campagne de Prusse 1806 *Prenzlow-Lubeck, par le Commandant*

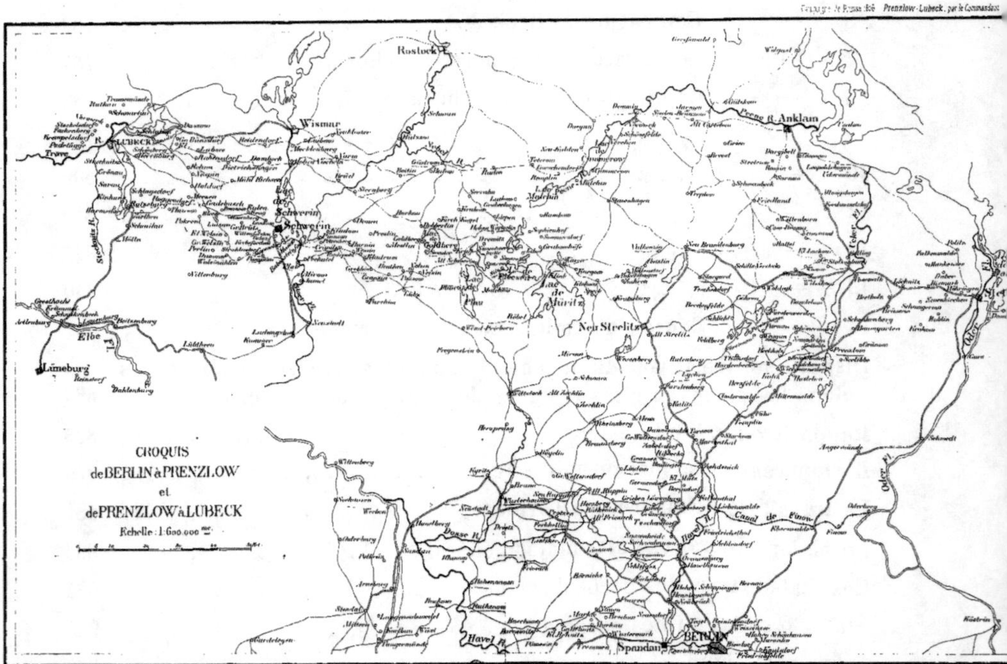

Lith. Berger-Levrault et Cie Nancy.

www.ingramcontent.com/pod-product-compliance
Lightning Source LLC
Chambersburg PA
CBHW070917100726
47908CB00001B/18
* 9 7 8 2 0 1 3 5 3 4 6 7 3 *